ZHONGGUO DANGAN NIANJIAN

中国档案年鉴

2004—2005

国家档案局
中央档案馆 编

中国档案出版社

责任编辑 /赵增越　剑虹　振华

图书在版编目(CIP)数据

中国档案年鉴.2004～2005/国家档案局中央档案馆编.－北京：中国档案出版社，2006.9

ISBN 7-80166

Ⅰ.中…　Ⅱ.国…　Ⅲ.档案工作—中国—2004～2005—年鉴

Ⅳ.G279.2—54

中国版本图书馆 CIP 数据核字(2006)第 024701 号

ISBN 7-80166-668-2

9 787801 666680 >

出版/中国档案出版社(北京市宣武区永安路 106 号)

发行/中国档案出版社发行部

印刷/北京市耀华印刷有限公司

规格/787×1092　1/16　印张/35.5 字数/1200 千字

版次/2006 年 9 月第 1 版　2006 年 9 月第 1 次印刷

印数/500 册

定价/260 元

编 辑 说 明

一、《中国档案年鉴》是一部供国内外读者了解和研究我国档案事业发展基本情况所必备的综合性、资料性的大型文献和工具书。所采用的资料由中央档案馆国家档案局，中央和地方各部门，各省、自治区、直辖市档案局及有关单位提供，内容全面、翔实、准确，具有权威性。

二、《中国档案年鉴（2004—2005）》反映2003、2004两个年度的全国档案工作情况。

三、《中国档案年鉴（2004—2005）》以各地档案事业发展情况为主干，从档案法规、标准的制定，档案馆、机关档案室工作，经济科技档案工作，档案教育、科技、宣传、出版、外事工作等各个方面反映我国档案事业发展的全貌。《中国档案年鉴（2004—2005）》介绍了有关档案工作会议及中国档案学会的主要活动，发表了2003、2004年度的档案事业统计资料。

四、《中国档案年鉴（2004—2005）》内容包括：（一）特载；（二）综合概况；（三）档案事业发展概况；（四）档案法规、标准化工作；（五）档案馆工作；（六）机关档案工作；（七）经济科技档案工作；（八）档案专业教育工作；（九）档案科技工作；（十）档案宣传工作；（十一）档案出版工作；（十二）档案外事工作；（十三）中国档案学会；（十四）档案统计资料。书后附有2003、2004年档案工作大事记。

五、《中国档案年鉴（2004—2005）》收录的资料未包括台湾省。香港特别行政区和澳门特别行政区的有关资料由香港特别行政区和澳门特别行政区自行公布。

六、《中国档案年鉴》的编辑和出版工作，得到了各省、自治区、直辖市档案部门和中央、国家机关档案部门以及中国档案出版社的大力支持，谨在此表示衷心的感谢。

七、《中国档案年鉴》的编辑工作尚存在缺点和不足，敬请读者提出宝贵意见，以便改进。

《中国档案年鉴》编辑部

2006年9月

目 录

2003

(一)特 载

(二)综合概况

(三)档案事业发展概况

(四)档案法规、标准化工作

(五)档案馆工作

(六)机关档案工作

（七）经济科技档案工作

（八）档案专业教育工作

（九）档案科技工作

(十)档案宣传工作

(十一)档案出版工作

(十二)档案外事工作

(十三)中国档案学会

（十四）档案统计资料

2004

（一）特　载

（二）综合概况

(三)档案事业发展概况

(四)档案法规、标准化工作

(五)档案馆工作

(六)机关档案工作

(七)经济科技档案工作

(八)档案专业教育工作

(九)档案科技工作

（十）档案宣传工作

（十一）档案出版工作

（十二）档案外事工作

（十三）中国档案学会

（十四）档案统计资料

2003

（一）特　　载

中共中央政治局候补委员、中央书记处书记、中共中央办公厅主任王刚关于社区档案工作的重要批示

(2003年3月20日)

加强社区建设,对于促进经济和社会协调发展,提高人民的生活水平和质量,扩大基层民主,维护社会稳定,具有十分重要的意义。社区档案工作是社区建设的一项重要任务,是整个档案事业的重要组成部分,希望你们总结经验,周密部署,积极推进,为全面建设小康社会做出新的贡献。

中共中央政治局候补委员、中央书记处书记、中共中央办公厅主任王刚关于抗击“非典”斗争中档案资料的收集整理工作的重要批示

(2003年5月26日)

你们(指国家档案局,编者注)会同全国防治“非典”指挥部办公室做了一件很有意义的事情。希望将此件各项要求落到实处,把防治“非典”斗争中形成的重要文件资料整理齐全和妥为保管。这对当前防治“非典”的各项工作,乃至今后处理类似公共卫生突发事件,都有借鉴作用。

中共中央政治局候补委员、中央书记处书记、中共中央办公厅主任王刚为勉励《中国档案报》全体同志致档案部门负责人的信

(2003年6月15日)

福民同志并东升、海缨同志:

从最近一个多月的《中国档案报》上,我看到了全国档案系统认真贯彻党中央、国务院关于一手抓防治非典型肺炎这件大事不放松,一手抓经济建设这个中

心不动摇的重大决策,积极主动提供档案资料为各级党委、政府决策服务,及时做好抗击非典斗争中档案资料收集整理工作的许多生动报道,令人高兴和感动。请转达我对档案部门同志们的亲切问候和诚挚敬意!

《中国档案报》作为我国乃至世界上唯一的一张档案行业报,从1994年试刊起到现在已近十年,经历了白手起家、艰苦创业和顺利发展的过程,为推动我国档案事业的健康发展,提高全社会的档案意识,加强与世界各国档案领域的交流与合作发挥了重要作用。"十年辛苦不寻常。"《中国档案报》的诞生来自于几代档案人的努力,各方寄予厚望。今天,这份报纸能够取得这样的成绩的确可喜可贺。这是党和政府关怀的结果,也凝聚了报社领导班子和全体工作人员的才智和汗水。希望同志们很好地总结近十年来的办报经验,进一步增强政治意识、大局意识和责任意识,全身心投入工作,努力学习,艰苦奋斗,加强管理,提高质量,努力作出更优异的成绩,以无愧于广大档案工作者的重托,无愧于新闻工作者的职责,无愧于党和人民的信任。国家档案局作为《中国档案报》的主管部门,要继续加强领导,并采取切实措施,提高干部职工素质,改善工作生活环境,在各方面给予大力支持,为报社多提供一些学习、提高和开展工作的机会和条件,使《中国档案报》越办越好,办出特色,办出水平,为中国特色档案事业的发展作出更大的贡献。

中共中央政治局候补委员、中央书记处书记、中共中央办公厅主任王刚对国家档案局发布《电子公文归档管理暂行办法》的重要批示

(2003年7月13日)

电子公文的归档与管理、档案信息资源的保护与开发利用,是国家电子政务建设的重要内容和基础性工作。在当前信息技术手段层出不穷和机读数据大量出现的形势下,制定这一办法,对电子公文的归档管理进行相应规范很有必要,这对于促进全国的办公自动化和档案信息化工作具有指导意义。请国家档案局认真组织该办法的实施,在国家电子政务建设的总体框架下,认真研究新情况,加强分类指导。特别要针对电子公文的特点,进一步研究解决保真、保密和保存等问题,使电子公文和纸质公文一样得到科学保管和有效利用。

中共中央政治局候补委员、中央书记处书记、中共中央办公厅主任王刚在全国档案工作暨表彰先进会议上的讲话

(2003年12月20日)

同志们:

这次全国档案工作暨表彰先进会议,是在全党全国人民认真贯彻落实党的十六大精神、全面建设小康社会取得良好开局的新形势下召开的。开好这次会议,对于动员全国广大档案工作者深入学习贯彻"三个代表"重要思想、党的十六大和十六届三中全会精神,

进一步开创档案工作的新局面,更好地为改革开放和现代化建设服务,具有重要的意义。

在过去的一年里,各级档案部门和广大档案工作者,以对党对人民极端负责的精神,紧紧围绕全党全国工作的大局,大力推进档案事业的发展,充分发挥档案工作为各级领导决策服务、为各部门工作服务、为社会各界和广大人民群众服务的作用,取得了显著成绩。这次受到表彰的先进集体和先进个人,就是全国档案系统的优秀代表。他们的先进事迹,集中体现了档案工作者忠于党和人民的优秀品格、对历史负责的执著追求、无私奉献的高尚情操和顽强拼搏的良好作风。他们是全国档案工作者学习的榜样。借此机会,我向受到表彰的先进集体和先进工作者表示热烈的祝贺,向与会代表并通过你们向全国档案工作者表示亲切的问候!

下面,我就档案系统如何做好明年和今后一个时期的工作,讲几点意见。

一、认清形势,明确任务,增强做好档案工作的自觉性和紧迫性

档案工作是党和国家事业的重要组成部分。只有正确认识形势,准确把握全党全国工作大局,才能明确我们的前进方向,有针对性地做好新形势下的档案工作。

今年以来,面对复杂多变的国际形势、突如其来的非典疫情和地震、洪涝、干旱等多种自然灾害,以胡锦涛同志为总书记的党中央,带领全党全国各族人民,高举邓小平理论和"三个代表"重要思想伟大旗帜,认真贯彻十六大精神,妥善应对和战胜来自国际国内的各种挑战和困难,继续推进中国特色社会主义伟大事业,继续推进党的建设新的伟大工程,取得了新的显著成就,夺取了防治非典工作的阶段性重大胜利,保持了经济较快增长和社会事业全面发展的良好势头,巩固和发展了奋发向上、安定团结的生动局面,为实现全面建设小康社会的宏伟目标创造了良好开局。当前,我国经济发展,社会稳定,民族团结,总的形势是好的。实践充分证明,以胡锦涛同志为总书记的党中央是一个善于驾驭全局、应对复杂局面的领导集体,是一个锐意进取、团结奋进的领导集体,是一个深得全党全国人民拥护和信赖的领导集体。

愈是形势好,我们愈要保持清醒头脑,在看到成绩的同时看到经济社会发展存在的矛盾和问题,认清面临的挑战和压力,并采取有效措施切实加以解决。

近一个时期,中央先后召开了十六届三中全会、中央经济工作会议和全国宣传思想工作会议、全国人才工作会议等重要会议,深入分析了当前的形势,全面部署了明年和今后一个时期的工作。只要我们认真按照中央的部署去做,就一定能够应对并战胜各种挑战,坚定不移地实现经济社会发展的各项目标和任务,不断把我们的事业推向前进。

全国广大档案工作者一定要关心国内外形势的发展变化,认真学习党的路线方针政策,深刻领会党中央的一系列重大决策部署,进一步把思想统一到十六大和十六届三中全会精神上来,统一到中央对当前国际国内形势的科学判断上来,统一到中央作出的一系列重大战略部署和政策措施上来,更加自觉地把档案工作融入全面建设小康社会的实践之中,放到党和国家工作的大局中来思考、来谋划、来安排,形成为大局服务的共识和合力,推动新世纪新阶段的档案工作取得更大的成就。

二、突出重点,服务大局,努力把档案工作提高到一个新水平

明年是实现"十五"计划的关键一年,也是全面落实十六大和十六届三中全会精神,深化改革、扩大开放、促进发展的重要一年。各级档案部门要坚持以邓小平理论和"三个代表"重要思想为指导,全面贯彻十六大和十六届三中全会精神,围绕大局,发挥优势,进一步完善档案工作管理体制和服务机制,加强国家档案资源建设,提高档案科技水平和法制化、规范化程度,切实履行好档案事业行政管理和档案保管利用的职能,为党和国家事业的发展作出应有的贡献。

第一,要切实增强服务意识。为党和国家的中心工作、为广大人民群众提供优质高效的服务,是档案工作的永恒主题,也是档案工作长远发展的动力所在。只有不断拓展服务领域,创新服务机制,增强服务效果,扩大社会影响,我们的档案工作才能始终保持旺盛的生机和活力,得到各级领导的重视和支持,受到人民群众和社会各界的认可。因此,全国各级档案部门都要紧紧围绕全面建设小康社会的奋斗目标,围绕新世纪新阶段改革开放和现代化建设的各项任务,明确职责,找准位置,自觉做好服务大局、服务群众的工作。当前尤其要按照十六届三中全会和中央经济工作会议的要求,围绕深化经济体制改革和促进经济社会发展,进一步完善信用档案工作、劳动和社会保障档案工作,着手做好西部大开发档案工作,特别是要继续加强"三农"档案工作,真心实意为广大农民办实事、办好事,为发展农业和农村经济、增加农民收入、保护农民利益提供优质服务。

第二,要不断提高创新能力。在全面建设小康社会的进程中,档案工作任重道远,有大量的新情况需要去认识,有大量的新课题需要去解决,有大量的新任务需要去完成。这就要求我们始终坚持解放思想、实事求是、与时俱进,着眼新的实践和新的发展,不断提高开拓创新的实际能力，使档案工作能更好地体现时代性、把握规律性、富于创造性。要积极吸收国内外、行业内外的先进经验，努力实现档案服务领域的新拓展，服务思路的新突破，服务条件的新改进。在推进工作中，既要在提高为各级领导和各部门服务的效率上动脑筋，又要在拓展为人民群众服务的广度和深度上下功夫；既要重视传统载体、传统领域档案资源的建设，又要重视新型载体、新型领域档案资源的建设；既要积极采用新技术、新手段，又要加快制定和实施相应的标准和规范，充分发挥档案工作的社会功能。

*第三，要努力完善保障手段。*当今世界，科技进步日新月异，知识更新速度加快，只有充分运用现代科技发展的成果，不断完善物质手段、更新设备条件、提高技术水平，我们的档案工作才能跟上时代前进的步伐，适应党和国家事业发展的要求。各级档案部门一方面要坚持艰苦奋斗、勤俭办事，严防大手大脚、铺张浪费；另一方面要从工作需要出发，根据实际情况，不断改善档案工作的保障手段，该花的钱一定要舍得花，该办的事一定要下决心办，而且要把钱用好、把事办好。要大力提高档案工作的科技含量，加快推进档案工作的信息化建设，努力实现档案行政管理、保管和开发利用的数字化、网络化。要加强档案基础设施建设，优先更新一线部门、重点岗位的办公设备，改善档案库房条件，提高档案保护水平，不断增强档案工作的服务功能。

*第四，要大力加强队伍建设。*做好新形势下的档案工作，关键是要有一支高素质的档案干部队伍。这几年，各级档案部门按照政治强、业务精、作风好的要求加强干部队伍建设，成效是显著的。但也要清醒地看到，我们的队伍建设面临的任务仍然是艰巨的。这就要求各级档案部门充分认识加强队伍建设的极端重要性，牢固树立人才资源是第一资源的思想，下大气力抓好档案人才培养，以人才资源开发推动档案工作发展。要切实加强思想教育，引导广大档案工作者认真学习马列主义、毛泽东思想、邓小平理论和“三个代表”重要思想，不断提高贯彻党的路线方针政策的自觉性和坚定性。要进一步加大培训力度，广泛开展岗位培训和继续教育，改进培训内容、方法和机制，着力提高人才的创新能力和实际应用能力，努力把各级档案部门建设成为学习型和研究型部门。要积极推进档案干部人事制度改革，不拘一格、惟才是举，多渠道选拔培养热爱档案工作、发展潜力大的年轻干部，在实现干部能上能下、能进能出、轮换交流以及强化激励竞争机制等方面取得新突破，努力创造优秀人才脱颖而出、健康成长的良好环境。要坚持用制度管人、用制度管事，不断完善各项规章制度，努力营造严格遵守制度的良好氛围。

三、提高认识，加强领导，为我国档案事业的发展提供坚强的政治保证

档案工作是党和国家的一项重要工作，对于促进我国社会主义物质文明、政治文明和精神文明建设，起着重要的基础性作用。各级党委和政府要深刻认识做好档案工作的重要意义，切实加强对档案工作的领导，推动我国档案事业不断向前发展。

要积极支持档案工作的开展。各级党委和政府要把档案事业发展纳入到全面建设小康社会的总体规划，列入重要议事日程，分管领导要把搞好档案工作作为自己职责范围内的一项重要任务，加强各方面的协调，把宏观指导与具体要求结合起来，亲自抓好工作部署、重点工作开展、内部建设等方面的督促落实，特别是要进一步加强各级国家档案馆的建设，加大全国重点档案抢救和保护的工作力度，促进档案事业与其他各项事业同步发展。

要热情关心广大档案干部。档案工作者比较清贫、清苦。尤其需要给予关心和爱护。有关领导要深入到基层档案部门中去，深入到档案干部职工中去，了解他们的工作生活情况，及时解决他们在职级待遇、住房条件、生活福利、家属子女就业就学以及身体健康等方面的实际问题，切实解除他们的后顾之忧，同时积极创造条件，为他们学习深造、交流锻炼提供机会，使他们不断得到充实和提高，更好地成长进步。

同志们，本世纪头20年，是我国必须紧紧抓住并且可以大有作为的重要战略机遇期，也是档案事业发展的重要时期。让我们更加紧密地团结在以胡锦涛同志为总书记的党中央周围，高举邓小平理论和“三个代表”重要思想伟大旗帜，全面贯彻十六大和十六届三中全会精神，统一思想，振奋精神，开拓进取，扎实工作，为实现全面建设小康社会的宏伟目标再立新功！

努力做好社区档案工作
为全面建设小康社会做出积极贡献

——国家档案局局长、中央档案馆馆长毛福民在全国社区档案工作座谈会上的讲话

（2003年9月3日）

同志们：

这次全国社区档案工作座谈会是经中共中央办公厅批准召开的一次重要会议。中共中央政治局候补委员、中央书记处书记、中央办公厅主任王刚同志对召开这次会议作了重要批示。批示指出："加强社区建设，对于促进经济和社会协调发展，提高人民的生活水平和质量，扩大基层民主，维护社会稳定，具有十分重要的意义。社区档案工作是社区建设的一项重要任务，是整个档案事业的重要组成部分，希望你们总结经验，周密部署，积极推进，为全面建设小康社会做出新的贡献。"王刚同志站在党和国家工作大局的高度，就加强社区建设的意义、社区档案工作的地位和作用作了精辟概括，对开展社区档案工作提出了任务和要求，这充分说明了党和国家对档案工作的高度重视，对档案事业发展寄予的深切厚望，不仅对我们做好社区档案工作具有重要指导意义，而且对拓展档案工作领域，开创档案工作新局面具有十分重要的意义。

这次全国社区档案工作座谈会的主要任务是：以邓小平理论和"三个代表"重要思想为指导，深入学习贯彻十六大精神和胡锦涛总书记"七一"讲话精神，落实王刚同志关于社区档案工作的重要批示和全国档案局长馆长会议提出的工作任务，总结近年来全国社区档案工作开展情况，交流档案部门为社区各项建设服务的做法和经验，对今后全国社区档案工作做出部署。这次会议得到了上海市委、市政府和民政部、中央文明办的高度重视和大力支持。上海市档案局馆为这次会议的筹备召开做了大量工作，对此我们表示衷心的感谢！昨天，我们参观了上海市长宁区泰安社区居民委员会、闸北区职业介绍所、卢湾区五里桥街道办事处及社区事务中心、卢湾区市民求助中心、黄浦区小花园社区居民委员会，还看了上海市档案局馆举办的社区档案展览。今天，上海市、北京市、天津市、辽宁省、浙江省、湖北省以及青岛、沈阳、南京、武汉、杭州市等11个档案局馆介绍了开展社区档案工作、服务社区各项建设的做法和经验，与会同志很受启发。我相信，这次会议必将对全国社区档案工作的开展起到积极的推动和促进作用。

下面，我就全国社区档案工作讲三个问题。

一、深刻认识社区档案工作的重要意义

社区档案工作是档案工作的一个新领域。开展这项工作，是档案部门实践"三个代表"的重要体现，是档案工作服务大局、服务社会、服务人民群众的重要举措。各级档案部门要以兴起学习贯彻"三个代表"重要思想新高潮为契机，以实现最广大人民群众的根本利益作为档案工作的出发点和落脚点，积极主动研究改革开放和现代化建设进程中档案工作面临的新情况，找准档案工作为全面建设小康社会服务的切入点和结合点，把我们党全心全意为人民服务的宗旨落到实处，把我们党执政为民的本质要求体现在档案工作的具体实践中。努力做到全面建设小康社会覆盖到哪里，档案服务就延伸到那里；全面建设小康社会需要什么服务，档案部门就努力提供相应的服务。通过做好社区档案工作，推动档案工作进一步贴近实际，贴近生活，服务群众需求，维护人民利益，进而把"三个代表"重要思想更加具体地落实到档案工作实践中。

1. 做好社区档案工作有利于促进经济和社会协调发展。社区建设是我国城市经济和社会发展到一定阶段的必然要求，是城市管理体制改革的重要内容。在社会发展过程中，社区必将成为重要的社会结构单位，社区生活必将成为社会生活的重要表现形式。在当前形势下，社会成员从属于一定社会组织的管理体制已被打破，大量的"单位人"转为"社会人"，同时社会流动人口急剧增加，城市人口管理压力增大，亟需加强社区"人头"档案的管理。随着国有企业改革和政府机构改革的深化，企业剥离出来的社会职能和政府转移出来的服务职能，如职工福利、社会保障和社会化服务等事务，都由社区组织来承接，社区承担的职能越来越多，形成的档案也就越来越多。因此，收集、管理和开

发利用好社区档案显得尤为迫切，这直接关系到社区居民的切身利益，关系到社区建设的健康发展，关系到小康社会的顺利实现。档案工作者一定要按照“三个代表”重要思想的要求，努力做好社区档案工作，促进经济与社会协调发展。

2. 做好社区档案工作有利于提高人民群众的生活水平和质量。随着人民群众生活水平的不断提高以及住房、医疗、养老、就业等各项制度改革的逐步深入，城市居民与所在社区的关系愈来愈密切，他们对社区的服务和管理、居住环境、文化娱乐、医疗卫生、社区安全、文化体育和教育等方面的要求也会愈来愈呈现出多层次、多样化的特点。做好社区档案工作，把社区各项工作中形成的具有保存价值的文字、图表、音像及其它各种形式的历史记录保存下来，并为社区广大居民提供服务，就可以为满足社区居民需求，帮助社区居民解决日常生活中的困难和问题，提供更便利的条件。通过建立社区档案和开展社区档案利用，有助于引导居民爱祖国、爱人民、爱城市、爱社区，形成崇尚先进、团结互助、扶正祛邪、积极向上的社会道德风尚，满足人民群众日益增长的文化需要，提升生活质量，提高生活水平。

3. 做好社区档案工作有利于扩大基层民主。发展社会主义民主政治，建设社会主义政治文明，是全面建设小康社会的重要目标。扩大基层民主，是发展社会主义民主的基础性工作。党的十六大提出要健全基层自治组织和民主管理制度，完善公开办事制度，保证人民群众依法直接行使民主权利，管理基层公共事务和公益事业，对干部实行民主监督。社区档案可以为此提供可靠的依据和可信的见证，如利用社区换届选举过程中形成的推选居民代表、选举程序、选票和公告等档案，可以增加社区选举透明度，调动居民参与社区建设的积极性，增强居民群众参与城市社区民主选举和民主政治建设意识；利用社区财务档案，可以为社区参议委员会和居民代表大会依法进行监督提供依据，充分发挥社区“自我管理、自我教育、自我服务、自我监督”作用，为社区群众自治组织的良性运行提供保证。

4. 做好社区档案工作有利于维护社会稳定。党的十六大提出，坚持稳定压倒一切的方针，正确处理改革发展稳定的关系，在社会稳定中推进改革发展，通过改革发展促进社会稳定。社区建设是城市管理体制改革的一项重要内容，城市的改革与发展需要创造一个稳定的环境，城市稳定的重要基础是社区稳定，而社区稳定取决于社区建设的健康发展。建立完善、系统的社区档案，可以帮助社区合理妥善处理邻里矛盾、经济纠纷、社会保障及突发性、群体性事件，努力把矛盾和纠纷解决在基层。社区档案中尤其是涉及下岗职工基本生活保障、失业保险、城市居民最低生活保障以及低收入群体的救济、再就业和犯罪预防等方面的档案，是社区有针对性开展工作，为民排忧解难、化解社会矛盾的重要依据。建立和利用好社区档案，有利于维护社会稳定、保障社区居民的根本利益、巩固安定团结的大好局面。

5. 做好社区档案工作有利于档案事业可持续发展。社区建设为档案工作提供了一个新的平台，为档案工作向纵深拓展提供了新的领域。社区档案工作是社区建设的一项重要任务，是整个档案事业的重要组成部分。档案部门要站在国家档案事业发展的高度，义不容辞地将社区档案工作纳入工作视野，积极引导、指导社区建档和开展社区档案提供利用服务，推动国家档案资源建设向深度和广度发展。社区档案工作必将成为档案事业可持续发展的一个新的增长点。档案工作者要抓住社区建设这一重要机遇，推动档案工作水平上一个新的台阶，促进档案事业有一个新的发展。

二、前一阶段各地开展社区档案工作的主要做法

近年来，各级档案部门从实际出发，以服务为主题，以创新为动力，积极开展社区档案工作，社区档案工作初显良好发展态势。上海市 3466 个社区中有 3119 个社区建立了档案工作，社区建档率达 90%。天津市全市 1241 个社区、南京市原有的六个城区 439 个社区全部建立档案工作。武汉市城区社区建档率达 98%。各级档案部门在试点、调研的基础上，相继出台了加强社区档案工作的意见和社区档案管理办法，使社区档案工作逐步走上规范化、科学化的管理轨道。上海市档案局与市民政局、文明办、劳动和社会保障局联合发出了《关于加强上海市社区档案工作的意见》，制定了街道办事处、居民委员会文件归档范围及保管期限表，提出了居民委员会档案管理标准。辽宁省档案局与省民政厅联合印发了《辽宁省城市社区档案管理暂行办法》和《辽宁省城市社区档案归档范围及文件材料保管期限表》，沈阳市出台了《沈阳市社区档案管理办法实施细则》。北京、吉林、江苏、安徽、浙江、湖北、青岛、武汉、成都等地档案局与有关部门联合制定了有关社区档案工作的规定。安徽省档案局还将社区档案工作列入安徽省各市档案工作年度考核内容。这些办法、规定和措施保证了社区档案工作有章可循、有法可依，确保了社区档案工作朝着健康有序的方向发展。

各级档案部门在围绕社区建设开展社区档案工作过程中，努力做到社区建设发展到哪里，社区档案工作就开展到那里，大胆探索，努力实践，不断创新，在解决下岗职工再就业、加强社区党的建设、繁荣社区文化、促进社区居民健康、维护社会治安等方面积极开展服务，积累了许多好的做法和经验，取得了可喜的成果。

1. 社区档案工作为解决下岗职工、失业人员再就业提供服务。做好就业和再就业工作，关系着亿万人民群众的切身利益，关系着改革发展稳定的大局，关系着实现全面建设小康社会的宏伟目标。一些地方档案部门根据群众需要，指导社区建立社区下岗职工和失业人员档案，积极提供相关档案信息和就业信息，为社区有针对性地解决下岗职工和失业人员再就业提供有效服务。上海市闸北区职业介绍中心充分依托政府信息网站，实施档案信息区、街、居委会三级联通，各社区将下岗失业人员有关档案信息通过网络及时传递到职业介绍中心，职介中心对这些档案信息进行分析处理，为制定就业促进计划，解决数万下岗失业人员再就业问题提供了依据和线索。北京市朝阳区延晋里社区下岗职工多，再就业压力大。社区居委会根据下岗失业人员名册的详细记录，在定期为下岗失业人员举办各种就业培训班的同时，积极为下岗失业人员联系适合本人条件的工作。2002年，社区为下岗失业人员和特困户安置就业58人次。辽宁省本溪市彩胜社区为1050户下岗、放假、失业人员建立"一户一卡一档"，并实现计算机管理，在近三年的时间里，共安排再就业135人次。大连市中山区桂林街道通过建立社区档案信息发布制度，通过社区的"天天招工信息橱窗"、"就业指南信息小黑板"和"招工信息墙报"，每天向下岗失业人员传递用工信息，平均每周发布信息150条，近四年来累计安置失业下岗人员4270余人，使大部分下岗失业人员走上了新的工作岗位。武汉市武昌区黄鹤楼大成社区以下岗职工档案中记载的下岗前工作经历、专业特长为依据，先后推荐、安排再就业1560人次，受到区委、区政府的表扬。社区档案的建立，大大拓宽了下岗职工、失业人员的就业渠道，为做好再就业工作发挥了积极的作用。

2. 社区档案工作为建立社会保障体系提供服务。社会保障制度的建立和完善是我国深化改革趋向成熟的必然，对当今政治生活、社会生活、经济生活有着极其重要的影响。为弱势群体建立专门档案，可以协助政府摸清困难群众的真实情况，把所有符合条件的城市贫困人口都纳入"低保"范围，做到"应保尽保"，避免"漏保"和"错保"。辽宁省本溪市溪湖区为享受城市最低生活保证金的1.3万多户、3.8万多人建立了社保档案2.3万多卷，这些档案包括"低保"工作中形成的申请人的申请表、家庭成员和收入情况、下岗证或失业证复印件、低保人员调查报告等，并通过对档案实行动态管理，从而使社会保障工作从随意性管理变为科学性管理，确保了"低保"资金发放的公正、公平，有效预防了不合理现象的发生。针对"空巢"老人日益增多带来的社会问题，北京市各社区普遍建立"空巢"老人档案，为多种形式的志愿者服务活动提供了服务对象指引，如朝阳区和平街街道十四区的社区志愿者利用"空巢"老人档案，为75岁以上"空巢"老人免费提供上门理发与裁剪服务，和平家园社区的医疗志愿者定期为"空巢"老人检查身体等。社区建档，为建立社会保障体系提供了基础保证。

3. 社区档案工作为加强社区党的建设提供服务。社区党组织是社区的领导核心，加强和改进社区党的建设，是城市党建工作的重要内容。针对各种新型经济组织、新型社会组织及其成员、社会流动人口和离岗职工不断向社区聚集的新情况，天津市和平区小白楼街道办事处通过对大量档案资料进行分析研究，确立了社区党建工作"五个延伸"的新思路，即党建工作向社区党组织延伸、向社区单位的党员延伸、向居住在社区的在职党员延伸、向社区流动人口中的党员延伸和向民营企业、私营企业等新型经济组织延伸。他们根据档案记载的党员情况，设立不同的社区党员活动站，定期组织社区党员参与社区建设的各项活动，建立党员活动反馈卡，按年度归档。在此基础上，街道办事处结合实际，分别建立了若干党建工作协调委员会、社区党建联席会、党员活动组。他们开展的与社区单位党组织共建活动。党员"五好""三带头"活动，很好地调动了社区单位和居住在社区的广大党员参与社区建设的积极性，发挥了党员的模范带头作用。

4. 社区档案工作为繁荣社区文化提供服务。积极发展社区文化事业，加强思想文化阵地建设，不断完善公益性群众文化设施，是繁荣社区文化的重要内容。社区档案为社区开展科普教育、群众娱乐等文化活动提供了丰富的信息资源。上海市闸北区天目西街道荣福村小区多年来坚持利用科普档案资料，举办各种形式的科普展览、讲座，广泛宣传和普及科学知识、科学方法和科学精神，引导社区居民尊重科学，反对愚昧、迷信和伪科学，努力在全社区形成积极向上、文明健康的生活方式。上海市长宁区泰安居委会在社区志愿者的帮助下，利用居委会在每次大型活动中拍摄下来的精彩照片档案，在社区举办了题为"时光走廊"的展览，展出照片200多张，被社区居民称之为泰安小区的"档案馆"、"陈列室"，使新老居民在直观了解泰安小区的变迁中受到了教育和鼓舞。浙江省杭州市文新街道德加社区与杭州老年大学共同举办了"迎十六大书画、摄影、工艺美术作品展"，展出53幅摄影、48幅书画和60多件工艺美术作品。这些活动提升了社区居民的文化品位，形成了健康向上、文明和谐的社区文化氛围。

5. 社区档案工作为发展社区卫生提供服务。做好社区卫生服务，建立社区居民健康档案，是社区建设的重要组成部分。社区居民健康档案的建立,有利于开展疾病防治工作,为社区广大居民提供优质服务。北京市朝阳区和平家园社区建立了社区居民健康档案,在为居民提供医疗卫生服务方面发挥了重要作用。武汉市档案局与市卫生部门联合,共同指导建立社区卫生保健档案,武昌区档案局与区卫生部门联合制定《武昌区社区卫生服务站档案管理指导意见》,将全区38个社区保健服务站在开展预防、医疗、康复、健康教育等工作中形成的大量居民家庭健康和个人健康方面的档案材料集中保存,并统一归档形式,一户一档,已建立家庭健康档案近8200卷、个人健康档案3.5万份,受到广大居民的欢迎。上海市松江区档案局对各镇、街道社区居民健康服务中心进行调查,与区卫生局共同制定了《松江区社区居民健康档案类目设置的暂行规定》,规范了社区居民健康档案的管理,确保档案管理责任到人、网络健全、制度到位、硬件落实、管理达标,目前建立健康档案的总数为12万户,共计36万多人,15岁以上人口的核心档案近30万份,建档率达85%,同时为儿童、妇女、残疾人、60岁以上及慢性病患者建立了个人档案。健康档案的建立和集中统一管理,为社区居民疾病防治工作提供了准确、有效的数据。上海市徐汇区田林街道以群众需求为出发点,建立了社区困难妇女基本情况跟踪档案,街道利用这些档案,开展了"倾注一腔情,关爱弱势姐妹"活动,街道妇联在查阅有关数据后,主动与区妇幼所联系,于2001年10月对社区困难妇女进行免费妇科检查,受检妇女中有3人被查出患有疾病并及时得到治疗,这项活动在社区群众中产生了很大反响。

在抗击非典的斗争中,社区档案工作发挥了积极作用,社区居委会成为抗击非典的生力军。北京市朝阳区为外来民工建立健康档案,将全区17万外来民工纳入社区管理范畴,对分散在各社区的471个工地实行属地管理,每个工地建立人员登记台账,对民工的基本情况进行登记,建立工地卫生工作管理台账,重点掌握人员健康状况。上海市闸北区天目西路社区地处上海市火车新客站,每天来往旅客50多万人,社区监测网要求流动人员来上海必须登记造册,居委会对外省来沪人员一一登记,建立流动人员管理档案,每天走访,了解健康状况。社区档案在防治非典工作中发挥了积极的作用。法新社驻北京记者在采访社区居委会时发现,居委会对辖区内的每个居民都有记录,知道每个家庭的成员在哪里工作、在哪里上学,发自内心地感叹中国社会是世界上最有组织的社会。

6. *社区档案工作为加强社会治安提供服务。*加强社区治安是社区建设的一项重要内容,关系到社区稳定、城市稳定和社会稳定。建立社区治安档案,对健全社会治安防范体系,实行群防群治,组织开展经常性、群众性的法制教育和法律咨询工作,加强刑满释放人员、解除劳教人员的安置帮教工作和流动人口管理,具有重要的促进作用。南京市各类暂住人口达30多万,由于健全了相关档案资料,加强了教育和管理,形成了社会稳定、秩序良好的局面,为广大人民群众创造了良好的生活和工作环境。河北省保定市南市区金玉兰社区对6名法轮功练习者建立了专门档案,进行"一帮一"活动,给法轮功练习者讲政策、讲科学,用事实批驳李洪志的歪理邪说,直到他们迷途知返,最终使社区内的法轮功练习者全部自觉脱离法轮功,走向新生活,有的还成为社区文化活动的骨干。大连市桂林街道在社区建立了帮教对象档案和就业安置基地,对刑满释放人员、解除劳教人员进行耐心细致的教育疏导,帮助他们走上了正常的生活道路。在2001年冬季"严打"整治活动中,辽宁省葫芦岛市站前街道派出所通过站前社区提供的社区居民档案,发现了一名在逃嫌疑犯的有关材料,公安人员依据材料提供的线索,很快将犯罪嫌疑人缉拿归案。社区治安档案的建立,为改善社区治安状况,促进社会治安形势好转发挥了积极作用。

上述有关开展社区档案工作六个方面的做法,是近年来各级档案部门适应新形势、新情况,主动开展工作取得的共识。档案工作为社区建设和发展服务的实践告诉我们,社区档案工作围绕社区建设开展服务,大有可为。利用社区档案为社区居民多办事、办实事、办好事,档案工作就一定会受到人民群众的欢迎和称赞,档案工作的社会功能就一定会得到充分发挥。我们要继续认真总结各地开展社区档案工作的做法和经验,并在更大的范围内推广。

三、对档案工作为社区建设服务的基本要求

各级档案部门要以"三个代表"重要思想为指导,继续探索档案工作为社区建设服务的新思路、新方法和新途径,为全面建设小康社会做出积极贡献。

1. *提高认识,增强开展社区档案工作的责任感和紧迫感。*为最广大人民的根本利益服务是我们党一切工作的出发点和归宿。档案部门作为党委和政府的工作部门,所进行的一切活动都应想群众之所想,急群众之所急,在维护和实现最广大人民根本利益上发挥应有的作用。实践证明,开展社区档案工作之所以受到社区居民的普遍欢迎和青睐,就是因为社区档案与社区居民的日常生活息息相关,紧密相联,关系到社区居民的切身利益。通过利用社区档案,可以解决社区居民遇到的一些困难和问题,维护居民自身权益。因此,我们要充分认识社区档案工作是社区建设的一项重要任务,社区建设需要档案和档案工作,我们要把社区档案工作当成一件大事,抓好、抓实,抓出成效。要充分认识社区档案工作是整个档案事业的重要组成部分，开展社区档案工作是加强国家档案资源建设的重要举措，是为全面建设小康社会服务的重要任务。要充分认识到档案工作为中国特色社会主义事业服务越是到位，各级领导、各个单位、社会各方面对档案工作就会越重视、越支持，档案事业的发展方向就越正确，发展的环境就会越好，发展的局面就会顺利打开。我们一定要从践行“三个代表”重要思想的高度，进一步增强做好开展这项工作的责任感和紧迫感，不断提高做好社区档案工作的自觉性。

2. 周密部署，积极稳妥地推进社区档案工作。社区档案工作是档案工作的一个新领域，必须有计划、有重点、分步骤地进行。各级档案部门要根据当地实际，积极主动地将社区档案工作纳入档案工作范畴，制定社区档案工作发展计划，完善社区档案工作规章制度，围绕社区建设需要明确服务重点，积极稳妥地推进社区档案工作。要重点抓好社区下岗职工和失业人员档案、群众健康档案、孤寡老人档案、特殊需求户档案的收集、保管和提供利用工作，这些档案涉及千家万户，关系人民群众眼前和长远利益。要保管好、利用好社区档案，为实现最广大人民根本利益服务，促进人民生活水平和质量不断提高。未开展社区档案工作的地区，可以先行试点，培育典型，总结经验，以点带面，逐步推广，推动全局。在开展社区档案工作过程中，要不断总结经验，探索社区档案工作长效管理工作机制。

3. 实事求是，从实际出发抓好社区档案工作。我国社区建设采取的是梯次推进的发展战略，从大中城市开始启动，逐步向中小城市和城镇发展。国家将在今后五年，在近700个城市，800多个市辖区，8万多个居委会，有计划、有步骤地推进社区建设。各地档案部门要根据社区建设发展到哪里，档案工作就应该延伸到哪里的原则，因地制宜抓好社区档案工作。我国地域辽阔，经济、文化水平发展不平衡，因此，各地档案部门一定要根据当地社区建设实际，根据地区经济和社会发展的水平与现有工作基础，实事求是，分类指导，创造性地开展工作。经济发达的地区，社区档案工作的标准要高一些；经济相对落后的地区，社区档案工作可从基础工作做起，标准逐步由低到高，项目逐步由少到多，不断丰富内容，力戒形式主义。

4. 搞好协调，密切配合民政、劳动与社会保障、文明办等部门开展社区档案工作。党中央、国务院已明确社区建设是党委政府领导、民政部门牵头、有关部门配合、社区居委会主办、社区居民和社会力量广泛参与的新的社区建设工作机制。档案部门要在各级党委和政府的统一领导下，与民政、劳动与社会保障、精神文明建设、卫生、宣传、司法等部门密切配合与协作，结合实际情况，认真调查研究，制定切合实际的工作方案。在具体工作过程中，档案部门要在主管部门的统一协调下，使社区档案工作在制定社区建设工作发展规划和检查布置社区工作的同时，被一并考虑进去。要主动同党委、政府的领导力量，民政部门的协调力量，驻地单位的协同力量，社区居委会的主办力量，居民群众参与力量和理论工作的指导力量结合起来，共同提高社区档案工作为社区建设服务的水平和质量。

5. 加强培训，提高社区档案干部队伍综合素质。社区档案工作能否搞好，档案工作人员的素质至关重要。从目前的情况来看，社区档案工作人员来自不同的岗位、不同的专业，具有不同的文化层次，多数人员对档案业务还不够了解，这在一定程度上影响了社区档案工作的开展。各级档案部门要积极采取有效措施，培训社区档案工作人员，以适应新世纪新阶段对社区档案工作的要求。

同志们，党的十六大为我们指明了前进方向，让我们高举邓小平理论伟大旗帜，以“三个代表”重要思想为指导，在以胡锦涛同志为总书记的党中央领导下，解放思想、实事求是、与时俱进，发扬艰苦奋斗的精神，团结一致、扎实工作，努力开创社区档案工作的新局面，为实现全面建设小康社会的宏伟目标做出积极的贡献。

国家档案局局长、中央档案馆馆长毛福民在全国档案工作暨表彰先进会议上的讲话

（2003年12月20日）

同志们：

这次全国档案工作暨表彰先进会议是在中央的亲切关怀下召开的。中共中央政治局候补委员、中央书记处书记、中央办公厅主任王刚同志出席会议并作了重要讲话。中央办公厅副主任由喜贵、令计划、樊士晋、毛林坤同志也出席了会议。王刚同志的讲话高屋建瓴，内容深刻，语重心长，特别强调档案部门要以邓小平理论和“三个代表”重要思想为指导，全面贯彻十六大和十六届三中全会精神，紧紧围绕全面建设小康社会的奋斗目标，围绕新世纪新阶段改革开放和现代化建设的各项任务，明确职责，找准位置，自觉做好服务大局、服务群众的工作。这是对全国档案工作者的极大鞭策。我们一定要按照中央领导同志的要求，进一步做好档案工作，更加扎实有效地为建设中国特色社会主义事业服务。

这次全国档案工作暨表彰先进会议的主要任务是：以邓小平理论和“三个代表”重要思想为指导，深入学习贯彻党的十六大、十六届三中全会和中央经济工作会议精神，总结2003年全国档案工作，部署2004年全国档案工作，表彰一批在档案工作中做出突出贡献的先进集体和个人，激励广大档案工作者以奋发有为、开拓创新的精神状态，为全面建设小康社会做出新的贡献。

一、学习先进，争创一流，推动档案事业不断向前发展

这次表彰活动是人事部和国家档案局在新世纪举行的首次表彰活动，对于推动我国档案事业的快速、协调、全面发展具有重要意义。在此，我代表国家档案局中央档案馆向这次受到表彰的先进集体、先进工作者和优秀集体、优秀工作者表示热烈的祝贺！

这次受到表彰的集体和个人，是档案部门和档案工作者的优秀代表。在他们身上，集中体现了档案工作者坚持为建设中国特色社会主义事业服务的崇高精神。建设中国特色社会主义事业，是一项充满艰辛、充满创造的伟大事业。伟大的事业需要并产生崇高的精神，崇高的精神支撑和推动伟大的事业。档案工作者在新的形势、新的任务面前，要向先进集体、先进人物学习，在档案工作中大力弘扬坚持为建设中国特色社会主义事业服务的崇高精神，把我们的事业不断推向前进。

学习先进，就要学习和弘扬他们解放思想、实事求是、与时俱进、开拓创新的精神。随着档案工作各项条件的不断变化与发展，档案工作的内容与形式也需要不断创新，不断发展。要始终坚持从档案工作的实际出发，使档案工作的方针、政策、法规、标准，档案工作者的思想、观念，同当前我国的经济社会发展相适应。要从档案事业的各个发展阶段和具体环节出发，针对档案工作遇到的新情况、新问题，遵循实践、认识、再实践、再认识的认识规律，不断研究新情况，解决新问题，形成新认识，开辟新境界。要努力进行档案工作的理论创新、机制创新、科技创新，以创新带动发展，促进发展。我们要向先进集体、先进人物学习，善于顺应社会发展潮流，善于从实际出发，确定正确的发展方向和道路，推进档案事业健康、持续发展。

学习先进，就要学习和弘扬他们知难而进、顽强拼搏的精神。档案事业在发展中，会遇到很多困难。知难而退，畏难不前，只会半途而废。迎着困难上，在克服困难中打造一片新天地，我们的事业才能成功。档案事业只有在不断克服困难、战胜挑战中才能向前推进。我们要向先进集体、先进人物学习，不畏艰难，顽强拼搏，坚韧不拔，敢于胜利，压倒一切困难，战胜一切挑战，满怀信心地做好档案工作。

学习先进，就要学习和弘扬他们艰苦奋斗、无私奉献的精神。从事档案工作这一神圣的职业，需要有强烈的事业心、高度的责任感和良好的职业道德，不怕艰苦，勤俭办事，吃苦耐劳，恪尽职守，不辜负党和人民的重托。我国还处在社会主义初级阶段，档案事业的发展还面临不少困难，要坚持发扬艰苦奋斗的精神。我

们要向先进集体、先进人物学习,淡泊名利,任劳任怨,任何时候都把党和人民的利益放在首位,把做好档案工作,为建设中国特色社会主义事业服务作为自己的人生追求。

希望受到表彰的全国档案系统先进集体、先进工作者和档案工作优秀集体、优秀工作者,继续保持和发扬档案工作者的优良传统和作风,继续保持和发扬坚持为建设中国特色社会主义事业服务的崇高精神,谦虚谨慎,戒骄戒躁,充分发挥先进模范带头作用,把成绩和荣誉作为新的起点,为党和人民再立新功。

通过这次表彰活动,我们要在全国档案系统兴起一个学习先进、争创一流的新高潮,激励全国档案工作者以饱满的热情、振奋的精神和昂扬的斗志投入到中国特色社会主义事业建设中去,在平凡的档案工作岗位上建功立业。

二、2003年全国档案工作的基本情况

2003年是贯彻落实党的十六大精神,全面建设小康社会的开局之年,是极不平凡的一年。在这一年里,我们党、国家和人民经历了"非典"疫情的严峻考验,并取得了胜利;根据党中央的部署,全党兴起了学习贯彻"三个代表"重要思想的新高潮;党的十六届三中全会胜利召开,作出了完善社会主义市场经济体制的重大历史性决策;首次载人航天飞行圆满成功,标志着我国的综合国力和科技实力进一步增强。在党的十六大精神指引下,我国经济发展、民族团结、社会稳定,全面建设小康社会开局良好。

2003年也是我国档案工作历史上极为重要的一年,是档案事业发展非常好的时期之一。在这一年里,中央领导同志对档案工作极为关注,多次对档案工作作出重要指示。中共中央政治局委员、国务院副总理曾培炎同志要求认真做好三峡工程文件资料的验收工作,确保档案资料的完整、准确、安全。中共中央政治局候补委员、中央书记处书记、中央办公厅主任王刚同志先后就防治"非典"工作文件材料的收集归档、社区档案工作、档案宣传工作、电子公文归档管理、档案安全问题等作出重要批示。在如此短的时间内,中央领导同志多次对档案工作作出指示,这在档案工作历史上是不曾有过的。这些重要指示从党和国家的中心工作出发,深刻反映了党和国家工作大局及全面建设小康社会对档案工作的要求,为我国档案事业的进一步发展指明了方向。这些重要指示充满了对广大档案工作者的信任,饱含深情,寄予厚望,充分体现了中央领导同志对档案工作的高度重视、真切关心和巨大支持。这些重要指示针对我国档案工作实际,关系全局,明确具体,不但对我们做好今年的各项工作、而且对今后一个时期全国档案工作的发展都具有重要而深远的指导意义。在中央领导同志重要指示精神的激励下,全国档案工作者努力实践"三个代表"重要思想,积极主动工作,在加强档案基础业务建设、为全面建设小康社会服务等方面取得了显著成绩。

(一)创新进取,服务成效愈益显著

当前,各级档案部门的服务创新意识明显提高,档案工作越来越贴近中心,贴近群众,贴近实际,档案工作为各级领导决策服务、为各部门工作服务、为社会各界和广大人民群众服务更加有声有色。

今年上半年"非典"疫情暴发后,全国各级档案部门紧紧围绕抗击"非典"开展工作,得到了各级领导的肯定。国家档案局及时与全国防治非典型性肺炎指挥部办公室联合下发《关于做好防治非典型肺炎工作文件材料收集归档工作的通知》,由国务院办公厅发至各省、自治区、直辖市人民政府,党中央、国务院各部委、各直属机构等,对确保防治"非典"工作档案资料的完整、系统提出了具体要求。王刚同志在《通知》上作了重要批示,后又电话指示,多次强调这项工作的重要性。在王刚同志批示和《通知》精神的指导下,各级档案部门积极行动,把防治"非典"工作文件材料的收集归档作为一项重要工作抓实抓好。同时,还通过汇编专题档案资料、整理专题材料等方式,主动为各级领导和有关部门提供服务,在抗击"非典"的斗争中发挥了档案工作应有的作用。

各级档案部门努力实践"三个代表"重要思想,紧密围绕全面建设小康社会的奋斗目标,积极主动开展社区档案工作。加强社区建设,是十六大确定的政治建设和政治体制改革的重要方面,对于促进经济和社会协调发展,提高人民的生活水平和质量,扩大基层民主,维护社会稳定,具有十分重要的意义。各级档案部门把社区档案工作作为社区建设的一项重要任务,作为整个档案事业的重要组成部分,周密部署,积极推进。在上海召开的全国社区档案工作座谈会,以王刚同志有关重要批示精神为指导,总结、交流了近年来档案部门推进社区档案工作的成绩和经验,研究了社区档案工作中存在的问题,提出了进一步开展社区档案工作的任务和要求。档案工作进社区,扩大了档案工作为最广大人民群众服务、为全面建设小康社会服务的成果,受到广大群众的欢迎。

各级档案部门积极配合依法行政、政务公开,把已公开现行文件提供利用工作继续推向深入。越来越多的档案部门建立了现行文件阅览室或现行文件中心,目前全国已有约500个综合档案馆面向社会、面向公众开展了已公开现行文件利用工作。

各级档案部门发挥档案信息资源的优势,积极为社会主义精神文明建设服务。今年是毛泽东同志诞辰

110周年，中央档案馆国家档案局拍摄了110集电视文献片《百幅手迹怀伟人——毛泽东的110个故事》，在中央电视台、中国教育电视台和北京电视台等十几家电视台播出，并发行了光盘和图书。我们还与中共中央文献研究室共同举办了"毛泽东档案展"。各地档案部门也积极举办具有档案特色的相关纪念活动。档案馆爱国主义教育基地建设蓬勃发展，在社会主义精神文明建设中发挥了重要作用。档案报刊立足档案，面向社会，赢得越来越多的读者和越来越大的影响，并得到中央领导同志的充分肯定和鼓励。通过丰富多彩、灵活多样的档案宣传，不断为社会奉献政治合格、具有较高艺术水准的精神文化产品，使档案工作在服务大局、发展繁荣中国特色社会主义文化中发挥了重要作用。

(二)脚踏实地，基础建设更加牢固

国家档案资源建设得到加强，档案收集、保管工作取得新成绩。一些中央、国家机关根据本单位档案工作的特点，有条不紊地推进文书档案整理改革进程。国家档案局中央档案馆从今年起在中央、国家机关开展移交档案质量检查活动。各地档案部门高度重视重大活动和突发事件档案的接收和征集工作，加大工作力度，确保这部分档案齐全完整并得到妥善保存。一些档案部门在改革档案接收范围、拓宽档案接收渠道方面大胆进行尝试，有的档案部门围绕地方特色，积极主动地开展相关档案的收集工作，这些都对丰富馆藏内容、提升馆藏质量起到了重要的作用。

经中国档案文献遗产工程国家咨询委员会认真评审，35件(组)档案入选第二批中国档案文献遗产名录。这项工作在弘扬民族优秀传统文化的同时，有效推动了各级档案馆更具针对性地做好重点档案的保护和抢救工作。

为妥善处置机构变动部门和单位的档案，国家档案局和地方各级档案部门及时就加强机构改革中的档案工作发出专门文件，对档案的收集、整理、保管、利用和清理、交接、移交进馆等作出明确规定，同时加强监督与指导，保证了机构改革中档案归属与流向合理，国家的档案资源不受损失。在一些撤地设市、乡镇行政区划调整的地方，档案部门也采取有效措施，加强了档案管理工作，并收到很好的效果。

随着国民经济和社会发展的不断进步，档案馆舍建设不断得到加强。国家档案馆建设列入了国民经济和社会发展"十五"计划，一批新的档案馆舍落成或在建。其中一些新建档案馆建筑具有鲜明的专业特色和文化内涵，成为当地的标志性建筑，而且功能更加齐全，为利用者提供更加多样化、人性化的服务，更好地发挥档案馆的社会教育功能。

在部分遭遇严重洪涝灾害的地区，档案部门全力投入防汛抗洪斗争，对确保汛期档案安全和抗洪救灾斗争文件材料收集归档工作等提出明确要求，迅速编辑抗灾救灾档案资料供领导部门参考，及时对受到洪涝灾害威胁的档案采取有效保护措施，切实做到严防死守，保证了档案安全。

(三)加快步伐，现代化水平不断提高

档案信息化建设稳步发展，取得一批突破性成果。为配合全国政府系统办公业务资源网传输电子公文工作，国家档案局就电子公文归档与管理、国家基础档案文献信息资源库建设及公开档案信息网上查询服务等问题向国务院信息化工作办公室提出建议，以推进电子政务建设中相关档案工作同步发展。为规范电子公文的归档，保证归档电子公文的完整与安全，国家档案局发布了《电子公文归档管理暂行办法》。王刚同志就此作出重要批示，为我们指明了档案信息化建设的着眼点和落脚点，对全面推进我国的档案信息化建设具有重要指导意义。

各级档案部门认真组织落实《全国档案信息化建设实施纲要》，工作取得新的进展。电子文件归档管理和电子档案管理系统的研究与开发切实加强；档案目录数据库建设不断推进，在有条件的档案馆，档案全文数据库和多媒体数据库建设逐步展开，加快了档案数字化进程；各级档案行政管理部门积极参与当地政府上网工程和电子政务建设，研究制定相关制度和办法，开通了一批新的档案网站。数字档案馆建设取得可喜成绩，为研究和探索信息化条件下档案管理新模式积累了宝贵的经验。

档案科研的重点向档案信息化建设转移，相继取得了一批重要成果，电子政务环境下档案管理对策研究、数字档案馆关键技术研究等一批重大课题开始立项研究，电子文件归档方面的研究开始向深层次进展。列入科技部2003年重点科技项目计划的"档案数字化技术的推广应用"项目和列入国家社会科学基金重点项目计划的"电子文件和电子档案真实性、完整性保证及其法律地位的认证验证系统"项目，正在按计划实施。各级档案科技部门在完善科研机制、加快产品开发、促进成果推广等方面有所创新，对档案科技工作的投入有所加大，档案科研不断取得新成果，科技成果推广和应用稳步开展。

(四)突出重点，各项工作协调发展

各级档案部门围绕经济建设这个中心，认真做好经济领域的档案工作，取得了明显成效。档案部门加强三峡二期枢纽、输变电工程及移民档案工作，在"非典"肆虐期间坚持工作并按时完成了枢纽工程和移民工程档案验收任务，有力配合了三峡二期工程的顺利进行。国务院长江三峡二期工程验收委员会对三峡工程档案工作给予充分肯定。在西气东输、西电东送、退耕还林以及南水北调等新世纪关系国计民生的重大工程中，档案部门都积极参与，热情服务。在抓好改制国有企业档案工作的同时，各级档案部门大力推进个体、私营等非公有制经济领域的档案工作。为深化农业农村档案工作，各级档案部门纷纷采取服务新举措，出台相关制度或办法，把档案工作融入与农业、农村、农民相关的各个方面，并加强了具体业务指导。

各级档案行政管理部门进一步加强依法行政。按照国务院关于行政审批制度改革工作的要求，国家档案局对行政审批事项进行了进一步清理，根据国务院决定，第二批又取消6项有关审批项目，并加强了相关后续管理制度的研究工作。国家档案局对10个省、自治区、直辖市和20个中央、国家机关、中央企业进行了档案行政执法检查。各地区也通过发布地方性法规或行政规章、规范档案行政执法行为、开展群众性普法活动等多种形式推进档案法制建设，加大了依法管理档案事业的力度。

档案教育培训工作健康开展，档案人员素质不断提高。各级档案部门普遍开展了岗位培训，很多地方推行了持证上岗制度。档案人员继续教育工作取得新的进展，档案人员的知识结构不断得到改善。

档案工作对外交流与合作进一步扩大。国家档案局制定了档案人员出国(境)培训管理办法。今年9月召开的中俄教文卫体合作委员会第四次会议，宣布在委员会框架内成立中俄档案合作工作小组，这将进一步加强中俄两国档案工作的交流和相互合作。参加了第37届国际档案圆桌会议，派员赴加拿大参加电子政务培训、赴新加坡进行访问研究。中国和斯洛文尼亚国家档案局在北京共同主办了“斯洛文尼亚城市的变迁”档案资料图片展览，进一步密切了两国档案工作者的交流与合作。我国主办的国际档案理事会东亚地区分会第六次大会暨企业发展与档案工作研讨会圆满成功，很好发挥了我国在国际档案组织中的作用，并从专业研讨中获得了大量有益的启示。俄罗斯等4个国家的档案代表团前来我国访问，开展档案工作交流。积极开放的档案工作对外交流与合作，展示了我国档案工作的良好形象，并对我国档案事业的发展起到了促进作用。

在肯定成绩、总结经验的同时，我们也应清醒地看到档案事业发展中还有许多重要课题需要我们进一步探索和回答。例如，如何建立和完善与政务信息化、企业信息化和社会信息化相适应的电子文件归档与电子档案管理规章制度及管理系统；如何更加科学合理地确定国家所有各类档案的归属和流向，规划国家档案资源建设；如何有效开展与现代企业制度相适应的现代企业档案工作；档案工作如何为多种所有制经济组织服务以及如何规范多种所有制经济组织的档案工作；如何全面提高档案人员的综合素质，建设好干部队伍等等。这些既是挑战和难点，也是档案事业持续发展的机遇和我们工作的重点。

三、2004年全国档案工作的主要任务

2004年是实现“十五”计划的关键一年，也是全面落实十六大和十六届三中全会精神，深化改革、扩大开放、促进发展的重要一年。做好2004年的工作，对于加快推进全面建设小康社会的进程，具有十分重要的意义。2004年全国档案工作的总体要求是：以邓小平理论和“三个代表”重要思想为指导，全面贯彻十六大、十六届三中全会和中央经济工作会议精神，按照王刚同志的重要讲话要求，抓服务，搞建设，谋发展，保安全，带队伍，进一步发挥档案工作的社会功能，推动档案事业全面健康发展，为实现全面建设小康社会宏伟目标做出新的贡献。

(一)坚持不懈抓服务

我们在总结十三届四中全会以来档案事业发展的经验时归纳的最根本经验，就是必须坚持把为中国特色社会主义事业服务作为档案工作的生命线，这是党和国家对档案工作的根本要求，也是档案工作的根本任务。服务是档案工作的中心环节，是社会对档案工作的迫切需要，是档案部门与党和政府、与各个工作部门、与广大人民群众联系的桥梁和纽带。我们要紧贴中心，紧扣主题，把为党和国家工作大局服务作为我们的工作重点，常抓不懈；要树立自觉为党和国家工作大局服务的意识，增强政治敏锐性，紧紧围绕大局开展档案工作；要增强档案服务工作的预见性和前瞻性，准确把握党和国家的大政方针、工作重点，使档案服务工作做到有计划、有准备、有预案、有重点，更好地为党和国家中心工作服务。2004年，我们要重点抓好以下几项服务工作：

1.认真贯彻落实党的十六届三中全会精神，为完善社会主义市场经济体制服务。党的十六届三中全会作出《中共中央关于完善社会主义市场经济体制若干问题的决定》，提出了完善社会主义市场经济体制的任务和要求。我们要认真学习、深刻领会，并根据中央经济工作会议确定的经济工作重点向调整经济结构、转变增长方式、提高增长质量和效益转移，结合各地区、各系统、各部门的实际，做好相应的服务工作，特别要做好企业档案工作、信用档案工作、重点建设项目档案工作、社区档案工作、农业农村档案工作、资产重组档案工作、就业及社会保障档案工作等，把档案服务工作做到完善社会主义市场经济体制的各个方面去，发挥积极作用。

2. 深化已公开现行文件提供利用工作，切实为广大人民群众服务。在档案工作中贯彻"三个代表"重要思想，重要的是用我们的实际工作去实现人民的愿望，满足人民的需要，维护人民的利益。我们近两年开展的已公开现行文件提供利用工作，受到了各级党委和政府的重视和支持，受到了广大群众的欢迎，受到了众多新闻媒体的关注，成为档案部门落实"三个代表"重要思想的很好形式。各级档案部门要积极行动起来，认真总结经验，周密部署，全面推进，提高水平，保证质量，把已公开现行文件提供利用工作进一步推向深入，争取将其纳入政府信息公开工作体系，在我国的政府信息公开工作中发挥档案部门应有的作用。

3. 进一步开展农业农村档案工作，直接为农民群众服务。解决好"三农"问题，是全党工作的重中之重。档案部门要紧紧围绕农民对档案工作的实际需求，带着深厚的感情为农民服务。要继续拓展已公开现行文件利用工作的服务领域，更好地为农民群众提供他们需要的"红头文件"。要积极主动地为农民服务，比如，可以配合有关部门开展的"三下乡"活动，将相关的档案资料收集起来，常年为农民开展服务，使"三下乡"变成"三在乡"。在档案工作为农民服务方面，一些地方已做了有益的探索和尝试，国家档案局准备在2004年召开全国农业农村档案工作经验交流会，总结、交流各地开展农业农村档案工作，为农民服务的好经验、好做法，推动档案工作在为巩固和加强农业基础地位、千方百计维护农民利益服务方面收到更多实效。各级档案部门要把为农民服务作为档案服务工作的重点，进一步理清为农民服务的思路，明确为农民服务的重点，注重为农民服务的效果。

4. 继续做好社区档案工作，更好地为社区建设服务。要按照王刚同志对社区档案工作提出的要求和希望，贯彻落实全国社区档案工作座谈会议精神，进一步周密部署，推动社区档案工作向纵深发展。各地情况千差万别，社区建设也各具特色，档案部门一定要从各自实际出发，密切配合民政、劳动与社会保障、精神文明建设等部门，积极探索社区档案工作的新思路、新方法和新途径，促进社区档案工作与社区建设同步发展。要把档案工作与社区建设的具体活动结合起来，建立起完善的社区档案工作体系，为社区居民提供全方位的档案服务。

(二)聚精会神搞建设

党的十六大报告提出，"综观全局，二十一世纪头二十年，对我国来说，是一个必须紧紧抓住并且可以大有作为的重要战略机遇期。"要加深对"重要战略机遇期"的理解，抓住国家经济和社会发展的机遇期，聚精会神搞好档案事业建设。当前，应重点抓好四项建设：

1. 法制建设。进一步建立和完善档案法规体系，使其更加具有实践性和可操作性，更加适应新形势下依法管理档案事业的需要。继续加大档案行政执法检查的力度，做到档案行政执法检查制度化、经常化、规范化。国家档案局要继续开展对各省、自治区、直辖市和中央、国家机关的档案行政执法检查，各地也要开展相应的活动。通过档案行政执法检查，提请有关领导重视一些地方和单位亟需解决的档案馆舍建设、改善档案安全保管条件、给档案部门必要的行政编制以及划拨发展经费等方面的问题，督促有关部门依法办事，促使问题及早得到解决。进一步规范档案行政执法检查程序，建立必要的行政执法检查反馈制度，监督有关单位做好整改工作，使档案行政执法检查更具实效。《中华人民共和国行政许可法》将于2004年7月1日起施行，这部法律的出台，对全面推进依法行政提出了更高的要求，各级档案行政管理部门要按照国家有关要求，认真学习贯彻《行政许可法》，积极主动与有关部门联系，尽早明确行政执法主体地位，积极清理法规规章，严格规范行政许可行为，进一步提高依法行政的整体水平，保障档案事业在法制的轨道上健康发展。

2. 馆舍建设。在新世纪新阶段，各级国家档案馆应该具有四位一体的功能，即档案安全保管的基地、利用档案开展爱国主义教育的基地、已公开现行文件集中向社会提供利用的中心、档案信息服务中心。档案馆馆舍是确保四位一体功能实现的基础条件。馆舍建设要注重档案库房的建设，把确保档案的安全保管作为馆舍建设的首要任务，同时要注重对利用档案所需空间的建设，方便更多的群众走进档案馆。在馆舍建设问题上，要比以往更具开放意识和服务意识，要十分重视保管空间与利用空间的合理安排。各级档案部门要不断增强机遇意识，善于利用机遇，把促进档案馆舍建设放到档案事业的全面发展中去考虑，去谋划。档案馆舍建设牵动着档案工作全局，这一块抓住了，就能带动整个档案工作上台阶。为确保馆舍建设抓出成效，一要主动争取党委和政府的支持，积极与有关主管部门沟通，力争将档案馆舍建设列入当地的发展计划。二要采取各种措施，在政策上、资金上积极引导，制定计划，完善标准，促进档案馆舍建设水准伴随国民经济和社会发展的进步而提高。三要培育和推荐一批充分体现档案馆社会性、文化性、开放性、现代性和标志性特点的档案馆建筑，大力宣传，积极推广，促进档案馆建设在全国均衡发展。

3. 馆藏建设。各级档案行政管理部门要站在国家档案资源建设的高度，依据《档案法》的规定，加强对档案馆馆藏建设的统筹协调、监督指导，以保证各级档案馆将有关档案资料完整、及时地收集进馆，建立内容丰富、结构合理的馆藏体系。加强国家档案信息资源建设，依据有关档案法律、法规，做好档案馆的接收、征集工作。要根据各方面情况的变化，在调查研究的基础上，及时调整接收、征集范围，注意把全面建设小康社会进程中产生的各种新型档案和同人民群众各方面利益密切相关的档案纳入接收、征集范围，使其成为国家档案馆馆藏体系中新的重要组成部分。要根据各方面需求科学整合档案信息资源，为丰富利用手段、提高利用层次奠定基础。要加强基础业务建设，进一步做好档案整理和编目等工作，使档案全宗区分清楚，案卷质量规范、标准，建立完整、便捷的检索体系，方便档案利用。

4. 信息化建设。档案信息化建设是当前档案部门一项重要而紧迫的任务，特别是面对国家电子政务建设全面展开的新形势，档案部门必须全力以赴，加快研究解决电子政务环境下档案工作的关键业务和技术问题。要以王刚同志关于电子公文归档与管理工作的重要批示为指导，坚持文档一体化原则、电子文件与纸质文件并存的原则、确保网络安全的原则，认真贯彻落实《电子公文归档管理暂行办法》，加强电子政务中形成的电子公文的归档与管理工作，确保电子公文、电子档案的保真、保密和安全科学保存。在此基础上，利用电子政务平台，积极开展已公开现行文件和档案信息网上查询服务，全面提高档案利用的效率和质量。目前，电子文件大量产生、电子档案利用也都在计算机上进行，为方便利用，过去形成的大量非数字形式档案，也需要转换为数字形式。这是一项非常繁重的任务，必须有计划、有步骤地进行。有条件的档案馆，都要对馆藏档案状况进行科学全面的分析，区别轻重缓急，稳步推进馆藏档案的数字化。

（三）统筹兼顾谋发展

发展是我们党执政兴国的第一要务，发展同样是档案事业建设的第一要务。面对我国改革开放和现代化建设快速发展的形势，档案部门不加快发展，就会落伍，就有可能被淘汰出局。档案事业要加快发展，就要力争实现档案工作的良性运行和协调发展，一方面要实现档案事业与国民经济和社会发展相适应、相协调，另一方面在档案工作系统内不同部门、不同层次之间也要实现相互促进，相互协调，统筹兼顾。

1. 认真履行档案事业行政管理和档案保管利用两种职能，实现全面发展。同时履行档案事业行政管理和档案保管利用两种职能的档案工作体制，是中国特色社会主义档案事业的显著特点和重要优势，这已为成功实践所证明。在今后工作中，我们要更加全面、更加协调地履行档案事业行政管理和档案保管利用两种职能，充分发挥这种体制的优势，既要依法进一步加强档案事业行政管理工作，又要适应新形势创造性地做好档案保管利用工作，把两种职能有机结合起来，使两种职能在内在统一的基础上不断加强，相得益彰，促进档案事业的更大发展。在坚持全面履行两种职能的前提下，要正确处理好档案事业发展进程中存在的诸多相互影响、相互作用的关系，如保管与利用、利用与编研、主体与基础、现代化管理与基础业务建设、工作需要与人才培养等关系。实现全面发展，要找准切入点、突破口，例如，形式活泼、内容多样的档案宣传教育活动已经成为一种富有吸引力、影响力，充满活力的档案利用方式，要充分利用这一有效手段，开展更多有文化气息、有档案特色的宣传教育活动，让更多的人感受档案记录历史、传播文化、教育人民的作用，以此带动接收征集工作、开发档案信息资源工作、档案普法工作、对外交流工作等。2004 年是邓小平同志诞辰 100 周年，国家档案局中央档案馆计划拍摄一部百集电视文献片《百幅手迹忆小平》，利用档案资料宣传小平同志的丰功伟绩和光辉理论。各地档案部门都要抓住这一机遇，发挥档案优势，开展相应的宣传纪念活动。我们正着手筹办“中国历史档案珍品展”，拟作为档案工作对外合作交流项目于明年到一些国家展出，让更多的外国朋友通过档案了解中国的悠久历史，加深友好交往。

2. 以服务带动档案工作与国民经济和社会发展同步前进，实现协调发展。经济社会发展是档案事业发展的基础，档案事业发展要与国民经济和社会发展相适应，相协调。档案工作只有在为经济社会发展服务的过程中充分展示自身的价值，才能随着经济社会的发展而同步发展。一是档案工作要主动适应经济社会快速发展对档案工作的需求。比如，随着社会主义市场经济体制的逐步完善，迫切要求规范社会主义市场经济秩序，档案部门要及时推出建立信用档案的举措，为社会信用体系的建设和逐步完善做出应有的努力。面对以经济建设为中心的工作大局，档案部门要自觉为促进先进生产力发展服务，主动做好企业、重点建设项目、科学技术等方面的档案工作，有关档案部门要配合党和国家振兴东北地区等老工业基地战略的实施，积极提供档案服务。二是档案部门提出的工作目标要符合整个经济社会发展的目标。我们开展的已公开现行文件提供利用是在党和政府实行政府信息公开，切实为老百姓服务的背景下提出的，我们实施的档案信息化建设纲要也是适应了国家电子政务建设的需求。三是档案事业发展要纳入经济社会发展计划。档案事业是中国特色社会主义建设事业的一部分，同时为现代化建设提供不可缺少的服务，因而必须纳入国民经济和社会发展计划。我们强调档案信息化建设与国家信息化建设同步发展,强调机关档案管理现代化与机关办公自动化相适应,强调将档案馆建设纳入经济强省、文化大省发展规划等等,就是基于这种考虑,一些地方这样做了并取得了很好的效果。

3.坚定不移地坚持"以科教振兴档案事业"的方针,实现持续发展。要把积极研究应用先进适用的科学技术作为发展档案事业的关键,把档案科技放到档案工作的重要位置加以谋划,提高档案工作的科技水平。集中力量组织实施关系全局的重大档案科技项目,研究解决档案工作中的重大理论和关键技术问题。进一步改变重研究轻应用的状况,大力加强档案科技成果转化工作,为档案事业发展提供更加有力的技术支持和保障。要把档案教育作为档案事业发展的基础,牢固树立人才资源是第一资源,是最重要最宝贵资源的观念。不断创新档案教育工作机制,不断完善档案教育工作制度,不断更新档案教育培训内容,不断提高档案教育师资水平,努力建设一支具有坚定理想信念、掌握现代科技知识和专业技能、胜任本职工作、富有创新能力的高素质档案专业技术人才队伍,为档案事业发展提供更加优质的人才保证和智力支持。

(四)警钟长鸣保安全

确保档案安全,是档案工作永恒的主题。各级档案部门一定要把档案安全时刻挂在心上,牢牢抓在手中,具体落实到人,做到警钟长鸣保安全,确保档案万无一失,让党和国家放心,让人民放心。

1.开展经常广泛深入的档案安全教育。通过教育,使广大档案工作者不断增强使命感、责任感,时刻牢记确保档案安全,责任重于泰山。全体档案工作者都要从对党、对国家、对人民负责的高度,深刻认识档案安全的极端重要性,深刻认识自己肩负的重大责任,自觉从思想上、行动上把确保档案安全放在各项工作的首位。

2.切实做好档案安全保管工作。各级档案部门要定期对档案保管状况进行全面彻底的检查,及时发现影响档案安全的隐患,果断采取有效措施,坚决堵塞危及档案安全的漏洞。要在调查研究的基础上,切实加强档案库房防火、防盗、防虫、防霉、防光、防尘、防水(潮)、防有害气体工作,确保档案安全。

3.严格把好档案利用安全关。各级档案部门要增强档案利用安全意识,正确处理好确保档案安全和方便利用的关系。在提供利用过程中,认真执行国家有关规定,履行利用档案相关手续,加强对利用档案的监管工作,既要保证档案实体不丢失、不损坏,又要保证未开放的档案信息不失密、不泄密。

4.狠抓整章建制工作。各级档案部门要根据新形势下档案工作的新特点,对现有规章制度进行认真清理,进一步建立健全档案保管、编目、利用、编研、保护、保密等方面的规章制度。对规章制度执行情况加强督促和检查,定期进行考核,确保各项规章制度落到实处。

5.进一步完善各级档案安全责任制。在档案部门,档案安全,人人有责。要把档案安全作为档案部门、档案工作者各项考核的首要指标,实行一票否决。在档案安全上出了问题,给党和国家造成损失或造成不良影响,必须严肃追究这个档案部门负责人和各级责任人的责任。

(五)与时俱进带队伍

新世纪新阶段档案工作的任务十分繁重,要完成好党和人民赋予我们的神圣使命,必须有一支政治强、业务精、作风好的档案干部队伍。为使各项工作落到实处,必须坚持以人为本,花大力气,下真功夫,带好队伍,使大家心往一处想,劲往一处使,齐心协力开创档案工作新局面。

1.锻炼队伍。各级档案部门要想方设法为档案工作者创造良好的成长环境,提供更多的锻炼提高机会。要立足于现有队伍,对现有人员状况进行科学分析,扬长避短,给他们压担子、提要求,激发他们的工作热情。要合理配置人力资源,以老带新,以熟带生,以强带弱,实现人尽其才,才尽其用。每个档案工作者,不论年龄大小,资历深浅,只要抓住机遇,只要刻苦努力,只要勇于奉献,都可以成为某一方面的专家,关键是要有一个良好的机制。各级档案部门的领导都要重视在工作实践中锻炼队伍,提高队伍,在实践中成长起来的、在搞好档案工作"三服务"中涌现出来的人才是最适用、最宝贵的,也是我们的事业最需要的。

2.培训队伍。不断发展变化的新形势对档案工作者的素质提出了越来越高的要求,档案工作者如果不加强学习,不更新知识,就难以承担新形势下档案工作的重任。各级档案部门要积极创造条件,加大岗位培训和继续教育的力度,大规模、全方位地建设终身学习型单位。一要创造学习的条件,浓化学习的氛围,引导档案工作者树立终身学习的观念,强化竞争意识。二要突出学习的重点,不搞千篇一律的学习,不走过场,不搞形式。学习内容要强调时代性,具有针对性,不同时期、不同人群、不同部门、不同岗位要安排不同的学习重点,真正符合实际工作需要。三要注重学习实效,培训工作必须制定周密的计划,对计划的落实情况要进行有效督查,对培训效果要进行认真考核,从机制上保证培训工作持之以恒。

3.管理队伍。各级档案部门的领导要始终牢记,越是工作繁忙,越不能放松对干部队伍的管理和监督。

加强对档案干部的管理和监督,是对同志的关心和爱护,要坚持在档案部门大力弘扬存真求实、埋头苦干、无私奉献、艰苦拼搏的工作作风,通过建章立制,进一步完善内部管理监督的机制和手段,定期进行考查、考核,对称职和表现优异者要鼓励表扬,对失职和违反纪律的行为要严肃处理。要主动关心档案干部的思想和生活,积极帮助他们解决各种实际困难。要多做解疑释惑、化解矛盾、凝聚人心的工作,把干部职工团结起来,把大家的积极性调动起来,使同志们以饱满的热情做好档案工作。

面对新的形势和任务,各级档案部门要以对档案事业高度负责的精神,与时俱进,开拓进取,努力把档案工作不断推向前进,为实现全面建设小康社会的宏伟目标做出新的更大的贡献。

人事部、国家档案局关于表彰全国档案系统先进集体和先进工作者的决定

国人部发〔2003〕60号

各省、自治区、直辖市人事厅(局)、档案局:

1999年全国档案系统先进集体和先进工作者表彰会议以来,在党中央、国务院和各级党委、政府的领导下,广大档案工作者高举邓小平理论伟大旗帜,努力实践"三个代表"重要思想,忠实履行党和国家赋予的职责,为建设中国特色社会主义事业提供服务,在社会主义物质文明、政治文明、精神文明建设中做出了积极贡献,涌现出了一大批先进集体和先进工作者。

为深入贯彻党的十六大精神。树立先进典型,弘扬求真务实、埋头苦干、无私奉献、艰苦拼搏的精神,更好地为改革开放和现代化建设服务,人事部、国家档案局决定:授予北京市朝阳区档案局(馆)等60个单位"全国档案系统先进集体"荣誉称号;授予杨兴民等40名同志"全国档案系统先进工作者"荣誉称号。被授予荣誉称号的同志,享受省部级劳动模范和先进工作者待遇。希望受到表彰的全国档案系统先进集体和先进工作者谦虚谨慎,戒骄戒躁,发扬优良作风,在建设中国特色社会主义事业的进程中再创佳绩。

这次受到表彰的先进集体和先进工作者是全国档案系统学习的榜样和楷模。他们的模范事迹和先进思想集中展示了当代档案工作者的精神风貌。他们当中,有的不断拓展档案工作领域,创新档案工作服务机制;有的紧跟时代步伐,积极探索信息化条件下档案管理新模式;有的注重档案业务基础建设,充分发挥档案工作的社会服务功能;有的艰苦奋斗,克服困难,以坚强的毅力和勇气创造最佳业绩;有的勤政廉洁,甘于奉献,率先垂范。他们以高度的政治责任感、事业心和饱满的工作热情,在平凡的岗位上干出了不平凡的业绩。

人事部、国家档案局号召全国档案工作者,以受到表彰的先进集体和先进工作者为榜样,学习他们贯彻党的路线、方针、政策的坚定性和自觉性;学习他们献身档案事业,忠于职守、艰苦奋斗、无私奉献的高尚品德;学习他们热情服务、严谨求实、勇于创新的优良作风。全国档案工作者要继续高举邓小平理论伟大旗帜,努力实践"三个代表"重要思想,紧密团结在以胡锦涛同志为总书记的党中央周围,解放思想,实事求是,与时俱进,开拓创新,进一步做好档案工作,为全面建设小康社会,实现党的十六大提出的宏伟目标而努力奋斗。

附件:1. 全国档案系统先进集体名单
2. 全国档案系统先进工作者名单

人事部 国家档案局

二〇〇三年十二月十日

附件1

全国档案系统先进集体名单

北京市朝阳区档案局(馆)
天津市塘沽区档案局(馆)
河北省石家庄市档案局(馆)
河北省唐山市档案局(馆)
河北省邯郸市档案局(馆)
山西省阳泉市档案局(馆)

山西省河津市档案馆
内蒙古自治区赤峰市档案局
内蒙古自治区呼和浩特市赛罕区档案局(馆)
辽宁省沈阳市档案局(馆)
辽宁省大连市档案局(馆)
吉林省吉林市档案局(馆)
黑龙江省齐齐哈尔市档案局(馆)
黑龙江省绥棱县档案局(馆)
上海市徐汇区档案局(馆)
江苏省徐州市档案局(馆)
江苏省常熟市档案局(馆)
浙江省绍兴市档案局(馆)
安徽省安庆市档案局(馆)
安徽省宣城市绩溪县档案局(馆)
福建省泉州市档案局(馆)
福建省柘荣县档案局(馆)
江西省宜春市档案局
江西省于都县档案局
山东省济南市档案局(馆)
山东省青岛市档案局(馆)
山东省肥城市档案局(馆)
河南省郑州市档案局
河南省南阳市档案局(馆)
河南省济源市档案局(馆)
湖北省十堰市档案局(馆)
湖北省宜都市档案局(馆)
湖南省常德市档案局(馆)
湖南省岳阳市档案局(馆)
湖南省永兴县档案局(馆)
广东省广州市档案局(馆)
广东省珠海市档案局(馆)
广东省佛山市顺德区档案馆
广西壮族自治区柳州市档案局(馆)
广西壮族自治区南宁市档案局(馆)
海南省海口市档案局(馆)
重庆市渝中区档案局(馆)
四川省宜宾市档案局(馆)
四川省德阳市档案局(馆)
四川省凉山彝族自治州档案局(馆)
贵州省贵阳市档案局(馆)
贵州省兴义市档案局(馆)
云南省昆明市档案局(馆)
云南省曲靖市档案局(馆)
云南省红河哈尼族彝族自治州石屏县档案局(馆)
西藏自治区乃东县档案馆
陕西省西安市档案局(馆)
陕西省汉中市档案局(馆)
甘肃省定西地区档案处(馆)
甘肃省徽县档案局(馆)
青海省西宁市档案馆
宁夏回族自治区银川市档案局(馆)
新疆维吾尔自治区吐鲁番地区鄯善县档案局(馆)
新疆维吾尔自治区阿克苏地区库车县档案局(馆)
中国第一历史档案馆行政处机电科

附件 2

全国档案系统先进工作者名单

杨兴民 男 北京市档案局(馆)收集处处长
韩宝安 男 天津市河西区档案局(馆)研究馆员
李志成 男 河北省张家口市档案局局长、档案馆馆长
杨爱志 男 河北省秦皇岛市档案局副局长、档案馆副馆长
王建新 男 山西省长治市档案局局长、档案馆馆长
陈和平 女 内蒙古自治区包头市档案局局长
肖丽萍 女 内蒙古自治区牙克石市档案史志事业局局长
孙　诚 男 辽宁省本溪市档案局(馆)研究馆员
于秀芬 女 吉林省白城市档案局局长、档案馆馆长
路照荣 男 黑龙江省双鸭山市档案局局长
方惠萍 女 上海市长宁区档案局局长、档案馆馆长
耿东福 男 江苏省常州市档案局局长、档案馆馆长
张树兴 男 浙江省杭州市档案局局长、档案馆馆长
唐晓红 女 安徽省巢湖市居巢区档案局局长、档案馆馆长
李先春 女 福建省清流县档案局局长、档案馆馆长
余明珠 男 江西省都昌县档案局副主任科员
朱玉兰 女 山东省济宁市档案局局长、档案馆馆长
曲爱海 男 山东省烟台市档案局局长、档案馆馆长
吴艾萍 女 河南省漯河市史志档案局研究馆员
刘　先 女 河南省驻马店市档案局局长、档案馆馆长
李桂双 女 湖北省大悟县档案局局长、档案馆馆长
刘国宏 男 湖南省怀化市档案局局长
吕响英 女 湖南省邵阳市档案局业务指导科科长
舒国雄 男 广东省深圳市档案局局长、档案馆馆长
涂丽青 女 广西壮族自治区贺州市档案局局长、档案馆馆长
刘少霞 女 海南省档案局(馆)业务指导处副处长
易继秀 女 重庆市巫山县档案局局长、档案馆馆长

龙方谷　男　四川省绵阳市档案局局长、档案馆馆长
姚世全　男　四川省资阳市档案局(馆)研究馆员
陈仕凤　女　贵州省黔南布依族苗族自治州档案局局长、档案馆馆长
云保华　男　云南省大理白族自治州档案局局长、档案馆馆长
梁桂云　女　西藏自治区日喀则地区档案局局长
房玉环　女　陕西省宝鸡市档案局局长、档案馆馆长
雷绍新　男　陕西省旬阳县档案史志局局长、档案馆馆长
李金香　女　甘肃省酒泉市档案局局长、档案馆馆长
卫　东　男　青海省海西蒙古族藏族自治州档案局副局长兼档案馆馆长
刘新梅　女　宁夏回族自治区平罗县档案局局长、档案馆馆长
马春英　女　新疆维吾尔自治区昌吉回族自治州档案局局长、档案馆馆长
田　军　男　中央档案馆国家档案局技术部副研究馆员
纪清彬　男　中国第二历史档案馆保管部馆员

国家档案局中央档案馆关于表彰全国档案工作优秀集体和优秀档案工作者的决定

档发〔2003〕11 号

各省、自治区、直辖市、计划单列市档案局、馆，新疆生产建设兵团档案局、馆，中央和国家机关各部委档案部门，中央企业档案部门，总参档案局、解放军档案馆、武警部队司令部办公室，各人民团体档案部门，中国照片档案馆，中国人民大学档案学院：

1999 年全国档案系统表彰先进会议以来，在各级党委和政府的领导下，广大档案工作者高举邓小平理论伟大旗帜，认真实践“三个代表”重要思想，与时俱进，开拓进取，紧紧围绕党和国家工作大局做好档案工作，为改革开放和现代化建设做出了积极贡献，涌现出一大批优秀集体和优秀档案工作者。

为表彰他们做出的突出成绩，国家档案局中央档案馆决定：授予北京市工商行政管理局档案管理中心等 218 个单位“全国档案工作优秀集体”称号；授予郭春丽等 134 名同志“全国优秀档案工作者”称号。根据《中华人民共和国档案法》和《档案法实施办法》的有关规定，被授予“全国优秀档案工作者”称号的同志，由上级主管部门和本单位给予奖励。

希望受到表彰的全国档案工作优秀集体和全国优秀档案工作者谦虚谨慎，戒骄戒躁，与时俱进，开拓进取，再创新的业绩。希望各级档案部门和广大档案工作者向优秀集体和优秀档案工作者学习，高举邓小平理论伟大旗帜，努力实践“三个代表”重要思想，深入贯彻党的十六大精神，在以胡锦涛同志为总书记的党中央领导下，振奋精神，扎实工作，更好地为改革开放和现代化建设服务，为全面建设小康社会，实现党的十六大提出的宏伟目标而努力奋斗。

附件：全国档案工作优秀集体、优秀档案工作者名单

国家档案局　中央档案馆
二〇〇三年十二月五日

全国档案工作优秀集体、优秀档案工作者名单

全国档案工作优秀集体 218 个

北京市工商行政管理局档案管理中心
北京市劳动教养工作管理局办公室档案室
北京城建集团有限责任公司档案室
天津市人民检察院档案科
天津泰达投资控股有限公司档案科
天津市第一中心医院图书档案馆
邢台钢铁有限责任公司档案馆
新奥集团文化行政中心档案处
河北省沧州市人民检察院档案室
河北省承德市兴隆县八卦岭满族自治乡人民政府档案室

宣化钢铁集团有限责任公司档案室
中共山西省晋中市纪委、晋中市监委综合档案室
山西省吕梁行署公安处交警支队档案室
山西省洪洞县大槐树寻根祭祖园管理所档案室
中共内蒙古自治区委员会办公厅秘书处档案室
内蒙古自治区气象局档案室
内蒙古自治区第三电力建设工程有限责任公司综合档案室
中国农业发展银行通辽市分行档案室
中共辽宁省委办公厅档案处
辽宁省地方税务局档案室
辽宁省鞍山市房产局档案室
中油辽河油田分公司档案馆
辽宁省国家税务局档案室
吉林省长春市国家税务局档案室
吉林省监狱管理局中心档案室
吉林省通化钢铁集团有限责任公司档案馆
吉林省通化市房产档案馆
吉林省烟草公司白山分公司档案室
黑龙江省高级人民法院办公室档案科
黑龙江省财政厅办公室档案科
哈尔滨工业大学档案馆
黑龙江省哈尔滨市公安局档案室
牡丹江水力发电总厂档案馆
大庆油田有限责任公司档案馆
黑龙江浩良河水泥有限责任公司行政办公室档案室
海通证券股份有限公司文档科
上海市嘉定区安亭镇人民政府机关档案室
中共上海市委统战部档案室
上海市人民检察院办公室档案科
上海市国家安全局秘书处档案科
中国电子科技集团公司第十四研究所档案室
江苏省扬州市房屋产权产籍监理处档案科
江苏省长江公路大桥建设指挥部档案室
江苏省高级人民法院档案科
南通醋酸纤维有限公司档案室
浙江省人民检察院档案科
德力西集团有限公司档案室
中国人寿保险公司台州分公司档案室
浙江省公安厅档案科
安徽省淮北矿业(集团)有限责任公司档案馆
安徽省马钢(集团)控股有限公司、马鞍山钢铁股份有限公司档案处(馆)
中共安徽省纪委、安徽省监察厅综合档案室
安徽省财政厅综合档案室
安徽省六安市工商行政管理局机关档案室
中共福建省委办公厅档案室
福建凤竹集团有限公司综合档案室
厦门大学档案馆
江西省电力公司文档科
江西铜业集团公司档案处(馆)
中国人寿保险公司江西省分公司档案室
山东省交通厅档案室
山东省统计局办公室档案室
山东电力集团公司档案科
山东皇明太阳能有限公司档案信息中心
山东省日照市国土资源局档案馆
山东菏泽发电厂综合档案室
河南省开封市供水总公司档案室
洛阳轴承集团有限公司技术中心信息所
河南省三门峡市电业局档案室
河南省周口市疾病预防控制中心综合档案室
河南省高级人民法院档案科
河南省国家税务局办公室档案科
湖北京珠高速公路经营有限公司档案室
湖北省高级人民法院办公室档案科
湖北省武汉市规划国土资源管理局信息中心
湖北省襄樊市中心医院档案室
湖南省人民检察院办公室档案科
湖南省公安厅档案馆
长沙海关综合档案室
人民银行张家界市中心支行综合档案室
湖南省株州市房产档案馆
广东省广电集团有限公司办公室文秘科
广东省深圳市人民检察院档案科
广东省地方税务局档案室
中山大学档案馆
广东省清远市财政局综合档案室
海南省人民检察院办公室档案科
海南高速公路股份有限公司综合档案室
中共广西壮族自治区委员会办公厅机关档案室
广西电力工业勘察设计院信息档案室
广西柳州市工商行政管理局档案室
政协重庆市委员会办公厅秘书处档案室
重庆市移民局档案室
重庆市勘察设计院档案馆
四川剑南春集团有限责任公司档案信息中心
四川宜宾五粮液集团有限公司信息中心
四川省人民检察院办公室档案科
四川省卫生厅办公室档案室
四川省国家税务局办公室档案室
四川省高级人民法院档案科

贵州省国家安全厅档案科
贵州省六盘水市房地产产权监理处档案室
贵州省平坝县公安局档案室
云南大学档案馆
云南曲靖卷烟厂档案科
云南省公安档案馆
云南华能漫湾发电厂信息中心
中共西藏自治区昌都地委办公室档案室
中共西藏自治区林周县委办公室档案室
陕西省国土资源厅综合档案室
陕西省工商行政管理局档案室
陕西省延长油矿管理局子长油矿档案室
甘肃省公安厅档案馆
甘肃储备物资管理局档案室
西北师范大学档案馆
刘家峡水电厂科技中心档案室
青海省西宁市中级人民法院档案室
青海省海东地区国家安全局档案室
青海省电力设计院档案室
宁夏回族自治区交通厅办公室档案室
宁夏电力公司总经理工作部档案室
新疆乌鲁木齐市财政局档案室
新疆巴音郭楞蒙古自治州国家税务局档案室
新疆生产建设兵团农七师档案科
新疆生产建设兵团农八师档案局(馆)
中共中央办公厅秘书局档案室
中共中央组织部信息管理中心文书档案处
全国人大常委会办公厅秘书局档案处
国务院办公厅秘书局档案处
外交部档案馆
国防科学技术工业委员会办公厅档案处
国土资源部办公厅档案处
国家人口和计划生育委员会办公厅文档信息处
国家税务总局办公厅档案室
国家广播电影电视总局办公厅档案室
国家安全生产监督管理局煤炭档案馆
中国科学院办公厅档案处
中国证监会办公厅文档处
中国银行行长办公室档案处
国家测绘局办公室机要档案处
中国再保险(集团)公司办公室档案处
中国民主同盟中央委员会机关档案室
北京外交人员服务局档案室
清华大学档案馆
中国收养中心档案管理部
中国刑事警察学院档案室
司法部司法鉴定科学技术研究所档案室
财政部驻江西省财政监察专员办事处综合档案室
乌鲁木齐铁路局档案馆
中国人民银行太原中心支行档案科
南京海关办公室综合档案室
中国国际广播电台办公室档案科
中国电影资料馆西安电影资料库
国家体育总局冬季运动管理中心档案室
武汉烟草(集团)有限公司档案馆
国家邮政局档案馆
中国农业发展银行新疆维吾尔自治区分行档案科
中国工商银行上海市分行档案管理中心
中国工商银行江门市分行档案管理中心
中国农业银行山东省分行文档科
中国银行深圳市分行行长办公室文书档案科
中国银行河南省分行档案管理中心
中国建设银行深圳市分行档案中心
中国建设银行浙江省分行档案科
交通银行成都分行文档科
中国人民财产保险股份有限公司厦门市分公司办公室档案室
中信证券股份有限公司档案室
中国人民解放军 61195 部队档案馆
中国空气动力研究与发展中心档案室
中国人民解放军 92493 部队司令部保密档案室
中国人民解放军空军档案馆
中国人民解放军第二炮兵档案馆
中国人民解放军沈阳军区档案馆
中国人民解放军河北省军区司令部保密档案室
中国人民解放军 68210 部队司令部保密档案室
中国人民解放军 71146 部队司令部保密档案室
中国人民解放军南京军区档案馆
中国人民解放军广州军区司令部办公室保密档案处
中国人民解放军成都军区档案馆
武警北京市总队司令部办公室保密档案室
武警河北省总队司令部办公室保密档案室
武警甘肃省总队司令部办公室保密档案室
武警 8630 部队司令部警务装备科保密档案室
中国航空工业第一集团公司航空工业档案馆
国家电网公司办公厅文档处
中国长江三峡工程开发总公司档案馆
中国第一汽车集团公司档案馆
上海宝钢集团公司办公室档案室
中国化工进出口总公司总裁办公室综合文档科
中国建筑工程总公司总经理办公室档案处
中国储备粮管理总公司综合部档案室

机械科学研究院档案馆
中国盐业总公司总经理办公室档案室
中国普天信息产业集团公司总裁办公室档案室
中国水利电力对外公司总经理办公室档案室
中讯邮电咨询设计院档案馆
秦山核电公司秘书部档案科
中国航天科技集团公司第八研究院档案馆
中国航天科工集团第二研究院档案馆
沈阳飞机工业(集团)有限公司档案馆
沪东中华造船(集团)有限公司档案馆
内蒙古第一机械制造(集团)有限公司档案管理中心
中国新兴建设开发总公司档案馆
吉化集团公司档案局(馆)
大港油田集团有限责任公司档案馆
中国石油化工股份有限公司中原油田分公司档案管理处(档案馆)
江苏省电力公司档案处
淮北发电厂档案室
浙江省电信有限公司档案馆
中国网通集团公司北京市通信公司档案馆
信息产业电子第十一设计研究院有限公司信息中心档案室
中远散货运输有限公司总经理办公室档案科
中国建筑第三工程局办公室综合档案室
西安重型机械研究所信息档案室
中国第一冶金建设公司档案处(馆)
华陆工程科技有限责任公司档案室
中港第一航务工程局档案室
大亚湾核电运营管理有限责任公司文档资料处

全国优秀档案工作者 134 名

郭春丽(女) 北京地铁运营有限公司企管部副部长
刘朝英(女) 北京市西城区地方税务局办公室副主任
王　敏(女) 天津市发展计划委员会办公室主任科员
李学英(女) 天津经济开发区档案馆馆长助理
周月梅(女) 河北省衡水市城市信用社股份有限公司中心街营业部档案员
高克敏(女) 中国工商银行保定分行科员
尤云霞(女) 河北省人民政府办公厅秘书处助理调研员
张瑞萍(女) 山西省检察院档案科科长
杨士兴 山西省煤炭运销总公司太原分公司办公室主任
乔玉英(女) 内蒙古师范大学档案馆副馆长
靳丽杰(女) 神华准格尔能源有限公司档案馆馆长
张会贤(女) 辽宁省人民政府办公厅档案室调研员
蔡文学 辽宁省高级人民法院档案馆馆长
高　敏(女) 辽宁省盘锦市公安局档案科科长
华　龙(女) 吉林省四平市人民检察院档案员
李　明(女) 吉林省延边第二中学档案员
金　萍(女) 吉林省辽源纺织集团有限公司档案员
卜玉华(女) 黑龙江省七台河市公安局档案科科长
毛兴宝 上海市政协办公厅秘书处正处级调研员
田申华(女) 上海纺织控股(集团)公司业务经理
汤道銮(女) 南京大学档案馆、校史博物馆馆长
张蔷南(女) 江苏省镇江市城建档案馆副馆长
吴德华 连云港港务局档案馆馆长
段　莹(女) 浙江省经济贸易委员会档案室助理调研员
范巧燕(女) 浙江北仑第一发电有限责任公司综合档案室主任
程杰梅(女) 安徽省池州市人民医院综合档案室副主任
张友华 安徽省合肥市基本建设技术档案馆馆长
张红月 安徽省经济贸易委员会办公室综合档案室调研员
林从容(女) 福建省人民检察院办公室档案料科长
方庆永 福建省福州市房地产档案馆馆长
戴庭磺 江西长运集团有限公司综合档案室主任
邓微微(女) 江西省人民检察院档案科科长
高建绪 青岛港(集团)有限公司办公室档案科科长
刘均贤 山东省卫生厅办公室主任科员
阎广玉 山东铝业股份有限公司档案管理处处长
赵有功 河南省商丘商电铝业集团有限公司档案室主任
刘　晓(女) 河南省气象局办公室副主任兼档案室主任
耿向红(女) 河南省许昌市审计局档案室副主任
胡培新 湖北省公安厅档案馆馆长
刘大发 湖北省钟祥市人民检察院办公室副主任
赵晓玲(女) 湖南省建设厅城建档案工作办公室主任
尹立新(女) 湘潭大学档案馆馆长
严梓方 湖南韶峰水泥集团有限公司档案馆副馆长
车晓明 中共广东省委办公厅档案室主任
詹兴伴 广东省气象档案馆档案管理科副科长
许惠君(女) 中国热带农业科学院、华南热带农业大学档案馆馆长
蒙传雄 海南省接待办公室助理调研员
彭　芝(女) 广西壮族自治区监狱管理局档案室档案员

林海娟(女)　中国建设银行广西灵山县支行档案室档案员
黄二卫　重庆钢铁(集团)有限责任公司档案处处长
解　华(女)　重庆市涪陵区财政局办公室主任科员
程彦韬　四川省电力公司档案处处长
陈　红(女)　四川省体育局办公室助理调研员
何　娟(女)　四川省人民政府机关事务管理局办公室主任科员
刘晓玲(女)　贵州乌江水电开发有限责任公司档案室馆员
邹黔荣(女)　贵州省黔东南苗族侗族自治州民族职业技术学院档案室馆员
刘新华(女)　云南省烟草专卖局办公室主任科员
钱程芳(女)　云南省楚雄彝族自治州人民检察院副处级检察员
益西桑姆(女)　中共西藏自治区阿里地委办公室档案室主任
吴连书　西安财经学院院长办公室主任
戴惠敏(女)　陕西省丹凤县人民法院档案员
李卫红(女)　中国农业银行渭南分行档案员
荀迎春(女)　甘肃省人民检察院办公室副处级检察员
程　菊(女)　中国市政工程西北设计研究院档案室主任
黄惠仙(女)　青海省国家税务局机关档案室档案员
杨菊梅(女)　宁夏回族自治区体育局办公室档案员
陈　艳(女)　新疆电力档案馆副馆长、新疆电力公司机要档案科副科长
玛依努尔(女)　新疆喀什公路总段综合档案室档案员
陈秀芝(女)　新疆生产建设兵团农五师机关档案科科长
周　耀(女)　中共中央办公厅警卫局办公室档案室主任科员
王雅兰(女)　中共中央对外联络部办公厅档案处处长
徐　婕(女)　全国政协办公厅秘书局档案处主任科员
周　旭　经济日报社办公室机要档案处处长
孔繁洪(女)　中国作家协会秘书处副处长
侯元瑞(女)　劳动和社会保障部办公厅秘书处副处长
毕宏吏　公安部档案馆副馆长
宋绍连　铁道部档案史志中心副处长
张保安　农业部办公厅档案处处长
刘建英(女)　中国人民银行办公厅档案处处长
秘喜慧(女)　国务院国有资产监督管理委员会保密档案处处长
赵　萍(女)　海关总署办公厅机要处副处长兼档案馆副馆长
赵秋霞(女)　中国气象局办公室档案处处长
徐　珊(女)　国务院三峡工程建设委员会办公室综合司处长
桂秀云(女)　中国建设银行总行办公室档案处副处长
崔福生　国家物资储备局办公室副主任
周　强　公安部边防局司令部办公室正营职秘书
朱振宏　水利部长江水利委员会网络与信息中心副主任
李培芳(女)　华侨大学综合档案室主任
王欣平(女)　中国人民银行杭州中心支行档案室馆员
李建洲　审计署驻郑州特派员办公室主任科员
赵黎明(女)　北京海关办公室机要档案科主任科员
曲　艳(女)　青岛海关办公室机要档案科副科长
陈　军(女)　江苏省南通市国家税务局办公室副主任科员
张亚利　中国照片档案馆照片档案室主任兼图片数据库主任
汤洪利　新华通讯社湖北分社档案员
岳　楠(女)　中国科学院计算技术研究所综合档案室高级工程师
谢秀英(女)　中国气象局国家卫星气象中心档案室工程师
麦兆钧　国家海洋局南海分局信息中心档案室主任
张夏林(女)　中国农业发展银行内蒙古自治区分行档案科科长
孙小平(女)　中国工商银行北京分行办公室副处级
梅承瑞　中国农业银行江西省分行档案科科长
李久湘(女)　中国农业银行湖南省分行办公室机要文档科科长
王立新(女)　中国银行北京市分行档案科科长
石燕秋(女)　中国人民财产保险股份有限公司办公室文档处主任科员
王改正　中国人民解放军总参谋部办公厅档案局副局长
战忠庆　中国人民解放军档案馆保管处副处长
杨吉伟　中国人民解放军总政治部办公厅第二秘书局秘书
王贤会　中国人民解放军总后勤部档案馆馆长
周　晶(女)　中国人民解放军军事科学院科研指导部办公室保密档案科馆员
郜　丽(女)　中国人民解放军国防大学办公室保密档案处馆员
王宗飞　中国人民解放军国防科技大学办公室档案馆助理馆员
来承坦　中央军委办公厅保密局档案助理员

王黎明(女) 武警部队档案馆馆长
高 巍(女) 武警辽宁省总队司令部办公室保密档案室档案助理员
隋克敏(女) 武警四川省总队司令部办公室副主任兼保密档案室主任
肖 俊 中国航天科技集团公司档案馆主任
魏喜福 中国兵器装备集团公司办公厅机要档案处处长
续桂春(女) 中国石油天然气集团公司办公厅文档处副处长
徐美玉(女) 中国电子信息产业集团公司总部办公室秘书处处长
叶 军 东风汽车公司档案馆副研究馆员
贾美英(女) 中国五金矿产进出口总公司总裁办公室档案机要室档案员
邱 彦(女) 中国冶金建设集团公司行政事务部秘书处经济师
曹小鹏(女) 中国轻工集团公司对外经济联络办公室档案室项目经理
刘贤福 中国铁道建筑总公司档案馆馆长
王明月(女) 中国水产(集团)总公司总裁办公室主任助理
何琼梅(女) 攀枝花钢铁(集团)公司档案管理处副科长
王艳芬(女) 冶金自动化研究设计院档案办公室主任
田文香(女) 中国电子工程设计院信息中心主任助理
左丽华(女) 中国航空工业第六〇二研究所综合档案研究室主任
耿玉凤(女) 大连新船重工有限责任公司档案管理中心主任
朱桂华(女) 中国石化仪征化纤股份有限公司档案馆馆长
周瑜萍(女) 中海油田服务股份有限公司行政管理部档案室馆员
曾启勤(女) 新疆航空公司档案馆馆长
吴设新(女) 中铁十一局集团有限公司档案馆主任

(二) 综 合 概 况

各省、自治区、直辖市级档案机构情况一览表

档案机构名称	级别	上级主管部门	编制(人)		内设机构	直属事业单位
			行政	事业		
北京市档案局(馆)	正局级	北京市委、北京市政府	51	252	市直处、区县处、法规处、科教处、综宣处、人事处、办公室、党办、工会、学会办、保卫处、行财处、计算机处、缩微处、技术处、编目处、设备处、收集处、利用处、整理处、保管处、社教处、专题史料编辑部、《北京档案史料》编辑部、研究室、京大服务中心	北京市档案干部培训中心、《北京档案》编辑部、老干部活动站、北京市档案事业服务中心
天津市档案局(馆)	正局级	天津市委、天津市政府	78	147	办公室、信息综合处、人事处、业务督导处、法制处、教育处、行政处、安全保卫处、现行档案管理部、历史档案管理部、档案编辑研究部、技术保护部、征集接待部	天津市档案咨询服务中心
河北省档案局(馆)	正厅级	河北省政府	55	70	办公室、政策法规处、档案馆指导处、省直档案指导处、行政保卫处、档案管理部、收集开发部、技术部、机关党委(人事教育处)	河北省档案干部培训中心、河北省档案咨询开发服务中心
山西省档案局(馆)	正厅级	山西省政府		103	办公室、人事教育处(挂机关党委牌子)、综合法规处、档案馆(室)业务指导处、经济科技档案业务指导处、档案管理一处、档案管理二处、档案信息开发利用处、档案技术保护处	山西省档案干部教育培训中心、《山西档案》杂志社
内蒙古自治区档案局(馆)	正厅级	内蒙古自治区党委办公厅		132	办公室、人事教育处(机关党委)、法规处、档案馆(室)业务监督指导处、经济科技档案业务监督指导处、收集整理部、蒙文档案部、科技部、保管利用部、编目编研部、乌兰夫研究会办公室	机关事务服务中心、内蒙古自治区档案干部培训中心
辽宁省档案局(馆)	正厅级	辽宁省委办公厅	35	163	办公室(人事处、老干部处)、综合法规处、档案馆(室)业务指导处、经济科技档案业务指导处、历史档案一部、历史档案二部、东北大区档案部、省级机关档案部、档案信息开发利用部、技术部、机关党委、现行文件服务部	辽宁省档案科学技术研究所、辽宁省档案局教育中心、《兰台世界》杂志社
吉林省档案局(馆)	正厅级	吉林省委办公厅	27	104	办公室、档案馆(室)业务指导处、经济科技档案业务指导处、综合法规处、人事处、历史档案管理处、党政档案管理处、档案开发利用处、档案保护技术处、老干部处和机关党委	吉林省档案科学技术研究所、《兰台内外》杂志社
黑龙江省档案局(馆)	正厅级	黑龙江省政府	12	101	办公室、文书档案业务指导处、科技档案业务指导处、教育宣传处(挂法制建设处牌子)、人事处、第一档案保管处、第二档案保管处、编研处、技术处	黑龙江省档案科学技术研究所、黑龙江省档案局房产维修队

续表

档案机构名　　称	级　别	上级主管部　　门	编制(人)		内　设　机　构	直属事业单位
			行政	事业		
上海市档案局(馆)	正局级	上海市委办公厅	67	171	办公室、综合规划处、政策法规处、业务指导处、科技教育处、组织人事处、接收征集部、档案保管一部、档案保管二部、档案利用部、档案史料编研部、安全保护部、信息技术部、后勤管理部	上海市档案干部培训中心、上海市档案科技研究中心、上海市档案寄存中心、上海市档案史料研究中心、上海市档案缩微中心、上海市档案馆印刷厂
江苏省档案局(馆)	正厅级	江苏省委、江苏省政府	102	29	办公室、人事处(机关党委)、业务指导处、科技处、法规宣教处、征集接收处、管理部、技术部、利用部	江苏省档案开发服务中心、《档案与建设》编辑部、江苏省档案科学技术研究所
浙江省档案局(馆)	副厅级	浙江省委办公厅	17	79	办公室、法规宣传处、业务指导处、人事教育处、机关党委、档案管理处、信息科技处、编研征集处	浙江省档案干部教育培训中心、浙江省档案事务所、《浙江档案》杂志社
安徽省档案局(馆)	正厅级	安徽省委、安徽省政府	5	69	办公室、监督指导处、法规处、机关党委、监察室、档案保管处、档案科技处、档案征集利用处	安徽省档案事务所、安徽省档案缩微服务中心
福建省档案局(馆)	正厅级	福建省委	12	83	机关党委、办公室、人事教育处、监督指导处、法制处、保管利用处、技术处、编研处、鉴定整理处	福建省档案信息中心、福建省档案干部培训中心
江西省档案局	正厅级	江西省委、江西省政府	28	5	办公室、业务指导处、科教法规处、信息调研处、机关党委(人事保卫处)、机关后勤服务中心	江西省档案馆(40人)、江西省档案科学技术研究所、江西省档案干部培训中心、江西省档案服务中心、《中国档案报》江西记者站
山东省档案局(馆)	正厅级	山东省委办公厅	24	66	办公室、法规和经济科技业务处、档案馆(室)业务处、教育培训处、保管利用开发处、整理编目处、编辑研究处、技术处(科研所)、机关党委	
河南省档案局(馆)	正厅级	河南省委、河南省政府	41	68	办公室、政策法规处、人事教育处、业务指导处、保管利用处、技术管理处	河南省档案保护技术中心、《档案管理》杂志社
湖北省档案局(馆)	正厅级	湖北省委、湖北省政府		101	办公室、档案馆(室)业务指导处、经济科技档案业务指导处、法规标准处、科技处、档案资料保管处、档案信息开发利用处、行政保卫处、人事教育处、机关党委	湖北省档案干部培训中心、湖北省档案技术咨询中心
湖南省档案局	正厅级	湖南省政府		36	办公室、业务指导处、法规宣传处、科技教育处、机关党委	湖南省档案馆
广东省档案局(馆)	副厅级	广东省政府		93(其中33人依照公务员管理)	办公室、监督指导处、综合法规处、科研教育处、收集整理部、保管利用部、技术部、编研出版部、声像档案部	

续表

档案机构名称	级别	上级主管部门	编制(人)		内设机构	直属事业单位
			行政	事业		
广西壮族自治区档案局(馆)	副厅级	广西壮族自治区党委办公厅		75	办公室、档案馆(室)业务指导处、经济科技档案业务指导处、法规科教处、档案管理处、档案保护技术处、机关党委	
海南省档案局	副厅级	海南省政府办公厅		34	办公室、技术处、业务指导处、法制宣传处、管理编研处	海南省档案干部培训中心
重庆市档案局(馆)	正局级	重庆市政府	15	93	办公室、人事处(离退休人员工作处)、档案馆(室)业务指导处、经济科技档案业务指导处、政策法规处(业务教育处)、档案收集整理处、档案管理处、保护技术处、档案编研处、信息技术处	
四川省档案局(馆)	正厅级	四川省政府	24	170	办公室、档案馆(室)业务指导处、经济科技档案业务指导处、政策法规处、人事处、机关党委办公室、离退休人员工作处、档案接收整理部、档案资料保管部、档案利用编研部、档案保护技术部、微机管理部、设备管理部	四川省档案学校、四川省档案局科学技术研究所、四川省档案干部培训中心、《四川档案》杂志社
贵州省档案局(馆)	副厅级	贵州省政府	40	90	办公室、政策法规处、人事处、科研教育处(贵州省档案干部教育培训中心)、档案馆(室)业务监督指导处、经济科技档案业务监督指导处、档案保管一部、档案保管二部、档案保护技术部(贵州省档案资料缩微复制中心)、档案利用接待部(贵州省现行文件阅览中心)、编研部、计算机网络管理部(贵州省档案资料目录中心)、设备管理部、《贵州档案》编辑部、离退休干部处	
云南省档案局(馆)	副厅级	云南省政府办公厅	36	67	办公室、机关党委人事处、法规宣教处、档案馆(室)业务监督处、经济科技档案业务督导处、征收整理部、社会利用部、保护技术部、档案资料保管部	云南省档案干部教育培训中心
西藏自治区档案局(馆)	副厅级	西藏自治区党委办公厅	24	51	办公室、保护技术处、业务指导处、历史档案处、现行档案处、编译研究室	
陕西省档案局(馆)	正厅级	陕西省委	61	57	办公室、人事教育处、业务指导处、法规处、宣传科技处(陕西档案编辑部)、机关党委、监察室、收集保管处、信息化工作处、社会教育编研处、技术处、后库管理处、档案保护技术研究所	离退人员管理服务所
甘肃省档案局(馆)	正厅级	甘肃省委办公厅		99	办公室、业务指导处、科教法规处、档案收集整理一处、档案收集整理二处、档案保管利用处、技术处、机关党委、档案杂志编辑部	甘肃省档案学校、甘肃省档案标准化管理中心

续表

档案机构名称	级别	上级主管部门	编制(人)		内设机构	直属事业单位
			行政	事业		
青海省档案局	副厅级	青海省委办公厅		42	办公室、业务指导处、综合法规处	青海省档案馆
宁夏回族自治区档案局(馆)	副厅级	宁夏回族自治区党委办公厅	18	29	办公室、业务监督指导处、法制宣传教育处、保管利用处、收集整理处、信息处、技术处	
新疆维吾尔自治区档案局(馆)	副厅级	新疆维吾尔自治区党委办公厅		100	办公室、综合法规处、业务指导处、人事教育处、历史档案保管利用处、现行档案保管利用处、编研处、档案保护技术处、机关党委	

全国社区档案工作座谈会

2003年9月2～3日,全国社区档案工作座谈会在上海召开。中共中央政治局候补委员、中央书记处书记、中央办公厅主任王刚同志在国家档案局中央档案馆关于召开这次会议的请示上作了重要批示(见特载)。国家档案局局长毛福民在会上作了重要讲话(见特载)。他在讲话中指出,社区档案工作是档案工作的一个新领域。开展这项工作,是档案部门实践“三个代表”的重要体现,是档案工作服务大局、服务社会、服务人民群众的举措。开展社区档案工作,能使档案工作进一步贴近实际,贴近实际,贴近生活,贴近群众,把“三个代表”重要思想的核心内容,即实现人民的愿望、满足人民群众的需求、维护人民的利益更加全面地落实到档案工作具体实践中。各级档案部门要从实践“三个代表”重要思想和全面建设小康社会的高度充分认识社区档案工作的重要意义,把社区档案工作当作一件大事,抓好、抓实、抓出成效。

来自各省、自治区、直辖市、副省级市和计划单列市档案部门的代表,在参加全国社区档案工作座谈会期间,参观了上海市档案局主办的《走进社区,服务百姓——上海社区档案工作巡礼》展览,考察了上海市社区的档案工作:长宁区新华路泰安街道建立社区居民基本情况登记档案,为居民经济上解困、生活上解忧、精神上解闷;卢湾区五里桥街道社区信息化建设与社区档案信息化建设同步进行;黄浦区金陵东路小花园居委会利用社区的革命遗址,建起了社区爱国主义教育基地。代表们除了对上海市社区档案工作的成绩表示赞赏外,更加深了对档案部门服务社区建设重要意义的理解。

会上,上海市、北京市、天津市、辽宁省、浙江省、湖北省、沈阳市、青岛市、南京市、杭州市、武汉市等11个档案局介绍了各自开展社区建档工作、服务社区建设的经验。

国家档案局副局长郭树银主持了会议。上海市委常委、市委秘书长范德官,副市长杨晓渡出席了会议,中央文明办和民政部也派员参加了会议。

(刘爱民　吴惠敏)

全国档案工作暨表彰先进会议

2003年12月20～21日,全国档案工作暨表彰先进会议在北京召开,这次会议的主要任务是:以邓小平理论和“三个代表”重要思想为指导,深入学习贯彻党的十六大、十六届三中全会和中央经济工作会议精神,总结2003年全国档案工作,部署2004年全国档案工作,表彰一批在档案工作中作出突出贡献的先进集体和个人,激励广大档案工作者以奋发有为、开拓创新的精神状态,为全面建设小康社会作出新的贡献。中共中央政治局候补委员、中央书记处书记、中央办公厅主任王刚出席会议并亲切会见了全国档案系统先进集体、先进工作者和优秀集体、优秀工作者代表,与大家合影留念,并为受到表彰的集体和个人颁奖。

王刚在会议上作了重要讲话,讲话站在党和国家工作大局的高度,对当前的形势进行了深刻的分析,对2004年及今后一个时期的全国档案工作提出了明确要求,对全国档案工作者寄予了殷切的希望,充分体现了中央领导同志对档案工作的高度重视,体现了对档案工作者的亲切关怀,对于进一步做好档案工作,更好地为中国特色社会主义事业服务,具有重要的指导意义。

国家档案局局长、中央档案馆馆长毛福民作了会议报告,他全面总结了2003年全国档案工作取得的新成绩、分析了档案事业发展中需要解决的问题,提出了2004年全国档案工作的总体要求和主要任务,号召全国档案工作者以受到表彰的集体和个人为榜样,满腔热忱地做好档案工作。

毛福民回顾了2003年的全国档案工作基本情况。在这一年里,中央领导同志对档案工作极为关注,多次对档案工作作出重要指示。中共中央政治局委员、国务院副总理曾培炎要求认真做好三峡工程文件资料的验收工作,确保档案资料的完整、准确、安全。中共中央政治局候补委员、中央书记处书记、中央办公厅主任王刚先后就防治"非典"工作文件材料的收集归档、社区档案工作、档案宣传工作、电子公文归档管理、档案安全问题等作出重要指示。在中央领导同志重要指示精神的激励下,全国档案工作者努力实践"三个代表"重要思想,积极主动工作,在加强档案基础业务建设、提高档案管理现代化水平、推进档案法制建设、为全面建设小康社会服务等方面取得了显著成绩。

毛福民指出,2004年是实现"十五"计划的关键一年,做好2004年的工作,对于加快推进全面建设小康社会的进程,具有十分重要的意义。2004年全国档案工作的总体要求是:以邓小平理论和"三个代表"重要思想为指导,全面贯彻十六大、十六届三中全会和中央经济工作会议精神,按照王刚同志的重要讲话要求,抓服务、搞建设、谋发展、保安全,带队伍,进一步发挥档案工作的社会功能,推动档案事业全面健康发展,为实现全面建设小康社会宏伟目标作出新的贡献。

会上,北京市朝阳区档案局(馆)等60个全国档案系统先进集体和杨兴民等40名先进个人受到了人事部和国家档案局的表彰,有218个全国档案工作优秀集体和134名优秀档案工作者受到国家档案局的表彰。11位先进集体代表和先进个人发言交流了经验。中共中央办公厅副主任由喜贵、令计划、樊士晋、毛林坤出席了会议。 (宋扬)

驻外机构、境外企业档案工作座谈会

2003年12月24～25日,驻外机构、境外企业档案工作座谈会在北京举行。国家档案局副局长中央档案馆副馆长冯鹤旺出席会议并讲话;来自中央、国家机关和中央企业32个单位的档案负责同志参加了座谈会。这次座谈会的中心议题是以邓小平理论和"三个代表"重要思想为指导,贯彻党的十六大精神和十六届三中全会精神,总结我国驻外机构、境外企业档案工作情况,交流驻外机构、境外企业档案工作好的做法和经验,提出今后加强我国驻外机构、境外企业档案工作的意见。

冯鹤旺在讲话中指出,驻外机构和境外企业档案真实地记录了我国对外交往中所涉及的政治、经济、文化等诸多领域中的重要过程。驻外机构和境外企业工作中形成的档案是国家档案资源的重要组成部分,驻外机构和境外企业档案工作是档案工作向境外延伸,做好驻外机构和境外企业档案工作是我国外交工作、外贸工作、对外文化交流工作的需要,也是加强国家档案资源建设的需要。

我国驻外机构主要有三种类型,一是驻外外交代表机关和领事机关,二是驻外企业,三是驻外新闻和民间机构。在谈到我国驻外机构和境外企业档案工作现状和问题时,冯鹤旺说:大多数驻外机构、境外企业在国内主管部门的指导下,从档案实际出发,本着"有利于工作、有利于保密、有利于应付突发事件"的原则,大胆探索,努力实践,根据各自机构和企业的工作特点,创造性地开展工作,取得了一定效果。主要体现在,领导重视,纳入工作目标;建章立制,依法管理;加强监督,检查指导;加强管理,提高水平。总起来说,当前驻外机构和境外企业档案工作发展很快,成效显著。但有些驻外机构和境外企业档案意识相对薄弱,档案工作缺乏统一的制度和管理。档案的收集、整理及保管还不规范,在一定程度上影响了工作的正常开展。为了加强驻外机构和境外企业档案工作,冯鹤旺强调,一是提高认识,增强做好驻外机构和境外企业档案工作的责任感和使命感;二是健全制度,规范驻外机构档案工作;三是做好分类指导工作;四是严格管理,确保驻外机构档案的安全与完整。

外交部、商务部、中国水利电力对外公司等6个单位介绍了加强驻外机构档案管理、服务驻外机构各项工作的经验和做法。与会代表围绕国家档案局提出的《关于加强驻外机构境外企业档案工作的意见》进行了座谈讨论。 (刘爱民 吴惠敏)

全国副省级市、计划单列市档案服务机制创新工作研讨会

2003年9月23～25日,沈阳市档案局成功承办了全国副省级市、计划单列市档案服务机制创新工作研讨会。全国15个副省级市、计划单列市及北京、天津、上海、重庆、昆明等城市档案部门的领导和代表40余人参加了会议。辽宁省档案局局长刘金树、沈阳市政府副秘书长白长鸿出席会议开幕式并作了讲话。

此次研讨会以贯彻全国档案工作服务机制创新会议为主要议题,共交流会议材料22份。研讨会上,沈

阳市、长春市等14个地区的代表结合本地区、本单位档案工作实际,就档案工作服务机制创新、档案服务社会化等问题进行了广泛的交流和探讨。大家一致认为,档案部门学习贯彻"三个代表"的重要思想,要突出服务这个主题,以开拓进取的精神,不断实现档案服务机制的创新,把档案服务工作提高到新水平。档案服务机制创新要求档案部门要强化服务意识,积极主动为党委、政府工作大局和中心工作服务,为机关各部门服务,为社会各界和广大人民群众服务;要不断拓展档案服务领域,把服务领域由城市拓展到农村,由机关拓展到社区,拓展到家庭,由国有企业拓展到非国有企业;要不断提高档案工作的服务质量和服务水平。服务是档案工作永恒的主题。档案服务机制创新是档案事业发展的动力源泉,是档案事业永葆生机和活力的关键所在。档案部门要把服务机制创新作为一项重要工作,坚持与时俱进,努力实践,使档案服务工作能够始终适应形势发展的需要。

与会代表还就档案信息化建设、馆藏档案保护等问题进行了研讨。会议还组织参观了沈飞航空博览园、沈阳六〇一研究所、九·一八历史博物馆、沈阳故宫博物院、沈阳昭陵、张氏帅府等。

此次研讨会取得了圆满成功,达到了交流经验、沟通信息、牵手互动、共同促进的目的。

(沈阳市档案局)

第二次中国西部档案工作研讨会

2003年10月20～25日,第二次中国西部档案工作研讨会在陕西西安召开。会议由陕西省档案局(馆)主办。四川、重庆、贵州、广西、新疆、青海、宁夏、甘肃、陕西九省、市、区档案界39名代表参加了会议。会议的主题是研讨如何进一步发挥西部档案工作的整体优势,为实施西部大开发战略搞好服务。

会议受到国家档案局和中共陕西省委高度重视。国家档案局经济科技司副司长王积才出席了会议,中共陕西省委副书记袁纯清同志看望会议代表并发表了重要讲话。

会议期间,与会代表围绕会议主题和重点问题展开深入探讨,针对西部档案工作现状及档案工作服务机制创新问题,相互进行了交流,提出切实可行的建议和意见。会议最后议定联合汇编(选编)两个专题:一是汇编西部各省、市、区新一届"政府工作报告"和"国民经济与社会发展报告";二是选编西部各省、市、区实施西部大开发重点项目简介。 (陕西省档案局)

中南地区档案工作研讨会

2003年11月19～22日,中南地区档案工作协作研讨会在广西南宁召开。会议由广西壮族自治区档案局主办。来自河南、湖北、湖南、广东、广西、海南六省(区)和武汉、广州、深圳三市档案局馆的17名代表参加了会议。会上,与会代表总结交流了2002年中南地区档案工作协作研讨会以来各省(区)、市档案工作取得的成绩及经验、做法,对新形势下档案工作中的管理体制、馆库建设、信息化建设,档案部门如何更好地为全面建设小康社会服务等问题进行了深入讨论。会议期间,代表们还考察了柳州、桂林市和阳朔县档案馆。

(广西壮族自治区档案局)

全国政协提案涉及档案工作

在2003年全国政协十届一次会议上,张国初、杨蔚东、熊大方、蔡玲、张皎、孙宝启委员提出"关于政府部门向社会提供信息服务的建议案"(第1035号提案)。该提案由国家统计局会同国家档案局研究办理。提案指出:各级政府机构面向社会提供政府信息服务是转变政府职能、加强政府服务的重要内容之一,有助于政府与公民的关系更加贴近,同时也实现了民众对政府工作的监督,有助于树立政府的公仆形象。

委员们指出:政府向社会提供的信息应包括:政府统计数据、规范性文件和政府管理的档案三部分。目前,政府部门某些统计调查数据不能及时向社会公开,公众很难见到系统的数据,国家花费巨资进行的宝贵调查统计数据资料,包括人口普查资料,没有得到充分挖掘和利用。各级政府的行政法规、规章、条例、命令、政策等规范性文件浩如烟海,政府部门发行的法规汇编、年鉴等,发行量小,不能深入到民众之中,民众往往无法以便捷、准确的方式获悉有关文件,在需要时又无从查找,也不利于政令贯彻实施。对于政府各部门管理的档案,《档案法》规定比较宏观,可操作性不够,需要制定具体的实施细则或办法(分行业、分级别)。目前,已经有一些政府部门在这方面作得比较有成效,有的地方已经建立了面向整个社会提供企业档案的服务系统。

委员们对上述问题提出四点建议:1. 把政府向社会公众提供信息服务纳入规划,制定办法、措施,先易后难逐步实施;2. 建立面向社会的服务机制,不需增加机构和人员,指定已有机构,统一内部协调,制定收费标准,收取一定的成本费用。3. 某些具有一定保密性质的资料、文件、档案,不能向社会全面开放的,可以考虑分层次、分级别地向部分人士开放,第一步可以先向各级人大代表和政协委员开放。4. 有些重要的统计调查要有资金保证,部门之间要有协调分工,避免重复劳动。各级政府部门及统计部门要转变观念,改变只注重为上级部门和首长服务的思想,要把为社会大众服务作为政府机构转变工作作风的重要一环。

(李淑香整理)

（三） 档案事业发展概况

2003年全国档案事业发展综述

2003年是我国档案工作历史上极为重要的一年,在这一年里,中央领导同志对档案工作极为关注,多次对档案工作作出重要指示。在中央领导同志重要指示精神的激励下,全国档案工作者努力实践"三个代表"重要思想,积极主动工作,在加强档案基础业务建设、为全面建设小康社会服务等方面取得了显著成绩。

2003年,中共中央政治局委员、国务院副总理曾培炎要求认真做好三峡工程文件资料的验收工作,确保档案资料的完整、准确、安全。中共中央政治局候补委员、中央书记处书记、中央办公厅主任王刚先后就防治"非典"工作文件材料的收集归档、社区档案工作、档案宣传工作、电子公文归档管理、档案安全问题等作出重要指示,这些重要指示从党和国家的中心工作出发,深刻反映了党和国家工作大局以及全面建设小康社会对档案工作的要求,为我国档案事业的进一步发展指明了方向,对今后一个时期全国档案工作的发展都具有重要而深远的指导意义。

为深入贯彻党的十六大精神,树立先进典型,弘扬求真务实、埋头苦干、无私奉献、艰苦拼搏的精神,更好地为改革开放和现代化建设服务,2003年12月20~21日,在北京召开的全国档案工作暨表彰先进会议上,人事部和国家档案局对全国档案系统的先进集体和先进个人进行了表彰,授予北京市朝阳区档案局(馆)等60个单位"全国档案系统先进集体"荣誉称号,授予杨兴民等40名同志"全国档案系统先进工作者"荣誉称号。被授予荣誉称号的同志,享受省部级劳动模范和先进工作者待遇。同时,国家档案局还对218个全国档案工作优秀集体和134名优秀档案工作者进行了表彰。

2003年上半年"非典"疫情暴发后,在做好自身抗击"非典"工作的同时,全国各级档案部门紧紧围绕抗击"非典"开展工作。国家档案局及时与全国防治非典型性肺炎指挥部办公室联合下发了《关于做好防治非典型性肺炎工作文件材料收集归档工作的通知》,由国务院办公厅发至各省、自治区、直辖市人民政府,党中央、国务院各部委、各直属机构等,对确保防治"非典"工作档案资料的完整、系统提出了具体要求。王刚同志在《通知》上作了重要批示,后又电话指示,多次强调这项工作的重要性。在王刚同志批示和《通知》精神的指引下,各级档案部门积极行动,把防治"非典"工作文件材料的收集归档作为一项重要工作抓实抓好。同时,还通过汇编专题档案资料、整理专题材料等方式,主动为各级领导和有关部门提供服务,在抗击"非典"的斗争中发挥了档案工作应有的作用。

加强社区建设,是党的十六大确定的政治建设和政治体制改革的重要内容,对于促进经济和社会协调发展,提高人民的生活水平和质量,扩大基层民主,维护社会稳定,具有十分重要的意义。各级档案部门努力实践"三个代表"重要思想,紧密围绕全面建设小康社会的奋斗目标,积极主动开展社区档案工作,为社区建设和广大人民群众服务。在上海召开的全国社区档案工作座谈会,以王刚同志有关重要批示精神为指导,总结、交流了近年来档案部门推进社区档案工作的成绩和经验,研究了社区档案工作中存在的问题,提出了进一步开展社区档案工作的任务和要求。各级档案部门把社区档案工作作为社区建设的一项重要任务,作为整个档案事业的重要组成部分,周密部署,积极推进。档案工作进社区,扩大了档案工作为最广大人民群众服务、为全面建设小康社会服务的成果,受到广大人民群众的欢迎。

档案信息化建设稳步发展,并取得了一批突破性成果。为配合全国政府系统办公业务资源网传输电子公文工作,国家档案局就电子公文归档与管理、国家基础档案文献信息资源库建设及公开档案信息网上查询服务等问题向国务院信息化工作办公室提出了建议,以推进电子政务建设中相关档案工作同步发展。为规范电子公文的归档,保证归档电子公文的完整与安全,国家档案局发布了《电子公文归档管理暂行办法》。王刚同志就此作出重要批示,指明了档案信息化建设的着眼点和落脚点,对全面推进我国的档案信息化建设具有重要指导意义。档案科研的重点也向档案信息化建设转移,相继取得一批重要成果。电子政务环境下档案管理对策研究、数字档案馆关键技术研究等一批重大课题开始立项研究,电子文件归档方面的研究开始向深层次进展。列入科技部2003年重点科技项目计划的"档案数字化技术的推广应用"项目和列入国家社会科学基金重点项目计划的“电子文件和电子档案真实性、完整性保证及其法律地位的认证验证系统”项目，正在按计划实施。各级档案部门认真组织落实《全国档案信息化建设实施纲要》，电子文件归档管理和电子档案管理系统的研究与开发切实加强；档案目录数据库建设不断推进，在有条件的档案馆，档案全文数据库和多媒体数据库建设逐步展开；各级档案行政管理部门积极参与当地政府上网工程和电子政务建设，研究制定相关制度和办法，开通了一批新的档案网站；数字档案馆建设取得可喜成绩，为研究和探索信息化条件下档案管理新模式积累了宝贵的经验。

2003年全国各级档案部门脚踏实地，创新进取，各项工作协调发展。档案部门加强了三峡二期枢纽、输变电工程及移民档案工作，在“非典”肆虐期间按时完成了枢纽工程和移民工程档案验收任务，有力配合了三峡二期工程的顺利进行。在西气东输、西电东送、退耕还林以及南水北调等新世纪关系国计民生的重大工程中，档案部门都积极参与，热情服务。在抓好改制国有企业档案工作的同时，各级档案部门大力推进个体、私营等非公有制经济领域的档案工作。为深化农业农村档案工作，各级档案部门纷纷采取服务新举措，出台相关制度或办法，加强了具体业务指导。按照国务院关于对行政审批制度改革工作的要求，国家档案局对行政审批事项进行了进一步清理，根据国务院决定，第二批又取消了6项有关审批项目，并加强了相关后续管理制度的研究工作。国家档案局对10个省、自治区、直辖市和20个中央、国家机关、中央企业进行了档案行政执法检查。各地区也通过发布地方性法规或行政规章、规范档案行政执法行为、开展群众性普法活动等多种形式推进档案法制建设。全国已有约500个综合档案馆面向社会和公众开展了已公开现行文件利用工作。各地档案部门高度重视重大活动和突发事件档案的接收和征集工作，加大了工作力度。35件(组)档案入选第二批中国档案文献遗产名录。档案馆爱国主义教育基地建设蓬勃发展。国家档案局制定了档案人员出国(境)培训管理办法。2003年9月召开的中俄教文卫体合作委员会第四次会议宣布在委员会框架内成立中俄档案合作小组。派员参加了第37届国际档案圆桌会议、赴加拿大参加电子政务培训、赴新加坡进行访问研究。中国和斯洛文尼亚国家档案局在北京共同举办了“斯洛文尼亚城市的变迁”档案资料图片展览。我国承办的国际档案理事会东亚地区分会第六次大会暨企业发展与档案工作研讨会圆满成功。接待了俄罗斯等4个国家的档案代表团来我国访问。

面对新的形势和任务，各级档案部门决心以对档案事业高度负责的精神，与时俱进，开拓进取，努力把档案工作不断推向前进，为实现全面建设小康社会的宏伟目标作出新的更大的贡献。　　(宋扬)

北京市

2003年，北京市遭受了史无前例的“非典”肆虐。在党中央、国务院和北京市委、市政府的领导下，北京市取得了抗击“非典”斗争的胜利。全市档案工作者在国家档案局的指导下，在市委、市政府的领导下，一手抓防治“非典”工作，一手抓档案事业建设，取得了防治“非典”和档案事业发展的“双胜利”。

一、尽职尽责，防治“非典”档案工作成绩出色

从抗击“非典”斗争一开始，北京市档案局认真履行档案行政管理职责，多次专门研究防治“非典”档案工作，连续制发文件，深入防治“非典”一线重点部门，全面部署防治“非典”档案工作。各区县档案局依据市档案局文件精神，结合本区县实际情况，对做好防治“非典”档案工作作出了具体规定，并对本区县“防非”重点单位的档案工作予以多种形式的指导。市属单位档案部门纷纷制发文件，补充完善原有文件归档范围和保管期限表，提出文件归档要求，加强防治“非典”档案工作。在北京防治“非典”联合工作小组各工作组领导的重视支持下，北京市档案馆将其形成的文书档案、音像档案、照片档案以及资料和实物全部接收进馆。绝大多数区县档案馆也已将本区县“防非”指挥部档案接收进馆。

在做好防治“非典”档案管理工作的同时，北京市各级档案部门积极发掘档案资源，主动为防治“非典”工作提供优质服务。各国家档案馆深入挖掘馆藏，直接为防治“非典”工作服务。北京市档案馆的《档案摘报》在防治“非典”初期创刊，选编馆藏档案中有关疫情防治的政策规定、经验措施和政府卫生防疫体系建设等方面的内容，供市领导和有关部门参考。一些区县档案馆对馆藏档案中反映本区县历次发生传染病的内容进行综合分析，上报“防非”指挥部。反映全市抗击“非典”斗争的大事记——《抗击非典北京日志》出版发行，举办反映各区县人民抗击“非典”斗争的纪实展览。全市防治“非典”档案工作得到了北京市委、市政府和全国防治“非典”指挥部的充分肯定。

二、依法行政，档案法制建设取得新进展

2003年，北京市档案立法及一系列规范性文件的制定为优化档案事业发展环境提供了制度保障。经过多年坚持不懈的努力和大量艰苦细致的工作，《北京市档案馆条例》于2003年9月被列入《北京市人大常委

会2003年至2007年立法规划》。档案行政执法检查范围扩大、力度加强,北京市档案局对18个区县和85个市属单位的档案工作进行了检查。同时,严格规范的执法程序,行之有效的检查手段,维护了档案法律法规的严肃性和权威性。各区县档案局和一些市属单位也依法在本区域、本系统内开展了档案行政执法检查,取得了显著效果。

三、加快发展,档案信息化工作再上新台阶

2003年,北京市档案部门抓住"数字北京"、电子政务和办公自动化建设等机遇,加强档案信息化建设。5月,北京市档案局与市信息办联合制发《关于加强电子文件和电子档案管理的意见》,北京市第一个关于加强电子文件、电子档案管理的规范性文件正式出台。各区县和市属单位档案部门也都将档案信息化建设作为工作重点,目前,全市18个区县档案局馆均已在公共信息网上建立了网站、主页,市和一些区县档案局馆还进行了网站的改版工作,并加快了网页的更新频率,档案网站的服务功能更加强大。北京市和一些区县档案馆、部分市属单位档案部门档案数字化工作取得新进展,仅北京市档案馆全年就完成462.6万页纸制档案的数字化工作,其中录像、录音、照片档案的数字化比率已分别达到72%、63%和67%。在全市档案科技项目申报工作中,有关档案信息化研究项目已占申报总数的47%,档案信息化建设受到普遍重视。一些区县档案局馆还增设了专门的信息化管理机构,档案信息化工作得到了组织上的保证。

四、扎实工作,档案基础业务建设稳步前进

2003年,各级档案行政部门加大了对重大工程和重大活动、机构改革单位、各种所有制企业、社区街道和农业农村等各个方面、各个领域档案工作的监督指导和服务力度。北京市档案局相继制定或与有关部门联合制发了《关于在机构改革中做好档案工作的通知》、《关于加强2003年北京市重大项目档案工作的通知》、《关于进一步做好我市社区档案管理工作的意见》、《关于加强小城镇档案工作的意见》,对这些方面档案工作提出明确要求。2003年,北京市和区县档案馆共接收20.6万余卷档案,为丰富全市国家档案资源奠定了基础。

北京市和绝大多数区县档案馆建立了档案目录中心,目录数据的采集工作加紧进行并取得初步成果,北京市档案目录中心圆满完成全市民国档案案卷级目录数据的采集、上报工作。部分区县新档案馆建设正在进行之中,其中一些新建档案馆还成为本地区标志性建筑,一些市属单位也改善了档案保管条件。

五、大力服务,档案利用宣传工作成效显著

2003年,传统形式的档案利用成绩喜人。档案编研内容丰富,质量提高,《北京市重要文件选编》1956—1958年三卷编辑工作完成,《北京志·档案卷·档案志》出版发行,《北京档案史料》出版4本,区县档案馆和市属单位的档案编研成果也相继问世。北京市档案馆再次向社会开放近十万卷档案,区县档案馆也加大了开放档案的力度。

网上利用新军突起,北京市和区县档案馆将开放的档案目录、部分开放档案内容及编研材料在政府网和互联网上公开,目前,市档案馆网站可供公众检索利用的开放档案目录达84万条,区县档案馆达65万条,市档案局馆网站点击次数累计49万余次,2003年访问量近20万次。"档案馆利用人次"和"档案馆网站访问量"已被纳入《北京市社会发展指标体系设计方案》,成为判定社会发展进步的指标之一。

各级国家档案馆爱国主义教育基地深入挖掘馆藏资源,积极开展以举办展览为主的多种形式的教育活动。北京市档案馆积极参加纪念北京建都850周年系列活动,《古都北京》展览向社会开放,受到新闻媒体关注。区县档案馆将档案工作与地域文化相结合,举办具有地方特色的档案展览,并将展览送进社区、学校及公共活动场所,使爱国主义教育活动更加广泛深入,共接待参观者42.7万余人次。2003年度全市档案法律法规知识竞赛活动参赛人数创历史新高,全市各单位领导和群众普遍参与,回卷数达6.2万份,有效地增强了社会档案意识。

《北京档案》杂志以创新求生存,以服务谋发展,不断提高刊物质量,受到了读者的广泛好评。《中国档案报》北京记者站、《中国档案》杂志北京通联组认真履行职责,及时报道北京市档案工作的发展进步,受到了多项表彰。

六、措施到位,档案干部队伍建设全面加强

2003年,四年一度的全国档案系统评先表彰工作和两年一次的全市档案系统评先活动同时在北京市开展,全市各级档案部门利用此有利机会,在抓好"双先"评比的同时,大力加强档案干部队伍建设。档案教育培训全方位开展,并根据新形势下档案工作发展特点,在教学内容和教学形式上不断推陈出新,而且针对不同的群体,开展不同层次、不同形式的教育培训,仅岗位资格培训就达2554人次,提高了档案人员的创新能力和实际应用能力,全面提升了档案干部队伍素质。档案科研越来越受到各级档案部门的重视,档案人员参与科研的热情普遍高涨。北京市档案局受理的科研申报项目数量大幅度增长,增幅达73%,其中9个单位为首次申报。全市档案科研立项总计22项,其中18项已列入市档案局科研计划项目,4项列入国家档案局科研计划项目。这一切不仅有力地推动了工作,而且使一批优秀人才脱颖而出,有效地提高了档案干部队伍水平。各级档案学会也紧密联系实际,围绕档案工作前沿问题,开展一系列有深度的学术研讨活动,对全面提升档案人员综合素质起到了积极的促进作用,为档案人员开阔视野、增长知识、提高水平创造了条件。各级档案部门积极推进人事制度改革,强化激励竞争机制,在加强对档案干部培训教育的基础上,加大了对人才的培养、选拔和使用力度,一大批政治素质高、业务能力强、工作作风好的年轻干部走上重要工作岗位。 (冯舫女)

天津市

2003年,在市委、市政府正确领导和国家档案局精心指导下,天津市档案工作夺取了抗击"非典"和档案工作双胜利,在为全市实施"三步走"战略服务中做出了显著成绩,展现了新阶段档案工作的新面貌。

一、围绕"三步走"战略,创新服务机制,拓展服务领域,档案服务工作开创了新局面

为实施"三步走"战略服务迈出了新步伐。为配合海河综合开发改造,及时印发了《关于加强海河综合开发档案管理的意见》。河西区、河东区等沿河各区档案部门深入现场抢拍海河沿岸旧貌照片近4000张,对重点部位进行了录像。为集中展示海河的历史与未来,市档案局联合12个单位,举办了《海河——辉煌的母亲河》大型档案图片展览,展出图片近400幅,参观者达5.4万余人次。为促进个体私营经济发展,市档案局与市工商联联合出台了《关于档案工作为加快个体私营企业发展服务的意见》,提出了5项服务措施,推广了塘沽区档案局等为私企搞好档案服务的经验,70余家私营企业实现了规范化档案管理。加强了信用档案建设,出台了《关于建立和加强信用档案工作的意见》。市工商局、市药监局积极建立企业信用档案,泰达控股有限公司信用档案在3A认证过程中得到了5大银行的认可,与市农村信用社联社合发《关于加强农户信用档案管理为农村信用社建设服务的意见》,在静海县王口镇开展了信用户(村)建档试点,并已在全市推广。

为发展先进文化和精神文明建设服务取得了新成果。市档案局会同市文化局出台了《天津市艺术档案管理规定》,规范了文化艺术档案管理。全市档案部门与文化、博物、图书等相关单位联合在《天津青年报》开辟了建卫600周年专版,在各媒体刊登有关文章近300篇。挖掘整合档案资源,编辑了《天津名胜大全》、《天津的教堂》等3本丛书。积极探索特色精品档案示范馆建设,市档案馆举办了馆藏档案珍品展,西青区举办了新中国反腐败第一大案陈列展。

发挥社区档案作用使老百姓得到实惠。市档案局与市民政局联合出台了《天津市社区档案管理办法》、《天津市城市居民最低生活保障档案管理办法》,规范了社区档案管理。河北区为社区的老干部、老劳模、老专家、老寿星建立档案,红桥区实现了科教、文化、体育、卫生、环保、法律档案进社区。全市社区档案工作在全国社区档案工作座谈会上介绍了经验。配合政务公开,全市16个区县档案馆现行文件阅览中心共接待百姓查询文件5000余人次。

自觉主动服务大局,夺取了抗击"非典"和业务工作双胜利。按照市委、市政府的统一部署,市和区县档案部门迅速摘编历史上疫病防治简况并提出防治"非典"建议,及时提供领导和有关部门作为资政参考。市政府办公厅、市卫生局等档案部门协助市"非典"防治领导小组,做好下设机构及所属单位防治"非典"文件资料的收集整理,归档齐全的抗击"非典"档案资料,为世界卫生组织来津考察评估提供了有力的依据。市档案馆认真做好防"非典"档案的接收工作,并主动征集了裴鸿烈烈士生前个人档案材料300余件。

二、坚持依法治档,强化宏观管理,档案行政管理跃上了新台阶

加快了档案法制工作体系建设。在全国率先制定了《天津市非国家所有档案管理规定》,经市政府第12次常务会议审议通过并颁布实施。为进一步规范重要会议和重大活动档案管理,市委办公厅、市政府办公厅转发了《关于加强天津市重要会议和重大活动档案管理工作的意见》。市档案局全年制发档案规范性文件18件,进一步完善了全市档案法规体系,为依法行政、依法管理奠定了基础。

加大了档案行政执法检查力度。市档案局与市人大内务司法委等组成联合检查组,检查了部分区县和市有关单位贯彻落《档案法》的情况,对存在问题提出了整改意见。全市151个市级机关、企事业单位建立了档案工作年检制度,市档案局经过抽查向14个单位下发了整改通知书,整改效果明显。

重点推进了教育、文化、房管3个系统基层档案工作规范化、制度化管理,3个系统基层建档比例由原来的52%上升到78%。《企业档案管理规定》得到贯彻落实,机电工业总公司、纺织工业总公司、冶金工业总公司、电子仪表工业总公司、一轻集团总公司、港务局等单位档案部门在企业重组过程中,制定相应的档案管理办法,合理控制了档案的归属和流向。

三、以信息化带动档案管理现代化,档案信息化建设实现了新突破

天津档案信息资源库一期工程建设取得新进展。

建成了由140台计算机,CISCO4600为主交换机、Oracle9i数据库系统,9台服务器等设备组成的以档案业务网、办公业务网、外网及档案信息资源数据库为一体的"三网一库"架构。开发了天津档案网、天津市归档电子文件接收与管理系统、天津市档案信息资源管理系统和天津市档案局馆业务办公管理系统四个系统。建立了档案目录录入中心、档案数字化加工中心、档案缩微中心、音视频档案处理中心等四个档案信息化加工基地。实现了已开放的70万条档案目录和2000余份现行文件目录网上检索。10个区县档案部门建成了局域网,累积录入文件级目录近500万条、案卷级目录70多万条。开发区数字档案馆在国家档案局科研立项并实施。市城建档案馆数字化建设处于全国城建系统领先水平。市人大办公厅、电力公司、大港油田有限公司等档案部门结合本单位局域网建设,实行文档一体化管理,实现了部分档案网上查询阅览。

档案科研取得了新成果。制定了《电子公文文档一体化业务流程规范标准体系》课题研究实施方案。《数字视听档案馆》等4项国家档案局立项的科研课题完成了鉴定结题,达到了国内领先水平。在全国4个直辖市中率先开展了区县综合档案馆现代化管理评估工作,和平区档案馆达到了现代化管理评估市二级标准。

四、建设学习型机关,全面提高档案工作者的整体素质,档案队伍建设达到了新水平

用"三个代表"重要思想统领档案工作,举办了全市档案局馆一把手学习"三个代表"重要思想培训班,进一步树立大档案、大服务的创新理念,极大地推动了全系统工作创新。南开区档案局《抓住机遇挖掘老城历史遗韵》等10项创新工作获得2003年度天津市档案工作创新成果奖。

档案培训教育取得较大的发展。全年培训总量达到了4200人次。汽车工业(集团)有限公司、市政工程局、工商银行天津分行、天津石化公司等系统高度重视档案教育培训工作,组织档案人员参加培训学习,全市档案人员持证上岗培训达到了3200人。首次组织了赴德国档案管理培训团,参加培训人员15人。

会同市人事局在全系统认真组织了评选推荐全国和全市先进集体、优秀个人活动,塘沽区档案局(馆)等4个单位、河西区档案局韩宝安等3名个人分别荣获全国档案系统先进集体和全国档案系统先进工作者称号,和平区档案局(馆)等50个单位、市委组织部崔英等100名个人分别荣获天津市档案系统先进集体和天津市档案系统先进工作者称号。(天津市档案局)

河 北 省

2003年,全省各级档案部门紧紧围绕党和政府的工作大局,坚持一手抓防控"非典",一手抓档案工作,档案工作服务大局的成效更加显著,档案事业自身发展的道路更加宽阔。

一、档案服务工作不断拓展深化

沉着应对,主动出击,夺取抗"非典"和为抗"非典"服务双重胜利。一是主动做好为防控"非典"提供档案信息服务工作。各级档案馆充分发挥优势,大力开发馆藏防疫信息资源,以多种形式的编研成果为各级领导和群众服务。省档案馆编写出1万多字的《河北省十二种重大传染病疫情及防治》专题材料,并以此为基础撰写《以史为鉴,防控非典》专题报告,引起了省领导的高度重视,省委书记白克明、副省长孙士彬分别作了重要批示。转发各市后,在全省掀起了编辑档案史料为抗击"非典"服务的高潮。同时,省档案馆还充分利用"河北档案信息网",开设了防"非典"专栏,宣传"防非"工作,并在很短的时间内编辑出《河北省建国以来爱国卫生运动文件选编》、《河北省建国以来疫情防治文件选编》两本小册子。这些编研成果和网上信息,或提供给有关领导和部门,或通过网络等媒体向社会公布,在"防非"斗争中发挥了积极的决策参考、宣传科学和稳定民心的作用,也为今后有效应对各类疫情提供了宝贵资料。二是主动使档案工作为总结"防非"战绩服务,认真做好"防非"档案资料的收集整理接收工作。疫情发生后,省档案局以极高的工作效率,起草了《关于认真做好防治非典型肺炎档案资料收集和管理工作的通知》,省委办公厅、省政府办公厅迅速联合下发。各市对此予以高度重视,结合当地实际下发了相应的文件,全面铺开了"防非"档案资料的收集整理接收工作。到年底,省档案馆和唐山、衡水、沧州等市档案馆已全部完成"防非"档案接收进馆工作。全省各级综合档案馆共接收各种载体的"防非"档案28.5万件,占应接收的96%。省档案馆和部分市县档案馆特事特办,迅速分类整理并建立"防非"档案专题目录数据库,在第一时间内向社会提供利用。

城市社区档案工作全面展开。省档案局与省民政厅联合印发了《河北省城市社区档案管理暂行办法》,并召开了城市社区档案工作现场会,对社区档案工作较有特色的保定、唐山等地的经验进行了观摩推广,社区档案工作在试点的基础上全面推进。到年底,全省已建立档案工作的社区达到1217个,社区建档率达到73%。社区档案工作在为社区百姓服务、促进社区建设、扩大基层民主、维护社会稳定等方面发挥了显著作

用。

现行文件查阅中心再创新的业绩。省档案馆和3个省辖市52个县(市)、区新建了现行文件查阅中心,全省累计建立文件中心64家,占综合档案馆总数的35%。各级现行文件中心一年来共接待利用者1.6万余人次,受到社会各界的普遍赞扬。

二、各项业务工作取得显著成绩

档案信息化建设势头强劲。加强信息化建设的统筹规划和管理,各市出台了《档案信息化建设规划实施意见》,确保档案信息化建设的统一规范和协调发展。加大了档案信息化设施设备的投入力度,各级档案馆共添置各种信息化设备200余台,全省各级综合档案馆计算机总数达到549台,比上年同期增加了166台。加快了档案目录数据库建设速度,全省各级综合档案馆年内共录入文件级机检目录480万条,累计达到1630万条。档案信息网络建设取得较大进展,"河北档案信息网"经过全新改版于4月正式开通,网站内容丰富,形式新颖,在短时间内点击率顺利跨入全国档案系统省级网站先进行列。

档案馆库建设稳步发展。2003年,又有5个档案馆乔迁新居,7个档案馆通过改建、扩建、调整,增加了馆库面积。全省各级综合档案馆建筑面积达到14.9万平方米。在加强馆库建设的同时,各地档案部门严把安全关,加强消防安全教育和安全检查,加大对档案安全设施、设备的投入,严格管理,确保了档案和档案部门的绝对安全。

档案资源建设进一步加强。各级档案部门积极贯彻落实《河北省档案接收和收集管理办法》,加大接收和征集力度。一是狠抓常规性接收工作,促进各立档单位向国家综合档案馆定期移交档案的意识,确保应进馆档案及时接收进馆。二是积极介入机构改革,确保档案资料的完整、准确、安全。2003年,河北省政府部分单位进行机构改革,省档案局积极参与、主动配合,为确保机构改革中档案不受损失,合理处置机构变动部门档案的归属与流向做了大量的工作。省政府机构改革档案的移交和接收进馆工作已于年内全部完成,共交接文书档案51606卷和大量的照片、录音录像、印章等实物档案,其中31525卷接收进省档案馆保存。三是着重改善馆藏结构,围绕重大活动、重大事件,征集特色专题档案,使馆藏内容更加丰富。2003年,全省各级综合档案馆共接收档案30万卷又26万件,使全省综合档案馆馆藏档案资料总量达到777万卷(册)280万件,居全国第6位。

三、档案工作宏观管理再上新的台阶

农业农村档案工作更加贴近实际。全省筛选出了32个工作各具特色、服务效果明显的农业农村档案工作联系点,推选了30个档案工作示范乡镇、50个示范村,对于深化农业农村档案工作起到了有效的促进作用。到年底,全省农村建档率达到94%,土地承包合同进馆率达到92%。全国人大常委会农村土地承包法执法检查组对河北进行考察时,对河北省土地承包合同进馆工作给予了高度评价。

企业和重点建设项目档案工作更加符合改革进程。各地档案部门紧紧围绕经济建设这个中心,积极与国有资产管理部门、企业和重点建设项目单位沟通和联系,参与到企业破产清算组、重点建设项目检查验收小组等组织中,依法加强对企业和重点建设项目档案工作的监督和指导,确保了档案的完整与安全。

机关档案工作更加规范化。全省95%以上的机关单位实行了新的立卷归档办法。省、市、县三级立卷合格率分别达到98%、98%和94%。又有400多家单位跨入了省级先进行列。

四、档案法制、科研、宣传工作富有成效

档案行政执法活动更加经常化。一年来,各地共进行各类执法检查近千次,下发限期改正通知书416份,处理档案违规、违法案件12起,罚款8000多元。档案科研工作有了新的突破,2项科研课题在国家档案局立项,100项优秀服务成果在省档案局获奖。档案宣传工作继续在全国保持先进,档案信息工作位居全国前列,《中国档案报》河北省记者站被评为抗击"非典"新闻报道先进记者站。

五、档案干部队伍建设进一步加强

一年来,全省档案部门响应省委的号召,积极开展了以"深入学习贯彻十六大精神,树正气、讲团结、求发展"为主要内容的学习教育活动,迅速兴起了学习贯彻"三个代表"重要思想新高潮。通过学习和教育,各级档案部门正党风,振精神,联实际,促工作,在践行"三个代表"重要思想的过程中,不仅取得了抗击"非典"的胜利,而且档案事业也取得了新的进展。档案干部队伍素质得到进一步提高。初步形成了"学习型机关"的良好氛围,有力地推动了各项工作的开展。2003年,有51个档案局馆被当地党委、政府评为实绩突出单位,96个被评为文明单位。 (李静)

山 西 省

2003年是不寻常的一年,山西省各市(地)档案部门克服"非典"以及其它不利因素带来的各种困难和影响,自觉地服务于当地党委、政府的中心工作,自觉地争取上级有关部门的支持和指导,自觉地组织协调各县(市、区)的档案工作,取得了较好的成绩。

一、档案部门为中心工作和广大人民群众服务取

得明显成效

首先，各级档案部门紧紧围绕党和政府的中心工作，跟踪服务、主动服务的意识明显增强。2003年“非典”疫情发生后，各市(地)档案局根据国家档案局《关于认真做好防治“非典”文件材料收集归档工作的通知》的要求，把防治“非典”材料的收集归档工作作为重要任务来抓。积极配合各地防治“非典”工作领导组，制定管理方案，抽出骨干力量到防治“非典”工作指挥部办公室、防疫部门等单位，监督指导各类文件材料的收集、分类、整理、编目和移交工作。深入定点医院，收集整理“非典”病人的典型病例，整理成为特色档案。有的市(地)还依托馆藏，编辑建国以来当地主要传染病流行趋势、控制疫情蔓延的经验等专题资料，为党委、政府的决策提供了参考依据，发挥了档案部门应有的作用。不少市县档案机构和档案工作者工作突出，事迹感人，被当地党委、政府授予抗击“非典”工作先进单位、先进工作者光荣称号。

其次，各级档案部门随着政务公开的推进，转变作风，积极推进以社会各界和人民群众为服务对象的机制创新，探索现行文件及档案资料提供利用的新途径。现在全省已有22个现行文件阅览中心挂牌。长治市现行文件阅览中心还将办公场所迁至市政务大厅，通过窗口服务，扩大现行文件的查阅面。

在服务工作中，省档案局(馆)将爱国主义教育与拓宽档案利用、深化档案编研相结合，大胆实践，勇于创新，完成了几项影响较大的工作：经过不懈努力，山西档案信息网“晋档在线”投入试运行，网站点击数已达17000余人次；配合省十届人代会召开和太原市2500周年纪念活动，分别举办了《神圣使命——山西省历届人代会》、《2500年太原城》专题展览，在《太原日报》开辟《老照片——纪念太原建城2500年珍藏版》专栏。同时，太原新闻网、山西档案网和《山西日报》、《山西政协报》、《山西档案》、《旅游杂志》等报刊，都以显著版面刊载省档案局选编的纪念图文；积极组织“中国档案文献遗产工程”申报工作，“平遥日升昌”档案成功入选。

二、全省市县综合档案馆建设呈现新的起色

从全省整体来看，市县综合档案馆工作在馆库建设和现代化设施的配备、档案资料的收集和征集、档案的规范化管理等三个方面引起了政府和有关领导的普遍关注，不少市县加大了投入，取得了明显的变化；阳泉、晋城、临汾市档案馆强化目标管理，加大工作力度，考核验收的条件已经具备。吕梁地区档案馆围绕目标管理而进行的档案整理鉴定任务业已完成；特别是霍州市档案馆经过两年的辛勤努力，成为山西省首家县级示范档案馆，取得历史性的突破。河津市政府成立了创建县级示范档案馆领导组，为全省县级档案馆建设树立榜样。

三、各级档案部门业务监督指导的职能较好地得到发挥

省档案局转变思路、转移重心、集中力量狠抓省直单位的档案工作，达标率提高三十多个百分点。涌现出省移动通信公司、省监狱管理局、省劳教局、省高速公路管理局4个先进系统。省卫生厅、省委老干部局、省教育厅等基本实现直属单位档案工作目标管理。

各市(地)以宏观管理和微观指导相结合的方式，继续在机关团体和企事业单位开展了档案目标管理考评工作。截止2003年底，全省累计共有1720个机关达到省一级标准，3365个单位达到省二级标准，7053个单位达到省三级标准。共有1657个企业和科技事业单位档案管理达省部级标准，761个达国家二级标准，83个达国家一级标准。一些市(地)对机关文书立卷工作进行了改革，对重点单位的档案工作人员进行了培训，一批试点单位的工作正在稳步推进。

忻州、运城等市通过市县两级政府分管领导签订档案工作目标责任书的形式，提升了抓档案工作的层面，年初有布置，年中有检查，年终有奖惩，收到很好的效果。

大同、晋中等市和一些县档案局加大了对重大活动档案和重点工程档案的管理力度，他们变被动为主动，对年内在当地举办的有重要影响的活动项目以及对当地国民经济和社会发展有重大影响的工程项目，提前介入、专项接收、同步指导，保证了经济建设有档案部门的指导、监督和服务。

四、各市县档案法制建设进一步强化

各级档案部门继续以提高社会档案法制意识作为档案法律法规宣传教育的切入点，一年中，约80余个市县在9月初的档案宣传周和12月4日的全国法制宣传日期间，采取多种行之有效的方式，举办了声势较大的档案法律知识的宣传活动，扩大了档案法律法规的社会影响。

长治市政府出台了《长治市档案管理办法》，阳泉市委、市政府办公厅下发了《关于进一步加强全市档案工作的若干意见》，在档案行政管理职能、综合档案馆建设、人员配备等方面不同程度地予以强化，这是对《山西省档案管理条例》内容的细化和补充。晋中市档案局制定了关于档案行政执法的7项制度，在全市范围内统一规范了29种执法文书。太原市档案局制定了《档案行政处罚审裁分离制度》和《档案违法行为投诉管理办法》等4项措施，保证了档案行政执法的公正、公平、合法、有效，很好地促进了档案系统内部的层级监督。

2003年也是各市、县档案局执法力度较大的一年。从规模上看，70%以上的市、县都开展了档案行政执法检查活动。从层次上看，有的以市、县政府为主体进行执法，有的以市、县人大牵头、政府法制办、档案局参与的方法进行了联合执法，不少地方以档案局为主体进行了执法；从形式上看，既有以档案整体工作为检查对象的普遍执法，也有以档案安全保管、档案的移交和接收、重大活动和重点工程档案管理为对象的专项执法，还有对去年被检查单位整改情况的回头看。通过执法检查，对有效地发挥档案行政管理部门职能，扩大档案部门的影响，纠正违反档案法律法规的行为都产生了重要的推动作用。 （孔跃宏）

内蒙古自治区

2003年，内蒙古自治区档案事业稳步发展，各方面工作取得可喜的成绩，开创了自治区档案事业的新局面。

一、档案督查、法制宣传工作进一步加强

2003年3月，自治区党委办公厅、政府办公厅印发了《关于加强全区档案工作的意见》，即厅发[2003]15号文件。文件从强化法制建设、丰富档案信息资源、拓展服务领域、推进档案信息化建设、加强对档案工作的领导等六个方面提出了意见，同时对解决影响档案事业发展的档案馆库建设、档案保护、抢救经费、档案工作人员岗位津贴等一些困难和问题提出了具体的要求。文件下发后，各地党委和政府十分重视，呼和浩特市、通辽市、乌海市、鄂尔多斯市、巴盟等盟市领导听取了当地档案局的汇报，并就档案馆库建设、档案保护费、抢救费和档案人员岗位津贴、档案信息化经费提出了落实意见。

2003年11月，自治区党委办公厅、政府办公厅和自治区档案局组成督查组，对12个盟市、27个旗、县、市、区贯彻落实15号文件的情况进行了督查。通过厅发15号文件的督查落实，较好地解决了制约全区档案事业发展的"瓶颈"问题，为档案事业的进一步发展创造了有利条件。

《内蒙古自治区苏木、乡镇档案管理办法》已经自治区政府常务会议通过并正式颁发。自治区档案局与自治区人大教科文卫委、政府法制办到上海、山东、江苏、安徽等地进行立法调研，完成了《内蒙古自治区信用档案条例》的起草、调研工作，并力争将《内蒙古自治区信用档案条例》、《内蒙古自治区社区档案条例》列入自治区人大教科文卫委员会五年立法规划中。

档案宣传工作成效显著。各盟市充分利用《档案法》颁布16周年、"12·4法制宣传日"等机会，大力进行档案法制宣传，赤峰市档案局开展了以"加大档案执法力度，增强公民法制意识"为主题的档案宣传周活动，并在市中心开设了宣传橱窗，常年进行展出。各级档案部门充分利用新闻媒体开展宣传活动，在内蒙古电视台、《内蒙古日报》、《中国档案报》等省级以上媒体发表宣传报道128篇(次)。此外，内蒙古档案学会召开了第七次学术讨论会，编辑出版了学术论文集。

二、档案工作为自治区经济、社会发展服务的力度进一步加大

全区各级档案部门为党和国家工作大局服务，为社会各界和广大人民群众服务的意识明显提高。

在"非典"疫情暴发后，自治区档案局及时下发了《关于加强全区档案系统非典型肺炎防治工作的通知》及《关于在"非典"防控过程中做好档案工作的紧急通知》，并与自治区"非典"防控指挥部联系，以指挥部名义下发了《关于做好防治非典型肺炎文件材料及时收集归档工作的通知》。各级档案部门积极行动，加强监督、指导、协调。自治区档案局与有关部门配合，并深入到重点疫区，加强监督、指导。自治区档案馆共接收全区"非典"档案(包括文件、照片、光盘、录音带等)10367件(盘、组)。还举办了"非典"档案展览。

信用档案工作进一步深化。各级档案部门指导全区364家企业建立了信用档案，区直企业已有50%建立了信用档案；经自治区档案局积极争取，将信用档案工作纳入了全区信用体系建设之中，并向自治区人民政府金融办提交了全区信用档案信息中心建设的初步方案；《内蒙古信用档案》一书编纂出版，信用档案信息数据库建设取得了很大进展。

加强了社区档案建设。抓典型、树样板，重点指导社区抓好下岗职工和失业人员档案、再就业档案。全区社区建档率超过30%。为规范社区档案建设，与自治区民政厅联合下发了《内蒙古自治区城市社区档案管理暂行办法》。

继续加强了现行文件资料服务中心建设，全区有9个盟市档案馆已建成了现行文件中心，自治区现行文件资料服务中心在加大现行文件资料收集力度的基础上，改善服务手段，会同呼市档案局开通了4条查档热线，购置了触摸屏等设备，并实现了现行文件资料的网上查询。

三、档案馆基础建设更加扎实

各级档案馆在丰富馆藏，改善馆藏结构上下功夫，档案的收集、征集工作取得新的成绩。自治区档案局在北京举办了名人档案捐赠座谈会，布赫、郑天翔等老同志和一些艺术家等社会知名人士及自治区、国家档案局领导出席了会议。自治区档案馆接收了内蒙古电影制片厂影片1274盒，填补了本馆影片档案的空白。

呼市档案馆主动为“12·14”英雄群体及郝龙彪建档，并将收藏家刘振雄保存的118箱珍贵文献资料征集入馆。包头市、通辽市、巴盟档案馆有计划、有步骤地征集名产、名人、名胜档案。满洲里市档案馆接收改制、破产企业档案2万余卷。集宁市档案馆接收破产企业档案9万余卷。《内蒙古垦务档案中的清代垦务档案》入选第二批《中国档案文献遗产名录》。

全区档案馆库建设呈现出良好的发展势头。各地将档案馆库建设列入议事日程，全区有40多个盟市、旗县提出建馆申请，列入当地政府建设规划中。自治区档案馆新馆已奠基。

四、档案科技、信息化建设稳步推进

全区档案部门坚持“依靠科技振兴档案事业”的方针，积极开展档案科研工作，《WTO环境下省、市、自治区级信用档案建设模式研究》、《蒙古文历史档案名词术语对照词典》被国家档案局立项；完成了《蒙古文主题词表》、《中国北方地区防尘研究》两项科研项目；鄂托克前旗档案局李玉奇同志发明的“归档文件编号机”获国家专利，并已投入生产。

档案信息化建设取得了进展，自治区档案局（馆）被列为区直机关电子政务建设首批试点单位，并经有关部门考核，被评为直属机关信息化建设实绩突出单位。制订并下发了《内蒙古自治区档案信息化建设实施方案》。档案目录数据库建设不断推进，有的档案馆开展了档案全文数据库和多媒体数据库建设。各级档案部门积极参与当地政府上网工程和电子政务建设，自治区档案局开通了《内蒙古档案信息网》，初步实现了在互联网上向社会提供档案信息的服务。通辽市、乌海市、海勃湾区档案局网站已开通，全区档案信息化建设初见成效。

五、机关及经济科技档案工作健康发展

全区有33家机关、事业单位达到档案工作目标管理优秀以上等级，1个专业主管机关达到“系统双优”，4个达到“双特优”，36家企业、科技事业单位通过了档案工作目标管理国家二级以上认定和复查。档案利用服务考核工作稳步进行，全年有36个单位达到利用服务考核优秀级。

紧紧围绕经济建设这个中心，做好经济领域的档案工作。自治区档案局下发了《关于报送重大建设项目档案有关情况材料的通知》，进一步完善了全区重点建设项目数据库。配合生态建设，自治区档案局与林业厅联发了《内蒙古自治区退耕还林工程档案管理办法》，对退耕还林工程档案管理加以规范，并在部分盟市开展了试点工作。配合小城镇档案工作，自治区档案局、建设厅下发了《关于加强全区小城镇建设档案工作的通知》。

六、档案教育工作势头良好

立足全区档案工作实际，自治区档案局制订了《内蒙古自治区档案人员全员培训实施方案》和《内蒙古自治区档案人员基础知识与基本技能考试考核办法》；各级档案部门在普遍开展岗位培训、继续教育工作的同时，努力探索培训工作的新思路，积极组织专业性、专题性培训，如民国档案著录、电子文件管理、重点工程项目档案管理、信用档案管理培训班等。全年累计培训学员800余人次，全区档案人员的知识结构不断得到改善。

七、档案工作对外合作与交流进一步扩大

加强了与蒙古国国家档案局之间的业务合作与交流，蒙古国国家档案工作代表团来我区进行了访问。自治区档案局派人到蒙古国学习斯拉夫蒙文，并详细了解了蒙古国保存的有关内蒙古地区档案史料的内容、数量，为下一步征集工作奠定了基础；自治区档案馆与中国第一历史档案馆、内蒙古大学合作的《清初珍藏蒙古文档案汇编》已编两集，165万字；自治区档案学会与湖北省档案局合作举办了档案学术讨论会；各级档案部门积极走出去，学习外地的先进经验和做法，同时，接待了浙江、福建、宁夏、北京及国家档案局老干部等档案界同行。（杨小蕾）

辽宁省

2003年，是党中央、国务院提出实施振兴东北老工业基地重大战略之年，在省委、省政府的领导下，全省档案事业取得明显发展。

一、服务中心，成绩显著

年初，面对突然暴发的“非典”疫情，各级档案局反应迅速，及时下发文件，直接参与各级政府防治“非典”领导机构工作，确保防治“非典”档案资料的齐全完整和及时归档。5月初，辽宁省档案局与省卫生厅联合印发了《关于加强非典型肺炎防治工作文件材料归档工作的通知》，朝阳、盘锦、葫芦岛等市档案局的防“非典”档案管理工作行动快、工作主动。各档案馆主动挖掘馆藏资源，整理编辑历史上重大疫情防治等有关材料，供领导参考。辽宁省档案局（馆）向省委提供了《我省近百年来发生的重大疫情与防治情况》，经省委办公厅编发并呈送省委常委参阅，得到领导肯定。

在党中央、国务院做出实施东北地区老工业基地振兴战略后，全省档案系统立即开展如何提供服务的大讨论。9月，在全省档案馆工作现场会上，辽宁省档案局对档案工作如何为振兴辽宁老工业基地服务做了具体部署。全省各级档案部门，积极开发馆（室）藏资源，结合本地区、本部门实际编撰有关材料。阜新市档案局建立"阜新市经济转型档案资料信息库",并在辽宁省党政信息网上设立"阜新经济转型信息大全",直接为党政机关服务。本溪市档案局(馆)配合有关部门编制《本溪市采煤沉陷区综合治理方案》。辽宁省委办公厅档案处参与编写《振兴辽宁老工业基地的探索与实践》一书,为系统研究振兴老工业基地工作提供了有益的参考。辽宁省档案局(馆)向省委、省政府提供了《建国前本溪、抚顺煤矿采煤沉陷案摘要》和《辽宁地区工业发展综述》,省政府领导批示:材料很有意义,档案局主动为经济工作服务的精神和做法值得称赞。围绕为振兴辽宁老工业基地服务,各级档案局加强了对企业、科研事业单位和重点建设项目档案工作的跟踪指导和服务。辽宁省档案局对21个重点建设项目档案进行指导,重点建设项目竣工档案验收合格率达100%,被有关单位誉为"唯一只提供服务而不收费"的管理部门。辽宁省档案局组织省内专家、学者召开研讨会,研究探索信用档案体系建设。大连市档案局召开了现场会,在工商、税务、金融等行业和部门开展建立企业及个人信用档案试点,出台了《加强信用档案管理,服务社会信用体系的意见》。

档案工作为社区建设、"三农"和维护社会稳定等服务方面发挥了应有的作用。辽宁省社区建档工作动手早、成效大,截至年底建档率已达到90%。其中,沈阳、大连、抚顺、本溪、营口、阜新市接近100%。在全国社区建档工作会议上,辽宁省档案局介绍了经验。全省农业和农村档案工作发展态势良好,在村级建档完成近98%的基础上,种植、养殖及加工大户等建档工作得到加强,档案面对面为"三农"服务取得了一定的成效。

围绕为精神文明建设服务,各级档案部门做了大量工作。沈阳市档案局为贯彻《公民道德建设实施纲要》,结合档案工作实际,与市有关部门联合开展了"档案进家庭"活动,截至年底已有9万户建立了家庭档案。各级档案馆直接为人民群众服务是2003年档案工作的一个新亮点。开展已公开现行文件利用服务,满足了广大人民群众查阅现行文件资料的需求。在全省现行文件服务中心建设现场会后,已有7个市建成了现行文件服务中心,全年接待利用人次达5646人(次),提供文件14529件(次)。锦州市现行文件服务中心、档案目录中心、档案寄存中心同时挂牌对外服务。营口市开发区芦屯镇建立现行文件服务中心,成为全省第一个让农民直接看到红头文件的乡镇。全省社保档案工作开始起步。盘锦市在医疗、失业、养老保险和最低生活保障等方面已基本实现规范化管理。丹东市档案局制定了《丹东市社会保障档案管理办法》和《丹东市社会保险档案管理细则》。重大活动档案的管理工作得到加强。抚顺市下发了《抚顺市重大活动档案管理办法》。沈阳市在"一宫两陵"申报世界文化遗产、承办"制博会"等重大活动中,档案工作主动跟进,服务很有成效。

二、依法治档,效果明显

各级档案局认真贯彻《档案法》和《辽宁省档案条例》,把加强和完善行政执法责任制和评议考核制作为推进依法行政的重要措施,广泛开展执法检查。年内,兴城市恢复了档案局,执法主体资格得以明确。各级档案局行政执法检查均超过年初提出的30%立档单位的检查目标。辽宁省档案局下半年对各市开展执法监督检查,重点考核了各级档案局的执法责任制建立与推行情况,对城市社区、国有大型企业、科技事业单位、民营企业和居民家庭等建档情况进行调研。辽宁省档案局在对省直近180个单位档案工作检查考核中,引入互检和投票方式增加透明度。为加强执法力度,各级档案局积极争取地方人大、政府及其法制行政主管部门的支持。营口市聘请市人大代表为档案执法监督员。铁岭市档案局邀请市政府主管领导参加档案执法检查。沈阳市档案局被市法制办等部门授予政府系统法制工作先进单位,在全市"四五"普法和依法治理工作经验交流会上作为典型单位介绍经验。大连、本溪、营口、葫芦岛等市档案局被本市政府评为行政执法优秀单位。据不完全统计,年内各级档案局清理规范性文件630多件,有70余名档案执法人员通过省政府统一组织的行政执法人员执法资格培训和考试。辽宁省档案局对各市档案工作目标责任制考核中,沈阳、大连、本溪、盘锦市档案局被授予标兵单位。

三、科教兴档,步伐加快

结合全省电子政务、电子商务建设,电子文件归档与管理等问题提到日程,开展档案科技攻关,收到良好效果。年内,国家档案局评出的19项优秀奖中辽宁省获奖3项。全省评出优秀科技成果奖85项。7个市档案局(馆)已经建立或正在建立局域网。沈阳市档案馆自主研制的《电子文件格式转换及归档系统》,大连市档案馆与有关单位联合开发的《网络环境下电子档案形成与管理》等项目已基本完成。辽宁省档案学会组织学术研究、外地考察等活动,评选年度优秀论文300余篇。《中国档案报》辽宁记者站和《中国档案》杂志辽宁通联组被评为先进站组,全年组稿发表档案业务文章427篇,其中省级以上报刊、杂志362篇,地方报刊、杂志65篇。《兰台世界》杂志再次被评为全国中文(档案学类)核心期刊。鞍山市档案馆以创建全国一流档案网站为目标,开辟了"鞍山巨变网上展览",网站访问量已达到14万多人(次)。

为提高全省档案人员素质,各级档案部门积极组织档案人员上岗前培训和继续教育培训,开展“信息技术与电子政务”知识培训。辽宁省档案教育中心开办“政务信息与档案管理”在职研究生进修班和本科班,开展档案兼职教师培训。全省档案专业技术职称资格评审在改革中顺利进行。年内全省有4人和29人分别取得了研究馆员、副研究馆员资格,550人获得馆员、助理馆员资格。

四、基础建设稳步发展

全省新一轮馆舍建设开始起步。继锦州、铁岭后,辽阳乔迁新馆,朝阳市投资800多万元新建档案馆,主体工程已经完工;葫芦岛市新馆房问题也于去年底得到解决。另外,大连开发区、庄河市,鞍山千山区、海城市、盖州市和阜矿集团、铁煤集团等档案馆在年内搬进新馆。

截至年底,全省县以上机关、团体、事业单位和大中型企业有档案室8685个,专职档案员4944人,兼职档案员14622人。年内,辽宁省档案局通过目标管理来强化省直机关档案工作基础建设,省委办公厅、省人大办公厅、省政府办公厅、省检察院、省委组织部、省国家税务局、省地方税务局、省水利厅、省畜牧局、审计署驻沈阳办事处档案室被评为档案工作标兵单位。

全省各级国家综合档案馆向社会开放档案187万卷,开放档案目录504万条。年内,全省各类档案馆共接待利用者近18万人次,提供利用档案资料45万卷(册)次,提供复印件255万张。其中,接待台港澳和外国档案利用者1568人次;辽宁省档案馆接待国内外利用者1037人次,提供利用档案2443卷次。提供复印资料4092页。全省县以上机关、团体、事业单位和大中型企业档案室共接待利用者134万人次,提供利用档案资料260万卷(册)次,提供复印件816万张。

全省档案馆目录中心数据库建设初具规模,共收录档案目录390多万条。经中国档案文献遗产工程国家咨询委员会评审,辽宁省有2件档案入选第二批中国档案文献遗产名录。年内,全省各级各类档案馆、室公开出版档案编研资料84种、1837万字,编写内部参考资料1669种、3238万字。 (姜义)

吉 林 省

2003年,吉林省各级档案部门在党的十六大精神指引下,坚持以邓小平理论和“三个代表”重要思想为指导,紧贴中心,团绕大局,认真履行了档案行政管理和保管利用两项职能,着力在服务大局和服务人民群众上下功夫,在全省物质文明、政治文明和精神文明建设中,发挥了积极作用。

一、紧贴中心,充分发挥档案工作服务社会的功能

全省各级档案部门积极做好抗击“非典”战役中的档案管理工作。“非典”疫情发生后,省档案局及时印发了《关于做好防治非典型肺炎档案资料收集归档工作的通知》和《关于对防治非典型肺炎形成的文件材料进行检查的通知》。省档案馆和四平市档案馆充分挖掘馆藏,及时编辑了《历史上的疫病防治》等档案资料,为领导决策和疫病防治提供参考借鉴,受到有关领导的充分肯定。全省各地形成的防治“非典”的档案大部分已经接收进馆。

现行文件利用中心为百姓服务成为档案工作新的亮点。目前,这项工作已经全面展开。省档案馆现行公开文件查询窗口已于2003年6月份正式向社会开放。长春、延边、通化、四平、白山、松原等市(州)相继开办了现行文件利用中心。

社区档案工作得到加强。全省各级档案部门认真落实《吉林省城市社区档案管理暂行规定》,制发了社区档案管理的有关规定,召开了社区档案工作现场会。通化市利用招工档案,为400多人(次)办理低保提供服务。四平市档案局与民政局联合印发了关于社区建档工作的通知,在75个社区全部建立了档案室,积累了社区建档工作的经验。

积极探索信用档案工作的方式方法。省档案局和吉林市档案局在开展信用档案调研工作后形成了调研报告;延边州积极开展试点工作,敦化市工商银行建立了比较完整、规范的资信档案。信用档案正在为改善吉林经济软环境发挥积极作用。

各级档案部门开发档案信息资料,积极为全省精神文明建设服务。2003年是吉林省建省350周年,省档案馆编发了《清代吉林建置(建省)记事》,受到省委、省政府领导的高度重视。在建省纪念日当天,省档案馆在《吉林日报》发表了《吉林省历史钩沉》的纪念文章。利用省档案馆档案资料,与省电视台共同制作了《长春历史上的邮政》、《吉林道尹衙门》两期节目。为振兴东北老工业基地服务,向吉林电视台提供了上世纪50年代省部分大型国有企业照片50余幅,并应邀就档案工作如何为振兴东北老工业基地发挥作用接受了专题访谈。2003年是毛泽东诞辰110周年,省档案馆精选出部分邮品档案,参加了全国“纪念毛泽东诞辰110周年暨亚洲邮展候选展品集邮展览”,获金奖并入选亚洲邮展。

二、巩固成果,农业农村和企业档案工作稳步发展

农业农村档案工作稳中求进。省档案局召开了全省农村专业户建档经验交流会,总结、交流了农村专业户建档工作的经验。召开了全省农业档案工作座谈会,总结了近年来全省农业农村档案工作,研究部署了档案工作服务“三农”的新思路和新要求。省档案局协

调有关部门，积极参加“三下乡”活动，发放档案资料，宣传档案知识，直接为农民群众服务。

企业档案工作在完善巩固中发展。目前，已有130户企业建立和完善了专题信息数据库，为企业改制创造了有利条件。积极做好重点项目建设档案的指导和验收工作。省档案局对吉林镍业集团万吨硫酸镍技改项目、长春市对绕城公路南段建设项目、吉林市对吉林亚泰名城水泥有限公司项目进行了指导验收。

三、扎实工作，“四个基地”建设和机关档案室工作上新水平

省档案局完成了《全省各级综合档案馆“四个基地”建设考核办法》。加大了征集工作力度，接收档案内容丰富，载体多样，光盘档案数量增加。长春市征集到“伪满地质矿产资源图纸”等珍贵档案。继续开展开放档案的鉴定划控和对历史档案的抢救工作。按照国家档案局的要求，完成了民国档案报目工作，建立了全省民国档案案卷级目录数据库。

档案编研工作取得丰硕成果。省档案馆广泛寻求合作，完成了《东北边疆历史档案选编·吉林卷》、《中国档案精粹(吉林卷)》等书稿的编辑工作，举行了《吉林省档案馆藏“731”部队罪行铁证》一书的首发式。此书被新华社等媒体誉为“向日本右翼势力投掷的一枚重磅炸弹”，扩大了档案工作的社会影响。

档案基础设施建设取得新进展。梅河、辉南新建档案馆落成交付使用。省档案局投资170万元更新改造档案馆的供电系统，建设消防自动灭火系统和监控系统。

全省各级档案部门认真贯彻落实《全国档案信息化建设实施纲要》。省档案局馆机关办公局域网络经过试运行，已正式开通，并实行了内网和外网的物理隔离，安装了防火墙设备。省档案局和吉林市、长春市等档案局在因特网上建立了档案信息网站。松原市档案局在市政府的网站上建立了自己的网页。

档案馆的社会宣传教育功能得到充分发挥。省档案馆常年展出“吉林百年珍藏”。“以史为鉴——日本帝国主义制造伪满洲国图片展览”，先后到长春等地机关、部队和学校展出。爱国主义教育基地建设不断扩展，吉林市9个县(市)区的档案馆、四平市的公主岭、白山市的抚松、蛟河市等地档案被当地政府命名为爱国主义教育基地。

机关档案管理水平不断提升。全省各级档案部门认真贯彻执行《归档文件整理规则》。省档案局对省直机关的贯彻情况进行了检查，在全省继续开展了机关档案室目标管理考评工作。长春市档案局与市卫生局联合制发了《关于加强人口出生医学证明档案管理的通知》，规范了人口出生医学证明档案的管理。

四、注重实效，档案事业各项工作协调发展

2003年，全省各级档案管理部门都开展了不同形式的档案行政执法检查。有的与人大、政协，有的与政府的法制部门组成联合检查组，增强了执法检查的力度。经过执法检查，强化了档案意识，推动了档案事业的发展。严肃查处档案违法案件。2003年重点查处了珲春市粮油公司和共青团长春市委丢失档案的案件。对当事人的违法行为进行了纠正，并给予了经济赔偿的处罚。档案行政执法人员素质不断提高。积极参加法制部门举办的行政执法培训班，省档案局、四平市档案局、松原市档案局的行政执法人员经过培训获得了政府法制部门颁发的行政执法证。

为贯彻落实国家档案局关于加强档案业务人员培训工作的安排，省档案局与省人事厅一起组织全省档案教育行政管理部门，在全省档案业务人员中进行岗位资格培训工作。下发了《关于在全省档案业务人员中进行岗位资格培训和实行持证上岗制度的通知》，并成立工作领导小组，制定实施方案，编印培训教程。举办了全省档案业务人员兼职教师培训班、全省档案局馆长培训班和省、市(州)直机关档案业务人员培训班。各市(州)档案局与省档案局密切配合，积极开展培训，全省完成培训3497人次。组织了全省统一考试，对考试合格者颁发了档案业务人员岗位资格证书。通过岗位资格培训，使档案人员的知识结构得到改善，档案干部队伍的业务素质进一步提高。各地结合实际开展了继续教育。

根据国家档案局的有关要求，结合吉林省的实际情况，经反复研究和认真评定，完成了全国档案系统先进集体、先进工作者的评比推荐工作。

档案科研工作稳步开展。完成了国家档案局科研立项、优秀成果奖的推荐工作。《电子政务建设中政府机关档案管理改革的研究》获得科研立项。长春市档案局的《长春市社会保险档案管理方法》项目获得国家档案局的标准化立项。完成了国家档案局委托的《吉林省城市社区档案管理研究》等3个课题的评审鉴定工作。组织完成了吉林省档案科技进步奖评审工作。积极开展档案学术研讨活动，档案学会工作日益活跃。

(杨俊卿　李秀娟)

黑龙江省

全省各级档案部门在省委、省政府的正确领导下，紧紧围绕全面建设小康社会的奋斗目标，探索新思路，实施新举措，在为党和政府的中心工作服务，为社会各界服务，为广大人民群众服务中实现了新突破，取得了显著成绩。

一、密切配合党和国家工作大局，档案服务水平显著提高

2003年4月"非典"疫情爆发后，全省各级档案部门迅速反应，积极应战，紧紧围绕抗击"非典"工作，开展档案服务，得到各级领导的肯定。省档案局下发了《关于认真做好非典型肺炎防治档案工作的通知》，市地档案局也相继下发了指导性文件，并抽调业务骨干，对"非典"防治文件材料收集整理归档进行跟踪指导。同时，各级档案部门还深入挖掘馆藏，汇编档案专题史料，如省档案馆编写了《清代和民国时期黑龙江地区传染病疫情和防疫情况》、《建国后黑龙江地区疫情及防治》两个专题资料，以《档案信息摘报》的形式呈报省委、省政府及省"非典"防治指挥部，发挥了档案部门在抗击"非典"斗争中应有的作用。

党的十六届三中全会召开后，各级档案部门迅速调整工作思路，为振兴东北老工业基地献计献策。省档案局(馆)向省政府呈报了《关于建议将档案工作和档案馆库建设纳入我省振兴老工业基地总体规划的报告》，开展了有关老工业基地建设项目档案史料编研工作，并派出三个调查组，深入13个市地，形成了3份调查报告。市地档案局(馆)普遍召开了档案工作为振兴东北老工业基地服务座谈会，并紧紧围绕振兴老工业基地这一中心任务开展了相应的服务工作。

二、大力推进现行文件利用工作，档案服务机制不断创新

各级档案馆根据政府政务公开的要求，全面开展已公开现行文件利用工作，深受社会各界和人民群众的欢迎。按照省委办公厅和省政府办公厅《关于集中向社会各界和人民群众开展已公开的现行文件利用工作的通知》精神，省档案局先后召开了两次省(中)直机关集中报送提供利用已公开现行文件工作会议，安排247家省(中)直机关及直属单位分两批向省档案馆报送已公开现行文件。省档案馆成立了省现行文件查阅中心，并于2003年1月1日正式开展已公开现行文件利用工作。这项工作在社会上引起强烈反响，《黑龙江日报》、《新晚报》、《黑龙江晨报》、新华社黑龙江分社、中国档案报、黑龙江电台、黑龙江电视台、东北网、人民网以及香港凤凰卫视等十几家新闻媒体相继进行采访和报道。目前，全省已有38个市地县区档案馆开展了已公开现行文件利用工作，有的市地还报批了机构和编制。据不完全统计，全省各级现行文件中心收集已公开现行文件材料20多万件，接待利用者一万余人次。

三、全面启动新兴领域档案工作，档案服务空间进一步拓展

按照2003年全省档案工作要点的要求，在全省范围内启动了社区档案、信用档案、小城镇建设档案、民营企业档案等新兴领域档案工作。省档案局下发了《黑龙江省城市社区档案管理暂行办法》征求意见稿，形成了《加强社会信用档案工作的几点意见》、《黑龙江省民营企业档案管理办法》和《黑龙江省小城镇建设档案管理办法》。各地普遍开展了新兴领域档案工作考察调研和试点工作，通过培养典型，以点带面，逐步探索了一些新路子，取得了一些新成果。

四、深入贯彻实施行政执法责任制，档案法制建设得到加强

根据2001年省政府10号令《黑龙江省行政执法责任制试行办法》的要求，省档案局将全省档案法制建设纳入政府行政执法责任制目标管理之中，向市地档案局下发了《2003年黑龙江省档案系统行政执法责任制专用目标》，并在年终对市地县区档案局(馆)、机关、团体、企事业单位、乡镇、街道社区和行政村计135个单位进行了检查考核，5个市地档案局被评为优秀，8个市地档案局被评为达标。全省各级档案行政管理部门按照行政执法责任制的要求，依法行政，规范行政，档案行政执法水平进一步提高。省档案局对省(中)直机关27个直属单位进行了档案执法检查，对有违法现象的14个单位下达了限期整改通知书，对其中4家违法严重的单位下达了档案行政处罚通知书。市地档案行政管理部门共对4948个机关、企事业单位进行了档案行政执法检查，下达限期整改通知书739份，行政处罚通知书25份。初步改变了档案部门行政执法不作为、处罚力度不大的状况，进一步增强了各级领导和社会各方面的档案意识，扩大了档案工作的社会影响，推动了全省档案法制建设提高到新的水平。

五、深化目标管理考评工作，机关、经济科技领域档案工作健康发展

根据《归档文件整理规则》的要求，省(中)直机关、在哈大专院校档案部门全年整理归档文件8.7万件。继续开展了晋级达标活动，全省机关档案工作目标管理晋级达标256个单位，其中省级标兵46个，省级优秀119个，省级达标91个。在巩固村级建档率的基础上，继续开展了农村标准化档案室创建工作，2003年建成农村标准化档案室82个。企业档案工作目标管理晋级达标32个单位，其中省级标兵14个，省级先进18个。科技事业单位档案工作目标管理晋级达标27个单位，其中省级标兵15个，省级先进12个。省档案局组织开展了全省企业档案工作十佳单位、十佳领导和十佳档案工作者评选活动，并对获得三个"十佳"荣誉称号的集体和个人予以通报表彰。

六、坚持科教兴档战略，档案科教工作稳步推进

省档案局制定下发了《黑龙江省综合档案馆现代

化评估暂行办法》和《黑龙江省综合档案馆现代化评估标准》,在省一级档案馆范围内开展了综合档案馆现代化评估工作。依据国家档案局下发的《电子公文归档管理暂行办法》和国家标准《电子文件管理规范》的规定,印发了《黑龙江省档案局关于加强电子公文归档与管理的几点意见》,对加强全省电子公文归档与管理提出具体要求。各市地县档案局(馆)在经费紧张的情况下,购置了一批计算机、扫描仪等现代化办公设备,积极推广科怡2000档案管理软件,依托公众网和政务信息网开展档案网站建设,开展了信息化知识和技能培训。

各级档案部门认真执行档案人员持证上岗制度,针对机构改革中档案人员变动较大的实际情况,积极开展了档案人员岗位资格培训。省档案局举办档案业务人员岗位资格培训班5期,培训档案业务人员387人。举办全省档案局(馆)长培训班1期,培训局(馆)长和大中型企业档案部门负责人116人。与省法制办联合举办全省档案行政执法监督培训班1期,培训行政执法监督人员96人。

七、整体推进民国档案著录工作,档案目录数据库建设不断完善

全省各级综合档案馆按照《全省民国档案案卷级目录报送工作实施方案》和《全省民国档案著录规范》、《全省民国档案分类标引规范》的要求,采取组织培训、跟踪指导、重点检查、承包任务等方法,全面开展了民国档案著录标引工作。全省各级综合档案馆现已完成民国档案案卷级著录标引近19万卷,约占民国档案总量的56%,其中省档案馆完成8万卷。

八、加强档案基础建设,档案馆主体地位更加牢固

各级档案部门高度重视档案馆藏建设,加大重大活动、重大事项、重要人物档案接收和征集工作力度,不断扩大接收范围,拓宽征集渠道,丰富馆藏内容,提升馆藏质量,为馆藏档案资源开发利用奠定了良好的物质基础。2003年共接收档案近10万卷,资料5.4万册,照片2.2万张,电子文件650盘。各级档案馆有针对性地开展全国重点档案抢救和保护工作,根据国家档案局的要求,积极开展了第二批中国档案文献遗产申报工作,省档案馆申报的《清代呼兰府〈婚姻办法〉档案文献》被批准入选第二批中国档案文献遗产名录。2003年全省新建爱国主义教育基地9个,使全省档案系统爱国主义教育基地达到42个,接待参观人数达13万人,收到了良好的教育效果。

2003年各级档案馆库建设得到了加强。黑龙江省人民政府第24次协调会议决定,省图书馆新馆投入使用后,将旧馆移交给省档案馆,省档案馆现有馆库继续留用。鸡西市新建了建筑面积5400平方米的档案馆,齐齐哈尔市在党政机关办公中心新建了4000平方米档案馆,其它一些地方档案馆库条件也不同程度得到改善。 (臧晓敏)

上 海 市

2003年上海档案工作在依法行政、业务建设、开发利用、科技教育和对外交流等方面取得了新的进展。

2003年3月5日,由中共上海市委办公厅、上海市人民政府办公厅召开的上海市档案工作会议提出本市档案工作跨越式发展的新目标:以深化档案服务机制创新为主线,以建设现代化新型档案馆为抓手,以提高档案信息化水平为突破口,发挥科教引领创新和法治保障发展的作用,整合资源,形成合力,更好地为上海率先基本实现现代化提供优质服务。

为全面实施《上海市档案条例》,市档案局制发了《上海市档案行政执法责任制实施办法》、《上海市档案行政检查程序规定》等规范性文件;实施档案行政执法责任制,成立全市档案行政执法责任制领导小组,在徐汇、长宁、宝山、金山等区档案局进行试点工作;市和区县档案局积极推行档案行政执法责任制,开展以检查重大建设工程项目档案等为主的档案行政执法检查。上海港外高桥港区四期工程等一批重大工程建设项目和重点技术改造项目档案通过验收,项目档案系统、规范,达到国家有关要求。市档案局加强非典型肺炎防治工作建档指导,制发文件,明确建档责任、管理机制、归档范围和业务规范。加大对重要档案的监管力度,提前介入对福布斯论坛、亚太经合组织年会等重大活动档案的督导工作。组织以"解读档案话今昔"为主题的全市档案法制知识竞赛电视总决赛,举办有460人参加的档案普法培训班,开展档案普法巡回宣讲、演讲和进社区活动,把"四五"普法引向深入。

以加强档案资源建设和档案信息化建设为突破口,档案工作各项业务建设有了长足发展。全市各级各类档案馆全年共收集档案57.36万卷。上海市档案馆接收第五届地方政府应对灾害和紧急事件国际会议、防治非典型肺炎等重大活动、重大事件档案和部分市级机关档案等77206卷,向社会征集名人档案、家谱档案、百姓档案等3343件(册)。上海总商会档案和《共产党宣言》中文首译本入选第二批中国档案文献遗产名录。市委宣传部在市级机关中率先实现档案与文件级电子目录同步向市档案馆移交。市人大常委会办公厅主动向市档案馆移交声像档案。市档案局馆会同市委宣传部、市教委、市发改委进行试点,尝试从档案产生的源头上建立鉴定机制,推动档案鉴定改革。杨浦、南汇区档案馆晋升市一级先进档案馆,至此全市区

县档案馆已全部成为市一级先进档案馆。

社区档案、信用档案等工作取得明显进展。全市100个街道办事处和90%的居委会已经建档,其中97%的街道办事处档案工作达到市级或区级先进标准。初步建立起与社区管理体制和运行机制相适应的社区档案工作"三纳入"机制,即各街道办事处和居委会把社区档案工作纳入社区工作的目标管理,纳入创建文明社区的考核范围,纳入社区信息化建设的总体规划,形成了"两级管理、三级指导"的工作体系和"以块为主、一方牵头、各方参与、齐抓共管"的工作局面。9月国家档案局中央档案馆在沪召开全国社区档案工作座谈会。市档案局还借助科普周活动,举办家庭档案讲座,通过电台"市民与社会"直播节目,解答市民有关家庭建档的问题。闸北区档案局开展家庭建档试点,把档案服务送进社区、楼组、家庭,深受居民欢迎。市档案局作为市诚信体系建设联席会议成员,根据本市2003—2005年社会诚信体系建设三年行动计划的要求,提出信用档案建设的实施方案,制定信用档案暂行管理办法。市档案局和徐汇、普陀等11个区县档案局将信用档案管理培训列入档案专业技术人员继续教育课程。上海移动通信公司与上海石化公司、宝钢集团等10家企业积极试点,初步实现运用计算机管理信用档案,从而为2004年至2005年在80%的国有大型企业普遍推行信用档案管理奠定了基础。民营企业档案管理、农业档案管理、城市绿化档案管理、人才业绩档案管理等方面工作有了新的进步。市和部分区县档案局积极引导民营企业开展建档工作,加强农业档案信息平台的建设,促进园林部门加强对全市古树名木档案的管理,分布在19个区县的1451棵古树名木的档案,已全部进行规范化整理。建立个人业绩档案的工作也在积极研讨中。

全年各级各类档案馆接待利用者129085人次,提供档案319480卷次。上海档案信息网开辟"防治传染病档案"等专栏,推出"网上问答"等咨询服务新栏目,举办网上档案展览,全年有30多万人次访问。市和区县档案馆通过发掘上海历史上防治传染病的档案文献,提供领导和有关部门做好防治非典型肺炎工作作参考。市档案馆和上影集团永乐传播公司在上海开埠160周年之际联手推出《追忆——档案里的故事》电视系列片,开发丰富的历史档案资源,反映近现代上海城市历史发展的沧桑巨变和风土人情。市档案局举办"上海社区档案工作巡礼展"。嘉定区开展"档案伴我成长"系列活动,组织学生走进库房,向学生展示一批馆藏珍品档案,给学生开讲档案知识和嘉定乡土小故事讲座。浦东新区举办抗战史料收藏展。松江区举办《老照片、新照片、看看松江大变迁》图片展,在部分镇、街道、社区巡回展出,参观者达51560人次。

市档案局制发《上海市档案信息化建设实施意见》,提出以档案信息网络建设为基础,以档案信息资源建设为核心,以扩大档案信息开发利用为目标的方针。市和区县两级档案目录中心系统开发和网络建设取得阶段性成果,公务网上海市档案局、档案馆网站建成开通。闸北、静安等一批区县档案目录中心分数据库已建成。上海市档案科技研究中心成立,加强全市档案科技攻关、成果推广和技术监督服务。全年有11个项目获上海市档案科技成果奖,其中4个项目分获国家档案局优秀科技成果二、三等奖,1个项目获上海市科技进步三等奖。市档案局召开全市档案教育工作会议,进一步部署档案专业人员继续教育和岗位培训,颁发《关于加强档案教育培训工作若干意见》,编辑出版《上海市档案人员专业培训系列教材》,全市1481人参加档案岗位培训,2189人接受档案继续教育。档案专业学历教育呈良好发展趋势,上海大学文学院获准设置档案学硕士点,全年共有档案专业本科生107名、专科生275名、中专生46名毕业。

市档案馆于2003年5月24～28日在日本横滨与横滨开港资料馆共同举办"用照片来回忆——上海、横滨三十年的发展"图片展览。上海档案代表团应邀参加国际档案理事会城市档案馆委员会2003年3月10～14日在西班牙瓦勒多里德市召开的《开放社会中的城市档案馆》专题会议。市档案局、市档案馆接待了日本国立公文书馆、坦桑尼亚国务代表团等6批外国代表团。

(上海市档案局综合规划处)

江 苏 省

2003年,全省各级档案部门突出档案工作服务机制创新主线,大力加强档案法制化建设、档案信息化建设、档案资源建设和国家综合档案馆文化标志建设,档案工作的改革创新取得了新突破,档案工作为党和政府中心工作服务,档案事业主体建设和各个领域的档案工作取得了新进展。

一、档案服务工作

为政务公开和社会主义民主政治建设服务的现行文件利用中心有了较快发展,全省已有57个市、县建立文件利用中心,普及面达50%。非公有制经济组织档案工作按照"主动服务,保障发展,依法管理,不添负担"的思路,由点到面稳步推开。省档案局与省民政厅联合制发的《江苏省社区档案管理暂行办法》在建设新型社区中发挥了积极作用,部分市县全面启动社区建档工作。各级档案部门主动适应改革与发展的形势,积极指导和协助有关方面做好信用档案工作,抓好清房文件材料的归档、移交工作，提出改制企业档案处置办法、社会保障档案管理办法等。镇江市档案局把职工档案管理作为民心工程来抓，加强同劳动和社会保障部门的合作，在全省率先开展了企业职工档案的规范化管理。农业和农村档案工作取得新进展。扬州市在全国率先将档案工作融入“三下乡”活动，走出了一条档案工作为“三农”服务的新路子。下半年，省档案局会同省发展计划委员会召开全省重点建设项目档案工作会议，推动“建一流工程、创一流档案”，促进了档案工作更好地为全省经济社会发展服务。

二、新一轮档案馆建设

按照国家“十五”计划纲要关于加强档案馆建设的要求，省档案局把全省档案馆库建设作为档案事业主体建设的重中之重。为了科学指导新一轮档案馆建设，多次组织专题调研组深入市、县实地调查，认真学习国内外先进经验，研究档案馆建设的历史经验、现实作用和未来需要，实现了档案馆建设指导思想的新突破。建立综合档案馆基本建设指导委员会，制发《关于档案馆基本建设项目有关问题的意见》，要求在全面建设小康社会、率先基本实现现代化和大力提高城市发展水平、发展质量的进程中，加快档案馆文化标志建设进程，努力体现档案馆在彰显城市文化内涵、塑造城市文明形象中的应有地位和作用。强调新建扩建档案馆要着力解决设施落后、定位不明确、功能不全、环境建设薄弱等问题，完善档案保管、信息传播、社会教育、文化交流、服务公众等功能，使之成为地方社会文明进步的象征。在各级党委、政府的重视和档案部门的努力下，新一轮档案馆建设已在全省较大范围兴起，在建和正在筹建的市、县档案馆新馆有30多个，其中省辖市档案馆7个。

三、档案资源建设

各级综合档案馆加大档案资源建设力度，进一步丰富馆藏，改善馆藏结构。省档案馆已完成省级机关一级机构1990年前档案的接收，开始接收二级机构的档案。不少市、县档案馆开展了数年来最大规模的接收工作。各馆积极开展本地区名人、名产、名胜档案和专门、特色档案的接收征集工作；同时，密切关注本地区的重大活动和突发性重大事件，积极做好相关档案资料的收集工作。围绕全民抗击“非典”，省档案局及时作出部署，确保“抗非”斗争档案资料的完整。各级档案部门在开展“抗非”档案资料收集归档工作的同时，充分发掘馆藏资源，主动为各级领导和有关方面提供参考。省档案馆开展“征集重要活动、重大事件档案资料”活动后，征集进馆4500多张具有重要史料价值的原版照片和《空中看江苏》大型专题录像片、画册及相关照片，使记录省内重要活动和发展变化的特殊载体档案更趋完整。经国家档案文献遗产工程评审委员会评审，省档案馆珍藏的民国档案韩国钧《朋僚函札》入选第二批《中国档案文献遗产名录》。南京举办军民抗击“非典”摄影展后，所有照片收入市档案馆永久保存；无锡、徐州、苏州、南通、扬州等地分别采取制发关于加强重大活动档案管理工作的意见、直接介入有关专题活动、召开档案利用预测座谈会、开展利用需求社会调查、聘请征集顾问和特约征集员等办法与措施，切实加强档案资源建设。

四、爱国主义教育基地建设

省档案局会同省委宣传部制发《档案系统爱国主义教育基地建设实施意见》，全省档案系统创建爱国主义教育基地工作进入新阶段。至年底，全省有74个档案馆被命名为爱国主义教育基地，其中省级3个（省档案馆、常熟市档案馆为新命名）、市级16个，创建率为60%。档案系统爱国主义教育基地以独特的内容和方式开展宣传教育活动，如省档案馆举办了史料翔实、内容丰富的《江苏省人民政府成立50周年档案图片展》；徐州市在“七一”前后组织了“万名党员看档案”活动；苏州市组织团员青年参观《档案百年回眸》陈列和珍贵档案史料精品；扬州市档案局和市委办公室、市委宣传部联合举办了《人民利益高于一切》图片展。各地还把档案展览的场所推向社会，把宣传对象拓展到人民大众，如省档案馆将《江苏实践“三个代表”图片展》在省级机关和高等院校巡回展出；南京市档案馆与梅园新村纪念馆、雨花台烈士陵园等联合举办大型史料展览；金湖县档案馆巡回展出反映社会发展进程的《商品票证回顾展》等。不少市、县档案馆还利用现代网络技术，把档案馆的宣传教育功能拓展到新的领域，建立起弘扬革命传统、传播历史文化的网上爱国主义教育基地。如“江苏档案”门户网站开设了《锦绣江苏》、《吴韵汉风》、《在线展厅》等栏目，以图文并茂的形式介绍江苏的悠久历史、人杰地灵和改革开放的伟大成就。南通、宜兴、常熟等档案馆网站的历史文化专栏深受文史爱好者的喜爱。各地根据社会需求，特别是针对青少年的特点，积极探索爱国主义教育的新形式，推出了具有吸引力的特色教育活动，如省档案馆的“我与档案一日游”、南京市档案部门精选100件馆藏珍品参与“瞩目南京”主题活动等，均收到了很好的效果。省档案馆和徐州、苏州、镇江、句容、扬中等市档案馆还与当地机关、学校、企事业单位建立教育共建关系，使爱国主义教育基地的作用得到更充分的发挥。此外，《南京当代人物大典·英烈卷》、《无锡历史上的今天》等编研资料，南通纪念张謇的电视片《岁月的记忆——解读张謇与大生档案》，太仓拍摄的朱屺瞻、吴健雄等名人新闻专题片等，均显示出丰厚的爱国主义教育内涵。

五、档案信息化建设

全省档案部门积极贯彻《江苏省信息化建设规划纲要》和《全国档案信息化实施纲要》,一些市、县将档案信息化纳入政府信息化发展规划和电子政务建设工程,制定和启动了以数字档案馆和电子文件中心建设为主要内容的档案信息化建设规划。认真开展电子公文归档管理,加强对档案形成单位电子公文的前端控制指导,进行电子档案接收、保管、利用的试点。在文书立卷改革中,推广应用统一规范的管理软件,保障了数字档案馆建设前期数据的安全。“三网一库”建设稳步发展,初步确立了以省档案馆为核心资源库的全省档案信息化建设格局。全省已建成档案网站62个,普及率达到50%,一些市县的档案网站全新改版,突出了档案文化风格和地方特色。全省有43个档案局(馆)建成内部局域网。档案数据库建设步伐加快,苏南大部分市县开始了馆藏档案的数字化工作。档案科学技术研究工作取得重要进展,共承担《电子政务环境下省、市、县档案馆建设模型及规范》、《档案管理网络安全测试规程》、《数字仓库技术在数字档案馆建设中的应用研究》和《多媒体电子文件归档技术方法研究》4个全国档案科研项目,由省档案局承担的《VPN技术在档案馆馆际互联中的应用及档案门户网站建设》课题通过了国家档案局鉴定。为配合档案信息化建设,推动档案工作社会化服务,省档案局与南京大学合作建立了全国首家数字档案研发机构——江苏数字档案研究发展中心,已启动示范性数字档案馆和数字化加工基地建设。

六、档案法制建设

省政府提请省人大常委会修订了《江苏省档案管理条例》。南京、无锡、苏州等市的地方性档案法规进入立法程序。开展了对1972年以来制定的或与有关部门联合制定的规范性文件清理工作。各地各有关部门根据档案工作新情况,制定了一批档案规章,如《江苏省社区档案管理暂行办法》、《常州市人民调解档案管理办法》、《扬州市社会保障档案管理暂行办法》等。加强依法行政,国家档案局档案行政执法检查组检查了我省6个市和省有关部门的档案工作,对我省依法管理和推动档案事业发展取得的成绩给予了高度评价。各地档案部门提请本地人大或会同有关部门,开展了专项或多项执法检查。组织开展纪念《江苏省档案管理条件》颁布五周年档案法制知识竞赛活动,吸引了省内外7万多人参加,成为江苏省档案工作中规模最大的一次法制宣传教育活动。各地档案部门采取举办广场咨询、巡回展览,召开座谈会,播放电视专题片,开辟网上宣传栏等多种形式,广泛开展“四五”普法档案法制宣传教育,为档案事业发展营造积极的社会舆论氛围,取得了显著效果。

七、档案队伍建设

各级档案部门认真组织广大档案工作者深入学习贯彻十六大精神,努力实践邓小平理论和“三个代表”重要思想,把全省档案工作服务机制创新现场会倡导的工作理念、工作方式运用到实际工作中。按照国家档案局的部署,认真做好全省档案系统评选先进集体、先进工作者的工作,通过评选先进,树立学习榜样,倡导优良作风,在档案部门形成昂扬向上、团结奋进的良好氛围。广泛开展创建“学习型机关”活动,档案干部队伍的思想觉悟和政治素质不断提高。在创建文明单位活动中,一批单位被授予“文明窗口”、“青年文明号”称号。适应事业发展要求,开展档案人才工作,加强了岗位培训和继续教育工作,依托有关院校开展档案专业学历教育,开展了档案专业本科段函授教学,南京、徐州、扬州、泰州等地设立了办学点,重点培养应用型和复合型档案高级管理人才,以及信息化建设紧缺人才,改善现有档案队伍的专业知识结构。认真做好档案专业技术人员职称评定工作,评审通过了一批档案人员的高级、中级、初级专业任职资格,其中研究馆员、副研究馆员73人。加强档案学会建设,召开江苏省档案学会第五次会员代表大会进行换届选举,各级档案学会组织进一步健全,发挥了在档案教育培训、组织学术研究等方面的作用。

(江苏省档案局)

浙 江 省

2003年,浙江省档案工作体制进一步理顺,党委、政府对档案工作的领导进一步加强,宏观管理的力度进一步加大,服务创新成效进一步明显,基础工作进一步扎实,现代化水平进一步提高,开创了全省档案工作的新局面。

一、认真落实领导要求,档案工作与经济社会协调发展上了新台阶

2003年,国家档案局、省委、省人大、省政府领导到档案部门视察检查工作,多次对档案工作作出重要指示。特别是浙江省委书记、省人大常委会主任习近平同志专程到省档案局、馆视察,对进一步加强新时期档案工作提出了明确要求。针对领导提出的要求和问题,各级档案部门加强了整改。由省委办公厅、省政府办公厅印发《关于加强新时期档案工作的意见》,提出了新时期浙江省档案事业发展的七个重大问题,成为推进新时期浙江省档案事业发展的重大政策措施。开展了全省档案事业发展“十五”计划执行情况的中期检查,在各地认真自查的基础上,对7个市及其所属各县(市、区)“十五”计划中期执行情况进行了检查调研,总

结经验,分析存在问题,提出改进措施。明确年度目标任务,建立考核机制。在全省档案系统首次出台了《各市2003年度档案工作考核办法》,年底对各市档案工作进行了考核。

二、不断开拓创新,档案服务工作取得新成效

做好抗击“非典”档案工作,为抗击“非典”斗争服务。全省各级档案部门与卫生行政管理部门及时发出了关于在防治“非典”工作中切实加强档案管理的通知,就做好抗击“非典”档案工作作了部署。挖掘馆藏档案资料,编研了各个时期防治疫病的资料,为领导提供决策参考。将抗击“非典”斗争中形成的文件材料及时整理归档,接收进馆,集中管理。杭州市档案馆接收市“非典”办等单位“非典”防治档案近500件、照片275张,并被评为全市抗击“非典”先进集体。

紧紧围绕浙江省“八八战略”的实施,及时编印了有关招商引资、发展高新产业和生态省建设等专题资料,为省委、省政府和有关部门决策提供档案信息服务。加强重点建设工程项目档案管理工作,为实施“五大百亿工程”服务。省档案局与省工商联联合印发了《关于加强民营企业档案工作的通知》,提出了开展民营企业档案工作的新模式。开展社区档案工作试点,推广经验,印发《社区档案工作实用手册》,全省60%的社区完成建档任务。

全省各级档案馆中已建立现行文件查阅服务中心62个,创建爱国主义教育基地22家。全省各级档案馆全年提供利用档案8万余人次、24万余卷次。浙江网上档案信息服务,网上档案目录和全文、多媒体档案信息服务在全国处于领先地位。

三、坚持扎实工作,档案基础建设取得新进展

省档案局制定出台了《浙江省综合档案馆建筑等级评定办法》,对新馆建设进一步提出了规范性要求。全省已有一批档案新馆落成启用,另有24个市、县(市、区)档案馆正在设计或兴建中。全省新接收进馆档案近65万卷,征集档案16000余卷(件)。全省档案文献遗产工程继续实施,评出“浙江档案文献遗产”7项。

档案信息化建设取得新进展。继续开展档案馆现代化评估,并将参选范围扩大到省二级馆,在28个参评的档案馆中得分在90分以上的有17个。修订印发了《浙江省综合档案馆信息化评估标准》。全省各级档案馆数据库建设再上新台阶,新增目录数据1000万条,累计达2500万条,比上年递增2/3,全文档案数据库达30万画幅。档案“三网”建设发展迅猛,普及了互联网,建立局域网60余个,联通党委、政府网近50个,评出全省优秀档案网站22个。

加快文件材料归档立卷改革步伐,全省县以上机关单位中推行归档文件整理规则的占50%以上。全省7个省一级档案馆通过复查认证,有3个档案馆通过省一级认定,2个通过省二级认定。

四、注重统筹兼顾,档案工作整体推进迈出新步伐

加强档案法制工作,清理、废止了13件规范性文件。开展了对重大活动档案管理的调研,为争取省政府制定《浙江省重大活动档案管理办法》做了前期准备工作。在各地各单位自查和检查的基础上,省档案局配合省人大教科文卫委员会,联合省教育厅和省科技厅,组成两个检查组,分别对浙江大学等7所学校和省农科院等8所科研院所贯彻实施《档案法》的情况进行了重点检查,并在检查后向省“两办”反馈了检查情况,提出了整改意见。

为纪念《浙江省实施〈档案法〉办法》颁布实施五周年,省档案局与省委宣传部、省人大教科文卫委、省人大法制委、省政府法制办等联合举行了档案法电视知识竞赛。宁波市档案系统在档案法制宣传月中开展了档案宣传咨询活动,参观咨询的群众达4万余人次。

国际档案理事会东亚地区分会第六次大会暨企业发展与档案工作研讨会在浙江召开,来自10个国家和国内的140余名代表进行了企业发展与档案工作的学术交流,对于学习、借鉴国内外企业档案工作先进经验,推动全省企业档案工作的发展起到了较好的作用。

(吴光伟)

安徽省

2003年,全省档案战线密切关注大局,不断创新观念,重点围绕防治“非典”、农业农村工作、企业改革发展、社区建设、现行文件利用等开展服务,积极为重点工程建设、“信用安徽”建设服务,有力地推动了档案工作的社会化进程。省档案局与省防治“非典”指挥部办公室转发了《关于做好防治非典型肺炎工作文件材料收集归档工作的通知》,各级档案部门迅速投身到防治“非典”战斗中,加强指导和监督,积极接收防治“非典”指挥部形成的档案材料,保证了抗击“非典”档案材料的齐全完整。农业和农村档案工作继续深入,省档案局与省农村税费改革领导小组办公室联合部署了农村税费改革档案工作检查,全省200个中心建制镇全部建立档案工作,农村二轮土地承包档案管理得到规范。庐江县档案局开展了建立农户信用档案试点。南陵县九连乡创办了我省首家乡镇现行文件档案图书利用服务中心。企业档案工作稳步发展,省档案局组建了省属企业档案工作协作组,各级档案部门继续加强监督和指导,规范了中小企业深化改革中的档案处置,积极指导民营企业、非公有制企业建立档案工作。社

区档案工作试点取得积极成果，省档案局确定蚌埠、马鞍山、铜陵、安庆等四市为全省社区档案工作示范试点市，与省民政厅联合制发了《关于做好社区档案工作的意见》。对此，省委副书记王昭耀、省政府副省长徐立全在2003年10月召开的全省城市社区建设经验交流会上给予了充分肯定，强调各地要把社区档案工作作为一项重要内容纳入社区建设。现行文件资料利用服务工作全面推进，全省共建成并开放现行文件资料利用服务中心40个，接待利用者7000多人次，提供利用现行文件1.4万件次，较好地满足了广大人民群众了解各项方针政策、维护自身权益的需求。

2003年，全省现代新型档案馆建设、档案信息化建设和国家档案资源建设继续推进。现代新型档案馆建设稳步发展，全省县级第一座现代新型档案馆——和县档案馆建成并开馆，宿州市、六安市和裕安区等档案馆完成新建工程立项，有的已经开工建设。档案信息化建设取得阶段性成果，省档案馆积极开展馆藏档案数据库建设，组织建成安徽档案信息网站并试运行，芜湖、安庆、界首、宁国市和居巢区档案局馆完成全省档案信息化建设试点任务并通过验收。全省档案系统共有省及芜湖、安庆、阜阳、界首、宁国市，繁昌县和田家庵、居巢区等9个局馆开通档案网站。全省各级各类档案机构围绕国家档案资源建设，认真履行两种职能：一是全省各市、县全面推行《归档文件整理规则》行业标准，继续开展机关档案工作目标管理认定，分别有17个和153个机关单位通过机关档案工作目标管理省特级和省一级认定。二是有关县(市)适时规范乡镇区划调整中的档案处置，及时接收撤并乡镇的档案，确保了档案安全，加强了新建乡镇的档案工作。三是积极开展档案接收和征集工作，省档案馆和黄山、合肥、安庆、滁州等市档案馆征集了一批地方特色历史档案资料和现行档案材料，马鞍山市开始探索建立重要声像档案接收机制，黄山市档案馆收藏的《明代徽州江氏家族分家阄书》成功登录《中国档案文献遗产名录》。四是全力保障档案安全。省档案局两次部署开展了全省档案安全大检查，制定推行了汛期档案安全日报告和零报告制度，积极开展了档案馆安全防护体系制度建设，各级档案部门认真执行档案安全责任制和安全应急预案，严格排查、积极整改，基本实现全省国家档案资源的安全保管。

为创新档案工作机制，省档案局2003年在安庆市和铜陵市组织开展了国家档案资源布局与结构调整试点，在芜湖市组织开展了建立基层文件中心试点，在合肥市和淮北市开展了探索工业园区档案工作服务模式试点。建立基层文件中心试点率先突破，芜湖市鸠江区文件档案管理中心建成并运行。

为促进档案事业持续协调发展，我省档案系统2003年组织实施了三大建设。一是档案法制建设。省档案局配合省政府法制办公室完成了《安徽省档案征集办法》的论证和修改，开展了档案行政许可事项的清理。举办了全省档案行政执法资格认证培训班。对2002年10月省直部分单位贯彻执行档案法律法规检查的整改情况进行了调查，并就整改结果向省人大常委会副主任苏平凡和教科文卫工委作了专题汇报。与省重点建设项目领导小组办公室联合部署了全省重点建设工程项目贯彻执行档案法律法规情况检查，各重点建设工程项目法人组织开展了自查自纠工作。各地档案部门也结合实际开展了档案执法检查和档案工作年检等活动。二是档案干部能力建设。省档案局举办了第一期领导干部能力建设培训班，各市档案局加强了对领导干部自学的指导和督促，全省大多数档案部门在抗击“非典”期间，积极开展创建学习型机关活动，促进了档案干部能力建设。省档案局组织开展了2003年度档案工作资格考试，全省共有1800多名档案人员参加了考试。三是档案工作综合评价体系建设。省档案局部署了全省档案事业发展“十五”计划执行情况中期评价，各市对照中期评价方案组织开展了自查，对未完成的任务进行了分解。在总结2002年评估经验的基础上，省档案局提出并建立了全省各市档案工作综合评价体系，制发了《安徽省各市档案工作年度评估评分细则》。经过2003年各市档案工作综合评议，安庆市获得第一名，芜湖市获得第二名，马鞍山市、淮北市、蚌埠市获得第三名；滁州市、宿州市获得省辖市档案工作突出进步奖；黄山市、合肥市获得档案抢救征集工作优胜奖，铜陵市获得为加快发展富民强省服务贡献奖，巢湖市获得现代新型档案馆建筑优胜奖。

2003年，全省档案科技工作取得新成绩。省档案局承担的《中国档案事业建设指标体系研究》项目荣获国家档案局2003年优秀科技成果奖一等奖。《国家档案信息资源建设研究》和《徽州家族档案文化对建立现代家庭档案影响的研究》两个项目获得国家档案局2003年科技项目立项。《档案修裱机智能控制系统的研制》、《档案库房空气过滤介质对比研究》两个项目双双通过国家档案局组织的专家鉴定。鉴定委员会认定，《档案修裱机智能控制系统的研制》项目实现了我国机械化档案修裱技术向数字化修裱技术的跨越，标志着继承了中国传统修裱技法的修裱机已达到国际领先水平。

(程潜龙)

福　建　省

一、进一步贯彻落实十六大精神，兴起学习贯彻

"三个代表"重要思想新高潮

福建省各级档案部门和广大档案工作者按照中央和省委的部署,进一步深入学习贯彻党的十六大精神,迅速兴起学习贯彻"三个代表"重要思想新高潮。全省档案系统采取多种形式,组织干部职工认真学习十六大报告、胡锦涛总书记在西柏坡学习考察时的重要讲话和"七一"重要讲话、《"三个代表"重要思想学习纲要》、《中共中央关于在全党兴起学习贯彻"三个代表"重要思想新高潮的通知》和党的十六届三中全会精神,学习胡锦涛等中央领导同志关于防治"非典"工作的重要指示精神,广泛开展了学习弘扬谷文昌、郑培民精神的活动。在此过程中,全省档案工作者围绕"学习求深、发展求快、服务求实、创新求效"的目标,进一步解放思想、转变观念、开拓创新,自觉投身建设"学习型、创新型、服务型档案局馆",争做"学习型、创新型、服务型档案干部"。

学习贯彻"三个代表"重要思想,重在联系实际、推动工作。省档案局(馆)干部职工紧密联系档案工作实际,牢记"一个根本宗旨",坚持"两个务必",实践"三个代表",努力达到"三真、三新",即:真学,在思想上形成新自觉;真懂,在认识上达到新高度;真用,在实践中取得新实效,从而推动了各项工作的新发展。2003 年 5 月下旬,省直党工委组织考评组对省直机关各单位开展创建第三届党建工作先进单位、第八届省直文明单位工作情况进行检查考评,省档案局以名列前茅的成绩通过考评验收。7 月 3 日,在省委、省政府召开的省直单位定点扶贫经验交流表彰会上,省档案局的定点扶贫工作受到充分肯定,其经验汇报材料《进乡村　摸实情　结穷亲　办实事》在会上作书面交流,引起较好反响。为纪念中国共产党成立 82 周年,省档案局(馆)以"深入学习贯彻十六大精神,发扬'两个务必',保持共产党员先进性"为主题,开展系列纪念活动,并开展了局馆机关第二届(2001—2002 年)"五个好"党支部、优秀共产党员、优秀党务工作者评选活动。

面对突如其来的"非典"疫情,全省档案系统各单位和广大工作人员思想不乱、工作不断,预防"非典"和加快发展两手抓、两不误,团结一心,克服困难,扎实工作。省档案局认真传达学习胡锦涛总书记等中央领导的讲话精神,坚决贯彻落实中央、省委的一系列决策部署,以深入学习贯彻"三个代表"重要思想统领和促进"两手抓",用加强和改进党的建设确保防抗"非典"和促进发展"双胜利"。各级档案部门广泛动员起来,积极参与防抗"非典"的斗争,在做好自身预防的同时,主动服务于这项重中之重的工作。省档案局与省防治"非典"指挥部办公室及时转发了全国防治"非典"指挥部办公室、国家档案局《关于做好防治非典型肺炎工作文件材料收集归档工作的通知》,同时迅速传达学习、贯彻落实王刚同志重要批示精神,要求各级各部门认真按照通知要求和批示精神,把防治"非典"工作文件材料的收集归档作为一项重要工作抓好抓实,确保这些档案资料的齐全完整和妥善保管。

各级档案部门在争优创先中,不断取得好成绩。在中共福建省委表彰的省直机关第三届(2001—2002 年度)党建工作先进单位中,省档案局榜上有名,连续二届荣膺先进称号。省档案局人事教育处党支部荣获"省直机关 2001—2002 年度先进基层党组织"称号;省档案局廖石桥、张晓宁同志分别荣获"优秀共产党员"和"优秀党务工作者"称号。在全省档案系统,有 2 个单位被评为全国档案系统先进集体,1 位同志被评为全国档案系统先进工作者,3 个单位被评为全国档案工作优秀集体、3 位同志被评为全国优秀档案工作者;10 个单位被授予"福建省档案工作先进集体"称号,20 位同志被授予"福建省档案工作先进工作者"称号,41 个单位被授予"福建省档案工作优秀集体"称号,90 名同志被授予"福建省档案工作优秀工作者"称号。泉州市档案馆晋升为全省第一家特级综合档案馆,市档案局(馆)被省委、省政府授予"省级文明单位"称号。中共漳州市档案局(馆)支部圆满完成"保持共产党员先进性教育活动"试点工作任务,取得了阶段性成果。

二、档案信息化建设取得新进展

由福建省计委批复立项的"福建省分布式档案基础数据库建设项目(一期)"于 11 月通过国家档案局、省数字办专家组验收。该项目含建设省档案信息中心,搭建基础网络、应用系统两个平台,建设档案目录数据库、重要档案全文数据库、多媒体档案数据库,建立纸质档案扫描系统、照片档案扫描系统、缩微档案转换系统和视音频档案转换系统。截至 2003 年 12 月,已建立 165 万条档案目录数据库、181 万页重要档案全文数据库、2.1 万张照片档案数据库、140 万个画幅的缩微档案数据库和 172 盒录音档案、94 盘录像档案数据库,向全省政务网提供馆藏开放档案目录数据 98 万条。全省共采集到民国档案案卷级目录数据 483327 条,其中省档案馆 177655 条。

与此同时,涵盖全省 94 个综合档案馆的"福建省分布式档案网站系统",也已基本建成并投入运行。省档案馆网站自 10 月开通以来,总访问量已达 28489 人次。全省档案部门正利用档案网站这一公众信息基础平台,努力把各级档案网站建设成为档案工作的宣传窗口、档案资源的利用中心、现行文件的阅览中心和爱国主义教育基地,促进档案和档案工作走向社会、服务社会。

在"福建省分布式档案基础数据库建设项目(一

期)”顺利完成之后,“福建省分布式档案基础数据库建设项目(二期)”又经省计委批复立项,这标志着福建省档案信息化建设将进入一个崭新的发展阶段。

三、《福建省档案条例》宣传贯彻初见成效

2月1日,《福建省档案条例》正式施行,全省各级档案部门利用《条例》颁布施行的契机,加大档案法律法规的学习宣传贯彻力度。2月27日,省人大常委会教科文卫委员会、省档案局联合召开《福建省档案条例》宣传贯彻座谈会,省人大常委会副主任黄贤模出席会议并讲话,对《条例》的宣传贯彻提出了要求。2003年2月22日至28日,福建省档案系统在全省范围内开展《条例》“宣传周”活动。省档案局、福州市档案局于2月22日在福州五一广场联合开展“《条例》宣传日”活动。省档案局领导参加了“宣传日”活动。省档案局向全省发送《〈福建省档案条例〉学习材料》近万册,并在全省开展了档案工作人员“四五”档案普法知识测试活动,共有13000多名档案工作人员参加;还通过福建省档案局网站、政务网、《福建档案》刊物和举办《条例》讲座等形式,不断把《条例》的学习宣传引向深入。

各市、县(区)档案部门认真组织,精心策划,在“《条例》宣传周”活动期间,开展了丰富多彩的学习宣传活动。

与此同时,省档案局起草制定了《条例》的相关配套文件,相继印发了《福建省档案行政处分暂行规定》、《福建省档案行政处罚暂行办法》和《福建省档案行政复议工作暂行办法》。

四、馆藏档案开发利用成果明显

充分发挥档案馆的文化功能和教育功能,福建省档案局(馆)举办了《八闽之光》档案展览,并与福建省革命历史纪念馆联合承办了《谷文昌精神永恒》、《弘扬抗美援朝精神》和《毛泽东与福建——纪念毛泽东同志诞辰110周年》三个大型展览,同时组织社会巡展,主动把展览办进学校、社区,参观者达13000多人次,受到社会各界好评。省档案馆积极挖掘馆藏资源,组织力量编辑了《谷文昌先进事迹档案史料》、《抗美援朝档案史料选编》,由海峡文艺出版社出版了《福建省畲族档案史料选编》一书。

档案的提供利用产生了显著的社会效益和经济效益。今年,省档案馆为省轻工业公司等5个企事业单位提供档案资料利用,避免了约2.1亿元的国有资产流失;为党政机关、社会各界和广大群众在工作查考、编史修志、学术交流,解决土地、林权、房产纠纷,以及落实职工工龄、学历、职称、待遇等方面提供大量的档案利用服务,促进了社会的安定稳定和各项事业的发展,维护了人民群众的合法权益,受到社会各界和群众的欢迎。

五、业务监督指导工作得到加强

福建省档案局分门别类汇编了《机关档案工作常用文件》、《企业事业单位档案工作常用文件》、《建设工程档案工作常用文件》、《档案馆基础工作规范、标准汇编》、《档案信息化建设工作常用文件》等印发相关单位,增强了业务指导的针对性。省档案局制定下发了《档案数据库建设阶段性目标实施办法》,并派出专人对各设区市、县(市、区)档案馆的档案目录数据库建设工作进行专项指导。

福建省委办公厅、省政府办公厅印发了由省档案局负责起草的《福建省电子文件归档与电子档案管理办法(试行)》,自5月6日起执行。为适应本省档案馆从传统型向现代型转变、从保管型向服务型转变、从单一型向多样型转变的需要,全面系统地规范档案馆工作内容和要求,省档案局起草了福建省地方标准——《福建省档案馆工作规范》,由省质量技术监督局颁布,自6月1日起施行。

六、档案保管条件不断改善

改善档案安全保管条件是近年来全省档案工作的一项重要任务。许多市、县积极抓紧档案库房建设,改善档案保管条件。福鼎市、永安市、清流县、屏南县新馆竣工投入使用;云霄县档案综合楼首期工程于年底完成;长乐市投资650万元的新档案馆已于年底封顶;福州市档案馆1.2万平方米的新大楼已破土动工;仙游县档案馆完成新馆库改造任务;泉州市档案局投资13万元用于安装馆库智能型温湿度监控巡检系统、数码监控系统、空调机、去温机等设备。

七、档案资源建设进一步加强

福建省各级综合档案馆全年共接收档案251172卷。省档案馆通过各种渠道征集到有关谷文昌同志的照片74张、光盘2张、档案资料87份(册);反映抗美援朝的照片56张、光盘2张、实物15件,还征集到反映本省重大活动、闽籍院士和福建地方特色的照片357张,光盘81张,资料172册。建宁县档案馆征集到温家宝同志2002年到该县视察“6·16”洪灾时讲话的光盘。泉州市档案馆征集到江泽民、李鹏、杨尚昆等党和国家领导人到泉州视察时的珍贵照片近千张,还指派专人到“第五届泉州旅游节”活动现场拍摄和收集有关的图文资料。厦门市档案馆联合市美术馆向全市书画艺术家征集书画作品67件,作为市档案馆的永久珍藏。晋江市档案馆征集和建立“晋江人物档案”、“名胜古迹档案”和“族谱档案”。长汀县档案馆征集到一批汀籍知名人士的档案。

八、档案业务培训成果喜人

省档案局积极探索档案人员培训教育新路子,举办形式多样的培训学习、继续教育、参观考察活动。全年共举办档案行政执法人员培训、档案人员持证上岗培训、综合档案馆计算机管理系统软件应用培训、重点建设项目档案管理培训等各类培训班7期,参训人员近7000人次。为了让更多的档案工作者了解、掌握档案信息化知识,省档案局在全省范围内开展了档案信息化知识函授教育,共有6200多名专兼职档案人员参加,并于9月1日组织全省统一考试。省档案局干部培训中心加强培训教材的建设,组织编写了《档案信息化知识读本》、《档案人员岗位基础知识》(修订本)、《专门档案管理》等书籍,共计94万字,由海峡文艺出版社出版发行。 (蔡敏生)

江 西 省

2003年,全省各级档案部门在省委、省政府和各级党委、政府的领导下,坚持依法治档,大力加强档案资源建设和档案信息化建设,不断拓展档案工作服务的广度和深度,江西档案事业在为全省的改革开放和现代化建设服务中取得了较快发展。

一、各级党委、政府更加重视档案工作,增加了档案基础设施建设的投入

2003年,江西省委和省政府继续加强对档案工作的领导,深入档案部门调查研究,听取汇报,解决档案工作中存在的困难和问题,并在政策上给予大力支持。省委书记孟建柱、省长黄智权分别就省档案馆新馆建设、举办《上海知青在江西》展览等工作作出重要指示。省委常委、省委秘书长陈达恒多次听取省档案局工作情况汇报,就省档案馆新馆建设、局办公楼修缮和迎接国家档案行政执法检查等工作作过多次指示和协调。省人大副主任万学文专门听取全省档案工作汇报,并到省档案局、馆视察。省政府秘书长魏小琴多次到省档案局考察调研,并就办公楼修缮、省档案馆新馆立项、迎接国家档案行政执法检查等问题进行现场办公、布置工作。6月11日,省财政拨款106万元用于省档案局办公楼的加层及修缮,改善了省档案局的办公条件。省档案馆新馆建设已列入2004年全省国民经济和社会发展计划,建筑面积为16000平方米,计划投资7200万元。为了进一步加强新时期新阶段全省档案工作,省委省政府分管领导要求省档案局就全省档案工作情况、应当采取的对策进行调研,并提出意见,拟由两办名义下发。

各市(县、区)党委、政府更加重视档案工作,增加了档案基础设施建设的投入,切切实实地为档案部门办实事,解决档案工作中的困难和问题,改善档案管理基础设施和工作条件。萍乡市新档案馆建设列入了市政府搬迁规划。进贤、鄱阳、弋阳、横峰、信州等县、区档案馆新馆建设正在兴建或已列入计划。九江、新余等市拨专款维修了档案馆大楼。南昌、九江、萍乡、新余、鹰潭、宜春、上饶等市拨出专款,加大对档案信息化建设的投入。萍乡、鹰潭、全南、遂川、浔阳、青云谱等市(县、区)的档案事业经费都有较大增加,并为档案局馆解决了空调、密集架、去湿机、消防等设备,使档案的保护和保管条件得到了较大的改善。

二、积极宣传贯彻《档案法》和《江西省档案管理条例》,开展档案行政执法检查,依法管理档案工作

2003年,全省各级档案部门继续深入开展《档案法》和《江西省档案管理条例》的学习宣传活动,形式生动活泼,内容丰富多彩,收到了较好的效果。南昌市向市五套班子领导分发200余份《档案法》和《江西省档案管理条例》及相关档案法规学习资料,进一步推动了领导干部学习档案法律法规知识活动的开展。萍乡市档案局开展了档案法制宣传月活动,举办了《档案法》颁布十六周年座谈会,并在"萍乡市政府网"主页上制作了滚动的档案宣传标语。上饶市档案局结合"四五"全民普法,组织全市档案部门开展《档案法》的学习宣传活动。宜春、赣州、抚州、九江、新余、鹰潭、景德镇等市档案局通过宣传栏、借助新闻媒体、上街咨询、召开座谈会、请领导发表电视广播讲话、散发宣传资料等形式广泛开展档案法律法规的学习宣传活动,增进了领导和社会大众对《档案法》和《江西省档案管理条例》等档案法律法规的了解。

2003年2月23日,历时两年并在广泛征求意见基础上起草修改的《江西省档案登记办法》已列上省政府2004年立法工作计划。各地依照《档案法》和《江西省档案管理条例》,制定和出台了一系列档案规章和制度,使《档案法》和《江西省档案管理条例》的实施更具有可操作性,进一步促进了全省档案事业在法制化的轨道上健康发展。德安、九江、吉水、宜丰、渝水等县(区)以县(区)政府名义先后颁发了文件与档案管理办法或档案管理规定。

与此同时,全省各级档案部门为迎接国家档案局对江西的档案行政执法检查,纷纷对本辖区内贯彻实施《档案法》情况进行检查和自查。景德镇市档案局配合有关部门对全市进行了为期两个月的档案行政执法检查,对检查中发现存在问题的50多个单位下发了整改通知书。九江市对市直机关、中央和省属驻市单位落实《江西省档案管理条例》情况进行了执法检查,形成了执法情况总结报告提交市人大常委会审议。萍乡市对档案行政执法检查中存在问题的单位提出了限期整改意见,并将检查结果向全市通报。宜春、赣州、上饶、抚州、吉安、南昌、新余、鹰潭等市都在全市开展了

档案行政执法情况检查或抽查，有效地推动了《档案法》和《江西省档案管理条例》的贯彻实施。为了规范档案行政执法行为，不少市（县、区）制定了档案行政执法程序、行为规范等制度。通过档案行政执法，各地还查处了违反档案法律法规的案件。

10月28日，国家档案局档案行政执法检查组来赣检查指导档案工作。此次检查的重点内容是，贯彻实施《档案法》和《档案法实施办法》、档案安全管理和开发利用，国家重点建设项目档案管理等情况及存在的问题，档案工作服务机制创新方面的探索、研究、做法和经验等。国家档案局档案行政执法检查组在赣期间先后赴九江、南昌、吉安、赣州等地及省人民检察院、江西师大、省气象局档案馆、省档案馆、赣粤高速公路指挥部等单位进行检查。10月30日晚，省委书记孟建柱在南昌亲切会见了以国家档案局副局长、中央档案馆副馆长郭树银为组长的国家档案局档案行政执法检查组一行。10月31日，国家档案局档案行政执法检查组在南昌听取了省档案局局长李志勤关于全省贯彻实施《档案法》情况的汇报后，向省委、省政府反馈了在赣实地检查情况。检查组通过实地检查，认为江西贯彻实施《档案法》和《档案法实施办法》的总体情况很好。对江西的档案工作留下了三个突出印象：一是各级领导重视，为档案事业的发展创造了良好的环境；二是围绕《档案法》健全和完善地方性档案法规取得很大进展；三是档案服务意识进一步增强，档案服务工作取得了明显效果。检查组对今后江西的档案工作提出了三点建议：一是要继续深入贯彻实施《档案法》。二是围绕中心服务大局，加大档案服务力度。三是建议省委、省政府加大对档案事业的投入，解决全省档案馆建设及经费等薄弱问题。

三、加强档案业务建设，稳步推进机关、企事业单位和农业农村档案工作

2003年，全省各级档案部门以档案的规范化、标准化管理为目标，不断加强对机关、企事业单位和农业农村档案工作的业务指导，使机关、企事业单位和农业农村档案工作继续稳步推进。省委办公厅、省政府办公厅、省检察院、省国税局等省直单位进一步加大了对档案工作的投入，改善档案基础设施，添置现代化管理设备，档案工作水平有了较大提高，在为机关各项工作服务中发挥了积极的作用。省政府办公厅、省国家税务局等单位档案工作目标管理晋升为省一级。

各市（县、区）把做好机关档案工作作为档案资源建设的重点，大力实施《江西省归档文件整理规范》，开展机关档案工作目标管理复查，促进了机关档案工作向科学化、规范化、标准化管理迈进。赣州、吉安、上饶、抚州、九江、鹰潭、新余等市举办了归档文件整理培训班，培训机关档案工作人员，提高实际操作能力。九江、新余等市已在市直机关全面实行归档文件整理规则。宜春、吉安、九江、萍乡等市积极开展了机关档案工作目标管理复查工作，进一步巩固了机关档案工作目标管理成果。此外，各级档案部门还积极做好机构改革的档案工作，进一步加强了业务指导，使在机构改革中撤、并、转的单位的档案得到了妥善的处置。

全省各级档案部门继续加强了企事业单位档案工作的业务指导和监督，特别是注重做好产权变动企业的档案处置工作。赣州市下发了《赣州市国有企业资产与产权变动档案处置实施意见》，并对转制企业档案处置工作进行了督促、指导。宜春、上饶、吉安、抚州、新余、鹰潭等市对产权变动企业加强了档案工作业务指导，并采取寄存、移交等方式将产权变动企业的档案接收进馆，确保了产权变动企业的档案不流失。

全省各级档案部门继续坚持服务农业、服务农村、服务农民的宗旨，竭尽全力做好农业和农村档案工作。村级建档工作又有新的进展，乡镇档案工作的水平不断提高，乡镇企业、小城镇建设、移民建镇、农田水利、农业产业化经营、村级组织建设等档案工作都有较大发展。各县（市、区）继续按照《江西省农村税费改革档案管理办法》的要求，积极做好农村税费改革档案的收集、整理、归档工作，瑞昌市和彭泽、九江等县已将农村税费改革档案收集进馆。万年县档案局在开展农业农村档案工作中积极指导梓埠镇的一千多户农民建立家庭产业档案，为农民增收发挥了积极作用。

四、积极创新档案工作服务机制，不断拓展档案工作服务的广度和深度

2003年，全省各级档案部门紧紧围绕党委和政府的中心工作，围绕建设“三个基地一个后花园”及与“长、珠、闽”对接的战略部署，积极创新档案工作的服务机制，不断拓展档案工作服务的广度和深度。各县（市、区）档案部门积极开展建立农民工档案的试点工作，并取得成效。广昌县以县政府的名义下发了《广昌县农村劳动力档案管理实施意见》，宜春市下发了《关于建立农村劳动力资源档案的通知》。南昌市全市79个乡镇农民工建档率达98%，建档农民工达25万余人。德安、芦溪、余干、袁州、渝水等县区也建立了一定数量的农民工档案，并在2003年抗击“非典”工作中发挥了较好的作用。为了配合省委、省政府关于对接长江三角洲的经济发展战略的实施，省档案局与上海市档案局决定共同举办《上海知青在江西》展览。3月4日，省档案局下发了关于收集《上海知青在江西》档案资料的通知，全省各地档案部门积极响应，在收集档案资料工作中做了大量卓有成效的工作，收集到了一大批非常珍贵的档案资料及实物，将为《展览》的成功展

出起到至关重要的作用。经与上海市档案局商定,《上海知青在江西》展览拟于2004年第三季度首先在上海展出,随后在江西展览。

全省各级档案部门开展了社区档案工作试点。5月13日,省档案局与省民政厅在调研的基础上,联合下发了《江西省城市社区档案管理办法(暂行)》,指导城市社区建档工作。吉安市、南昌市把社区建档工作纳入了创建"星级"社区内容或党组织星级评定体系,并下发了相关文件。抚州市制定下发了《抚州市城市社区档案管理办法(暂行)》。全省各地社区建档试点工作都取得了可喜的成效。

7月9日,为了更好地推进重点项目、重点工程档案工作,省档案局根据省发展计划委员会下达的2003年重点建设项目名单,下发了《关于做好2003年国家和省重点建设项目档案工作的通知》,对不同阶段建设项目的档案工作提出了要求,并为建设单位提供从档案工作人员培训开始,到建立档案工作制度、现场具体指导、工程竣工档案验收等全程式"一条龙"服务。大坳水利枢纽工程等14个重点项目通过了竣工档案专项验收。赣州、吉安、南昌、鹰潭等市加强了重点建设项目档案工作,并取得可喜成效。与此同时,各地积极做好开发区、高新区、工业园区、民营企业、旅游风景区、民办学校等方面的档案工作,为经济建设一线提供档案工作服务。

为配合政务公开,满足社会各界和广大人民群众日益对档案信息和已公开现行文件信息的需要,不少市、县设立了现行文件服务中心或窗口,向社会各界和广大人民群众提供已公开现行文件查阅服务。新余市文件服务中心收集了近三年来新余市党政机关已公开的政策性、法规性文件,并与市档案馆档案查阅实行一体化服务,自3月开办以来接待利用者300多人次,产生了较大反响。12月18日,九江市政策法规数据库暨九江市现行文件查阅服务中心正式对外开放。宜春、高安、奉新、上高、靖安、上栗等市、县也先后设立现行文件服务中心。全省各级档案馆为领导决策、工作查考、编史修志、解决纠纷、落实政策、招商引资等方面提供了大量的档案资料,取得了良好的社会效益,赢得了各级领导、各部门和广大人民群众的好评。

为了做好抗击"非典"档案工作,省档案局及时制定下发了《关于加强对防治"非典"档案资料收集保管工作的通知》,对防治"非典"档案资料收集保管工作提出了具体要求。各级档案部门根据通知精神,积极与当地防治"非典"领导小组办公室配合,加强业务指导工作,对形成的材料进行整理归档,保证了防治"非典"档案资料的完整与系统,上饶、吉安等市、县已将防治"非典"档案资料接收进馆。

全省各级档案馆积极开展爱国主义教育基地创建工作,发挥档案在精神文明建设中的作用,大力推进档案馆"两个基地一个中心"建设。8月1日,省委宣传部已正式发文将各级国家档案馆列入第三批爱国主义教育基地的申报范围。12月底,九江市档案馆被九江市委宣传部命名为九江市爱国主义教育基地。萍乡、宜春等市的创建工作也正在紧锣密鼓地进行。

五、加强档案资源建设,积极开展档案资料的接收、征集工作

2003年,为适应档案事业发展的需要,切实解决各级档案馆馆藏档案不够丰富、结构不够合理、档案资源信息不灵、时效性差的问题,全省各级档案馆继续采取各种措施,积极开展档案资料的接收和征集工作,一些反映本地区政治、经济、文化、重大活动、风土人情、名优特产等方面的档案及资料被接收和征集进馆。景德镇市经市政府批准,启动了"陶瓷名人"档案资料库工作,已有一大批"陶瓷名人"档案陆续接收进馆。新余市征集到美籍华裔科学家何大一、国画大师傅抱石等11位知名人士的文字、音像、实物等档案资料,并举行了知名人士档案交接仪式,扩大了社会影响。九江市征集到国务院副总理回良玉同志在九江视察的照片档案。萍乡市征集到一批傩文化档案资料。南昌市档案馆接收2002年首届和2003年第二届中国南昌金秋经贸月活动档案资料进馆。宜春市完成了2000年至2002年宜春电视台播放的新闻录像带转刻光盘工作,并收集进馆。吉安征集了家谱、人物传等方面的档案进馆。通过开展档案的征集工作,既丰富了馆藏,又优化了馆藏档案结构。到2003年底,全省137个各级各类档案馆,馆藏档案资料580万卷(册)。其中省、市、县(区)三级国家综合档案馆112个,接收档案12万多卷,馆藏档案357万卷,资料131万册,新开放档案2.6万卷,累计向社会开放档案63万卷,接待利用者4.9万人次,提供利用档案13万卷次,编研档案资料61种、181万字,馆库总建筑面积8.8万平方米;部门、专门、企业和文化、科技事业单位档案馆25个,保存档案78万卷,资料14万册。

六、加快档案信息化建设步伐,努力提高档案现代化管理水平

2003年,全省各级档案部门以"三网并建"为目标,加快了档案信息化建设进程,并取得明显成效。萍乡市档案局进一步完善了局域网,改进了萍乡档案信息网站,档案目录数据库也在建设之中。12月18日,九江市档案局在市政府信息中心的配合下,建立了九江市政策法规数据库,并列为市政府规划建设的十个重点数据库之一,九江档案信息网通过改版升级为网站,设立了12个大栏目,成为九江市档案局宣传档案

工作、对外提供档案及现行文件查询服务的窗口。宜春市档案局档案信息化建设步伐加快,档案信息网站也已投入使用。新余市档案局添置了交换机、电脑。鹰潭市档案局档案信息化综合布线工作已经完成,并新添置了电脑。南昌市档案局新增电脑10台,并添置了刻录机和扫描仪。

全省档案科技、教育培训、学会等工作也继续取得新的成绩。全省各级档案部门积极开展档案科研攻关,努力推广档案科技成果。3月24日至10月31日,在全省各级档案学会和会员中开展了“深入学习贯彻十六大精神,与时俱进,开拓创新,努力实现我省档案事业跨越式发展”为主题的档案学术研讨活动,为促进全省档案事业的发展发挥了积极的作用。4月11日,《农民工档案的建立与管理》等四个课题项目上报国家档案局审定立项。8月13日,省档案学会增选了理事、常务理事、副理事长、理事长,健全了学会领导班子。12月底,《江西省档案库房环境中霉菌的危害及其治理研究》等两个课题已向国家档案局申报结题鉴定。档案管理软件、档案库房温湿度控制、空气净化、库房防磁、消防监控、档案消毒、黑白与彩色照片还原、双面档案装裱等档案实用技术和先进产品的推广取得较好成效。全省各级档案部门积极做好档案教育培训工作,共举办各类档案业务知识培训班100多期,培训档案工作人员3000多人次。

七、加强档案队伍建设,表彰档案工作先进集体和个人

根据中央、省委关于兴起学习贯彻“三个代表”重要思想新高潮的部署和要求,2003年7月15日,省档案局下发了《关于在全局兴起学习贯彻“三个代表”重要思想新高潮的实施意见》。全省各级档案部门认真学习胡锦涛同志“七一”重要讲话和《“三个代表”重要思想学习纲要》,全省档案工作者还不断加强档案业务知识的学习和其它新知识的学习,思想政治素质和业务素质进一步提高,全省档案干部队伍的精神面貌发生了深刻的变化。10月22日,省档案局与省人事厅联合下发了《关于表彰全省档案系统先进集体和先进工作者的决定》,南昌市档案局等20个单位和万兰英等28名同志受到表彰。12月1日,省档案局下发了《关于表彰全省档案工作优秀集体和优秀工作者的决定》,南昌印钞厂等39个单位和涂丽萍等64名同志受到表彰。这是进入新世纪后首次举行的全省档案系统表彰活动。 (江西省档案学会)

山 东 省

一、档案服务工作成绩显著

在抗击“非典”的斗争中,山东省档案局与省防治“非典”指挥部转发了国家《关于做好防治非典型肺炎工作文件材料收集归档工作的通知》,制发了收集归档办法。各级档案局指定专人,帮助各部门收集整理防治“非典”文件材料,并将这些珍贵的档案材料及时收集进馆。青岛等市档案馆及时编辑整理了馆藏档案中应对突发疫情的有关资料,提供给有关部门决策参考。枣庄市档案馆还将防治“非典”英雄张普善同志的手稿、照片、荣誉证书等收集进馆,永久保存。各级档案部门紧紧围绕经济建设这个中心,结合各地各单位的工作重点,大力开发档案信息资源,积极为科技开发、技术改造、设备维修、经营管理、维护权益等服务,取得了显著的经济效益和社会效益。据不完全统计,年内评定的901项开发利用档案信息资源优秀成果,共节省经费、直接或间接产生经济效益约7.8亿元。省、市、县三级档案馆已建立起现行文件服务机构139个,济南、济宁、潍坊、日照等11个市、县(市、区)文档服务还进驻了市政府行政审批服务大厅。青岛、滨州等地开展了“红头文件进社区、到街头、送下乡”活动,推出了周末预约查询、热线查询、网上查询、委托代查、亲情服务等多种服务。莱芜等市、县编辑出版了现行文件汇编,发放便民服务卡,方便社会各方面查询利用。为纪念毛泽东诞辰110周年,山东省档案馆编辑出版了48万字的《毛泽东与山东》一书,省委书记张高丽同志亲自为该书作序,并以省委的名义召开了出版座谈会。

二、档案信息化建设全面启动

山东省档案局组织召开了全省档案信息化建设现场会,制发了《山东省档案信息化建设实施方案》,加大了对全省档案信息化建设的指导力度。各市档案局也都确定了本市档案信息化建设的目标任务和实施办法。目前,已有14个市将档案信息化建设列入了档案事业发展“十五”规划或地方政府信息化计划,15个市档案局(馆)建立了档案信息化工作领导协调机构。山东省档案馆及青岛、济南、淄博、威海、烟台、莱芜等市档案馆积极接收同级机关单位的电子文件及目录进馆,同时加快了馆藏档案及其目录的数字化进程,全省现已采集案卷级机读目录200多万条,文件级机读目录近1500万条。青岛市档案馆建成启用了全国第一个数字档案馆。各地积极争取财政支持,加大了对档案信息化建设的投入。全省已累计投入经费1500多万元。泰安市档案局申请了专项经验,为市政大楼50多个机关单位统一配置了文档一体化软件。济南、青岛、淄博、潍坊、济宁、威海、日照、聊城等74个市、县档案馆都建成了内部局域网络。目前,已有47个市、县档案馆与当地政府网连通,有61个在国际互联网上建立了自己的网站或网页,开始在网上公布和开放馆藏

档案,举办网上论坛和史料展览,积极开展档案信息的网络化服务和网上档案宣传工作。

三、新领域档案工作拓展顺利

烟台市档案局顺利完成了在国家档案局立项的《企业信用档案研究》项目,在市属大型国有企业、合资企业和民营企业分别进行试点,初步取得经验,为全市信用档案体系建设打下了坚实的基础。济南、聊城等市出台了信用档案管理办法,开始收集信用文件。山东省建设系统建成了房地产信用档案系统,上网公开房地产商的信用情况。各市普遍开展了民营企业建档试点,济南、青岛、烟台等地召开了民营企业档案工作座谈会交流经验,推广典型,启动了民营企业建档工程。德州市以皇明集团为示范,积极引导290家民营企业建立健全了档案工作。青岛、临沂等地相继出台了民营企业档案工作意见和规定,为民营企业建档工作提供了标准依据。山东省档案局与省民政厅联合印发了《加强城市社区档案工作的意见》和管理办法,召开了工作座谈会,对全省城市社区档案工作进行了总结部署和发动。各地普遍把社区建档列入了社区建设总体规划,建档工作进展迅速。淄博市社区档案工作已形成了党委政府领导、民政和档案部门牵头、社区居委会主办、社会各方面支持的工作格局,社区建档率达到100%。济南、青岛、莱芜等市社区也已全部建档。

四、档案管理和资源建设效果明显

山东省档案局制定下发了《山东省档案管理考核办法(试行)》及标准。各级档案局结合本地实际,制定了具体实施办法,对全省国家档案馆、机关团体企事业单位档案室进行了考核。档案管理考核融业务指导、档案执法、档案登记与奖惩于一体,提高了各单位的档案意识,督促各单位理顺管理体制,健全工作制度,完善保管设施,为档案安全和规范管理创造了良好的条件。全省各级档案馆积极做好档案接收进馆工作,年内共接收文书档案357306卷,电子文件78745件。同时,采取多种形式,加大了特色档案的征集力度,全省共征集12030件。省档案馆征集了著名人物档案,建立了名人档案库。青岛、淄博、临沂等市档案馆积极参与市里重要会议和重大活动摄录像,拍摄收集了大量声像档案资料。威海、日照、临沂、滨州、菏泽等市档案馆广泛征集了一批地方特色档案资料,进一步丰富了馆藏。

五、档案法制建设得到加强

山东省档案局拟定了2003年至2007年全省档案立法规划,会同省人大开展了立法调研。与省计委联合制发了《山东省重点建设项目档案管理登记办法》。青岛市制订了《青岛市档案法规体系方案》,为完善立法体系和加快立法步伐提供了依据。省档案局和青岛等市档案局还会同有关部门,研究制定了境外企业档案工作意见和规定。潍坊市档案局的"携带、邮寄档案出境审核,重大建设工程项目档案验收,重大活动档案备案"等三项行政审批权得到了进一步明确。莱芜市规范了档案行政执法复议应诉工作和行政处罚听证程序。各级档案局进一步加大了档案执法的力度。济南、青岛、潍坊、泰安、临沂、聊城、菏泽等市档案局会同市人大、市法制办联合开展了企业档案、重点项目档案、档案安全保管等专项执法检查。聊城、菏泽市档案局协助有关部门分别依法查处了东昌府区商业局某某伪造个人档案和郓城县气象局档案被盗案件。临沭县档案局认真查处了两个镇政府丢失档案的违法案件。

六、档案科教工作稳步发展

济南市档案局《农业科技档案信息开发利用的网络化研究》等4个科研项目获得国家档案局优秀科技成果奖,《济宁市电子政务数字信息化档案管理平台》等2个科研课题列入国家档案局科研项目计划。省档案馆开展了《数字照片档案管理模式的研究》和《档案目录数据交换格式与采集标准》课题的调研论证工作。深入开展档案干部继续教育工作,进一步规范省委党校档案文秘专业业余学历教育,取得较好效果。同时适应档案工作发展的需要,有针对性地组织多种形式的专题培训、岗位培训,增强了培训的针对性和广泛性。

(山东省档案局)

河 南 省

2003年,河南省各级档案部门在各级党委和政府的正确领导下,开拓创新,扎实工作,使社会主义精神文明建设、档案馆库及档案业务基础建设、现代化建设和法制建设取得新进展,档案服务创新实现新突破,档案事业有了新的发展。

一、思想政治工作常抓不懈,社会主义精神文明建设取得进展

全省各级档案部门和档案工作者,认真学习贯彻落实"三个代表"重要思想和党的十六大精神,切实加强思想政治建设、领导班子建设和社会主义精神文明建设。省档案局保管利用处荣获全国"巾帼文明示范岗"称号;郑州市、南阳市、济源市档案局荣获"全国档案系统先进集体"称号;漯河市史志档案局局长吴艾萍同志、驻马店市档案局局长刘先同志荣获"全国档案系统先进工作者"称号;高秀花等30名同志被评为全省档案系统"巾帼建功标兵",于笑竹等10名同志荣膺河南省"三八"红旗手;中牟县档案局等50个单位和景克俊等100名同志被省人事厅、省档案局联合表彰。省档案局和9个省辖市档案局创建为省级文明单位,5

个省辖市档案局创建为市级文明单位。

二、围绕中心，创新机制，档案服务工作取得成效

“非典”疫情出现后，全省各级档案部门在当地党委、政府的领导下，一手抓档案系统的防治“非典”工作，一手抓“非典”档案资料的收集归档工作。省档案局与省“非典”办及时转发了全国“非典”办、国家档案局关于做好防治“非典”档案资料收集归档工作的文件，部署了全省防治“非典”档案资料收集进馆工作。全省各级档案部门派专人深入防治“非典”工作一线，指导和收集“非典”档案资料，保证了“非典”档案资料的齐全完整和妥善保管。全省共整理“非典”档案227435件(单件整理)、1308卷(案卷级整理)，照片档案3652张，录音录像带87盒，光盘111盒，资料157册，为今后处理类似的公共卫生突发事件，积累了史料，提供了借鉴。积极拓展档案工作服务新领域，开展了社区档案工作、非公有制企业档案工作、信用档案工作和已公开现行文件利用工作。农业农村档案工作坚持为“三农”服务，在发展农村经济和维护社会稳定方面起到了积极的作用。

三、档案馆库建设取得较大进展

全省各级档案部门将馆库建设作为工作重点，下大力气狠抓馆库建设工作，取得了较好成效，档案安全保管有了可靠的保证。安阳、鹤壁、焦作等市的新馆落成并投入使用；郑州、洛阳、新乡、平顶山市和宜阳县等一批新馆的建设被列入当地国民经济发展规划，有的已开工建设。

四、档案业务基础建设更加巩固

全省各级综合档案馆加强了国家档案资源建设，加大了档案的接收、征集力度，进一步丰富了馆藏，改善了馆藏结构。据省档案馆和10个省辖市档案馆的不完全统计，去年共接收档案资料230127卷册。全省各级综合档案馆的编研编目工作进展顺利，为社会各界利用档案资料提供了多种类型的优质服务，档案缩微、光盘刻录、机读目录的输入步伐加快。革命历史档案资料、民国档案资料和明清档案资料目录中心的工作有了新的进展。全省“标兵档案馆”创建活动取得了可喜的成绩，又有11个市县档案馆晋升“省一级标兵档案馆”。

机关、企事业档案工作目标管理和争创“档案管理最佳系统”活动继续开展，一大批机关、企事业单位通过了不同等级的档案工作目标管理认定。同时，还加强了对重点建设工程项目档案的业务指导和监督检查，直接参与了本省重点工程建设项目档案的验收，较好地完成了国家及省重点建设项目档案登记工作。

五、档案法制建设、科研工作和现代化建设等得到进一步加强

依法行政，开展了《档案法》、《河南省档案管理条例》的学习、宣传、贯彻、实施工作，出台了《河南省档案管理登记与备案办法》，进行了档案执法检查。

加强了对重点档案科研项目的组织引导、申报立项和科技成果的推应用及保护技术指导工作，有3项科研课题被国家档案局批准立项，1项科研课题被省科技厅批准立项，1项由省档案局主持研究的省部级科研项目获省科技厅科学技术进步三等奖。

根据国家档案局信息化建设纲要和自身实际情况，积极推进档案信息化建设，有的省辖市档案局馆已建成局域网和网站，有的局馆正在进行整体方案的调研、设计、网页制作等前期准备工作。在机关、企事业单位档案信息化建设方面，及时转发了国家档案局《电子公文归档管理暂行办法》，提出了在机关、企事业单位实行文档一体化管理的要求。

另外，通过《中国档案报》、《中国档案》、《档案管理》、《档案工作信息》和主流新闻媒体，加大了宣传河南档案工作的力度。档案学会工作活跃，组织开展了档案学术研究和学术交流活动，评选出了一批质量较高的学术研究论文；组织召开了省档案学会第五次会员代表大会，选举产生了新一届理事会，确定了今后一个时期学会工作的指导思想和任务。

(河南省档案局)

湖 北 省

2003年是湖北省档案工作取得显著成绩的一年。一年来，湖北省各级档案部门在湖北省委、省政府的正确领导和国家档案局的有力指导下，各项档案业务工作全面推进。2003年10月下旬，国家档案局在湖北检查工作时，对湖北的档案工作给予了充分肯定。

一、创新服务，档案服务工作成效显著

上半年，各级档案部门紧紧围绕防治“非典”工作提供有效服务，取得了显著成绩。省档案局向全省及时印发了《关于认真做好非典防治档案工作的通知》，要求各地各单位跟踪疫情发展，将“非典”防治档案收集齐全、整理规范并提供有效利用。在抗击“非典”斗争中，湖北省各级档案部门抽调了大批业务骨干，深入到当地“防非”指挥部和重点部门、单位帮助指导建立“防非”档案，许多档案部门利用馆藏，将历史上发生的有关传染性疾病的防治材料汇编成册，提供给当地党委、政府和卫生等有关部门。

湖北省各级档案部门加大了社区档案工作、现行文件服务中心建设的力度，省档案局先后出台了《湖北省社区档案管理暂行办法》、《湖北省现行文件服务中心管理试行办法》等规范性文件。全省2800多个社

区，有50%开展了档案工作，其中武汉市、荆门市中心城区全部建立了社区档案。全省93个有条件的综合档案馆，50%建立了现行文件服务中心。有些地方制定了加强民营经济档案管理、国企改革档案处置、机构改革档案工作等规范性文件。三峡库区档案部门密切跟踪世界瞩目的三峡工程建设，开展三峡移民档案的指导和服务，为确保三峡工程蓄水、通航、发电三大目标的实现作出了积极贡献，国务院三峡建设委员会、国家档案局致信给予了高度评价。各级档案部门通过争取"两办"发文、出台规范性文件、编辑出版专题汇编、拍摄电视片、举办展览、开放爱国主义教育基地等形式，积极为汉江抗洪、农业抗旱、农村税费改革、企业改制、重大项目建设和精神文明建设等提供及时有效的服务，取得了良好的社会效益和经济效益。9月中旬，在上海召开的全国社区档案工作座谈会上，湖北省就社区档案工作服务小康社会建设的做法作了经验交流，受到国家档案局领导和与会代表的广泛好评。

二、依法治档，档案法制建设得到进一步加强

一是《湖北省档案管理条例》(修订)列入省人大审议议程。经过广泛深入的立法调研，对《湖北省档案管理条例》(以下简称《条例》)进行了修改，省政府第六次常务会议讨论通过了《条例修订案(草案)》，省人大教科文卫委员会和省十届人大常委会第六次会议先后对《条例(修订草案)》进行了审议。省档案局还出台了《湖北省档案行政执法质量考核评议办法》，对档案行政执法质量实施考核评议，并将考评结果与执法主体负责人利益挂钩。二是档案法制宣传工作广泛开展。省档案局与省依法治省工作领导小组办公室、省司法厅联合下发了《关于在全省开展档案法律法规学习宣传活动的通知》，全省各地通过举办知识竞赛、宣传展览、"12·4"法制宣传日活动等形式，迅速掀起了学习宣传档案法律法规的新高潮。档案法律法规纳入了全省"四五"普法内容。三是档案行政执法工作力度不断加大。省档案局印发了《关于在全省开展档案行政执法检查的通知》，并重点抽查了18个省直机关、高校和大型企事业单位，各地也广泛开展形式多样的档案行政执法检查活动。10月下旬，国家档案局副局长郭树银率档案行政执法检查组来湖北省进行了档案行政执法检查。国家档案局检查组认为，湖北省各级档案部门认真贯彻执行《档案法》和《档案法实施办法》，积极开展档案法律法规宣传活动，全社会的档案意识和档案法制观念普遍增强，依法治档的自觉性不断提高，为湖北省档案事业的发展提供了组织保障。

三、科教兴档，档案科技教育工作迈出重要步伐

一是档案信息化建设进展顺利。各地高度重视档案信息化建设，不断加大科技投入，计算机数量普遍增加，部分市县相继建成局域网和档案信息网站，档案信息数据库内容不断丰富和完善，个别地方已经启动档案数字化工作。省档案局(馆)局域网建设的各项前期准备工作已经就绪。省档案局(馆)的信息网站已全面改版升级。二是档案科研管理工作取得新的突破。全年组织了8个项目申报2003年度科技立项。省档案局"数字档案馆建设"课题已被省科技厅正式立项，纳入了2003年湖北科技攻关计划，这是湖北省档案部门首次在省科技厅正式立项的科技攻关项目。省档案局与有关部门合作的"'诱集棒'诱杀白蚁应用研究"课题获国家档案局优秀科技成果二等奖，这是迄今为止湖北省档案科研中获得的最高奖项。另外，省档案局和有关部门完成的"存档光盘寿命定量检测技术研究"、"超细粉体灭火剂及其自动灭火装置应用于档案库房的研究"和"基于Web页面的档案信息管理查询系统"等3个科研课题已顺利通过国家档案局的鉴定，处于全国领先水平。三是档案教育培训工作和人才队伍建设力度进一步加大。经过积极努力和多方争取，"档案工作人员岗位培训证书"项目顺利通过了省财政、物价部门的收费立项审核，确保了全省档案系统持证上岗培训工作的正常开展。各地认真贯彻执行省档案局《关于加强全省档案教育培训工作的通知》精神，广泛采用了档案人员持证上岗培训、继续教育、干部党校学习轮训等培训方式。经过积极争取，省人事厅已正式批准省档案局从2003年起具备档案专业正高级职称评审资格，这对加强湖北省档案干部队伍建设，建立更加规范、有效的人才培养、选拔和使用机制具有十分重要的意义。

四、夯实基础，各项档案业务工作全面发展

2003年湖北省在全省继续开展了争创全省档案工作先进系统活动，包括省政府办公厅在内的28个省直部门参加了这一活动，有26个省直部门荣获全省档案工作先进系统称号，一批在争创活动中涌现出来的先进集体和先进个人分别受到了省委办公厅、省政府办公厅和省人事厅、省档案局的表彰。省档案局(馆)狠抓档案资源建设，出台了一系列各类名人档案的征集接收办法。全省档案接收征集工作步伐明显加快，据不完全统计，湖北省接收征集各种载体、各个类别的档案资料40多万卷(册、张)。各地不断规范档案收集、保管、整理、利用等制度，档案基础业务工作得到进一步巩固和加强。全省已完成省市县三级综合档案馆保存的363617条民国档案案卷级目录数据的采集汇总工作，其质量居全国前列。全省各地完成编研成果50多种、1200余万字，仅武汉市就编辑出版档案史料17种，620多万字。省档案局(馆)的江汉关档案被正式列入第二批中国档案文献遗产工程名录，至此，湖北

省列入中国档案文献遗产工程名录的档案项目已有2个。在各级政府和有关部门支持下,有的档案馆得以新建、改建、扩建,有的已开始选址,有的已正式立项。湖北省各地广泛开展了档案安全大检查,各项安全制度和措施不断完善,确保了档案的完整与安全。继续开展了综合档案馆和机关档案工作目标管理考评活动,完成了省一级档案馆的复查验收,全年共认定综合档案馆目标管理省一级4家,认定机关档案工作目标管理省特级30家。

2003年,省档案局制定了《湖北省企业、科技事业单位档案工作规范管理等级评定办法(试行)》。该办法是新形势下积极探索企业、科技事业单位档案工作新模式,加强企业、科技事业单位档案工作规范管理的重大举措。省档案局起草了《关于加强民营企业档案工作的意见》,省委办公厅、省政府办公厅已转发全省贯彻执行。各地有计划地选择12家民营企业进行重点扶持,加强了对省属第一批宣布破产的8家国有企业的资产与产权变动档案的处置工作,选择了7个农业农村档案工作的典型作为农业科技档案的联系点,积极为农业发展、农村稳定、农民致富服务。各地全面贯彻《国家重大建设项目文件归档要求与档案整理规范》和《科学技术研究档案管理暂行规定》,加强了对一批重点建设项目、高新技术项目的档案管理指导和档案专项验收,确保了重点建设项目和高新技术项目档案的完整和规范,有效地服务了地方经济建设。

2003年,湖北省各级档案部门克服"非典"疫情、自然灾害等不利因素影响,坚持"三个文明"建设协调发展,精神文明建设硕果累累。省档案局通过了省级文明单位的复查验收。武汉市档案局荣获省级文明单位称号。一些市、县档案局被评为市、县级文明单位。省档案局信息开发利用处接待利用岗位被评为全省首个区级"巾帼文明示范岗"。档案宣传工作不断加强,《湖北档案》杂志和省档案局《档案工作简报》的舆论导向作用和信息服务功能更加有力。省档案学会成功召开了第五次会员代表大会,顺利完成了学会换届工作,学会各项工作得到了新的加强,省档案学会被省社科联和省民政厅授予"湖北省'十佳社团'"荣誉称号。

(李宗春　彭智)

湖　南　省

2003年湖南省的档案工作,紧紧围绕经济建设这个中心,创造性地开展各项工作,有效地发挥了档案服务中心、服务社会、服务群众的特殊作用,取得了新的成绩。

一、档案法制工作得到了明显加强

首先,认真开展了档案法制宣传工作。6月,召开了全省档案法制宣传工作会议;省市(州)各级档案行政管理部门紧紧围绕中心工作,结合本地实际,深入开展了生动活泼、形式多样的宣传活动。充分发挥了省档案局《档案时空》杂志和《湘档动态》这两块宣传"主阵地"的作用。特别是湘西自治州档案局举办了《神秘的湘西》大型综合展览,利用图片1200余幅,文字资料3万余字,形象、具体、系统地介绍了湘西的风土人情,产生了强烈的反响。其次,认真开展了档案执法检查工作。完成了对全省30个单位的执法检查,召开了全省档案行政执法会。8月上旬,省档案局配合国家档案局执法检查组,先后对省档案馆、岳阳、常德等7个省市县国家综合馆以及6个大中型企业档案工作进行了全面检查,检查组对我省近几年来档案工作取得的成绩给予了肯定。再次,加大了依法治档的力度。进一步完善了全省档案工作的法制体系,严肃查处了一批档案违法违纪案件。围绕《湖南省档案管理条例》的修改,开展了专题调研工作,狠抓了《湖南省档案行政执法考核评分细则》的贯彻落实,对部分市、州档案管理部门的行政执法工作进行了考核评估,拟制了《湖南省档案管理登记办法》。通过上述措施,使全省档案管理逐步走上了法制化、制度化、规范化的轨道。

二、档案馆、室建设成绩比较显著

一是抓了档案馆、室基础设施的改善。全省有30多家档案馆、库进行维修和扩建。永州、湘西自治州档案馆已正式启用,省档案馆和衡阳、怀化等市档案馆也正在准备开馆,长沙、株洲、花垣等20个市县馆新建已列入当地档案发展"十五"计划。二是档案保管保护手段得到了改善。档案馆、室的保管保护设备设施不断得到改善。据不完全统计,去年全省档案系统共投入资金500余万元,添置电脑100多台,购置密集架、档案管理软件、去湿机、空调机、温湿度自控仪等设备,有效地改善了档案保管保护环境和办公条件。馆藏档案资料不断丰富,省档案局对2003年10月在长沙举行的第五届城市运动会及其工程建设指挥部档案资料的归宿和移交问题提出了明确的要求。一些市(州)县档案局专门下发了防"非典"有关档案资料收集整理的通知;省市(州)档案局馆还就机构改革中撤并单位档案资料的收集接收做了大量工作。据初步统计,一年中全省共接收各类档案14万卷,资料3万册,照片、声像及实物档案2.5万件,极大地丰富了馆藏内容。

三、档案业务建设有新的进展

第一,档案工作领域进一步拓宽。邵阳市制定了《党政领导公务活动档案管理办法》,岳阳、常德等地建立了名人档案库,不少市州县档案馆根据本地实际情况建立了名人、名产、名景和风土人情、民族习俗以及名优特产、旅游资源等特色档案收藏室。第二，企业与农业农村档案工作进一步深化。全省先后完成了89家改制、撤并企业的档案处置工作，对国有控股企业、民营企业、个体工商企业等档案工作领域进行了有益的探索和指导。据统计，近两年来，全省新增村级建档17676个，占应建档数75%以上。省档案局及有关部门对耒宜高速公路等建设项目档案工作进行检查、指导。第三，档案工作目标管理进一步推进。2月，召开了省直机关档案工作协作组长会议。一年来，省档案局对33个省直单位开展了业务指导。对晋升一、二级目标的省武警消防总队、省新闻出版局、省监狱管理局等单位进行了考评。2003年，永州市档案馆、长沙市开福区档案馆晋升为省一级，常德市档案馆和汉寿县档案馆跨入了省特级国家综合档案馆行列。11月底至12月初，省档案局对全省14个市、州的档案工作进行了严格的综合考评和调查研究，评出了常德、岳阳、邵阳、株洲、郴州、永州等6个市档案局为全省2002年—2003年度“档案工作目标管理先进单位”。

四、创新档案服务机制有新的突破

一是采取编研档案史料、拍摄历史资料片、编发档案信息等办法，加大档案的挖掘力度。省档案馆完成了《湖南档案史料专刊》和部分《湖南革命历史文献汇编》等编著的工作。为了更好地发挥“两个基地，一个中心”的作用，湖南省档案馆2003年还挖掘馆藏资料，成功地举办了《湘魂——湖湘人杰与近现代中国》大型人物展览，通过350平方米展面和350幅珍贵照片档案，直观、生动、形象的形式拓展了档案馆的文化教育功能。二是开辟新的档案利用渠道。全省各级各类档案馆、室共接待查档人员近40万人次，提供利用档案62万余册(件)，比上年增长30%，部分市(州)县建起了“现行文件服务中心”、“档案超市”，为档案利用者直接提供查阅服务。三是创新利用手段，为经济和社会服务。岳阳市档案局于2003年9月在岳阳市推出了《岳阳城肖像档案展览》，展览分三个部分，全方面、多角度、宽视野地反映了解放后，特别是改革开放以来岳阳的巨大变化，充分发挥了档案资源资政育人的教育作用。全省各地紧跟形势，征集汇编防“非典”档案3万卷，资料1.5万册，利用网络资源开展档案利用服务，逐步开放，向社会提供网上查询和利用服务。

五、档案信息化建设迈出了新的步伐

湖南省档案局根据《全国档案信息化建设实施纲要》的要求，制发了《湖南省档案信息化建设实施意见》，10月份，在汨罗市召开了全省档案信息化建设研讨会。省档案局还起草了《湖南省电子公文归档和电子档案管理暂行规定》，与金通智能技术有限公司合作开发了“文档环境智能综合管理系统”，打造了湖南省档案信息化建设软件平台。各级各类档案馆、室有步骤地建立起档案目标数据库。省档案馆已建立了可供机检的目录和人物卡片24万余条，录入档案数据库目录13万余条，资料1.7万余页。各级档案部门积极参与当地政府的上网工程和电子政务建设，建立自己的档案网络，常德、岳阳两市档案馆开通了自己的档案网站。

六、科教兴档工作有新的举措

一是开展了科技教育工作。2003年初，省档案局下发了《湖南省关于加强档案业务人员培训工作的意见》，上半年根据实际需求，增编了《现代档案学理论与实用》一书，并编写了《现代档案学理论与应用辅导与考试题解》，为全省档案专业人员的资格培训、岗位培训和继续教育提供了教材。二是开展科研创新工作。完成了2003年度档案科研项目的申报和立项工作，其中《电子政务环境下档案资源整合与共享》这一立项获得了国家档案局的批准。三是抓好档案队伍建设。2002年，省档案局组织评审通过副研究馆员19人，馆员60人。2003年考察推荐全国档案系统3个先进集体、2名先进个人和4个全国档案工作优秀集体、3名优秀工作者，这些单位和个人分别受到了国家人事部、国家档案局的表彰。 (田兴华)

广 东 省

2003年广东省档案部门重点抓了十件大事、十项工程和防治“非典”工作文件材料的收集归档工作，突出抓了农村、社区和档案信息工作，努力抓好了档案法制、教育和档案宣传工作。

一、紧跟中心，突出重点，积极主动地为建设经济强省服务

(一)加强省重点建设工程档案管理工作。“十项工程”是省政府确定的2003年的工作重点，省档案局与省计委以及有关建设单位联系，从工程一开始就介入项目档案管理工作，通过召开会议、培训档案人员和加大监督指导力度等方法，对73项重点项目的档案工作进行部署和督促检查，使省重点建设项目档案工作得到有效管理。

(二)做好重组企业和退市企业档案管理工作。重组企业和退市企业在重组和退出市场过程中，档案处置往往容易出问题，亟需加强管理。省档案局及时组织对重组企业和退出市场企业档案工作进行专项调查。

(三)抓好民营企业档案工作。根据省委关于加快民营经济发展的决定，省档案局将民营企业档案工作作为重要内容列入了全省档案工作计划，并和省工商

联联合调研,印发了《关于认真做好民营企业档案服务工作的意见》,研究制订了《广东省民营企业档案管理工作指引》,供各地在指导民营企业开展档案管理工作中参考使用。

(四)继续加强农业和农村档案工作。目前全省镇级达标率为40%,村级建档率为45%。一些市、县的镇、村抓农村建档时工作力度大,采取逐层签订责任书和表彰等措施,使农业农村档案工作水平全面提高。

二、抓住机遇,积极参与,将档案事业融入文化大省建设之中

2003年省委、省政府作出建设文化大省的战略决策,省档案局经过努力,全省档案事业发展中一些比较重大的项目纳入了建设文化大省的发展纲要之中。各市、县在落实建设文化大省的会议精神中,将档案馆发展问题列入了建设文化大市、文化名城的实施意见中。

省档案局和省文化厅联合开展了档案与文献珍品申报评选活动。

三、贴近实际,贴近群众,档案部门的服务工作深得好评

(一)高质量地做好声像档案工作。围绕省委、省政府的中心工作,较好地完成胡锦涛、温家宝等党和国家领导人到广东指导工作和省的重要活动照片拍摄工作,并编印照片专集《谢非》。

(二)认真抓好现行文件的利用工作。目前全省21个地级以上市有16个挂牌开展现行文件阅览服务工作。省档案馆把所有的现行文件进行数字化,准备在网上开展全文利用,并与各市、县实现文件资源共享。

(三)逐步推行社区档案工作。随着改革开放的不断深入,广东省特别是珠江三角洲地区社区工作得到了很大的发展。10月,省档案局在清远市召开专门会议,传达全国社区档案工作座谈会精神,对社区档案工作进行了初步部署。

(四)配合三峡工程建设做好三峡移民档案工作。省档案局起草了《关于做好三峡移民档案工作的意见》,并在四会、高要、鹤山、三水、高明等市、县(区)抓点,目前,这些市、县移民档案已基本整理进馆,为移民管理打下了良好的基础。

(五)及时做好抗"非典"档案的指导和收集工作。省档案局于4月下旬在全国率先发出收集"抗非"档案的紧急通知,确保广东省"抗非"档案的完整归档。随后又根据国家档案局和国家抗非典指挥部的文件精神,配合省抗非典办公室做好抗"非典"斗争档案的收集和管理工作。经过多方努力,9月,举行了广东省抗非英模档案捐赠(寄存)仪式。几百件在"抗非"斗争中形成的档案资料由英模本人、烈士亲属和有关单位捐赠(寄存)给省档案馆,谢强华副省长为他们颁发了接受捐赠的证书。

(六)积极倡导创新档案管理体制。顺德作为广东省改革开放的试点地区,综合档案馆与城建档案室、房地产档案室合并,实现了"三档合一"的档案馆新体制。省档案局鼓励和积极支持顺德创新档案管理体制,及时进行总结,并积极在深圳、珠海等部分市、县倡导推行。

广东省第一个文件中心——深圳市文件中心运转正常,经市机构编制委员会批准,珠海市文件中心挂牌成立,同时,省档案局还积极推广佛冈的文件中心的经验和做法,使文件中心在广东深入人心。

(七)稳步推进档案信息化建设。年初省档案局和信息产业厅联合印发了《广东省电子文件归档与管理暂行规定》。深圳、珠海、中山、佛山等地推进步伐较大,省档案馆新馆也在省信息中心支持下,努力做好的智能化建设。

四、依法行政,严格执法,档案法制建设双上新台阶

(一)地方档案法规建设有新的突破。《珠海市档案管理条例》于2003年7月25日由珠海市五届人大常委会第37次会议通过,9月26日经广东省十届人大常委会第六次会议批准,2004年1月1日实施。各级档案部门都十分重视业务规范建设,相继出台了有关档案信息化管理、现行文件管理与利用、档案中介机构运行规则、民营、社区档案管理等一大批业务管理规范,使广东省档案规范化管理迈上了一个新台阶。另外,根据省政府法制办的统一安排,做好了行政许可事项清理工作。

(二)积极争取人大和有关部门的支持,加强档案执法力度,不断提高执法水平。7月29日上午,省人大常委会副主任李兰芳率省人大常委会委员11人到省档案局听取汇报。9月,省人大常委、教科文卫委员会主任许光辉率几名常委检查了粤港供水公司等大型企业贯彻实施《档案法》和《广东省档案管理规定》的情况。

(三)加大执法力度,认真查处违法案件。省档案局查处了广东省九江酒厂有限公司"擅自将档案提供给境外机构利用案"并作出了给予广东省九江酒厂有限公司罚款人民币5万元的处罚决定。3月,珠海市档案局对市妇幼保健院"丢失3本党总支会议记录本案"进行了查处。

五、上下协力,争取支持,掀起新一轮建馆高潮

档案馆库建设关系到档案的安全保管和有效利用。广东省档案馆库在建筑面积上落后于全国平均水平,与经济强省的地位不相称。3月在惠州召开了全

省档案馆库专题工作会议,省政府程良洲副秘书长要求各级档案行政管理部门将档案馆库建设作为推动先进文化建设文化大省的一项重要措施来抓,争取将馆库建设列入当地的国民经济和社会发展计划。省档案局制定了《加强广东省市、县档案馆库建设若干意见》,积极向省委、省政府反映全省档案馆库建设情况,力争省财政给予更多的支持,帮助山区市、县和经济欠发达地区加快档案馆库的改造、扩建和新建的步伐。

六、宣传开路,科教兴档,增强档案事业的发展后劲

(一)加强档案宣传工作。档案部门参与抗“非典”工作是2003年档案宣传工作的重点,广东省档案部门及时报道抗“非典”斗争中广东省的情况,分别受到中国档案报社和中国档案杂志社的表彰。为了深入、持之以恒地做好档案宣传工作,把网站、爱国主义教育基地建设和《广东档案》、《粤档信息》作为档案宣传、信息利用的窗口,扩大效应。各级档案部门利用展览开展宣传,将档案工作与党和政府的中心工作、与市民关心的热点问题结合在一起,办出了特色。省档案局、馆举办的《抗“非典”英模名人档案展》、肇庆市档案局等主办的《党的三代领导人在广东》、台山市档案局举办的《台山碉楼“华博”文物图片展》,深受欢迎。

揭阳市档案馆被该市的市委宣传部确定为爱国主义教育基地。

(二)档案教育有了较大的发展。有5人获得人民大学档案学院研究生课程进修班硕士研究生证书。档案人员岗位培训班的举办期数和学习人数再创历史新高。2003年累计举办岗位培训班18期,培训人数2215人。

七、表彰先进,学习先进,争创档案工作的新局面

2003年是省委、省政府提出的机关作风建设年,根据省直机关党委的部署,省档案局较好地完成机关作风建设年活动的工作,局(馆)作风建设有明显的改善。为了表彰先进,广东省人事厅、省档案局决定:授予广州市天河区档案局(馆)等35个单位“全省档案系统先进集体”称号;授予张锦基等30人“全省档案系统先进工作者”称号。另外,还评选出了广东省出席人事部、国家档案局表彰的全国档案系统的先进集体3个,先进工作者1名;出席全国档案工作优秀集体4个,优秀档案工作者2名。 (钟鸣)

广西壮族自治区

一、创新意识增强,服务成效明显

各级档案部门的服务意识和创新意识明显提高,档案工作越来越贴近中心,贴近群众,贴近实际。

做好防治“非典”工作文件材料的收集归档工作。认真贯彻落实国家档案局《关于做好防治非典型肺炎工作文件材料收集归档工作的通知》和王刚同志的重要批示,主动与卫生、防疫等部门联系、协调,及时做好防治“非典”工作文件材料的收集、整理、归档、接收等工作,确保防治“非典”工作文件材料的完整。

全面启动社区档案工作。自治区档案局在深入调研、总结试点经验的基础上,与自治区民政厅联合印发了《广西壮族自治区社区档案管理办法》及相关配套规章制度,并在南宁市召开了自治区社区档案工作座谈会,传达贯彻王刚同志关于做好社区档案工作的重要批示和全国社区档案工作座谈会精神,总结、交流了社区档案工作的做法和经验,部署了社区档案工作任务。各地结合实际,认真贯彻落实会议精神,周密计划,积极推进。截止年底,广西已有260个社区完成建档任务。

积极推行现行文件阅览服务。2003年7月,自治区党委办公厅、自治区人民政府办公厅联合下发了《关于转发〈自治区档案馆关于开展现行文件阅览服务的意见〉的通知》,对广西开展现行文件阅览服务工作进行了部署。各级档案部门积极争取当地党委、政府的重视和支持,加大工作力度,创造条件,加快推进这项工作。自治区档案馆现行文件查阅中心的筹建工作有条不紊地进行。年内,有13个地级市、34个县(区)档案馆建立了现行文件利用中心并免费向公众开放。

积极开发档案信息资源。各级各类档案馆(室)充分发挥档案信息资源的优势,积极为社会主义“三个文明”建设服务。据不完全统计,年内,广西各级综合档案馆接待查阅档案3万多人次;为机关、企事业单位及个人开展编史修志、工作查考、学术研究、宣传教育等提供档案、资料9万多卷(册);编辑档案史料96种400多万字。

二、基础建设力度加大,管理水平不断提高

档案资源建设进一步加强。年内,各级各类档案馆接收档案14.3万卷(件)。各地档案部门高度重视重大活动、重要会议、重大事件和重要人物档案的接收和征集工作,不断丰富馆藏,改善馆藏结构。玉林市委、市政府办公室下发了《关于将摄录的重要声像资料统一收集立卷归档管理的通知》;百色市及右江区档案局(馆)积极收集党和国家领导人到百色市、县视察的声像档案、资料;柳州、桂林市档案局(馆)安排专人负责各种重要活动、重要会议的拍摄工作。来宾、崇左市档案局(馆)认真做好撤地设市的档案工作。一些乡镇区划调整的地方,档案部门也采取了有效措施,加强了档案管理工作。经“中国档案文献遗产工程”国家咨询委员会评审,自治区档案馆申报的《百色起义档案史

料》,入选《中国档案文献遗产名录》。

档案馆库设施不断得到改善。各级档案部门积极争取当地党委、政府和有关部门的支持,想方设法筹措资金,维修库房,添置装具和设备,不断改善办公和档案保管条件。自治区档案馆对中控室进行了改造,建成了新的总控室。贺州、来宾、邕宁、都安、扶绥、大新等市县的新馆建设项目已获准立项或划拨土地。河池、柳江、宜州、田东、大化、防城区等一批新的档案馆落成或在建。百色、桂平、上思、隆林、凌云、环江、灵山、全州、昭平、龙州等市县通过对馆库进行维修、改造、扩建、更新供电线路、增添防火设备等,达到了安全保管要求。柳州铁路局全年用于馆库建设的专项经费达146.5万元。遭受12号台风灾害的防城港市及各县(区)档案部门,及时做好安全防范工作,保证了档案安全。

三、统筹兼顾,突出重点,各项工作协调发展

档案法制建设有效推进。各级档案行政管理部门坚持依法管理档案事业,坚持档案行政执法的制度化、规范化,建立行政执法责任制,提高了依法行政水平。自治区档案局与自治区工商局联合对全区工商系统开展档案行政执法检查;南宁、柳州、桂林、河池、来宾、梧州、贵港、贺州、北海等市也采取不同形式对不同领域、不同行业依法进行了重点或专项行政执法检查。各地在执法检查中依法查处、纠正了一批违反《档案法》的案件,对不按规定进行档案收集、整理、立卷、保管的单位进行通报,或下发督办通知,限期整改。

经济领域档案工作取得显著成效。年内,各级档案部门加强了重点建设项目的监督指导,坚持重点建设项目档案工作实行统一领导、分级管理的原则。自治区档案局实施了《重点建设项目档案工作规范化管理目标》,对直接管理的51个重点建设项目档案工作实行监管责任落实到人,全程服务。组织完成了来宾B电厂BOT项目等4个重点建设项目竣工档案的专项验收。桂林、南宁、北海、柳州、梧州等市档案局加强了本市重点建设项目档案登记和监督检查工作,通过召开会议、实地检查等形式,规范项目档案整理标准,建立健全工程档案管理网络体系。在抓好国有企业档案工作的同时,各地积极推进个体、私营等非公有制经济领域的档案工作,并取得初步成效。

机关和企事业单位档案工作继续得到加强。强化年检制度,按照机关、企事业单位归档文件整理质量标准,加强对各级机关、企事业单位年度立卷、归档工作进行监督、指导,严把归档文件质量关。自治区档案局组织自治区直机关、企事业单位档案工作协作组对180个单位开展了2002年度归档文件材料整理质量大检查。南宁、柳州、桂林、北海、钦州、贵港、贺州、崇左、防城港市也开展了这项工作。此外,各地积极开展了机关档案室定升级和企事业单位档案工作目标管理活动,推动机关、企事业单位档案管理水平不断提高。年内,共有4个自治区直机关档案室、166个市、县(区)直机关档案室定升级,18个企事业单位档案工作目标管理通过认定,其中国家二级1个、自治区级17个。

农业农村档案工作稳步发展。各地按照国家档案局和自治区档案局的要求,做好农业农村档案工作联系点的选点工作,并围绕落实土地承包政策、产业结构调整、农村税费改革、山林土地勘界、小城镇建设等与"三农"相关的问题,认真做好档案管理服务工作。加强了对乡镇村年度文件材料收集、整理工作的监督、指导,巩固和提高了农村档案工作水平。继续完善农业科技信息网络建设,充分发挥农业科技信息的作用。

档案宣传教育工作取得新进展。各级档案部门把档案人员持证上岗工作当作重要任务来抓,精心组织,周密安排,加强管理,确保了自治区首次档案人员持证上岗考试工作顺利完成。8月16日,经过培训的9000多名专兼职档案人员参加了统一考试,并领到了上岗资格证书。举办了市县(区)档案局长能力建设研讨班,120多名市县(区)档案局"一把手"参加了培训。各地积极开展了丰富多彩的档案法制宣传活动。桂林市在市中心广场举行档案法制宣传,接受市民咨询。北流市档案局的干部上街摆摊设点宣传档案工作。主动与新闻媒体联系,做好全区档案工作重要会议、重要活动的宣传报告。年内,广西被评为《中国档案》杂志宣传优秀单位,在《中国档案报》发表文章50多篇。档案学会工作开展活跃,先后主办了学术报告和中区直企事业单位档案管理现代化研讨会,年内被评为自治区先进社团。

四、信息化建设步伐加快,现代化水平逐步提高

各级档案部门认真贯彻落实《全国档案信息化建设实施纲要》,加快推进档案信息化建设步伐。想方设法筹措资金配备计算机、扫描仪等设备,推广使用GD2000软件,提高运用计算机管理档案工作的水平。年内,各市、县(区)档案局(馆)和自治区直机关、企事业单位已基本配备了计算机,并逐步实现应用计算机管理档案。

档案目录数据库和档案目录中心建设不断推进。南宁、柳州、玉林、北海、桂林等市档案馆完成了全宗级机读目录数据的上报任务,并完成12万条案卷级、108万多条文件级目录数据的录入、上报任务;自治区档案馆录入了57万条文件级目录数据;89个有民国档案的档案馆全部按计划完成了民国档案案卷级目录数据的采集、上报任务。积极研究探索档案全文数据库建

设工作。柳州市档案馆与广西计算机中心海蓝数据公司合作,加快档案数字化进程,年内,已扫描录入档案82万页。 (韦家友)

海 南 省

一、档案队伍建设

2003年海南省档案局(馆)先后组织1期档案干部继续教育研修班、1期档案业务岗位培训班,培训208人。海口市档案局举办1期《归档文件整理规则》培训班,培训170人,1期档案干部继续教育研修班共55人,1期文书档案培训班共210人。海南省各市县也分别举办了《归档文件整理规则》培训班,琼海市、白沙县、海南省高速公路股份有限公司、中国银行海南省分行等市县(单位)分别举办了档案业务培训班。当年,海南省37人申报档案系列职称,其中11人被评为馆员,24人被评为助理馆员。

二、档案业务

2003年,海南省档案局共接收省直机关、企事业单位25个全宗、7512卷(件)档案、332册资料进馆,至此,海南省档案馆基本完成了省直机关、企事业单位1992年以前的档案接收工作,结束了海南省档案馆无海南省级机关档案的历史。3月7日,海南省人民政府接待办公室助理调研员蒙传雄向海南省档案馆捐赠包括胡锦涛、江泽民等党和国家领导人视察海南的珍贵照片3352张、41卷(册)。海口市共收档案1561卷;整理原市委、市政府档案150卷,整理新接收进馆的市塑料厂档案1060卷;消毒档案2万卷。当年,海口市档案馆完成了52个全宗5200卷档案10万条文件级目录的著录,占馆藏档案目录著录量的80%;接收36个机关单位机读目录共2万条。截止2003年10月,档案目录数据库的机读目录达30万条。纪实拍摄反映海口市政治、经济、文化发展的照片档案600余张;编撰了《海口市2003年大事记》和《海口市与其友好城市简介》。7月2日,"海口市现行文件利用中心"建立,红头文件与老百姓见面,这在海南省是首家,标志着海口市档案馆的档案服务功能取得质的飞跃。海口市认真做好行政区划调整期间的档案工作,当年,共接收了甲子、演丰、大坡等乡镇的档案519卷。

三、档案信息开发和利用

2003年,海南省档案馆接待利用者810人,利用档案786卷(册),接待参观506人次;海南省档案局(馆)与海南省史志办公室合编《海南土地改革资料选编》和《海南合作化运动资料选编》,共计130万字。

9月22日,海南省档案局工作组赴西沙、中沙、南沙群岛开展档案抢救征集工作。9月26日,建筑面积1100平方米的儋州市档案馆新馆挂牌并投入使用。根据全国民国档案案卷级目录采集方案的要求,海南省提前完成报送民国档案目录任务,成为全国第一家报送文件级目录的省份。

四、机关企业档案业务建设

2003年,海南省档案局制定了《海南省机关档案工作考核标准》。海南省档案局于10月对112个省直机关进行为期3个月的检查指导工作,通过检查,引起了各单位领导对档案工作的重视,在检查过程中,海南省直机关绝大部分单位领导认真听取档案检查组的反馈意见,切实解决档案工作中存在的问题。海南省检察院、海南省史志办公室、海南省琼州大学、海南大广坝水电开发有限公司、海南省地震局等对存在的问题切实整改,并以优异业绩通过海南省档案检查组的检查验收。截止12月,在112个省直机关中,已归档的单位110个,归档率达98%,合格率为100%,近三分之一的单位已将室藏档案全部录入计算机管理,初步实现了档案现代化管理。2003年1月1日起,海口市全面启动党政办公集成环境系统,实现无纸化办公。根据新形势的需要,海口市档案局制发了《关于做好2002年度归档文件整理工作及电子文件收集问题的通知》,转发了海南省信息产业局、海南省档案局《关于转发〈电子文件归档与管理规范〉的通知》和国家档案局《关于企业执行〈科学技术档案案卷构成一般要求〉和〈归纳文件整理规则〉的意见》,有效指导机关和企业档案工作。加强企业档案工作的指导。2003年10月,海南省档案局会同企业档案协作组先后检查了33家国有大中型企业。1月3日,海南省档案局对粤海铁路通道轮渡及西环线海(口)沙(吉)段工程档案进行专项验收。海口市档案局对重点建设项目"海口世纪大桥"的档案工作进行跟踪指导。

加强档案信息化建设,海南省档案局与海南新境界软件有限公司合作开发了"琼兰档案管理系统",并与海南省党政办综合平台无缝衔接。投入二十余万元对海南省档案馆计算机中心进行装修改造,在党政网上建设了海南省档案馆主页,为党政机关提供档案目录查询服务。当年,定安县、临高县、东方市、屯昌县等市县档案主页完成建设工作。截止2003年底,海南省共有13个市县档案馆主页上了国际互联网。

五、档案法制宣传教育

按照国家档案局部署,2003年3月21日,海南省档案局发出了《关于档案行政执法检查的通知》,要求全省机关、企事业单位根据通知对所列的重点检查内容进行自查,并以书面形式上报海南省档案局。8月14日至22日,由国家档案局档案行政执法检查组一行4人对海南省的海口市、琼海市、三亚市、儋州市、昌江县等市县档案局(馆)以及海口世纪大桥、粤海铁路、中国热带农业大学华南热带农业科学院、琼海市加积镇、海南南山文化旅游开发有限公司、中国海洋石油化学有限公司、海南汽车集团有限公司、海南省国税局、海南省直机关事务管理局等单位的档案工作情况进行了检查,就检查情况向海南省人民政府进行了反馈,并提出整改意见。海南省档案局(馆)向问题突出的三亚市和海南省尖峰岭林业局(总公司)发出"档案行政执法监督检查通知书",责令其限期整改。4月,临高县档案局等联合组成档案行政执法检查队伍,对全县10个乡镇和70多个县副局级以上单位开展档案执法大检查。对长期不立卷归档的3个科级单位和2个镇政府发出了该县有史以来的第一批(次)档案执法监督检查(限期整改)通知书。6月26日至7月8日,乐东黎族自治县档案局对全县97个单位的档案工作进行了全面的档案行政执法检查评比,表彰了先进,对档案工作差的单位给予通报批评,并限期整改。7月至8月,五指山市档案局对全市各乡镇档案工作进行全面检查指导。

创新服务机制,积极主动为社会各界服务。4月11日,海南省档案局(馆)举办了"历史回眸——海南建省十五周年档案图片展",展出图片300幅。海南日报、海南电视台、海口晚报、南国都市报等新闻媒体进行了报道。展览对增强全社会的档案意识起到了很好的作用。

六、对外交流与合作

2003年9月,海南省档案代表团一行24人赴新加坡、香港考察学习;4月15日,海南省档案局组织12人赴陕西省考察学习。12月,海南省市、县档案局(馆)长27人赴山东考察学习。当年,海南省档案局(馆)先后接待来自西藏、山东、福建、云南、江苏等省区、市档案同行15批近500人次,促进了海南与内地省市的档案业务交流与合作。(罗海山)

重庆市

一、档案系统逐步推行国家公务员制度

依照《中华人民共和国档案法》所赋予档案部门的行政管理职能,在重庆市人事局和重庆市编委的大力支持下,经过档案部门积极、努力、认真地工作,重庆市档案系统继2002年市档案局、馆整体推公后,又根据《重庆市人事局关于部分区县档案系统列入依照国家公务员制度管理的通知》和《重庆市人事局关于部分区县档案机构列入依照国家公务员制度管理范围的通知》的有关精神,本着认真负责的态度和成熟一个推行一个的原则,2003年又有渝中区档案局馆、九龙坡区档案局馆、江北区档案局馆、北碚区档案局馆、永川市档案局馆等31个区、县档案局、馆推行(或参照执行)了国家公务员制度。档案系统逐步推行国家公务员制度,有利于档案工作的进一步开展和上新台阶。

二、国家综合档案馆建设成绩显著

重庆市属各级各类国家综合档案馆,是重庆市档案工作的主体,也是保存档案资料、开发档案信息最为重要的基地。2003年,全市国家综合档案馆按照"一个中心两个基地"的发展目标,努力工作,在国家综合档案馆的建设方面取得了可喜的成绩,表现在:一是档案馆库建设取得突破性进展。在2003年里,除渝中区、合川市、奉节县、巫山县4个区、县、市的档案新库房相继建成并投入使用外,另有黔江区、武隆县、梁平县三个县的档案馆库建设通过论证并破土动工,使得2003年成为重庆市各区、县档案馆库建设最为快速的一年。二是档案馆爱国主义教育基地建设实现"零"的突破。经过一年的筹备,江北区档案馆于2003年底率先在全市档案系统内建成了"江北区爱国主义教育基地",不仅给广大市民和青年学生提供了一个新的"爱祖国、爱家乡"教育的场所,还在全市档案系统内开了一个好头,为其他档案馆建成爱国主义教育基地提供了有益的经验。三是国家综合档案馆目标管理考核工作进展顺利。在总结过去经验教训的基础上,2003年重庆市档案局重新修订颁布了《重庆市区、县(自治县、市)国家综合档案馆目标管理考核定级办法》,各区、县档案馆认真贯彻执行此管理办法,积极创造条件,争取达标升级,在全市档案系统内形成了一种积极向上的良好氛围,过去条件差的档案馆(如城口、石柱)开始达标定级,过去已达标的档案馆则逐渐升级或保持原定级别。四是档案信息化建设速度加快。2003年,重庆市档案局制定了《重庆市档案信息化建设发展规划》,编制了《重庆市数字档案馆项目建设可行性研究报告》,并得到市信息产业局的批准立项;渝中区档案馆在渝中区信息港中建立了二级主页,将29万条档案条目上网,为建立数字档案馆创造了条件;北碚区数字档案馆建设已获得区政府批准,并在市信息产业局立项。

三、档案服务机制进一步创新,服务领域进一步拓展

2003年,重庆市档案系统紧密围绕建立"服务型政府"的需要,转变服务机制,改变服务态度,拓展服务领域,更新服务观念,在"服务"二字上大做文章并取得了显著成绩,主要表现在:一是创办了为市领导决策提供佐证或为市级各部门施政提供借鉴的《重庆档案信息拾萃》,创办以来得到市委市府主要领导和各相关部门的高度重视和好评,重庆市市长王鸿举曾亲笔批示:"重庆档案局以档案信息为我们提供历史资料,有利于

拓宽视野、吸取教训、科学决策。期待着看到更多的'信息拾萃'。"二是建立了重庆市档案馆现行文件查阅室。2003年,在进一步加强和完善2002年成立的"南岸区现行文件资料服务中心"的同时,重庆市档案系统又将建立现行文件服务中心作为创新档案服务机制的重要举措,狠抓落实。经过近半年的筹备,2003年11月,一个专门为社会公众提供政府现行文件查阅利用的服务窗口——重庆市档案馆现行文件查阅室正式成立。该查阅室汇集了1997年重庆直辖以来至开办日止重庆市人民政府公开发行的政策性、法规性、公益性、服务性文件1549份,内容涉及公安、税务、财政、工商、公共建设、城市规划、环保、交通、卫生、旅游、民政、计生以及妇女权益保护等社会生活的方方面面,可以满足各利用阶层的不同需求,是档案馆走向社会、面向大众、纵深服务的重大举措。此外,渝中区、城口县、巫山县等区、县档案馆,也经当地党委和政府的批准,建立了"现行文件利用中心"。三是及时接收保管了"非典"疫情等重大事件的档案。2003年上半年"非典"疫情暴发后,重庆市档案局根据国家档案局、全国防治非典指挥部办公室联合印发的《关于做好防治非典型肺炎工作文件材料收集归档工作的通知》的有关精神,及时与重庆市防治"非典"办公室联系,迅速转发了国家档案局、全国防治非典办的通知,并提出了具体的贯彻意见。全市档案系统也积极地行动起来,迅速地将所在区、县有关防治"非典"的文件材料收集归档,重庆市档案馆还将发生在重庆市的"非典"确诊病例和"非典"疑似病例的档案全部接收进馆,加以妥善保藏。

（唐润明）

四　川　省

2003年,全省各级档案部门积极按照全面建设西部档案强省的发展思路和奋斗目标,找差距,抓重点,解决难点,推进档案事业全面发展,超额完成四川省政府下达的档案工作目标任务,一些工作取得了突破性的进展。

一、档案干部队伍建设有了新气象

全省各级档案部门深入学习贯彻"三个代表"重要思想,提高了思想认识,增强了工作的责任感、紧迫感和自觉性;增强了与时俱进、改革创新的意识,转变了思想观念,明确把发展作为第一要务,确定了今后的奋斗目标。通过一年的认识和实践,将建设西部档案强省的目标概括为"人强、马壮、效果好"。

省档案局(馆)严格按照中央和省委的要求,在全体党员中开展了保持共产党员先进性教育活动,认真解决党员思想、作风、组织等方面存在的问题,处置了不合格党员,解决了职工工作、生活中的一些实际问题,强化了党员的大局意识和服务意识,努力建设学习型、创新型、服务型、廉政型的党组织和党员队伍,促进了各项工作。全省获国家人事部、国家档案局表彰的档案工作先进集体3个、先进工作者2名,国家档案局表彰的档案工作优秀集体6个、优秀工作者5名;受省人事厅、省档案局表彰档案工作先进集体55个、先进工作者35名,省档案局表彰档案工作优秀集体60个、优秀工作者80名。

二、档案基础工作有了新发展

全省县以上档案局依法加强对档案工作的监督指导,执法检查6393个部门和单位,及时督促整改存在的问题,推动了工作。省档案局组织检查了34个单位,接受国家档案局执法检查16个单位。国家档案局执法检查组认为,四川省各级档案行政管理部门对档案事业的管理得力,档案事业发展的指导思想明确,取得了很大的成绩,全省档案事业发展势头很好,步入了健康有序的轨道。

全省档案法规建设取得成效。省档案局先后会同有关部门制定了《四川省林业重点档案管理暂行规定》、《四川省各级城建档案馆(室)业务建设规范》、《四川省电子文件归档与管理暂行规定》等8个规范性文件。各市、州档案局也在开展业务指导的过程中,制定了一批管理办法。省档案局向全省16个尚未修建档案馆和26个档案库房已成危房的市、县(区)人民政府发函,要求他们认真履行档案法赋予的职责,把档案馆建设列入当地的国民经济和社会发展计划,引起了有关政府的重视,档案馆库房修建有了新的进展。

各级综合档案馆档案设备、设施有不同程度的改善。为了推进各级档案局(馆)的档案信息化建设,省档案局又购置114台计算机发给各地档案局(馆),带动了一些地方政府对档案部门的投入,综合档案馆的现代化水平有所提高。各级档案馆安全管理工作常抓不懈,安全无事故。

全省重点档案的抢救工作取得新的成绩,一年来抢救重点档案19.8万件。南充市档案馆选送的清代南部县衙门档案和自贡市档案馆选送的《四川自贡盐业契约档案文献》入选第二批《中国档案文献遗产名录》。省档案馆和部分市、州、县档案馆利用馆藏清代档案积极参与国家清史编纂工程,促进了全省重点档案的抢救工作。

全省档案馆(室)的基础业务建设和整体水平有所提高,有15个综合档案馆和1115个机关档案室上了等级。开放档案95000多卷。

全省各级档案部门把重点建设项目和国有大中型企业的档案工作作为重点来抓,对114个国家和省重点建设工程项目、230家国有或国家控股企业、214家科技事业单位的档案工作进行了监督指导，帮助他们实现了档案规范化管理。

农业农村档案工作得到了加强，全省又有727个基层农科站建立和规范了档案管理工作。省档案局制发了《四川省农业产业化经营企业档案管理暂行办法》。

三、档案服务领域有了新拓展

四川省各级档案部门主动介入国企改制工作，提供档案服务，并努力研究和探索改制后企业的档案管理办法。乐山、德阳等地制定了关于做好改制企业档案处理的办法。一些市、县档案馆克服困难，帮助整理并接收了一批改制企业的档案，热情接待企业职工查阅档案，维护职工群众的合法权益。

积极配合民政部门加强社区档案建设。省档案局总结宜宾、成都、绵阳、德阳等地社区档案建设的经验后，制定了《四川省城市社区档案管理暂行办法》，研制开发了《城市社区档案管理系统》软件。宜宾市翠屏区档案局在全国社区建设工作会议上交流了经验。

在抗击"非典"中，档案部门在积极做好防治工作的同时，大力抓好"抗非"档案的收集工作。省档案局4月中旬及时通过国家档案局向国家中医药管理局提供抢救到的治疗"非典"的药方，公布在"中医药在线"上，同时组织力量利用馆藏档案资料编辑了《四川省历史上传染病流行报告及防治措施》，及时报送省委、省政府及有关部门参阅，受到了好评。

省档案局下发了《关于加强民营企业档案工作的通知》，初步形成了民营企业档案工作的思路。

各级档案部门积极创建现行文件服务中心，为社会各界和广大人民群众提供服务，使档案工作更加贴近社会，贴近百姓，贴近生活。全省多数档案局(馆)已建立现行文件服务中心，有的还正式定编挂牌。

四、档案编研利用工作取得新成绩

四川省各级档案部门调整思路，转变观念，把档案信息编研利用工作作为服务于党和国家工作大局的一种重要途径和方式，及时编研有关专题信息，发挥了重要作用。

为了配合省级机关保持共产党员先进性教育活动，省档案局(馆)利用馆藏革命历史档案资料及时编辑出版了反映革命先烈英雄事迹和崇高精神的《英烈心声——革命先烈文献选编》，省委书记张学忠为该书作序，给予了高度评价。

为了配合四川各地抗灾夺丰收，省档案局(馆)编辑出版了《四川省历史上的天灾档案信息》、《四川历史上的泥石流灾害档案信息》系统信息，及时提供给省委、省政府领导和有关部门参考。各地档案编研和开发利用工作也取得了很好的成绩。

各级档案部门积极创造条件，充实教育内容，采取多种教育方式，努力发挥档案馆爱国主义教育基地的功能作用。例如成都市档案局(馆)筹办的"老成都档案展"、阿坝州档案局参与举办《长征路上新阿坝——阿坝州50周年经济和社会成就展》、泸州市档案局与市委宣传部联合建成200平方米的爱国主义教育基地、泸州市古蔺县档案局"神奇的古蔺"展览等。

五、档案信息化建设有了新进展

全省各级档案部门认真贯彻执行国家档案局制定的《全国档案信息化建设实施纲要》和《电子公文归档管理暂行办法》，严格遵循有关电子文档管理的国家技术标准，在档案信息化建设上有了新突破。省档案局专门召开了全省档案信息化工作会议，印发了《关于四川省档案信息化建设的实施意见》、《关于加快全省档案信息化建设的通知》，与省党政网建设领导小组办公室联合下发了《四川省电子文件归档与管理暂行规定》，报请四川省质量技术监督局批准发布了地方标准《文书档案著录细则与机读目录数据交换格式》。

为了配合全省公文网上运行与管理，四川省档案局组织力量研制开发了《四川省电子文档管理系统》软件，并与四川党政网管理中心一起在全省范围内开展培训和推广应用工作，有力地配合了电子政务建设，为全省档案管理软件的统一与规范，与全省档案网络和档案数据信息中心的建设打下了基础。

全省档案系统依托四川党政网，已基本建成档案网络系统。已有168个档案局(馆)专线接入四川党政网。全省档案部门的计算机、扫描仪、刻录机、打印机等信息化设备数量有较大增加，质量有所提高。

全省加快了三个历史档案目录数据库的著录工作，一年中共著录民国档案目录100500条，清代档案目录13500条、革命历史档案新增目录43条。

六、档案教育科研工作取得新成果

档案干部的继续教育工作得到加强。各级档案部门进一步采取措施，鼓励档案干部接受继续教育，全年全省共培训干部11286人次。干部培训的突出特点是，内容上突出了电子文档管理和档案整理新规则的实施，形式上以联合办班为主。

四川省档案学校面对教育改革的新形势，稳中专、招高职、联办大专和本科，克服各种困难，努力谋求发展。

为了培养档案专业高层次人才，省档案局与中国人民大学档案学院联合举办档案学专业研究生课程进修班，第一期学员30人，已正式开课。

省档案局加强了档案干部继续教育工作的管理，组织实施了五年一次的继续教育评估工作，修订了《评估标准》。从抽查评估的情况看，全省档案干部继续教育工作步入了规范化发展的轨道，成效显著。

档案科研工作取得新的成果。全省在国家档案局批准立项的科研项目三项，前两项已完成研究并通过了国家档案局组织的鉴定。

七、档案宣传工作有了新进步

一是积极利用宣传媒体宣传档案工作。各极档案部门重视利用《中国档案报》、《中国档案》、《四川档案》等各类报刊宣传全省档案工作，交流工作经验。南充市档案局利用《南充日报》、南充电视台和四川电视台宣传清代"南部县衙门档案"，取得良好的宣传效果。成都市双流县档案局（馆）在《双流日报》开辟《翻开尘封的档案》专栏，连续刊载以档案史料为线索的传记、故事，受到社会各界的广泛关注和欢迎。乐山市档案局在《中国档案报》上连续5次发表介绍乐山档案工作的报道，并在《乐山晚报》辟专栏介绍乐山市档案馆馆藏精品，有效地宣传了档案和档案工作。

二是应用计算机网络传播档案信息。各级档案部门通过"四川党政网"发布档案信息、介绍馆藏、宣传档案工作，通过"四川档案信息资源"网站传播档案信息。省档案局"三网一库"初步发挥了档案信息网站的宣传作用，成为档案宣传的重要阵地和窗口。

三是配合党委、政府的中心工作开展档案宣传。如德阳市和泸州市举行建市20周年庆祝活动，阿坝州举行50周年州庆活动，成都市政府组织"寻找城市名片"活动，档案部门都主动介入，积极参与，积极利用馆藏档案资料配合宣传，发挥了不可替代的作用。

四川省档案局积极促成和参与"西部档案工作研讨会"第二次会议，积极承办"海峡两岸档案暨缩微学术交流会"和《中国档案》第9次宣传工作会议，都取得圆满成功。　　（张文忠）

贵　州　省

一、档案法制建设

2003年，省档案局与省人大教科文卫委员会、省政府法制办等前后两次组成检查组，对遵义市、安顺市、黔西南州及凤冈、关岭、兴义、安龙等县（市）以及部分机关、企业暨中共贵州省纪委、省公安厅、省高级人民法院等16个省直单位进行了档案行政执法检查。各市（州、地）、县也相继开展了档案行政执法检查，其中：贵阳对全市建设系统各单位特别是重点建设项目单位进行了档案行政执法检查；遵义对13个长期不重视档案工作的部门发出了"限期整改通知书"；安龙县对12个县直机关和16个乡镇的档案工作开展执法检查，并将情况制成录像带在县电视台播放；福泉市对一村民私自涂改原福泉县人民政府所颁林权证、提供伪证一案进行了查处。12月，省档案局对2001年6月以前清理出的有关行政审批事项进行了复查，对2001年6月以后出台的规范性文件进行了清理。

二、档案业务建设

全省档案部门对天生桥一级电站等10多个重点工程档案管理工作进行了监督、指导，验收了水柏铁路工程等3项工程的档案；余庆县档案局指导整理的构皮滩电站施工区移民档案863卷通过验收，成为同类工作的全省第一；11月，省档案局与省计委联合制发了《贵州省重点建设项目档案管理登记实施意见》。省档案局与省退耕还林工程办公室对都匀、铜仁两市退耕还林工程档案工作进行了检查；除缺毕节地区统计外，全省共完成退耕还林档案立卷归档39508卷（件）。至年末，除毕节地区缺统计外，贵阳、黔南、铜仁、六盘水、安顺、黔东南、黔西南、遵义等8个市（州、地）乡镇档案目标管理、村级建档实现率依次分别为99%、91%，97%、97.5%，96%、87%，86%、65%，74%、64%，65%、85%，48%、29%，43%、40%。省档案局、省农村税改办对贵阳、六盘水等6个市（州、地）及其12个县（市、区）、12个乡镇（办事处）的税改档案工作进行了抽查、验收；截至8月底，全省98%的县级以上税改部门和95%的乡镇完成了前一阶段税改档案的完整收集和规范管理，共整理税改档案综合卷39926卷，按《归档文件整理规则》整理81332件，光盘1867张，照片224册，录音录像带367盒；已有30个县（市、区）的农村税改档案移交至同级国家综合档案馆。社区建档试点工作在全省铺开，遵义市红花岗区、兴义市先后出台《社区档案管理暂行办法》，贵阳整理社区档案731卷、11936件。贵阳、六盘水、遵义、黔南、毕节、黔东南等6个市（州、地）及24个县（市、区、特区）档案馆建立现行文件阅览中心（室）。铜仁地区建立农户信贷及种养植大户信用档案39584卷，有15个企业建立信用档案，形成档案1200卷。布置了防治"非典"文件材料收集和立卷归档工作。湄潭、正安等县进行了小城镇建设档案工作实践。省档案局对143个省直单位的档案工作基本情况进行了登记建档；贵阳市全面实施《归档文件整理规则》；遵义、黔南处置、接收进馆国有破产企业档案约13000卷；兴义市235所小学通过了档案工作目标管理验收。各级综合档案馆共接收档案98818卷（册），接待利用档案31222人次，利用档案资料90216卷（册）；万山、思南、印江三区、县档案馆征集到国家主席胡锦涛、国务院总理温家宝同志到当地视察的照片及题词共80余件，三穗县征集到杨至成上将照片188帧，锦屏县征集到山林契约档案12000余份；省档案馆将征集到的杨家禄等个人档案资料整理后,建立了名人档案全宗。省档案馆利用馆藏档案编印以贵州近现代传染病防治、工程性缺水问题及对策等为内容的《档案信息摘报》4 期,分送省委、省政府负责人及有关部门参考;8 月,《贵阳市档案馆指南》修订再版;贵阳市白云、花溪两区档案馆分别建立了爱国主义教育基地。年内,省档案局(馆)门户网站开通;档案资料目录中心制发了《贵州省档案资料目录中心数据采集标准》;贵阳市完成了档案管理局域网的升级改造;有近 20 个市(州、地)、县档案馆开展了档案案卷和文件级目录的计算机录入工作。此外,黔西南、黔南两州档案馆新馆库先后落成启用。

三、档案科教与宣传

向国家档案局报送科研项目 5 项,其中,省档案馆《环六亚甲基四胺气相去酸技术研究》获准立项。黔南州档案局与州科技局联合开展的《黔南州科技资源创新研究》项目启动。《罗甸县地方特色档案研究与建设》项目已经立项。

省档案局全年举办省直单位档案人员持证上岗培训班 2 期、档案行政执法人员培训班 1 期、全省档案局(馆)长培训班 1 期、重点建设项目档案管理培训班 1 期,共培训 519 人。市(州、地)、县(市、区)档案部门采取集中培训、以会代训等多种方式举办持证上岗、重点档案抢救、农村税费改革档案管理等业务培训班,共培训 5395 人。

全省档案部门继续通过期刊、报纸、电视、互联网、简报、标语等各种渠道和方式开展档案宣传工作,利用"12·4"全国法制宣传日进行档案法制宣传。黔西南州将每年 9 月定为档案法制宣传月,组织了《档案法》知识竞赛。安龙县电视台"招堤夜话"栏目长期宣传档案法规。《贵州档案》增大了档案法规及规范性文件的刊发量,每期辟有中共十六大精神宣传专栏,结合农村税费改革档案、电子文档管理等档案工作热点问题进行重点宣传报道。

四、档案学研究

2003 年,全省档案工作者主要围绕创新档案工作服务机制、电子文档管理等档案工作热点问题开展学术研究,共在省内外报刊上公开发表档案学术论文近 100 篇。

7 月 10～11 日,贵州省档案学会第五次会员代表大会暨档案学术研讨会在贵阳召开,选举产生新一届学会理事会,讨论通过了《学会章程》修订案和《贵州省档案学会 2003～2008 年学术研究计划要点》;收到参会论文 79 篇,提会交流 38 篇,会上宣读 12 篇。

(周端敏)

云 南 省

在云南省委、省政府的领导下,在国家档案局的指导下,继续贯彻"依法治档、科技兴档、强化服务、发挥效益"的工作思路,2003 年全省档案工作取得了新的成绩,档案事业的发展迈上了一个新的台阶。

一、建设档案干部队伍

一是进行机构和人事制度改革。2003 年,云南省档案局馆及部分地县档案局馆进行了机构和人事制度改革,不少地县档案行政管理机构由二级局升格为一级局,增加了内设机构和人员编制,并实行竞争上岗和双向选择。2003 年,全省有 96 名档案专业技术人员通过国家及省级各项考试,经过各级评委会严格考查和考核,被评聘为馆员、副研究馆员和研究馆员。二是加大干部培训力度。2003 年,全省各地州举办了电子公文管理、现行公开文件利用等培训班;省档案局馆举办各类培训班十余期,参训人员 1 千余人;组织全省各地一百多名档案干部外出参观考察和学习;云南省档案局和省人事厅联合开展了全省档案专兼职干部岗位资格考试;云南省档案局与云南省委党校合作,举办档案专业大专、本科学历教育,招收大专、本科学员 196 人。三是采取有力措施,转变工作作风。在全省档案部门开展了创建学习型、创新型、服务型机关的活动,向全省档案干部提出了"八个一"学习要求,即:每日读一份报、看一次电视、听一次新闻,一月读一本有意义的书籍,半年参加一次学术报告会、提出一条建设性意见或建议,一年学会一门新知识、撰写一篇高质量的文章。全省档案干部队伍中开展树立"八种形象"的活动,即:与时俱进,树立开拓创新形象;爱档敬业,树立乐于奉献形象;自强不息,树立"冷门热心干"形象;顾全大局,树立团结干事形象;客观公正,树立公道正派形象;艰苦朴素,树立勤俭节约形象。

二、创新档案服务机制

一是建设"两个基地",即爱国主义教育基地、国家档案资源保管利用基地。在 2003 年内全省各地共有 26 家综合档案馆挂牌成立爱国主义教育基地,举办各类展览,让馆藏珍贵档案与广大干部群众见面。云南省档案馆在爱国主义教育基地建设上有两个举措:一是为了纪念南洋华侨机工回国抗战 65 周年,推出了纪念南侨机工回国抗战 65 周年专题展览;二是以云南省档案馆馆藏档案史料为基础,编辑爱国主义教育丛书《解读清末民初的云南》和《日军侵华罪行录(云南部分)》,即将出版发行。在国家档案资源保管利用基地建设上,全省各级档案馆加大了档案接收的力度,采取多种方式做好征集工作,丰富馆藏资源,充分挖掘档案信息资源,为社会提供利用。2003年全省各级档案馆共接收档案资料267399卷(册)。征集工作在去年的基础上有新收获,云南省档案馆先后征集到云南第一个状元袁嘉谷,革命烈士王复生、王德三和省级老领导宋任穷、郑伯克、赵健民、朱奎、黄天明、袁勃的档案资料共计890多份,陈赓、宋任穷进军云南及建国初期云南外事活动的照片70张、速写作品118张;云南省档案馆在征集到的一批档案中,发现了清朝康熙年间形成的地契档案,将省档案馆的馆藏档案时限由清乾隆四年(1739年)前移到康熙四十四年(1705年),提前了34年。2003年全省各级各类综合档案馆馆藏档案资料达6044720卷(册),其中云南省档案馆馆藏档案资料661709卷(册),地、县综合档案馆馆藏档案资料4884755卷(册),各专门部门企事业单位档案馆馆藏档案资料498256卷(册)。2003年,到全省各级各类综合档案馆查阅档案的人数为71880人次,提供利用档案242117卷次,复制档案资料18037页。档案为社会各行各业提供了丰富详实的第一手资料。

建设"六个中心",即现行公开文件查阅中心、档案目录中心、档案寄存中心、档案信息中心、档案鉴定整理中心、档案抢救与保护中心。2003年全省共有102个综合档案馆成立了现行公开文件查阅中心,其它几个中心也陆续成立并开展工作。"六个中心"的成立和所开展的工作产生了良好的经济和社会效益。

三、档案馆库建设补助资金到位

2003年,云南省各级档案馆库新建、改扩建问题,被列入省政府的重要督办工作,补助资金纳入云南省政府基建计划。云南省发展和改革委员会专门下发文件,在2003年、2004年内划拨1000万元补助资金专项用于全省各级档案馆库新建、改扩建工程。2003年已下拨了对19家危旧和面积偏小的地县档案馆新建和改扩建资金300万元。目前,部分地州市县的档案馆新库房已建成并投入使用。临沧地区档案馆设计方案被评为全国档案馆设计一等奖,大理州新档案馆内部设施由财政一次投资到位,楚雄州政府一次投资600万元,新建5000平方米档案馆。

四、围绕党委、政府工作重点,做好档案业务指导工作

一是与各相关部门联合制发了一批规范性文件:《云南省农村税费改革档案管理办法》、《云南省乡镇档案工作管理办法》、《云南省城市社区档案管理暂行办法》、《云南省公证档案管理实施办法》、《云南省公证文书立卷归档办法》、《云南省破产企业档案管理暂行办法》、《云南省抗震救灾恢复重建项目档案管理暂行办法》等。二是继续做好国家和省重点建设项目档案的监督、指导和竣工档案的验收工作。2003年,先后对柴石滩水库、小龙潭煤矿、开远电厂、玉元高速公路项目档案工作进行了指导,对凤鸣村煤矿3斜井、小龙潭煤矿四期扩建、昆钢板带项目、云峰化学工业公司国债投资计改项目、云天化富润公司7.5万吨磷酸项目等工程进行了竣工档案专项验收。

五、依法治档,做好档案行政执法和宣传教育工作

2003年云南省档案系统加大了对《档案法》、《云南省档案条例》的宣传、执行力度。下发了《关于开展国有破产企业档案管理行政执法检查的通知》,对全省国有破产、改制企业档案管理行政执法检查工作进行了安排部署;2003年11月云南省档案局组织了对昭通、文山、红河、思茅、西双版纳州等5个地州,26个县的档案工作及15个省、市属破产、改制企业档案处置工作的执法检查,执法检查情况向省政府、省政府法制办进行了专题汇报;2003年,元阳县经济贸易局发生档案被盗和损毁事件、元江县档案馆发生失火事件,云南省档案局对两起事件进行了调查,提出了处理意见,并在全省档案系统内部进行了通报;贯彻落实云南省政府安全检查工作会议精神,根据《档案法》、《云南省档案条例》的规定,在全省范围内开展了档案安全及保密检查。2003年,《中国档案报》、《中国档案》、《上海档案》等杂志刊发了50余篇宣传、介绍云南省档案工作的文章。

六、加快科技兴档步伐

一是全省各地加快了档案信息化建设,昆明市档案馆、云南省公安档案馆、昭通市档案馆、丽江市档案馆、思茅地区档案馆、云南大学档案馆、省测绘档案馆等24家档案馆,已将档案信息化纳入本地、本部门信息化的总体规划,有15家综合档案馆与当地政府或党委实现了联网,全省有36家单位成立了专门负责信息化建设的职能机构或岗位。二是全省在档案局域网建设和网站建设方面取得较大进展,档案目录数字化工作快速发展。省档案馆、昆明市、楚雄州、思茅地区等17个档案馆已建立了局域网络,布置网络站点596个,配备了一批网络服务器、微型计算机、打印机、扫描仪、光盘刻录机等设备;2003年,全省档案文件级信息条目数量已经达到2685429条,案卷级737460条,全宗级1020条,归档移交的电子文件3855(盘、份),专职信息化的从业人数102人,兼职从业人数213人,昆明市档案馆信息资源量超过百万条。2003年,云南省档案局科技办评出了一批"档案工作创新奖"项目和优秀科研成果,推动了全省档案工作的发展。

七、加强学会工作

2003年,云南省各级档案学会,坚持"科学、文明"的宗旨,积极开展档案学术研讨活动,出版了《春天里的兰台》等一批学术研讨成果,对一批档案学术论文进

行了评比奖励；参加了云南省委宣传部、省社科联组织的云南省第二届社会科学普及周活动，上街宣传档案工作，共展出8块展板，向社会各界发放宣传材料5000余份，接待咨询100多人次。 （张玲）

西藏自治区

2003年在自治区党委、政府的正确领导下，在国家档案局的指导下，全区各级档案部门解放思想，开拓进取，扎实工作，各项业务建设都取得了明显成效。

一、以“三个代表”重要思想统领档案工作全局

按照自治区党委的统一部署，各级档案部门组织广大档案工作者，深入开展了学习贯彻党的十六大精神和“三个代表”重要思想的新高潮。在学习过程中，各级档案部门坚持理论中心组集中学习，聘请讲师团的同志进行辅导讲座，举办十六大知识竞赛、组织讨论等适合各自实际的各种形式开展学习活动；选派部分人员参加了自治区党校等有关部门组织的十六大精神短训班，取得了一定的效果。

面对突出如其来的“非典”疫情的严峻考验，各级档案部门根据国家档案局和全国防治非典型性肺炎指挥部办公室联合下发的通知精神，积极组织力量，把防治非典型性肺炎工作的文件材料的收集归档作为一项重要工作加以认真实施，保证了这批档案的完整、系统。为实现全区“拒非典于区门之外”的目标发挥了应有的作用。

根据人事部和国家档案局《关于认真做好全国档案系统先进集体和先进工作者评选工作的通知》和国家档案局中央档案馆《关于评选全国档案工作优秀集体和优秀档案工作者的通知》精神，各级档案局、馆与各级人事部门积极配合，认真做好全国档案工作先进集体、先进个人和优秀集体、优秀工作者的评选工作。

二、坚持围绕全区中心工作推进档案工作

一年来，各级档案部门严格按照年初制订的各项档案工作任务，推进了档案宏观管理水平的提高。

档案的宏观管理工作方面，重点抓了各级档案馆(室)的目标管理考评工作。日喀则地区档案馆在地委、行署的重视下，在对口援藏省市的支持下，经过全馆同志的共同努力，率先达到了自治区一级档案馆的标准。其它地、市档案行政管理部门也根据本地、市各级档案馆(室)的工作发展情况，开展了目标管理考评活动。阿里地区档案馆在完成新馆建设后，着手开始了申请达标的准备工作，地委领导同志多次到档案馆指导工作，有力地促进了这项工作。日喀则、昌都等地区档案局组织力量，赴各县和地直单位档案部门，对基层档案工作情况进行了调研，加强了对档案工作的督促、检查和指导，并通报了检查结果。

各级档案行政管理部门抓住一切有利时机，开展了多种形式的档案宣传活动。日喀则、山南、林芝等地档案局，利用地区广播、电视、报纸等新闻媒体，积极宣传了《档案法》、《档案法实施办法》等法律法规。阿里地区档案馆组织以“档案连着你和我”为主题的大型宣传活动，引起了社会各界的广泛关注。地区领导亲临宣传现场指导工作并讲话；地区电视台等新闻媒体对该宣传活动进行了专题报道。自治区档案馆、日喀则地区档案馆等部门，继续利用馆藏档案陈列室这一阵地，向社会进行了广泛的宣传，接待了国内外大量参观者。

三、加强和改进档案部门的自身建设

加强档案干部队伍培训工作。各级档案行政管理部门除了积极支持档案人员报考各类大专院校外，还根据本地实际，举办了各种类型的档案业务培训班。自治区档案局根据全区各级档案部门以及各级党政部门建立信息高速公路，计算机设备日益普及、完善的趋势，举办了一期档案软件培训班，邀请天津津科公司的专家讲授了档案软件的使用和操作技术。日喀则、昌都两地档案部门，各举办了两期档案人员培训班，对档案工作人员进行了轮训。林芝地区档案局在人少事多，新馆建设工作繁忙的情况下，仍抽调力量，举办了首届档案人员培训班。这些培训工作，都在一定程度上促进了全区档案人员业务素质的提高，为更好地做好今后工作奠定了一定的基础。

档案安全工作得到进一步保障。各级档案部门始终紧绷档案安全这根弦，强化档案部门内部的安全管理制度，取得了较好的成效。自治区档案局根据国家档案局的通知精神，专门下发了《关于进一步加强档案安全工作的通知》，拉萨、山南等地、市档案局及时转发了这一通知，并就档案安全工作做了认真的安排。拉萨市档案局、馆等连续被评为社会治安综合治理先进单位。

各级档案部门的基础设施建设普遍有所加强。林芝地区档案馆新馆工程在地委、行署的关心、重视下，在对口援藏省份的大力支持下，已经正式破土动工。自治区档案馆主楼线路改造和办公区局部改造工程也已部分完成。日喀则地区档案馆等在对口援藏省、市的支持下，配备了大量计算机等技术设备。

四、积极主动地提供利用服务

各级档案部门紧紧围绕全区全面建设小康社会和维护稳定的大局，充分发挥档案信息资源的优势，积极主动地开展了各种形式的提供利用服务。先后接待社会各界利用档案22259人次，提供各类档案102357卷(件、册)。 （依苏）

陕 西 省

2003年,在陕西省委、省政府的领导下,在国家档案局的指导下,陕西省各级档案部门围绕党委、政府的中心工作,圆满完成了各级党委、政府下达的工作任务。

一、创新机制,发挥优势,档案服务取得新突破

2003年全省各级档案部门紧紧围绕西部大开发和全面建设小康社会的奋斗目标,按照省档案局确定的"一个主题、两大建设、三项创新、四化目标、五个突破、六个坚持"的工作思路,在服务的观念、方式、机制等方面进行了大胆创新,取得了显著成绩。一是全省普遍开展了"优质服务年"活动,改善服务条件,拓宽服务渠道,创建文明窗口,服务质量和效率明显提高。二是适应广大民众百姓日益增长的利用需求,各地普遍建立了现行文件阅览中心。截止年底,全省90%的县(区)建立了现行文件服务机构,利用各类现行文件约2万余件(册),极大地便利了百姓的生产生活,密切了党和政府与民众百姓的联系。三是深度开发档案信息资源,为党委、政府的宏观决策提供参考。陕西省、西安市、安康市档案馆等编辑的《资政参考》、《往者可鉴——民国陕西霍乱疫情与防治》、《安康水资源及历史洪灾概况》等专题史料,准确地反映了历史上相关事件的状况及经验教训,及时为各级党委、政府工作部署和科学决策提供了大量有较高价值的档案信息和决策依据,受到党委、政府有关领导和部门的充分肯定。四是"防非"档案工作成绩显著。省档案局及时和省非典办联合转发了《全国防治非典型肺炎指挥部办公室、国家档案局关于做好防治非典型肺炎工作文件材料收集归档工作的通知》,编写了《陕西境内传染病发生及防治情况回顾》。西安市局召开了"非典"档案收集归档会议,就"非典"档案的整理、移交、利用等提出了具体要求。省档案局、宝鸡市档案局联合当地非典办分别检查了西安市非典办、西安市第七医院、西安交通大学第一医院、省疾病预防控制中心、省教育厅、金台区非典办等20家单位"防非"档案工作,确保了陕西省抗击"非典"工作中形成的不同门类、各种载体的档案资料收集齐全、整理规范、保管科学。五是全省普遍重视爱国主义教育基地建设,拓展档案馆的社会教育功能。通过举办展览、发布档案信息、加强新闻宣传报道、编辑出版刊物、组织参观讨论、提供档案接待利用等方式,向社会提供了大量档案信息,为建设先进文化,弘扬和培育民族精神作出了贡献。为纪念毛泽东同志诞辰110周年,陕西省档案局与省委宣传部、党史研究室、延安市委联合举办了《纪念毛泽东同志诞辰110周年图片展》,展出珍贵档案、资料、照片、手迹等400多件,受教育的百姓2万余人。杨凌示范区利用照片、档案举办了"一路高歌,一路征程"大型图片展,展示了示范区的发展历程和科技成果。

二、信息化建设取得新进展,档案管理现代化水平不断提高

2003年,陕西省各地各部门坚持以信息化建设带动档案业务建设、带动档案管理水平的提高,走出了以数据库建设为重点的信息化建设新路子,信息化建设取得了可喜成绩。省档案馆组织制作完成了"兰台之星"档案著录及档案信息资源系统应用软件,已完成第二个测试版,2004年可望投入使用。省档案馆完成了案卷级目录数据库及部分文件级目录的计算机检索,共录入目录数据446685个条目。市、县档案馆共录入3510923个条目,其中西安市档案馆建立目录数据130余万条。西安、咸阳、宝鸡、汉中、延安、渭南、延川、合阳等15个市县档案馆基本建立了局域网,其中延安市已有6个县区档案馆建成局域网。全省107个区县档案馆中已有69家馆配备了计算机。其中西安、延安、宝鸡各县区已全部配备了计算机。陕西档案信息网站至今点击人数已超万人。西安、铜川、汉中、莲湖区、碑林区等7个市县区在政府网站上建立了档案信息网页。省级机关单位档案室基本都配备了计算机,有12家单位已将档案工作纳入局域网之中,有5家单位在局域网中建立了档案工作网页。省水利、教育、电力、计划等单位已将案卷级、文件级目录输入计算机。省国土资源、测绘、高速公路集团公司等单位在建立两级目录数据库的同时,全文数据储存了部分重要档案资料。全省档案信息化建设成果已经发挥出明显的社会效益。

三、坚持依法治档,档案法制建设取得显著成效

2003年,陕西各级档案部门认真贯彻实施《档案法》、《陕西省档案管理条例》,在档案立法、法制宣传、执法队伍建设、执法检查等方面都取得了稳步进展。省档案局制定的《陕西省各类档案馆管理办法》于2003年7月以政府规章的形式颁布实施,与省计委联合下发了《关于加强全省重点建设项目(工程)档案工作的意见》。西安等5市分别下发了《西安市开发区档案管理办法》、《宝鸡市关于在城市社区建立档案工作的意见》、《延安市档案行政执法实施办法》、《安康市非公有制企业档案管理办法》、《渭南市档案注册登记办法》等比较具体和便于操作的法规性文件,产生了良好的社会反响。各地加大依法监督检查力度,西安、渭南、咸阳、商洛、镇巴、府谷、延川等市县相继开展了各种形式的档案执法检查,纠正查处了一批违纪违法案件,在执法实践中强化了档案法规建设。各市均开展

了执法队伍培训工作,建立了行政执法队伍。

四、狠抓落实,档案馆、机关档案工作快速发展

2003年,陕西省各级档案部门加大了档案基础业务工作的力度,突出抓了档案馆(室)建设和档案安全保管工作,重视打基础,求实效。如期召开了全省档案工作"十五"计划中期任务进展情况汇报会,重点检查督促了"十五"期间馆库建设、珍贵档案抢救、信息化建设任务的完成进度,确保"十五"计划全面落实。全省档案馆库建设进展顺利,新建工程12个,改建及收尾工程14个全部完成。积极开展珍贵档案抢救工作,全省完成抢救任务1.6万卷,其中省档案馆抢救3000卷。加大了档案的接受征集力度,据初步统计,全省省、市两级档案馆共接受各门类档案资料8万卷(册),其中接受"非典"、基建等专业档案近万卷。同时,汉中、榆林、子洲等市县抓特色档案见成效。汉中市档案局建成了全省第一家音像档案库,渭南市档案局建立了档案寄存中心。馆藏内容逐步丰富,门类进一步完善。

机关档案工作进一步加强,各系统普遍开展了立卷归档月、目标管理认定、年检等项活动,推行归档文件整理新规则,加强了机关档案业务协作组的工作。省档案局在原年检试行办法的基础上,新修订了《陕西省省级机关单位立卷归档年检办法》。文书立卷改革在全省机关全面展开,70%以上的省级机关及咸阳、安康、渭南、西安等市已全面推行新标准。安康、铜川、府谷等市县把年检工作与执法检查结合起来,有力地推动了机关档案工作。

五、加强指导,经济科技档案工作稳步推进

农业和农村档案工作全面展开。陕西省各地紧紧围绕农村奔小康和农业产业结构调整,继续抓了土地延包、税费改革、小城镇建设等方面的档案工作。铜川市档案局编辑出版了《铜川市农业农村档案工作法规与实例选编》,召开了全市农业农村档案工作现场会;咸阳市档案局选择三原县为农村档案工作试点县,全面推广村级联合档案室的先进做法;延安市档案局以完善和提高乡镇级综合档案室为工作重点,到年底已有90%以的乡镇建起了综合档案室,年内有15家乡镇档案室通过了等级认定。

社区档案工作开始起步。陕西省各级档案部门认真贯彻王刚同志关于做好社区档案工作的重要批示精神,积极开展社区建档工作。各地积极与民政等有关部门联系,深入社区调查研究,摸清现状、抓好试点、树立典型、推广经验。西安、宝鸡市局及时制定了社区档案管理办法,安排试点单位,并和民政部门共同召开了社区档案工作会议,推进了社区建档工作进程,社区建档工作走到了全省前列。全省涌现出西安市安仁坊社区、金华社区、润天花园社区、宝鸡市金台区供电局社区等一批社区建档示范典型。

企业和重点工程项目档案工作稳步发展。陕西省各地档案部门围绕当地建经济建设,加强与项目主管部门、建设单位的联系,积极开展业务咨询、分类指导、目标管理认定、技术服务等工作。重点加强了公路、机场、水利、交通、退耕还林还草等建设工程档案工作。西安市开展了开发区、非公有制经济组织档案管理工作。安康市、咸阳市制定了重点建设项目档案管理办法并注重抓好落实。宝鸡市对50个重点工程项目档案进行检查指导,明确了项目档案的完整、准确、系统。全年完成了西安供电局、西安至阎良高速公路、西安绕城高速公路、象山矿井工程等近20个单位和项目的业务指导及验收工作。

六、档案科研、人事教育、宣传工作成效显著

2003年,陕西省档案保护科研工作继续保持全国领先地位。省档案科研所在纸张档案保护技术研究及褪色、污染、霉变照片、底片、电影胶片档案的恢复、应用研究基础上,又成功地研制出"风化褪色古代壁画、文物彩绘、建筑彩画恢复与保护"技术,通过了国家文物局组织的专家鉴定,达到了国家先进水平。同时应用这一重大科研成果完成了多项文物保护工程项目,并通过了国家和省文物局验收,受到有关领导和专家的高度评价。此外,环保型"四防"(阻燃、防霉、防火、防酸)卷盒研究已进入中试阶段。全省10项档案、文物保护科研成果和档案著录系统软件、西安市档案馆建筑设计模型参加了中央档案馆在北京举办的全国档案装具、办公设备、馆库建筑设计大型展览。

2003年,经过充分准备,精心组织,陕西省档案局(馆)机构改革已基本完成,调整合并部分处室,增设专事法规业务的机构,配齐了处级领导干部。

陕西省开展以"新知识、新技能"为主要内容的干部教育培训工作,省档案局全年举办培训10个班次,培训专兼职档案人员近400人次。各市、县也相继举办了各种类型的培训班,以不同的方式加大对档案干部的继续教育力度。

陕西省利用《陕西档案》、《陕西档案信息》、《西安档案》以及省、市、县区各级新闻媒体,大力宣传党和国家关于档案工作的方针、政策,宣传档案法律法规以及档案事业发展中的重大事项、重要举措,增强了社会档案意识。

陕西省档案工作对外交流与合作进一步扩大,档案学术研究更加活跃。各级档案部门加强地区间、部门间的合作与交流,采取走出去、请进来传经送宝等方式,对全省档案事业的发展起到了积极的推动作用。省档案局成功举办了中国西部档案工作研讨会,来自

四川等九个省、市、自治区的代表，重点研讨了西部档案服务机制创新、联合编研、科技开发推广、教育基地建设、创办《中国档案报》西部版等问题，为西部档案工作进一步理清思路、加强合作、提高水平明确了方向，得到国家档案局的充分肯定。（于永波）

甘肃省

一、档案宏观管理和业务指导进一步加强

为了推动全省档案事业的发展，更好地发挥档案工作在全省国民经济和社会发展中的重要作用，省委办公厅转发了省档案局党组《关于进一步加强全省档案工作的意见》（省委办发[2003]66号）。文件下发后，引起了各级党政部门的重视，有的制定了实施办法，有的由党政领导亲自主持召开协调会，研究解决档案工作中的重大问题。

为了贯彻落实好66号文件，省档案局领导亲自带队，深入到全省各市、州和绝大多数省直机关、企事业单位进行调研、检查和业务指导。各地也以此为契机，会同当地人大等部门，在全省2200多个机关、企事业单位进行了一次档案执法大检查，查处了一批违反《档案法》的人和事。8月下旬，国家档案局执法检查组对河西4市及所属16个企事业单位进行了执法检查，并根据《行政许可法》的原则，提出了今后全省档案法制工作的方向。

根据《甘肃省档案工作"十馆百室"示范工程实施办法》，创建全省档案工作示范单位121个，实现三年基本建成"十馆百室"示范工程的目标，在全省档案事业发展中，发挥了积极的带动辐射作用。在此基础上，评选推荐了两个全国档案工作先进集体、一名先进个人、两个全国档案工作优秀集体、三名优秀工作者，评选出99个单位和147名档案工作者为全省档案工作先进集体和先进个人，在全国和全省档案工作会上分别受到国家人事部、国家档案局和甘肃省人事厅、甘肃省档案局的表彰奖励。

针对全国及省里发生"非典"疫情和雨水较多、洪涝灾害频繁等情况，及时转发了国家档案局、全国防非典疫情办公室关于做好"防非"档案收集工作的通知和国家档案局关于做好汛期档案安全保管工作的通知，指导各地做好相关工作，保证了防治"非典"档案资料的齐全完整和馆藏档案的安全保管。

根据国家档案局制定的《会计档案管理办法》、《归档文件整理规则》，制订了《甘肃省〈归档文件整理规则〉实施办法》、《甘肃省〈会计档案管理办法〉实施细则》，举办会计档案、新规则培训班。省直机关和各市、州、地继续大力推行《归档文件整理规则》，基本做到文件材料整理归档"当年清"。

各地继续深入贯彻《企业档案管理规定》，重点抓改制破产企业档案处置工作，积极完善改制企业档案处置审批程序，主动做好调研、指导、验收等各个环节的工作，出台了《企业资产与产权变动档案处置意见》，对改制企业的档案做出妥善处置。

在重点建设项目档案工作方面，先后对祁连山集团新上水泥生产线、国家储备物资库等档案工作进行了检查指导和专项验收。林业、交通、电力等系统进一步加强了对退耕还林、高速公路、城农电网等建设项目档案工作的监督指导和检查验收。各地档案部门积极介入辖区内重点建设项目，培训档案人员，指导建档工作。

各地继续开展农业农村档案工作，不断加大服务"三农"的力度。针对农村档案工作出现的问题，采取集中培训人员、现场检查指导、完善规章制度、制发整顿文件等方法，进一步巩固提高农业农村档案工作。

二、面向社会和广大群众，档案服务机制创新工作全面展开

各地在过去工作的基础上，进一步加大了创新的力度。一是积极开展社区档案工作。省档案局制定了《甘肃省社区档案管理办法》，在11个市、州核心城区的40多个社区进行建档试点。二是建立了"甘肃省现行文件查阅服务中心"。2003年5月，省委办公厅转发了《甘肃省档案馆关于收集省直机关现行文件的实施意见》，7月30日，省档案馆现行文件查阅服务中心正式挂牌对外开放，共收集省委、省人大、省政府及省直有关部门共60多个单位的文件近万份，涉及人民群众切身利益的各个方面。现行文件中心的成立，引起了社会各界的强烈反响，引起省内外10多家新闻媒体极大关注，进行连续多次跟踪报道。截至年底，全省已有26个市、县、区档案馆建立了现行文件服务中心。文件中心的建立，拓展了各级档案馆的社会功能，对于密切党和政府与人民群众的联系，促进政务公开，增加党政领导机关和各部门工作的透明度起到了积极作用，受到社会各界的好评。三是成立了"甘肃省档案馆档案寄存服务中心"，为企业、社会团体、组织和个人代管档案，一些地县也开展了类似服务，使全省各级国家综合档案馆服务功能进一步完善。

鉴于全省档案工作服务机制创新的迅速发展和档案工作出现的良好势头，10月中旬，在酒泉召开全省档案工作服务机制创新经验交流会，总结推广先进经验，有力地推动了全省档案服务创新工作的开展。

三、档案信息化建设有了新发展

2003年，省档案局制发了《甘肃省档案信息化建设目标（2003—2005）》，并首次将计算机和档案专业软

件的配置列入全省档案工作目标管理任务之中，促进了全省档案信息化工作的开展。市、县档案馆全年新配计算机 69 台，档案专业软件 90 套，大部分市县已开始了档案目录输入工作。甘肃省档案信息网接入互联网后，日访问量达 900 多人(次)。各地还积极筹建档案信息网，天水、金昌等地档案馆档案信息网站已开通，初显其宣传甘肃、传播交流档案信息的优势。

四、档案宣传和教育工作有声有色

2003 年，全省各级档案部门进一步加大档案宣传工作力度，重新组建档案宣传工作队伍，提出了进一步加强档案宣传工作的意见。省档案局召开省内各大新闻单位档案宣传工作座谈会，提出了与新闻媒体共同做好档案宣传工作的建议。与此同时，省档案局结合档案工作服务机制创新，先后两次举行有驻兰各大新闻单位参加的新闻发布会。2003 年，新华社、甘肃日报、甘肃电视台等 10 余家中央及省市新闻媒体刊发宣传档案和档案工作的专版 5 个、档案信息 70 余篇(条)。各级档案部门通过广播、电视、报纸、杂志等新闻媒体宣传档案和档案工作达 220 余次。不少地方还积极参与“全国法制宣传日”等活动，在城市街头、农村集市悬挂横幅标语，设立咨询点，散发档案宣传材料。

2003 年，全省档案专业继续教育基地在省档案局挂牌，各级档案部门和省直专业主管部门继续大抓干部教育工作，举办岗位资格、继续教育、计算机应用、新规则实施、会计档案管理、社区建档等各种短训班 115 期，培训档案干部 6200 余人次。

五、档案资源建设和开发利用工作有了新发展

全省各级国家综合档案馆共接收档案 194078 卷(册)。同时，各地档案部门根据当地实际，积极主动地开展征集工作，各地还认真贯彻落实《甘肃省重大活动(事件)声像档案管理办法》，积极参与本地重要会议和重大活动，现场收集、拍摄档案资料。如张掖地震、兰洽会、庆阳香包节、西交会、武威天马旅游节、全国乡洽会、临夏民族风情旅游观光节、天水伏羲文化旅游节、省农民运动会以及各地党代会、人代会等，档案部门都全程介入，现场收集、拍摄了一大批文字声像资料。各级档案部门还大力收集珍贵档案、名人档案和地方特色档案等。在档案资源开发利用方面，全省各级国家综合档案馆共出编研成果 171 种；省直 16 个协作组的 176 个成员单位接待查档人员 19000 多人次，提供档案资料 48000 多卷(册)；各级各类档案馆接待查档人员 45800 多人次，提供档案资料 158000 多卷(册)。省档案馆于 9 月 18 日在《兰州晚报》上公布了当年日军轰炸兰州的历史档案；在纪念毛泽东诞辰 110 周年之际，向《兰州晚报》提供了有关资料；为宣传全省地方名胜，与《兰州晨报》配合，举办了黄河铁桥档案专版等；出版了《天下黄河第一桥》等档案文献。

六、以省档案馆新馆建设为重点的基础设施建设进一步加强

2003 年，14000 平方米的省档案馆新馆和 7000 平方米的兰州市档案馆新馆基本完工，并即将投入使用。白银、平凉、酒泉、天水等市和一些县区多方争取资金，修建、修缮档案馆舍，更新完善档案安全保管设施，改善办公条件，绿化美化环境；一些市、县档案馆多方筹措资金、安装密集架等，改善保管条件。各地始终把馆库安全放在第一位，积极采取措施，不断增强防汛、防火、防盗能力，加强档案安全保管工作，保证了馆藏档案及馆库的绝对安全。 (李安)

青海省

2003 年，青海省以“三个代表”重要思想为指导，认真贯彻党的十六大精神，紧紧围绕全省经济建设和社会发展大局，坚持为社会各界和人民群众服务的宗旨，结合实际开展了大量富有创新意义的工作，全省档案事业有了很大发展。

一、加大档案事业宣传力度，增强社会档案意识，提高档案工作的社会地位

全省档案工作者不断解放思想，积极争取新闻媒体支持，举办各种档案展览，开展有效的档案宣传活动，努力使档案事业走向开放，走向社会，让社会各界人士认识档案事业，了解档案工作，取得了良好效果。利用省档案馆新馆开馆的机会，举办以“发展中的青海档案事业”为主题的展览，全面回顾了青海档案事业发展的艰苦历程，展示了档案工作的重要作用。省委、省人大、省政府、省政协和省直机关单位许多领导、部分地方党政领导以及各界群众 5000 多人次参观了展览，人们对档案的价值和档案工作的性质、任务、作用等有了新的认识，档案事业的社会地位有了很大提高。各级档案部门都开展了形式各异、内容丰富的档案宣传活动，大大增强了社会档案意识。各级党政领导对档案工作的性质、意义和重要性的认识普遍提高。随着档案意识的增强，各级党政领导对档案工作的领导也有所加强，各地区逐步将档案工作列入本地区国民经济和社会发展计划及工作目标责任制，海西州、果洛州、海南州政府将档案工作列入了年度考核范围，许多县将档案工作列入了县委、县政府年度工作目标或精神文明建设目标考核范围，大大促进了基层档案工作的发展。

二、加强档案法制建设，努力把档案工作纳入法制化轨道

全省各级档案部门在加大档案法规宣传力度的同

时，积极争取人大、政府法制办以及有关部门的配合，大力开展《档案法》和《青海省实施〈中华人民共和国档案法〉办法》执法检查，严肃查处档案违法案件，取得了显著效果，依法治档力度进一步加大，各地贯彻档案法的意识普遍增强。许多县的执法检查力度较往年大大增强，尖扎、泽库、天峻等县档案局会同县政府法制办、县委办公室和县政府办公室进行了执法检查；湟源县档案局与县司法局、政府法制办组成联合检查组，检查了各乡镇和县直机关共80多个单位；湟中、湟源县人大组织听取了关于《档案法》和《青海省实施〈中华人民共和国档案法〉办法》执行情况的汇报。循化县档案局不仅与县委办、县政府办和有关媒体联合进行了一次执法大检查，而且对各单位执行《档案法》的情况进行了两次通报，对不执行《档案法》的单位在电视上进行了曝光，并提出了限期整改要求。天峻县档案局在执法检查中对10个县直机关发出了限期整改的通知书，引起了机关领导对档案工作的重视。

三、全面推行目标责任制，加快档案目标管理工作步伐，促进档案业务建设和基础设施建设迈上新台阶

2003年，青海在全省各级档案部门继续推行目标责任制，省与州地市、省与各机关、州地市与县区市都层层签定档案工作目标责任书，年底进行考核评比，充分调动了广大档案工作者的积极性，有效地促进了全省档案工作。在目标责任制的推动下，各级档案部门继续开展档案工作目标管理活动，重视和加强自身馆藏资料的整理归档工作和基础设施建设，进一步加大未整理档案的清理和整理工作力度，档案案卷的数量和质量都好于往年。同时各级档案行政管理部门加强档案业务指导工作，积极促进各级机关档案室的基础业务建设，认真实施“十馆百室”工程，使档案工作领域迅速拓展，档案工作的水平进一步提高。2003年全省乡镇档案室实现目标管理34个，完成任务的121%；乡镇建档19个，完成任务的105%；村极建档475个，完成任务的215%；机关档案室实现目标管理122个，完成任务的131%；建成“十馆百室”示范档案馆室43个，完成任务的148%。各级档案局加强重点工程项目的档案工作，认真指导，严格验收，保证了项目档案工作健康发展。省档案局对西平高速公路、李家峡水电厂、特莱生产基地、明胶生产线和省级公路等11个重点建设项目进行了档案资料的单项验收。各级档案部门按照新的《归档文件整理规则》，认真开展业务建设，对机关单位的档案整理进行了具体指导，使部分机关档案室通过目标管理考核验收，达到了省三级以上目标管理标准。在基础设施建设方面，投资力度继续加大，效果比较明显。国家投资1150万元的省档案馆新馆顺利开馆并正式投入使用，省直许多单位和部分州、地、市、县档案局、馆在当地党委、政府的支持下也增添了一些现代化管理设备，馆库建设也逐步列入当地基本建设计划之中，省档案局申请的全省州、县档案馆馆库更新改造项目已由省计划委员会上报国家发改委。各地、各部门对档案工作的支持力度进一步加大。突出表现在对硬件设施的投入上。如海西州2003年档案事业基础设施建设总投资达180万元，海北州门源县在县财政十分困难的情况下给县档案局馆的投资达到25万元，实现了向省一级档案馆的跨越；湟中县甘河滩镇在加大投入，建好乡档案室的同时，还筹集一定的财力，给各村配备了一套铁皮柜，用来保管各村的档案；西宁市工商局、湟中县安全局、湟源县法院、海东地区法院、平安县地税务局等，都对档案工作给予了很大的投入，有的一次性投入就达到几十万，有的累计达百万以上，使档案馆室的基础设施和工作条件有了较大的改善。

四、创新服务机制，大力开发档案资源

2003年，各地档案部门根据《档案法》精神和经济社会发展形势，准确把握当地重点工作和中心工作，努力研究档案事业服务社会、服务群众的新途径、新方法，不断加大档案信息资源的开发力度，并依法开放应开放的各种档案，积极为领导决策、为有关方面进行工作查考和编史修志、学术研究，为社会各界人士了解党和政府的方针政策，维护自己的合法权益提供了依据。省档案馆现行文件查阅服务中心于11月28日成立并对外开放，接待查阅现行文件档案的人员160人次，查阅文件、档案671卷，资料386册。全省各州地市县已建成22个现行文件查阅服务中心，也接待了大量查阅人员，提供了查阅服务。各级档案局（馆、室）根据自己的实际，积极开展编研工作，进一步挖掘了档案自身的优势，增强了服务功能，受到党政领导和社会各界人士的好评。

各级档案部门积极开展创建爱国主义教育基地工作，普遍举办了1～2次展览，较好地发挥了教育功能。

五、以提高综合素质为基本要求，干部队伍建设取得新成绩

为了适应档案事业发展要求，各级档案部门高度重视干部队伍的建设，采取了有效措施，通过各种形式加强了对干部的政治理论教育和专业知识培养，使干部队伍的综合素质进一步提高。特别是各级档案部门十分重视培训工作，积极选派人员参加各种培训班。2003年参加省内培训的有323人次，参加省外培训的有189人次，到国外进行档案工作考察的13名，干部职工的专业水平和业务工作能力进一步提高。省档案局与中国人民大学档案学院联合举办的档案专业研究生课程进修班圆满完成教学任务，56名档案职工取得

相应的结业证书。全省档案专业职称评审工作有了新举措，评审条件更加符合本省档案工作实际，有23人获得初、中级职称，高级职称评审委托邻近省高评委代评，推荐的4名申报者已通过评审获得副高职称。

（刘秀杰）

宁夏回族自治区

一、紧紧围绕中心，积极服务大局

2003年全区各级档案部门紧紧围绕自治区党委、政府工作中心，创新工作思路，积极服务大局，档案工作取得了可喜的成绩，得到了各级领导的肯定和社会各界的好评。4月下旬"非典"肆虐全国，疫情正紧时，自治区档案馆依托馆藏，组织力量，查阅研究宁夏历史上有关防治瘟疫的档案资料，及时编写了《宁夏历史上的防疫工作》呈送自治区党委、政府主要领导，供决策参考。编辑《宁夏历史上的防疫工作》开了个好头，使局馆干部职工受到了极大鼓舞。为保证防治"非典"工作中形成的文件材料收集、归档的完整、齐全，自治区档案局与自治区防治"非典"指挥部联合下发了《关于认真做好防治非典型性肺炎文件材料收集归档工作的通知》，对收集归档工作及时做出安排部署，区档案局还派人到各有关部门指导收集整理工作。银川市、石嘴山市、固原市和中卫、中宁、平罗、永宁、灵武、吴忠、利通等县（市、区）档案局馆积极行动，及时收集、整理、归档。

为了配合全区乡镇区划调整工作，自治区档案局与民政厅及时联合制发了《关于在撤乡并镇工作中加强档案管理工作的通知》，对撤乡并镇中的档案管理工作做出了部署，提出了要求，进一步明确了区划调整中档案的归属与流向。平罗、中卫、贺兰、盐池、银川市兴庆、金凤、吴忠市利通、固原市原州等县（区）档案局，按照自治区档案局的通知要求，根据本县（区）的实际，分别以党委办、政府办的名义下发了做好行政区划调整中档案管理工作的《意见》或《通知》，成立了以主管领导为组长的工作小组，局馆同志深入各乡镇督促指导档案整理和移交工作，确保了乡镇档案资料的合理归属和齐全完整。

为了配合全区草原承包工作的顺利开展和草原承包后各项工作的正常进行，自治区档案局与农牧厅联合制发了《关于认真做好草原承包文件材料收集归档工作的通知》，部署了草原承包中的档案工作，加强了对应归档文件材料的有效监管。隆德县档案局会同林业局等专业部门认真研究，积极探索退耕还林（草）工作中的档案管理工作，对有关部门、乡镇和行政村在退耕还林（草）工作中形成的有关表册、合同、规划等材料提出了归档、整理办法，并派人指导工作，取得很好的效果。

建立现行文件利用服务中心，是档案工作服务群众的好形式。继自治区档案馆和青铜峡市、平罗县档案馆建立现行文件利用服务中心之后，2003年，吴忠市、固原市、灵武市、银川市、金凤区等局馆结合本地实际，因地制宜，先后建立起了多种形式的现行文件利用服务中心；全面收集涉及群众切身利益的现行文件，是办好现行文件利用服务中心，保证其有效运转和产生良好的社会效益的重要环节。为此，灵武市以市委办、政府办名义下发了《关于收集现行文件的通知》，规定了报送现行文件的形式和时间。平罗县加大了对劳动、人事、民政、税收、城市建设、土地等方面规范性文件的收集力度。

二、加强档案基础业务建设

档案信息化建设是当前档案部门一项重要而紧迫的任务，各级档案局馆和区直机关做了积极的努力，加强档案信息化基础建设。自治区档案局进一步修订了《全区档案信息化建设规划》，出台了《宁夏回族自治区档案馆信息化建设规划》及《实施意见》。自治区党委办公厅、政府办公厅、交通厅、科技厅、审计厅、自治区建行、宁夏电力公司等单位通过开展电子政务建设，实现了档案管理与办公自动化一体的新格局。银川市档案局制订了《银川市综合档案馆（室）机读目录数据库结构与交换格式》（试行）、《银川市电子文件归档与电子档案管理暂行规定》等业务规范，加快了档案信息数据库的建设。其他市、县（市、区）档案局馆也加快了目录数据库的建立工作。年内，全区各级档案馆共录入目录数据53万多条。平罗县档案局馆开通了平罗档案信息网站，在档案信息化建设方面迈出了可喜的一步。文书立卷改革是保证档案信息化建设顺利进行的一项基础性工作。一年来，全区各级档案部门认真落实《归档文件整理规则》和《宁夏回族自治区归档文件整理规则实施细则》，使文书立卷改革工作取得了较大进展，为档案信息化建设创造了条件。

重大活动档案资料，是档案馆馆藏的重要内容。2003年，自治区政府下发了《关于同意自治区档案局参与重大活动声像档案收集工作的批复》，为自治区档案局馆开展重大活动档案资料的收集工作提供了依据。借此东风，自治区档案局馆派人参与党和国家领导人来宁视察、自治区人代会、政协会议、第七届全国少数民族传统体育运动会、"心连心"艺术团来宁慰问、闽宁两省区政府联席会议等重大活动，拍摄照片资料近3000张。同心县档案局馆协助中央电视台国际频道，摄制了"走遍中国·同心的光荣史和回族风情"专辑。陶乐县收集了"第一届国际马兰花节暨绿色产品交易会”文件材料。其他市、县(市、区)档案局馆也积极参与当地党委、政府举办的重大活动,收集了一批具有长久保存价值的文件及照片、声像制品。通过参与活动,直接收集档案资料,丰富了各级档案馆馆藏,为党和国家保存了重要的档案资料。

档案的完整、安全保管和提供利用是档案工作的中心任务和目的。一年来,全区各级档案馆和机关档案室在保管利用方面做了大量工作。截止年底,全区各级档案馆通过文件中心、馆内接待、函电代查等多种形式累计提供档案资料35042卷(册),为8852人(次)提供了有效服务。同心县将提供利用服务工作延伸到了双休日。兴庆区档案馆利用馆藏婚姻档案服务百姓,受到了群众的好评。区直机关、企事业单位档案室整理保存了大量档案资料,为本部门、本单位各项工作的开展,提供了无可替代的档案服务工作。自治区档案馆充分发掘馆藏,撰写了大量史料性文章,有些文章被有关报刊多次转载,引起了强烈的社会反响。自治区政府办公厅正在多方协调,积极筹办“自治区政府历史陈列室”。各市、县(市、区)档案部门也积极开发馆藏档案信息资源,为全面建设小康社会提供档案服务。

三、拓宽工作领域,加强监督指导

积极探索非公有制经济组织档案工作机制。自治区档案局与自治区经贸委、工商局联合制发了《私营企业档案管理暂行办法》后,一些市、县(市、区)档案局依据《暂行办法》积极开展工作。中卫县档案局指导26家民营企业建档。大武口区档案局与有关部门联合,利用有关档案资料编制了工业园区区情介绍和招商引资项目册,配合了工业园区建设和招商引资项目的落实,并对非公有制企业的建档和档案管理进行了检查。通过开展这些工作,促进了非公有制经济组织档案工作的科学化、规范化管理。

开展了重点建设项目档案管理的监督指导工作。自治区档案局参加了青铜峡铝业集团股份有限公司三期工程、全区农村电网改造二期工程项目的验收,确保了项目档案的完整、系统和安全保管。利通区档案局与发展计划局联合制定了《利通区重点建设项目档案管理规定》,并对已完成的11项重点项目进行了档案管理抽查,发出《档案管理监督建议书》,进一步强化了重点建设项目档案的监督、指导工作。

各级档案部门在积极开展农业农村档案工作中,根据新形势下农业农村工作的新特点,积极探索,不断拓宽农业农村档案工作新领域。自治区档案局对农村合作经济组织建档及档案管理工作进行了积极探索。隆德县档案局对农业产业化经营档案的管理加强了指导,指导有关部门建立了关于农村富余劳动力的档案资料,对外出务工人员实行动态管理,为县委、县政府决策提供了依据。银川市档案局制发了有关农业科技档案建档工作的标准,规范了全市农业科技建档工作。

继续加大社区档案工作力度。自治区档案局与自治区文明办、民政厅、劳动和社会保障厅联合下发了《关于加强社区档案工作的意见》,对社区建档工作提出了明确要求。银川市档案局将社区档案建设列为对各县(区、市)档案工作目标责任考核的内容,并下达了量化指标。石嘴山市、大武口区、吴忠市利通区、石嘴山市、石嘴山区、中卫县档案局等结合社区工作特点,采取“广泛收集,适度加工,注重利用”的思路和办法,指导辖区内各社区完成了建档工作。

档案工作与精神文明建设同步发展。自治区文明办、区直机关文明办将档案工作纳入了自治区级文明单位和区直机关文明单位的考核内容,并邀请自治区档案局参与考核工作。自治区交通厅、卫生厅、民政厅、监狱局、地税局、司法厅、食品药品监督局等许多区直部门和单位,实行档案工作目标责任制,将档案工作与精神文明建设同部署、同检查、同落实。石嘴山、同心、贺兰、固原市原州等十多个市、县(市、区)分别将档案工作纳入全市、县(市、区)双文明建设考核或机关、乡镇、企事业单位年度综合考核之中,有力地推动了机关精神文明建设。

四、加强档案法制工作

一年来,全区各级档案部门结合“四五”普法和本地工作实际,利用《档案法》颁布16周年、《宁夏回族自治区档案条例》实施2周年和“12·4”全国法制宣传日,采取媒体播报、上街宣传、开展现场咨询、档案进社区、举办专题讲座等多种形式,广泛开展了宣传活动,全年在《中国档案报》、《中国档案》、《宁夏日报》、《新消息报》、宁夏电视台、宁夏人民广播电台等区级以上媒体刊登反映区档案工作的稿件达80余篇。自治区党委档案工作协作组各成员单位、自治区交通厅、环保局、电力公司、人寿险公司、农发行等区直部门分别成立了由分管领导挂帅的档案工作领导小组,在领导小组的组织下,通过举办培训、召开专门会议、参加知识竞赛、对下属单位实施档案工作年度检查、考核等形式,做了大量生动活泼、行之有效的法制宣传工作。

为进一步加大贯彻执行《档案法》和《宁夏回族自治区档案条例》的力度,自治区档案局按照《宁夏档案登记办法》和《宁夏回族自治区档案人员上岗资格管理暂行办法》,在全区范围内开展了档案登记和档案人员持证上岗工作。及时清理、废止了一批不适应工作需要的档案管理审批、备案项目,进一步规范了对档案事务的管理。部分市、县(市、区)加强了与当地人大有关部门、政府法制部门的联系和协调,对辖区各单位“一法一例”的执行情况进行了检查,针对检查出的问题,要求其限期整改。银川市人大常委会专门听取了本市《档案法》执法情况汇报,有力地促进了全市的档案法制建设。通过上述工作,全区档案法制工作出现了新景象,切实解决了一些困扰档案工作正常开展的实际问题。

五、狠抓档案干部队伍建设

一年来,全区各级档案部门把"建立学习型机关,建设学习型队伍"作为首要任务,从抓干部职工的思想教育入手,通过健全和完善学习制度、制定学习计划,采取中心组成员带头学、学习园地交流学、鼓励员工加强自学等多种方式,加强政治理论学习。档案人员通过参加自治区档案局组织的全区文档人员继续教育培训、上岗培训、"以会代训"等各类培训班,既更新了知识,又提高了业务技能,许多同志取得了档案工作上岗资格,全区档案队伍的整体素质有了明显提高。

(张国栋)

新疆维吾尔自治区

一、基础建设

2003年,新疆档案事业经费582万元(不含生产建设兵团),档案库房总面积62859平方米,比去年增加8969平方米。各级各类档案馆(室)新增电子计算机设备95台(个),复印机107台,空调机67台。各级档案事业行政管理机关、各级各类档案馆和自治区区级机关及大、中型企业档案部门专业人员受过高等教育的占总人数的81%,受过档案专业高等教育的占总人数的17%。经新疆档案专业系列评委会评审,评聘档案专业技术职务的有52人,其中副研究馆员12人,馆员18人。

二、业务工作

2003年,自治区档案局进一步加大了档案工作为自治区各项工作服务的力度,取得显著成效。各级档案部门以提高档案工作服务水平和质量为目标,不断创新档案工作服务机制,积极拓展档案工作为自治区各项事业服务的深度和广度,使档案工作在服务手段、服务方式、服务范围上都有了新的突破。自治区档案馆、昌吉州、巴州、阿克苏地区档案馆,米泉市、呼图壁县、吉木萨尔县、且末县等档案馆相继建立了现行文件阅览中心,面向社会、面向公众开展公开现行文件提供利用工作,在社会上引起了很大反响。据统计,仅自治区档案馆现行文件阅览中心自7月9日开放至12月底,就有近300人查阅有关房改、离退休待遇、企业改制、下岗职工待遇、就业、劳保等方面内容的文件500余份。2004年1月4日,《人民日报》在头版刊登了《让老百姓看到红头文件》的文章,对自治区各级现行文件中心的成立给予了充分的肯定。2003年,自治区档案局结合社区建设,组织人员对社区档案工作进行调研,初步拟定了全疆社区档案管理有关规定。2003年,为确保"防非"工作文件材料的齐全完整,自治区档案局及时制定了《关于加强自治区防治非典型肺炎档案管理意见》,并对区级机关"防非"工作重点单位的有关文件材料的收集、整理、归档工作进行指导、检查。2003年7月9日,自治区档案馆利用馆藏档案建设的"自治区青少年爱国主义教育基地"正式对外开放,截止12月底,接待参观者800余人次,取得了很好的社会效益。2003年,经中国档案文献遗产工程国家咨询委员会评审,自治区档案馆选送的《吐鲁番维吾尔郡王额敏和卓及其后裔家谱》入选第二批中国档案文献遗产名录。自治区档案馆申报的《阿斯塔那墓地内外环境及文书质量研究》科研课题被列入国家档案局2003年科研项目。2003年,自治区进一步加大了执法检查力度,稳步推进档案法制建设。8月份,自治区档案局协同国家档案局对部分地区档案工作进行执法检查,并依据《新疆维吾尔自治区档案行政执法检查办法》,对乌鲁木齐铁路系统进行了档案法制检查。12月份,自治区档案局依据《新疆维吾尔自治区地、州、市档案行政管理部门的工作目标考核办法》,对全自治区14个地、州、市档案行政管理部门的工作进行了考核,从而加强了地、州、市档案行政管理部门的职能作用。2003年,共有64家机关企事业单位和12家档案馆达到了自治区一级标准,4家企业档案工作目标管理达到国家二级。2003年,全自治区各级各类档案馆和自治区区级机关及大中型企业档案部门共接收档案475497卷(件),录音、录像影片档案1476盘,照片档案44447张,底图112243张,电子档案2358盘(张)。

三、档案利用工作

2003年,全自治区各级档案部门开展了利用档案为各项事业发展的服务工作。据统计,为自治区各项工作提供利用档案235708卷(件)次、65464人次,资料21791册次、10390人次。其中,自治区各级各类档案馆提供利用档案为经济建设43698卷(件)次,工作查考96506卷(件)次,编史修志47556卷(件)次,学术研究8505卷(件)次,宣传教育4392卷(件)次,其他32051卷(件)次。

(于晓南)

武警部队

2003年武警部队档案工作,以"三个代表"重要思想和党的十六大精神为指导,以国家《档案法》、军队《档案工作条例》和武警部队《档案工作规定》为依据,在继续抓档案规范化建设的同时,全面启动档案信息化建设，提高了部队档案工作的整体水平，为圆满完成以执勤、处突为中心的各项任务提供了有力的服务保障。

一、扎实开展达标活动，规范化管理水平有所提高

2003年是武警部队开展档案工作目标管理活动的最后一年。未达标单位加大了工作力度，已达标的单位加强了成果的巩固提高。2003年武警部队先后对16个单位进行了考评验收。截止年底，全部队达标率占94.2%。其中达到一级标准的单位占75%，达到二级标准的单位占19.2%。通过开展达标活动，档案意识在部队上下有了明显增强，执行规章严格，档案管理逐步规范，档案工作人员履行职责认真，档案建设有了新的发展。

二、突出重点，档案信息化建设步伐明显加快

档案信息网络建设是"十五"期间档案工作的一项主要任务。为切实做好这项工作，一是抓了建章立制，起草制定了《档案信息网络管理暂行规定》、《电子文件归档与管理暂行办法》等规章，对档案信息网络建设的各个环节进行了规范；二是组织开发了《武警部队综合档案信息网络系统》软件，解决了科技、专业档案缺少统一档案管理软件问题；三是组织举办了武警部队档案信息网络建设培训。探索了档案信息网络建设的方法和路子，对全部队档案信息网络建设任务进行了部署。各单位认真贯彻培训精神，加快了档案信息化建设的步伐。

三、打牢基础，经常性工作任务完成比较圆满

一是及时传达贯彻国家和军队及总部、司令部党委、首长关于档案工作的指示要求，及时呈办上级、下级的有关业务文电。二是抓了"非典"期间档案材料的收集工作。为保存好这一特殊历史资料，起草下发了《关于做好"非典"防治工作中档案材料收集工作的通知》，对部队在防治"非典"过程中产生的有保存价值的档案材料，明确了收集范围，提出了具体要求，并对广东、北京、天津总队等单位进行了具体指导。三是抓了档案库房的科学管理。为建立和完善档案库房防范非典病毒和其它有害病毒传播和扩散的措施，及时转发了《国家档案局中央档案馆关于印发〈防控非典型肺炎档案库房空调通风系统使用指南〉的通知》，对档案库房人员进出、空调通风、消毒等库房管理提出了要求。四是根据国家档案局中央档案馆《关于评选全国档案工作优秀集体和优秀档案工作者的通知》精神，在武警系统开展了全国档案工作优秀集体和优秀档案工作者的评选推荐工作。同时，表彰了一批武警部队档案工作先进单位和先进档案工作者。

四、精心组织了参加全军档案珍品展览工作

为落实总参通知要求，切实做好参展工作，武警总部专门成立了参展工作领导小组，召开两次协调会部署征集任务，并向部队下发了征集档案展品的通知。武警总部首长对这项工作非常重视，亲自审查上报展品资料，作出明确指示。武警部队档案部门周密计划，制定了实施方案，对参展档案进行了加工复制。共提供文书档案108件，照片档案211张，录音、录像、光盘档案30盘，实物档案12件，圆满地完成了任务。

（武警部队司令部办公室）

(四)档案法规、标准化工作

2003年全国档案法制工作和标准化工作发展综述

一、法制工作

档案立法工作取得新进展。2003年7月28日，国家档案局公布了《电子公文归档管理暂行办法》(第6号令)。国家档案局与水利部、国务院三峡工程建设委员会办公室分别制定了《水利档案工作规定》、《海域勘界档案管理规定》。一些地方颁布了地方性档案法规和规范性文件，如黑龙江省第十届人民代表大会常务委员会第三次会议批准了《哈尔滨市档案管理条例》，北京市人民政府以第129号令发布了《北京市城市建设档案管理办法》，上海市档案局印发了《档案行政执法责任制实施办法》、《档案中介人员资质认定办法》，福建省档案局印发了《档案行政处分暂行办法》、《档案行政复议工作暂行规定》，云南省档案局印发了《农村税费改革试点档案管理办法(试行)》，并与云南省司法厅、民政厅分别印发了《公证档案管理实施办法》、《云南省城市社区档案管理暂行办法》。截至2003年底，全国共有30个省(自治区、直辖市)、8个副省级市和计划单列市的人大常委会颁布了39部综合性地方性档案法规，全国档案事业管理进一步走向法制化和规范化轨道。

档案行政执法检查继续开展。2003年是国家档案局连续第五年对中央、国家机关进行档案行政执法检查，共检查了卫生部、团中央、人民日报社、国家测绘局、中国建设银行、华夏银行等19个中央、国家机关及企事业单位，同时国家档案局对江苏、浙江、江西、湖北、海南、重庆、四川、甘肃、新疆10省区市进行了档案行政执法检查。检查表明，档案事业总体处于健康发展态势，档案工作条件不断改善，环境不断优化，档案工作在为党和国家工作大局以及为人民群众服务方面取得了很大成绩，依法治档观念逐步深入人心，依法治档的局面初步形成。各省市也在本行政区域开展了档案行政执法检查或档案安全等专项检查，并取得良好效果。

档案行政审批、行政许可项目清理工作进展顺利。按照《国务院批转关于审批制度改革工作实施意见的通知》的要求，国家档案局继续开展对档案行政审批事项的清理工作。国务院于2003年2月27日以国发[2003]5号文件发布了《国务院关于取消第二批行政审批项目的决定》，其中涉及国家档案局6项行政审批项目，国家档案局向全国档案部门予以转发。2003年国务院法制办公室在京召开了全国贯彻行政许可法会议，国务院办公厅下发了关于贯彻实施行政许可法工作安排的通知，按照国务院的统一要求和具体部署，国家档案局在清理行政审批工作基础上，组成了清理小组，负责档案行政许可的清理工作。

二、标准化工作

2003年12月1～4日，全国档案工作标准化技术委员会在北京召开了第十一次年会，对2003年各地各部门申请立项的标准项目进行了认真的审议，最后确定2003年档案工作行业标准制修订计划项目7项，对3项标准的送审稿进行了认真审查。国家档案局以会议纪要的形式将会议审查结果下发全国档案部门，同时希望各单位在申报标准立项时，要根据国家标准委和国家档案局有关标准工作的精神和思路，认真研究所申报标准项目制定的可行性，按照自己现有的研究实力申报，同时要提高申报材料的质量。对承担了标准项目研制但在规定时间内无故未完成且未向档标会秘书处及时说明情况的单位，原则上今后不予批准立项。

(李伯富)

国家档案局对部分省、自治区、直辖市和中央、国家机关进行档案行政执法检查

为贯彻落实《全国档案事业发展"十五"计划》，履行《档案法》和《档案法实施办法》赋予的职责，2003年国家档案局继续开展档案行政执法检查，分别对江苏、浙江、江西、湖北、湖南、海南、重庆、四川、甘肃、新疆10个省、自治区、直辖市和卫生部、团中央、人民日报社、国家测绘局、中国建设银行、华夏银行、国务院机关事务管理局、民建中央、中国石油化工集团公司、中国新兴(集团)总公司、中国化学工程总公司、中国船舶重

工集团公司、中国储备粮管理总公司、中国粮油食品进出口(集团)公司、东方资产公司、中国纺织科学研究院、中国记协、中国法学会、中国日报社等19个中央、国家机关及企事业单位贯彻实施《档案法》的情况进行了检查和调研。检查表明,档案事业总体处于健康发展态势,档案工作赖以开展的条件不断改善,环境不断优化,档案工作在为党和国家工作大局以及为人民群众服务方面取得了很大成绩,依法治档观念逐步深入人心,依法治档的局面初步形成。

一、主要成绩

1.法制宣传教育工作常抓不懈,成效明显。受检地区和部门普遍采取列入普法规划、举办展览、举办档案法制知识竞赛、发放宣传资料、撰写宣传文章、制作宣传文章、制作电视片、开展宣传日活动等形式开展《档案法》学习宣传活动,表现为力度大、形式多、效果好,档案法制宣传教育工作在很多地方和部门做到了报刊有文、广播有声、电视有影。这些活动一方面提高了广大干部贯彻执行《档案法》、依法办事的自觉性,提高了执法水平,另一方面扩大了《档案法》和档案工作的社会影响,公民依法利用档案的意识明显增强。

2.领导重视档案工作,列入计划问题逐步落实。大部分受检地区将档案事业列入了本地区国民经济和社会发展计划并逐步落实,档案工作得到越来越多领导的重视并列入各级政府领导和部门领导议事日程,有些地方还把档案工作作为"一把手工程"来抓,将档案事业建设体现在政府的工作报告和信息化发展纲要中。很多地方档案部门的行政、事业经费单独列入财政年度预算并呈逐年增长趋势,中央国家机关各部门领导将档案工作作为机关一项重要基础工作来抓,帮助档案部门解决档案事业发展的各种条件问题。

3.规章制度进一步完善,档案工作有法可依、有章可循。受检地区和部门为贯彻实施《档案法》及其实施办法,加强了配套规章制度建设。一是制定综合性地方档案法规,二是制定政府规章,三是档案行政管理部门制定具体的规范性文件,档案法规体系不断健全,开展工作有法可依,有章可循。

4.档案机构和人员相对稳定并有所加强。两次机构改革后,部分地方档案部门人员有所加强,内设机构增加,级别提高,档案事业行政管理和档案保管利用两种职能得到了强化。中央国家机关档案部门人员也比较稳定,有的还得到了加强。

5.经费投入进一步加大,馆舍建设进一步加强。受检地区和部门普遍加大了档案事业的投入,一些地方档案局馆的事业经费逐年增加,档案保护费列入当地财政计划。一些地区还加强了馆舍和其他基础设施设备建设,档案馆建设费投入明显增加,档案基础设施建设有了明显改善,这些保证了档案事业的可持续发展。

6.档案资源建设进一步加强,档案的完整与安全得到维护。受检地区档案部门为进一步丰富档案馆馆藏,优化馆藏档案结构,进一步重视和加强对现实性、即时性的重大活动和重大事件档案史料的征集和接收工作。一些地区积极开展珍贵档案抢救工作,维护档案安全。根据《档案法》和中央档案馆档案移交的具体安排,近期有移交任务的中央、国家机关重视并认真开展了这项工作,着手从组织、经费等方面进行落实,争取提前顺利移交。

7.积极开展服务工作,努力创新服务机制。受检地区档案部门积极开展服务工作。除了提高利用档案、举办展览、开展编研工作、建设爱国主义教育基地、开展现行文件利用服务外,一些地区还积极开展了档案寄存、咨询服务,为社区、三农、民营经济服务,为就业、学习、出国及解决纠纷等提供各种证明文明,开展档案信息网上查询等。受检的中央、国家机关档案部门在开发档案信息资源,提供服务方面也做了大量工作,如为领导决策和机关各项职能工作提供档案以及举办展览、编写专题文件汇编、提供维权凭证等。

8.档案现代化管理进一步加强,信息化建设步伐进一步加快。受检地区和部门档案信息化工作进程加快,投入增多,力量加大。数字化档案馆建设列入了一些地方国民经济和社会信息化专项规划,各级档案馆加大了档案数据库建设和档案网站建设。中央、国家机关档案数字化工作进程加快,一些部门实现了档案信息资源共享,可以进行档案的目录检索和全文检索,一些部门文书档案实现文档一体化管理,实现了公文网上审签、电子印章网上传输等。

9.积极开展国家重点建设项目档案的验收和管理工作,对国家重点建设项目档案工作的监督检查进一步加强。受检地区加强了对国家重点建设项目档案的验收、管理和监督检查工作,确保国家重要档案的完整、安全和有效利用,重点建设项目档案管理逐步规范化。档案部门与项目主管部门联合制定规范性文件,加强重点建设项目档案的管理,加强档案专项验收工作、监督检查和分类指导,坚持前期介入、全程监管、竣工验收的管理办法,推行重点项目档案管理登记制度,同时定期对专兼职档案人员进行业务培训,使档案工作与工程建设同步进行,保证了重点建设项目档案的完整与安全。

10.监督检查工作进一步加强,档案违法案件得到严肃查处。受检地区档案部门制定了行政执法责任制等一系列制度,行政执法员经过培训发放政府统一制定的行政执法证,对违反《档案法》的行为严肃查处。

档案行政管理部门经常开展档案执法检查,促进了问题的解决和工作的开展。受检的中央、国家机关也加强了对本单位本系统档案工作的自查,防患于未然,确保档案安全。

二、存在问题

1. 发展不够平稳。有些地区档案工作发展相对滞后,档案工作的地位和作用与本地区经济、文化和社会发展相比还不够适应,各地区之间和各部门之间事业发展不平衡。个别中央、国家机关和地方国家机关档案基础工作比较薄弱,还处于起步阶段。各地区和部门的档案信息化建设也显薄弱和不平衡,需要从投入、技术及制度建设等方面继续加强。

2. 经费投入不足,列入计划问题仍需进一步落实。虽然各级财政近年来不断加大对档案事业的投入,但经费紧张仍是很多地区和部门普遍存在的现象,档案事业发展受到条件性制约,有的地区档案事业发展列入国民经济和社会发展计划问题停留在纸面上,落实不够。

3. 基础设施建设存在薄弱环节,档案安全存在隐患。有的档案馆库房已严重饱和,难以接收应移交的档案;有的档案馆建筑时间较长,属危房,不符合《档案馆建筑设计规范》要求;有的档案馆不仅缺乏现代化办公设备,甚至连档案装具也严重不足。有的中央、国家机关及地方国家机关、企事业单位档案库房面积不足或保管条件达不到要求,存在安全隐患。

4. 档案行政执法主体和执法人员缺位现象仍然存在。有的档案局、馆定位为事业单位,没有行政编制,缺乏行政执法人员,也没有以地方法规或公告等形式确认档案局的行政执法主体资格,无法正常开展档案行政执法工作。

5. 人员偏少,素质有待提高。有的单位档案人员不足,特别是专职档案人员偏少,机构和人员经常调整变动,使档案工作的连续性和稳定性受到影响。有些单位思想不够解放,工作缺乏开拓性,队伍素质有待进一步提高。

三、整改措施

江苏省主要从五个方面落实整改意见。一是大力推动新一轮档案馆建设,成立全省档案馆基本建设指导委员会,形成了关于档案馆基本建设项目有关问题的意见。二是大力加强档案信息化建设,制定了档案信息化建设规划纲要和数字档案馆建设整体设计方案。三是大力加强爱国主义教育基地建设,目前有63个市县档案馆被命名为爱国主义教育基地。四是大力加强档案资源建设,召开了全省档案馆资源建设工作会议,要求做好档案的依法接收和征集工作,把档案资源建设列入各级档案馆工作考核指标。五是大力加强档案行政执法检查和法制宣传。

浙江省主要从五个方面落实整改意见。一是省委、人大、政府进一步加强了对档案工作的领导,帮助协调或解决问题。二是进一步解放思想,开拓进取,努力创新档案工作机制,提出了省档案事业发展的七个重大问题和相应举措。三是围绕中心,服务大局,不断强化档案服务功能,继续推进现行文件查阅服务中心和爱国主义教育基础建设,已有61个现行文件查阅服务中心,22家爱国主义教育基地。四是抓好社区、民企和重点档案工作,积极拓展档案工作新领域。五是加快档案馆基础设施建设,适应经济社会发展。省委省政府决定从2004年起将档案馆基础设施建设列入文明城市的考核内容,省财政从2003年到2007年每年安排500万元,专项用于对市县档案馆建设的补助。

湖北省主要从两方面落实整改意见。一是省委省政府有关领导表示要落实执法检查组意见,认真研究解决市县档案馆库建设的经费问题,进一步加大对档案事业的投入。二是一些市县也研究了加大对档案事业投入和抓好档案基础设施建设问题并纳入政府议事日程。

湖南省主要从三方面落实整改意见。一是提高认识,省档案局党组认识到湖南档案工作要有新发展,首先是局党组领导一班人思想、观念、认识要有新突破。二是向省委、人大、政府汇报国家档案局执法检查的情况和意见,省领导表示要解决档案工作中存在的问题和困难,省两办多次召开有关部门协调会议,并出台了关于进一步加强新时期档案工作的意见。三是加强专业人才建设,省档案局委托湖南师范大学举办为期半年400学时的全省档案专业人员计算机技术应用培训班。

海南省主要从五个方面落实整改意见。一是领导将整改列入议事日程,制定了整改方案,省档案局以档案行政执法监督通知书的形式责成三亚市尽快从根本上解决存在的档案安全等问题。二是馆库建设和设备设施有所改善,如三亚市委市政府为档案馆拨款4万元用以库房维修补漏,并决定从市图书馆调剂一层楼作为增加的临时档案库房,新建市档案馆大楼已纳入规划之中。三是加强基础业务建设,消除安全隐患。四是加强了规章制度建设。五是加强了行政执法检查和队伍建设。

四川省主要从两个方面落实整改意见。一是提出解决档案工作发展不平衡思路。省档案局拟于2004年对落后地区的档案工作进行复查和抽查,督促当地政府认真落实法定职责,为档案事业提供必需的事业费,同时加强落后地区档案工作人才培养。二是解决档案馆库建设问题。省政府召开常务会议专题研究档案工作，批示有关部门列入日程，并建议省对部分财力确实困难的贫困山区和少数民族县给予补助，省档案局与有关部门协商后决定2004年解决12个市县档案馆库房建设补助费150万元。

重庆市主要从三个方面落实整改意见。一是档案局将建立爱国主义教育基地的两个方案报市政府，待研究落实。二是研究解决档案馆库建设和经费投入。档案局与市计委等部门协调，准备采取由市和区（县）两级财政共同投资的办法解决，对一些地方和部门档案设施落后和事业经费严重不足的问题，一方面加强与领导的沟通和协调，另一方面准备在分配档案抢救费时给予倾斜。三是提出解决档案事业发展不平衡的具体方法，档案局组织专人对市40个区（县、市）的档案工作情况进行分类排队，采取“抓两头带中间，重点帮扶落后”的分类指导办法。

新疆维吾尔自治区主要从三方面落实整改意见。一是加强检查考核。自治区档案局于2003年12月对全区14个地、州、市档案局档案事业发展情况进行了考核，要求各地必须将档案事业列入本地区国民经济和社会发展计划，保证档案工作所必需的经费。二是加强档案基础建设。库车县、布尔津县、吐鲁番地区等制定了相应规划。三是加快现行文件中心建设和现代化建设步伐。

受检的中央、国家机关针对检查组提出的进一步改善档案安全保管条件、完善规章制度及加强信息化建设等方面的意见，研究了具体落实措施并着手进行了整改。 （李伯富）

全国档案工作标准化技术委员会第十一次年会召开

2003年12月1～4日，全国档案工作标准化技术委员会第十一次年会在北京召开。会议首先由郭树银主任委员通报国家标准委关于加大采用国际标准及国外先进标准的力度、加快标准制修订速度、强化标准的推行实施等标准化工作的有关精神及改革思路，以及国家标准委确定的2003年工作要点，即加强电子政务及信息安全标准化工作、加强国际标准和国外先进标准的采集和研究工作、加快推进标准化信息系统建设、加大宣传教育培训工作力度、扩大标准化国际交流与合作等。国家标准委对国家标准的计划工作进行了改革，把以往每年集中申报一次国标制修订项目，改为一年数次集中申报，并开始实行网上申报。国家标准委将全面清理现行国家标准，废止一批不适用的标准，优化标准结构，更好地为国民经济建设提供技术基础；在标准制定工作中将积极探索发挥市场机制的作用，动员社会各界力量广泛参与标准化活动，鼓励有条件的企业积极投资参与国家标准的制定。郭树银主任委员还向会议通报了上次年会以来档案工作的总体情况，并指出全国档案标准化工作要认真贯彻国家标准委的有关精神及改革思路。

会议对2003年各地各部门申请立项的28个标准项目进行了认真的审议，原则同意7项列入2003年档案工作行业标准制修订计划：1.《中国行政印章印鉴著录规则》，承担单位为国家档案局中央档案馆档案馆（室）业务指导司；2.《丝网加固技术规范与质量标准》，承担单位为中国第二历史档案馆；3.《电子文件元数据标准》，承担单位为国家档案局档案科学技术研究所、深圳市档案局；4.《档案有害生物污染指数及测试规范》，承担单位为国家档案局档案科学技术研究所；5.《归档电子文件信息载体保护技术规范》，承担单位为上海市档案局、南京政治学院上海分院；6.《中国档案等级划分规则》，承担单位为国家档案局中央档案馆政策法规研究司、国家档案局档案科学技术研究所；7.《档案工作标准编写的一般规定》，承担单位为国家档案局中央档案馆政策法规研究司。

会议对《档案虫霉防治一般规则》、《明清档案目录中心数据采集标准　明清档案机读目录数据交换格式》、《档案字迹材料耐久性测试法》（修订）等3项行业标准的送审稿进行了认真审查，并提出了修改意见，决定待课题组进一步修改后，由档标会秘书处组织专家再次审查。本次年会还特别邀请档标会委员、南京政治学院上海分院张正强教授就档案机读目录交换格式标准化问题作了专题学术报告。

会议对个别单位申报材料中存在的问题表示关注，希望各单位在申报标准立项时，根据国家标准委和国家档案局有关标准工作的精神和思路，认真研究所申报标准项目制定的可行性，根据自己现有的研究实力申报，同时要提高申报材料的质量。对承担了标准项目研制但在规定时间内无故未完成且未向档标会秘书处及时说明情况的单位，原则上今后不予批准立项。档标会秘书处将进一步完善标准立项和审查的工作程序，更好地履行工作职责。 （李伯富）

国家档案局中央档案馆发出《认真贯彻执行〈电子公文归档管理暂行办法〉的通知》

2003年7月29日，国家档案局中央档案馆向全国档案部门发出《认真贯彻执行〈电子公文归档管理暂行办法〉的通知》。通知指出，王刚同志的重要批示对我们做好电子公文归档管理工作具有重要指导意义。通知要求，各级档案部门认真学习领会王刚同志重要批示精神，认真贯彻执行《办法》的各项规定，督促检查电子公文形成机关切实做好电子公文归档管理工作。

《通知》从四个方面对全国各级档案部门提出了要求：第一、要把实施《电子公文归档管理暂行办法》与贯彻《全国档案信息化建设实施纲要》结合起来。以加强电子公文归档管理工作作为突破口，加快推进全国档案信息化建设。第二、要把实施《电子公文归档管理暂行办法》与全面提高档案工作水平结合起来。以加强电子公文归档管理工作带动档案信息化建设，以档案信息化带动档案管理现代化建设，进而带动档案工作整体水平的提高。第三、要把实施《电子公文归档管理暂行办法》与参与国家电子政务建设结合起来。对解决当前电子政务建设中统一标准、资源整合、安全保障等问题进行有效的探索，为国家电子政务建设贡献力量。第四、要把实施《电子公文归档管理暂行办法》与研究解决电子公文的保真、保密和保存问题结合起来。要在实践中注意摸索，并与有关技术部门携手合作，开展攻关，争取早日攻克这些难题，使电子公文和纸质公文一样得到科学保管和有效利用。（纪秀英）

水利部与国家档案局共同印发《水利档案工作规定》

为进一步加强水利档案工作，使水利系统各单位更好地贯彻落实《档案法》、《档案法实施办法》的各项规定，2003年3月14日，水利部和国家档案局共同印发了《水利档案工作规定》(以下简称《规定》)。这是国家档案局加强档案法规体系建设的重要内容，也是水利部在“十五”期间加强档案工作制度建设的具体体现。《规定》的出台体现了国家档案局与水利部对档案工作的重视，为水利系统各单位建立与开展档案工作提供了依据，也为进一步做好水利档案工作提供了基本规范。

《规定》明确了水利档案是国家档案资源的重要内容，水利档案工作是维护水利工作历史真实面貌的重要工作。《规定》强调水利档案工作实行统一领导、分级管理。即由水利部依法制定水利档案工作制度和发展规划，对水利档案工作进行监督和指导，各单位要依法建立、健全档案工作，并加强领导，把档案工作列入单位发展规划和工作计划，统筹安排档案工作所需经费，为维护档案的完整与安全创造条件，为档案的科学管理和信息资源的开发利用提供保障，保证档案工作顺利进行。

为确保水利档案工作的正常开展，《规定》明确要求省级水行政主管机关和水利部直属单位“建立专门机构或配备专职档案人员”，在做好本机关档案工作的同时，还必须加强对所属单位档案工作的监督和指导。《规定》要求水利档案在各单位保存一定时期后，应按规定向相关档案馆移交。同时，《规定》还明确了各流域机构应建立档案馆，并承担起对机关档案管理和对所属单位档案工作的监督、指导及对应进馆档案资料的收集、管理、提供利用等三个方面的职责。

《规定》明确水利科技档案要与水利科技活动进程实行同步管理。要求项目主管部门认真把好科研成果与工程“验收机关”，凡档案达不到要求的项目，不得进行鉴定或验收。《规定》要求文书或业务部门，要按时完成归档任务，同时强调任何部门或个人均不能将应归档材料据为己有，或延误归档时间。《规定》对档案部门或档案工作人员提出了明确的要求，包括人员待遇、业务素质、档案工作的宣传、制度建设、信息开发等多项内容，以确保档案安全和有效利用，实现档案管理现代化、规范化、标准化。对违反档案法规和本规定的单位和个人，上级主管部门可采取通报批评或建议有关部门对相关的责任人予以处分，对造成严重后果的应依法追究刑事责任。

（水利部办公厅档案处　李永强）

民部政与国家档案局联合印发《收养登记档案管理暂行办法》

为了加强收养登记档案的规范化管理，更好地为收养工作服务，根据《中华人民共和国档案法》、《中华人民共和国收养法》等有关法律、法规，民政部与国家档案局在充分调研的基础上制定了《收养登记档案管理暂行办法》(以下简称《办法》)，并于2003年12月17日联合印发。《办法》共十五条，对收养登记档案的定义、档案工作的管理体制、收养登记文件材料的归档范围、归档要求、整理原则以及收养登记档案的类目设置、保管期限、查借阅、保密等都作了明确规定，此《办法》的出台使收养登记档案的管理有法可依，必将进一步提高全国收养登记档案的管理水平。

（民政部档案馆　何文丽）

《天津市非国家所有档案管理规定》颁布

2003年12月15日，由天津市档案局拟制的《天津市非国家所有档案管理规定》以市政府第13号令予以公布，自2004年3月1日起施行。

为进一步贯彻落实《档案法》和《档案法实施办法》，依法加强对非国家所有档案的管理，自2000年起，天津市档案局着手进行《天津市非国家所有档案管理规定》的立法调研工作，至完成法定审批程序止，共历时3年。《天津市非国家所有档案管理规定》的出台，填补了天津市在管理非国家所有档案方面的法规空白，也成为全国第一部有关管理非国家所有档案的地方政府规章。

为使非国家所有档案的管理有法可依，有章可循，《天津市非国家所有档案管理规定》对集体所有、个人所有以及其它不属于国家所有但对国家和社会有保存价值的档案管理对象和范围、各级档案行政管理部门的监管职责、档案所有者的权利和义务、行政审批时间和程序及档案的移交做了具体规定，从根本上保障了非国家所有对国家和社会有保存价值的档案依法保管和利用。

《天津市非国家所有档案管理规定》的颁布，标志着天津市档案法制建设又上了一个新台阶。对于在社会主义市场经济条件下保障天津档案事业全面健康发展，提高全市档案工作的整体水平，更好地服务于天津市的"三步走"战略、服务于非国家所有经济的健康发展，服务于先进文化的发展，有着积极的现实意义和深远的历史意义。 （天津市档案局）

附：

天津市非国家所有档案管理规定

（2003年12月15日天津市人民政府第十二次常务会议通过）

第一条 为了加强对非国家所有档案的管理，有效地保护和利用档案，为社会主义现代化建设服务，根据有关法律、法规的规定，结合本市实际情况，制定本规定。

第二条 本规定所称的非国家所有档案是指集体所有、个人所有以及其他不属于国家所有，对国家和社会有保存价值的各种文字、图表、声像等不同形式的历史记录。

第三条 档案的所有者依法享有占有、利用档案的权利。任何公民和组织都有保护档案的义务。

国家机关工作人员依法执行公务需要查阅档案时，档案所有者应无偿提供。

第四条 市和区、县人民政府档案行政管理部门对本行政区域内档案管理依法进行监督和指导，其职责是：

（一）监督、检查档案法律、法规和规章的执行情况，依法查处档案违法行为；

（二）进行档案业务指导，组织档案业务培训；

（三）组织档案资源开发、利用，提供档案业务咨询和服务。

第五条 非国家所有的、社会组织的下列资料，应当列入档案管理的范围：

（一）单位的设立、变更、终止及清算资料；

（二）土地利用、基本建设及环境保护资料；

（三）资信评估及法律事务资料；

（四）员工聘用、保险及劳动保护资料；

（五）股权、债权、债务、合同资料；

（六）财会、物价、税务、审计、统计、技术及年检资料；

（七）经营管理、业务活动中涉及公共利益及他人合法权益的资料；

（八）其他应当列入档案管理的资料。

第六条 个人所有的下列资料，应当列入档案管理的范围：

（一）反映社会变迁、重大事件的文字、图表、声像、照片、实物资料；

（二）反映民族、民俗、宗教、名胜、古迹的文字、图表、声像、照片、实物资料；

（三）历史人物、知名人士的文稿、信札、日记、谱牒、声像、照片、实物资料；

（四）其他应当列入档案管理的资料。

第七条 本规定第五条、第六条规定列入档案管理的资料，同时是文物的，按国家有关规定管理。

第八条 非国家所有的、社会组织的档案，由其单位自行收集、整理、保管和利用。档案所有者或管理者应当建立、健全档案管理制度，采取必要的保护措施，防止档案的损毁或丢失。禁止涂改、伪造或擅自销毁档案。

个人保存的档案应当妥善保管，防止损毁或丢失。

第九条 档案所有者不具备保管档案条件的，可以向档案行政管理部门提出代为保管申请。档案行政管理部门接到申请后，应当在3日内依据本规定审结，符合条件的，2日内向申请人发出档案代为保管通知书，并通知档案馆代为保管；不符合条件的，2日内书面通知申请人并说明理由。

档案所有者保管档案条件恶劣或者其他原因被认为可能导致档案严重损毁或不安全的，档案行政管理部门有权采取代为保管等确保档案完整和安全的措施；必要时，可以收购或者征购。

档案馆代为保管档案可以依照有关规定收取费用。

第十条 档案所有者可以向市或区、县档案馆捐赠或者出卖其档案；向市或区、县档案馆以外的任何单位或者个人出卖、转让或者赠送的，应当于出卖、转让或者赠送前10日向档案行政管理部门提出申请，档案行政管理部门接到申请后,应当于5日内根据国家和社会公共利益的需要作出决定,同意的发给批准证书,不同意的书面通知申请人并说明理由。

第十一条 档案所有者有权公布其档案,但向社会公布时,应当遵守国家有关规定,不得损害国家安全和利益,不得侵犯他人合法权益。

档案馆对寄存档案的利用与公布,应当征得档案所有者的同意。

第十二条 对具有重要价值或者应当保密的档案及其复制件需要携带、运输或邮寄出境的,档案所有者应提前10日向市档案行政管理部门提出申请,档案行政管理部门应当在7日内进行审核,同意的发给批准文件,不同意的书面通知申请人并说明理由,海关凭批准文件查验放行。

第十三条 非国家所有的、社会组织的档案,因单位终止的,其档案归属依法向变更后的单位移交;没有接受者的,应当向其所在地的区、县档案馆移交。

第十四条 违反本规定,擅自出卖、转让或赠送档案的,由档案行政管理部门依照《中华人民共和国档案法》及有关法律、法规的规定实施处罚。

第十五条 违反本规定第八条第一款、第十三条规定的,由档案行政管理部门给予警告;情节严重的,可处3万元以下罚款;构成犯罪的,依法追究刑事责任。

第十六条 档案行政管理部门工作人员不依法履行职责、玩忽职守、滥用职权、徇私舞弊的,依法给予行政处分;构成犯罪的,依法追究刑事责任。

第十七条 本规定列入档案管理范围的档案,法律、法规、规章另有规定的,从其规定。

第十八条 本规定自2004年3月1日起施行。

中共沈阳市委、沈阳市政府印发档案工作重要文件

中共沈阳市委、市政府非常重视档案工作在全市两个文明建设中的重要作用。2003年,经中共沈阳市委、市政府同意,市委办公厅、市政府办公厅先后印发了《关于加强重大活动档案管理工作的意见》和《关于进一步加强全市档案工作的意见》两个档案工作的重要文件。《关于加强重大活动档案管理工作的意见》为切实加强对全市重大活动档案的监控提供了保障。该《意见》指出,重大活动档案是国家档案资源的重要组成部分,是珍贵的信息资源和历史财富。做好重大活动的档案管理工作,对于真实、永久地记录经济建设和社会发展历程,充分发挥档案在改革开放和社会主义现代化建设中的作用具有重要意义。《意见》要求各地区、各部门、各单位一定要从贯彻《中华人民共和国档案法》的高度,对重大活动档案管理工作给予充分重视,采取有力措施,积极支持档案部门做好有关工作,确保重大活动档案齐全完整,使其更好地服务于物质、政治和精神文明建设,为实现全面建设小康社会的奋斗目标贡献力量。《关于进一步加强全市档案工作的意见》从强化法制,依法管理档案事业;明确重点,加强对重要档案的监控;与时俱进,拓展档案工作的服务领域;加快步伐,大力推进档案信息化建设;满足需要,积极开发并充分利用档案信息资源;加强领导,促进档案事业的持续发展等六个方面提出了意见。

一年之内以市委、市政府两办名义连续下发两个有关档案工作的重要文件,这是沈阳市近年来所不曾有的。这两个文件涵盖了档案工作的各重要方面,是沈阳市今后开展档案工作的重要指导性文件,对促进沈阳市档案事业的发展具有重要意义。

(沈阳市档案局)

上海档案法制与档案知识竞赛举行

2003年9月26日,由上海市档案局主办的"解读档案话今昔——上海档案法制与档案知识竞赛决赛"在上海东方电视台文艺频道举行。2002年,上海市档案局在纪念《档案法》颁布15周年之际,组织全市300余支队伍、逾千人参加的上海档案法制与档案知识竞赛,经过历时一年的初赛、复赛,有7支队伍进入决赛。为了让决赛在更大范围内发挥普及档案法律知识、增强社会档案意识的作用,上海市档案局与东方电视台文艺频道联手策划,使节目打破以往知识竞赛一问一答为主的格局,通过表演小品、展示档案等多种表现形式,解读档案,寓教于乐,激活记忆,鉴往知来。此次决赛第一名为上海市公安局金山分局,武警上海总队、南汇区档案馆分获第二、第三名。 (邹伟农)

《江西省城市社区档案管理办法(暂行)》发布

2003年5月13日,江西省档案局和省民政厅在调研和征求各设区市档案行政管理部门、民政部门意见的基础上,联合制定了《江西省城市社区档案管理办法(暂行)》。该《办法》共6章28条,规定了城市社区档案工作的原则,明确了城市社区档案工作的机构及任务,规范了城市社区各种文件材料的归档范围和档案管理方法。该《办法》的发布实施,对切实加强全省社区档案工作建设,帮助基层档案部门和社区建立健全社区档案工作,规范社区档案管理具有较好的指导

作用,将进一步促进全省城市社区管理水平的提高。

(江西省档案学会)

《湖北省现行文件服务中心管理试行办法》出台

2003年4月中旬,湖北省档案局出台了《湖北省现行文件服务中心管理试行办法》(以下简称《办法》)。该《办法》所称的现行文件,是指各级、各部门制定的正在执行的政策性、法规性、公益性公开文件,包括纸质文件、电子文件及相关文献资料、期刊等。该《办法》共25条,分别对现行文件中心的职责、现行文件的收集与报送、现行文件的整理与利用、现行文件服务中心的管理作出了明确规定。根据该《办法》的规定,各级、各部门制发的可以公开的现行文件都属于现行文件服务中心的收集范围。本级及其上级制发的规范性文件在报送前须经本级主管负责人审核批准。本级文件的报送审核应与文件的审签同步进行,并在文件的抄送机关标识域内注明"市(州、县)现行文件服务中心",其他文件、汇编及期刊在报送时则不必注明;社会组织和公民持有效合法证件(含身份证、工作证、学生证、单位介绍信等)可以免费阅览、查询现行文件和资料,需要电传、邮寄、复印或出具相关证明者,应当缴纳相关费用。该《办法》还就现行文件服务中心的保管条件作出了要求,即现行文件服务中心应具有防盗、防火、防光、防高温、防潮、防尘、防鼠、防虫等措施,并建立健全现行文件管理、利用制度及岗位责任制等,以确保档案资料保管的安全。

(李宗春　许华利)

《湖北省企业、科技事业单位档案工作规范管理等级评定办法(试行)》出台

2003年11月26日,湖北省档案局制定了《湖北省企业、科技事业单位档案工作规范管理等级评定办法(试行)》。本办法适用于湖北省内的企业、科技事业单位。这是适应改革开放和社会主义市场经济发展的需要,根据国家有关企业、科技事业单位档案工作的法规、标准,针对湖北省企业、科技事业单位档案工作的现状、特点和发展趋势,按照企业、科技事业单位档案工作规范管理等级评定标准和统一的方法、程序进行等级评定的一种新的档案工作管理方式。《办法》规定今后企业、科技事业单位档案工作规范管理等级评定工作坚持自愿申请、统一管理、分级组织、讲求实效的原则,由低到高分为"A级、"AA级"、"AAA级"三个级别,申请评定等级原则上从低到高,逐级进行。等级评定采用评审计分方法,按积分多少评定等级,其依据和内容分为管理机制、业务建设、信息服务三大项及若干子项。湖北省档案局统一领导协调该项工作,并聘请档案部门、主管部门和企业、科技事业单位有关专家,组成湖北省企业、科技事业单位档案工作规范管理委员会,负责组织等级评定工作。

(李宗春　许华利)

电子公文归档管理暂行办法

(国家档案局第6号令 2003年7月22日公布)

第一条　为了加强对电子公文的归档管理,有效维护电子公文的真实性、完整性、安全性和可识别性,根据《中华人民共和国档案法》、《中华人民共和国档案法实施办法》和《国家行政机关公文处理办法》,制定本办法。

第二条　本办法所称的电子公文,是指各地区、各部门通过由国务院办公厅统一配置的电子公文传输系统处理后形成的具有规范格式的公文的电子数据。

第三条　电子公文形成单位应指定有关部门或专人负责本单位的电子公文归档工作,将电子公文的收集、整理、归档、保管、利用纳入机关文书处理程序和相关人员的岗位责任。

机关档案部门应参与和指导电子公文的形成、办理、收集和归档等各工作环节。

第四条　副省级以上档案行政管理部门负责对电子公文的归档管理工作进行监督和指导。

电子公文的真实性、完整性、安全性和可识别性,移交前由形成部门负责,移交后由档案部门负责。

第五条　电子公文参照国家有关纸质文件的归档范围进行归档并划定保管期限。

第六条　电子公文一般应在办理完毕后即时向机关档案部门归档。

第七条　电子公文形成单位必须将具有永久和长期保存价值的电子公文,制成纸质公文与原电子公文的存储载体一同归档,并使两者建立互联。

第八条　需要永久和长期保存的电子公文,应在每一个存储载体中同时存有相应的符合规范要求的机读目录。

第九条　电子公文的收发登记表、机读目录、相关软件、其他说明等应与相对应的电子公文一同归档保存。

第十条　电子公文的归档应在"全国政府系统办公业务资源网电子邮件系统"平台上进行,各电子公文形成单位档案部门应配置足够容量和处理能力及相对

安全的系统设备。

第十一条 电子公文形成单位应在运行电子公文处理系统的硬件环境中设置足够容量、安全的暂存存储器,存放处理完毕应归档保存的电子公文,以保证归档电子公文的完整、安全。

第十二条 电子公文形成单位应在电子公文处理系统中设置符合安全要求的操作日志,随时自动记录对电子公文实时操作的人员、时间、设备、项目、内容等,以保证归档电子公文的真实性。

第十三条 电子公文形成单位应在电子公文归档时对相关项目进行检查,检查项目包括与纸质公文核对内容、签章,审核电子公文收发登记表、操作日志及相关的著录条目等,确认电子公文及相关的信息和软件无缺损且未被非正常改动,电子公文与相应的纸质公文内容及其表现形式一致,处理过程无差错。

第十四条 归档电子公文的移交形式可以是交接双方之间进行存储载体传递或通过电子公文传输系统从网上交接。

第十五条 通过存储载体进行交接的归档电子公文,移交与接收部门均应对其载体和技术环境进行检验,确保载体清洁、无划痕、无病毒等。

第十六条 归档电子公文应存储到符合保管要求的脱机载体上。归档保存的电子公文一般不加密,必须加密归档的电子公文应与其解密软件和说明文件一同归档。

第十七条 归档的电子公文,应按本单位档案分类方案进行分类、整理,并拷贝至耐久性好的载体上,一式3套,一套封存保管,一套异地保管,一套提供利用。

第十八条 档案部门应加强对归档电子公文的管理,提供利用有密级要求的归档电子公文,应严格遵守国家有关保密的规定,采用联网的方式提供利用的,应采取稳妥的身份认定、权限控制及在存有电子公文的设备上加装防火墙等安全保密措施。

第十九条 超过保管期限的归档电子公文的鉴定和销毁,按照归档纸质文件的有关规定执行。对确认销毁的电子公文可以进行逻辑或物理删除,并应由档案部门列出销毁文件目录存档备查。

第二十条 其他类型电子公文的归档管理可参照本办法。

第二十一条 本办法未尽事宜,参照国家其他有关电子文件的标准和规定。

第二十二条 本办法由国家档案局负责解释。

第二十三条 本办法自2003年9月1日起施行。

水利档案工作规定

(水利部、国家档案局2003年3月14日发布)

第一条 为进一步加强水利档案工作,根据《中华人民共和国档案法》、《中华人民共和国档案法实施办法》,结合水利系统档案工作情况,制定本规定。

第二条 水利档案是指水利系统各单位,在从事水利工作及相关活动中直接形成的,对国家、社会和本单位具有保存价值的不同形式的历史记录,是国家档案资源的重要组成部分。

第三条 水利档案工作是水利工作的重要组成部分,是维护水利工作历史真实面貌的一项重要工作。各单位应加强档案法规宣传,提高档案意识。

第四条 水利档案工作实行统一领导、分级管理的原则。各单位应建立、健全档案工作,并加强领导,保证档案工作顺利进行。

第五条 各单位应依法开展档案工作,把档案工作列入发展规划和工作计划,统筹安排档案工作所需经费,为维护档案的完整与安全创造条件,为档案的科学管理和档案信息的开发利用提供保障。

第六条 水利部依法制定水利档案工作制度和发展规划,对水利档案工作进行监督和指导;水利部办公厅下设档案管理部门,负责具体业务工作。

第七条 水利部直属单位和省级水行政主管机关应建立专门机构或配备专职档案人员,具体负责本机关各门类档案的集中统一管理和对所属单位档案工作的监督和指导;各级水行政主管机关,在档案业务工作上接受上级水行政主管机关和同级档案行政管理部门的监督和指导。

第八条 各流域机构应建立档案馆,负责本流域应进馆档案资料的收集、管理和提供利用工作,并履行流域机构机关档案管理职能,对所属单位档案工作进行监督和指导。

第九条 档案工作人员应具备档案专业知识和相关的专业技能,爱岗敬业,忠于职守。档案工作人员的职务、职称的晋升或评定,按国家有关规定执行,并享有专业技术人员的同等待遇。档案工作人员应保持相对稳定。

第十条 各单位必须建立健全档案工作各项规章制度,明确相关人员的岗位职责与要求,确保各门类档案的集中统一管理和有效利用;档案保管条件应符合国家规范要求,保证档案安全;实现档案管理现代化、规范化、标准化。

第十一条 各单位应归档的文件材料，由文书人员或业务部门的专人负责收集、整理，并按规定移交给本单位档案部门或档案工作人员，任何部门或个人不得据为己有，或拒绝归档。

第十二条 水利档案在各单位保存一定时期后，应按规定向相关的档案馆移交。

第十三条 水利科学技术研究和工程建设项目档案工作与项目进程实行同步管理，项目主管部门应认真把好科研成果和工程验收关，凡档案达不到规定要求的项目，不得进行鉴定或验收。

第十四条 档案的鉴定、销毁、移交必须按国家有关规定进行，严禁擅自处理档案。

第十五条 各级档案部门应加强基础业务建设，提高服务意识，大力开发档案信息资源，通过多种方式满足利用需求，为各单位的中心工作提供更好服务，并注意做好档案利用效果收集和档案基本数据的统计工作。

第十六条 保密档案的管理和利用，密级的变更和解密，必须按国家有关规定办理。档案信息进入互联网，要加强管理，防止泄密。

第十七条 各单位应对在档案工作中做出突出成绩的部门或人员，给予表彰和奖励。

第十八条 对于违反档案法律法规和本规定的单位或个人，上级主管部门可采取通报批评等方式限期整改；对逾期未改，并负有直接责任的领导和具体责任人，上级主管部门可提出意见，按干部管理权限由人事部门予以处分。造成严重后果的，依法追究刑事责任。

第十九条 本办法由水利部和国家档案局负责解释。

第二十条 本办法自发布之日起施行。

长江三峡工程建设移民档案管理办法

（国务院三峡工程建设委员会办公室、
国家档案局2003年10月8日发布）

第一章 总 则

第一条 为加强长江三峡工程建设移民档案（以下简称三峡移民档案）工作，实现移民档案管理规范化、科学化，充分发挥移民档案在移民安置、社会稳定和经济发展中的作用，根据《中华人民共和国档案法》和《长江三峡工程建设移民条例》及有关法律法规，制定本办法。

第二条 三峡移民档案是指在长江三峡工程建设移民工作中直接形成的对国家、对社会具有保存和利用价值的各种文字、图表、声像等不同形式与载体的历史记录。

第三条 移民档案工作是三峡工程建设重要的基础性工作，是三峡工程移民工作的重要组成部分。三峡库区和三峡外迁移民安置区各级政府和移民、档案管理部门，要高度重视，切实加强对移民档案工作的领导，将其纳入移民整体工作中进行统一组织、规划、管理，确保移民档案的完整、准确、系统、安全和有效利用，确保移民档案工作与移民整体工作同步。

第四条 移民档案工作实行“统一领导、分省（直辖市）负责，以县为基础”的管理体制。各级政府对本行政区域内的移民档案工作负总责，各级移民和档案行政管理部门负责本行政区域内移民档案工作的组织实施和监督指导。移民工作涉及的有关行业主管部门要加强对本行业移民档案工作的指导。

第五条 各级政府、移民管理部门和有关单位，要保证移民档案工作所需经费。

第六条 本办法适用于三峡工程建设移民档案管理工作。各级移民管理部门、有关主管部门、各迁建单位和项目建设单位，按照本办法管理移民档案。

第二章 管理机构及其职责

第七条 各级移民管理部门是移民档案工作主管部门，负责对本辖区的移民档案工作统一领导和管理，业务上接受上级和同级档案行政管理部门的监督和指导。

第八条 三峡库区县级以上移民管理部门要设置移民档案工作机构，配备专职档案工作人员。涉及移民工作的乡（镇）要有专人负责移民档案的收集、整理、归档和管理工作。三峡外迁移民安置区县级以上移民管理部门要配备与移民档案工作相适应的专（兼）职档案人员。

各级移民管理部门和有关单位应保持移民档案工作人员的稳定。从事移民档案工作的人员，应经过档案业务培训，具备档案专业知识和相关技能。具有专业技术职务的移民档案工作人员，根据国家有关规定享受专业技术管理人员的同等待遇。

第九条 各级移民管理部门的档案工作职责是：

（一）贯彻执行国家有关档案工作的方针、政策、法律、法规和规章；

（二）承担本单位移民档案工作的各项管理任务，制定本单位移民档案工作的各项规章制度，并对所属单位的移民档案工作进行监督和指导；

（三）收集、整理、分类、鉴定、编目、统计、保管本单位、本辖区形成的应当移交移民部门管理的移民档案，并按规定向当地国家综合档案馆移交；

(四)制定本行政区域内移民档案工作规划、计划，对本辖区移民档案工作进行监督、检查、指导；

(五)对本单位和本辖区移民档案工作人员进行业务培训；

(六)开发利用移民档案，为移民工作及其他各项事业提供有效的服务。

第十条 各级档案行政管理部门负责对本行政区域内移民档案工作的统筹规划，组织协调，统一制度和监督指导。

第十一条 移民管理部门和档案行政管理部门应作为验收组或验收委员会成员单位，参与移民工程建设项目的验收工作，负责审查工程建设档案资料收集是否齐全、完整、准确，管理是否规范、安全，符合国家有关要求。

第十二条 有移民工作任务的建设、环保、文物、国土等部门和涉及移民工作的其他部门，要按要求建立移民档案，并配备相应的专(兼)职档案人员，负责本行业移民档案工作。在移民档案业务上接受档案行政管理部门和移民管理部门的监督、检查、指导。

第十三条 移民工程建设项目业主单位，要按照国家档案局和原国家计委颁布的《基本建设项目档案资料管理暂行规定》(国档发〔1988〕4号)、国家档案局颁布的《城市建设档案的归属与流向暂行规定》(档发字〔1997〕20号)以及移民工作的要求，做好移民迁建项目档案工作，并按规定向移民管理部门或其他有关部门移交档案。

第三章 归档与管理

第十四条 移民档案的收集、归档工作应列入移民管理工作程序和移民工作计划，纳入各职能部门的工作职责，确保移民档案完整、准确、及时归档。任何部门、单位和个人均不得以任何借口拒绝归档或者据为己有。

第十五条 移民档案包括综合管理、搬迁安置、项目建设、库底清理、资金管理、后期扶持和水库管理等方面。其归档范围和保管期限按照《长江三峡工程建设移民档案归档范围与保管期限表》(详见附件)执行。

第十六条 综合管理档案主要指移民工作管理、区域规划、救灾、对口支援、移民个案处理、综合性验收等工作中形成的文件材料。归档的综合管理文件材料按《机关档案工作业务建设规范》(国档〔1987〕27号)、《文书档案案卷格式》(GB9705－1998)或《归档文件整理规则》(DA/T22－2000)的规定整理。综合档案由各级移民管理部门收集、整理和保管。

第十七条 搬迁安置档案主要指在农村移民、城镇居民、占地移民安置等工作中形成的文件材料。

农村移民、城镇居民、占地移民安置材料，分别由乡镇、街道办事处移民管理部门、新城管委会、国土资源管理部门负责收集并按户整理归档后保留副本，正本移交县级移民管理部门保管。

三峡外迁移民迁出前有关档案资料由迁出地移民管理部门负责收集并按户整理、归档，并将复制件交迁入地移民管理部门保管。迁出后形成的有关档案资料由迁入地移民管理部门负责收集、整理、归档；同时，将复制件交迁出地移民管理部门保管，并按规定向当地国家综合档案馆移交。

第十八条 项目建设档案主要指城市(县城)、集镇迁建、单位搬迁、工矿企业迁建、专业设施复建、环境保护、地质灾害和文物保护等项目的建设或实施过程中形成的文件材料。

项目建设档案分别由项目的勘察、设计、施工、监理、建设单位按《基本建设项目档案资料管理暂行规定》(国档发〔1988〕4号)或行业的有关规定执行。

(一)城市(县城)迁建过程中形成的文件材料，由项目业主单位和新城建设管委会负责并按项目收集、整理、归档后，向县级移民管理、建设等有关部门分别移交相关档案；

(二)集镇迁建过程中形成的文件材料，由乡镇移民管理部门和项目业主单位负责收集、整理、归档后，向县级移民管理部门和有关部门分别移交相关档案；

(三)单位搬迁过程中形成的文件材料，由搬迁单位负责收集、整理、归档后，向移民管理部门和有关部门分别移交相关档案；

(四)工矿企业迁建过程中形成的文件材料，由迁建企业负责收集、整理、归档后，向移民管理部门和有关部门分别移交相关档案；

(五)企业关闭破产实施过程中形成的文件材料由该企业清算组收集、整理、归档后，向企业主管部门和移民管理部门分别移交相关档案；

(六)专业设施复建档案由项目业主单位负责收集、整理、归档后，向移民管理部门和有关单位分别移交相关档案；

(七)三峡库区环境保护工作中形成的包括环境保护与监测、人群健康监测与保护、城镇污水与垃圾处理、水土保持与生态建设等方面的文件材料，由环保部门和项目业主单位负责收集、整理、归档、管理，并按规定向当地国家综合档案馆移交；

(八)三峡库区地质灾害防治工作中形成的包括移民迁建区域地质灾害预防措施、地质灾害治理工程、预警监测系统建设等方面的文件材料，由国土资源管理部门负责收集、整理、归档、管理，并按规定向当地国家综合档案馆移交；

(九)三峡库区文物保护工作中形成的包括地下文物考古发掘和地面文物保护等方面的文件材料，由文物保护部门收集、整理、归档、管理，并按规定向当地国家综合档案馆移交。

第十九条 库底清理档案主要指在库区卫生清理、固体废物清理、建(构)筑物清理、林木清理以及漂浮物处理等工作中形成的文件材料。

归档的库底清理档案由具体组织实施的卫生、环保、林业、移民及相关单位收集，按行政区划或项目组卷整理、归档后，向县级移民管理部门移交。

第二十条 资金管理档案主要指资金管理工作中形成的文件材料，包括资金管理的有关规章制度、文件、会计凭证、会计账簿、财务报告以及其他会计材料等。

归档的资金管理性文件材料按本办法第十七条方法整理；归档的会计核算材料按财政部、国家档案局颁布的《会计档案管理办法》(财会字〔1998〕32号)整理。资金管理档案由形成单位收集、整理和保管。

第二十一条 后期扶持和水库管理工作中形成的文件材料由其主管部门负责收集、整理和归档。具体归档范围另行制定。

第二十二条 本办法第十五条规定的各类档案中的非纸质文件材料主要包括在移民工作中形成的磁盘、光盘和照片、录音带、录像带等，应附文字说明一并归档。

归档的电子文件材料分为磁盘、光盘、其他等类，按接收的顺序排列、编号，编制保管单位目录。归档的声像文件材料分为照片、录音、录像等类。照片按《照片档案管理规范》(GB/T 11821－89)整理。录音带、录像带按接收的顺序排列、编号，编制保管单位目录。电子、声像档案由各形成单位收集、整理和保管。

第二十三条 移民档案保管要有符合档案保护要求的、必要的库房、设备，档案装具要符合国家有关标准和技术规范。

第二十四条 各级移民管理部门和各移民工作相关单位，要建立健全移民档案收集、整理、保管、鉴定销毁、利用、保密等各项规章制度，落实岗位责任制。

第二十五条 各级移民档案工作应实现档案的信息化管理。积极做好移民档案的开发利用和编研工作，为三峡工程移民工作和当地经济建设提供服务。

第二十六条 各级移民管理部门保管的移民档案，应按国家有关规定定期向当地国家综合档案馆移交。

第二十七条 三峡库区各区(市、县)档案馆应建立移民档案专库，接收本辖区形成的移民档案。

第四章 奖励与处罚

第二十八条 凡有下列事迹之一的，由县级以上人民政府档案行政管理部门或移民管理部门给予表彰和奖励。

(一)在移民档案管理工作中做出显著成绩的；

(二)将重要的、珍贵的移民档案捐赠给国家的；

(三)同违反档案法律、法规的行为作斗争，表现突出的。

第二十九条 违反《中华人民共和国档案法》、《中华人民共和国档案法实施办法》，有下列行为之一的，由县级以上人民政府档案行政管理部门、移民管理部门，根据情节轻重和危害程度，对直接责任者和有关人员给予行政处分；构成犯罪的，依法追究刑事责任。

(一)将公务活动中形成的应当归档的移民文件、材料据为己有，拒绝交档案机构、档案工作人员归档的；

(二)不按有关规定向当地国家综合档案馆移交档案的；

(三)损毁、丢失或擅自销毁属于国家所有的移民档案的；

(四)涂改、伪造移民档案的；

(五)违反保密规定擅自提供、抄录或者公布有密级移民档案的；

(六)玩忽职守，造成移民档案损失的。

第五章 附则

第三十条 本办法由国务院三峡工程建设委员会办公室和国家档案局负责解释。涉及三峡移民工作的省(市)，可根据本办法制定实施细则。

第三十一条 本办法自发布之日起施行。2000年4月21日，原国务院三峡工程建设委员会移民开发局、国家档案局颁布的《长江三峡工程建设移民档案管理办法》同时废止。

附件：长江三峡工程建设移民档案归档范围与保管期限表

附件：

长江三峡工程建设移民档案归档范围与保管期限表

序号	归档文件	保管期限	备注
	一、综合管理类		
1	移民工作法规、规章、制度、标准	永久	
2	上级领导有关移民工作的批示、指示、题词、谈话及专家、学者、国内外知名人士题词、建议、谈话	永久	
3	三峡工程前期工作文件材料	永久	
4	淹没实物指标调查文件材料、实物漏项等个案问题的申报、复核、审批文件材料	永久	
5	移民工作计划、总结、会议记录、纪要、通知、汇报、简报、信息、目标责任制考核、检查、奖惩等文件材料	永久	
6	移民党建、宣传、思想政治工作、教育工作、经验交流、先进典型事迹材料，报刊、书籍、有关移民工作的报道、文章、照片	定期	报刊登载照片入此，原照片入有关各类
7	国家、省、市、县制发的水库淹没处理及移民安置规划大纲	永久	
8	省、市、县、城镇和农村移民综合调查、规划、计划、论证材料、审批文件、总结、统计报表	定期	
9	移民工作会议文件材料	定期	
10	移民工程灾情调查报告及减灾、救灾方案、审批文件、救灾工作总结、移民部门帮困、扶贫工作文件	永久	
11	移民工程试点方案、总结、汇报，典型材料报表	定期	
12	移民工作纪检监察文件及涉及移民工作的违纪、违法案件查处材料	永久	
13	移民稽察工作文件材料	永久	
14	移民工程综合监理报告、计划、简报、要情、纪要	永久	
15	移民工作培训规划、计划、实施方案、总结材料	定期	
16	移民科研项目计划以及申报、审批、实施、评审、成果材料	永久	
17	移民来信来访的信件、原始记录、调查处理材料、突发事件处理预案、群体性事件的处置材料	定期	
18	对口支援的协议、合同、纪要、统计等文件材料	定期	
19	移民工程验收文件材料：移民工程总体验收和阶段性验收工作大纲、文件、规划、各级验收委员会及下设机构成员名单、分类验收实施细则、分类验收及档案检查报告、验收及抽查原始记录，初验、自验、终验报告及验收表、整改报告，验收工作经费预决算材料	永久	综合性验收材料入此、专项验收入有关各类
20	移民机构设置、人员编制、人事任免、奖惩等材料	永久	
21	移民迁建区淹没前地形、地貌、建(构)筑物、文物古迹、江河岸线原貌的影像图片材料	永久	

序号	归　档　文　件	保管期限	备　注
	二、移　民　搬　迁　安　置　类		
1	城镇与农村移民的分户淹没实物指标调查材料、分户安置人口情况表、新增人口的证明材料、移民安置资格审查材料、搬迁前的房屋产权证、宅基证或国有土地使用证、补偿(补助)领款凭证、补偿销号合同及公证书	永　久	
2	农村移民安置前的土地承包经营证或承包合同、协议	永　久	
3	农村移民后靠安置的土地经营承包证,兼业安置文件材料,自谋职业或第二、第三产业安置的农村移民的准迁证、户籍证明、营业执照、农转非审批表、招工招生等文件材料	永　久	
4	农村移民搬迁安置后的宅基证、建房许可证或购房协议,农村移民搬迁安置后的供水、供电、交通状况的有关材料	永　久	
5	占地移民原房屋调查表、拆迁协议、领款凭证、农转非证明、生产安置文件材料、安置后的房产证、国有土地使用权证或购房合同、安置补偿销号合同及公证书	永　久	
6	外迁移民安置申请及审批表、移民家庭人口情况表、准迁证及迁入地户籍证明、迁入地土地使用权证明、房屋产权证明、土地经营承包证、补偿(补助)资金领款凭证	永　久	
7	农村移民生产安置土地开垦、改造、调整置换的文件材料	定　期	
8	搬迁单位的淹没实物指标调查材料、搬迁前后的房屋产权证和国有土地使用证、补偿资金拨付及领款凭证、补偿销号合同	定　期	注:搬迁前的“两证”须原件,复建后的“两证”用复印件
9	机关单位搬迁合同书、协议书、登记表、审批表、补偿、销号材料	永　久	
10	移民搬迁安置名册、登记表、统计表	永　久	
11	其它有关移民搬迁安置文件材料	定　期	
	三、项　目　建　设　类		
1	专业项目淹没实物指标调查材料	永　久	复印件
2	迁复建规划及审批文件、规划调整方案及审批文件,城(集)镇、工矿企业迁建规划,专业项目复建改建、环境保护、防护工程规划、实施方案、调研、信息反馈、总结	永　久	
3	建设用地计划及审批文件、地质勘察报告、地质安全性评估材料	永　久	
4	移民投资计划、资金拨付明细表、项目业主与移民部门签订的复建补偿投资合同	永　久	
5	补偿销号合同	永　久	
6	项目立项审批、工程勘察、设计、施工文件材料	定　期	
7	项目竣工验收报告或交工验收报告及移交手续	永　久	
8	工程项目竣工技术文件目录	定　期	

序号	归　档　文　件	保管期限	备　注
9	工程(项目)建设文件材料		由业主按有关规定归档;项目建设档案按国家有关基本建设档案管理规定划分保管期限
10	迁建企业淹没实物指标调查材料、迁建规划、补偿投资计划及资金拨付明细表、迁建方案及审批文件、复建厂房和职工住房的文件材料、企业搬迁销号合同、企业残值处置文件材料	定　期	
11	破产、关闭企业淹没实物指标调查材料、补偿投资计划、资金拨付明细表、破产、关闭的规划、计划、报告、批复、裁定书、公告,企业职工安置方案和资金兑现明细表,职工住房复建方案及竣工验收材料,企业补偿销号合同	永　久	
12	环境保护,包括环境监测与管理、人群健康监测与保护、城(集)镇污水及垃圾处理、水土保持与生态建设政策、法规、规划、计划、合同以及监测数据整治方案、技术总结、资金拨付明细表、竣工验收等文件材料	永　久	
13	文物保护,包括地下文物和地面文物保护的法规、规划、计划、协议、原始记录、施工方案、出土器暂存及移交清单、考古发掘报告及工程性项目的竣工验收文件,有关资料的底片、反转片、拓片、光盘等,移民资金计划及项目经费拨付凭证	永　久	
14	地质灾害防治,包括移民迁建区域的地质安全性评估、地质灾害预防、地质灾害治理工程和预警监测系统建设的有关法规、规划、计划、协议、原始记录、报告及批复,以及工程性项目竣工验收文件材料、资金计划及项目经费拨付凭据	永　久	
15	项目建设单项和综合验收文件材料	永　久	
	四、库　底　清　理　类		
1	省、市政府批准的清库方案与实施进度计划	永　久	
2	清库实物量调查、复核文件和任务分解文件材料	永　久	
3	卫生清理,包括一般污染源、传染污染源的清理方案、规范、技术标准、技术要求、清理明细表、清理施工记录、录像、清理数量与质量检查记录、清理工作报告、卫生检验报告	永　久	
4	固体废物清理,包括生活垃圾、一般工业固体废物的清理方案、规范、技术标准、技术要求、清理明细表、危险工业废物堆放点、施工清理记录、录像、清理明细表、清理数量与质量检查记录、清理工作报告	定　期	
5	建(构)筑物清理,包括房屋清理、构筑物清理、秸杆等漂浮物处理的方案、规范、技术标准、技术要求、清理明细表,清理施工记录、录像、清理数量与质量检查记录、清理工作报告	定　期	
6	林木清理,包括成片林木、零星林木的清理及枝桠等易漂浮污物处理的方案、规范、技术标准、技术要求、清理明细表、清理施工记录、录像、清理数量与质量检查记录、清理工作报告	定　期	

序号	归　档　文　件	保管期限	备　注
7	经批准开展单项工程设计的清库项目合同、协议、经费预决算、技术措施、施工记录、检查记录、单项验收表及验收结论意见	永　久	
8	库底清理资金计划、拨付、领款凭据	永　久	
9	区县政府组织的库底清理自验方案、实施过程中的相关资料、自验报告,行业自验表和验收意见	定　期	
10	省、市政府组织的初验方案、初验抽检表和全检表、初验报告	永　久	
11	国家终验意见	永　久	
	五、财　务　会　计　类		
1	淹没实物指标补偿的有关规定、办法	永　久	
2	移民资金管理工作的有关法规、政策、办法、意见、通知	永　久	
3	移民会计工作规定、办法、细则	永　久	
4	移民资金审计、稽察工作规定、办法	永　久	
5	移民资金及专项经费计划申请、下达、拨付的请示、报告、批复、通知	定　期	
6	移民资金使用自查报告、审计通知、意见	永　久	
7	城(集)搬迁资金概算、预算书、拨付通知书、决算书	永　久	
8	工矿企业迁建资金概算、预算书、拨付通知书、决算书	永　久	
9	农村移民与城镇居民、机关单位搬迁资金概算、预算书	永　久	
10	移民补偿价差测算、兑现方面的文件材料	定　期	
11	移民行政管理经费申报、下达的请示、报告、批复、通知	定　期	
12	移民机构购固定资产、设备仪器、清产核资方面的文件材料	定　期	
13	移民保险政策文件及有关协议书、意见、通知	定　期	
14	移民资金与经费会计凭证、账簿	定　期	
15	移民资金与经费会计报表	永　久	
	年报表	永　久	
	月季报表	定　期	
16	财务会计移交表与会计档案保管销毁清册	定　期	
17	其它有关资金与经费会计文件材料	定　期	

注:电子、声像文件材料的归档内容见各类。后期扶持、水库管理文件材料的归档范围另行制定。

哈尔滨市档案管理条例

(2003年4月22日哈尔滨市第十二届
人民代表大会常务委员会第二次会议通过，
2003年6月20日黑龙江省第十届人民代表大会
常务委员会第三次会议批准)

第一条 为了加强对档案的管理，有效地保护和利用档案，促进档案事业的发展，根据《中华人民共和国档案法》、《中华人民共和国档案法实施办法》和《黑龙江省档案管理条例》等有关法律、法规，结合我市实际，制定本条例。

第二条 本市行政区域内的机关、团体、企业事业单位、其他组织和个人，均应当遵守本条例。

第三条 本条例所称档案，是指过去和现在的国家机构、社会组织以及个人从事政治、军事、经济、科学、技术、文化、宗教等活动直接形成的对国家和社会有保存价值的各种文字、图表、声像等不同形式的历史记录。

第四条 本条例由市档案行政管理部门负责组织实施。

区、县(市)档案行政管理部门按照职责分工，负责档案的管理工作。

计划、财政、人事等有关行政管理部门应当依据各自的职责，配合做好档案的管理工作。

第五条 鼓励单位和个人向市或者区、县(市)综合档案馆和专业档案馆捐赠其所有的档案。

捐赠重要或者珍贵档案的，市或者区、县(市)人民政府、档案行政管理部门或者接受捐赠的单位予以奖励。

第六条 档案管理实行登记制度。

机关、团体、企业事业单位和其他组织应当在接到档案行政管理部门档案登记的书面通知之日起三十日内，办理登记手续。

登记事项发生变化应当在变化之日起十五日内，向原登记部门办理变更或者撤销登记手续。

第七条 机关、团体、企业事业单位和其他组织在职务活动中形成的应当归档的材料，由本单位的文书或者业务机构工作人员收集、整理，按照规定时限移交本单位的档案工作机构或者档案工作人员集中管理。

第八条 有下列情况之一的，档案行政管理部门应当协助有关单位做好档案材料的收集、整理和归档工作：

(一)行政区划的变动；

(二)重要单位的建立、变更或者撤销；

(三)列入市或者区、县(市)的重点建设工程、重大科学技术研究、重要技术改造和重要设备更新项目的立项；

(四)举办或者承办具有重大影响的活动；

(五)本系统或者辖区内发生的重大事件；

(六)其他应当通报的事项。

第九条 市或者区、县(市)人民政府确定的重点建设工程、重大科学技术研究、重要技术改造和重要设备更新等项目的档案，应当由档案行政管理部门和项目单位主管部门进行验收。

对档案验收中发现的问题，项目单位应当在工程验收前予以解决。

第十条 机关、团体和其他组织机构撤销、合并，应当在档案行政管理部门监督指导下处置档案，并按照国家和省的有关规定向综合档案馆移交档案，不得随意截留、转移或者销毁。

第十一条 国有企业事业单位形成的档案归国家所有。

国有企业事业单位发生产权变动时，应当在同级国有资产管理部门和档案行政管理部门的监督指导下，对其档案进行清理、处置。

第十二条 企业事业单位终止，其单位档案应当向当地综合档案馆移交；其中属于中外合资、合作企业，也可以交由原中方保存。

企业事业单位终止，其人事档案应当移交给人事或者社会劳动保障部门保管。

第十三条 区、县(市)综合档案馆、专业档案馆，应当在每年一季度向市综合档案馆报送档案目录。企业事业单位档案馆及其他档案机构，应当每三年向市或者区、县(市)综合档案馆报送档案目录。

区、县(市)综合档案馆、专业档案馆和企业事业单位档案馆及其他档案机构，应当按照规定向档案行政管理部门报送档案统计报表。

第十四条 机关、团体、企业事业单位和其他组织应当按照下列规定移交档案：

(一)列入市综合档案馆接收范围的档案，自形成之日起满20年即向市综合档案馆移交；

(二)列入区、县(市)综合档案馆接收范围的档案，自形成之日起满10年即向区、县(市)综合档案馆移交；

(三)列入专业档案馆接收范围的档案，按照国家有关档案接收年限规定向专业档案馆移交；

(四)列为永久保管的有关单位业务档案，自形成之日起满30年向综合档案馆移交，国家另有规定的除外。

上述列入档案馆接收范围的档案，由档案行政管理部门定期公布。

第十五条 向综合档案馆移交相关材料和物品，应当遵守下列规定：

(一)公开出版的期刊、报纸、各种政策法规汇编、文集、史志、年鉴等资料出版后1年内移交两套；

(二)授予和赠予市或者区、县(市)人民政府的奖状、荣誉证书等有纪念意义和凭证性实物10年内移交；

(三)党和国家领导人及省主要领导人来本市视察、外国国家元首和政府首脑来本市参观访问、友好城市与本市重要往来、在本市召开的国际性、全国性和地区性重要会议、全市性重大活动形成的题词和照片、录音带、录像带等文字、音像材料，以及反映本市经济社会各项事业发展情况和具有历史性保存价值的照片等资料1年内移交。

第十六条 各级各类档案馆和各单位档案机构应当配置适宜档案安全保存的专门库房和必要设施，防止档案破损、褪变、霉变或者散失。

第十七条 不具备保管条件，可能影响档案安全的，档案行政管理部门可以采取下列措施：

(一)属于国家所有并已列入档案馆收集范围的档案，由有关档案馆提前接收入馆；未列入档案馆收集范围的档案，由有关档案馆代为保管；

(二)属于集体和个人所有并对国家和社会具有保存价值或者应当保密的档案，由有关档案馆代为保管；必要时，可以收购或者征购。

第十八条 超过保管期限的档案，由保管档案的单位组织档案管理专业人员进行鉴定、登记造册，经单位负责人批准后，方可销毁。

销毁档案应当到指定地点，并由两人负责监销，监销人员应当在销毁清册上签字。

应当销毁的档案在销毁前，应当妥善保管，不得出卖、赠送。

第十九条 机关、团体、企业事业单位、其他组织和个人对档案界定及进馆档案范围有异议的，可以向档案行政管理部门申请认定。

第二十条 机关、团体、企业事业单位和其他组织人事档案发生丢失、损毁的，有关单位应当及时采取补救措施。

补救材料由市人民政府指定的市级行政管理部门予以认定或者批准。具体认定办法由市人民政府另行制定。

经认定的补救材料与原档案具有同等的法律效力。

第二十一条 综合档案馆、专业档案馆应当建立档案信息服务网络，组织编辑出版档案史料，定期公布开放档案目录，简化查阅手续，为档案利用提供便利条件。

第二十二条 综合档案馆、专业档案馆保管的经济、技术、文化、科学等类档案，应当按照国家规定向社会开放，涉及国家安全或者重大利益的除外。

第二十三条 综合档案馆的现行文件阅览中心，应当向社会提供公开查询服务。移交现行文件的有关单位应当给予协助和配合。

第二十四条 机关、团体、企业事业单位或者其他组织及个人查阅综合档案馆、专业档案馆保存的档案，应当遵守下列规定：

(一)不得泄露属于保密的档案内容；

(二)不得篡改、损毁、变造、伪造档案：

(三)未经档案馆批准，不得抄录、复制档案。

机关、团体、企业事业单位和其他组织的档案室，应当按照前款规定建立相应的档案查阅制度。

第二十五条 档案工作人员利用职务便利，篡改、损毁、变造和伪造档案，依照有关规定从重处罚。

第二十六条 违反本条例规定有下列行为之一的，由市或者区、县(市)档案行政管理部门责令限期改正；逾期不改正的，对单位处以2000元以上5000元以下罚款；对直接责任人员处以100元以上500元以下罚款：

(一)未按规定报送档案目录、档案统计报表的；

(二)未按规定向档案馆移交材料和物品的。

第二十七条 违反本条例规定未配置适宜档案安全保存的专门库房和必要设施，造成档案破损、褪变、霉变或者散失的，由市或者区、县(市)档案行政管理部门责令限期改正，并对单位处以10000元以上50000元以下罚款。

第二十八条 违反本条例规定将应当销毁的国家所有或者列入国家监管范围的档案出卖、赠送的，由市或者区、县(市)档案行政管理部门追回被出卖、赠送的档案并对单位处以10000元以上100000元以下罚款；对直接责任人员处以500元以上5000元以下罚款，有违法所得的，没收违法所得。应当销毁的档案在销毁前遗失的，对单位处以10000元以上50000元以下罚款；对直接责任人员处以500元以上3000元以下罚款。

第二十九条 违反档案管理规定造成档案损失的，市或者区、县(市)档案行政管理部门根据档案的价值、数量，责令其赔偿损失。

第三十条 档案管理人员滥用职权、玩忽职守、徇私舞弊，由其所在单位或者上级主管部门给予行政处分。

第三十一条 档案行政管理部门对档案管理违法

行为做出相应行政处罚决定前，应当按照《中华人民共和国行政处罚法》和国家、省有关听证程序的规定，告知当事人有要求举行听证的权利；当事人要求听证的，档案行政管理部门应当按照规定的程序组织听证。

第三十二条 当事人对行政处罚决定不服，可以依法申请行政复议或者提起行政诉讼。

第三十三条 罚没使用的票据和罚没的处理，按照国家和省的有关规定执行。

第三十四条 本条例自2003年9月1日起施行。

（五）档案馆工作

2003 年全国档案馆工作发展综述

2003 年是全面建设小康社会的开局之年，全国各级档案馆以中央领导同志的批示精神为指导，认真实践“三个代表”重要思想，围绕中心，服务大局，各项工作取得了很大成绩。

各级党委、政府关心、重视档案馆工作的力度不断加大。党委和政府重视和支持是实现档案馆工作持续发展的重要保证。2003 年内蒙古自治区和浙江省都以党委办公厅、政府办公厅的名义下发了关于本地区《加强新时期档案工作的意见》，对新时期加强档案馆档案资源建设、档案信息化建设、馆库建设、爱国主义教育基地建设、已公开现行文件利用中心建设等提出了明确具体的要求，特别是将档案馆工作人员的岗位津贴也列入其中。这样档案馆各项事业的发展就有了明确的政策依据和保障。

已公开现行文件利用工作发展迅速，在一些地区取得了实质性进展。截止 2003 年，全国已有 500 余家各级国家综合档案馆陆续开展了已公开现行文件利用工作，国家综合档案馆承担政府信息公开在一些地方被列入地方法规之中。深圳市人大常委会通过的《深圳市经济特区档案与文件收集利用条例》，以地方法规的形式将市档案馆确定为全市的档案信息中心，负责向社会提供已公开现行文件的利用服务。上海市人民政府分别以第 18 号、19 号令的形式发布了《上海市行政规范性文件制定和备案规定》、《上海市政府信息公开规定》，分别明确了市和区(县)综合档案馆为公布市人民政府及各工作部门规范性文件以及发放和查阅市政府公报的重要场所之一。

为重大突发性事件服务的能力和水平不断提高。2003 年，我国突发“非典”疫情，全国各级国家档案馆紧紧围绕抗击“非典”开展工作。一方面充分发挥馆藏档案资源优势，把历史上不同时期有关传染疾病的档案资料整理成专题资料或汇编成专题史料，积极主动为各级领导及有关部门提供决策参考；另一方面根据中央领导同志的批示精神，按照国家档案局与全国防治非典型肺炎指挥部办公室联合下发的《关于做好防治非典型肺炎工作文件材料收集归档工作的通知》要求，派人深入到抗击“非典”前线，加强业务指导，确保防治“非典”工作档案资料的系统、完整，也为今后档案部门收集重大事件档案资料，为重大突发性事件做好档案服务积累了经验。

数字档案馆建设取得重大突破。2003 年 8 月 20 日，青岛市数字档案馆正式投入使用，标志着我国第一个数字档案馆正式建成。近些年来，许多档案界同行就建设数字档案馆的原则、意义、方法、理论和实践基础等进行了广泛而深入的探索，青岛市档案馆积极探索，大胆实践，为全国数字档案馆建设提供了有益的借鉴。青岛市数字档案馆是我国档案信息化建设的一项重大成果，也是我国档案馆事业发展史上的一件大事。目前深圳市档案馆、杭州市档案馆、天津市经济技术开发区档案馆等试点单位也都在加紧进行数字档案馆建设。

档案保护工作继续稳步进行。维护档案的完整与安全，不断延长档案的寿命，是档案馆工作的第一要务。各级国家档案馆的档案保护工作主要围绕以下几方面进行：一是大力推进档案馆库建设，东南沿海地区按照本地区建设经济强省和文化大省的要求开始了新一轮的档案馆库建设，从根本上解决档案的保管环境。二是按照国家档案局、财政部的要求，积极开展全国重点档案抢救。本年度共抢救全国重点档案 30 余万卷。三是中国档案文献遗产工程继续开展。又有 35 件组中国档案文献入选了第二批中国档案文献遗产名录，我国送审的云南丽江《纳西东巴古籍》经联合国教科文组织评审，顺利入选《世界记忆名录》。四是特藏室试点工作取得阶段性成果。经过两年多的试点，一些档案馆制定并出台了特藏档案的入选标准，特藏库及特藏档案的管理、利用办法，现二史馆、辽宁省档案馆、上海市档案馆、天津市档案馆、青岛市档案馆等已分别建立了本馆特藏档案室。

（李辰）

全国历史档案资料目录数据采集工作综述

自2002年6月全国历史档案资料目录中心领导小组会议以来，档案数据采集工作基本完成了会议确定的工作任务，取得了突出成绩。

全国明清档案资料目录中心采集全宗级目录677条，建立了全宗目录数据库，出版发行了《明清档案通览》。在抗击“非典”期间，他们利用档案资料撰写并发表《清初天花病疫的防治》。还结合清史纂修活动，起草《全国各地方档案馆所藏清代档案基本情况调查报告》、《全国各地方档案馆清代档案目录资料收集工作计划要点(草案)》。他们组织人员对报送明清档案案卷级目录开展调研工作，并起草了《全国明清档案案卷级目录采集方案》，这个方案已经“全国历史档案资料目录中心领导小组”会议原则通过，待国家档案局中央档案馆批准后，下发全国执行。

全国民国档案资料目录中心已经采集全宗目录信息14522条，建立了全宗目录数据库，完成了《民国档案全宗通览》全部书稿的编排、目录编制、送印工作。按照目录领导小组会议精神，加强各地案卷级目录报送工作的业务指导，截至2003年12月底有北京、天津、上海、山东、浙江、湖南、湖北、福建、广西、贵州、海南、四川、陕西、宁夏、青海、长春16个档案局馆报送案卷级和文件级目录数据共计494.52万条。其中北京、天津、上海、山东、浙江、福建、湖南、青海、湖北、广西10个省(自治区、直辖市)提前完成省、地、县三级民国档案案卷级目录数据的报送任务。全国民国档案资料目录中心还依据有关标准对采集的目录数据进行了规范化整合，建立了《民国档案目录总库》数据库，并制定了《全国民国档案资料目录中心数据安全管理规程》。

全国革命历史档案资料目录中心已采集全宗目录2600条，完成了《革命历史档案通览》上卷的编辑工作。他们根据“三步并作两步走”的指导思想，启动了文件级目录的报送工作，目前已收到天津、湖北、安徽等24个省、自治区、直辖市上报的革命历史档案文件级目录92.67万条，并开始革命历史资料的摸底、排查工作，已收到19个省、自治区、直辖市报送的书刊名录。

各省、自治区、直辖市档案局馆认真开展历史档案资料目录数据报送工作，很多地区成立了领导小组，并有一名副局馆长挂帅，召开会议，举办培训班，落实完成任务的人员和时间。黑龙江省档案局创刊了《黑龙江省历史档案资料目录中心工作简报》，及时通报全省各地历史档案目录数据报送的进展情况和先进经验。浙江省历史档案资料目录中心于2002年底在全国率先完成全省民国档案案卷级目录数据采集任务，其报送条目质量好，受到全国民国档案目录中心的表扬和肯定。北京市历史档案资料目录中心不仅出色地完成了省、地、县三级民国档案案卷级目录报送工作、革命历史档案文件级目录的报送任务，在“非典”病魔疯狂肆虐期间，在“首都之窗”网站上建立了“北京市历史上疫情专题目录”，充分发挥了历史档案资料目录数据库的作用，取得很好的效果。　(张建平)

全国历史档案资料目录数据采集研讨班在蓉举办

2003年9月10～17日，全国历史档案资料目录数据采集研讨班在成都举办。本次研讨班目的在于研究解决历史档案资料目录报送工作中问题，提高报目人员的工作水平，促进明清档案案卷级、革命历史资料及民国档案目录数据报送工作顺利开展。来自26个省、市、自治区的80余名学员参加研讨班。大部分学员是市、地、县级档案局的局长馆长和参与报目工作的骨干。

全国历史档案资料目录中心领导小组办公室主任辛崇贤同志就近年来全国历史档案资料目录中心工作和今后的工作要求讲了话。

全国历史档案资料目录中心领导小组提出，今后一段时期，要按照2002年6月在南京召开的全国历史档案资料目录中心领导小组会议精神，扎扎实实地完成全国历史档案资料目录中心各项工作任务。各省、市、自治区档案局馆要统筹规划，加强组织，按照要求保质保量地完成目录信息报送工作。全国历史档案资料目录中心要充分利用现已经建立的目录数据库，围绕党和国家工作大局，开辟新的服务窗口，为国家经济建设服务，为人民群众和社会各界提供有关信息服务。

全国历史档案资料目录中心领导小组副组长、中国第一历史档案馆馆长邢永福同志和全国历史档案资料目录中心领导小组副组长、中国第二历史档案馆馆长周忠信同志在培训班上就明清和民国档案的报目工作做了讲话。全国历史档案资料目录中心领导小组成员张建平同志、全国明清档案资料目录中心主任胡忠良同志、全国民国档案资料目录中心潘涛同志、全国革命历史档案资料目录中心主任刘伟晏同志分别就相关业务问题进行了授课。　(张建平　景振华)

2003年中央档案馆征集、接收、利用工作情况

档案的征集接收工作。2003年中央档案馆的档

案接收工作，主要是进一步落实中央档案馆档案接收工作十年计划。对那些规定需要向中央档案馆移交档案的单位，要求他们尽快完成移交任务。全年共接收进馆的有国务院机关事务管理局、中联部、卫生部、原内贸局、原轻工业局、原纺织局等10个单位的档案，共接收档案61859卷零9捆，资料269册零1000件，印章档案86卷及部分印章实物。为进一步加强档案的接收工作，还参与了局馆制定《关于在中央国家机关开展移交进馆档案质量检查活动的办法和标准》的工作，为2004年在中央国家机关正式开展这项活动作了准备。档案的征集工作主要是继续围绕贯彻落实“中办[2000]63号”文件精神，做好党政领导干部个人保存的公务文件的征集工作。从澳门工委征集到有关澳门回归的档案50余卷，还举办了中直机关工委常务副书记伍绍祖向中央档案馆捐献1954年毛泽东给其祖父伍如春的亲笔信等3件珍贵档案的交接仪式。

档案的提供利用工作。2003年中央档案馆档案利用工作的特点是为利用档案办理的查档急件多，且重要批件多，经过“非典”时期的考验，档案服务工作水平有了新的提高。2003年是毛泽东同志诞辰110周年，社会各方面为开展纪念活动到中央档案馆来，有的利用档案拍摄影视文献专题片，有的利用档案举办展览，有的利用档案撰写纪念文章，仅办理此类查档批件的就有20余个。全年共办理查档利用批件294个，接待利用单位400个576人次，为利用者提供阅览档案4754卷770件，资料目录297册(本)、照片32张，复印档案资料2071件11347页，为利用者仿真复制档案111件319页。（王绍忠）

2003年全国革命历史档案资料目录中心工作情况

2003年着重对已编辑完成的《全国革命历史档案全宗概览》上卷书稿内容进行了拾遗补缺，和进一步的核对、修改。发现问题及时向有关档案部门询问、核对，并按规范进行统编，从而保证了全书的质量。

2003年还相继收到江苏、内蒙古、湖南(地、市、县)、陕西(商南)等省区上报的革命历史档案文件级目录127141条，目前累计已达926719条。对该年上报的革命历史档案文件级目录数据进行了初步检测，并进行了相应的修改。

另外，在广泛征求各省、市、自治区档案部门对《革命历史资料篇名级目录报送要求》(草稿)意见的基础上，将各地反馈来的意见整理分类，为下一步开展革命历史资料篇名级目录的报送工作作好准备。

根据全国革命历史档案资料目录的现状与特点，从充分利用开发这部分信息资源的角度出发，本着实用、够用、好用的原则，进行了大量的调研与试验，研究制定了“全国革命历史档案资料目录信息管理系统”开发方案，并基本完成了开发研制该系统的前期技术准备工作。（刘伟晏）

中央档案馆建立已公布馆藏档案资料全文检索数据库系统

2003年2月中央档案馆启动建立“已公布馆藏档案资料全文检索数据库系统”。建立中央档案馆“已公布馆藏档案资料全文检索数据库系统”，是一项具有长远的战略意义的工作，它是加强中央档案馆业务基础建设，加强档案管理现代化建设的重要步骤，该系统建成后可以对外公开，这对档案信息资源的开发，服务水平和服务质量的提高都具有重要的意义。该系统数据收集范围主要包括中央档案馆编辑出版、中央档案馆与其他单位合作编辑出版、其他单位利用中央档案馆馆藏档案资料编辑出版的书籍、期刊上公开的档案资料等。建立该系统的数据库数据项目设置要求要本着科学、先进、规范，结构合理、简捷、实用的原则。检索查询功能要齐全、方便灵活，除目录检索外要实现全文检索，并要与档案资料实体相对应。

目前有关人员已开始工作，收集了第一批已公布的馆藏档案资料书目150余册；确定了已公布的馆藏档案资料目录数据结构表；制定了目录著录细则、分类表及保管单位代码对应表；开发完成了建库软件和检索查询软件，到2003年底已建立目录数据20493条，全文数据4000余篇。（马淑桂）

中国第一历史档案馆积极做好为国家清史编纂工程整理档案的准备工作

2003年，是中国第一历史档案馆为清史纂修工程整理馆藏档案的第一年，为了做好开局工作，中国第一历史档案馆做了大量准备工作。经过反复论证和研商，制定并起草了为清史纂修工程提供馆藏档案的整理规划和实施方案，确定了宫中朱批奏折、录副奏折、题本、奏本，外务部档案，吏部、户部等小全宗档案，各种档册、电报、照会及宫中杂件等，舆地图，部分满、蒙文档案，内务府、宗人府部分档案，共计700余万件档案，为纂修清史提供整理的档案，占馆藏档案数量的1/2。为此，中国第一历史档案馆专门制定了整理著录这部分档案的原则和标准：

1. 尊重原整理分类基础，只细加工著录，不重新分类。

2. 遵循全国明清档案著录规则，不做新著录标准，以便于档案数字化和统一的网上管理和运行。

3. 一次性整理到件，著录到件。既要保证数量，也要保证质量。

4. 整理档案范围和计划要听取清史专家意见，根据清史编纂体例和研究课题，整理内容和范围可以做进一步调整。

5. 对所整档案要做好索引，尽量满足修史专家从多种角度查找利用。

6. 边整理著录，边缩微拍照、扫描，争取尽早实现网上管理，以便于广大修史专家利用。

此外，对整理档案的时间、场地、人员、办公设施、经费等方面做了量化统计和详细的时间安排，以保证这700余万件档案整理著录工作的顺利进行。同时，为便于清史编纂人员查阅利用档案，丰富清史工程编研史料内容，扩大清代档案影响，中国第一历史档案馆在整理的基础上，选择部分内容重要的档案提供编辑出版，并制定了清史工程拟出版档案规划。目前，《清宫普宁寺档案》、《清宫热河档案》、《庚子事变档案》已列入清史工程出版目录。（陈宜耘）

中国第一历史档案馆迁建工程立项

2003年12月2日，中国第一历史档案馆迁建工程项目正式批准立项。

根据《国家发展和改革委员会关于中国第一历史档案馆迁建工程项目建议书的批复》(发改投资[2003]2012号)，中国第一历史档案馆新馆迁建工程选址在北京市海淀区正福寺4号，核定工程建筑面积4万平方米。主要建筑内容包括：档案库房、技术用房、阅览利用用房、行政办公用房、人防工程等。总投资暂按3亿元控制，所需投资由国家发展和改革委员会安排，中央预算内投资解决。

随后，中国第一历史档案馆成立了迁建工程领导小组和工作小组，明确各组工作任务、职责，制定出迁建工程的具体方案和初步设计要求。迁建工程立项，标志着中国第一历史档案馆新馆筹建工作正式启动。

（陈宜耘）

第七届中琉历史关系研讨会

中国第一历史档案馆与日本冲绳县教育委员会于2003年10月15日至10月21日在日本冲绳联合举办了第七届中琉历史关系研讨会。

中日双方150余位专家学者出席了研讨会。他们中有研究中琉历史关系的资深学者金城正笃先生、滨下武志先生、西里喜行先生，也有特地从东京赶赴冲绳的历史学家生田滋先生等。中方由邹爱莲副馆长致词，日方由仲宗根用英教育次长致词，琉球大学金城正笃教授致研讨会闭幕词。研讨会分别由琉球大学教授上里贤一及《历代宝案》编委会委员西里喜行先生主持。学者们就中琉历史关系的形成，特别是中琉贸易及舆地图所记载的琉球等问题进行了热烈讨论。此次研讨会论题主要分三个部分：一是中琉历史关系的基本问题研究；二是中琉交往过程中具体问题研究；三是利用舆地图研究中琉历史关系。研讨会由《历代宝案》编集委员会委员滨下武志先生作总结发言。共有8位学者发表了论文，其中中方有6位。（陈宜耘）

中国第一历史档案馆与日本冲绳县教育委员会续签合作意向书

2003年12月15日，中国第一历史档案馆与日本冲绳县教育委员会在北京中国第一历史档案馆签署了合作意向书。中国第一历史档案馆馆长邢永福、日本冲绳县教育委员会教育长山内彰作为代表在意向书上签字。

中国第一历史档案馆与日本冲绳县教育委员会自1998年12月2日签署《关于进行中琉历史关系学术交流协议书》以来，彼此建立了相互信任、愉快交往、友好合作的关系。在"以中琉历史关系研究为题，清代中琉关系档案开发为目的"的原则精神指导下，充分发挥和利用中国第一历史档案馆丰富的中琉历史文化资源和特有的人力资源，在史料出版、学术研究、档案展览和人员交流等方面，取得了丰硕的成果，有力地推动了中琉历史关系的研究和相关档案史料的开发。中琉历史关系源远流长，中琉关系史的研究是一个长期的课题。双方一致表示，愿意继续合作，不断促进和加强双方间的学术交流，深入挖掘中琉历史文化资源，进一步发展中琉友好合作关系和中日两国人民的友谊，使中琉历史关系研究再上一个新的台阶。（陈宜耘）

中国第一历史档案馆网络工程试运行及验收工作完成

由清华紫光股份有限公司承担的中国第一历史档案馆网络信息系统工程，在历经3年的建设后，于2003年初进入系统测试阶段。经过半年的网络系统及管理软件测试后，从2003年5月开始，在档案馆各相关业务部室开始试运行。针对试运行阶段出现的各种问题，该公司对信息系统进行了相应的修改，以使其运行更流畅、流程更合理、操作更方便、界面更友好、管理更有效。2003年下半年,整个网络信息系统通过了专家组的验收,并于年底进行了工程总验收,现已交付使用。

此项工程建设采用了先进的计算机技术、网络技术、信息存储技术、全文检索技术和多媒体技术。针对明清档案特点,采用了GB18030字库,基本解决了困扰档案馆多年的计算机处理古籍汉字缺字问题。工程建设基本体现了实用性、可靠性、安全性、先进性、可管理性和可扩展性等特点。

中国第一历史档案馆网络信息系统的建成,使网上办公、档案信息化管理和档案数字化建设成为可能。中国第一历史档案馆就此全面进入办公及档案信息化管理阶段。 (苏文英 齐小晶)

中国第二历史档案馆 特藏档案库完成改建和布展

中国第二历史档案馆特藏档案库于2002年底开始改建,2003年11月完成布展,建成了面积达500多平方米,融保管与陈列于一体的特藏档案库。

特藏档案库典藏、陈列档案珍品一万余卷(件),系从馆藏900多个全宗,180多万卷档案中精心鉴定挑选而出,主要有孙中山、蒋介石、冯玉祥等48位著名人物档案,以及字画、家谱、印章、徽章、商标、邮品、钱币、证券、地图等特殊载体档案,集信息内容的重要性、载体形式的多样性于一体,其中不少兼具档案与文物的双重属性,是弥足珍贵的历史瑰宝。

特藏档案库配有中央空调系统、中央消防系统,实行专人管理。它的建立,改善了珍贵档案的保管环境,有利于快捷迅速地提供利用,更好地宣传了档案和档案工作的重要性,为档案馆走向社会、服务社会开辟了新的途径。 (王俊明)

中国第二历史档案馆启动 抗日阵亡将士名录数据库录入工程

为加快档案信息化步伐,为利用者提供便捷的检索服务,中国第二历史档案馆于2003年4月启动了馆藏抗日阵亡将士名录数据库录入工程。

中国第二历史档案馆现存抗日阵亡将士名录卡片20余万张,是通过计算机对馆藏案卷目录进行搜索,由手工摘录而成的一套检索工具。该套卡片在日常接待查档工作中,使用率一直较高,为许多抗日阵亡将士遗属查阅资料提供了方便。但由于手工检索存在检索途径单一、查找速度慢、漏检率高的缺陷,中国第二历史档案馆根据馆藏抗日阵亡将士名录卡的特点,研制开发了数据库的录入和检索程序。利用者可通过阵亡将士的姓名、别名、籍贯、部队番号、阵亡地点等要素迅速准确地进行计算机检索。该数据库交付使用后将为接待利用工作再上新台阶打下坚实的基础。

(张开森)

中英合作海关档案项目取得阶段性成果

2001年,中国第二历史档案馆与英国剑桥大学合作,开展了整理编辑海关档案资料项目。经过三年的努力,于2003年底中国第二历史档案馆编制完成了海关档案案卷目录数据库57910条,贸易类10124条、税收类2691条的文件级专题目录数据库。

馆藏海关档案主要分藏在海关总税务司署及关务署全宗,所属年代为1861—1949年,内容涉及政治、经济、军事、外交、贸易、教育、邮政等各个方面。由于旧海关主要是由英国人掌管,其属员多为洋员,因而绝大部分是英文档案。海关总税务司署档案于80年代初由海关总署移交中国第二历史档案馆保存。由于当时只简单进行了编号排序,没做进一步的整理,因而查找利用十分不便。为使该海关档案得到有效的开发和利用,二史馆组织既通业务,又懂英语的业务人员成立了海关项目工作小组,对海关档案进行全面梳理和整理编目,建成了一套案卷级电子目录数据库,达到了标题清晰、检索便捷的标准。

该项目的开展为查档者利用海关档案提供了方便,为整理清代海关档案、参与清史编辑打下了基础。

(许茵)

2003年中国第二历史档案馆民国档案利用动态

2003年,中国第二历史档案馆(下称二史馆)共接待国内查档单位432个,计4070人次,海外查档学者44批,计350人次,对外提供目录8929册,调阅档案14025宗,缩微胶片630盘,办理信函查档60封,摘录档案22635页。

上半年因受“非典”的影响,对外接待工作主要采用信函、传真、电话等手段进行代查。下半年利用者与往年同期相比稳中有升,各大院校、机关单位、科研院所查档者不断增加,其中为撰写博士论文查档者增幅较大。2003年海外查档者及新闻媒体查档较往年相比有所减少。

国内查档中,为作学术研究到二史馆查档以高等院校和科研院所居多,如军事科学院军史部为研究民国时期军事查阅军事、内政、行政院档案历时三年之久，复印摘抄档案资料计千余页；为编史修志查阅档案者仍持续不下，如中国科学院动物研究所为编撰所史查阅了中央研究院、北平研究院、静生生物调查所历史档案58卷，摘抄资料800余页；也有为举办展览陈列、查证家庭情况查阅、复制档案的，如，上海铁路博物馆为举办展览调阅有关上海及华东铁路的档案资料90卷，扫描34幅画面；西安市中心医院某医生为查找其外祖父资料查阅了抗日阵亡的档案，了却了其80多岁老母多年的心愿。海外利用者查阅档案主要为学术研究所用，内容涉及法律、海关、宣传、建筑等诸方面。

（陆君　许茵）

第二届上海档案论坛

2003年12月29～30日，上海市档案局、上海市档案馆主办主题为“新时期公共档案馆建设”的档案论坛。来自国家档案局和北京、天津、上海、江苏、浙江、广东及沈阳、青岛、深圳等省市的档案界人士及专家学者100余人参加了论坛。

论坛对于我国新时期建设公共档案馆的必要性达成了共识。与会者从不同角度不同层面进行了论证。

公共档案馆的定位与功能成为与会代表集中研讨的话题之一。许多代表提出了档案服务的亲民性、休闲性问题，认为档案馆应该成为公众休闲娱乐的场所，让公众在轻松的氛围中亲近档案。作家程乃珊强调档案馆除了向公众开放档案外，还要走到公众中去收集社会上的“活档案”——口述历史，因为这些沧海遗珠中有许多档案里没有记载的历史细节和社会风貌。

作为档案馆接近公众最常用的手段，展览成为本次论坛关注的又一话题。有的代表回顾了近十多年来举办档案展览的历程，提出应加大开发档案展览的文化价值，走联合办展和市场运作之路。有的提出，要把档案展览作为一个重要文化品牌来构思，建设融宣传、教育、服务、休闲为一体的，以历史馆、荣誉馆、名人馆、档案精品馆、数字档案馆等5个“馆中馆”为主要载体的历史文化展示中心。有的提出在档案展览中要注重运用宣传策略和现代化科技手段，锻炼和稳定一支档案展览策划、设计、讲解人员队伍。

与会者还就档案馆的资源建设、职业道德建设、发展档案文化产业等问题提出了很有见地的思路与对策。（李军）

上海总商会档案等入选《中国档案文献遗产名录》

2003年10月10日，经“中国档案文献遗产工程”国家咨询委员会评审，上海市档案馆申报的上海总商会档案、上海市档案馆和中国国家图书馆、中国国家博物馆、浙江省上虞市档案馆联合申报的《共产党宣言》中文首译本入选《中国档案文献遗产名录》。此次入选的文献共35件(组)，是从第二次申报的近百件(组)文献中精选出的。

上海总商会档案文献形成时间1901年至1929年，共计97卷。文献主要包括上海总商会1912年至1928年议事录、1913年至1927年办事报告，上海商务总会历次奏案和章程，上海总商会会员录，上海总商会征集商品参加国外博览会有关文献，近代上海工商界的知名人士虞洽卿、王一亭等人的文件和照片等，反映了争取租界华人和商界参政，争取司法自主，倡导经济秩序，吁请改良税制，维护金融市场和提倡国货等政治经济活动，是研究上海总商会历史的第一手材料。

《共产党宣言》中文首译本1920年8月由上海社会主义研究社出版，陈望道翻译。（宗禾）

黄文明向济南市档案馆捐报

2003年11月26日，“齐鲁集报大王”黄文明将自己收藏多年的较有价值的13000多份报纸捐赠给济南市档案馆。这是济南市档案馆接收的个人一次性最多的捐赠。这些报纸资料中有解放前报纸150多份，“文革”时期报纸150份，各类创刊、停刊、“特刊号”报纸453份，港澳台报纸204份，各类报纸的合订本、缩印本125本和其他各类报纸2600多份，还有部分日军侵华资料等。其中许多报纸资料已成为孤品，具有极高的史料研究和收藏价值。例如：1881年的《申报》、1902年的《新闻报》、1918年7至9月份的《晨钟报》合订本、1925年的《热血报》、1939年和1940年的《大众日报》、1947年的《东北日报》、日军侵华原始资料等。据了解，《新闻报》已成为孤品，而《热血报》则是由瞿秋白主编的我党第一份日报，对于研究我党的革命历史具有很重要的价值。（济南市档案局）

广东省档案馆征集张积慧《护士长日记》手稿

2003年上半年，在积极做好“抗非”档案资料的收集工作的过程中，广东省档案馆成功征集到张积慧的《护士长日记》的原稿及一批珍贵资料，成为馆藏“抗非”档案资料中极其珍贵的部分。

张积慧在“抗非”期间写下的日记《对抗非典：难忘那46个日日夜夜》于4月15日在《人民日报》全文刊登；4月19日，张积慧接受了中央电视台“面对面”栏目的采访；5月6日，《护士长日记——写在抗非典的日子里》单行本由广东教育出版社出版，中共中央政治局委员、广东省委书记张德江，卫生部党组书记、常务副部长高强分别为该书写了序。征集日记手稿的工作从5月21日正式开始，省档案馆工作人员特别是中国档案报特约记者张中华多次与张积慧本人联系、沟通，从各方面说明将日记手稿留在广东的意义。经过两个多月坚持不懈的努力，档案馆工作人员的锲而不舍的精神、决不轻言放弃的工作态度感动了张积慧，使她同意将日记形成的所有原始稿本连同张德江书记题封的护士长日记单行本无偿捐给广东省档案馆。9月11日省档案局(馆)长徐大章、副局(馆)长张平安代表省档案馆接受了这批珍贵的档案。9月25日，广东举行了"抗非"英模档案捐赠(寄存)仪式，包括张积慧在内的广东8位"抗非"英模人物及家属和英模所在单位的代表出席了该仪式，并从副省长谢强华手中接受了广东省档案馆颁发的收藏证书及纪念品。 (钟鸣)

提供档案利用所产生的社会效益和经济效益典型事例

北京市

宝坻英模

2003年8月15日，天津市宝坻区政协文史资料委员会一行四人来到档案馆。他们计划编辑出版一册名为《宝坻英模》的合订本，内容包括宝坻区内全国英模和区外宝坻籍人士的模范事迹。原全国政协主席李瑞环是宝坻人，因此也成为他们征集的重点。但因缺少资料，一直无法动笔。为搜集到更多有价值的历史资料，他们来到了北京市档案馆。在工作人员的热情帮助下，他们很快在馆藏1958—1965年的《北京日报》中查到了若干篇李瑞环当时的劳模事迹材料，为编写《宝坻英模》提供了极为重要的素材。

北京大学的著名学者——李大钊

为了编写20世纪北京大学著名学者墨迹，北京大学法学院的程道德先生来到北京市档案馆，希望查找李大钊等人的手迹。在利用处同志们的热心帮助下，很快从解放前北京大学的档案中查到了当时李大钊同志担任北大校长室秘书时对聘任马家骧为北大图书馆助教的手札。程先生将这份手札做了扫描复印。看着这份珍贵的手札，程先生不禁感叹档案馆对历史档案保存得如此完好，使得后人能通过档案真实地感受到历史留下的印记。

从档案中学习了解历史

越来越多的中外学生、学者来到北京市档案馆通过查阅档案来了解北京的历史，学习相关知识。

美国芝加哥大学的赖德林先生为撰写民国时期礼制建筑艺术方面的博士论文，前来查阅相关的档案。他在北平电车股份有限公司的全宗里查到了孙中山灵柩奉移送殡行列图式。该图对于赖先生民国礼仪与民国建筑艺术的研究，尤其是对研究孙中山奉安大典和中山陵的设计有很大帮助。此图反映了葬礼中的社会团体、仪仗服饰，对于理解其殡葬礼仪与旧王朝迥异的革命性有很好的说明价值。最后，赖先生将该图的部分内容做了扫描复制。

历史上的崇贞女校

2003年6月，北京市档案馆来了一位李女士。她正在写比较解放前后教育差异的研究生毕业论文，为了查找解放前北平市的教育情况来到档案馆查阅档案，尤其是想查找崇贞女校的情况。档案馆工作人员很快便从北平市教育局的全宗里为她调出了所有关于崇贞女校的档案。李女士认真翻阅了这些档案，并将其中比较重要的部分做了复制。由于时间的问题，她不能将所有的档案都看完，于是将包括私立崇贞女中学生守则、细则，私立崇贞女中各级学生成绩表，市政府关于查明接收崇贞学校情形等在内的14卷档案做成缩微胶片带走。

档案及时解决劳模待遇

2003年6月3日，北京市某制药厂的唐先生来到北京市档案馆，为解决本单位退休老工人的劳模待遇问题前来查阅相关档案。

据唐先生介绍，这位老工人现年已八十多岁高龄，1984年从单位退休，该同志曾在1959年参加了北京市群英会，当时在北京市食品公司某车间任班长，由于工作突出，被选为单位群英代表。目前北京市政府落实劳模政策，使劳模在政治和经济上的待遇都有了不同程度的提高。但由于该同志缺少劳模证明，使其劳模待遇一直没有落实。在利用处工作人员的帮助下，很快唐先生找到了当年参加群英会的名册，从中找到了这位老工人的名字，多年未解决的问题有了依据。

经过电话回访，了解到现在这位老工人的劳模待遇已恢复。除每月退休工资增加5%外，还按规定一次性补发了津贴。

为《彭真传》编写组提供档案

彭真同志自解放初期至文革前一直任北京市市长，为北京市的发展和建设作出了卓越的贡献。《彭真传》的编写是对彭真一生工作最好的总结。档案馆丰富的历史资料为编写《彭真传》起到了很好的促进作用。《彭真传》编写组自成立以来，一直以北京市档案馆馆藏档案为中心，查阅了大量有关彭真同志五六十年代在北京市任职期间的珍贵历史材料。这其中有彭真早期的照片、彭真的手迹、多项指示、批示等，这些珍贵的历史材料为编写《彭真传》提供了丰富的历史资料。在近两年的时间内，《彭真传》编写组在档案馆利用档案数千册，复印档案上千页。

为北京奥组委提供档案

北京第29届奥运会申办工作结束后，其间形成的所有档案全部保存在北京市档案馆，这些档案非常齐全、珍贵，包括文字、图片、声像等，是宝贵的历史材料。2003年6月份，奥组委为进一步宣传北京2008年奥运会，需要查阅当年奥申委在申办工作期间所形成的宣传素材。为此，奥组委的马女士来到北京市档案馆，查阅了北京奥申委的档案材料，找到了当年北京奥申委的所有宣传材料，其中不少是反映当时真实记录的录像光盘和录音带。这些珍贵的资料给北京奥组委进一步宣传北京2008年奥运会提供了宝贵的历史资料。

（以上由北京市档案馆提供）

天津市

建立农村信用户档案体系
为推进农村信用工程建设服务

2003年，为推进农村信用工程建设，天津市静海县档案局与县信用联社联合开展了基层信用社农村信用户信用档案建立工作。在王口镇信用社开展建档试点的基础上，在全县18个基层信用社全面铺开。截止2003年底，全县8个信用乡镇、199个信用村、5万多个信用户的信用档案资料全部实现规范化、动态管理，形成完整的农村信用户信用档案体系。此项工作的开展，对于降低农业信贷风险，扩大信贷款规模，解决农民贷款难，帮助农民扩大生产，实现“社、农”双赢发挥了重要作用。到2003年底，全县累计发放小额信用贷款显著增加，还贷率达99.9%。

农村信用户信用档案体系的建立，有效促进了农村信用工程的建设。这项工作被评为2003年度天津市档案创新成果奖，先进经验在全市涉农区县中被广泛推广。

农业档案帮农民奔小康

2003年，天津市武清区档案局针对农产品品种雷同、上市集中、相对过剩等结构性问题，会同区农、林、畜牧、水产等涉农部门，对全区29个乡镇街道、741个村的区位特点、土地状况、水利条件、农技水平、劳动力分布及资源优势、历史传统等逐项进行调查梳理，汇总成村、乡、区的农业基础档案。依靠这些农业档案，推出了优化品种结构、增加农民收入、促进农业产业升级的新举措。年初，根据国家产业政策和市场需求导向，选择与基础档案相吻合的种植、养殖项目，把项目的预期收入、投资数额、技术要求、管理要点、产品销售等编印成“明白纸”，分发给农户。农户根据自己的实际，选择一个年收入万元的项目为主攻方向。同时，档案部门根据市场需求重新修订补充农业档案，对效益差项目及时进行调整。如今，在天津市武清区，无论是种植业还是养殖业，农民们按农业档案标准进行实际操作已成为共识，全区逐步形成了反季蔬菜种植区、优质果品区、高效养殖区、高品质粮食区等各具特色的产业基地，农业档案发挥了重要作用。农民们高兴地说，是农业档案帮我们奔小康！

（以上由天津市档案局提供）

河北省

编辑史料为抗击“非典”服务

2003年抗击“非典”期间，河北省档案馆查阅馆藏档案资料200余卷，编写了《河北省十二种重大传染病疫情及防治》资料1万余字，完成了“以史为鉴、防控非典”——河北省十二种重大传染病疫情及防治报告材料，省委书记白克明批示：这个材料很有说服力和借鉴作用。转发各市领导同志阅。报告材料对全省防控“非典”工作发挥了重大作用。同时，河北省档案馆还在很短的时间内编辑出《河北省建国以来爱国卫生运动文件选编》、《河北省建国以来疫情防治文件选编》两本小册子，在“防非”斗争中发挥了积极的决策参考、宣传科学和稳定民心的作用，也为今后有效应对各类疫情提供了宝贵资料。

利用科技档案促进经济腾飞

唐山市农业科学研究所通过利用科技档案，为滦河三角洲的农业经济发展规划及领导决策提供了依据和参考，提出了科学有效的种植方案，使该区的经济得到迅猛发展，利用档案创效益0.916亿元（经济效益类）。

滦河三角洲地区是一个具有独特生态环境，以种植业为主的沙薄粮油区，总土地面积3549.8平方公里，人口16万多。该区自然和社会环境条件较差，资源利用不合理，农产品产量低，再生产能力差，经济较为落后。为改善当地的自然和经济环境，唐山市农业科学研究所在利用十多年开发研究形成的大量技术资料与科技档案的基础上，进行了“滦河三角洲沙薄地持续农业发展途径及配套技术研究”。紧紧围绕“固沙—改沙—用沙”这条主线，通过种植结构调整，以技术集成和成果转化起步，边发展，边研究，科技攻关与推广现有技术成果同步滚动，为该区建立了综合丰产技术体系及沙地土壤地理信息系统，制定了沙区沙薄地防风固沙工程措施，探讨出了适合该区可持续农业发展途径、种植模式与配套技术，并很快推广，促进了滦河三角洲沙区农业生产的发展，使当地农民走上了富裕之路。

利用档案，完成转炉烟气净化和煤气回收工程

邯郸钢铁集团股份有限公司一炼钢厂在改造前，转炉冶炼生产过程中产生大量烟气，直接排入到大气中，对环境造成污染。为适应邯钢可持续发展的需要，解决污染及能源浪费问题，该厂实施了环保和节能双重功效的转炉烟气净化和煤气回收工程。该厂综合室档案人员将为此项工程服务作为年度的中心工作，提出了“主动、及时、准确提供档案材料，全力保工程顺利施工”的口号，对工程全过程进行跟踪服务。为整个工程的各个重要环节提供了可靠的档案和资料82卷，图纸1064张，保证了施工的顺利进行，间接创收118万元。改造完成后，该厂年粉尘消减量达到6000多吨，对改善该厂职工作业环境和周边生态环境起到积极作用。

利用基建工程档案为城市供水管网改造服务

随着城市的发展，旧的供水管线已不能适应人民生活需要，必须进行管网改造。引岗黄水库水二期工程，旨在进一步改善石家庄市供水水质，缓解地下水资源不足，解决市区部分区域水压偏低的状况，从而提高城市居民的生活质量，促进国民经济持续、稳定、协调发展。在供水二期西二环配水管网调整工程设计过程中，石家庄市供水总公司档案人员为设计院提供了过去的道路管网竣工图，为设计人员提供了可靠的数据，保证了设计任务和管网改造工程的顺利完成，提高了城市居民生活质量，为人民群众造福。

（以上由河北省档案局提供）

内蒙古自治区

▲内蒙古蒙华海渤湾发电有限责任公司两台200MW机组投产以来，再热器减温水装置不能正常运行。为了解决这个疑难问题，2003年1月12日，技术人员到档案室查阅“再热器冷、热段蛇形管、减温装置”等设计档案，发现是由于甲、乙侧管道错接到母管上造成的，经过改造，每年为公司节约30万元。

▲内蒙古蒙华海渤湾发电有限责任公司两台锅炉由于设计原因，灭火保护和水位保护都没设置投退开关，造成很大的事故隐患。2003年1月，生产人员在档案室查阅锅炉地点火装置、锅炉仪表热线。确定在灭火回路和水位保护回路加装投退开关，并接入监测系统进行监测。据粗略统计，只灭火保护投退开关一项，可减少损失近百万元。

（以上由内蒙古自治区档案局提供）

辽宁省

▲国庆前夕，为了更好地继承革命先烈的光荣传统，振奋精神，打好振兴辽宁老工业基地这一新的“辽沈战役”，辽宁电视台《开国战斗英雄》摄制组来到辽宁省档案馆，查阅了郅顺义等十多位战斗英雄照片、资料。摄制组说：这些档案照片，不仅使该片具有较强的文献宣传力量，而且也使片子的说服力与信任度因此加大。

▲2003年4月8日，抚顺市新宾县清永陵文物管理所，为永陵申报世界文化遗产来辽宁省档案馆，查阅了永陵修缮、祭扫用品、陵寝机构、人员等重要史料，为永陵“申遗”提供了重要支持。

▲凌海市农民于福，其长子在抗美援朝战场上光荣牺牲。为关怀烈属，照顾家庭生活，1952年政府批准他在河岸种2.3万多棵树苗。县政府发给他林业股票，二八分成，个人得八成，但后来大凌河林场强迫于家将树权划归林场，至1982年被强行砍伐，由此引起诉讼。沈阳一法律事务所为此来辽宁省档案馆查档，档案馆为其提供了中共中央1961年45号文件《关于确定林权和发展林业的若干政策规定》，由此解决了二十多年悬而未解的难题。

▲辽宁省计委于1986年担保丹东市487万美元外汇，因丹东造纸厂无力偿还此贷款，丹东市政府要求省计委偿还。为了分清责任，省计委来省档案馆查档。查到的两个文件明确规定该款应由丹东市偿还，为省计委挽回了近2000万元经济损失。

▲沈阳市和平区海洋服装厂就本企业动迁补偿费用问题到省总工会上访，诉说和平区工业局占用海洋服装厂址，并私吞动迁费。省总工会为了维护工厂职工的利益，在省档案馆查到了省集体办发给和平区工业局的文件，同意拨给该局200万元人民币，作为海洋服装厂的动迁费。这对和平区海洋服装厂胜诉起到决定性作用。

▲赤峰市三中是内蒙古一所重点高中。在建校80周年校庆筹备期间，因苦于没有学校设立的档案资料，来到辽宁省档案馆查档，在热河省公署档案中，查到建校时间是1923年的准确档案。他们高兴地说：这对我校的校史编写非常重要，在校庆宣传活动中也将发挥重要作用。

▲东北大学是著名爱国将领张学良一手创办的。为了对学生和社会各界进行爱国主义教育，学校决定在纪念校庆80周年之际，举行校史展览。东北大学本是一所具有爱国主义优良传统的学校，但由于学校自“九一八”事变后，流亡到北平、开封、西安、四川三台等

地，档案资料大都散失，搜集起来十分不易。辽宁省档案馆全力帮助，为其提供了大量东北大学历史资料和档案。（以上由辽宁省档案局提供）

馆藏档案资料圆了日本老人的寻旧梦

健野五郎，一位年逾古稀的日本老人，他曾于1943年至1948年就读于沈阳"奉天第二中学"。这五年给他留下了终身难忘的印象，是他少年时对中国最深刻的记忆，所以他对沈阳、对中国怀有深厚的感情。回中国的母校看一看，拍张照片，留个永久纪念，一直是他的梦想。2003年，他在友人的陪同下专程从日本来沈阳寻旧。"奉天第二中学"经过几十年的变迁已踪迹全无。他们慕名来到了沈阳市档案馆。市档案馆接待人员根据这位老人的讲述，了解了详细情况后，多方面查找线索。在查阅了大量的馆藏档案资料后，确认当年"奉天第二中学"的地址就是20世纪80年代的"太原街十段"。但是伴随着沈阳城市的拆迁、巨变，"太原街十段"已不复存在。于是，沈阳市档案馆接待人员又调阅了沈阳市新旧地图及有关新旧地址、地名的资料，进行细心地对照及考证，并及时电话咨询市地名办、和平区地名办、有关街道办事处、所辖区域派出所等单位，寻求帮助，最终确认了原"太原街十段"就是现在的"和平区南十一条"，即原"奉天第二中学"的旧址。当这位日本老人看到接待人员几经周折与努力终于确认了其母校的旧址后，激动地说：这回我终于圆了中国梦！感谢档案馆接待人员的细心查找、耐心接待、热心服务！（沈阳市档案局）

吉林省

为编史修志服务

2003年3月份，中共长春市委组织部编写党史人物传记，列入党史人物传记的老同志，大多都是二十世纪三四十年代参加革命工作的老干部，他们经历曲折，并已辞世，由于当时的环境恶劣，没有留下什么材料，承担编写任务的单位和编写人员，对编写这些人物的传记缺少材料感到为难，他们找过组织部门、找过老干部家属和亲朋好友，但他们都无法提供老干部们准确参加革命的时间、经历和事迹。长春市档案馆主动热情为他们服务，先后提供了16位老干部的档案，这些档案真实、详细、准确地记录了老干部们的个人简历、自传、证实材料，曲折的人生轨迹以及他们为革命事业奉献一生的先进事迹，为撰写长春党史人物传记提供了翔实、准确的第一手材料。

2003年2月末到9月份，历时半年多的时间，长春市档案馆为长春市委党史研究室编写《中国共产党长春历史第二卷》，系统地提供了1956年到1966年社会主义建设十年的档案148卷，复印200余张，为编写史书提供了可靠的第一手材料，使史料编写工作得以顺利进行。

解决土地纠纷，密切军民、军政关系

2003年3月5日，驻长某部队来到长春市档案馆查阅现在部队的土地来源，确定现有土地面积，以解决多年的土地纠纷问题。早在1956年该部队经长春市房地局批准用地四十多万平方米。四十多年间，部队人员流动性大，原有的用地批件早已不知去向。5年前部队用地又经有关部门批给一房屋开发公司建了商品房，两个单位由此发生纠纷，多年来部队一直奔走于各部门，但都因没有凭证没能得到解决。在这种情况下，他们来到长春市档案馆，在档案管理人员的帮助下，在馆藏1956—1957年的档案中终于查到了当时部队征用国有土地的批件等全部档案材料。由于有这些档案作凭证，使部队的权益得到了保护，使这场土地纠纷最后得到了圆满地解决，化解了军民、军地矛盾，促进了社会的稳定。

为工人群众服务

2003年8月，长春市档案馆将市劳动局1977—1998年期间形成的80多万工人的劳动调配证存根档案接收进馆。三个月为利用者调阅调配证存根档案3508卷，为128人提供了劳动调配证明档案，为广大工人办理社会保险、补充档案、调转单位等问题提供了可靠的依据，受到了工人群众的欢迎，为社会的稳定作出了贡献。

维护农民合法权益

2003年3月初，陆陆续续有农民到长春市档案馆查阅农转非审批档案。原来这些农民都是长春市净月旅游经济开发区内各乡的农民，因为开发商要征用土地给予一定的经济补偿。来查档案的农民其父辈是城市户口，20世纪50～60年代因为城市人口众多，粮食缺乏，他们在城里又没有工作，这部分人按照政府的要求，被动员下乡变成了农业户口，1984—1996年间市政府为他们落实了政策，给他们及其子女办理了农转非手续，但并没有安排工作，他们还在农村种地。按这次开发征用土地给予补偿的规定，凡是经政府按政府办理农转非手续的，他们也同样像农民一样，享受占1亩地给予24700元、占1平方米房屋给予900～1000元补偿的待遇。于是，他们纷纷来到长春市档案馆查找长春市人民政府安置办形成的农转非审批档案，仅两个月，长春市档案馆就接待了300多人，调阅档案1586卷，使他们得到了占用土地与房屋赔偿补助金，为他们解决了生活上的后顾之忧。

（以上由长春市档案局提供）

黑龙江省

档案为凭，遏制国有土地流失

内蒙古自治区大兴安岭农场管理局地处鄂伦春自治旗境内，由于少数民族地区经济落后，农牧民素质有待提高，多年来，大杨树煤矿辖区土地逐渐被当地百姓及盲流人员强占，甚至煤矿开井还得向老百姓征地。2000年，国务院下发了在全国开展土地确权工作的文件，大兴安岭农场管理局决定以此为契机，收回流失的大杨树煤矿近两千亩的土地。但是在确权过程中，该局无法向当地政府提交权属证明，故派土地确权人员于2003年3月12日来黑龙江省档案馆查找相关文件依据（当时建矿时隶属黑龙江管理）。

通过认真查阅，找到了龙革生字（69）201号黑龙江省革命委员会“关于同意在大杨树矿区自建煤矿的复函”，这份文件使国务院土地确权工作部署在地方落实有了可靠依据，保障了大杨树煤矿合法土地的正常使用。这不仅为国家挽回近两千亩土地的经济损失，有效遏制国有土地流失，而且有利于政府部门依法办理，使强占土地的老百姓情绪稳定，维护了社会的安定团结。 （陈静升）

财务档案为国有资产管理提供依据

根据省财政厅黑财预［2002］28号文件精神，为进一步加强国有资产管理，促进地方国有企业的改革与发展，加大财政信用资金回收力度，经省政府批准将尚未收回的122350万元省天基金债权，无偿划拨给省国有资产经营管理有限公司，作为基本金进行经营管理。省石化工业局接到通知后，为了能够正确填写《省天基金债权变更确认书》，派人到黑龙江省档案馆查阅了省石化局1995—1997年的财务档案，确认了省天基金借款的时间、用途，为填写《省天基金债权变更确认书》提供了原始依据。 （田洪文）

档案资料为职工维护自身权益作证明

哈尔滨市麻绢纺织厂张某的父亲系哈市房地局砖厂工人，现已退休。在职期间，因长年从事炉渣粉碎工作，患有一期矽肺病。后来原单位合并，在以后的十几年中，其职业病发展到矽肺二期，并有职业病医院诊断，但合并后的单位不予兑现退休和职业病待遇。张某于2003年1月6日来黑龙江省档案馆查找有关文件依据。通过查阅黑劳险字［80］9号“转发国家劳动总局关于职工自动离职后查出患有二、三期矽肺病的待遇问题的复函”、劳总险字［81］52号“关于患一期矽肺病代偿机能属于乙、丙两类职工的待遇问题的通知”、黑劳险字［82］40号“转发国家劳动总局、国家人事局、卫生部、全国总工会关于已经退休、退职的患一期矽肺病代偿机能属于乙、丙两类职工的待遇问题的复函”，确认其父亲应按患二、三期矽肺病办理退休并享受相应的待遇。这几份文件，为维护职工的切身权益提供了有力的依据。 （田洪文）

江苏省

▲2003年按照企事业单位机构改革的部署，江苏全省开展了国有企业改制和事业单位的摸底调查工作。部分单位由于缺乏机构成立的相关文件，无法明确单位性质、编制、成立时间等问题，迫切需要查找本单位或下属单位成立的批文、筹建时的批复或营业执照等。江苏省档案馆围绕中心服务大局，及时为省农林厅、省地方海事局、省卫生厅、镇江监狱等200多家单位提供了有关档案，为顺利推进改革作出了贡献。

▲随着国有企业改制的不断深入，各单位根据有关政策需妥善办理部分职工的退休手续或办理买断工龄的手续，为此而到省档案馆查档的单位和个人较多。有的利用者因个人档案年代久远、调动频繁而无法确认参加工作时间，难以明确相关待遇，无法顺利办理手续；有的需查询从部队复员、转业的原始档案；有的要查找原招工名单；有的来核实劳模、评先的档案资料；有的来确认学历以便落实相关待遇。2003年，江苏省档案馆为社会提供档案解决各类待遇问题共计300多次。

▲为对茅山革命老区38个乡的界定确定范围，以便在新时期给予老区各乡以经济、财政等各方面的优惠政策，江苏省老区开发促进会应镇江市老区开发促进会的请求，特地到江苏省档案馆查阅省政府关于划定老区范围的批文。省档案馆的同志热情接待，积极提供服务，很快在省民政厅全宗中查到所需档案，为该项工作顺利进行提供了依据。

（以上由江苏省档案局提供）

▲河北邯郸市的盖先生，50年代末出生在南京市，因家中子女较多，在他出生后18天即被人收养，并随养父母迁至河北省邯郸市生活。四十多年以后，养父将其身世告诉了他，盖先生向当地电视台发出寻亲求助，该台新闻综合频道记者拨通了南京市档案馆的电话，查找当时的公证材料。由于时间太久，盖先生养父忆起的收养年份和送养人姓名及住址均不确切，南京市档案馆工作人员对馆藏50年代的公证档案进行了全面检索，终于找到了那份公证书，同时，他们又主动担当起了代其在南京寻亲的任务。几经周折，档案馆终于找到其家人。得此消息，盖先生激动万分，当即与邯郸电视台记者赶赴离别近半个世纪的故乡，与亲人相认。2003年10月15日返程之前，盖先生专程来

到了档案馆,看望为其提供热忱服务的工作人员,由衷地表达了自己的敬意,他表示,从这件事中,自己不但体会到了档案工作者的无私奉献精神,更认识到了档案工作对个人乃至社会的重要性。

(南京市档案局)

浙江省

档案为企业改制提供方便

2001年11月,舟山船厂、舟山柴油机厂等企业开展企业体制与结构调整,重组成立舟山中洲发展总公司。新公司的成立,使一批工人面临下岗、内退、再就业。公司按照改革规定着手按类别进行人员分流处理。为掌握确凿的人事资料,公司人事处派员来舟山市档案馆查阅公司所涉及人员的工龄档案。市档案馆接待员热情接待并帮助查到了有关人员的工资单、招工表等材料,出具复印证件96份,这为该公司妥善处理人员分流,顺利完成企业体制改革提供了有效依据,进而获得了良好的社会效益。

档案为海域界定提供有力佐证

横屿岛是一个无人岛,位于乐清湾,是温岭市与乐清市的交界处,长期以来,温岭市和乐清市为横屿岛究竟属于哪一方的行政区域各执一词,互不相让。在陆域行政区勘界时,因双方都拿不出证据,横屿岛的归属问题就一直搁置在那里。2003年在勘定海域行政区域温州—台州线过程中,温岭市海域行政区域勘界工作办公室花了很多功夫,在市财税局农财股查到了土改前温岭市东门头村赵钦赞等户在横屿岛上的土地清册,并在市档案馆找到了解放前横屿岛的地籍图。土地清册与地籍一一对应,岛上的土地权属清清楚楚,大家才如释重负。原来,横屿岛上的土地乐清市只有几亩,且都是穿插地,原来是温岭市东门头村3户居民所有,解放前3户居民移居至乐清西门岛,同时也将土地权属带去乐清市。在原始证据充足的情况下,温岭市和乐清市很快就勘定了海域行政区横屿岛的归属。

(以上由浙江省档案局提供)

福建省

提供档案凭证,避免国资流失

▲福建省轻工业公司于2003年3月24日到省档案馆利用有关鼓山乡潭桥仓库建设的档案,为办理9.86亩土地的国有资产产权手续提供依据,同时预防了300多万元国有资产流失。

▲3月25日福建省汽车运输总公司到省档案馆查阅档案,利用有关福州客运汽车站建设计划任务书的批复及图纸,用于办理汽车站、综合楼房屋质量检验证、产权证,挽回经济损失640万元。

▲3月27日,福建省监狱管理局龙岩监狱到省档案馆利用馆藏原公安处龙岩青草盂农场总体布置图、规划图档案资料,查明土地界线和产权归属本单位的土地面积2000余亩,避免经济损失达1.2亿元。

▲4月1日,福建省农业科学院果树研究所到省档案馆利用福建省政府《关于省农科院果树研究所建立无病柑桔母本园征用土地的批复》、协议书、红线图,解决400亩土地产权问题,为国家挽回经济损失3000万元。

▲4月25日,泉州双阳华侨农场到省档案馆利用1960年建场时的计划任务书及相关档案资料。通过查阅档案,明确了双阳华侨农场范围内的山林、耕地、荒地13.5652万亩的权属,属国有土地性质,在农场的经济建设、土地开发利用、招商引资等工作中发挥了巨大的经济效益,节省开发成本5000万元。

积极挖掘馆藏,开展档案宣传

福建省档案馆利用馆藏资源举办了《八闽之光》档案展览,11月8日省档案馆爱国主义教育基地举行展览开幕仪式,国家档案局副局长杨公之为展览揭幕。福建省档案馆还与省革命历史纪念馆联合承办了《谷文昌精神永恒》、《弘扬抗美援朝精神》和《毛泽东与福建——纪念毛泽东同志诞辰110周年》三个大型展览,同时组织社会巡展,把展览办进学校、社区,参观者达13000多人次,受到社会各界好评。

服务下岗职工,为民排忧解难

▲漳州市2003年6月主动提供漳州市棉纺织总厂(破产企业)档案,为600多名原该厂职工办理养老保险,出具1981—1991年度职工养老保险缴费记录的原始凭证,解决了该企业下岗工人、离退休人员的实际问题。

▲宁德市档案局先后为市合成氨厂和闽东毛纺厂70多名下岗职工提供工龄证明,为下岗职工的再就业提供了有关凭证。

解决矛盾纠纷,维护社会稳定

▲福建省档案馆为全省各级勘界办和海洋渔业部门提供档案资料,帮助解决长期以来省内各级行政区域、海域界线不清,岛屿归属不明,土地、滩涂、林权纠纷等问题,为顺利完成全省行政区域、海域勘界工作和涉界地区的安定团结、社会稳定提供了有力的支持和服务。

▲厦门特贸金轮实业有限公司在关闭企业、分流职工过程中,遇到早期离厂的原征地户职工100多人集体上访。市信访局在牵头协调有关部门解决这一问题时,利用市档案馆提供的当时建设用地批复、迁建民

房批复等文件作为依据顺利解决纠纷。

▲光泽县档案馆为上马镇双坑村20多位村民提供该村村民1982年办理的自留山证，为维护农民的正当权益出具了原始凭证；松溪县档案馆为郑墩镇林屯村提供权属档案157份，解决了村民长期集体上访问题，维护了农村稳定。

（以上由蔡敏生提供）

四川省

▲2003年，四川华能宝兴河电力股份有限公司在组织实施小关子水电站1、2、3、4号机组管路防腐项目中，充分利用机组管路安装记录、发电机层管路布置图、水轮机以下设备管路布置等档案资料，计算出设备防腐的准确面积，剔除了施工方多报的10100平方米防腐面积，为项目合同谈判提供了重要依据，直接为公司节省了30万元维护费用。

▲2003年夏季，四川广邻路华蓥山隧道、老山梁子隧道的衬砌渐进出现渗漏水现象。川东高速公路有限责任公司委托中铁西南科学研究院尽快制定处治方案。川东高速公路公司档案室主动提供两隧道平、纵、横竣工图，溶洞整治、衬砌、施工勘察设计、防排水、混凝土配合比以及各种试验原材料档案100余卷，复印500余页，大大缩短了隧道渗漏水问题的调查工期，为公司节省勘察设计、试验检测取样等费用80余万元。

▲2003年9月，四川省交通厅公路规划勘察设计研究院承担都江堰至汶川公路设计，充分利用档案情报室保存的《成都至南充高速公路E7合同段施工图设计文件》、《国道108线西昌至攀枝花高速公路两阶段初步设计》、《成南高速公路桥涵通用图》等档案资料，使都汶路设计工作节省经费110.7万元。

▲2003年，四川华能康定水电有限责任公司在承建康定至成都光缆工程中，经过深入研究利用华能冷竹关电站至成都远控中心的初步设计、场内通信的初步设计、瓦斯河流域接入成都远控中心的初步设计以及相关光缆厂家的档案及有关技术、规程、光纤设备等档案，决定将原定自建工程改为与网通公司合建工程，从而为本公司减少投资1030万元。

▲2003年6月6日，四川省川投峨眉银江铁合金有限责任公司一分厂7—10号炉E轴/13轴钢筋混凝土柱下挫，钢筋外突，混凝土外崩脱落，危及厂房和工人安全，被迫停产。该厂铁合金产品供不应求，生产任务十分繁重，停产一天就将造成120万元的经济损失。为了迅速查明原因，尽快恢复生产，厂方委托四川省建筑结构抗震所限时作出厂房各种构件的安全性鉴定和治理方案。但因该厂厂房始建于1969年，工程档案不齐，鉴定工作难以开展。后经多方四处查找，终于在四川省建筑科学研究院综合档案室找到有关科研课题档案，于6月24日按期完成了鉴定，抗震所避免了罚金，厂家迅速恢复了生产。

▲四川省第一建筑工程公司于2000年11月投资承担四川托普教育股份公司教学楼工程，2001年7月竣工交付使用，工程质量优良。但甲方一再借口资金紧张，不仅未按合同依施工进度付款，所欠431万元工程款在完工两年后仍然不给，乙方多次催收无果。2003年4月，乙方诉至法院，由于出示的工程施工合同、决算书、竣工验收备案表等档案材料准确完备，诉讼各方均确认无疑，法院判决四川托普教育有限公司于2003年9月25日前全部支付工程欠款431万元及违约金20万元，维护了乙方合法权益，档案起了决定性作用。

▲2003年3月至7月，中国科学院输血研究所（四川）为了追收货款，委托律师查阅利用1996—2001年间大量会计类和管理类档案，先后依法对上海绿浪生物医学有限公司、武汉华康医疗器械生物制品销售公司、西宁小桥医药有限公司、西宁大十字医药批发部、西宁医药总公司、四川省医药公司、昌达公司等七家公司提起诉讼，法院经审理，依法判决上述七家公司支付货款共计173.88万元并强制执行，维护了自身合法权益，档案发挥了重要作用。

▲四川省水利水电勘设计研究院在承担四川省1号工程——紫坪铺水利工程的水工、施工、电气和水库移民等专业的工程设计中，充分利用该院科技信息档案馆“紫坪铺水利工程CAD电子地形图档案”，自1999年到2003年间创设计收入7000多万元，与采用传统手工设计方法比，多创设计收入1000余万元。CAD电子档案还将继续发挥更大作用。

（以上由张文忠提供）

陕西省

为《陕西教育史》（近代卷）提供档案资料

《陕西教育史》（近代卷）是国家“九五”暨陕西省教育厅重点科研项目“陕西教育史”研究的主要分支课题之一。2003年初，由陕西师大与省档案馆合作完成的这一课题正式启动。档案馆在提供利用的同时，提供了大量的档案资料。据统计共调阅案卷600多卷（册），许多档案资料都是第一手资料，其中部分资料是在馆藏原始档案的基础上编纂的。这些资料，如实再现了陕西省近代在半殖民半封建社会危机不断加深的情况下，教育对思想启迪，人才培育，推动进步所发挥出的积极作用，对研究、总结近代陕西教育的发展状

况，从中吸取经验教训，科技兴陕及各项事业的发展具有重要的学术价值和现实意义。（陕西省档案局）

甘肃省

▲2003年5月，皇后集团公司为了解决下岗职工生活困难，专门成立了领导小组，详细查阅了集团下岗职工的档案，尤其对他们的家庭成员有无生活资金来源等情况进行了细致记载。本着为民办实事、解难题的态度，领导小组成员不辞辛苦，挨家逐户进行核实。最后领导会议决定：对其中的180名特困下岗人员进行帮扶。一是给予部分下岗人员生活补贴；二是积极协调民政、劳动部门，将下岗失业人员的档案及时上报民政局和劳动局，使一部分人员及时领到了最低生活保障金，一部分人员重新走上了工作岗位，切实解决下岗人员的生活困难。为落实社会低保政策、为维护社会稳定，发挥了重要作用。

▲甘肃省榆中县龙谷峡水库年久失修，为了确保库区人民群众的生命财产的安全，防止重大事故的发生，需要对水库现体进行地加固，在实施加固过程中，前期的坝体勘察等工作难度大，需要花费大量的时间和经费。施工人员于2003年7月，先后利用榆中县档案馆保管的县水电局的科技档案，详细地了解到了原水库、体的设计图、预算报告、地质勘察报告和图纸。为水库坝体加固工程提供了较为翔实的原始数据，使坝体加固工程先期设计工作得以顺利完成。节约工程勘察、设施等费用10万元。

（以上由寇雷提供）

（六） 机关档案工作

2003年全国机关档案工作发展综述

2003年,全国机关档案工作继续深入发展,基础业务水平进一步提高,在提供档案服务上取得新成绩。

一、切实增强服务意识

为党和国家的中心工作服务,为广大人民群众提供服务,是档案工作的永恒主题,也是档案工作长远发展的动力所在。只有不断拓展服务领域,创新服务机制,增强服务效果,扩大社会影响,档案工作才能始终保持旺盛的生机和活力,才能得到全面认可。

中组部文档处依靠制度创新和内部挖掘,编辑《组织工作文件选编》、《历次省、自治区、直辖市党委组织部长(座谈)会议概况》、《历次全国组织工作座谈会和省、自治区、直辖市党委组织部长(座谈)会议概况》等材料,为领导及机关工作提供服务。中联部档案处全年为中央领导同志会见外宾、出访活动提供档案材料129份,为外单位编研提供档案材料90余份,共编写、编辑了170多万字的材料,如《中联部工作大事记》、《中联部宣传手册》、《中共对外关系史料》等,为领导详细了解和掌握有关情况提供了参考。中宣部档案处续编了《中宣部机构沿革及领导成员名录》,编辑了《全国宣传思想工作会议资料汇编》等,为机关工作提供了有力服务。劳动和社会保障部档案处编辑了《劳动和社会保障大事记》、《劳动保障年鉴》等,为中央和国务院提供关于劳动和社会保障工作文件、领导讲话128卷,及时准确地为中心工作服务。公安部档案局编辑了现行文件汇编《公安建设》21期137万字、《公安工作要览》23万字、《全国防治非典指挥部社会治安组文件资料汇编》2册39万字、《中央领导同志关于防治非典工作的批示摘录》等,紧密结合工作重点开展深层次的史料编研。

二、不断提高业务水平

在全面建设小康社会的进程中,档案工作面临许多新情况、新课题,要求档案工作者始终坚持解放思想、实事求是、与时俱进,不断提高业务水平。

上海市档案局根据本市加强社区建设和社会诚信体系建设的需要,主动把加快建好社区档案和信用档案的工作融入其中。在社区档案工作方面,全市100个街道办事处和90%的居委会已经建档,档案工作达到合格标准。天津市档案局出台《关于建立和加强信用档案工作的意见》,进行信用户(村)建档试点,积极开展信用档案工作;制定《天津市社区档案管理办法》,发挥社区档案的作用,为百姓提供服务。吉林省档案局坚持在全省三级机关档案室中开展目标管理考评活动,进一步完善考核办法,47个单位被评为全省机关档案工作标兵单位;认真贯彻《归档文件整理规则》,对归档工作进行监督、指导、检查;开展社区档案工作,贯彻《吉林省城市社区档案管理暂行办法》,召开社区建档工作现场交流会,推进社区档案工作发展。贵州省档案局拟制《贵州省直机关档案工作情况调查表》,对97个单位的档案工作情况进行了登记;加快推行《归档文件整理规则》,进一步夯实机关档案工作基础。福建省档案局在省直机关推行档案质量合格证制度,对36个机关进行了档案质量检查;汇编《机关档案工作常用文件》。江苏省档案局颁发《江苏省社区档案管理暂行办法》,全面启动社区建档工作;开展为建立社会信用体系奠定基础的信用档案工作,指导、协助信用档案的收集、管理工作。武汉市档案局开展档案目标管理活动,全年完成84家机关单位的档案目标认定工作,其中2家达到省特级标准;大力推行《归档文件整理规则》,年内在试点的基础上得到全面实施。西安市档案局制定《西安市社区档案管理办法》和《社区文件材料归档范围和保管期限表》,促进社区档案工作的健康发展;完成全市防治"非典"档案资料的收集移交工作。

中组部文档处以"十六大"、"两会"文件归档为重点,对文件收集范围、整理要求、工作程序等提出意见和建议,做到"预案在先,及时跟进",不断加强文书立卷工作。中联部档案处进一步完善档案工作规章制度体系,印发《中联部立卷手册》,使档案工作更加规范化;重视档案移交工作,向中央档案馆移交档案11480件,目录3套;同时销毁无保存价值的档案10189件。公安部档案局制定了《公安档案科学和技术中长期发展规划》,把公安档案信息化建设列为今后公安档案工作发展的重中之重,并纳入"金盾工程"的总体格局;制定《公安专业档案管理办法》、《公安机关档案工作达标升级目标考评办法》,加大基础工作的管理力度。财政部档案处依据《归档文件整理规则》对档案人员进行业务指导，使日常归档工作更加制度化、规范化；建立防"非典"工作档案资料独立全宗，将18种文件材料列入该全宗的归档范围，共收集、整理、归档文件资料、照片379件。高检院档案处修订《人民检察院诉讼档案管理办法》，制定《人民检察院音像档案管理办法》，使其档案法规体系更加完善。中国工商银行档案处进一步建立健全规章制度，下发《中国工商银行境外机构档案管理办法》、《中国工商银行电子档案管理办法》、《中国工商银行法人客户信贷业务档案管理办法》等。

三、大力加强队伍建设

做好新形势下的档案工作，关键是要有一支高素质的档案干部队伍。加强干部培训工作，是提高人员素质的有效途径。

公安部档案局有针对性地加强档案业务人员的培训工作，全局干部均积极参加了计算机培训班，切实提高了运用先进技术的能力；举办公安专业档案管理培训班，全国29个省、市、自治区及直属单位的104名同志参加了培训，取得较好效果。中国农业发展银行档案处多方位、多途径地举行归档文件材料展评、计算机程序应用和归档操作程序培训、档案人员上岗资格培训等各种交流、培训活动，得到各级领导的好评和档案人员的欢迎。全国总工会档案处举办了《归档文件整理规则》培训班，对今后的归档工作提出了新要求，明确了新目标，29个单位的45名人员参加了培训。

（张红）

最高人民法院院长
肖扬慰问首都法院档案干部

1月25日，最高人民法院院长肖扬，副院长张军，政治部主任苏泽林，在北京市委副书记强卫，市委常委、政法委书记吉林，北京市高级人民法院院长秦正安等陪同下，来到北京市高级法院档案处库房等地视察并向首都法院法官和档案干部表示节日的问候。

北京市高级法院档案库房珍贵档案陈列室陈列着从清末至20世纪90年代近百年、极具典型和代表性的60个诉讼案件的案卷，其中有首都破获并判决炮轰共和国开国大典天安门城楼、震惊全国乃至全世界的特大案件，其诉讼判决书有彭真和党中央多数领导同志的圈阅和批示、周恩来总理从标点符号到文字修改达240余处的原件；有冒充周恩来总理手迹到银行诈骗案，以及陈希同、成克杰、李纪周等大案要案的诉讼档案案卷。肖扬边看边对陪同的负责同志说，这些档案太珍贵太重要了，一定要保存好，利用好，充分发挥其存史资政育人的作用。

肖扬在讲话中说，经过多年努力，首都法院的基层基础建设以及管理工作发展很快，已经跨入全国法院的先进行列，这是北京市委、市政府和北京高法领导重视支持的结果，也是法院档案人员脚踏实地，勤奋敬业，无私奉献的结果。他说，档案工作既是法院的一项很重要的基础工作，又是法院整个工作的组成部分，其整体水平必须与审判工作同步发展，才能适应法制建设的需要，更好地为审判工作和法院其他各项工作服务；法院档案管理现代化和网络化管理同步发展，充分利用计算机网络和电子存储技术手段满足档案管理的需要，拓展档案服务领域，创新档案服务方式；法院档案工作人员要脚踏实地，爱岗敬业，淡泊名利，兢兢业业地工作。法院档案人员必须要认识到自己所担负的历史责任，甘于奉献，把档案工作做好。法院的各级领导要重视档案工作，既要尊重他们的劳动，又要关心他们的工作、生活和成长，为他们解决实际问题和困难。

他特别强调，档案安全是档案工作的生命，绝不可掉以轻心。各级法院要加强领导，明确责任，认真检查，采取措施，确保档案的绝对安全。

（李祥胜　伍爱国）

中组部认真抓好党的十六大和
十届全国人大、政协会议人事筹备工作
文书档案归档工作

加强文书立卷归档，不断丰富库藏资源，是文档工作必须常抓不懈的基础。中组部文档处除管理部机关常设机构形成的文书档案，还要收集管理由中组部牵头的临时机构或参与的重大活动中形成的文书档案。针对文档资源的结构特点，文档处在致力于部机关常设机构立卷工作规范化的同时，按照"围绕中心，服务大局"的要求，重点加强了临时机构和重大活动文书档案的立卷归档工作。

党的十六大和十届全国人大、政协会议是党和国家政治生活中的大事，这几个大会人事筹备工作所形成的文书档案，对今后全国党代会、人代会、政协会的人事筹备工作以及党史研究等有着极为重要的价值。中央领导同志十分重视人事筹备工作文件资料的归档，胡锦涛同志在十六大干部考察领导小组会议第一期纪要上明确批示："每次领导小组会后即抓紧形成纪要，经审核后存档备查。"为了切实做好党的十六大和十届全国人大、政协会议的文档立卷工作，文档处在人事筹备工作初期即与十六大干部考察领导小组办公室（以下简称"考察办"）就文件资料的归档和管理问题进

行沟通,向"考察办"提出了十六大和"两会"人事筹备工作文件收集范围、整理要求、工作程序等方面的意见和建议,并提前制定了相关材料立卷归档的预案。会议结束后,2003年4月,文档处组织全处人员到"考察办"驻地,与"考察办"的同志密切配合,共同开展工作,仅用两周时间就完成了全部相关文件的整理和装订任务,确保人事筹备工作所有文件完整归档。

(中组部信息管理中心文档处)

中联部利用档案资源大力开展编研工作

2003年,中联部档案处在做好档案收集、整理和数字化工作的基础上,积极开发和利用档案信息资源,围绕中联部主体工作和党的对外交往的重点对象,开展深层次、多形式的档案编研工作,撰写了一批具有重要史料价值的编研材料(约170多万字),进一步提高了档案提供利用的主动性和针对性。

一、继续做好档案基础编研工作,撰写了《2001年中联部工作大事记》和《2002年中联部工作大事记》(共约11万字)。同时,根据部领导批示精神,组织部内有关地区局撰写了4部有关党的对外工作中重大交往事件的专题大事记,并就大事记内容进行了详细修改、补充和校核。这些编研材料系统、完整地记录了党的对外交往中的重要事件,具有较高的内部查考和保存价值。

二、编辑出版了《中国共产党对外工作概况》(2002),约33万字。该书从1993年起公开出版,是系统介绍中国共产党对外工作的方针政策和与各国政党、组织交往情况的连续出版物,为普通读者了解党的对外交往概况以及研究人员进行政党研究提供了翔实的参考材料,产生了较好的社会效益。此外,《概况》编委会还向《中华人民共和国年鉴》(2003)提供了约2万字的党的对外交往综述稿和大事记。

三、重视史料的收集与整理,重新调整了中联部史料编辑委员会组成人员,将史料编辑工作纳入调研工作之中。共编发《中共对外关系史料》8期,约6万字;完成《中共对外关系史纲》(初稿)中约70万字的编写工作,修改、完善了《党际关系四项原则的形成和发展》、《和平与发展成为时代主题》等篇章。

四、编辑整理了《中联部老部领导谈党的对外工作》资料汇编,收入中联部老部领导在《中共对外关系史料》上发表的署名文章和1998年以来采访中联部老部领导所形成的比较成熟、完整的采访稿等35篇材料,约28万字。该汇编为有关领导同志了解、掌握党的对外工作的重要历史情况提供了珍贵史料。

五、充分利用照片档案、录像档案等生动、形象的信息资源,积极探索档案编研和提供利用的新形式。与部信息编研室联合制作了"2002年党的对外工作专辑资料片",编辑印制了新版《中联部对外宣传图册》,为传统档案编研工作注入了新的生机和活力。

六、积极参与和配合外单位组织的编研工作,最大限度地挖掘档案信息资源的价值。有关同志参加由中央军委组织的《耿飚传》写作组,完成了"耿飚与四人帮斗争"(在中联部工作期间)约27万字的撰写工作。

(中联部档案处)

国家发改委开展立卷改革工作

国家计委于2003年经人大批准,更名为国家发展改革委。发改委决定新机构成立以后所形成的文件按国家档案局颁发的《归档文件整理规则》,进行立卷改革工作。

为切实做好此次立卷改革工作,使拟制定的立卷改革方法更具有可操作性,发改委档案处先将委内一个司局的文件收回,对立卷的方法进行实际操作,在此基础上,根据《归档文件整理规则》,结合实际情况,制定了《国家发展和改革委员会机关归档文件整理办法(试行)》。

2003年初,召开了全委负责立卷工作同志的培训班,对照实物,详细讲解了归档文件整理办法,并在日后工作中加强了业务指导工作,根据实际工作中出现的问题,不断修改、完善归档文件整理办法。

发改委档案在实际管理中与其他部委不同处在于,业务司、局日常工作中经常、大量借阅档案,而且大量项目档案均非常厚。如只注重减少立卷工作的强度,在今后的管理中将会造成很大的被动,而且会给今后档案移交进馆留下很大的工作量。为此,在制定国家发展改革委机关归档文件整理办法中,比《归档文件整理规则》,增加了一些内容,如:关于归档章的设计,增加了密级、页码两项;对永久档案,发改委要求仍然采取三孔一线的装订办法。这种做法虽然加大了目前的工作量,但对于今后档案的管理及移交进馆都是有好处的。对于长期及短期档案,由于没有进馆要求,在装订方面相对要求宽一些,可以在文件的左上角加一信封角后装订(不限装订用具)。

从近一段工作情况看,采取新的立卷方法后,减少了手工抄写卷内目录的工作量(以前计委文件很多是一个指示批复有几十个来文,卷内目录要抄四五页),减少了一部分文件装订的工作量,电子版文件目录的归档,减少了今后档案进馆的重复工作。案卷上架后统一、整齐、美观上都优于以前的方法。

由于是第一年采取新规则立卷,文件目录的编写、

档案的利用等在今后工作中是否方便、可行，还有待于在今后工作中来检验。　　（国家发改委档案处）

民政部开展文书立卷改革工作

2002年，根据国家档案局颁布的《归档文件整理规则》，民政部档案资料馆结合自身文书立卷归档工作情况，起草了《民政部归档文件整理办法》，在广泛征求意见的基础上，以办公厅文件形式印发。本办法对其适用范围、制定的目的、"件"的概念、归档文件整理原则、分类方法、排列顺序、编目及使用的装具等都作了明确规定。2003年4月召开了部机关档案业务培训暨表彰会，档案馆的同志具体讲解了《民政部归档文件整理办法》，会议决定部机关2002年以后形成的文件全部按新的方法、以"件"为单位整理归档。会议还对5个归档工作先进单位及3名归档工作先进个人进行了表彰。2003年11月举办了部直属单位、部管社团档案培训班，对其文书立卷改革工作提出了要求，并由档案资料馆的同志具体讲解了《民政部归档文件整理办法》。至此，民政部机关、部直属事业单位、部管社团全面推行了文书立卷改革，实施了《民政部归档文件整理办法》。新的整理方法以简化整理、深化检索为目的，大大缩短了归档文件整理的时间，提高了工作效率，同时为实现档案的现代化管理创造了条件。

（民政部档案馆　何文丽）

国家体育总局做好
大型运动会档案管理工作

大型运动会是国家体育总局落实"奥运争光"计划和实施"全民健身"计划纲要，针对不同年龄、不同层次、不同水平举办的一类全国综合性比赛。大型运动会包括全国运动会、全国城市运动会、全国冬季运动会、全国体育大会等几项全国性重大赛事。这类全国性综合比赛具有规模大、影响大，促进承办城市经济和文化的发展、繁荣市场的特点。因此，收集和管理好这部分档案具有重要的现实意义和深远的历史意义。

大型运动会档案是构成我局现存档案的重要组成部分。做好这类运动会档案的管理工作是我局档案管理工作的重要职责。自1987年在广东举办的第六届全国运动会始，我们争取上级领导的支持和帮助，积极主动争取赛事组委会把档案管理工作列入赛会组织工作之一。

在成立比赛组委会后，我们即以信函的方式主动与组委会取得联系，并在比赛开始后派人参与赛区组委会办公室工作，工作人员积极主动地听取赛区办公室的情况介绍，与赛区办公室负责档案的同志一起交流情况、交换意见，然后，按《国家体育总局大型运动会档案管理办法》现场指导赛区档案的分类、组卷工作，于赛会结束后半年接收赛会档案，办理交接手续。并按文书、声像、图片、资料、实物进行分门别类地保存，既有利于查考、又利于管理。

截止目前，我局收集保存了1987年至2001年第六届至第九届全国运动会档案，1983年至2002年第五届至第十届全国冬季运动会档案，1991年至1999年第一届至第四届全国城市运动会档案，2000年至2002年第一届至第二届全国体育大会档案，1990年亚运会档案，申办2008年奥运会档案，以及2008年奥运会组织委员会筹备工作档案上万卷。另外，我们还收集并保存了像东亚运动会、乒乓球世界锦标赛等洲际运动会和单项运动会的档案千余卷。这些档案为各级体育部门查考、借鉴提供了方便。　　（国家体育总局）

全国总工会档案实现数字化管理

为了适应国家信息化建设和档案事业发展的要求，提高全国总工会机关档案管理现代化水平，全总逐步推进机关档案信息化建设。一是对库存档案进行数字化处理。2003年，在库存档案完成数字化的基础上，全总档案处又对近几年收集的文书档案、照片档案进行数字化处理，使全总档案处库存的17000多卷纸质文书档案和747卷劳模档案全部转化成为数字信息，为档案信息化管理打下了基础。二是对机关档案管理软件进行更新，安装了清华紫光综合档案管理系统软件网络版，并在试用的过程中，从机关的实际情况出发对该软件进行了二次开发，使其在功能上不仅包括文书和音像档案的收集、著录、整理、保管、统计、检索、开发和利用等档案管理系统，还包括了收文、发文、内部文件资料的登记等整个文书处理过程。同时，能实现全文检索，通过OCR识别系统对档案原文进行编辑处理。三是设备配备。购置了网络服务器、光盘刻录机、扫描仪、打印机、数码相机等设备，给32个立卷单位配备了档案专用计算机，并安装了档案管理软件。四是加强业务技术培训，提高文书档案人员使用档案管理软件的能力。2003年，全总办公厅举办档案业务培训班，请有关专业技术人员对驻会各全国产业工会、全总各部门的44名文书档案人员进行档案管理培训，使其掌握机关综合档案管理软件的操作，并可以在授权范围内顺利进入档案网进行档案案卷目录、卷内文件目录和档案原文的录入、扫描、查询、编辑、打印工作。五是做好档案原文上网的保密工作。按照国家档案保密原则，经征求全总机关各产业、部门对本单位档案原文上网意见,有34个单位同意档案原文上网。档案处采取相应的技术措施进行自动控制,如采用严密的授权机制,对不同的权属人员采取不同的授权,对上局域网的计算机设置了密码;对不能上网的机密档案,档案处将其档案原文信息保存在一台单机上,仅供本单位查询利用,保证了档案信息安全。

通过上述工作,机关各单位已经可以在档案网络系统上进行归档,将整理好的案卷目录和卷内文件目录录入计算机;档案处可以随时通过档案网络检查档案录入情况,发现问题直接通知归档单位按要求进行修改,对录入完成的档案,通过档案网络检查,发现问题及时修改。至此,全总机关档案业务指导、检索、利用和编研基本实现了现代化。

(中华全国总工会办公厅档案处)

中国记协接受国家档案局行政执法检查

中国记协认真贯彻执行《档案法》,把学习、宣传《档案法》作为一项重要工作来抓。档案部门从档案工作的实际出发,在机关内开展了《档案法》的学习宣传活动,举办了《档案法》知识竞赛。通过这一活动,使全体职工学习、了解了《档案法》的基本内容,职工的档案意识和档案法制观念都有所提高。

2003年根据国家档案局档函[2003]35号文件《关于在中央、国家机关进行档案行政执法检查的通知》精神,我单位首先进行了自查自检,按照检查内容,逐条自查履行《档案法》和《档案法实施办法》规定的职责情况,并写出书面材料等待检查。

2003年9月25日,国家档案局杨冬权副局长带领检查组到记协进行档案行政执法检查。检查组领导认真听取了我们的工作汇报,详细了解了日常工作情况,并且到档案室检查了2001年永久档案的案卷质量,还检查了案卷目录、音像档案和字画档案等等,察看了档案室的安全保管工作环境。在检查了我们2001—2003年借阅档案记录本后,杨副局长表扬我们的档案利用率很高,用途广泛,发挥了档案应有的作用。

通过这一系列检查,执法检查组的领导对我们的工作表示满意,认为我们所存档案十分重要,层次很高,既有中央领导同志的题词,又有中央领导讲话的录音带等等,具有很重要的保存价值。他们认为,记协单位虽小,但领导很重视,具体工作的同志也十分负责,把档案工作搞得很好,案卷质量高,防火、防盗工作做得也很周密。

检查工作结束时,杨副局长用了几个没想到来概括我们的工作:一没想到你们这样的小单位档案设施、设备这样齐全;二没想到安全是按照国家档案局的管理办法操办的;三没想到只有一个人的档案室管理得如此细致周到;四没想到档案利用率如此之高。

通过本次执法检查,我们总结了工作,找出了问题和不足,确定了今后工作的方向。执法检查对我们档案工作也起到了极大的促进作用,过去是我们有困难去找领导,现在变为领导主动找到档案人员问我们有什么困难需要解决,是执法检查带来这一可喜变化,执法检查使领导更加重视档案工作。有领导的重视与全力支持,档案人员的工作干劲更足了,机关的档案工作也会做得很好。

(中国记协　于文琪)

中国银行开展档案工作目标管理综合考评

中国银行为了依法履行对所辖机构档案工作的有效监管,巩固自2000年档案工作实行垂直管理以来所取得的成果,在全辖建立起科学、规范的档案工作考核评价机制,决定从2003年开始,对各级行的档案工作实行目标管理,并于2002年6月制订下发了《中国银行档案工作目标管理综合考评办法》及其标准。

《办法》及其《标准》下发后,在全辖引起较大反响,通过准备考核的过程,促进了各行档案管理水平的全面提升。目前,2003—2005年度的考评验收工作已全面完成,在全辖32家一级分行中,共有30家分行达标,其中,12家分行被评为“中国银行档案管理一级单位”,有14家分行被评为“中国银行档案管理二级单位”,有4家分行被评为“中国银行档案管理三级单位”,全辖达标率为93.75%。为了表彰先进,总结经验,推动工作,总行及时将考评的结果、各行的排序以及扣分点通报全辖,并为达标行颁发了荣誉牌和达标证书,同时要求各行将档案考评的成绩与年终的绩效考核挂钩。

此次考评验收的主要收获表现在:

档案管理工作普遍得到重视和加强。近几年,各行都对档案工作给予了高度的重视和必要的支持。各行领导普遍将银行各类业务档案的规范管理看成是衡量现代商业银行管理水平的重要标志之一,在人、财、物上都有相当大的投入,使档案管理从人员配备、基础设施、管理手段等各方面都有明显的加强。

业务档案的管理开始走上规范化管理的轨道。从2000年开始,中国银行明确提出了档案工作的重心要向加强和规范银行主体业务档案的管理转移。按照总行的要求,近几年各分行普遍加大了对授信、财会、信息科技等重点业务档案的管理力度,总行制订的一系列相关制度和规范得到较好的贯彻和落实,在各类外部审计、检查中受到普遍好评。重要业务档案要件的归档齐全率有了明显提高。档案的移交、借阅、销毁制度和手续初步完善。绝大多数分行已经达到了总行对业务档案管理提出的“统一制度,统一做法,统一装具,集中管理”的要求,业务档案规范管理的成效已经在最近开展的清产核资、核呆划转等项工作中显现出来,有力的配合了中国银行股份制改革的进程。

档案信息化管理水平有了显著提高。为了迅速提高全行的档案管理信息化水平,将现行的一系列档案管理的标准和规范融入其中,使档案管理标准化工作步入良性循环,中国银行于2001年组织开发了“中国银行综合档案管理系统”和“中国银行授信档案管理系统”,并在总行稳定运行的基础上随办公自动化OA系统向全辖推广。两年多来,系统运行稳定、可靠,同时,它的优越性进一步显现出来,使档案业务人员开展档案的综合管理成为可能;新系统还具备了较强的网络化功能。它依托中国银行局域网,将所有用户划分为管理与查询两类,并授予不同的权限。特别是开通了的Web浏览器查询方式,使数以千计的各级领导和员工在工位上就能根据不同的权限,方便的查询或下载所需的档案资料。最近,该系统被评为“2003年度国家档案局优秀科技成果二等奖”。

档案规范化管理所产生的效益开始显现。在此次考评中我们看到,经过全行上下艰苦细致的工作,各级档案人员的劳动得到普遍理解和认可,档案管理工作与各行业务工作的联系越来越紧密,各类档案的规范管理在提高企业管理水平、降低管理成本,控制与防范风险、保全和清偿银行资产、查处金融案件等方面的效益开始显现,各行档案工作者通过辛勤工作和加强管理间接为我行创造效益,挽回损失的事例不胜枚举。

考评使全辖档案人员专业素质有了较大提高。对于档案人员来讲,此次考评也是学习、交流和培训的过程。我们先后共抽调了22名分行的评审员参加总行考评组,通过考评对于统一全辖业务标准,提高档案人员业务素质,同时对下一步各行组织辖内的档案考评都大有帮助。

档案工作目标管理综合考评的成功实施,标志着中国银行档案工作的考核评价机制已初步建立,使中国银行的档案工作有了统一的考核指标和评价标准,各级档案工作者有了共同的努力目标。在成功组织了一级分行达标考评工作的基础上,中国银行已将二级以下分行的考评工作纳入2004年的工作重点,并力求通过考评使全辖的档案管理水平得到同步提高。

(中国银行档案处)

天津市档案工作创新活动取得实效

2003年度,天津市档案工作以“三个代表”重要思想为统领,进一步解放思想,与时俱进,不断开创档案工作新局面,档案创新活动取得了显著成效。

为充分发挥一把手解放思想、开拓创新的引领作用,2003年8月8日至10日天津市档案局举办了全市档案系统一把手学习贯彻“三个代表”重要思想培训班。来自全市各区县档案局,专门、部门档案馆及市档案局各部门的主要负责人约50人,集中系统地学习了《“三个代表”重要思想与与时俱进》、《档案事业的改革与发展》及《“三步走”发展战略与档案工作》等专题内容。市档案局荣华局长要求一把手要充分认清档案工作实践“三个代表”重要思想,进一步解放思想、与时俱进、开拓创新的新形势,切实增强档案工作与时俱进、加快发展的责任感和使命感,以创新的勇气、创新的观念、创新的招法,做开拓创新、与时俱时的带头人。

一把手培训班的举办,使大家开阔了视野,拓宽了思路,明确了档案工作坚持与时俱进的方向,找准了档案工作为全市“三步走”战略目标服务的结合点和着力点,引发了全市档案系统开展档案工作创新的热潮。各级档案部门用“三个代表”重要思想统领档案工作,进一步树立大档案、大服务的创新理念,明确创新招法,极大地推动了全系统工作创新。《天津档案》及时开设专栏,开展档案工作创新大讨论,各级档案部门一把手纷纷发表文章,畅谈工作创新的体会。全市档案创新氛围空前浓厚,社会影响大、效果突出的创新事物不断涌现。南开区档案局以天津老城厢拆迁改造为契机,深入挖掘老城历史遗韵,拍摄老城旧貌照片1800余张,拍摄录像1400分钟,被香港凤凰卫视、天津电视台、《天津日报》、《今晚报》、《每日新报》、《天津青年报》及等新闻媒介广泛采用,由天津电视台拍摄的反映南开区档案馆征集历史档案的专题报道也由中央电视台进行了播放,社会反响强烈。

为进一步鼓励创新,支持创新,推进和实现档案与时俱进,加快天津档案事业发展,天津市档案局在全市范围内开展了2003年度档案工作创新成果奖评活动。南开区档案局《抓住机遇挖掘老城历史遗韵》等10项创新工作被评选为2003年度天津市档案工作创新成果奖。

(天津市档案局)

沈阳市“档案进家庭”活动取得新成果

2003年是沈阳市“档案进家庭”活动的第二年,也是实现全市3年完成10万户家庭建档目标的关键一年。沈阳市及各区、县(市)通过召开动员会、表彰会,举办家庭建档业务培训、讲座,树立典型、交流经验等措施,推动了“档案进家庭”活动向纵深发展。家庭建档活动得到了各级领导的高度重视。继2002年沈阳市领导参加家庭建档会议、视察家庭建档活动后,2003年13个区、县(市)的党委、人大、政府、政协等四大班子的领导又亲自参加家庭建档的有关会议,并作讲话;深入到本地区家庭建档示范户家中进行检查、视察。铁西区的家庭建档示范户李广君家庭被沈阳市文明办、市妇联命名为“十大文明之家”的“档案之家”。广大街道、社区干部把家庭建档作为联系群众、为百姓服务的抓手,积极参与,走千家,进万户,宣传、指导家庭建档工作。大东区档案局开动脑筋,充分利用“非典”防治期间人们普遍不能外出的时机,向全区居民印发了“乐观面对非典,充实业余生活,推进家庭美德,建立家庭档案”的公开信,由社区干部送到居民家中。沈阳市档案局推广了大东区的经验,收到了较好的效果。2003年,沈阳市又有7.9万户建立了家庭档案。截至2003年底,沈阳市已有9.1万户建立了规范的家庭档案。沈阳市家庭建档工作的经验在全国社区档案工作座谈会上进行了交流,引起了很大的反响。家庭档案已经成为沈阳市百姓家庭的闪光点、新闻媒体的关注点、档案事业的新亮点和都市文化的新视点。

(沈阳市档案局)

湖北省开展争创全省档案工作先进系统活动取得成效

2003年湖北省档案局在全省继续开展了第三轮(1995、1999年开展了两轮)争创全省档案工作先进系统活动。这项活动通过抓系统、系统抓、条块结合、齐抓共管,充分调动了各级档案部门和各级专业主管部门的两个积极性,最大限度地发挥了档案部门和专业主管部门各自的优势,带动了全省档案工作管理水平上了一个新台阶,在社会上产生了强烈的反响,受到省委、省政府领导的充分肯定和社会各界的广泛好评。

一、加强领导,增强意识。在全省范围内开展争创档案工作先进系统活动,需要省委、省政府、省直各部门领导的重视支持和全社会广泛参与。2002年9月,经请示省委、省政府领导同意,湖北省档案局向全省印发了《关于开展争创全省档案工作先进系统活动的通知》,对争创工作的目的意义、范围和时间、争创条件和工作程序等提出了具体要求,规定了申报参加争创活动的省直主管部门系统内县以上的单位档案工作90%以上达到省级目标管理水平,提出了争创工作从2002年下半年开始,到2003年底结束。省委常委、省委秘书长孙志刚,副省长蒋大国批示:赞成开展此项活动,并指示办公厅(室)系统要带头争创。省政协主席王生铁指示,“要进一步加强档案管理,为全省政协工作服务”,并在省政协常委会上强调和部署全省政协系统的争创工作。省民政厅厅长傅德辉批示,“厅机关档案工作创特级,系统档案工作创先进,社区档案工作创一流”。省水利厅厅长段安华对档案工作提出了“四个必须”、“两个同步”,即“档案工作经费必须保证,档案方面的会议主要领导必须参加,档案部门的文件必须过目,档案室反映的问题必须重视。”“档案工作与机关工作同步,与全省水利工程建设同步。”省人口计生委提出“四个纳入”,即纳入领导议事日程,纳入目标管理责任制,纳入机关文明创建,纳入年终工作总结表彰。省直其他许多主管部门领导也对系统创先工作提出了要求,积极申报参加。

二、创新方法,扎实推进。开展系统创先活动,是做好档案工作的一项有效的载体形式。各地在争创过程中采取有效措施,扎实推进争创工作。一是召开会议。省档案局先后于2003年2月和6月召开了争创全省档案工作先进系统座谈会和经验交流会,交流和部置了争创工作,推动了争创工作全面、深入、扎实地开展。二是加强督办。各争创单位按照创先工作的目标和要求,加强对本系统县以上单位档案工作的督促与检查,分别采取了制发文件、制定方案、调查研究、召开会议、举办培训、通报情况等方式,积极开展争创工作。许多单位的领导亲自带队深入市、县检查指导,使全省各系统形成一级抓一级、层层抓落实、上下联动,齐抓共管的良好格局。三是协调配合。省档案局向各市、州、县档案部门下发通知,要求全省各级档案部门抓住这次争创活动的机遇,积极主动配合,加强业务指导,为争创单位提供全方位的优质服务。四是借助外力。成立了湖北省争创全省档案工作先进系统活动领导小组,由省委办公厅、省政府办公厅、省人事厅、省档案局联合组成,对系统创先工作联合组织检查与抽查,联合召开验收评审会。对验收合格的系统,报送省委、省政府领导审批后,由省委办公厅、省政府办公厅和省人事厅、省档案局进行联合表彰。

三、系统档案创先工作的社会效果。湖北省开展的这次系统创先活动,产生了显著的社会效果:一是进一步提高了领导对档案工作的认识,增强了全社会的档案意识,改善了档案保管条件。各争创单位加强领导,把档案工作作为机关一项重要工作来抓,动员机关全员广泛参与,加大了资金投入。二是进一步规范了机关档案的管理。全省26个系统县以上的机关经过验收,有95%以上的单位档案工作达到了省级目标管理标准。三是促进了机关工作。不少单位把这次系统档案创先工作溶入到机关业务建设、文明创建，提升机关整体管理水平的大环境来抓，大大促进了机关业务建设，收到良好的社会效果。2003年底，中共中央政治局委员、湖北省委书记俞正声同志视察武汉市规划国土局、湖北省歌舞剧院、省委党校等单位，亲自察看了这些单位的档案室、荣誉陈列室和档案信息化建设的演示，对机关管理工作给予了高度评价。四是提高了档案人员的素质和地位。这次系统创先活动，实际上达到对机关档案人员现场培训的效果。为鼓励机关档案人员爱岗敬业，省人事厅、省档案局联合表彰了100名先进工作者，解决了他们的工资待遇问题，各系统内部也相应进行了表彰。同时省档案局还向受省委、省政府表彰的26个先进系统和195个先进集体提出按照《档案法》有关规定，结合年终考核，给予奖励的建议函，各单位以此为依据，对机关全体工作人员普遍增加了1个月的工资，此举大大提高了机关档案工作的地位。五是提高了档案部门的社会地位。全省各级档案部门在这次争创活动中，积极配合，主动服务，受到各争创单位领导的普遍赞扬，体现了档案部门的良好行风，使档案部门由冷变热，由后台走向前台，档案工作由滞后到超前，由被动变为主动，大大提升了全省档案部门的社会地位。 （李宗春　许华利）

（七）经济科技档案工作

2003 年全国经济科技档案工作发展综述

2003 年全国经济科技档案工作有了长足的发展，特别是三峡工程档案工作有了突破性进展，中共中央政治局委员、国务院副总理曾培炎在国务院长江三峡二期工程验收委员会第三次全体会议上的讲话中指出："验收有关文件资料是三峡工程建设的宝贵财富，具有重要的历史价值，对工程今后的运行和维护，对将来大型水利电力工程的建设，都具有借鉴作用，要认真整理归档。""各级验收机构要以对历史负责的精神，认真做好验收有关文件资料，包括影像资料的整理、归档工作，确保档案资料的完整、准确、安全和及时归档。"

国家档案局与全国防治非典型肺炎指挥部办公室联合发出《关于做好防治非典型肺炎工作文件材料收集归档工作的通知》，中共中央政治局候补委员、中央书记处书记、中央办公厅主任王刚为此作了重要批示。为了落实王刚同志关于建立全国防治非典型肺炎指挥部档案全宗的指示精神，国家档案局和国办秘书一局组成调研组，分别到指挥部所属的 10 个工作组进行了调研，并形成《关于全国防治非典型肺炎指挥部文件材料归档情况的调研报告》和《关于建立全国防治非典型肺炎指挥部档案全宗的意见(代拟稿)》，报全国防治非典型肺炎指挥部办公室。北京市等档案馆已将防治"非典"临时机构的档案接收进馆。

2003 年国家重点工程建设全面推进，重点建设项目档案工作也取得了巨大成绩。三峡工程建设经过十年奋斗，顺利实现蓄水 135 米水位，双线五级船闸试通航，首批机组并网发电，迎来了发挥效益的收获期，移民工程进展顺利，并全部通过了国家验收。枢纽工程档案管理有序，正在准备二期工程的档案专项验收；二期移民工程共形成档案 40 万卷，在国家验收中通过了档案专项检查。2003 年是青藏铁路全面攻坚的一年，其档案工作得到了铁道部及有关路局的重视。南水北调工程的中线、东线已全面开工，档案工作同步进行，全程监控。国家林业六大重点工程加大了档案工作培训、指导和检查力度。西气东输 2330 公里的主体管道全线实现焊接完工，已形成档案 13000 多卷，档案的形成、收集、归档控制措施得力，管理规范。西部大开发重点工程已达 50 多项，总投资规模累计 7000 多亿元，项目档案工作得到了西部地区档案行政管理部门和有关项目主管部门的关注。国家批准的振兴东北的 100 个工业项目，总投资达 610 亿元，当地档案管理部门已拿出了措施，提出了要求，加强项目档案管理。纵观一年来的项目档案管理，其特点是：档案管理与工程项目建设同步进行的意识越来越强；档案工作纳入项目管理的要求逐步得到落实，监理在档案管理上的作用越来越突出；建设单位对档案控制越来越严密，档案管理得到了进一步规范。

在企业档案工作方面，国家档案局围绕文件材料归档范围、档案信息化建设、驻外企业档案管理等问题进行调研，发出对《企业文件材料归档办法(征求意见稿》，征求修改意见的通知，同时征求国家发展和改革委员会、国有资产监督管理委员会、商务部的意见；起草《加强驻境外企业档案管理意见》，并在"驻外机构档案工作座谈会"上征求意见；为适应新形势下企业档案管理信息化的要求，推动企业档案工作的发展，进一步推动企业档案管理信息化建设，起草《关于加强企业档案信息化建设的意见》(征求意见稿)。组织召开了与民航总局脱钩的中央企业档案工作座谈会，与新组建民航中央企业建立档案业务指导联系。举办企业档案国际研讨会，冯鹤旺副局长宣读了我国企业档案工作的国家报告，美国、俄罗斯、瑞士、加拿大以及我国三峡开发总公司、大亚湾核电站档案部门的代表交流了企业档案工作的情况。

为进一步加强对农业和农村档案工作的监督指导，及时了解和掌握农业和农村档案工作的新动向、研究新问题并充分发挥典型示范作用，推动全国农业和农村档案工作不断创新发展，国家档案局办公室于 2003 年 3 月 25 日发出《关于建立农业和农村档案工作联系点的通知》。

为适应科技工作和科研档案工作中出现的新情况和新要求，进一步加强科研档案工作的规范化、制度化、信息化建设，推动科研档案工作的发展，科技部和国家档案局拟对《科学技术研究档案管理暂行规定》进行修订，并联合发出《关于对科学技术研究档案管理情况进行调研的通知》。通知下发后重庆、黑龙江、大连等省市档案局和水利部、国家海洋局等 50 多个单位进行了前期调研并报送了调研报告。2003 年 3 月初由国家海洋局办公室、海域勘界办公室、海洋档案馆和国家档案局经科司组成的国家海域勘界档案工作检查组，对承担闽—粤线、津—冀南线海域勘界任务的南海分局、第三海洋研究所和北海分局的海域勘界档案工作分别进行了检查指导。

2003 年，国家档案局分别与国务院三峡建设委员会办公室、水利部联合发出了《长江三峡工程建设移民档案管理办法》和《水利档案工作规定》。对三峡移民档案和水利档案工作的管理体制、人员素质、档案资料的收集、保管和提供利用提出规定要求。

（李和平　王积才　李晓明）

全国防治非典型肺炎指挥部办公室、国家档案局联合印发《关于做好防治非典型肺炎工作文件材料收集归档工作的通知》

2003 年 5 月 23 日，全国防治非典型肺炎指挥部办公室、国家档案局联合印发了《关于做好防治非典型肺炎工作文件材料收集归档工作的通知》。通知指出，我国一些地区发生非典型肺炎疫情以来，党中央、国务院高度重视，作出一系列重大决策；地方各级党委和政府也作出相应部署，制定了许多工作措施。由此形成的大量文件资料，是党和政府领导人民抗击非典型肺炎疫情的真实记录，对于今后工作查考、历史研究、经验借鉴具有十分重要的价值。

为加强防治非典型肺炎工作文件材料的收集归档工作，通知要求：

一、各地区、各有关部门和防治非典型肺炎工作机构要指定专人，明确职责，认真做好防治非典型肺炎工作中各种文件材料（包括纸质文件、照片、音像材料、电子文件等）的收集和整理工作，确保文件材料的齐全完整。

二、各地区、各有关部门和防治非典型肺炎工作机构应结合实际，明确防治非典型肺炎工作文件材料的归档范围。归档的文件材料主要包括以下内容：

1. 各级党委和政府负责人在防治非典型肺炎工作中的重要批示、指示和讲话；

2. 各级党委和政府在防治工作中作出的重大决策、制定的预案和监测方案及召开的专门会议；

3. 各地方、各部门建立非典型肺炎防治工作机构、协调机制有关情况；

4. 疫情统计情况及针对疫情采取的防治措施；

5. 对车站、机场、码头、出入境口岸和汽车、火车、飞机、轮船等交通工具和流动人员的卫生检疫工作；

6. 医院接收、诊治非典型肺炎病人以及疑似病人的情况；

7. 组织防治药品及防治方法科技攻关的情况；

8. 组织医药用品和相关物资保障、生产和生活保障等方面的情况；

9. 接受社会捐赠及捐赠资金、物资分配、使用的情况；

10. 农村疫病防治工作及农民工和农村人口非典型肺炎患者救治情况；

11. 学校疫病防治和维护学校正常秩序情况；

12. 加强与非典型肺炎有关的社会治安综合治理，打击违法犯罪活动情况；

13. 宣传党中央和国务院的相关决策和部署、法律法规、防治知识、先进人物和先进集体事迹的情况；

14. 与外国及香港、澳门、台湾就疫病防治开展交流与合作情况；

15. 其它与防治非典型肺炎工作有关的情况。

三、各有关单位要按照相关法律法规的规定，将防治非典型肺炎工作中形成的文件材料及时向本单位档案部门归档。防治非典型肺炎工作机构撤销时，应将其档案资料向有关主管机关或同级国家档案馆移交。

四、各级档案行政管理部门要把防治非典型肺炎工作文件材料的收集归档工作作为当前的一项重要工作抓好抓实。要积极配合有关部门，主动开展服务，做好对相关文件材料收集归档工作的业务指导，并根据需要组织档案人员协助有关部门做好档案资料整理工作，确保防治非典型肺炎工作档案资料的完整、系统。

（王燕民）

国家档案局发出《关于企业执行〈科学技术档案案卷构成一般要求〉和〈归档文件整理规则〉的意见》

《科学技术档案案卷构成一般要求（GB/T11822—2000）和《归档文件整理规则》（DA/T22—2000）自2000 年发布以来得到广泛运用。由于这两个标准在档案整理要求上有所不同，为此国家档案局经科司于2003 年 2 月 13 日发出了《关于企业执行〈科学技术档案案卷构成一般要求〉和〈归档文件整理规则〉的意见》的通知，要求企业结合实际情况贯彻执行。主要意见为：

一、档案管理现代化水平较高的企业，可参照执行《归档文件整理规则》。

二、企业执行这两标准时，原则上不打破原有的分类框架。

三、党群工作、行政管理工作、经营管理工作和生产技术管理工作四类的文件材料可参照执行《归档文件整理规则》的规定，按“件”进行整理；年归档量较少的企业，可将上述四类合并为一类整理，暂称为管理类。产品、科研、基本建设、设备仪器四类的文件材料执行《科学技术档案案卷构成一般要求》的规定，按“卷”整理。

四、有些标准内容可统一：卷盒规格统一为310mm×220mm(长×宽)；备考表统一采用《科学技术档案案卷构成一般要求》的要求；全宗号按《科学技术档案案卷构成一般要求》的要求执行。

(国家档案局经科司)

全国粮食清仓查库档案资料顺利进馆

全国粮食清仓查库工作结束后，国家粮食局与国家档案局中央档案馆密切配合，积极做好档案移交进馆工作。国家档案局中央档案馆加强档案整理业务指导，国家粮食局工作认真负责，对收集归档的材料严格按要求整理，全部使用了无酸卷盒，还将声像资料转化成数字化光盘。2003年上半年，全国粮食清仓查库工作中形成的纸质档案、声像档案及后期制作的光盘全部顺利移交进中央档案馆。对进馆档案质量检查中没有发现需要返工的，是近期进中央档案馆档案中档案整理质量最好的。这次粮食清仓查库档案收集齐全、完整，档案整理规范，并能及时进馆，主要经验是：各级领导和单位重视，保证了档案工作与清仓查库工作同步进行；档案行政管理部门提前介入，为保证档案的齐全、完整打下了良好基础；档案业务指导到位，承办单位工作认真负责，确保了档案整理规范，顺利移交。

(国家档案局经科司)

国家档案局中央档案馆通报2002年国家重点建设项目档案管理登记情况、部署2003年国家重点建设项目档案管理工作

2003年8月1日，国家档案局发出《关于2002年国家重点建设项目档案管理登记情况的通报》(档发[2003]7号)。通报对北京、天津、辽宁、上海、山东、河南、广西、重庆、四川、云南、陕西等省(自治区、直辖市)档案局和铁道部、水利部、交通部、国家林业局、中国核工业集团公司、中国石油天然气集团公司、中国石油化工集团公司、中国海洋石油总公司、中国广东核电集团有限公司、中国长江三峡工程开发总公司等单位报送登记表的工作予以表扬。截至2003年3月31日，已向国家档案局报送国家重点建设项目档案管理登记表的项目共95项(次)。《通报》要求2003年开始试用电子邮件的方式进行登记工作，在发送电子邮件的同时，仍需将登记表原件寄送国家档案局。

2003年8月1日，国家档案局中央档案馆发出《关于做好2003年国家重点建设项目档案工作的通知》(档发[2003]7号)以下简称为《通知》)。《通知》转发了《国家发展改革委关于印发2003年国家重点建设项目名单的通知》(发改投资[2003]591号)，请各有关部门及时沟通，相互协调，共同保障国家重点建设项目的顺利进行。通知要求：

一、国家重点建设项目的各建设单位要按照《中华人民共和国档案法》的规定和《国家档案局中央档案馆关于认真贯彻落实〈国务院办公厅关于加强基础设施工程质量管理的通知〉，进一步加强建设项目档案工作的通知》(档发[1999]4号)精神，健全和完善建设项目档案工作，将项目档案工作领导责任制纳入工程质量领导人责任制；将建设项目档案管理纳入项目法人责任制、招标投标制、工程监理制和合同管理制。

二、2003年新增的各国家重点建设项目的建设单位应尽早对建设项目档案工作做出安排。在项目的起始阶段即明确参建各方档案管理的责任、制定归档范围，使参建各方了解档案验收程序和要求，规定档案移交时间，保证项目档案工作与项目建设同步进行。

三、请各项目主管部门档案机构和项目所在地省级档案行政管理部门按照“依法行政、加强监督、提供服务”的要求，做到提前介入重点建设项目档案的管理工作，加强日常业务指导，组织做好项目竣工档案的验收工作。

四、请各项目主管部门档案机构和项目所在地省级档案行政管理部门，组织安排好新增项目的档案管理登记工作，按要求报送登记表。

五、请各建设项目的建设单位档案部门按照国家有关要求，加强对各个工作环节的管理，制订相应制度和控制措施，做好国家重点建设项目档案的保密工作，确保档案工作不失密、不泄密。积极配合国家重点建设项目专项稽察工作，为稽察工作提供真实、系统的项目档案资料。

(肖云)

国家重点建设项目竣工档案验收工作介绍

三峡二期蓄水(135M水位)和船闸试通航工程通过国家验收

2003年5月19～21日，国务院验收委员会枢纽

工程验收组对蓄水(135M 水位)和船闸试通航前两项工程合并进行了验收。经过专家组为期 7 天和验收组 3 天的紧张检查,验收组认为:三峡二期工程蓄水(135m 水位)和船闸试通航条件已经具备,同意 2003 年 6 月 1 日开始蓄水和 6 月蓄水后实施船闸试通航。验收组还对档案工作提出了要求:鉴于蓄水(135m 水位)和船闸试通航工程文件资料归档工作尚未完成,建议抓紧收集归档,在适当时间组织档案的专项验收。

一、工程的验收情况

在二期工程中,要实现蓄水(135m 水位)、船闸试通航和首批机组发电,是三峡工程防洪、发电、通航主要功能的初步实现,也是三峡工程发挥效益的开始。枢纽工程的验收分为四个阶段:一是明渠截流前验收(已于 2002 年 10 月完成),二是蓄水(135m 水位)验收,三是船闸试通航前验收,四是左岸电站机组启动验收。

验收组按照温家宝、吴仪等领导的批示,一方面搞好"非典"的防疫工作,另一方面认真做好检查验收。验收工作非常严格认真,到现场检查,听取汇报,查阅资料,讨论交换意见,草拟验收鉴定书等环节,都是一丝不苟。

二、工程档案情况

目前二期工程因项目合同没完成,所以文件资料尚未进馆,验收组要求三峡总公司档案馆继续对各环节形成的档案资料实行有效控制。

三峡总公司档案馆是工程验收和工程决算领导小组成员,按照合同项目,派员参加各项目的初步验收和竣工验收,对档案完整、准确、系统以及存在的问题、整改的要求等提出书面意见,对进馆的档案资料质量实行了有效控制。

从二期工程文件资料归档进度看,档案的验收拟定 2004 年下半年组织。在此前,三峡总公司档案馆要做好各单项工程的档案验收,把好案卷质量,切实保证档案的完整准确;2004 年上半年应向国家档案局报送自查报告。对今后三峡工程在运行、维修和改扩建中需要查考的音像档案要与工程部商议,进一步明确归档范围。 (李和平)

三峡二期移民工程档案工作通过验收

按照国务院长江三峡工程验收委员会移民工程验收委员会的部署,长江三峡二期移民工程验收专家工作组档案检查组于 2003 年 3 月 15 日~4 月 3 日对重庆市、湖北省三峡库区 12 个县(区)的二期移民工程档案工作进行了检查。

此次检查范围为坝前 135 米接 20 年一遇回水线以下的重庆市巫山、奉节、云阳、万州、忠县、石柱、丰都、涪陵,湖北省宜昌市夷陵、秭归、兴山、巴东 12 个县(区)116 个移民安置乡镇(街道办事处),46110 户居民,820 户工矿企业及二期移民工作涉及的移民综合管理、移民搬迁安置、项目建设、库底清理、财务会计档案工作。

三峡工程二期移民工作共形成档案 403343 卷,其中农村移民安置档案 145812 卷;城市迁建档案 75657 卷;集镇迁建档案 15530 卷;工矿企业迁建档案 23744 卷;专业设施项目复建档案 24353 卷;环境保护档案 1539 卷;文物保护档案 2400 卷、照片 41717 张、软盘 623 盘、音像资料 1815 盘,另有器物卡片、测绘资料等;地质灾害防治档案 3583 卷;库底清理档案 5200 卷。除以上九个专业之外,移民综合管理工作共形成档案 32417 卷,财务会计档案 64786 卷,其他档案 8322 卷。这些档案主要是区、县移民局形成并负责管理,基本上做到了档案完整。

检查组认为,三峡二期工程移民档案工作得到各级领导的高度重视,档案工作规章制度健全,文件资料收集归档比较齐全,管理基本规范。案卷质量基本符合要求,档案安全保管符合有关要求。

2003 年 5 月 27 日国务院长江三峡二期工程验收委员会全体会议通过了三峡二期移民工程验收结论。

(王积才)

三峡左岸电站首批机组启动通过验收

2003 年 7 月 15~18 日国务院三峡工程验收组组织了三峡二期工程左岸电站首批机组启动验收会议,本次验收是三峡二期工程最后一次项目验收,标志着二期工程所有的项目全部验收结束,所以本次验收至关重要。验收的范围和项目有:水轮发电机组,电站水力机械辅助设备,发电机相关的输变电设备,供电、照明、防雷,自动化及继电保护,通信系统,消防和报警系统,给排水系统,机组埋件等。

验收组察看了现场,听取了三峡总公司和专家组的汇报,查阅了资料,讨论了验收意见书(草稿)。代表们对机组的安装、运转中出现的问题以及 VGS、ALSTOM 公司(机组供货商)所提供的设备质量问题和资料不全、不准确等问题提出了意见,并要求加以改进。

国务院验收组委员会枢纽工程验收组认为:三峡二期工程左岸电站首批机组(2#、5#机组)及相关的公用设备已具备正式投运条件,同意投入运行。

三峡总公司分管档案工作的郭涛副总经理表示:虽然现在筹备溪洛渡电站的开工,但三峡档案工作不会放松,一方面继续抓紧三期工程建设档案工作,另一方面还要做好电站、船闸运行及三峡电厂等单位档案工作的指导。水利部副部长张基尧强调了档案工作的重要,并例举小浪底工程档案工作,表示档案工作不仅对工程本身是重要的,而且在人类历史上也将留下宝贵的财富。

验收组要求抓紧工程文件归档工作,工程档案由国家档案局单独组织验收。 (李和平)

世界银行贷款中国粮食流通项目档案通过验收

2003年9月28~29日国家发展和改革委员会在大连北良港召开世行贷款粮食流通项目大连粮食中转设施暨散粮火车皮工程国家竣工验收会议。参加会议的有国家发展和改革委员会副主任李盛霖、国家粮食局局长聂振邦、大连市市长及财政部、交通部、铁道部、商务部、海关总署、国家质检总局、国家档案局、公安部等部门以及参加建设单位42人。

该工程是世界银行贷款中国粮食流通项目的一个分项目,于1992年9月经国务院批准立项,并得到世界银行贷款。这是亚洲最大的一个粮食专用码头,装船能力每小时4000吨,卸船能力为每小时2000吨。设计年中转量为1110万吨。

验收委员听取了大连北良有限公司等参建单位的建设工作总结,考察了现场,查阅了相关档案资料,进行了质询和答疑,一致同意该工程通过国家验收。

在此次验收前,国家发展和改革委员会组织了专家组对工程的质量、环保、劳动安全、卫生防疫、消防、档案等进行了专项检查,为这次正式验收打下了良好的基础。此工程共形成档案2300多卷,基本完整准确,整理比较规范,检索工具齐全,配备了档案库房和安全保管设施。该工程档案于2002年7月经大连市档案局通过初步验收。本次验收提出了档案现代化管理水平有待进一步提高,档案库房防光、防尘措施应进一步改善。 (李和平)

黄河上游李家峡水电站项目档案通过预验收

李家峡水电站位于黄河上游青海省境内扎县与化降县交界的李家峡峡谷中段,是一座以发电为主兼有灌溉综合利用的大型水利枢纽工程。因为该工程建设周期长,业主单位几经更换,造成工程档案形成积累、收集困难,影响工程档案的完整和准确。做好该工程项目档案的预验收工作,确保竣工档案的完整,不但是该电站自身建设和管理的需要,而且关系黄河上游梯级电站滚动开发的系列工程建设。此次预验收工作是在中国电力投资集团公司、黄河上游水电开发公司和国家档案局经过详细分析和认真研究,认为具备了预验收条件后进行的。预验收工作于2003年8月27~31日在李家峡水电站进行,中国电力投资集团公司主持预验收工作,国家档案局、青海省档案局、华电公司、五凌公司、黄河上游水电开发公司等有关人员参加了预验收工作。

李家峡水电站的工程档案工作自2000年1月黄河水电公司正式运作后,公司领导下大力气加大管理力度配备了干部,决心把黄河水电公司档案工作建成一流水平。公司领导说,档案是凝固的历史,档案工作必须抓紧抓实,这是对历史负责,对工程建设负责。

2002年12月至2003年7月间,公司聘请了设计、监理单位专家,组成档案核查小组,逐项逐页对工程前期文件、设计、施工、竣工文件、图纸进行全面核查,确保了李家峡水电站工程竣工档案的齐全、完整、准确、系统。为做好项目档案预验收工作,共编制业务报告、说明、清册等10种。李家峡水电站基本建设工程竣工档案核查报告,李家峡水电站枢纽工程监理档案工作报告及岩土、水电、机电安装、勘测等竣工档案编制说明、报告等。在预验收会议上由各主管部门主要技术负责人一一宣读,数据清晰、详实,职责分明,程序规范严肃。然后听取验收组及设计、施工、监理、设备安装、勘测等有关人员的意见,并回答提问,接受评议。在完成以上程序并实地查看现场之后,验收组进行深入讨论,认真评议,认为李家峡水电工程竣工档案的管理历经了曲折的过程,但是在黄河水电公司成立后,针对工作中的问题,将工程档案工作列为黄河水电公司和李家峡发电分公司的重要议事和年度重点工作。对工程档案工作进行全面整改,竣工档案进行全面核查,经过领导、技术人员、档案人员连续两年加班加点,系统规范地整编了全部档案。经验收组抽查、确认李家峡水电站工程竣工档案完整、准确、系统、安全、符合预验收标准。该电站共收集、整理档案11978卷,竣工图250565张,验收组一致同意通过预验收。 (郭文柄)

上海外高桥造船基地一期工程档案通过竣工验收

按照国家发展改革委上海外高桥造船基地一期工程竣工验收的通知,国家档案局作为委员单位,竣工档案作为验收内容之一,2003年10月16~19日国家验收委员会对该工程进行了竣工验收工作。上海外高桥造船基地一期工程自1999年10月18日正式开工,于2002年底完成初步设计批准的工程全部内容,并全面投入试生产。一期工程批准总概算投资为32.1亿元人民币。

上海外高桥造船基地一期建设工程档案工作在中船公司集团领导下实行集中统一管理,由一名副总经理总工程师分管工程档案工作,综合管理部下设档案室。在项目合同中明确了对竣工档案归档要求,施工过程中实行全过程跟踪,档案不合格,财务不付工程款。本工程档案验收组由国家档案局、中船集团公司、上海市档案局、上海市城建档案馆和上海外高桥造船有限公司组成。验收组抽检了一期工程归档的技术文件、图纸,认定签字手续完备,竣工图和变更依据收集齐全,变更内容修改清晰,归档文件能够反映工程建设的实际。该工程共形成竣工档案1822卷,折合案卷排架长度59.76米,档案验收组经检查和认真评议,同意提交竣工验收委员会予以验收通过,经上海外高桥造船基地一期工程竣工验收委员会全体成员审议,一致同意该工程通过竣工验收。（郭文柄）

中国铝业山西分公司引进大型氧化铝设备国产化项目档案通过竣工验收

中国铝业山西分公司引进大型氧化铝设备国产化项目是国家“六五”至“八五”期间的重点建设项目,亚洲最大的氧化铝生产基地,2001年生产氧化铝131.8万吨,新世纪确定发展目标使氧化铝生产最终达到220万吨的生产能力,建设28万吨电解铝生产线,使山西分公司氧化铝生产能力将进入世界前五名,成为具有世界竞争力的大型联合企业。

按照国家发展改革委的统一组织,该项目的竣工验收工作2003年7月30日至8月2日在中国铝业山西分公司进行。该工程竣工档案单项验收工作是经山西省运城市档案局在2002年7月办理。中国铝业山西分公司前身为山西铝厂,2001年12月11日、12日在纽约、香港上市挂牌的中铝股份有限公司,其中包括前山西铝厂的一部分作为山西分公司参股上市,另一部分仍为山西铝厂作为“存蓄”。档案机构在上市前是处级建制,人员14人,档案馆建筑面积2000平方米,上市后档案资产部分参加上市,但档案管理14人未动,变为科级建制,在“存蓄”部分。档案库房自成一体。但是档案馆的设施、设备与企业现代化管理的水平不同步,计算机配置无法满足工作需要,经竣工档案单项验收检查,引进设备国产化项目共有前期装备技术文件12卷,竣工文件全部入库其92册,本次竣工验收对于项目档案工作总体上认为符合国家验收要求。国家发展改革委、中国铝业集团公司、国家审计署等部门有关领导参加了竣工验收。（郭文柄）

中国科技大学校区扩建第一期工程档案通过验收

2003年12月1日,国家发改委委托中国科学院主持召开“中国科技大学校区扩建第一期工程”国家验收会议。国家验收委员会由国家发改委、中国科学院、国家档案局、三所高校、安徽省和合肥市的有关领导和专家组成,听取了建设单位、设计单位、施工单位的报告和该项目初步验收委员会的验收意见,检查了现场,查阅了档案资料。中国科学院白春礼副院长主持验收会议。

该项目1986年列为“七五”国家重点项目,1998年全部竣工并投入使用,总投资1.52亿元,共包括39个项目,总建筑面积16.7万平方米,全部用于该校西区建设。该项目建设周期长、投入少、效益明显,从根本上缓解了学校教学、科研、办公用房紧缺的状况。

2003年7月中国科学院办公厅组织有关方面对项目进行了档案专项验收,并提出了整改意见。中国科技大学校区扩建第一期工程共形成档案1608卷,国家验收委员会对项目档案作出了“收集基本齐全,整理基本符合要求,分类清楚,使用方便”的验收意见。

验收委员会认为,中国科技大学校区扩建第一期工程已按照国家、中国科学院批准的建设规模建成,布局合理,设计先进、实用,工程质量合格,达到设计标准,满足使用要求,运行情况良好,总体上达到了当时国内较高水平。验收委员会一致同意通过国家验收。

（王燕民）

怀洪新河续建工程档案通过验收

2003年8月11～14日,由水利部组织,国家档案局、淮河水利委员会、江苏省水利厅和档案局、安徽省水利厅和档案局等有关单位参加了怀洪新河续建工程档案专项验收会。验收组分别听取了江苏省治理淮河工程指挥部、安徽省怀洪新河河道管理局、淮委治淮工程建设管理局对其负责实施段的工程建设和工程档案管理情况的汇报,实地查看了工程现场,并重点检查了工程档案的收集、整理、归档和管理情况。

怀洪新河是淮河中游一项战略性骨干工程,属国家重点水利项目,河道全长126.9公里,跨皖、苏两省,流域面积1.2万平方公里。1972年开始动工兴建,1980年停建,1991年国务院将其列为治淮重点项目之一。该项目分为三段,由淮河水利委员会、江苏省水利厅、安徽省水利厅分别负责实施,今年刚竣工就为抵御淮河特大洪涝灾害,分泄淮河中游洪水发挥了巨大作用。

由于领导重视、各方努力，为工程档案管理打下了良好基础。承建近百公里工程的安徽省工程总指挥部早在1993年就成立了综合档案室，在组建了怀洪新河河道管理局后，配备了专职档案人员，新建立较高标准的档案库房，添置了设备，并且狠抓管理，达到了安徽省一级档案管理标准。良好的档案工作基础为通过验收创造了条件。安徽、江苏两省档案局对工程档案管理进行了多次指导。

水利系统的大型工程都在总体验收前，进行档案专项验收，这一制度一直坚持，取得了较好的效果。怀洪新河续建工程档案验收，是水利部组织的第一次针对跨省、多方参与项目的专项验收，由于组织、协调得力，验收活动进行的十分顺利。截止到档案验收时，怀洪新河续建工程共形成档案资料4743卷(册)。经验收组抽查，认为该工程档案的完整性、准确性、系统性达到相关要求，一致同意通过验收。

淮委和安徽省水利厅把该工程档案管理作为样板，组织本系统开展学习、培训。（王燕民）

国家档案局组织国家重点建设项目档案工作调研暨西部重点建设项目档案工作交流活动

为推动西部地区重点建设项目档案工作和企业信息化建设，国家档案局在2003年10月22～23日组织有关省、自治区、直辖市和国家机关、中央企业档案部门以及一些国家重点生产建设项目单位有关人员，在湖北宜昌市中国长江三峡工程开发总公司进行调研活动，并研讨西部地区重点建设项目档案工作。国家档案局巡视员刘美玲受局领导委托出席会议并讲了话。国家发改委办公厅副主任周晓飞出席会议并讲了话，国家档案局经科司李和平司长主持了会议。北京、上海、重庆、辽宁、青海、宁夏、湖北、江苏、浙江、广西、广东、云南、水利部、铁道部、国家电网公司、中国长江三峡工程开发总公司、沈阳市等档案部门业务工作的负责同志，乌鲁木齐铁路局档案馆、龙滩水电开发有限公司、国电宁夏石嘴山发电有限责任公司有关人员参加了会议。会上中国长江三峡工程开发总公司档案馆、水利部办公厅、青海省档案局、云南省档案局、乌鲁木齐铁路局档案馆、龙滩水电开发有限公司介绍了在重点建设项目档案工作中切实加强项目档案工作，认真落实档案工作领导责任制，建立健全法规体系，按照市场经济准则将档案工作纳入项目管理，结合经济措施确保项目档案的完整、准确、系统、安全和有效利用，在经济建设和社会发展中有效地发挥档案的重要作用的经验。

代表们讨论了《国家重大建设项目档案验收办法》、《加强企业档案信息化建设的意见》和《加强境外企业档案工作的意见》并提出了修改意见。

（郭文柄）

国家档案局与国家保密局、公安部、安全部等单位对三峡工程保密工作进行联合检查

为落实曾培炎副总理和王刚主任关于做好三峡工程保密工作的指示，2003年7月1～4日国家保密局、公安部、安全部、国家档案局和三峡建设委员会办公室组成保密检查组赴三峡总公司检查三峡保密工作。先后召开了三个由三峡总公司领导及各部门、长江水利委员会有关部门、宜昌市公安局、保密局、档案局等有关部门参加的座谈会，对三峡大坝、电站总控室、船闸控制室、三峡总公司计算机室、三峡档案馆进行了实地检查，并向三峡总公司领导反馈了检查组的意见。

在检查三峡档案馆时，抽查了部分档案资料，翻阅了保密制度和利用制度及执行情况，检查了档案馆库的安全保密措施。（李和平）

国家档案局、国务院三峡建设委员会办公室致信慰问三峡工程档案工作者

2003年6月国家档案局、国务院三峡建设委员会办公室致信三峡工程档案工作者，全文如下：

三峡工程建设第一线的全体档案工作者：

你们辛苦了！今年6月1日，举世瞩目的三峡工程正式下闸蓄水；6月16日，永久船闸试通航成功；8月，首批机组将正式并网发电。十年建设，三峡工程取得了举世公认的成就，“高峡出平湖”，几代中国人的夙愿已初步实现，值此三峡工程二期目标即将全面实现之际，谨向战斗在三峡工程建设第一线的全体档案工作者表示亲切的慰问和衷心的感谢！并向所有关心、支持三峡档案工作的各级领导和同志们表示崇高的敬意！

自三峡工程开工以来，全体三峡档案工作者兢兢业业、不辞辛苦、默默奉献，伴随着雄伟大坝的矗立，一座座现代化移民新城的崛起、一条条输变电线路的延伸，你们铸就了三峡工程建设史上一座特殊的丰碑——42万卷档案。她饱含了你们辛勤的汗水和心血，是你们智慧和创造性劳动的结晶。她是三峡工程建设十年艰苦而光荣历程的真实记录，是三峡工程建设的历史见证。当浩浩江水涤荡历史遗迹，后人伫立于大

坝之上，聆听峡江水空谷回声时，只有她才能打开历史，揭示过去，让人们感受当年三峡建设者自强不息、顽强拼搏的奋斗精神，以及广大移民"舍小家、为国家"的无私奉献精神的。三峡工程的辉煌，注定了这一段历史的辉煌；而三峡工程档案工作者也将因此而永载史册。

三峡工程二期目标实现后，到2009年工程竣工，面临的三期档案工作任务仍然十分繁重，希望全体三峡工程档案工作者继续发扬成绩，再接再厉，以对人民负责、对历史负责、对子孙后代负责的精神，高标准、高质量地做好三峡工程档案工作。（王积才）

科技部和国家档案局联合对科学技术研究档案管理情况进行调研

根据2003年科技部办公厅、国家档案局办公室联合发出的《关于对科学技术研究档案管理情况进行调研的通知》（国科办厅[2003]12号），科技部和国家档案局联合对科学技术研究档案管理情况进行了书面调研。调研情况汇总如下：

一、科技计划项目档案管理情况

大部分单位的科技部门能配合档案部门做好科研项目档案的管理工作，在下达科技计划项目时，对承担项目的部门和有关人员提出认真做好项目管理性文件的归档工作的要求。也有不少单位的科技项目档案管理情况不尽如人意，主要表现在：1．档案部门对本单位科技计划项目情况不清楚，缺乏正常的立项信息报送制度和有效的项目档案监管措施；2．项目合同中对档案资料的归档与归属问题没有明确要求，以致不少项目的文件归档不及时，收集不齐全；3．科技计划项目验收时，有些单位虽请档案部门人员参加，但事前没有进行专项档案验收，影响了科技计划项目档案的归档质量；4．科技成果档案质量不高，有关核心技术、关键数据等原始记录被截留的现象较为突出。

二、对《科学技术研究档案管理暂行规定》的修改意见

1．应进一步明确制定科研档案管理规定的目的意义。一是为了适应市场经济条件下科研项目档案管理的需要；二是为了有效保护科技成果的知识产权，充分发挥科研项目档案在科技进步和经济建设中的重要作用。

2．应进一步明确任何部门和个人在职务活动中形成的各种科研项目档案，其归属属于单位，必须由该单位档案部门集中统一管理。

3．应进一步强调科研项目档案工作是科研管理的重要组成部分，各级科技管理部门应向档案部门及时传递科研立项信息。各单位要将科研项目档案工作切实纳入科技管理和质量管理的程序之中，把科研项目文件材料的形成、积累、整理、归档工作纳入科技部门和科研人员的职责范围，作为考核内容之一。

4．应进一步明确合作开发研究项目的档案管理要求，在签定有关协议时，应明确项目文件材料的归档责任及其要求。

5．应进一步拓展科研项目文件的归档范围，除纸质文件外，声像材料和电子文件也应收集归档。

6．应进一步明确各级档案行政管理部门对本地区重大科研项目档案管理的监督、检查、指导职责，强化本地区重大科研项目档案的登记管理、跟踪指导和组织验收，定期开展重大科研项目档案工作的检查。

7．应进一步强调各级科研档案保管机构（包括科研成果部门档案馆）按规定向本地区综合档案馆移交重大科研项目档案，报送相应的档案目录信息的义务，以便更好地面向社会，开发利用科研档案资源。

（张向军）

国家海洋局、国家档案局对全国海域勘界档案工作进行检查

为全面落实《海域勘界档案管理规定》（国海发[2002]25号）要求，根据国家海洋局领导的批示精神以及《2003年海域勘界档案工作计划》和闽—粤（试点）线、辽—冀（试点）线，津—冀（南）线、苏鲁线海域勘界完成情况，以国家海洋局办公室、国家档案局经济科技档案业务指导司、国家海洋局海域勘界办公室、海洋档案馆组成的海域勘界档案工作检查组，分别于2003年3月4～11日和10月26～31日针对海域勘界档案的收集、整理、编目等工作环节，两次检查了任务承担单位即国家海洋局北海分局、国家海洋局南海分局、国家海洋局第一海洋研究所、国家海洋局第三海洋研究所的海域勘界档案工作。所到之处，既听取汇报，查看预立案卷，又进行了座谈，最后根据实际情况提出了阶段性评价意见。检查中，检查组利用一切机会，宣传勘界档案管理及其档案工作的重要性，了解《勘界档案管理规定》的执行情况以及需要解决的具体问题，取得了预期效果。

通过检查来看，两条海域勘界试点线和2003年新开勘界线的档案工作总体情况是好的。主要表现在：1．领导重视，认识提高。各单位领导都很重视海域勘界档案工作，均成立了由单位分管领导挂帅的海域勘界档案工作领导小组和档案组。从后一次检查情况看，近期产生和积累的文件材料，无论从质量和数量上均比开始阶段明显好，说明海域勘界任务承担部门和

有关人员对海域勘界档案工作重要性认识有不同程度的提高。2. 要求明确,措施有力。各单位基本做到了布置海域勘界任务和检查海域勘界工作进度的同时,布置和检查海域勘界档案工作,并对档案质量提出了要求。如北海分局根据《海域勘界档案管理规定》制定了《津冀南线海域勘界档案工作细则》等配套措施,将《海域勘界档案管理规定》与海域勘界工作实际紧密结合,赋予其较强的可操作性。3. 机制约束,成效明显。海域勘界任务承担单位在建立档案管理组织、奖惩等机制方面做了较有成效的工作,调动了有关人员的积极性。特别是北海分局建立的"定细则、预立卷、阶段性检查"机制,不仅促进了海域勘界档案工作的开展,而且为保证海域勘界档案质量奠定了基础。从目前来看,北海分局的海域勘界档案质量明显好于其它两个单位。4. 立卷规范,符合要求。从预立卷的海域勘界档案材料来看,分类基本合理,卷内文件材料排序基本符合规范要求。

检查组在肯定海域勘界档案工作成绩的基础上强调,海域勘界工作是一项对国家的发展、稳定和长治久安具有特别重要意义的"跨代工程",海域勘界档案是这一"跨代工程"成果的集中体现,上一级主管部门应采取各种方式随时督导海域勘界承担单位严格执行档案规定、规范,保证其档案齐全、完整、准确、系统。同时,对存在的问题提出了整改意见:第一,加大检查和业务指导力度,采取各种方式随时督导海域勘界承担单位严格执行档案规定、规范要求。通过检查手段,确保海域勘界档案的质量,使之经得起历史检验。第二,搞好培训,增强有关人员档案业务素质,注意积累经验,并及时总结推广。第三,坚持标准,把好档案验收和交接关;保障质量,为历史负责,替后代着想,不搞得过且过。 (张连秋)

海域勘界档案业务培训班在津举办

为使省际间海域勘界(以下简称海域勘界)有关人员熟练掌握海域勘界档案整理方法和工作程序,确保海域勘界档案质量,同时针对海域勘界档案工作中存在的问题,国家海洋局办公室根据《二〇〇三年海域勘界档案工作计划》(海办字[2003]14 号)安排,于 2003 年 7 月 9～11 日在天津组织举办了一期有各海域勘界任务承担单位、实施部门负责人、档案部门负责人以及档案管理人员共 43 人参加的海域勘界档案业务培训班。

各海域勘界任务承担单位、实施部门非常重视这次海域勘界档案业务培训,不仅指派了部门领导参加,而且选派了直接参加海域勘界工作,具有教授、研究员等高级职称的海洋专业人员参加。

通过培训,大家掌握了海域勘界档案整理方法和工作程序,解决了目前海域勘界档案工作中遇到的问题。尤其使刚接触档案工作的人员产生了感性认识,增强了做好海域勘界档案工作的信心,为保证海域勘界档案齐全、完整、准确、系统,海域勘界档案整理工作规范化、标准化奠定了基础。 (张连秋)

天津市档案工作积极为海河综合开发改造工程服务

海河综合开发改造工程是天津市实施"三步走"战略目标的重要组成部分。为配合海河综合开发改造,天津市档案局及时印发了《关于加强海河综合开发档案管理的意见》,要求各有关档案部门切实加强海河综合开发档案管理工作,充分开发利用档案资源,为海河综合开发提供档案服务。河北区、河东区等沿河各区档案部门深入现场抢拍海河旧貌照片近 4000 张,对李叔同故居、大悲院等重点部位进行了录像。为集中展示海河的历史与未来,为海河开发改造工程营造声势,天津市档案局联合 12 个单位,举办了《海河——辉煌的母亲河》大型档案图片展览。以近 400 幅生动翔实的图片向人们展示了海河的历史变迁和天津城市的起源与发展,讴歌了天津市改革开放以来,特别是"三五八十"取得的辉煌成就,宣传了天津市海河综合开发改造的战略决策,勾画了未来海河的蓝图美景,对于增强全市人民的自豪感和使命感起到了积极促进作用,有力地激发了全市人民打造世界名河和建设家乡的热情。展览历时两个半月,在市内 6 区和塘沽区巡回展出,吸引了社会各界人士,参观人数达 5.4 万余人,《中国档案报》、《天津日报》、《今晚报》、天津电视台等多家新闻媒体进行了报道。 (天津市档案局)

天津市档案工作积极为个体私营企业发展服务

为了进一步加大档案部门为个体私营企业服务的力度,充分发挥档案在个体私营企业管理和发展中的基础作用,促进全市个体私营企业经济更快更好地发展,天津市档案局与天津市工商联联合出台了《关于档案工作为加快个体私营企业发展服务的意见》。要求各级档案部门认真开展指导、帮助民营企业建立符合自身实际的档案管理机制、为企业培训档案人员、组织企业档案协作组织定期开展业务交流及加强档案中介组织建设等 5 项服务措施。同时,召开了档案工作为个体私营企业服务座谈会,积极推广了塘沽区档案局等为私营企业搞好档案服务的做法，提出5年内实现全市具备一定规模的个体、私营企业全部建档的工作目标。截止2003底，全市已有70余家个体私营企业建立了规范化的档案管理机制。（天津市档案局）

上海档案咨询业取得长足发展

上海档案咨询服务中心经过十年市场化运作，经营规模不断扩大，咨询内容不断拓展，服务水平不断提升，运作机制不断规范，1997年至2003年，连续被评为上海市信誉咨询企业。

该中心紧紧围绕上海的经济建设和社会发展提供档案咨询服务。承接了大量上海的重大建设工程、城市标志性建筑项目和新领域经济实体的档案整理业务，如南浦大桥、东方明珠广播电视塔、上海国际会议中心、上海产权交易所等。该中心组织专业人员对这些项目文件材料的形成、积累等情况进行现状调查的基础上，对档案收集、整理、归档、验收与管理等工作进行总体设计，具体实施，为上海的建设和发展留下了珍贵的档案。在咨询服务中，该中心的专业人员根据不同种类的档案提出不同的分类、编目等方法，如房产营销业务档案、证券业务档案、信息产业档案、金融信贷不良资产处理业务档案、城市古树名木档案等，都设计了一套符合各自特点和实际的特色档案管理模式和实施方案，受到委托单位好评。

该中心注重开掘咨询的内涵，提升服务的科技含量，为上海档案工作发展提供智力支持。中心为上海地铁总公司、建设银行上海市分行、上海通用汽车有限公司、上海大剧院等单位的档案管理和建设提供了咨询论证工作，论证内容广泛涉及档案馆室库房布局、设施配置、管理体制、制度建设、文件归档、开发利用和工程项目文件形成积累、档案验收管理等各个方面。同时，中心先后为市体委、建行上海分行系统、东方出版中心等机关、企事业单位的档案工作升级达标出具了《咨询论证报告》，为这些单位档案管理和达标水平进行了基本分析评估。（郭红解）

上海企业信用档案管理取得成效

2003年12月18日，上海市档案局和上海市征信管理办公室联合召开"上海市企业信用档案管理试点工作交流会"。上海移动通信有限责任公司、上海陆家嘴（集团）有限公司、上海市自来水市北有限责任公司、普陀区档案局、上海西部企业集团公司作了交流发言和成果演示。

上海信用档案管理已列入社会诚信体系建设的总体规划，列入《上海实施科教兴市战略行动纲要》，统筹管理，有序推进。2002年12月，市档案局与市信息化办公室联合下发了《关于加强本市信用档案管理的通知》，并选择不同行业的10家国有大型企业进行试点。通过召开研讨会、座谈会和现场指导等方式，探索企业信用档案管理的新路子。市档案局和普陀、徐汇等11个区县档案局将信用档案管理培训列入档案专业技术人员继续教育课程。试点单位也普遍开展形式多样的专题学习培训活动，并从社会诚信体系建设的需要出发，整合企业信用档案信息，注重对客户、代理商、经营合作者的信用信息和有关电子文件的收集，采用计算机加强管理和开发利用。上海西部企业集团公司在公司网站上开设了"企业诚信"查阅窗口，可以从企业资质、信誉等12个方面全面查询该公司的信用信息。上海陆家嘴（集团）有限公司在公司局域网上公布企业信用档案专题目录和有关的编研成果。上海移动通信有限责任公司建立信用档案、加入全市个人信用联合征信系统以来，已有500多个客户主动补缴了拖欠的30多万元移动通信费。（张世东）

济南市试行村级档案乡（镇）代管

2003年，济南市档案局针对农村中存在的行政村"两委"班子不稳定，村档案员绝大多数是兼职，档案保管条件差，存在许多不安全隐患，特别是个别村干部将村级档案视为私有，甚至违反有关规定，弄虚作假，侵占集体和群众利益，影响干群关系和农村稳定等实际问题，在所辖章丘市进行了深入调查研究，并参考村级财务管理体制改革中，实行"村账乡管"的做法，指导章丘市档案局在普集、埠村等镇进行了"村档乡（镇）管"的试点工作。乡（镇）主要代管各村的重要文书档案和会计档案。到2003年10月，章丘全市22个乡镇都建立了档案馆，共代管700多个行政村的1.5万卷档案，占全部行政村的80%。通过实行"村档乡（镇）管"，有力地维护了农民群众的切身利益，推进了村务公开和基层民主建设，密切了党群关系，促进了农村的社会稳定。为向全市推广章丘市的经验做法，11月28日，济南市档案局在章丘市召开了"'村档乡（镇）管'工作现场会"。（济南市档案局）

青岛市加强破产国有企业档案工作

2003年，青岛市全面落实"321国有资本重组计划"，国有企业改制退出的步伐加快。为依法规范破产国有企业档案处置与管理，青岛市档案局深入贯彻落实《档案法》和《国有企业资产与产权变动档案处置暂行办法》、《青岛市国有企业产权变动档案管理办法》等法律法规的规定，加大执法监督力度，进一步健全和完善监管措施和手段，加强破产国有企业档案工作。

建立破产国有企业档案监管的信息渠道。青岛市档案局完善国有档案登记等监督管理手段，利用档案登记的统计、分析数据，及时掌握企业信息，明确监督管理的重点，建立对破产国有企业档案实施动态监管的工作机制。同时，主动加强与市经委等主管部门的协作与配合，争取市政府的重视，将市档案局列为青岛市企业改革与组织结构调整领导小组成员单位，为及早介入破产国有档案处置工作，实施全程监督，从制度上、组织上提供了保证。

开展破产国有企业档案管理专项执法检查。2003年4月，青岛市以破产国有企业档案处置为重点，部署开展了产权变动国有企业档案管理专项执法检查活动。在各企业主管部门和资产运营公司自查的基础上，7月2～4日，青岛市人大教科文卫委员会、市政府法制办、市档案局、市经委等四部门组成联合执法检查组，由市人大常委会副主任孔心田带队，对部分破产国有企业档案处置与管理情况进行了重点检查。检查中，责令存在问题的单位进行整改，并及时通报了检查情况。针对检查中发现的问题，检查组研究提出了解决的意见和建议，并向市政府做了关于破产国有企业档案管理执法检查情况的报告。

完善破产国有企业档案监管措施。借助档案执法检查活动，青岛市进一步采取措施，完善对破产国有企业档案处置的监管手段。青岛市经委与市档案局联合制发了《关于加强破产企业档案工作的意见》，进一步明确破产企业档案处置工作中有关机构和人员的责任，确定了国有企业破产过程中形成的文件材料归档范围和破产国有企业档案进馆范围，提出了破产企业档案鉴定、整理、移交和寄存的原则及要求，并建立了责任追究制度和相应的处罚措施，为规范破产国有企业档案的归属与处置提供了依据。为妥善解决破产国有企业的档案移交问题，青岛市档案局研究提出了接收破产企业档案进馆的方案，并专门向市政府申请了档案接收经费，为开展破产国有企业档案接收进馆工作做好了准备。 （青岛市档案局）

广东省加强引导民营企业档案工作

根据广东省委关于加快民营经济发展的决定，广东省档案局将民营企业档案工作作为重要内容列入全省档案工作计划，并和省工商联组成联合调研组，对中山、佛山、广州、深圳4市的8个民营企业进行调研，另外还向全省1000多家民营企业印发问卷，调查了解民营企业档案管理现状、存在问题和他们的要求。2003年5月，省档案局和省工商联联合印发了《关于认真做好民营企业档案服务工作的意见》，研究制订了《广东省民营企业档案管理工作指引》，供各地在指导民营企业开展档案管理工作中参考使用。市、县档案局利用培训开路抓民营企业档案工作，汕头市档案局与市工商联举办民营企业档案人员培训班，有105个民营企业派员学习。德庆提出了为民营企业建档"四优四免"服务（即在培训、指导、业务咨询和提供现行文件利用等四个方面实行优先，并免费服务），深受民营企业欢迎。

近年来广东省民营企业档案工作基本情况和特点是：1. 档案工作在相当多的民营企业中已建立起来，部分民营企业的档案管理较为规范，档案在企业的营运中发挥了重要的作用。2. 越来越多的民营企业家重视企业档案管理工作，希望档案部门给予指导和帮助。3. 各地纷纷行动起来，在为民营企业档案服务方面进行了有益的探索。

全省民营企业档案工作也存在一些问题，如部分地区档案行政管理部门对民营企业档案工作不够重视，没有将民营企业档案工作列入依法管理的范围；部分民营企业领导的档案意识还较薄弱，忽略了档案在生产经营中的凭证和信息作用，忽略了对档案管理的必要投入等。

为了进一步做好民营企业档案工作，广东省档案局和省工商联对这项工作提出了意见：1. 依法把民营企业档案工作纳入档案行政管理范围。2. 民营企业要从维护和保障自身利益出发，自觉搞好档案管理工作。3. 拓宽服务渠道，为民营企业档案工作提供更多更好的服务。 （钟鸣）

（八）档案专业教育工作

2003年全国档案专业教育工作发展综述

2003年,全国有27所普通高校设立了档案学院、系、专业。有14所成人高校和成人中专学校开展了档案专业教育。全国共培养博士研究生4名、硕士研究生78名、本科生916名、大专生186名、中专生518名。专业证书班8823人,有30235人次参加了岗位培训,有24312人次参加了继续教育培训,有20146人次参加了专题培训。

档案业务人员培训工作继续以岗位培训为基础,以继续教育为重点。国家档案局为落实《关于加强档案业务人员培训工作的意见》精神,继续与国家档案局档案干部教育中心合作,为在京中央和国家机关各部委、各人民团体、中央企业及下属单位的档案部门的档案业务人员举办了第二期档案业务人员资格培训班。四川省档案局为适应新时期档案工作发展的需要,提高档案人员的专业技术水平,举办了全省档案工作人员任职资格培训班。培训班开设了《公文管理》、《文书档案管理》、《科技档案管理》、《档案保护技术》、《档案法律知识》、《计算机管理档案基础知识》等课程。山西省档案局从2002年开始推行档案工作人员持证上岗制度,为配合山西全省档案人员持证上岗资格考试工作,2003年在《山西档案》杂志上增开"上岗辅导"专栏,公布"本年度档案工作人员持证上岗考试复习大纲"供应试人员复习参考。广西壮族自治区档案局精心组织全区档案人员持证上岗考试和办证工作,起草了《关于2003年全区档案人员持证上岗统一考试等有关问题的通知》,并制定了有关考场设置、监考人员、巡视人员以及领取试卷、评判试卷、发证等的规定。在全区统考前,又召开了全区考务工作会议,强调了考试的有关事项。2003年8月16日全区受过培训的专兼职档案人员9000多人分别在74个考点、236个考场进行了考试。为适应档案事业发展新形势对档案工作的要求,广西、新疆、贵州等省(区)档案局举办了档案局(馆)长培训班。培训班采取讲授与研讨相结合的形式,主要讲授领导科学、档案学等课程,并对当前档案工作中的热点、难点问题进行讨论。

各地在搞好岗位培训和继续教育的同时,以新的视角、新的思维、新的举措,积极探索档案人员培训的新路子。福建省档案局为进一步加快档案信息化建设的进程,跟上国家信息化建设的步伐,2003年把档案信息化知识的学习、教育、培训工作列入重要议事日程,采取普及与提高相结合的方式,在全省范围内开展档案信息化知识函授教育活动,全省6300多名专兼职档案人员参加了由省档案局组织的"档案信息化知识函授教育"统一考试,使广大档案工作人员全面系统地接受信息化知识、计算机网络知识。马鞍山市、青岛市档案局本着为企业服务、促进民营经济发展的精神,免费为本市民营企业进行档案业务培训。

2003年12月,中国人民大学决定在原档案学院基础上成立信息资源管理学院,但在国内外相关活动中可以继续使用"档案学院"称谓。信息资源管理学院下设置3个系:档案学系、政务信息管理系、图书情报学系。

(王小平)

国家档案局举办第二期档案业务人员资格培训班

为贯彻落实国家档案局印发的《关于加强档案业务人员培训工作的意见》精神,2003年3月11日～9月2日,国家档案局政策法规研究司与档案干部教育中心共同举办了第二期档案业务人员资格培训班。

举办档案业务人员资格班的目的,是使学员能够比较系统地了解档案工作的有关法律法规,掌握档案工作的基本原则和基本知识,提高履行岗位职责的工作能力和操作技能。参加本期培训班的学员154名,主要来自在京中央和国家机关各部委、各人民团体、中央企业及所属单位的档案部门。培训班安排的培训课程是:档案管理学、文书学、科技档案管理、档案保护技术、专门档案管理以及专题讲座。培训班聘请国家档案局和中国人民大学的领导及专家担任授课教师。培训班结业后向学员颁发了《档案业务人员资格培训证书》。

(王小平)

国家档案局举办档案业务人员兼职教师任教资格培训班

为进一步落实《关于加强档案业务人员培训工作

的意见》精神，2003年12月3～17日国家档案局在福建省举办了档案业务人员兼职教师任教资格培训班(以下简称资格班)。来自北京、山西、黑龙江、上海、浙江、江苏、安徽、福建、江西、山东、湖南、广东、广西、贵州、青海、海南等16个省(区、市)的48人参加了培训。

本期资格班安排授课时间32学时。聘请有关专家、学者具体讲授的课程是：全国政协委员、原国家档案局副局长刘国能讲授的《国家档案事业体系》(4学时)；福建省档案局局长、福建省档案馆馆长陈永成讲授的《档案教育与档案工作实践》(4学时)；福建师范大学教育科学院副院长、教授连榕讲授的《成人教育心理学》(8学时)；福建师范大学教育科学院教授洪明讲授的《当代教育学》(8学时)；中国人民大学档案学院副教授王健讲授的《示范教学》(8学时)。

国家档案局完成学习任务的学员颁发了《档案专业兼职教师任教资格证书》。 (王小平)

中央档案馆国家档案局继续为本馆局业务人员开办继续教育讲座

2003年，中央档案馆国家档案局继续为本馆局业务人员开办继续教育讲座。讲授的专题是：中央档案馆国家档案局副馆局长冯鹤旺主讲的《关于档案业务工作的几个问题》；中央档案馆国家档案局副馆局长杨冬权主讲的《如何利用电视媒体宣传档案工作》；中央档案馆国家档案局办公室主任许士平主讲的《认真学习〈干部任用条例〉切实加强干部队伍建设》；国家档案局档案科学技术研究所所长赵中新主讲的《计算机网络与档案管理应用》。 (王小平)

教育部高等学校档案学学科教学指导委员会2003年年会暨第十二届档案学专业系主任联席会议在济南召开

教育部高等学校档案学学科教学指导委员会2003年年会暨第十二届档案学专业系主任联席会议于2003年11月7～10日在山东省济南市举行。此次会议由山东大学历史文化学院档案学系承办。参加会议的有来自全国28所高校及国家档案局、高等教育出版社等有关部门的52名代表。山东大学、山东省档案局、济南市档案局的领导也出席了会议。会议的主题是“档案学专业课程建设”。

本次会议是对《教育部关于启动高等学校教学质量与教学改革工程精品课程建设工作的通知》(教高[2003]1号)文件的具体落实。高等学校档案学学科教学指导委员会主任委员、中国人民大学副校长冯惠玲在会议开幕式上作了主题发言。

中国人民解放军南京政治学院上海分院教授戴维民、中国人民大学档案学院副教授张斌、上海大学文学院教授宗培岭分别以《档案学网络课程建设及其应用》、《精心、精炼、精品——对档案学专业课程改革与建设的思考》、《档案学专业课程建设综合改革》为题做大会主题发言。与会代表围绕大会主题热烈发言，展开充分交流和讨论，并展示了相关的多媒体课件。

大家认为：

一、各高校档案专业应该把课程建设作为档案学学科建设的重要任务，档案学课程建设是提高档案学本科教学质量，提高学生综合素质的重要手段，对学科建设具有拉动和支持作用；

二、档案学专业课程建设应适应社会信息环境和社会对档案学专业人才需求的变化；

三、进一步加强档案学专业课程体系的设计和建构；

四、重视并加快档案学专业网络课程的建设，逐步实现档案学课程教学资源的共享；

五、信息化背景下档案课程建设与改造应保持档案专业特色；

六、档案学专业课程设置应与师资队伍建设协调发展；

七、在完善档案学课程教学内容的同时，不断丰富教学环节和手段，大力培养档案学学科创新人才；

八、按照教育部有关部署，积极推进档案学专业精品课程建设。

会议决定，教育部高等学校档案学学科教学指导委员会2004年年会暨第十三届档案学专业系主任联席会议由辽宁大学历史系承办，会议主题定为：信息化背景下档案专业的改革与发展。

(高等学校档案学学科教学指导委员会)

第九期全国档案局馆长培训班

为贯彻落实全国档案事业发展“十五”计划，进一步提高全国档案局长馆长的业务管理水平，更新知识，拓宽视野，交流经验，经国家档案局、中央档案馆批准，国家档案局档案干部教育中心于2003年8月26日～9月2日在新疆乌鲁木齐市举办了第九期全国档案局长馆长培训班，来自各省、自治区、直辖市以及计划单列市的22位档案局长馆长参加了此次培训班。培训班就档案工作动态、档案法制建设、领导艺术、世界经济发展形势进行了专题讲座，同时，培训班还组织进行了广泛的业务交流。局长馆长纷纷表示，通过此次培训班交流了经验，增长了知识，取得不小收获，并对国家档案局档案干部教育中心在教学管理以及后勤服务等方面的工作给予了好评。

（国家档案局档案干部教育中心）

《上海市档案管理岗位合格证书规定》发布

2003年11月1日，根据《上海市档案条例》，上海市档案局制定了《上海市档案管理岗位合格证书规定》。本市各级机关、团体、企事业单位和其他组织中从事档案管理岗位工作的人员和拟从事档案管理岗位工作的社会人员适用于该规定。档案管理岗位合格证书，是指从事各类档案管理工作的人员经过业务培训，取得合格成绩的凭证。该规定主要内容有：市档案局主管全市档案管理岗位合格证书工作，负责颁发档案管理岗位合格证书，并指定专门机构负责市属单位档案人员档案管理岗位知识培训。区、县档案局负责本地区档案人员档案管理岗位知识培训和档案管理岗位合格证书的登记汇总工作。凡遵守法律、法规，热爱档案事业，恪守职业道德，具有良好的政治素质，具备高中或中等专业学校毕业以上的学历，并经档案管理岗位知识考试或考核合格的人员，可以取得档案管理岗位合格证书。申请档案管理岗位合格证书的人员应当提交本人相关学历证明并接受《文件管理》、《档案管理》、《科技档案管理》、《档案保护技术》、《档案编研工作》、《电子文件与档案管理》、《档案法制与职业道德》七门档案专业知识的培训，参加市档案局统一组织的档案管理岗位知识考试或考核。档案专业毕业或已接受上述专业知识培训的从事档案工作的人员，可免相关专业课程培训，直接向市或区、县档案局申请档案管理岗位知识考试。市档案局颁发的档案管理岗位合格证书是档案人员上岗的必备条件之一，也是取得档案专业技术职务任职资格的必备条件之一。

（张世东）

上海市档案局举行全市档案系统教师节庆祝活动

2003年9月9日，上海市档案系统在上海大学举行第19次教师节庆祝活动。有138位兼职教师在庆祝活动仪式上获得档案专业教师资格证书。上海市档案教育培训工作认真贯彻国家档案局《关于加强档案人员培训工作的意见》。在稳步发展岗位培训、专业职称培训的基础上，加大继续教育的力度，已有两千多人次参加了知识更新的学习。在档案专业学历教育方面，上海大学成功申办档案专业硕士研究生办学点，并与市档案局馆达成协议，准备开办在职研究生课程进修班；上海师范大学也已建立档案学系。在教材建设、师资培训、教学科研等方面更有新突破，新出了档案专业培训系列教材，新培训档案专业青年兼职教师91名，一批新出的科研成果，随着推广应用正成为上海市档案工作跨越式发展的强大动力。（邹伟农）

福建省档案局组织全省“档案信息化知识函授教育”统一考试

“十五”以来，福建省档案部门把档案信息化作为发展档案事业的战略重点来抓。2002年，福建省档案信息化建设已纳入“数字福建”的总体规划，分布式档案基础数据库建设与统计、测绘、地质、气象基础数据库一同被列为“数字福建”五个重点建设项目。为了进一步适应档案信息化建设的需要，跟上国家信息化建设的步伐，2003年6～9月，福建省档案局举办全省档案信息化知识函授教育，全省6200多名档案人员参加函授学习并通过统一考试。本次档案信息化知识函授教育采用由福建省档案局编写、海峡文艺出版社出版发行的《档案信息化知识读本》，以个人自学为主，福建省档案局统一命题、统一考试、统一阅卷、统一发证。凡参加学习经考试合格者，发给《福建省档案专业人员继续教育证书》，作为档案专业技术人员完成当年继续教育学时和公务员参加专业培训的依据。

（蔡敏生）

广西壮族自治区档案局组织全区档案人员持证上岗考试

为贯彻落实《广西壮族自治区档案人员持证上岗管理办法》，2003年8月16日，广西壮族自治区档案局组织全区9000多名专兼职档案人员分别在14个市的74个考点、236个考场进行持证上岗统一考试。考试的主要内容包括：档案管理学、机关档案工作、经济科技档案工作、档案馆业务管理、档案保护技术、档案管理现代化、档案法律法规等的基本理论、基本知识和基本技能。考试采用闭卷、统一阅卷的方式进行。考试合格者领取了上岗资格证书。

（广西壮族自治区档案局）

（九） 档案科技工作

2003年全国档案科技工作发展综述

2003年，档案科技工作认真贯彻全国档案局长馆长会议精神，积极稳妥地推动全国档案信息化建设，并取得一批突破性成果。为配合全国政府系统办公业务资源网传输电子公文工作，向国务院信息化工作办公室提出建议，以推进电子政务建设中相关档案工作同步发展。为规范电子公文的归档，保证归档电子公文的完整与安全，国家档案局发布了《电子公文归档管理暂行办法》。中共中央政治局候补委员、中央书记处书记、中央办公厅主任王刚同志就此作出重要批示，指明了档案信息化建设的着眼点和落脚点，对全面推进我国的档案信息化建设具有重要指导意义。11月27～30日国家档案局技术部在上海组织召开“电子文件归档与管理课题研讨会”，就电子文件归档与管理中的一些难点和重点问题进行了研讨。

切实做好档案科技项目评审和档案科技进步奖评审工作，组织对重大档案科技成果鉴定，对重大科技项目监督、检查，积极促进科技成果的管理及推广应用。2003年各地共报送155个项目，经专家逐项评议、论证，国家档案局领导审批，最后将48个项目列入2003年度国家档案局科技项目计划。

国家档案局中央档案馆技术部、广西壮族自治区档案局共同研究完成的“灵香草防虫作用与档案防虫剂试验研究”项目，荣获2003年度国家科学技术进步二等奖。

2003年评出国家档案局优秀科技成果奖19项。其中特等奖空缺，一等奖2项，二等奖5项，三等奖12项。19项授奖成果分布于12个省、市、区，中央、国家机关档案部门及大型企业档案部门等。

列入科技部2003年重点科技项目计划的“档案数字化技术的推广”项目和列入国家社科基金重点项目计划的“电子文件和电子档案真实性、完整性保证及其法律地位的认证验证系统”项目，正在按计划实施。各级档案科技部门在完善科研机制、加快产品开发、促进成果推广等方面有所创新，对档案科技工作的投入有所加大，档案科研不断取得新成果，科技成果推广和应用稳步开展。

各级档案部门认真组织落实《全国档案信息化建设实施纲要》，工作取得新的进展。电子文件归档管理和电子档案管理系统的研究与开发切实加强；档案目录数据库建设不断推进，有条件的档案馆，档案全文数据库和多媒体数据库建设逐步展开，加快了档案数字化进程；各级档案行政管理部门积极参与当地政府上网工程和电子政务建设，研究制定相关制度和办法，开通了一批新的档案网站。数字档案馆建设取得可喜成绩，为研究和探索信息化条件下档案管理新模式积累了宝贵的经验。 （纪秀英）

国家档案局科技项目立项情况

2003年2月11日，国家档案局办公室下发了《国家档案局科技项目2003年立项选题指南》，确定了2003年国家档案局科技项目立项的指导思想是：继续贯彻落实《全国档案事业发展“十五”计划》和2002年全国档案局长馆长会议精神，围绕2003年全国档案工作的各项任务，特别是《全国档案信息化建设实施纲要》贯彻实施过程中遇到的重大理论和关键技术问题进行研究，根据“需要、可能、合理、科学”的原则，有所为有所不为，集中力量，协同攻关。经国家档案局中央档案馆领导批准成立了2003年国家档案局科技项目评议委员会，委员会由15位委员组成。国家档案局副局长中央档案馆副馆长杨公之担任主任委员，国家档案局技术部主任王良城担任副主任委员。2003年4月21～23日在江苏省苏州市召开2003年度国家档案局科技项目立项评议会议。杨公之主任委员在会上讲话，评议委员会讨论通过了评议原则。评议原则要求，国家档案局科技项目应该具备创新程度高，技术难度大，研究方案可行，在全国或区域档案部门具有普遍应用意义等条件。具体进行评议时，按照以下几项原则进行：一是要支持符合“国家档案局2003年度立项选题指南”范围的项目，有关档案信息化建设方面的科技项目是立项和资助的重点；二是项目评议以其先进性、实用性和可行性等为评判标准。先进性就是项目研究水平处于国内外先进水平，创新程度高，杜绝低水平重复。实用性就是项目完成后，可解决档案工作中某一方面的具体问题，能在全国或大部分地区档案部门普遍适用，一般不支持纯理论研究。可行性就是已具备一定的研究基础，对相关科研情况比较熟悉，研究技术路线、解决方案科学可行，研究人员具备较高素质，研究经费、相关设备等有较好的保障；三是对于科研力量较强，科研和科技管理工作开展较好的地区，应继续给予支持。对于以前立项较多、完成情况不太好的地区，今年应有所限制；对于申报项目水平较低，虽然开展科研工作积极性较高，原则上不予照顾；四是同类课题有必要从多方面进行研究的，可以选择一些科研计划设计科学可行、科研力量较强、经费申请合理的项目同时给予立项资助，但技术类项目不宜超过2项，管理类项目不宜超过3项；五是对于国家档案局职能部门申报的项目，符合相关条件的前提下可以立项，但经费不予支持(根据财务审计要求，机关内部不能互相划拨经费)。评议委员会委员们依据《国家档案局科学技术三项费用使用管理办法》、评议原则、主任委员的讲话精神，对收到的155个申报项目，逐项评议，经过充分论证，建议将其中48个科技项目列入2003年度国家档案局科技项目计划，并于2003年5月30日经国家档案局批准同意，其中：信息化建设类23项，软科学类19项，保护技术类6项。这些项目是：

1. 浙江省档案局承担的“档案馆信息化建设评估方法研究”

2. 辽宁省档案科学技术研究所承担的“档案信息化建设评估认证的研究与实践”

3. 深圳市档案局承担的“电子文件管理中心的建立和运行方式研究”

4. 江苏省吴江市档案局、苏州大学档案数字化研究所承担的“多媒体电子文件归档技术方法研究”

5. 浙江省档案局承担的“电子政府文件管理最佳模式研究”

6. 浙江省电力公司、浙江省档案局承担的“企业电子文件及电子档案元数据研究”

7. 天津市档案馆承担的“关于电子公文文档格式转换的研究及相应软件的开发”

8. 湘潭大学管理学院承担的“电子政务环境下档案资源整合与共享”

9. 北京市档案局、中国人民大学档案学院承担的“电子政务环境下文件档案管理规划与实施研究”

10. 吉林省档案科学技术研究所承担的“电子政务建设中政府机关档案管理改革的研究”

11. 湖北省档案局承担的“电子政务建设中档案信息资源的开发与利用”

12. 江苏省档案局、江苏数字档案研究发展中心承担的“电子政务环境下省地县数字档案馆建设模型及规范”

13. 山东省档案科学技术研究所、山东省济宁市档案局承担的“济宁市电子政务数字信息化档案管理平台”

14. 北京市档案局、中国人民大学档案学院承担的“电子政务中档案信息安全保障研究”

15. 江苏省档案局、江苏省信息安全技术研究中心承担的“档案管理网络安全测试规程”

16. 北京市档案馆、清华大学档案馆承担的“数字档案安全体系研究”

17. 国家档案局档案科学技术研究所、上海市浦东新区档案局承担的“档案信息快速利用和长期安全保存—电子及缩微影像整合运用系统开发与安全保障技术研究”

18. 江苏省档案局承担的“数据仓库技术在数字档案馆建设中的应用研究”

19. 福建省档案局、福建科怡计算机服务公司承担的“分布式档案基础数据库在线利用系统”

20. 河南省档案局、开封灵通信息技术研究所承担的“政府行政(审批)服务中心窗口档案登记备案实时信息管理系统”

21. 上海市档案局承担的“档案信息化标准体系研究”

22. 中国第二历史档案馆承担的“早期唱片档案数字化抢救研究”

23. 中国电影资料馆承担的“应用数字技术修复档案资料影片研究”

25. 安徽省档案局承担的“国家档案信息资源建设研究”

26. 安徽大学管理学院档案系承担的“现代档案信息资源管理范式的理论与实践研究”

27. 内蒙古自治区档案局承担的“环境下省级信用档案建设模式研究”

28. 河南省档案局承担的“外资涉档企业入驻中国的影响和对策”

29. 安徽省档案局承担的“徽州家族档案文化对建立现代家庭档案影响研究”

30. 中国档案杂志社承担的“中国档案职业状况及发展趋势研究”

31. 中央档案馆利用部承担的“关于建立中央档案馆档案利用情况数据库的研究”

32. 国家档案局经济科技档案业务指导司承担的“国家重大建设项目档案管理”

33. 中国电子科技集团公司第54研究所承担的“软件产品档案的归档管理与利用”

34. 河北省承德市档案局、承德市农业开发办承担的“环京津坝上生态农业开发项目档案动态管理研究”

35. 山东省广饶县档案局承担的“小城镇建设档案规范化管理研究”

36. 河南省档案局承担的“社区制对档案管理模式的影响”

37. 国家档案局档案馆(室)业务指导司承担的“就业和社会保障体系档案种类构成与流向归属”

38. 辽宁省档案局承担的“社会保障体系档案管理研究与实践”

39. 内蒙古自治区档案局承担的“蒙汉文对照历史档案史料名词术语研究”

40. 重庆市档案馆承担的“机关档案工作规范化研究”

41. 湖北省档案馆、湖北省社科院承担的“民国时期企业文书档案工作研究”

42. 国家档案局档案馆(室)业务指导司承担的“中国档案文献遗产工程”与‘世界记忆工程’比较研究”

43. 天津市和平区档案局承担的“盒套式档案装具研制”

44. 新疆维吾尔自治区档案局承担的“吐鲁番阿斯塔那墓地内外环境及墓内文书质量研究”

45. 四川省档案局承担的“档案库房空调系统疑难问题研究”

46. 四川省档案局、四川省档案学校承担的“低温杀虫灭菌专用设备的研制与开发”

47. 四川省档案局档案科学技术研究所承担的“档案图书害虫电子图册”

48. 贵州省档案局承担的“环六亚甲基四胺气相去酸技术研究”

(蔡学美)

国家档案局优秀科技成果奖评审情况

2003年7月4日,国家档案局中央档案馆下发了《关于推荐2003年度国家档案局优秀科技成果奖励项目的通知(档办发[2003]49号),7月31日,经国家档案局中央档案馆批准,成立了由15名专家组成的2003年度国家档案局优秀科技成果奖评审委员会,杨公之副馆局长任主任委员,技术部主任王良城任副主任委员。8月26～27日,2003年度国家档案局优秀科技成果奖评审会议在北京西山召开,毛福民馆局长出席评审会并作重要讲话,毛福民在讲话中着重强调了国家档案局优秀科技成果评审工作的重要作用,他说,优秀科技成果评审工作是依靠科技进步推动档案事业发展过程中最为关键的一环,对提高档案科研水平、推动档案科技向前发展发挥着重要的导向作用。因此,我们要根据科技发展规律,引导档案科技发展方向;依靠档案科技进步,振兴档案事业。杨公之主任委员在会上对当前和今后工作提出了要求,他说,当前全国档案科研形势很好,各地对档案科技工作非常重视、积极性也很高,特别是档案信息化方面,大家都已经行动起来了;要做好科技工作,一方面,包括一把手在内的馆局领导要重视,要支持档案科技工作,另一方面,科技处长也非常重要,要做好科技管理工作,组织科研课题。开展科技工作涉及面非常广,纵向的从国家、省到地方市、县,横向的要和科技、计划、财政等各部门联系。全国10个档案科研所在档案科研工作中起着非常重要的作用,是档案科研的主力军,我们应该支持科研所的各项工作,切实提高档案科研水平,在保护积极性的同时,防止低水平重复。王良城副主任委员向评委们汇报了2003年推荐项目的形式审查和部分专家的初审情况,这次评审会议共收到来自全国26个省、市、区档案部门、中央、国家机关档案部门及大型企业档案部门推荐的评奖成果51项。评审专家本着实事求是的科学态度,根据《国家档案局优秀科技成果奖励办法》(档发[2001]2号)规定的评审标准,对全部推荐成果进行了认真审阅,并通过分组讨论评议、大会集中评审,最后采取无记名投票的方式,共评出拟授奖成果19项。其中特等奖空缺,一等奖2项,二等奖5项,三等奖12项,另有3项成果建议缓评。拟授奖成果占推荐成果总数的37.3%,拟授奖金总额6.9万元。经国家档案局中央档案馆领导批准,全部获奖项目在2003年10月6日《中国档案报》和2003年第10期《中国档案》及国家档案局网站上公布,一个月争议期结束后,于2003年11月正式向获奖单位和个人颁发了证书和奖金。19项授奖成果分布于12个省、市、区,中央、国家机关档案部门及大型企业档案部门等,覆盖面46.2%。其中:上海市4项、辽宁省3项、山东省3项、四川省1项、湖北省1项、安徽省1项、江苏省1项、内蒙古自治区1项、北京市1项、青岛市1项、中国银行1项、总参档案局1项。

(黄丽华)

2003年度国家档案局优秀科技成果奖获奖成果介绍

军队数字档案馆研究

软科学类一等奖

完成单位:总参办公厅档案局、南京军区档案馆

主要完成人:陈军荣、朱蒙生、王志宏、马涛、刘苏玲、毕成钢、孔强

该成果充分吸收了档案界以及图书情报界在数字

化建设中的一些先进理论和方法,借鉴了地方档案界在数字档案馆建设实践中的新成果,并与军队档案工作的特性相结合,创造性地实现了对军队数字档案馆建设的总体设计。其主要内容包括四个方面:(一)军队数字档案馆的必要性研究;(二)军队数字档案馆建设的可行性研究;(三)军队数字档案馆建设构想;(四)军队数字档案馆的建设方案。

中国档案事业建设指标体系研究

软科学类一等奖

完成单位:安徽省档案局

主要完成人:严桂夫、李银标、程潜龙、胡华平、江海峰

该成果首次提出和建立了国家档案资源总量、国家档案资源年增长率、档案馆管理成本、档案室管理成本、为公民直接服务量占档案利用总量的比例、领导决策对档案的依存度、档案咨询中介服务机构数及从业人员数、每百户居民家庭建档数、档案法规标准数、档案法律法规普及率、档案科研与开发经费占档案事业费的比重、档案科研成果转化率、每万人中接受档案专业知识教育的人数等指标,比较全面、系统地设计、论证了反映我国档案事业建设主要内容和未来发展重要趋势的 9 大类 35 项指标及其评价方案。对科学管理档案事业和开展档案事业科学研究具有重要意义。该成果已在安徽省许多市、县得到广泛运用。

电子文件归档及管理系统

现代化技术类二等奖

完成单位:上海市档案局、上海市静安区档案局

主要完成人:许磊、赵嘉庆、谈胜祥、程向民、陈斌、詹美、王玮

该成果运用计算机技术,对各种信息类型的电子文件进行统一管理,并可与 OA 系统进行平滑连接,实现从逻辑归档到物理归档的过程。该成果采用了“电子文件集”、“生命周期”、“迁移”等概念,涵盖了电子文件积累、归档、接收、整理、查询利用、统计、移交、鉴定、销毁等档案全过程管理,在传统的档案管理基础上建立了电子文件归档管理新的工作模式。该成果的系统开发技术采用 Browser/Web Server/Database Server(测览器/WEB 服务器/数据库服务器)三层架构,包括有文件积累归档、查询利用、统计、鉴定等功能模块。

沈阳市房产产权数字化档案馆建设

现代化技术类二等奖

完成单位:沈阳市房产档案馆、沈阳信基数码网络科技有限公司

主要完成人:张立杰、马志春、张立春、王伟斌、夏卫列、刘英浩、刘海波

该成果基于先进的海量信息存贮技术、地理信息系统技术(GIS)、分布式数据库技术及数字影像处理技术,实现了以下目标:(一)通过对全市房产档案的扫描数字化,建立与纸质档案(原件)一致、同步更新的电子复本,构成海量存贮的产权电子档案数据库。(二)实现计算机辅助产权档案生成、数字化存贮、动态更新和一体化管理,建立规范化、网络化的产权档案处理流程和管理体系。(三)实现全市纸质产权档案集中保存和管理,以电子档案数据库通过计算机网络,支持全市各区、各相关部门的房产交易、抵押、登记发证等业务的档案生成、电子化查询及档案调阅,保障房产产权档案安全性、准确性、保密性和及时性,大幅度提高工作效率。(四)与全市房产测绘、交易、发证业务处理系统及管理应用集成和衔接,建立和维护全市房产产权登记发证、交易、管理的统一业务架构。

农业科技档案信息开发利用的网络化研究

软科学类二等奖

完成单位:山东省济南市档案局

主要完成人:李俊、战恺、李伟、于洪星、傅照玉、周庆臣、常旭红

该成果利用系统工程原理和观点,(1)解决了农业科技档案信息开发利用现代化的问题。借助计算机网络技术、现代化通讯技术等先进手段,在县(市)区行政区域内建立起农业科技档案信息从收集、整理、储存,到交流、传递与利用的综合服务体系,形成县、乡、村(户)三级联通的工作网络,为农村和广大农民群众提供所需的科技档案信息。(2)解决了农业科技档案信息网络体系建设问题。以县档案馆为中心,县涉农专业主管部门为依托,以乡(镇)机关档案室和涉农工作部门为纽带,以行政村及科技示范户、专业户为基础,按系统或专业分别建立农业科技档案信息管理与利用服务的工作体系。

中国银行档案综合管理系统

现代化技术类二等奖

完成单位:中国银行总行、北京世纪科怡信息技术有限公司

主要完成人:李新、陈辉、刘艳丽、张筠、蒋志浩、黄超、张永刚

该系统主要由 OA 系统接口程序、档案综合管理系统、档案综合 Web 查询系统、授信档案管理系统和授信档案 Web 查询系统组成,是中国银行办公自动化 OA 系统中的一部分。系统以 ActiveX 控件形式和动

态库的实现形式，通过成熟的Web浏览方式，根据权限向全行所有用户提供档案影像文件和电子文件（系统统称为“原文”）的查询检索，将OA的预归档文件导入到中国银行档案综合管理系统使用的ORACLE7.3数据库，相应的原文拆离出来上传到AIX60008 * 9G的磁盘阵列中统一存储、统一利用，达到文档一体化、一次录入多次利用的目的。

“诱集棒”诱杀白蚁应用研究

保护技术类二等奖

完成单位：湖北省档案局（馆）

主要完成人：陈文樵、罗忆、魏能华、孙新华、章笑梅、汪明、唐文进

该成果是研究应用“诱集棒”和“食物跟踪信息素”诱杀白蚁的技术和方法。该成果采取在诱集饵料中添加白蚁“食物跟踪信息素”，其基本原理是：棒体散发的气味诱使白蚁群集，棒中所含纤维素供白蚁蛀食，纤维素中所掺毒素使白蚁取食后慢性中毒，白蚁回巢后，经交哺行为使药剂在巢中传播而致整个巢群衰亡。新型“诱集棒”充分利用了白蚁的食物跟踪、交哺、吮舔等生物习性，对白蚁具有强烈的引诱、胃毒作用，具有良好的诱杀效果。

实物档案网络管理系统

现代化技术类三等奖

完成单位：山东电视台、山东省档案局（馆）

主要完成人：王丽艳、任苏华、王承、田淑华、李锐

该系统针对照片、奖杯、证书、书画等各类实物在存档中不同的著录特点，实现了实物图片与文字的有机结合，以《档案著录规则 DA/T18－1999》和《照片档案管理规范 GB/TI1821－1989》为标准，以日常档案工作流程为基础，分为存档、查询、修改等功能，并与办公自动化系统结合，通过计算机网络实现远程查询及管理等工作。

沈阳市城建档案（地名）管理地理信息系统

现代化技术类三等奖

完成单位：沈阳市城市建设档案馆

主要完成人：焦洁、潘福泉、林郁、尚剑红、郭瑶

该系统利用0racle Spatial技术，建立地名数据访问服务器，使复杂的地名空间数据和属性数据被存储和管理在同一个关系数据库中，主要功能如下：（一）基于服务器的地名档案空间信息管理系统；（二）在Oracle数据库系统中，有效地使用Mapinfo空间数据及其它属性数据；（三）对于地名空间数据提供强有力的、全面的SQL查询操作；（四）从空间应用及城建各部门的综合应用中方便地使用及访问地名数据库；（五）提供完整的街路巷、小区、地址门牌号、企事业单位及建筑物等空间信息；（六）快速、方便的为城建各部门提供空间定位解决方案；（七）通过灵活的数据访问方式有效地利用地名数据；（八）在真正的Client/Server体系中实现全面的交互式操作；（九）大量地名空间数据的中心存储和统一管理。该系统不仅可以解决海量数据的存储、管理、传输等问题，也解决了多用户编辑、数据的完整性、数据的安全机制等许多问题，实现了对地名档案的动态管理。

城市建设档案GIS多媒体信息管理系统

现代化技术类三等奖

完成单位：上海市浦东新区城建档案信息管理中心

主要完成人：钱娟、沈文林、胡敏、张向东、史多华

该成果由GIS、多媒体和数据库三部分组成，以三维立体形式提供城市建筑特色，以坐标形式准确地反映建筑的地理位置及相互关系，通过数据库形式提供各类建设项目的要素情况和工程概况，以多媒体形式分层次展示建筑的主要功能和结构，以PDF格式文件形式提供全文数字城建档案的主要内容。该系统提供了浦东新区有关规划、土地和特色楼宇建筑以及基础地图、遥感影像等综合城市建设信息，并实现对城市发展信息的动态跟踪。

审计档案管理系统

推广类三等奖

完成单位：内蒙古自治区审计厅、内蒙古自治区档案局、内蒙古鼎星软件有限公司

主要完成人：王锐军、牧仁

该系统集审计、文书、会计、科技档案四个门类档案信息、管理为一体。其中审计档案数据库以《档案法》、《中华人民共和国审计准则》为依据，突出审计专业档案的特点，从档案案卷级、文件级的录入、修改、模糊查询、组合式查询，将结果转化为网络文件等一系列的查询打印，到自动生成八项档案管理常用规范目录及数据备份、恢复、接受、移交、帮助等功能，审计时间、审计类别、上缴金额等17项查询方式可在秒级内完成，可真实地再现审计决定、审计意见书、审计方案、审理会纪要等等，其图像路径可与视频文件、电子文件、声像文件衔接，实现审计档案从数据到原件的提供利用。截止到2003年，该成果已在全国八省市、自治区审计机关推广应用。为方便广大用户，还配套发行了《审计系统档案管理大全软件——鼎星N.C版操作指南》一书。

北京市机关、企事业单位专业档案数字化问题研究

软科学类三等奖

完成单位:北京市档案局、中国人民大学档案学院、北京市公安局

主要完成人:杨川若、王健、马忠魁、白巍、张兵

该成果围绕专业档案数字化涉及的法律问题、存储格式和存储载体的选择、数字化档案的利用问题等进行了开拓性研究。主要包括:(一)全面分析、梳理了新形势下专业档案的新特点与发展趋势;(二)深入探讨专业档案数字化涉及的法律问题;(三)提出专业档案数字化存储载体与存储格式的鉴选原则和方法;(四)针对数字化专业档案的利用问题展开系统研究。作为该成果的首批直接受益单位,北京市公安局出入境管理处成为北京市第一个也是唯一一个达到"北京市档案目标管理高级标准"的单位。

提高县级档案馆服务水平的研究

软科学类三等奖

完成单位:山东省垦利县档案馆

主要完成人:张希功、王吉美、丁世华、宋宁华、王相溪

县级档案馆处于基层,分布广泛,是我国档案馆事业的重要组成部分。该成果立足县级档案工作的实际,通过着重分析目前影响县级档案馆服务水平的主要因素,围绕丰富和优化馆藏、搞好档案利用以及满足社会信息需求等方面,提出了"提前接收档案进馆"和"放宽开放档案的时间限制"等相应对策,对做好县级档案馆工作具有较普遍的指导和借鉴意义。

档案展览研究

软科学类三等奖

完成单位:四川省档案局馆

主要完成人:陈代荣、王晓春、米开富、胡君远、薛蓉

该成果包括"档案展览概论"、"档案展览实务"和"附录"三个部分。"概论"部分包括:(1)档案展览的概念、特征;(2)档案展览的类型;(3)档案展览历史述略;(4)举办档案展览的意义;(5)档案展览的作用;(6)我国档案展览的现状。"实务"部分主要内容有:(1)档案展览题目的选定;(2)档案展览策划;(3)展品的收集和挑选;(4)档案展览总体设计;(5)施工布展;(6)编写解说词,印制展览简介、宣传资料;(7)展前宣传公关;(8)展览开幕;(9)接待参观;(10)档案展览工作中的档案保护;(11)展后工作,有档案展览效益评估、档案展览的固定和转化、展览工作形成文件资料的立卷归档等。"附录"部分由一些图表、标准等组成,主要有"全国档案系统举办档案展览简表"、"档案展览图例"。该成果图文并茂,直观性强,既具参考价值,又有现实的指导意义。

档案工作计算机基础

科技著作类三等奖

资成单位:江苏省档案局

主要完成人:赵明富、刘祖云、王良城

全书共由六章组成。第一章:计算机基础知识;第二章:Windows 98 的基本操作;第三章:文字处理软件 Word2000 的使用:第四章:电子表格处理软件 Excel 2000 的使用;第五章:计算机网络基础;第六章:档案信息化建设基础。该书还专门配套编印了一本《教学提纲》。对每章、每节都归纳给出了"教学目的"、"教学要点"和"主要内容",并为每节配备了"练习题"。该书可以作为档案部门岗位培训的指定教材,也可作为档案专业继续教育的选用教材和广大档案专业及档案相近专业人员学习参考教材。

档案分类主题词简表(中华人民共和国部分)研制与应用

标准研究类三等奖

完成单位:青岛市档案馆

主要完成人:于新华、潘积仁、王英、崔玉华、王鹏

该成果是在《中国档案分类法》(中华人民共和国部分)(第二版)和《中国档案主题词表》(第二版)、《公文主题词表》基础上编制的主题法、分类法一体化对应《简表》,是以档案分类法为框架,以主题词为构件合成的一体化标引检索工具,分为机检式版本和书本式版本两种。书本式版本又分为《分类号——主题词对应表》(第一册)和《主题词——分类号对应表》(第二册)。该成果作为一体化的标引检索工具,易于进行分类类目和主题词的扩充或缩减,符合有关标准、规范,便于对《中国档案分类法》(中华人民共和国部分)和《中国档案主题词表》的应用管理。

破损单页双面字档案、底图档案修复加固技术

保护技术类三等奖

完成单位:沈阳市档案馆

主要完成人:许芳、周庶江、张树梅、崔晓伟、马秀艳

该成果针对传统裱糊工作中手工操作无法修复的单页双面字档案、底图档案,开发研制了"热合修复技术"。该技术通过热合使粘合剂、半透明纸与破损档案

相结合，达到修复加固目的。该成果主要内容包括选择安全、可靠的修复材料，选择最佳的热合设备、热合时间、温度和操作方法，以及可逆性的研究、试验等。通过该技术修复加固后的破损档案平展、柔软、强度高，物理、化学性能稳定。

纸质档案去酸技术与设备可行性方案研究

保护技术类三等奖

完成单位：上海市档案馆

主要完成人：史梅定、朱建中、钱唐根、汪晓昱、陆敏

该成果针对档案保管工作中，一些档案纸张泛黄、变脆、严重酸化的问题，提出了优选的纸质档案去酸技术方法。该成果主要内容包括：(一)系统摸清了国内外纸质档案去酸技术的现状，较为完整地掌握了国外去酸技术的最新研究成果；(二)科学分析了国外去酸技术的各项技术指标，从技术成熟性、设备先进性、操作安全性、药剂开发性等方面对国外去酸技术设备进行了论证分析；(三)制订了"纸质档案去酸技术与设备可行性方案"。

档案馆哈龙替代技术优选及细水雾灭火技术的可行性研究

保护技术类三等奖

完成单位：上海市档案馆、上海亚泰消防工程有限公司

主要完成人：周关根、孙森林、钱唐根、蒋启众、李德学

内容详见2003年完成的重大档案科技成果介绍

2003年完成的重大档案科技成果介绍

2003年国家档案局技术部组织评审、鉴定的科技成果共计30项，其中保护技术方面的成果8项，软科学方面的成果8项，现代化技术方面的成果14项。通过鉴定、评审的30项成果分布情况是：上海市5项，天津市4项，四川省4项，湖北省3项，吉林省3项，北京市2项，安徽省2项，江苏省2项，山东省1项，浙江省1项，福建省1项，国家档案局科研所1项，中国第二历史档案馆1项。同往年相比数量较多。具体鉴定、评审情况是：

档案馆哈龙替代技术优选及细水雾灭火技术的可行性研究

该成果由上海市档案馆和上海亚泰消防工程有限公司共同承担完成。2003年2月23日，国家档案局技术部组织有关专家对该项成果进行了鉴定。该成果对权威部门认可的哈龙替代品进行了逐一分析比较，提出了哈龙替代品的优选原则。鉴于细水雾灭火系统有多种类型，该成果建议采用单流体、中压系统(系统工作压力0.8—1.2Mpa)。密集架存放宜采用开式系统。在采用开式系统，且库房面积较大时，宜选用分区应用；当库房面积小于120m^{2}时，可选用全室应用方式。细水雾灭火系统设计时要遵循以下原则：(1)对保护对象火灾性状进行分析；(2)正确选择细水雾灭火系统类型；(3)优化系统集成；(4)灭火试验对设计参数和灭火效能的验证。该成果已在浙江大学图书馆、慈溪县人民医院等单位应用，对人、环境无害，不会对保护对象(档案)造成二次损害。

档案信息编辑及其网络运行的研究

该成果由天津市档案局和天津大学档案馆等单位共同承担完成。2003年2月，国家档案局技术部组织有关专家对该成果进行了通信评审。该成果对档案信息编辑进行了定义，阐述了档案信息编辑所遵循的原则，提出了档案信息编辑工作的实质、概念、性质、内涵、意义、作用、方法及所采用的技术；对档案信息编辑处理过程中的外部实体、系统需求和信息流动性质进行了分析，提出建立档案信息编辑项目管理、档案信息管理和编辑成果管理等子系统的设计方案，列出了各子系统的功能、所完成工作的内容和相互之间的联系，建立起档案信息与用户之间的联系以及实现的步骤、标准和具体方法；提出了建立天津档案信息网络、天津档案信息总网站的设置与构想，并在区级网站进行了试点。该成果为解决用户与档案信息资源之间的联系问题提供了可行的模式，对天津市档案信息化建设具有积极的示范及指导意义。

农业产业化档案管理研究

该成果由四川省档案局承担完成。2003年4月，国家档案局技术部组织有关专家对该项成果进行了通信评审。该成果结合本省实际，阐述了农业产业化档案的形成特点和规律，提出了农业产业化经营档案的概念，对档案的构成和作用、档案管理工作的重点与难点进行了详尽分析；探讨了农业产业化经营档案管理体制和模式；提出了齐抓共管的基本要求；针对"龙头"企业制订了具体的管理办法和归档范围，形成了《农业产业化经营档案管理办法》和《农业产业化龙头企业档案归档范围》。

纸质民国档案数字化转换的工艺、管理技术及相关技术要求

该成果由中国第二历史档案馆承担完成。2003年4月20日,国家档案局技术部组织有关专家对该成果进行了鉴定。该成果针对纸质民国档案的特殊性,总结出进行大规模数字化转换工作的工艺、管理技术及相关技术要求。对数据的保存方式、文件格式、数字化文件的载体、扫描的技术参数等诸多相关技术做了详细的描述,对整个民国档案数字化转换过程的每个步骤都从技术和管理的角度做了明确的规定。其内容主要有:设备的选择、网络系统的建立、软件的研制、技术参数的确定、工艺流程的制定、难点问题的处理、数据安全、质量控制、科学规范管理工作、操作细则等。

档案数字化过程中的知识产权问题研究

该成果由江苏省档案局和南京大学公共管理学院共同承担完成。2003年6月,国家档案局技术部组织有关专家对该成果进行了通信评审。该成果提出了档案部门的版权保护策略和企事业单位的商业秘密保护策略,主要内容包括四个部分:(一)研究的理论基础、实践基础和法律环境;(二)档案数字化过程中涉及的著作权问题;(三)档案数字化过程中涉及的商业秘密保护问题;(四)几点建议:档案部门应将知识产权保护制度作为数字化档案管理的重要手段、加强数字化环境下知识产权的研究与知识普及工作、强化数字化档案信息版权保护策略、建构数字化档案的商业秘密保护制度等。该成果还初步拟订了企事业单位涉及商业秘密档案的管理方法。

中国"入世"与档案工作对策研究

该成果由北京市档案局承担完成,2003年7月1日,国家档案局技术部组织有关专家对该成果进行了会议评审。该成果主要从以下四方面对中国档案工作应对"入世"挑战问题进行了分析研究:(一)全面梳理了"入世"对中国档案工作的现实、直接和潜在、渐进的两方面影响;(二)具体分析、阐述了档案行政管理部门应如何做好应对"入世"工作;(三)探讨、论证了企业档案工作应如何应对"入世"挑战;(四)分析、阐述了各级各类档案馆应如何适应"入世"需要,做好档案的开放利用和资源建设工作。

个人住房贷款档案管理与利用研究

该成果由北京市住房资金管理中心承担完成,2003年7月,国家档案局技术部组织有关专家对该成果进行了通信评审。该成果根据个人住房贷款档案形成的规律和特点,制定了《个人住房贷款档案管理暂行规定》和《个人住房贷款合同文件材料归档范围及保管期限》,对合同文件材料的归档范围、保管期限、整理编目及贷款后期管理的档案管理等方面做出了系统的、明确的规定。根据个人住房贷款档案的现时性、时效性,突出个人住房贷款档案保管服务于贷款还款的特点,研究建立了"以单笔个人贷款为单元"的个人住房贷款档案管理模式。

青岛市数字档案馆建设关键技术问题研究

该成果由青岛市档案馆和青岛信大软件公司共同承担完成,2003年8月20日,国家档案局技术部组织有关专家对该成果进行了鉴定。该成果是国内建成的第一个投入使用的数字档案馆,包括传输、采集、存储、应用平台,档案目录、档案全文、照片档案、多媒体档案等数据库,17个应用管理系统和相应的操作标准规程,满足了数字档案馆的基本需求,形成了数字档案馆建设的基本方案,实现了进馆的数字档案信息在线(离线)移交进馆,馆藏档案资源数字化管理,以及面向社会的馆藏档案信息服务体系。

电子文件真实性、完整性保证及其法律地位的认定研究和相关验证系统的研制

该成果由国家档案局档案科学技术研究所承担完成,2003年8月29日,国家档案局技术部组织有关专家对该成果进行了鉴定。该成果对电子文件真实性、完整性的保证措施提出了一套系统、科学的方法和手段。其主要内容包括:(一)通过对国内外电子文件管理及立法的先进模式和理念的深入研究和实践,实现了对电子文件的超前管理和全过程监控。(二)该成果与国家标准GB/T18894《电子文件归档与管理规范》、《档案管理软件功能设计暂行规定》等以及"电子文件术语"、"电子文件元数据规范"、"电子文件真实性鉴定方法"、"电子文件生命周期表"等制定过程中的国家或行业标准相结合,实现了完整的规范化管理模式。(三)建立了电子文件的真实性、完整性和可识别性的保证体系,在责任者(操作者)交接时间链监控、文件运行法定程序控制、元数据实时捕获、数据库底层加密、操作者身份识别、电子签章、电子水印等凭证信息的管理技术诸多方面,采用了多项新技术。(四)实现了电子文件的收集、归档、管理、真实性保证、完整性保证、综合鉴定、开发利用、实体文件、实体档案和电子文件与纸质文件"双轨制"运行的综合管理。(五)该成果的验证系统,实现了在电子文件的全程管理过程中对相关信息的捕获、鉴别和监控。

档案库房空调系统疑难问题

该成果由四川省档案局承担完成。2003年10月27日,国家档案局技术部组织有关专家对该项成果进行了鉴定。该成果针对目前档案库房使用的大型单冷空调机组,难以适应大型档案库房(特别是南方高温高湿地区)温湿度调控要求的疑难问题,提出了“保温除湿”新概念和空调系统内“混合开机”、“系统能量配置”等举措,采用新结构、新流程,对普通大型单冷空调机组进行了较大改造,改变了原有的循环方式,巧妙地应用了系统热能。使原来只能输出相对湿度大于50%的降温空调改为能输出温度10~38℃,相对湿度30~50%的优化气体,达到了温湿度调控要求,特别是解决了非高温期内单冷中央空调控湿的疑难问题。

档案图书害虫电子图册

该成果由四川省档案局档案科学技术研究所承担完成。2003年10月27日,国家档案局技术部组织有关专家对该项成果进行了鉴定。该成果是一种电子工具书。该《图册》将收集到的档案图书害虫图谱资料,按昆虫分类整理编辑,应用数字图象处理技术将其扫描输入电脑;利用 Photoshop 和 CorlDRAW 图象处理软件,对输入的图象进行图形、图象技术处理,并结合相关论著和资料的描述,以及部分实物照片,在电脑上绘制了档案图书害虫外形特征(背、腹、触角、口器、足、蛹、翅、生活史、各种变态……)形象图及档案图书害虫虫种虫害分布示意图。该成果是我国档案界较全面、详细记录和论述档案图书害虫虫种、虫态分布、防治等方面的电子图册。

多种载体文件档案网络管理系统

该成果由四川成都飞机公司承担完成。2003年10月28日,国家档案局技术部组织有关专家对该项成果进行了鉴定。该成果是企业级的文件档案综合应用系统,由“成飞档案资料动态网络信息管理”子系统、“缩徽档案电子化网络管理软件”子系统和“档案数/模整合管理系统”子系统构成。“成飞档案资料动态网络信息管理”子系统,面向内、外分别采用C/S和B/S结构,实现目录和全文数据的网络管理及动态发布。该成果应用数/模整合子技术,实现了工业级的纸质文件、缩微品、电子文件三种信息的全排列转换和利用,能将多种信息数据转换为模拟影像(电子文件、缩微胶片等)。该成果实现了现场技术文件和馆藏档案一体化管理,解决了档案管理与现场技术文件、图样管理脱节的问题,涵盖了各类纸质、电子文件、缩微品多种载体文件档案的全过程管理。

超细粉体高效灭火剂及其自动灭火装置应用于档案库房研究

该成果由湖北省档案局和武汉绿色消防器材有限公司共同承担完成。2003年11月1日,国家档案局技术部组织有关专家对该项成果进行了鉴定。该灭火剂采用的是“非高温气溶胶灭火技术”,也称“冷气溶胶”,平均粒径在5um以下,使用时用惰性气体驱动,以气溶胶的形态释放于保护空间。该灭火剂不仅可以扑灭有焰燃烧,而且还可以扑灭一般固体物质的表面燃烧(通常所说的阴燃)。经国家固定灭火系统和耐火构件质量监督检验中心检验,其灭火效率是哈龙灭火剂的2~3倍,是普通干粉灭火剂的4~6倍。该灭火剂可替代哈龙灭火系统应用于档案库房,无毒、无害,对人体皮肤和呼吸道无刺激,对被保护物无腐蚀。对大气臭氧层耗减潜能值(ODP)为零,温室效应潜能值(GWP)为零。

基于Web页面的档案信息管理查询系统

该成果由湖北省咸宁市档案局承担完成。2003年11月2日,国家档案局技术部组织有关专家对该项成果进行了鉴定。该成果建立了多种数据库,建立了基于局域网环境下的数字化档案信息管理查询系统并投入运行,为地区一级档案馆的网站设计与制作提供了优秀范例。该成果具体内容如下:(一)基于局域网环境下的数字化档案信息录入、管理、查询和维护。(二)档案实体信息数字化过程的制作和维护。(三)档案目录和现行文件目录的汇编、打印。(四)基于局域网环境下的档案和现行文件全文检索功能。(五)基于Internet网络环境下的档案目录和现行文件目录在线检索功能。(六)Internet在线检索自动计费功能。(七)利用者查询行为的统计。(八)网络环境下的系统安全及权限管理。(九)建立档案信息网站。

福建省数字档案信息管理系统

该成果由福建省档案局和福州科易软件有限公司共同承担完成。2003年11月8日,国家档案局技术部组织有关专家对该成果进行了鉴定。该成果是“福建省分布式档案基础数据库建段项目(一期)”的子项目,是正在建设的福建省分布式档案基础数据库的核心内容之一,也是福建省档案资源信息化建设的一个基础应用平台。该成果采用国际先进的J2EE+中间件技术,提高了系统在线处理海量数据的能力和安全性,很好地解决了档案在线移交与接收、虚拟档案室管理、网上开放文件阅览、档案数据格式规范化、数据库中档案目录与电子图像的自动对应链接、数据批量挂接等一系列关键技术问题和网络档案管理问题,实现了档案馆室一体化档案信息管理模式。

存档光盘寿命定量检测技术研究

该成果由湖北省档案局和湖北大学共同承担完成。2003年11月11日，国家档案局技术部组织有关专家对该项成果进行了鉴定。该成果对存储光盘的理论、存档光盘定量检测理论和技术进行了研究，提出了块错误率应当成为存档光盘寿命检测的首选指标；并对存档光盘检测的依据、设备、老化条件、检测环节、模型、程序等提出了完善意见。在老化条件方面，推荐使用80℃、85%、96小时老化时间段；在程序方面，运用威布尔概论函数进行计算的程式；同时，该成果研究了一种CD-ROM寿命的实测技术。该成果发展了块错误率的理论。提出块错误率变化越大，光盘的读错时间越短，光盘的寿命就越短。并得出如下结论：适于存档的光盘种类为结构完整的CD-ROM和含酞菁染料的CD-R光盘。

档案领域的数字水印技术应用研究和产品开发

该成果由上海市档案馆和上海大学共同承担完成。2003年11月28日，国家档案局技术部组织有关专家对该成果进行了鉴定。该成果是一个数字水印嵌入和提取工具，在基于数字图象的电子化档案中嵌入数字水印以提供版权认证，作为保护知识产权的有力技术手段，是档案现代化管理中的重要工具。该成果采用了一系列独特的关键技术：如两重DCT和同频系数置乱的文档图象水印算法；结合文档图象特点和纹理亮度特性的自适应块分类；批量图象水印的自动嵌入；抗剪裁图象水印可从很小的图象块中无差错提取水印数据；半透明可见水印；水印图标格式wmk；水印图标生成和编辑功能等等。该成果研制的档案图象水印系统为档案资源的保护开发提供了有力工具，对推进档案的数字化和利用网络化具有重要意义。

上海市公共档案信息系统及其数据规范

该成果由上海市档案馆承担完成。2003年11月29日，国家档案局技术部组织有关专家对该项成果进行了鉴定。该成果分为三个部分：(一)档案信息网站在档案信息化建设中的地位、功能及其体系研究。(二)档案信息网站的信息资源建设。包括档案信息上网内容、信息发布程序、网站栏目设置以及网络信息数据基本规范和著录标准等等。(三)上海市档案局馆的档案信息网站建设及其数据库系统建立和运行。该成果采用了具有我国自主产权的TRS数据库技术，制定的相关制度和规范，为公共档案信息网站的管理与运行提供了先进的管理模式。

蓝黑墨水褪变字迹的气相恢复及保护处理方法研究

该成果由南京政治学院上海分院和上海市档案局共同承担完成。2003年11月30日，国家档案局技术部组织有关专家对该成果进行了鉴定。该成果采用定性与定量相结合的研究方法，通过加速老化模拟实验和字迹的色泽变化及色差值改变，运用化学结构、物理机理及数学模型进行函数拟合与论证，结合字迹的亚微观形态分析，对其变化机理进行了研究，摸清了蓝黑墨水字迹耐久性情况与变化规律，明确了蓝黑墨水字迹褪变主要是色素有机结构共轭体系中提供的成对电子基团发生化学反应的结果，并提出纸质档案字迹保存的最佳相对湿度条件。同时，该成果采用一种全新的气相技术，进行褪变蓝黑墨水字迹的液相、液固相及气固相结合的恢复实验研究，摸索出一种褪变字迹气相恢复方法。该方法能对需要恢复字迹的材料进行批量处理，且操作简便，有利于降低字迹材料保护风险。

中国档案置标著录Web检索系统研究

该成果由中国人民解放军南京政治学院上海分院承担完成。2003年11月30日，国家档案局技术部组织有关专家对该成果进行了鉴定。该成果(CNEAD系统)借鉴了国际先进的档案信息管理理念和规范，对基于互联网环境的档案信息共享提供了EAD应用模式，选用Microsoft.NET系统构建和ASP.NET、XML Schema等技术，设计了相应的置标词汇和逻辑结构。该成果采用客户机/服务器和浏览器/服务器方式结合的方案，实现了运行于Web上的数据直接录入、功能检索、入库管理、模板管理和在线帮助，以及服务器端的机读目录导入、用户管理和服务器配置等功能。该成果所采用的中国档案置标著录格式，符合国际标准《ISO8879标准通用置标语言(SGMI)》的基本原则，在目录数据内容上符合国家标准DA/T18-1999《档案著录规则》。

VPN技术在档案馆馆际间互联中的应用和档案门户网站建设

该成果由江苏省档案局承担完成。2003年12月4日，国家档案局技术部组织有关专家对该成果进行了鉴定。该成果根据各级档案部门对互联互通的实际需求和计算机软、硬件配备的实际情况，提出了采用VPN技术进行档案馆馆际互联的方案和应用模式，开发了"馆际档案目录查询系统"和"馆际数据交换系统"。"馆际档案目录查询系统"运行平台为Windows2000，采用B/S架构，Web服务器为IIS，后台数据库平台为Oracle9i，该系统把江苏省13个地市档案馆加上省档案馆的档案目录数据汇集到省档案馆内网的服务器上，采用先进的Oracle系统的InterMedia

技术实现了对大容量档案目录数据的快速查询。“馆际数据交换系统”在江苏省档案馆内网的主服务器上开放了一个内网 FTP 服务,允许 VPN 的用户登录,实现各个档案馆馆际间档案数据的交换。

档案信息搜索引擎的研究与开发

该成果由吉林省档案局档案科学技术研究所和长春工业大学共同承担完成。2003 年 12 月 18 日,国家档案局技术部委托吉林省档案局组织有关专家对该成果进行了鉴定。该成果将概念性搜索技术,计算机有关信息搜索,数据收集与存储、数据倒排与检索结果的处理等一系列先进技术与各种策略应用于档案界,研制出具备档案专业特点的专用搜索引擎软件包,既可为各级档案部门建立信息网、站提供信息服务,又可应用于广大个人用户端,为档案信息的网络查询提供了可靠的服务工具与手段,提高了档案信息的搜索效率。

数字档案馆功能、标准、构建模式与运行方式的研究

该成果由吉林省档案局档案科学技术研究所承担完成。2003 年 12 月 18 日,国家档案局技术部委托吉林省档案局组织有关专家对该成果进行了会议评审。该成果采用系统论、控制论、信息论和现代化信息技术及网络技术,比较系统地阐述了数字化档案馆功能、标准和构建模式,提出了全方位数字化档案馆网络资源的布局与使用的基本观点、基本理论及其主要内容,为建设数字化档案馆提供了理论依据。该成果论证了数字档案馆运行的六种方式:一是列入计划、统筹安排、逐步推进、持续发展;二是组织协调、齐抓共管、资源共享;三是数字化、特色化、多功能化三化一体同步建设;四是大力推进服务平台智能化、服务方式网络化、服务人员复合化;五是建立数字档案馆容灾系统;六是建立健全数字档案馆的知识产权保护机制和安全防范措施等。

吉林省城市社区档案管理研究

该成果由吉林省档案局档案科学技术研究所承担完成。2003 年 12 月 18 日,国家档案局技术部委托吉林省档案局组织有关专家对该成果进行了会议评审。该成果揭示了社区档案的形成规律与特点,把社区档案信息开发利用作为社区服务的一部分,满足了社会、个人和家庭各方面的需求。该成果主要包括《吉林省城市社区档案管理暂行规定》、《社区文件材料归档细则》、《社区档案特点》、《社区档案分类及其排列、编号比较与选择》、《社区建设中应同步开展社区建档工作》等。《暂行规定》和《细则》已于 2002 年 12 月由吉林省民政厅和省档案局联合印发全省并实施。

网络数字化视听档案馆的研究

该成果由天津市档案局和天津七所信息技术有限公司共同承担完成。2003 年 12 月 23 日,国家档案局技术部组织有关专家对该成果进行了鉴定。该成果利用流媒体数字编码技术,将录像机、VCD/DVD 等电子节目源直接转播在直播服务器上,流媒体采编机能实时采集会场情景,存储在服务器上;同时,服务器亦可存储电子档案,用户通过 Internet 即可查询电子视听档案。该成果达到以下技术指标:(1)能同时支持四路音频和视频输入采集和数字压缩,在存储的同时可以在 TP 网络进行广播。(2)满足多种带宽需求,根据不同带宽的 Internet 连接方式为不同客户提供不同速率的内容(适应范围从 28.8k—3M 可调)。(3)在直播过程中可以切换不同视频源,满足多方位,多角度的转播需要。(4)用户以 Web 方式访问直播或点播声像档案,栏目和节目清单动态生成。(5)实现基于局域网的远程智能管理,提供一个集成的控制界面,能够对 20 台的同类型编码机进行统一控制。

电子 CAD 文档网络数字认证和多重签名系统

该成果由天津市档案局和铁道第三勘察设计院共同承担完成。2003 年 12 月 23 日,国家档案局技术部组织有关专家对该项成果进行了鉴定。该系统是基于 Microsoft SQLServer7.0 和 Delphi 6.0 开发的,可以实现具有生物特征的电子签名身份认证,实现 CAD 电子文件通过网络直接归档并作为档案进行管理与利用。该成果包括“签名模板生成及管理系统”、“CAD 图纸签名系统”、“CAD 图纸临时签名系统”等三个应用软件,主要功能如下:签名模板生成及管理系统,对用户电子签名的生物特征进行采集,并以一定算法形成用户的签名特征模板,传到签名模板数据库中保存,作为识别用户的标志;同时,负责对用户签名模板数据库进行查询、添加、修改与删除等管理与维护。CAD 图纸签名系统,对一批将要通过网络归档的 CAD 电子图纸进行批处理电子签名,实现电子签名与文档的捆绑。

数字签名和工程图纸整合技术在 CAD 图纸档案管理中的应用

该成果由天津市档案局、天津商学院和天津工程机械研究院共同承担完成。2003 年 12 月 23 日,国家档案局技术部组织有关专家对该项成果进行了鉴定。该成果数字签名系统可以实现公钥和私钥的生成,开发产生了 128 位密钥长度的签名系统。该成果将数字签名技术与工程设计的电子文档进行整合,有效地保证了CAD电子档案传输、管理过程中的完整性和不可否认性。基于STEP标准的工程图纸明细表管理系统软件,可以对AutoCAD软件平台上形成的CAD电子文档进行数据提取、分类汇总、显示分类数据、打印分类明细表、生成图纸项目树、统计图纸、图纸查询等图纸处理功能和图纸加密签名功能及相关管理功能。该成果软件系统的核心部分采用AutoCAD的ObjectArx结合VBX和C++开发的。

档案修裱机智能控制系统的研制

该成果由安徽省档案局馆承担完成。2003年12月28日,国家档案局技术部组织有关专家对该成果进行了鉴定。该成果保留了第一代修裱机的优点,在机械结构工艺外观及维护上,有根本上的提高,实现了我国机械化档案修裱技术向数字化修裱技术的跨越。该机采用先进的同步传动技术,张力测试技术和计算机自适应控制技术,保证修裱过程中的托纸的纵、横向受力均匀;采用变频调速技术和温度调节及补偿技术,控制修裱速度和烘干温度,适用不同破损程度档案修裱的需要;采用数字控制代替模拟控制,提高了控制精度和控制系统的稳定性、可靠性。采用数字化的操作界面和视频监控技术,监测和控制档案修裱工艺过程,具有适用于智能化高速修裱的工艺参数和操作方便的智能控制系统结构。

档案库房空气过滤介质对比研究

该成果由安徽省档案局馆承担完成。2003年12月28日,国家档案局技术部组织有关专家对该成果进行了鉴定。该成果以实践经验为基础,针对档案库房空气中的物理、化学、生物污染源,结合当今最新的空气净化过滤介质的研究成果,通过试验、论证、筛选和对比分析,选用不同的空气过滤介质,改进传统的空气净化工艺流程,提出了档案库房空气过滤的最佳净化方法,即新风机进风口一次过滤——库房和新风机房相通的唯一回风口——风机口二次过滤——回风口三次过滤——三级电场三区静电净化,使档案库房的空气质量达到了国家相关规定标准,为全封闭档案库房的空气净化提供了成功尝试。

综合档案馆导入ISO9000质量管理体系的管理模式研究

该成果由浙江省绍兴市档案局承担完成。2003年12月,国家档案局技术部组织有关专家对该成果进行了通信评审。该成果通过引进ISO9000质量管理体系的相关先进理念,提出了提高档案馆管理水平的一套科学的保证体系和方法,制订了一套综合档案馆导入ISO9000质量管理体系管理的质量手册、13个程序文件和40个记录文件。该成果导入ISO9000质量管理体系中的首要原则,研究提出了综合档案馆的顾客(利用者)的需求定位、层次、结构和趋向以及在综合档案馆管理中的地位。导入ISO900质量管理体系关于产品的理念,研究提出了综合档案馆的产品(档案信息资源管理和利用)供给的内涵、形式、定位、特性和内在联系以及在综合档案馆管理中的地位和作用。制订出了符合现代化档案管理和入世要求的新的档案馆工作细则、一系列业务操作规范,确立了规范、科学的综合档案馆管理模式的基本框架。 (黄丽华)

档案全文信息数字化系统科技项目列入国家科技部成果推广计划

由中央档案馆技术部、世纪科怡科技发展有限公司承担的"中央档案馆档案全文信息数字化系统"科技项目,于2003年4月列入《2003年国家科技成果重点推广项目计划》(国科发计字[2003]98号),项目编号"2003EC000020",资助经费30万元(国科发计字[2003]256号)。

项目开发目的:统一国内档案数字化加工标准;提供规模化生产所需的数字化采集、分工、质量控制所需要的优质软件,并提供综合档案管理软件,形成从加工到管理利用一整套解决方案。

项目开发意义:统一数据加工的标准之后,全国档案部门、档案馆的档案数字化加工后的档案可以更方便的被通用浏览器来浏览、而不依赖于某个公司的专有技术,极大方便了档案信息的交流。便于以统一的电子原文的格式移交和接收,简化档案工作的复杂程度;本系统可进行规模数字化加工,提高生产量和效率;综合档案管理软件和数字化系统紧密结合,把数字化后的档案在网上发布,可以被多人以各自的浏览权限在计算机网络上利用,提高查询效率,并避免频繁的直接浏览档案实体所造成珍贵档案的损坏;通过提供灵活的调用接口与其他管理系统紧密集成,为数据分析和挖掘提供坚实的数据基础,提升档案在工作中的重要地位。

本系统在档案的数字化和综合管理领域填补了国内空白,规范了数字化标准,并具有一定的先进性。

(纪秀英)

灵香草防虫作用与档案防虫剂试验研究成果获国家科技进步奖

"灵香草防虫作用与档案防虫剂试验研究"项目荣

获2003年度国家科学技术进步二等奖。该项目是由国家档案局中央档案馆技术部、广西壮族自治区档案局的档案研究人员,经过6年时间共同努力研究完成的。这是我国档案系统近年来在档案科研领域中取得的最高奖项。

该项成果首次研究了灵香草的防虫机理是抑制档案害虫后代的生长发育,使档案害虫后代的生长发育停顿、不能完全变态过程、中止或推迟种群繁殖,从而减少害虫的发生。灵香草与课题组研制的混合制剂不但防治虫害效果好,而且具有对纸张字迹无不良影响、对人体无害、不污染环境、使用方便等优良特性,不仅适用于档案,作为档案库房的杀虫剂或防护剂,还可用做商业、民用驱虫剂、防蛀剂。经有关部门鉴定,此产品与国内同类产品相比,处于国内领先地位。更为重要的是,新型纯植物源防虫剂的出现及新的安全施用方法,使曾经落入低潮的档案害虫防治走上了新的阶段,并将使化学杀虫剂引起的环境污染问题得到很好的控制。

该成果在广西、湖南等地应用,深受用户好评。2001年5月,该项目成果转让南京天桥化工厂,到2002年已取得产值100多万元,利税20多万元,国家档案局已指定其为优秀成果产品并向全国20多个省市档案部门进行推广应用。

灵香草产值远高于其它农作物,潜在经济效益大,对西部地区的开发起到了积极的促进作用,不仅解决了档案图书部门的需求,也解决了当地农民的收入问题,现已在广西北部山区推广种植。 (纪秀英)

2003年度国家档案局推荐档案专用产品名录

(排名不分先后)

一、档案装具设备

中宝牌系列档案密集柜架
生产单位:太原汾机档案柜厂

飞世兰牌系列档案密集柜架
生产单位:沈阳沈飞飞世兰档案图书装具有限公司

兴牌系列档案密集柜架、多元储存柜
生产单位:辽宁档案设备厂

老顾头牌档案密集柜架
生产单位:沈阳老顾头档案装具制造厂

八益牌系列档案密集柜架
生产单位:宁波八益实业有限公司

邦达牌档案密集柜架
生产单位:宁波邦达实业有限公司

兴达牌系列档案密集柜架
生产单位:新兴达智能钢具有限公司

阳光行动牌档案密集柜架
生产单位:江西阳光安全设备有限公司

鲨鱼牌档案密集柜架
生产单位:江西远洋保险设备实业有限公司

二、计算机档案管理软件

DARMS系列档案管理软件
生产单位:珠海泰坦软件系统有限公司

津科JI系列办公档案管理系统
生产单位:天津津科电子有限公司

科怡2000档案管理系统
生产单位:北京世纪科怡科技发展有限公司

清华紫光电子档案管理系统
生产单位:清华紫光股份有限公司

兰台档案管理系统
生产单位:北京凯普计算机软件系统工程公司

今易档案办公综合管理系统
生产单位:天津市档案局、天津大学天深公司

三、无酸档案包装用牛皮纸板

金太阳牌档案包装用无酸牛皮纸板
生产单位:山东太阳纸业集团

兰松牌、兰台牌档案包装用无酸牛皮纸板
生产单位:佳木斯兰松档案用品发展有限公司

阻燃型档案包装用无酸牛皮纸板产品
生产单位:长垣县兰前档案用品有限公司

四、无酸档案卷皮卷盒制品

无酸卷皮卷盒系列制品
生产单位:河北省涿州市精美纸塑制品有限公司

无酸卷皮卷盒系列制品
生产单位:廊坊市安次区东安庄东风纸品厂

五、档案防杀虫霉药品

灵香草防虫作用与档案防虫剂

生产单位：南京浦口天桥化工厂

绿叶牌天然防蛀剂

生产单位：涿州市绿叶防蛀防霉制品有限公司

六、其它产品

档案文件电子消毒柜

生产单位：山东齐元档案技术发展有限公司

档案库房空气消毒机

生产单位：山东齐元档案技术发展有限公司

档案库房温湿度控制管理系统

生产单位：山东齐元档案技术发展有限公司

档案文件线缝电动装订机

生产单位：山东齐元档案技术发展有限公司

（王云）

电子文件归档与管理课题研讨会在沪召开

2003年11月27～30日，国家档案局技术部在上海组织召开"电子文件归档与管理课题研讨会"。来自北京、江苏、浙江、四川、湖北、上海等省市档案局以及中国人民大学档案学院、南京大学、华中科技大学、四川省档案学校的领导、专家、学者和列席代表共80余人参加会议，本次会议收到论文近30篇。国家档案局技术部主任王良城、上海市委办公厅副主任吴辰、市信息委秘书长周卫东、市档案局局长刘南山出席开幕式并讲话。与会代表参观考察了上海市政府自动化办公系统和长宁区政府的电子文件归档管理工作，观看了由上海市档案局、静安区档案局和中信信息发展有限公司研发的"光典—电子文件归档管理软件"演示，并就电子文件归档与管理中的一些难点和重点问题展开了研讨。会议提出：1. 进一步学习、贯彻王刚同志重要批示，充分认识电子文件归档管理的重要性和紧迫性；2. 进一步落实电子文件归档管理从源头抓起，使电子文件与纸质文件一样得到科学保管和利用；3. 进一步加强电子文件归档管理涉及的难点的研究，推动电子政务和城市信息化建设的发展；4. 进一步加强电子文件归档管理工作的协调指导，将电子文件归档管理的标准规范落实到实处。（上海市档案局）

天津、内蒙古、辽宁、大连、长春、南京、济南、西安等地开通档案信息网站

2003年为配合政府系统办公业务资源网传输电子公文工作，各地相继开通了档案信息网站，为本地区政治经济建设服务发挥了一定的作用。部分档案信息网站开通情况：

1. 天津档案网站于2003年7月1日正式向社会开通，是政府性的专业网站。天津档案网采用自有主机模式，利用直接光纤宽带接入方式，实现与因特网的互联，是天津市档案信息的综合平台和门户网站。网站设有局馆指南、档案检索、文件查阅、馆藏浏览、在线展览厅、老天津卫、津沽大事、区县档案、信息动态、政策法规、档案服务、教育天地、人才高地、档案科技、学会工作、档案期刊等16个一级栏目和约50个二级栏目，实现了与近50个国内外网站的顺利链接。天津市档案馆近100万卷案卷级目录以及部分珍品档案、音像档案实现网上公布。自开通以来，天津档案网得到了广大网民的认同，点击率逐月上升，月点击破万次，已成为宣传天津市档案事业发展的重要窗口，为实现天津市档案资源数字化、档案信息资源标准化、信息服务网络化发挥着重要的作用。（天津市档案局）

2. 内蒙古档案局（馆）网站于2003年10月18日正式开通，中文实名为"内蒙古档案信息网"。主要包括"内蒙古档案"、"政策法规"、"档案查询"、"专题档案"、"内蒙古档案精粹"、"蒙文档案"等内容。"内蒙古档案信息网"网址（域名）为：http//www.archives.nm.cn（可伟）

3. 辽宁省档案馆于2001年10月在Internet上建成了具有独立域名、独立空间的辽宁省档案馆网页，域名为www.lndangan.gov.cn，并在中国域名中心进行了注册，网页发布采取租用空间的方式，租用省信息中心服务器50MB磁盘空间，每个月定期更新一次，约50万字的信息量，由专人进行信息管理。网站的内容主要是以档案馆馆藏、特色档案为主体。包括辽宁档案事业、档案馆简介、馆藏档案、档案开放利用、档案征集接收、档案史料出版物、日本侵略东北罪证、历史上的今天等。此外，还有部门法律法规及政策、部门职责、档案工作动态、专题目录阅览、政务公告、友情链接等。（辽宁省档案局）

4. 大连档案局（馆）网站于2003年6月20日正式开通运行，网址是：www.da.dl.gov.cn。大连市档案局（馆）网站是宣传档案法规政策和全面介绍大连市档案工作的重要窗口。具体内容分设六个板块。一是机构概况：介绍大连市档案局（馆）历史沿革、内部机构及

职责、局(馆)领导情况;二是档案局工作:档案法规、规章及各种规范性文件、档案行政执法机构、办事程序、执法范围、执法权限、档案教育、档案学会;三是档案馆工作:馆藏内容、信息开发、爱国主义教育基地展室、区市县档案局(馆)情况以及档案征集开放、查阅利用、寄存的各项规定;四是信息之窗:提供局(馆)要闻、各区市县最新报道、全国其他城市的档案工作动态以及工作借鉴;五是新世纪论坛:提供档案同行就有关热门话题发表学术见解;六是留言簿:请支持网站建设的人员留下宝贵意见。此外,网站还对大连市概况及生活旅游等各方面情况作了概要介绍。 (宋蕴堃)

5. 长春档案信息资源网于 2003 年 6 月 18 日开通,网址:http://www.ccda.gov.cn 网页主要内容:固定栏目有通知与公告、留言板、档案查询、本馆珍藏、长春概况、档案法规和业务园地内容;活动栏目有馆藏档案浏览、馆藏全宗介绍、信用档案、寄存中心、档案征集、利用指南、兰台快递等。 (长春市档案局)

6. 南京档案馆信息网站于 2003 年 4 月 6 日正式开通。国家档案局局长毛福民、南京市副市长许慧玲等领导出席了网站开通仪式,毛福民局长亲自为网站点击开通。南京档案信息网站为南京档案系统的门户网站,是全面宣传介绍南京市档案工作,面向社会开展档案信息服务的窗口。网站共设 22 个一级栏目和若干个子栏目。其中有反映本市档案工作动态和特色的工作动态、业务指导、档案教育、档案展厅等,有体现本市古都文化与档案交融的金陵掌故、金陵名人、史料公布、珍档荟萃等,还有面向社会,特别是为广大老百姓提供档案信息服务的馆藏指南、政策法规、档案查询、在线查档、现行文件等。 (殷凯建)

7. 济南档案信息网(www.jndaxxw.gov.cn)2003 年 11 月 11 日正式在互联网向社会开通。该网站立足档案专业,兼顾社会需要,面向社会服务,辟有档案法规、业务导航、百姓与档案、查档指南等 20 多个版块,为社会了解档案、档案工作和查阅档案提供了便捷的渠道。 (张建中)

8. 西安市档案馆(局)网站——西安档案信息网,于 2003 年 8 月初正式开通。西安档案信息网设置了 8 个一级栏目,24 个子栏目,分别是:局馆简介,包括馆(局)长致辞、局馆简介、机构设置等;馆藏介绍,介绍了馆藏档案资料、特色档案、编研成果、现行文件阅览以及查阅档案的有关规定;政策法规,介绍有关档案工作的国家及地方性政策法规,以利于档案工作者及时掌握并了解有关政策、标准;宣传教育,介绍了《西安档案》、学会工作、继续教育、职称评定、档案小常识等有关方面的内容;工作动态,以最新、最快、最详细的报道,介绍西安市档案工作的最新动态和简要介绍各区县档案馆藏及地方特色;史海拾贝,介绍古城西安的历史文化和改革开放给西安带来的巨大变化;友情链接,链接有国家、副省级市、计划单列市的档案网站,以利于相互的学习和交流;留言信箱,访问者可就关心的问题和需要网站解答的问题,以及对网站工作意见和建议留在留言板上,网站将及时进行反馈。西安档案信息网的网址是:www.xadaj.gov.cn。网站开通后,西安市档案馆将有计划地通过西安档案信息网站陆续刊载有关开放的案卷级、文件级目录和部分档案全文及与群众密切相关的有关现行文件浏览,定期不定期地进行特色档案信息的发布等,给广大利用者提供及时、准确、全面的信息服务。 (赵建本)

部分省市制定出台本地档案信息化建设实施方案

为全面贯彻执行《全国档案信息化建设实施纲要》,进一步加快档案信息化建设步伐,部分省市结合本地实际,制定出台了本地区的档案信息化建设实施方案。

2003 年 7 月 29 日制定的《辽宁省档案信息化建设实施方案》规定辽宁省档案信息化建设以统筹规划、分步实施、突出重点、资源共享、分别建设、安全保密为原则,其主要任务是:进一步加速档案信息化基础设施建设;进一步提高档案管理软件的技术和应用水平,加大规范化、标准化的统一的档案管理软件在全省推广应用的力度;加强电子文件归档和接收的规范化管理,推动馆(室)藏档案的数字化和数据库建设;加速推进档案信息化标准体系的建设;加强档案计算机及其网络管理的安全保障体系的建设;加强档案信息化人才队伍建设。

2003 年 10 月 20 日制定的《上海市档案信息化建设实施意见》规定上海档案信息化建设的目标和任务是:按照上海电子政务总体规划要求,实施电子档案工程;构筑“三网一库”的上海档案信息化建设基本框架;加强档案信息化基础设施建设、档案信息资源建设和档案数字化建设,大力开发和推广档案管理应用系统,努力构建档案信息化所必需的标准化体系、安全保障体系、人才队伍体系和社会服务体系,促进上海档案信息化建设持续、快速、健康地发展,力争使上海档案信息化建设总体上达到国际先进水平。

2003 年 9 月 8 日制定的《山东省档案信息化建设实施方案》规定了山东省档案信息化建设的总体目标和主要任务:到“十五”末,省档案馆基本建成数字档案馆,实现档案管理现代化和办公自动化;依托电子政务建设工程,建立为省级党政机关服务的档案目录信息中心；建立馆藏档案目录数据库、重要文件全文数据库、多媒体数据库、现行文件目录数据库、现行文件全文数据库和全省重要档案数据库；依托公众信息网，进一步建立向社会公布档案信息的、有广泛社会影响的、能够体现山东特点的山东省档案局馆网站，逐步构建全省档案信息网，开展公众网上查询档案信息服务。17个市档案局馆全部建成局域网，青岛建成示范性数字档案馆，济南、烟台、威海、潍坊、淄博、济宁、莱芜等7个市基本建成数字档案馆；各市依托当地电子政务建设工程，建立为党政机关服务的档案目录信息中心；依托公众信息网，建立面向社会、服务公众的档案网站。各级党政机关应依托机关办公自动化系统，推行文档一体化管理，逐步实现档案管理现代化。各大企业档案馆要基本建成数字档案馆。

2003年5月21日制定的《湖南省档案信息化建设实施意见》规定湖南省档案信息化建设的总体目标是：初步形成全省档案信息资源计算机管理体系，档案部门的处理能力、管理能力、决策能力、公共服务能力得到较大改善和加强。主要任务是基本建成标准统一、功能完善、安全可靠的档案信息网络并发挥支持作用，电子公文管理等档案管理业务系统建设取得显著成效；馆藏档案的数字化和数据库建设取得重大进展，信息资源共享程度和档案信息资源传输网络化、管理自动化、服务在线化水平明显提高；到“十五”末，全省应用计算机管理档案的普及率省级机关要达到90%，市(州)级机关要达到70%，县市(区)机关要达到60%，市(州)、县(市、区)国家综合档案馆要分别达到100%、50%；初步形成档案信息网络与信息安全保障体系，建立规范的培训制度，与档案管理相关的法规和标准进一步完善。

2003年4月29日制定的《海南省档案信息化建设实施意见》规定“十五”期间海南省档案信息化建设的主要任务是：以加强省档案馆局域网络系统建设为中心，逐步向市、县档案馆扩展，实现全省综合档案馆计算机联网，共享档案信息资源。各级机关、企事业单位应用计算机管理档案与机关办公自动化同步发展、紧密结合，全部用计算机进行辅助立卷、编目、统计、借阅等管理工作。加强对电子文件归档和电子档案管理的监督、指导，探索电子档案接收、保管、利用的方法，提高电子文件归档管理水平。各级国家综合档案馆要依托党政内网建设工程，建立为各级党政机关服务的档案目录信息中心。积极参加政府上网工程，努力建设档案网站，逐步构建全省档案工作信息网。

此外，哈尔滨、西安、南京、青岛等城市也都从实际出发，制定了本地的档案信息化建设实施方案，对档案信息化建设的组织管理、档案信息化基础设施建设、档案信息资源建设、档案管理应用系统建设、档案信息化标准规范建设、档案信息化人才队伍建设和档案信息安全保障体系建设等各方面作出了具体规定，以保证档案信息化建设沿着规范、有序的方向前进。

（宋扬）

《辽宁省档案信息化建设评估办法》(试行)发布

为加强对辽宁省档案信息建设的监督与指导，辽宁省档案局于2003年9月8日颁发了《辽宁省档案信息化建设评估办法》(试行)，《办法》共4章，16条。

《办法》主要目的是适应档案管理现代化的需要，促进档案信息化基础设施建设，规范计算机档案管理系统的开发应用，加快馆室藏档案目录数据库和必要的全文数据库建设进程，提高档案信息化建设的标准化水平，确保档案数据的安全和有效利用，加强档案信息化人才队伍的建设，推动全省档案信息化建设的发展。评估的内容是：纳入政府信息化建设计划，档案信息化基础设施建设，档案管理应用系统建设，档案信息资源建设，档案信息化标准规范建设，档案信息安全保障体系建设，档案信息化人才队伍建设。《办法》评估的原则是“设备先进、软件规范、信息丰富、队伍专业、标准化程度高、系统安全可靠”，并依据国家有关档案管理工作的文件规定。评估程序是：申报档案信息化评估的单位进行自检，各市档案局对本地区内的“评估”申请进行预检，省档案局组织评审委员会，依据《辽宁省档案信息化建设评估细则》的考核要求，对各申请单位进行现场测评、考核、评估，合格者颁发相应等级证书。设定A、B、C三个等级，考核办法计分基础项满分为100分，加分项满分为25分，加分项得分计入总成绩。总计分数低于60分者，不予评估。考核得分60～79分为C级，80～94分为B级，95分以上为A级。省档案局对评估情况和年审情况每年进行一次全省通报，并作为年度档案业务建设目标考核的考评内容之一。《办法》从2003年9月8日施行。

（纪秀英）

上海公务网上海市档案局馆网站和上海档案目录中心建成开通

2003年7月25日，上海公务网上海市档案局馆网站和上海档案目录中心应用系统(一期)项目通过验收，这表明作为上海公务网平台上投入运行的第一个接入单位的应用系统和上海党委办公厅(室)系统计算机应用项目领导小组正式验收的第一个项目建成使用。上海公务网上海市档案局馆网站开设单位简介、每周动态、政策法规、专题特辑、档案展览、咨询服务等栏目。上海档案目录中心应用系统(一期)可查询案卷级、文件级目录180万条。项目验收组和专家组对该项目建成给予充分肯定,认为网站功能完备,页面简洁,信息丰富;检索系统功能齐全,界面直观,操作简便,并对项目建设的进一步完善提出了建议。该网站和目录中心以此为新的起点,推动档案信息化建设在因特网、公务网、局域网上"三网并进",并建好档案数据总库,让"档案数据超市"在"三网"上发挥不同的作用。(邹伟农)

上海市档案科技研究中心成立

2003年9月1日,上海市档案局馆在市档案科教大楼举行仪式,宣布上海市档案科技研究中心成立。正在上海参加全国社区档案工作座谈会的国家档案局局长、中央档案馆馆长毛福民为中心揭牌,国家档案局副局长、中央档案馆副馆长郭树银,上海市档案局局长、上海市档案馆馆长刘南山出席仪式并讲话。上海市档案馆巡视员周关根主持仪式。

近年来,在国家档案局和上海市科委的指导下,上海档案科技工作在队伍建设、科研管理、产品登记与检测、成果推广、国内外档案科技交流合作等方面,取得了长足的进展,完成了大批档案事业管理、档案信息资源开发利用、计算机辅助档案管理、档案保护技术等领域的研究成果。2001年以来计有20余项课题成果获得国家级或省市级档案科技奖项,有力地推动了上海档案工作的跨越式发展。

郭树银在讲话中指出,上海市档案科技研究中心的成立,是上海市档案局馆贯彻国家档案局、中央档案馆关于"依靠科技进步振兴档案事业"指示,推进档案馆"两个基地一个中心"建设的一个重要举措。他希望该中心成立后,要认真贯彻王刚同志关于做好新形势下电子文件归档管理工作的重要批示,组织科技力量进行研究攻关,为打好档案信息化建设攻坚战作出贡献。刘南山在讲话中要求中心依托上海地区的科技优势和经济实力,引进市场经济的运作机制,紧紧围绕档案信息化建设,加大科技攻关力度,进一步完善档案科技成果推广应用机制,构建档案信息化标准体系,加紧实施上海电子档案工程,为推动电子政务和城市信息化建设夯实基础,搭建起体现上海科技水平并能满足档案工作需求的档案科研与服务一体化平台。

(倪政华)

档案保护技术研讨会

2003年12月9～10日,上海市档案局、上海市档案学会共同举办档案保护技术研讨会,来自北京、上海、辽宁、江苏、浙江、安徽、山东、湖北、广东、陕西、深圳等省市、解放军和港澳地区的代表出席了会议,共提交论文30篇。此次研讨会的主旨是探讨新时期档案保护技术中存在的主要问题,寻求最佳的解决途径与对策,重点讨论了如下问题:

1. 关于纸质档案的保护技术。澳门特别行政区文化历史档案馆林钧池、解放军南京政治学院上海分院彭远明等分别就馆藏重要档案的纸质损坏现状、蓝黑墨水字迹的褪变,纸浆补洞机修补档案、珍贵图书档案保护修复等问题进行了讨论,并就档案纸张与字迹气相恢复进行了微观理论分析。

2. 关于胶片档案的保护与修复技术。陕西省档案局科研所李玉虎等针对胶片与像片划痕的修复、传统条件和信息化条件下胶片档案保护方法和信息利用方式进行了研讨,深圳市档案馆区坚强介绍了该馆在保护照片档案安全方面的成功做法。

3. 关于磁性载体档案的保护与保管。北京市档案局赵秋弟提出利用数字技术将模拟磁性信号转变成数字信号,刻录到光盘内加以保存的音像档案保护方法,并介绍了北京市档案馆音像档案数字化的具体做法。与会代表还就磁性载体档案的磁道恢复与保护等问题进行了分析和论述。

4. 关于电子文件及光盘的保护。辽宁大学赵淑梅就电子档案保护工作与传统档案保护工作从对象、资源、技术方法、人员构成等几方面进行比较研究。湖北大学周耀林就建立光盘存档机制、解决制约光盘存档应用"瓶颈"问题提出了具体的方法。解放军总政治部档案馆傅晓燕提出以酞菁为记录介质的"金盘"目前最适宜用作电子档案载体。与会代表还对影响光盘的环境条件、光盘的日常维护进行了探讨。

5. 关于档案消毒、霉菌防治及环境保护方法的效果与功能。国家档案局档案科学技术研究所陶琴介绍了防霉剂fm3(韦陀纯天然防霉剂)的研制和空气净化除菌技术,并对防霉工作发展趋势进行了探讨。解放军档案馆刘英、王冬论证了臭氧消毒应用于档案馆的可行性和优点。深圳市档案局熊一军等将档案消毒方法进行比较,阐述了档案真空充氮消毒技术的功能与效果,并指出这是当前档案消毒最为安全的技术之一。上海市档案馆钱唐根对污染档案库房空气的酸性气体、氧化性气体、粉尘等三种主要污染来源和对档案的影响作了较为详细的论述。上海大学张晓丹就档案熏

蒸杀虫药剂毒理进行了分析。（倪政华）

浙江省开展档案网站评估工作

为进一步提高浙江省各档案网站的质量，发挥档案网站的档案检索服务功能、政务公开功能、宣传教育功能，以继续完善全省档案网络体系，加快全省档案信息化建设步伐，根据《2003年全省档案工作计划要点》，浙江省档案局决定在全省范围内开展优秀档案网站评比活动。评比活动于6月3日下发《通知》开始，至8月结束，全省93个档案网站中有40家参加了此次评选，评选内容依照浙江省档案局《关于开展全省优秀档案网站评比活动的通知》的6大类指标自我申报，浙江省档案局信息科技处进行全程监测、复核的办法，最后经专家评审小组的评审，共评选出22家网站为全省优秀档案网站。

通过评选活动，促进了全省档案局办好网站的积极性，起到了档案网站互补互促的作用，进一步提高了各档案网站的质量，更好地发挥了档案网站服务社会的功能。（浙江省档案局科技处）

福建省分布式档案基础数据库项目建设情况简介

2002年4月，福建省政府将省档案局列入“数字福建”成员单位，并将“福建省分布式档案基础数据库建设项目”作为全省五个基础数据库之一纳入了“数字福建”建设计划。

2002年10月10日，项目通过了“数字福建”办公室组织的技术和资金的专家论证。该项目的总体目标是：以省、设区市、县（市、区）94个综合档案馆馆藏档案为对象，以分布式档案数据库建设为核心，重点建设“福建省分布式档案目录数据库”、“福建省分布式重要档案数据库”、“福建省馆藏多媒体档案数据库”三个全省性、规范化、可共享的基础数据库以及相配套的基础网络系统和应用系统，实现全省馆藏档案信息资源的社会共享。与此同时为接入全省政务信息网的立档单位提供电子档案存放和调阅服务。

2002年11月，该项目正式立项，第一期福建省档案馆建设投资为383万元。项目批复后，福建省档案馆立即起草并下发了“福建省分布式档案基础数据库项目（第一期）”总体实施方案，提出建设“一个中心（信息中心）、两个平台（基础网络平台、应用系统平台）、三个数据库（档案目录数据库、重要档案全文数据库、多媒体档案数据库）、四个数字化系统（纸质档案扫描系统、照片档案扫描系统、缩微档案转换系统、视音频档案转化系统）”的具体建设方案，项目建设全面启动。经过一年的努力，整个建设项目于2003年11月9日通过了“数字福建”办公室组织的正式验收并投入省政府信息网使用。

在项目建设的过程中，福建省档案局还制定了有关档案数字化、电子档案数据交换、电子档案管理等近十个相关的管理标准与技术规范，为项目建设提供了规范化的保证。

为了整体推进馆藏档案信息的社会共享，福建省档案局统一投资在因特网上建成了福建省分布式档案网站系统，该系统包括以福建省档案馆为中心网站的全省94个省市县（区）分布式档案局馆网站体系，目前已有70个档案馆网站开通并投入使用，同时，制定了《福建省档案网站管理办法》，全面开展开放档案上网鉴定工作。

在福建省档案局的积极争取和努力下，“福建省分布式档案基础数据库建设项目（二期）”已于2003年11月经福建省发展计划委员会正式立项批复，项目建设单位为福建省档案局，项目批复总投资1500万元，建设地点为福建省9个设区市级综合档案馆、84个县级（市、区）综合档案馆，项目（二期）建设目标是：以全省9个设区市级综合档案馆、84个县级（市、区）综合档案馆的馆藏档案为对象，建设“福建省分布式档案目录数据库”、“福建省分布式重要档案数据库”、“福建省馆藏多媒体档案数据库”，建成全省性、规范化、可共享的档案数据库体系；以福建省政务信息网络工程的省直机关宽带网和市县纵向网为主干资源，建立起以福建省档案馆为网络中心、9个设区市为网络分中心、84个县（市、区）为网络管理中心的全省档案网体系，形成一个连接省、设区市、县（市、区）档案馆的三级广域网络，为全省政务信息提供档案信息资源共享，福建省档案局制订下发了《福建省分布式档案基础数据库建设项目（二期）总体实施方案》，对全省的项目建设提出了总体部署和具体实施要求，至此，全省分布式档案基础数据库项目建设全面展开，整个项目建设计划在三年内基本完成。（黄建峰）

山东、海南、四川等省召开档案信息化建设工作会议

▲ 2003年8月21～22日，山东省档案信息化建设现场会在青岛召开。山东省副省长蔡秋芳、国家档案局副局长杨公之、山东省档案局局长张奎明、青岛市副市长王修林等出席会议并讲话。各市档案局长、技术科（处）长，省级机关和四大企业档案部门负责人共70余人参加了会议。会议现场观摩了青岛市数字

档案馆系统演示，听取了青岛市数字档案馆建设经验做法，交流了各地档案信息化建设情况和经验，讨论修改了《山东省档案信息化建设实施纲要》，研究了今后全省档案信息化建设思路，确定了发展目标，明确了工作任务。

蔡秋芳副省长在讲话中高度评价了青岛市数字档案馆建设所取得的成绩，并对山东省档案局及时召开全省档案信息建设工作现场会，学习推广青岛的先进经验，讨论研究全省档案信息化建设工作的发展大计给予了肯定。她要求全省各级政府和领导要高度重视档案信息化建设工作，把这项工作列入重要议事日程，纳入本地信息化建设总体规划，切实解决档案信息化发展中的重大问题，增加必要的投入，为档案信息、化建设提供资金支持。要求各级档案部门进一步解放思想，增强信息化建设的紧迫感和责任感。从实际出发，制定好总体规划，抓好数字档案信息资源开发，加强信息化规范标准体系建设，把档案信息化工作做实、做好、做到位，真正把档案馆建成党和政府重要档案信息的保管基地、爱国主义教育基地和信息利用中心。

（马学强）

▲ 2003年4月23～25日，海南省档案局在海口市召开全省档案信息化工作会议。会上传达了全国档案信息化工作会议精神，部署全省档案信息化工作，讨论修改了《海南省档案信息化建设实施意见》，明确提出了全省信息化建设总的工作思路，确定了发展目标，明确了工作任务。参加这次会议的有市县档案局、馆代表和分管业务的局（馆）领导，业务指导科（股）负责人，省直机关档案工作协作组组长等一百多人，海南省档案局局长孙晓西，副局长张德华到会并讲话。

（海南省档案局）

▲ 为大力推进全省档案信息化建设，有效配合电子政务建设，2003年7月，四川省档案局会同四川省人民政府信息化建设领导小组办公室和四川党政网管理中心，专题召开了全省档案系统档案信息化建设工作会议。四川省人民政府信息化建设领导小组办公室和四川党政网管理中心负责同志分别在会上介绍了全省信息化系统工程和四川党政网的发展情况，提出了对档案信息资源开发和电子文档管理的要求。四川省档案局局长李仕根在《抓住发展机遇大力推进全省档案信息化建设》的报告中，要求各级档案部门一是要认清形势，更新观念，确立以信息化带动档案现代化的思想；二是要明确任务，扎实工作，积极参与电子政务建设；三是要抓住机遇，创造条件，努力改善和提高档案部门的现代化水平。会议还讨论修订了《四川省档案信息化建设实施意见》。与会者统一和提高了对信息化建设的认识，明确了档案信息化的地位和作用，明确了工作任务和方向。

（张文忠）

青岛市数字档案馆正式启用

2003年8月20日，青岛市数字档案馆正式启用，青岛市数字档案馆建设项目是国家档案局确定的试点项目之一，也是青岛市“十五”信息化建设的重要组成部分。该项目始建于2001年，总投资400余万元，包括网络传输平台、信息采集平台、存储管理平台、操作应用平台等多种软硬件设备体系；形成了包括550万条目录信息的档案目录数据库、70万页的档案全文数据库、1.6万张的照片档案数据库和5万分钟的多媒体档案数据库；开发完成了包括数字档案信息采集、存储管理、传输利用3大部分计14个子系统。

青岛市数字档案馆的启用，对我国数字档案馆理论和技术的研究、应用具有一定的推动作用。对数字档案馆的工程建设起到了示范作用。

国家档案局副局长杨公之出席了开通仪式。杨公之他在讲话中指出：信息技术的迅猛发展和在各行各业的广泛应用，给档案工作带来前所未有的机遇和挑战。大力开展档案信息化建设已经成为全体档案工作者的共识，数字档案馆建设是档案信息化建设的一项重要内容，难度大、综合性强，代表着新世纪档案工作的发展方向。青岛市档案局适应时代发展的要求敢为人先，脚踏实地，在非常短的时间内，率先实现数字档案馆正式开通、投入使用，这是我国档案信息化建设的一项重大成果，也是我国社会主义档案事业发展的一件大事，其意义非常深远。他还讲到：党和国家对数字档案馆建设十分重视，中共中央政治局候补委员、中央书记处书记、中央办公厅主任王刚同志曾多次强调，我国各级档案部门要充分认识档案信息化的重要性，要采取切实有效的措施，力争“十五”期间有一个大的突破，取得实质性进展。最近又专门就《电子文件归档管理暂行办法》的贯彻实施做出重要批示，对我们进一步做好档案信息化工作提出了很高的要求，也给了我们很大的鼓舞。他希望青岛市数字档案馆正式启用后，进一步完善各项功能，为全国数字档案馆建设提供更多的经验。

山东省副省长蔡秋芳出席开通仪式并讲话。出席开通仪式的还有青岛市副书记黄学军、副市长王修林、山东省档案局局长张奎明及部分省市档案局馆领导。

（纪秀英）

深圳市数字档案馆系统工程作为该市信息化重点工程正式启用

2003年4月2日,深圳市信息办、市发展计划局、市经济贸易局联合召开全市信息化重点工程发布大会,宣布将电子政务示范工程、数字档案馆系统工程等85个在建项目列为本年度信息化重点工程,并颁发证书和奖牌。国家信息产业部、国家信息中心、广东省信息产业厅及深圳市领导出席会议并讲话。

会上,深圳数字档案馆系统工程、深圳市政府投资项目综合管理系统等4个重点工程的项目方和承建方举行了签约仪式。

这些重点工程是从全市申报的200多个项目中严格筛选、评审出来的,涉及电子政务、电子商务、企业信息化等各个社会经济领域,总投资金额达40亿元,建成后将对深圳市的国民经济和社会发展产生重大影响,可以基本实现深圳市制定的国民经济和社会信息化"十五"规划目标。深圳市信息办负责人表示,公布这些重点工程,目的在于规范信息化工程建设,搭建项目方与建设方、投资方之间沟通的桥梁,以后将对重点工程给予政策、服务和资金投入等多方面的重点支持。

(黄俊琳 方燕)

李玉虎同志在研究褪色古代字迹绘画恢复与保护方面取得突破

一件因风化褪色而成为灰色的汉代朱书陶瓶,一块墨色全无的唐代墓志和木牍,经一种名为"RFC风化褪色的古代壁画、文物彩绘、建筑彩画恢复保护剂"的液体处理后,显现出了清晰的汉隶与唐代行书,而且保持7年之久,未再发生褪变,令文物专家与书法家惊喜不已。这是陕西省档案保护科学研究所又完成的一项国际首创的科研成果。运用这项科研成果,唐乾陵博物馆收藏的灰头灰脑的彩绘陶俑和贴金武士俑变得色彩艳丽、栩栩如生,唐昭陵博物馆收藏的颜色淡化消失的武士壁画,重新披上了重彩盔甲,法门寺博物馆收藏的斑驳陆离的彩绘护法天王变得斑斓耀目,咸阳博物馆收藏的一块看似无物的壁画残片显出了秦咸阳六国宫装饰的原始图案……近百例珍贵文物恢复了原始风貌。

经中央档案馆、国家文物局、故宫博物馆、敦煌研究院、西安文物保护修复中心的多位专家对该项目鉴定,一致认为这是我国文物保护科研领域的重大突破,并达到国际先进水平。

在我国的各类博物馆、古代陵墓、洞窟、遗址中,有大量的古代壁画、彩绘陶器、石雕、玉器、砖雕、建筑构件等珍贵文物,这些艺术品在出土后或在室内外长时间放置中,由于遭到风化与氧化的破坏,其色彩、笔画、墨迹等发生了严重褪色现象,甚至消失殆尽,无法辨认,失去了原有的历史风貌与艺术价值。如何用科学方法使其恢复原貌耐久保存,是长期未获解决的世界性难题,也是几代文物保护专家的殷切希望。1990年,陕西省文物局委托长期从事档案字迹褪变恢复与保护研究的李玉虎研究员进行专题攻关。13年来,李玉虎潜心钻研,从文物彩绘颜料、胶料风化褪色的机理入手,成功地研制出由氟材料和数种抗风化材料组成的恢复加固剂,从而使其原有色彩、图形、文字得到恢复与加固。

经7年多的跟踪观察,所用材料稳定,检测结果证明未改变原有颜料的光谱特性物质组成。

(王康生 王秀梅)

省级档案局优秀科技成果奖获奖成果简介

通州区社区档案管理工作研究

北京市档案科学技术优秀成果三等奖

完成单位:通州区档案局

主要完成人:苏光兴、梁淑琴、崔淑芬、姜淑芹、邱桂荣

本课题通过分析北京市通州区社区档案管理工作的现状和存在的问题,阐述了通州区社区档案管理工作的紧迫性和必要性,并概括出加强通州区社区档案管理工作的对策,即:①明确做好社区档案管理工作的指导思想与原则;②加大对《档案法》的宣传力度,提高认识,加强对社区档案工作的领导;③加强制度建设,规范社区档案管理工作。

结合课题研究,北京市通州区档案局制定了《通州区社区档案管理暂行办法》、《通州区社区档案的归档范围和保管期限表》、《通州区社区档案管理制度》和《社区居委会档案管理考核标准》等四个规范性文件,并在全区正式下发贯彻执行,取得了良好的效果。

小城镇建设档案管理研究

北京市档案科学技术优秀成果三等奖

完成单位:房山区档案局

主要完成人:宋曙光、佟焕平

本课题分析了小城镇建设档案管理的现状,针对小城镇建设档案管理缺乏规范要求,管理混乱,归档材料严重不齐全等问题,提出了加强小城镇建设档案管理的对策:①确定小城镇建设档案管理的模式,即小城镇建设档案管理工作必须坚持统一领导,分级管理的

原则。小城镇建设档案管理工作在行政管理上受区县小城镇建设领导小组的领导,在业务上接受区县档案行政管理部门的监督和指导。②明确小城镇建设档案材料归档责任。③小城镇建设档案纳入镇机关档案统一管理,应重新调整镇机关档案分类方案,为了便于统一管理,将小城镇建设档案分别纳入文书档案、基建档案和声像档案的管理中。④修改《乡镇机关各类档案归档范围和保管期限表》,随着小城镇建设档案的发展,归档范围内容要随之增加。但应做到既要准确、详细,保证齐全,又要随着工作变化,随时调整归档内容,实现动态管理。⑤对小城镇建设档案工作要宏观管理与微观指导相结合,作为一个区县的档案行政管理部门,既要加强对小城镇建设档案的宏观管理,也不能放松微观指导,使二者有机地结合起来。

办公自动化条件下文件材料归档及管理方法研究

上海市档案科技研究成果一等奖

完成单位:上海市档案局

主要完成人:赵嘉庆、陆晶、金洁慧

对国家档案局制发的《文书档案归档文件材料整理规则》在实施过程中的具体问题加以研究,并提出解决问题的方法,汇总成操作性较强的《上海市文书档案归档文件材料的整理及其管理实施细则》。在研究和总结一些基本原则和方法的基础上,进一步形成较详细的讲义,可为学校档案专业教育提供修改和补充的内容,为上海市档案人员岗位培训和立卷改革的专题培训提供教材。

归档文件标准化微机管理系统

河南省档案局优秀科技成果二等奖

完成单位:南阳市人民政府办公室

主要完成人:包建铎、王子芝、潘建国、武晓辉

该系统根据国家归档文件整理工作标准设计,具有文件登录、文件归档、文件检索、文件打印、文件转储、系统管理六大功能。该系统的运行使用实现了自动编目、辅助归档,提高了归档文件管理的规范化质量,顺应了办公自动化发展趋势,同时实现多种检索手段,大大地提高了办公效率,充分发挥了归档文件利用价值,产生了一定的社会经济效益。

信用档案的管理与利用问题研究

河南省档案局优秀科技成果二等奖

完成单位:河南省工商管理学校

主要完成人:张金娜、于红英、吴雁平、刘莉、梁惠卿、梁惠霞、高卉

该课题在《开封市法人与个人信用档案的形成和共享问题研究》的研究成果的基础上,从档案学及管理学的视角出发,对当今社会生活中法人与公民个人信用档案的形成、流向、保管及利用等问题进行探讨;提出具有可操作性的、科学的政策性建议,为信用档案的管理与利用提供参考性的规范。

档案学视野下的洛阳龙门石窟档案资料构建

河南省档案局优秀科技成果二等奖

完成单位:洛阳市档案局

主要完成人:韩玲、李博、吕世峰、沙丽君、王进平、周秋红

本课题从介绍龙门石窟历史及现状入手,认真研究了龙门石窟应收集档案资料的内容和范围,为收集档案资料提供了供参考、借鉴的工作线路图。并在此基础上,对如何构建洛阳龙门石窟框架工作,提出了相应的对策,为后人留下一套珍贵的石窟档案,同时有效地起到管理、保护、开发洛阳龙门的作用。

计算机技术在档案库房管理工作中的应用

河南省档案局优秀科技成果二等奖

完成单位:河南石油勘探局地质录井公司综合档案室

主要完成人:陈洪远、王佳梅、宋秋鸿、彭明、李雪玲、杨华、王明伟

该项目主要解决单井档案的特殊性,它不同于一般的档案。在过去单井档案库房管理中档案排架与整理相一致,采用分类别、按地区、按井号的排列方式,占用库房面积较多。该课题在具体管理方式上做一些创新,同时应用档案管理软件提供技术支持,实现了单井档案库房的动态管理,创造了直接的经济效益。

印章档案管理办法研究

云南省档案局优秀科技成果奖一等奖

完成单位:云南省档案局馆

主要完成人:张芸、余俊科、张文芝、何玉萍等10人

该项目对印章档案从收集、整理、保管、利用等各方面作了大量调查研究,形成了《云南省印章档案管理办法》,为进一步搞好印章的管理工作打下了基础,提供了保障。此类课题属我国尚未成熟的研究成果,对于规范全省印章档案工作具有重要的指导意义,填补了印章档案管理的空白。该办法报云南省政府法制办备案后,于2003年8月正式向社会公布。

旅游档案的归档范围研究

云南省档案局优秀科技成果奖二等奖

完成单位:大理州档案馆

主要完成人:张永钦、王建国、杨金萍、李国生等9人

大理州是一个省级旅游胜地,大理州档案局对涉及旅游的四十余个单位进行了调研,并从"文物单位"、"自然保护区"、"风景名胜区"、"民风民俗"、"旅游服务"等多个角度研究了旅游档案的产生和形成,从而提出了应该归档的范围。这一项目的研究,为规范旅游地所产生的各种档案管理提供了依据。

档案消毒杀虫设备对比研究

云南省档案局优秀科技成果奖三等奖

完成单位:保山市档案局

主要完成人:刘学康、赵世祥、王丽明、黄玉萍

该项目对微波杀虫机和压力蒸汽灭菌器两种消毒杀虫灭菌设备进行了实验对比,通过从机理、效率上分析,得出压力蒸汽灭菌器的效率高,安全可靠。实验用档案经过保山市卫生防疫及保山市造纸厂检验,档案无虫、无菌率为100%;纸张的撕裂度及抗张强度均不受影响。

宣威首届火腿美食文化节文件材料归档研究

云南省档案局优秀科技成果奖三等奖

完成单位:宣威市档案局

主要完成人:朱家霖、周广多、严国忠、王延林

为了搞好"宣威火腿美食文化节"形成的大量文字、音像材料和实物档案的建档工作,宣威市档案局馆抽调了业务骨干组成了研究组,对美食文化节活动形成的文件材料归档工作进行了认真研究,提出了具体的归档方案:一是确定归档范围,强化收集措施,确保归档文件材料的齐全、完整;二是拟定归档工作程序,确保归档文件材料科学化、规范化;三是认真组织鉴定,确保归档文件材料保管期的划分准确、合理。

楚雄州档案信息网站建设研究

云南省档案局优秀科技成果奖三等奖

完成单位:楚雄州档案局

主要完成人:王海兵、卢映辉、李洪波、凌永丽

楚雄州档案信息网站建设结合楚雄州的实际,设有业务快递、政务公开、机构人员、馆藏导航、政策法规、档案服务、网上查询、学术编研、数字化档案、业务咨询、珍贵照片、友情链接等栏目,为利用提供了方便。网站采用减少目录层次的指导思想,链接合理科学,提高了浏览速度。

民间组织登记档案的立卷与管理研究

云南省档案局优秀科技成果奖三等奖

完成单位:云南省民政厅

主要完成人:陈昕

该项目对民政部门在办理社会团体和民办非企业单位登记与管理中形成的民间组织登记管理档案的定义、立卷原则、档案收集、整理、编目、排列、保管、利用、统计、编撰工作进行了系统地分析和阐述,并对该类档案的卷内目录、档案封面著录及格式进行了说明,提供了样本。是对民政部门一种利用率较高、专业性较强的档案在整理和利用方法上的探索。

（十） 档案宣传工作

纪念毛泽东诞辰110周年档案展举办

为纪念毛泽东诞辰110周年,经中共中央办公厅批准,由中央档案馆国家档案局和中共中央文献研究室共同主办的"毛泽东档案展",于2003年12月19～30日在国家博物馆隆重展出。中央直属机关工委、中央国家机关工委、中央党史研究室、共青团中央、教育部、文化部、广播电影电视总局、新华社、国家文物局、中央人民广播电台、中央电视台、解放军军事科学院、中共北京市委宣传部、中国深圳民族精神与中国发展研究中心等单位对此次活动给予了支持。展出期间,中共中央政治局委员、中共北京市委书记刘淇率北京市委、市政府、市人大、市政协的领导参观了展览。据统计,展览参观者达10余万人次。

"毛泽东档案展"共展出不同时期的毛泽东手迹、照片等档案、资料三百余件,其中绝大部分是从中央档案馆保存的2万余件毛泽东手稿和上万张照片中选出。展览共分为十部分,前六部分分别展示毛泽东青年时期、建党时期、土地革命时期、抗日战争时期、解放战争时期,社会主义建设时期形成的档案,集中反映毛泽东领导中国革命、创建新中国和建设社会主义,为中华民族伟大复兴作出的卓越贡献。后四部分,着重从亲情、友情等伟人身上所具有的普通人情怀,反映他对亲人的浓浓亲情,同战友的亲密友谊,同各界人士的广泛联系,同人民群众的深情厚谊,反映他的生活情趣、读书生活和书法艺术。如此集中地精选中央档案馆保存的毛泽东档案,特别是手稿面向公众展出,尚属首次。展出的每一件档案都堪称珍品,每一件档案背后都有一段故事。这些档案或记载着某一重大历史事件,或记录着一段鲜为人知的轶闻趣事。尤其是一些早期档案,经历了戎马倥偬的战争洗礼,经过多少档案工作者的辗转珍藏而保存至今,弥足珍贵。比如,展出的毛泽东的中学作文《商鞅徙木立信论》,是毛泽东1912年6月在湖南省立第一中学读书时写的一篇作文,在中央档案馆现存的毛泽东手稿中,是形成时间最早的一件。这篇作文正文共有465字,因作文写得好,备受老师的好评,在卷面上共作了7处眉批和一处总评,计150字,并作了200多处圈点。老师称赞该文"实切社会立论,目光如炬,落墨大方",并感叹说:"历观生作,练成一色文字,自是伟大之器,再加功候,吾不知其所至。"再如,1963年11月18日毛泽东在修改《人民日报》和《红旗》杂志编辑部文章时加写的一句话:"社会实验是检验真理的唯一标准",表明了毛泽东早就提出过这一思想,更说明"两个凡是"不符合毛泽东思想。1978年在开展真理标准大讨论时,中央档案馆曾向中央提供过这件档案,受到党中央的重视。展览中展出的1949年6月19日毛泽东致宋庆龄的亲笔信,记录了毛泽东邀请宋庆龄先生北上参加筹建新中国,并亲自前往北京站迎接的一段佳话,这封信也是毛泽东书法作品中的一件上乘之作。展出的1974年12月23日,81岁高龄的毛泽东用铅笔书写的"人才难(得)"手迹,反映出毛泽东称赞邓小平同志,并对他委以重任。"毛泽东档案展"在展厅中央设置了档案研读台,展出部分毛泽东诗词、书信、书法精品和毛泽东阅评批注的书籍,供观众细细品味欣赏。

这次展览除展示了毛泽东手稿、照片外,还同时播放了一些毛泽东同志的录像和讲话录音。他那具有独特魅力、充满豪情的讲话,让观众再次领略到毛泽东的风采。

(王国武)

《百幅手迹怀伟人——毛泽东的110个故事》发行

2003年是毛泽东诞辰110周年。为了纪念和缅怀这位共和国的开国领袖,用他的光辉思想和丰功伟绩教育人民,鼓舞人民,中央档案馆国家档案局摄制了110集电视文献片《百幅手迹怀伟人——毛泽东的110个故事)。

毛泽东的一生中,留下2万多件珍贵手迹。这些手迹的绝大部分都收藏在中央档案馆。最早的有他的中学作文,最晚的有他的临终绝笔。它们都是普通人难得一见的珍品,具有极高的研究价值和欣赏价值。

本片采用独特的手法,以毛泽东手迹为引子,每集在开头展示一件毛泽东手迹,然后讲述与这件手迹有关的真实故事。在讲述故事的过程中,还展示了毛泽东的其他相关手迹。全片共展示毛泽东珍贵手迹达几百幅之多,并且多数是第一次向观众展示。

毛泽东在一生中,也留下不少珍贵的讲话录音。这些讲话录音,也集中收藏在中央档案馆。本片充分运用这一得天独厚的条件,穿插选用了十几段毛泽东的原始讲话录音。

本片选择的故事,既有表现他辉煌政治业绩的,又有表现他杰出军事指挥才能的;既有表现他伟大思想的,又有表现他闲情逸致的;既有表现他和孙中山、鲁迅、周恩来、宋庆龄、李宗仁、张治中、胡志明、斯诺等各方面人物的交往的,又有表现他与爱妻杨开慧的爱情、与子女们的亲情、与老师同学们的友情、对普通群众的深情的。

尽管人们对毛泽东的故事大都已经耳熟能详,但在毛泽东的身上,仍有一些鲜为人知的东西需要去发掘。本片成功地发掘出了像毛泽东当兵、身处逆境的毛泽东、毛泽东提出以经济建设为中心、毛泽东的对外开放等一些鲜为人知的故事。

本片2003年在中央电视台、北京电视台等近20家电视台播出,收到了极好的社会效益,同时也得到了中央领导的肯定。 (吴承林)

天津市档案馆与10单位合作纪念天津建卫600年

以纪念天津建卫600周年为契机,《天津青年报》(现名《城市快报》)与天津市档案馆、天津市政府地方志办公室、天津市政协文史资料委员会、天津市文史研究馆、天津图书馆、天津市文化局文物处、天津市社会科学院历史所、天津市历史博物馆、天津市民间艺术协会、天津市文物博物馆学会民间收藏专业委员会共同推出《600轮岁月·600年天津》宣传专版。这也是档案部门第一次参与由10个单位共同进行的宣传活动。市档案局积极组织市、区档案馆挖掘馆藏档案资源,提供档案史料并为专版撰写稿件。自2003年5月26日开办至2003年底,天津市档案馆刊登文章、档案资料18篇。 (天津市档案馆)

吉林省档案馆利用馆藏档案揭露日本帝国主义侵华罪行

吉林省档案馆馆藏丰富,其中尤以伪满档案最为突出。主要有1931年至1945年期间伪满洲国国务院、八大部及日本关东军宪兵队司令部、七三一细菌部队、伪满中央银行等形成的档案。这部分档案,较为全面、真实地记录了日本帝国主义对我国东北进行政治、经济、军事、文化等方面的统治、掠夺和侵略活动,反映了吉林省档案馆馆藏档案的特色。

近年来,吉林省档案馆充分挖掘和利用馆藏档案,成效显著。组织完成了《日本移民档案史料选编》、《劳工档案史料》、《家信中的历史照片——国民党占领下的长春》、《伪满"照片内参"——满洲国通讯社照片遗存》、《吉林省档案馆馆藏731部队罪行铁证》等史料编辑,并举行了各新闻媒体参加的《吉林省档案馆馆藏731部队罪行铁证》首发式,此书被新华社等媒体誉为"向日本右翼势力投掷的一枚重磅炸弹",扩大了档案的社会影响。

为纪念"九一八"事变70周年,省档案馆同省政协等在香港、澳门举办了《以史为鉴——日本制造伪满洲国图片展》。400余幅珍贵的历史照片,有力地见证了日本帝国主义侵略我国东北的罪行,歌颂了东北人民反侵略的斗争精神。这是国内首次在港、澳特区举办这方面内容的历史档案图片展览。短短几天内,参观者达2000余人次,内地和港、澳等20余家新闻媒体报道了这次展览,收到了很好效果。经请示省委领导同意和有关部门批准,省档案馆召开了"公布侵华日军'731'部队档案新闻发布会",公布了侵华日军"731特别移送"档案400余件,有力地揭露了日本军国主义的侵华罪行,引起了国内外的广泛关注。国内30余家新闻媒体进行了报道,日本的《朝日新闻》、《中日新闻》及东南亚等国家的媒体也进行了报道。《以史为鉴——日本制造伪满洲国图片展》走进校园,走进机关、走进部队,在全省巡回展览。特别是利用省档案馆珍贵资料参加了日本爱知等县中日友好协会举办的《战争展》,参观者达6000余人次,在日本各界引起了较大反响。 (杨俊卿 李秀娟)

《追忆——档案里的故事》电视专题片播出

该片由上海市档案馆和上海永乐文化传播有限公司联合制作。2003年3月24日起在上海电视台纪实频道播出。该片依托上海地区丰富的档案史料、照片和影视资料,结合人物采访、实地拍摄等手段,追寻近现代上海城市与市民生活的发展轨迹,刻划百年上海的"城市与生活",从一个个全新的视角解读了一段段值得上海人留恋和追忆的云烟往事,其中有反映城市风貌的老城厢、"一城九镇";有展示都市之风的和平饭店、南京路四大公司;有表现海派文化的京剧、越剧、沪剧、淮剧等传统艺术剧种和吴昌硕、张元济、胡蝶、赵丹等文化名人踪迹等,被有关专家誉为是了解上海历史发展的电视"百科全书"。 (邹伟农)

南京市大力开展档案宣传工作

2003年6月30日,南京市委宣传部、市卫生局、市文联和市档案局等单位联合在南京美术馆举办"众志成城——南京军民抗击非典纪实摄影展",作品题材广泛,涉及面宽,生动翔实地反映了南京军民"抗非"斗争的全部过程,从不同角度热情讴歌了南京军民团结一致、众志成城抗击非典的精神和广大医务工作者救死扶伤的崇高品质。展览结束后,全部作品由南京市档案馆永久收藏。

2003年,南京市档案局和本地《周末》报共同主办了"100件南京档案"活动,作为市委宣传部"瞩目南京——喜爱南京的1000个理由"系列宣传活动之一。南京市档案馆根据"塑造城市形象,扩大城市影响,凝聚市民力量"的总体思路,从本馆和有关区县档案馆馆藏档案中精心挑选了100件最具特色、最能体现南京城市形象和精神的档案,作为此次宣传活动的主体。这些档案涉及面很广,内容丰富,有记载南京重大历史事件的档案,有反映南京经济、科技、文化等发展成就,宣传展示南京改革开放、创业发展新形象的档案,有介绍南京丰富的历史文化遗存,体现南京文化底蕴的档案。《周末》报以此为基础,向社会宣传介绍"100件南京档案",并描述这些档案背后的故事。结束后,所有文章将结集为《100件南京档案》,列入"喜爱南京的1000个理由"大型系列丛书正式出版。市档案馆由此展开了向社会征集民间档案的活动。(南京市档案局)

《百年青岛》档案展览跨出国门

青岛市档案馆始终把发掘档案资源为市委、市政府中心工作和重大举措服务作为重要任务来抓。以"相约奥运,扬帆青岛"为主题的对外推介青岛活动为展示档案的服务功能提供了很好的切入点。为此,青岛市档案馆抓住这一机遇适时地向市政府提出了利用近代青岛与德国这一特殊关系和自身优势,整合馆藏资源,举办《百年青岛》图片展览,把对德国推介作为向西欧推介青岛的突破口。这一设想很快获得各主办单位的支持并被市领导采纳,《百年青岛》图片展遂成为青岛市2003年"奥运"推介系列活动和国际旅游促销活动的一个重要组成部分。在局馆党组的领导下,《百年青岛》图片展布展小组经过两个多月的紧张奋战,完成了装具,展品的制作工作。2003年3月15日,《百年青岛》图片展布展小组作为青岛市政府推介团的成员单位,赴德展览,跨出了档案展览走出国门第一步。

这次展览本着"尊重历史,突出现在,着眼未来,掌握适度"的原则,由"回首昨天"、"今日青岛"、"相约奥运"三大部分组成,共展出260余幅珍贵照片,反映青岛城市历史概貌以及与德国关系的缘起,重点推介改革开放以来青岛发生的巨大变迁,展示青岛开创新时代的未来远景和良好的投资环境,以及在经济、文化领域对德交流的新篇章。

3月15日当地时间17时45分,推介团抵达展览的第一站——柏林。次日早,《百年青岛》图片展提前在新闻发布会上亮相。与会的三十余家媒体的记者们在展板前频频移动脚步,出席新闻发布会的3家电视台纷纷抢占最佳摄像角度……《柏林日报》和德国之声电台的记者,在发布会间隙不停地向布展人员询问青岛与德国的历史缘起,以及一幅幅图片背后的故事和一些历史细节。

汉默先生是柏林一家旅行社的翻译,推介会上,汉默先生对回首昨日青岛的老照片表现出浓厚的兴趣,他表示愿意将珍藏多年的老照片捐赠给青岛市档案馆。

在为期12天的德国巡展活动中,柏林日报、柏林电视台、德国之声电台、慕尼黑当地媒体,以及新华社、人民日报、光明日报、文汇报等驻德记者站等30多家新闻媒体,在新闻发布会和推介会上观看了展览,并对展览进行了广泛报道。与会的德国国家旅游局副局长、慕尼黑市旅游局局长白佳璧博士、柏林旅游局局长内格博士、柏林博物馆馆长马丁·辛茨博士以及与会的德国工商界、旅游界人士也观看了展览,并给予高度评价。(青岛市档案馆 于佐臣)

陕西省档案局策划出版《陕西省珍贵档案荟萃画册》

陕西省档案局为了更好地宣传陕西省各级各类档案馆珍藏的精品档案,扩大档案工作的社会影响,开发利用档案信息资源,充分发挥其"存史、资政、育人"的作用,更好地为建设西部经济强省服务。于2003年2月,策划出版《陕西省珍贵档案荟萃画册》。

《陕西省珍贵档案荟萃画册》分为明清档案、民国档案、革命历史档案、建国后档案四大部分。按照珍贵性、稀有性、系统性原则,收录了陕西不同历史时期政治、经济、军事、教育、文化、外交、科学技术、社会生活等方面,具有重大史料价值,明显地域特色的档案文献400余幅。目前,《陕西省珍贵档案荟萃画册》编辑工作已进入紧张的制作阶段,计划2004年年底出版发行。(陕西省档案局)

《中国妇女运动百年大事记》问世

为总结20世纪百年间中国妇女解放与发展道路基本经验,进一步增强对妇女运动发展规律和妇女工作规律的认识,全国妇联组织编写了《中国妇女运动百年大事记》。历经数载,于2003年8月正式出版。

该书如实记录了百年中国妇女运动发展的曲折历史,真实展现中国妇女为争取自身解放而英勇斗争的风貌,深刻揭示了中国妇女运动发展的规律。全书共80万字,分上下两篇。上篇自1901年至1948年,下篇自1949年至2000年。本书前部附列了135幅珍贵历史图片,包括无产阶级革命家对妇女运动的论述、几代国家领导人与妇女代表会见的照片及各个历史时期妇女活动的历史图片,使全书图文并茂,增加了可读性。

此书的编写得到了各级领导的重视。人大常委会副委员长、全国妇联主席顾秀莲为该书作序,老一辈妇女运动理论家罗琼为该书撰写导读，全国妇联名誉主席陈慕华、彭珮云为该书题词。同时也得到了各级妇联、广大妇女工作者及有关单位的大力支持。

《中国妇女运动百年大事记》的出版，第一次以编年体的形式完整记载了20世纪中国妇女运动史，具有不可多得的典藏价值；它内容丰富翔实，具有史料价值，同时也是一部进行爱国主义和革命传统教育的生动教材。此书的出版得到了业内人士和有关专家的一致好评。（全国妇联办公厅档案处）

《中国档案》杂志推出“本期策划”重点栏目

为了围绕党和国家的中心工作，配合有关档案的热点问题，做好档案宣传工作，《中国档案》杂志于2003年推出了“本期策划”重点栏目。全年共组织了八期“本期策划”：配合学习贯彻党的十六大精神推出了部分省档案局局长畅谈“学习贯彻十六大精神，创新发展档案事业”；围绕全国档案馆当前的重点工作，推出的“数字档案馆建设”；围绕社会上人才流动，改革人事档案保管工作推出的“聚焦人事档案”；围绕档案馆安全工作推出的“加强档案安全”；围绕“非典”发生引发的思考“病历档案扫描”；围绕国家重修清史推出的“档案与重修清史”；围绕文化遗产保护推出的“档案文献遗产工程”。此栏目2004年将继续举办。

（刘守华）

中国档案杂志社“银鸥杯”档案服务机制创新征文评选揭晓

为配合国家档案局“改进工作作风，创新服务机制”的要求，《中国档案》杂志社与柳州市广西柳江造纸厂共同举办“银鸥杯创新档案工作机制有奖征文”活动。征文活动从2002年《中国档案》杂志第5期开始，到2003年第5期结束。文章忠实记录了近年来各地档案部门，特别是市、县（区）等基层档案部门档案服务工作的部分创新成果，涉及档案服务体制的创新、服务内容的创新、服务方式和手段的创新等方面的内容，如设立现行文件阅览室、建立机关档案管理中心和大档案馆（国家综合档案馆、房产档案馆、城建档案馆三档合一）、针对普通百姓的档案服务等。征文活动结束后，由征文评审委员会评出一等奖1名，二等奖5名，三等奖10名，纪念奖15名。（刘守华）

中共中央政治局候补委员、中央书记处书记、中共中央办公厅主任王刚勉励《中国档案报》全体同志

6月16日，中央档案馆馆长、国家档案局局长毛福民和副馆局长郭树银一起来到中国档案报社，向大家宣读了中共中央政治局候补委员、中央书记处书记、中央办公厅主任王刚给他和中国档案报社负责同志的亲笔信（见特载）。

毛福民同志宣读后代表馆局领导表示，王刚同志对我国档案事业的发展非常重视，在很多重大问题上给予了强有力的指导和支持，继近期对加强社区档案工作和做好抗击非典斗争中档案资料收集整理工作两次作出重要指示后，又写信对全国档案系统和中国档案报社的工作给予充分肯定，提出新的希望和更高的要求，体现了中央领导同志对我国档案事业发展的高度重视和对全国档案系统广大干部职工的亲切鼓励和殷切期望。馆局领导班子一定要组织大家认真学习王刚同志重要来信的精神，采取有力措施，进一步支持中国档案报的发展，进一步做好档案工作。报社的同志要不负王刚同志的重托和厚望，牢记“三个意识”，按照“三个无愧于”的要求，不断提高干部职工队伍素质，加强人才培养，积极实践，再接再厉，为我国档案事业的发展作出更大贡献。

郭树银同志在讲话中说，《中国档案报》是世界上唯一的一张档案行业报，办好报纸任重道远，希望报社同志牢记王刚同志的嘱托，珍惜好成绩、好形势，努力把工作做得更好。

王刚同志的重要来信使中国档案报社的广大干部职工倍感亲切、深受鼓舞。大家表示，一定要认真学习王刚同志的来信精神，坚决按照王刚同志提出的希望和要求，深入学习“三个代表”重要思想，牢记“两个务必”的要求，认真总结报社工作，不断增强政治意识、大局意识和责任意识，努力学习，勤奋工作，不断提高自身素质与能力，提高办报质量，扩大宣传效果，不辜负中央领导同志的希望。（孙燕京）

人民日报文艺部与中国档案报社联合举办座谈会

2003年2月20日，由人民日报文艺部和中国档案报社联合举办的“利用档案资源创作重大革命历史题材影视精品与发展繁荣社会主义文化”座谈会，在全国政协会议室举行。全国人大教科文卫委员会副主任委员范敬宜、中国文联副主席、重大革命历史题材影视

创作领导小组组长杨伟光、国家档案局局长中央档案馆馆长毛福民、重大革命历史题材影视创作领导小组副组长李准、国家档案局副局长中央档案馆副馆长郭树银、杨冬权,以及中央宣传部门、档案界、党史界、新闻界和影视界等有关方面领导和专家学者20多人出席了座谈会。

近几年来,特别是在纪念中国共产党建党80周年前后,在中央有关部门的高度重视和积极支持下,档案部门与党史和影视部门联手,利用党和国家丰富的档案资源,创作了一批深受观众欢迎的重大革命历史题材影视精品,如《共和国脚步》、《新四军》等,其中,《红旗飘飘——中国共产党历史上的今天》获中宣部"五个一工程奖"和广电总局精英奖。这些作品以珍贵的档案资料为基础,始终坚持严肃、真实的创作原则,因此具有很高的权威性和强烈的感染力。这是档案部门与党史和影视部门贯彻"三个代表"重要思想,创新档案工作服务机制,贴近社会、贴近生活、贴近百姓,寓思想教育于人民群众喜闻乐见的形式中的有益尝试,为在新形势下,利用档案为发展、繁荣社会主义文化服务提供了宝贵经验。 (孙燕京)

中国档案报刊发
"档案——见证伟大的三峡工程"专版

2003年6月12日,中国档案报推出《档案——见证伟大的三峡工程》专版,将其奉献给广大三峡建设者,奉献给在建设中作出重要贡献的广大专兼职档案工作者。

《档案——见证伟大的三峡工程》标题压在宏伟壮丽的三峡大坝图上,专版在显著位置刊登了胡锦涛同志1999年12月7日在全国档案工作暨表彰先进会议上的讲话。编者按阐明了主题:三峡工程是中华民族的千秋伟业。工程已于2003年6月1日正式下闸蓄水,蓄水线抬升至135米的时候,"高峡出平湖"的壮丽景象便展现在世界面前。自此,三峡工程将进入边建设、边收益的阶段,10年的艰辛终于如愿以偿。

三峡工程建设凝结着党的几代领导集体的心血,是三峡建设者智慧和劳动的结晶。在10年的艰苦奋斗中,档案人与所有建设者一道,以对历史负责,为现实服务,替未来着想的奉献精神,高质量地完成了三峡枢纽工程、输变电工程和二期移民的档案工作,档案工作服务于伟大的三峡工程建设,档案永远铭记三峡工程建设的丰功伟绩。记者专访了国家档案局、国务院三峡建设委员会办公室等有关领导。

三峡工程档案工作受到了各级领导、专家的高度重视和支持,尤其是在各项工程验收时,参加验收的领导和专家都要求以档案为凭证,以档案为据。中共中央政治局候补委员、中央书记处书记、中央办公厅主任王刚,在担任国家档案局局长期间,就非常重视三峡工程档案工作,要求档案工作与工程建设同步发展。国家档案局局长毛福民同志对这项工作也很重视,亲自与三峡移民局的领导同志协商三峡建设中档案部门的工作重点。国务院三峡办领导也对档案工作高度重视,多次在各种会议上强调要重视和做好三峡档案工作,提出具体要求,帮助解决存在问题。工程建设各单位先后都建立了档案工作机构,配备了专兼职档案人员,明确了档案工作管理体制,制订了档案工作规章制度,形成了业务管理的网络体系。 (孙燕京)

中国档案报特约记者专访张积慧

随着《对抗非典:难忘那46个日日夜夜》这组日记在《人民日报》上的发表,张积慧,这个普通的名字,从此为千千万万的人所熟悉。中国档案报驻广东省档案局馆的特约记者张中华曾多次走访了张积慧所在的广州市第一人民医院,了解到日记形成、发表及手稿花落谁家的经过。

提起写日记的最初动机,张积慧告诉记者:一种无形的东西驱使她将其记录下来,为自己,也为她的同事参与这场"没有硝烟的战争"做个见证。于是在2003年2月15日夜,也就是临时病区开始筹建的当天她就拿起了笔。当初,院党办得知她在写日记时,动员她将这些日记在本院的院刊上发表,后来,在征得张积慧本人的同意后,将日记推荐给了《人民日报》华南版及《健康报》,两报对这一消息非常重视,于是人们便在4月15日的《人民日报》上读到了那组感人肺腑、催人泪下的文字。4月19日,张积慧在工作间隙接受了中央电视台"面对面"栏目主持人的采访。

张积慧告诉记者,由于工作紧张,日记只能在换班或病人病情稳定时挤出时间快速记录。其间经历了三个过程,形成了三份稿本,其形成过程如下:首先是在临时病区内用台历纸、报纸、信笺纸等零星纸片将最关键的事做最简短的记录,可称为日记的第一稿。其次是在换班走出临时病区到休息区后,根据从临时病区带出的"片言只句",对全天或几天的事情做较完整的表述。这一部分手稿最早形成于2月22日,大多是写在交接班纸背面。后来有关媒体就同她联系,要求刊登。她只好连夜赶抄,还叫了一个同伴帮忙,形成了给媒体的"抄件",这就是日记的第三稿。记者在广州市第一人民医院党办见到了日记形成的三个阶段的复印件。

记者了解到,广东教育出版社拿到了张积慧日记出版的授权和全部书稿，只用9天时间便完成编排发印，于5月6日正式出版《护士长日记——写在抗非典的日子里》单行本，中共中央政治局委员、广东省委书记张德江，卫生部党组书记、常务副部长高强分别为该书写了序。 （孙燕京）

中国档案报采编部门被授予“全国新闻界抗击非典新闻宣传先进集体”荣誉称号

2003年7月23日，全国新闻界抗击非典宣传工作表彰大会在人民大会堂举行。150个先进集体、298位优秀记者和498部优秀新闻作品受到表彰。中国档案报采编部门被中共中央宣传部、中华全国新闻工作者协会授予“全国新闻界抗击非典新闻宣传先进集体”荣誉称号。中共中央政治局常委李长春和中共中央政治局委员、中央书记处书记、中宣部部长刘云山出席会议并向受表彰的代表颁奖。 （孙燕京）

中国档案报社表彰抗击非典先进记者站、优秀特约记者和优秀新闻作品

2003年4月中下旬，一种突如其来的非典型肺炎席卷我国，全国档案战线各级领导和干部忠于职守，经受考验，积极投身抗击“非典”的伟大斗争中去，认真做好抗击“非典”中档案资料的收集整理，及时报道有关新闻和先进事迹，为取得抗击“非典”的胜利作出了应有的贡献。为此，2003年7月，中国档案报社作出决定，授予北京记者站等8个记者站为“抗击非典期间档案新闻报道工作先进记者站”称号，授予张益民等34名特约记者为“抗击非典期间档案新闻报道工作优秀特约记者”称号，授予“档案工作及时为防治非典服务”等11篇报道为“抗击非典期间档案新闻报道工作优秀新闻作品”。

决定指出，在抗击“非典”期间，中国档案报社对全国档案系统认真贯彻党中央、国务院关于一手抓防治非典型肺炎这件大事不放松，一手抓经济建设这个中心不动摇的重大决策，积极主动提供档案资料为各级党委、政府决策服务，及时做好抗击“非典”斗争中档案资料收集整理工作做了及时和生动的报道，受到了中央领导的充分肯定和热情勉励。

决定要求，受表彰的先进记者站和优秀特约记者，一定要珍惜荣誉，谦虚谨慎，戒骄戒躁，再接再厉，在今后的学习和工作中取得更大的成绩。号召中国档案报社全体记者和特约记者向获奖同志学习，进一步增强政治意识、大局意识和责任意识，全身心投入工作，努力做出更优异的成绩，以无愧于广大档案工作者的重托，无愧于新闻工作者的职责，无愧于党和人民的信任。 （周路平）

2003全国档案装具、用品、现代化办公设备暨当代中国档案馆建筑设计展览在北京举办

2003年9月17～19日，中国档案报社在中国军事博物馆举办了“2003北京·全国档案装具、用品、现代化办公设备暨当代中国档案馆建筑设计展览”。

9月17日上午，中国档案报社总编辑段东升主持了展览的开幕式。国家档案局局长中央档案馆馆长毛福民、副局馆长郭树银出席并为展览剪彩。北京、天津、河北、内蒙古、上海、江苏、浙江、江西、福建、湖北、广东、四川、陕西、深圳、宁波等地档案局和总参档案局、解放军档案馆、空军档案馆的领导同志也参加了开幕式。

这次展览是近十年来在北京举办的又一次全国性大型档案装备和技术展览会。北京、上海、内蒙古、江苏、安徽、广东、陕西档案局馆参加了展览，来自全国各地档案信息影像处理技术企业、档案管理软件企业，档案装具企业，档案馆安全防范、自动监控和温湿度调控设备企业等设了展位。参展产品之多，科技含量之高，均属空前，不少具有当代领先水平。展览专设展区展出了在2002年“全国档案馆优秀建筑设计评选活动”中获奖和入围的建筑设计主要图片与介绍。

展览组委会由国家和部分地方档案部门的领导组成。总顾问：毛福民；主任委员：郭树银；执行主任委员：段东升；副主任委员：杨继波、王良城、潘振同。组委会办公室由中国档案报社工作人员组成。

（潘振同）

中国档案报社召开出版千期座谈会

2003年10月16日，在党的十六届三中全会刚刚胜利闭幕和我国首次载人航天飞行圆满成功的喜庆之日，中国档案报社出刊千期座谈会在京召开。

应邀出席座谈会的有：中央档案馆馆长、国家档案局局长毛福民、副馆局长郭树银，中国人民大学副校长、人大档案学院院长冯惠玲，中国行业报协会会长吕华麟，北京市档案局馆副局馆长姜之茂，解放军档案馆馆长刘英，航空档案馆馆长刘景田，国家档案局办公室副主任华丹，中华新闻报总编助理苏娟，全国人大档案处处长吴北光，中国第一历史档案馆编研部主任李国荣。报社总编辑段东升、常务副总编辑郭海缨，副总编辑潘振同、孙钢以及报社各部门负责同志与嘉宾们欢聚一堂。

毛福民首先就档案部门深入学习贯彻十六届三中全会精神提出了要求。接着,他充分肯定了报社所取得的成绩,他指出,王刚同志对中国档案报社的发展寄予厚望,报社同志要贯彻好王刚同志6月15日来信精神,努力作出更优异的成绩。他要求报社全体同志要以王刚同志重要来信精神作为报社发展的指导思想和精神动力,认真总结办报经验,继续发挥好国家档案局喉舌和档案界重要舆论宣传工具的作用;要以"三个代表"重要思想为指导,继续围绕党和国家中心工作、档案事业发展的实践和广大人民群众的需求,搞好宣传报道;要根据中央关于报刊治理的精神和报业市场改革发展的趋势,创新体制、转换机制,进一步加强管理,深化改革,为档案事业的发展作出更大的贡献。

郭树银指出,中国档案报办报资质近期通过了新闻出版总署审核批准,档案报一定要办下去,要按照一贯的办报原则,贯彻落实好王刚同志指示精神,继续办好报纸。立足档案,面向社会,传达党和国家关于档案工作的方针和政策,反映社会对档案界的呼声和要求,宣传利用档案的效果和价值,提高全社会的档案意识。

与会者指出,中国档案报在探索中发展,逐步找准了定位,明确了特色,在创新中不断发展,取得了可喜的成绩。希望档案报步步登高,在报业竞争市场上发挥优势,在新世纪发挥更大的作用。

段东升表示,中国档案报将认真吸取各位嘉宾的意见和建议,总结办报经验,继续不断深化改革,办好报纸,为广大读者奉献出一份精美的精神食粮。座谈会由郭海缨主持。 (柴丽)

《当代档案人风采》出版

由国家档案局局长、中央档案馆馆长毛福民任编委会主任,副局长馆长郭树银任编委会副主任,中国档案报总编辑段东升、常务副总编辑郭海缨、副总编辑孙钢为编委会委员,倪勤、李更发主编,中国档案出版社出版的纪实性文集《当代档案人风采》一书已于2004年1月正式出版发行。

《当代档案人风采》辑人了近年来在档案战线涌现出的195个先进集体和先进个人的模范事迹,涉及到27个省、自治区、直辖市和军队、武警、公安、检察、法院、院校及企事业单位,内容丰富翔实,事迹生动突出,是一部档案战线的群英谱。 (倪勤)

报刊登载的有关档案工作的文章和重要新闻

"红头文件"正"当红"

新报讯(记者 郑东红 任悦 通讯员 蔺志强)昨日记者从市档案馆获悉,自去年7月1日向社会开放部分现行文件以来,半年时间内档案馆共接待查阅、来人咨询、来电咨询逾2000人次,查阅文件4000余份。其中,一些与民生息息相关的政策法规,市民的关注度最高。

昨日,记者从市档案馆了解到,过去红头文件只在我国各级各类的党政机关中运行,百姓很难见到。而"红头文件"里的内容大都是关系到众多人的利益,甚至可能改变一些人的命运。市档案馆自去年7月1日起向社会首次开放部分现行文件后,在社会上引起较大反响。越来越多的市民,求助档案馆解答疑问。除了天津市民外,档案馆还接到了不少外地人的来电咨询。目前,本市区县档案馆也相继开放现行文件的利用工作,已在本市初步形成网络。

据市档案馆工作人员介绍,馆内这批向社会开放的文件内容涉及百姓生活的方方面面,包括劳动保障、养老保险、离退休待遇、工资福利、优抚救济、城市规划、房屋拆迁、土地管理、住房改革、计划生育、工商税务、医疗保险、招商引资、文教卫生、户籍管理、交通治安等许多方面的法律法规和方针政策。而其中与人民生活息息相关的如"养老保险"、"离退休人员工资待遇"、"房屋拆迁有关法规"等相关细则,最受市民的关注。

据了解,"红头文件"的公开,大大提高了百姓的知情权,而且让众多老百姓从中受益。如今,大家的平等意识以及对公平、透明的行政行为的要求有所提高,对红头文件的了解需求将会大幅增加。人们在解决与自己切身利益相关的问题时,不再只是盲目地东奔西跑或是听信别人的传言,而是先掌握好相关的法规和文件,然后再去找有关部门,有理有据地解决自己的问题。"红头文件"的对外"开放"表明了政府部门的工作态度,政务公开,随时接受百姓的监督。同时档案部门也加大"红头文件"公开的力度,采取更加便捷的方式,以后普通百姓查阅"红头文件"将会越来越方便。

(天津《每日新报》2003 年 1 月 5 日)

天津寻访相声大师的音容——

马三立:留下遗嘱悄然而去……

本报特约记者 肖杨

马三立病逝后,记者赶往天津采访,没想到,这位给人们带来笑声的艺术家是那样的纯朴,走得那么悄然……

立遗嘱免麻烦

马三立老先生在 2 月 11 日清晨 6 时 45 分停止了呼吸,他的葬礼在 2 月 11 日的中午左右就进行完毕,从逝世到下葬结束,没有超过 12 个小时。这一切都是按照马三立的遗嘱来进行的,这也是马三立的最后一个心愿。如此快捷的葬仪对于这样一位被称之为"相声界活化石"的艺术大师来说简单到极不相称。

据相关人士透露,马三立是在住院期间,也就是 2002 年 4 月拟定这份遗嘱的。当时一方面是膀胱癌的困扰,另一方面是年事已高,马老通过口述的形式,让小儿子做笔记,留下了这最后的遗嘱:一是要简朴低调,二是不要给别人添麻烦。

众所周知,马三立的徒弟和学生以及好友数不胜数,得知此讯后都希望能见他老人家最后一面。可马老一辈子最怕麻烦人,就为这个,他特别在遗嘱中强调不要搞遗体告别仪式。

记者从医院了解到,马三立的病情从大年初二就开始恶化,经过了多次抢救。但马老先生的神志一直很清醒。马季、姜昆、唐杰忠、黄宏、牛群等人都打来电话要来看望他,可是马老先生都让家人一一拒绝了,他说:"大家都挺忙的,别耽误人家的工作。"如果遇到一定坚持来探望他的人,无论是谁,马老都精精神神地接待客人,让来的人就像来看没病的人一样,即使再难受也要讲点快乐的事。

笑声后面的悲情

走进安葬马三立的墓地,在第一排看到了一个不是很起眼的黑色墓碑,上面写着:慈母甄惠敏、慈父马三立之墓。"甄惠敏"这几个字是金色的,"马三立"的名字因为时间太仓促还没有被涂上金色。殡仪馆的工作人员告诉记者,马三立在妻子去世之后,在妻子墓碑的旁边也为自己买了一块墓地。当时墓碑的材料都是洋灰的,只不过妻子的那块写上了名字,而自己的那块是一片空白。每年的春天和秋天,都会有一个瘦弱的老者来到这里祭拜自己的妻子。据工作人员的回忆:最后一次是在 2001 年,那时的马三立是在儿女的搀扶下来到墓前的。据说马老与老伴的感情非常好,当年妻子得了重病,可正赶上马老在台上给观众表演相声,说完一下台,他儿子就告诉他:"妈妈去世了。"这个打击太大了,他当时没说什么,忍着悲痛坚持再次上台说完了下一段相声。

站在马老先生的墓前,记者沉思着这位艺术大师的一生。正在这时,一群祭拜的行人打断了记者的思绪。原来他们都是得知马老去世的消息而专程从市里赶到这里的。一位 65 岁的老大爷找到"马三立"的墓碑之后泪如雨下,他说这样知名的相声泰斗的墓碑如此简朴,实在让人无法置信。"我们都想见他老人家最后一面,可没想到下葬得这样仓促。我是听着他的相声长大的。"

有用的你们尽管拿

记者赶至天津市档案馆时,看到马三立捐献的珍贵资料。

天津档案馆早在上世纪 90 年代就开始了名人档案的收集工作,而马三立大师的个人档案作为第一位文艺界名人档案被收进了档案馆。

2000 年底,在马三立老人园,档案馆的工作人员第一次见到了马老。由于患了感冒,马老看上去比舞台上显得愈发清瘦,但他的精神很好,只见他双手抱拳,面带微笑,连声说:"谢谢你们几位,大远道地赶来看我。"马老的这一招牌式动作在荧屏上已见过多次,但档案馆的工作人员如此近距离地与他打招呼还是第一次,备感亲切。在说明来意后,马老爽快地说:"这是件好事,我的档案能够进入档案馆是我的荣幸,可我算不上什么名人,如果国家觉得我的档案有用,需要它,我一定全力提供。"说完,他与儿子马志良便领着工作人员来到一间储藏室,马老说:"这间屋里的东西都是我多年积攒的家当,你们需要尽管拿。"马志良拿了尘封多年的百余幅珍贵照片以及自 1940 年至今新闻媒体报道马老活动的所有剪报。最后马老指着一尊半米高的自己的雕像半开玩笑地说:"我这个雕像将来也要送给档案馆,你们要是能抱动现在也可以拿走!"

工作人员当了真,几个人去抱雕像,可憋红了脸也没能抱动。马老忙说:"当时是好几个小伙子抬来的,回头还是我给你们送去吧!"

这以后,档案馆多次与马志良联系,收集了马老的大量珍贵档案,马老这位德高望重的老艺术家还拖着病体亲自为那百余幅照片写了文字说明!现在天津市档案馆保存着马老无偿捐赠的近 700 余件档案。这些档案较为详实地记录了从 1940 年到 2000 年大半个世纪马老的从艺生涯、家庭生活以及社会交往等诸多方面的内容。

儿子马志明:父亲从来不让我沾光

随后,记者从对墓地工作人员的采访中了解到,马三立的子女有可能在翌日清晨来到墓地对父亲祭拜，于是我们就赶到了马老的墓地等待。

可是我们没有等到马三立的家人，等来的都是前来祭拜马老的群众。一位出租车司机从市里开了一个半小时的车，就想来看看马老。只见他来到马老墓前，说道："老先生，我来看您了，我们一家子都是您的忠实观众。"说完这句话，他面向马三立的墓碑三鞠躬。骑着摩托车、自行车和打着"面的"的人从不同的地方赶来，没有别的，只想给马老鞠上一躬。

虽然没有见到马三立家人的家族式祭拜，却意外地采访到马三立的大儿子——今年已经60岁的马志明。这多亏了中央电视台《东方时空》栏目组的帮忙。在记者寻找小儿子马志良和大儿子马志明的过程中，恰巧遇到了从北京专程赶来的《东方时空》栏目组。

马家后人在马三立去世后对媒体的态度一直是非常低调，婉言谢绝一切采访。马志明家中的电话一直处于无法接通状态。没想到功夫不负有心人，记者与《东方时空》的编导在坚持不懈地拨打下终于拨通了马志明的电话。他说了很多理由来推辞，但经过一番交谈，马志明终于同意了采访的要求，更确切地说，这是在马老去世后，大儿子马志明第一次接受正视采访。

记者：兄弟几个中，只有你继承了父亲的事业？

马志明：可以这么说。可是在艺术方面，我永远无法超越我的父亲。其实当时父亲并不希望我们说相声，也不去教我们，但是我真的很喜欢，又是在那样环境的熏染下，于是就说起了相声。

记者：你眼中的父亲很倔？

马志明：年轻的时候，我觉得父亲很倔，有很多事情都让我无法理解。他好像除了说相声，对别的事情一概不管。可是随着年龄的增长，我开始理解他了，甚至有些时候会觉得自己的性格也很像他，在自己的身上好像看到了父亲的影子。

记者：我听说马老先生即使在与你同台表演相声时也不把你是他儿子的事告诉观众？

马志明：是的，即使我是他的儿子，父亲从来不让我沾他的光，从来不会让我感觉好像借着他的力量在说相声，也从来不提携我。父亲就是这样的一个人，他一辈子吃了不少苦，但他从来不把那些当成苦。

马志明与马三立的性格有相似之处，虽然是相声演员，但他并不很健谈。其实他在继承父亲的相声艺术方面已经做得很不错了，在天津有很多人迷马志明的相声，但马志明做人低调也是出了名的。

寻找小儿子马志良的过程很艰辛，他家的电话和手机一直都拨不通。其实对马三立的晚年生活，小儿子马志良了解得最多。他虽然不是说相声也不是搞曲艺出身，但他既是马三立的儿子又是马三立在表演方面的经纪人，所以对于父亲的一切，马志良比大哥马志明更了解。但是马志良没有接受我们的采访。

天津的记者同行魏孝明是马三立的义子，所以记者求助他，将我们的采访意图转达给马志良。马志良给我们的回复是：谢谢大家的关心。可是现在要我说，我真的是什么也说不出来，如果实在要谈还是找我大哥吧。 （《羊城晚报》2003年2月27日）

一批老档案发挥作用
千名老工商业者受益
今后将逐步为离退休人员孤寡老人建档

本报讯（记者庞津昆　通讯员蔺志强）　近日，本市有关部门为近千名原工商业者发放了平均每人70元的养老金补贴。在对这些耄耋老人的工资档案等情况的调查核准工作中，本市各级档案馆保存了近半个世纪的一批老档案帮了大忙。

不久前，国家劳动和社会保障部、财政部、民政部等部门下发了《关于解决部分原工商业者生活困难的通知》的文件，对生活困难的原工商业者予以补助。而劳动和社会保障部门在落实此文件精神时，需要查阅1956年公私合营时期的有关档案。这部分历史档案关系到原工商业者能否享受到国家这项福利政策，又是国家有关部门进行审批的依据。

为尽快寻找到这批上世纪50年代的珍贵档案，市档案馆工作人员采取了电话查询、预约查档的办法，为年老体弱、行动不便的高龄老人查阅档案提供了方便。作为各类档案资料齐全的市级综合档案馆，在这次为原工商业者解决能否享受此项福利政策中起到了重要作用。同时，本市各区、县综合档案馆将近万条馆藏工商户档案输入微机，通过现代化计算机技术能够迅速查到档案。通过一段紧张查档，很快使这些年龄最小70岁、有的已年逾九旬的原工商业者领到了国家补贴。家住红桥区西青道79岁的刘云峰大爷1956年公司合营时被并入南开区煤建公司，后从市第一纺织机械制造厂退休，每月退休金不足600元。自从国家下发了解决原工商业者生活困难的通知后，刘大爷工资一次性补了1000元。老人高兴得夜不能寐，百感交集，颇有感触地说："感谢南开区档案馆工作人员为我们仍然保存着50年来的档案。"

另据了解，市档案馆会同有关部门将于今年出台《天津市社区离退休人员工作档案管理办法》、《天津市再就业工作档案管理办法》、《天津市最低生活保障档案管理暂行办法》，通过对享受"低保"人员、离退休人员、孤寡老人、特殊需求户的逐步建档，促进社区档案工作完善，把为百姓安居乐业服务落在实处，为社区公共服务提供了保证。

（《天津老年时报》2003 年 3 月 28 日）

该享受的居民一户不落　该明白的政策清清楚楚

低保档案要建到社区

新报讯（记者　郑东红　通讯员　蔺志强）记者昨日从市档案局获悉，市档案局将在全市范围内推广低保档案管理工作。本市档案部门不仅将低保档案建立到社区，对本来散乱、易于流失的低保材料实施专业化、系统化管理，而且将到各街道指导那里的工作人员，为每位低保户建立一份完整、永久性的低保档案。

目前，本市河北区已率先实施低保档案管理工作。据该区档案局郭卫东局长介绍，在低保档案管理工作实施之前，由于缺乏规范化的管理，群众申请低保的材料递交到街道后，材料常处于一种无序、散落的状态，不仅给查询工作带来不便，而且在某一低保户不再享受低保时，材料也极容易流失。

今后在社区中建立低保档案后，通过在街道内设立低保档案室，配备干部专人负责管理工作，将居民交上来的各种低保材料及时进行归档，并实现低保档案微机管理，将掌握的信息输入微机，及时进行信息传递。低保档案详细记录了低保家庭基本情况、审批程序、发放金额等内容，成为市民一份完整的低保金发放原始凭证。建立的低保档案完全对市民敞开，群众可以随时到街里查阅低保档案。

低保档案三大好处

该享受低保的“一户不落”

由于低保户的家庭情况和收入情况总在不断发生变化，使得低保工作完全处在一种动态过程中，这就需要对低保工作实施特殊的动态管理，而低保档案就为动态管理提供了最大的便利，为低保的复核工作提供最重要的依据。通过查阅档案，可以很快确定复核重点，对该享受低保的做到“一户不落”，已经不符合条件的就不再享受低保，把钱用到更困难的地方去，切实维护低保户的利益。

方便市民申请低保

低保档案的建立还大大方便了市民申请低保，市民在中断享受低保若干年后，仍可以再次利用原始的低保档案进行低保申请，更加方便了市民。

让群众心里明明白白

如果低保户对低保政策不理解或产生疑问，就会找到居委会或街道办事处询问原因，这时低保档案就将大派用场。一份低保档案，就可以让群众心里明明白白。这就是低保档案的另一个重要作用，即加大群众监督力度，增加低保工作的透明度。

（天津《每日新报》2003 年 4 月 3 日）

重现 600 年津门巨变

本报讯（青报记者沈沂）　600 岁天津，600 年沧桑。为纪念天津建卫 600 周年，天津青年报从 5 月 26 日开始，将推出“600 天·600 年——追踪天津足迹”大型系列报道，最新揭秘天津 600 年来鲜为人知的重大事件，零距离接触天津历史的见证人。昨天，天津青年报授权新浪网为此次大型系列报道惟一合作网络，向全球华人征集与天津有关的历史资料、文物以及相关线索。

2004 年 12 月 23 日是天津设卫筑城 600 周年纪念日。由于史志浩繁，中途损铁，设卫前期资料已难查找，以新闻形式全方位、多角度回顾天津的兴衰历程、人文积淀、风物人情、名人名居、传说掌故、民族贡献的文字资料更是无从查考。基于此，天津青年报开辟“600 天·600 年——追踪天津足迹”大型系列报道，以人物为经、事件为纬，追根溯源、今昔对比，全面回顾天津自 1404 年至 2004 年 600 年间的曲折历程，以青报人的视角向读者讲述一个真切的天津，一个立体的天津，一个完整的天津。

该报道将于 2003 年 5 月 26 日开篇，2005 年 1 月 15 日结束，历时 600 天，总计 600 版。每日一版。《600 年前，天津城是个啥模样?》、《历博研究员最新考证——中国土豆“天津造”》等全新解密稿件将把读者带回到神秘的从前，而“天津相册”、“岁月存照”等栏目将把许多首次面世的珍贵照片展现在读者眼前。

新浪网副总编魏来对本次报道给予高度评价，表示将在新浪网开辟固定专栏，每日同步刊发天津青年报的版面内容。据魏来介绍，此次合作将是新浪网建网以来连续报道时间最长的新闻专题。

本次报道得到相关部门的重视和支持，天津市人民政府地方志办公室、天津市政协文史资料委员会、天津市文史研究馆、天津图书馆、天津市档案馆、天津市文化局文物处、天津市社会科学院历史所、天津市历史博物馆、天津市民间艺术协会、天津市文物博物馆学会民间收藏专业委员会作为联办单位将全程参与此次报道。

（《天津日报》2003 年 5 月 23 日）

法国传来津城老照片

再现沽上旧貌　又见前人生活

本报讯（记者张鸣岐　刘冬梅　通讯员宋军）昨

天，市人民对外友好协会将法国外交部档案馆赠予本市的旧天津法租界老照片和资料移交给市档案馆。

2004年是天津建城600周年，也是中法建交40周年。市人民对外友好协会派人到法国查阅了法国外交部档案馆保存的天津老照片和有关资料。经协商，法国外交部档案馆决定把这些照片和有关资料的复制件赠予本市，并通过中国驻法国使馆将其寄到本市。光盘中共有63幅照片，多为当时天津法租界内的建筑物、道路、街景、码头、桥梁、人物活动等。还有一本资料，内容为旧天津法租界档案的目录。这些照片和资料对于研究天津市发展史都具有重要的参考价值。

（《天津日报》2003年6月27日）

全市征集相关资料　再现裴鸿烈人生轨迹
抗非典英雄收入天津档案

新报讯（记者　郑东红　通讯员　蔺志强）　裴鸿烈烈士是本市抗击非典中第一位英勇献身的白衣战士，昨天，他的几百件遗物被天津市档案馆永久地珍藏。据悉，目前市档案馆已把抗“非典”各种档案资料作为近期征集的重点，裴鸿烈是首位档案资料被征集入馆内的抗非典英雄人物。

裴鸿烈同志生前系天津市肺科医院呼吸科主任医师、医院防治非典专家组成员、共产党员，他是天津市第一位倒在救治“非典”患者第一线的医务人员。为更好地弘扬裴鸿烈同志的革命精神和崇高品德，更好地教育后人，市档案馆积极地与市卫生局等有关部门取得联系，在其亲属的大力支持下，将几百件珍藏的烈士档案资料征集入馆内。

昨天记者在市档案馆看到，几百件档案资料大多为裴鸿烈烈士生前工作及生活中书写及使用过的文稿、专业学术报告、书籍以及毕业证书、聘书等，以及从孩提时代到牺牲前的家庭生活照片近百张，烈士生前穿用的衣物、使用的物品如收音机、帽子、茶杯等实物，生动再现了烈士平凡而又光辉的人生轨迹，十分具有纪念意义。烈士生前刻苦钻研业务，几十份病历上都有他对病症的详尽分析，以及如何用药、如何治疗，这一切都反映了他严谨仔细的工作及学习作风。记者还看到几十张小小的卡片，上面摘录了很多格言警句，烈士以此来激励自己，在其中一张卡片上这样写道：“我是一个凡人，惟愿人生与人身都能做到尊而不卑、伸而不亢，安身立命，以慰平生可也”。

据悉，市档案馆目前已把“非典”各类档案资料作为近期征集的重点。继裴鸿烈烈士的档案资料被征集入馆后，另一位抗非典英雄人物马宝璋烈士的档案资料也在进一步征集中。

（《每日新报》2003年11月12日）

“死”文件变成“活”信息

本报讯（记者　许晓岚）　记者从2月20日召开的全区档案局长（馆长）会议获悉，2002年全区档案工作进行了积极的改革探索，使“死”文件变成了“活”信息。

2002年，为配合依法行政、政务公开、使百姓及时看到与工作生活密切相关的“红头文件”，使之享有更多知情权、发言权和参政权，自治区档案馆成立了“内蒙古自治区现行文件资料信息服务中心”。全区各级档案部门也积极筹建现行文件中心，呼市、通辽市、乌海市三个现行文件中心也已正式向社会开放。同时，全区信用档案建设也初见成效，建档面不断扩大。自治区档案局出台了《内蒙古自治区信用档案管理办法》，自治区经贸委带头移交了自治区直属20家大型企业的资质信用档案，内蒙古电三建公司还主动将信用档案刻录光盘移交给自治区档案馆，向全社会提供服务。

自治区档案馆将自治区党委历年的数千盘音像档案入馆。呼市围绕“第四届昭君文化节”和“热爱首府、建设首府”活动，巴盟围绕“第五届河套蜜瓜节”，精心收集了重大活动档案材料。据统计，全区各级综合档案馆共征集档案6000多件。2002年自治区档案局的“蒙古文档案管理软件”和“档案砖揭裱比较研究”分获优秀科技成果一等和三等奖。

《内蒙古日报》2003年2月23日）

自治区档案局与蒙古国国家档案局
联手整理旅蒙商档案史料

本报讯（实习记者　王连英）　3月26日下午，蒙古国国家档案局与内蒙古自治区档案局在呼市举行了签字仪式，双方就2003年业务合作计划达成一致意见。本次合作的内容主要有：双方筹备编辑有关旅蒙商档案史料汇编，双方开展档案干部培训合作和互派档案学者进行学术交流，双方以档案学会的名义邀请当地档案部门和国家机关档案人员到对方处学习参观；此外，我方还将为蒙古国中央档案馆提供技术帮助。据内蒙古自治区档案局的刘局长介绍，这已经是我区档案局和蒙古国国家档案局自2001年以来的第三次合作。　（《北方新报》2003年4月1日）

呼市交警支队档案管理工作攀新高

档案作为一种历史记载、历史资源,对现实工作具有极其重要的作用和意义。呼和浩特市交警支队多年来一直高度重视档案管理工作的规范化、现代化建设,不断使档案管理工作迈上新水平。1998 年,支队的档案管理达到了自治区特级管理标准。之后,支队各部门对自身的档案管理也加强了建设,2001 年,呼市交警支队土左旗大队的档案管理也达到了自治区特级管理标准。今年 9 月份,支队驾驶员考试中心的档案管理也顺利通过了有关部门的评审,进入了自治区特级档案管理单位行列。 (梁治国 张增富)

(《内蒙古法制报》2003 年 9 月 22 日)

专家倡导建设信用档案管理体系

本报讯 为学习贯彻落实党的十六届三中全会精神,探讨如何逐步构筑科学有效的信用档案管理体系,使档案工作更好地为辽宁老工业基地振兴服务,10 月 31 日,辽宁省档案局召集有关领导及部分专家学者就信用档案的定义及范围、信用档案体系建设框架、信用档案法规体系建设、信用档案的数据库及其网络查询系统建设等进行了认真研讨。大家认为,辽宁老工业基地振兴,离不开社会信用体系建设,而齐全、完整、准确的信用档案信息库和运行顺畅的信用档案信息查询系统是其首要条件。因此,省信用档案管理体系建设必须实行人大立法、政府推动、市场运作,先易后难、循序渐进、合作共建,需要全社会的共同支持和参与。有了完善、健全的社会信用档案管理系统,才能实现社会信用水平的全面提升,从而打造出信用辽宁。

(赵景祥 孙杰)

(《辽宁日报》2003 年 11 月 3 日)

唤醒世界的"记忆"

本报记者 王研

记忆,在普通词典里的解释有两条:记住或想起;保持在脑子里的过去事物的印象。

这个似乎极其个人的字眼,在赵云鹏和他的同事眼里却代表着一件庞大的人类共享工程。2003 年的 10 月,辽宁省档案馆馆藏的《戚继光签批的申文》成为第二批入选《中国档案文献遗产目录》的珍稀文献。在此之前的 2002 年,省档案馆馆藏的《唐代开元年间档案》、《明太祖洪武二十五年实录稿本(部分)》和《清代玉牒》已经首批入选。和 2002 年的沉默不同的是,这一次,在辽宁省档案馆工作了二十多年的研究馆员赵云鹏决定把这些辗转几百年甚至上千年的"记忆"展示给世人。2003 年 11 月,"世界记忆工程"和辽宁省档案馆馆藏文献都从历史的背后走到了人们的面前。

赵云鹏告诉记者,现在馆里有一项重要工作正在进行:筹建特藏室,已经有一千余件文献"开始吃小灶","里面都堪称镇馆之宝!"

"我们有义务精心呵护人类的记忆,并将它完好地传诸后代"。

1900 年,甘肃敦煌莫高窟被发现藏有大量经书,其经书中就夹杂着今天称作《唐代开元年间档案》的文献。不久文献到了时任清朝学部参事的罗振玉手中。1936 年,已经随溥仪到东北的罗振玉将他保存的 6 件档案献给了伪满"国立奉天图书馆",后几经辗转,珍藏于辽宁省档案馆。

记者采访时,赵云鹏特别让馆内的工作人员取来了《唐代开元年间档案》,目前,它已经被确定将申报"世界记忆工程"。不久前,赵云鹏刚刚将省档案馆整理好的文字材料以及光盘送交国家档案局,据悉,正式向联合国教科文组织申报将在 2004 年的 8 月。

"已经进入《中国档案文献遗产名录》的 83 件档案中,我们辽宁就占了 5 件,这是很了不起的事情。"赵云鹏边讲边让记者仔细看档案的原件。"这些都是唐朝的纸,是中国现存最古老的纸质公文档案,据我所知,它们也极有可能是世界上最古老的纸质公文档案。"

这 6 页档案形成于唐开元二年(714 年),现在看来都已经比较残破了,但是纸上的墨迹却还非常地清晰。据赵云鹏介绍,档案中主要记载了有关维护治安的内容,以及寺院法师的名单等,具有重要的文物价值。当记者询问《唐代开元年间档案》申报"世界记忆工程"的胜算有多少时,赵云鹏说:"目前入选'世界记忆工程'的中国文献共有三件,《唐代开元年间档案》明年作为国家申报的候选之一,它所具有的世界意义不言自明,我对它申报成功还是具有很大信心的。"

与正在申报世界文化遗产的沈阳一宫两陵不同的是,《唐代开元年间档案》没有磅礴的气势、没有斑斓的色彩,也没有每天为它啧啧称奇的观众,申报历程也同样显得有些默默无闻。目前,这件国宝级档案被收藏在筹建中的特藏室中,赵云鹏说,对《唐代开元年间档案》的保护并没有太特殊的地方,这是受资金的限制,但是,必要的保护还是很及时的。他说,如果不是为了协助记者采访,即使是馆里的工作人员,也不能轻易翻动《唐代开元年间档案》。这么做的原因,正如赵云鹏交给记者的一份材料中所写的,我们有责任、有义务精心呵护人类的记忆,并将它完好地传诸后代。

"我不喝酒,但是发现廷寄那天,我让老伴儿给我倒酒喝。”

世界记忆工程建立了3个数据库,它们是:失去的记忆,20世纪一百多个国家的档案馆和图书馆由于灾害而损失的无法替代的档案文献。如在两次世界大战中被毁或严重受损的成千上万个档案馆和图书馆、在一些国家发生的大规模销毁档案的事件;濒危的记忆;目前的活动,当前世界各地图书馆正在进行的重大的图书保护活动。

“档案好像开启历史时空隧道的钥匙,不应该被时间的风尘所湮没,更不能被人为的因素所损毁。”赵云鹏的这段话留给记者很深的印象。为此他谈到了辽宁省档案馆所收藏的《南满洲铁道株式会社档案》,由于伪满14年的档案几乎全部被日本毁掉了,因此,这套档案的留存具有非常重要的意义。赵云鹏说,通过他们的整理,大量的日本侵华证据在档案中都有体现,省档案馆还曾经为东史郎提供过一份南京大屠杀的有力铁证。

赵云鹏对记者说:“我在省档案馆工作了20多年,馆藏档案达到140万件,如果立起来可以排20公里长,我所看见过的只是九牛一毛。”“我们也曾经想过把每一份档案都打开,然后做出精细的目录来,但是,后来一计算,这项工作至少需要上百年的时间。所以,尽管档案可能存放在那儿很长时间,但是,每一次的整理,也常常会有惊人的发现。”

赵云鹏说,辽宁省档案馆里具有二三百年历史的档案简直可以说是俯拾即是。

“馆里准备申报第三批‘中国档案文献遗产的档案是什么呢?或者说,还有什么镇馆之宝,藏着没拿出来呢?近期我们又有什么重大发现吗?”记者问赵云鹏。

赵云鹏面对记者的提问,卖关子似地笑了笑。“我们看过许多清史题材的影视作品还有文学作品,里面有时会提到一个词儿——廷寄。搞历史、搞档案的都知道,廷寄是清廷发出的传达皇帝密旨的文书。通常都是通过军机处密封,然后由兵部寄出,由各地方高级官吏亲收。”

“档案界的人没有一个曾经看过真正的完整的廷寄。”

“据我所知,目前,只找到过廷寄的草稿和有瓤儿没皮儿的廷寄。”

不久前,赵云鹏和同事在库房里作特藏档案整理工作,“翻着翻着,我眼前一亮,大叫:廷寄!”这份廷寄是光绪三十一年(1905年)军机处寄给当时盛京将军和候补侍郎的,不仅廷寄的纸张无损,字迹清楚,而且正页、信封、正页的包封用纸全部齐全。这是中国首次发现的如此完整的廷寄。

“我不喝酒,但是发现廷寄那天,我让老伴儿给我倒酒喝。”

“国家档案局知道后,让我今年就将廷寄申报‘中国档案文献遗产’,我考虑了一下,决定还是明年再报。”

据悉,馆藏的140万件档案中将会选出4000件左右作为特别收藏。馆里有两位同志每天都必须到特藏室测量温度等指标,并且按照规定,两人必须同时进同时出。

明年,赵云鹏就到退休年龄了。明年,也是辽宁省档案馆建馆五十周年。赵云鹏说,到时会有一个馆藏展览。赵云鹏希望更多的人能够在未来记住并时常想起这些人类的记忆,而且,真正成为人们保持在脑子里的深刻印象。

全面回忆

1992年,联合国教科文组织发起了世界记忆工程。

从概念上讲,世界记忆工程是世界遗产目录项目的延续。世界遗产项目是联合国教科文组织于1972年发起的,比世界记忆工程早20年。它关注的是自然和人工环境中具有突出意义和普遍价值的文化和自然遗产,如具有历史、美学、考古、科学或人类学研究价值的建筑物或遗址。而世界记忆工程关注的则是文献遗产,具体讲就是手稿、图书馆和档案馆保存的任何介质的珍贵文件,以及口述历史的记录等。

目前,全世界共有九十多件珍贵文献遗产入选“世界记忆工程”的《世界记忆名录》。比如:埃及苏伊士运河的相关文献;贝多芬、萧邦、舒伯特的音乐曲谱原稿;歌德、易卜生的著作原稿,以及德国古登堡1455年印制的欧洲第一部印本书《四十二行圣经》、俄帝国时代的地图、法国占领毛里求斯的文件等。

我国已有三件档案入选《世界记忆名录》,一是中国的传统音乐录音档案,二是《清代内阁秘本档中有关17世纪中叶西方传教士在华活动的满文档案文献》。2003年9月纳西族东巴古籍入选《世界记忆名录》。东巴古籍是纳西族东巴教祭司使用的宗教典籍,用于东巴教的各种仪式,现藏有2万余卷1000多种,都是世代传承下来的。记写古籍的东巴文为图画象形文字,有两千多个字符,其源甚古。

2002年、2003年,辽宁省共有5件档案入选《中国档案文献遗产名录》。

(《辽宁日报》2003年12月1日)

省城万余家庭整理特色档案

把一家人的生活经历像建档案一样整理出来,既可以记载历史传给后人,又可以从一个小小家庭的变化中感受到时代的变迁和祖国的发展。如今,像这样以家庭为单位整理出来特色档案,在沈阳市至少有一万多个家庭。档案已不再意味着陌生、神秘、枯燥,家庭档案的建立使这些家庭感到他们是在做一件有意义的事情。

"当您购买的物品需要退换的家时候,购货发票会坚决地捍卫您的权益;当您择业求职的时候,学历证书就是您学识水平的有力佐证;当家用电器出了毛病,只要有了设备档案——电路图,就如同有了指南针,问题迎刃而解……""一张张照片,留下您如意人生的美好瞬间;一个个荣誉证书,成为您奋斗历程的光辉写照;一个个家氏族谱,如一棵棵枝繁叶茂的大树,象征着华夏子孙对根的思念……"这是沈阳市档案局在致全市家庭的一封信中对家庭档案所做的描述,也是众多建立家庭档案市民的亲身感受。

据了解,家庭档案是近几年兴起的一种科学的家庭管理方式。沈阳市自2002年7月19日开展"档案进家庭"活动以来,受到了广大市民的热烈欢迎。在单位、在社区,家庭档案讲座咨询吸引了包括专家学者,下岗职工、白发老人、年轻夫妇在内的众多社区居民。75岁的吴景云老人把家中珍藏的大量档案资料拿到沈阳市档案局请求指导,要求做典型示范户。拥有90余卷家庭档案的离休干部张景武,作为慈祥的长辈,为外孙建立了四卷家庭档案。此外,又对外孙讲了自己的切身体会,外孙按外祖父的话将自己四年大学生活的档案材料整理成家庭档案,命名为"我的大学"。一些已经建立家庭档案的居民还主动帮助亲友、同事、邻居建立家庭档案。大量散布在家庭各个角落的档案材料建成了比较规范的家庭档案并得以科学利用,"凝固历史,书写人生"、"建立家庭档案、科学文明理家"、"甜蜜并感动着"、"我的家庭档案经营观","家庭档案伴我成就事业、完善人生"、"健全家庭档案走进微机管理"……家庭档案印证多少动人的故事、维权的实例和更多奔向科学文明生活方式的足迹。

据了解,"档案进家庭"活动在去年年初筹备之时,沈阳市档案局就做了充分的准备工作。大量的调查研究表明,市民家庭中散存着丰富的家庭档案材料,但大都没有加以整理,既不便于利用,又不益于保存。而随着时代的发展,市民生活水平的提高,人们渴望更加科学、文明的生活方式,家庭档案的建立适得其时。从专业方面讲,家庭档案的理论平台已经建立,与沈阳市市民的家庭状况相结合,加以必要的指导,使大规模的家庭档案建立活动成为可能。

从去年7月开始,沈阳市档案局与市总工会、市妇联、市文明办、市民政局联合行动,多次协调,顺利推进"档案进家庭"活动。据不完全统计,目前,沈阳市已有11136户家庭建立了家庭档案,如此规模地建立家庭档案在全国是绝无仅有的。据统计,这11136户家庭中有纸质档案559210件,照片3607595张,录音、录像带69818盘,计算机磁盘24819张。据了解,从目前家庭档案发展的势头看,沈阳今年有望突破5万户。

(《辽宁日报》2003年3月27日)

乾隆年间"家庭档案"首现沈城

昨日,一部从清朝乾隆年间开始收集,跨越200多年时间,至今仍保存完好的"家庭档案"首次在沈被发现。昨日下午,记者采访档案所有者于洪区的关先生时,遇到了沈阳市档案局局长许芳,她兴奋地告诉记者,这是沈阳迄今为止发现的历史最久远的"家庭档案"。

年代久远 保存完整

当日下午1时,记者终于有幸在于洪区高花镇政府见到了这部"老档案"。虽已年代久远,但其外面的书匣却一尘不染,粗略估算一下至少有十几大本。记者注意到,每个书匣上都写有珍贵史料、族谱、家庭文献、家庭理财、老照片和日记等不同字样。另外,桌子上还摆着一对生了锈的马镫和一个铁灰色的陶罐。

"老档案"的拥有者叫关兴亚,今年55岁,在高花镇教委工作,他戴着高度近视镜,面容儒雅,谈吐从容。"这些资料是我几年前整理出来的,因为我的祖先一直在这样做,目的是记载一家人200多年来的发展历程。"

收藏岁月 激励后人

"这是我太祖父头上的顶戴,用天然水晶琢磨而成,看到它,老人家驰骋疆场的英姿就会浮现在眼前。"关先生小心翼翼地打开其中的一个书匣向记者展示着。关先生指着一侧的马镫说,他的太祖父曾是四品听士,由于屡立战功,皇上御赐给他一匹白马,这就是上面的马镫。随后,他又展示了前人收藏于清代的分家账和坟图。由于时间久远,纸页已经呈现暗黄色,仔细辨认,还可看出上面有重新贴补的痕迹。

关先生拿着一根木质戒尺说,他的祖父是一名出色的教员,他留下了许多发人深省的文章和书法作品。在祖父的启示下,他一直在坚持练习书法。随后,他又拿出了前人收藏几百年的碑文拓片。接着,他又向记者展示了上世纪40年代至今的老照片、家庭理财凭证和前人的文献。

关先生说,他整理"家庭档案"不但可以保存住前人留下丰富的家庭史料,还能激励和教育后人,比如晚辈们没有养成勤俭节约的习惯,你就可以拿出挨饿时的资料教育他,因为历史就是镜子。

"家庭档案" 新生事物

在采访现场，记者遇到了沈阳档案局局长许芳，她说，"家庭档案"是指把一个家庭日常生活、学习和工作中形成和积累的珍贵资料进行分类保存，大体可分为家史、成长史、理财和健康史等方面。

许局长说，沈阳从2002年开展"档案进家庭"活动以来，虽已取得很大成效，一些家庭开始整理属于自己的"家庭档案"，但仍属于新生事物，关先生一家的做法非常值得提倡。他及自己的前人能将200多年前的历史资料保存如此完好，实在不易，这些珍贵的历史文献不但可以激励他们成长，还可以为历史研究提供很大帮助。

首席记者 孙超 特别记者 崔宏伟

(《沈阳晚报》2003年11月22日)

家庭档案帮我大忙了

一提起档案，人们很容易便联想到保管十分严密的人事档案。但当记者走进辽宁省十大杰出母亲之一的刘艳家时，却惊奇的发现，她的家里居然也有着一个"档案柜"，里面也分门别类的摆放着各种"档案"。原来，这是刘大姐自己整理、建立的家庭档案。她十分自豪地告诉记者："这可是我家的'传家宝'!"在随后的采访中，记者了解到，沈阳市像刘艳这样建立了家庭档案的家庭已经发展到6万多户，已经有越来越多的家庭准备用家庭档案保存各自的"家史"。

据沈阳市档案局荆绍福副局长介绍，沈阳市自从2002年7月开始号召市民建立家庭档案以来，沈阳市家庭的档案意识已经有了非常显著的提高。而且市民家庭档案不论数量还是质量，都已经遥遥领先于国内其他城市。

家庭档案对于一个家庭来说到底有什么作用呢?记者陆续走访了一些设立了家庭档案的家庭，每到一个家庭，记者都会了解到一个关于家庭档案的故事。

"家庭档案让我省6000元"

在沈阳市煤气公司的工作人员张辉家，记者见到了他建立的充满艺术气息的家庭档案。张辉告诉记者，他非常喜欢书法，他准备把自己的家庭档案做成一件艺术品。除了做工精美，张辉还告诉记者，他家的家庭档案帮他省下了6000多元钱。原来，不久前他的单位落实一项政策，如果他能找到某票据的话，就能省下6000元钱，但是他的家人对那张票据放在哪里都没有印象了。最终，在孩子的提醒下，他想到了到家庭档案柜中的票据档案袋中去寻找，并且一下子就找到了那张重要票据。有了这件事，更加坚定了他把家庭档案长期建下去的决心。

家庭档案让家人铭记历史

铁西区的李广军老人是一位退伍军人，他除了建立家庭档案之外，还写下了不少回忆录。对于家庭档案，他认为最珍贵的便是1960年前后国家供应的各种票据，其中包括布票、粮票、豆腐票、大米票和油票等。李老告诉记者，在他教育孩子应该节约的时候，经常要把这些珍贵"档案"拿出来，让孩子知道如今的幸福生活来之不易。

家庭档案决定事业选择

刘艳是沈阳市爱心旧物收购队的创始人之一，同时她还收养了2名孤儿和一位孤寡老人。当她收养的女儿退伍后，准备报考一些单位找工作时，对选择电信局、邮局还是电业局举棋不定。这时，刘艳拿出家庭档案中收藏的女儿成绩单，并且根据成绩单帮女儿选择一个比较有把握的专业。最终，女儿如愿以偿。

荆绍福副局长告诉记者，家庭档案的建立对于一个家庭来说是非常必要的。家庭档案不仅只是一种历史记录，同时也可以成为一个好帮手。为了更好地帮助市民建立家庭档案，沈阳市档案局将在明年建成世界上第一个家庭档案网站，通过互联网，了解更多的家庭故事。

本报记者 刘强

(《沈阳日报》2003年12月3日)

帮你建立家庭档案

12月3日，本报以《家庭档案帮我大忙了》为题报道了沈阳市已经有6万余户居民建立了自己的家庭档案，并且家庭档案在居民的日常生活中发挥了不小作用的事情之后，很多市民对于家庭档案产生了浓厚的兴趣，他们纷纷打来热线电话，询问普通家庭该如何建立自己的家庭档案。

带着读者的疑问，日前，记者再次采访了沈阳市档案局的荆绍福副局长。

荆副局长告诉记者，建立家庭档案的工作其实很简单，初建时可能要花费一些时间，但是档案建好之后，居民们便只需要花费较少的时间随时对内容进行补充。而且，建立家庭档案成本也比较低，如果不用专业档案用品，不花钱也可以把家庭档案建立起来。居民在建立家庭档案时要注意以下几个问题：

家庭档案的范围

各家庭可以根据实际，确定自己家庭档案的收集范围。家庭档案可以是记载孩子诞生及发育成长的宝宝康乐档案；也可以是收录学习成绩单、毕业证等的学生时代档案；还可以是收录恋爱书信及照片、结婚证书等的恋爱婚姻档案。此外，还有工作成果档案、当家理财档案、医疗保健档案、家庭历史档案和综合类档案。

家庭档案的分类

家庭档案的分类就是将家庭及其成员所形成的全部档案，按其来源、时间、内容和形式的异同，分成一定的层次和类别，使家庭档案构成一套有机的体系。按家庭档案所反映的内容，家庭档案可以分为宝宝康乐类、学生时代类、工作成果类等；按家庭档案的形式可把档案分为证书类、书信类、票据类、手稿类、图像类等；按家庭档案所反映的家庭成员也可以进行分类，有多少成员就可以设多少类。

档案的排列和编目

家庭档案可以按时间和重要程度排列顺序，通常情况下，家庭档案是按照家庭档案材料形成的时间顺序进行排列。档案排列好之后，还应该编制家庭档案目录并填写家庭档案和脊背标签。家庭档案目录的项目内容包括件号、提名、日期、页数、盒号、备注等。家庭档案目录按大类内档案材料排列顺序逐件编制，单独存放。

家庭档案的保管

建立家庭档案的家庭应该把档案放入家庭档案柜或其他家具中存放。保密、隐私和贵重的家庭档案可单独存放。家庭应妥善保管家庭档案，注意防火、防潮、防虫、防光、防尘。如果家庭认为不具备保管条件，还可以将其珍贵的家庭档案及其他档案送到所在市、区、县(市)档案馆寄存。

本报记者　刘强　实习生　王旭

(《沈阳晚报》2003 年 12 月 11 日)

凭身份证可查红头文件了

本报讯　记者吴限报道　以往蒙着一层神秘面纱的锦州市档案局，12 月 8 日向市民免费开放，市民只需凭身份证就可免费查阅锦州市政府已解密的“秘密档案”。

据介绍，该档案馆收集了从 1999 年以来国务院，省委、省政府，市委、市政府及所属部门的文件，许多都与人民群众的生产和生活密切相关，目前各种文件和资料已收集了 2700 多份。从当天起，这些久藏“深闺”的文件都将揭开神秘面纱。

据了解，这里还为市民配备了电脑和电子触摸屏，市民可以自己动手查阅所需要的文件。这些文件能够让老百姓清楚地了解到诸如工资、福利、保险等与自身生活息息相关的政策规定。此举既是尊重市民知情权的表现，也有利于市民理解政策，同时也让市民有了监督政府的依据。

(《辽宁日报》2003 年 12 月 11 日)

架起连心桥

——记省现行文件查阅中心

雷敏　田明

2003 年 1 月 1 日起，黑龙江省省级现行文件查阅中心集中向社会各界人民群众提供利用省(中)直机关事业单位已公开的现行文件。此举实施以来，它的社会反响非常强烈。每天上班时间没到，早已有人在门口等待，有时下班时间已过多时，还有人在查阅文件。黑龙江日报、黑龙江经济报、生活报、新晚报、黑龙江电视台、哈尔滨电视台、东北网、人民日报驻黑龙江记者站的记者都前来进行了采访和报导，光明日报驻黑龙江记者站的记者进行了电话采访。

现行文件查阅中心最初只有哈尔滨市区居民查阅文件，现在齐齐哈尔、牡丹江、佳木斯、大庆、伊春、大兴安岭等市、县、农场职工也到查阅中心查阅文件，查阅形式发展到信件查文、电话查文。查阅者有下岗职工、农民、教师、律师、记者、转业官兵、企业家等。红头文件掀去神秘面纱向社会开放，与百姓见面这一新举措，受到各界群众的热烈欢迎，市民李集贤来现行文件中心查阅文件时激动地对工作人员说：你们就是活菩萨，过去老百姓上哪能看到红头文件，那简直是做梦，从这件事使我看到了我们的党大有希望，“三个代表”真是确确实实为咱老百姓办好事。

一、红头文件拉近了党与群众的距离，缓解了干群关系

1 月 9 日上午，现行文件查阅中心 50 多平方米宽敞明亮的阅览室里，有 10 多位查阅者正在认真查找文件，工作人员不厌其烦地调卷还卷，忙碌的身影穿梭于库房和阅览室之时，不时还有询问电话打进来。这时，60 多岁的李建光老人从后排座位走到前面动情地对我们工作人员说：“我多少年没有感到这么热情的接待，今天在这里感受到了，我从现行文件查阅中心看到了希望，我对你们热情的服务非常满意。”老人激动的话语感染了在座十几人，大家异口同声地说：“这位老同志的话也是我们的心里话，现行文件查阅中心真是为咱老百姓办了一件大好事。”李建光老人又挥笔在留言簿上写下了：在档案馆里我感到了党的温暖，多少年已不曾感到的感觉。

毛爱军是黑龙江省龙镇农场九队的工人，他从电视和报纸上看到有关黑龙江省省级现行文件查阅中心集中向社会各界人民群众提供利用现行文件的消息后，特地从农场赶到省城来为姐姐查阅有关中小学教师人事改革的相关文件及下岗后的待遇安置问题的文件，工作人员为他调阅了省农垦总局、省人事厅、省教

育委员会三个部门的有关文件,还为他进行了复印,当他拿着这沉甸甸的红头文件,外面已是万家灯火。那天,他在留言簿上这样写道:在此我能感到党的温暖,政府的关怀……。

省地勘局物勘院李绪贤,是1月9日第一位来"中心"查阅文件的人,他要查有关包烧费标准的文件,工作人员为他调阅了省建设委员会、省人事厅、省财政厅、省政府等部门的有关文件,工作人员为他一个部门一个部门,一件一件的调阅,使他非常感动,临走时他在留言簿上写下这样一段话:我们来到你处,有很多感触,第一点我们到此后感到服务人员特别热情,我们有一种不是亲人胜似亲人的感觉,特别是几个女同志,她们以饱满的热情给予解答我们要索取的文件和问题。第二点我们感到这个中心成立太晚了点,中心的成立更进一步拉近了党和人民的关系,使老百姓了解到党和政府各项方针政策,加强了政府和人民的血肉关系。我们热情希望中心越办越好。

二、宣传党和国家的方针政策,维护社会安定

齐凤英曾是哈尔滨道外万里鞋厂的职工,年前因不能上班被该厂除名。最近她想让工厂为她办理养老保险,所以到查阅中心来找有关待遇问题的文件。她对工作人员说:我虽然被除名了,但我以前在单位工作了20多年,这20多年我不能白干。根据她的情况工作人员为她调阅了《劳动法》、黑劳社[2002]51号文件,又把企业职工无故旷工与工厂自动解除劳动关系等有关规定向她做了介绍,使她对自己的境况有了新认识,她说我过去总认为是单位对不住我,今天看了这些文件和你们对我说的这些道理使我心里亮堂多了。

齐齐哈尔毛皮厂的一位女职工,来到现行文件查阅中心,要查有关防止擅改档案的文件,她是一名专业上访户,曾两次到北京上访,这次是到省信访办和劳动厅上访的,劳动厅的人让她到省现行文件查阅中心来找。从她的叙说中工作人员才知道,在一次单位普调工资时,领导说档案记载她曾犯过错误不给她涨工资,当时她很茫然,我犯错误我自己怎么不知道,她认为一定有人给她改了档案,为这事爱人跟她离了婚,从此,她走上了上访之路。她跟工作人员说:我明天就到省委门前跪着等省委书记。工作人员感到事情的严重性,马上调来省信访办有关文件,为她讲解信访要逐级上访等有关规定,到处找、到处告既影响社会稳定,也不是解决问题的办法,用法律手段来维护自己的权益,澄清事实真伪,才是解决问题的最佳途径。她长长吁了一口气,几年来东奔西跑今天才找对了路。工作人员紧绷的心从她离开中心时脸上露出的笑容中松驰下来。

三、用党的方针政策,帮助群众维护自身合法权益

75岁的李凤山老人,是省武警部队一名转业军人,家住哈市动力区,也是第一位走进查阅中心的查阅者。老人在药店看到了某药厂治疗脑血栓的药物广告后,当时就为老伴买了药,老伴吃后病情不但没有好转,反而加重,现瘫痪在床。老人怎么也想不通,广告说吃了该厂生产的药不用上医院就可治好,怎么越吃越厉害了呢?很后悔没及时送老伴去医院治疗,耽误了病情。老人要查一下有关处罚虚假广告的规定,文件中心的工作人员为他调阅了工商[98]25号文件、27号文和消费者权益保护方面的规定,并享受了现行文件查阅中心"首位利用者"免费复印文件的优惠。老人高兴之余写下了:"时值元旦放假之日,档案局放弃休息……,确实落实十六大精神、'三个代表'重要思想,全心全意为人民服务,向你们表示感谢!"

哈尔滨市第七十中学李萍老师,住太平区红河教育小区,家住在一楼,地下室开了一个金海浴池,柴油锅炉,上水泵的噪音声,排气扇的热气每天都在困扰着她家。维护自身的合法权益,她来到中心查找有关的法律法规文件,工作人员为她调阅了资料(地方性法规),省环保局、省工商局、省建设委员会、省政府部门19个文件,找到了解决问题的法律依据,她对工作人员主动热情查找文件深表感激之情。

红头文件向社会开放有利于百姓对党和政府各项方针政策、法律法规的理解,便于政策的贯彻落实,这一举措也让百姓有了监督政府的依据,提高了政府政务公开的透明度。现行文件中心架起了党和政府与百姓之间的桥梁,直接为社会提供快捷方便的政策法规,让那些应该开放又可以开放的文件,尽早与百姓见面,使百姓早日听到党的声音,让现行文件中心成为百姓知心"娘家"。 (《黑龙江党建》2003年5期)

到网上寻觅文化古迹

本报讯 荣氏家族早在清末便在无锡创办了近代企业——振兴纱厂……这是读者昨天通过网上查询到的有关上海旧闻史料中的一条信息。在昨天的上海开埠以来文献史料网上查询网民"互动"会上,很多网民提出,类似文化古迹或建筑遗址的指南,目前尚不能满足开放中的大都市需求,而网上查询亦可进一步拓宽现代城市的信息源。

近一年来,网上档案馆24小时全天开放,海内外网民在"馆藏档案信息""兜风",了解上海开埠以来的租界资料、地名变迁、旧貌新影、海上名人和建筑古迹等。在"互动"会上,一些网民举例指出,1909年出版的《上海指南》对当时上海的文化景点、特色名店等都

具有非常详细的“指点”和简介。一个世纪后的今天，上海已发生了翻天覆地的变化，而较详细的“指南”尚未出现。 记者 曾志苑

(《劳动报》2003年1月18日)

名家资料藏入档案馆

1月14日，上海市档案馆举行了2002年捐赠颁证仪式。沪上已故的著名书法家胡问遂、剪纸艺术大师王子淦、书画家王青之等人的一批珍贵文史、艺术档案资料被藏入档案馆。这批档案资料包括胡问遂先生关于书法艺术理论的《书法的结体》、《论入帖出帖》等手稿；诺贝尔奖得主、美籍华人科学家杨振宁博士和英国前首相卡拉汉等海内外知名人士与王子淦先生的往来信函等珍贵资料。

去年，上海档案馆不光收集了有关APEC会议、亚行年会、浦江开发、申博等一批重大活动的档案资料进馆，还走访了不少老同志和著名人士，征集到他们从事革命活动的照片及相关资料。口述录音等方式成了收存城市记忆的新手段。一年间，他们共接收建国前历史档案16.5万卷(件)，建国后档案5.8万卷(件)，照片档案6789张，磁性载体档案977盒。同时有计划地对市容市貌和城市重大建设工程实地拍摄，城市日新月异的变化留影存史。(姜泓冰)

(《人民日报》2003年1月24日)

百岁革命老人夏征农向市档案馆捐赠档案资料

本报讯(实习生 胡晓滨) 昨天，百岁革命老人夏征农在家中向市档案馆捐赠了一批珍贵的个人档案资料。

夏征农是一位德高望重的革命老前辈，1904年出生于江西丰城，1926年加入中国共产党，参加过八一南昌起义，参加过左联；建国后曾任山东省委书记处书记、华东局宣传部长、复旦大学党委第一书记、上海市委书记；是中共八大代表、十二大列席代表和十三、十四、十五、十六大特邀代表；现任《辞海》主编。这次夏老捐赠的档案资料有：《夏征农文集》5卷，该文集反映了夏老投身于中华民族解放和建设事业的七十余年经历，是夏老心血、智慧和毕生经验的结晶。另外捐赠的部分资料及实物，是夏老百岁诞辰时社会各界敬赠他的。 (《解放日报》2003年2月20日)

百年沧桑聚荧屏

上海市档案馆丰富珍贵的历史资料被挖掘出来，已被拍成百集电视系列专题片《追忆——档案里的故事》，24日起在上视纪实频道播出，从而让广大观众在荧屏上了解更多的上海历史的沧桑巨变。

这部百集专题片由市档案局、档案馆和上影永乐文化公司拍摄，是一部了解上海历史发展的“百科全书”。首期播出前30集，它从历史变迁的角度表现了上海的方方面面，内容有反映上海都市之风的石库门风情、南京路四大公司、和平饭店、海关大楼等；也有表现文采风流的复旦大学、圣约翰大学以及吴昌硕、张元济等海派文化代表人物，还有上海人喜闻乐见的沪剧、越剧、淮剧、滑稽、评弹等剧种以及赵丹、胡蝶等电影明星。

记者 俞亮鑫(《新民晚报》2003年3月22日)

上海档案馆获赠宋庆龄档案资料

记者 张立行

本报讯 记者昨天从上海市档案馆获悉，一批宋庆龄同志的档案资料由原上海市政协副秘书长、曾长期担任宋庆龄同志秘书的李云同志最近捐赠给上海市档案馆。

宋庆龄同志生前致力于儿童福利事业，对少年儿童的健康成长倾注了毕生的心血，留下了许多珍贵的记录。李云同志在担任宋庆龄同志秘书期间一批宋庆龄同志给她的亲笔书信和照片就见证了这部分历史。这次入藏市档案馆的宋庆龄同志档案资料主要有信件21封，照片50张。其中：如宋庆龄曾将一套苏联朋友送她的衣服转赠给市少年宫儿童剧团，在1957年1月17日给李云的信中，她写到“希望同志们保持艰苦朴素的优良作风，以便为国家积累一些资金”。还有宋庆龄1963年3月27日关于对中福会工作的几点意见的函，1963年4月29日关于为六一儿童节撰写文稿事宜的函，1958年6月参加中国福利会成立20周年纪念活动时与小朋友在一起的合影，与儿童艺术剧院小朋友在上海家中的留影，在儿童图书馆与少年儿童一起阅览的照片等等，有的照片背面还有她的亲笔签名。

(《文汇报》2003年6月4日)

一批珍贵抗非资料入藏市档案馆

本报讯 由本市档案界、新闻界和文艺界联手举办的抗击非典电视公益片及有关手稿资料捐赠仪式昨天在上海市档案馆举行。此次捐赠的有关档案资料包括文广新闻传媒集团制作的抗击非典系列电视公益片光盘，王安忆创作的电视公益片《回家》手稿，著名学者余秋雨创作的电视公益片《智者不乱，仁者不惧》手稿

等一批反映中华儿女万众一心、众志成城，和衷共济、共抗非典的宝贵资料。

记者　任绍敏(《上海经济报》2003 年 7 月 26 日)

上海档案馆征集“抗非”纪录

由上海各界联手举办的抗击非典电视公益片及有关手稿资料捐赠仪式，日前在上海市档案馆举行。捐赠的有关档案资料包括文广新闻传媒集团制作的抗击非典系列电视公益片光盘，王安忆创作的电视公益片《回家》手稿，余秋雨创作的电视公益片《智者不乱，仁者不惧》手稿等一批反映中华儿女众志成城、共抗非典的宝贵资料。上海市档案局局长刘南山表示，他们将进一步开展上海各界在抗击非典过程中形成的各种重要记录的征集工作。(倪政华)

(《人民日报》2003 年 8 月 1 日)

800 件“传家宝”见证生活巨变

本报记者　邵珍

随着生活质量的逐步提高，上海越来越多的家庭建立起了家庭档案。今年年初，上海市档案馆将档案征集指向普通百姓生活，首次向全市居民征集家庭档案，内容包括建国以来上海市民在政治、经济、文化和生活各方面形成的，能够反映百姓生活变化和上海城市发展的历史记录，包括文字、声像及实物，比如票证系列、账册系列、照片系列、车牌系列等。这项活动开始后，许多市民都将家中珍藏已久的“宝贝”无偿捐了出来。目前，市档案馆已收到包括家庭账册、居民购粮证、工资单等在内的家庭档案共 30 种 800 多件。

50 年来 14 张选民证

今年 76 岁的杨秀珍，一直珍藏着 50 年来的历次选民证。这 14 张选民证见证了半个世纪以来，中国人民当家作主的历史过程。今年 3 月，杨秀珍老人将这段历史珍藏到了市档案馆。

从 1953 年至今，家住静安区的杨秀珍参加过 13 届区人代会，而被她收藏起来的历届选民证却有 14 张，其中一张是为补选而增发的。杨秀珍珍藏的这 14 张选民证，有着各自的时代特征。1953 年到 1956 年间的选民证用的都是繁体字。其中，1953 年的选民证最大的特征就是证上那个方形大红印戳和用汉字表示的颁发时间。因为在以后的选民证上，印戳都是圆形的，时间也改用阿拉伯数字表示。此外，1953 年至 1963 年的选民证一直是铅印、单色的，1966 年起，选民证的边框才开始用红色勾勒。而 1980 年以后的选民证，风格基本保持了一致。

45 年的家庭收支账册

2003 年 1 月 5 日，43 本记载了 45 年家庭收支的账本，由嘉定区退休干部季颖、李惠英夫妇捐赠给了上海市档案馆。这 43 本“家庭收支情况记录”，记载了季老先生一家三口从 1957 年 7 月 11 日到 2002 年 12 月 31 日 16600 天的收支情况，大到房子装修小到一盒火柴，无一漏记。

在 1957 年的一页账簿上，有着一根 5 分钱棒冰的记录。李惠英回忆道，那时 5 分钱可以买赤豆棒冰，9 分钱就能买雪糕了。账簿上记录的这根棒冰是买给孩子吃的，“我们可舍不得吃。”李惠英说，过去买菜是正宗的“买菜”，很少买蛋、买肉，因为那时候都是凭票供应的。

季先生家的账本上，还有一个有趣的现象：1970 年代以前，凡是 2 元以上的记录，旁边都有一个特殊的符号：红色的“8”。季老先生说，这是“巨款”的标志。当然，随着生活条件的不断改善，“巨款”的标准也在不断变化。夫妇俩从结婚起就在银行开了零存整取的户头，一开始每个月存上 2 元就很了不得了，后来慢慢地变成 4 元、几十元、上百元、上千元。再看全家人的收入：1988 年，季家的年收入合计 8675.01 元，年支出合计为 4753.54 元，结余 3921.47 元；而到了 2001 年，年收入为 33814.20 元，支出为 22437.40 元，结余 11376.80 元。

从小小的家庭账册，看到的是中国老百姓在近半个世纪里翻天覆地的变化。难怪季颖现在仍每天坚持记账，他说：“这本账，我要记满 50 年！”

1929 年颁发的驾驶证

今年 40 岁的杨云收藏着祖上一份珍贵的遗物——祖父留下的一张驾驶证。杨云告诉记者，1929 年，他的祖父杨培霞为了生活而学习驾驶，先后为 4 个老板开过车，第一次开的是一辆 FORD 牌车。

记者看到，这张土黄色的驾驶证外壳上，竖排印着“执业汽车驾驶人统一执照”，横排则印着“苏浙皖京沪”5 个繁体字。翻开封面，驾驶证的首页中央，是杨培霞挂着一块编号牌的照片。虽然因为年代久远，相片略有些发黄，但仍能够清晰地辨别出编号牌上的号码“沪 06403”。在照片右侧的发证日期栏，写着“18 年 11 月 2 日”。档案馆的工作人员告诉记者，这里的“18 年”指的是“民国 18 年”，即公元 1929 年。右侧一栏则写有杨培霞的姓名、年龄和籍贯。

今年 5 月，杨云听说市档案馆向市民征集档案，没多考虑就将这张驾驶证捐了出来。他说：“爷爷是中国较早学会开车的人之一，这张驾驶证对社会来说更有收藏价值。”

相关链接

家庭档案十大类

一、个人生平类:家庭成员的身份证、出生证、独生子女证、学生证、毕业证、学位证、结(离)婚证、退(离)休证、工作证、上岗证、职称资格证书、技术等级证书、聘书、户口簿、会员证、借书证、履历表、个人鉴定材料、参加工作、入团入党入伍等方面的记录,自传、日记、家谱等。

二、家庭学习类:家庭成员的读书笔记、论文、著作、讲稿及图书、期刊、报纸的剪辑资料等。

三、家庭荣誉类:各种奖励证书、奖状、奖章、奖杯、奖牌、锦旗、光荣册等。

四、家庭财产类:家庭收支账目、存单、工资单、有价证券、保险合同与凭证、借据、契约、各种经济合同与协议书、贵重物品(金银首饰、红木家具等)清单及发票;房屋购买、装潢的合同、产权证、发票及图纸等。

五、家用设备类:家庭各种家用电器设备的发票、使用说明书、合格证、保修卡、维修记录、电路图及维修网点名册。

六、社会交往类:家庭成员与机关、单位和亲朋好友的地址、邮编、E-mail、电话号码、来往书信、贺卡等。

七、医疗保健类:医疗卡、病历卡、诊断书、化验单、体检表、血型报告、医院处方、住院记录、饮食禁忌等。此外,也可建立孩子的生长发育档案。

八、旅游考察类:旅游合同、景点门票、导游图、旅行线路图、游览日程表、往返车(船、机)票等。

九、收藏爱好类:书画作品、摄影作品、集邮册、古玩、乐器及其它有保存价值的纪念品、工艺品等。

十、照片音像类:家庭成员在结婚、寿庆、旅游观光、外出考察、聚会娱乐等活动中的照片、录像带、光盘、软盘等。　　(《文汇报》2003 年 9 月 18 日)

九成居委会建立服务档案

本报讯(记者　刘昕璐)　徐汇区张东小区内的一位高血压病人有一次血压突然起了变化,医生在查阅了其“健康档案”后,得知他一贯正常用药,血压比较稳定。经了解原来是家人过世,情绪不稳导致血压变化。针对这一情况,医生并未给病人加大药量,而是帮其调节心理,稳定情绪。医生称,如果盲目增大药量控制血压会适得其反,甚至影响健康。

这就是中山医院前年在张东小区建立医疗卫生站后,为区内 800 多名居民做了免费体检,建成完整“健康档案”的好处。其中 60 岁以上高血压和糖尿病人还设有“病人专项表”,尤其突出生活习惯对健康的影响,告知病人时刻提防。卫生站人员还为慢性病人定期随访,发现问题及时劝导治疗。

据记者了解,诸如此类的建档并利用档案开展服务的工作正在全市逐步铺开:上海现有街道 100 个、居委 3466 个,目前所有街道办事处和 90% 的居委会建立了党建、精神文明建设等常规档案,其中还涌现出了不少特色档案。

通过“低保、失保、协保三保人员登记档案”、“解困、解忧、解闷三解工作档案”、“促进就业跟踪服务卡”的建设,帮困救助送温暖变得有的放矢;“一人一档”的实行,更有效做好了刑释解教人员的安置帮教工作,其中枫林街道还利用档案,组织 10 多名有技术、有特长的回归人员开展“奉献社区”为民服务活动;“小区绿色植物档案”的设立,小区环境更美丽,居民护绿自觉性明显提高;长桥街道东荡小区从居民实际需求出发,利用小区专业人才信息档案,成立了一支专业人才志愿者队伍,为居民排忧解难……

业内人士认为,正在龙华旅游城底层大厅展出的“走进社区,服务百姓——上海社区档案工作巡礼展”就是一个互相借鉴、拾遗补缺的好机会,社区特色档案越丰富、人性化,百姓实惠也越多。

(《青年报》2003 年 10 月 17 日)

“江苏省人民政府成立五十周年档案图片展”在宁展出

本报讯　省档案馆利用馆藏 130 多张档案图片推出的“人民的江苏——江苏省人民政府成立 50 周年档案图片展”,今天在宁开始展出。一大批珍贵图片资料与观众见面。

“江苏省人民政府成立 50 周年档案图片展”以毛泽东、邓小平、江泽民等党和国家三代领导人对江苏的关怀为主线,分三个阶段展示自 1953 年 1 月 1 日以来,在党中央和国务院的领导下,江苏省委、省政府带领全省人民努力奋斗,艰苦创业,在社会主义建设中取得的伟大成就,突出展示了江苏作为经济大省、文化大省的历史进程。(耿联)

(《新华日报》2003 年 1 月 1 日)

省档案馆面向社会公开征集抗非档案

本报讯　省档案馆日前向社会公开征集具有重大教育意义和永久保存价值的抗击非典档案资料。

正在进行的抗击传染性非典型肺炎的斗争,社会各界和广大人民群众是参与者、见证者。为了真实地、全方位地记录全省人民抗击非典的历程，丰富今后查考历史、借鉴资治的宝贵财富，弘扬民族精神、进行爱国主义教育，我省最大的档案资料保管、利用中心和重要的爱国主义教育基地——省档案馆向社会公开征集抗击非典斗争档案资料。

据了解，此次征集范围包括：反映社会各界万众一心、众志成城、群防群治、人人尽责的照片、录音、录像；卫生、防疫、新闻、教育、公安、政法、交通、环保等战线抗击非典中涌现的先进单位、先进个人的事迹材料、证书、信函日记等实物档案。对捐赠档案资料的单位和个人，省档案馆将发给证书或证章；价值较高的，依据有关规定，予以表彰或奖励。（耿联）

（《新华日报》2003 年 5 月 23 日）

省委组织部摄制防非科教片
被省档案馆永久馆藏

本报讯　记者从省档案馆获悉，由省委组织部摄制的防治非典型肺炎科教片，近日已被该馆收为永久馆藏。

今年入夏以来，针对突如其来的非典疫情的袭击，省委组织部迅速组织力量，在极短的时间里，组织摄制完成了全省首部防治非典型肺炎科教片。4 月 21 日，通过组织网络免费向全省发行了 15000 盘，并发挥党员电教网络资源的独特优势，开展以党员干部及广大人民群众为对象的防治“非典”科普宣传教育活动。各地还加班加点地复制科普光盘达数万盘，免费发放到乡镇、村和街道社区，组织收看。省档案馆是国家级综合档案馆，是集中保存、管理国家档案的文化事业机构，也是社会各方面研究与利用档案资料的中心。此次，接收为永久馆藏的防治“非典型肺炎”科教片，记载了党和政府立党为公、执政为民的具体实践，对进一步丰富国家馆藏资源，预防类似“非典”重大公共卫生事件的发生，具有重要的历史借鉴和珍藏价值。

（袁光　耿联《新华日报》2003 年 9 月 6 日）

▲《南京日报》2003 年 4 月 7 日文，南京市档案馆档案资源便民所用，向社会提供开放档案和现行文件利用服务。他们建立起了婚姻、招工、建筑执照档案的数据库，除接待上门查档外，还开设电话、来函、预约查询服务，为解决法人登记、确定工龄、办理保险、贷款购房、房产纠纷、户口迁移、律师举证等提供了原始凭证。

▲《南京日报》2003 年 11 月 24 日文，市人大常委会副主任刘国华带领市人大代表和部分常委对该市贯彻落实《档案法》和档案工作情况进行视察。该市 6 个城区的 450 多个社区全部建档，市和许多区县都建立了现行文件利用服务中心。

▲《南京日报》2003 年 11 月 24 日文，南京市档案馆爱国主义教育基地展馆对外开放，一些珍贵的档案史料是初次公开展出。

▲《金陵晚报》2003 年 12 月 25 日整版宣传南京市档案馆向社会征集民间档案，包括“档案馆急寻南京‘民间档案’”、“与主席合影照捐给档案馆”、“把亲人的一生捐给档案馆”、“一市民自建‘家庭档案馆’”四篇文章以及“市民可捐的民间档案举例”。

（以上由南京市档案局提供）

文艺界捐赠成果“留档案”

本报讯　由市文联、市档案局共同主办的我市文艺界知名人士创作成果档案资料捐赠仪式，昨日在市文联大厦举行。此次捐赠活动是我市文艺界有史以来第一次集体向市档案局捐赠创作成果档案资料。市文艺界知名人士吴泽浩、张仲亭、刘玉民等 23 人共捐赠个人传记、艺术传录、文学名著、诗歌名篇、书画精品等 800 多件。

另讯　为配合农村防非工作的深入开展，昨日市文联组织部分作家、编辑和书画家到十六里河镇开展文化下乡活动，共捐赠书画作品 13 幅、文艺作品和文学刊物等 200 多册（本）。（李付生）

（《济南日报》2003 年 6 月 14 日）

济南名士将建立永久档案

时报讯（记者　张彤）　“济南名士多”是诗人杜甫赞美泉城济南这座历史文化名城的著名诗句。记者昨日获悉，市档案局和市文化局将联合开展为泉城文化艺术界名人建档活动，这些文化名人的档案资料将被市档案馆永久保存。

本次文化艺术界名人建档活动，将采取组织推荐、个人自愿的方法，分期分批进行。档案资料所有权归个人，并享有继承权，个人可享受由市档案馆优先无偿提供利用的服务。凡济南市文化系统在国内外获奖的作家、演职员、编剧、导演、音乐家、美术家、民间艺术家、考古学家、文物鉴定专家等，以及在我市文化艺术发展中作出重大贡献、在国内外具有较高知名度、历史和社会认可的和名人士、英雄模范人物、“五一”国际劳动奖章获得者（包括已故的）等都可提供个人全部文字、音像、图片资料，参加名人建档活动。

（《济南时报》2003 年 6 月 21 日）

“抗非”资料进市档案馆

本报讯　近一阶段以来，市档案馆加强了对“抗非”材料的收集整理并顺利进馆保存。已进馆的材料中文件1100份、照片300多张，还有部分音像资料。

据了解，这些文件主要来自于市“抗非”指挥部、市卫生局、“抗非”定点医院和物价局等“抗非”一线基层单位。资料内容包括：国家和各级党委政府关于防非工作的决策、部署和措施，上级领导和检查组对“抗非”工作的检查督导，各部门具体的防非措施和做法，医务人员的预防、救治措施演练，“抗非”中涌现出来的先进事迹和模范人物，打击售假哄抬物价和稳定社会秩序的措施，社会各界对“抗非”斗争支持的各种举措及相关的新闻报道，这些全面地记录了全市人民的“抗非”斗争过程。（卢园园）

（《济南日报》2003年9月29日）

济南档案馆公开征集史料

商报信息（记者　崔艳红）　时光不能倒流，过去了就过去了，我们只能通过留下来的资料去抚摸历史的车轮。记者昨天从济南市档案馆获悉，为收集珍贵史料，该馆将向社会征集各种志书，党的各级组织解放前形成的文件报纸等。

此次主要征集的资料范围是，历代编修的各种志书，历代王朝和民国时期形成的诏书、圣旨、印模、来往文书和各种家谱族谱、墓志碑文、照片证券、契约货币等资料。各个历史时期济南的名人、革命烈士、省级以上的英雄模范人物的文稿、照片、生平等文字和声像资料。反映济南“五·三”惨案等重大历史事件的资料，包括分散在各单位的档案资料和当事人及其亲属的回忆录、口述材料等。党的各级组织解放前形成的文件、电报、报纸、刊物和党政军领导人与知名人士在革命斗争中形成的著作、笔记、照片及后来撰写的传记、字画等。

反映济南改革开放以来取得的重大成绩和获省以上重大成果奖的各种材料，反映济南社会历史、民风民俗、水文气象、名胜古迹、名泉等的各种书刊、图表和文革期间的各种文件、资料、实物等都在捐赠之列。

（《山东商报》2003年10月31日）

艺术人才档案捐赠档案馆

本报讯　记者日前从市文化局获悉，市文化系统首批27位优秀人才艺术档案近日捐赠市档案馆保存。

首批优秀人才是新中国成立后，特别是改革开放以来，济南市文化系统曾在全国或国际上获奖的演员、编剧、舞美设计师、民间艺术家、考古学家、文物鉴定专家、音乐家、美术家、儿童艺术家以及对文化事业发展作出过重大贡献、在国内外有较高知名度的人士。此次共向档案馆捐赠档案资料2530件，包括个人履历、自传、回忆录、艺术生涯工作日记，个人创作的剧本、词、曲手稿，个人编著或撰写的学术著作、论文，领导人题词，与亲属、朋友、国外友人之间的重要来往信函等文书资料，参加文化艺术创作、演出、比赛、考古等重要活动形成的照片、录音录像资料以及老照片等具有重要价值和纪念意义的实物资料。这些资料反映了他们在各自岗位上创造出的骄人成绩和作出的突出贡献。

据悉，这些档案资料捐赠、移交、寄存档案馆后，档案资料所有权归个人，并享有继承权。档案馆将选择保管条件优越的档案库房永久保存，同时采取多种形式搞好开发利用和宣传。今后，文化系统还将陆续向档案馆捐赠其他优秀人才的艺术档案资料。（逄金一）

（《济南日报》2003年11月7日）

济南战役老战士捐赠《医务生活》珍贵史料

本报讯　自10月31日市档案馆发布公开征集史料的公告后，许多热心市民纷纷捐赠自己收藏的史料。前几天，市档案馆工作人员接待了一位特殊的捐赠者——曾经参加过济南战役的老战士李永福，他捐赠了自己珍藏54年的《医务生活》史料。

昨日下午，记者在市档案馆看到了这本书：淡蓝色的封面，泛黄的纸页，有些破损的书脊……虽然有些破旧，大体上保存完整。书的前封面印着书名“医务生活”，书名上面印着“第五卷　第二期”，下面印着“民国三十八年二月十五日”及“医务生活出版社”。此书共计182页，封三右下方盖着李永福的印章，封底印着“编辑兼出版：医务生活社”、“通讯处：华东白求恩医院”、“地址：济南市经五路纬九路”等内容。书中主要介绍了济南战役时救治伤员的情况以及采取的医疗方式，如胸部战伤疗法、腹部战伤疗法、四肢暴露法等。

这本书的第一部分是“济南战役治伤工作初步总结报告”。据李永福介绍，这是时任华东野战军卫生部长的宫乃泉撰写的。报告的内容主要是：工作的准备；提高治疗效能，减少死亡，改进归队工作；使伤员情绪安定，安心休养，与医院合作；攻坚战医疗工作的经验教训；在前方做腹部手术的几个原则：三次攻坚战的成绩等。在三次攻坚战的成绩中，详细记录了济南战役50天伤员的出入院及死亡统计数据，包括收容总数、出院数、死亡数以及战伤分类百分比。市档案馆一位负责人介绍，这是一份真实的工作报告，对研究济南战役有较大价值。市档案馆收藏了一些济南战役的史料，但作为当时救治伤员的详细史料，这是唯一的一本。

昨天下午，记者在与住在天桥区的李永福通电话时了解到，李永福今年70岁，在济南战役中担任卫生员。这本书出版于济南战役胜利后，他拿到书时是1949年，这是无意中保存的一本。解放后，他到华东野战军军械部工作，1953年转业回到老家山东，先到济南国棉三厂卫生所工作，1989年从济南围巾厂退休。谈起捐赠这本书的初衷，李永福说："我得知市档案馆公开征集史料后，作为参加过济南战役的一名老战士，心情非常激动。我捐出这本保存50多年的书，是想让人们更清楚地了解济南战役，也算为社会做点贡献。" （张伟卿　石如宽）

（《济南日报》2003年11月11日）

"集报大王"捐出万份珍藏

本报讯（通讯员　张呈柱　记者　窦硕峰）　81岁高龄的齐鲁集报大王黄文明近日再做惊人之举，他把自己20多年来精心收集的13000多份报纸、资料无偿捐赠给了济南市档案馆。这也是截至目前，该馆收到数量最多的个人一次性捐赠，同时也填补了该馆在报纸档案方面的空白。

黄文明是全国闻名的集报大王，今年81岁，1980年从济南市铁路局退休后开始集报，如今已有23个年头。20多年来，他通过个人购买、进废品收购站搜寻、亲戚朋友家人帮忙、各地报友交流等方式，收集到各类报纸达19500多种，30多万份。黄文明告诉记者，他一个月700多元钱的退休工资三分之一花在了集报上，他曾一下买过1200份报纸的创刊号。

这次黄文明向济南市档案馆捐赠的1万多份报纸，是他花两个月时间从收藏的30多万份报纸中精心挑选出来的珍品，其中包括解放前的报纸150多份，"文革"时期报纸150份，各类报纸创刊号、特刊号453份，各类报纸的合订本、缩印本125本、其他各类报纸2600多份，还有部分日军侵华原始资料等。济南市档案馆的党茂领处长介绍，这些报纸资料中有许多是极品、孤品，具有极高的史料价值和收藏价值。例如1881年的《申报》、1901年的《新闻报》、1918年7月至9月份的《晨钟报》合订本、1925年的《热血报》、1941年的《大众日报》、1997年《人民日报》香港回归丝绸版和大量日军侵华原始资料等。其中《新闻报》存世仅一张，已成为孤品。其他像手掌报、明信片报等别具一格的报纸也在此次捐赠之列。

（《齐鲁晚报》2003年11月29日）

我市将推行"村档乡(镇)管"

本报讯　普通村民凭本人身份证和村里的介绍信就可以随时到乡镇档案馆或记账中心查询有关档案材料。这种透明式的档案管理模式，是记者从昨日召开的全市"村档乡(镇)管"章丘现场会上看到的。

目前，全市还有300多个行政村没有建立正常的档案工作，已建档的行政村中，有专门档案库房的村不到20%，有的县只占0.6%。章丘市档案局试行"村档乡(镇)管"近一年来，有效解决了村级档案工作中的一些新问题，化解了农村社会矛盾，促进了农村经济社会的发展。

据悉，我市将在全市范围推广章丘"村档乡(镇)管"的工作经验，各县(区)要结合乡镇自身发展和实行"村档乡(镇)管"工作的双向需求，积极探索乡镇档案管理机构设置的新形式、新路子。对已建档案馆的乡镇特别是省里确定的13个中心镇，要着重围绕乡镇档案馆的管理体制、人员配备、管理职能、档案馆硬件建设等问题，进行深入探索，积极解决发展中存在的问题。对其他乡镇要鼓励和支持其根据各自的实际情况，建立适应当地生产力发展水平，适应"村档乡(镇)管"和综合管理与开发乡镇档案信息资源的管理机构。要明确乡镇、村两级在"村档乡(镇)管"工作中的职责及代管范围，建立健全"村档乡(镇)管"工作各项制度，提高乡镇、村档案人员素质。要积极整合乡镇各种档案资源，将现行文件开放、"农科网"服务等融为一体，为乡镇、村工作和农民群众提供更全面、更丰富的档案信息服务，推动农村和农业各项工作的开展。

（成春玲　宋建青）

（《济南日报》2003年11月29日）

"堂前燕"飞入"百姓家"　欲高翔仍待破"瓶颈"

档案文化，从幕后走向前台

本报记者　林浩

曾几何时，作为普通百姓，人们对"档案"这个字眼充满敬畏之情。它好像距离我们很近，因为每个人都会有一份厚薄不同的档案（个人档案）相随一生，在某些特殊年代，它甚至完全决定着一个人的命运；但它似乎又离我们很远，在许多人的眼中，它（政务档案）都是锁在政府的深宅大院里，与平头百姓无缘。

严谨地说，这些感觉虽然不完全准确，但却不无道理。然而，随着有目共睹的巨大的社会进步，档案已不再仅仅是政治的产物、政府的珍藏。一切都在悄悄地发生变化，档案文化作为整个社会的财富，正在由幕后走向前台，成为改变我们生活状态的一种新的动力。

总部设在巴黎的国际档案理事会（ICA）采用两面头像的门神作为会徽——一面注视着过去，另一面展望未来。

这，正是档案文化的精髓。

牡丹江市赴鲁学习考察团来到济南市行政审批服务中心大厅，看到市档案局（馆）所设的“服务台”，感叹道：“档案局业务进政务大厅只在济南见过！”由此引出话题：济南的档案文化，“于无声处”原来有着如此丰富的作为

2003年10月27日上午，黑龙江省牡丹江市赴鲁学习考察团，来到了坐落于黑虎泉畔的“济南市行政审批服务中心”参观。这是一个以考察我市优化发展环境情况的团队。不料，一进宽敞的大厅，在几十个政府机关的服务“摊位”中，却首先被济南市档案局（馆）设的服务点所吸引。原来，这是一个长年开放，供市民查阅政府各类现行文件的服务点。在这里，任何一位市民都可以在工作人员的协助下，根据需要，随意查阅近至今年7月份的79个政府单位的2980多份各类文件，且服务是完全免费的。

据当日值班的工作人员窦爱军和王帼英介绍，自从去年12月初“开业”以来，这个“点”已经义务接待了1200多人前来查询政府有关文件，非常受市民的欢迎。所涉及的内容有养老保险、医疗、信访、拆迁、劳动保险等方方面面。据悉，济南市早在2001年10月开放现行文件乃全国首创，把“开放摊位”搬进政务大厅在副省级城市中也是头一份。难怪牡丹江市赴鲁考察团团长、市政法委书记田立军对此大为赞赏：“档案局的服务点进了政务大厅，只在济南见过！”

情况尽管如此，那么具体的社会效果如何呢？查阅过文件的市民最有发言权。记者在“现行文件查阅”的原始记录表上，看到了笔迹不同的“阅览效果”。

去年12月11日，一位叫罗蕴华的市民这样写道：文件公开查阅，很受广大市民的欢迎，是“三个代表”的具体体现。市民孙新强2003年9月29日写道：希望有更多的和百姓相关的文件可以查到，缩短文件和市民见面的时间，感谢你们的热情服务。

应当说，面对感谢，济南市档案局（馆）是当之无愧的。由于与时俱进地实现思想观念的转变，多年来，他们已从单纯为政府服务，转而面向社会大众。记者得悉，市档案局（馆）向社会开放档案距今已经有15年了，从发轫到不断成熟，济南市一直走在全国前列。早在1988年9月《档案法》颁布一周年，市档案馆就首批向社会开放3万余卷近百万份档案资料，并在全国率先建起“现行文件阅览室”向社会开放，受到社会各界和海内外媒体的广泛关注。

自然，说档案文化决不仅仅只是开放档案，它涉及政治、经济、科学、人文等各个方面。

2002年2月，市档案馆协助山东电视台拍摄了反映抗战时期日军细菌战、劳工、慰安妇、战争损失内容的电视片《未来之路》；2002年4月为日本佐藤孟江女士找寻上世纪30～40年代“泰丰楼”饭庄的师傅，市档案馆为其提供了翔实准确的资料，帮她了却了一桩夙愿。日本NHK电视台将这个过程摄制成电视专题片。随着时代发展的脚步，泉城路改造、经十路拓宽工程现场都能看到市档案局（馆）工作人员为记录历史而辛勤忙碌的身影……

在一些人眼中，济南人的思想观点似乎趋于保守，更遑论“鲜为人知”的档案部门？他们是如何转变思想观念的？记者走进了自1999年以来连续两次获得全国先进的济南市档案局（馆）。

“居民论坛”、“盛姐心桥”、“四季热线”，“品牌档案”各具特色；“冷衙门”变成了“热门庭”。济南的档案文化缘何开始“走”向了“大众化”？有作为才能有地位；执政为民、观念创新，深刻认识档案文化的内涵，济南市档案文化有着更为广阔的发展空间

多年来，济南市的档案工作者在构建济南档案体系方面付出了大量的心血，并在推进社区档案、突出“特色”上做出了极大努力。建起了一批如槐荫区的“韩大妈热线”、“社区居民论坛”、丁家山社区的“盛姐心桥”、历下区泺文路社区的“四季热线”等各具特色的“品牌档案”，并将以全新思路构建企业档案服务体系、城建档案服务体系等五大档案服务体系，以求最大限度地实现档案信息资源的社会共享。

尽管济南市档案馆与市城建档案馆、房屋档案馆等专业档案馆以及各县区档案馆一起，构成蕴含泉城人文记忆的基本网络，但他们更为注重的是城市档案工作的根本任务和目的——为城市发展决策服务，为城市经济发展和基本建设服务，为广大市民对档案信息资源的需求服务。

在虽然查阅文件的人很多，但却还安静的“查阅室”里，济南市档案局局长任建新说：“过去档案馆的职能就是为党委和政府服务的。然而，随着社会的进步发展，档案的社会属性越来越强。政府职能转变之后，政务公开的要求就十分突出。所谓‘政务公开’，很大一部分是指政府的‘政务信息’公开，文件就是政务信息的重要载体，因而‘现行文件’公开的问题就摆在了面前。过去观念封闭，笼统地称文件30年后才能‘解密’，现在呢？政府文件只要不属机密，都适宜地向社会开放。这也是执政为民的具体化。”

记者透过大量的资料感到，过去，档案局（馆）是个“冷衙门”，其作用和功能甚至鲜为人知。档案馆为社

会精心保存了称得上是“社会记忆”的档案，却很少引起市民的兴趣。实际上，广大民众对档案文化的兴趣和认同与档案从业人员对广大市民的认同是成正比的，如果不能树立面向民众的社会档案观，档案馆将永远是一座“冷宫”。

“有作为才能有地位!”任建新深有感触地说，“档案作为文化，涉及的方面也是非常广的。虽然上世纪80年代中期，济南市档案局(馆)就率先在全国提出建立‘三名档案’，即名泉、名人、名土特产档案，突出地方档案馆的文化特色，而今馆内的名泉档案已形成系列，但是对职能认识的局限和馆藏结构的不合理还是影响了馆藏内容的丰富。特别是涉及当地历史、文化、人文、自然景观的档案比较不足。下一步，我们要扩大档案资料的征集范围。济南有许多历史资料散存在国外，我们也准备着手以不同方式收集。明年是济南商埠开埠100周年，我们将就此参与一系列纪念济南开埠的经济、文化和人文活动。通过回顾济南百年的经济文化史，凸显济南的人文内容。”

谈到提高档案文化的生命力，任建新说：“要进一步解放思想、更新观念、突出档案信息的文化性、社会性，重塑档案馆的社会形象。一方面，充分利用现有馆藏，以开放的、平民化的服务心态创新提供利用方式，综合开发、传播馆藏档案文化信息，通过各种途径参与城市文化建设；另一方面，树立‘大档案’观，在档案的收集中突出文化特征和地域特色，加强对地方名人、名胜古迹、风土人情以及族谱、地方史等具有社会普遍利用价值的档案资料的收藏力度，增强档案文化积累的层面和层次，以满足知识时代社会对档案信息等文化的消费需求。”

在“增强城市人文信息，提升城市文化品位”的大环境中，济南档案文化的发展空间广阔。

一面注视过去，一面展望未来。重新认识档案文化的广泛内涵；家庭档案观照历史、透视变透、体味人生；冲破“瓶颈”，增强档案文化意识，调整结构，丰富馆藏，促进济南档案文化的发展；与时俱进，勇做探索者，担当推动历史前进的新角色

人类的研究成果表明：一切文化都是人类认识和改造自然、社会的实践经验的总结和物质形态的凝聚，档案是人类认识世界和改造世界的历史记录，是人类智慧的物质结晶，是一种宝贵的精神财富，因而，档案也是一种文化，即“档案文化”。由于历史的原因，过去我们一提档案，就不自觉地突出了它的政治性、神秘性。然而，随着社会的进步、观念的转变，人们对档案文化的认识已不应再局限于其政治性，更应该看到它的文化教育功能；对档案自身的认识不能局限于是一种人类实践活动的记录，还应当认识到它是一种重要的文化资源。

我国《档案法》第八条规定：“中央和县级以上地方各类档案馆，是集中管理档案的文化事业机构”，这就以法律的形式确定了档案馆的文化属性。因而，我们从文化的高度认识档案就显得十分必要。

档案文化所涵盖的内容是十分广泛的。它的内容不光是“严肃性”，还应是“平和的”。在此，有着许多可以深入探讨的方面。我国著名档案学者朱荣基先生在国外访问时发现，有关人生、家世、家庭、家族的档案，个人学历和履历、业绩和财产、城市历史的人物和事件、地方历史风貌、社会重大事件方面的档案，是人们长久需要查询和研究利用的信息资源。从此处着眼，近年国内档案馆丰富优化馆藏，降低门槛，迎民进馆，社会效益显著。济南市档案馆就在这一方面走在了时代的前面。

档案既有“硬”性的一面也有“软”性的一面，而“软”性的一面仿佛更易受关注。济南黄台电厂职工孟繁志多年收集和建立家庭档案，从中不仅反映出个人与社会、家庭与社会的进步关系，同时展现出一种人生品位。

档案作为一种文化，有待人们不懈地进行探索，而济南市档案局(馆)正是在不间断迈出探索的步子，探索冲破制约济南档案文化社会化的“瓶颈”。

说到“瓶颈”，任建新这样表述：一定要增强全民的档案意识，现在许多人仍然是一提档案，脑子里下意识浮现出的还是“人事档案”，如果不能破除档案的神秘性，就说不上利用。市场经济也可以说是“信用经济”，一个系统，一个人的信用度，将直接影响到他的发展，而这一切正是档案可以体现的。具备档案意识，就会有意识地积累、保存和利用档案。另外，我们对《档案法》的宣传也很不够。同时，要进一步加强档案工作与社会各方面的联系，以便更好地积累档案，服务社会。此外，我们急需要调整结构，丰富馆藏，扭转馆藏文件多，而反映社会文化、历史和风土人情的档案畸少的状况。

任建新认为：随着信息化程度的加快，档案管理的现代化程度越来越高。随着档案门类的增加，服务领域的扩大，服务对象也越来越广，所以档案人员不仅要熟悉机关业务，更要提高文化素质和修养，要能成为专家。

正如巴黎国际档案理事会的两面头像的会徽——一面注视过去，一面展望未来。济南的档案文化已从历史中走出；与时俱进，并正从幕后走向前台，走向社会，走向大众，必将为推动社会进步发挥巨大作用。虽然，我们还有待对它进行更深刻的认识，但是，它正在融入我们新时代的空间。

(《济南日报》2003年11月1日)

我省档案资源得到充分利用产生经济效益3300万元

本报兰州讯(记者　苟保平)　我省各级档案部门不断探索,积极创新,进一步加大档案信息资源的开发利用力度,取得了明显成效。去年以来,全省各级国家综合档案馆共接待社会各界人士2.7万人次,提供各种档案资料近11万卷次,解决了领导决策、编史修志、经济建设、学术研究、工作查考、宣传教育等方面的大量问题。据统计,去年各地利用档案直接或间接产生的经济效益达3325万元。

省委常委、省委秘书长洪毅在2月27日召开的全省档案工作会议上要求,档案工作要强化大局意识,为全省中心工作提供高效优质的档案服务。各级档案部门要加大档案信息化力度,提高档案管理现代化水平。要深入思考和实践电子政务条件下的档案工作,分步骤构建全省档案工作信息网,加快馆藏档案的目录数据库和必要的全文数据库建设进程。

省人大常委会副主任丁泽生出席会议。

(《甘肃日报》2003年3月2日)

兰州黄河铁桥档案入选中国档案文献遗产名录

本报讯(记者朱婕)　日前,有近百年历史的兰州黄河铁桥档案正式入选中国首批档案文献遗产名录,成为48件中国档案文献遗产之一。这是记者从甘肃省档案馆了解到的。

据甘肃省档案馆保管利用处的杨泽荣处长介绍,兰州黄河铁桥档案由“筹建案”、“运输案”、“施工案”、“外事案”、“褒奖案”等7部分组成,共45卷、571件、2561页,始于清光绪三十二年五月十四日(公元1906年7月5日),讫于清宣统三年六月十四日(公元1911年7月9日)。兰州黄河铁桥于1908年2月正式开工修建,1909年7月正式通车,耗时18个月,花费白银31万余两。这批档案无论从主体内容、时间性、形式与风格、系统性、稀有性上都很有价值和特色。这一全宗的档案,是我国现存清代档案的一部分,它不但有在德国采购桥料,万里海运,天津海关进口,数千里铁路运输和民间运力转运的130万斤桥料的长途跋涉,而且有清廷御批立项、中央机构核销经费等,呈现出了中外文档案文献交相辉映的地域性特征。

据悉,中国档案文献遗产工程由国家档案局牵头组织实施,于2000年正式启动,目的是加强社会的档案文献保护意识,有计划、有步骤地开展抢救、保护中国档案文献遗产的工作。

(《兰州晨报》2003年3月18日)

《颜氏家谱》落户省档案馆

本报讯(记者　黎晓春)　6月13日,由本报搭桥,颜氏家谱的收藏者颜伟鲁将《皋兰颜氏家谱汇录》一套12册捐赠给甘肃省档案馆,为研究者了解当时的宗教文化、风俗礼仪以及兰州人移居史提供了可贵的第一手资料。

颜伟鲁家传的这一套《皋兰颜氏家谱汇录》,为光绪十一年纂修,木刻本,详细记载了明洪武九年(1377年)兰州颜姓始祖颜胜迁徙至兰州直到光绪十一年(1886年)500余年中的颜氏族谱。

本报于今年4月28日、5月3日分别以《兰州颜姓为颜回后裔》、《金城颜氏寻根记》、《颜家沟记事》、《兰州颜氏多俊杰》等文章进行了系列报道,引起了众多读者特别是文史研究人员及在兰颜姓人氏的极大兴趣。本报在报端反映了颜伟鲁先生欲将家谱交与国家有关部门收藏的意愿后,省档案馆的负责人当即积极与颜先生联系。颜先生多次谢绝了许多私人收购者高价收购家谱的要求,将“家谱”交给了国家级收藏机构——省档案馆保存。

(《兰州晚报》2003年6月15日)

甘肃:“红头文件”与百姓“零距离”

中新社兰州7月30日电(记者　殷春永)　甘肃省现行文件查阅服务中心今天上午揭牌,并向社会正式开放。从今天起,百姓可凭本人有效证件免费查阅与自身利益相关的“红头文件”。

长期以来,现行文件不论是涉密的还是公开的,都在党政部门之间使用,普通百姓一般很难看到现行文件。只有人事部门或办公室的人比较清楚,老百姓有的只是听有关负责人简单介绍过,有的是从媒体上得知政府出台了涉及自身利益的政策。

甘肃省档案局负责人说,现行文件查阅服务中心的成立,其目的是让“红头文件”直接与老百姓见面,增强党和政府工作的透明度,使社会公众及时、全面、准确地了解政府公务信息,了解与自己切身利益相关的政策性规定,更好地维护自身权益。

目前,该中心已收集到20世纪90年代至2003年3月中央和省级党委、人大、政府、政协及其有关部门共六十多个单位的现行文件,涉及离休退休待遇、工资标准、职称评聘、社会保险、抚恤规定、农民减负等七十多个方面，共计 12 类 19307 份。此外，该中心还将甘肃省档案馆多年来精心收集的三万多册各类资料一并推向公众公开查阅。

为了方便百姓查阅，服务中心编制了多种检索工具，并将现行文件目录输入计算机，人们可以手工检索或计算机检索，也可以像到超市购物一样，直接到文件架上自行查阅。

（《中国新闻》2003 年 7 月 31 日，第 15770 期）

甘肃：开设现行文件查阅中心

新华社兰州 8 月 2 日电（记者聂建江　王艳明）甘肃省现行文件查阅服务中心日前正式运行，甘肃老百姓首次有了查阅“红头文件”的机会。

甘肃省档案局局长刘玉生介绍说，以往各级机关形成的文件，查阅到的往往都是 20 年前的“过时”文件。但实际情况是，文件利用率最高的是文件形成后的前 5 年，而这期间文件尚留在各单位，没有向社会公布，有些即便以某种形式公布，但群众没有看到。这种管理体制，既给群众查阅造成了许多不便，也影响了党和政府工作的透明度，妨碍了有关政策的贯彻和落实。

甘肃省现行文件查阅服务中心的建立，就是把正在使用的非密级“红头文件”集中起来，按照有关政策，及时向公众开放，让群众全面、准确地了解政府公务信息，了解与自己切身利益相关的政策规定。

据了解，该中心的建立和开放，得到了广大群众的普遍欢迎，从此他们可以在这里方便地查阅到近万份中央及省级党委，政府等部门颁发的涉及社会保障、文化教育、企业转制、税收物价、环境保护、住房建设、离退休待遇、工资标准、职称评聘、医疗保险、户籍管理、农民减负等方面的现行文件。

该中心为收藏的文件编制了多种检索工具，并将文件目录输入了计算机，读者查阅十分方便。工作人员说，中心一般在工作日开放，读者只要凭借身份证、学生证、工作证等有效证件办理简单的手续就可以查阅了。　（《新华社每日电讯》2003 年 8 月 3 日）

省档案馆成立寄存服务中心

本报兰州 12 月 12 日讯（记者苟保平）　甘肃省档案馆资料寄存服务中心日前正式挂牌成立，专门为社会团体、企事业单位及个人寄放档案资料和物品。

据悉，这是继成立现行文件查阅服务中心，向公众开放“红头文件”之后，省档案局推出的又一项面向社会各界的档案服务机构。该中心的成立，将使社会上处于无序、零散状态的档案流向寄存中心，大大改善我省目前许多改制企业和其他单位及个人因缺乏保管条件而导致的档案流失、损毁等现象，使我省非国家档案馆接收范围的档案管理逐步走向专业化的轨道。

（《甘肃日报》2003 年 12 月 13 日）

省档案馆彻底改革服务观念
私密材料也可入档储存了

都报记者郭兰英报道　今年 7 月份省档案馆成立“甘肃省现行文件查阅服务中心”后，使我省一些现行的“红头文件”可以直接让老百姓查阅了。就在市民感受这种档案馆“开放”后带来便利的同时。昨日，从省档案馆再次传出好消息称：我省首家面向社会各界组织、团体和公众的档案服务机构已开始寄存业务了。

这个档案服务机构主要面向社会提供 6 大类别的寄存服务，即各部门、各单位已经整理拟向档案馆移交但尚未到期的档案；不属向档案馆移交范围但因缺乏保管条件需要临时或长期寄存的档案、资料；社会团体、私营企业事业单位（如学校、医院、工厂等）形成的档案、资料及其他需要寄存的物品；破产企业的档案；个人所有的档案、资料、书画藏品、日记、信函、音像制品等宜于在档案馆保存的物品。同时，提供利用服务，寄存中心将配合寄存单位档案人员向利用者提供利用，也可受寄存单位的委托，直接向利用者提供利用。还利用档案价值鉴定、托裱修复、业务咨询、整理编目、复印复制、缩微复制等其他内容的服务。

多年从事档案管理工作的业内人士评价认为，这一寄存中心的诞生最大程度上使社会上处于无序、零散状态的档案借助市场的力量流向寄存中心，会使一些有保存价值的档案、资料得到有效保护。它是在市场经济条件下实现档案的社会化、专业化管理的有效途径。因为从当前经济体制改革不断深入后，档案管理开始出现一些不容忽视的问题，可归结为：其一，大量档案无形地流失。在国有企业改革中，企业破产、拍卖、改组、兼并等资产和产权变动过程中，许多长期生产、经营活动中所形成的档案材料处于失控状态，有的由于不具备档案安全保管条件，落入个人手中，有的甚至被当成废纸销毁。事实上，这种档案的流失，是国有资产的一种流失。其二，私营企业的档案管理比较混乱，企业员工流动性大，一般没有档案管理部门和专职档案管理人员，档案的丢失损毁现象较为严重。其三，一些社会团体及许多个人不具备档案保管条件，导致了这些档案资料得不到妥善管理。所以说，这一寄存中心使得这些“无家可归”的资料、档案都有了安全、可靠的“归宿”。

相关链接

三大特点有别于综合档案馆

这一面向全社会的档案服务机构，它与人们印象中的综合档案馆相比有什么不同呢？据省档案馆有关人士介绍，寄存中心具有三个特点：

1. 服务范围宽。寄存中心面向社会各级各类机关、企业、团体、个人提供档案寄存服务，而各级综合档案馆则只是面对同级国家机关、单位和群众团体。从所有权上看，寄存中心面对各种所有权档案、综合档案馆则只面对国家所有的档案。

2. 客户自由度大。档案资料所有权不变，寄存档案依然归寄存者所有。这与捐赠或出卖国家档案馆后所有权属于国家不同。寄存者可自愿存取，存期不限。另外，利用十分自由，寄存者利用不受限制。同时，也具有绝对保密的功能，如无寄存者本人授权，寄存中心无权向第三方提供利用。

3. 实行有偿服务。综合档案馆是履行国家保管档案职能的事业单位，保管属于馆藏范围的档案不收取任何费用。寄存中心则是省档案馆下属的服务机构，具有公益性与效益性相结合的原则，按照有关规定要向寄存者收取少量费用。

寄存中心迎来第一个大客户

都报记者郭兰英报道　作为国家一级档案馆，甘肃省档案馆具有比较先进的档案管理设备和专业化的档案管理人员，“资料寄存中心”自11月12日成立后，已接管了一些企业的资料。寄存资料达2480多盒，按架格来计，有150多米。从目前寄存的企业类型来看，以保险公司为“龙头”，其中平安保险兰州分公司将自己企业保管了6年多的各类资料寄存到了这一中心，这一寄存，不仅减轻了企业因资料多难以保管的问题，且从保险客户利益来讲，更有利于客户资料的安全和保密。

（《都市报》2003年12月13日）

（十一） 档案出版工作

中国档案出版社出版图书简目

百幅手迹怀伟人——毛泽东的110个故事

编　著:中央档案馆国家档案局

字　数:26万

本书是同名系列电视文献片解说词汇编。全书共包括110个故事,全部以中央档案馆馆藏的关于毛泽东的档案为依据,详细介绍了这些档案资料形成的背景、经过及影响,全方位、多角度地展现了毛泽东的丰功伟绩和高尚情操,具有很高的史料价值、欣赏价值。

毛泽东诗词书法鉴赏

主　编:黄伊、王德成

字　数:32万

本书收集了毛泽东的部分诗词书法手迹(含部分珍贵照片),并附有一些著名诗词专家和书法家的鉴赏文章。书中详细分析了毛泽东诗词和书法的特点,对读者更好地欣赏毛泽东的诗词和书法艺术很有帮助。

经济科技档案工作实务

主　编:冯鹤旺

字　数:15万

本书由国家档案局经科司组织编写。分五篇介绍了企业档案工作、基本建设项目档案工作、科研档案工作、农业科技档案工作、电子文件与电子档案管理等方面的相关知识、经验和政策。

档案信息化建设实务

主　编:杨公之

字　数:30万

本书由国家档案局技术部组织编写。全书分十章,介绍了档案信息化建设的宏观管理,电子政务的基本要求和任务、网络建设、数据库的建设和维护、电子文件的归档与管理等内容,适合各级各类档案馆、档案工作人员学习、借鉴。

北京市重要文献选编(1956年)

主　编:北京市档案馆、中共北京市委党史研究室

字　数:57万

本书是多卷本文献集《北京市重要文献选编》的第8卷。收录了1956年中共北京市委、北京市人大、北京市人民政府(市人委)及所属部门发布的重要文件,中共中央、国务院等部门有关北京市工作的指示,北京市部分负责同志的讲话和文章。内容主要反映了在社会主义改造时期北京市的政治、经济、文化等方面的情况。其中有关于改造资产阶级分子、肃反运动、党的基层组织建设、干部管理、基层选举;有对农业、手工业、资本主义工商业的社会主义改造;有粮食统销、蔬菜供应及物价工作;有筹建地下铁道,解决电力供应及城市规划;有职工业余文化生活、开展农村扫盲;还有调整行政区划、移民工作、工资改革、就业保险、民族工作以及郊区妇女参加农业生产情况等。全书收录文献128篇,首次公布占84%,附有分类目录索引。

北京市重要文献选编(1957年)

主　编:北京市档案馆、中共北京市委党史研究室

字　数:59万

本书是多卷本文献集《北京市重要文献选编》的第9卷。收录了1957年中共北京市委、北京市人大、北京市人民政府(市人委)及所属部门发布的重要文件,中共中央、国务院等部门有关北京市工作的指示,北京市部分负责同志的讲话和文章。内容主要反映在党的八大路线指引下,北京市加速建设,发展生产力,以及探索社会主义道路的曲折发展的过程。其中有整风运动、反右派斗争、整改工作、农村社会主义教育运动;有"一五"计划执行情况、增产节约运动;有整顿粮食统销、节约粮食、猪肉凭票供应;有城市建设、公共交通、地下铁道、煤气、供热、保护城墙;有分级分工医疗、爱国卫生运动;有加强中学领导、毕业生就业;还有工资改革、精简编制、职工福利、民族工作以及人民来信来访工作等。本卷收录文献120篇,首次公布占93%,并附有分类目录索引。

河南省档案馆指南

编　著:河南省档案馆

字　数:43万

本书是一部全面介绍河南省档案馆基本情况及馆藏档案、资料内容和指导利用者查阅利用档案、资料的

工具书。该书由前言、正文、附录、插图等部分构成。正文分11章，是全书的重点。第一章介绍河南省档案馆概况；第二章至第九章分别介绍馆藏清代、民国、革命历史和中华人民共和国时期的档案，包括声像、实物、谱牒等专门档案；第十章至十一章，介绍馆藏资料，包括报刊、图书、方志、拓片等资料。附录收入馆藏档案全宗名册，河南省档案馆编辑出版的档案史料汇编一览表，清代至中华人民共和国时期河南省地方主管任职名表，以及收集、利用档案的有关规章制度等。

清代妈祖档案史料汇编

编　著：中国第一历史档案馆、湄洲妈祖祖庙董事会、湄洲妈祖文化研究中心、莆田市归国华侨联合会

字　数：20万

本书是清代皇宫所藏有关妈祖的档案史料汇集，共收清代康熙二十三年(1684)至光绪三十三年(1907)200余年中有关妈祖的档案史料146件。其内容：1.清册封使赴琉册封琉球国王，出海前赴妈祖庙致祭，顺到返行后请求朝廷颁匾、敕加妈祖封号的档案；2.漕粮部分运粮完成，请求为妈祖颁匾加封的档案；3.记述清军在克复厦门、进征台湾的军事行动中得到妈祖神佑的档案；4.海外侨胞捐赈清赐妈祖庙匾的档案；5.对妈祖庙进行修葺的档案；6.皇宫内建立妈祖神位的档案；7.清帝赐地方妈祖庙匾额的档案；8.内务府所藏无后宫寺庙图、福建地图等。全部为影印出版，史料价值很大。

清宫热河档案(18册)

编　者：中国第一历史档案馆、承德市文物局

字　数：750万

本书为清代宫廷所藏关于热河档案的专题汇集，采用编年体影印出版。书内所辑档案始自康熙四十四年，止于宣统三年，收录了清康熙以后九位皇帝执政期间有关热河事宜的主要档案共3616件(册)。档案种类包括：皇帝颁发的谕旨诏令，记载帝王言行动止的起居注册，中央各部大员及地方官员进呈的奏折、奏本、清单，中外交涉事件的信函，官府各衙门之间往来的咨文，热河各殿堂、庙宇的陈设清册，以及各类修缮工程的奏销黄册等。内容涉及避暑山庄、外八庙、木兰围场、口外行宫的兴建、增扩、修葺及沿革管理，清代发生在热河的重大历史事件等。

清宫普宁寺档案

编　者：中国第一历史档案馆、承德市普宁寺管理处

字　数：80万

本书为清代宫廷所藏关于普宁寺问题的专题档案汇集，采用编年体例影印出版。书内所辑档案始自乾隆二十二年，止于宣统二年。档案种类包括：清代皇帝颁发的谕旨诏令，记载帝王政务、言行的起居注册，中央各部院大臣及地方官员进呈的奏折、奏本、清单，官府各衙门间往来的呈文、咨文，普宁寺各殿堂的陈设簿册，以及各类修缮工作的奏销黄册等。档案来源涉及内阁、宫中、军机处、内务府、中央六部、热河部统衙门等十几个官府机构。内容包括皇家寺庙普宁寺的肇建、修缮及沿革、管理，清朝诸帝亲诣普宁寺的礼佛活动，普宁寺在不同时期的佛像供器等项陈设详情等等。

广东省各级各类档案馆概览

编　著：广东省档案局

字　数：32万

本书收录了在广东省境内的、经过批准正式挂牌的各级各类档案馆共184个，其中国家综合档案馆137个，城建档案馆19个，部门档案馆16个，企事业单位档案馆12个。该书介绍了各档案馆基本情况，对馆藏作了重点介绍，还附有各档案馆的通讯地址和联系电话，为利用者利用档案提供了便利。原广东省副省长钟启权同志为本书作序。

房地产档案管理

主　编：广东省档案局、广州市房地产档案馆、湛江市房产管理局

字　数：19万

本书是一部较详实、系统地论述房地产档案概念、构成、特点、作用及其管理的特殊性的书。书中以实践为基础，以实用为宗旨，从理论与实践结合的角度，以专门档案管理的一般原则和方法，对房地产档案的构成、特点、作用以及其管理的特殊性等进行了比较详细、系统的论述。同时，紧密结合房地产档案管理的实际，联系现代化科学技术在档案管理的应用，对房地产档案管理、检索等提出一系列的方案和措施，可为房地产档案管理人员提供有益的帮助。

信息环境的项目档案管理

主　编：广东省档案局

字　数：11万

本书围绕信息环境下的项目档案管理，结合现阶段我国国情和项目建设的实际，探讨了建设项目各类电子文件的形成质量监控，建设项目的各类主体包括建设、设计、施工、监理单位的电子文件形成与积累，建设项目电子文件的鉴定与整理以及建设项目电子档案的保管、开发与利用等问题，提出了建设项目档案信息

化的基本模式。

感悟人生
作　者:谭全力
字　数:41 万

本书是一部散文随笔集,记述了作者对人生、事业、生活的思索和感悟,充满了积极奋进、勇往直前的精神。

人才市场的发展与创新
主　编:张宇泉
字　数:24 万

本书是研究北京市人才市场发展与创新问题的学术论文集。

人力资源管理实践与探索
主　编:张宇泉
字　数:18 万

本书为探索新时期人才论文集,共 31 篇。内容涉及人力资源管理、开发、人力资本运筹等问题。

战火中的雏鹰
主　编:鲁智勤
字　数:35 万

本书汇集了新四军的华东干部子弟学校当年师生的回忆录和题词题字,文章 80 余篇,照片 10 幅。书中作者以自己亲身经历、亲眼听见、亲耳所闻的历史事实,讲述了华东子弟学校的产生、发展,以至最后归并的全过程,描述了华东全体师生在艰苦的战争年代,辗转流徙,边干边学、艰苦奋斗,始终保持革命理想的事迹。

乾隆皇帝长寿秘笈——揭开乾隆皇帝长寿之谜
编　著:向斯
字　数:20 万

本书以中国古代最长寿的乾隆皇帝为研究案例,大量挖掘了宫廷生活的各方面史料,内容涉及饮食、性欲、起居、出游、休闲、读书、书画、写经、诗赋及个人心理调节,并附有养生秘方,大量彩色插图,从全方位的角度探索诠释了乾隆皇帝长寿的各种因素,其中列举了大量佛教经典,为本书独特之处。

民族英雄王进喜
主　编:陈宜才
字　数:24 万

本书汇集了大量的文物图片、题词题字和新闻照片,分为英雄足迹、民族英雄、英雄故乡、英雄不朽四个部分,系统地记述了铁人王进喜的英雄事迹,歌颂了铁人王进喜对祖国石油工业的贡献,总结了铁人王进喜的创业精神。本书是为纪念铁人王进喜诞辰 80 周年而编辑出版的。

皇城宫苑
作　者:张富强
字　数:30 万

本书具体介绍北京著名皇家御用宫苑北海和景山的主要景区。北海景山具有近千年的历史,是中华五千年传统文化的结晶,更是中国皇家园林中的精品,是我国皇城宫苑的重要组成部分。北海景山,园林设计尽善尽美,建筑艺术精湛独到,其中蕴藏着中华民族风俗习惯、审美观念、科学文化、宗教信仰、建筑特色、雕刻艺术、植物栽培等方面的丰富内涵。这些在书中都有或详或略的诠释和介绍。

草树斋笔记
作　者:王毓
字　数:30 万

本书是原河南省档案局长王毓在从事图书馆工作和档案部门管理工作中撰写的论文集。全书分为五个部分:图书馆篇、点校篇、史志考镜、艺文杂撷及访谈篇。书中对图书管理和古籍点校方面有较深入的论述。

北京公安年鉴
主　编:本书编委会
字　数:50 万

本书全面记述了北京市公安系统 2002 年的工作情况,全书分为特载、专文、重大活动、大事记、法规选编及各专业系统的工作情况共八个部分。

西方历史文明坐标
主　编:林顿
字　数:30 万

本书站在全新的角度,从宏观上把握西方历史文明的进程,抓住大事件,挖掘内涵,启示出一条比较清晰的历史脉络,同时配有 200 余幅插图,具有生动性,是一本快速了解西方历史文明进程不可缺少的书籍。

中国历史文明巡礼
主　编:林顿
字　数:30 万

本书以时间线索为主线,以主题内容为要点去描述、分析中国五千年的文明史，不求面面俱到，但求重点突出。全书选配了大量的插图，图文并茂，生动有趣。

孔子与曲阜

编　著：曲阜市档案馆

字　数：18万

本书是曲阜市档案馆的编研成果。曲阜市档案馆充分发挥了本馆的区位优势和馆藏特色，同时参阅了大量的历史文献、民间传说、学术成果等相关资料，结合曲阜旅游和对外宣传的需要，编辑此书。内容翔实，可读性、知识性、趣味性兼备，而且取得了较好的经济效益，其做法和经验值得借鉴。

大众简易速记

作　者：张纯龙

字　数：12万

本书介绍了一种由作者自创的简单易学的新的速记方法，此方法具有一别（音符彼此能区别）、二少（速符笔画少，速符记忆量少）、三易（易学、易写、易交流）的特点，是一种适合一般业余爱好者自学，也适合大、中学学生学习以及专业人员使用的一种速记方式。

读懂你周围的人

编　著：方道

字　数：23万

人与人之间的关系微妙异常，有可言之处，有不可言之处，一切绵在明白人之心中。你周围的人既是你必不可少的生活伙伴，又是你需要留心的对手，提高自己做人办事的眼力和心力，一步一步落实自己人生的计划，这也是本书的宗旨之一。

智辩与胜手——做大人生局面的行动绝学

编　著：方道

字　数：25万

本书通过中国外17位著名人物成功的经历，用事实说明一个道理——“智辩”是成功的根本。作者通过大量的历史事实说明，一个人要想成为智辩者，需要具备许多条件和过人的胆识和魄力，透过中国历史这十几位智辩者谋取大胜局的过程，给人们以智慧的启迪。

促进就业最新政策汇编

编　者：中国劳动保障报社

字　数：10万

本书收集了2002年中央、国务院各相关部门颁布的关于促进下岗失业人员再就业工作的文件、规定、讲话等12篇，共10万余字，是一部做好下岗失业人员再就业的必备工具书。

与名人有约

主　编：李政

字　数：100万

本书是一套旨在帮助读者了解和认识那些对人类历史有着重要影响的人物传记丛书，这套书分为“政治家”、“军事家”、“科学家”、“文学家”四卷。

办公技术与办公设备

主　编：张照余

字　数：20万

本书从应用的角度概要介绍现代办公设备的主要技术，系统介绍现代办公所使用的通信设备、文印设备、信息处理设备、办公用品、办公建筑和办公环境等，详细阐述了各类办公设备的基本原理、基本结构和技术性能，并着重介绍各类设备的使用操作，维护保养和选购安装。

第一次当经理

原作者：朱丽叶—安·阿莫斯

译　者：宋克勤、张彻

字　数：12万

本书是为那些初任经理的人士而写，介绍了有关资源管理、会议管理、团队管理、员工管理、客户管理、决策等方面的一些实用的管理方法和经验。

海伦·凯勒自传

原作者：海伦·凯勒

译　者：张雪兰、谢萍

字　数：20万

本书收录海伦·凯勒写的“假如给我三天光明”、“我的生活”和沙莉文的教育手记和报告，记录了海伦·凯勒自强不息与命运搏斗的人生经历，对广大读者有激励、教育作用。

铁蹄下的罪恶——日本在青岛劫掠劳工始末

编　著：青岛市档案馆

字　数：30万

本书运用大量的青岛市档案馆馆藏，有关日本掠运强制劳工档案，对日本在青岛掠夺劳工政策始末、劳务统制掠夺体系及劫掠劳工对本地区经济和社会造成的危害等问题作了系统的研究。

红绿灯　单行线

主　编:肖剑、足青
字　数:8 万

本书是一套故事丛书,分为"大器之材"、"心有灵犀"、"并非偶然"、"生命境界"、"雕刻心灵"五辑,收录了百余个富有智慧和情趣的小故事,供读者休闲赏阅。

打右灯　向左转

主　编:肖剑、足青
字　数:8 万

本书是一套故事书,由"动物哲学"、"一念之间"、"爱的家园"、"老谋深算"、"上帝的笑"五辑组成。本书为读者精心编选、整理了百余个生动的小故事,旨在让读者阅读欣赏的同时,获得启发和教益。

圣哲智慧门

编　译:蒙克
字　数:25 万

本书精选了历史上十位思想圣者关于"做人做事人生态度"的数十篇智慧篇章,包括蒙田、罗素、泰戈尔、培根、尼采、伏尔泰、弗洛伊德、劳伦斯、波娃,通过"他们自己说"的方式,探讨人生哲理,揭示人生的一道道谜底,积淀着思想大师们丰厚的人生经验和生活态度。

青年励志手册

编　译:张津
字　数:22 万

本书分九章,收录了中外诸多政治家、企业家、思想家、作家等人生、励志、成功的名篇佳作。这些文章曾广为流传,激励和启发过无数的青年读者,字字珠玑,堪称金玉良言。

资本——创业精英与风险投资家演讲录

主　编:旷建庄
字　数:27 万

本书撷取了清科公司历次举办的各类活动中来自创业投资家和创业精英的精彩演讲,演讲者都是大中华地区最活跃的风险投资家和成功创业的知识精英。其演讲内容总结和探讨了风险投资和资本运营的经验,可供资本运营者参考借鉴。

天才演说

编　译:林林
字　数:26 万

本书是一部讲授演说技能和艺术的指导性读物。本书的内容涉及了公众演说的所有方面,包含了大量的原则、方法和技巧,用流畅优美的语言说明了演说准备、内容组织、技能发展和现场发挥等各个环节所要把握的关键。

读史有智慧

作　者:冷成金
字　数:38 万

本书分若干篇,以读史札记的形式,介绍了中国古代著名的学者和思想,对儒、道、法、墨、兵、纵横等诸子百家文化精髓进行探讨、阐发,是一部了解中国历史的读物。

中国档案事业传统与现代化

作　者:覃兆刿
字　数:28 万

本书是作者将其数年来对档案学传统理论与现代化档案事业之间的关系的研究成果系统化的专业性论著。书中总结并分析了中国近代档案学思想,并欲寻找一条从档案传统到档案事业现代化的思维路径。本书具有相当的学术前瞻性,其新颖别致的观点亦得到业界相关人士的肯定。

桃文化研究

作　者:王焰安
字　数:18 万

本书是我国首部有关桃文化研究的著作。作者全面地分析了桃文化的内涵,并结合大量史籍、典故,阐述了桃文化的渊源,较完整地总结了有关桃文化的研究成果。全书视角丰沛、内容充盈,文字流畅,视野开阔,具有较强的学术性,适合广大文化工作者参考阅读。

武汉文史文丛第三辑

编　著:武汉市文史研究馆
字　数:35 万

本书系武汉文史研究馆编撰的武汉文史文丛系列丛书之中的一集,内容包括《武汉地名丛谈》、《老武汉风俗杂谈》、《武汉戏曲楹联》等三册。依旧是武汉民俗文化中不可多得的经典作品。书稿皆由该文史馆资深馆员撰写而成,语言生动,"俗"中见雅,使人读来饶有趣味。

陈独秀与第三国际人物论

主　编:朱洪
字　数:14 万

本书是一部学术论著,分别论述了陈独秀与第三国际主要领导人物列宁、斯大林、季米特洛夫、托洛斯基等人之间的关系。本书主要参阅了俄罗斯最新解禁的相关档案撰写，有很多最新见解和研究成果，具有很高的史料价值。

陈独秀思想发展轨迹

作　者：贾立臣

字　数：24万

该书为研究陈独秀思想理论的学术著作。作者以恢复陈独秀的思想理论原貌为宗旨，以特定的历史时期和政治背景为依据，对比分析了陈独秀思想理论的发展与中国革命理论主体的发展相承与变化，对于错误的学术观点进行了具有说服力的辩驳，并较深刻地总结了学术界在陈独秀思想理论上的争论和取得的成果。该著论述独到，实事求是，评价客观，值得一读。

财政与金融基本知识读物

编　著：钱子健

字　数：24万

本书为财政与金融基本知识教育读本，是为了适应我国经济建设飞速发展，逐步与世界接轨，干部经济素养亟待提高的迫切要求而编写的。作者系长期从事有关方面教育研究并取得一定成绩的专家学者，其编写特点是从目前基层干部的实际水平出发，结合社会发展趋势，注重实用性、前瞻性、新角度、新视野，讲解通俗简练、易于理解，并在各章后附有复习思考题，是各级干部、有关人员快速入门的实用读本。

教育督导的理论与实践

作　者：李帅军、穆岚

字　数：28万

本书为教育管理理论学术著作，系河南省“九五”教育科学规划重点课题，河南师范大学青年科学基金与专著出版基金资助项目。该书主要论述了教育督导的职能与原则，教育督导理论的基本概念、性质与特点；阐述了我国教育督导制度的沿革、现状，机构设置，人员编制、职责选拔与培养的要求及方法，并与发达国家的同业加以比较分析，提出了改进的建议。此外作者还系统地论述了教育督导管理在实施过程中的具体内容、步骤与方法，行政教育督导及体制改革的构想。本书对于业界学术交流探讨具有一定的借鉴价值。

走进新江宁

主　编：王瑞林

字　数：27万

本书为地方性信息资源实用性指南手册，是南京江宁区党史办公室，地方志办公室适应社会现实需求，为政务公开、便民服务提供的一个资讯检索平台。主要内容以与人们学习、工作、生活息息相关的江宁概况、投资创业，求职就业，教育文化、医疗保健、交通，邮政电信，广播电视、旅游餐饮、市场购物、金融保险、权益、法制、出入境、居家生活等有关信息组成。全书条目分明，表述清晰，检索方便。

休闲益趣

编　著：陈林

字　数：30万

本书为知识趣味性休闲读物。主要内容分为四部分：以民间流传的俗谚、轶闻、轶事为主的掌故及成语典故小品文；诗词楹联经典类及趣味类；知而难予言明或知之欠详的百科小知识；幽默、笑话及趣文。本书融知识性、趣味性于一体，涉及面较广，既可作为工作之余的休闲读物，又可作学习知识的参考资料，尤适合闲适在家的老年读者，随时翻阅，笑口常开。

漂一族与飘一代

编　著：周云芳

字　数：20万

本书为记述改革开放以来大都市中产生的两个特殊群体的纪实性读物。全书分上下两篇，上篇记述了外来人口为适应现代都市生活，熔入主流文化所遭遇的窘迫与无奈，付出的艰辛与困苦，收获的欣慰与快乐，以及不变的永久期待和梦想。下篇勾勒了大都市现代文明产生的新生代崇尚物质享受的生活理念，和自由恣意、超脱不羁的精神状态。该书可读性强，社会内容丰富，了解新都市生活与文化的通俗读本。

给心灵放个假

编　著：周云芳

字　数：20万

本书为休闲益智类图书，为独立篇章人生感悟短文合集。其中收集了古今中外各种内容的小故事，优美的文字，感人的经典，寓意深刻的哲理，点悟了人生的本质，启迪了人类的心智，平抚了现代人的浮躁、焦虑、疲惫的心灵，使人们重新审视自己的生活，辨析人生的真谛，选择真正需要的生活，得到人生乐趣的本源。本书感染力浓郁，人物情节及编排读来轻松、易解，适合各阅读群体。

学者论谭(三)

主　编：宫建生

字　数：38万

该书收录了韶关学院聘请的校内外数十位专家、学者的演讲文稿,内容涉及管理、社会、语言文学、工业技术、生物医疗、情报信息等诸多领域。该书题材广泛,阐析精深,对于活跃校园学术气氛,提高教学水平,推动教育改革乃至启迪学生的创造性思维等皆大有裨益。

排污费征收使用管理条例释义

主　编:李昕、李恒远

字　数:30 万

本释义由国务院法制办公室和国家环保总局共同主持编纂。全书分二部分:一是排污费征收使用管理条例及其释义内容;二是我国现有法规中有关环保、治污的有关法律、法规、条例,及国外一些排污收费办法等。该书准确反映立法宗旨和法规条款内容,具有权威性与准确性,是一部可操作性较强的管理工作及依法纳费的工具书。

馆陶风采

主　编:刘汝武、崔付仲

字　数:30 万

河北馆陶是一个具有两千多年历史的名城。由于地处河北、山东交界地带,全县以农业为主,经济欠发达。但近十几年来,以蛋鸡养殖、棚室蔬菜、花卉种植三大特色农业为主导,形成禽蛋农贸批发市场等三大市场,以商贸流通拉动经济繁荣发展的新格局。全书记录了这一时期馆陶人艰苦奋斗的足迹,展示出馆陶人的精神风貌。

一生的安慰

编　著:一言

字　数:30 万

本书撷取人生之中关于亲情、友情、爱情、事业、奋斗、拼搏等 100 多个小故事、小片段,阐释出生活的哲理和生命的意义。

读懂你的一生

编　著:卢化南

字　数:20 万

这是一部关于青年人筹划一生的精神指南读物。全书分机遇篇、抉择篇,把原本复杂纷繁的人生简单化、条理化、理性化。教导青年人如何设计人生的目标,如何把握机遇,如何面对选择与放弃,如何看待成功与失败。为初涉世事的青年人介绍出一条到达彼岸的捷径。

成与败

编　著:一言

字　数:25 万

本书是一部成功心理学著作。全书分智慧与哲理、处世与实践、励志与磨难、涵养与静修四篇。列举了三百余条生活中成功与失败的例子和故事,给人以启迪和勇气,是青年人树雄心、摆正成功失败观的参考书。

这样才能赢——办公室人际关系 24 招

作　者:萧风

字　数:25 万

重视沟通,掌握正确的沟通手段,在办公室中注重营造和谐的工作氛围,是提高工作效益和业绩最重要的方法。本书介绍了解决人际关系的 24 种招数,教你如何应付来自上下左右的压力,如何应付公司内部的各种人,如何在任何处境下排除困难等,只要你用心熟读并学会使用书中罗列的招数,就能拥有高超的人际关系技巧和丰沛的人脉,在工作中立于不败之地。

花季档案

作　者:谢维兴

字　数:25 万

本书由长期从事中学生心理教育和研究的中学心理学教师所著,主要针对中学生在青年期阶段所出现的种种问题,如学生与家庭、与老师、同学之间以及学生与社会的种种矛盾及其引发的早恋、封闭、逆反等心理,及时有效地引导他们健康地成长。

中国著作权人档案

主　编:黄浪华、夏善彬

字　数:100 万

本书是大型工具书《中国人才库》中的一种,第一卷收录了各行各业、各条战线的人物条目 3000 多个,每一条目分两部分,其一为人物简介,其二为所收录的著作权人公开发表或已出版的论文或著作情况。

人生漫记

作　者:王泓

字　数:32 万

本书是作者对自已丰富的人生进行探索和反思的作品,其中多为对人生观、价值观、人生意义、人生哲学和人生行为的感悟、认识和思考。全书共 90 篇,分为人生感悟、论证人生、笑对生死三部分。

现代文件管理

编　著:杨霞

字　数:25 万

本书是一部用于高等院校文秘、档案专业学生学习现代文件管理的教科书。内容主要是:文件管理概论、发文处理、收文办理、文件整理归档、文件工作的组织与控制、声像文件管理、电子文件管理等,每章各附有思考与练习和案例分析便于学生学习。

开放大脑阶梯训练核心课程

主　编:李放

字　数:90 万

本书共四册,一为《创新思维与创新能力》,二为《创造思维与创造能力》,三为《最优者生存》,四为《思维诊所洗脑》,主要是从思维训练的角度谈创造学、创新能力、创造能力的训练、培养,并且介绍了许多思维训练的方法、案例、问题等。

珍惜健康　关爱生命(挂图)

编　著:史建新

页　数:48 页

本书是一套宣传挂图,其内容包括:有关公共卫生的法律、法规;党和全国人民共同抗击非典和禽流感等突发疾病;各种流行性传染病的预防方法;各级政府、各部门对人民健康的重视等。

弘扬民族精神携手奔小康(挂图)

编　著:李维

页　数:48 页

本书是一套宣传挂图,主要内容是建国五十四年来我国人民在党的领导下,在工业、农业、国防、科技等领域取得的巨大成就,以及国民生活水平逐年提高,共同奔小康的具体情况。

(以上由高建平提供)

中央级档案部门编辑出版图书简目

庚子事变清宫档案汇编

编著者:中国第一历史档案馆

中国人民大学出版社　字　数:660 万

该书为清宫所藏庚子年间八国联军侵华的档案总汇,共 18 册,辑录档案 6600 余件。全书按内容分为四卷,每卷均按文件形成时间依次编排。四卷分别为:①八国联军侵华卷。反映八国联军入侵,以及紫禁城和各地清查损毁及丢失物品的情况。②慈禧光绪西行卷。反映西逃准备,在京留守及随扈人员安排,西行途中驻跸地点,西逃期间日常生活及经费开销,护卫军调拨驻扎及军饷支出,从西安回銮的跸路修复、回銮时间的最后确定和迎驾事宜。③辛丑条约谈判卷。反映清政府请求停战,围绕惩处王公大臣、战争赔款以及禁购禁运军火年限等问题交涉谈判过程。④庚子赔款筹付卷。反映清政府筹措赔款割付各国的数额、方式与经过,以及为支付赔款对海关税收及盐务厘课的摸底,清政府向各省指派的赔款定额分批解送等情况。

(刘杜英)

民国军服图志

编著者:中国第二历史档案馆

上海书店出版社　字　数:15 印张

本书系统地介绍了自晚清至民国覆亡各个不同历史阶段(包括晚清、南京临时政治、北洋政府、国民政府及日伪政权)中国陆、海、空军服饰的变迁,填补了民国军服史研究的空白。全书图文并茂,设计、装帧精美,具有一定的收藏价值。

中国第二历史档案馆研究人员编研著述目录

编著者:中国第二历史档案馆民国档案杂志社

中国第二历史档案馆民国档案杂志社　字　数:30 万

本书汇集了中国第二历史档案馆自 1951 年成立至 2002 年 12 月底以前,研究人员历年公开发表及正式出版之著述和科研成果。本书以现职研究人员、离退休研究人员、已故研究人员为序,以个人为单元编辑,分学术简历、著作、史料(照片)集、工具书、论(译)文、科研项目等类项。本书还附有中国第二历史档案馆历年出版之书目及科研成果统计,编有研究人员姓钳笔画检索。该书是第一本了解中国第二历史档案馆研究人员及编研成果情况之权威工具书。

大亚湾核电生产文件档案使用指南

编著者:大亚湾核电站档案馆
中国电力出版社　字　数:56.2万

本书分上、下两篇,全面介绍大亚湾核电站在生产运营阶段产生和经常使用的各种文件档案的结构、功能特点、产生及演变过程、管理方式和利用特征,是一本核电站档案工作人员的工作手册、档案利用者的工具书、核电技术人员的参考资料。　(李燕杰)

岭澳核电工程实践与创新
编著者:《岭澳核电工程实践与创新》编辑委员会
原子能出版社　字　数:1011万

全书由《项目策划与前期工作卷》、《工程控制卷》、《设计管理与采购卷》、《施工管理卷》、《调试启动卷》、《合同、财务及审计卷》、《质量保证卷》、《文档管理卷》、《生产准备卷》、《设计自主化及设备监造卷》、《土建施工卷》和《设备安装卷》12卷组成,共16册,约1011万字,汇集了岭澳核电站业主及参与岭澳核电工程的国内设计、科研机构与施工安装单位的923篇文章。全书对岭澳核电站一期工程建设和生产准备实践与创新的全过程进行了全方位总结,着重对各项工作的实践效果进行实事求是的回顾和分析,总结经验和教训,对指导今后的核电工程建设工作有很好的借鉴作用,被有关专家誉为核电工程的"小百科全书"。

(李燕杰)

地方档案部门编辑出版图书简目

满铁与劳工
编著者:辽宁省档案馆
广西师范大学出版社　字　数:465.2万

1907年至1944年,南满洲铁道株式会社及一批日本企业进入中国东北后,为了掠夺的需要,征用了大量的中国劳工,从事矿山采掘、码头搬运等繁重的生产劳动。在日本帝国主义发动的侵略战争中,无数中国平民被日军强征为劳工,为其修筑铁路、道路等,从事最危险和最艰苦的体力劳动。这时期中国劳工无任何保障可言,直到被榨干全部血汗而抛尸荒野。在日本侵华期间,近千万中国劳工在日本侵略者的铁蹄下,被役使、压榨,过着非人的生活,处境十分悲惨,他们经历了人类历史上最黑暗、最残酷的遭遇。本书以辽宁省档案馆保存的南满洲铁道株式会社的档案和日文资料,真实、具体、详细地反映了有关日本侵华期间奴役和压迫中国劳工的这段历史。

满铁与移民
编著者:辽宁省档案馆
广西师范大学出版社　字　数:311万

二十世纪初,日本就大量向巴西、美国及其他国家和地区移民。中国,特别是东北,更是日本帝国主义对外侵略扩张的主要目标,自然也就成了日本主要移民的地区。"九一八"事变以后,日本政府更加肆无忌惮地大规模向中国东北进行移民,并将移民作为国策之一,制定了详细的"国策移民"计划。日本政府如此大量出资进行移民,其实质是掠夺经济资源和占领领土,是仅次于战争的一种侵略手段。本书以辽宁省档案馆保存的南满洲铁道株式会社的档案和日文资料,真实、具体、详细地反映了日本向中国东北移民的这段历史。

东北日本移民档案(吉林卷)
编著者:李贵忠
广西师范大学出版社　字　数:131万

本书真实地记录了1931至1945年间日本帝国主义在东北地区推行移民活动的情况。

从1931年起,日伪当局就通过满洲中央银行各分支行在东北大肆掠夺土地,后再将其所得土地转售满洲拓植会社用于移民活动。本书选编的部分档案展示了日本移民对东北原住民的掠夺情况及日本对移民政策的不同态度和生活状况。档案中的有关满拓的设立及其预算、营业报告书、资本计划报告书、满中银行对满拓贷款认可决定书等材料,更是反映了日伪当局坚持推行移民政策以壮大日本移民的压迫和剥削,丧失了土地、沦为雇佣农工的农民进行了各种形式的反抗和斗争。本编档案的出版,对揭露和研究日本帝国主义的经济掠夺及所推行的移民侵略政策有着十分重要的作用。

(杨俊卿　李秀娟)

特别移送研究
编著者:张志强、赵玉洁

吉林人民出版社　字　数:18 万

《特别移送研究》是吉林省档案馆历史处利用本馆档案史料进行深入研究和调查形成的学术论著。

作者依据当前在我国发现的有关史料,研究了关东宪兵队实施“特别移送”的规定、方法、人数、命运等等,剖析了关东宪兵队和七三一部队抓捕抗日爱国人士进行残酷的细菌试验的史实,并对一部分被特移人员的遗属进行了调查采访。

此外,本书还搜集了保存在吉林省档案馆和黑龙江省档案馆以及中央档案馆所存档案中的被“特别移送”人员名单,为揭开二十世纪三四十年代七三一部队的罪恶黑幕提供了重要的佐证材料。

（杨俊卿　李秀娟）

1948·长春　未能寄出的家信与照片

编著者:张志强

山东画报出版社　**字　数**:10 万

《1948·长春　未能寄出的家信与照片》选材于吉林省档案馆保存的原国民党官兵信件档案。1948 年 6 月至 10 月,东北人民解放军对长春实行久困重围,守城的国民党官兵在解放军的强大攻势下,军心涣散,对前途悲观绝望。许多人纷纷把自己保存的照片、证书、日记等夹在书信中准备寄离长春。由于长春的陆路和空中通道均被切断,长春解放时部分信件被我军截获,由吉林省档案馆保存至今。

本书分东北之争、国民党军队占领长春、长春时期的孙立人、孤军哀鸣、市井图画等 39 篇,精选了 165 幅照片和部分信件、日记,主要反映了国民党军队占领长春时新一军、新七军、第六十军的活动和生活以及蒋介石、杜聿明、孙立人、郑洞国、廖耀湘等人在长春、沈阳的活动,对当时长春市的市容市貌和百姓生活也有所反映;所收录的书信和日记揭示了当时国民党守军对前途悲观失望,对家乡和亲人深深思念的心情。本书以独特的视角真实再现了长春解放前那一特定时期的历史。（杨俊卿　李秀娟）

长春旧影

主　编:刘凤楼

人民美术出版社　**字　数**:3 万

《长春旧影》一书系人民美术出版社出版的中国名城百年系列丛书之一。全书收录 243 张长春不同时期的老照片,分城市概貌、官署建筑、文教卫生、风景遗迹、民风民俗五部分,以照片配以必要说明的形式,再现了从清末民初到长春解放这一时期长春的历史风貌。（杨俊卿　李秀娟）

伪满洲国的“照片内参”

编著者:张志强

山东画报出版社　**字　数**:7 万

本书是由吉林省档案馆编辑公布、山东画报社出版发行的一本伪满洲国遗存老照片的专辑。

全书所收 170 余幅老照片是从吉林省档案馆馆藏中甄选出来的,均出自伪满洲国通讯社(以下简称国通社)记者之手。原照片档案附有相应的说明文字,注明了照片所摄事件发生的时间、地点及任务的相应情况,较全面地反映了照片的基本内容。

本书所录照片,内容分为政要行踪、炫耀与粉饰、新闻事件、社会百态四个部分。通过这些照片,读者可以直观地了解到日本侵华时期日、满、华军政要人在当时历史条件下的活动情况;国通社记者极力发挥其政治喉舌作用,为日伪当局殖民统治涂脂抹粉的造势之举;发生在中华民国、伪满洲国及中蒙边境等地颇具“新闻”效应的事件影像以及在日伪“五族协和”的幌子下,在华日本人与中国人高下悬殊的生存实态。从多个观点,折射出日本帝国主义的侵略本质。

（杨俊卿　李秀娟）

吉林省档案馆藏七三一部队罪行铁证

编著者:刘凤楼

吉林人民出版社　**字　数**:51 万

《吉林省档案馆藏七三一部队罪行铁证》(以下简称《铁证》),是由吉林省档案馆与日本 ABC 企划委员会、日本近现代史研究会合作编辑,吉林人民出版社出版发行的大型史料汇编。

《铁证》全书分为三个部分。一为吉林省档案馆藏关东宪兵队特别移送档案及七三一部队新京(今长春)、农安“防疫”档案的影印件;二为中日双方专家、学者的研究论文;三为附录部分,包括吉林省档案馆藏关东宪兵队特别移送人员情况一览表和吉林省档案馆向社会公布相关档案的新闻报道。

《铁证》以翔实的史料,确凿的图文资料记载了关东宪兵队特别移送及 1940 年侵华日军第七三一部队在新京、农安进行“防疫”活动的历史实况。同时专家、学者还以独特的视角,精辟地评述了日本帝国主义给中国人民带来巨大灾难的历史。

（杨俊卿　李秀娟）

东北日本移民档案(黑龙江卷)

编著者:黑龙江省档案馆

广西师范大学出版社　**字　数**:256.8 万

该书选自黑龙江省档案馆馆藏日伪时期形成的档案和有关资料,为充分反映其史料价值,本书所收档案均为原件复印。其档案形成的机构为拓务省拓务局、满洲拓植委员会、满洲拓植公社、开拓总局、关东军参谋部、满铁产业部、满铁经济调查会、日满农政研究会新京事务所、哈尔滨铁路局北满经济调查所、铁道总局附业局拓植课、各移民团、东亚研究所、驻哈尔滨日本总领事馆警察署、满洲中央银行调查课以及伪满洲国各省县(旗)开拓厅、开拓科、各公署等,时间从1933年到1945年,共收入档案资料400余件。其主要内容有:移民政策法令、计划与调查、开拓会议、图表及布告、移民土地、移民状况、开拓农业长期传习生的募集、开拓团指导员的任用及加薪拔擢、有关县政概况、开拓团的暴行事件、东北农民反对收买土地、开拓地邮政机关配置状况、开拓地农学校设立等等。本书绝大部分档案资料为第一次公布,对开揭露日本帝国主义对中国东北移民侵略的罪行,批驳日本右翼势力歪曲历史、美化移民侵略的谬论,更好地正视历史,以史为鉴,发展中日友好关系,有着非常重要的价值。

(戴丽艳)

风起大漠——敦煌纪事

编著者:上海市档案局陆其国

百家出版社　**字　数**:20万

本书根据大量原始档案史料,用文学的笔触写出了敦煌莫高窟的史事。尤其是其中珍贵档案文献珍藏与遭劫的过程,以及中国文化学者保护及抢救敦煌文献的感人故事。所附大量敦煌老照片,增添了该书的收藏价值。

老上海迷人风情

编著者:上海市档案局陆其国

中国福利会出版社　**字　数**:13万

本书20篇文章,从不同视角,讲述了老上海的故事。历史与文化相糅,文笔清新可读是该书亮点。文章所描述的细节也颇耐人咀嚼。全书附约百幅老上海历史资料照片。

中共中央华中局

编著者:江苏省委党史办、江苏省档案馆

中共党史出版社　**字　数**:40万

华中局是抗日战争时期中共中央在华中地区(包括苏、浙、皖、豫、鄂、闽、赣七省地区)的派出机关,领导华中敌后抗日根据地的抗日,并领导华中敌后、浙、闽、赣北、皖南等国统区和南京、上海等敌占城市的中共党组织。本书系统收录了关于中共中央华中局的历史文献96篇,以及通过广泛深入地研究档案史料撰写的综述、大事记和组织序列,反映了华中局的成立和发展,华中敌后抗日斗争的艰苦坚持和夺取胜利的全部历程,重现了华中敌后抗日斗争波澜壮阔的历史画卷,是研究中共党史和抗日战争史的宝贵资料,也是进行爱国主义教育的良好教材。

本书由中共党史出版社列入中国共产党历史资料丛书。

南京当代人物大典·英烈卷

编著者:南京市档案局等

中共党史出版社　**字　数**:112万

该书介绍了自1921年中国共产党成立至2002年间在南京牺牲的3000多名烈士的生平事迹和南京地区革命纪念场馆的有关资料。全书分烈士事迹、英名录和附录三部分,史料翔实、图文并茂,是开展革命传统教育的生动教材。

无锡历史上的今天

编著者:无锡市广电局、市史志办、市档案局

西安地图出版社　**字　数**:30万

该书以宣传无锡、展示无锡为目的,详细介绍无锡历史上重大事件和著名人物生平;地方政治、经济发展的状况;民俗文化和名胜古迹,发挥了传承吴文化、促进无锡发展的作用。

无锡望族与名人传记

编著者:无锡市档案馆、无锡市图书馆、无锡名人辞典编委会

方志出版社　**字　数**:80万

该书收录了明清以来秦氏、华氏、顾氏等著名望族和杨氏、薛氏、荣氏、唐氏等新兴家族资料共70余篇,介绍了他们对无锡地区社会经济、文化教育的深刻影响和积极作用,内容丰富,史料翔实,并附有200多幅照片和手迹。

无锡科技英才

编著者:无锡市委组织部、市委宣传部、市档案局

百家出版社　**字　数**:30万

该书是一部反映无锡市当代各条战线有突出贡献的中青年专家业绩的读本,以写实的方法收录了267名科技人才的主要成果和事迹,激励更多的科技人才为无锡经济和社会事业发展,为实现"两个率先"的目标作出更大贡献。

苏州年鉴(2003年)

编著者:苏州市档案局

苏州大学出版社　**字　数**:114万

该书为综合性地方资料工具书，共列特载、特辑、党和国家领导人在苏活动、大事记、苏州概貌、开发区建设、党政群团、军事、法制、外事侨务台务、财政税收、金融保险、综合经济管理、工业、农业与水利、交通运输、邮政电信、城市建设与管理、国内贸易、对外经济贸易、科学、教育、文化广播电视、新闻出版、卫生、体育、园林绿化与旅游、社会生活、人物、精神文明建设、市（县）区建设、文献法规、统计资料和附录33个部类，全面、系统、翔实地记载了2002年苏州市政治、经济、文化、社会等方面的发展情况和各行各业取得的新进展、新成就和新经验。

费新我书画选

编著者:苏州市档案局等

古吴轩出版社　**字　数**:78幅书法

费新我先生是二十世纪左笔书法家，其风格独特的书法艺术受到世人普遍赞扬。长期以来他用手中的笔为社会、为人民服务。特别是在"文革"结束，其艺术生命获得新生后，全心致力于民族传统文化的弘扬、传播，不遗余力地培养中青年书法后备人才，足迹遍及神州大地，留下了很多珍贵的墨迹。

费新我书法以独特的艺术语言，化隶书入行书，化画法为书法，化诗意为入书意，化乐韵入书韵，不拘一格的章法创新，构成当代书法艺术一道独特的风景线。本画册书法作品大都首次发表，全面反映了费新我的书法特色。

昆山百家民营企业

编著者:王建东、张水祖

文心出版社　**字　数**:49万

本书选择了全市100多家具有一定代表性的民企典型，以"民企老总喜话发展"、"鹿城民企群星灿烂"、"银企合作"、"投资环境"和"诚信服务"五个篇章，详叙了民营企业的发展历程，特点鲜明，内容广泛，资料翔实，图文并茂，可读性较强。

中国民间博物馆之乡——锦溪

编著者:昆山市档案局

西安地图出版社　**字　数**:12万

该书为《魅力昆山》丛书之一，分"感受锦溪"、"文化旅游"、"近代名人"三个部分，介绍了锦溪的人文景观、名胜古迹和具有明清特色的建筑；介绍了中国之最的古砖瓦博物馆、古董馆、古钱馆等十几个博物馆和锦溪籍近代名人。

昆山年鉴

编著者:昆山市档案局

西安地图出版社　**字　数**:55.5万

《昆山年鉴》全面系统、准确地记载昆山政治、经济、文化、社会等方面的基本面貌和发展状况，具有资料、信息、史实等方面的功能。2003版主要记载2002年昆山各项事业、行业两个文明建设的新特点、新成就和新经验。

吴江年鉴(2003)

编著者:吴江市档案局

中央文献出版社　**字　数**:64.6万

该书记载了2002年吴江全市政治、经济、法制、地方军事、文化科学、社会事业、社会生活等各方面的发展情况，反映了吴江市经济和社会发展的新特点、新成就和新经验，全书设30个栏目、800个条目、77幅照片、32张附表和12个附件。

太仓港——长江第一港

编著者:太仓市档案局

中央文献出版社　**字　数**:60万，250幅照片

该书系统介绍了太仓港开发建设十年所取得的重大成果，描绘了太仓港发展规划，内容充分、图文并茂，既是港庆十周年献礼之作，又是港区开发的历史记载和招商引资的参考指南。

大生集团档案资料选编·纺织编Ⅱ

编著者:南通市档案馆

方志出版社　**字　数**:33.4万

本书收录了大生集团各纱厂（南通大生第一纺织公司、启东第二纺织公司和海门第三纺织公司）自张謇去世后的1927年至1950年公私合营前的历届账略及相关统计资料。档案资料齐全、完整、系统，是研究张謇和中国近现代经济史的第一手资料。

扬州年鉴

编著者:扬州市档案局

新华出版社　**字　数**:103.5万

该书立足为扬州的经济建设和社会发展服务，全面、真实地记载全市2003年取得的重要成就、主要经验和发生的各种大事、要事、新鲜事和有影响的事，努力体现时代特色、地方特色和年鉴特色。分31个类目，设193个栏目，共2021个条目，内容涵盖政治、经济、文化、社会等各方面。

崛起的泰州——泰州十强乡镇巡礼

编著者:泰州市史志档案办公室、泰州市委农村工作办

公室
黄河出版社　字　数:17.7万

该书生动再现了1998年以来泰州十强乡镇的创建过程及所取得的巨大成就。

泰州年鉴(2003)
编著者:泰州市史志档案办公室
方志出版社　字　数:97.5万

该书全面、系统、翔实地记载了2002年泰州政治、经济、科技、文化、社会等方面的基本情况和发展态势,是了解泰州、研究泰州、发展泰州的实用地情资料。内容分特载、大事记、专文、百科、统计资料等几部分,设栏目、分目和条目三个层次,记叙全面、深入,具有真实性、准确性和独立性。

泰州指南
编著者:尹愚夫、李寿根
方志出版社　字　数:20.4万

该书从泰州概况、交通、邮政电信、旅游餐饮、医疗健身、教育文化、金融保险、购房、住房及管理、工商税务、社会法制、求职调动、出入境、居家生活等方面介绍泰州,地方特色浓郁,文字精练,是一本实用性强的地情书。

档案信息化知识读本
编著者:陈永成主编
海峡文艺出版社　字　数:23万

全书共七章,主要介绍档案数字化、电子文件归档与管理、电子档案保管与利用、计算机档案管理软件、档案网络、档案信息安全保护等知识。为全省档案工作人员"档案信息化知识函授教育"的教材。

档案人员岗位基础知识
编著者:陈永成主编
海峡文艺出版社　字　数:50万

本书是2000年版的修订本,全书分5讲、23章,从档案人员的岗位职责和工作任务出发,以档案管理的基本原则、基本知识、基本技能为主要内容,既注重基本知识的系统性和完整性,又注重基本方法和基本技能的实用性和操作性,是档案工作人员参加上岗培训和岗位培训的统一教材。

福建畲族档案资料选编
编著者:陈永成主编
海峡文艺出版社　字　数:60万

福建省档案馆和省民族与宗教事务厅合编的《福建畲族档案资料选编》是一部较为系统全面地反映福建畲族历史和文化的档案史料书籍。全书以福建省档案馆及各设区市、县(市、区)档案馆馆藏档案资料为主,并收入部分畲族社区及个人手中所保存的珍贵史料,共辑入214件档案资料,起于1937年,迄于1990年,内容丰富,资料翔实,大多属首次披露,书中附有大量的历史照片。该书的出版,对研究畲族历史和现状,研究中国共产党的民族理论和政策,以及抢救少数民族古籍,弘扬畲族优秀文化,有着重要的历史和现实意义。

毛泽东与山东
编著者:山东省档案馆
中央文献出版社　字　数:48.6万

该书作为国家新闻出版总署确定的纪念毛泽东诞辰110周年重点选题,第一次全面系统地反映了毛泽东对山东人民的亲切关怀,记录了他在齐鲁大地的足迹,叙述了许多鲜为人知、生动感人的故事。该书分领袖足迹、亲切关怀、幸福回忆、感情岁月、伟大记事6部分,图文并茂,内容翔实,史料丰富,具有较强的史料性、可读性和权威性,是一部革命传统教育和爱国主义教育的生动教材。中央文献研究室原主任逄先知担任该书顾问,中共山东省委书记张高丽为该书作序。

勿忘国耻——济南"五三"惨案档案文献选编
编著者:济南市档案馆
济南出版社　字　数:35万

该书以档案文献史料全景式地再现了"五三"惨案全貌。书中收录了中国共产党、国民党政府、国民党中央执行委员会、侵华日军及其他组织的档案文献,有关回忆文献、纪念文章及20余幅珍贵照片,其中许多档案史料为首次公布。该书翔实地揭露了日军在济南犯下的严重罪行,再现了惨案后济南人民反日斗争的历史风云,为史学界研究民国史、日本侵华史提供了翔实、可靠的档案史料。

历史性的跨越——济南"五年大变样"大事记
编著者:济南市档案馆
济南出版社　字　数:25万

该书以大事记的形式真实记录了济南"五年大变样"的轨迹,全面系统地反映1997～2002年5年中济南市委、市政府围绕落实省委常委扩大会议精神采取的一系列重大决策和部署,反映了全市各条战线发生的显著变化,反映了省委、省政府以及省直机关、驻济部队、中央驻济单位对济南发展的关心、支持和帮助。材料翔实,记述客观,信息量大,史料性强,是一部研究济南在世纪之交发展历史的重要参考书。

武汉史话丛书

编著者:武汉市档案馆及各区馆

武汉出版社　字　数:12 分册,共 450 万

《武汉史话丛书》共 13 分册,目前已出版 12 分册,以各城区为单位进行编撰,合起来可全面反映武汉历史,分开又可分别反映各区历史。史话分上下篇,上篇以历史发展线索为经线,将各区历史按不同历史时期分别进行撰述,下篇选取若干专题,横向展示各区风土人情、典故传说、历史人物、景观名胜、名厂名店、名优特产,点面结合,突出重点,突出特色。集政治史、业绩史、社会史和生产史于一体,雅俗共赏,图文并茂。

东湖史话

编著者:武汉市档案馆

武汉出版社　字　数:30 万

全书分 12 章,配以图片 200 余幅,图文并茂,雅俗共赏。全书以史为经,以话为纬,把信史与野史有机结合,将东湖风景区以及周边地区的山型地貌、自然风光、文物典籍、名胜传说等叙述详尽。着重对东湖历史文化底蕴的发掘,从三楚历史、佛教文化、乡村故事、典籍记载,到寺院古刹、王冢民坟、碑碣楹联,再现了东湖近三千年的历史演进过程。

广州历史地图精粹

编著者:广州市档案局(馆)、越秀区政府、中国第一历史档案馆

中国大百科全书出版社　字　数:3 万

本书有历史地图 97 幅,上自清康熙二十四年,下迄民国 38 年,每幅图均作了文字说明和评介,并附有广州历史建置、政区沿革及英文提要,主体部分为地图图版。

该书具有极高的科学研究和实际应用价值。首先,图之绘法多样;其次,真切地展现了广州历史的自然和人文景观;再次,浓缩了城市发展历史,展示了广州城不同时期的拓展轮廓。

《广州历史地图精粹》最具特色的图版有:绘制年代最早的是约康熙二十四年绘制《广东总图》;对广州城郭描绘最为精致、逼真的是《广州府舆图》;图版最长的是横幅 5.6 米军事地图《广东水师营官兵驻防图》;广州市档案馆现存最早的《广东省城内外全图(附河南)》,乃清光绪三十三年德国营造师舒乐测绘。

卢作孚书信集

编著者:黄立人

四川人民出版社　字　数:76 万

《卢作孚书信集》是由重庆市档案馆与民生实业有限公司联合编辑出版的一册有关卢作孚生平事迹、思想行为的大型史料书。该书自 2000 年立项以来,双方组成近十人的编辑组,以重庆市档案馆馆藏档案为主体,在搜集四川省档案馆及重庆相关县档案馆馆藏档案的基础上,还前往武汉、南京、上海等先前民生公司业务涉及到的主要大城市档案保管部门及长航局档案馆,进行广泛收集,并从所收集的档案中,精选了 1927—1949 年间卢作孚的往来书信 1200 余封汇编而成。本书是研究卢作孚先生生平事迹的又一重要、原始史料。　(唐润明)

英烈心声——革命烈士文献选编

编著者:四川省档案局(馆)

西南交通大学出版社　字　数:30 万

本书是四川省档案局(馆)为配合该省级机关保持共产党员先进性教育活动而组织编写的政治读物。该书利用馆藏历史档案资料,精选了 55 位革命先烈的遗作 30 余万字和照片 130 幅,展现了中华民族解放事业的伟大历程,展示了中华民族的优秀儿女为民族解放、人民幸福和祖国富强英勇献身的大无畏精神,是进行共产党员先进性教育和爱国主义教育的好教材。四川省委书记张学忠同志为该书作序,并给予了高度评价。

贵阳老照片

编著者:余吉华、陈泽渊、曾军等

贵州人民出版社　字　数:6 万

本书由贵阳市档案局牵头编写,2003 年 8 月由贵州人民出版社分 16 开平装和 12 开精装两个版本出版发行。全书由 200 多幅贵阳老照片及相应的背景史料编著而成,分城廓、名胜、古迹、社情四篇,再现了 19 世纪 60 年代至 20 世纪 40 年代的贵阳旧貌,图片珍贵,内容翔实,具鉴赏、珍藏价值。　(周端敏)

贵州企业股份有限公司

编著者:刘强、李萌、刘树清、韩义义等

贵州人民出版社　字　数:133.4 万

本书由贵州省档案局馆组织编纂,于 2003 年底正式出版。该书是《贵州档案史料研究丛书》的第三部,由贵州企业公司发展概述、档案资料、大事记、管理人员简介四部分组成。贵州企业公司是在抗日战争时期这一特定背景下兴起的近代企业集团,是贵州历史上最大的股份制企业。该公司自 1939 年 6 月 1 日成立后,在长达 10 年的经营、发展期间,以其雄厚的资金实力、突出的技术优势暨先进的近代经营管理方式和理

念，对贵州商业贸易、资源勘探与开发、物资与信息交流、人才引进等方面，起到了极大的促进和推动作用，对贵州乃至全国工业经济的发展产生了重大影响。该公司在贵州近代经济史上占有十分重要的地位。该书的出版，为贵州地方史和专门史的研究提供了丰富的第一手资料，对人们全面了解该时期贵州省经济和社会发展概况有所帮助。（周端敏）

天下黄河第一桥

编著者：方荣、陈乐道

兰州大学出版社 **字　数**：30万

此书属档案文献汇编，收录并公布甘肃省档案馆馆藏的“兰州黄河铁桥档案”300余件，真实系统地反映了清末兰州黄河铁桥修建的历史全貌（铁桥由甘肃全省洋务总局委托德国驻天津泰来洋行修建），按照“包修铁桥筹备案”、“桥料转运案”、“工程建设案”、“经费造报核销案”、“铁桥使用维护案”分类编排，另附录部分照片、资料。同时也反映了清朝末期政治、经济和外交等诸方面的情况。全部“兰州黄河铁桥档案”共45卷500多件，已入选首批《中国档案文献遗产名录》。（陈乐道）

（十二） 档案外事工作

2003年档案外事工作发展概述

2003年由于受"非典"影响，档案外事活动主要在下半年得以实施。

9月，由国务委员陈至立主持召开了中俄教文卫体合作委员会第四次会议，批准成立了中俄档案合作小组。中俄教文卫体合作委员会成立以来，合作领域逐步扩大，各领域的双边合作也取得了新的进展。目前，委员会下设教育、文化、卫生、体育、旅游五个合作委员会以及媒体和电影两个合作小组。在委员会框架内成立"中俄档案工作小组"有利于进一步加强和扩大两国档案部门之间的相互合作。该工作小组由中俄双方工作人员组成，国家档案局局长、中央档案馆馆长毛福民担任中方组长和委员会中方委员。工作小组将每年召开一次会议，制订合作计划，并直接指导工作进展。

10月，应国家档案局邀请，斯洛文尼亚国家档案局局长弗拉基米尔·祖默率档案代表团来访，并在中华世纪坛举办了《斯洛文尼亚城市的变迁》档案图片展。展览展示了斯洛文尼亚16个城市变迁的历史过程，吸引了大批参观者，增进了两国档案工作的交流与合作。

2003年，国家档案局还派员出席了在南非举行的第37届国际档案圆桌会议。并在浙江杭州举行了有来自东亚各国和地区档案界、企业界的138名代表参加的"国际档案理事会东亚地区分会第六次大会暨企业发展与档案工作研讨会"。 （李文栋）

第37届国际档案圆桌会议在南非召开

2003年10月21～25日，第37届国际档案圆桌会议在南非开普敦召开，来自70多个国家的160余名档案工作者参加了这一盛会。南非大主教图图出席开幕式并发表主题演讲。

这届圆桌会议以"档案与人权"为主题，探讨了档案在社会中的一个基本作用——维护人权。会议认为，档案是帮助受害者争取补偿权的重要证据，是集体记忆的基本要素，也是确认侵权行为的工具，更是民族重建和社会正义的基础。围绕"拉丁美洲的'受难档案'"，"人权、口述历史以及土著民族的'记忆'"，"前专制政权安全部门的档案"等议题，十几位报告人做了发人深省的发言。会议提出和讨论了许多重要的问题，与会者认为，国际档案界今后应对这些问题展开持续深入的探讨，同时开创一系列具体的活动和项目。会议为此决定，国际档案理事会将对大量记载了侵犯了人权历史的公共和私人档案资源加以鉴别和确认，并编辑一部指南。国际档案理事会还将设立一个奖项，以奖励那些对人权档案的保护和开放作出突出贡献的机构、组织、协会或个人。此外，它还决定举办一个关于"档案与人权"的巡回展或虚拟展。

9个南部和东部非洲国家负责档案事务的部长出席了这届圆桌会议，并共同发表了一个"非洲档案宣言"，呼吁非洲各国政府制定政府文件管理计划，为更加开放、透明、负责和有效的政府管理服务。

以国家档案局局长、中央档案馆馆长毛福民为团长的中国代表团一行4人参加了会议。 （李音）

中俄教文卫体合作委员会宣布成立中俄档案合作工作小组

2003年9月16日，中俄教文卫体合作委员会第四次会议在人民大会堂召开。国务委员陈至立和俄罗斯副总理卡列洛娃对委员会第三次会议以来的工作进展进行了全面总结，对成立中俄档案合作工作小组，并将其纳入委员会的工作机制表示祝贺。

2003年9月15日，国家档案局局长毛福民在国家档案局会见了俄罗斯联邦档案局局长科兹洛夫先生。会见时，毛福民首先向科兹洛夫先生转达了中共中央政治局候补委员、中央书记处书记、中央办公厅主任、国际档案理事会名誉主席王刚对成立中俄档案合作工作小组的支持和对科兹洛夫及俄罗斯档案工作者的问候。科兹洛夫先生也托毛福民转达对王刚的亲切问候，并高度赞扬王刚在担任国际档案理事会主席期间为国际档案界所作的卓越贡献。双方就今后的合作具体意向交换了意见，一致认为在委员会框架内成立"中俄档案合作工作小组"有利于进一步加强和扩大两国档案部门之间的相互合作，并决定明年在莫斯科召

开中俄档案合作工作小组第一次会议，同时在莫斯科举办中国档案展览。国家档案局副局长冯鹤旺、郭树银参加了会见。（赵丛）

《斯洛文尼亚城市的变迁》图片展在京举行

2003年10月30日，由中国国家档案局和斯洛文尼亚国家档案局共同主办的《斯洛文尼亚城市的变迁》档案图片展在北京中华世纪坛举行开幕仪式。参加开幕式的有国家档案局局长毛福民、斯洛文尼亚共和国驻华大使弗拉基米尔·加什柏里奇、斯洛文尼亚国家档案局局长弗拉基米尔·祖默、国家档案局副局长冯鹤旺、杨冬权，外交部欧亚司参赞魏敬华、中国第一历史档案馆馆长邢永福、北京市档案局副局长姜之茂，以及部分中央国家机关和中央企业档案部门的负责同志。

开幕仪式上，毛福民在致词中说，在1996年北京召开的第13届国际档案大会上，中国和斯洛文尼亚档案工作者建立了工作联系。之后，根据中华人民共和国和斯洛文尼亚共和国政府文化科学和教育合作计划，两国档案工作者于1999年和2000年进行了互访，就档案管理和保护领域以及电子文件的管理等方面的工作交流了体会和经验。这次《斯洛文尼亚城市的变迁》档案图片展，就是中斯两国档案工作合作交流的一个成果。我们希望通过档案这一历史的见证，帮助大家了解斯洛文尼亚16个城市变迁的历史过程，了解斯洛文尼亚共和国的发展史，了解这个美丽的国家。

弗拉基米尔·祖默在致词中说，此次展览通过中世纪的"复制品"、档案材料、印章、徽章、地图、风景画、照片、明信片以及其他展品，向中国朋友介绍斯洛文尼亚16个城市的历史变迁过程。展览中的许多原件和照片是从斯洛文尼亚国家档案局和其他国家的档案局借调来的。展览期间，还将放映短片、老电影等介绍斯洛文尼亚档案馆和20世纪斯洛文尼亚的城市。

（屈建军）

国际档案理事会东亚地区分会第六次大会暨企业发展与档案工作研讨会在杭州举行

2003年11月10～12日，国际档案理事会东亚地区分会第六次大会暨企业发展与档案工作研讨会在浙江省杭州市举行。中国国家档案局局长毛福民在开幕式上致辞，并被大会选举为国际档案理事会东亚地区分会新一任主席。浙江省副省长陈加元代表省政府到会祝贺。来自东亚各国和地区档案界、企业界的138名代表参加了会议。

毛福民在致辞中，首先转达了中共中央政治局候补委员、中央书记处书记、中央办公厅主任、国际档案理事会名誉主席王刚对东亚地区和其他地区档案工作者的亲切问候。

毛福民在讲话中说，10年前，国际档案理事会东亚地区分会在北京宣告成立。10年来，东亚地区分会取得了辉煌的成就，组织不断壮大，会员遍及东亚地区各级各类档案机构。通过开展国际档案交流与合作，为促进档案管理理论与实践的研究，促进社会档案意识的提高，促进人类记忆遗产的保护，推动各国档案事业的发展作出了巨大贡献。当前，经济一体化的趋势和数字技术的迅猛发展给世界各国的档案工作者带来了前所未有的挑战，经济体制和政府职能的转变也给档案工作提出了新的课题。在这个大背景下，东亚地区分会决定在召开第六次大会之际，举办"企业发展与档案工作"研讨会，充分显示了东亚地区分会执行局的远见卓识。希望通过这次会议增进代表们的相互了解，增进东亚地区档案工作者在企业档案管理方面的合作与交流。

开幕式结束后，东亚地区分会第六次大会按照执行局的议程安排，听取第三任东亚地区分会主席（金汉武）代表、韩国政府记录保存所行政课长洪性祐作的关于东亚地区分会2001—2004年活动的报告；签署了与香港大学联合举办档案专业研究生班和2004年在韩国举行研讨会的活动计划；通过了司库关于财务工作报告和增补会章的意见。在完成以上各项议题后，大会选举产生了国际档案理事会东亚地区分会新一届执行局，中国国家档案局局长毛福民当选为东亚地区分会第四任主席，日本档案馆馆长菊池光兴为副主席，香港特别行政区政府档案处处长朱福强、韩国政府记录保存所首席顾问李湘敏博士分别继续担任秘书长和司库。

代表们围绕"企业发展与档案工作"举行了研讨会。中国、日本、韩国、蒙古和中国香港、澳门特别行政区的代表报告了各自的档案工作情况。

本次国际档案理事会东亚地区分会第六次大会暨企业发展与档案工作研讨会得到了浙江省政府和浙江省档案局的大力支持。（吴玲　杜恒琪）

（十三） 中国档案学会

中国档案学会向中国科协推荐学科带头人和科技专家

2003年,中国科协决定启动“全国性学会学科带头人和科技专业骨干人才库”项目。为充分发挥档案学会在档案事业中的参谋咨询作用,逐步建立科学工作机制,使中国档案学会在本学科、本专业领域内具有权威性,开拓社会服务功能和对会员产生强大凝聚力,中国档案学会发出了《关于推荐学科带头人和科技专家库人选的通知》。通知发出后,得到各地档案学会和团体会员单位的高度重视和积极响应,经过认真征求意见和遴选推荐,及时报来推荐名单。中国档案学会办公室的同志认真登记、分类,并根据条件提出初步意见。经评审委员会认真评审,向中国科协推荐学科带头人74人,推荐科技专家72人。 (王信功)

2003年海峡两岸档案暨缩微学术交流会在成都举行

2003年海峡两岸档案暨缩微学术交流会于2003年9月1～11日在四川省成都市举行。这次学术交流会是海峡两岸档案学会举行的第12次会议。台湾中华档案暨资讯微缩管理学会以潘维刚为名誉团长,赖泽涵教授为团长的代表团一行12人出席会议。中国档案学会理事长沈正乐、副理事长兼秘书长王信功,中国缩微摄影技术协会副理事长、四川省缩微协会理事长刘元奎,四川省档案馆馆长李仕根,副馆长杨维翠、张新,党委书记王强以及一些省市档案图书部门的专家学者共50多人参加了学术研讨。

在开幕式上,沈正乐理事长致开幕词,他代表中国档案学会对来自祖国宝岛台湾的同行和出席会议的专家、学者表示热烈欢迎,他回顾了12年来两岸档案学术交流的情况、收获和体会,说明这种交流的必要性,并希望今后能更加深入和卓有成效地进行下去。刘元奎副理事长、李仕根馆长也分别代表中国缩微协会和四川省档案馆致欢迎词。台湾中华档案暨资讯微缩管理学会代表团名誉团长潘维刚女士和团长赖泽涵先生在致词中一致赞扬了12年来两岸档案学术交流的积极成果。

这次会议的主题是“知识经济与档案管理”。代表们围绕知识经济时代所面临的档案管理方面的诸多新问题、档案史料与历史研究、档案基础理论、档案管理工作与技术等方面,进行了气氛友好、热烈的讨论。大家认为,海峡两岸在档案管理和历史研究方面各有长处,互补性很大,互相切磋、互相学习,受益匪浅。会议共收到论文18篇。

学术会议结束后,两岸学会负责人专门就下一步两岸档案学术交流举行了会议,就举行2004年海峡两岸档案学术交流会达成了意向性的意见。

(王信功)

全国档案学会秘书长座谈会在乌鲁木齐市召开

2003年9月15～20日,中国档案学会在乌鲁木齐市召开了“全国档案学会秘书长座谈会”。新疆维吾尔自治区党委常委、秘书长符强,新疆维吾尔自治区档案局局长许新江出席座谈会并讲话。中国档案学会理事长沈正乐,副理事长兼秘书长王信功,常务理事艾鸿举、李永田、刘勃、谷文臣,部分省、自治区、直辖市的档案局(馆)长以及各省、自治区、直辖市档案学会秘书长60多人参加了会议。座谈会由沈正乐理事长主持,中国档案学会副秘书长霍力华致开幕词,王信功秘书长向大会作了“全面贯彻党的十六大精神、与时俱进、推进改革、努力开创学会工作新局面”的报告。

座谈会的主题是“讨论学会工作的改革问题”。王信功秘书长在报告中着重强调了推进学会改革应遵循的五条原则。即:加强党的领导充分发挥桥梁和纽带作用;解放思想,实事求是,大胆探索,鼓励创新;以会员为本实行民主办会;积极稳妥,循序渐进;服从国家大局,妥善处理各种问题。

会议期间,与会代表在“十六大”精神和“三个代表”重要思想指导下,结合各学会的具体情况进行了热烈地讨论。通过座谈大家统一了思想,充分认识到推进学会改革的意义。

两年一次的秘书长座谈会已成为中国档案学会与全国各省、自治区、直辖市档案学会秘书长定期交流经验、沟通信息、互相协作、联络感情的纽带和桥梁,有力地推动了中国档案学会的各项工作的发展。因此,中国档案学会今后将一如既往地坚持这一行之有效的制度,努力把秘书长座谈会办得更好。 (霍力华)

中国档案学会影像技术委员会、档案保护技术委员会召开学术年会

2003年10月13～16日,中国档案学会影像技术委员会在浙江省缙云县召开学术研讨会,50余人参加会议。会议围绕“电子影像与缩微影像的地位和发展”等问题进行研讨,有5位专家在会上作了重点发言,与会代表就这些问题进行了讨论。

2003年10月27～31日,档案保护技术委员会在陕西省西安市召开学术研讨会,24人参加了会议。李

玉虎等5位专家就档案文物字迹绘画恢复与保护研究成果、电子文件保护方法、档案库房的空气净化和消毒方法、古籍图书保护及国外档案保护方面的实用技术和设备等作了学术发言，与会代表进行了认真讨论。

（王信功）

上海档案工作创新理论与实践系列讲座

2003年7月，上海市档案学会、上海市档案干部培训中心在上海社科会堂学术报告厅联合举办“上海档案工作创新理论与实践”系列讲座。主讲人为市档案学会会长、市档案局局长刘南山，讲座分为三讲：《档案工作创新的机遇与挑战》、《档案工作创新面临的问题与对策》和《档案工作创新的理论思考》。讲座以历史为背景，现实为视角，从时代要求、档案工作自身发展等方面，论述档案工作创新的意义、目标、主要任务和组织领导等。各区县档案学会、各档案专业委员会、学术委员会的部分会员以及参加档案继续教育的部分学员共280人参加讲座。

（尚宕）

（十四） 档案统计资料

2003 年度各省、自治区、直辖市档案事业机构情况表

（单位：个）

省别	各级档案行政管理部门	各级各类档案馆	档案室(处、科)
北京市	19	20	942
天津市	20	32	465
河北省	184	205	454
山西省	131	139	356
内蒙古自治区	114	140	275
辽宁省	114	149	444
吉林省	70	97	315
黑龙江省	101	145	421
上海市	20	45	591
江苏省	115	163	723
浙江省	90	111	341
安徽省	106	142	473
福建省	92	114	249
江西省	110	137	176
山东省	149	196	1039
河南省	174	194	544
湖北省	106	130	342
湖南省	134	196	230
广东省	143	185	207
海南省	17	29	156
广西壮族自治区	108	127	207
重庆市	41	47	190
四川省	201	240	518
贵州省	97	107	167
云南省	145	154	419
西藏自治区	8	48	61
陕西省	119	144	615
甘肃省	101	118	277
青海省	48	62	200
宁夏回族自治区	28	30	86
新疆维吾尔自治区	105	135	203
* 合计 *	3010	3781	11686

2003年度各省、自治区、直辖市各级档案行政管理部门人员情况表

（单位：人）

省别	总计	现有全部专职人员情况																				
		女性	年龄			文化程度									档案专业程度							
			50岁以上	35～50岁	35岁以下	博士研究生	硕士研究生	研究生班研究生	双学位	大学本科	大专	中专	高中	初中及以下	博士研究生	硕士研究生	研究生班研究生	大学本科	大专	中专	职业高中	在职培训教育
北京市	171	82	39	91	41	1	5	4	1	89	51	10	8	2	1	5	1	22	12	2		102
天津市	227	107	51	111	65		2	4	1	77	104	27	10	2				24	24	1		76
河北省	1215	574	131	791	293		1	2		302	564	199	129	18				39	115	4		293
山西省	446	236	101	224	121		6	6	5	43	219	104	50	13				3	51	25	1	125
内蒙古自治区	1115	578	110	721	284			5		245	567	144	139	15				29	114	6		508
辽宁省	664	340	177	348	139		3	19	2	264	342	22	7	5		1	4	66	70	10		191
吉林省	590	320	88	322	180		1	8	1	231	287	34	24	4				18	65	13	5	358
黑龙江省	884	459	105	550	229			14	4	295	447	73	50	1				26	75	5	2	344
上海市	373	176	91	160	122		3	6	1	147	172	24	17	3		2		34	29	21		85
江苏省	750	277	175	399	176		4	3	2	278	348	58	49	8				68	96	19		278
浙江省	837	380	146	437	254		4	2		253	395	86	83	14			1	49	98	10	14	316
安徽省	652	235	130	389	133		1	2		223	305	78	33	10				57	87	34		246
福建省	378	141	112	217	49			1	3	83	159	75	41	16				9	32	2	6	148
江西省	695	315	154	402	139			4		120	428	54	63	26				12	97	4	1	156
山东省	1076	396	204	673	199	1	4	21	3	549	381	57	48	12				310	123	7	3	225
河南省	1425	693	193	838	394		1	7		341	772	165	126	13				38	148	24	1	648
湖北省	1255	562	187	727	341		3	6	6	311	719	97	100	13				63	179	44	1	256
湖南省	1143	540	179	687	277		2	2	5	259	597	148	119	11				55	161	24	6	250
广东省	797	330	169	427	201	2	8	21	1	166	450	69	76	4		4		27	49	11		390

续 表

省别	总计	现有全部专职人员情况																				
		女性	年龄			文化程度									档案专业程度							
			50岁以上	35～50岁	35岁以下	博士研究生	硕士研究生	研究生班研究生	双学位	大学本科	大专	中专	高中	初中及以下	博士研究生	硕士研究生	研究生班研究生	大学本科	大专	中专	职业高中	在职培训教育
海南省	96	35	26	54	16			2		27	41	9	15	2				2	6			63
广西壮族自治区	507	233	50	369	88			6		108	276	79	35	3				26	53	4	3	270
重庆市	374	160	72	210	92			6		108	175	48	27	10				7	24	27		86
四川省	1167	482	154	715	298		3	12		296	530	190	106	30		1		24	89	103		355
贵州省	606	280	80	430	96					109	309	126	45	17				6	38	6		132
云南省	542	246	36	397	109			5	1	101	274	82	43	36				20	50	6	4	293
西藏自治区	23	10	10	10	3					1	7	6		9					5			2
陕西省	1026	494	162	602	262			3		215	480	194	105	29				41	63	11	3	178
甘肃省	578	283	88	327	163			6		79	286	116	75	16				6	43	24	1	122
青海省	155	86	14	110	31			7		27	56	47	11	7			6		9	3		80
宁夏回族自治区	227	124	45	124	58					60	110	29	19	9				7	32	5	1	36
新疆维吾尔自治区	478	303	55	291	132		1	5		110	284	65	8	5				8	61	1		1275
* 合计 *	20472	9477	3334	12153	4985	4	52	189	36	5517	10135	2515	1661	363	1	13	12	1096	2098	456	52	7887

2003年度各省、自治区、直辖市各级国家综合档案馆人员情况表

（单位：人）

省别	总计	现有全部专职人员情况																									
		女性	年龄			文化程度									档案专业程度								档案干部专业技术职务				
			50岁以上	35～50岁	35岁以下	博士研究生	硕士研究生	研究生班研究生	双学位	大学本科	大专	中专	高中	初中及以下	博士研究生	硕士研究生	研究生班研究生	大学本科	大专	中专	职业高中	在职培训教育	研究馆员	副研究馆员	馆员	助理馆员	管理员
北京市	573	343	54	271	248	1	13	8	1	203	263	32	37	15	1	5	5	55	67	2	2	193		28	169	156	21
天津市	258	157	26	128	104		1	3		88	107	27	23	9			2	39	36	9		51	7	27	81	45	7
河北省	1024	660	65	591	368			1	2	262	450	179	105	25				61	140	7	1	235	6	77	276	277	54
山西省	1330	944	166	632	532			6	6	183	647	252	175	61				28	202	99	10	384	18	81	397	303	101
内蒙古自治区	1031	622	116	600	315		1			194	556	132	137	11				37	172	7	1	519	2	47	339	356	70
辽宁省	958	604	142	453	363		5	6		397	463	49	25	13		4		130	104	40		323	12	125	367	146	57
吉林省	721	437	77	387	257		2	4	1	278	359	58	19					31	96	17	5	375	15	81	242	207	35
黑龙江省	966	612	111	542	313			8	1	342	489	85	39	2				36	83	7		436	11	123	346	195	50
上海市	280	129	48	128	104		10	1	1	61	116	28	44	19		4		37	45	12		47	5	25	81	62	17
江苏省	857	459	110	467	280		4			273	417	93	64	6				67	143	34	10	262	7	47	348	216	32
浙江省	520	264	84	282	154		5	3		165	261	43	36	7		1	2	36	86	12	3	245		24	131	130	38
安徽省	382	211	60	184	138			1	1	111	200	53	15	1				24	48	18		140		11	95	83	24
福建省	656	359	115	338	203				2	93	276	145	108	32				12	125	3	8	333	2	19	133	214	32
江西省	398	215	71	185	142					64	246	48	31	9				12	66	6	4	80		10	105	69	43
山东省	1584	728	198	864	522		6	10	2	902	527	79	49	9		1		524	206	14	6	265	34	229	503	274	53
河南省	1676	1126	153	774	749			4	19	336	884	245	172	16			1	84	243	43	11	733	2	62	419	489	128
湖北省	594	290	73	344	177		1	4	6	160	317	53	44	9				43	67	19		104	9	52	324	161	48
湖南省	874	483	98	456	320			5		174	440	131	109	15			1	54	143	19	3	218	5	42	116	172	46
广东省	821	419	82	421	318	3	11	13		159	431	92	99	13		3	2	28	54	9		356	7	23	100	282	58

续 表

（单位：人）

省别	总计	现有全部专职人员情况																									
		女性	年龄			文化程度									档案专业程度								档案干部专业技术职务				
			50岁以上	35～50岁	35岁以下	博士研究生	硕士研究生	研究生班研究生	双学位	大学本科	大专	中专	高中	初中及以下	博士研究生	硕士研究生	研究生班研究生	大学本科	大专	中专	职业高中	在职培训教育	研究馆员	副研究馆员	馆员	助理馆员	管理员
海南省	89	49	13	44	32			1		16	42	8	18	4				1	12		2	37		4	17	50	1
广西壮族自治区	563	294	42	354	167			1		115	306	73	65	3				34	84	5		1137	2	35	120	156	57
重庆市	415	188	52	252	111			5		118	197	44	40	11				9	23	26		87	1	18	80	39	14
四川省	1182	623	110	644	428					258	562	186	122	54				29	86	120	3	379	3	50	311	347	54
贵州省	627	370	40	390	197				1	123	310	117	60	16				7	67	13	8	162		16	135	244	60
云南省	1090	620	81	615	394			6	5	260	480	207	83	49				76	121	15	2	595	10	92	449	316	85
西藏自治区	194	128	11	64	119	1	1			11	92	51	15	23				1	52	13		52	1	4	41	33	50
陕西省	1038	612	140	544	354			2	1	181	501	202	119	32				48	90	16	22	175	4	34	170	260	79
甘肃省	717	469	47	349	321			1		75	389	146	86	20				17	100	48	4	123	1	10	86	138	60
青海省	249	186	3	157	89			15		26	82	76	32	18			12	1	17	3		117	2	2	74	87	22
宁夏回族自治区	278	174	36	162	80					68	128	37	35	10				5	29	3	1	51		3	65	52	19
新疆维吾尔自治区	612	459	35	314	263			3	8	151	326	91	24	9				9	89	7		229	1	29	194	181	61
* 合计 *	22557	13234	2459	11936	8162	5	60	111	57	5847	10864	3062	2030	521	1	18	25	1575	2896	646	106	8443	167	1430	6314	5740	1476

2003年度各省、自治区、直辖市各级国家综合档案馆馆藏档案情况表

省别	案卷	以件为保管单位档案	录音、录像、影片档案	照片档案	底图	电子档案			缩微胶片		
						磁带	磁盘	光盘	平片	开窗卡	卷片
	卷	件	盘	张	张	盘	张	张	张	张	米
北京市	3269844	60784	7114	209519	29589		492	1410	231		267442
天津市	2785429	22859	1816	203866	987	1	331	175			40000
河北省	6042626	978434	14003	287722	17482	187	621	508	167		35477
山西省	3645430	6918	3638	175513	12975	89	63	87			40060
内蒙古自治区	5012385	1213181	62282	178906	21719	332	790	284	1900	2606	59845
辽宁省	6657389	389686	11773	359029	14781	41	435	543	1688		164694
吉林省	5042708	450565	7890	153411	7526	6	434	57	41165	945	279604
黑龙江省	4310350	417181	5954	246314	11673	92	449	481	50		6883
上海市	6066537	1265	5292	239197	44883		454	423	216237	228212	169920
江苏省	7340364	282351	43129	365852	17470	21	314	773	38771		119090
浙江省	6229451	160007	14750	409934	28240	137	1020	2084	11823	500	161044
安徽省	3774027	60282	4028	103608	12035		49	100			51057
福建省	4076466	68187	3691	163617	10581	82	451	354	7448		137456
江西省	3572461	65254	1393	127879	4642	37	16	105	2168		82240
山东省	6659069	491875	18585	562136	36684	525	1721	4711	1356270	610	109000
河南省	5821787	392268	22106	431017	14649	244	234	431		373	13077
湖北省	5744794	781951	10951	354310	33805	197	248	772			32388
湖南省	5914734	113516	15160	287728	14444	410	230	680			30448
广东省	4854629	315635	12484	810045	34694	820	737	1232	494269	232	81987

续表

省别	案卷	以件为保管单位档案	录音、录像、影片档案	照片档案	底图	电子档案			缩微胶片		
						磁带	磁盘	光盘	平片	开窗卡	卷片
	卷	件	盘	张	张	盘	张	张	张	张	米
海南省	265773	5223	604	15848	151	4	1	77	30		
广西壮族自治区	3141675	300201	4743	124071	10465	5	73	62	27143		35744
重庆市	3694964	6335	1753	101738	1362	7	15	19			1830
四川省	11139982	110739	9897	449118	39588	27	249	195	623091		217231
贵州省	3442595	265904	2917	209520	5817	24	264	181	4644		38491
云南省	4434891	255698	9654	466646	27545	50	426	902	1500		102590
西藏自治区	3405545	915438	1146	51130	11334	95	74	42			34617
陕西省	4810714	41618	11105	193280	9738	191	236	104	1218		3151
甘肃省	3254819	54435	8233	168354	11618	78	1521	2865	144		35400
青海省	991731	33870	1390	81207	32778	11	230	26	15605		21500
宁夏回族自治区	642834	173760	1547	73998	4529	44	12	148			31441
新疆维吾尔自治区	1947748	219532	7687	159292	281226		26	6	3500		
合计	137993751	8654952	326715	7763805	805010	3757	12216	19837	2849062	233478	2403707

2003年度各省、自治区、直辖市各级国家综合档案馆收集档案情况表

省别	接收档案							征集档案	接受捐赠档案	接受寄存档案
	案卷	录音、录像、影片档案	照片档案	底图	电子档案					
					磁带	磁盘	光盘			
	卷	盘	张	张	盘	张	张	件	件	件
北京市	175680	174	13271			2	460	10583	143	185
天津市	163238	35	3698			122	30	3933	12	1375
河北省	344954	793	15139	2573	17	264	385	49111	145	6145
山西省	276408	160	8021	258		3	41	828	23	113
内蒙古自治区	338245	691	18714	375	71	45	164	26053	33439	1710
辽宁省	318046		21542	4799	32	22		9361	696	590000
吉林省	406873	1426	21951	401	2	90	56	20849	193	14663
黑龙江省	199992	663	9272	102		84	250	654	46	11347
上海市	468274	305	38254			24	114	3656	8344	15185
江苏省	589765	583	19729	264	4	98	253	26340	1085	187939
浙江省	529540	2981	35511	709	12	56	1003	100364	16336	282736
安徽省	224549	64	5687	356		11	39	4995	669	
福建省	251172	63	3086			48	20	1152	89	17949
江西省	124685	47	3969	122	4	7	54	907	753	5381
山东省	312245	1216	16140	176	23	418	2058	22510	15931	10170
河南省	299455	6022	38413	2190	6	17	69	12202	589	19248
湖北省	333970	1775	12445	209	7	101	168	29430	1044	21428
湖南省	394460	3242	8841	613	41	5	265	16583	3025	122976
广东省	1323905	1663	239546	24		64	376	5360	5226	52203

续 表

省别	接收档案							征集档案	接受捐赠档案	接受寄存档案
	案卷	录音、录像、影片档案	照片档案	底图	电子档案					
					磁带	磁盘	光盘			
	卷	盘	张	张	盘	张	张	件	件	件
海南省	10702	238	4203				22	205	168	
广西壮族自治区	4732	160	7849	327	1		25	2585	710	8403
重庆市	235772	13	3320				58	260	2	53352
四川省	445738	2096	19870	650	25	147	113	1809	119	7196
贵州省	172814	612	17614	1451	24	170	171	11727	2712	39070
云南省	253948	399	24641	493		76	214	2866	1153	7523
西藏自治区	9551	85	3735	1281		27	12	2036	809	
陕西省	63120	297	13882	306	76	19	43	4998	229	5086
甘肃省	159053	131	12433		4	1220	50	316	2067	2336
青海省	52824	110	6577	82		228	10	574	240	
宁夏回族自治区	52951	428	10343	630	26	8	23	92	118	8902
新疆维吾尔自治区	234651	270	26410	13174		16	4	25941	2	506
* 合计 *	8771312	26742	684106	31565	375	3392	6550	398280	96117	1493127

2003年度各省、自治区、直辖市各级国家综合档案馆利用档案、资料情况表

省别	开放档案情况		利用档案		利用资料		复制档案资料
	案卷	以件为保管单位档案					
	卷	件	人次	卷件次	人次	册次	页
北京市	968249	1258	50553	139619	1503	10414	76147
天津市	877957	171	15268	89248	1219	3361	59345
河北省	1364291	115084	123002	428457	29759	68030	98590
山西省	663207		58430	182641	17846	35712	135920
内蒙古自治区	1313952	674510	19075	133129	4280	9543	38252
辽宁省	1870336		77706	297046	6880	15364	258757
吉林省	1241547	373994	29753	124399	6460	15393	73121
黑龙江省	1328843	29699	35645	151475	9964	13467	63488
上海市	1790876		75285	196760	3927	20343	295944
江苏省	1385429	28794	112151	355443	10864	50550	240587
浙江省	1357549	16804	91996	329631	9264	27593	354137
安徽省	693954	12173	49352	151658	5352	10214	154245
福建省	1446401	15	44435	143159	3262	9453	123672
江西省	631190	823	49138	145416	5305	11901	63348
山东省	1083431	73685	74951	324269	21053	35512	160561
河南省	1132578	21934	118242	363471	30875	62247	246794
湖北省	1684512	17484	64991	307334	13764	97829	164695
湖南省	1728886	13785	85852	310489	22244	47211	187459
广东省	676347	94877	65104	194131	12742	26117	315466

续 表

省 别	开放档案情况		利用档案		利用资料		复制档案资料
	案卷	以件为保管单位档案					
	卷	件	人次	卷件次	人次	册次	页
海南省	23208		8589	20774	5740	8663	36241
广西壮族自治区	404967	651	34776	120138	4545	7220	110371
重庆市	1359558	182	40695	146461	3952	4770	180617
四川省	3987362	636	104800	393524	8547	18179	238187
贵州省	1428628	69794	24676	170947	4791	7235	80814
云南省	1000438	2701	64491	228810	10028	14459	127836
西藏自治区	52630		7607	59967	881	1353	7424
陕西省	1308873	11542	48954	181867	7602	17440	228161
甘肃省	645783	23299	92435	140278	3788	14102	64394
青海省	109073	10368	11285	37389	1437	2957	7680
宁夏回族自治区	127329	44750	5786	45228	1190	2562	29076
新疆维吾尔自治区	332900	31678	15401	68189	2640	6557	30065
* 合计 *	34020284	1670691	1700424	5981347	271704	675751	4251394

2003年度各省、自治区、直辖市各级国家综合档案馆抢救国家重点档案情况表

省别	应抢救档案总数	已抢救档案数量	
			本年度抢救档案数量
	卷	卷	卷
北京市	893280	842544	46369
天津市	842370	18859	1478
河北省	122093	70401	2050
山西省	95047	22025	816
内蒙古自治区	431465	78740	28645
辽宁省	469446	172921	8987
吉林省	697201	396472	3083
黑龙江省	318995	119718	1705
上海市	584584	380945	864
江苏省	352187	203590	5380
浙江省	512512	288135	16451
安徽省	219293	78150	1817
福建省	402613	280522	9210
江西省	212584	147977	2010
山东省	574103	91587	10258
河南省	41588	22823	740
湖北省	496192	175994	6267
湖南省	616100	213729	15966
广东省	233389	130212	1973

续表

省别	应抢救档案总数	已抢救档案数量	
			本年度抢救档案数量
	卷	卷	卷
海南省	26048	7260	34
广西壮族自治区	279060	134738	8097
重庆市	1135313	306464	7140
四川省	1568002	386083	19972
贵州省	639976	267291	11971
云南省	297743	162281	4398
西藏自治区	1067121	51167	4763
陕西省	447801	186776	16624
甘肃省	365431	188472	6938
青海省	70857	23114	18495
宁夏回族自治区	61474	30733	67
新疆维吾尔自治区	422860	135058	15532
* 合计 *	14496728	5614781	278100

2003 年度各省、自治区、直辖市各级国家综合档案馆馆库面积及馆内设备情况表

省别	档案馆库房建筑面积	馆内设备													
		缩微设备					消毒设备		电子计算机			复印机	空调机		去湿机
		缩微摄影机	冲洗机	拷贝机	阅读器	阅读复印机	物理方法	化学方法	局域网服务器	局域网站点	微机		集中式	分散式	
	平方米	台	台	台	台	台	台	台	个	个	台	台	套	台	台
北京市	26727	10	4	5	13	4	26	4	38	411	555	36	8	386	58
天津市	24152	7	1	2	8	1	10	1	38	641	422	30	3	255	39
河北省	65189	9	2	5	7	3	7	5	16	55	463	95	14	360	119
山西省	40756	6	3	3	6	5	7	1	4	18	206	61	6	42	13
内蒙古自治区	35488	10	2	3	13	1	4		8	77	258	73	2	30	6
辽宁省	60946	20	6	3	15	6	20	5	7	69	495	103	1	199	163
吉林省	38529	6	2	3	7	2	13	2	13	293	346	60	6	21	77
黑龙江省	40893	7	3	3	8	3	8		7	30	270	73	4	9	52
上海市	40716	8	3	3	21	11	23	7	41	667	738	51	7	413	230
江苏省	107626	12	4	2	14	5	21	7	60	363	906	130	21	846	424
浙江省	80836	9	5	4	22	3	59	27	84	656	1054	128	16	878	431
安徽省	69890	4	2	2	10	1	3	4	19	242	313	82	5	324	201
福建省	67652	10	4	3	13	5	25	14	8	190	372	82	10	580	230
江西省	56765	3	3	1	6	1	9	27	8	45	166	62	14	137	166
山东省	102309	21	14	6	29	12	63	44	67	579	995	148	29	520	427
河南省	97695	4	1	3	4	6	20	12	8	43	337	128	16	414	184
湖北省	78678	13	1	4	10	4	10	6	18	111	480	84	6	435	209
湖南省	124848	18	4	2	9	5	22	12	13	78	299	91	11	462	474
广东省	81644	12	4	8	20	3	78	24	45	622	834	159	24	1344	505

续 表

省别	档案馆库房建筑面积	馆内设备													
		缩微设备					消毒设备		电子计算机			复印机	空调机		去湿机
		缩微摄影机	冲洗机	拷贝机	阅读器	阅读复印机	物理方法	化学方法	局域网服务器	局域网站点	微机		集中式	分散式	
	平方米	台	台	台	台	台	台	台	个	个	台	台	套	台	台
海南省	9456						4	1	2	46	63	16	1	39	19
广西壮族自治区	55067	4	1	1	5	1	8		5	68	292	93	4	301	187
重庆市	37927	3	1	1	4	2	10	3	5	28	161	40	6	178	168
四川省	150187	4	1	2	7	2	70	5	13	239	752	143	4	368	482
贵州省	70017	3	1	1	4	1	43		9	163	266	86	2	40	275
云南省	65668	13	2	3	11	4	31	6	10	102	380	126	4	53	207
西藏自治区	17903	5	2	2		2			4	12	50	9			
陕西省	80189	10	2	2	3	3	2	2	17	107	239	81	4	94	69
甘肃省	45947	7	2	1	5	2	1		2	4	184	45	1	8	1
青海省	14517	3	1	1	2		3		1	12	44	24		2	
宁夏回族自治区	14904	3	1	1	3	1	5		4	41	104	24	3	9	5
新疆维吾尔自治区	29222	3	3	1	4	2	6		4	144	231	83	3	12	7
* 合计 *	1832343	247	85	81	283	101	611	219	578	6156	12275	2446	235	8759	5428

2003年度各省各级档案行政管理部门和国家综合档案馆事业费、国家综合档案馆基建情况表

省别	档案事业费	本年度在建项目				本年度竣工项目			
		新建	改建	扩建	建筑面积	新建	改建	扩建	竣工面积
	万元	个	个	个	平方米	个	个	个	平方米
北京市	3719	1		1	7900			1	2600
天津市	782					2			12600
河北省	926	1			600	2			1300
山西省	735						1		1500
内蒙古自治区	767	1			2200		2		470
辽宁省	2017	1			4330	1			4330
吉林省	467	1			1986	1			1986
黑龙江省	809	1			800				
上海市	2979		1		8992				
江苏省	3369	4			18139	1			8000
浙江省	6389	3			41089	1			9005
安徽省	1007	1		1	2107	2		1	2994
福建省	1084	3		1	3025	1			2640
江西省	489								
山东省	2367		1		860			1	390
河南省	1064								
湖北省	937	1	1	1	894				
湖南省	1308	2	1		2010	1	1		5500
广东省									

续表

省别	档案事业费	本年度在建项目				本年度竣工项目			
		新建	改建	扩建	建筑面积	新建	改建	扩建	竣工面积
	万元	个	个	个	平方米	个	个	个	平方米
海南省	353	1			1100	1			3500
广西壮族自治区	503	1			1285				
重庆市	1007								
四川省	1777	4			11240	5			5751
贵州省	845								
云南省	808	3		1	11162	2			4315
西藏自治区	43	1			2000				
陕西省	754	3			5433	3	1		4244
甘肃省	378				14300				14300
青海省	192	1			4196	1			4196
宁夏回族自治区	56								
新疆维吾尔自治区	596	1			1862				
* 合计 *	38527	35	4	5	147510	24	5	3	89671

2003 年度各省、自治区、直辖市直属机关档案工作基本情况表

省别	档案处(科)	档案室	现有全部专职人员		兼职人员	室存全部档案								本年接收档案		室存资料	利用档案		档案室库房建筑面积
				女性		全宗	案卷	以件为保管单位档案	照片档案	底图	缩微胶片 平片	开窗卡	卷片	案卷	以件为保管单位档案				
	个	个	人	人	人	个	卷	件	张	张	张	张	米	卷	件	册	人次	卷件次	平方米
北京市	34	145	367	240	1544	179	6461638	229608	156909	465318			26051	560357	53711	131280	72112	220513	18202
天津市	17	114	125	101	470	184	907609	298797	133498	97639	200		4763	344850	145567	40326	16591	54156	7700
河北省	8	69	61	52	393	77	354662	124682	19728	3946			1400	6031	67296	15335	16172	47404	3672
山西省	4	23	33	27	205	91	139888	21031	13483	17453				9693	13390	20191	1392	5504	1847
内蒙古自治区	13	49	80	66	267	59	286118	49991	90368	11953			26	9529	18923	25701	11519	26289	2758
辽宁省	4	74	87	69	285	98	390144	15876	41237	6939	520		6870	16478	8955	32000	15953	44221	8090
吉林省	15	113	121	106	68	3291	771162	177307	54589	44497				44145	38107	32105	19378	70232	4747
黑龙江省	12	135	134	116	145	169	751623	241697	70402	176310	324		419	45269	80725	15168	18948	59422	10412
上海市	13	75	184	109	263	458	2315501	349690	101424	52765	5634			366371	171492	57580	25213	103403	15435
江苏省	27	161	157	124	822	209	692936	237959	70233	54671				40290	131909	82043	27832	64001	10145
浙江省	12	100	100	83	440	132	834593	330517	231459	16656	1000		7473	58814	124213	71329	20210	61878	7681
安徽省	16	95	134	106	746	120	785043	333865	34260	47595				55653	131999	67028	16761	47906	9529
福建省	11	89	95	65	385	131	522674	154005	32956	6500			5745	26033	68658	35159	12833	161462	5572
江西省	14	80	91	75	69	102	350992	106844	32120	1866				14730	49566	27661	26485	57380	5897
山东省	22	183	181	159	758	186	795679	496185	47072	20480	29613		188	88976	77060	98011	30523	89750	9383
河南省	19	43	75	56	147	88	277553	55095	20594	1336	13			17331	42499	53054	15146	32852	4292
湖北省	16	120	164	121	831	181	389845	620627	89016	63103				34603	85754	111408	23518	74169	8280
湖南省	8	46	52	43	184	50	215850	193271	22867	518				11305	57973	33153	12094	44758	4248

续 表

省别	档案处(科)	档案室	现有全部专职人员	女性	兼职人员	室存全部档案：全宗	案卷	以件为保管单位档案	照片档案	底图	缩微胶片：平片	开窗卡	卷片	本年接收档案：案卷	以件为保管单位档案	室存资料	利用档案：人次	卷件次	档案室库房建筑面积
	个	个	人	人	人	个	卷	件	张	张	张	张	米	卷	件	册	人次	卷件次	平方米
广东省	5	46	73	63	345	71	560223	274450	81353	42859				43128	51345	54907	10018	33960	6793
海南省	10	108	91	67	143	560	261060	226455	24132	4822	137			12883	47264	20930	11197	25268	4127
广西壮族自治区	5	81	57	49	162	91	338526	406383	48165	4922			28	10817	105947	9684	15317	38129	4589
重庆市	2	25	24	17	38	31	133378	151534	15855	1392				8443	37637	11703	5379	14058	1446
四川省	29	103	139	113	884	157	668438	454879	48344	24670				21309	156547	190533	16514	68722	10571
贵州省	9	86	89	69	164	100	502029	188211	48790	7114				13303	35597	51544	9073	26888	4498
云南省	5	92	131	110	1130	93	378992	316405	49355	1737225	16316			19613	59487	43420	14790	40432	6388
西藏自治区	9	52	70	49	21	63	93466	59709	3705	564				2984	8770	12690	9046	20779	1830
陕西省	15	205	195	159	404	246	1429601	352355	187444	395129	15	15	1375	24863	22963	165123	26163	87921	9357
甘肃省	10	77	97	86	47	107	396042	146992	34785	2502	1000		2	13052	84741	36257	12914	44360	4140
青海省	12	90	94	81	65	85	300427	134966	147959	110510			850	8315	55384	33336	18145	98552	4201
宁夏回族自治区	7	54	46	34	163	195	100040	57640	29033	9719				8546	24240	10488	5246	18232	2199
新疆维吾尔自治区	11	64	95	87	157	1484	543342	143292	22374	10853	183		42	23057	28677	30898	9563	23474	4868
* 合计 *	394	2797	3442	2702	11745	9088	22949074	6950318	2003509	19441826	54955	15	55232	1960681	2086396	1620045	546045	1842075	202897

2003年度省以上国家综合档案馆馆藏档案情况表

馆别	案卷	以件为保管单位档案	录音、录像、影片档案	照片档案	底图	电子档案			缩微胶片		
						磁带	磁盘	光盘	平片	开窗卡	卷片
	卷	件	盘	张	张	盘	张	张	张	张	米
中央档案馆	818352	191859	13973	99793	5463			16555	101202		254355
中国第一历史档案馆		10000002	339	10366	13538				8200		1670722
中国第二历史档案馆	1800000			100000				2002			134200
北京市档案馆	1519908	16270	3484	53128	12733		306	913	231		267063
天津市档案馆	1323025		127	39405	813						40000
河北省档案馆	494920	118558	289	18160							35197
山西省档案馆	273463		44	358							40000
内蒙古自治区档案馆	389820	273459	832	4700				25	1900	1730	59770
辽宁省档案馆	1907610	6	420	67537	76				1688		136595
吉林省档案馆	725473		372	41824					37223		107706
黑龙江省档案馆	404518		60	26731	5669						1500
上海市档案馆	2417339		2034	32475	31931				139272		94921
江苏省档案馆	543769	165673	36638	73091				61	38771		91805
浙江省档案馆	420604	37697	3943	13797				445	11100	500	138468
安徽省档案馆	244558	9728	1501	6318							51057
福建省档案馆	500824	574	645	30558				142	7448		96790
江西省档案馆	218589		251	6175					2168		80145
山东省档案馆	386016		752	14191				6	296		51360
河南省档案馆	270874		478	36378						373	13075

续 表

馆别	案卷	以件为保管单位档案	录音、录像、影片档案	照片档案	底图	电子档案			缩微胶片		
						磁带	磁盘	光盘	平片	开窗卡	卷片
	卷	件	盘	张	张	盘	张	张	张	张	米
湖北省档案馆	386929		901	4145		60		15			32295
湖南省档案馆	402692		480	18143				22			18438
广东省档案馆	131165	9300	2968	417451	444	488	10	76	500		59496
海南省档案馆	71267	158	540	5751			1	77			
广西壮族自治区档案馆	495989		242	14906			57	1			35456
重庆市档案馆	722329	771	533	12597							1830
四川省档案馆	1257315	477	2454	47724							217231
贵州省档案馆	374725	2668	121	12658				5	4644		38491
云南省档案馆	554517		1572	37520					1500		94080
西藏自治区档案馆	3231211	8295	457	13741				12			34617
陕西省档案馆	437416		1800	7424	300	34			1200		3120
甘肃省档案馆	258650	2045	3571	15464	504			10			35400
青海省档案馆	130722	8	385	16348					15605		21500
宁夏回族自治区档案馆	65083	1876	212	4605		10	2	48			31440
新疆维吾尔自治区档案馆	326540	1426	333	24655	260029				3500		
* 合计 *	23506212	10840850	82751	1328117	331500	592	376	20415	376448	2603	3988123

2003年度省以上国家综合档案馆收集档案情况表

馆别	接收档案							征集档案	接受捐赠档案	接受寄存档案
	案卷	录音、录像、影片档案	照片档案	底图	电子档案					
					磁带	磁盘	光盘			
	卷	盘	张	张	盘	张	张	件	件	件
中央档案馆	61919	68	10				38	167		
中国第一历史档案馆			128	512						
中国第二历史档案馆										
北京市档案馆	12708	98	1699			2	212	346		
天津市档案馆	26827							1818		
河北省档案馆	37740	115	600				30	35		
山西省档案馆	1300									
内蒙古自治区档案馆	12990		1539			8		8364	3048	
辽宁省档案馆	9389							6383		580000
吉林省档案馆	8066	53								
黑龙江省档案馆			291							
上海市档案馆	77206	44	17685					2238		
江苏省档案馆	61819	52					9			114718
浙江省档案馆	26521	773	3510				24	26817		
安徽省档案馆	18985							2380		
福建省档案馆	19164	18	243			1		572		6566
江西省档案馆	9021									
山东省档案馆	9572									
河南省档案馆	50356									

续 表

馆 别	接收档案							征集档案	接受捐赠档案	接受寄存档案
	案卷	录音、录像、影片档案	照片档案	底图	电子档案					
					磁带	磁盘	光盘			
	卷	盘	张	张	盘	张	张	件	件	件
湖北省档案馆	6587					30	6	809	40	
湖南省档案馆	5094		25				8	847		
广东省档案馆	4820	1228	190571				20	46	4647	
海南省档案馆	6517	238	4016				22	205	168	
广西壮族自治区档案馆	4732		98					236		
重庆市档案馆										
四川省档案馆	1229									
贵州省档案馆	24796	11					5	8	25	
云南省档案馆	17607	97	150					188	890	
西藏自治区档案馆	525	36	626				2		1	
陕西省档案馆	5810							2060		2415
甘肃省档案馆	12836	4	10					44	1934	
青海省档案馆	1500		4324							
宁夏回族自治区档案馆	3543	26	646		4	2	13	47		8726
新疆维吾尔自治区档案馆	31327							562		
* 合计 *	570506	2861	226171	512	4	43	389	54172	10753	712551

2003年度省以上国家综合档案馆利用档案、资料情况表

馆别	开放档案情况		利用档案		利用资料		复制档案资料
	案卷	以件为保管单位档案					
	卷	件	人次	卷件次	人次	册次	页
中央档案馆	12580		539	5537	37	297	8235
中国第一历史档案馆		8780369	1723	28047	3000	4500	32434
中国第二历史档案馆	1700000		4300	11054	70	429	44000
北京市档案馆	789238		2668	30688	322	1894	26059
天津市档案馆	724174		2965	32503	147	683	25250
河北省档案馆	328139	107376	1904	6846	592	762	17694
山西省档案馆	127312		795	3701	276	1181	35956
内蒙古自治区档案馆	188316			1374	83	100	5172
辽宁省档案馆	965584		1037	2443			4902
吉林省档案馆	322570		953	9294	215	934	11534
黑龙江省档案馆	236580		823	2086	235	1537	1998
上海市档案馆	768575		4707	54487	2872	12416	43059
江苏省档案馆	298465	21620	1755	24598	896	5008	27110
浙江省档案馆	186335	1965	2216	22684	788	2427	12868
安徽省档案馆	125004	9728	848	9211	12	52	582
福建省档案馆	290453		1280	8423	158	972	8884
江西省档案馆	90693		847	2103	200	430	11095
山东省档案馆	204053		930	3059	16	81	9828
河南省档案馆	132696		465	1819	32	210	

续 表

馆别	开放档案情况		利用档案		利用资料		复制档案资料
	案卷	以件为保管单位档案					
	卷	件	人次	卷件次	人次	册次	页
湖北省档案馆	217777		1338	10407	401	2231	16010
湖南省档案馆	200920		743	5872		128	27670
广东省档案馆	70672	8176	1817	8784		1913	38189
海南省档案馆	13558		800	7872	180	1018	17247
广西壮族自治区档案馆	109648		2128	12137	33	92	3015
重庆市档案馆	560501		1323	8534			47012
四川省档案馆	844969		2162	7365	2162	1083	21019
贵州省档案馆	340576	2660	399	1204	33	443	2875
云南省档案馆	330342		3594	26115	186	680	18037
西藏自治区档案馆	18247		266	11530			4687
陕西省档案馆	329526		786	14567	486	4136	56785
甘肃省档案馆	201649	53	709	8258		1785	4258
青海省档案馆	53665		160	671	28	386	
宁夏回族自治区档案馆	17762		499	1759	55	186	4313
新疆维吾尔自治区档案馆	120777		2763	8454			
* 合计 *	10921356	8931947	50242	393486	13515	47994	587777

2003年度省以上国家综合档案馆抢救国家重点档案情况表

馆别	应抢救档案总数	已抢救档案数量	
			本年度抢救档案数量
	卷	卷	卷
中央档案馆	40000		
中国第一历史档案馆	3714579	613134	6000
中国第二历史档案馆	580000	275529	19000
北京市档案馆	878539	834577	46039
天津市档案馆	830000	18000	1000
河北省档案馆	40431	33692	120
山西省档案馆	31000	18668	
内蒙古自治区档案馆	118867	12820	
辽宁省档案馆	203200	108918	3000
吉林省档案馆	343776	294030	
黑龙江省档案馆	222770	58858	400
上海市档案馆	444773	255836	582
江苏省档案馆	183199	150261	
浙江省档案馆	112476	57573	226
安徽省档案馆	59865	14707	302
福建省档案馆	130168	107720	5251
江西省档案馆	81506	42842	1280
山东省档案馆	223132	11900	3500
河南省档案馆	6528	6323	

续表

馆别	应抢救档案总数	已抢救档案数量	
			本年度抢救档案数量
	卷	卷	卷
湖北省档案馆	264937	73876	200
湖南省档案馆	69900	21870	6809
广东省档案馆	40110	18663	254
海南省档案馆	8000	2000	
广西壮族自治区档案馆	44318	39922	2124
重庆市档案馆	468443	217757	316
四川省档案馆	567285	109343	6536
贵州省档案馆	150000	59223	1086
云南省档案馆	100000	89465	
西藏自治区档案馆	1000000	46359	4674
陕西省档案馆	134791	68844	4492
甘肃省档案馆	56223	50959	
青海省档案馆	45611	2589	101
宁夏回族自治区档案馆	21560	15304	67
新疆维吾尔自治区档案馆	31290	13228	560
* 合计 *	11247277	3744790	113919

2003年度省以上国家综合档案馆馆库面积及馆内设备情况表

馆别	档案馆库房建筑面积	馆内设备													
		缩微设备					消毒设备		电子计算机			复印机	空调机		去湿机
		缩微摄影机	冲洗机	拷贝机	阅读器	阅读复印机	物理方法	化学方法	局域网服务器	局域网站点	微机		集中式	分散式	
	平方米	台	台	台	台	台	台	台	个	个	台	台	套	台	台
中央档案馆	23631	12	2	8	22	1		3	7	150	245	9	1	360	13
中国第一历史档案馆	5000	7	3	2	12	2			6	1	115		1	130	
中国第二历史档案馆	15905	9	1	3	12	1	2				90	5		114	26
北京市档案馆	9000	10	4	5	13	4	5		13	230	235	6	1	144	5
天津市档案馆	6530	7	1	2	8	1	2		9	454	141	5	1	31	1
河北省档案馆	4124	8	1	4	4	1	1		3	30	97	3		132	10
山西省档案馆	7172	5	2	1	4	3					59	3	1	5	4
内蒙古自治区档案馆	2953	7	1	2	9	1	2		2	16	27	3	1	4	
辽宁省档案馆	5951	14	2	3	8	2	1				32	3	1	2	4
吉林省档案馆	6000	3	1	2	2	1	1		2	75	50	3		5	2
黑龙江省档案馆	3930	5	2	2	6	2	1		1	23	34			1	3
上海市档案馆	19991	5	2	2	7	6	4		17	393	315	11	1	36	46
江苏省档案馆	10527	8	2	1	6	1	1		3	3	107	3	1	34	18
浙江省档案馆	4700	4	2	1	6	1	1		1	43	97	2	1	5	14
安徽省档案馆	4525	4	1	2	10	1		3	3	153	66	2	1	66	15
福建省档案馆	2828	5	2	2	10	1	1		2	113	76	2	1	49	16
江西省档案馆	2054	3	2	1	5	1		1	1	10	14	1		34	15
山东省档案馆	4890	4	1	2	11	2	3		3	168	88	6	1	5	16
河南省档案馆	7000	3	1	2	4	2	1	1			21	2		46	8

续 表

馆别	档案馆库房建筑面积	馆内设备													
		缩微设备					消毒设备		电子计算机			复印机	空调机		去湿机
		缩微摄影机	冲洗机	拷贝机	阅读器	阅读复印机	物理方法	化学方法	局域网 服务器	局域网 站点	微机		集中式	分散式	
	平方米	台	台	台	台	台	台	台	个	个	台	台	套	台	台
湖北省档案馆	7440	8	1	3	10	1	2	2			57	4		59	14
湖南省档案馆	13100	6	1	2	5	2	1				34	3		9	16
广东省档案馆	1529	2	1	1	3	1	2		2	24	60	4		68	7
海南省档案馆	4200						1	1	1	33	37	2	1		6
广西壮族自治区档案馆	6890	3	1	1	4	1	1		1	30	57	3	1	70	25
重庆市档案馆	7200	2	1	1	4	1			1		33	2	1	39	18
四川省档案馆	8220	4	1	1	7	2			2	110	110	9	1	83	17
贵州省档案馆	6368	3	1	1	4	1	1		2	120	58	4	1		
云南省档案馆	6000	10	2	3	7	3	3	1	3	50	99	5	1	10	21
西藏自治区档案馆	11368	5	1	2		2			1	11	14	2			
陕西省档案馆	7849	6	2	2	3	2			2		44	5		11	12
甘肃省档案馆	3536	5	2	1	4	2	1		2		35	2	1	7	
青海省档案馆	1846	3	1	1	2				1	12	6	2		2	
宁夏回族自治区档案馆	962	3	1	1	3	1	1		1	9	15	2		3	4
新疆维吾尔自治区档案馆	3700	1		1	4	2					17	2			
* 合 计 *	236919	182	49	68	219	55	39	12	91	2261	585	120	20	1564	46

2003年度各省、自治区、直辖市档案专业教育基本情况表

省别	学校		毕业生数											教师人数		在职培训教育	
			普通学历教育							成人学历教育							
	高等学校	中等学校	博士研究生	硕士研究生	双学位	大学本科	大专	中专	职业高中	研究生班	大学本科	大专	中专	高等学校	中等学校	办班期数	毕业生数
	个	个	人	人	人	人	人	人	人	人	人	人	人	人	人	期	人
北京市	1					29								8		45	3819
天津市	1	1				30								9	9	174	5548
河北省	1					31								10		94	6378
山西省																1	36
内蒙古自治区																12	1380
辽宁省	2			4		51	146	27		16				21		26	1824
吉林省																22	3530
黑龙江省	1													4		16	1921
上海市	2					63	40	47			36			24	6		4651
江苏省	2	1		4		126		164						43		54	4535
浙江省	1			2		19										41	2406
安徽省	1					59								11		43	3419
福建省	1					37								12		15	7531
江西省	1					20								20		117	1195
山东省	2			1		29					721	396		171		33	3691
河南省	2					112								22		12	768

续表

省别	学校		毕业生数											教师人数		在职培训教育	
			普通学历教育							成人学历教育							
	高等学校	中等学校	博士研究生	硕士研究生	双学位	大学本科	大专	中专	职业高中	研究生班	大学本科	大专	中专	高等学校	中等学校	办班期数	毕业生数
	个	个	人	人	人	人	人	人	人	人	人	人	人	人	人	期	人
湖北省	2			4		77								20		64	3822
湖南省	1					29					10	30		14		37	3866
广东省	1			6		33								26		63	5738
海南省																3	170
广西壮族自治区	1					57								9		47	4775
重庆市																	
四川省	1	1				38		230				81		13	40	78	5009
贵州省																9	885
云南省																14	2492
西藏自治区																	
陕西省	1					30					2			11		14	685
甘肃省	1	2						50				5		11	20	6	497
青海省																1	64
宁夏回族自治区																10	931
新疆维吾尔自治区																9	365
* 合计 *	26	5		21		870	186	518		16	769	512		459	75	1060	81931

附　录

2003年档案工作大事记

1月17日　中共中央办公厅主任王刚慰问中央档案馆国家档案局全体干部职工。

1月18～20日　山东省档案工作会议在济南召开，中央档案馆副馆长、国家档案局副局长冯鹤旺出席会议并讲话。

2月20日　中国档案报社与人民日报社文艺部在全国政协礼堂联合举办"利用档案资源，创作重大革命历史题材影视精品，发展繁荣社会主义文化"座谈会。

2月20～21日　内蒙古自治区档案工作会议在呼和浩特召开，中央档案馆副馆长、国家档案局副局长杨公之出席会议并讲话。

2月27～28日　甘肃省档案工作会议在兰州召开，中央档案馆副馆长、国家档案局副局长冯鹤旺出席并讲话。

3月6日　北京市档案工作会议召开，中央档案馆副馆长、国家档案局副局长杨冬权出席并讲话。

3月11日　国家档案局举办第二期档案业务人员岗位培训班，开班式由中央档案馆副馆长、国家档案局副局长郭树银主持，中央档案馆副馆长、国家档案局副局长冯鹤旺授课。

3月14日　政协第十届全国委员会第一次主席会议通过，原中央档案馆副馆长、国家档案局副局长刘国能为文史资料委员会委员。

3月17～23日　中央档案馆副馆长、国家档案局副局长冯鹤旺率评审小组对贵州省档案工作进行目标管理考评。

3月19日　中央档案馆馆长、国家档案局局长毛福民亲切接见了日本亚洲历史资料中心专门官濑野清水先生一行。

3月20日　原中共中央政治局常委、国务院副总理李岚清在中央办公厅副主任樊士晋陪同下参观中国第一历史档案馆。

3月21日　国务院办公厅印发《国务院关于机构设置的通知》，根据第十届全国人民代表大会第一次会议审议批准的《国务院机构改革方案》和经国务院第一次常务会议审议通过的国务院直属特设机构、直属机构、办事机构、直属事业单位设置方案：国家档案局与中央档案馆，一个机构两块牌子，列入中共中央直属机关的下属机构。

3月22日～4月2日　中央档案馆副馆长、国家档案局副局长杨冬权率中国档案代表团对老挝和泰国进行考察访问。

3月26日～4月8日　中央档案馆馆长、国家档案局局长毛福民率检查组对江苏、浙江两省档案工作进行档案行政执法检查。

4月15日　国家档案局中央档案馆印发《国家档案局中央档案馆关于在国务院机构改革中加强档案管理的通知》。

4月22～28日　中央档案馆副馆长、国家档案局副局长冯鹤旺参加国务院三峡工程移民验收组对三峡库区二期移民工程验收工作。

4月28日　国家档案局发出《关于印发国务院决定取消的第二批行政审批项目中国家档案局有关项目的通知》。

5月24～26日　5月24日，全国防治非典型肺炎指挥部办公室和国家档案局联合印发《关于做好防治非典型肺炎工作文件材料收集归档工作的通知》。5月26日中央办公厅主任王刚在《通知》上作了批示。

6月15日　中共中央办公厅主任王刚给《中国档案报》发来贺信，他在祝贺《中国档案报》十年来取得成绩的同时，勉励大家把报纸办出特色，办出水平，为中国特色的档案事业作出更大贡献。

7月2日　中俄教文卫体合作委员会中方委员会议召开，会议由国务委员陈至立主持，中央档案馆馆长、国家档案局局长毛福民参加了会议。

7月15～17日　中央档案馆副馆长、国家档案局副局长郭树银、杨公之分别率调研组对全国防治非典型肺炎指挥部的文件材料收集归档情况进行调研。

7月24日　中宣部、中华全国新闻工作者协会授予中国档案报社采编部“全国新闻界抗击非典新闻宣传先进集体”称号。

7月28日　国家档案局颁布《电子公文归档管理暂行办法》。

7月29日　国家档案局中央档案馆发出《关于认真贯彻〈电子公文归档管理暂行办法〉的通知》。

8月1日　国家档案局中央档案馆发出《关于做好2003年国家重点建设项目档案工作的通知》。

8月3～22日　中央档案馆副馆长、国家档案局副局长冯鹤旺率档案行政执法检查组对湖南、海南两省进行档案行政执法检查。

8月8～26日　中央档案馆副馆长、国家档案局副局长杨冬权率档案行政执法检查组对甘肃、新疆两省(区)进行档案行政执法检查。

8月13日　河南省召开贯彻落实王刚同志批示精神现场会,中央档案馆副馆长、国家档案局副局长郭树银出席会议。

8月20日　青岛数字档案馆鉴定及开启仪式在青岛举行,中央档案馆副馆长、国家档案局副局长杨公之出席。

9月1日　国家档案局中央档案馆发出《关于在中央和国家机关开展移交档案质量检查活动的通知》。

9月2～3日　全国社区档案工作座谈会在上海召开,中共中央办公厅主任王刚作了重要批示,中央档案馆馆长、国家档案局局长毛福民发表了《努力做好社区档案工作,为全面建设小康社会做出积极贡献》的讲话。

9月10日　俄罗斯外交部历史文献局局长秋里林一行参观中央档案馆。

9月11日　国家档案局发出《关于2002年国家重点建设项目档案管理登记情况的通报》。

9月15～17日　中央档案馆馆长、国家档案局局长毛福民会见俄罗斯档案局局长科兹洛夫,商谈成立中俄教文卫体合作委员会档案工作小组。

9月17日　中央档案馆副馆长、国家档案局副局长冯鹤旺率档案行政执法检查组对国家测绘局、中国石油化工总公司进行档案行政执法检查。

9月17～18日　以原总理府次长、平成国际大学法学部教授小谷宏三为团长的日本内阁办公室代表团到国家档案局进行业务交流。

9月17～19日　由中国档案报社承办的“2003北京·全国档案装具、用品、现代化办公设备暨当代中国档案馆建筑设计展览”在中国人民革命军事博物馆举行。

9月19日　中央档案馆副馆长、国家档案局副局长杨冬权率档案行政执法检查组对华夏银行进行档案行政执法检查。

9月24～26日　中央档案馆副馆长、国家档案局副局长杨公之、杨冬权分别率档案行政执法检查组对人民日报社、中国化学工程总公司,中国记协、中国船舶工业总公司等单位进行档案行政执法检查。

9月27～28日　中央档案馆副馆长、国家档案局副局长郭树银率档案行政执法检查组对民建中央、中国新兴集团总公司、中国建设银行总行、中国纺织科学研究院等单位进行档案行政执法检查。

10月9～10日　中央档案馆副馆长、国家档案局副局长杨公之率档案行政执法检查组对中国储备粮管理总公司、东方资产管理公司进行档案行政执法检查。

10月10日　中国档案文献遗产工程国家咨询委员会评审会在北京召开,会上对第二批申报的中国档案文献遗产进行评审。会议由中央档案馆馆长、国家档案局局长毛福民主持,中央档案馆副馆长、国家档案局副局长郭树银、杨冬权出席会议。

10月10～15日　《中国档案》宣传工作会议在四川成都举行。

10月13～31日　中央档案馆副馆长、国家档案局副局长杨公之率档案行政执法检查组对四川、重庆两省(市)进行档案行政执法检查。

10月16日　《中国档案报》出刊1000期座谈会在北京召开。

10月19～28日　中央档案馆馆长、国家档案局局长毛福民率中国代表团出席在南非召开的第37届国际档案圆桌会议。

10月21日　《人民日报》理论版刊登中央档案馆馆长、国家档案局局长毛福民的文章《重视档案价值推动档案工作》。

中央档案馆副馆长、国家档案局副局长杨冬权率档案行政执法检查组对国务院机关事务管理局进行档案行政执法检查。

10月23日～11月4日　中央档案馆副馆长、国家档案局副局长郭树银率档案行政执法检查组对湖北、江西两省进行档案行政执法检查。

10月30日　由中国国家档案局与斯洛文尼亚国家档案局共同主办的《斯洛文尼亚城市的变迁》档案图片展开幕式在北京中华世纪坛举行。

11月10～12日　国际档案理事会东亚地区分会第六次大会暨企业发展与档案工作研讨会在浙江杭州举行。

11月16～26日　中央档案馆副馆长、国家档案局副局长冯鹤旺率中国档案代表团对西班牙进行考察访问。

11月20日　中央档案馆副馆长、国家档案局副局长杨公之率档案行政执法检查组对卫生部、中国粮油食品进出口集团公司进行档案行政执法检查。

11月23～30日　中央档案馆副馆长、国家档案局副局长杨公之率中国档案代表团对越南进行考察访问。

11月24日　中央档案馆馆长、国家档案局局长毛福民会见坦桑尼亚档案工作考察团，双方就两国的档案工作情况进行了交流，坦桑尼亚国大使参加了会谈。

12月1～3日　全国档案工作标准化技术委员会第11次年会在北京召开，中央档案馆副馆长、国家档案局副局长郭树银、杨公之出席会议。

12月4日　国家档案局中央档案馆摄制的110集文献电视片《百幅手迹怀伟人——毛泽东的110个故事》出版座谈会在人民大会堂举行。

12月12日　由中央档案馆编辑的《老一辈革命家手迹精选》出版发行。

12月19～29日　由中央档案馆国家档案局与中央文献研究室共同举办，国家文物局协办的《毛泽东档案展》在国家博物馆开幕。

12月21～22日　全国档案工作暨表彰先进会议在北京召开。中共中央办公厅主任王刚发表重要讲话，中央档案馆馆长、国家档案局局长毛福民作报告。

（国家档案局办公室综合值班处）

2004

（一）特　　载

中共中央政治局候补委员、中央书记处书记、中共中央办公厅主任王刚关于农业和农村工作的重要批示

（2004 年 4 月）

建设现代农业，发展农村经济，增加农民收入，是全面建设小康社会的重大任务。做好“三农”方面的档案工作具有十分重要的意义。希望档案部门认真贯彻党中央、国务院关于“三农”问题的一系列重要指示，按照科学发展观的要求，深入调查研究，提出切实可行的意见，加大工作力度，扎扎实实为“三农”做好服务工作。

中共中央政治局候补委员、中央书记处书记、中共中央办公厅主任王刚关于档案部门开展已公开现行文件利用工作的重要批示

（2004 年 6 月 12 日）

看了这份报告，令人高兴。建立已公开现行文件利用中心，开展已公开的现行文件利用工作，是档案部门实践“三个代表”重要思想，为广大人民群众了解党和国家方针政策开设的新的窗口，这对于密切党和政府与人民群众的联系，维护群众的合法权益，推进政务信息公开，具有积极意义。希望档案部门在各级党委和政府的领导下，求真务实，开拓创新，把这项工作做深、做细、做实，以适应群众实际需要，为全面建设小康社会做出新的贡献。

中共中央政治局候补委员、中央书记处书记、中共中央办公厅主任、国际档案理事会名誉主席王刚致第十五届国际档案大会的贺信

（2004 年 8 月 22 日）

主席先生，
各位代表：

值此第 15 届国际档案大会隆重召开之际，我谨以国际档案理事会名誉主席的名义，向大会表示热烈的祝贺！向致力于国际档案事业发展的各国档案界同仁表示崇高的敬意！向支持国际档案理事会工作的各会员国政府表示衷心的感谢！

档案是历史的记忆和知识的宝库，档案工作是人

类保护、开发记忆和知识的崇高工作。在一代又一代档案工作者的不懈努力下,国际档案事业不断向前发展。特别是上届大会以来,各国档案工作者以对历史高度负责、为社会竭诚服务的精神,紧跟时代步伐,奋力开拓创新,加强交流合作,共同推动国际档案事业的发展,为促进经济发展和社会全面进步作出了重要贡献。我为大家取得的成绩感到由衷的高兴。

当今世界,科技进步日新月异,特别是信息和网络技术快速发展,给社会生活带来广泛而深刻的影响,也使档案工作的载体、手段和方式、方法发生巨大的变革。科技进步既给档案工作创造了便利条件,也给档案工作带来了新困难。国际档案理事会应当自觉地肩负起时代赋予的使命,在推动档案技术进步、加强成员国合作、促进共同发展等方面做更多的工作,发挥更大的作用。

四年一次的国际档案大会是国际档案界的一件大事,对于促进各国档案工作、推动国际档案事业发展都具有重要影响。本届大会以“档案、记忆和知识”为主题,既反映了丰富的历史内涵,又体现了鲜明的时代特征。我相信,本届大会的召开,必将进一步加强国际档案交流与合作,有力地推动档案事业更快更好地发展。让我们本着崇高的国际合作精神,相互学习,携手奋进,不断提高档案工作水平,使档案更好地记录历史、传承文明、服务社会、造福人类。

最后,预祝第15届国际档案大会取得圆满成功!

中共中央政治局候补委员、中央书记处书记、中共中央办公厅主任王刚关于中央、国家机关档案移交工作的重要批示

(2004年11月8日)

这件事抓得好,很有成效。依法向中央档案馆移交档案,是中央、国家机关的一项重要职责和任务。做好这项工作,对加强国家档案资源建设,确保中央档案的完整和安全,促进档案的开发和利用,为党和国家工作大局服务,为建设中国特色社会主义事业服务,具有十分重要的意义。中央档案馆国家档案局要认真履行两种职能,继续会同档案移交单位精心组织,周密安排,确保移交档案的质量,确保档案按期进馆。

中共中央政治局候补委员、中央书记处书记、中共中央办公厅主任王刚在全国档案局长馆长会议前夕对档案工作的重要指示

(2004年11月28日)

在即将过去的一年里,各级档案部门和广大档案工作者紧紧围绕党和国家工作大局,以对历史高度负责、为社会竭诚服务的精神,兢兢业业地做好档案工作,为推动改革开放和社会主义现代化建设发挥了积极作用。我为同志们取得的成绩感到由衷的高兴,谨向同志们致以诚挚的问候!

当前,我国改革发展正处在关键时期,档案工作任务艰巨、责任重大。各级档案部门和广大档案工作者一定要以邓小平理论和"三个代表"重要思想为指导,牢固树立和认真落实科学发展观,坚持围绕中心、服务大局的要求,更好地运用档案促进经济社会发展;坚持与时俱进、改革创新的精神,积极探索做好档案工作的新思路新方法;坚持严谨细致、一丝不苟的作风,扎实推进档案事业发展,为全面建设小康社会作出新的贡献。

各地各部门要从提高党的执政能力的高度,进一步重视和加强档案工作,为我国档案事业的不断发展创造更为有利的条件。

国家档案局局长、中央档案馆馆长毛福民在全国农业和农村档案工作经验交流会上的讲话

(2004 年 4 月 21 日)

同志们:

这次全国农业和农村档案工作经验交流会是经过中央办公厅批准召开的一次重要会议。中共中央政治局候补委员、中央书记处书记、中央办公厅主任王刚同志对做好农业和农村档案工作作了重要批示。批示指出:"建设现代农业,发展农村经济,增加农民收入,是全面建设小康社会的重大任务。做好'三农'方面的档案工作具有十分重要的意义。希望档案部门认真贯彻党中央、国务院关于'三农'问题的一系列重要指示,按照科学发展观的要求,深入调查研究,提出切实可行的意见,加大工作力度,扎扎实实为'三农'做好服务工作。"王刚同志站在党和国家工作全局的高度,就加强"三农"工作的意义、农业和农村档案工作的地位、作用作了精辟概括,对进一步做好农业和农村档案工作提出了明确的任务和要求,这充分体现了党和国家对档案工作的关心和支持,对档案事业寄予的殷切期望,不仅对我们做好农业和农村档案工作具有重要指导意义,而且对我们按照科学发展观,开创档案工作新局面具有十分重要的意义。

农业、农村和农民问题,是关系社会稳定、改革开放和现代化建设全局的重大问题,党中央、国务院就"三农"工作做出了一系列重要决策和部署。胡锦涛总书记深刻指出:"高度重视并认真解决农业、农村和农民问题,是我们党三代中央领导集体一以贯之的战略思想,我们必须毫不动摇地坚持下去,把解决好农业、农村、农民问题作为全党工作的重中之重。"温家宝总理强调要求,"必须采取更直接、更有力、更明确的综合性政策措施,进一步加强农业、支持农业、保护农业,努力增加农民收入,保护和提高粮食综合生产能力,力求取得明显成效。"努力为"三农"工作提供服务,是档案部门实践"三个代表"重要思想的具体体现,是档案部门按照科学发展观,服务大局、服务社会、服务群众的重要举措。近年来,各级档案部门紧密围绕党在农村的各项中心工作,深入农村、贴近农民、服务农业,做了大量工作,取得了明显成绩。

这次全国农业和农村档案工作经验交流会的主要任务是:以"三个代表"重要思想为指导,深入贯彻十六届三中全会和党中央、国务院关于"三农"工作的一系列重要指示精神,学习落实王刚同志关于做好"三农"方面档案工作的重要批示,总结交流近年来全国档案部门为"三农"服务的经验和作法,研究今后一个时期农业和农村档案工作进一步为建设现代农业、发展农村经济、增加农民收入服务的措施。

这次会议得到了江苏省委、省政府、农业部、民政部的大力支持。得到了新华社、人民日报、光明日报、农民日报、中央电视台的大力支持,江苏省档案局为这次会议的召开做了大量的工作,对此我们表示衷心的感谢!

昨天和今天上午,我们参观了江苏省南通、江阴、张家港、常熟开展档案工作为"三农"服务的一些典型;刚才,河北省、北京市档案局等单位介绍了开展农业和农村档案工作为农民服务的做法和经验,与会同志很受启发。我相信,这次会议必将对全国农业和农村档案工作的开展起到积极的推动和促进作用。

下面，我就全国农业农村档案工作讲三个问题：

一、与时俱进，农业和农村档案工作奠定了良好的发展基础

近年来，各级档案部门结合当地工作实际，积极推动农业和农村档案工作，采取了许多有效措施，收到了良好的效果，得到了社会各界和农民群众的广泛认可。

1. 狠抓基础，创造了良好的条件。1997 年，国家档案局、农业部联合召开了第一次全国农业和农村档案工作会议后，各级档案部门迅速行动，在当地党委和政府的领导和支持下，联合有关涉农部门，统一部署、共同推进，使农业和农村档案工作成为各级政府、有关涉农部门及全社会的共同行动。各地坚持依法治档，出台了一批有关农业和农村档案工作的规范性文件。乡镇和村级建档案工作全面铺开，有的省将村级建档纳入了“全面建设小康示范村”考核内容，有的地方对建档条件不具备的村实行了“村档乡管”，使村级建档率明显提高。有的地方将目标管理考核机制引入农业和农村档案工作，有效地推动了农业和农村档案的规范化管理。这些逐步开展的档案业务基础建设，顺应了规范村务管理、维护农民利益、保持农村稳定、促进农村经济可持续发展的要求，为档案工作有效服务“三农”奠定了良好的基础。

2. 主动服务，开拓了广阔的领域。为贯彻落实党的十五届三中全会精神，国家档案局及时推广了一些县级国家档案馆代管第二轮土地承包档案的经验，在社会上产生了较大影响。实行第二轮土地承包政策，保证长期稳定农民的土地承包关系，是党的农村政策的基石，也是广大农民根本利益所在，是一项跨世纪的重要工作。河北省迁安市档案部门抓住机遇，在全国率先接收第二轮土地承包档案进馆，档案馆无偿保管，无偿提供利用。档案部门的这一举措得到了社会的广泛认可和农民群众的真心欢迎，全国人大常委会农村土地承包法执法检查组在河北检查工作时，对此给予了充分肯定，认为档案部门为巩固党在农村的基本政策不动摇发挥了重要作用。各地档案部门纷纷结合当地实际，加强了对土地承包和流转、农业科技推广、村务管理、农业产业化经营、小城镇建设以及税费改革、劳动力就业、大病统筹等方面档案的管理，为农村的稳定和农业的发展作出了明显的成绩。

3. 整体推进，形成了协调发展的格局。在档案行政管理部门和有关部门的共同努力下，近年来，农业和农村档案工作发生很大变化，呈现出生机勃勃、协调发展的局面。各地档案部门和有关部门密切配合，加大了农业农村档案工作力度。湖北省档案局联合省农业厅、林业局、水利厅、经济委员会、民政厅、劳动和社会保障厅、公安厅八个有关厅局颁发《关于进一步加强农业农村档案工作的意见》，形成了“三农”档案工作齐抓共管的局面；农业和农村档案工作管理网络不断完善，建档率有了较大幅度的提高。全国乡镇建档率从 1997 年的 70% 达到目前的 95% 以上，有的地方还建立了乡镇档案馆；农业科技专业户建档工作有了较大进展，已建成的县、乡、村三级农业科技档案信息网络在农村经济发展中发挥着积极作用；乡镇企业和小城镇（建设）档案工作也逐渐走上规范化轨道；农业和农村档案工作的领域、档案资料的来源和服务对象逐步拓宽，更加贴近农民生产、生活实际，档案工作成果显著。目前，各地档案部门围绕农业发展、农村稳定和农民增收，采取有效措施，加强业务指导服务、档案管理服务和提供信息服务，积极拓展服务方式和领域。全国农业和农村档案工作开始形成实效明显、协调发展的新格局。

二、开拓进取，档案部门为“三农”服务创造了新鲜经验和做法

近年来，各级档案部门以“三个代表”重要思想为指导，紧紧围绕农业和农村工作重点，努力探索档案工作服务“三农”的思路和方法，把为农业发展、农村稳定、农民增收服务作为新时期农业和农村档案工作的着眼点和落脚点，一手抓建档，一手抓服务，初步形成了以乡（镇）、村、民营企业和农业科技部门为工作主体，以广大农民为主要服务对象的条块结合、行业主抓的农业和农村档案管理体系，不断创新服务方式，取得了良好社会效果，为农业和农村档案工作注入了新的活力，积累了很多新鲜的经验和好的做法，受到广大农民群众的欢迎。

1. 开发档案信息资源，为农业发展和农民致富服务。近年来，各地档案部门把档案信息服务作为为“三农”服务的着重点，以农业发展和农民增收为中心，以拓宽农业和农村档案信息渠道为重点，积极探索利用档案信息拓展服务领域，努力使农业和农村档案信息成为各级领导的好参谋、农业科技部门的好帮手、农民致富的好顾问。

建立农业科技档案信息网络，架起信息服务桥梁。一些地方建立了以涉农部门为信息主干，以乡镇档案室为信息站，以村档案室和科技示范户为信息点的三级农业科技档案信息网络，为农民解决“缺思路、愁销路、想技术、盼服务”的问题，提供农业科技信息，指导农民科学种养。农业科技档案信息网络促进了县、乡、村农业科技档案信息交流与有效利用，适应了农民群众依靠科技致富的需求，加速了科技成果转化。河南省唐河县是中国农科院的综合示范县，已建立起 30 多个农村科技档案信息中心，120 多个信息站，200 多个信息点，初步建成了农业科技档案信息三级网络。全县专业村、科技示范户的无籽西瓜、糖酥梨等名牌产品的技术档案纳入三级网络管理后，这一优势产品的开发生产已在全县形成规模。仅农业科技档案信息开发一项，每年就为全县增收300多万元。四川省长宁县档案部门积极参与农业科技“110”信息网服务工作，提供政务、农科、畜牧、水利、气象等档案信息，为企业和农户发布专栏信息500多期，传送各类档案资料7000余份，实现农产品促销2310万元。

设立档案信息咨询中心，打造信息服务平台。一些地方档案部门将乡（镇）档案室或乡（镇）档案管理站的各种档案信息进一步整合，建立档案信息咨询中心，由以往单一的档案服务向文件服务、信息服务多领域拓展，真正实现了档案信息一体化管理，对乡（镇）档案工作如何为社会服务方面进行了有效的探索。山东省莱西市和孙受镇党委、政府联合试点，设立档案信息咨询服务中心，利用镇档案管理站的综合档案和农经信息，为该镇农民提供党和政府已公开的现行文件、档案资料及农业科技信息和农经信息服务。在此基础上，他们还与农委等部门联合印发了《关于加强农经网管理、开发农经网信息的意见》，引导各镇档案管理站或服务中心借助农经网，以为农民致富服务为重点，定期从农经网下载有关信息，利用在集市上现场咨询，发放“明白纸”，在镇报、镇村公开栏和村黑板报上进行宣传等形式将各类信息及时传递给农民，指导农民解决农产品销路，增加收入，成为农民了解信息、掌握信息的渠道。莱西市各镇还设立了村级信息员，负责向农民介绍和发布农业农村经济政策和供求信息，为农民致富服务。

建立农产品身份档案，为疏通农产品销售渠道服务。农产品销售一头连着产地，一头牵着市场。农民盼望的是自己生产的农产品能有一个好销路；市民则需要购买到“绿色”、“环保”的农副产品。为打通农副产品生产和销售的渠道，一些地区档案部门深入实际，从源头抓起，协助有关部门建立农副产品生产过程和销售情况的档案，为城市居民吃上“放心菜”，为农民朋友获得可靠的收益提供了有效的服务。上海市在加强农产品的安全生产、管理和产销的进程中，注重从源头控制，对进入市场的家禽、蔬菜、水果等农产品，自生产之日起，就为其建立“生长档案”。这些来自生产第一线的档案信息数据，为严格控制食品安全，提升上海食用农产品的质量监控水平，实现上海现代农产品的安全监管和大流通，提供了可靠和有效的信息服务。河北省乐亭县档案部门根据冀东果菜批发市场每天的菜价、行情走势、交易情况，为菜农提供准确、快捷的信息服务。他们还将档案中保存的生产技术制成“明白纸”，按农时节气及时发放到农民手中，为农民科学种植果菜提供帮助。

2．完善档案管理，为农村改革和发展服务。在农业和农村档案管理中，县级档案部门发挥着组织推动作用，乡（镇）具有承上启下实施服务的功能，村级建档是具体为“三农”服务的支点。近几年随着形势的发展和农村改革的不断深化，村级建档工作有所加快，一些地方档案部门为解决村级档案工作在人、财、物方面的实际困难，实行了“村档乡（镇）管”工作，有的将乡（镇）综合档案室改建为乡（镇）档案馆，代管村级档案。这种做法在一些地方得到了推广，有力推进了村级建档工作。

十五届三中全会以来，党中央、国务院出台一系列促进农业发展、农民增收的重大举措及相关配套政策。各级档案部门特别是县级档案部门，与相关涉农主管部门密切配合，全面开展了建立和完善税费改革、退耕还林、小城镇建设、农村劳动力就业、大病统筹、医疗保险和养老保险以及最低收入保障档案等工作。这为坚持党在农村的基本政策长期稳定，深化农村体制改革，加强基层民主政权建设以及减轻农民负担、解决农民后顾之忧、维护社会稳定提供了真实可靠的依据。

农村税费改革是我国农村实行家庭联产承包责任制之后又一项重大改革，对于完善农村税费改革政策、促进农村经济发展、维护农村社会稳定和广大农民的切身利益具有重要意义。安徽、贵州等省档案局与相关部门联合制发了规范农村税费改革文件材料的收集归档的文件，并积极抓落实，有效地保障了农村税费改革档案的齐全完整，促进了农村税费改革档案的规范化管理。今年温家宝总理在政府工作报告中提出全国五年内取消农业税，这是减轻农民负担的又一重大举措，北京市拟今年取消农业税。档案部门要将这些具有历史意义重大事件的文件材料收集齐全，及时归档。

为加快农村富余劳动力转移，很多档案部门积极协助有关部门，建立农村富余劳动力档案，并根据劳动部门用工需求信息，及时提供农民工资料，促进了农村富余劳动力的大批就业、农村劳务输出的开展和人力资源的有效利用，同时还为农村计划生育管理、扶贫解困等工作提供跟踪服务。

退耕还林还草是党中央、国务院实施西部大开发战略中加强生态环境保护和建设、促进可持续发展的一项重大举措。有的地方结合本地实际，加强了水利设施、荒山、荒坡、滩涂的承包档案管理，制定下发了有关加强退耕还林还草档案工作意见或办法，对退耕还林还草工作起到了保障作用。

3．创新档案服务方式，为农村精神文明和民主政治建设服务。近年来，各地档案部门深入农村，贴近农民，引导农民在生产生活中建立相关档案，对加强农村精神文明和思想道德建设，起到了积极的促进作用，收到明显效果。

有些地方档案部门将档案工作融入科技、文化、卫生"三下乡"活动，将与农民群众生产生活密切相关的档案资料送进农村，帮助农民了解和掌握党的富民政策，引导农民在生产生活中建立科学、完整、真实的记录，并用档案促进增收节支、维护自身利益以及提供诚信保障。江苏省扬州市档案工作随着"三下乡"队伍深入农村，通过展示宣传馆藏档案、文件、图片，宣传农业在国民经济中的基础地位不可动摇，指导农村种养和加工营销专业户建立档案，引导农民利用各级档案馆馆藏档案资料。北京市怀柔区档案局组织区16个涉农部门，编印了近2000份小册子，送到集市上，很受农民欢迎。档案作为科技、文化内容的一个部分融入"三下乡"活动，为档案工作更好地为"三农"服务开辟了新途径。

为及时地为农民提供"红头文件"和党的富民政策，有些档案部门开辟了"现行文件公共阅览室"和"非保密文件自由索取"等服务项目，村民借阅文件后在炕头上就可以学习了解党和国家有关政策。

为配合《公民道德建设实施纲要》的贯彻落实，有地地方通过建立村民道德档案，为开展"道德规范进农家，争创五好文明花"活动提供依据，帮助人们树立正确的世界观、人生观和价值观，坚定人们勤劳致富、诚实守信、遵纪守法的思想道德信念。

有的镇乡建立了"民情档案"，通过发放《民情调查表》，搜集农民群众的所思、所盼以及焦点、难点问题，由档案部门分类汇总后交有关主管部门予以答复，为"权为民所用，情为民所系，利为民所谋"的落实提供服务。

有的地方档案部门为普及果品培育、种植、修剪、嫁接、病虫害防治等科技档案知识，利用档案编写出老百姓喜闻乐见的歌谣并制成果树植保科技挂历送给广大果农，使"档案入村镇，服务到农家"活动收到明显效果。

有的地方通过建立家庭法人档案，明晰了农村以家庭为单元的市场经济主体地位，有效地组成了乡对村、村对组、组对户法人代表的经济信用组织。通过层层签订目标责任书，增强了家庭法人责权利相统一的大局观念，集体观念。这一举措对提高农户信誉、推动农村经济发展起到了重要作用。档案工作深入农村，积极参与传播先进文化，普及科技知识、倡导科学方法，弘扬科学精神的活动，得到了农民的欢迎。

农业和农村档案工作的实践证明，农业和农村档案工作是推进农村经济社会改革，维护农村社会稳定，促进农业和农村经济发展，增加农民收入的一项基础性工作，各地档案部门做了很多工作，收到了明显效果。但从全国来看，农业和农村档案工作开展得不平衡，有的地方档案部门存在着畏难情绪，有的地方档案工作还停留在表面，甚至有的地方农业农村档案工作还存在着空白。这里首先还是思想认识问题。应该说越是经济欠发达地区，农民群众对信息和技术的渴望越迫切，农业和农村档案工作服务的领域越广阔。各地档案部门应当认真加以研究，把为"三农"服务放在突出的位置，采取有效措施抓好抓实，使农业和农村档案工作的发展实现新的跨越。

三、求真实务，进一步做好农业和农村档案工作

党的十六大确立了全面建设小康社会的奋斗目标，而实现这个目标的难点在农村，重点在农民。今年，党中央、国务院发出《关于促进农民增加收入若干政策的意见》，着力解决农民增收的问题，这既关系经济发展的全局，也关系社会稳定。各级档案部门必须坚持"三个代表"重要思想，落实科学的发展观，紧紧围绕实现全面建设小康社会的奋斗目标，进一步做好农业和农村档案工作，为建设现代农业，发展农村经济，增加农民收入，维护农民利益提供有效服务。

1. 坚持"三个代表"重要思想，牢固树立为农民服务的思想。在农业和农村档案工作中做到始终代表最广大人民的根本利益，就要围绕广大农民现实和长远利益，把帮助农民解决实际困难，增加农民收入作为切入点，把农民呼声当作"第一信号"，把农民意愿当作"第一准则"，把农民致富当作"第一目标"。要紧扣农村经济的战略性调整、农业科技创新、精神文明建设、基层民主政权建设以及农民群众最关心的直接利益问题，积极进取、求真务实，不断创新更直接、更有效的服务方式，尽心竭力为广大农民办实事、谋利益。要通过档案工作者的劳动，让档案工作成为市场与农民之间联系的桥梁，成为密切党委、政府和群众联系的纽带，让农民得实惠，用为农民办实事、办好事、谋发展的行动践行"三个代表"重要思想。

2. 落实科学发展观，切实做好为"三农"服务工作。温家宝总理深刻指出，牢固树立和认真落实科学发展观，必须统筹城乡发展，站在国民经济发展全局的高度研究和解决"三农"问题，实行协调发展。档案工作要按照科学的发展观，努力使档案工作与"三农"工作紧密结合，纳入解决"三农"问题的过程中。各级档案部门特别是县、乡档案部门，要围绕农民群众对档案信息、管理技术及方法的需求上，积极探索档案工作为"三农"服务的途径和方法，坚持以人为本，重实干、办实事、求实效。各级档案部门要认真落实王刚同志的指示，按照科学的发展观，深入调查研究，提出切实可行的措施，加大工作力度，扎扎实实为"三农"做好服务。要把做好农业农村档案工作的重要性提升到落实科学发展观、为实现经济和社会全面协调可持续发展服务,全面推进全国档案事业协调健康发展的高度来认识,以服务“三农”为己任,紧紧围绕党在促进农业经济发展、农村社会稳定和农民增收方面的各项改革政策和重大举措,抓住机遇,加大工作力度,提出切实可行的措施,把农业和农村档案工作摆到重要议事日程切实抓紧抓好。

3. *构建档案信息为农民服务的平台,拓宽为农民服务的渠道。*农业和农村档案是一笔巨大的信息资源财富,要把这笔财富盘活用好,需要各级档案部门的共同努力,积极构建以农村政策、农业科技知识、市场动态等内容为主要信息资源,以档案部门多种形式服务为基础条件,以广大农民自由利用为运行准则的档案信息服务平台。县级档案部门承担着策划、组织和指导农业农村档案工作的重要责任,要密切关注农村改革发展趋势,深入调查研究,明确档案工作为农民服务的思路,找准档案工作为农民服务的切入点,落实档案工作为农民服务的各项措施,加强业务指导,以宣传典型推动工作的全面发展;乡镇和村档案部门要积极发挥收集、保管农业农村档案信息的优势,把文件材料收集齐全,妥善保管,特别是注意收集与农民切身利益有关的文件材料,有序整合档案资源,提高档案管理水平。要把已公开现行文件利用工作拓展到农村,为农民了解国家政策,加强基层民主建设,维护社会稳定提供直接服务。

档案部门要加强与民政、农业、水利、土地、林业、科技、卫生、文化等涉农部门的协调,加强县、乡、村三级科技档案信息网络的建设,实行档案及有关农业科技资料、图书、情报一体化收集管理,对那些与农民有关的科技信息、市场信息、致富信息进行鉴定筛选,编纂农业科技档案汇编、农产品成果档案资料汇编等,采取农民喜闻乐见、生动活泼的形式,配合科技、卫生、文化下乡,把档案信息送下乡,还可考虑将“三下乡”的相关资料收集齐全,制成宣传栏、展板或音像材料等,形成相对稳定的服务项目,常年为农民服务,使“三下乡”变为“三在乡”。

4. *紧扣农民关心的热点问题,开展多种形式的有效服务。*随着增加农民收入政策的逐步落实,农民增收、致富路子不断拓宽,这也为档案工作服务农民提供了广阔的空间。要围绕农村工作的重点和农民关心的热点,主动开展档案信息服务,使广大农民从中得到实惠,使档案工作和农民紧紧连在一起。

要加强农村富余劳动力档案的管理。农村富余劳动力在城乡之间双向流动就业,是增加农民收入和推进城镇化的重要途径。目前,有些劳动力转移多以自发转移为主,由于信息短缺,存在着很大盲目性。要与有关部门配合,建立农村富余劳动力档案和农民工技能培训档案,完善劳动力资源管理,充分发挥档案信息服务和引导作用,将劳动力资源与劳动市场连结起来,为富余劳动力牵线搭桥,引导农村富余劳动力平稳有序转移,积极拓展农民就业空间,为农民创造更多的就业机会,为增加农民收入提供有效服务。

要建立健全农产品质量安全档案。随着健康意识的增强和生活水平的提高,人们的消费理念、消费习惯和消费结构都发生了明显变化,对农产品的安全卫生水平要求越来越高,大力发展绿色农产品,以优质安全的农产品创造消费需求势在必行。档案部门要帮助农民(专业户、示范户)建立农产品种植、养殖档案,从农产品种、养殖的源头开始,对种、养殖基地的空气、水质,种、养殖中施肥、浇水、打药、饲料、接种及加工、质量检测、包装、运输等有关过程要详尽记录,使对农产品实行全过程质量管理的档案成为优质农产品的市场准入证,增强农产品竞争能力,扩大农产品的销售渠道,从而增加农民的收入。

要进一步做好土地(荒山、滩涂、山林、鱼塘,下同)承包、流转档案的管理。对于农民来说,土地就是资产,是赖以生存的根基,而土地承包档案则是资产的凭证。一些地方通过实行土地股份制,促进农民增收,农民通过土地流转得到更大收益。要及时对农民依法、自愿、有偿流转土地承包经营权过程中的档案实行动态管理,有条件的县市档案馆应主动代管土地承包和流转档案,并无偿提供利用,保证土地流转收益归农户。

要抓好农村税费改革、养老保险等档案的收集。农村税费改革、养老保险是减轻农民负担的重要措施,档案部门要将农民负担情况对比表、农民负担监督卡、纳税通知书、养老保险卡等收集齐全。还要注意抓好撤乡并镇机构改革中文件材料的收集,特别是直接关系农民切身利益的土地、房屋、分配等方面档案的妥善划归和保管。

5. *全面提高档案人员素质,推动农业和农村档案工作更具实效。*各级档案部门要针对乡镇档案人员兼职多、流动性大等特点,加强对乡镇档案人员的业务培训,努力培养一大批爱岗敬业、热心服务的农村基层档案人员。档案人员要带着对农民的深厚感情,思想上要有为农民服务的位置,工作中要有为农民服务的部署,执行中要有为农民服务的措施,真正把为农民服务作为各级档案部门重要的工作职责,深入基层了解农民的实际需求,拓宽为农民服务的渠道,主动为农民提供服务。

6. *加强档案工作创新研究,坚持实行分类指导。*

科学的发展观要求我们在已有的基础上，不断研究农业和农村档案工作中出现的新问题，不断推出新举措。比如对“村档乡（镇）管”做法可行性和普遍性的探讨，小城镇档案的集中管理模式，乡镇企业档案工作如何应对加入WTO后的国际竞争，以及如何解决档案人员少、经费少与涉农领域广、工作量大的矛盾等问题，提出切合实际的思路和措施，推进农业和农村档案工作扎扎实实深入开展下去。

做好农业和农村档案工作，一定要坚持求真务实，绝不能搞“花架子”。农业和农村档案工作既服务于农村的经济工作，又依赖于农村经济工作的发展。我国地域辽阔，各地经济、文化发展不平衡，档案工作发展也不平衡，要针对不同条件和工作基础，区别对待，因地制宜，分类指导。档案工作提出的各项要求、采取的各种措施都要切合农村和农民的实际，要使良好的愿望与客观实际结合起来，切忌形式主义，不搞一刀切，不搞行政命令，不违背农民意愿，不增加农民负担。条件好、工作发展快的地方，要再上一个台阶；条件差、工作发展慢的地方，要通过努力，争取缩小差距，逐步把工作搞上去。

为进一步加强对农业和农村档案工作档案的业务指导，国家档案局将建立农业和农村档案工作联系点，以便及时了解和掌握农业和农村档案的新动向、研究新问题并发挥典型示范作用，推动全国农业和农村档案工作不断创新发展。

同志们，解决好农业、农村、农民问题是全党工作的重中之重，做好为“三农”服务方面的档案工作应成为档案工作的重点。我们要把为“三农”服务放在更加突出的位置，把农业和农村档案工作作为评估有关档案部门工作成效的重要标准。我们要紧密团结在以胡锦涛同志为总书记的党中央周围，高举邓小平理论伟大旗帜，用“三个代表”重要思想指导实践，为服务“三农”不断作出新的贡献。

这次会议得到了江苏省委、省政府的高度重视和大力支持，江苏省和南通、江阴、张家港、常熟等市档案局为这次会议做了大量的工作，我代表国家档案局中央档案馆和全体会议代表向他们表示衷心的感谢！

国家档案局局长、中央档案馆馆长毛福民在已公开现行文件利用工作座谈会上的讲话

（2004年6月22日）

同志们：

2004年6月12日，中共中央政治局候补委员、中央书记处书记、中央办公厅主任王刚同志对国家档案局中央档案馆关于档案部门开展已公开现行文件利用工作情况的报告做出重要批示。批示指出：“看了这份报告，令人高兴。建立已公开现行文件利用中心，开展已公开现行文件利用工作，是档案部门实践‘三个代表’重要思想，为广大人民群众了解党和国家方针政策开设的新的窗口，这对于密切党和政府与人民群众的联系，维护群众的合法权益，推进政务信息公开，具有积极意义。希望档案部门在各级党委和政府的领导下，求真务实，开拓创新，把这项工作做深、做细、做实，以适应群众实际需要，为全面建设小康社会做出新的贡献。”王刚同志站在党和国家工作大局的高度，对已公开现行文件利用工作的意义作了精辟的概括，对档案部门勇于探索，开拓创新的精神给予充分肯定，并对今后一个时期如何做好此项工作提出了明确具体的要求。这充分说明了党和国家对档案工作的高度重视，对档案事业寄予的深切厚望，不仅对做好档案服务工作具有重要指导意义，而且对今后一个时期全国档案事业的发展具有重要意义，我们一定要认真学习，深刻领会，并自觉贯彻到各项工作中去。

这次召开已公开现行文件利用工作座谈会的主要任务就是深入学习并认真贯彻落实王刚同志关于已公开现行文件利用工作的重要批示精神，总结交流已公开现行文件利用工作的做法和经验，部署下一阶段工作，全面推动已公开现行文件利用工作的开展，为全面建设小康社会做出新的贡献。上午，河北省、黑龙江省、上海市、湖北省、四川省、陕西省档案局馆分别介绍了开展已公开现行文件利用工作的做法和经验，与会

同志很受启发。我相信,通过这次会议,必将对已公开现行文件利用工作的开展起到积极的推动和促进作用。

下面,我讲三点意见,供同志们参考。

一、认真领会王刚同志重要指示精神,深刻认识已公开现行文件利用工作的重要意义

党的十六大报告中指出,贯彻"三个代表"重要思想,本质在坚持执政为民。为社会各界和人民群众服务,最大限度地满足社会各界的档案利用需求,是档案部门的重要任务和主要职责。近几年来,全国各级档案部门认真贯彻党的十六大精神,以实现最广大人民群众的根本利益作为档案工作的出发点和落脚点,在档案工作服务机制创新方面进行了大胆的探索和有益的尝试,取得了很大的成绩。特别是已公开现行文件利用工作,自开展以来就得到了各级党委的高度重视,引起了新闻媒体的广泛关注,受到了老百姓的普遍欢迎。这是档案部门实践"三个代表"重要思想,服务社会,服务人民群众的重要举措。

*(一)开展已公开现行文件利用工作,有利于密切党和政府与人民群众的联系。*密切党和政府与人民群众的联系,重要的是将全心全意为人民服务宗旨落到实处。而服务又是多方面的:促进经济发展是服务;维护社会稳定是服务;解决下岗职工再就业是服务;公开现行政策也是服务。已公开现行文件利用工作就是把党和国家制定的,与人群众切身利益息息相关的各项方针政策原原本本地交给群众,从而使党和政府的主张及政策变为人民群众的自觉行动,这是我国宪法赋予广大公民的权利,是各级党委和政府的重要职责,也是执行党的群众路线的必然要求。已公开现行文件利用服务中心通过提供现行文件利用,架起了党和政府与人民群众沟通的桥梁,在密切党和政府与人民群众的联系方面发挥了应有的作用。如,河北省秦皇岛市港镇农民查阅完土地附着物补偿的有关文件说:"过去看文件讲级别,有些事传来传去就走了样,现在看来可以看到白纸黑字的文件,政府有啥规定,看得一清二楚,大大方便了我们老百姓。"

*(二)开展已公开现行文件利用工作,有利于维护人民群众的合法权益。*当前,全国各条战线都在按照胡锦涛同志在中央纪委第三次全体会议上的讲话精神,大力弘扬求真务实精神,大兴求真务实之风。其中一条,就是求人民群众历史地位和作用之真,务发展最广大人民根本利益之实。已公开现行文件利用工作就是档案部门弘扬求真务实精神,维护人民群众的合法权益,不断实现最广大人民根本利益的具体体现。通过建立已公开现行文件利用服务中心,为人民群众开辟了解党和国家方针政策的场所,当其切身利益受到侵害时,现行文件中心可随时为其提供政策依据,人民群众在维护合法权益的同时,增强了自身的法律意识。比如,青岛市泰华橡胶厂一职工,由于单位档案管理不善,致使其本人档案遗失,无法正常办理退休手续,从1999年开始,她先后到30多家有关部门寻找政策支持,均未能如愿。后抱着试试看的态度来到青岛市档案馆文档资料服务中心,在工作人员的热心帮助下,很快找到相关文件,解决了其多年未能解决的问题,她在留言中写道:"一千个感谢也表达不尽我对你们的感谢,是你们救了我,救了我们全家。"再如,浙江绍兴市某街道企业一职工,退休后一直未能领到退休工资。情急之下,老人将有关部门告上法院,法院在起诉时要求老人提供相关的文件依据。绍兴市档案馆文件中心帮助老人查到了有关养老保险、医疗保险、养老金等方面的相关文件,使其合法权益得到维护。

*(三)开展已公开现行文件利用工作,有利于推进政务信息公开。*温家宝总理在十届全国人大第二次会议上作的《政府工作报告》中,要求加强政府自身建设。指出:要"自觉接受人民监督。政府的一切权利都是人民赋予的,必须对人民负责,为人民谋利益,接受人民监督。为便于人民群众知情和监督,要建立政务信息公开制度,增强政府工作透明度。"开展已公开现行文件利用工作,可以使更多的人民群众了解政策、掌握政策、运用政策,置政府工作于人民群众的监督之下,对于建立开放、务实、廉洁、高效的政府形象,加强政府部门的自身建设都是促进和激励。比如,营口市大石桥虎庄镇一农民要了解国家有关农村税费改革、土地承包、查处假种子坑农方面的政策,在营口市档案馆工作人员为其复印完有关文件,兴奋地说,从媒体上了解到国家制定了很多有关"三农"方面的政策,尤其是即将实行税费改革,农民特别想知道一年该交多少费用,不该交的一分不交,该交的一分不能少,咱要对得起党和政府对咱农民的关怀,回去在向乡亲们宣传文件精神,使农业生产达到既增产又增收的目标的同时,还要告诉大家,以后再有不明白的"三农"政策问题,就到文件中心来。

实践证明,已公开现行文件利用工作,把政策交给人民群众,不仅是对公众知情权和参与权的尊重,也是政府部门提高工作质量,推进改革和建设的有效途径。

二、全面落实王刚同志重要批示精神,把已公开现行文件工作做深、做细、做实

王刚同志的重要批示,对于我们今后如何进一步做好已公开现行文件利用工作,提出了明确的要求,为我们今后开展已公开现行文件利用工作提供了重要的指导思想,指出了明确的方向。我们一定要全面落实王刚同志的重要批示精神,推动已公开现行文件利用工作的全面开展。

全面落实王刚同志的重要批示,关键的和重点的是要按照批示所说的,把已公开现行文件利用工作做深、做细、做实。

做深,一要深入学习和宣传王刚同志的重要批示精神。王刚同志重要批示,是在新形势下,党和国家对档案工作的新关心、新要求、新希望。这次会议以后,大家要把王刚同志的重要批示精神,立即向省委、省政府的领导汇报,向省档案局的领导班子汇报,并向各级档案部门传达,在档案工作者当中掀起一个深入学习和宣传王刚同志重要批示的热潮,并按照批示的精神去扎实地开展工作,把已公开现行文件利用工作推向一个新的阶段。

二要深刻认识已公开现行文件利用工作的重要意义。要把开展已公开现行文件利用工作,提高到档案部门实践“三个代表”重要思想的高度来认识、来看待,提高到为全面建设小康社会做出新的贡献的高度来认识,来看待。要深刻认识开展这项工作,为广大人民群众了解党和国家方针政策开设了一个新的重要窗口,为密切党和政府与人民群众的联系架设了一座新的重要桥梁,为维护广大人民群众的合法权益提供了一个新的重要渠道,对推进我国政务信息公开搭建了一个新的重要平台。这项工作,是档案工作中的一个创新,是档案工作为党和国家服务、为各部门服务、为广大人民群众服务的一个创新,对于发挥档案工作的作用,提高档案工作的地位,扩大档案工作的影响,具有重要意义。这项工作,不是可做可不做,而是应该做,必须做;也不是可以多做,可以少做,而是必须多做,必须做好。它是目前我国档案工作中的一项战略之举,全局之举。我们必须从这个高度来认识和看待这项工作。

三要在还没有开展这项工作的地方深入推进这项工作。经过几年的先行试点和稳步推进,实践已经证明,这项工作适应群众的实际需要,具有很强的生命力,我们应当进一步采取更加积极的态度、更加有力的措施,努力推动此项工作的全面开展,争取在今年年底之前在全国绝大多数档案馆普遍建立现行文件利用中心,普遍开展这项工作。开展这项工作,不要太多的投人,不要太大的地方,绝大多数档案馆在目前的条件下,都能承担。各省、自治区、直辖市档案部门,要进一步动员,积极推广,深入推进这项工作。一些地方将此项工作列人目标管理考评和目标管理责任制之中,取得了很好的效果,这些经验可以借鉴。我们还将把此项工作作为执法检查和有关工作的一项重要内容。

四要在已经开展这项工作的地方深化开展这项工作。要把已公开现行文件收集得更加丰富,更能适应群众的需要。现在有些已建立的现行文件中心,开始收集到的现行文件不够多,特别是同广大人民群众息息相关的文件材料不多,有些利用者满怀希望而来,看不到想要的东西。因此,要下大力气做好收集工作,收集的对象要遍及党委、政府的各个工作部门,把这些部门所能公开和已经公开的现行文件都收集起来,丰富中心的文件收藏内容,尽量满足利用者的各方面需求。在收集的范围上,要突破传统观念,凡是群众需要的文件、档案、信息,都可以收集进来。已公开现行文件利用工作给我们的一个重要启示就是:只有我们收集到适应群众需要的文件档案信息,我们的工作才会有用有效。要一切从实际需要出发,从群众需要出发,包括档案、文件以及经济、科技、农业、旅游、名人、名产、风土人情的信息资料,只要老百姓需要都可以收集,满足群众实际需要。

做细,一要过细宣传。我们目前的宣传还不够,许多人有查找文件的需要,但不知道在哪里可以查到,我们要向社会宣传文件中心的地点、接待时间、利用手续、文件内容,宣传文件中心的利用事例、利用效果。文件中心的地点,最好选在方便普通群众进出的地方,如果不得已放在机关大院,也要考虑如何便利群众进出的问题。除通过新闻媒体宣传外,还可以利用我们档案工作的网络,特别是要充分利用城市社区档案室、农村档案室,通过目录、简介、互联网将这些信息广泛地发布出去,让更多的群众知道。还要认真做好查阅登记工作和利用实例的收集工作,定期分析,查找问题,改进我们的工作,并通过生动的服务事例广泛进行宣传,扩大档案部门的影响。

二要过细工作。要从实际出发,尽可能提供方便,满足群众的需求。文件中心的标识要醒目,让群众一看就知道在哪儿或者怎么去。文件中心的接待和服务要热情、周到,手续要简化,对不符合手续的要耐心解释,对查到文件的要热情提供,对未查到文件的要好言安慰,甚至开展跟踪服务。文件中心的文件检索和文件摆放要醒目,让老百姓一看就明白,一看就能找到想要的东西,一目了然。有条件的地方,要将已公开现行文件利用工作与档案信息化建设相结合,在档案馆的网站开展已公开现行文件利用工作,方便各界群众及时查阅文件。当然,对不会上网查的要提供纸质文件备查。有些地方还收集了有关政策内容的小册子,以满足群众解决实际问题的需要。我们应当密切与党委、政府有关部门的联系,主动收集各政府部门的联系方式和办事指南,遇到什么经查阅文件解决不了的问题,我们可以告知他们找哪个部门咨询,找哪个部门解决,建立首问负责制、一站负责制的服务机制,争取让所有到文件中心来查阅的人都能高兴而来,满意而归。这就要自我加压,主动多办事,通过过细的工作,让利用者满意,让群众满意。

做实,一要从实际出发,求真务实。已公开现行文件利用工作,其宗旨就是为人民群众服务,绝不能摆花架子、玩虚招,不能只有形式,没有实际内容,一定要求真务实,真抓实干,实事求是。要防止比大摆阔,攀比硬件建设,一些经济条件较差的地方,可以充分利用档案阅览室,不另辟地方,不对硬件做过多要求,不花更多的钱也能将工作开展起来;即便是条件好的地方,也不要搞得大而无当。要防止一阵风,不能热热闹闹走过场,开张以后就冷冷清清,不管不问,而要扎扎实实地做好工作,让这项工作长期见效。

二要真心实意为利用者着想。不管我们的条件怎么样,不管我们能不能让所有利用者都能查到想看的文件,但我们都要实心实意地、满怀热诚地帮助他们去跑、去办、去解决问题,让群众发自内心地觉得我们的工作就是为他们着想,为他们谋利益,给他们带来实惠。在服务中我们要坚持免费查询,努力帮助群众,解决实际问题。这样,我们的工作才会有实效,才会越做越实、越做越好。

三、以对人民对历史高度负责的精神,积极推进档案工作全面、协调、可持续发展

各级档案部门要以学习贯彻王刚同志关于已公开现行文件利用工作的重要批示为契机,坚持科学发展观,紧紧围绕为最广大人民群众服务,促进档案工作全面、协调、可持续发展,进一步发挥档案工作的社会功能,为实现全面建设小康社会宏伟目标做出新的贡献。

(一)把握经济社会全面发展的需求,全面加强档案资源建设。全面建设小康社会的实践活动和全面发展的经济社会建设对档案工作提出了越来越广泛的需求,档案部门要满足这种日益增长的需求,就必须不断解放思想,到更广阔的领域和行业中开辟新的档案资源采集渠道,千方百计地为国家档案资源注入新成份、新要素。各级档案部门要紧紧围绕党和国家工作大局全面开展档案资源建设,通过法定渠道把一大批新形成的档案资源源源不断地补充到国家档案资源中。近几年各级档案部门及时收集归档抗击“非典”和防治“禽流感”文件材料,积极开展“三农”档案工作、社区档案工作、重大活动和重点建设项目档案工作等等,使档案资源建设触角由历史向现实延伸,由管理机关向社会基层组织延伸,全面建设国家档案资源的新格局正在形成。各级档案部门都应把依法加强国家档案资源建设作为依法管理档案事业的重要方面,下大力抓好抓实。要使原有的档案资源继续得到良好的保护。继续加强利用财政专款抢救濒于毁灭的珍贵档案的工作。继续组织开展中国档案文献遗产工程,对珍贵历史档案的保护和抢救具有重要意义。切实加强特藏室建设,对档案资源进行等级鉴定,实行分类管理。各级档案部门都要在巩固已有成果的基础上,继续做好相关工作,使国家档案资源的管理更加科学有序。要使分散于社会各方面的档案资源得到合理的整合和配置。进一步加强包括国有档案、新经济组织档案、社会基层组织档案、家庭档案、私人档案在内的国家档案资源的合理布局和结构调整工作。

(二)坚持以人为本统筹兼顾的指导方针,推动档案馆建设的协调发展。日益丰富的档案资源为档案部门向社会开展服务提供了雄厚基础,档案馆的服务功能应与经济、社会发展和广大人民群众的需求与时俱进。对档案馆社会功能的认识,我们经历了一个逐步深化的过程。从以保管档案资源为主,到“开放历史档案”逐步得以施行,从“两个基地”(即档案保管基地和爱国主义教育基地)、“一个中心”(即档案利用中心)的建设要求,到增加“已公开现行文件利用中心”的职能,形成档案馆“四位一体”的新体制,体现了“三个代表”重要思想和“以人为本”的科学发展观。在现实工作中,档案部门注重档案实体保管利用和档案事业行政管理两种职能的协调,注重档案收集管理与档案提供利用的协调,注重历史档案开发和现行文件利用的协调。尤其是“已公开现行文件利用中心”机制的引进,在党委政府和人民群众之间搭起了一条便捷的信息通道。这使得越来越多的群众走进了档案馆,越来越多的档案走进老百姓的心中。各级党委政府更加重视档案馆的政务公开功能和文化功能建设。很多地方把档案馆作为地方文化和政务信息中心的标志性建筑,越来越多的档案馆设立了展示厅、影视厅、报告厅、电子阅览室、现行文件阅览室等,成为群众学习知识、查询信息、接受教育、陶冶情操的活动基地。

(三)着眼档案工作的可持续发展,加快档案数字化建设。随着科学技术的发展,档案载体目前正面临着一个更新换代的重要历史时刻,电子文件、电子签名、电子档案的大量出现,已经对档案工作产生了巨大影响,档案管理、保护、利用的理念、体制和工作方式都在经历重大变革。传统的管理模式已不再完全适用,新型管理模式正在以意想不到的速度和规模进入档案工作领域。档案部门必须迎接挑战,适应电子文件归档管理的迫切需要,着眼于档案工作的可持续发展,探索中国特色的档案数字化建设道路,实现历史档案与未来档案的有机链接。完成这一重要的历史跨越,是我们这一代档案工作者必须承担的历史职责。我们档案部门正面对严重挑战,同时也是重大机遇。各级档案部门要增强开展档案数字化工作的紧迫感,提高做好这项工作的自觉性,加快档案数字化的实际进程。要把档案数字化纳入各级政府政务信息数字化的总体规划，统筹安排档案系统资源和资金。要规范档案数字化的技术系统，建立互通兼容系统，使电子档案能够在通用标准下顺畅转移。要大批培训计算机应用人才，提供档案数字化人力支撑。

*(四)树立人才资源是第一资源的思想，以人才资源开发推动档案工作发展。*人才问题是关系党和国家事业发展的关键问题，同样是关系档案事业发展的关键问题。对于档案部门，人才尤为重要。要营造学习成才氛围，加强人才资源建设。引导广大档案工作者树立全民学习、终身学习理念，鼓励大家通过多种形式和渠道参与终身学习，把学习作为生活和工作的一部分，把学习当作一种政治责任、一种精神追求。要加强政治理论学习和经济、科技、文化、法律、管理以及历史等相关知识的学习，着力培养创新意识，不断提高档案人员履行岗位职责的能力。要结合实际制定有效的学习考核制度，制定和完善人才培养规划。要优化人才成长环境，创新人才工作机制。牢固树立以人为本的观念，尊重知识，尊重人才，尊重创造，着眼于充分调动各类人才的积极性、主动性和创造性。要加快培养档案事业发展需要的专业人才和高层次人才，切实推进人才队伍建设。坚持培养和引进并举，带动档案人才队伍整体水平的提高。

同志们，档案工作为最广大人民群众服务，任重道远，大有可为。我们要以邓小平理论和“三个代表”重要思想为指导，坚持科学发展观，深入贯彻王刚同志有关重要批示，开拓进取，真抓实干，扎扎实实地把为人民群众服务的各项工作落到实处，为全面建设小康社会奋斗目标的顺利实现，做出我们应有的贡献。

国家档案局局长、中央档案馆馆长毛福民在第十五届国际档案大会上的讲话

(2004年8月)

“档案日”、“档案周”活动是一种行之有效的档案宣传方式，中国档案工作者对此较早就有所认识，并一直在积极实践。1979年11月，中国档案部门响应国际档案理事会的倡议，举办了庆祝国际档案理事会成立30周年的“国际档案周”活动。1998年，在国际档案理事会成立50周年之际，时任国际档案理事会主席王刚致信全世界各国档案界，回顾国际档案理事会的辉煌发展历程，热忱吁请所有会员与各国档案界，在全球范围内组织一次国际档案周活动，大力宣传档案工作，宣传档案工作者辛勤工作的事迹，以此来庆祝国际档案理事会的五十岁生日。中国国家档案局积极响应，于1998年8月31日至9月6日开展了生动而热烈的“国际档案周”活动。这次宣传活动不仅完满实现了国际档案理事会发起“档案周”活动的意图和宗旨，而且成为中国档案界进一步开展各种内容的“档案日”、“档案周”活动的新的起点。此后，中国档案工作者经常不断地开展内容丰富、形式多样、颇具规模的“档案日”和“档案周”宣传活动，增强了社会档案意识，架设了档案部门与公众交流的桥梁，促进了档案资源的开发和利用，拓展了档案工作服务的空间和领域，取得了很好的社会效果。归纳起来，中国的“档案日”、“档案周”活动具有以下几个明显特点：

*1. 注重档案法制宣传，增强全社会的档案意识。*自1987年《中华人民共和国档案法》和1990年《中华人民共和国档案法实施办法》颁布以来，中国档案工作者举办了多次《档案法》“宣传日”活动。2002年9月5日，《档案法》颁布15周年纪念日，由中国国家档案局发起，全国各级档案部门开展了“档案法宣传日”活动。宣传活动的主题是“增强全民档案法制意识，依法保护利用档案信息”，宣传内容为：档案与公民的关系，《档案法》所规定的公民保护档案的义务和利用档案的权利，以及利用档案的程序。重点宣传档案服务社会服务公民的典型事例，宣传档案馆的功能。国家档案局在《中国档案报》组织了《档案法》知识竞赛，50多万人次参加了答卷；山东省档案部门组织文艺汇演，以合唱、歌舞、快板、小品等不同艺术形式的精彩节目纪念《档案法》颁布15周年；浙江省档案部门组织了街头大型咨询活动，向公众发送宣传册，解答公众有关档案问题的咨询，这些活动定位于“走向市民，贴近公众，为百姓服务”，得到公众的好评；北京市档案部门借助新闻

传媒进行宣传，在电视节目黄金时段的高收视率栏目中滚动播放“保护档案是公民应尽的义务，利用档案是公民享有的权利”等宣传横幅。有些档案工作者走进广播、电视直播间，畅谈档案和档案工作在社会中的重要作用，讲述一个个发生在老百姓身边的有关档案的故事。有些档案部门在报刊举办纪念专刊或刊登纪念文章。还有的召开座谈会，举办演讲比赛，举办档案执法培训班，开展档案执法检查等等。这类宣传活动极大地增强了社会档案意识和公民的档案法制观念，为依法管理档案事业创造了有利条件。

2. *注重档案和档案工作知识宣传，营造有利于档案事业发展的社会氛围。*档案工作的健康发展，离不开社会的广泛参与。如果公众对档案工作了解甚少，档案工作得不到社会支持，档案工作服务人民大众就无从谈起。档案宣传是沟通档案与公众联系的有效手段。1979 年中国国家档案局举办的“国际档案周”活动中，国家档案局在北京市举办了以历史资料影片为主要内容的电影周，中国邮电部发行了一套三枚反映中国档案工作历史和发展的纪念邮票，此外，有关部门还举办了档案学术讨论会，中国档案学会也是在此期间筹备成立的。1998 年再次开展的“国际档案周”活动，以“针对社会公众，普及档案知识，让公民进一步了解档案工作，了解《档案法》赋予公民的权利和义务，促使全社会更有效保护和利用档案信息资源”为宗旨，以“档案连着我和你”为活动主题。国家档案局精心组织策划了这次“国际档案周”活动，编辑出版了《国际档案周专刊》，刊登有关档案工作的知识性、趣味性短文，并利用专刊组织了档案知识有奖答题和答卷。专刊发行了 30 多万份，得到了社会各界人士的好评。由中国集邮总公司印制了“国际档案周纪念封”一枚。在上海市举办了“国际档案管理暨现代化办公设备展览会”。各地档案部门在公共场所设立“国际档案周宣传咨询点”，向公众进行宣传咨询，散发《国际档案周专刊》、本地档案利用的典型事例和档案馆藏品介绍以及其他有关宣传材料。在公共场所和机关、企事业单位的档案馆室，张挂国家档案局编印的《档案法宣传图解》。许多档案部门还举行了档案工作报告会、座谈会，在自己的档案刊物上开辟宣传专版和专栏，对档案周活动予以报道。在成功举办“国际档案周”活动的带动下，中国各地档案部门紧密结合各自实际，开展了形式多样的“档案日”活动，把档案和档案工作知识介绍给越来越多的普通公众，吸引更多的人关心档案工作，支持档案工作。

3. *注重民族精神、历史文化宣传，发挥档案的社会教育功能。*中国档案工作者充分发掘浩瀚的档案资料，发挥档案的社会教育功能，利用“档案日”这种宣传方式，对公民进行中华民族传统教育，激发民众的民族自尊心、自信心和自豪感。其内容和方式各具特色：有利用纪念日举办展览的，如为纪念抗日战争爆发 65 周年，北京市档案馆举办了“中华民族不可侮”展览，展现了中华民族 8 年浴血抗战史。2003 年 12 月 26 日在共和国开国领袖毛泽东诞辰 110 周年之际，国家档案局举办了“中国档案展——纪念毛泽东诞辰 110 周年”，从 2 万多件毛泽东档案中，精选 300 多件手稿、图片、实物，展现毛泽东的生平事迹，展览吸引了许多市民前往参观。有的档案馆举办与城市发展变迁相关的历史文化展，让公众了解家乡的历史、文化、风土人情，了解自己所居住的城市。如上海市档案局推出的《母亲河——黄浦江的昨天、今天和明天》展览，揭示整个上海城市发展的脉络与轨迹。天津市档案馆推出《海河——辉煌的母亲河》展览，杭州市档案馆推出《千年天堂路——杭州历史文化展》，武汉市档案馆先后推出《收回汉口租界》、《武汉沧桑》等展览，一些地区、县级档案馆也因地制宜举办了类似的展览。许多档案部门还利用学生假期针对青少年开展了“档案一日游”活动，江苏省档案馆推出“我与历史手牵手——档案之旅”夏令营；上海市嘉定区档案馆开展“档案伴我游”活动；北京市西城区档案馆把档案展览搬进中学，所有这些活动都让中学生真实地接触和触摸档案，向他们讲述档案知识，讲解乡土文化。这类活动充分挖掘和发挥了档案的社会教育功能，体现了档案是历史真实记录的记忆功能，拉近了档案和公众的距离，使公众感受到了档案的魅力，多了一分对档案工作的了解。

4. *注重面向社会基层宣传，拓展档案工作空间。*广大的农民、城市居民是最基本最普通的社会公众，面向他们进行档案宣传，就是面向最广大的社会公众进行宣传。正是基于这种认识，中国档案工作者不断创新，在向农民和城市社区居民进行档案宣传方面作了许多有益的尝试。例如，配合政府出台的一系列亲农、助农、支农政策，中国各级档案部门采取“档案日”方式，送文件下乡，帮助农民建立档案，了解政策。2004 年 3 月 17 日，北京市怀柔区开展了“档案服务三农，现行文件下乡”活动，主题是“宣传农业政策，贴近百姓生活，发挥档案作用，服务农民致富”。怀柔区档案部门联系了区内 16 个涉农部门，把 256 份关系农民切身利益的现行文件编辑成 30 种图册，利用农村集市的便利，在集贸市场现场向农民赠送。国家档案局和北京市档案局的领导参加了活动。许多省市举办了各具特色、服务农民的“档案日”活动，有的深入田间地头指导建立农作物档案；有的深入专业养殖户指导养殖档案；有的深入乡村农户指导建立土地延包档案、税费改革档案、村民档案、农户信用档案。在向城市社区居民进行档案宣传方面，中国档案工作者同样做了卓有成效的工作。许多城市档案部门举办了档案进社区活动，他们把档案展览搬进社区，宣传社区建档的作用和意义，宣传档案和居民生活的密切关系；设立咨询站散发宣传册；深入社区指导建立居民健康、教育、就业、劳动保护等档案。沈阳、武汉、南京等市档案部门通过举办家庭档案讲座，在电视栏目中与市民对话等方式，解答有关建立家庭档案的问题，深受市民欢迎。越来越多的公众从中认识到档案与其生产、生活的密切关系，从而开始自觉地重视与之相关的档案工作。同时，档案工作者也通过这些宣传活动，进一步丰富了档案服务方式，拓展了档案工作空间。

总结中国“档案日”、“档案周”，我们认为要使宣传活动收到较好效果，要注意把握以下要点：

——贴近社会，吸引群众。“档案日”、“档案周”活动是面对社会公众的，因此要贴近公众，充分考虑社会需求，精心创意，以独特的创意吸引公众关注和参与。同时，要注意社会教育性，挖掘档案的社会教育意义。尽量避免纯专业性，突出大众性。

——精心策划，周密部署。开展“档案日”、“档案周”活动，要进行周密的组织和策划，要有一定的行政手段和资金保障，要进行必要的可行性和预期效果调研，以使活动方案更切合实际，更周密完善。活动结束后要及时进行总结，为以后开展宣传活动积累经验，提供借鉴。

——有的放矢，形式多样。要准确定位活动的宣传对象。档案法制宣传、档案价值宣传和档案馆作为重要资源宝库作用的宣传，这些宣传活动是面向社会各阶层各类公民的，而农村档案是针对农民朋友，社区档案是针对城市居民。只有区分了不同人群，根据不同对象特点确定活动的具体形式和内容，活动才有更强的针对性，才会收到更好的效果。

——借助传媒，扩大影响。要充分借助媒体，利用其覆盖面广、收视率高、传播范围大的优势，对“档案日”、“档案周”活动进行宣传，扩大社会受众，把档案活动变为全社会的关注点，增强宣传社会效果。

国家档案局局长、中央档案馆馆长毛福民在家庭档案工作座谈会上的讲话（摘要）

（2004年9月24日）

中国档案报社在沈阳市举办“家庭档案工作座谈会”，今天召开很有意义。五天前党的十六届四中全会胜利闭幕，六天后我们将迎来喜庆新中国成立55周年国庆。党的十六届四中全会把加强党的执政能力作为会议中心议题，使广大干部群众倍感振奋，深受鼓舞。加强党的执政能力建设，进一步为人民执好政、用好权，是时代的要求，人民的要求，体现了新一代中央领导集体的远见卓识，增强了全国人民把中国特色社会主义事业推向前进的信心和决心。在各地档案部门紧密联系实际，积极学习、贯彻四中全会精神的新形势下，全国部分省、直辖市和计划单列市、省会城市档案部门一起研究和探讨在科学发展观指导下，家庭档案工作服务千家万户的作用和意义，是贯彻落实四中全会精神的实际体现。这种研究和探讨，是站在“三个代表”重要思想的理论高度去思考、去研究，是立足档案事业全面发展的战略高度去分析、去探讨。座谈会的召开表现出中国档案报社积极贯彻“三贴近”方针的坚定性、主动性和宣传档案事业新生事物的敏锐性、积极性。沈阳市档案局等档案部门在开展“档案进家庭”活动中所表现出的创造精神和取得的卓有成效的实际效果，让我们感受到档案工作在走进家庭推动社会主义精神文明建设中发挥的积极作用，同时感受到档案和档案工作一经被广大群众所认识、所参与带来的对档案事业的整体发展的强劲推动。对于家庭档案工作，我讲三点认识：

一、家庭档案工作开展的社会价值

沈阳市十万户家庭档案珍藏展、走访的几个家庭建档户和今天5个单位的发言，为家庭档案和家庭档案工作生动地勾勒出一个鲜明的特点，那就是家庭档案是人民群众在自己的工作生活实践中逐渐积累起来的，家庭档案的作用是人民群众在使用中自己实实在在感受到的。它不是政府或哪一个部门硬性要求的产物，反映了群众文化生活发展到一定阶段的一种需求。一些家庭将与自身利益密切相关的档案保存起来，利用档案进行自我总结和自我展示，从而引发出爱家、兴家的热情。沈阳市档案局和一些地方档案部门正是及时发现和抓住了这一契机，把家庭档案作为适应新时期、新阶段人民群众文化生活新需求的新事物来认识、引导和帮助。通过积极探索、热情支持和主动服务，把这项群众自愿参加、自我教育和自己受益的家庭活动，融入到推进公民思想道德建设的社会实践中，从家庭这一最基本的社会组织入手，在人民群众中提倡科学、健康和文明的生活方式。

2002年7月，沈阳市档案局就开展"建立家庭档案、传承社会文明"活动给全市家庭发了一封信。这封信不是上传下达的公文口气，而是朋友式的恳谈，词句朴实亲切、风格温馨自然。经过两年的实践，沈阳市建立档案的家庭已达到10万户。这里最直接的原因是家庭档案受到基层群众的欢迎。得到了社会各界的认可。这种欢迎和认可源于家庭档案所具有的五个重要作用：

第一、教育作用——珍藏家史、激励人生。家庭档案的内容通常以家庭成员为基本线索。一张奖状，一份录取通知，一纸毕业证都带有强烈的时代色彩，都是真实而鲜活的教材。革命烈士江竹筠在被国民党反动派杀害前，给儿子留下一封遗书，这封遗书被编进课本，激励有志青年投身到新中国的建设中去。这封遗书是一位母亲留给儿子的书信，其实就是一件家庭档案。这些档案保存的是一段历史，传承的是一种精神。在这次展览上见到的抗美援朝老战士珍存的"诀别书"非常感人，是难得的爱国主义教材。中共中央制发的《公民道德建设实施纲要》是我国在新形势下加强社会主义道德建设的纲领性文件。它明确了公民道德建设的主要内容：坚持以为人民服务为核心，以集体主义为原则，以爱祖国、爱人民、爱劳动、爱科学、爱社会主义为基本要求，以社会公德、职业道德和家庭美德的建设为着力点。家庭是社会的基础，家庭稳定带来社会稳定，家庭文明带来社会文明，家庭进步带来社会进步。家庭档案工作是贯彻《公民道德建设实施纲要》的有益尝试，家庭档案对于提高公民思想道德素质具有积极的教育作用。

第二、查考作用——违纪守法、有据可查。家庭档案的提出和建立，某种程度上反映了人们法律意识的觉醒。作为家庭档案重要组成部分的各种证件、票据和法律文书的凭证性对家庭成员权益的保护能力是无可替代的，这也是家庭档案能够兴起并发展的原因之一。家庭成员作为社会人，在各项社会活动中都应受到法律的保护，家庭档案将在法律提供保护中起到重要的凭证和参考作用；家庭作为一个集体，家庭内部产生的纠纷也会影响社会的安定，家庭档案在维护家庭利益关系，提高家庭凝聚力方面具有重要的保障作用。

第三、传承作用——扬善抑恶、崇尚文明。现代家庭档案的传承作用，主要体现在把家庭崇尚的东西留给后人。在我们看到的家庭档案中，立功的奖章，著书立说的手稿，参加重大活动的照片，捐款、献血等社会活动的证明，都表达了家庭主人崇尚的社会风范，以及希望后人继承的伦理道德。家庭档案还记载了家庭成员的特长、爱好，像诗歌、书法、绘画、摄影、体育活动等等对家庭文明建设具有积极意义的活动，这些家庭档案在代代相传中凝炼成为一种文化，如果每一个未成年人都能成长在这样的文化氛围中，耳濡目染地继承前辈的才华，对于中华民族人口素质的整体提高，无疑会发挥重要的作用。

第四、陶冶作用——健康生活、身心幸福。社会是由一个个家庭组成的。多数家庭是否和睦，是否幸福与整个社会的安定团结有着直接的联系。家庭档案记录了不同的家庭怎样同心面对生活的挑战和在搏击中发展的真实过程。一名退休女工，用记家庭生活开支的账簿，证明工作收入比物价上涨快，得出老百姓的生活逐渐上升的结论，她告诉家人不要浮躁、要靠踏踏实实地努力工作，凭自己的本事赢得成功，结果家里出了好几个先进模范；一位祖父，用装衬衫的盒子积累了大孙子从小学到读清华大学博士生期间所有的考试成绩，用来激励小些的孙儿女，一个家庭出了好几个研究生。家庭幸福和身心健康，需要物质条件的基础，更需要精神乳汁的哺育。家庭档案对家庭成员的陶冶，在培养他们积极健康的生活态度，开朗奋进的人生追求的同时，给整个社会发展注入了新鲜活力。

第五、宣传作用——丰富资源、社会共享。家庭档案的所有权归个人，但它是国家档案资源的重要补充。恩格斯在《家庭、私有制和国家的起源》中曾对家庭与社会的关系作过这样的描述："家庭一定要随着社会的发展而发展，随着社会的变化而变化。它是社会制度的产物，它将反映社会制度的发展状况。"(《马克思恩格斯选集》4卷79页)我们应该站在这样的高度去认识：从丰富国家档案资源的角度去开发家庭档案，通过家庭档案反映的个性问题来研究整个社会的共性问题，从家庭成员的成长轨迹，来研究中国社会的发展规律。档案报社的同志为我提供了这样一个实例：1964年，在香港《文汇报》上，著名漫画家丁聪先生和龚之芳先生共同主持一个《北京小事》栏目，向世界介绍中国。这一栏目刊登过一篇文章——《街史》，文章报道了北京一条小街的居民，把自己解放前的要饭碗、老照片和老人口述的悲惨生活情况，办成街史展览教育中小学生，作者在文中说："一部高明的电影，也没有这一份街史给我的教育来得深刻。今天的年轻人已远离了从前的岁月，街史可以叫他们增长知识，懂得不少道理，街史的意义可就大了"。街史展览的来源是家庭档案，由这篇文章我们可以看到家庭档案的宣传作用有多大，反映的问题有多深刻。

上午参观展览，使我很受教育，无数个普通家庭档案合唱着一个主旋律，那就是：改革开放好，社会主义好，共产党领导好。这种群众自己教育自己的形式最贴近老百姓，用自己的亲身经历和感受教育自己最有说服力，这对于做好群众工作，建设社会主义和谐社会意义是深远的。

二、搞好家庭档案工作是档案部门的历史责任

档案走进家庭，是近年来随着经济发展和社会进步兴起的一项社会性的档案工作。各地档案部门对这项工作有的已经着手展开，有的处于研究探索阶段。通过今天的会议，相信大家会逐步取得这样的共识，开展家庭档案工作对于档案部门既是一个新领域，又是一个新机遇。回顾近年来我们带有创新性质的工作，都是抓住一个机遇，开辟一个工作领域，迈上一个台阶，为党、为人民做更多需要做的工作。对于家庭档案工作，我们要从以下三个方面来认识和推进。

*第一、更直接地为人民服务。*家庭档案是社会档案的一个组成部分，它和其他形式的档案一样，都是由人民群众在社会实践中产生，理所当然要为人民群众的生产、生活服务。人民群众在档案和档案工作方面的需求，就是档案部门的任务。档案馆举办展览走进学校、社区，档案工作服务"三农"走向田间，档案报办《档案大观》走上社会，都体现了为人民服务是档案工作者的天职。家庭档案工作的特点是更为直接的为人民群众服务，对于这项工作，及时发现和热情扶持是我们的责任；科学指导和稳步推进是我们的行动；坚持不懈和顺应需求是我们的态度。沈阳市档案局等发言单位的经验对我们很有启发，各地要根据本地实际情况制定工作安排，要热情推动，不需急于求成。要从人民群众的实际需要出发，从所在城市的特点出发，开展有利于城市文化发展，有利于群众身心健康，有利于社会安定团结的家庭档案工作。

*第二、落实科学发展观，推动档案事业可持续发展。*党的十六届三中全会明确提出"坚持以人为本，树立全面、协调、可持续的发展观，促进经济社会和人的全面发展"，强调"按照统筹城乡发展、统筹区域发展、统筹经济社会发展、统筹人与自然和谐发展、统筹国内发展和对外开放要求"推进改革和发展。胡锦涛总书记指出："科学发展观总结了20多年来我国改革开放和现代化建设的的成功经验，吸取了世界上其他国家在发展进程中的经验教训，概括了战胜非典疫情给我们的重要启示，揭示了经济社会发展的客观规律，反映了我们党对发展问题的新认识。"各级档案部门要深刻认识树立和落实科学发展观的重大意义，自觉运用科学发展观指导档案工作。

家庭档案以其广泛的涉及面成为记载社会全面发展的客观记录，以其"以人为本"的特点生动体现人与自然和谐发展的规律，以其独特的形成手段在档案事业百花园中新枝绽秀。社会的发展是全面的、统筹兼顾的；社会的档案资源也应兼顾组织和个人的。用发展的眼光看，家庭档案不断地被开发和利用，将会在中国档案事业发展中占据不可忽视的一席之地。中国人对家庭的位置看得很重，说到宣传，要求"家喻户晓"，说到服务讲究"宾至如家"。家庭档案资源的开发，会让更多的家庭和个人从中得到教育和启发，会有更多的家庭建立家庭档案，也会引起社会的进一步重视。档案部门要因势利导，扎实服务，争取让人民群众从建家庭档案中得到更多的实惠。

*第三、从战略上加强国家档案资源建设。*全面建设小康社会的实践和全面发展的经济社会建设，对档案工作提出了越来越广泛的要求。档案部门一定要解放思想、努力为国家档案资源注入新成分、新要素。随着社会档案意识的进一步增强，"国家档案资源"的概念更具包容性。这里，除国有档案外，还包括社会基层组织和团体档案、新经济组织档案、家庭档案等。加强家庭档案建设藏档于民，立档为民，也不失为国家资源建设的战略之举。通过家庭档案工作，我们会发现一批对党和国家具有保存价值的珍贵档案，用以填补综合档案馆内某方面的空白；会建立一批小型的家庭档案馆，发挥其独特的社会功能；会涌现一批热心档案工作的公民，进一步促进社会档案意识的提高；会推动一批地方档案部门通过家庭档案工作开拓档案事业的新领域。各级档案部门对于家庭档案工作，要从战略上认识，从长远上统筹，从实际上见效。

三、家庭档案工作的开展给档案工作者的重要启迪

中国档案报的《家庭档案》栏目办了7年，一直在研究这方面的问题，报道的一些事例曾得到档案界和社会有关方面的关注。沈阳市把档案局和其他几个发言单位经过勤奋的工作，把家庭档案工作作成一篇大文章，这篇大文章给档案工作者们以深刻启迪。

*启迪之一：家庭档案工作的成果再一次印证：党和人民的需要就是档案工作的方向。*近些年来，档案工作的每一步发展都印证着同一个道理，党和人民的需要就是档案工作的方向。建立现行文件利用中心，开发利用社区档案，档案工作服务机制创新，电子政务和

档案信息化建设，档案工作服务“三农”，档案工作服务西部开发和东北老工业基地振兴等等，都是档案工作顺民心、解民情、合民意的重要举措，都在党和政府的高度重视和大力支持下，取得了丰硕的成果。这些成果经过实践的检验，得到了社会各界的肯定和人民群众的欢迎。家庭档案浓缩历史、见证变迁、传递文明的重要作用，被人民群众所认识、所参与，被档案部门所指导、所支持，再一次体现了党和人民的需要，就是档案事业创新发展的动力和源泉。在建设中国特色社会主义伟大事业的实践中，不管是来自国家政权的档案，还是藏于百姓民间的档案，都是国家的档案资源，是各族人民的宝贵财富，档案工作者都有责任把它们管理好，利用好。希望各地档案部门在开展家庭档案工作中，牢牢把握“党和人民的需要”这一努力方向，不追求形式，不热衷炒作，实实在在地为党和人民把事办好。

启迪之二：利国利民的实际社会效果是衡量档案工作优劣的第一标准。档案事业是国家社会经济整体发展体系的组成部分，衡量档案工作的标准不是孤立地看档案工作自身，而是要看档案事业在社会经济建设中所发挥的作用。过去讲到档案工作的成绩，一般都是强调增加了多少档案馆，增加了多少档案人员，增加了多少档案卷册。虽然这些确实是档案部门努力工作的成果，但如果不与社会的整体发展相联系，就不会被社会所承认、所重视，也不能得到社会的及时支持。改革开放以来，档案工作者的思想观念发生的重要变化，就是开始认识思考，为什么有的地方档案工作红红火火，而有的地方冷冷清清，关键是档案工作在经济建设和社会发展中发挥作用有多大。衡量档案工作成绩的标准，要看那里的工作是否推动了当地先进生产力的发展，是否参与了先进文化的建设，是否被人民群众所欢迎。档案工作者从高楼深院走向社会基层，是在完成一个历史性的转变。沈阳市档案局帮助老百姓建立家庭档案，被老百姓称作：“管着省心，用着随心，看着开心”的“民心工程”，这个评价是对这项工作实实在在的肯定。老百姓亲身体会到荣誉档案展现家庭光彩，票据档案维护家庭权益，文书档案记载家庭历史，照片档案珍藏家庭风貌，许多男女老少自愿来听档案人员讲课，这是对档案工作实实在在的支持。老百姓从家庭档案工作中得到实惠，感谢党委、政府为群众办了实事，也是对档案部门实实在在的赞扬。

启迪之三：档案工作者积极向上的精神状态是档案事业发展的重要保障。档案工作纵贯古今，横跨百业，是一项功在当代、利在千秋的重要事业。当然和其他很多工作一样，档案工作面临着许多困难和挑战。我们必须去学习新知识，必须去研究新问题，必须去应对新挑战，这一切都是历史赋予我们的责任。中共中央政治局候补委员、中央书记处书记、中央办公厅主任王刚在给国家档案局和中国档案报社同志的信中，要求报社工作人员进一步增强政治意识、大局意识和责任意识，努力作出更优异的成绩，以无愧于广大档案工作者的重托，无愧于新闻工作者的职责，无愧于党和人民的信任。王刚同志语重心长的重托是对档案新闻工作的要求，也是对档案事业整体发展的要求，是对报社工作人员的要求，也是对所有档案工作者的要求。沈阳市档案部门和档案工作者在开展档案进家庭活动中，从开始“该不该干？能不能干？会不会干？”到把问号拉直拉成惊叹号，这一实践充分体现了事在人为，只要紧紧围绕党和国家工作大局，服务广大人民群众的需要，事就能办而且一定能办好。各级档案部门要以这次家庭档案工作座谈会为契机，积极开拓家庭档案工作新领域，展现档案工作者与时俱进的时代风貌。

这次座谈会后，各级档案部门要把深入学习贯彻党的十六届四中全会精神作为当前一项重大政治任务来抓。要认真研读会议文件，吃透精神，联系工作实际，结合档案部门的特点，进一步确定档案部门为加强党的执政能力建设服务的工作重点，发挥档案部门的优势，利用档案资料搞好编研，为研究、把握党的执政规律服务。让我们共同努力，在贯彻落实党的十六届四中全会精神的工作实践中努力取得新的成绩。

国家档案局局长、中央档案馆馆长毛福民在中央、国家机关档案移交工作会议上的讲话

（2004年11月19日）

同志们：

这次会议是继2001年中央、国家机关档案工作座谈会之后，经中央办公厅批准召开的，第二次以档案移交为主题的工作会议。近日，中共中央政治局候补委员、中央书记处书记、中央办公厅主任王刚同志对中央、国家机关档案移交工作作了重要批示。王刚同志在批示中强调："依法向中央档案馆移交档案，是中央、国家机关的一项重要职责和任务。做好这项工作，对加强国家档案资源建设，确保中央档案的完整和安全，促进档案的开发和利用，为党和国家工作大局服务，为建设中国特色社会主义事业服务，具有十分重要的意义。中央档案馆国家档案局要认真履行两种职能，继续会同档案移交单位精心组织，周密安排，确保移交档案的质量，确保档案按期进馆。"王刚同志站在党和国家工作大局的高度，就加强中央、国家机关档案移交工作的意义、作用作了高度概括，对中央、国家机关档案移交工作提出了更加明确的要求，这充分说明了党和国家对档案工作高度重视，对档案事业发展寄予厚望，不仅对我们做好档案移交工作具有重要指导意义，而且对全面加强国家档案资源建设，开创档案工作新局面具有十分重要的指导意义。这次会后，我们还要组织全国档案工作者认真学习领会王刚同志对档案移交工作的重要批示和指示精神，并在实际工作中认真加以贯彻落实。

这次中央、国家机关档案移交工作会议的主要任务是：以邓小平理论和"三个代表"重要思想为指导，深入学习贯彻党的十六大和十六届四中全会精神，落实王刚同志关于中央、国家机关档案移交工作的重要批示，总结三年来中央、国家机关档案移交工作情况，交流档案移交工作中一些好的做法和经验，研究解决档案移交工作中存在的问题，对下一步档案移交工作做出部署。刚才，科技部等四个单位的同志交流了档案移交工作的经验和体会，讲得都很好。档案的价值和档案工作的社会功能就是在这些大量的默默无闻的艰苦劳动基础上体现出来的。非常感谢同志们的辛勤工作。我相信，这次会议对中央、国家机关的档案移交工作必将起到积极的推动和促进作用。下面，我讲两个问题。

一、关于三年来中央、国家机关档案移交工作基本情况

2000年8月16日，中央办公厅主任王刚同志专门就经贸委管理的国家局因机构变动档案如何处置，以及中央、国家机关已到进馆时间的档案如何接收的问题作了重要批示，要求国家档案局中央档案馆制定一个应移交档案进馆计划安排，并按计划将这些档案接收进馆。为落实王刚同志的重要批示精神，2001年4月19日，国家档案局中央档案馆召开了以移交档案工作为主题的中央、国家机关档案工作座谈会，王刚同志到会作重要讲话。王刚同志在讲话中，从讲政治、顾大局、遵法规、负责任四个方面，对中央、国家机关档案移交工作提出了明确要求。王刚同志的重要批示和重要讲话，进一步增强了有关各方做好档案移交工作的责任感和紧迫感。会后，国家档案局中央档案馆根据中央、国家机关提供的移交档案计划，制发了《中央、国家机关向中央档案馆移交档案时间安排》，移交时间跨度从2001—2010年，涉及单位100多个。这是建国以来也是中央档案馆成立以来，规模最大的一次档案移交活动。为了保证档案进馆质量，规范档案移交工作，2003年9月，国家档案局中央档案馆在与中央、国家机关档案部门共同调研的基础上，制定了《关于移交进馆档案质量检查办法》（以下简称《检查办法》）和《中央、国家机关向中央档案馆移交档案质量检查内容和评分标准》（以下简称《评分标准》），成立了中央、国家机关移交进馆档案质量检查领导小组，下设中央、国家机关移交进馆档案质量检查办公室，开始对中央、国家机关开展移交档案质量检查活动，并取得了明显成效。三年来，经过有关中央、国家机关档案部门的积极努力，中央档案馆已顺利接收了原外经贸部、国务院参事

室、中央党校、国家物资储备局、中国石油天然气集团公司等32个单位移交的28万多卷档案，另有5个单位共4万余卷档案准备于今年年底前移交进馆。档案移交工作呈现出良好的发展态势。这一阶段工作的主要特点是：

（一）统一思想，提高认识，增强做好档案移交工作的政治责任感和历史使命感。2001年中央、国家机关档案工作座谈会启动了十年档案移交工作，各有关中央、国家机关对移交档案时间安排表征求意见稿进行了热烈讨论，充分发表了意见。根据各有关单位档案工作实际情况和档案质量实际状况，在深入调查研究和广泛征求意见的基础上，国家档案局中央档案馆对各单位移交档案的时间进行了调整，最后确定并印发了《中央、国家机关向中央档案馆移交档案时间安排》（以下简称《移交档案时间安排》）。对这次周期长、规模大的档案移交工作，各有关单位认识到，依法移交档案是中央、国家机关的一项重要职责和任务。做好这项工作，对于加强国家档案资源建设，确保档案的完整与安全，促进档案的开发和利用，有着十分重要的意义。积极稳妥地做好这项工作，既可减轻中央、国家机关档案部门的工作压力，又可丰富中央档案馆馆藏，集中整合重要的档案信息资源，增强档案工作为中央服务、为各工作部门服务、为人民群众服务的整体优势。大家表示，要消除档案移交工作中的顾虑，以存真求实的科学态度，以对历史负责、为现实服务、替未来着想的高度责任感，正确处理局部利益与整体利益、眼前利益与长远利益的关系，把档案移交工作当作一件政治任务来完成。

（二）高度重视，周密部署，积极稳妥地开展档案移交工作。中央、国家机关档案工作座谈会后，各有关单位认真贯彻会议精神，许多单位的领导亲自召开有关档案移交工作会议，成立专门工作小组，研究本单位档案移交问题，帮助解决移交工作中遇到的困难。尤其是在《检查办法》和《评分标准》印发以后。各档案移交单位深感时间紧、任务重，对照《检查办法》增压力，对照《评分标准》找不足，把档案移交工作纳入领导议事日程，作为本单位的一件大事来抓。科技部领导同志亲自过问这项工作，听取办公厅关于档案移交工作的情况汇报，指示办公厅一定要配合国家档案局中央档案馆做好档案移交工作。国土资源部领导同志对本部档案移交工作作出批示，要求认真做好移交工作，既要符合国家档案局中央档案馆对档案移交工作的规定，又要方便本部今后工作。国家自然科学基金委员会的领导同志三次带队到中央档案馆了解档案移交工作的相关情况和要求，组织有关人员到其他部门进行考察，指导制定移交工作方案。中国轻工业协会组成了以副会长为组长的档案移交工作领导小组，具体负责对本会档案移交工作的领导。原外经贸部办公厅制定了档案移交工作计划，根据档案移交时间安排，分解工作任务，明确质量要求，于2001年9月按期移交档案近2万卷。中国兵器工业集团公司和中国兵器装备集团公司的办公厅领导担任档案移交工作领导小组组长，经常过问、督促、检查指导有关工作，为档案鉴定、整理等工作提供坚实保障，顺利通过了档案质量检查验收，将档案移交进中央档案馆。建材工业协会（原国家建材局）在人员缺乏、设备不足、经费困难的情况下，想方设法筹措经费，购置了计算机等设备，聘请数名熟悉档案业务的人员，按《评分标准》做好移交档案的整理工作，高质量地完成了档案移交任务。特别值得提出的是，还有一批单位主动介入，提前部署，已经实现或即将实现提前完成档案的移交工作。如国家发展和改革委员会早在1997年原国家计委时期，就将1981年以前形成的文书档案全部鉴定、整理完毕，向中央档案馆进行了移交，并将缩微胶片母片一并移交进馆，同时还移交了原国家经委、国务院能源基地规划办公室等代管全宗的档案1万余卷。国家工商行政管理总局在局领导的重视支持下，将所移交档案的期限从1980年以前扩大至1990年以前，目前正在加紧进行档案鉴定、整理工作，拟尽快将这批档案全部移交进中央档案馆。他们还完成了1990—2000年全部档案的数字化工作，为下一次档案移交工作做好了准备。国家测绘局按《移交档案时间安排》应于2007年将档案移交进中央档案馆，局领导非常重视移交工作，成立了领导小组，从人、财、物方面给予极大支持，现已将应进中央档案馆档案全部鉴定、整理完毕，并进行了数字化扫描，准备提前移交进中央档案馆。

（三）坚持标准，严格要求，确保移交档案的质量。为确保移交档案质量，各有关单位档案部门组织相关人员认真学习接收标准，并指派人员参加中央档案馆国家档案局举办的档案移交工作培训班。在移交工作过程中，很多单位严格按照《评分标准》对不合格档案进行重新整理，调整保管期限，并制定了相应的规章制度，努力做到全宗划分清楚、分类科学合理、文件材料齐全完整、案卷质量符合要求、检索工具方便实用。中央党校、卫生部等单位专门请了一批认真负责的老同志，对应移交档案逐卷逐件进行鉴定、整理，对破损档案进行修补。中央机构编制委员会办公室、国务院参事室、国务院机关事务管理局、国家物资储备局等单位高度重视，加大投入，顺利完成了档案移交工作。中国石油天然气集团公司的档案人员发扬艰苦奋斗精神，加班加点，对整理方法不一致的原石油部、燃化部、石化部档案进行了认真鉴定、整理、编目，使案卷质量得到了根本的改善，并对部分重要档案进行扫描，刻成光盘。他们还编制了一套科学实用的移交档案统计表，可任意按照年代、保管期限、形成单位、案卷数量等多种检索途径快速统计出所需相关档案数据，同时制作了与移交档案总目录互相参见的已数字化的重要档案目录，极大方便了档案交接工作和今后的档案管理。航空工业档案馆对应移交的原第三机械工业部档案进行了认真整理，从1万余卷档案中筛选出8000余卷移交档案，仅用于案卷贴边修补的宣纸就达2万多张，手工抄写复制模糊不清的档案达500件。中国纺织工业协会、中国有色金属工业协会等单位负责移交其前身国家局的档案，普遍面临资金不足、人员紧张的状况。这些单位的档案部门在各协会领导的大力支持下，克服困难，有的把熟悉情况的老同志请回来帮助工作，有的主动与中央、国家机关移交档案质量检查办公室取得联系，许多档案工作人员放弃了休息时间，在"非典"期间都加班工作，一丝不苟地完成了档案鉴定、整理任务，保证了档案按时移交进中央档案馆。

（四）制定预案，安全先行，确保档案交接工作顺畅进行。为确保移交档案安全进中央档案馆，各移交单位与中央档案馆国家档案局在档案交接程序上充分协商，共同制定应急预案，对档案装卸、运输工具、行车路线、押送方式等具体工作环节作出明确规定，确保档案安全，万无一失。每接收一个单位的档案进中央档案馆，双方都密切合作，提前制定交接预案，规定行驶路线，确保了档案运输沿途安全，圆满完成了交接任务。

三年来，经过各方面的努力，中央、国家机关向中央档案馆移交档案工作取得了明显的成绩。目前已移交进中央档案馆的28万多卷档案，凝聚了移交档案单位各级领导的大力支持和档案部门工作人员的辛勤工作成果。在此，我代表国家档案局中央档案馆，向已移交档案单位和已经做了大量工作、正在积极筹备移交档案的单位的领导、办公厅领导、档案部门全体同志表示衷心的感谢并致以崇高的敬意！

在总结成绩的同时，档案移交工作中存在的一些问题也不容忽视：一是由于种种原因，少数单位对档案移交工作重要性认识不足，重视不够，还没有将这项工作提上应有的议事日程；二是整个移交工作进程还比较缓慢，少数单位没有按计划行动，滞后性明显；三是国家档案局中央档案馆的业务指导、监督检查工作还不能完全适应大规模移交档案的要求。这些问题的存在，既有客观方面的原因，也有主观方面的因素。据反映，客观原因主要是中央、国家机关近几年来进行机构改革后，一些机关档案人员数量减少，一部分撤消机构档案管理权限划分不够明确，造成档案移交工作进展较慢；主观原因主要是一些同志对档案移交工作的认识还没有完全到位，认为档案移交工作离自己还很遥远，或担心档案移交后利用不方便等等。针对上述存在问题，我们要在下一阶段的工作中，进一步把思想和行动统一到中央领导同志对档案移交工作提出的要求上来，积极研究并采取有效措施，努力克服不利因素的影响，不断加强薄弱工作环节，扎扎实实地推进中央、国家机关档案移交工作健康有序向前发展。

二、关于下一阶段档案移交工作的基本要求

目前，档案移交工作十年安排的时间已经近半，完成移交任务三分之一。按照档案移交时间安排，档案移交工作时间紧、任务重。虽然移交工作中还会遇到各种问题和困难，但经过前一阶段工作，我们从思想认识方面、基础工作完善方面对移交工作的准备都更加充分，应该说做好档案移交工作的条件会比前一阶段更为有利。在下一阶段的档案移交工作中，我们要按照王刚同志重要批示和指示，逐项抓好落实。为加快档案移交工作步伐，确保移交档案的质量，确保档案按期进中央档案馆，提出以下几点要求。

（一）进一步树立大局意识，切实增强依法做好移交档案工作的自觉性。《中华人民共和国档案法》规定，"机关、团体、企业事业单位和其他组织必须按照国家规定，定期向档案馆移交档案。"中央、国家机关向中央档案馆移交到期档案，是加强国家档案资源建设的基础性工作。自2001年中央、国家机关开展大规模档案移交工作以来，从总体来说，进展较为顺利。大部分单位都能按照《移交档案时间安排》的规定，精心组织，统筹兼顾，周密安排，确保移交档案按期进馆。但少数单位一再延期缓交，影响了档案移交工作全局，也违反了档案法的规定。根据《中华人民共和国档案法实施办法》关于"立档单位应当自档案形成之日起满20年即向有关的国家档案馆移交"的规定，档案移交是一个持续不断的过程。我们应按照法律法规的规定切实做到按期移交。否则时间越拖，档案积压越多，移交任务就会加大，影响国家档案工作的正常开展。我们特别要看到，中央、国家机关形成的档案地位特殊、内容重要，是国家档案资源最重要的组成部分，是国家档案资源建设最重要的对象。随着政府信息公开制度的逐步建立，作为一种社会性、公益性信息资源，档案信息在现代社会中将越来越发挥出不可替代的信息支撑作用。加强档案移交工作，确保到期档案按时移交进馆，对增强档案信息的服务能力，拓宽档案部门的服务范围，将起到积极的促进作用。可以说，依法移交档案是加强国家档案资源建设的需要，是我国建立健全政府信息公开制度的需要。中央档案馆是永久保管中央、国家机关档案的基地，集中保管这些档案是中央档案馆的法定职责和任务。中央、国家机关形成的档案，是国家档案全宗中最重要的组成部分,各单位都要站在党和国家工作大局的高度;以局部利益服从全局利益,以眼前利益服从长远利益,增强做好档案移交工作的自觉性,把档案移交工作作为一项政治任务来抓,帮助解决移交工作中所需人力、物力和财力问题,为档案移交工作的顺利进行提供必要的条件,加快档案移交工作步伐,避免移交时限后移、负担积累过重。久拖不利的情况出现。

(二)进一步树立质量意识,严格把好移交档案质量关。在档案移交工作中,我们一定要按照王刚同志重要批示和指示的要求,特别注重加强基础工作。档案工作是非常具体艰苦的工作,来不得半点马虎,今天的丝毫疏忽,可能会给将来带来巨大麻烦。移交进馆的档案不仅要求齐全完整,确有永久保存的价值,而且要求质量合格,便于日后档案的科学管理和有效提供利用。以前我们在这方面有不少教训。如果大量不符合案卷质量标准的档案接收进中央档案馆,将会直接影响这些档案作为新的档案集合体提供利用,甚至可能无法正常提供利用。各中央、国家机关是移交档案质量把关的第一责任人,各移交单位要认真按照《检查办法》的规定和《评分标准》的要求。对应移交的全部档案进行一次质量检查、鉴定,对不符合案卷质量要求的档案要进行重新整理,查漏补缺,缺什么、补什么。该编页码的编页码,该填写卷内文件目录的要填写卷内文件目录,案卷标题不准确的要重新拟写,发霉、变质、不利于档案安全保护的案卷封皮、卷盒要予以更换等等。要进一步完善检索工具,提倡移交计算机检索目录。要强化质量管理,务必将档案质量问题解决在进馆之前。从重视解决进馆档案质量问题上,我们还得出这样一个重要启示,即为确保进中央档案馆档案的质量,不致于在移交档案时临时突击整理档案,各中央、国家机关档案部门一定要重视做好平时的档案基础业务工作,建立健全相关规章制度,严格执行基础业务工作规范,扎扎实实搞好业务工作,不留任何工作死角,确保本单位档案能够在规定时间、按规定质量移交中央档案馆。

(三)进一步树立依法行政意识,不断加强档案移交前的业务监督、检查和指导工作。档案移交和接收是一项工作的两个方面,需要各移交单位和中央档案馆国家档案局的共同努力,互相协作,紧密配合。档案移交准备工作是移交档案中非常重要的阶段,中央档案馆国家档案局要按照王刚同志的要求,对各单位应移交的档案按统一标准搞好检查验收,保证档案进馆后能够作为统一的整体进行管理。档案质量检查办公室要根据《移交档案时间安排》,提前介入,加强档案移交前的业务指导和服务,一方面要早计划、早安排、早通知,另一方面按统一规范的标准搞好档案质量检查验收,从而使各移交单位从一开始就能把握档案移交工作的具体要求和有关标准,尽量使档案移交工作不走弯路或少走弯路,节省人力、物力和财力。对移交准备工作中遇到的问题,要具体问题具体分析,实事求是,量力而行,避免档案整理大范围返工现象。国家档案局中央档案馆要根据《检查办法》规定,对移交档案质量合格并能按时完成档案移交工作的单位,颁发移交档案质量合格证书,并给予通报表彰;对不按规定时间移交档案或不能保证移交档案质量的单位,将给予通报批评,切实做到依法行政。

这里要特别说明的是,一些中央、国家机关担心档案移交中央档案馆后是否利用不便,对此我们郑重承诺:中央档案馆一定尽最大努力,不断改进服务条件和服务手段,简化利用手续,提高工作效率,保证做到让大家移交档案放心,利用档案省心。中央、国家机关利用本单位移交进中央档案馆的档案,不会受到任何限制,档案只要保存在中央档案馆,就能按查档要求及时提供利用,若所查档案未在移交范围,也能在最短时间内给予答复。我们一定要按照王刚同志指示精神,尽快熟悉进馆档案,尽快将新进馆档案机读目录纳入馆藏档案计算机检索系统,科学整合馆藏全部档案信息资源,全面做好提供利用工作。特别是中央档案馆城区利用部建成后,我们还要构建加密传输系统,进一步改善档案提供利用条件,为各单位方便快捷地利用档案提供更加可靠的保障。

同志们,让我们紧密团结在以胡锦涛同志为总书记的党中央周围,高举邓小平理论伟大旗帜,以“三个代表”重要思想为指导,认真贯彻党的十六大和十六届四中全会精神,克服困难,扎实工作,争取中央、国家机关档案移交工作持续健康进行,为不断加强国家档案资源建设,为全面建设小康社会做出积极贡献。

国家档案局局长、中央档案馆馆长毛福民在全国档案局长馆长会议上的讲话

（2004年12月1日）

同志们：

刚才，鹤旺同志传达了中共中央政治局候补委员、中央书记处书记、中央办公厅主任王刚同志在这次会议前夕对档案工作所作的重要指示。

王刚同志指出："在即将过去的一年里，各级档案部门和广大档案工作者紧紧围绕党和国家工作大局，以对历史高度负责、为社会竭诚服务的精神，兢兢业业地做好档案工作，为推动改革开放和社会主义现代化建设发挥了积极作用。我为同志们取得的成绩感到由衷的高兴，谨向同志们致以诚挚的问候！

当前，我国改革发展正处在关键时期，档案工作任务艰巨、责任重大。各级档案部门和广大档案工作者一定要以邓小平理论和'三个代表'重要思想为指导，牢固树立和认真落实科学发展观，坚持围绕中心、服务大局的要求，更好地运用档案促进经济社会发展；坚持与时俱进、改革创新的精神，积极探索做好档案工作的新思路新方法；坚持严谨细致、一丝不苟的作风，扎实推进档案事业发展，为全面建设小康社会作出新的贡献。

各地各部门要从提高党的执政能力的高度，进一步重视和加强档案工作，为我国档案事业的不断发展创造更为有利的条件。"

王刚同志从全党全国工作大局的高度，对全国档案工作取得的成绩给予了充分肯定，对新形势下档案事业的发展提出了新的要求，并要求各地各部门进一步重视和加强档案工作。王刚同志的重要指示，表达了中央对档案工作的亲切关怀，对档案工作者的深厚感情和对档案事业发展的殷切希望。我们要认真学习贯彻王刚同志重要指示精神，努力做好新形势下的档案工作，为全面建设小康社会提供优质服务。

这次会议的主要任务是：以邓小平理论和"三个代表"重要思想为指导，认真贯彻党的十六大和十六届四中全会精神，落实科学发展观，总结2004年全国档案工作，部署2005年全国档案工作，引导和激励全国档案工作者认清形势，明确任务，坚定信心，团结奋斗，以良好的精神状态开创档案事业发展新局面。

一、关于2004年全国档案工作基本情况

2004年是我国深化改革，扩大开放，向实现全面建设小康社会宏伟目标迈进的关键一年。在以胡锦涛同志为总书记的党中央领导下，全国上下齐心协力，克服了各种困难，保持了经济较快增长和各项事业全面发展的良好势头，巩固和发展了奋发向上、安定团结的政治局面，综合国力不断增强，国际地位稳步提高。胡锦涛总书记在邓小平同志诞辰100周年纪念大会上发表了重要讲话，系统回顾了邓小平同志为中国人民不懈奋斗的光辉一生，着重强调了邓小平理论和"三个代表"重要思想是指引我们胜利前进的伟大旗帜，号召全党不断把中国特色社会主义伟大事业推向前进。党的十六届四中全会，从全局和战略的高度，全面分析了当前的形势和任务，着重研究了加强党的执政能力建设的若干重大问题，通过了《中共中央关于加强党的执政能力建设的决定》。一年来，全国各级档案部门认真学习贯彻党的十六大和十六届四中全会精神，围绕党和国家工作大局，求真务实，开拓进取，积极开展档案工作。

2004年，中共中央政治局候补委员、中央书记处书记、中央办公厅主任王刚同志就农业农村档案工作、档案部门开展已公开现行文件利用工作、中央和国家机关档案移交工作等多次作出重要批示和指示，我们在全国档案系统及时进行了认真传达和贯彻，推动了相关工作的开展。在中央领导同志的高度重视、亲切关怀、具体指导下，全国档案服务大局工作、档案基础业务建设、档案信息化建设、档案法制建设、档案科教工作、档案宣传工作、档案工作对外交流合作等健康协调发展，取得显著成绩。

（一）把握经济社会发展的需求，进一步提高了档案服务工作水平

已公开现行文件利用工作全面展开。各级档案部

门积极配合政务公开、依法行政，推动已公开现行文件利用工作领域不断扩大，内容不断充实，服务水平不断提高。今年6月12日王刚同志对已公开现行文件利用工作作出重要批示，我们随即召开了全国已公开现行文件利用工作座谈会，学习贯彻重要批示精神，总结交流工作经验，推动了这项工作的进一步开展。截至目前，全国3121个国家综合档案馆中，已有1809个陆续开展了此项工作，占全部国家综合档案馆总数的58%，已公开现行文件利用工作呈现出良好的发展态势。

为经济建设服务更加有效。各级档案部门大力加强农业和农村档案工作，国家档案局于今年4月召开了全国农业和农村档案工作经验交流会。农业和农村档案工作联系点正在积极落实，已经配合全国村务公开协调小组开展对村务公开和民主管理建档工作的调研。各级档案部门在开发农业农村档案信息资源为“三农”服务，推动村级建档，完善农村档案管理，结合农村实际创新服务形式等方面取得显著成效。企业档案工作得到进一步加强，国家档案局与国资委联合发布了《国有企业文件材料归档办法》。国家档案局正在加紧制定《加强驻外机构和境外企业档案管理工作的意见》和《加强企业档案信息化建设的意见》。各级档案部门积极开展非公有经济领域的档案工作，推动了非公有经济领域档案工作健康发展。国家档案局与发展改革委即将联合发布《国家重大建设项目档案验收办法》，进一步规范国家重大建设项目的档案验收工作。加强了对三峡工程、西气东输等一大批国家重点工程档案工作的监督、指导，配合了各项工程建设管理的顺利开展。地方重点工程档案工作也得到了进一步加强。一些地方政府在机构改革中，本着“精简、统一、效能”的原则，对一些专门档案馆的机构和管理体制做了调整，整合了档案信息资源，提高了工作效率。

档案服务工作新领域加快拓展。继续深入开展社区档案工作，国家档案局和民政部共同研究制定《城市社区档案管理暂行办法》，规范城市社区档案工作。家庭档案工作是近年来档案部门在服务工作方面拓展的新领域，今年9月中国档案报社在沈阳召开的家庭档案工作座谈会，促进了这项工作的推广和发展。在各级档案部门的努力下，档案服务工作机制不断创新，内容不断深化，重大活动建档、信用建档、就业和社会保障建档等工作都取得新的进展，档案工作更加贴近人民群众，贴近社会生活，被更多的群众所了解，档案的价值被社会更多方面所认可。

（二）着眼档案工作的可持续发展，推进档案管理现代化建设

档案信息化工作顺利推进。国家档案局召开了全国电子公文归档管理工作座谈会，对电子公文归档管理工作做出进一步部署。许多地方档案部门积极与信息化主管部门联系，争取把档案信息化建设纳入当地信息化建设和电子政务建设总体框架中。各级档案部门在档案机读目录数据库建设、馆藏档案数字化、档案网站建设、电子公文归档与管理、数字档案馆建设等方面扎扎实实开展工作，取得了良好进展。

档案科技工作稳步发展。各级档案部门在完善科研机制、强化科技管理、促进先进技术成果的推广应用方面不断创新，对档案科技工作的投入不断增大，档案科研不断取得新成果，科技对档案管理水平提高的贡献率不断增大。注重把档案科研工作的重点放在研究解决档案信息化和为全国档案行政管理决策服务等重大问题上，避免低水平重复。加大了科技成果推广应用力度，有力推动了全国档案管理现代化水平的提高。

（三）适应全面建设小康社会的新要求，加强了档案基础业务建设

档案馆建设协调发展。各级档案部门充分认识到，按照档案安全保管基地、爱国主义教育基地、已公开现行文件集中向社会提供利用的中心和档案信息服务中心的新要求建设档案馆，对于档案馆的未来发展至关重要。各级党委政府更加重视档案馆建设，中央文明办已将各级城市的国家档案馆建设列入文明城市测评体系，在各级文明城市的测评指标中对国家档案馆的建设提出了明确要求，为档案馆建设注入了新的活力。对档案馆社会功能认识上的突破和体制上的创新带来了档案馆建设的新一轮高潮，一批设有展示厅、影视厅、报告厅、电子阅览室、已公开现行文件阅览中心等设施的新档案馆陆续建成并投入使用。

档案资源建设全面加强。今年11月8日王刚同志对中央、国家机关向中央档案馆移交档案工作作出重要批示，我们随即召开了中央、国家机关档案移交工作会议，学习贯彻王刚同志重要批示，总结近三年来档案移交工作情况，交流移交工作经验，布置下一步档案移交工作，促进中央、国家机关向中央档案馆移交档案工作持续、健康发展。今年又有一批中央、国家机关和中央企业完成了向中央档案馆移交档案工作。各级档案部门积极围绕党和国家工作大局开展档案资源建设，充实了一批又一批反映时代精神和历史价值的档案，为档案工作满足经济社会全面发展的需要奠定了更加雄厚的物质基础。2004年上半年一些地区发生高致病性禽流感疫情，国家档案局与全国防治高致病性禽流感指挥部办公室联合发出了《关于做好防治高致病性禽流感工作文件材料收集归档工作的通知》，对做好防治高致病性禽流感工作的文件材料收集归档工作进行了部署。各级档案部门加强了对各领域相关档

案资料的收集接收工作，一个更具活力、更加开放、多层次、多样化的国家档案资源建设新格局正在形成。

档案安全保管措施更加有力。国家档案资源保管保护工作得到加强。珍贵档案抢救工作得到了党和政府的高度重视，一批濒于损毁的珍贵档案得到有效抢救。积极开展在副省级市以上国家档案馆建立特藏室工作，对档案资源进行等级鉴定，实行分类管理，使珍贵档案得到更加科学安全的保管。

（四）坚持全面协调统筹兼顾的方针，促进了档案事业与其他各项工作均衡发展

档案法制建设逐步完善。国家档案局今年9月召开了全国档案系统贯彻实施《行政许可法》工作会议，通报了国家档案局档案行政审批和行政许可的清理情况，部署了档案系统学习宣传和贯彻落实《行政许可法》及国务院《全面推进依法行政实施纲要》的工作。国家档案局正在研究制定档案系统实施行政许可的有关具体工作程序，加紧完善后续监管制度。继续开展档案行政执法检查工作，国家档案局对部分省、自治区、直辖市和中央、国家机关及中央企业进行了档案行政执法检查。各地档案行政管理部门也普遍把档案行政执法检查纳入制度化、经常化和规范化的轨道，强化监督与指导职能，依法保障各地区档案事业的健康发展。

档案宣传工作效果显著。今年是邓小平同志诞辰100周年、中华人民共和国成立55周年，各级档案部门举办了一系列纪念活动，取得良好的社会效果。中央档案馆与中宣部等单位共同举办“世纪伟人邓小平——纪念邓小平同志诞辰100周年展览”，观众达20多万人，在社会上引起巨大反响。拍摄了100集电视文献专题片《邓小平的故事》和70集人物传记片《邓小平的足迹》，其中《邓小平的故事》在中央电视台一套节目黄金时间播出。编辑出版由江泽民同志题写书名的《邓小平手迹选》，该书被国家新闻出版总署列为纪念邓小平同志诞辰100周年的重点图书。各地档案部门也通过举办展览、出版图书、撰写论文、拍摄专题片等各种形式纪念邓小平同志，以及庆祝建国55周年。国家档案局中央档案馆举办了“走进记忆之门——中国档案珍品展”，进一步向社会宣传我国丰富珍贵的档案资源，观众达3万多人。各地档案部门举办的形式多样的档案宣传活动，也越来越贴近社会，贴近群众，贴近生活。

档案教育继续发展。各级档案部门普遍开展了档案业务人员的任职资格培训和档案专业技术人员的继续教育工作。国家档案局中央档案馆组织了档案教育支援新疆的活动，取得了良好效果。

对外交流合作保持活跃。今年8月第十五届国际档案大会在奥地利举行，国际档案理事会名誉主席王刚致信祝贺，中国档案代表团出席会议并在一些专题会议上做主题发言，与各国档案同行进行交流，宣传中国档案工作成就，树立中国档案工作新形象。出席在莫斯科召开的中俄教文卫体合作委员会第五次会议，与俄方举行了该委员会下属的中俄档案合作工作小组第一次会议，通过了《中俄档案合作工作小组条例》，进一步密切两国档案工作者的交流与合作。与美国密歇根大学本特利历史图书馆在美国安阿伯联合举办“档案的社会功能与创新服务”研讨会，参加在韩国釜山举办的国际档案理事会东亚地区分会和执行局会议，经过选拔，分别派员赴美国、中国香港等地进行培训。接待老挝、新加坡、古巴、阿尔巴尼亚、印度等国档案代表团来华访问，积极开展国际档案交流。

随着我国档案事业持续快速发展，各项业务工作水平不断提高，我们对中国特色社会主义档案事业发展规律的认识进一步深化。2002年的全国档案局长馆长会议上，我们对十三届四中全会以来13年全国档案事业发展总结了六条基本经验，即：必须坚持把为中国特色社会主义事业服务作为档案工作的生命线；必须坚持把全面履行档案事业行政管理和档案保管利用两种职能作为完善档案工作管理体制的核心；必须坚持把服务机制创新作为激发档案工作活力的关键；必须坚持把全面加强国家档案资源建设作为档案事业可持续发展的基础；必须坚持把推进档案科教作为振兴档案事业的手段；必须坚持把依法管理作为发展档案事业的保障。党的十六大以来，随着档案工作实践和创新的不断发展，我们深深体会到，以上经验是我们对中国特色社会主义档案事业建设规律的正确认识，是对我国档案事业建设基本理论的进一步丰富和发展，是全体档案工作者在实际工作中努力研究和探索的必然结论，代表了我国档案事业未来的发展方向，这些基本经验将长期指导我们的档案工作实践。

在肯定档案工作取得显著成绩的同时，我们还必须清醒地看到，各地区、各领域档案工作发展还不平衡，许多影响档案事业快速发展的矛盾和问题仍然没有得到妥善解决。如档案服务机制创新、为全面建设小康社会服务的步子还需进一步加大；一些地区和部门档案事业经费紧缺，馆舍建设、档案保管设施方面滞后等问题还没有依法得到解决；档案信息化建设发展不均衡；档案人员的整体素质还不能很好适应工作要求等。各级档案部门对工作中存在的问题要有清醒的认识，对档案事业发展中亟待解决的重要课题要进行认真探索和研究，落实科学发展观，做好明年的工作。

二、关于2005年全国档案工作主要任务

2005年是全国档案事业发展“十五”计划的最后

一年，我们要坚决贯彻落实王刚同志重要指示精神，抓住有利时机，全面落实“十五”计划规定的奋斗目标和主要任务，争取实现档案事业新的发展。

2005年全国档案工作的总体要求是：坚持以邓小平理论和“三个代表”重要思想为指导，认真贯彻党的十六大和十六届四中全会精神，全面落实科学发展观，突出档案工作服务党和国家工作大局、服务广大人民群众这一主题，积极推进档案信息化建设、档案馆功能建设、档案法制建设和档案队伍建设，促进档案事业与经济和社会协调发展。

（一）深化认识，讲求实效，切实突出全国档案工作服务主题

围绕大局，搞好服务，是党和国家对档案工作的根本要求，是档案部门和档案工作者的根本任务。各级档案部门要站在“三个代表”重要思想的理论高度去思考、去研究档案服务工作的实际意义，要立足档案事业全面发展的战略高度去探讨、去实践档案工作的服务主题。按照王刚同志的要求，更好地运用档案促进经济社会发展。对于档案服务工作，我们要从以下三个方面来加深认识：

1. 党和人民的需要是档案服务工作的方向。这是我们从多年来档案事业发展中总结出的一条基本经验。我们开展的已公开现行文件利用工作、社区档案工作、档案数字化工作、农业农村档案工作以及档案工作为西部大开发和振兴东北老工业基地服务等档案服务工作，都是档案工作顺民心、合民意的重要举措，都在党和政府的高度重视和大力支持下取得了丰硕成果。这些成果得到了社会各界的肯定和人民群众的欢迎，成为推动档案事业全面发展的强大动力。各级档案部门在开展档案服务工作中，要牢牢把握“党和人民的需要”这一方向，不追求形式，不做表面文章，实实在在地为党和国家的各项事业、为广大人民群众服务。

2. 利国利民的实际社会效果是衡量档案服务工作优劣的第一标准。随着档案服务工作不断向纵深发展，档案部门和档案工作者为社会服务的意识愈加自觉，档案的价值和档案工作的社会功能得到进一步体现。实践证明，档案服务工作开展得是否成功，能否达到预期的效果，关键在于这项工作是否推动了先进生产力的发展，是否参与了先进文化的建设，是否被人民群众所欢迎。档案事业作为国家经济社会整体发展系统工程的组成部分，和其他各项事业一样，利国利民的实际社会效果是衡量工作优劣的第一标准。档案服务工作只有符合党和国家的工作大局，符合人民群众的根本利益，才能够保持强大的生命力。

3. 档案工作者积极向上的精神状态是做好档案服务工作的保证。档案服务工作是一项充满时代气息和活力的工作，是一项必须集中精力不断创新的工作。社会实践是不断发展的，档案服务工作要跟上时代的步伐，档案工作者的思想观念就必须不断更新，服务机制必须不断创新。各级档案部门和档案工作者要按照王刚同志的要求，坚持与时俱进、改革创新的精神，积极探索做好档案工作的新思路新方法，以积极向上的精神状态，学习新知识，研究新问题。要创新工作思路，拓展服务领域，改进服务方法，使档案服务工作在创新中保持勃勃生机。要自觉树立为党和国家工作大局服务的意识，增强政治敏锐性，紧紧围绕大局开展工作。要准确把握党和国家的大政方针、工作重点，增强档案服务工作的预见性和前瞻性，使档案服务工作做到有计划、有准备、有预案、有重点地为党和国家中心工作服务。

突出服务主题，必须明确档案服务工作的着力点。当前在档案工作中贯彻落实党的十六大和十六届四中全会精神，就要围绕加强党的执政能力建设，做好相关的档案服务工作。各级档案部门都要从本地区、本单位的工作实际出发，围绕党不断提高驾驭社会主义市场经济的能力、发展社会主义民主政治的能力、建设社会主义先进文化的能力、构建社会主义和谐社会的能力、应对国际局势和处理国际事务的能力的要求，积极主动地做好服务工作。要按照王刚同志的要求，坚持严谨细致、一丝不苟的作风，在服务中扎实推进档案事业发展，为全面建设小康社会做出新的贡献。2005年除了继续做好社区档案工作、农业农村档案工作、重点建设项目档案工作等档案服务工作外，要集中力量抓好已公开现行文件利用工作和民营企业档案工作。

要按照王刚同志重要批示要求，把已公开现行文件利用工作做深、做细、做实。积极配合近年来各地推行的政务公开，从社会和广大群众的实际需求出发，加大已公开现行文件收集力度，改进服务方法、完善服务条件、拓宽服务领域，深入开展和不断完善已公开现行文件利用工作。要把这项工作拓展到农村去，为维护广大农民群众利益，加强农村基层民主和法制建设，维护社会稳定提供服务。要努力争取使已公开现行文件利用工作取得更好的社会效果。

要适应形势发展的需要，进一步加强民营企业档案工作。《中共中央关于加强党的执政能力建设的决定》提出，要毫不动摇地巩固和发展公有制经济、发挥国有经济的主导作用，毫不动摇地鼓励、支持和引导个体、私营等非公有制经济发展。档案部门要在继续抓好国有企业档案工作的同时，进一步加强对民营企业档案工作的指导。国家档案局在2005年上半年要召开民营企业档案工作座谈会，研究如何全面推动民营企业档案工作，更好地为非公有制经济发展服务。开

展民营企业档案工作，要实行自主原则，围绕服务做文章。各级档案部门要高度重视，做好规划，明确思路，找准方向，在宣传、引导和服务上下功夫，创造性地推进民营企业档案工作。

（二）统筹兼顾，把握重点，积极推进档案事业发展四项建设

全面建设小康社会的实践活动和全面发展的经济社会建设对档案工作提出了越来越高的要求，档案事业的发展面临前所未有的机遇，也迎来了巨大的挑战。新形势下各级档案部门必须坚持解放思想，保持清醒的头脑，贯彻落实党中央提出的以人为本，全面、协调、可持续的发展观。要以开展档案信息化建设、档案馆功能建设、档案法制建设和档案队伍建设为重点，推动档案事业的全面发展，适应党和国家工作大局、人民群众对档案工作的实际需求。

1. 档案信息化建设。档案信息化建设是新时期档案部门的一项基础性业务工作，是档案工作向现代化迈进的必由之路，是档案工作实现历史与未来有机链接的战略之举。党和国家十分重视信息资源开发利用工作。国家信息化领导小组正在研究如何加强信息资源开发利用工作，对档案信息资源开发利用特别是档案文献数据库建设给予高度重视，我们要抓住这一机遇，全面推进档案信息化建设。

要努力使档案信息化建设与地方信息化建设同步协调发展。各级档案部门要积极争取将档案信息资源开发利用工作纳入当地信息化建设相关规划，把电子公文归档管理、档案文献数据库建设、公开档案信息网络查询利用等工作与各级政府电子政务建设结合起来。中央级档案部门要积极开展相关工作，从全国角度争取政策支持、资金支持，其他各级档案部门要通过将档案信息化建设纳入本级政府电子政务工程，努力争取资金保证。

要把档案信息化建设的各项工作纳入科学化、规范化的轨道。全国档案信息化建设是一盘棋，要统筹规划，科学分析，有计划、有步骤地把档案信息化的各项工作做好。要搞好工作布局，经济条件具备的地区档案信息化可以先行一步，带动其他地区发展。要搞好工作规范，确保档案信息化的各项工作按照国家相关标准、规范有序推进，确保数字档案资源格式统一、数据规范、长期可读、便于共享。

要通过档案信息化整合，带动各项档案基础业务工作。档案信息化建设是一项科学系统工程，涉及到档案工作的方方面面。档案信息化的顺利开展必须有良好的业务工作基础，需要配备现代化的设备和相关人才，需要各部门通力合作。各级档案部门要以开展档案信息化工作为抓手，带动各项基础业务工作的发展，使档案事业各项工作迈上一个新的台阶。

要确保档案信息化建设的整体效益和质量。档案信息化建设是一项长期任务，工作量非常大，一定要严把质量关，保证利用档案信息的查全、查准，力求档案信息管理系统运行的安全、可靠。同时要增强档案安全意识，对于信息化条件下涉密档案的开发利用，一定要把安全防范措施放在首位，对于那些密级较高的档案，原则上不进行数字化，可采取其他保护和复制措施。

2. 档案馆功能建设。档案馆作为党和国家的科学文化事业机构，不仅具备收集、保管、利用档案资料这三项基本功能，而且还具备保存人类文化遗产、维护历史真实面貌、资政襄政、繁荣科研、发展经济、宣传教育等社会功能。要充分发挥档案馆的基本功能和社会功能，把档案馆真正建成档案安全保管基地、爱国主义教育基地、已公开现行文件集中向社会提供利用的中心和档案信息服务中心。

档案馆基础建设是实现档案馆功能的基本条件。要把档案馆舍建设作为档案馆工作的根基，进一步改善馆库和设施等保管条件。各级档案部门要抓住全面建设小康社会这一战略机遇期，与时俱进，开拓创新，准确把握档案馆建设属于政府投资项目这一政策，把馆舍建设作为一项重要工作，积极向当地党委、政府汇报，争取计划、财政部门的支持，努力将馆舍建设列入本地区国民经济和社会发展计划，争取建成一批符合《档案馆建筑设计规范》要求的档案馆。在新世纪新阶段，档案馆舍建设要坚持“四位一体”的指导思想，努力争取把档案馆建成有文化品位、有地方特色、有现代气息，能够充分发挥档案馆各项功能的标志性建筑，体现档案馆的社会性、文化性、开放性、现代性和标志性特点。

要进一步加强档案基础业务建设。在切实做好馆藏档案安全科学管理工作的同时，不断改进全国重点档案抢救工作。根据国家财政支出制度的改革精神，明年将对全国重点档案抢救补助费的分配和管理进行较大的改革和调整，即采取“以奖代补”的分配原则，加大对全国重点档案抢救工作的监督检查力度。对重点档案保存较多，较为重要，抢救工作做得好，配套资金落实得好的地方，将加大投入力度，相反，则核减或不再拨付抢救补助费。希望各地做好准备，认真总结重点档案抢救工作情况并做好明年的申报工作。在副省级市以上国家档案馆，要把重点档案抢救工作与特藏室建设紧密结合起来，对重点档案实施特殊保管和提供利用。

要进一步增强档案馆的服务功能。充分利用计算机技术和网络技术，大力开发档案信息资源，为社会各

方面提供便捷、高效的档案信息服务。要以电子政务平台为依托，积极开展已公开现行文件和档案信息网上查询服务，全面提高利用工作的效率和质量。有关国家档案馆要根据全国文明城市测评体系相关指标的要求，在全面加强基础业务建设的基础上，进一步做好已公开现行文件提供利用等服务工作，为文明城市建设做出应有的贡献。要通过档案数字化、网络化建设，逐步构建一个全国上下相通、网网互联的分布式国家档案资源网络体系，实现档案信息资源互补，达到档案信息资源共享共用的目的。

要进一步拓展档案馆的宣传教育功能。充分利用馆藏优势，充分开发档案信息资源，利用多种方式，通过多种途径，开展形式多样的宣传教育活动。各级国家档案馆可通过举办系列档案展览、陈列、讲座，制作影视音像制品，或通过报纸、杂志、电台、电视台、互联网等公布档案、宣传档案工作，让全社会进一步了解档案、重视档案工作，提高全社会的档案意识。明年是反法西斯战争胜利60周年，档案部门要积极主动地为搞好纪念活动发挥作用。开发档案馆宣传教育功能是一项长期的工作，要注重工作质量，注重社会效益。

要进一步加强研究工作。牢固树立围绕中心、服务大局的意识，结合中心工作、重点工作，利用馆藏资源，选择影响大、前瞻性强的经济社会各领域课题进行档案史料研究，为当地社会物质文明建设、政治文明建设和精神文明建设提供历史借鉴和政策参考。要发挥档案信息资源优势，努力提高课题研究质量和层次，扩大档案工作的影响。

机关档案工作是我国档案事业的基础。随着机构改革的不断深入和档案信息化建设的稳步推进，机关档案工作要在注重文书档案管理的同时注重其他门类档案的管理，注重档案实体管理的同时注重档案信息的管理。要认真研究本单位各种专门档案的形成规律，制定和完善各种专门档案的管理办法，切实把相关专门档案纳入国家档案资源建设范畴。机关档案工作要创新工作机制，条件具备的地方，可以逐步建立统一的机关档案管理中心，进一步提高机关办公质量和效率。要探索新的档案服务方式，将机关档案工作为领导决策服务、为各工作部门服务、为人民群众群众服务提高到新的水平。

3．档案法制建设。《中华人民共和国行政许可法》的施行，对全面推进依法行政提出了新的更高的要求。各级档案部门要落实全国档案系统贯彻实施《行政许可法》工作会议精神，进一步加强档案法制建设，研究制定相关配套制度，规范行政管理行为，坚持依法行政。

要进一步增强法制意识。各级档案部门要认真学习贯彻《档案法》和《档案法实施办法》，认真学习贯彻《行政许可法》和国务院《全面推进依法行政实施纲要》，切实增强职权法定和权责一致观念，提高依法办事能力。在起草制定档案法规、规章等规范性文件时，要认真把关，自觉以《行政许可法》等有关法律规定来规范文件的起草制定工作。在实施档案行政许可事项时，要确保程序合法。在档案业务指导与监督中，要切实履行《档案法》和《档案法实施办法》赋予的职责，同时要注意防止超越职权行事的现象。

要继续完善档案法规体系。适应档案行政审批项目清理和实施《行政许可法》的要求，要认真研究修订和完善档案法规体系。一方面要针对被取消的部分档案行政审批事项，研究制定具有可操作性的新的档案管理办法或标准，加强后续监管；另一方面要针对被保留下来的档案行政许可事项，制定规范性文件，明确审批的内容、程序和时限，做到内容具体、程序科学、时限合理；还要认真分析《行政许可法》的实施对档案工作发展提出的新要求，研究制定相关的档案法规、规章和具体工作制度。通过以上几方面的工作，进一步强化档案部门依法管理档案事业的职能，提高管理水平。

要坚持依法行政。各级档案行政管理部门要在法律法规规定的范围内，采取有效措施，规范行政管理行为，按照合法行政、合理行政、程序正当、高效便民、诚实守信、权责一致的要求行使行政权力，强化责任意识，提高行政效能。要切实把档案事业的管理纳入法制化的轨道，努力形成行为规范、运转协调、公正透明、廉洁高效的档案行政管理体制，促使档案部门依法行政、依法管理落到实处。

4．档案队伍建设。档案事业发展的关键在于人，新形势下的档案工作需要有一支高素质的干部队伍。近年来各级档案部门贯彻全国人才工作会议和中央领导同志有关讲话精神，采取各种措施加强档案队伍建设，取得很好的效果。但我们要清醒地看到，随着国家经济社会的快速发展和人民群众对档案工作的需求不断提高，档案队伍建设面临的任务仍然十分艰巨。各级档案部门要充分认识加强档案队伍建设的极端重要性，牢固树立人才资源是第一资源的思想，下大力气抓好档案队伍建设。

要建设好档案部门领导班子。要强调提高领导班子成员的综合素质，包括政治素质和业务素质，要热爱和了解档案和档案工作，要肯于钻研档案工作深层问题，热心推进档案事业发展；要强调搞好领导班子团结，要从单位的整体利益出发，从事业大局出发，充分调动班子成员的积极性，使班子成员心往一处想，劲往一处使，团结协作；要强调领导班子成员以身作则、率先垂范，本部门、本单位开展重大工作，领导班子成员都要率先参与，制定的措施、制度要率先遵守，要带头廉洁自律，加强党性锻炼，严于律己，防微杜渐。

要培养一大批业务骨干。要建立以公开、平等、竞争、择优为导向，有利于优秀人才脱颖而出，充分施展才能的选人用人机制。要结合实际制定有效的业务考核制度，开展各种业务能手的评定活动，提高档案人员爱岗敬业、钻研业务的积极性、主动性和创造性。要有重点、有方向地培养造就一大批适应档案事业发展需要的高层次人才和专业人才。要建立和完善各类青年人才工作制度，敢于让优秀的青年档案工作者担当重任。

要努力提高档案队伍的整体素质。政治素质最重要，各级档案部门要把“三个代表”重要思想的学习高潮引向深入，在武装头脑、指导实践、推动工作上下功夫，使广大档案工作者坚决和党中央保持一致，自觉执行党的基本路线、方针和政策；文化素质是基础，要开展创建学习型单位和学习型部门的活动，引导广大档案工作者树立全民学习、终身学习理念，积极主动通过多种形式和渠道参与终身学习。要不断提高档案人员的岗位适应能力和对新工作的熟练掌握程度，适应新形势下档案工作的需求，掌握档案工作的方法和规律，提高业务能力，成为本职工作的行家里手。

要强调队伍管理，严字当头。要加强对干部队伍的管理和监督，切实加强思想教育，使广大档案工作者不断提高求真务实的自觉性，牢固树立全心全意为人民服务的思想。要坚持在档案部门大力弘扬存真务实、埋头苦干、无私奉献、艰苦拼搏的工作作风。要通过建章立制，进一步完善内部管理监督机制和手段，定期进行考查、考核，对表现优秀的要鼓励表扬，对失职和违反纪律的行为要严肃处理。

（三）全面协调、持续发展，绘制档案事业发展宏伟蓝图

明年是实施档案事业发展“十五”计划的最后一年，各级档案部门在落实好“十五”计划的同时，要根据各自工作实际，总结过去五年发展的经验，编制档案事业发展“十一五”规划。编制好“十一五”规划，关系到我国档案事业的未来和长远发展，意义重大。各级档案部门要从战略的高度认识编制“十一五”规划的重要性，将其作为明年的一项重要工作抓紧抓好，为档案事业在新世纪新阶段的发展绘制新的宏伟蓝图。

1．编制档案事业发展“十一五”规划要争取纳入国家和地方发展规划。档案事业的发展离不开各级党委、政府的支持和投入。经过努力《档案事业发展“十一五”规划》已被列入发展改革委“十一五”专项规划编制目录，体现了国家对档案事业发展的重视和支持，为推动档案事业可持续发展创造了有利条件，也为各地区、各部门制定档案事业发展“十一五”规划提供了一个重要工作基础。各级档案部门在编制档案事业发展“十一五”规划时，要努力与本地区、本部门“十一五”规划编制工作相衔接，争取将档案事业发展的有关内容列入本地区、本部门经济和社会发展“十一五”规划，作为政府审核项目、安排投资的依据，使档案事业和社会政治、经济、文化等各项事业同步发展。

2．编制档案事业发展“十一五”规划要树立明确的工作指导思想。各级档案部门在编制“十一五”规划时，要切实体现科学发展观。要努力实现档案馆与社会的接轨，即进一步完善档案馆的社会功能，在全面加强档案资源建设的同时，坚持以人为本，服务大局、服务社会、服务群众，在服务中不断增强档案馆的社会功能；努力实现档案工作与国际接轨，即通过已公开现行文件提供利用，促进政府部门在实施政务信息公开方面与国际对接；努力实现档案管理与未来接轨，即通过加速档案数字化、网络化进程，实现历史档案与未来档案的有机链接，实现传统管理模式向现代化管理模式的跨越，以适应信息时代对档案工作的必然要求，确保档案事业的可持续发展。

3．编制档案事业发展“十一五”规划要以档案事业客观现状为基础。“十五”期间我国档案事业取得了令人瞩目的成绩，积累了宝贵的经验，为我们制定“十一五”规划奠定了坚实的基础。我们要在认真总结“十五”计划实施中的成功经验和做法的基础上，科学分析存在的突出问题和主要矛盾，以求真务实的精神，提出“十一五”规划的指导思想、奋斗目标和主要任务及措施。各地区、各部门在制定“十一五”规划前，要做好本地区“十五”计划执行情况的评估，按照突出重点，有所为、有所不为的方针，认真分析研究本地区、本部门档案工作“十一五”期间面临的重大战略性问题，围绕重点任务、重点领域及重大工程等，研究提出解决问题的思路和政策措施，对于一些能够量化的指标，要尽量具体、明确，便于衡量和实际操作，使“十一五”规划真正成为办实事、务实效的规划。

编制档案事业发展“十一五”规划是一项关系档案事业发展全局的战略性任务，各地区、各部门要认真组织好编制“十一五”规划的各项工作，加强领导，在人员、时间、经费等方面给予保障，确保“十一五”规划的编制工作顺利进行。

今年国家档案局成立了档案事业发展咨询委员会和档案事业发展综合评估委员会。档案事业发展咨询委员会由国家档案局聘请的一批档案界及相关领域的专家学者组成。其任务是在国家档案局的领导下，针对当前档案事业发展中的重大问题提出咨询意见与建议；借鉴国际经验，结合我国国情，对我国档案事业发

展方向和趋势进行预测和评估，并提出相应对策；结合社会发展趋势，开展档案工作领域的前瞻性、预警性研究；在促进国家档案局的国际交流以及与其他行业主管部门的技术合作、互助互补、共同发展方面提供咨询；根据国家档案局的安排参与其他与宏观决策有关的活动，提高档案事业行政管理决策科学化、民主化水平，促进档案事业的全面发展。档案事业发展综合评估委员会由各省、自治区、直辖市档案部门推荐的人选和国家档案局中央档案馆相关业务部门负责人组成，其任务是在国家档案局领导下，在全国范围内开展对档案事业发展基本情况的综合评估工作，以此检查全国档案事业发展计划的执行情况，客观评价各省、自治区、直辖市的档案事业发展状况，促进档案业务建设与科学管理，提高档案工作的服务水平，加强对档案事业发展的宏观管理，推动档案事业的持续、健康发展。

同志们，我们正处在档案事业发展的关键时期，让我们紧密团结在以胡锦涛同志为总书记的党中央周围，高举邓小平理论和“三个代表”重要思想伟大旗帜，贯彻落实党的十六大和十六届四中全会精神，坚持科学发展观，开拓创新，求真务实，团结奋斗，不辱使命，在全面建设小康社会的伟大进程中做出新的成绩！

（二）综 合 概 况

各省、自治区、直辖市级档案机构情况一览表

档案机构名称	级别	上级主管部门	编制(人)		内设机构	直属事业单位
			行政	事业		
北京市档案局(馆)	正局级	北京市委、北京市政府	51	252	市直处、区县处、法规处、科教处、综宣处、人事处、办公室、党办、工会、学会办、保卫处、行财处、计算机处、缩微处、技术处、编目处、设备处、收集处、利用处、整理处、保管处、社教处、专题史料编辑部、《北京档案史料》编辑部、研究室、京大服务中心	北京市档案干部培训中心、《北京档案》编辑部、老干部活动站、北京市档案事业服务中心
天津市档案局(馆)	正局级	天津市委、天津市政府	78	147	办公室、人事处、机关档案管理处、企业档案管理处、法制处、教育处、行政处、安全保卫处、档案保管利用部、档案编辑研究部、电子档案信息部、征集接待部、技术保护部	天津市档案咨询服务中心、天津市档案人才交流服务中心、天津市档案局培训中心
河北省档案局(馆)	正厅级	河北省政府	55	70	办公室、政策法规处、档案馆指导处、省直档案指导处、行政保卫处、档案管理部、收集开发部、技术部、机关党委(人事教育处)、老干部处	河北省档案干部培训中心、河北省档案咨询开发服务中心
山西省档案局(馆)	正厅级	山西省政府		98	办公室、人事教育处、政策法规处、科技信息处、档案馆(室)业务指导处、经济科技档案业务指导处、档案收集整理处、档案保管利用处、编研处、档案技术保护处、安全保卫处、机关党委	山西省档案干部教育培训中心、《山西档案》杂志社
内蒙古自治区档案局(馆)	正厅级	内蒙古自治区党委办公厅		135	办公室、人事教育处(机关党委)、法规处、档案馆(室)业务监督指导处、经济科技档案业务监督指导处、收集整理部、蒙文档案部、科技部、保管利用部、编目编研部、乌兰夫研究会办公室	机关事务服务中心、内蒙古自治区档案干部培训中心
辽宁省档案局(馆)	正厅级	辽宁省委办公厅	35	183	办公室(老干部处)、综合法规处、档案馆(室)业务指导处、经济科技档案业务指导处、人事教育处、历史档案一部、历史档案二部、东北大区档案部、省级机关档案部、档案信息开发利用部、技术部、现行文件服务部、电子档案保管部、保卫部、机关党委	辽宁省档案科学技术研究所、《兰台世界》杂志社
吉林省档案局(馆)	正厅级	吉林省委办公厅	27	104	办公室、人事处、综合法规处、档案馆(室)业务指导处、经济科技档案业务指导处、历史档案管理处、党政档案管理处、档案开发利用处(档案史料编研处)、档案保护技术处、老干部处、机关党委	吉林省档案科学技术研究所、《兰台内外》杂志社
黑龙江省档案局(馆)	正厅级	黑龙江省政府	12	101	办公室、机关党委、人事处、文书档案业务指导处、科技档案业务指导处、教育宣传处(挂法制建设处牌子)、第一档案保管处、第二档案保管处、编研处、技术处	黑龙江省档案科学技术研究所、黑龙江省档案局房产维修队

续表

档案机构名称	级别	上级主管部门	编制(人)		内设机构	直属事业单位
			行政	事业		
上海市档案局(馆)	正局级	上海市委办公厅	67	181	办公室、综合规划处、政策法规处、业务指导处、科技教育处、组织人事处、接收征集部、档案保管部、档案整理编目部、档案利用服务部、档案史料编研部、安全保护部、信息技术部、后勤管理部	上海市档案干部培训中心、上海市档案缩微技术中心、上海市档案局(馆)印刷厂
江苏省档案局(馆)	正厅级	江苏省委、江苏省政府	103	29	办公室、人事处(机关党委)、业务指导处、科技处、法规宣教处、征集接收处、管理部、利用部、技术部	江苏省档案开发服务中心、《档案与建设》编辑部、江苏省数字档案中心
浙江省档案局(馆)	副厅级	浙江省委办公厅	17	79	办公室、法规宣传处、业务指导处、人事教育处、机关党委、档案管理处、信息科技处、编研征集处	浙江省档案干部教育培训中心、浙江省档案事务所、《浙江档案》杂志社
安徽省档案局(馆)	正厅级	安徽省委、安徽省政府	5	69	办公室、监督指导处、法规处、机关党委、监察室、档案保管处、档案科技处、档案征集利用处	安徽省档案事务所、安徽省档案缩微服务中心
福建省档案局(馆)	正厅级	福建省委	12	83	机关党委、办公室、人事教育处、监督指导处、法制处、保管利用处、技术处、编研处、鉴定整理处	福建省档案信息中心、福建省档案干部培训中心
江西省档案局	正厅级	江西省委、江西省政府	28	5	办公室、业务指导处、科教法规处、信息调研处、机关党委(人事保卫处)、机关后勤服务中心	江西省档案馆(40人)、江西省档案科学技术研究所、江西省档案干部培训中心、江西省档案服务中心、《中国档案报》江西记者站
山东省档案局(馆)	正厅级	山东省委办公厅	24	69	办公室、法规和经济科技业务处、档案馆(室)业务处、教育培训处、保管利用开发处、整理编目处、编辑研究处、技术处(科研所)、机关党委	
河南省档案局(馆)	正厅级	河南省委、河南省政府	41	53	办公室、政策法规处、人事教育处、业务指导处、保管利用处、技术管理处、机关党委	河南省档案保护技术中心、《档案管理》杂志社
湖北省档案局(馆)	正厅级	湖北省委、湖北省政府	106		办公室、档案馆(室)业务指导处、经济科技档案业务指导处、法规标准处、科技处、档案资料保管处、档案信息开发利用处、行政保卫处、人事教育处、离退休干部处、机关党委	湖北省档案干部培训中心、湖北省档案技术咨询中心
湖南省档案局	正厅级	湖南省政府		37	办公室、业务指导处、法规宣传处、科技教育处、机关党委	湖南省档案馆、《湖南档案》杂志社
广东省档案局(馆)	副厅级	广东省政府		93(其中33人依照公务员管理)	办公室、监督指导处、综合法规处、科研教育处、收集整理部、保管利用部、技术部、编研出版部、声像档案部	

续表

档案机构名　称	级别	上级主管部　门	编制(人)		内设机构	直属事业单位
			行政	事业		
广西壮族自治区档案局(馆)	副厅级	广西壮族自治区党委办公厅		75(其中36名列入参照公务员管理范围)	办公室、档案馆(室)业务指导处、经济科技档案业务指导处、法规科教处、档案管理处、档案保护技术处、机关党委	
海南省档案局(馆)	副厅级	海南省政府办公厅		34(参照公务员管理)	办公室、技术处、法制宣传处、业务指导处、管理编研处	海南省档案干部培训中心
重庆市档案局(馆)	正局级	重庆市政府	15	93	办公室、人事处(离退休人员工作处)、档案馆(室)业务指导处、经济科技档案业务指导处、政策法规处(业务教育处)、档案收集整理处、档案管理处、保护技术处、档案编研处、信息技术处	
四川省档案局(馆)	正厅级	四川省政府	24	171	办公室、档案馆(室)业务指导处、经济科技档案业务指导处、政策法规处、人事处、机关党委办公室、离退休人员工作处、档案接收整理部、档案资料保管部、档案利用编研部、档案保护技术部、微机管理部、设备管理部	四川省档案学校、四川省档案局科学技术研究所、四川省档案干部培训中心、《四川档案》杂志社
贵州省档案局(馆)	副厅级	贵州省政府	40	90	办公室、政策法规处、人事处、科研教育处(贵州省档案干部教育培训中心)、档案馆(室)业务监督指导处、经济科技档案业务监督指导处、档案保管一部、档案保管二部、档案保护技术部(贵州省档案资料缩微复制中心)、档案利用接待部(贵州省现行文件阅览中心)、编研部、计算机网络管理部(贵州省档案资料目录中心)、设备管理部、《贵州档案》编辑部、离退休干部处	
云南省档案局(馆)	副厅级	云南省政府办公厅	36	67	办公室、机关党委人事处、法规宣教处、档案馆(室)业务监督处、经济科技档案业务督导处、征收整理部、社会利用部、保护技术部、档案资料保管部	云南省档案干部教育培训中心
西藏自治区档案局(馆)	副厅级	西藏自治区党委办公厅	24	51	办公室、业务指导处、历史档案处、现行档案处、保护技术处、编译研究室	
陕西省档案局(馆)	正厅级	陕西省委	64	54	办公室、人事教育处、业务指导处、法规处、宣传科技处(陕西档案编辑部)、机关党委、监察室、收集保管处、信息化工作处、社会教育编研处、技术处、后库管理处、档案保护技术研究所	离退人员管理服务所
甘肃省档案局(馆)	正厅级	甘肃省委办公厅		102	办公室、人事教育处、法规宣传处、业务指导处、机关党委、收集整理处、科技信息处、保管利用处	甘肃省档案学校、甘肃省档案装具标准化管理中心

续表

档案机构名称	级别	上级主管部门	编制(人)		内设机构	直属事业单位
			行政	事业		
青海省档案局	副厅级	青海省委办公厅		42	办公室、业务处、综合处	青海省档案馆
宁夏回族自治区档案局(馆)	副厅级	宁夏回族自治区党委办公厅	20	28	办公室、业务监督指导处、法制宣传教育处(挂档案教育中心牌子)、接收征集处、保管利用处、技术处、信息处	
新疆维吾尔自治区档案局(馆)	副厅级	新疆维吾尔自治区党委办公厅		100	办公室、综合法规处、业务指导处、人事教育处(新疆维吾尔自治区档案干部培训中心)、历史档案保管利用处、现行档案保管利用处、档案保护技术处、编研处、机关党委	

全国农业和农村档案工作经验交流会议

2004年4月20～21日,中央档案馆国家档案局在江苏省召开了由全国档案局负责人参加的全国农业和农村档案工作经验交流会。中共中央政治局候补委员、中央书记处书记、中央办公厅主任王刚同志为会议作了重要批示,殷切期望档案工作为服务“三农”作出新贡献。

会议的主要议题是:以“三个代表”重要思想为指导,深入贯彻十六届三中全会和党中央、国务院关于“三农”工作的一系列重要指示精神,学习落实王刚同志关于做好“三农”方面档案工作的重要批示,总结交流近年来全国档案部门为“三农”服务的经验和做法,研究今后一个时期如何落实科学发展观,使农业和农村档案工作进一步为建设现代农业、发展农村经济、增加农民收入提供优质服务。

国家档案局局长毛福民在会上作了讲话。讲话总结了自1997年全国农业和农村档案工作会议以来的农业农村档案工作情况,充分肯定了各地开拓进取,为“三农”服务创造的新鲜经验和做法,对进一步做好农业和农村档案工作提出了六点要求;一是坚持“三个代表”重要思想,牢固树立为农民服务的思想;二是落实科学发展观,切实做好农业和农村档案工作;三是构建档案信息为农民服务的平台,拓宽为农民服务的渠道;四是紧扣农民关心的热点问题,开展多种形式的有效服务;五是全面提高档案人员素质,推动农业和农村档案工作更具实效;六是加强档案工作创新研究,坚持实行分类指导。

会上,江苏等省(市)档案局,浙江省诸暨市枫桥镇党委和吉林省蛟河市农民代表共9家单位和个人就档案工作服务“三农”做了经验介绍。黑龙江、内蒙古、安徽、湖北、贵州、陕西、甘肃等省(自治区)档案局,广东省高州市人民政府和河北省唐山市、辽宁省葫芦岛市建昌县、湖南省汝城县档案局等12家单位进行了书面经验交流。

江苏省委常委、苏州市委书记王珉,农业部党组成员于永维,民政部基层政权和社区建设司农村处处长王金华等出席了会议并作了讲话。

会议期间,来自各省、自治区、直辖市档案局及有关单位的50多名代表,参观了南通、江阴、张家港、常熟等地农业和农村档案工作的典型单位。其中包括《在希望的田野上——南通档案工作服务“三农”成果展》、《华西之路档案展》和常熟市档案馆现行文件中心,还有全国第一家民营企业档案馆——康博村波司登股份有限公司档案馆和虞山镇、永联村档案室等。

(肖云)

全国档案系统贯彻实施行政许可法会议

2004年9月21～22日,全国档案系统贯彻实施行政许可法会议在北京召开。会议的主要任务是,以“三个代表”重要思想为指导,学习宣传和贯彻落实全国贯彻实施行政许可法工作会议精神,学习宣传和贯彻落实行政许可法及国务院《全面推进依法行政实施纲要》,交流档案行政审批和行政许可的清理情况,并部署下一阶段的工作,以提升档案行政管理部门依法行政水平,全面推进依法治档,为充分发挥档案部门两种职能提供保障。国家档案局副局长郭树银出席会议并作了题为《认真贯彻实施行政许可法　全面推进依法治档》的会议报告。

郭树银在报告中强调要从实践“三个代表”重要思想的高度，充分认识贯彻实施行政许可法的重大意义和对档案工作的重要影响。第一，贯彻实施行政许可法，是实践“三个代表”重要思想、坚持科学发展观的具体体现。第二，贯彻实施行政许可法，是全面推进依法行政、建设法治政府的必然要求。第三，贯彻实施行政许可法，是完善社会主义市场经济体制的重要保障。

郭树银说，要以贯彻落实行政许可法和全面推进依法行政实施纲要为契机，转变思想观念，增强职权法定和权责一致的观念，克服重惩罚轻管理和依赖权力导向型管理的倾向，创新管理机制，提高档案事业管理水平。要按照行政许可法的要求和国务院的统一部署，规范行政行为，加强后续监管工作。

郭树银要求，要努力学习，认真贯彻，将行政许可法和国务院《全面推进依法行政实施纲要》落到实处。一要认真组织学习宣传，在转变思想观念上下功夫。二要继续做好行政审批项目改革和行政许可清理的后续工作，在建立健全配套制度，创新管理机制方面下功夫。要加强档案行政立法工作，不断完善档案法规体系。要创新和完善管理机制，规范实施行政许可行为。要继续加强监督检查，在建立监督机制上下功夫。

来自全国各省、自治区、直辖市档案部门法制工作机构的负责同志出席了会议。会议并请全国人大法工委国家法行政法室主任李援为出席会议的人员讲授了行政许可法。（宋杨）

中央、国家机关档案移交工作会议

2004年11月8日，中共中央政治局候补委员、中央书记处书记、中央办公厅主任王刚对中央、国家机关档案移交工作作出重要批示。为贯彻落实王刚同志的重要批示和指示精神，11月19日，中央、国家机关档案移交工作会议在京召开。中央档案馆馆长、国家档案局局长毛福民，副馆局长冯鹤旺、郭树银、杨公之、杨冬权出席会议。中央、国家机关办公厅及档案部门负责人参加了会议。会上，毛福民作了重要讲话（见特载）。

毛福民在讲话中指出，王刚同志的批示不仅对我们做好档案移交工作具有重要指导意义，而且对全面加强国家档案资源建设，开创档案工作新局面具有十分重要的指导意义。今后全国档案工作者还要进一步认真学习领会王刚同志的重要批示和指示精神，并在实际工作中加以贯彻落实。

毛福民总结了中央、国家机关档案移交工作的基本情况，分析了档案移交工作中存在的一些问题及其产生原因，要求各单位在下一阶段的工作中，进一步把思想和行动统一到王刚同志对档案移交工作提出的要求上来，积极研究并采取有效措施，扎扎实实地推进中央、国家机关档案移交工作健康有序向前发展。

毛福民就贯彻落实王刚同志重要批示，抓好下一阶段档案移交工作提出了要求，并表示，中央档案馆国家档案局将尽快熟悉进馆档案，尽快将新进馆档案机读目录纳入馆藏档案计算机检索系统，科学整合馆藏全部档案信息资源，进一步改善档案提供利用条件，全面做好提供利用工作，为各单位方便快捷地利用档案提供可靠的保障。

科技部、中国兵器工业集团公司和中国兵器装备集团公司、中国石油天然气集团公司及中国纺织工业协会的代表在会上发言，介绍了本单位做好档案移交工作的经验和体会。中央档案馆国家档案局向中央机构编制委员会等19家移交档案质量合格单位颁发了“档案质量合格证书”。（张红）

全国档案局长馆长会议

2004年12月1～2日，全国档案局长馆长会议在北京召开。会议的主要任务是：以邓小平理论和“三个代表”重要思想为指导，认真贯彻党的十六大和十六届四中全会精神，落实科学发展观，总结2004年全国档案工作，部署2005年全国档案工作，引导和激励全国档案工作者认清形势，明确任务，坚定信心，团结奋斗，以良好的精神状态开创档案事业发展新局面。国家档案局局长、中央档案馆馆长毛福民作了工作报告。

会议首先传达了中共中央政治局候补委员、中央书记处书记、中央办公厅主任王刚在会议召开前夕对全国档案工作作出的重要批示。王刚同志从全党全国工作大局的高度，对全国档案工作取得的成绩给予了充分肯定，对新形势下档案事业的发展提出了新的要求。

毛福民总结了2004年全国档案工作。各级档案部门把握经济社会发展的需求，进一步提高了档案服务工作水平，已公开现行文件利用工作全面展开，为经济建设服务更加有效，档案服务工作新领域加快拓展；着眼档案工作的可持续发展，推进档案管理现代化建设，档案信息化工作顺利推进，档案科技工作稳步发展；适应全面建设小康社会的新要求，加强了档案基础业务建设，档案馆建设协调发展，档案资源建设全面加强，档案安全保管措施更加有力；坚持全面协调统筹兼顾的方针，促进了档案事业与其他各项工作均衡发展，档案法制建设逐步完善，档案宣传工作效果显著，档案教育继续发展，对外交流合作保持活跃。毛福民强调，我们对十三届四中全会以来 13 年全国档案事业发展总结的六条基本经验是我们对中国特色社会主义档案事业建设规律的正确认识，是对我国档案事业建设基本理论的进一步丰富和发展，是全体档案工作者在实际工作中努力研究和探索的必然结论，代表了我国档案事业未来的发展方向。这些基本经验将长期指导档案工作实践。

毛福民在报告中明确提出了 2005 年全国档案工作的总体要求：坚持以邓小平理论和“三个代表”重要思想为指导，认真贯彻党的十六大和十六届四中全会精神，全面落实科学发展观，突出档案工作服务党和国家大局、服务广大人民群众这一主题，积极推进档案信息化建设、档案馆功能建设、档案法制建设和档案队伍建设，促进档案事业与经济和社会协调发展。具体工作是：1. 不断深化对党和人民的需要就是档案服务工作的方向、利国利民的实际社会效果是衡量档案服务工作优劣的第一标准和档案工作者积极向上的精神状态是做好档案服务工作的保证的认识，讲求实效，切实突出全国档案工作服务主题；2. 统筹兼顾，把握重点，积极推进档案事业发展四项建设：加强档案数字化建设，努力使档案数字化建设与地方信息化建设同步协调发展；加强档案馆功能建设，充分发挥档案馆的基本功能和社会功能；加强档案法制建设，坚持依法行政；加强档案队伍建设，努力提高档案队伍的整体素质；3. 全面协调，持续发展，编制档案事业发展“十一五”规划要争取纳入国家和地方发展规划，树立明确的工作指导思想，以档案事业客观现状为基础，绘制档案事业发展的宏伟蓝图。

来自全国各省、自治区、直辖市、计划单列市、副省级市和新疆生产建设兵团档案局馆的负责同志，中央和国家机关、中央企业档案工作协作组组长单位的负责同志，军队和武警部队档案部门、中国照片档案馆、中国人民大学档案学院的负责同志参加了会议并就会议内容进行了广泛深入的讨论。国家档案局副局长、中央档案馆副馆长冯鹤旺作了会议总结。（黄敏）

“两会”代表委员关注档案工作

在 2004 年召开的第十届全国人民代表大会第二次会议和政协第十届全国委员会第二次会议上，人大代表、政协委员提出涉及档案工作的议案、建议和提案共有 5 项，分别是：浙江省代表赵林中等提出的《关于对“档案法”增加法律责任条款的议案》（第 574 号）、《关于把档案馆开展已公开现行文件利用服务纳入政府信息公开体系的建议》（第 1019 号），上海市代表艾宝俊等提出的《关于建立个人信息保护法的议案》（第 1015 号），北京市代表张海鹏等提出的《关于改进历史档案利用办法的建议》（第 5947 号），全国政协委员蓝秀珍提出的《关于国家拨专项资金支持贫困县（市、区）档案事业发展的提案》（第 4043 号提案）。

第 574 号议案指出：随着经济和社会事业的发展，重视和加强档案工作、发挥档案的依据和凭证作用具有重要意义。但在实际工作中，不少单位没有按照国家、省有关规定认真执行档案管理登记制度和档案专项验收制度，缺乏对档案的有效监督和指导，导致一些重点建设工程档案和各地举行重大活动中形成的档案收集不齐，造成历史遗憾；不按规定归档或者不按期移交档案，档案行政部门在执法中只能发限期改正通知书，缺乏具体的处罚措施。为此，建议把档案工作列入政府的各种年度工作计划，档案基础设施建设列入文化设施建设计划，《档案法》对上述问题要有具体的法律责任条款和处罚措施，增加法律的刚性。

第 1019 号建议提出：向社会提供已公开现行文件查阅服务，对推进政务公开，依法行政，保障群众知情极，满足社会各界了解现行政策规定的需求，具有重要和深远的意义。这项工作得到了各方面的充分肯定，但也存在着一些问题：我国对档案的管理和利用有明确系统的法律规定，而对档案的前身——文件的管理利用却没有相应的法律规定；已开展的现行文件查阅服务还不够普遍；部分现行文件查阅服务中心的工作还不够规范。因此，建议把现行文件查阅服务工作制度化、法律化。在制定或修改《政府信息公开法》、《档案法》等相关法律时，赋予各级国家综合档案馆管理文件的职责；明确把档案馆开展现行文件利用服务纳入政府信息公开体系，作为各级政府公开信息的途径之一；要进一步拓展现行文件查阅服务的范围。未开展这项服务的档案馆应尽快建立现行文件查阅服务中心；已建立现行文件查阅服务中心的，要提高现行文件收集的完整性。

1015 号议案指出：我国对公民信息的收集、掌握和管理，主要是通过人事档案来实现的。随着时间的推移、社会的进步，人事档案制度暴露出越来越多的缺陷，主要体现在：档案管理部门不统一。根据“档案随人走”的规则，使人员信息无法在全杜会共享，降低了档案信息的利用效率；人事档案的制作，通常是以背对背的形式完成的，公民的个人档案并不对本人开放；档案内容与其承载的功能不符；我国档案仍以纸质为主，管理手段落后。鉴于上述问题，提出改进的建议和方案：打破档案信息跟人走的惯例，确立权威的档案管理部门；信息档案制作主体需经信息档案管理部门授权；扩充档案信息内容；对违反个人信息保护法，给国家安全造成损害或给个人造成严重损害的，应追究其刑事责任。起草个人信息保护法,确立法定权威部门,建立健全公民信息档案系统,实现公民信息资源共享。采取分步走的方式:先在条件成熟的地区建立地区性档案管理中心,集中管理该地区档案,建立健全相关体制。然后,区域性管理中心全面联网,最终实现全国人事档案资源网络化共享。

第5947号建议,根据在国内外利用档案的经历指出,档案开放程度是衡量一个国家开放程度的标志之一。在国内查阅档案多有不尽人意的地方,希望对照档案法和实施办法,加以改进。

第4043号提案指出:我国是一个档案大国,全国近四千个档案馆保存着几亿卷册的档案,并以平均每年7.5%的速度递增。有效地保护和利用档案,对于深化改革、扩大开放、促进发展、维护稳定具有不可替代的作用。长期以来,我国一些地区和部门未能依法解决好档案事业建设的经费投入问题,各地区、各部门档案工作的发展还不平衡。因此,建议国家发展和改革委员会切出专项资金,会同国家档案局统筹安排,以解决贫困县(市、区)档案事业发展中遇到的实际问题,促进档案事业的持续健康发展。 (李淑香整理)

（三） 档案事业发展概况

2004年全国档案事业发展综述

一年来,全国各级档案部门认真学习贯彻党的十六大和十六届四中全会精神,围绕党和国家工作大局,求真务实,开拓进取,积极开展档案工作,全国档案服务工作、档案基础业务建设、档案信息化建设、档案法制建设、档案科教工作、档案宣传工作、档案工作对外交流合作等健康协调发展,取得显著成绩。

一、以服务为宗旨,努力拓展新的工作领域,进一步提高档案服务工作水平

以实现最广大人民群众的根本利益作为档案工作的出发点和落脚点,为社会各界和人民群众服务,最大限度地满足社会各界的档案利用需求是档案部门的重要任务和主要职责。2004年,中共中央政治局候补委员、中央书记处书记、中央办公厅主任王刚同志就农业和农村档案工作、档案部门开展已公开现行文件利用工作、中央和国家机关档案移交工作等多次作出重要批示和指示,全国档案系统及时进行了认真传达和贯彻,推动了相关工作的开展。

1. 已公开现行文件利用工作全面展开。档案部门积极开展向社会提供各职能部门已公开现行文件查阅利用服务,是各级档案部门实践"三个代表"重要思想,服务社会、服务人民群众的重要举措,是档案工作服务机制的创新。这项工作开展以来,得到了各级党委、政府的高度重视,受到了老百姓的普遍欢迎,引起了新闻媒体的广泛关注。如青岛市档案馆成立的文档服务中心,自成立到2004年底,共接待利用者1.7万余人次,受理服务热线2718人次,网上点击查阅近10万人次,提供文件档案近4万件(卷),年均利用人次比2000年增长了8倍多,市民送来许多表扬信或在留言簿留下感人肺腑的话语,新华社、人民日报等媒体纷纷给予宣传。2004年,该馆文档服务中心被市委、市政府明确为指定查阅现行公开文件的场所,他们创建的"文档服务连心桥"服务品牌被命名为"青岛市服务名牌"。2004年6月,国家档案局召开全国已公开现行文件利用工作座谈会,交流工作经验,以推动已公开现行文件利用工作领域不断扩大,内容充实,服务水平不断提高。在各级党委、政府的支持下,截至2004年底,全国3121个国家综合档案馆中,已有1800余个陆续开展了此项工作,占全部国家档案档案馆总数的60%以上。

2. 为经济建设服务更加有效。各级档案部门大力加强农业和农村档案工作,国家档案局于4月召开了全国农业和农村档案工作经验交流会。农业和农村档案工作联系点正在积极落实,已经配合全国村务公开协调小组开展对村务公开和民主管理建档工作的调研。各级档案部门在开发农业农村档案信息资源为"三农"服务,推动村级建档,完善农村档案管理,结合农村实际创新服务形式等方面取得显著成效。如哈尔滨市档案局主动与市农委等涉农部门沟通,统一标准、统一时限、统一要求,为全市200多万农民工建立档案,使农民工资源得到有效整合,为农民外出务工、增加收入打下了基础。为规范国有企业文件材料归档工作,丰富和完善企业档案资源,有效为企业发展服务,国家档案局与国资委联合发布了《国有企业文件材料归档办法》,进一步加强企业档案工作。国家档案局正在加紧制定《加强驻外机构和境外企业档案管理工作的意见》和《加强企业档案信息化建设的意见》。各级档案部门积极开展非公有经济领域的档案工作,推动了非公有经济领域档案工作健康发展。国家档案局与发展改革委准备联合发布《国家重大建设项目档案验收办法》,进一步规范国家重大建设项目的档案验收工作。国家档案局加强了对三峡工程、西气东输等一大批国家重点工程档案工作的监督、指导,配合了各项工程建设管理的顺利开展。地方重点工程档案工作也得到了进一步加强。

3. 档案服务工作新领域加快拓展。继续深入开展社区档案工作,国家档案局和民政部共同研究制定《城市社区档案管理暂行办法》,规范城市社区档案工作。家庭档案工作是近年来档案部门在服务工作方面拓展的新领域,2004年9月中国档案报社在沈阳召开家庭档案工作座谈会,促进了这项工作的推广和发展。在各级档案部门的努力下,档案服务工作机制不断创新,内容不断深化,重大活动建档、信用建档、就业和社会保障建档等工作都取得新的进展。如长春市档案馆将市劳动和社会保障局涉及100万人的工人调配档案提前接收进馆,并建立了上百万条目的调配档案数据库,为当地下岗职工查找相关情况、出具证明、接续劳动关系提供了极大便利。2004 年 1 月，外交部档案馆保存的部分新中国成立以来形成的外交档案正式向国内外开放，受到学术界和媒体的关注。这些创新，使档案工作更加贴近人民群众，贴近社会生活，被更多的群众所了解，档案的价值被社会更多方面所认可。一些地方政府在机构改革中，本着“精简、统一、效能”的原则，对一些专门档案馆的机构和管理体制做了调整。如，深圳市城建档案馆的职能由原隶属市建设局划入市档案局，理顺了档案工作的管理体制和运行机制，整合了档案信息资源，提高了工作效率，节约了管理成本，便于实现档案信息资源共享，更好地发挥档案的社会效益和经济效益。

二、加强档案基础设施建设，以档案信息化建设为重点推进国家档案资源建设

1. 档案馆建设协调发展。各级档案部门充分认识到，按照档案安全保管基地、爱国主义教育基地、已公开现行文件集中向社会提供利用的中心和档案信息服务中心的新要求建设档案馆，对于档案馆的未来发展至关重要。各级党委政府更加重视档案馆建设，中央文明办已将各级城市的国家档案馆建设列入文明城市测评体系，在各级文明城市的测评指标中对国家档案馆的建设提出了明确要求，为档案馆建设注入了新的活力。对档案馆社会功能认识上的突破和体制上的创新带来了档案馆建设的新一轮高潮，一批设有展示厅、影视厅、报告厅、电子阅览室、已公开现行文件阅览中心等设施的新档案馆陆续建成并投入使用。

2. 档案信息化工作有序推进。2004 年 6 月，国家档案局在上海市召开了全国电子公文归档管理工作座谈会，研究部署下一步做好电子公文归档管理工作的方法和技术防范措施，以服务电子政务建设，规范电子公文管理，推动电子公文归档管理工作迈出更大步伐。许多地方档案部门积极与信息化主管部门联系，争取把档案信息化建设纳入当地信息化建设和电子政务建设总体框架中。各级档案部门在档案机读目录数据库建设、馆藏档案数字化、档案网站建设、电子公文归档与管理、数字档案馆建设等方面扎扎实实开展工作，取得了良好进展。

3. 档案资源建设全面加强。2004 年 11 月 8 日王刚同志对中央、国家机关向中央档案馆移交档案工作作出重要批示，国家档案局随即召开了中央、国家机关档案移交工作会议，学习贯彻王刚同志重要指示，总结近三年来档案移交工作情况，交流移交工作经验，布置下一步档案移交工作，促进中央、国家机关向中央档案馆移交档案工作持续、健康发展。各级档案部门积极围绕党和国家工作大局开展档案资源建设，充实了一批反映时代精神和历史价值的档案。2004 年上半年一些地区发生高致病性禽流感疫情，国家档案局与全国防治高致病性禽流感指挥部办公室联合发出了《关于做好防治高致病性禽流感工作文件材料收集归档工作的通知》，对做好防治高致病性禽流感工作的文件材料收集归档工作进行了部署。各级档案部门加强了对各领域相关档案资料的收集接收工作，一个更具活力、更加开放、多层次、多样化的国家档案资源建设新格局正在形成。

三、坚持全面协调统筹兼顾的方针，促进了档案事业各项工作均衡发展

1. 档案法制建设逐步完善。2004 年 9 月，国家档案局召开了全国档案系统贯彻实施《行政许可法》工作会议，通报了国家档案局档案行政审批和行政许可的清理情况，部署了档案系统学习宣传和贯彻落实《行政许可法》及国务院《全面推进依法行政实施纲要》的工作。国家档案局继续开展对部分省、自治区、直辖市和中央、国家机关及中央企业的档案行政执法检查。各地档案行政管理部门也普遍把档案行政执法检查纳入制度化、经常化和规范化的轨道，强化监督与指导职能，依法保障各地区档案事业的健康发展。各地制定、修订一批地方法规、规章和规范性文件，档案法规体系进一步完善。

2. 档案科技工作稳步发展。各级档案部门在完善科研机制、强化科技管理、促进先进技术成果的推广应用方面不断创新，对档案科技工作的投入不断增大，档案科研不断取得新成果，科技对档案管理水平提高的贡献率不断增大。注重把档案科研工作的重点放在研究解决档案信息化和为全国档案行政管理决策服务等重大问题上，避免低水平重复。加大了科技成果推广应用力度，有力推动了全国档案管理现代化水平的提高。

3. 档案宣传工作效果显著。为纪念邓小平同志诞辰 100 周年、中华人民共和国成立 55 周年，各级档案部门举办了一系列纪念活动，取得良好的社会效果。中央档案馆与中宣部等单位共同举办“世纪伟人邓小平——纪念邓小平同志诞辰 100 周年展览”，观众达 20 多万人次，在社会上引起巨大反响。拍摄完成 100 集电视文献专题片《邓小平的故事》和 70 集人物传记片《邓小平的足迹》，其中《邓小平的故事》在中央电视台一套节目黄金时间播出。由江泽民同志题写书名的《邓小平手迹选》编辑出版，该书被国家新闻出版总署列为纪念邓小平同志诞辰 100 周年的重点图书。各地档案部门也通过举办展览、出版图书、撰写论文、拍摄专题片等各种形式纪念邓小平同志，以及庆祝建国 55 周年。国家档案局中央档案馆举办了“走进记忆之门——中国档案珍品展”，进一步向社会宣传我国丰富珍贵的档案资源,观众达3万多人。各地档案部门举办的形式多样的档案宣传活动,也越来越贴近社会,贴近群众,贴近生活。

4. 对外交流合作保持活跃。2004年8月,第十五届国际档案大会在奥地利举行,国际档案理事会名誉主席王刚致信祝贺,中国档案代表团出席会议并在一些专题会议上作主题发言,与各国档案同行进行交流,宣传中国档案工作成就,树立中国档案工作新形象。出席在莫斯科召开的中俄教文卫体合作委员会第五次会议,与俄方举行了该委员会下属的中俄档案合作工作小组第一次会议,通过了《中俄档案合作工作小组条例》,进一步密切两国档案工作者的交流与合作。与美国密歇根大学本特利历史图书馆在美国安阿伯联合举办"档案的社会功能与创新服务"研讨会,参加在韩国釜山举办的国际档案理事会东亚地区分会和执行局会议,经过选择,分别派员赴美国、中国香港等地进行培训。接待老挝、新加坡、古巴、阿尔巴尼亚、印度等国档案代表团来华访问,积极开展国际档案交流。

在取得显著成绩的同时,许多影响档案事业快速发展的矛盾和问题依然存在。如:各地区、各领域档案工作发展还不平衡;一些地区和部门档案事业经费紧,馆舍建设、档案保管设施方面滞后等问题还未依法得到解决;档案人员的整体素质还不能很好适应工作要求等。这些问题需要各级档案部门认真研究,妥善加以解决。 (常建宏)

北京市

2004年,北京市档案工作本着为北京市工作大局服务、为首都市民和社会服务的原则,在北京市委、北京市政府的正确领导和国家档案局的指导下,与全市各项工作协调发展,为首都的物质文明、政治文明、精神文明建设作出了积极贡献,取得了良好效果。

一、档案法制建设进一步得到加强

立法方面,2004年,《北京市档案馆条例》调研起草工作启动,《北京市电子文件归档与管理暂行规定》、《北京市非公有制企业档案管理指南》和关于奥运、重点工程档案工作等规范性文件也相继出台,对促进档案工作的开展起到了重要作用;普法方面,根据市政府和国家档案局统一部署,《中华人民共和国行政许可法》在全市档案系统得到广泛宣传和深入落实。市和区县政府分别明确本级档案局实施的行政许可事项,市、区县档案局建立了行政许可程序性规定和行政许可办理流程等相关配套制度,并对档案行政执法人员进行了培训;执法方面,北京市档案局和所属各区县档案局分别开展了档案执法检查,将档案实体和信息安全作为执法检查的重点,并跟踪反馈意见落实情况,取得良好效果。

二、全面落实服务中心、服务大局和服务社会的目标,积极主动地把档案工作进一步融入社会

一方面继续加强经常化的重点档案工作,如北京奥组委的档案工作,农业科技档案、经济合同档案、劳动力档案、田间种植档案、村民宅基地档案、文化旅游档案、民情档案等各种门类的"三农"服务工作;一方面积极加强突发事件的档案工作,在2004年春季的防控高致病性禽流感工作中,档案部门及时部署防控禽流感档案工作,使有关文件材料得以完整、系统留存。同时,档案部门还积极拓展新领域,如北京市档案局与市工商局联合发文,免费对非公企业进行档案知识培训;成立非公企业档案工作协作组,举办非公企业档案工作研讨会;崇文区档案局与区民政局联合对全区所有72个社区档案工作进行检查考核;昌平、海淀、东城、通州等区档案局为家庭建档工作提供服务等。

三、夯实基础,继续做好档案征收鉴定等档案信息资源开发工作

征集和鉴定方面,2004年,北京市召开市属单位移交档案工作会议,进一步规范档案收集工作,延庆县档案馆征集到珍贵档案1700件,北京市档案馆还远赴英国征集档案,至年底,全市国家档案馆馆藏档案数量总计已达3831895卷。朝阳、西城等区档案局馆对进一步优化馆藏大胆尝试,提高档案的鉴定和保护工作,取得显著成效。利用方面,2004年,公民个人利用档案数量明显增加。朝阳、宣武等区档案馆档案利用持续保持旺盛态势;石景山、平谷等区档案馆档案利用人次有了大幅度增长。北京市档案馆承办的"亲切的关怀,深切的思念——邓小平在北京图片展"在社会上引起广泛反响。东城区档案馆与社区合作,推出一系列胡同历史文化展,促进了社区文化建设。2004年全市国家档案馆新办展览44个,参观人数近67万人次,充分发挥了档案馆爱国主义教育基地的功能。《北京市国家档案馆爱国主义教育基地管理办法》、《北京市国家档案馆爱国主义教育基地考评办法》的出台和全市国家档案馆爱国主义教育基地的检查评比活动,促进了档案馆教育基地工作。网上利用档案力度加大,北京市档案馆已有28万页开放档案全文在网上公布。2004年,市和区县档案局馆共举办29个网上展览。

四、档案信息化建设稳步推进

档案信息化建设逐步纳入各级政府、部门和单位信息化建设的总体规划。北京市档案局成为市信息化

工作领导小组成员，崇文等9个区县档案局成为本区县信息化工作领导小组成员，大兴等10个区县档案信息化建设纳入本地区信息化建设整体规划。同时，《北京市档案信息化建设2004—2005年工作计划》及各区县、各单位结合自身实际制定的相关文件，明确了档案信息化工作的原则和步骤，统一了电子文件归档与电子档案管理的技术规范。具体操作上，北京市档案馆去年新增机读目录近63万条，完成纸质档案数字化11.6万卷册，累计数字化档案已占全部馆藏的19.6%。昌平、朝阳等区档案馆和市工商局、市审计局等单位也开展了档案数字化工作。

五、档案科教、研究和宣传工作取得新的进展

2004年，全市有5项科技项目获国家档案局优秀成果奖。档案教育培训工作和学会工作都有新的突破，经过宣传，档案工作内容已被列入北京市国家公务员培训中心教学课程，北京市社科联在国家图书馆举办的人文系列科普讲座、市社科联和北京师范大学举办的“和谐社会：公共性与公共治理”学术前沿论坛、市图书馆协会等在首都图书馆举办的“图书、档案与信息数字化及其开发利用研讨会”都安排了档案工作内容的演讲，国家非档案行业报刊大幅刊登档案工作文章。围绕北京市人大代表视察北京市档案工作、延庆县档案馆征集珍贵档案等，中央电视台、北京电视台、北京日报等各大新闻媒体竞相连续深入报道，使档案工作社会影响进一步扩大。《北京档案》杂志再次以高分获得市属社科类一级期刊的荣誉。 （冯舫女）

天津市

2004年，天津市档案部门牢固树立和落实科学发展观，紧紧围绕“三步走”战略，统筹兼顾，协调发展，呈现出档案服务高水平、信息化建设高速度、人的发展高素质的良好局面。

一、紧紧抓住思想理论建设不放松，努力树立和落实科学发展观

全市各级档案部门把树立和落实科学发展观作为践行“三个代表”重要思想的具体体现。为全面推进档案事业与经济社会协调发展，提出了“五统筹”的工作思路，即：统筹档案事业与人的全面发展，统筹综合档案馆与专门、部门档案馆的发展，统筹档案馆与档案室的发展，统筹档案资源建设与档案信息的开发利用，统筹档案工作社会效益与经济效益。用科学发展观统领档案事业发展全局，举办了全市档案系统一把手树立科学发展观和人才观研讨班，在全国率先召开全市档案人才工作会议，制定了全市档案人才发展规划，提出了加强档案人才培养和充分发挥人才作用的多项举措，出台了一系列配套政策。大力开展了以人才建设为重点的档案教育培训，与天津理工大学合作开设了档案成人高等学历教育，全年培训档案人员2300人。有力地扭转了档案部门以往只重视业务工作不注重人的发展的局面，促进了档案人员素质的全面提升。

为全面落实科学发展观，适应档案事业发展需求，天津市档案局（馆）进行了机构调整和事业单位聘用制改革，一批具有较高素质的中青年干部走上了处级领导岗位，档案馆108名事业人员全部实行聘用制。努力加快档案馆舍建设，红桥区、宁河县档案馆新馆落成，市档案馆二期工程5000平方米库房批准立项，努力推动档案事业与经济社会的协调发展。

二、紧紧抓住创新服务不放松，不断提升为经济社会发展服务水平

为经济建设服务成效更加显著。一是积极推进民营企业建档工程，为发展个体私营经济服务。联合市私企协会召开了全市推进私营企业建档工作座谈会，编印了《个体私营企业档案工作指南》，向社会公布了为私企服务的8项措施，179家规模以上私营企业实现建档，占拟建档计划总量的22%。二是深化农业农村档案工作，为“三农”服务。召开了经验交流会，会同市农委、市科委出台了《关于加强农业科技档案管理的意见》，涉农区县农科站全部建档。联合市农委印发了《关于做好防治高致病性禽流感工作文件材料的收集归档工作的通知》，及时完成了防治高致病性禽流感的归档工作。三是围绕海河综合开发改造工程主动介入，跟踪服务。加强对海河开发建设项目档案管理的指导服务，南开、河西等沿河档案部门抢拍、留存大量海河风貌档案资料并积极提供历史档案信息为招商引资服务。

为弘扬先进文化和精神文明建设服务更有成效。以天津市档案馆建馆40周年为契机，面向社会开展了档案征集月、档案服务月及《津沽历史回眸——馆藏档案珍品展》系列纪念活动。围绕天津建城600周年纪念活动，组织全市档案部门开展了档案展览月活动，推出了16个各具特色的专题展览。市档案馆《天津百年教育》、《开放的天津》；和平区档案馆《知和平、爱和平、建设新和平》；东丽区档案馆《建设现代化津滨新城区》；大港区档案馆《传承历史，开创未来》等大型图片展览，受到学校广大师生和社会公众的热烈欢迎。天津档案学会举办了档案工作者喜迎天津建城600年书画展，《天津档案》开辟了纪念专栏。出台了《为杰出人才建立永久性档案的意见》，征集百余名有杰出贡献的企业家、科学家、教育家、艺术家及劳动模范等杰出人才的档案1.5万件，在全国率先建成杰出人才档案库。各区县档案馆加强区域特色档案的征集，河北区档案

馆征集了孙其峰、孙克纲等55位书画名家的文书和书画档案,北辰区档案馆将邢燕子、杨连弟的个人档案及魏氏家族康熙年间至解放初期的地契档案征集进馆。

为资政服务更具特色。各级档案部门围绕本地区、本部门工作重点,深入挖掘档案资源,以"短、平、快"的方式编辑档案信息,辅助领导决策。天津市档案馆围绕市委、市政府中心工作及建卫600周年编发《档案信息摘编》30期共计15万字;成功召开了由青岛、烟台、营口等环渤海城市参加的近代海关档案开发研讨会,并与天津海关签订了合作开发意向书,为区域经济发展决策服务走出了新路;深入挖掘馆藏档案,精心编辑了《董浩云在津工作手迹》,得到市领导的充分肯定,戴相龙市长出访香港时将此文集作为礼物赠送董建华先生,为发展津港两地合作交流发挥了积极作用。

为百姓服务更为直接。为10万社区居民建立了低保档案,为14万人建立了下岗再就业档案,为133万户家庭建立了健康档案。在全国率先为320万名农民建立了体检档案。市区县和开发区档案馆全部建立已公开现行文件阅览中心,收集涉及群众利益的政策规章4.2万件,全年接待群众5000余人次,查阅文件1万多件次。

三、紧紧抓住依法行政不放松,着力强化档案宏观管理

大力加强档案法制建设。认真贯彻《行政许可法》和市政府《全面推进依法行政的实施意见》,完成了档案工作地方性法规、政府规章和规范性文件的清理,公布了档案管理行政许可事项,进入了全市行政许可服务大厅。制发了《天津市各级各类档案馆设置与管理暂行办法》。深入宣传贯彻市政府第12号令《天津市非国家所有档案管理规定》,市档案局与市政府法制办联合召开了贯彻实施新闻发布会,举办了宣传周活动,印发了规定释义,举办了培训研讨班,建立了市、区县档案鉴定组织。

深入开展档案执法监督检查。把档案执法检查的触角伸向与百姓生活密切相关的教育、文化、房管等系统的基层档案工作。印发了《天津市教育系统档案行政执法检查办法》,对教育、文化、卫生系统基层档案工作开展行政执法检查,68%的基层单位达到检查标准。继续推行市级机关年检制度,重点对市商委、市经贸委等在机构调整中撤销及合并单位的档案工作进行检查,确保档案的完整和安全。依法推动档案开放工作,确定每年的9月5日为档案开放日,市区县档案馆向社会开放档案10万卷。依法加强档案安全管理,市档案馆制定了突发事件应急预案,开展了档案消防安全月活动,各区县档案馆也都采取切实措施整改了消防隐患,确保档案安全万无一失。

依法推进基层档案业务建设。出台了《天津市企业档案管理实施细则》,围绕全市发展优势产业和企业东移战略,重点对纺织工业园建设、金耀集团氨基酸项目、中新药业集团产品改造项目、渤海化工集团PVC基地建设项目及天津港南疆码头改扩建项目等档案管理进行监督指导和跟踪服务。积极探索联合档案室管理模式,完成了塘沽区文件中心试点工作。重点推进了工商、民政、卫生系统基层档案管理,工商、民政系统196个基层单位实现全部建档,卫生系统79%的基层单位完成建档任务。依法加强对海河工程指挥部、市房屋拆迁办及津滨轻轨等工程档案的检查指导,确保档案管理和工程建设同步进行。

四、紧紧抓住信息化建设不放松,全力推进档案现代化管理进程

档案信息化建设取得了新成果。拟制了《天津市电子文件归档管理办法》及其实施细则,建立了全市档案目录、档案数字化加工、档案缩微和音像视频档案处理4个信息化加工基地。加强市区县档案馆网站建设,13个区县建成局域网,10个区县开通网站。天津档案网获得天津市优秀专业网站的奖励。档案文件级目录输机工作进展加快,市档案馆新录入190万条,已录入文件级目录占应录入建国后档案总量的80%。津南、静海、宁河等档案馆实现馆藏档案全部文件级计算机检索。全市部分档案馆启动实施馆藏档案数字化工程,开发区档案馆、市城建档案馆数字化工作走在了全国前列。

档案科研工作实现了新突破。承担国家级课题"电子公文文档一体化业务流程标准体系与应用"通过验收,配套业务规范具备出台条件,政府办公系统、档案室档案管理系统与档案馆电子文件接收管理系统平滑对接,电子文件归档工作进入全面实施阶段。积极探索馆室一体化档案管理模式,完成了塘沽区文件中心的试点工作。科研项目"网络数字化视听档案馆研究"和"数字签名和工程图纸整合技术在CAD图纸档案管理中的应用"分别获得国家档案局优秀科技成果二等奖和三等奖。 (丛为民)

河 北 省

2004年,河北省各级档案部门深入贯彻党的十六大和十六届三中、四中全会精神,紧紧围绕省委、省政府的中心工作,树立科学发展观,解放思想、开拓创新,扎实工作,为全面建设小康社会服务取得明显成效。

一、以利国利民为宗旨,档案服务成效日益显著

为农业农村服务工作蓬勃开展。各地深入贯彻落实省委《关于推进农村小康社会建设若干重要问题的

意见》,贴近农村实际,不断提高档案工作服务水平,在服务农村改革、推进发展、促进稳定等项工作中发挥了积极作用。省档案局印发了《关于进一步加强农业农村档案工作为农村小康社会建设服务若干意见》,各市结合当地实际,不断推出新的举措,拓展新的服务领域,积极为"三农"服务。唐山市、保定市送现行文件下乡服务活动开展得如火如荼,全年送文件下乡1200多次,散发材料4万多份,制作宣传展牌200多块,接待群众咨询1.5万人次,受到广大农民群众的欢迎;衡水市指导有关部门规范了劳务输出档案工作,为农村剩余劳动力资源的充分利用和维护农民工的自身权益提供了有力的服务;石家庄市专门召开了农业农村档案工作会议,编印了《农业农村档案利用效果实例选编》发放各乡镇,提高农民利用档案的意识;承德市下大力抓好坝上生态农业档案的规范化管理,积极为坝上生态环境建设服务。各市还围绕创建文明生态村活动,狠抓文明生态村档案管理工作,为文明生态村的建设和进一步发展奠定了基础。同时,各级档案部门积极推进土地延包、土地流转合同档案的建立、收集和利用工作,全省各级档案馆接收土地延包合同1133万份,土地流转合同25.8万份,为服务农村发展、维护农民合法权益发挥了重大作用。据不完全统计,各地利用此类档案排解纠纷8000多起。

为社区建设服务工作继续深入。2004年,河北省社区档案工作稳步展开,档案业务逐步规范,档案服务领域迅速拓展,在社区建设和管理中发挥了重要作用。沧州市将社区档案工作纳入了社区工作目标管理和文明社区考核范围,社区档案工作步入规范化轨道;保定市社区建档向所属县市延伸,市档案局被市委、市政府命名为"社区建设先进单位";唐山市积极配合加强企业退休人员社会化管理工作,与劳动和社保部门联合下发了《关于加强企业退休人员社会化管理档案工作的通知》,并做好接收准备;秦皇岛、廊坊等市加大社区档案管理细则的实施和对社区档案工作人员的培训力度。到年底,全省城市社区建档率已达到93%,其中保定、唐山、秦皇岛、衡水、邯郸5市已全部完成。

已公开现行文件利用工作全面铺开。省委、省政府两个办公厅下发了《关于进一步加强已公开现行文件利用工作的通知》。各地认真贯彻落实通知要求,采取积极有效措施,秦皇岛市文明办将建立"现行文件服务中心"列为创建"全国文明城市"的重要指标;唐山市档案馆收集市级以上非涉密性涉农现行文件,编印了《涉农法规政策文件汇编》,下发至各乡镇档案室,把现行文件利用工作推广到了农村;承德市档案馆将现行文件在档案信息网站上开辟专栏进行公布等。到年底,全省已建成现行文件利用中心143家,占总数的77%,其中邢台、保定、唐山、衡水、沧州等地的市县两级已全部建立现行文件利用中心。一年来,各级现行文件利用中心共接待利用者2万多人次,为推进政务公开和切实维护人民群众的根本利益作出了积极的贡献。

为重大活动服务工作及时跟进。一年来,各级档案部门围绕市级政府部门的机构改革、禽流感的防治和纪念邓小平同志诞辰100周年等重大活动积极开展收集、编研、利用等工作,取得了显著成绩。省档案局及时提出了关于做好机构改革中档案工作的意见,印发了关于加强禽流感防治工作档案与资料收集管理工作的通知,各市抽调业务骨干,深入有关部门帮助指导,积极抓好落实,确保了机构改革和防治禽流感工作的顺利进行。涉县等革命老区积极参与纪念邓小平同志诞辰100周年活动,配合中央档案馆完成了有关纪录片拍摄工作。同时,各级档案部门深入开发馆藏资源为社会服务,一年来公开出版编研成果26种、500多万字,内部参考资料250种、1500多万字;举办各类展览70多次,接待参观12万人次。

二、以拓展档案服务功能为中心,档案馆各项建设进一步加强

2004年,全省掀起了新一轮建馆高潮。省档案馆新馆建设可行性报告和项目建议书已提交省发改委进行研究论证;石家庄市档案馆新馆建设已经市发改委批准立项,进行了选址和设计工作,设计建筑面积2.3万平方米,投资6千多万元;保定市档案馆建设列入了该市2004年"十项民心工程"之中,拟投资510万元进行改造;承德市委、市政府决定在承德市行政中心建设5000平方米新的档案馆;衡水市政府制发了《关于进一步加强县级档案馆建设的意见》,提出了5年内解决馆舍落后问题的"三步走"规划。2004年又有5个县档案馆迁入新居,17个县馆调整扩大了馆库面积。在抓好机构改革撤并单位和禽流感防治工作档案资料收集进馆的力度。一年来,各级档案馆全年共征集接收档案20万卷另10.8万件。同时,档案信息化建设取得新进展。各级档案馆新增微机172台,新录入文件级目录659万条,文件级目录累计达到2289万条;河北档案信息网站建设受到省政府办公厅的通报表扬;全省已有16个档案馆开通档案信息网站,27个馆开通局域网,33个馆联通政务网,32个馆连接互联网。

三、以依法行政为根本,档案事业宏观管理水平稳步提高

各级档案部门以《行政许可法》正式实施为契机,开展了大规模的普法活动,通过宣传、学习、培训、考试、竞赛等多种形式深入学习贯彻《行政许可法》。同时,各地对档案部门的行政许可项目进行了认真清理,

出台了相关制度,对档案行政审批工作进行了规范。各地依据《档案法》和《河北省档案工作条例》,进一步健全、完善地方档案法规建设。在健全相关法规的基础上,各地档案部门积极推进档案行政执法责任制,开展档案行政执法检查,全年开展行政执法检查638次,有效地促进了档案工作走上依法管理的轨道。在各级档案部门的指导下,机关团体事业单位档案工作稳步推进,年度立卷合格率省、市、县三级分别为97%、96%和93%;又有7个档案馆、462个机关团体事业单位升级,跨入省级先进行列。

四、以科教兴档为方向,档案科教、宣传和干部队伍建设协调发展

全省的档案科研管理工作逐步走上正轨,科研工作取得新的突破。先后出台了《河北省档案科学技术研究项目管理办法》、《河北省档案科学技术研究成果管理办法》、《河北省档案科研优秀成果奖励办法》等规范性文件,有5个项目在国家档案局立项。在加强各项业务工作同时,各地采取有力措施,充分利用各种宣传媒介广泛宣传推介档案工作,全省档案信息宣传工作继续在全国保持先进水平。按照建立学习型机关,做"四型"干部的要求,各级档案部门开展了一系列的思想政治教育和形式多样、内容丰富的学习培训活动,取得了明显的效果。省档案局成功举办了历史上规模最大的全省三级档案局馆长培训班;全省各级档案部门举办各类培训班300多期,培训1.9万人次。干部队伍素质明显提高,机关作风进一步改进,有效地促进了各项工作的开展。一年来,有48个档案局馆被评为实绩突出单位,79个档案局馆被评为文明单位,其中唐山市档案局被评为省级文明单位。 (李静)

山西省

2004年,山西省各级档案部门以邓小平理论和"三个代表"重要思想为指导,坚持科学发展观,与时俱进,各方面工作都取得了新成绩。

一、紧紧抓住制约全局的难点问题并促成其解决,为档案事业的发展创造了条件

进一步健全和完善了档案工作管理体制。2004年9月,省编办、省人事厅分别行文,将山西省档案馆(挂档案局牌子)的名称调整为山西省档案局(挂档案馆牌子),批准省档案局(馆)全员依照公务员管理,为下一步健全和完善市县档案工作管理体制创造了条件。

落实了档案管理人员岗位津贴。2004年11月,省人事厅、省财政厅联合发出《关于档案管理人员发放岗位津贴的通知》,对各级政府所属档案局(馆)中长期接触有毒有害物质的档案资料管理人员,发放岗位津贴,标准为每人每天6元,该项补贴从发文之日起执行。

加大档案馆库建设投资力度。通过各方面的努力工作,2004年12月7日和9日,分别经省政府协调会议研究和省政府常务会议决定,从2005年开始,把档案事业的发展列入国民经济和社会发展计划,省发改委每年拨款500万元,用于省档案馆的功能建设和现代化设施的配备,要求市、县每年分别拿出100万元和10万元支持同级档案馆建设。省、市、县分别以每年每卷2元、1.5元和1元的标准,设立档案保护专项经费,列入当地财政预算。力争通过3~5年的努力,改变全省档案馆库建设的落后局面。以上政策的出台,为山西档案工作上台阶、上水平,提供了重要保障。

二、进一步理清发展思路,促使档案业务工作全面协调发展

1. 档案服务水平有了新提高。

一是积极配合依法行政和政务公开,把已公开现行文件提供利用工作继续推向深入。各级档案部门从社会和群众实际需求出发,通过多种形式,提供热情周到的服务。同时,积极争取当地党委、政府的支持,加大对已公开现行文件的收集力度,促进已公开现行文件利用工作的顺利开展。截至2004年12月底,全省已有包括省馆在内的67个档案馆建立了现行文件阅览利用中心。

二是适应经济建设和经济体制改革不断推进的新形势,努力做好经济领域的档案服务工作。在继续抓好国有企业档案管理工作的同时,积极探索服务非公有制经济组织的档案工作机制。继续加强了对重点建设项目档案管理工作的监督与指导,确保了重点建设项目档案资料的齐全完整。围绕社会信用体系建设,指导、帮助有关部门和单位建立企业和个人信用档案。

三是围绕"三农"工作,大力开展农业农村档案工作。指导、帮助乡镇、行政村建立档案工作,收集基层组织建设、土地承包、宅基地管理、财务会计、税费改革、农业科技等各种档案,在村务公开、调解纠纷、基层政权建设和为农民提供致富信息等方面发挥了应有的作用。

四是紧紧围绕全面建设小康社会的奋斗目标,积极主动开展社区档案工作。省档案局制定下发了《山西省社区档案管理办法》,并将社区建档列入全省档案工作目标管理考核之中。各级档案部门通过召开现场会、举办培训班等形式,全面推进了这项工作的开展。

五是对一些社会公共突发事件的参与、服务能力增强。2004年上半年禽流感疫情发生后,省档案局及时与有关部门联合下发了通知,各级档案部门积极行

动，使防治禽流感工作文件材料及时收集归档。还通过汇编、整理专题档案资料等方式，主动为各级领导和有关部门决策提供了有效服务。

六是发挥档案信息资源优势，积极为社会主义精神文明建设服务。各级档案部门围绕邓小平同志诞辰100周年，发挥馆藏优势，开展了各种纪念活动。省档案馆参与举办了"邓小平与山西"大型展览，主办了"邓小平与太行山抗日斗争"图文展，举办了"邓小平革命生涯"专题讲座，对青少年进行革命理想教育。配合中央档案馆、八一电影制片厂、省史志研究院、山西电视台等单位，制作了邓小平诞辰100周年、建国55周年、李大钊诞辰110周年、山西党组织建立80周年等重大纪念活动影视专题片。档案馆爱国主义教育基地在社会主义精神文明建设，特别是在加强和改进未成年人思想道德建设工作中发挥了应有的作用。2004年，又有霍州市档案馆、黎城县档案馆、太谷县档案馆等成为爱国主义教育基地。

2. 档案法制建设有了新成绩。

学习、宣传档案法律法规形式多样，广泛深入。全省各级档案部门充分利用各种有利时机，借助传媒，造势宣传。使社会档案意识普遍得到增强，扩大了档案工作的社会影响。同时，各级各部门领导在这种潜移默化的宣传中理解和认识到档案工作的重要性，为档案事业的发展营造了良好的氛围。

档案法规体系不断完善。依据《中华人民共和国行政许可法》和行政审批制度改革的有关规定，对全省档案行政审批项目进行了全面清理。按照《山西省档案管理条例》的授权和档案事业发展的需要，加快了档案法规体系建设，《山西省重大活动档案管理办法》等一批规范性文件的制定已基本成熟。

层层开展档案执法检查。不少市、县档案局(馆)通过执法检查，解决了一些长期未能解决的问题。

3. 档案业务建设有了新进展。

2004年省政府在河津市召开创建县级示范档案馆现场会，及时交流、总结了河津、霍州等地创建县级示范档案馆的经验和做法。各地在加强档案馆基础业务建设的同时，也普遍加强了档案馆舍建设规划，新建、改建、扩建了一部分档案馆舍。

各级档案行政管理部门业务监督指导职能较好地得到发挥，机关、团体、企业事业单位档案目标管理工作进展顺利。各级档案局采取目标管理、典型示范、现场观摩、经验交流、开展协作组活动等方式，推动了档案工作的规范化管理。

4. 档案科教、宣传工作有了新成绩。

各级档案部门普遍开展了持证上岗培训，档案人员继续教育工作取得新进展。档案人员的知识结构不断改善，素质不断提高。科技气氛日益浓厚，学术水平进一步提升。2004年，省档案局共有三项成果荣获山西省第四次社会科学成果奖。

档案学会工作不断深入，活动形式丰富多样，充分发挥了学会组织的桥梁和纽带作用。

档案宣传工作更加活跃。《山西档案》杂志在全国档案期刊中形成了具有特色的品牌优势。《中国档案报》山西记者站、《中国档案》杂志山西通联组认真履行职责，多次受到表彰。

5. 各级档案部门的自身建设有了新加强。

全省各级档案部门紧密结合实际，认真学习了科学发展观，学习了党的十六届四中全会和省委八届六次全会精神，学习了《中共中央关于加强党的执政能力建设的决定》和《中共山西省委贯彻落实〈中共中央关于加强党的执政能力建设的决定〉的实施意见》，按照中央和省委要求，认真开展了以"清房、清车、制止奢侈浪费"为重点的"三项治理"工作，认真深入地开展了党风廉政建设和反腐败工作。深入开展扶贫工作，竭诚为农民群众办实事、办好事。各级档案部门以创建文明单位为契机，大力加强精神文明建设。

（孔跃宏）

内蒙古自治区

2004年，自治区档案事业稳步发展，各级档案部门基础业务建设更加扎实，档案信息开发利用工作持续发展，档案法制建设和档案宣传工作不断深入，档案资源建设与基础业务工作成绩显著，档案科技教育工作有较大的突破，档案工作的对外交流与合作进一步扩大，各方面工作取得可喜的成绩，开创了自治区档案事业的新局面。

一、档案督查、法制宣传全面加强

内蒙古自治区档案局把厅发[2003]15号文件的落实作为近几年档案工作的一件大事，在2003年会同自治区"两办"进行督查的基础上，2004年初即对督查工作进行了部署，12个盟市分别会同当地人大、党委、政府法制部门进行执法检查，检查的面更广，内容更具体，有重点地解决存在的突出问题，执法质量、效果明显提高。

2004年11月，由自治区人大教科文卫委与档案局联合组成的执法调研组，分东、中、西三个组，对12盟市、两个单列市、24旗县区贯彻落实《档案法》、《自治区档案条例》和厅发15号文件情况进行调研和督查，特别是督查贯彻落实15号文件不彻底、不到位的地区。这次调研辐射面广，力度大，解决问题最实际。据不完全统计，全区有12个盟市70多个旗县(区)已落实档案人员岗位津贴，有10个盟市40多个旗县(区)不同程度地落实了档案保护费。全区盟市旗县档案馆库新建、改建、调整档案馆12个，在建档案馆10个，还有48个档案馆列入了当地政府建设规划之中。

《内蒙古自治区苏木、乡镇档案管理办法》经自治区人民政府常务会议通过，正式发布施行。加大档案违法案件的查处，自治区档案局对包头市石拐一煤矿档案被盗和呼和浩特市赛罕区工商分局丢失房改档案的档案违法案件，责成有关单位进行了调查和处理。

在《内蒙古自治区档案条例》颁布五周年之际，全区各级档案部门利用报纸、广播、电视等新闻媒体，开展大张旗鼓的宣传活动。自治区档案局在全区范围内举办了档案法律、法规及档案业务知识竞赛，收回答卷7600多份，评出6个集体组织奖，5名一等奖，10名二等奖，20名三等奖，100名优秀奖。

二、档案资源建设与基础业务工作更加扎实

自治区档案馆还把档案征集工作向国外延伸，派员赴蒙古国征集档案，开了自治区到国外征集档案的先河。征集到的档案包括内蒙古大盛魁商号等企业档案；蒙古人民共和国党务学校中内蒙古学员名册；著名国民党将领冯玉祥将军的档案；清政府在蒙古设置驻蒙古大臣奏折以及内蒙古自治区成立10周年的电影纪录片等共828件。为了进一步促进名人档案征集工作，组建了内蒙古档案学会北京名人档案分会；对列人名人档案建档范围的29位人士的情况进行了了解，走访了杨鲁安、龙梅、玉荣等知名人士。

成功召开了乌兰夫研究会第二次代表大会，陈光林、张国民、尤仁、连辑等自治区领导出席会议，会议总结了研究会成立以来的工作，明确了今后工作的方向，通过了研究会新一届领导班子，并对会章进行了修改。会后，《乌兰夫研究专刊》复刊。

全区各级档案馆开展专项接收工作。为齐全、完整地征集牛玉儒档案资料，内蒙古党委办公厅及呼市市委办公厅、政府办公厅下发了《关于征集牛玉儒同志档案资料的通知》。针对重大活动、名人档案，企业破产、转制档案征集接收工作，自治区档案馆配合自治区三大流通集团转制、破产工作，整理、接收三大流通集团所属71家企业的8.8万卷档案，确保了三大流通集体转制、破产企业档案的完整与安全。呼和浩特市档案局还举办了接收刘振雄藏品捐赠仪式暨藏品展览活动。为抢救土左旗历史档案，呼和浩特市委王振义副书记亲赴土左旗档案馆，主持召开了书记办公会议，市财政增拨100万元，用于土左旗档案的抢救工作。包头市档案馆首次开展有偿寄存档案工作，制定了《包头市档案馆档案寄存管理办法》，已为市公安局、人寿保险公司、一家私营企业寄存档案22500卷。通辽市档案局举办了全市首次档案捐赠仪式，有31位在职和离职领导及知名人士捐赠了档案。鄂尔多斯市档案馆征集名人、名产、名胜等特色及重大活动档案3万多件，照片1.5万余张。针对高致病性禽流感疫情，各地档案部门主动与禽流感办公室联合，提前介入禽流感档案的整理、收集工作。

三、档案服务工作不断完善

继续加强现行文件服务中心建设，为依法行政、政务公开、保障人民群众的知情权服务。在自治区检察院召开自治区直属机关现行文件中心座谈会。自治区检察院建立现行文件中心，是自治区机关单位首家建立的。全省12个盟市均已建成了现行文件服务中心，加强了现行文件资料收集工作。

机关及经济科技档案工作持续发展。全区有15家企业、科技事业单位档案管理晋升国家二级，7个单位达到利用服务优秀级，两个档案馆达到目标管理一级以上等级。为保证重点建设项目档案工作与建设项目同步发展，对大唐托克托发电公司三期扩建工程、准格尔能源公司矸石发电厂，乌海海吉氯碱化股份有限公司及呼集高速公路项目档案工作进行了监督指导。对长庆气田至呼和浩特天然气输气管道工程竣工档案验收。与呼市档案局共同对呼市地区部分民营企业档案管理情况进行调研。

加大社区档案工作力度，在社区档案工作开展比较好的通辽市召开社区档案工作现场会。全区城市社区2205个，已建档1530个，建档率69.83%，社区保管档案数量近44万卷(件)，社区共有专兼职档案人员1681人。

强化农牧业和农村、牧区档案工作。在鄂尔多斯市巴拉贡镇召开了全区农牧业、农村牧区档案工作现场会，交流了全区档案部门为“三农”服务的经验，部署了今后农牧业和农村牧区档案工作的任务。全区1233个苏木、乡镇，全部建立了综合档案室或联合档案室，嘎查、村建档案率达90%。

深化了信用档案工作。全区已有500多家企业、中介机构、市场管理部门建立信用档案。经主动争取，自治区人民政府确立了自治区档案局采集信用信息、自治区经济信息中心处理信用信息、自治区信用体系建设领导小组发布信用信息的征集系统。完成了《省级信用档案建立模式研究》、《WTO环境下内蒙古信用档案建设研究》。自治区档案研究所承建的“内蒙古信用档案信息网”开始试运行，已录入各类信用信息200余万字，涉及190个行政、事业和企业单位。

四、档案科教工作顺利推进

为推动全区档案信息工作的发展，召开了全区档案信息化建设座谈会。进一步完善内蒙古档案信息网建设，增加网页内容。全区已有10个盟市、旗县档案馆建立了档案信息网站。下发了《内蒙古自治区档案信息化建设实施方案》，加强了对盟市、旗县档案馆进行数字化建设的指导。对53家党政机关、企业、科技事业单位电子文件归档工作进行调研。

注重档案科技工作。下发了《内蒙古自治区档案科技项目选题指南》；《中德电子文件比较研究》被国家档案局立项；《蒙古文主题词表》、《中国北方地区档案防尘研究》两项科研项目基本完成，进入鉴定评审阶段。根据自治区档案局《关于对优秀档案科研成果进行奖励的通知》及《内蒙古自治区档案优秀科技成果奖励办法》，开展了全区档案优秀科技成果评奖活动，评出二等奖1个，三等奖4个，优秀奖两个，一等奖空缺。"归档文件编号机"推广销售工作势头良好。

档案教育工作有较大突破。自学考试档案专业本、专科段的助学辅导及助学管理稳步进行，目前本科段在籍考生近300人，专科段在籍考生350余人。全区有1600余人参加了首次档案人员基础知识与基本技能考试；继续教育培训500余人；岗位培训800余人。分期分批对各盟市、旗县档案局馆的主要负责人进行轮训，首期培训了100多人。同时，举办了社区档案管理培训班、企业档案管理培训班、重点工程项目档案管理培训班、电子政务及文档一体化管理培训班、交通系统档案业务培训班，培训学员330余人次。

五、宣传出版以及对外合作与交流进一步扩大

在内蒙古电视台、内蒙古人民广播电台、《中国档案》、《中国档案报》、《内蒙古日报》等专业、综合报刊、新闻媒体上刊登档案宣传文章101篇；自治区档案局在《内蒙古日报》上开办"档案与文化大区建设"专栏。与中央电视台等单位联合制作反映自治区老一辈革命家革命事迹的15集电视系列专题片《一代英豪》。

加强与蒙古国国家档案局之间的业务合作与交流，根据双方签订的合作协议，自治区档案局派人赴蒙古国征集了珍贵历史档案，这是自治区档案馆与蒙古国在档案征集上的首次成功合作；自治区档案馆与中国第一历史档案馆、内蒙古大学蒙古学研究中心合作编辑的《清初内廷珍藏蒙古文档案汇编》(三、四辑)；与陕西政务通文化科技有限公司签订了合作出版《地方政府文件汇编(数据库)》光盘的合同；与中国第一历史档案馆合作出版《清代绥远奏议》也已达成初步意向。参加了华北地区第三届档案学会档案学术讨论会，报送论文30篇。加强与全国各地档案部门的联系，接待了北京、山西、宁夏等省市区档案界同行。

(杨小蕾)

辽宁省

2004年是全面振兴东北老工业基地的开局之年。在省委、省政府领导和省直有关部门的支持下，在国家档案局的指导下，省档案局(馆)紧紧围绕年初全省档案工作会议确立的"为老工业基地振兴服务年"和"档案基础建设年"的总体要求，认真落实科学发展观，圆满完成了全年各项工作任务。

一、围绕中心、突出服务

截止年底，全省各级国家综合档案馆向社会开放档案195.2万卷，开放档案目录513.3万条。全省各类档案馆共接待利用者19.1万人次，提供利用档案资料54.2万卷(册、件)次。其中接待台港澳和外国档案利用者44人次。全省县以上机关、团体、县团级以上事业单位和大中型企业档案室共接待利用者128.9万人次，提供利用档案资料316.4万卷(册、件)次，取得了明显的社会效益和经济效益。在国家批准的振兴东北老工业基地国债项目和高新技术产业项目启动后，全省各级档案部门主动服务，提前介入，确保档案的有效管理与项目建设同步进行。全省为老工业基地振兴服务工作具有以下六个特点：

一是紧贴中心及时服务。在党中央提出实施振兴东北地区老工业基地战略后，辽宁省档案局及时召开了全省档案馆工作现场会，部署档案部门为老工业基地振兴的服务措施。各级档案部门利用自身资源优势普遍开展了"为老工业基地振兴服务年"活动。

二是结合实际主动服务。各级档案部门提供的服务具有地方和部门特点。辽宁省档案馆为省委、省政府提供《辽宁地区工业发展综述》等档案汇编材料。本溪市档案局围绕国家对采煤沉陷区治理改造提供了大量的档案服务。阜新市档案局配合开展了档案工作为资源枯竭型城市经济转型服务工作。

三是立足社会延伸服务。营口等市档案局引导和鼓励民营企业贯彻执行《企业档案管理规定》，加大档案指导和服务力度。铁岭、朝阳、葫芦岛等市农业人口比例大，乡(镇)村建档有一定困难，档案部门深入基层，使乡(镇)村建档从过去的文书、财会档案扩展到农业科技、小城镇建设、土地承包及流转、税费改革等普遍归档。全省社区建档率已达到90%，在为城市下岗职工建立社会保障档案，保证养老金续接和最低保障生活费的发放工作中取得实效。

四是面向百姓公开服务。截止年底全省各级综合档案馆成立已公开现行文件利用中心46个，占总数近一半，架起了党、政府与人民群众密切联系的桥梁。辽宁省档案馆现行文件服务部开展已公开现行文件的提

供利用服务被评为省直机关2004年度第四季度12件最佳实事之一。营口市经济开发区芦屯镇在地方档案部门的帮助下建立了全省第一个乡镇的已经公开现行文件中心和网络信息中心，全镇18个村和1个街道配备微机，使全镇群众能就近查看“红头文件”。

五是编出精品对外服务。全省各类档案馆、室公开出版档案编研资料229种、2321万字，编写内部参考资料2156种、6949万字，陆续出版了一批档案史料精品。如辽宁省档案局(馆)编辑出版了《记忆的辽宁》大型画册，还有鞍山市档案馆的《世纪名人》，本溪市档案馆的《山区中草药名录》，朝阳县档案馆的《百年灾害录》等均获得社会各界好评。

六是利用馆藏展出服务。各级综合档案馆共建成68个爱国主义教育基地。各地档案部门陆续举办了以爱国主义教育为主题的一大批展览。辽宁省档案馆举办了馆藏档案珍藏展，与省委宣传部合作联合举办了中国共产党在东北地区革命斗争历史档案特展、邓小平来辽宁图片展。

二、依法行政、依法治档

各级档案行政管理部门坚持依法行政，规范执法行为，普遍开展对立档单位的执法检查。全省检查立档单位占总数三分之一以上，处罚违法案件两例，发出限期整改通知60余份。全省顺利通过国家档案局执法检查组检查考核。辽宁省档案局修订并印发了《辽宁省档案局档案行政执法责任制五项制度》，印发了《辽宁省档案行政执法常用文书》，对14个市和8个县(区)档案局、25个省直单位、13个市直机关、18个企事业单位和1个重点工程项目进行执法检查。各级档案行政管理部门为适应形势发展需要，本着宏观管理、科学适用的原则，出台了一批新的规范性文件，如国债项目档案、知识产权档案、信用档案、小城镇建设档案、村务公开档案等的管理办法。辽宁省档案局与省直有关部门联合印发了《辽宁省企业职工档案管理暂行规定》、《关于做好全省粮食、良种补贴工作文件材料归档的通知》和《关于贯彻落实〈法律援助条例〉切实解决困难群众打官司难问题的意见》等。

为配合7月1日《中华人民共和国行政许可法》的正式实施，各级档案行政管理部门积极组织行政许可事项和规范性文件的清理工作。上半年，辽宁省档案局配合省政府法制部门完成了《辽宁省档案条例》修改建议工作。经辽宁省人大审议，7月1日《辽宁省档案条例》重新修订并公布实施。辽宁省档案局根据省政府审查结果废止行政许可2项、保留3项，根据国家档案局的规定公布取消33项行政审批项目，保留按照现行法律、行政法规设定并继续实施的行政审批项目3项，保留经国务院同意暂予保留的行政审批项目6项。辽宁省人大教科文卫委员会专门听取了省档案局关于档案为振兴辽宁老工业基地服务和档案信息化建设方面的专题汇报。

三、以人为本、科教兴档

各级档案局(馆)以落实岗位责任制、竞争上岗、述职述廉等方式深化干部人事制度改革，初步形成了良好的竞争机制、激励机制和用人机制。辽宁省档案局(馆)和占总数三分之二的市、县档案局(馆)还获得了本级或上级有关单位授予的“文明单位”称号。在全省档案工作目标考核中，沈阳、大连、鞍山、本溪、锦州、营口、阜新七市档案局被评为优秀单位。

全省有51项科研成果获辽宁省档案局优秀档案科技成果奖，其中特等奖3项，一等奖14项，二等奖16项，三等奖18项。辽宁省档案学会征集并评审优秀论文250余篇，全员在国家和省级档案刊物上发表论文150余篇。《中国档案报》辽宁记者站重新注册登记，并荣获优秀记者站、优秀站长、优秀记者、优秀重大题材报道、优秀基层报道员等奖项。《中国档案》杂志辽宁通联组继续被评为先进站组。《兰台世界》杂志再次被评为全国中文(档案学类)核心期刊。全省档案专业教育除完成大学本、专科全日制教育外，还完成了中国人民大学档案专业研究生的函授教育任务，累计有45人结业，有9人获得硕士学位。全省有600余人参加“政务信息与档案管理”本科函授班学习。

四、求真务实、夯实基础

全省档案馆(室)库条件明显改善。辽宁省档案局(馆)完成办公楼维修。抚顺、丹东、锦州、辽阳、铁岭、朝阳、葫芦岛、盘锦等市新建、扩建和改建了馆库。

全省档案馆(室)藏不断丰富。各级档案馆广泛开展向社会征集档案活动，接收了名人、婚姻、财会、诉讼、公证、新一轮土地承包、地方名牌产品等专业和地方特色档案进馆。各类档案馆接收档案58.1万卷，录音、录像和影片档案0.5万盘，照片档案7.4万张、底图0.4万张、电子档案784盘(张)，征集、接受捐献和寄存档案60.2万件，抢救破损档案4301卷。各级综合档案馆对辽镁公司、沈阳冶炼厂、本溪矿务局、杨家杖子矿务局、北票矿务局等大型国有破产企业档案整体接收完毕并开始进行整理和编目。

档案信息化建设步伐加快。辽宁省档案馆信息化建设方案已上报省政府并已列入计划。各级档案部门网站建设有了显著进展，辽宁省档案局(馆)已经与鞍山、抚顺、本溪、丹东、锦州、营口、阜新、铁岭、葫芦岛等10个市档案局(馆)分别在互联网、省党政内网上建立了网站或网页并相互链接，能够开展业务交流、对外服务和宣传工作等。

(姜义)

吉林省

2004年,吉林省档案局(馆)紧紧围绕各级党委、政府的中心工作,解放思想,开拓创新,扎实工作,切实履行了档案事业行政管理和档案保管利用两项职能,较好地完成了2004年度的工作任务,在为振兴吉林老工业基地服务中取得了新的成绩。

一、把握为老工业基地建设服务的机遇,开创档案服务工作新局面

2004年,省档案局组织召开了以振兴吉林老工业基地为主题的全省企业档案工作会议,统一认识,理清思路,部署了下一步的工作。省档案局与省劳动和社会保障厅联合下发了《企业职工档案管理暂行办法》,进一步规范和加强了企业职工档案的管理。为探索非公经济组织档案工作机制、管理方法和途径,省档案局经过调研,制定了《吉林省民营企业档案管理细则》(征求意见稿)。四平市档案局与市民营经济发展局联合下发了《四平市民营企业档案管理考评认定办法》。通化市档案局与市民营经济管理局联合下发了《通化市民营经济企业档案工作规范化标准》,对全市档案工作达标企业进行了通报表彰。继续巩固和完善了企业专题档案信息数据库工作,数据采集数量增加、质量提高,在国家档案局专题会议上介绍了经验。重点建设项目档案工作进一步加强。省档案局对营城子高速公路至西丰一级公路、营城子至伊通河大桥段工程档案资料进行了指导和验收。白山市档案局协调有关部门对浑江发电公司第5期工程等18个重点工程项目超前介入,主动服务,强化指导,保证了项目档案与项目验收同步。

农业农村档案工作为推进农村改革、发展、稳定和农民致富奔小康服务。在深入调研的基础上,省档案局与省林业厅联合下发了《吉林省退耕还林工程档案管理暂行办法》,对退耕还林档案工作的各环节提出了严格要求。为进一步加大档案工作为"三农"服务的力度,省档案局与省农委等7部门联合制发了《农业农村档案工作"一网三站"建设实施方案》,与省农委联合制发了《关于加强农业产业化省级重点龙头企业档案工作的通知》。

已公开现行文件利用工作取得突破性进展。各级档案部门积极配合政务公开、依法行政,推动已公开现行文件利用工作领域不断扩大,内容不断充实,服务水平不断提高。王刚同志对已公开现行文件利用工作作出重要批示和全国已公开现行文件利用工作座谈会后,省档案局立即下发了学习贯彻的通知,并向省委、省政府报告了全省开展已公开现行文件利用工作的情况,提出了进一步推动此项工作的意见。省委、省政府以省委办公厅、省政府办公厅名义联合发文,对全省开展已公开现行文件利用工作进行部署,提出了要求。2004年11月18日,省档案局(馆)以"省政府现行文件查阅室"的名义正式进入省政务大厅,前来查阅现行文件的一天多达50余人次,在社会上引起较大反响。

社区档案工作又有新进展。省档案局与省民政厅共同制定了《吉林省城市居民最低生活保障档案管理暂行办法》,使城镇低保档案的规范化管理有章可循。吉林、四平市档案局分别与市民政局联合下发了《吉林市社区档案管理办法》,《四平市城市社区档案管理考评认定办法》,通化市档案局制定了《通化市社区档案工作规范化标准》。长春、白城、辽源等市积极培育典型,通过召开现场会、举办街道办事处和社区档案人员培训班等形式,提高了社区档案人员的素质,推动了社区档案工作的开展。延边州在社区内普遍建立了健康档案、低保档案、外来人口档案等,全州社区建档率达到100%,使档案工作更加贴近人民群众、贴近社会生活。

二、适应全面建设小康社会的新要求,扎实推进档案基础业务建设

全省各级档案部门继续加强档案馆"四个基地"工程建设,各项工作协调发展。省档案局下发了《全省各级综合档案馆"四个基地"建设考核办法》,召开了全省各级综合档案馆"四个基地"建设现场经验交流会。四平、公主岭市加强教育基地建设,以展览为依托,分别建成了爱国主义教育基地,引起领导重视和社会较大反响。根据国家档案局、中央档案馆关于加强中朝关系档案管理的意见和省委、省政府的要求,省档案局将1994年以前保存在延边、通化、松原、白城、吉林等市州及相关市(县、区)档案馆涉及中朝关系的档案7898卷,集中到省档案馆,统一保存利用。辽源、松原两市加大收集力度,以市委、市政府办公室名义下发《关于全市重大活动、重大事件及重点项目档案资料移交市档案馆统一保存的通知》、《关于加强全市重要政务、重大活动(事项)档案资料采集管理工作的通知》。

档案鉴定工作稳步开展。省档案馆开展了馆藏民国档案和馆藏伪满劳工档案的鉴定工作,分别形成了开放和不开放的目录。省档案馆档案保护技术不断提高,开展了档案超低温杀虫工作,效果很好。

档案资源开发工作成果显著。省档案馆充分挖掘馆藏资料,多方合作,完成了《东北边疆历史档案史料选编·吉林卷》、《建国以来吉林省档案工作编年纪事》等书稿的编辑工作。拍摄了《东珠的故事》、《历史的证言——关东宪兵队档案揭秘》等电视片。省档案馆与香港零至壹出版有限公司合作编辑出版的《中国档案

精粹——吉林卷》举行了首发式，中共吉林省委副书记林炎志出席并发表了讲话。通化市档案馆编辑出版了《通化服务指南》。白山市出版了《白山名人档案》和《白山建设20年》，收到了较好的社会效益。

档案馆基础设施进一步改善。在省委、省政府的支持下，省财政厅拨款120万元，公开招标建成了省档案馆库房消防安全气体灭火系统。延边州投入50余万元对档案馆舍进行了全面整修，购置了一批现代化办公设备，并配备了档案工作用车。四平市档案馆安装了自动报警和防盗系统。白山市投入15万元对档案局办公楼和库房进行了修整，为各个处室添置计算机。辽源市档案馆扩大了库房面积，增设了报警设备。白城市通榆县新建档案馆已投入使用。松原市扶余县档案馆新馆已开工建设。

机关档案工作走向规范化管理。机关档案以开展机关考评目标活动为动力，积极稳妥地推进机关档案工作的制度化、规范化建设。在全省机关档案工作中继续开展档案工作目标管理考评和标兵单位的评选工作。

档案安全保管工作得到加强。一批珍贵档案的抢救工作正在有条不紊地进行。各级档案部门都把档案的安全保管放在首位，定期对档案保管状况进行检查，及时发现安全隐患，采取措施堵塞危及档案安全的漏洞。

三、着眼于档案工作可持续发展，档案现代化、科教管理工作步伐加快

全省各级档案部门认真贯彻落实《全国档案信息化建设实施纲要》，信息化建设取得了积极进展。吉林省档案局(馆)机关办公局域网进行了管理软件的升级，新改版的吉林档案信息网于2004年5月25日正式开通，网上开放档案目录达6万余条。延边州档案馆完成了涉外婚姻档案、工人调配档案、现行文件等3个专题20余万条目录的数据库建设工作。吉林市建立了重要、易损全文档案数据库，完成馆藏目录35万余条。松原市档案局(馆)展示性网站已经建成，正着手与各地区档案网站及政府信息网站链接。

加强了电子文件的管理。省档案局认真贯彻落实国家档案局《电子公文归档管理暂行办法》，在调研的基础上，形成了《电子政务建设中机关电子文件归档管理暂行办法》。

强化了档案科研工作。《馆藏档案鉴定、筛选、数字化后利用网络技术实现法律效力的应用研究》、《农村劳动力档案信息资源管理和开放应用系统的研究》两个课题获得2004年国家档案局科研立项。其中《馆藏档案鉴定、筛选、数字化后利用网络技术实现法律效力的应用研究》已经通过国家档案局组织的专家鉴定。《社区档案管理研究》获得国家档案局优秀科技成果三等奖。《旗民分治与民人管理档案史料选编》课题，已向国家清史编纂委员会申报立项。组织开展了吉林省档案局优秀科技成果评奖活动，提高了全省档案科研水平。

省及各市州分别举办了档案业务岗位资格培训班，对在岗人员进行了较大规模的系统培训。白城市举办了档案管理系统软件操作培训班，辽源市举办了财务人员培训班。

四、依法行政，档案法制化建设得到加强

档案法制建设得到巩固和加强。加大了档案行政执法检查的力度，做到档案行政执法检查规范化、制度化。长春、吉林、延边、白城、四平、松原等市州组织了对本区域的全面执法检查。省档案局对两个地区和两个重点建设项目单位执法情况进行了抽查。通过检查进一步强化了档案行政管理职能，有力地促进了档案事业的发展。

为贯彻落实《中华人民共和国行政许可法》和省政府办公厅《关于清理行政许可项目工作方案和清理行政许可实施主体工作方案的通知》，省档案局成立了“双清”工作领导小组，积极与有关部门联系，明确了保留的和被清理的行政许可项目，并配合省人大教科文卫委员会对《吉林省档案条例》进行了修改。省档案局组织了省直机关档案干部、省档案局(馆)干部档案法律法规学习班和行政许可法讲座，提高了档案干部的法律意识和依法行政的水平。(杨俊卿　李秀娟)

黑龙江省

2004年，黑龙江省各级档案部门在省委、省政府的正确领导和国家档案局的精心指导下，以“服务与发展”为主题，紧紧围绕党和国家工作大局，求真务实，开拓进取，克服困难，扎实工作，积极为全面建设小康社会和振兴老工业基地提供档案服务，全省档案事业实现了新的发展。

一、积极贯彻落实两办《意见》，档案基础条件建设得到加强

省委办公厅、省政府办公厅《关于进一步加强新时期全省档案工作的意见》下发后，各级档案部门以高度的政治责任感和攻坚克难的精神，主动争取当地党委、政府的重视和支持，推动了各项工作的开展，解决了一些重点和难点问题，特别是多数地方在档案基础条件建设方面得到了加强，据不完全统计，全省县级档案馆库面积累计增加了6000多平方米。

二、已公开现行文件利用工作全面展开

全省133个综合档案馆全部建立了现行文件利用

中心，全年收集已公开现行文件149429件，接待查阅利用者7006人次，提供利用现行文件13881件。各级现行文件中心切实发挥了政务信息公开、为政府分忧、为群众解难、密切党和政府与人民群众联系的作用。

三、新兴领域档案工作加快拓展

全面开展了社区规范化建档工作，全省393个社区实现了规范化建档。开展了民营企业档案工作调研和试点工作，建立民营企业档案工作试点98个。省档案局出台了《非国有企业档案管理办法》，加强了对非国有企业档案工作的监督和指导。小城镇建设、信用体系建设、就业和社会保障、招商引资等方面的档案工作都取得了新的进展，共建立小城镇建设档案工作试点80个，信用档案工作试点85个。

四、档案依法行政的力度进一步加大

各级档案部门充分利用新闻媒体，通过举办展览、散发宣传品、举行报告会、座谈会、知识竞赛等形式，开展了丰富多彩的档案法制宣传教育活动，扩大了档案工作的社会影响，形成了良好的档案法制环境。在纪念《黑龙江省档案管理条例》颁布五周年之际，副省长张成义在《黑龙江日报》上发表了题为《全面推进档案工作依法行政和法制建设，为经济社会持续协调发展提供优质服务》的纪念文章。加大了档案行政执法检查和监督的力度，省档案局对省直所属42个单位的档案工作进行了执法检查，下达整改通知书13份，通报1份；市地县档案局共对6056个机关、企事业单位档案工作进行了执法检查，下达整改通知书568份，通报30份，行政处罚通知书15份。进一步实施全省档案系统行政执法责任制，省档案局下发了《2004年黑龙江省档案系统行政执法责任制通用和专用目标》，并就目标完成情况进行了全面检查，共检查了13个市地、24个县区、39个机关、27个企事业单位、12个乡镇、9个行政村和4个社区，计128个单位。

五、机关档案工作稳步发展

省档案局以文件整理归档为重点，对省(中)直机关及在哈大专院校开展了档案行政执法检查，评出优秀单位97个，合格49个，不合格5个。继续开展了机关档案工作目标管理考评，2004年全省机关档案工作目标管理晋级达标210个，其中省级标兵44个，省级优秀94个，省级达标72个。开展了省中直机关档案工作评先活动，评选先进集体34个，先进个人39名。

六、经济领域档案工作取得实效

各地积极推进农村劳动力建档，加强土地承包档案管理，探索"村档乡管、乡管村有、乡管村用"的管理模式，开展行政村标准化档案室建设，开发农业农村档案信息资源为解决"三农"问题服务。全省现有900万农村劳动力已全部建档，9145个行政村已建成标准化档案室2215个。按照省档案局下发的《关于破产国有企业档案处置的意见》的要求，加强了对国企改革中档案工作的监管，确保了企业产权制度改革中档案归属与流向的安全合理。围绕东北老工业基地振兴，开展了重点建设项目档案工作，加强了对全省装备制造、石油工业、医药工业等六大基地建设档案工作的业务指导，培育了一批企业档案工作的典型。积极开展了重点工程档案工作。

七、档案教育宣传工作效果显著

各级档案部门坚持开展档案教育培训，不断提高档案人员的业务素质，全省先后举办各类培训班25期，累计培训1740人。围绕邓小平同志诞辰100周年和中华人民共和国成立55周年，档案部门积极与有关部门配合，举行了丰富多彩的宣传纪念活动。省档案学会组织开展了档案工作为振兴老工业基地服务和档案馆建设两个小型学术研讨会，开展了2004年度优秀论文评选活动，共评选优秀论文168篇。

八、档案馆服务功能进一步完善

各级综合档案馆采取有力措施，加大了接收征集工作的力度，不断丰富馆藏，全省市县级档案馆共接收档案13.6万余卷，资料1万余册，照片4千多张，电子文件300盘。加强了爱国主义教育基地建设，全省新建爱国主义教育基地40个，累计达到82个，接待社会各界参观人数达2.1万余人次。加强了档案编研工作，省档案馆完成了《东北边疆历史档案选编·黑龙江卷》(30册)、《东北历史档案通览·黑龙江卷》、《满铁调查报告》(24册)的编纂任务，开展了黑龙江老工业基地档案史料专题研究工作，收集整理馆藏老照片，参加了中国档案报社举办的《老照片精品展》。完成了民国档案著录标引工作任务，省档案馆完成民国档案案卷级著录标引10.1万余卷，市县级档案馆共完成18万卷。

(臧晓敏)

上海市

2004年，上海档案工作继续保持良好的发展势头。以《上海市档案条例》修订出台为标志的档案依法行政工作取得新突破；以上海市档案馆外滩新馆开馆为契机的档案公共服务取得实质性进展；以政府公开信息、重大活动档案收集接收为重点的档案资源建设取得新成绩；以企业信用档案建设创建为突破的新领域建档工作取得新成果；以档案网站建设为亮点的档案信息化建设得到快速发展。

一、档案法制建设取得进展

上海市档案局配合上海市人大常委会完成对《上海市档案条例》的修改工作，制定《关于加强政府公开信息送交工作的意见》等规范性文件。市和区县档案局全面推进档案行政执法责任制，加强对重点单位、重大活动、重点建设项目档案工作的依法管理。市档案局先后对洋山深水港、F1世界锦标赛中国大奖赛、第七届全国大学生运动会、世界工程师大会、第六届上海国际艺术节等建档工作进行检查指导，对卢浦大桥、地铁二号线等一批重大工程竣工项目档案进行了验收。嘉定、金山等区县档案局加强对本地区重大活动、重点建设项目档案的登记、检查和验收。市和区县档案局组织开展了档案普法演讲比赛和华东地区档案法制知识网络竞赛等活动。

二、利用、接收工作富有成效

全年市和区县综合档案馆共接待利用者78005人次，提供利用档案210817卷次。上海市档案馆外滩新馆4月23日开馆，通过提供查阅档案文件和政府公开信息、举办展览、开设讲座、推出学生教育系列活动等形式，拓展档案馆公共服务功能，至2004年底，已接待12万人次来馆参观和活动。市和区县档案馆自5月1日起全部开设了政府公开信息查阅服务，中央新闻单位依法行政采访团、中美政府信息公开研讨会代表对市政府指定档案馆为政府公开信息集中查阅场所及档案馆的工作给予肯定。市和区县档案馆编撰了《城市记忆》、《杨浦近代工业企业资料目录》、《浦东营制业风韵》、《嘉定改革开放25年要揽》、《崇明大事记》等数十种史料。上海市档案馆与有关部门合作续拍电视系列片《追忆——档案里的故事》50集。

全年市和区县综合档案馆共接收档案580334卷，向社会征集档案资料5578件。上海市档案馆接收档案资料164506卷、照片3663幅，32家市级机关1978～1990年形成的档案接收进馆，亚太经社会第60届年会、全球扶贫大会、上海国际少年儿童文化艺术节等8项重要会议、重大活动形成的档案1103卷、照片1314幅入藏市档案馆。市和区县档案馆收集政府公开信息约2万件。18家区县档案馆向市档案馆送交专题档案数据456.5万条。

三、档案服务工作进一步强化

市和区县档案局推进企业信用档案管理，58家国有控股(集团)公司及其下属577家单位向市档案馆送交信用档案数据。市档案局加强对全市大型养猪场、蔬菜园艺场等建档工作指导，健全上海档案农业信息系统。各区县继续加强社区建档工作，全市91%的居委会达到档案管理区级合格标准。松江、南汇、崇明等区县开展农村土地流转建档试点工作。普陀、黄浦、卢湾等11个区档案局以组织培训、开展试点、升级达标等形式，推进民营企业档案工作。

上海档案信息网至2004年底，点击率突破100万，成为国内档案专业网站中点击率首家突破百万的的信息网。15个区县档案局(馆)和部分专业档案馆、大学档案馆建立了网站。以上海档案信息网为主干，以区县档案信息网站为基础的上海档案信息网站群基本形成。全市档案目录中心建设进一步推进，闸北、静安、杨浦等区级档案目录中心已与市档案目录中心联网。至2004年底，市档案目录中心数据库共有全文信息490万页，检索基本数据298.6万条，专题数据4.5万条。区县档案目录中心数据总量达592万条。

四、档案科教工作取得新成效

全年共有12个项目获市档案科研成果奖，其中6个项目获国家档案局优秀科技成果奖。上海市档案局与有关单位联合举办2004年上海国际档案信息化暨现代办公技术设备展览会。全年共有档案专业大学本科生61名、大专生38名、中专生62名毕业。档案专业自学考试毕业人数达255名，其中本科生34名，大专生221名。全年共有1238人参加档案专业岗位培训，2215人接受档案专业继续教育，1029人参加各种档案专题培训班。上海市档案局与上海大学合作举办首届档案专业研究生课程进修班。

五、档案对外交流取得新进展

由上海市档案局、上海市档案馆等主办或承办的《母亲河——黄浦江的昨天、今天和明天》、《上海风情》图片展分别在美国旧金山、洛杉矶和加拿大多伦多、法国马赛、埃及亚历山大、阿联酋迪拜、日本大阪等地展出。上海市档案局、上海市档案馆全年接待来访的外国档案代表团12批。 (郭红解)

江　苏　省

2004年，全省各级档案部门认真树立和落实科学发展观，大力创新档案工作服务机制，档案事业主体建设和各个领域的档案工作取得了新进展。

一、档案工作服务"两个率先"

全省各级档案部门大力创新服务机制，全方位服务中心工作。各地根据市情、县情建立实体的或网上的现行文件中心，已公开现行文件利用工作普及面扩大。部分市、县的现行文件中心已纳入政府信息公开工作体系，明确为政府发布政务信息的重要窗口。认真实施《江苏省社区档案管理暂行办法》，将档案工作纳入社区规范化建设标准，服务社区人员再就业和劳动保障、养老保险、医疗服务、优抚解困等工作。各地深入研究市场经济条件下信用档案形成的规律、特点和管理办法，主动参与信用服务体系建设。根据建立和完善社会保障体系的需要，制发《江苏省机关和事业单位养老保险业务档案管理暂行办法》。认真抓好调整和完善所有制结构、产权制度改革中的档案工作，南京、无锡、徐州、常州、苏州、泰州等市档案部门对原市属企业改制、重组、破产、兼并中档案资料的处置情况进行调查，会同有关部门制定了改制企事业单位档案管理办法。积极开展非公有制经济组织档案工作，探索建立科学规范的管理机制，民营企业档案工作在各级档案部门的大力推动下发展势头良好。重点建设项目档案工作继续推行全过程管理模式，新开工建设的重点项目档案工作的规范化程度普遍提高。

二、农业农村档案工作

大力加强农业农村档案工作，使之融入农村经济社会生活，成为服务"三农"的组成部分。各级档案部门根据农业农村改革发展进程和农村经济发展实际，实行分类指导，采取多种途径把档案工作为"三农"服务落到实处。为促进农村剩余劳动力转移服务，指导建立了千万民工劳动力档案；为帮助农民致富，解决贷款难问题，在全省农村开展农户资信档案工作，为近千万农户建立了资信档案。苏南根据农村改革发展新形势，探索出村级股份经济合作组织档案工作新模式。认真做好全国农业和农村档案工作经验交流会在江苏省召开的准备工作，精心培育典型，总结推广经验，树立了波司登股份有限公司、江苏永钢集团有限公司、常熟市虞山镇人民政府、无锡市北塘区黄巷街道五河村村民委员会、无锡市新区旺庄镇高田村村民委员会、金坛市白塔镇财政所6个省级农业农村档案工作示范单位，促进全省农业农村档案工作迈上新台阶。各地档案部门积极参加文化科技卫生"三下乡"活动，探索档案工作服务"三农"的新路子。扬州市实施档案下乡"六个一"工程，组织了"档案是农民致富奔小康的好伴侣"的档案下乡服务主题活动，并编印《农村档案实用手册》、《档案为农服务百例》指导基层开展服务工作。省档案馆被评为省"三下乡"工作先进集体。

三、档案馆基础设施建设

新一轮档案馆建设在全省较大范围兴起。在各级党委、政府的高度重视和档案部门的艰苦努力下，全省已有一批档案馆建成或即将落成，包括江苏省档案展览陈列馆在内的一批档案馆基本建设项目已经批准立项或准备开工建设。各地新建档案馆，注重档案建设与现代化建设的有效结合，档案馆公益性文化事业与文化大省、文化大市的有效结合，具有鲜明的时代特征。同时，突出档案馆功能的科学定位和合理布局、环境定位和文化品位，努力建成具有安全保管、信息传播、社会教育、文化交流、服务公众等功能，能够成为当地文化标志性建筑的档案馆，从而有效地解决长期阻碍和困扰档案事业发展的难题，有力地促进档案工作走出封闭、走进开放、走入社会、走向现代化。

四、档案资源建设

全省各级国家综合档案馆接收征集各类档案资料70多万卷(册、盘、件、张)。一大批因馆库限制长期滞留馆外的档案在保管条件改善后接收进馆。馆藏的"补缺补漏"和对社会散存档案资料的征集，以及重大事件、重要活动和名人、名产、名胜等专门、特色档案的接收征集工作取得重要成绩，充实了一批反映时代精神和具有历史价值的档案资料。省档案馆征集著名爱国人士袁晓园、著名老中医干祖望等名人档案3000多件；南京开展大规模民间档案征集活动，征集民间档案2000多件；徐州市档案局联合市文联开展艺术档案征集工作，26位国家级会员将档案资料捐给档案馆；常州重点征集建立当代名人档案；苏州市档案局参与第28届世界遗产大会苏州会务指挥部工作，确保档案资料收集齐全完整；镇江召开"老领导珍贵历史资料捐赠座谈会"，收到原地市级领导同志捐赠的珍贵历史资料近千件；扬州召开全市重大活动档案资料收集管理联席会议；泰州制发关于重大活动档案资料收集管理、党政领导干部个人保存的公务文件管理、征集档案资料三个文件，并利用电视、报纸等传媒扩大影响。省档案局出台《江苏省珍贵档案评选暂行办法》，启动按年度开展评选珍贵档案工作。

五、档案开发利用工作

各地加强档案史料编纂研究和档案资源的开发利用工作，产生了一批有较高质量和文化品位的编研成果。其中有为迎接建国55周年和纪念邓小平同志诞辰100周年，着力反映党的三代领导集体领导人民走过的革命、改革、创新之路，展示社会主义现代化建设的辉煌成就的主题展览；围绕服务党和政府中心工作的经济建设成果展、政府为民办实事成就展，联合新闻媒体拍摄的电视专题片；宣传保护档案文化遗产，引导开发利用的档案史料展、档案珍品展、档案利用效益展等，如"往事南京——馆藏珍贵照片展"、"岁月·百姓·生活——南京市民间档案展"、"红色记忆——徐州解放档案选展"、"见证辉煌——徐州荣誉档案陈列展"、苏州"对外交往礼品展"、"清宫淮安秘档展览"、"爱我镇江——三年大变样"照征档案展。一批地方年鉴、大事记、文件汇编、革命斗争史资料、经济社会发展史资料、名人档案等编辑出版，如《徐州百年大事记》由上海古籍出版社出版；《苏州商会档案丛编》第二辑出版，《苏州年鉴》(2004)在第三届全国年鉴质量评比中获"城市年鉴系列综合奖"一等奖和三个单项奖；南通深入研究张謇及大生集团档案取得多项成果；镇江编写了《京口饮食文化撷趣》、《满眼风光北固楼》等资料；扬州全市编印资料书刊共11种约280多万字；《泰州旅游指南》、《泰州烈士传》成为广泛开展爱国主义和革命理想、传统教育的好教材。

六、爱国主义教育基地建设

全省各级档案部门扎实开展爱国主义教育基地的创建和巩固、提高工作。全省121个国家综合档案馆中，已有80个被主管部门命名为爱国主义教育基地，其中省级爱国主义教育基地3个、市级爱国主义教育基地17个、县级爱国主义教育基地60个。常州市及所辖市(县)、区档案馆100%建立了爱国主义教育基地，南京、镇江、泰州建成率达80%以上。各地进一步完善爱国主义教育基地的宣传教育设施，一些档案馆新建了陈列展览场所，有的档案馆对原有已不适用的陈列展览场所进行了改建或扩建。各地根据党委、政府的工作部署和社会宣传教育主题，及时开展形式多样、生动活泼的爱国主义教育活动，如徐州市档案局与团市委联合，在市档案馆挂牌“徐州市青少年教育基地”，举办了《希望工程十周年图片展》；常熟市档案馆与62所中小学签订德育《共建协议书》，建立“常熟市中小学生实践教育基地”，并且面向农村青少年开展档案送下乡活动。省档案馆积极利用馆藏资源，面向广大青少年开展丰富、生动的爱国主义教育活动，取得显著成绩，被评为全省爱国主义教育基地先进单位。一些市、县、区档案馆爱国主义教育工作受到当地党委、政府的表彰。

七、档案信息化建设

《江苏省档案信息化建设纲要(2005—2010)》出台，明确了全省档案信息化建设的阶段性目标和主要任务。电子政务环境下的电子文件中心在常州、张家港市先行建成；部分市、县(市)、区档案馆电子文件中心正抓紧筹建；示范性数字档案馆建设取得重要进展，全省首家数字档案馆在南京市江宁区落成，省和苏州及常熟等数字档案馆已分别报当地政府和有关部门立项或列入“十一五”规划项目。馆藏档案数字化工作扎实推进，省档案馆重点对专题录像带和影片档案实施数字化抢救；各地加强文件级目录数据库建设和对重要、珍贵、易损和利用率高的档案资料进行全文数字化工作。档案网站的普及面进一步扩大，部分市、县实现区域联网。省档案局在完善“江苏档案”网站的同时，为各市统一配置了网站模板。南京、常州、南通辖区内全部建成档案网站。无锡市对网站主页改版，增加数据库内容和检索功能。“南京档案”网站在由中国人民大学组织的全国档案网站访问人数调查中名列前十位。常熟市档案网站已发展成为“三网一体”的网上档案馆。档案科技管理和应用软件成果推广工作得到加强。省档案局出台《江苏省档案科技项目管理办法》、《江苏省档案优秀科技成果奖励办法》，首次在全省开展档案科研项目立项工作。《丝网加固新技术和丝网加工机的研究》、《省、市、县三级数字档案馆研究》分别列入国家档案局和省科技项目计划。

八、档案法制建设

省档案局贯彻《法治江苏建设纲要》，提出加强档案法制建设的实施意见。各级档案部门认真贯彻《行政许可法》，及时清理档案行政审批和行政许可项目及规范性文件，规范档案行政许可行为。开展档案行政执法人员培训，进一步提高档案部门依法行政水平。档案法规体系建设取得进展，《江苏省重大活动(事件)档案管理办法》纳入省政府立法计划，无锡、苏州两市分别颁布了《无锡市档案管理条例》、《苏州市档案管理办法》，省档案局对全省档案行政管理部门贯彻执行档案法律法规情况进行执法检查。省人大常委会教科文卫委组织实施对徐州、淮安、镇江三个市档案工作的监督检查，促进了档案事业发展中一些问题的解决。按照“四五”普法要求，各级档案部门组织了多种形式的以宪法和档案法律法规为主要内容的法制宣传教育活动，如开展广场宣传咨询、在报纸刊登宣传文章、拍摄法制宣传专题片、举办档案法规知识竞赛等，促进了全民档案法制意识的增强。

九、档案机构队伍建设

档案机构队伍建设取得标志性成绩，全省13个省辖市档案工作机构全部实现一级局建制。在全省档案部门解放思想、改革创新中产生，体现档案工作与时俱进的《江苏省市、县(市、区)国家综合档案馆等级评定办法》、《江苏省档案工作等级评定办法》正式试行，全省有2个国家综合档案馆通过四星级认定，3个国家综合档案馆通过三星级认定；16个单位通过特一级即五星级认定，26个单位通过特二级即四星级认定，411个单位通过省一级即三星级认定。省人事厅、省档案局表彰了一批近几年档案系统先进集体和先进工作者，有力地激励了全省档案工作创先进、争一流。围绕建设“人民满意的服务型机关”，省档案局提出为民、利民、便民的十项措施和提高机关效能的四项措施，在年底开展的万人评议省级机关活动中，省档案局(馆)获得普遍好评。各地档案部门推出政务公示制、首问负责制、服务承诺制、限时办结制、责任追究制以及查档“绿色通道”等一系列举措，进一步优化服务内容，提高了服务质量。广泛开展建设学习型机关和创建文明单位活动，一批单位被有关方面授予“文明窗口”、“青年文明号”、“巾帼文明岗”称号。继续加强档案人才工作，普遍开展档案业务人员任职资格培训和档案专业技术人员继续教育，根据档案事业发展需要积极引进专业人才，依托有关院校开展档案专业学历教育，档案专业技术人员职称评审工作进一步规范化。

(江苏省档案局)

浙 江 省

2004年,全省各级档案部门认真贯彻省"两办"《意见》,以服务实施"八八战略"和"平安浙江"建设为重点全面推进各项工作,切实帮助市、县档案部门解决实际问题,市属区档案行政主体资格确立有了新的突破,经费投入普遍增加,基础设施建设得到重视,档案工作进一步摆上党委、政府议事日程,档案事业的发展环境不断改善。

一、把握经济社会发展大局,档案服务工作成绩显著

农业和农村档案工作深入开展。加强对全省第二轮土地承包档案的规范管理,已有部分土地承包档案移交进入综合档案馆得到安全保管。围绕省委、省政府部署的"千村示范、万村整治"工程,建档工作现已逐步开展。对125万受训农民的80%建立了技能培训档案,为农民进城务工提供了一份保障。民营企业档案工作取得突破性进展。召开全省民营企业档案工作座谈会,明确"宣传、引导、服务"的工作主线和"全面推进、重点提升"的工作目标。各级档案部门通过发放资料、在线咨询、举办培训班、具体指导等多种服务方式,激发民营企业的建档用档需求,为提高其档案管理水平提供优质服务。截至2004年底,全省共有1366家规模以上民营企业完成建档工作。重点建设项目档案管理进一步得到加强。省档案局与省重点办、有关专业主管部门在各地执法检查的基础上,联合对全省11个市的23个省级以上重点建设项目档案管理情况进行了执法检查和抽查,针对检查中发现的一些新情况与新问题,讨论并制定了关于全省重点建设项目档案管理的补充规定。现行文件查阅服务中心建设基本普及。全省96个档案馆中已有93个建立了现行文件查阅服务中心,普及率达到97%。各级现行文件查阅服务中心以关注民生为主题,通过拓宽文件收集范围,开展"红头文件"走进社区活动,深化现行文件查阅服务工作。"七艺节"建档工作成效明显。各"七艺节"主、分会场的档案部门与组委会的相关部门密切配合,主动介入,加强指导,明确"七艺节"文件材料的归档范围、整理标准,规范收集、整理、归档、移交的各个环节,善始善终做好收集整理工作。

二、适应全面建设小康社会要求,档案基础业务建设和功能建设有了较快发展

数字档案馆建设有新的突破。省数字档案馆建设项目已正式立项,杭州市数字档案馆二期工程开始实施。档案数据库建设跃上新的台阶。省档案局组织对省直单位电子文件归档和电子文件接收的专题调查与研讨,积极探索电子公文归档与电子档案管理的新方法。档案馆基础设施建设整体推进。全省已建新馆5个,在建7个,设计、立项与规划中的15个。省档案局加强对各地档案馆建设的指导与监督,先后两次召开全省档案馆新馆建设情况交流会,及时分析问题,交流经验。档案馆社会宣传教育功能逐步发挥。各级档案馆大力挖掘馆藏资源,举办各种形式的档案展览、陈列和宣讲等活动,向社会公众特别是青少年进行历史传统教育。目前,全省各级档案馆中已创建爱国主义教育基地28家。各地还通过网络等形式,开展网上档案知识竞赛和展览,全省共有43个档案网站开辟了网上展厅。全省各级档案馆利用量比往年大幅增长,特别是婚姻、房产、土地、经济建设等档案受到越来越多的公民个人的关注。据统计,全省各级档案馆全年提供利用9万余人次、档案30余万卷次。

三、坚持全面协调可持续发展的方针,档案法制建设、人才队伍建设等均有较大进展

全省各级档案部门对档案行政许可项目和主体进行了清理,确认档案出卖、重点建设项目档案专项验收等6项档案行政许可,清理非行政许可审批项目14项,完善了档案行政许可配套制度建设,规范了许可程序。《浙江省重大活动档案管理办法》(草案)已进入地方行政规章审议程序。《浙江省档案馆管理规定》几经修改,送审稿也已报省政府。加强了档案执法队伍建设,举办了全省档案执法人员培训班。立卷归档改革向纵深推进,步伐加快,全省县以上机关单位中实行归档文件整理规则的达到60%以上。各地档案部门以文件材料立卷归档年检为抓手,采用通报、发整改通知书等管理手段,取得了良好的效果,有效地促进了机关文档一体化管理。档案宣传工作有声有色有亮点。各地档案部门紧密结合贯彻省"两办"《意见》、民营企业档案工作等中心工作,在"浙江档案信息网"上举办了"民营企业与档案工作"知识竞赛,共有1万多人参加。全省在《中国档案报》、《中国档案》杂志上刊发稿件165篇。档案人才队伍建设继续推进。省档案局制定了《关于加强新时期档案人才队伍建设的意见》和《全省档案人员教育培训规划(2004—2010)》,提出了实施档案人才工程的战略。以提高档案人员各种管理技能为着力点,开展了面向全省档案部门的信息化技能轮训。

(吴光伟)

安 徽 省

一、档案法制工作得到加强

2004年,省政府第12次常务会议审议通过《安徽省档案征集办法》,省长王金山签署省政府第163号令

发布于5月1日起施行。该《办法》确立了国家档案馆在档案征集中的主体地位,是全省档案征集工作的第一部规章。省档案局按照实施《行政许可法》的要求,组织清理了档案行政许可项目,及时发布了批准保留的行政许可和非行政许可审批项目。配合省人大常委会教科文卫工委,对马钢公司、安庆长江公路大桥、黄山机场、芜湖奇瑞轿车等9个省重点建设工程项目档案工作进行了执法调研。省档案局在马鞍山、和县组织开展了国家档案资源整合试点,积极探索创新档案管理体制。组织召开了全省社区档案工作经验交流会,总结推广马鞍山市社区档案工作经验。到年底,全省社区建档率、合格率分别达到77%和41%,马鞍山市率先提前一年实现社区档案工作目标。各级档案部门积极开展防治高致病性禽流感工作文件材料收集归档工作,保证了防治高致病性禽流感档案材料的齐全完整。省档案局指导、检查和验收了长江水利工程、合安高速公路、电网改造工程等10个重点建设工程档案工作。与省水利厅共同制发了《关于加强治淮工程档案工作的意见》,部署了治淮工程档案工作。与省农委部署开展了"百家农业产业化龙头企业建档活动"。全面推行《归档文件整理规则》,全省通过机关档案工作目标管理省特级和省一级认定的单位分别达到26个和167个。

二、档案工作服务出现新气象

省档案馆及宣城市、金寨县等档案馆积极开展档案寄存、代保管服务。合肥市档案局成立了"合肥市破产改制企业档案寄存中心",首批接收破产改制企业档案1.3万卷(件)。合肥市及市辖四区档案馆为争创首批全国文明城市作出积极贡献。安庆市档案局组织开展了企事业规范化档案室建设。为服务未成年人,省档案局抓住全国加强和改进未成年人思想道德建设工作会议召开的契机,及时制发了《关于充分发挥档案馆爱国主义教育基地在加强和改进未成年人思想道德建设工作中的作用的意见》。省档案馆及多数市、县档案馆积极行动,免费向未成年人开放,逐步成为加强和改进未成年人思想道德建设的又一重要场所。现行文件利用服务取得新进展,建成现行文件利用服务中心29个,总数达79个,占档案馆总数的72%,超过全国平均水平14个百分点。全年共接待利用者1.5万人次,提供利用现行文件3万件次,较好地满足了广大人民群众了解政策、维护权益的需求。

三、全省档案信息化建设加速推进

省档案局制定发布了《安徽省档案信息化建设实施(2003—2007)》,制订发布了全省档案工作第一个地方标准——《文书档案文件级目录数据库结构与著录细则》。新芜区开展了电子文件中心建设试点。省档案门户网站及马鞍山市、淮南市、怀宁县等档案网站开通。芜湖市、宁国市和繁昌县、田家庵区等档案馆开展了档案目录因特网查询服务。

省档案局制发了《安徽省档案安全管理暂行规定》。省档案馆改扩建了防盗监视系统。省档案保护技术实验室建成并投入使用。档案修裱机推广应用取得新突破。池州市档案馆安全监控系统建成运行。

省档案馆承担的"档案修裱机智能控制系统的研制"、"档案库房空气过滤介质对比研究"两个项目,双获国家档案局2004年优秀科技成果三等奖。

四、现代新型档案馆建设继续推进

合肥市档案馆和无为、石台县档案馆竣工,芜湖、太湖、霍山、青阳县档案馆和九华山风景区档案馆等完成新建工程立项并开工建设。

五、重大活动档案收集管理逐步规范

省档案局及合肥市档案局及时指导第四届合肥高新技术项目——资本对接会档案材料收集工作。马鞍山市、芜湖市建立了重大活动声像档案资料集中收集管理机制,接收了一批重要声像档案材料。黄山市档案局馆主动参与金秋十月系列活动,接收了第六届中国国际民间艺术节档案材料。宣城市组织开展了城市记忆工程。各级档案部门协调、接收了防治"非典"档案材料。

省档案局举办了第二期全省档案部门领导干部能力建设培训班,组织完成了2004年全省档案工作资格考试。委托安徽大学举办了在职档案专业硕士研究生课程进修班。 (程潜龙)

福 建 省

一、加强思想政治建设

全省各级档案部门把学习作为改革创新谋求发展的基础,大兴学习之风,加强学习的组织领导,不断创新学习形式,增强学习的针对性和实效性。省档案局采取召开党组中心组学习会、集中讨论交流、上党课、播放辅导报告录像、撰写心得体会、知识测试以及开展纪念"七一"系列教育活动等形式,组织干部职工认真学习中央领导同志关于科学发展观的论述和《中共中央关于加强党的执政能力建设的决定》,认真学习全国档案工作暨表彰先进会议精神和2004年王刚同志对档案工作的一系列重要批示指示,并把这些学习与进一步学习贯彻"三个代表"重要思想紧密结合起来。省档案局党组书记、局长陈永成代表局党组提出,求真务实是发展档案事业的根本要求。为保证学习的长效性,省档案局制定了《建设学习型党组织活动五年规划》,并在机关全面组织实施学分制考评,营造了良好的学习氛围。在省档案局的号召和带动下，全省档案系统不断把学习引向深入，进一步推动了档案部门的各项建设和档案事业发展。

各级档案部门积极开展创建党建工作和精神文明先进单位活动。省档案局制定了《深入开展创建第九届省级精神文明单位活动的实施意见》，表彰了一批文明处室、优秀岗位工作者和美好家庭。福州、泉州、漳州、南平、长汀、古田、平和、长泰、云霄等市、县档案局被当地党委、政府授予"党建先进单位"、"先进基层党组织"、"文明单位"等称号。

二、推进档案信息化建设

2004年初，省档案局制发了《福建省分布式基础数据库建设项目(二期)总体实施方案》，对全省的项目建设提出了总体部署和具体实施要求。项目(二期)的建设目标是：以全省9个设区市综合档案馆、84个县(市、区)综合档案馆的馆藏档案为对象，建设"福建省分布式档案目录数据库"、"福建省分布式重要档案数据库"、"福建省馆藏多媒体档案数据库"，建成全省性、规范化、可共享的档案数据库体系；以福建省政务信息网络工程的省直机关宽带网和市县纵向网为主干资源，建立起以福建省档案馆为网络中心、9个设区市为网络分中心、84个县(市、区)为网络管理中心的全省档案网络体系，形成一个连接省、设区市、县(市、区)档案馆的三级广域网络，为全省政务信息网提供档案信息资源共享。该项目建设计划在三年内基本完成。各级档案局、馆按照项目(二期)建设的总体实施方案，积极争取落实项目资金，加快实施项目建设。泉州、厦门、漳州、三明、大田、尤溪、东山等市、县制定了实施方案，三明、德化、福清、连江、闽侯、建瓯等市、县落实了项目资金。

档案基础数据库的建设取得新进展。截至2004年底，全省各级档案馆已完成馆藏档案1360896卷、1697804条目录数据录入。省档案馆还完成了298.2万页重要档案扫描、191.6万画幅缩微档案数字转换和全部馆藏2.1万张馆藏照片档案扫描及94盘录像带、508盘录音带的数字转换工作。建成福建省分布式档案网站系统，全省已有82个档案馆在因特网上建立了各具特色的档案网站。建立在省政务信息网的"福建省档案馆网站"于6月份开通福建省数字档案信息管理系统——在线利用服务平台，该系统具有在线档案管理、在线馆藏资源利用、在线档案接收、在线档案业务指导、开放文件阅览等功能，现已提供省政务信息网各接入单位试用。

三、加大依法治档工作力度

2004年10月中旬，省人大常委会副主任黄贤模率领省人大部分常委和代表到省档案局、馆和南平市、三明市开展《福建省档案条例》执法调研。此次执法调研以档案管理机构设置、经费投入、馆库建设、重点建设项目档案管理和档案信息化建设为重点。调研组先后视察省、市、县(区)部分档案馆及机关、企业、社区档案工作，听取工作汇报、召开座谈会。福州、厦门、泉州、南平、顺昌、大田、将乐、顺昌、寿宁、连江、长泰等市、县也开展了档案执法检查。

省人民政府于2004年4月20日将《福建省档案登记办法》作为省政府规范性文件印发，开辟了全省档案管理的新途径，对加强国家档案资源建设具有重要意义。福建省档案局发出《关于建立档案违法行为责令改正制度的通知》，要求在县以上档案行政管理机构建立档案违法行业责令改正制度，加大对档案违法行为的查处力度。《中华人民共和国行政许可法》颁布后，福建省档案局对1980年以来本局及本局与有关厅局制定的规范性文件进行了清理，发文取消了17项档案行政审批项目，并对档案行政许可项目、行政许可实施机关、行政收费项目进行了清理上报，制定并印发了6项档案行政许可的配套制度，向社会公布了档案行政许可事项。继续采取有力措施，全面完成"四五"档案法制宣传教育任务。在全省开展了档案行政执法法规知识学习和测试活动，有1万多名档案工作人员参加全年的档案行政执法法规知识学习和测试；参加"华东六省一市档案法律法规知识网络竞赛"活动。

四、开展已公开现行文件利用工作

各级档案部门认真贯彻国家档案局召开的已公开现行文件利用工作座谈会精神，对开展已公开现行文件利用工作，进行大胆探索和有益尝试。充分利用全省县级以上档案网站全部开通、系统功能比较完备的优势，开展网上现行文件利用工作。省档案局(馆)网站将省政府已公开现行文件分为47类，在网站发布提供社会公众利用；还有11个市、县(区)在本级档案网站开辟"现行文件利用中心"栏目，开展网上现行文件查阅利用工作。省档案局于2004年8月向省委、省政府作专题请示，就在全省档案馆开展集中向社会公众提供已公开现行文件利用工作提出建议，并为省委、省政府办公厅代拟了《关于开展集中向社会公众提供已公开现行文件查阅利用工作的通知》，为在全省全面、深入开展这项工作做准备。与此同时，省档案局要求各地积极创造条件，在各级档案馆建立现行文件利用中心，普遍开展已公开现行文件利用工作。

五、发挥馆藏档案的服务功能

各级档案部门坚持以服务为本，不断强化服务意识，完善创新服务机制，大力开发档案信息资源，为社会各方面服务。2004年，各级各类档案馆通过延长接待利用时间、预约、信函查档等方式，接待利用档案者

97834人次，提供档案326980卷(件)次，为经济建设、宣传教育、编史修志、陆海域勘界以及下岗职工、上山下乡知青等落实工龄待遇提供档案服务，取得了良好的经济和社会效益。利用档案资料开展爱国主义教育。省档案馆先后组织人员到福建中医学院、福建师范大学人武学院、福建工程学院、省老干部活动中心、福州市湖前小区举办《福建革命斗争史》和《八闽之光》等档案巡回展览。省档案馆参与承办《世纪伟人小平同志》、《八闽英模》展览和《谷文昌精神永恒》巡回展览。龙岩市在新罗区社会公德馆举办《历史上的龙岩》大型图片展。为纪念邓小平诞辰100周年，省档案馆从馆藏的照片档案中选取了40多张邓小平在福建的珍贵照片和他在闽西革命根据地主编的报刊，制作成专题图片，在福建省档案局(馆)网站上展览。厦门市档案馆爱国主义教育基地重新布展，更新后的展厅包含侨乡魅力、两岸关系等六大板块内容。龙岩市全区8个档案馆都被命名为爱国主义教育基地。莆田市档案馆的爱国主义教育基地“乡情”展得到宣传部门的高度评价。鲤城区档案馆爱国主义教育基地被鲤城区小公民道德建设计划领导小组定为“鲤城区小公民道德建设实践基地”。省档案馆编辑出版《新福建——八闽档案摭拾》。龙岩市档案局馆出版《历史上的龙岩》大型画册。宁德市档案局、建设局联合编辑出版《闽东城市建设图片档案——今昔篇》。省档案信息中心整合全省的民国档案信息资源，在省档案网站发布侨务、闽台关系、卫生、防疫、禁毒、盐务等6个专题共1.8万条民国档案目录信息，同时发布1610份省历届人代会、十个五年计划、劳模、华侨、闽台关系等档案文件。

六、重视档案基础业务建设

全省各级各类档案馆积极采取措施丰富馆藏。全年接收各类文书档案485439卷、电子档案2916盘(张)、音像档案4594盘、照片档案219192张。同时，加大征集工作的力度。省档案局印发《福建省重大活动档案管理办法》、省档案馆发布《福建省档案馆关于征集档案资料的通告》，已征集到在福州举办的第四届世界福建同乡恳亲大会、首届世界闽商大会、第六届中国(福州)海峡经贸交易会和首届中国福建商品交易会、省首届名优特产品展销会的有关照片和资源；征集到胡锦涛等党和国家领导人来闽考察的照片、题词，任弼时等革命先辈的像章、资料、照片，以及清代、民国期间的地契，文化大革命期间的报刊杂志、红袖章，福建书画家的书画和资料等。厦门市档案馆收集、拍摄第二届厦门国际马拉松赛照片100多张，并摄制了60多分钟录像。全省征集档案1968件、接受捐赠档案2142件。省档案局与省民政厅联合印发《福建省关于加强社区档案管理工作的意见》，于10月19日在厦门市召开全省社区档案工作会议，总结交流近年来全省开展社区档案工作的经验，部署工作任务。各级档案部门及时传达贯彻全国农业和农村档案工作经验交流会精神，进一步加强农业和农村档案工作。按照《福建省重点建设项目档案移交办法》，做好重点建设项目工程竣工档案的验收、移交进馆工作。省档案局对高速公路、能源、市政等20个省级重点建设项目档案工作和全省海域勘界档案工作进行检查指导，对13个重点建设项目组织档案专项验收。在全省公安、监狱、海关系统开展档案工作目标管理活动，有490个单位通过了档案工作目标管理的认定。

七、档案科技工作取得突破

福建省档案局《福建数字档案信息管理系统》项目获2004年度国家档案局优秀科技成果一等奖，福建省档案馆、福建省科技档案馆《福建省档案信息资源库发展战略研究》项目获三等奖。福建省档案馆、福建省科技档案馆共同承担的福建省科技计划项目“科研档案多媒体管理系统”通过福建省科技厅组织的成果鉴定。福建省档案局参与国家档案局《档案信息化发展战略研究》项目研究，承担国家档案局科技项目《国家综合档案馆电子文件与电子档案数据备份与灾害恢复中心可行性战略研究》课题。

八、加强档案业务培训工作

2004年省档案干部培训中心及各设区市档案局先后举办10期岗位基础知识培训班，有1300名档案干部参加培训，并取得结业证书；省档案干部培训中心结合全省档案工作重点举办了电子文件管理、档案网站建设、重点工程档案管理等7期继续教育培训班，有755名档案干部参加培训，同时，还组织200多名档案专业人员和部分档案局馆长分别参加国家档案局举办的全国档案干部继续教育研修班、档案专业教育师资培训班和档案局馆长研修班。 (蔡敏生)

江 西 省

2004年，在江西省委、省政府的正确领导下，在国家档案局的精心指导下，全省各级档案部门坚持科学发展观，坚持依法治档，认真贯彻执行省委办公厅、省政府办公厅《关于加强新世纪新阶段全省档案工作的若干意见》，全面推进全省档案工作，在为江西改革开放和现代化建设服务中做出了积极的努力，全省档案事业有了较快发展。

一、进一步加强了对档案工作的领导，推进了全省档案事业的发展

2004年2月3日，江西省人大教科文卫委员会听取了省档案局的工作汇报。省人大常委会副主任万学

文出席汇报会，省档案局局长李志勤汇报了2003年全省档案工作情况和2004年全省档案工作安排。2月12日，副省长孙刚就省档案馆的新馆建设问题听取了省档案局的专题汇报。孙刚副省长在听完汇报后指出：省档案馆新馆建设属重大社会文化建设项目，已正式列入江西省2004年国民经济与社会发展计划，建设规模18000平方米，计划投资8000万元，并将列为省重点建设工程。2月16日，省委办公厅、省政府办公厅召开全省档案工作暨表彰先进会议，表彰了全省档案系统先进集体、先进工作者和全省档案工作优秀集体、优秀档案工作者。李志勤同志代表江西省档案局作了题为“创新服务，加强建设，推进全省档案事业持续快速协调健康发展”的工作报告。4月20日，经省委、省政府领导同意，省委办公厅、省政府办公厅下发了《关于进一步加强新世纪新阶段全省档案工作的若干意见》。《意见》下发后，各级党委和政府的党政领导亲临各级档案局、馆视察，听取档案工作汇报，或召开现场办公会，研究解决档案工作中存在的困难和问题。九江、南昌、吉安、赣州、新余等市、县、区还下发了贯彻实施《意见》的意见或加强本地区档案工作的文件。全省各级档案部门认真学习贯彻《意见》，并对照《意见》的规定制定相关措施，改进档案工作。随着《意见》在全省的贯彻执行，全省各地都加大了对档案基础设施建设的投入，增拨了档案事业经费、档案抢救经费以及档案专项经费，全省档案事业发展的环境大为改观，档案工作中存在的基础设施滞后、事业经费短缺等一些长期存在的困难和问题正在逐步得到解决，推进了全省档案事业的发展。

二、以开展已公开现行文件利用工作为契机，进一步加强了档案服务工作

2004年，全省各级档案部门紧紧围绕全省经济建设和工作大局，按照“对实现江西在中部地区崛起有利，对全面建设小康社会有利，与档案工作有关，档案部门都要提供档案工作服务”的要求，加大了对重点建设项目(工程)档案工作、社区建档工作、农民工建档工作、小城镇建设档案工作、旅游资源档案工作、企业产权变动档案处置工作、高新技术园区以及农业农村档案工作等档案业务指导的力度，积极提供档案技术、档案人才方面的服务，使这些领域的档案工作得到了加强，建档率和档案的完整率及档案的管理水平都有较大的提高。市、县、区档案局积极拓展档案工作服务领域，开展了民营企业档案工作和家庭建档工作，并取得了可喜的成果。省直单位在做好本单位档案工作的同时，也加大了对本系统、本行业档案工作监督指导服务的力度，较好地推进了本系统、本行业档案工作的发展。

为进一步推动全省已公开现行文件利用工作的开展，2004年7月25日，省委办公厅、省政府办公厅下发了《关于集中向社会各界和人民群众提供利用党政机关已公开现行文件的通知》。市、县、区档案馆积极开展已公开现行文件的收集工作，加紧编制检索工具，准备阅览场所，各机关单位也给予了积极的配合。到2004年底，全省有73个国家档案馆的已公开现行文件利用中心正式向社会开放，其余档案馆也正在积极准备之中。11月4日，江西省已公开现行文件利用中心正式向社会开放。

全省各级档案部门以开展已公开现行文件利用工作为契机，大力开发档案信息资源，主动做好档案的提供利用工作。据统计，2004年全省各级各类档案馆共接待查档人员104898人次，提供利用档案资源255686卷(册)次。编研档案资料784种，1233万字。

12月13日，由江西省档案局和上海市档案局(馆)联合举办的、记载18万上海知识青年在红土地的档案图片展《难忘青春岁月——上海知青在江西档案图片展》在上海市档案馆外滩新馆开幕。

三、深入学习宣传贯彻《档案法》和《江西省档案管理条例》，进一步推进了依法管理档案事业

2004年，全省各级档案部门通过广泛借助报纸广播电视网络等媒体、出宣传栏黑板报、上街咨询、召开座谈会、开展档案法制培训、举办档案法律知识竞赛、悬挂宣传标语等形式，开展学习宣传《档案法》和《江西省档案管理条例》。

与此同时，各地进一步完善地方性档案管理规章及档案工作的规范性文件。5月24日，省档案局制订出台了《江西省档案行政处罚程序规定》(暂行)，与省政府法制办一起进一步修改了《江西省档案登记办法》(草案)。各市、县、区结合当地实际情况起草或制订了综合或专门的档案工作的规范性文件，为推动当地档案工作发展提供了制度保障。全省各级档案部门还积极配合当地人大教科文卫委及政府法制办等有关部门，开展档案执法检查和档案执法调研。在执法检查或执法调研过程中，对贯彻档案法律法规比较好的单位进行了通报表扬，对存在问题的单位下发了整改通知书。9月，省档案局会同省人大教科文卫委对部分省直单位和市县进行了执法调研，推进了全省贯彻实施《档案法》和《江西档案管理条例》。

四、不断加强档案资源建设，着力提升档案基础业务工作水平

2004年，全省各级国家档案馆积极围绕党和政府工作大局开展档案资源建设，把丰富馆藏、优化馆藏结构继续作为重中之重的工作来抓。一方面，积极做好到期档案的接收工作，另一方面努力做好档案的征集

工作,一大批党和国家领导人视察江西以及反映当地政治、经济、文化、科技、宗教、民俗、重大活动、知名人士、名优特产等方面的档案资料纷纷被征集和接收进馆,为做好档案服务工作奠定了雄厚的基础。各地在抓好档案接收征集的同时,还紧紧抓住档案资源的源头不放,按照规范化、标准化的要求,加大了对机关企事业单位的档案业务指导工作,不断提升了机关企事业单位的档案工作水平,档案资源的质量有了较大的提高。全省各级各类档案馆还不断加强档案基础业务工作,对馆藏档案进行抢救和整理,完善检索工具,并按照档案安全保管的要求切实做好了档案“八防”工作,确保了党和国家档案财富的安全。全省各级各类国家档案馆未发生一起档案保管保护方面的事故。

五、档案信息化建设不断加快,档案数据库和档案网站建设有了新的突破

2004年,按照国家档案局《全国档案信息化建设实施纲要》的要求,全省各级档案部门在当地党委、政府的重视和有关部门的支持下,加快了档案信息化建设的工作进程,加大了档案信息化建设方面的投入,计算机局域网、档案数据库建设和档案网站建设都有了新的突破。省档案局继2002年建成内网后,2004年外网建设也已完成,并于10月1日开通了档案信息网站。省档案馆馆藏24万卷档案的案卷级目录已全部建成数据库,文件级目录已达33万余条。各设区市档案馆的馆藏档案数据库建设都达到了一定的规模,有6个设区市及部分县区档案局开通了档案信息网站。

六、档案教育培训、档案学术研讨工作取得新的成绩

2004年,全省各级档案部门共举办各种档案业务培训班、上岗培训班等70多期,培训专兼职档案工作人员2800多人次。6月24日,江西省档案学会第六次会员代表大会在南昌召开。各设区市、专业学会、省直机关档案工作协作组推选的会员代表、理事候选人共66名参加大会。大会审议、通过了《江西省档案学会章程(修改稿)》,选举产生了37人组成的江西省档案学会第六届理事会。各地开展了丰富多彩的档案学术研讨活动,推进了档案学理论的发展。省档案学会组织开展了“档案工作如何为实现江西在中部地区崛起和全面建设小康社会服务”的主题学术研讨活动,探讨了档案工作为全面建设小康社会服务的新思路、新对策和新方法,共收到研讨论文30篇,并在《档案工作通讯》上刊发27篇。省高校档案学会、江西铜业公司档案学会分别召开了档案学会年会,宜春市档案局举办了湘赣毗邻六个设区市第14次档案工作理论研讨会。10月10日,华东地区第22次档案工作研讨会在南昌召开,出席会议的有华东地区各省、市及计划单列市和济南、南京军区档案局、馆的专家和领导共30余人。与会专家和领导围绕贯彻和落实科学发展观加快档案事业发展这一主题,结合本地区档案工作实际进行了热烈的研讨和交流。

(江西省档案局)

山 东 省

一、档案服务工作成绩突出

已公开现行文件利用服务工作继续深入开展。山东省157个综合档案馆全部建立了现行文件服务中心,有36个进入当地政务大厅。省档案馆现行文件服务中心文件总量达到3万件。济南、青岛两市档案馆都被确定为市委、市政府指定查阅已公开现行文件的服务场所。青岛市文档服务中心被命名为“文档服务连心桥”,成为青岛的服务名牌。济宁、菏泽的文档服务中心被当地领导和群众誉为“政策超市”。各级档案部门充分发挥资源优势开展档案编研。山东省档案局编辑出版了《邓小平与山东》画册,作为重要内容列入全省纪念邓小平同志诞辰100周年系列活动。威海市档案局先后出版了《中国军团》、《威海卫的宗教》、《邓肯克拉克与威海卫的前缘后事》等历史研究成果,受到广泛好评。曲阜市注重突出档案馆文化个性,出版了《孔子故里》、《孔子与曲阜》、《孔子故里风俗》等书,把档案馆变成了研究儒学、传播孔子文化的重要基地。围绕中心工作举办了形式多样的档案展览。省档案馆建立了特藏档案和特色档案陈列室,展示了档案魅力,扩大了社会影响,得到在山东召开的国家档案馆特藏室建设座谈会与会代表的一致好评。济南市档案局举办济南开埠百年档案图片展,回顾百年历史,展示沧桑巨变,参观者超过10万人次。为庆祝建国55周年,青岛、枣庄、临沂等市档案局举办了反映当地历史发展变化的大型展览。威海市档案局配合市政府的经贸招商、旅游推介活动,举办《百年威海》档案图片展,轰动英伦三岛,有力地推动了招商引资工作。

二、档案的保管保护工作得到进一步重视

年初,山东省档案局印发了《关于加强档案安全工作的通知》,成立了档案安全工作督导小组,组织了全省档案安全大检查。对省档案馆视频防盗监控系统、防火报警系统、温湿度自动调控系统、自动排风系统进行了全面改造,改善了档案安全保管条件。省统计局等单位制定档案灾害应急预案,针对有可能发生的火灾、水灾等突发灾害进行演习。五莲县档案馆针对高温高湿季节特点,建立了“随时排查、及时整改、快速反应”的档案安全应急机制。档案新馆建设开始启动,滨州市1万多平方米的档案新馆建设已于2004年8月

份开工，枣庄市8700平方米的新馆也即将奠基，烟台市、淄博市新馆的选址工作已经完成，开始着手前期设计工作。一些县级馆也在积极建设之中。继沂水县、曲阜市等档案新馆投入使用后，济南市历城区档案新馆已经启动，胶南市的新馆建设问题也得到妥善解决，龙口市档案新馆建设正在施工之中。

三、档案资源建设全面展开

2004年是山东开展"档案资源建设年"活动的第一年。各级档案部门积极拓宽档案资源建设路子，在档案接收、征集和重大活动主动记录等方面都取得了突破性进展。年内全省各级档案馆共接收文书档案35万卷，电子文件8万余件。山东省委办公厅、省政府办公厅下发了《关于向省档案馆送交重大活动(事件)声像档案的通知》，有力地推动了声像档案资源建设。山东省档案馆在清理现存档案的基础上，注重提升文化品位，开展了票证、书画、公务外事礼品、名人档案征集活动。潍坊、泰安等市出台了相关规章，对产权变动、改制国有企业档案处置做了详细规定，有效避免了国有档案的流失。威海市档案局围绕英租威海卫这一专题，先后四次从英国征集了大量的历史档案、照片、缩微胶卷等。中央电视台、山东电视台等多家媒体制作专题节目报道了威海的征集活动。东营市档案局把记载黄河三角洲自然风貌和沿海滩涂生态的档案征集接收进馆，为服务黄河三角洲高效生态经济建设增添了新内容。荣成市档案馆突出"将军市"特点，建立了动态的"将军"档案数据库。青岛、济南、潍坊等市档案局积极开展城市记忆工程。潍坊市在全市档案系统实施以城市重大变迁记忆工程、市委市政府重大活动记载工程和经济超常规跨越式发展记录工程为内容的三大记录工程，增强了档案资源建设的生动性、现实性。淄博市档案局派专人参加市里重大活动，跟踪采集重大活动声像档案。

四、档案信息化建设取得新进展

山东省档案局组织了对全省档案信息化建设的检查督导工作，进一步推动全省档案信息化建设持续深入发展。各级档案部门积极争取支持，加大对档案信息化建设的投入。全省已累计投入经费2000多万元。目前全省市县级档案部门共有计算机1035台，17个市档案局有计算机454台，服务器29台。全省17个市档案局馆已全部建起档案网站。有35个县区档案局馆建立了档案网站。网站形式更加新颖活泼，内容更加丰富多彩，点击率明显上升。青岛档案信息网站上网20万条档案目录和6000多份现行文件，年点击率达50万人次。省档案馆、青岛、淄博、威海、济宁等市档案馆积极推广文档一体、馆室结合经验，统一软件及数据格式，积极组织电子文件归档进馆工作。各级档案部门加快了馆藏档案数字化步伐。据不完全统计，全省已采集文件级目录2000多万条、原文300多万页、现行文件50万页、照片6万张、声像档案3万多分钟、缩微胶片数字化转换近10万画幅。继青岛、淄博市档案馆建成数字档案馆之后，青岛市开发区、崂山区两个县级档案馆也于11月份顺利通过数字档案馆专家鉴定。

五、新领域档案工作实现新突破

民营企业档案工作开始起步。山东省档案局在威海召开了全省民营企业档案工作会，印发了《山东省民营企业档案管理暂行办法》。青岛市按照"抓大扶强"的原则，确定了100家民营企业作为重点服务单位，还免费为民营企业举办档案业务培训班。淄博、德州等市档案局注重培养典型，以点带面开展工作。信用档案工作初见成效。青岛市档案局指导市商业局制定了《青岛市流通服务行业"诚信企业"档案管理办法》，与民政局出台《青岛市诚信民间组织档案管理办法》，指导市科技咨询业协会整理信誉档案在网上发布。济南市房管局建立房地产中介机构信用档案，规范房地产市场。临朐县档案局与农村信用社联合开展评选"文明信用户"活动，建立起了农户信用档案，帮助农民解决了贷款难的问题。农业和农村档案工作得到巩固。省档案局在日照市召开了全省农业和农村档案工作经验交流会，总结工作经验，明确了档案工作为"三农"服务的工作方向。济南市积极推广"村档乡管"经验，全市61个乡镇代管1439个行政村档案3万余卷，建立农业科技信息网络47个，上网信息90万条，提供利用信息45068条，产生经济效益9000多万元。社区档案工作稳步发展。既有量的增长，全省社区建档率达85%，又有质的提高，社区档案工作开始由规范管理向现代化管理转变。

六、档案管理水平进一步提高

在总结2003年档案管理考核工作的基础上，修订了《山东省档案管理考核办法》及其标准。自2004年10下旬开始，省、市、县三级档案局对全省17791个国家档案馆、机关团体企事业单位档案室进行了考核。通过档案管理考核，进一步提高了社会档案意识，特别是各级领导的档案意识，改善了档案保管条件，提高了档案管理现代化水平，有力地促进了档案部门各项业务建设和档案事业的全面发展。抓两头促中间，通过典型带动提高档案管理水平。省档案局确定了10个省直单位档案室、3个综合档案馆、3个乡镇作为工作联系点和重点帮扶单位，派出专人指导，帮助改进档案业务工作，建立起了一批"示范档案馆"和"示范档案室"。各市、县档案局也普遍开展了典型单位的培养工作，通过表彰先进，督促后进，带动中间，提高了全省档案管理的整体水平。

七、档案法制建设全面推进

新修订的《山东省档案条例》经省人大常委会审议通过,于2004年5月1日起正式颁布实施。《青岛市档案管理条例》经省、市人大常委会审议,修正案正式发布实施。青岛市档案局与市委组织部联合印发《青岛市领导干部离任档案移交暂行规定》,并按照《规定》要求,开展了领导干部离任档案移交审核工作。《山东省医疗保险档案管理暂行办法》等规范性文件也根据工作需要在年内制定出台。各级档案部门以《山东省档案条例》颁布实施为契机,采取多种形式,开展《条例》的学习和档案法制宣传活动。各级档案部门进一步加大了档案执法的力度,济南以城建档案工作为检查重点,泰安把企业改制过程中档案流向作为关键环节,淄博注重检查民营企业档案工作,潍坊对全市上市公司和重点建设项目档案工作进行了检查。

八、档案干部教育培训和学术研究工作得到加强

继续与省委党校联办档案文秘业余大专班、本科班取得很好效果。年内招收新学员1411人,加强了办学管理,提高了教学质量。各级档案局和专业主管部门还根据各自特点,有针对性地组织了继续教育、岗位培训及有关新知识、新技能的学习,进一步提高了档案工作人员的业务素质。省档案局还结合正在开展的档案特藏室建设工作和"档案资源建设年"活动,召开了局馆中青年干部学术座谈会,组织大家开展学术讨论,撰写学术论文。 (陈孟继)

河 南 省

2004年,河南省各级档案部门和档案工作者坚持与时俱进、改革创新的精神,围绕中心、服务大局,积极探索做好档案工作的新思路、新方法,取得了各项工作的新成绩。

一、围绕党委政府工作大局,提高档案工作服务水平

河南省档案局先后与有关部门制发了《关于做好禽流感防治工作文件材料收集归档工作的通知》、《关于做好HIV普查档案工作的紧急通知》、《关于加强经济普查档案、收集工作的通知》等,有效地服务了党和政府的中心工作;对一些破产企业、改制企业档案的归属依法进行了处置,并重点对全省工业综合实力100强企业的档案工作分类进行了指导;社区档案工作全面开展,有一些省辖市出台了城镇居民最低生活保障档案管理办法,促进了城市社区的管理工作;河南省175个市、县(市、区)综合档案馆,有111个档案馆综合开展了已公开现行文件提供利用工作。

二、档案馆舍建设稳步推进,档案资源建设全面加强

各级档案部门把档案馆舍建设作为重中之重,作为首要任务。2004年,先后有平顶山市、濮阳县、新县等一批新馆落成并投入使用。在加强档案资源建设上,重点抓好地方党委、政府重要会议、重大活动、重大事件的文件材料、声像和电子档案的收集工作。

三、档案法制工作明显加强,各项业务工作协调发展

按照《行政许可法》,对档案部门设定的行政许可项目进行了清理。河南省人大常委会对《河南省档案管理条例》有关审批项目内容进行了修改。河南省档案局与河南省人大常委会教科文卫委联合对许昌、周口、信阳、商丘、新乡、濮阳市开展了档案行政执法检查,配合国家档案局行政执法检查组对安阳、郑州、洛阳、漯河等省直辖市的机关、企事业单位、高等学院、城镇社区和综合档案馆的档案工作进行了执法检查;召开了全省档案宣传工作会议,总结了经验,研究部署了今后档案宣传工作的主要任务;开展了数字化档案馆、档案室的布置工作;河南省档案局建立了局域网,部分档案部门开通了档案网站或上了政府网,郑州、南阳市等与当地信息化建设领导小组办公室联合发文,制定发展规划;2004年河南省又有9个市、县(区)综合档案馆达到省一级标兵档案馆标准。一批机关、企事业单位达到档案工作管理标准;完成国家档案局科研项目立项1个,评审科研项目23个;成功地举办了中南六省三市档案协作区会议。

四、狠抓思想和精神文明建设,全面提升了档案干部队伍综合素质

认真学习《河南省档案管理条例》和开展学习先进英模活动,推进全省档案系统领导班子建设、思想政治建设、廉洁自律和精神文明建设,实现了正气弘扬,团结增强,取得了人人争做学习、工作、团结模范的良好效果。在创建文明活动中,全省档案系统又有一批单位分别达到市级文明单位和省级文明单位标准。

(郭传远)

湖 北 省

2004年,湖北省档案局(馆)在省委、省政府的正确领导下,在国家档案局的有力指导下,认真落实科学发展观,始终坚持服务这个主题,解放思想,开拓创新,不断加强档案法制建设、档案馆功能建设、档案资源建设和档案干部队伍建设,各项工作都取得了新的成绩。

一、围绕中心搞好档案服务取得新成效

一是积极做好禽流感防治的档案服务工作。湖北

省档案局与省政府防治重大动物疫病指挥部联合下发了《关于抓紧做好禽流感防治档案工作的通知》，对禽流感防治档案的收集、整理和利用工作提出了具体指导意见。各地也普遍印发了做好防治禽流感档案工作的文件，并派人深入禽流感疫区，帮助指导建立禽流感防治档案，这些档案资料为湖北省夺取禽流感防治工作的重大胜利发挥了重要作用。

二是紧紧围绕经济建设，档案服务工作卓有成效。湖北省档案局与省农业厅、省林业局、省水利厅、省经委、省民政厅、省劳动保障厅、省公安厅等联合下发了《关于进一步加强农业和农村档案工作的意见》，对全省"三农"档案工作作了具体部署和安排，这是全国第一家关于"三农"档案工作大合唱的文件，在全国引起强烈反响。各级档案部门也采取制发文件、召开会议、典型示范、全面推动等多种形式，不断加大"三农"档案工作的力度，为湖北省农业增效、粮食增产、农民增收和维护农村社会稳定发挥了积极作用。2004 年 4 月，湖北省"三农"档案工作在全国农业和农村档案工作经验交流会上作了典型发言，得到了国家档案局领导和与会代表的高度评价。全省各地认真贯彻落实省委、省政府"两办"转发《湖北省档案局关于加强民营企业档案工作的意见》和省档案局与省工商联联合下发的《关于认真贯彻落实"两办"文件精神切实做好民营企业档案工作的通知》精神，采取各种有效措施，逐步形成了各级党委和政府相关部门密切配合、各级档案部门统一行动、各地民营企业广泛支持参与的民营企业档案工作发展的良好局面。各地继续深化国企改革档案处置工作、高校档案工作、社区档案工作、家庭档案工作、信用档案工作等，制定了一些规范性文件。

三是已公开现行文件利用中心全面开放。全省各地认真贯彻王刚同志关于做好已公开现行文件利用工作的指示精神，把做好已公开现行文件利用工作作为大事来抓，在做深、做细、做实方面狠下功夫。湖北省档案馆和黄石、十堰、宜昌、荆州、随州等地的现行文件中心相继建成并向社会开放，截止 2004 年底，湖北省县以上综合档案馆已有 90% 建立了现行文件利用中心，在全国名列前茅，其中武汉、荆门等地已将现行文件利用工作纳入了当地政府行政服务中心，受到了广大人民群众的普遍欢迎和全社会的广泛关注。2004 年 6 月，湖北省在国家档案局召开的全国已公开现行文件利用工作座谈会上作了典型发言。

四是围绕纪念建国 55 周年，积极开展档案服务工作。2004 年 9 月，湖北省档案局圆满完成了省委交办的承办"建国 55 周年湖北省建设和发展成就图片展"这一重大政治任务。省委书记俞正声、省长罗清泉等领导同志参观了展览，对展览的成功举办给予了充分肯定。图片展开展以来，已有 5 万多人参观了展览，多家媒体争相报道，社会反响热烈。鄂州、神农架等地也举办了不同形式的展览活动，都取得了很好的社会效果。

二、档案法制建设迈出新步伐

一是加大了档案立法工作力度。2004 年元月 16 日，湖北省第十届人大常委会第七次会议通过了修订的《湖北省档案管理条例》，并于 3 月 1 日正式颁布实施。

二是档案法制宣传工作有声有色。新《条例》颁布施行后，湖北省档案局与省人大教科文卫委员会、省司法厅和省依法治省工作领导小组联合下发了关于学习宣传贯彻施行新《条例》的通知，并在武昌水果湖步行街举行了有 18 个省直单位参加的较大规模的"档案法制宣传日"活动。宜昌、黄冈、孝感、天门、潜江等地开展了各种形式的档案法制宣传活动，取得了很好的宣传效果。

三是档案执法工作进一步加强。湖北省档案局与省人大教科文卫委员会联合下发了《关于开展全省档案法律法规执法检查的通知》，重点抽查了省委办公厅、省委宣传部等省直单位，全省各市州县也普遍开展了档案执法检查活动，对增强全社会的档案意识和档案法制观念，提高档案管理水平发挥了积极作用。

四是依法行政、依法治档水平不断提高。湖北省档案局先后举办了多期宣传贯彻《行政许可法》培训班，并对全省档案行政许可项目进行了认真清理，取消了一部分档案行政项目，公布了继续实施的四个档案行政许可项目，其中三项是国家档案局予以保留的项目，有一项即"重大工程项目竣工前档案验收"许可项目是湖北省档案局争取后予以保留实施的项目。通过宣传贯彻《行政许可法》，湖北省各级档案部门依法行政、依法治档的自觉性正在逐步增强。

三、档案科技工作取得新突破

一是档案信息化建设进展顺利。根据《湖北省省直机关电子政务建设规划纲要》精神，湖北省档案局研究制订了"电子档案馆"建设规划，目前已被纳入湖北省电子政务总体建设方案，这是湖北档案局继 2002 年被列为全省电子政务建设试点单位后，在档案信息化建设方面取得的又一重大成果；"湖北省档案网站集群系统"建设工作已全面启动，2005 年建成；各地普遍加大了档案信息化建设的投入力度，黄石、宜昌、黄冈、鄂州、恩施等地新建成了局域网。

二是数字档案馆建设开始起步。目前湖北省档案馆已完成馆藏近 5000 卷档案的数字化处理工作，襄樊等地建成了档案数字化加工生产线，部分市县的档案数字化工作也已启动，档案信息数据库内容不断丰富，为数字档案馆建设打下了良好基础。

三是档案科研工作取得新突破。2004 年，湖北省有 6 项科研课题获得 2004 年度国家档案局优秀科技成果奖，获奖数占当年全国获奖总数的六分之一强，名列全国第一，武汉市档案局(馆)的《武汉(汉口)商会及同业工会档案史料研究》项目获武汉市政府科技进步三等奖。这些档案科研成果的取得是湖北省档案科研工作史上的一次重大突破，必将对湖北档案事业发展产生广泛而深远的影响。

四、各项档案业务建设全面发展

一是档案馆基础建设力度加大。湖北省各级档案部门按照“四位一体”功能的要求，紧紧抓住国家新一轮档案馆舍建设的契机，加大了档案馆舍建设的力度。宣恩新馆建成并投入使用，仙桃、应城等地异地搬迁新馆，沙市等地成立档案馆，武汉、荆州、鄂州、团风、松滋等地新馆建设已取得重要进展。许多市县投入一定资金对馆库进行了维修改造，增加了一些设施设备。湖北省有 44 个综合档案馆已建成当地的爱国主义教育基地，黄石、宜昌等 6 个综合档案馆晋升省一级馆，截止 2004 年底，省一级档案馆已达 46 家。

二是档案资源建设步伐加快。2004 年初，湖北省档案局出台了《关于各级国家综合档案馆接收档案若干问题的意见》，进一步明确了各级国家综合档案馆接收档案的期限和各专业主管部门档案移交的范围。各地普遍加大了档案接收和征集工作的力度，特别是在名人档案、重大活动档案、特色档案等不同载体、不同门类档案的接收、征集上取得了可喜成绩。2004 年，全省各地累计新接收、征集档案资料近 40 万卷(册、件)。

三是机关档案工作得到加强。2003 年，湖北省档案局开展了争创全省档案工作先进系统活动，2004 年又对 171 个省直单位 2001 年以来文件材料的归档整理质量进行了一次比较全面的检查和指导。各地各部门按照《归档文件整理规则》的要求，严把归档文件整理质量关，进一步推动了机关档案管理水平的提高，全省有 40 个机关档案工作晋升省特级。

四是经济科技档案工作不断探索新思路。针对新形势下经济科技档案工作出现的新情况、新问题，2004 年，湖北省档案局成立了经济科技事业单位档案工作规范管理委员会，聘用了一批规范管理评审员，在坚持自愿原则、服务原则、规范原则的基础上，积极为企业、科技事业单位搞好档案服务工作。截止 2004 底，湖北省达到 AAA 级档案工作规范管理标准的企业、科技事业单位有 30 家，达到 AA 级的单位有 40 家。继续加大了对重点工程、重大建设项目、高新技术企业、科技事业单位体制改革等档案工作的管理、指导和服务力度，经济科技档案工作步入了规范管理的发展轨道。

五是档案安全保管措施更加有力。各地高度重视档案安全保管工作，采取改善条件、制定规章、加强管理等各种有效措施，维护了档案的完整与安全。武汉、襄樊、十堰、安陆、鹤峰等地已将档案保护费列入了政府的财政预算，档案抢救保护工作得到加强。有些地方对档案资源进行等级鉴定，实行分类管理，使珍贵档案得到更加科学安全的保管。

2004 年，湖北省各级档案部门“三个文明”建设协调发展，省档案局(馆)连续第三届荣获省级文明单位，一些市县档案局被评为市、县级文明单位或最佳文明单位，湖北省档案局(馆)信息开发利用处接待利用岗位被评为省级“巾帼文明示范岗”。档案干部培训、教育工作力度加大，湖北省档案局举办了近十年来最大规模的全省档案局(馆)长培训班，队伍素质明显提高。档案宣传工作不断加强，湖北省档案局《湖北档案》杂志和《档案工作简报》的舆论导向作用和信息服务功能不断加强，各级学会组织创新思路，充分发挥桥梁和纽带作用，为促进档案工作发展发挥了重要作用。

(李宗春　徐早祥)

湖 南 省

2004 年，湖南省档案工作紧紧围绕省委、省政府工作大局，服务中心，强化管理，取得了新的成绩。

一、档案事业的发展环境不断改善

2004 年 4 月，湖南省委办公厅、省人民政府办公厅联合发出了《关于进一步加强新时期档案工作的意见》，各地结合实际认真贯彻落实，营造了档案事业发展的良好环境。各级领导齐抓共管，全省共有 57 位市州领导亲临档案局馆检查指导档案工作，召开现场办公会议，为档案部门办实事，解决实际问题。7 月，省人大常委会听取了修订《湖南省档案管理条例》的情况汇报，省人大财经委领导深入省档案局了解情况，帮助解决省档案局经费缺口大，工作环境差等问题。据不完全统计，全省各级政府和财政部门增拨了近一千万元的经费用于档案馆库建设。2004 年，湘西自治州各级政府和财政部门共拨经费 157 万元，用于州县馆库建设及工作条件和改善。

二、档案工作依法管理水平不断提高

首先，完善了档案法规体系建设。7 月 30 日，省人大十届常委会第十次会议审议通过了新修订的《湖南省档案管理条例》，省档案局制订了《湖南省城市社区档案管理暂行办法》、《湖南省档案馆著名人物档案征集办法》等规范性文件；《长沙市地下管线工程档案管理条例》经市人大常委会审议通过，已正式颁布实施，成为我国城市地下管线档案管理的首部法规。其次，加大了档案执法力度。10月，省档案局组织省直有关厅、局对部分省级重点建设项目进行了档案执法检查，有效地规范了重点建设项目档案工作。第三，严肃查处了违法案件与行为。全省共检查单位3402个，查处违法案件18起，查处违法行为57起，发出《档案执法监督检查通知书》367份。第四，开展了多种形式的法制宣传活动。据统计，全省各级档案部门宣传《档案法》共挂横幅118条，贴标语2500多条，印发宣传资料5万份，出动宣传车50台次，宣传声势广泛持久，形成了一定的社会影响。

三、档案基础业务建设不断加强

第一，接收征集档案资料的力度加大。省、市、县三级档案馆共接收73万卷（册）档案资料，"江永女书"、"江华八景"、"常德诗墙"原稿或拓件等一批珍贵档案被征集进馆，成为"镇馆之宝"。党和国家第二代、第三代领导人来湘视察工作时的题词、照片、声像档案，世界粮食发展论坛（怀化）、中德环保与企业合作大会（湘潭）、中国齐白石国际文化节（湘潭）、芷江世界和平节、耒阳蔡伦科技发明节、衡阳船山文化节、南岳寿文化节、莽山生态旅游节等多个重大活动和重要会议的档案以及"五城会"吉祥物、长沙湘绣、苗族印染、道县徽章、炎陵药材标本等实物档案，凤凰旅游档案等各方面的音像资料相继被档案馆收藏。据统计，2004年全省各级档案馆征集历史照片7248张，声像档案2836盒（盘）、实物档案2208件，具有地方特色的文字档案17595卷（件），优化了馆藏结构，展现了各地档案馆的特色。第二，档案馆基础建设成绩显著。省档案馆、衡阳、永州、自治州、汉寿、常宁、辰溪等市州县新馆在近3年来相继建成投入使用，怀化市、郴州市和长沙市芙蓉区、韶山、南岳等县级档案馆经过改建、扩建或随机关迁入新楼，面貌焕然一新。长沙市、株洲市和师范大学档案馆建设工程已批准立项，许多档案馆（室）添置了一批现代化设备，大大改善了档案保管条件。第三，省直机关档案工作得到较快发展。省直20个协作组中有15个协作组分别召开了协作组会议，总结交流了经验，推动了省直机关档案工作的开展。

四、档案信息化和档案科技工作不断推进

省档案馆投资50万元，比国家档案局要求提前一年开通网站。株洲、平江等31个市县也建立了档案网站。省档案局根据国家标准，开发了"湖南省现行文件管理系统"，打造了文档管理和现行文件电子信息服务平台。全省四种类型的档案信息化建设试点工作取得了经验。档案科研工作逐步规范，省档案局颁发了《湖南省档案科技研究项目管理暂行办法》。2004年，全省共向国家档案局推荐申报科技成果12项，其中国家档案局立项2项，省档案局立项3项。高校档案专业的学历教育与档案人员在岗继续教育齐头并进。目前，档案学专业在校本科生100余人，研究生10余名，本、专科自考学员300余人，专升本函授班学员100余人，全省有50名业务人员参加了首届档案计算机应用技术培训班。

五、档案服务工作领域不断拓展

一是现行文件服务稳步推进。省档案局制发了《关于认真做好现行文件服务中心工作的通知》。省档案馆筹建了现行文件服务中心，正式挂牌开始服务。全省140个综合档案馆已有57个建立了现行文件服务中心。二是为基层服务扎实有效。6月，省档案局在湘潭和娄底市召开了全省农业农村暨社区档案工作现场经验交流会，与省民政厅、文明办、社会保障厅联合印发了《湖南省城市社区档案管理暂行办法》，全省4100个城市社区中有1124个社区建档，建档率达27%，全省村级建档率达95%。三是为经济建设服务主动。省档案局根据省委、省政府积极推进工业化、农业化、城镇化进程的战略决策，积极开展对钢铁、电力、交通、烟草、电子信息等优势产业和骨干企业档案的服务工作，进行了民营企业档案工作的调研和试点，起草了《湖南省民营企业档案管理办法》，促进了经济增长。四是编研、展览再创佳绩。省档案学会与常德卷烟厂共同举办"东方红杯档案文化优秀成果奖"评奖活动，省档案馆举办了"中国档案文化遗产——女书"珍品展，与省委统战部联合举办了《黄埔魂、中国心——黄埔军校史料展》。这些展览充分体现了档案馆资政服务、公共服务的作用。　　（田兴华）

广东省

一、紧跟中心，突出重点，努力为建设经济强省服务

（一）加强重点建设项目档案工作。省档案局全年共对141项重点建设项目的档案工作进行有效管理，特别对交通、水利、能源等重点建设项目开展全面跟进服务，组织了对新白云国际机场等13项国家和省重点建设项目档案专项验收。为了进一步加强对重点建设项目档案的规范管理，9月省档案局与省建设厅联合召开了全省重点建设项目档案工作会议。

（二）积极为民营企业服务，帮助民企做好档案工作。省档案局与省工商联联合印发了《关于认真做好民营企业档案服务工作的意见》，制订了《广东省民营企业档案管理工作指引》，编印了《民营企业档案工作手册》。4月，省档案局与省工商联召开全省民营企业档案工作座谈会。会后，省档案局及广州、汕头、珠海

等市、县档案局与工商联一起通过培训、指导、咨询等服务手段帮助民营企业建档。

(三)坚持不懈地抓好农业农村档案工作。截止到12月,全省镇级机关目标管理完成率为58.4%,其中肇庆、江门、东莞、中山市为100%;全省村级建档为62%,其中东莞、中山、肇庆、江门、珠海为100%。8月,省档案局与省农业厅、民政厅召开了全省农业农村档案工作现场会,将农村档案工作与农村中心工作结合来抓,有效地加快了全省农业农村档案工作的发展。

二、抓住机遇,积极参与,将档案工作与文化大省建设有机地结合起来

(一)省馆新馆投入使用成为建设文化大省的一个新亮点。省档案馆新馆占地1.3万平方米,总建筑面积4.5万平方米,总投资2.4亿元。新馆功能齐全,设备先进,档案文化气息浓郁,深受社会各界的好评。6月15日,省档案馆举行隆重的新馆开馆仪式,省长黄华华、省人大主任卢钟鹤、国家档案局局长毛福民等为新馆开馆剪彩。省档案馆新馆的建成投入使用大大提升了档案馆在文化大省建设中的地位和重要作用。《南方日报》和《南方》杂志分别将新馆评为2004年全省文化建设的亮点之一。

(二)抓住文化大省建设的机遇,搞好市县档案馆舍建设。省档案局积极向省政府反映本省市县档案馆舍建设落后的情况,力争省财政给予更多支持,帮助山区和经济欠发达地区改造、扩建和新建档案馆舍。广州、珠海、湛江、茂名、梅州等市的新馆立项工作已经当地政府批准,进入实质性筹建阶段;东莞市于8月搬进新馆;潮州市新馆9月破土动工;深圳、云浮市新馆建设已进入装修阶段;韶关市新增馆库面积1000多平方米;一批县馆进行了扩建、改建。

(三)积极举办各种展览,拓宽社会服务的渠道。一年来,各地档案部门利用馆藏档案举办多种展览。省档案馆新馆开馆以来,先后举办了《永远的春天——邓小平与广东改革开放大型图片巡回展览》、《开放之路——广东对外交往史料图片展》、《馆藏广东名人档案展》、《馆藏珍品档案展》等展览。新馆投入使用后,前来参观展览、利用档案和现行文件的人员达8万多人次。

三、贴近群众,力求把档案服务工作做深、做细、做实

(一)紧扣政务信息公开这一中心,做好现行文件利用工作。截至2004年,全省有20个地级以上市、88个县(市、区)馆已正式对外开展现行文件阅览服务工作。佛山市在全省率先开通了"现行文件网上查询中心",提供在线全文查阅。广州荔湾等区尝试利用网络使现行文件进入社区,为基层群众服务。全年各市、县馆共接收现行文件66650份,接待查阅利用者3284人(不含网上查阅人数),提供现行文件76031件次。此外,到各级各类档案馆查阅档案资料的共270514人次,提供档案资料884740卷次。其中,到省档案馆查阅的1948人次,接待境外利用者48人次。

(二)积极倡导创新档案管理体制。省档案局积极倡导佛山市顺德区综合档案馆与城建档案室、房地产档案室合并的做法,创新档案管理体制。2004年,深圳市在机构改革中,将城建档案馆成建制并入深圳市档案局,在全国副省级城市中率先将城建档案与综合档案馆档案集中统一管理。国家档案局和建设部有关领导对深圳与顺德的做法给予了肯定。

(三)开展创建示范档案馆活动,促使综合档案馆向公共型档案馆转变。2004年,省档案局制定了《广东省经济特区和珠江三角洲地区示范档案馆标准》和《广东省山区及经济欠发达地区示范档案馆标准》,组织开展创建示范档案馆活动。12月,佛山市南海区档案馆和顺德区档案馆被授予"广东省示范档案馆"荣誉称号。

(四)加强档案收集工作,进一步丰富馆藏。省档案馆新馆投入使用后,先后接收省委办公厅等17个单位的9万多卷档案。省档案馆下半年接收档案的数量,相当于省档案馆成立45年来接收档案的总和。东莞市新馆落成后,接收档案数量首次突破1万卷。全省各级国家档案馆共接收档案近30万卷。

四、加强队伍建设,加大档案宣传力度,严格执法,档案法制建设迈上新台阶

(一)省人事厅、省档案局表彰了一批先进集体和先进个人。省领导肖志恒、钟启权出席表彰大会并向先进集体和个人颁奖,谢强华副省长和毛福民局长在会上作重要讲话。

(二)加强与媒体的合作,广泛宣传档案工作。《南方日报》、《羊城晚报》、《广州日报》以及省市电视台、电台等主流媒体和港澳媒体以省档案馆新馆开馆为题材,进行了深入广泛的系列报道,南方网等大型网站也积极配合转载。"档案馆"成为社会关注的热点。省档案局拍摄的《兰台宝藏,岭南春秋》专题电视片,较好地宣传了广东省档案事业各方面的成绩。《粤档信息》及时全面地报道全省档案工作动态,成为省领导和广大档案工作者了解档案工作信息的重要渠道。

(三)积极争取人大和有关部门的支持,加强档案执法检查力度。12月,省人大教科文卫委员会由许光辉主任带队赴汕头等地调研档案馆舍及设施情况后,向省政府建议加大对经济欠发达地区档案馆舍建设的资助力度。全年中央财政和省财政分别拨款30万元和50万元,资助了21个市、县(区)档案馆的重点档案

抢救或馆库维修。

广州、佛山、韶关、惠州等市的档案部门联合人大、司法、法制等部门对有关单位贯彻执行《档案法》的情况进行执法检查。清远市先后查处3起档案违法案件,分别对有关单位和责任人进行了处分或处罚。

(四)地方档案规章、业务规范建设有新的发展。3月,省档案局和省司法厅等单位联合发文,要求全省各级各类档案馆对法律援助人员利用档案免收相关费用,在全国率先实行困难群众打官司利用档案不收费。

一些市、县出台了有关档案信息化管理、现行文件管理与利用、档案中介机构运行规则,民营、社区档案管理等的业务规范和标准,使广东省档案工作规范化管理迈上新台阶。 (钟鸣)

广西壮族自治区

2004年,中共广西壮族自治区委员会办公厅、广西壮族自治区人民政府办公厅印发了《关于进一步加强新时期档案工作的若干意见》。在各级党委、政府和有关部门的重视和支持下,各级档案部门紧紧围绕党委和政府的工作大局,抓服务、搞建设、谋发展、保安全、带队伍,实现了全区档案工作新突破。

一、创新意识增强,档案服务成绩突出

已公开现行文件利用工作发展态势良好。5月,广西壮族自治区现行文件查阅中心在自治区档案馆正式建成并对外开放。年内,全区有88个市县(区)综合档案馆建立了已公开现行文件查阅中心,占全区应建总数的90%。

经济领域档案工作成效显著。加强对重点建设项目档案工作的监督指导,开展重点建设项目档案管理登记工作。自治区档案局深入乐滩水电站等9个项目检查指导,组织完成了草头坪水利枢纽工程、柳州卷烟厂扩建工程竣工档案验收。年内,全区共完成80个县以上重点建设项目档案的竣工专项验收。加强对国有和国有控股企业档案工作的监督指导,处置好国有企业改制中档案的归属与流向。组织开展民营企业档案工作调研。

社区档案工作全面开展。认真贯彻落实全区社区档案工作座谈会精神,积极主动地开展社区档案工作。年内,全区有1235个社区完成了建档任务,占总数的87.3%,建档合格率为64%。柳州、南宁、玉林、北海市的社区建档率达100%。

农业和农村档案工作进一步深化。8月,自治区档案局会同农业厅、民政厅在贺州市召开了全区农业和农村档案工作经验交流会,总结了档案部门为“三农”提供服务的经验,提出了今后一个时期全区农业和农村档案工作的任务和要求。各市、县(区)档案部门认真贯彻落实这次会议精神,把农业和农村档案工作摆上更加突出的位置。贺州市档案局召开了全市农村档案工作规范化管理工作会议,开展了村级建档“突击月”活动;桂林市对全市1700多个行政村的档案进行了全面整理;北海市档案局深入农村开展“三农”服务活动;南宁市对全市农科单位的建档情况进行了检查。

档案开发利用效果明显。各级档案部门大力开发档案资源信息,为编史修志、工作查考、经营管理、技术改造、科技开发、学术研究和维护权益等各项工作服务。年内,全区各级综合档案馆共接待查阅档案3.5万人次,提供档案11.6万卷次。为纪念邓小平诞辰一百周年和百色起义七十五周年,自治区档案局(馆)与自治区党委宣传部等部门先后联合举办了《邓小平与广西——纪念邓小平诞辰一百周年图片展》和《张云逸在广西图片展》,先后有5万多名观众参观展览。

二、档案基础建设扎实开展,管理水平不断提高

档案资源建设力度加大。年内,各级综合档案馆接收档案10.4万卷。各地档案部门主动参与各种重大活动、重要会议、重大事件的档案收集工作。自治区档案局加强了首届中国—东盟博览会档案工作的监督、指导,并派人直接到现场采集拍摄声像档案;贺州市印发了重大活动(事件)档案资料备案工作管理办法;柳州市档案局派员深入各种重要会议、重大活动现场收集(拍摄)照片、录像;玉林市档案局对本市旧城改造前的市容市貌进行拍摄存档。

机关和企事业单位档案工作继续得到加强。推进机关和企事业单位年度归档检查制度。自治区档案局对140个市直单位1998年和2001年的归档文件整理质量进行了检查,组织自治区直属机关、企事业单位档案工作协作组检查了170个单位2003年度归档文件整理情况。开展机关档案室定升级和企事业单位档案工作目标管理活动。年内,有6个自治区直属机关档案室、258个市、县(区)直机关档案室定升级;有23个企事业单位档案工作目标管理通过认定,其中国家级4个。

档案基础设施建设力度加大。各地想方设法筹措资金,维修档案库房,添置装具和设备,不断改善办公和档案保管条件。桂林等13个市、县(区)档案馆对馆库进行了维修、改造、扩建,更新供电线路,添置防火、防潮设施等,达到了安全保管要求,馆容馆貌有较大改观。

三、档案信息化建设稳步推进,现代化水平逐步提高

网站建设开始启动。5月21日,“广西档案信息网”正式开通运行。自治区档案局完成了局域网与政

府系统办公资源网互联互通任务。柳州市档案局对"柳州市档案信息网"内容进行了充实。南宁市档案局利用政府政务网络建设平台,筹建本局网站。北海市档案局建成了局域网,安装了办公自动化软件。

档案目录数据库建设扎实推进。全部完成了馆藏民国档案目录数据的采集、编报任务。建国后档案目录数据库建设步伐加快,有13个地级市档案馆全部完成了建国后档案案卷级目录数据的采集,并向自治区档案目录中心上报了24万条目录数据。年内,全区共完成了174万条文件级目录数据的录入。

档案管理软件升级并广泛应用。"GD2000档案管理系统"3.0版的升级工作顺利完成。各地、各部门积极推广使用"GD2000档案管理系统"。截止2004年底,全区共有2700多个市、县(区)档案馆和机关、企事业单位应用该软件管理档案。电子档案管理软件研制工作进展顺利。

四、统筹兼顾,档案法制宣传教育工作得到加强

行政执法主体进一步明确。认真贯彻全国档案系统贯彻实施《行政许可法》工作会议精神,积极清理、报送行政许可项目。经自治区十届人民政府第23次常务会议审议通过,自治区本级保留3项档案行政许可项目,自治区档案局属于59个具有行政执法主体的单位之一。

档案行政执法进一步强化。2004年3月31日至4月8日,国家档案局局长毛福民率国家档案行政执法检查组到广西开展档案行政执法检查,先后对柳州市、柳州钢铁(集团)公司、自治区档案局等13个市、县和单位的档案工作进行了检查。6月22日至7月3日,自治区人大教科文卫委员会组成执法检查组,先后检查了南宁市、自治区发改委等13个市、县和单位贯彻实施《档案法》和《广西壮族自治区档案管理条例》情况。各地以此为契机,积极开展档案行政执法检查、档案执法调研。年内,各地共对4000多个单位进行了档案行政执法检查。

档案宣传工作取得新成效。各级档案部门积极开展形式多样的档案宣传活动。北海市档案局开展了"档案宣传月"活动,进行档案法律法规宣传咨询。桂林市档案局积极参加全市的"12·4"法制宣传日活动,在市中心广场设立档案咨询台,接受群众咨询。各地继续以《中国档案报》、《中国档案》杂志等刊物为阵地做好宣传工作。年内,全区有70多篇新闻稿刊登在《中国档案报》。

档案教育继续发展。全区各级档案部门采取多种形式开展档案干部继续教育、岗位培训。年内,自治区档案局先后举办了电子公文归档管理、基建项目档案业务、档案现代化管理技术等培训班7期,培训档案干部800多名。全区各级档案部门共举办各种培训班400多期,培训人员1.3万人次。（韦家友）

海 南 省

一、档案队伍建设

2004年海南省档案局(馆)先后组织1期市县档案局(馆)计算机操作技能提高班、1期职业技能提高班、1期档案业务岗位培训班,培训339人。海口市档案局举办1期《文件归档整理规则》培训班,1期《电子文件归档整理规则》培训班,3期职业技能培训班,共292人。全省各市县也分别举办了《文件归档整理规则》培训班和档案业务培训班,当年,全省75人申报档案系列职称,其中13人被评为馆员,61人被评为助理馆员。

二、档案业务建设

当年,海南省档案局(馆)共接收省人口局、省机构编制委员会办公室等8个单位档案3094卷(件),党史等资料445本(册)进馆。完成进馆档案资料入库上架4883卷(册);开放档案目录77099条;完成310本清末民初珍贵资料外文翻译及编目工作;与省党史地方志办公室合编《海南"大跃进"和人民公社化运动资料选编》(1958—1960),共55万字。当年,省档案馆接待利用者1687人,提供利用档案资料16533卷(册)。当年,海口市档案局(馆)接收海口市医药总公司等2家破产、改制企业和市人民政府办公厅等12家市直机关单位的档案进馆,共接收档案3095卷,整理会计档案2100卷(盒)。对海南国际财务有限公司档案进行寄存,共27箱;对档案进行消毒,共3300卷;征集了海南陈氏、林氏、冯氏、唐氏、黄氏、梁氏、蒙氏、郑氏等名门望族族谱共19册。海口市档案馆完成了11个全宗2000卷档案3.5万条文件级目录的著录,截止2004年10月,档案目录数据库的机读目录达33万条。纪实拍摄反映海口市政治、经济、文化发展的照片档案900余张;编撰了《海口市2004年大事记》和《海口市百年疫情档案摘录》。

三、档案信息开发和利用工作

三亚市档案局(馆)共接收10个撤并单位1006盒2454卷档案进馆;全年共接待利用档案人员198人(次),利用案卷684册(卷);著录档案目录7156条。儋州市当年共接待利用档案人员384人(次),利用档案和资料有513卷(份)。澄迈县接收进馆档案430卷,接待查阅515人(次)。陵水县接待查阅档案资料120人(次),提供档案270卷。临高县接待利用档案600人(次),利用案卷1201卷(件)。琼中县共接收档案116卷加608件,收集资料90册,接待利用者168

人次，提供档案利用270卷（件）。乐东县当年接收县直机关档案500卷进馆，接收乐东县抱由糖厂档案1005卷进馆。接待档案利用者392人次，提供档案2460卷次。万宁市接待利用档案者1000人次，提供档案利用1846卷。文昌市接待利用者2500人次，利用档案3600卷次，资料15册次；接收档案1343卷（册）；征集韩、邢、陈、符、何、姚等姓氏族谱共42册。现已输入50多个全宗，2000多余目录。

四、现行文件利用工作

2004年10月14日海南省委办公厅、省政府办公厅联合下发了《关于在省档案馆开展已公开现行文件利用工作的通知》，省档案局专门召开会议，开展已公开现行文件利用工作，省直各单位积极配合开展已公开现行文件的报送工作，截止2004年12月，共有56家单位报送1053份已公开现行文件，文件汇编115册。海口市现行文件利用中心当年接待利用703人次，提供现行文件、档案1786卷（件）。文昌市现行文件利用中心收集了市委办、市府办等单位报送的现行公开文件400份，有68个单位报送了现行文件目录。琼海、万宁等市县的已公开现行文件利用工作已经展开。

五、档案法制工作

2004年8月4日，海南省人大常委会颁布了《关于修改〈海南省档案管理办法〉的决定》的公告，修改后的《海南省档案管理办法》保留了六项行政许可项目，修改了两条行政许可项目，取消了一项行政许可。4月6～8日，省档案局行政执法检查组分别对省尖峰岭林业局和三亚市档案局（馆）进行档案行政执法实地复查，并发出《整改通知书》；4月至5月省档案局执法检查组对省直部分大中型企业进行了执法检查，并对一起档案违法行为发出了《限期整改通知书》；11月15～26日，省档案局法制检查组对全省18个市县档案局（馆）进行了馆库建设和安全保管条件方面的执法检查，对15个市县档案局（馆）发出《限期整改通知书》。三亚市档案局以纪念《中华人民共和国档案法》颁布17周年为契机，在全市范围内宣传学习《档案法》及相关法规，组织全市213名同志参加档案法制知识测验。儋州市人大办公室、市政府法制办公室、市档案局联合组成档案行政执法检查组于1月5日开始对全市一百多个单位进行执法检查，并对海头镇等10个单位下发了《档案执法监督检查通知书》，限期整改。琼海市档案局于7月下旬至8月上旬，对市直机关2003年度归档工作和全市206个村（居）委会开展档案执法检查。昌江、澄迈、临高、乐东、陵水等市县也相继开展了档案行政执法检查。

六、档案信息化建设

2004年，海南省档案局（馆）组织建设"海南省档案馆档案资源网络服务系统"一期工程；组织开发省档案馆办公平台；加强全省档案目录中心数据库建设工作；以儋州市档案局（馆）作为市县档案馆信息化建设的试点单位，得到市委、市政府的高度重视，并将此项工作列入儋州市信息化工作的总体规划中，统一部署、统一建设，文昌、琼海、东方、澄迈等市县积极开展电脑著录工作；推广使用"琼兰档案管理系统"。抓好全省档案网站建设，当年共整理材料、档案信息上网41条。保亭、昌江、琼中、屯昌、陵水等五个县的档案馆主页登上互联网，实现全省档案馆主页上网，设计建设了党政网上的档案局主页，并将省馆馆藏档案目录数据库上挂党政网，为党政机关提供档案目录查询服务。

七、机关企业档案业务建设

2004年，海南省直机关文件材料归档率为95%。省侨联、省边防琼海支队、省边防海警二支队等3个单位达省一级综合档案室标准，中央储备粮库达省二级综合档案室标准。2004年，海南省档案局以加强市县直属机关档案工作为切入点，以提高文件材料归档率为主要指标，制定了《强化市县直属机关档案工作实施方案》、《强化市县直属机关文件材料归档工作情况调查表》和《海南省市、县档案局（馆）档案工作考核标准》。三亚市对全市139个立档单位开展督促检查，与立档单位签订档案工作目标管理责任书；澄迈县组成三个检查组，对全县39个单位自1999年以来的文件材料归档情况进行检查；白沙、乐东、定安、琼海、万宁、海口等市县归档工作开展较好。为使企业档案工作达到标准化和规范化，省档案局对10家非国有企业进行调研，对三亚市大隆水库工程指挥部档案工作进行指导；召开企业档案工作年会，交流和指导企业档案工作。

八、农业农村和社区档案工作

2004年，海南省琼海市档案局和市科技局联合开展科技示范村、示范户档案工作，共有300个示范村（户）参加；琼海市委组织部与市档案局联合发文，对村级建档工作提出具体要求，并对全市206个村（居委会）开展了档案执法检查，全市各村委会于2004年9月前全部完成立档工作任务，共立卷853卷。万宁市对12个乡镇的村级档案员进行培训，培训人数220人。乐东县开展村级建档工作，为村级换届和"三农"工作服务。海口市档案局创建海南省社区档案工作，以美兰区的和平南街道办事处和人民路街道新利居委会为试点。2004年10月28日召开社区档案工作现场会，部署新时期社区档案工作。

九、其他工作

对外交流与合作。2004年8月，海南省档案部门应邀组团赴奥地利参加第十五届国际档案大会,并对周边国家进行档案工作考察,共有 22 人参加。当年,省档案局先后接待了来自国家档案局和江苏、湖北等省、自治区、直辖市档案部门人员 30 批 800 人参观考察。海口市档案局组织 82 人赴四川、陕西、山西、广西等地考察学习;共接待北京市平谷县等地 6 批 130 名档案同仁。

召开全省档案工作暨表彰先进会议。2004 年 3 月 4 日,召开海南省档案工作暨表彰先进会议,共 110 人参加。海南省政府副省长李礼辉、省政府秘书长许俊等领导出席会议。会上,对全省档案系统先进集体和个人进行了记功奖励,给予 10 个集体记二等功,20 个集体记三等功;给予 10 名同志记二等功;15 位同志记三等功。（罗海山）

重庆市

2004 年,重庆市各级各类档案部门和广大档案工作者,在中共重庆市委、市人民政府的领导下,在国家档案局的指导下,围绕党和国家的工作大局,求真务实,开拓进取,积极工作,取得了显著成绩。

一、档案收集和开发工作

2004 年,在各级党委和政府的领导下,重庆各级各类档案馆及机关企事业单位档案室,采取多种措施,大力丰富馆室藏,全年共接收纸质档案 475138 卷又 115377 件,照片档案 53835 张,影像档案 741 盘,底图 842750 张,电子档案 7438 张、盘。

2004 年,重庆市各级各类档案部门大力加快档案开发和服务的步伐,仅各级国家综合档案馆就开放档案 5324 个全宗,开放档案 1385017 卷,开放案卷级档案目录 47.76 万条,文件级档案目录 310.77 万条;全年各级各类档案馆室共接待利用者 184831 人次,向利用者提供档案 562095 卷又 158753 件,为社会各界的工作查考、编史修志、学术研究、经济建设和宣传教育等工作作出了应有的贡献。此外,全市各级各类档案部门,还积极主动地提供服务,全年公开出版档案史料 12 种 3432 万字,内部出版档案史料 111 种 4359 万字。

二、已公开现行文件利用工作

2004 年,国家档案局全国已公开现行文件利用工作座谈会议以后,重庆市档案局及时向市政府汇报并提出贯彻意见,经市政府领导同意,重庆市人民政府办公厅于 2004 年 9 月向各区县(自治区、市)发出了《关于加强已公开现行文件利用工作的通知》(渝办发[2004]277 号)。为把市政府办公厅的文件精神落在实处,市档案局及时研究并制发了《重庆市已公开现行文件收集和送交办法》,印发各区县(自治县、市)档案部门贯彻执行。全市各区县(自治县、市)遵照市政府办公厅文件的规定和市档案局的部署,积极行动起来,加快现行文件中心的建设,在业已开展已公开现行文件利用工作的南岸、渝中、城口、巫山、铜梁 5 个区县的基础上,2004 年又有 23 个区县建立了已公开现行文件利用中心,加上市档案馆,现全市开展已公开现行文件利用工作的有 29 个国家综合档案馆,占全市国家综合档案馆总数的 70%。与此同时,为充分发挥政府公报在政务公开和依法行政中的作用,重庆市人民政府在充分调研的基础上,于 2004 年 10 月 14 日以市政府办公厅名义印发了《关于设立政府公报阅览室的通知》(渝办发[2004]313 号),要求在市档案馆和各区县(自治县、市)档案馆内设立政府公报阅览室,将政府公报的阅览工作纳入现行文件利用中心统一安排。市档案局及时向各区县(自治县、市)转发市政府办公厅文件,并提出具体的贯彻意见。市档案馆和各区县(自治县、市)档案馆,及时地于各档案馆内设立专门的政府公报阅览室或政府公报阅览柜,并按要求设置明显标识,确定专人管理,实行全天候开放,无偿地为社会公众提供服务。

三、农业农村档案工作

遵照党和政府有关“服务三农”的精神和指示,重庆市档案局于 2004 年上半年开展了农业农村档案工作调研活动,初步摸清了全市农业农村档案工作的现状及其存在的问题,并于调研活动中参与指导了巴南区花溪镇建新村、群乐村建立规范的农户档案。在此基础上,市档案局制发了《关于进一步加强农业农村档案工作的通知》,用以指导全市的农业农村档案工作。与此同时,市档案局还与市林业局退耕办合作,共同开展全市退耕还林工程建档工作的调查研究,并与市林业局联合下发了《关于加强我市天然林资源保护工程项目档案工作的通知》,对进一步规范和加强全市退耕还林工程和天然林资源保护工程的档案工作提出了具体要求。各区县(自治县、市)档案局,也按照全国农业和农村档案工作会议的要求和市档案局的部署,加大对农业农村档案工作的业务指导和监督检查力度,使全市的农业农村档案工作得以顺利推进。梁平县完成了全县 33 个乡、镇 315 个行政村第二轮土地承包档案的整理和归档工作;万盛、南川、武隆、垫江等区县(市)已将第二轮土地承包档案全部接收进馆;武隆、秀山等县开展了乡、镇档案工作的检查评比工作;涪陵区将乡、镇档案工作纳入区政府对各乡、镇的目标管理,由区政府分管档案工作的副区长与乡、镇负责人签订《档案工作目标责任书》,用以规范、加强全区的农业农村档案工作。

四、企事业单位档案工作

2004年，市档案局根据国家档案局、国务院国有资产监督管理委员会下发的《国有企业文件材料归档办法》，及时提出贯彻意见并转发各区县档案局和市属企业贯彻执行。为推动国有企业档案工作的开展，市档案局结合全市档案行政执法检查，会同市发展改革委员会、市国有资产监督管理委员会等部门，对重庆建工集团、西铝集团、重钢集团等10余家国有大型企业的档案工作进行检查，并针对检查中发现的问题，提出了加强国有企业档案工作的措施，制定了《关于进一步加强我市国有企业档案工作的通知》。与此同时，市档案局还在全市范围内继续开展企事业单位档案目标管理等级认定工作，指导企业对照档案工作目标管理标准，查漏补缺，使之上等级上台阶。通过考评，太极集团、太极集团西南药业股份有限公司、重钢集团型钢厂等20余家大型企事业单位通过了档案工作目标管理的等级认定。

五、重点工程档案工作

2004年，重庆市档案局认真贯彻国家有关重点建设项目档案工作规定，对重大建设项目的档案工作进行跟踪指导，加强市级重点工程建设档案的监督检查和竣工验收工作。一年来，市档案局先后对在建的渝涪路、渝黔路、长万路等4条高速公路及8小时重庆高等级公路、重庆江北国际机场扩建拓展工程、重庆轻轨工程以及世行贷款污水处理工程等30余个重点工程项目的档案工作，分别进行业务指导、监督检查和竣工验收，确保了这些市级重点工程项目的档案齐全完整，符合规范。（唐润明）

四　川　省

2004年2月，四川省人民政府第28次常务会议对关系全省档案事业发展的档案馆库建设、档案抢救工作、档案信息化建设、档案工作人员培训和档案事业经费等五个问题作出重要决定，推动全省档案事业在全面建设西部档案强省的道路上阔步前进，取得了七个方面的新突破。

一、转变思想观念有新突破

全省档案部门深入学习邓小平理论和"三个代表"重要思想，确立四种观念：与时俱进、开拓创新观念；以人为本，全面、协调、可持续发展观念；为加强党的执政能力提供优质高效服务的观念；爱岗敬业、奋发有为的观念。联系档案工作实际，进一步明确了新时期档案工作的三个服务方向，即为党和国家工作大局服务，为社会各界和广大人民群众服务，为社会主义物质文明、政治文明和精神文明建设服务。进一步明确了全面建设西部档案强省的三大目标，即"人强、马壮、效果好"。进一步明确了档案工作发挥作用的三条途径，即利用档案创造物质财富、精神财富和搞好各种形式的服务。进一步明确了档案工作部署必须抓住重点，突破难点，整体推进，才能有长足的进展。全省各级档案部门内强素质，外树形象，创造性地开展工作，改变了默默无闻的形象，涌现了一批"四好班子"、"文明单位"和"先进集体"。

二、档案馆舍建设有新突破

省政府第28次常务会议决定对贫困地区修建档案馆酌情给予补助，推动全省档案馆舍建设。2004年省财政拨款150万元，分别资助尚未修建库房的12个市、县（区）新建档案馆，其中眉山市档案馆、阆中市档案馆当年建成，其余10个新建项目正在积极筹建之中。此外，阿坝州档案馆重建工程、泸州市龙马潭区档案馆、江阳区新档案馆、泸县档案馆一期工程、资阳市雁江区档案新馆均竣工投入使用。成都市抓住创建文明城市契机，争取政府加大投入，改善各区档案馆条件，所辖城区档案馆面积增大，设施设备改善，功能增加，规范化水平得到提升。

三、档案基础业务工作有新突破

各级档案馆接收、征集、整理、鉴定、开放、保管保护和提供利用等日常业务工作继续得到加强。机关档案、重点建设项目档案、企业事业单位档案、民营企业档案以及农业农村档案的规范化管理水平有所提高。按照省档案局提出的建设规范化档案馆、规范化档案室的要求，全省试点建成22个规范化档案馆、797个规范化档案室，并总结形成了《四川省档案工作规范化管理施行办法》、《四川省各级档案馆工作规范化管理标准》、《四川省机关档案室工作规范化管理标准》和《四川省企业、科技事业单位档案工作规范化管理标准》。全省社区建档率已达70%，攀枝花市、宜宾市、遂宁市达100%，成都市达90%。省档案局研制的"四川省社区档案管理系统"软件已开始应用。围绕"三农"问题，省档案局与成都、德阳、攀枝花、宜宾等市档案局一起总结推广典型经验。自贡市档案局发现并征集到134册珍贵的岩口簿档案。重点档案抢救工作主要围绕国家清史编纂工作抢救清代档案，按照省政府"力争在本届政府任期内基本完成我省清代档案抢救工作"的要求，积极组织力量，采取各种措施，加快了抢救工作步伐。省档案馆加大财力人力投入，9个月裱糊清代档案16万多张，完成了过去需要15年才能干完的工作量，受到国家清史编纂委员会专家学者们的高度评价。

四、档案信息化建设有新突破

3月份在攀枝花市召开了全省档案信息化建设现场会，总结分析了全省档案信息化工作情况，推广了攀枝花市档案局和仁和区政府的经验。省档案局(馆)、成都、攀枝花、泸州、德阳等市档案局(馆)建成“三网”,全省21个市州和181个县(区、市)档案局(馆)都在省档案局开办的“四川档案信息资源网”上建立了网页和信息栏目。全省除民族地区个别偏远县外,县以上档案局(馆)均专线接通四川党政网(四川政务内网),实现了公文和信息网上传递。部分市、县档案局(馆)已开始接收电子档案,馆藏档案的数字化处理工作已开始进行。“四川省电子文档管理系统”普及率提高,单机版已升至V2.0,网络版V2.0已推广应用。加强了档案人员计算机应用培训,档案部门的信息化设施设备改善,部分市、县档案局(馆)计算机拥有量已达人手一台。省档案局组织召开了62个大型企事业档案信息化建设工作座谈会,推广了省电力公司、成都飞机公司信息化建设的经验,推动全省企事业档案信息化建设开始朝着统一、规范和共享方向发展。

五、档案信息资源开发有新突破

各级档案部门服务党委政府中心工作,大力开发档案信息资源,积极推进“文件服务中心”、“爱国主义教育基地”和“政务公开场所”建设,并以出版书刊、举办展览等方式开展爱国主义教育活动,开展对未成年人思想道德教育。全省建成文件服务中心85个,授牌爱国主义教育基地36个。省档案局(馆)为纪念邓小平同志诞辰100周年编辑出版了《四川档案》特刊,为配合“三农”问题编辑出版了《“三农”问题政策法规选编和问答》,为配合清史编纂编辑出版了《四川清代档案研究》,为配合爱国主义教育举办了《天府之光》图片展。雅安市档案局(馆)配合第八届国际茶文化研讨会暨蒙顶山茶文化节,组织编写了7万多字的《蒙山茶之档案考据》,反响良好。西充县档案局(馆)精选馆藏200多张历史照片,在县城广场连续举办展览,真实再现西充县从1950年解放时仅0.25平方公里、1718人的小镇,发展到现在10余平方公里,10多万人口的现代城市的伟大变革,参观者数万人次。

六、档案科研工作有新突破

省档案局和四川大学联合承担的《信息公开对档案工作的影响》,省档案局(馆)的《干燥杀虫法研究》和自贡市档案局《重大突发事件档案管理控制研究》三项课题在国家档案局立项,研究工作进展顺利。四项科研成果获国家档案局优秀科研成果奖。其中省档案局(馆)《档案库房空调系统疑难问题研究》获二等奖,省档案局《农业产业化档案管理研究》、省档案科研所《档案图书害虫电子图册》和成飞公司《多种载体档案文件网络管理研究》获三等奖。省档案局(馆)《档案库房空调系统疑难问题研究》成果还同时获国家知识产权局实用新型专利权登记。省档案局和档案科研所在积极开展课题研究的同时,大力开展科技成果转化工作,积极搞好科技服务,帮助不少部门和基层单位解决技术难题,提供建设方案,受到基层欢迎。

七、档案专业人才培养有新突破

省档案局与中国人民大学档案学院联办的档案专业研究生班已增至42人,面授课程已完成五分之三。按照全面建设西部档案强省的奋斗目标,为了大力提升全省档案干部的专业素质,省档案局组织编写了《公文管理》、《文书档案管理》、《科技档案管理》、《电子文件归档与管理》、《档案保护技术》、《档案法律知识》等一套6本、120余万字的档案专业大专教材,并决定从2005年起,依据这套教材对全省档案局(馆)专业人员实行全员培训,力争3~5年间使全省档案部门专业人员的档案专业知识水平普遍达到大专以上。全省举办各类档案干部培训班150余期,参训13200余人次。继续鼓励档案干部通过各种方式和渠道提高文化水平,一年间全省又有50人获大专与本科文凭,7人完成了硕士研究生学业,在读研究生53人。省档案学校进行了教职工聘用制改革,通过了省重点中专复查验收,2004年毕业中专生76名,大专生144名,新招生201名。

(张文忠)

贵　州　省

一、档案法制建设

2004年,贵州省档案局制发了《贵州省档案行政执法责任制(暂行)》,对制订档案行政执法责任制的目的、适用范围、实施机关、档案行政执法的主要内容、法定程序和要求等作出了明确的规定。7月,接受国家档案局档案行政执法检查组对贵阳市、安顺市、黔南州及省档案馆等12个单位进行的档案行政执法检查。8月至11月,省档案局分别与省政府法制办、省直目标办组成检查组,对毕节地区、六盘水市、贵阳市所属的29个单位暨省民政厅、省安全厅、省文化厅、贵州大学等17个省直单位进行了档案行政执法检查。各市(州、地)、县(市、区、特区)也相继开展了档案行政执法检查,其中:贵阳市对全市县(市、区)和部分机关进行了档案行政执法检查;六盘水市对206个市直机关、乡、镇和5个综合档案馆进行了档案行政执法检查;遵义市对19个长期不重视档案工作的部门发出了“限期整改通知书”;安顺市对430个机关单位、46个乡镇及56个行政村进行了档案行政执法检查;黔南州对全州600多个县(市)直机关、乡镇和122个州直单位进行了档案行政执法检查;黔东南州对20%以上的州、县(市)直单位进行了档案行政执法检查;毕节地区对6个地直单位和部分县(市)、乡镇、村进行了档案行政执法检查；铜仁地区对全区500个单位进行了档案行政执法检查。年内，省、市（州、地）、县（市）档案局对档案行政许可事项进行了清理，4月，省档案局经与省行政审批办、省政府法制办协商，将《贵州省档案条例》有关条款予以修改。

二、档案业务建设

全省档案行政管理部门开展了重点建设项目档案管理登记工作，至年末，全省已开展档案管理登记的重点建设项目共计176个，其中：国家级项目4个，省级项目36个，市（州、地）级项目52个，县（市、区）级项目84个；验收了兴义机场建设项目工程竣工档案；贵阳市档案局与市人大常委办公厅、市发改委、市城建档案馆对市属重点建设项目档案管理进行了检查；六盘水市、安顺市、黔南州、黔西南州等档案局分别对玉舍供水工程、黄果树机场、都匀市九龙湖日供10万吨供水工程、兴义市日供10万吨供水工程等重点建设项目档案管理进行了监督、指导；遵义市、铜仁地区、黔西南州分别整理重点建设项目档案10900余卷、975卷、563卷。

全省档案部门继续开展对企业档案工作的监督、指导。遵义市对88家企业的档案工作进行了指导，并将17家企业的11542卷档案接收进馆。

3月，省档案局与省经贸委联合下发了《关于对国有破产企业档案进行检查的通知》，8月，省档案局与铜仁地区档案局对原贵州汞矿的档案进行了专项调研、检查和处置，并将其3415卷文书档案接收进了省档案馆；贵阳、六盘水、遵义、安顺、黔南、黔东南、毕节、铜仁等8个市（州、地）检查破产企业数、接收进馆档案数依次分别为5家、1847卷，10家、3644卷，47家、41782卷，7家，9家、9387卷，58家、9109卷，6家、1154卷，1家。

全省档案行政管理部门开展了对民营企业档案管理的调研、试点、指导、服务工作。黔南州对金象实业总公司等民营企业的档案工作进行了调研、指导；黔东南州对十多个民营企业档案工作进行了调研；六盘水市、毕节地区对全市、区民营企业档案工作进行了调研、检查。

全省档案部门继续贯彻执行《省人民政府办公厅转发省档案局关于建立省地县三级现行文件阅览中心的意见的通知》（黔府办发[2003]107号），贵州省现行文件阅览中心成立，于2004年7月5日在省档案馆揭牌，并正式向社会开放；至年末，全省已建立起现行文件阅览中心79个，其中：9个市（州、地）档案馆全部建立了现行文件阅览中心，贵阳、六盘水、遵义、安顺、黔南、黔东南、黔西南、毕节、铜仁等9个市（州、地）建立现行文件阅览中心的县（市、区）档案馆数依次为10个、4个、7个、3个、10个、13个、8个、7个、10个。

省档案局与省民政厅联合制发了《贵州省社区居民委员会档案管理暂行办法》；遵义市完成了12个街道办事处、17个居委会的建档工作；铜仁地区共建社区档案工作试点43个，整理社区档案755卷；安顺市完成43个社区档案工作的调研和规划。

年内，贵阳市小河区建立了区机关档案管理中心，作为机关档案管理的新模式，该中心为全省第一家。

7月，省档案局在荔波召开了全省农业农村档案工作经验交流会；至年末，全省乡镇档案工作已基本实现了规范化管理，全省绝大多数行政村已建立起了档案工作，农户信用档案和农业科技示范户档案的建立，形成了农业农村档案工作的新亮点。白云区招聘56名中专以上的村级远程教育管护人员兼管档案工作，余庆县选派66名年轻有文化的国家干部驻村兼任档案管理员。

8月，贵州省档案局（馆）网站开通了贵州省现行文件阅览中心的现行文件目录查询系统；至年末，9个市（州、地）、27个县（市、区）档案馆、51个省直机关已运用计算机管理档案。

各级综合档案馆共接收档案219849卷（册），接待利用档案31029人次，利用档案资料123888卷（册）；黔南州荔波、三都等县征集抢救“水书”11050册，三都县建立了“水书”博物馆；锦屏县征集到清代山林契约档案13666份。

省档案馆围绕社会、经济热点问题和政府中心工作，利用馆藏档案编印以发展多种经营促进农民增收、依靠农业科学促进农业发展、贵州宪法草案历次讨论情况、贵州民族区域自治概况为内容的《档案信息摘报》4期，分送省委、省政府负责人及有关部门参考。

10月，主题为农业农村档案工作的西部地区第3次档案工作研讨会在贵阳召开，此次会议由贵州省档案局主办，重庆、四川、云南、西藏、陕西、甘肃、宁夏、青海、新疆、广西、内蒙古、贵州12省（市、自治区）档案部门55名代表参加了会议。

三、档案科教与宣传

获准立项的省档案馆《环六亚甲基四胺气相去酸技术研究》已完成课题研究工作，并向国家档案局报送了结题报告。

省档案局全年举办档案人员持证上岗培训班1期、档案行政执法监督员培训班1期、计算机操作技能培训班5期，重点建设项目档案管理培训班1期，共培训496人。市（州、地）、县（市、区）档案部门采取集中培训、以会代训等多种方式举办持证上岗、计算机档案管理、重点建设项目档案管理等业务培训班，共培训4955人。

省档案局组织参加了由中国档案报社在北京举办的《千家档案馆万张老照片——各级国家综合档案馆馆藏老照片精品展》，在全省各级综合档案馆共收集到280张珍贵照片参展；11月，贵阳市档案局、市委宣传部、市精神文明办与中国第一历史档案馆在省展览馆联合举办“清宫秘档暨清代贵州历史文化展”，许多珍贵档案是第一次在贵州展出，公展结束后，“清代贵州历史文化展”已移至贵阳市档案馆，作长期展出。

四、档案学研究

2004年，全省档案工作者主要围绕创新档案工作服务机制、电子文档管理、农业和农村档案工作、社区档案管理等档案工作热点问题开展学术研究，共在省内外报刊上发表档案学术论文近100篇。

11月2～4日，贵州省档案学会学术研讨会在六盘水市召开，收到参会论文77篇，提交大会交流31篇，会上宣读14篇。这次学术研讨会议主要围绕创新档案服务机制、新形势下档案事业宏观管理的新思路、新对策等档案工作的热点问题，实行互动式研讨，强化了学术争鸣，活跃了学术气氛。　　（周端敏）

云　南　省

2004年，云南省档案部门在云南省委、省政府的领导和国家档案局的指导下，按照省政府“继续加强档案资源建设，充分利用好档案”的工作要求，紧紧围绕“依法治档、科技兴档、强化服务、发挥效益”的工作思路，启动全省档案工作“八项工程”建设，全省档案工作取得了新的突破和提升。

一、档案干部队伍建设

思想作风建设。继续在全省档案系统倡导开展“八个一”学习、树立“八种形象”和增强“八种意识”，创建学习型、创新型、服务型机关活动，牢固树立“大档案、大服务、大创新、大发展”意识，努力建设一支政治强、业务精、作风硬的档案干部队伍；2004年云南省档案局召开全省档案工作暨双先表彰会，对全省档案工作先进集体和先进个人进行了表彰；向全省从事档案工作20年以上的同志颁发荣誉证书并给予在全省各级档案馆免费查阅档案待遇。

规范全省档案系列职称评定工作。组建新一届全省档案系列高职和中职评审委员会，并建立专家评委数据库；完成2004年全省档案专业技术人员高职、中职、初职的评审工作。

继续开展档案业务培训和学历教育。云南省档案局在2004年共举办9期全省档案干部业务培训班，参训人员1200余人；在国家档案局指导下，2004年10月，云南省档案局在昆明承办了国家商务部委托举办的“老挝高级档案管理干部研修班”援外培训项目，圆满完成培训任务，受到中共中央办公厅、国家档案局和老挝学员的好评；完成中共云南省委党校云南省档案局学区2004年度招考、录取工作，2003级本科、专科班教学工作正常进行。

二、“两个基地”、“六个中心”建设

爱国主义教育基地建设。2004年，云南省档案局下发了《关于进一步加强全省各级综合档案馆爱国主义教育基地建设的通知》和《云南省国家综合档案馆爱国主义教育基地管理办法》，对全省各级档案馆爱国主义教育基地建设和管理提出具体要求。截至2004年底，全省共成立爱国主义教育基地26家。这些档案馆爱国主义教育基地利用馆藏档案资料举办展览，开展爱国主义教育活动。

国家档案资源保管利用基地建设。2004年，云南省各种各类档案馆重视档案征集、接收工作，征集到一批中央领导同志到云南视察工作照片和省级老领导、各界名人档案资料，丰富了馆藏，接收档案资源30余万卷册，馆藏档案资料500余万卷册，这些档案资料得到了妥善保管；2004年有4万余人次到云南省各级各类档案馆查阅档案资料近16万卷册。全省60多个州、市、县对档案馆进行了新建和改建，建成28家。

“六个中心”建设。1.现行公开文件服务中心。2004年云南省档案局印发《关于进一步做好现行公开文件利用工作的通知》，到2004年底全省146个综合档案馆都建立了现行公开文件服务中心，文件总量达14余万份，接待查阅1万余人次，现行公开文件服务中心周六照常上班，开展来电来函代查、现行文件下基层、进社区服务；2.目录中心。云南省各级档案馆都开展了档案著录和文件级目录制作工作，云南省档案馆目录中心已完成8626卷档案的著录，制作目录20多万条；3.档案信息中心。云南省档案馆2004年成立档案信息中心，目前正着手开展工作；4.档案寄存中心。云南省档案馆2004年成立档案寄存中心，开展档案寄存业务；5.档案鉴定整理中心。2004年云南省档案馆鉴定整理中心成立并整理出一批名人档案和清代档案；6.档案抢救与保护中心。2004年云南省档案馆成立档案抢救与保护中心，增加设施设备和人员投入，加快档案抢救和保护工作进度。

三、档案信息化建设

2004年，云南省档案局与云南省政府信息化工作办公室联合印发《云南省档案信息化建设实施意见》，云南省政府转发了《云南省电子公文归档管理暂行办法》，指导全省档案信息化建设工作；各级档案部门积极争取到有关部门信息化建设资金，并使档案信息化建设纳入各级部门信息化建设和各级政府电子政务建设实施规划或计划中；各级档案部门按照电子文件归档进馆和馆藏档案数字化同时进行的原则做好档案数字化的基础工作，全省已采集文件级目录300余万条；2004年底全省各级档案部门共有计算机400余台，服务器16台，17个档案馆建立了局域网，布置网络站点596个，全省建起了10个档案网站。

四、档案业务指导工作

2004年，云南省档案局以不同的方式对全省档案工作进行业务指导。对省级机关、事业单位档案工作进行年检登记；联合有关部门对社区、收养、公证、重点建设项目和农业农村档案工作进行调研指导。目前，全省903个社区已建档650个，建档率为72%，参与13个国家级和省级重点建设项目竣工档案验收和规范化管理的监督指导。

五、档案法制和宣传教育工作

2004年，云南省档案局联合各地档案部门开展了各种形式的档案执法检查，11月，国家档案局对云南进行了行政执法检查；制定《云南省档案局档案行政许可审查制度》，组织开展了全省档案法律知识考试；云南省档案宣传工作以各级档案专业刊物为依托，通过各类传媒宣传报导全省档案事业发展状况，编印《档案基本知识问答》宣传材料；2004年《云南档案》和《云南档案工作简讯》共刊登各类新闻图片、消息、短讯及文章600余篇，约65万余字。

六、档案科研和学会工作

2004年云南省档案局科学技术委员会评出了年度优秀科技成果奖5项、档案工作创新奖12项。云南省档案学会召开了五届六次常务理事会会议，完成学会人事调整；组织开展了档案学术优秀论文评奖活动；进行了学会年检、会员登记和发展新会员工作。

七、启动全省档案事业发展"八项工程"建设

2003年云南省档案局提出全省档案事业发展的"八项工程"，即：省档案馆建设工程、州市档案馆建设工程、县(市、区)档案馆建设工程、党政机关档案室建设工程、乡镇机关档案室建设工程、企事业单位档案馆(室)建设工程、村委会(城市社区)档案建设工程、家庭档案建设工程。2004年云南省政府办公厅向全省转发《实施档案工作"八项工程"加快云南档案事业发展意见的通知》，省档案局制发了"八项工程"任务分解方案，全省有80多个州、市、县也制定了"七项工程"实施方案，在全省1100多户家庭中开展了家庭建档试点工作。 (张玲)

西藏自治区

2004年，西藏自治区档案局馆在区党委、政府的正确领导以及国家档案局指导下，带领档案工作者，紧紧围绕自治区党委、政府的中心工作，认真履行档案工作职能，加强服务意识，拓展服务领域，在档案的宏观管理、档案信息资源开发、基层档案工作建设等方面取得了较好的成绩。

一、狠抓档案宏观管理工作

经西藏自治区党委批准，2004年3月召开了全区档案局馆长会议。西藏自治区党委常务副书记徐明阳莅临会议并就现行档案移交进馆问题作了重要指示。各地、市分管档案工作的秘书长，各地、市档案局馆长和区直单位专门档案馆负责人等共计四十余人参加了会议。会议就十六大精神和区党委六届五次全委(扩大)会议精神进行了认真学习，并且在传达贯彻全国档案局馆长会议精神的同时，动员全区档案工作者在十六大精神指导下，全面贯彻"三个代表"重要思想，进一步认清形势，统一思想，明确任务，振奋精神，与时俱进，扎实工作，不断开创全区档案工作的新局面。

加大档案业务指导工作。西藏自治区档案局馆为配合自治区防治高致病性禽流感工作，不仅积极主动地与自治区防治高致病性禽流感指挥部联系，还专门抽调人员，按照档案管理规范化、标准化要求，对高致病性禽流感文件材料进行了系统分类、组卷、编目，确保了这些文件材料的集中统一管理。同时还派出档案业务指导人员160人次，对区直各单位的档案工作进行业务指导、监督、检查，及时解决和纠正在机关档案工作中存在的突出问题，促使机关档案室工作正常开展。

指定专人做好2003年度《全区档案事业统计综合年报》的填报工作。在年报工作中严格按照国家档案局的要求，采取馆室分类，分别对自治区8个档案行政管理部门、43个国家综合档案馆、1个国家专门档案馆、67个区直机关档案室的各项年报统计数据进行核对和计算机录入，对综合数据不相吻合的及时予以查询、催报，确保了统计数据的准确性。

开展地、市级档案工作达标升级工作。根据阿里地区档案馆档案目标管理达标工作的申请，自治区档案局馆领导带队，选后两次到阿里地区档案馆进行达标初验和组织考核评审工作。在完成初验的基础上，按照公平、公正原则，认真对照各项考核内容和标准进行评审，通过了阿里地区档案馆为西藏自治区二级馆的达标验收。

国家档案局检查组于8月3～13日对西藏自治区进行了档案行政执法检查。检查组先后听取了自治区、林芝地区、日喀则地区和拉萨市档案工作的情况介绍，并到这几个馆进行了实地考察和座谈。

自治区档案局除协助国家档案局执法检查组赴林

芝、日喀则地区检查工作外,还派人深入到阿里普兰、札达、日土、革吉、噶尔等七个县档案部门进行调研工作。在了解县档案工作情况的同时,与各县领导就加强基层档案工作交换了意见。

建立和开展档案信息通讯工作。为了解和掌握全区档案工作动态,便于相互交流和学习,以自治区和地、市两级档案局馆为主,分别建立了西藏档案工作信息中心和信息站。截止到11月底,接收全区档案工作信息53条,采用41条,编印信息简报15期。向《中国档案报》报送5条信息,其中2条被采用。

二、加强基层档案工作建设

各地、市档案部门遵照全区档案局馆长会议精神,统一思想,明确任务,振奋精神,不断开创基层档案工作新局面,取得了可喜的成果。

拉萨市档案局馆经过两年多的努力,2004年,先后挂牌成立了当雄县、尼木县、达孜县3个县档案馆,从而实现了拉萨市县县建立档案机构的目标。

山南地区档案局馆除对地区12个县的档案工作进行业务指导和培训外,在全县范围内重点推出了乃东县档案馆和扎朗县档案馆为基层档案工作建设示范点。使乃东和扎朗两县档案工作走在了县档案工作的前列,而且以点带面,为全面推动山南基层档案工作建设,起到了较好的作用。

日喀则地区档案局馆根据国家档案局和自治区档案局馆的工作安排,对所辖18个县、市档案馆库建设情况进行了认真的摸底工作,并及时向上级业务部门拟写呈报了《日喀则地区十个县、市档案馆库现状》以及相关的建议书。

昌都地区档案局馆根据全区档案局馆长会议精神及工作部署,经地委办公室统一安排,对全地区各县档案工作建设情况以及各县建立档案馆情况进行了检查和调研。拟写了《昌都地区各县档案工作检查的情况通报》,报送上级业务主管部门。同时,修订了《昌都地区档案局关于筹建县档案馆的意见》,新出台了《中共昌都地委办公室关于加强各县档案馆库建设的意见》。

阿里地区档案局馆结合本地档案工作的实际,由阿里地委办公室组织协调和统一安排,举办了一期各县委、县政府办公室主任档案基础业务辅导讲座,发放讲稿100多册,得到良好的效果。

那曲地区档案局馆在完善和提高地区档案馆档案保管条件的同时,给各县(区)档案部门解决了五节柜和铁质文件柜,总投资达3.3万余元。

林芝地区档案局馆积极争取援藏资金,在广东第三批援藏工作队的大力支持和援助下,总投资300多万元,使地区档案馆主体楼于2004年6月29日竣工验收,大大改善了林芝地区档案工作和档案保管的条件。

三、狠抓档案基础业务建设

各级档案部门根据全区档案局馆长会议精神,下大力气重点抓档案的规范化整理,特别是西藏历史档案的规范化整理以及进一步统一现行档案整理编目标准,使整理编目工作着眼于将来计算机技术的大规模运用。

西藏自治区档案馆组织专业人员研究制订历史档案规范化整理标准,并以馆藏羌基全宗为试点,开展历史档案规范化整理工作;同时,开展馆藏现行档案的计算机扫描输入工作。此外,根据目前老知识分子、老专家在社会上越来越少的情况,抓住时机,聘请现有的一些老专家,开展馆藏旧政府时期形成的照片档案的整理和认证工作,取得了良好的效果,共整理认证照片档案3005张。

日喀则地区档案局在第三批对口援藏干部轮换之际,再一次下发《关于收集对口援藏档案的紧急通知》,先后由各县(市)、地直各单位收集、整理相关文件汇编1057册,图纸523套,声像资料7盘,照片983张,文书档案29件,保障了第三批援藏档案的接收进馆(室)工作。

山南地区档案局馆开展特色档案的收集整理工作。先后收集了"雅砻生态园工程"、"泽当排水工程"等科技档案以及2004年雅砻文化节活动的声像资料。另外,对已开展的第一至三批援藏干部档案资料收集工作进行了扫尾,改变了馆藏档案资料单一的格局。

林芝地区档案局馆组织档案专业人员加强了对抗灾救灾、两省援藏、地区性重大活动等档案资料的收集和整理工作。共收集相关档案3000余件,整理大型活动及重要会议照片档案300余张。

那曲地区档案局馆在人少事多的情况下抽调专人,组织三个业务指导小组,对63家地直单位和县档案室开展档案规范化整理工作,共帮助整理案卷990多卷。接收进馆文书档案1000多卷、会计档案500多卷,为今后规范本地区档案的整理工作打下了较好的基础。

阿里地区档案局馆首次开展馆藏档案的计算机著录工作以及阿里地方志资料、援藏干部的工作笔记等档案资料的收集工作,取得了较好的效果。

昌都地区档案局馆先后四次对金河电站档案进行实地指导,并在条件成熟的情况下,按照档案进馆的要求,接收进馆其工程档案537卷,文书档案17卷。确保了重点工程项目档案资料的集中统一管理。

拉萨市档案局馆针对机构变更以及档案人员频繁调动,档案管理人员业务水平差等影响档案规范化整理的一系列实际问题,组织专业人员对市直各单位的机关档案室工作人员进行了档案工作各环节的具体指导,并取得了实质性成果。

四、加大档案工作的宣传力度

各级档案部门根据全区档案局馆长会议关于宣传工作的精神,纷纷采取有效措施,改变过去被动的档案工作宣传局面,积极地为党和政府的中心工作服好务。一是在全区范围内建立了档案工作信息网,建立健全信息申报制度。对有价值的信息资料主动、及时地组稿。二是抓住各种机会,特别是抓住具有全区乃至全国意义的重大事件或重要纪念日的机会,利用档案部门独有的馆藏优势,进行有针对性的宣传。西藏自治区档案馆和日喀则地区档案馆为配合西藏自治区纪念江孜抗英斗争一百周年活动,分别从馆藏档案中精选出部分珍贵档案,翻译编辑成西藏抗英斗争一百周年纪念专刊,发行于区内外各有关部门。 (依苏)

陕 西 省

2004年,陕西省各级档案部门和广大档案工作者在陕西省委、省政府的领导下,在国家档案局的指导下,围绕党委、政府中心工作,积极努力,开拓进取,圆满完成了各项工作任务,档案事业得到快速发展。

一、陕西档案事业得到党委、政府重视、支持,呈现快速发展势头

2004年,陕西省委、省政府、省人大分管档案工作的领导多次听取档案工作的汇报,关心、支持档案工作,及时解决档案事业发展中遇到的困难和问题。年初,陕西省委、省人大、省政府、省政协的有关领导共同出席全省档案工作暨表彰会议;3月22日,省政府常务会议决定将省馆建设列入2004年基本建设前期准备项目并安排专项经费;5月,陕西省人大常委会副主任桂中岳同志亲自率领教科文卫领导及部分人大代表分两路深入陕南、陕北及部分省直机关对全省档案执法检查情况进行了检查;6月,接到国家档案局来陕进行执法检查通知后,陕西省委高度重视,由省委办公厅牵头,积极做好相关工作,保证了执法检查的顺利进行;10月9日,陕西省委常委会专题听取档案工作汇报,讨论进一步加强档案工作的意见,并决定由陕西省委、省政府的办公厅正式下发《关于进一步加强新时期档案工作的意见》,要求全省各级党委、政府及档案部门进一步加强档案工作,不断提高档案管理服务水平,确保全省档案事业和其他各项事业协调持续发展。同时还决定省馆新馆建设按照基建项目程序,由省发改委统一纳入基本建设规划,安排项目的具体落实。

二、围绕中心,服务大局,提高档案工作服务水平

围绕新时期档案工作要为党和国家中心工作服务,为人民群众服务的指导思想,2004年,陕西省档案系统积极探索档案服务机制创新,努力为"三个文明"建设服务,做了大量细致工作,取得了显著成绩。

一是农业和农村档案工作加快发展。按照中央要把"三农"问题当作全党工作的重中之重的要求,陕西省各级档案部门与涉农部门条块结合、齐抓共管,开展建档指导工作,为"三农"提供服务,收到了较好的成效。在全国农业和农村档案工作经验交流会上,陕西省的《做好农业农村档案工作,为全面实现小康提供服务》情况汇报被选为大会经验交流材料,国家档案局局长毛福民在讲话中还特别表扬了西安市未央区和平村村级档案管理工作。2004年9月,陕西省档案局与省农业厅、乡企局联合召开了全省农业农村档案工作座谈会,全面推动了全省农业农村工作向纵深发展。10月,配合省退耕办对延安市所辖6县1区4乡镇退耕还林还草建档工作进行了专项检查、指导。

二是民营企业档案工作开局良好。陕西省各级档案行政管理部门积极开展对民营企业的指导,帮助、引导民营企业档案工作向规范化、标准化、现代化方向发展。省档案局对金花、开米集团公司、大地测绘有限责任公司等一批具有代表性民营企业进行了调研、指导,帮助他们建立起了完善的企业档案工作,其中有些企业已通过档案工作目标管理认证,在民营企业中发挥了引导示范作用。西安市组织召开了民营企业档案工作座谈会;汉中市颁布了《汉中市经济开发区档案管理办法》,这些都有力地推动了全省非公有制企业的档案工作。

三是继续做好国家和省级重点建设项目档案的监督、指导和验收工作。陕西省档案局对延安至安塞高速公路、西安绕城高速公路、府谷南梁煤矿等19家单位进行了重点建设项目(工程)档案工作单项或整体验收;西安市召开了全市重点建设项目(工程)档案工作会议,加强了对重点建设项目(工程)档案工作的管理。

四是普遍加强了爱国主义教育基地建设。2004年,陕西省各级档案馆通过公布史料、举办展览向社会展出了不同历史时期的档案资料和图片,广泛开展了爱国主义教育活动。西安、宝鸡、杨凌示范区分别举办了《西安市对外交流礼品展》、《宝鸡市解放55周年图片展》、《杨凌示范区成立七周年图片展》,收到了较好的教育效果。陕西省档案馆、宝鸡市档案馆编辑出版的《中国西部大开发实践丛书》、《中国老年人手杖》、《陕西人大历程》、《宝鸡市重大疫情史略》等专题史料,得到有关领导和部门的肯定。

五是全面开展已公开现行文件提供利用服务。陕西省各级档案部门认真学习、贯彻王刚同志对已公开现行文件利用工作的重要批示。省档案局及时下发了

《陕西省现行文件查阅中心管理暂行办法》，全省90%以上县(区)国家综合档案馆已建立了现行文件阅览中心，将"红头文件"向社会开放，密切了党和人民群众的联系。与此同时，全省档案目录中心、档案寄存中心工作也日趋活跃，帮助破产企业等改制单位解决了实际困难。

六是社区档案工作稳步发展。省档案局与民政厅联合下发了《关于加强全省社区档案工作的意见》和《陕西省社区文件材料归档范围》，为全省城市社区建档工作和逐步实现社区档案管理规范化奠定了基础。

三、加大档案行政执法力度，依法行政取得明显进展

2004年，陕西省档案行政管理部门加大了对《档案法》、《陕西省档案管理条例》的宣传、执法力度。在《档案法》颁布纪念日，全省各地举办了声势浩大的宣传活动。陕西省人大和国家档案局先后对省6市15县(区)17个综合档案馆、城建档案馆和省级机关16个部门及部分大专院校、科研院所、重点工程项目单位贯彻实施《档案法》情况进行了执法检查，给予了较高评价。与此同时，省档案局对《陕西省非公有制经济档案管理办法》、《陕西省重大活动档案管理办法》的立法进行了前期调研；配合《行政许可法》的实施，对《陕西省各类档案馆管理办法》等200余件规范性文件进行了清理。

省档案局还制定出台了《陕西省档案工作目标管理认证办法及认证标准》，召开会议推动此项工作的全面展开。

四、整体推进，档案基础业务建设全面加强

全省各级档案部门采取各种方式积极开展档案接收、征集工作。仅西安、安康市就接收档案4万多卷；子洲县档案馆一年接收了18个部门的5310卷档案，把20世纪五十年代就成立的政府工作部门从未向综合档案馆移交的档案全部接收进馆。全省各地在丰富馆藏、优化结构、体现特色、打造精品上下功夫，加强对重大活动档案、实物档案、名人档案的征集工作。陕西省档案馆召开新闻发布会接收了乔生焕、杜成义等同志捐赠的《十六大报告》及《中国共产党党内监督条例》书法作品，省档案馆的名人档案目前已增加到132位共计5409卷(册)。

全省建馆工作、重点档案抢救工作稳步推进。宝鸡市渭滨区新馆已开工建设，洛川、南郑等6个县区馆已完成收尾工程，略阳、丹凤等5个县区馆即将完工。省档案馆新馆建设的前期准备工作正在按程序运作。省档案馆在完成自身档案抢救工作的同时，加大了对各市、县抢救工作的监督检查指导力度，据不完全统计，全省2004年共抢救重点珍贵档案1.3万卷。省档案馆和西安、宝鸡等市把档案安全工作列入目标责任制考核，坚持了领导带班、干部值班制度，加强了档案的安全保管工作。

机关档案工作规范化管理水平逐步提高。全省各地、各部门普遍加强了机关"归档月"、目标管理认证和档案年检工作的检查指导力度。省档案局先后两次分别对113家省级机关单位进行了认真、仔细的年检，年检整体情况在2005年全省档案工作会上作专题通报。省档案局还完成了《陕西省省、市机关单位及政府直属企事业档案工作基本情况的调查报告》，这是陕西省2000年机构改革以来首次对全省机关单位进行的大范围普查。安康、咸阳等市县实行机关档案工作年检注册登记制度，将执法与业务指导、服务有机地结合起来，推动了机关档案工作整体水平提高。

五、档案信息化建设稳步推进，档案科教工作取得丰硕成果

陕西省档案馆完成了档案系统及部门信息化建设"十一五"规划的前期调研和框架方案的起草以及"档案著录系统"的开发和检测工作。印发了《陕西省文书档案目录数据交换格式与著录项目细则的暂行规定》。西安市档案馆在数据库建设和档案信息网站的管理、汉中市档案馆在档案数字化生产线工程的建设方面都走在了全省前列。

档案保护科研工作加大了科研成果研发和转化力度。"褪色、污染、霉变照片、底片、电影胶片的恢复"、"黄土遗址防风化保护"、"污染、褪色古旧字画去污、恢复与保护"、"文物防伪编号标识"、"环保型阻燃、防霉、防虫、防酸档案、图书、书画装盒"、"古建筑木结构防火防腐腻子"等项目的研究和测试进展顺利；其中"风化褪色的古代壁画、文物彩绘、建筑彩画的恢复与保护"研究成果，经鉴定达到国际先进水平，并获得国家文物局"文物保护科学和技术创新"二等奖。省档案馆完成了唐永泰公主墓壁画修复工程、西安市20世纪五、六十年代地形测绘版图抢救保护工程、大雁塔"贝叶经"复制保护和清代圣旨修复工程。陕西省档案局、文物局、陕西师范大学联合组建了"陕西历史文化遗产保护科学研究中心"；中国档案学会档案保护技术委员会机构设在了陕西，陕西省档案局科研所所长李玉虎担任了委员会主任。

全省各级档案学会充分发挥桥梁纽带作用，加强档案学术理论研究和交流。12月，陕西省档案学会召开了第六次会员代表大会和第八次档案学术讨论会，完成了换届选举，进行了学术交流；陕西省档案学会首次参加了海峡两岸档案学术交流活动。陕西省档案馆接待了古巴、罗马尼亚档案代表团，加强了与国际档案界的交流和合作。

六、全面加强队伍建设，为开创档案工作新局面打好基础

陕西省档案局(馆)通过机构改革，建立起了竞争激励机制，理顺了关系、强化了职能、优化了结构、提高了效率。2004年被省直机关工委再次授予"省直文明机关"称号。省档案局制定的《关于认真做好全省档案系统干部教育培训工作的意见》得到实施，举办了全省档案局馆长培训班，全年举办各种培训班共8期，培训档案干部445人次。各市、县档案局培训档案干部1000余人，档案干部整体素质明显提高。

(于永波)

甘 肃 省

一、各级党委、政府高度重视和支持档案事业的发展

2004年5月，甘肃省档案局领导班子集体向省委领导汇报工作。中共甘肃省委副书记韩忠信先后三次听取了汇报，就解决全省档案事业发展中存在的主要问题提出了明确的意见，协调解决了市县建馆补助费和国扶贫困县配备计算机两大问题。10月17日，中共甘肃省委书记苏荣同志又专门到甘肃省档案局(馆)调研，明确指出，要将省档案馆作为甘肃省的重点文化设施加以支持，充分发挥档案馆公共服务职能，以此推动全省物质文明、政治文明和精神文明建设。10月21日，中共甘肃省委、省政府召开了全省档案工作会议，这在甘肃省档案史上尚属首次，省委副书记韩忠信同志在会上作了重要讲话，要求各级党委、政府充分认识档案工作在经济发展中的重要作用，要为档案事业全面、协调、可持续发展创造有利条件。会后各市(州)党委、政府按照省委要求，及时召开党委常委会、政府常务会专题研究档案工作，使许多年未能解决的档案管护费、档案人员岗位津贴、档案馆基础设施建设等问题得到了解决。各级领导的重视与支持，极大地鼓舞和调动了全省档案工作者的工作热情，有力地推动了档案事业的发展。

二、档案宣传和教育工作成效显著

2004年，甘肃省档案局共举办岗位资格培训、继续教育培训、局(馆)长培训、档案现代信息技术应用培训、电子档案培训等培训班9期，培训学员644名。截止2004年底，全省共有2460名档案工作人员取得档案工作岗位资格证书。

围绕建馆45周年和新馆开馆，拍摄了《辉煌的历程》专题片一部，在省电视台甘肃新闻节目中开辟了《档案与发展》专题栏目，系统地宣传了档案工作。积极与新闻媒体取得联系，及时报道档案工作中的大事要事，全年新闻媒体报道档案工作消息30余篇(条)。2004年11月，甘肃省档案学会组织召开了全省档案信息化建设学术研讨会，近百名代表参加了会议，有24篇论文在会上进行了交流。《档案》杂志在2004年3月由北大图书馆、全国图书馆联合会每4年举行一次的全国中文期刊评比中，连续第3次被评为"全国中文(档案学)核心期刊"。

三、强化依法行政职能，加大档案执法力度

2004年，甘肃省档案局针对全省档案法制建设中存在的实际问题，加大依法管理的力度。认真贯彻实施行政许可法，举办了行政许可法报告会、在岗培训班和局(馆)长培训班，增加了行政许可法的教学内容。清理各种规章和规范性文件68件，上报省审改办审批的行政许可项目3项，非行政许可项目4项，转正常工作2项，进一步完善行政执法责任制，加强了档案执法队伍建设。2月18日，制发了《甘肃省城市社区档案管理办法》。5月25日，会同甘肃省国有资产管理委员会联合转发了国家档案局、国务院国有资产监督管理委员会《国有企业文件材料归档办法》。7月14日，会同甘肃省发展和改革委员会、甘肃省建设厅下发了《关于加强新形势下重点建设项目档案工作的通知》。甘肃省档案局与省人大教科文卫委员会协调，将档案法制调研列入省人大工作计划，并同教科文卫委员会主要领导一起，对全省的档案法制工作进行了调研，深入到全省1600多个机关、企业、事业单位和乡(镇)、村进行了档案执法检查。在"12·4"全国法制宣传日期间，邀请法学教授为全局职工宣讲宪法，以多种形式宣传档案法和档案工作。通过制发规范性文件，执法检查，法制宣传等有效措施，使全省的档案行政执法工作得到了进一步加强。

四、加强档案工作监督，拓展业务指导领域

2004年，甘肃省档案局主动参与国有企业改革、改制重组、破产兼并企业档案处置工作，积极指导重点建设项目档案、城镇社区档案和非公有制企业建档试点工作，巩固和提高了农业农村档案工作基础和质量，加大了对省直机关和中央、省属企业、大专院校、科研院所档案工作的监督指导力度。甘肃省档案局在深入调研和总结典型经验的基础上，于11月25日，同省工商联、非公有制经济办公室联合召开了全省民营企业档案工作座谈会，分析了民营企业档案工作现状，交流了经验，部署了今后的工作。2004年，甘肃省档案局先后有273人次深入到各市(州)各部门220多个单位、重点工程、企业、乡镇、农村进行调研和业务指导，同步对省直16个协作组180个单位的工作进行检查督促，使全省的档案工作整体水平有了新的提高。

五、档案信息化建设步伐加快

2004年,甘肃省档案局重新启动已中断的档案目录计算机录入工作,录入文件级目录31.4万条,把接收到的全省民国档案案卷级65630条目录进行了数据转换,对部分珍贵档案、照片档案、现行文件进行了全文扫描,并对录入存储的基础档案信息资源库进行了备份。刻录制作备份数据光盘21张。建立完善档案信息目录数据库、纸质档案全文数据库、多媒体档案数据库和档案信息网站数据库。相继建设和建成了局馆局域网并接入宽带因特网。加强了甘肃档案信息网站建设,网页达1000多页,字数达10万多字,照片1000多张。加强了硬件设施投入,全年新购置计算机28台,增加了服务器、网络交换机、打印机等设施设备。为国扶贫困县配备了计算机、档案管理软件、打印机。将档案信息化建设任务量化并列入全省档案目标考核任务。同时积极普及档案信息化知识,开办档案信息技术应用培训班和信息化理论研讨班,有力地推进了全省档案信息化建设的发展。

六、档案馆"四位一体"功能更加完善

2004年8月20日,甘肃省档案馆新馆落成并投入使用,更新了办公设备和档案装具,配置了现代化的安全监控系统和消防报警系统,彻底改善了档案保管条件和办公环境。与此同时,甘肃省档案局领导班子,积极向省委、省政府建议,恢复中断的市县建新馆经费补助。在省委、省政府领导的关心支持下,共拿出400万元建馆补助经费,以彻底解决10多个县、区没有档案馆的问题。加大了档案资源的收集力度,拓展了档案领域。2004年,共征集到各类资料、家谱、光盘等1471件,其中从天水民间征集到120件清代档案,将甘肃省档案馆馆藏档案时间向前提至清康熙年代。2004年11月17日,在个人珍贵档案资料捐赠仪式上,收到了邓宝珊将军的档案资料50余件、任震英先生的档案资料1700余件,填补了名人档案的空白。另外,还征集到侵华日军绘制的甘肃省境内部分地区的地图等,这是日本军国主义侵华的又一铁证。2004年共接收档案4006卷,同时还整理档案6193卷(件),完成了民国时期兰州交通银行分类组卷、编号,拟写卷内目录80余卷,抢救、修裱档案105件1783张。

七、增设服务新内容,积极开展公共利用工作

2004年,为了充分发挥档案馆公共服务职能,建成并开放了反映甘肃历史沿革的档案展厅,《记忆·拾珍·回味》珍藏档案展厅,拟写了8000余字的展示说明,展出文字资料200多件,照片图片675幅,档案资料80多卷(册)。全省各级国家综合档案馆,积极增设服务内容,举办档案史料展览,开展已开放档案资料的查阅服务,成立了"现行文件查阅服务中心",共接待参观、利用档案3174人次,提供利用档案171665卷(件、次)。使两个"基地"、"中心"作用得到充分的发挥。为配合黄河铁桥的重大维修,甘肃省档案局与兰州市博物馆联合举办了《历史见证:兰州黄河铁桥史料展览》,在社会各界引起了强烈反响。 (李安)

青海省

2004年,青海省档案部门按照年初确定的"广泛深入搞宣传、扎扎实实打基础、创新机制抓服务、统筹兼顾谋发展、警钟长鸣保安全、求真务实带队伍"的总体思路,以服务为宗旨,以责任制为抓手,解放思想,与时俱进,艰苦创业,团结奋斗,努力发挥档案行政管理和档案安全保管利用两种职能,加强档案法制建设、档案基础设施建设、档案业务建设、干部队伍建设等各项工作,档案事业有了很大发展,为全省建设事业发展提供了良好服务。

一、档案宣传工作成效显著

全省各级档案部门通过多种方式加大宣传力度,采取了一系列行之有效的措施,进一步推动了全省档案事业的发展。

2004年全省档案系统在各种报刊上发表文章174篇,采编各种信息331期;举办各种形式的展览21次。省档案馆举办《高原古城西宁的变迁》展览,面向西宁地区的中小学生,进行巡回展出,受到广大参观者的欢迎,参观人数达6000人次。广泛深入地宣传活动,进一步提高了群众的档案意识,档案在经济、社会中的重要作用进一步凸现,档案事业的社会地位有了提高。

二、档案执法力度进一步加大

青海省档案局加大依法治档力度,先后组织了三次高规格、深层次的执法检查。各州、地、市、县普遍开展了落实档案法和实施办法的执法检查工作,社会档案意识和档案法制意识有了明显增强。海东地区在每年"12·4"法制宣传日,组织全区档案部门上街宣传档案法;在《青海省实施〈中华人民共和国档案法〉办法》施行两周年之际,西宁市市委常委、市政府常务副市长钟振良,循化县主管县长发表了宣传档案法规的电视讲话;海北州从2004年开始把每年的9月份定为全州档案法制宣传月;西宁市档案局与城建档案馆组成联合检查组,对全市建设项目工程档案进行全面检查,对不执行《档案法》的单位提出了批评和限期整改要求,引起了各单位领导对建设项目工程档案工作的重视,西宁市市委副书记、市长王小青专门视察城建档案馆。

三、档案服务领域深入扩展

2004年,全省计划乡镇建档任务41个,实际完成64个,占任务的156%;村级建档任务165个,实际完成267个,占任务的162%;社区建档任务13个,实际

完成 66 个，占任务的 507%；计划乡镇档案室实现档案目标管理 23 个，实际完成 34 个，占任务的 147%。西宁市的乡镇档案室全面实现目标管理，935 个行政村村村建档。110 个机关档案室和 35 个学校档案室实现了目标管理。

省、州、县档案局加大了重点工程项目档案的指导力度，如省档案局对尼那水电站、黑泉水库、平西高速公路、青海明诺软胶囊生产线、青海铝业生产线扩建项目、青海水泥有限公司 2000 吨/日水泥生产线扩建项目等重点建设项目进行了档案资料的验收；西宁市对南北过境公路、南川东路修整等工程进行跟踪拍摄，收集工程资料，全面反映工程进展；海东地区对 109 国道改造工程项目档案加强了管理。各级档案部门还十分重视自身馆藏资料的整理归档和基础设施建设，对未整理档案的清理、对破损档案的抢救和全国重点档案抢救工作力度进一步加大。

四、基础设施建设、档案信息化建设和现行文件查阅中心工作均有新进展

在基础设施建设方面，投资力度继续加大，各地档案部门努力改善档案保管条件，效果比较明显。部分州、地、市、县档案局(馆)在当地党委、政府的大力支持下了增添了必要的现代化管理设备，有些地区领导亲自带领档案部门人员解决项目、资金问题；部分地区的馆库建设列入了当地基本建设计划。

2004 年 9 月，青海省档案信息化建设项目列入《青海省电子政务建设规划(2004—2010)》。青海省第一家档案网站西宁市档案局网站开通。

现行文件查阅中心工作成效显著。2004 年，全省又有 21 家档案馆成立了现行文件查阅中心并对外开放。各级档案部门全年提供档案信息查阅服务 11226 人次，同时积极开展创建爱国主义教育基地工作，举办了展览和爱国主义教育等活动 30 多次，进一步加强了教育培训工作。

五、档案干部队伍建设取得了较大的成绩

2004 年省档案局组织省内培训 357 人次，省外培训 95 人次。州地市县档案部门根据工作需要也举办了各类培训班，培训人员达 1715 人次，进一步提高了全省档案干部职工的专业水平和业务工作能力。省档案局与中国人民大学档案学院联合举办的档案专业研究生课程进修班圆满结业，56 名学员完成了学习任务，经考试合格，全部取得了中国人民大学研究生院颁发的结业证书。全省档案专业职称评审工作有了新进展，有 41 人通过评审获得初、中级职称；委托邻近省高评委代评，有 4 名申报者获副高职称。同时，对省档案馆中层管理人员实行竞争上岗，完成了各部主任、副主任和省现行文件查阅服务中心主任的配备工作。

(贺俊兰)

宁夏回族自治区

一、档案法制建设取得了新进展

2004 年 2 月，自治区人大分管领导和区人大教科文卫委负责同志视察了自治区档案馆工作。3 月 24 日，自治区九届人大常委会第九次会议听取并审议了全区档案工作报告，肯定了自治区档案局馆及全区档案工作近年来所取得的成绩，针对影响全区档案事业发展的主要问题，向自治区政府提出了《关于加强全区档案工作的建议》，自治区政府分管领导对建议作出了重要批示，要求相关部门认真落实。

2004 年，国家档案局对全区进行档案行政执法检查。各地各部门紧紧抓住这一有利时机，广泛开展了《档案法》、《宁夏档案条例》的学习、宣传和执法检查。7 月 27～31 日，国家档案局副局长郭树银带领检查组对全区进行档案行政执法检查。检查结束后，就检查情况进行了通报。检查组和区党委、人大领导充分肯定了全区档案事业所取得的成绩，针对全区档案事业发展需要和实际，对档案馆建设、档案事业经费、信息化建设、档案干部队伍建设等问题进行了认真分析，提出了解决问题的意见和要求。

以年度综合考核为手段，依法加大对市、县(区)档案局馆工作的监管力度。根据 2004 年全区档案工作会议部署，自治区档案局下发了《市、县(区)档案工作年度考核办法》，各地认真对照考核内容，积极开展工作。年底，自治区档案局对全区 25 个市、县(区)档案局馆的年度工作进行了全面考核。通过考核，银川市、平罗县等 10 个市、县(区)档案局馆成绩优良，自治区档案局进行了通报表彰。

二、创新服务有了新起色

一年来，自治区档案局把服务作为首要任务，一以贯之抓落实，取得了良好的社会效果。

(一)坚持为“三农”服务，农业农村档案工作积极有效开展。各级档案部门认真贯彻落实中央 1 号文件精神，创新机制，服务“三农”。自治区档案局提出《农村经济合作组织档案管理办法》(试行)并印发给农民经纪人，指导农村经济合作组织建档。平罗、兴庆、金凤、贺兰、永宁等地帮助农民建立蔬菜种植、奶牛养殖等档案；中卫市针对本市五大战略性主导产业和三大区域性优势特色产业，制定了《中卫市建立农业特色产业档案实施方案》，市、县、镇(乡)、村逐级建档，探索出了一条适应农村经济发展要求的档案服务工作新路子。这一做法，引起了国家档案局的高度关注。原州

区、隆德县档案局等帮助劳动部门建立劳务输出档案，用档案解决工作、生产中出现的问题，为“三农”服务，深受农业、劳动等部门和农民的欢迎。

(二)紧贴群众做好服务，已公开现行文件利用中心工作和社区档案进一步加强。各级档案部门积极配合政务公开，已公开现行文件利用工作进一步深化。已经建立现行文件中心的市、县(区)进一步深化了服务形式和内容，采取各种形式开展已公开现行文件的利用服务工作。自治区档案馆档案现行文件利用服务中心加大了对已公开文件的收集力度，特别是针对广大人民群众关注的社会热点、重点问题进行收集，不断丰富“文件中心”内容，进一步做好服务工作。隆德县建立机关档案文件管理中心，开展了接收、鉴定、整理、保管、利用“一条龙”服务。平罗建立现行文件机读目录，提高查阅效率，前来查阅的群众日益增多。吴忠、石嘴山、青铜峡等市、县建立了现行文件利用中心，兴庆、灵武、贺兰、金凤区等在政务大厅设立了服务窗口，热情开展服务，方便了各界群众。

认真贯彻实施《关于加强社区档案工作意见》，全面启动了社区建档工作。兴庆、西夏、金凤、贺兰、利通、大武口、盐池等县(区)社区建档率达到100%。其它市、县(区)在抓好试点的基础上，正逐步扩大社区建档工作的范围。金凤区上海西路社区建立了新区拆迁档案，并将拆迁档案的作用及管理情况制作成电视专题片，在银川电视台公共频道连续播放，群众观看后，消除了对拆迁合同有效性的疑虑，宣传了政策，稳定了人心。西夏区6个街道办事处在做好建档工作的同时，举办了形式多样的档案宣传活动，以档案发挥作用的生动事例，教育和引导社区居民利用档案维护自身的合法权益。

(三)依托馆(室)藏为领导决策和机关职能工作提供有效服务，服务水平不断提高。编写有关宁夏政治、经济、文化等方面的资料，为自治区党委、政府中心工作服务。自治区档案局馆积极加强档案信息资源的开发利用工作，创办了专送自治区领导的档案编研刊物《资政参阅》。一年来，自治区档案馆利用馆藏，先后编写了《陶乐设置考》、《关于“宁夏泾河水资源利用”和“六盘山引水工程”问题的档案资料概述》等资料，通过《资政参阅》呈送自治区有关领导，以供工作参考。自治区档案馆还利用《档案博览》等形式，撰写刊登史料文章，向社会提供较为系统的历史资料。

各级档案部门努力在服务方法、效果和水平上下功夫，利用率明显提高。一年来，青铜峡市共有1450余名干部、教师、学生、市民参观了市档案馆爱国主义教育基地。平罗县为提高利用服务效率，建立了有关编制、招工、招干、劳资等专题机读目录，全年提供档案资料3058卷、件，利用者达1114人次，复制档案资料3648页。石嘴山市截止2004年10月底，接待利用者就达470人次，提供档案1882卷(册)。吴忠市提出开展“四贴近”服务，即贴近实际、贴近群众、贴近社会、贴近决策，查阅人数比上年增加了两倍。自治区档案局馆挖掘馆藏，配合宁夏电视台拍摄了35集大型纪录片《今我宁夏》，生动反映了宁夏历史的沧桑巨变，协助自治区政府办公厅成功举办了“自治区历届政府成就展”。

(四)积极主动抓服务，重点建设项目档案工作逐步得到重视。为了保证重点建设项目档案齐全、完整、准确，自治区档案局一手抓在建项目，一手抓新建项目。跟踪做好“宁夏迎宾馆”、“宁东水务工程”等项目服务指导，参与了银川一中、银川热电厂二期等项目的竣工验收。一些市、县(区)档案部门也积极介入当地重大工程领域。石嘴山、中宁、平罗等制定了《重点建设项目档案管理办法》，要求做好重点工程项目档案工作，规范重点建设项目档案管理。银川、盐池、灵武等地也加强了对重点建设项目档案的监管工作。利通区全年与发改局等部门对36个项目档案工作进行了检查。

(五)适应形势需要抓服务，做好民营企业档案工作。一年来，自治区档案局加强了对各民营企业档案工作的宏观指导，各级档案部门认真贯彻执行《民营企业档案管理办法》，不断加大民企档案工作力度。银川市在对市属的20个民企建档情况调研的基础上，制发了《银川市非公企业文件材料归档范围》。利通区专门召开民营企业档案座谈会，共商民营企业建档工作，与有关部门将档案管理纳入企业精神文明建设考核内容，采取优先免费培训档案人员，优先派人指导建档，优先提供业务咨询，优先提供已公开现行文件利用服务的“四优”措施，为民营企业提供优质服务。中卫、平罗、西夏区、青铜峡、盐池、中宁、西吉等地档案部门在深入调研的基础上，着力抓好试点工作，加强培训，积极帮助民营企业实现档案规范化管理，为民营企业的发展服务。

三、信息化建设迈出新步伐

档案信息化是信息化建设的重要组成部分。自治区党委、政府非常重视档案信息化建设，自治区党委常委、秘书长于革胜同志对此专门作出批示，副秘书长杨占武同志也对档案信息化建设提出了具体要求，将全区档案信息网络依托党务网建设，为档案信息化建设明确了方向，创造了有利条件。按照领导同志的指示，加紧完善了《全区档案信息化建设规划》，起草了《宁夏自治区档案馆基础数据库建设项目方案》，具体规划和设计了全区档案信息化建设实施目标。

一年来,全区各级档案馆在档案数据库建设方面有了新的进展。自治区档案馆整合了多种目录数据。银川市、平罗县目录数据量有较大幅度增长,并开始尝试原文数据库的建设。吴忠市规定了纸质、电子文件归档双轨制。40%的区直机关实现了档案微机辅助管理。自治区交通厅、科技厅、统计局等单位,实现了档案管理与办公自动一体化的新格局。自治区审计厅已基本实现了档案数据录入、借阅登记和数据查询自动服务。自治区广播电影电视局注意从技术要求和管理措施两方面加强档案信息的安全管理,确保档案信息化建设中档案信息系统的安全运行。

四、基础业务工作迈上新台阶

(一)档案资源建设得到了普遍重视和加强,成效显著。全区各级档案馆认真做好档案接收工作,积极征集具有地方特色的档案资料,加强乡镇区划调整中的档案处置工作,及进接收撤并乡镇的档案。自治区档案馆共接收文书档案6571卷,征集零散档案、名人档案以及口述档案800余件(盘)。青铜峡市档案馆年初在进行了认真摸底调查的基础上,制定详细的接收计划,分片包干开展接收工作,全年接收档案33个全宗15000多卷(盒)。石嘴山市档案馆及时将保存在原陶乐县档案馆的2万卷档案全部接收进馆。兴庆区档案局将2003年以前的婚姻档案接收进馆。银川市、中卫市等档案馆积极接收破产企业档案。接收征集工作力度的加大,丰富了各级国家综合档案馆的馆藏。

(二)积极参与重大活动,收集档案资料,为党和国家积累宝贵的档案财富。在自治区党委、政府的高度重视和支持下,自治区档案馆积极参与自治区重大活动档案资料的收集工作,先后参与了中央领导来宁视察,自治区党委九届八次、九次全委会议,全区经贸洽谈会,纳米比亚总统来访等重大活动的拍摄工作和档案资料收集工作。中卫市在撤县建市过程中,收集了成立市工委、人大、政府、政协等重大活动的档案资料。银川、吴忠、平罗、中宁收集了"电影节"、"枸杞节"、"旅游节"等活动的档案资料。

(三)加强规范管理,机关企事业单位档案工作进一步深化。自治区党委办公厅、人大办公厅、政府办公厅、政协办公厅、自治区发改委、财政厅、司法厅、监狱管理局、外办、宁夏烟草专卖局(公司)、建行宁夏分行、宁夏煤业集团、青铜峡铝业等区直机关、企事业单位,适应档案工作发展的需要,本着严格管理、严格规范、确保安全、方便工作的原则,及时修订和完善本单位、本系统档案工作的各项工作制度。自治区国税局、地税局、科技厅、民政厅、农垦局等单位实行档案工作目标责任制,厅领导与办公室负责人、办公室负责人与档案人员层层签订目标责任书,在各个层面上提出了工作目标和要求,责任到人,并进行年终考核,使档案工作真正落到实处。

一些单位清理了多年来的积存零散文件,进一步规范了归档文件整理工作,按照有关规定对到期档案向同级档案馆进行了移交。

自治区发改委、商务厅等十几家区直机关及一些市、县(区)直机关,结合文明单位创建活动,促进机关档案工作又上新台阶。同心、隆德、中宁等通过努力,也将档案工作纳入文明单位、党建工作或年度工作考核中。 (张国栋)

新疆维吾尔自治区

2004年,全区各级档案部门紧紧围绕党和政府的中心工作和社会各界对档案工作的需求,创新档案服务机制,促进档案事业全面发展,全区档案工作取得了新的成绩。

一、档案工作宏观管理进一步加强,档案法制建设取得新进展

进一步创新档案工作宏观管理机制。制定了《自治区地、州、市档案局(馆)工作考核标准》,在前两年相继开展档案馆工作、档案行政管理工作检查的基础上,对全疆各地、州、市档案局(馆)工作进行了全面的考核。各地、州、市也进一步加强了对所属地区档案局(馆)和机关、团体、企事业单位档案工作的监督检查与指导力度。2004年,全区共有15家综合档案馆目标管理达到了自治区一级标准,47家机关、企事业单位目标管理达到国家级或自治区级标准。

加强档案法律法规宣传。全区各级档案部门积极开展纪念《新疆维吾尔自治区实施〈档案法〉办法》颁布实施5周年宣传活动,通过网上发布、举办讲座、召开座谈会、举行知识竞赛等形式向社会大力宣传档案法律法规及全区档案事业取得的成就,社会档案意识和档案法制意识进一步增强。

认真做好档案行政许可事项的清理。《行政许可法》颁布实施后,自治区档案局积极研究制定全区档案系统实施《行政许可法》的有关措施,及时与自治区人大、自治区人民政府法制办就档案行政许可事项进行沟通与协商,配合自治区人大、自治区人民政府法制办完成了对《新疆维吾尔自治区实施〈档案法〉办法》的修改工作。

继续加强档案行政执法检查。自治区档案局分别对国土资源、铁路系统14家单位进行档案行政执法检查。各级档案行政管理部门也普遍开展档案行政执法检查工作,强化监督与指导职能,依法保障全区档案事业的健康发展。

二、档案工作领域不断拓宽,档案馆功能继续加强

社区档案工作全面推进。自治区档案局与民政厅、精神文明办等单位联合下发了《关于加强新疆维吾尔自治区社区档案工作的意见》及《社区档案工作等级标准》。成功召开了"全疆社区档案工作现场经验交流会",全面推动了全区社区建档工作的开展。克拉玛依市、昌吉州完成了100%社区建档工作。其他地、州、市社区建档工作也在有条不紊地进行之中。各级档案部门还对劳动就业、社会保障、低保户档案工作进行了有益探索,档案服务领域不断拓宽。

非公有制企业档案工作有序开展。制发了《新疆维吾尔自治区非公有制企业档案工作指引》,从宏观上对非公有制企业档案工作提出了指导性的意见,为非公有制企业开展档案工作提供了可操作性标准。

农业农村档案工作迈上新台阶。全区14个地(州、市)、92个县(市、区),截止2004年底,乡镇建档工作达到85%以上,村级建档工作稳步进行。其中克拉玛依市、昌吉州、阿克苏、哈密、吐鲁番地区村级建档已达80%以上。

各级档案部门积极配合政务公开、依法行政,已公开现行文件阅览中心工作领域不断扩大,内容不断充实,服务水平不断提高。截止2004年底,全区107个各级国家综合档案馆,有52个建立了已公开现行文件阅览中心,占全区国家综合档案馆总数的48.6%。《人民日报》(2004年1月4日)头版专门就自治区档案馆开展已公开现行文件利用工作进行了报道。阿克苏地区档案馆把已公开现行文件阅览中心设置到地区行政服务大厅;克拉玛依市档案馆在社区和主要街道设置了已公开现行文件查阅中心流动服务站;昌吉州还建立了全区第一家乡镇已公开现行文件利用中心。

各级国家综合档案馆积极开展爱国主义教育基地创建工作,充分发挥档案工作在社会主义精神文明建设中的重要作用。自治区档案馆青少年爱国主义教育基地影响不断扩大,已接待参观者两千余人。克拉玛依市档案馆率先建立了网上爱国主义教育基地。乌鲁木齐市档案馆爱国主义教育基地建设进展顺利。

三、档案资源建设稳步推进,档案信息资源开发利用取得新成效

全区各级档案部门进一步加大档案馆馆藏建设力度,根据各地实际,认真抓好档案收集、征集工作。自治区档案局把重大活动档案管理纳入监管范围,积极探索做好重大活动档案管理的新机制。乌鲁木齐、昌吉、阿勒泰、阿克苏、和田等地、州、市大力开展名人、实物、旅游、文化艺术、民族手工艺等特色档案的征集工作,馆藏更加丰富,结构不断优化。2004年,全区各级国家综合档案馆共接收档案186338卷;征集档案58407件。

档案信息资源开发利用成效显著。自治区档案馆与日本佛教大学尼雅学术研究机构达成协议,编辑出版《中瑞西北科学考察档案史料》,并与自治区党史委合作就《建国以来新疆重要文献选编》第一辑的编辑出版工作进行了协商。各级档案部门也利用馆藏进行了不同层次的档案信息资源开发工作,完成了《乌鲁木齐市历届政府工作报告选编》、《阿克苏地区首届龟兹文化艺术节文件资料汇编》、《昌吉州招工人员专题文件辑录》、《阿勒泰地区自然灾害情况简介》等编研成果。全年全区各级国家综合档案馆接待利用者18137人次,提供利用各种档案资料107429卷(件)次。

四、档案信息化建设取得新进展,档案宣传、科研、教育工作取得新成绩

自治区档案局在努力推进地、州、市档案信息化建设的同时,加大了对区级机关档案信息化工作的指导力度,制定了《自治区区直机关各单位档案信息化规划》。全区档案信息化建设有步骤、按进展、健康有序地开展起来。自治区档案局中心机房和局域网已初步建成。克拉玛依市、乌鲁木齐市、阿克苏地区、昌吉州、巴州档案局(馆)建立了自己的网站或在当地政务信息网上挂有自己的网页;乌鲁木齐市档案馆、克拉玛依市档案馆建立了自己的数据库并进行了大量的档案数字化工作。

档案宣传工作又上新台阶。在自治区人事厅的支持下,自治区档案局召开了"全疆档案系统双先表彰会",32个先进集体、53个先进个人受到表彰。第一次组织了2003年度《新疆档案》优秀作品评选活动。全区共有128篇宣传报道自治区档案工作的文章在省级以上报刊上发表。

档案科研工作有新突破。自治区档案局(馆)申报的《新时期新疆宗教档案管理研究》被国家档案局立项。召开了自治区档案工作历史上第一次档案科研工作座谈会,推动了全区档案科研工作的开展。召开了第一次全区档案科研优秀成果评审会,组织有关专家对申报自治区档案科研优秀成果奖的4个项目进行评奖。

档案教育继续发展。各级档案部门继续开展档案岗位、业务、继续教育培训。自治区档案局组织全疆地、州、市档案局(馆)长分两批赴内地学习考察。配合国家档案局以分片集中的方式完成教育支援新疆工作。全年共举办培训班12期,培训人员2145人。

(新疆维吾尔自治区档案局)

（四）档案法规、标准化工作

2004 年全国档案法制工作和标准化工作发展综述

一、法制工作

*档案立法工作继续取得新的进展。*为规范国有企业文件材料归档工作，丰富和完善企业档案资源，有效为企业发展服务，2004 年 1 月 20 日，国家档案局、国务院国有资产监督管理委员会联合印发了《国有企业文件材料归档办法》。地方档案立法方面，浙江、安徽、湖南、海南和上海等五个省(直辖市)修订了本省(直辖市)的地方档案法规并重新颁布实施。至 2004 年底，已有 30 个省(自治区、直辖市)和 18 个较大的市颁布了地方性档案法规。此外，福建省档案局建立了档案违法行为责令改正制度，湖南省档案局印发了《2004—2005 年市州档案行政执法检查办法》，长春市档案局印发了《2004 年长春市档案行政执法责任制实施方案》等。

*档案执法检查工作继续开展。*2004 年，国家档案局对 11 个省(自治区)和 14 个中央国家机关和中央企业进行了档案行政执法检查。云南省档案局、广西壮族自治区档案局和宁夏回族自治区等转发了国家档案局执法检查的通知，要求各单位成立相应的领导小组，进行了自检自查工作。辽宁省档案局、陕西省档案局、青岛市以及哈尔滨市档案局等单位分别下发通知，对本辖区内各单位进行了档案行政执法检查。

*完成行政审批项目清理工作。*依据《中华人民共和国行政许可法》和行政审批制度改革的有关规定，国家档案局对职能范围内的行政审批项目进行了全面清理，经与国务院审改办审核督查组协商，先后分三批取消了 33 项行政审批项目，按照现行法律、行政法规设定继续实施的行政许可项目有 3 项，按照现行法律、行政法规设定并继续实施的非行政许可审批项目有 3 项，经国务院同意暂予保留的非行政许可审批项目有 6 项。国家档案局要求各级档案行政管理部门要按照全面推进依法行政的要求，建立健全监督制约机制和责任追究制度，进一步规范行政行为，正确有效地履行管理职责，认真研究新的管理办法，进一步完善档案工作的规章制度。

*召开贯彻实施行政许可法会议。*2004 年 9 月 21～22 日，国家档案局在北京召开了全国档案系统贯彻实施行政许可法会议。国家档案局副局长郭树银出席会议并作了题为《认真贯彻实施行政许可法　全面推进依法治档》的会议报告。来自全国各省、自治区、直辖市档案部门法制工作机构的负责同志出席了会议。会议并请全国人大法工委国家法行政法室主任李援为出席会议的人员讲授了行政许可法。

二、标准化工作

*标准审查立项工作。*2004 年 12 月 18～19 日，在深圳召开的全国档案工作标准化技术委员会第十二次年会对 2004 年各地各部门申请立项的 8 个档案工作行业标准项目进行了认真的审议，原则同意以下 3 项列入 2004 年档案工作行业标准制修订计划：《文书档案目录数据元规范》、《农业科技档案管理规范》、《寿险业务档案管理标准》。同时审查通过 3 项档案行业标准，并要求各编制单位根据技术委员会提出的修改意见认真修改后报请国家档案局正式发布。

*标准评价清理工作。*国家标准委将 2004 年确定为国家标准"清理整顿年"。清理的对象包括现行强制性国家标准和推荐性国家标准，以及国家标准计划项目。清理的总体目标是在彻底摸清国家标准和国家标准计划项目情况的基础上，清理过时、无用的国家标准和长期没有执行的国家标准计划项目，整合标准体系，大力压缩国家标准和国家标准计划项目数量。根据国家标准委的工作安排，全国档案工作标准化技术委员会秘书处对已发布的档案工作国家标准组织专家进行了全面审查，对国家档案局认领归口的《照片档案管理规范》、《科学技术档案案卷构成的一般要求》、《电子文件归档与管理规范》、《全宗单》、《CAD 电子文件光盘存储、归档与档案管理要求第一部分：电子文件归档与档案管理》、《文书档案案卷格式》六项国家标准进行了评价。经国标委确认，《照片档案管理规范》继续有效，《科学技术档案案卷构成的一般要求》、《电子文件归档与管理规范》两项标准作出少量修改后继续有效，剩余的三项标准要求在 2007 年以前完成修订。至此，档案工作国家标准在清理阶段的工作顺利完成。

(宋扬)

国家档案局继续对部分省(自治区)和中央国家机关、中央企业进行档案行政执法检查

2004年,国家档案局组成了执法检查组,分别对黑龙江、辽宁、山西、河南、广西、贵州、云南、陕西、宁夏、青海、西藏等11个省(自治区)和财政部、国家外汇管理局、中宣部、中国工程院、国务院办公厅秘书局、中国航空第一集团公司、中国国际贸易促进会、中国电子工程设计院、中国石油天然气集团公司、全国人大、国务院三峡办、中国银行、中国黄金集团公司、中国机械集团公司等14个中央国家机关和中央企业进行了档案行政执法检查。

一、认真宣传、贯彻《档案法》和《档案法实施办法》,依法治档的良好局面初步形成

各省(自治区)的各级党委、人大、政府和档案行政管理部门以及各中央国家机关与中央企业认真贯彻实施《档案法》,积极开展档案法律法规宣传活动,社会档案意识和档案法制观念普遍增强,依法管理档案事业的自觉性不断提高,档案工作逐步走上法制化轨道。

1. 各级领导重视档案工作,档案工作外部环境得到改善。各省(自治区)及大部分市、县档案工作被列入了当地国民经济和社会发展计划,档案事业经费逐年增加,分管领导得以明确,从体制上保证了对档案工作的领导。各级党委、政府还定期听取档案部门的工作汇报,研究解决档案事业发展中存在的困难和问题。各中央国家机关和中央企业也十分重视档案工作,能够把档案工作作为一项重要的基础工作来抓。各级领导的关心重视,使档案工作的环境和条件日益得到改善,档案事业稳步健康发展。

2. 各地方各部门配套规章日臻完善,档案工作有规可循。各省(自治区)除出台了(或正在努力争取出台)地方档案法规外,还制定了一系列档案工作的规章。档案法规体系的逐步建立,使档案工作有法可依,为档案事业持续、健康、稳步发展创造了良好的法制环境。各中央国家机关和中央企业能够依法开展档案工作,建立健全档案机构和档案管理的各项规章制度,配备专兼职档案管理人员,理顺各方面的工作关系,并建立适合自身特点的档案管理网络,协调进行各项档案工作,有效地解决了档案工作中存在的责任不清、杂乱无章、拖拉推诿等问题,具有较强的可操作性,使《档案法》的贯彻执行落到实处。

3. 档案执法力度加大,效果明显。各省(自治区)以国务院颁布的《全面推进依法行政实施纲要》为指导,在增强依法行政意识,完善行政执法体系的基础上,加大行政执法力度。一是定期举办档案行政执法人员培训班,提高执法人员的法律意识和执法水平。二是档案行政管理部门定期与人大在本地区范围内开展档案执法检查,对执行档案法律法规比较好的单位进行通报表彰,对较差的单位下达整改通知书,对违反档案法律法规的案件进行严肃查处。三是开展了档案行政执法责任制和评议考核制活动,保证各项法律、法规的贯彻落到实处。档案行政执法活动的开展,维护了档案法律的权威,保证了《档案法》的深入贯彻实施。

二、确保档案的完整与绝对安全,大力开发档案信息资源,实现档案科学管理与有效利用的协调发展

各省(自治区)严格要求各级各类档案馆加强档案移交、征集工作,不断调整馆藏结构,广泛征集不同门类不同载体的档案资料,使档案移交、征集工作依法进行。中央国家机关和中央企业各单位在档案的收集、借阅等方面,都有严格的签字手续和审批程序,档案库房安装了防护栏,配备了烟雾报警器、灭火器、除湿机、中央空调等设备,档案安全保管条件能够得到保证;各单位认真履行法定职责,依法管理指导本单位文件、资料的形成、积累和归档工作,统一管理本单位的档案;各单位高度重视向中央档案馆移交档案工作,精心组织,基本能够按照要求进行档案移交;同时各单位采用多种方式对专兼职档案人员进行培训,采用检查评比等多种手段,监督指导所属机构的档案工作。各地区各部门的档案信息化建设正在稳步进行。各地区各部门围绕中心工作,举办各种专题展览,并通过档案编研等形式,为领导决策和部门工作提供参考,档案信息资源开发利用成效显著。

三、档案工作服务机制不断创新

档案部门解放思想,转变观念,创新服务机制,不断拓展档案工作服务领域。一是按照王刚同志关于已公开现行文件利用工作的重要批示精神,积极开展已公开现行文件利用工作。二是积极探索档案工作为"三农"服务的新模式,不断拓宽农业农村档案工作新领域。三是社区、社保档案工作取得了新的进展。

四、存在的主要问题

第一,档案事业发展不够平衡。各省(自治区)在《档案法》贯彻方面尚有薄弱环节,档案事业发展不平衡。第二,档案事业发展经费不足。虽然各级财政不断加大对档案事业的投入,但档案事业的发展仍受到经费紧张的制约,一些地方的档案事业发展与当地经济建设发展不相适应,一些贫困地区甚至连档案工作人员的工资都不能完全保证,经费不足制约了档案事业的发展。第三,档案馆库建设滞后。一些市县在城市整体规划中,在新馆尚未建好的情况下拆掉了老馆,给档案的安全保管带来了新的隐患。县级档案馆库大都建于上世纪五、六十年代,与《档案馆建筑设计规范》

不符，档案馆库建设任重道远。第四，部分中央国家机关和中央企业档案工作人员偏少，档案工作力量有待加强。（宋扬）

全国档案工作标准化技术委员会第十二次年会召开

2004年12月18～19日，全国档案工作标准化技术委员会第十二次年会在深圳召开。会议的主要任务是审议2004年申请立项的档案行业标准项目、审查3项已完成档案行业标准的送审稿。

会议对2004年各地各部门申请立项的8个档案行业标准项目进行了认真的审议，原则同意以下3项列入2004年档案行业标准制修订计划：1.《文书档案目录数据元规范》，承担单位为上海市档案局；2.《农业科技档案管理规范》，承担单位为江苏省档案局；3.《寿险业务档案管理标准》，承担单位为中国保险监督管理委员会。

会议原则通过对《电子邮件公文归档与管理规则》、《纸质档案数字化技术规范》、《明清档案目录中心数据采集标准　明清档案机读目录数据交换格式》3项行业标准（送审稿）的审查，同时要求各编制单位根据技术委员会提出的意见认真修改，然后按程序报请国家档案局发布。

郭树银主任委员向会议通报了国家标准委标准化工作思路和管理改革的重点工作。国家标准委确定的标准化工作思路是：以邓小平理论和"三个代表"重要思想为指导，认真贯彻落实党的十六大、十六届三中全会和中央经济工作会议精神，解放思想，与时俱进，开拓创新，加快标准化工作运行机制改革；清理整顿现行国家标准，提高标准的市场适用性；加大采用国际标准和国外先进标准力度，增强我国企业和产品竞争力；加快信息化建设，为建立公开、透明的标准化工作模式提供基础保障；加强培训，提高标准化工作队伍素质，开创标准化工作新局面。

会议要求各单位关注档案标准化工作，积极参与档案工作标准化建设。在申报标准立项时，要认真研究所申报项目制定的必要性和可行性，充分考虑本单位本部门研制标准的力量，同时应进一步提高申报材料质量。会议指出档标会秘书处应加强对档案标准的立项指导和档案标准总体规划的研制，并在项目申报的市场化操作方面进行认真探索，加强档案标准研制工作。会议鼓励档标会委员结合自己的研究领域积极提出标准项目并组织力量研制。

本次年会还特别邀请档标会委员、南京政治学院上海分院张正强教授就第十五届国际档案大会有关档案工作标准化的发展趋势做了专题介绍。

（丁德胜）

《沈阳市档案管理条例》修订

《沈阳市档案管理条例》是沈阳市目前唯一一部地方档案法规。为贯彻《中华人民共和国行政许可法》，2004年，沈阳市档案局依照法定程序对该条例提出了修订意见。此次修订，主要是针对与《中华人民共和国行政许可法》相违背的档案人员资质认定和档案管理登记等项内容。修订后的《沈阳市档案管理条例》已经2004年10月26日沈阳市第十三届人大常委会第十六次会议通过，2004年11月26日辽宁省第十届人大常委会第十五次会议批准后自2005年1月1日起施行。（马凤云）

《上海市档案条例》修订

《上海市人大常委会关于修订〈上海市档案条例〉的决定》于2004年11月25日经上海市第十二届人大常委会第十六次会议审议通过，自2005年1月1日起正式实施。修订后的《上海市档案条例》总结汲取了近年来上海档案工作的实践经验，把创新的经验和政策上升为法规规定。修订后的《上海市档案条例》规定，市和区、县综合档案馆是同级人民政府公开信息的集中查阅场所，应当提供其保管的政府机关主动公开的政府信息，方便公众查阅；明确了政府部门向同级综合档案馆送交政府行政规范性文件的法定义务；作出了重大活动档案和列入档案馆进馆范围档案及时、提前移交进馆等规定。

《上海市档案条例》的修订适应了进一步加强法制统一性的要求，特别是适应了上海经济、社会快速发展的背景条件下档案事业加快发展的新需求。《上海市档案条例》的修订主要分为两方面：一是衔接性修改，按照修改后的《档案法实施办法》和将实施的《中华人民共和国行政许可法》的有关要求对《上海市档案条例》的内容进行全面疏理和必要调适，确保法理上的统一、规范和严谨；二是创制性修改，全面总结近年来本市档案工作的新实践，吸取上海市委办公厅、上海市政府办公厅《关于进一步加强本市档案工作的若干意见》有关规定，将创新的经验、创新的政策上升为创新的法规，在确立档案馆作为同级政府公开信息集中查阅的场所、档案提前移交进馆、上海市重要会议和重大活动档案及时移交档案馆、严格档案行政监管特别是加强对重大活动建档管理和档案移交工作的依法监督等方面作出了创制性规定。修订后的《上海市档案条例》既保持了规范性、稳定性，更体现出适时性、创新性，将为上海档案事业的建设和发展进一步创造良好的法治环境。12月29日，上海市人大教科文卫委员会和上海市档案局联合召开学习贯彻新修订的《上海市档案条例》座谈会，要求进一步依法加强档案行政管理职能，加大对全市重要会议、重大活动、重点项目档案的监管力度，推进档案资源建设，拓展市和区、县综合档案馆服务功能，方便公众查阅利用已开放档案和已公开的政府信息。（张世东）

《安徽省档案条例》修订

2004年6月26日，安徽省第十届人民代表大会常务委员会第十次会议通过了《关于修改〈安徽省档案条例〉的决定》。《决定》将《条例》第十二条"从事档案工作和档案鉴定、评估的人员，应当经省档案行政管理部门考核，取得资格证书"，修改为"从事档案工作和档案鉴定、评估的人员，应当具备专业知识"。将第二十四条"属于国家所有的档案和本条例第二十三条第一款所列的档案以及这些档案的复制件，单位和个人需要携带、运输、邮寄出境的，一般应提前30日向所在地的市（地）、县（市、区）档案行政管理部门提出申请，经初审后，报省档案行政管理部门审批。海关凭批准文书查验放行"，修改为"属于国家所有的档案和本条例第二十三条第一款所列的档案以及这些档案的复制件，单位和个人需要携带、运输、邮寄出境的，应报省档案行政管理部门审批。海关凭批准文书查验放行"。

（東维兵）

云南省组织全省档案人员档案法律法规知识考试

为了广泛宣传档案法律、法规，普及全社会的档案意识，提高全省档案工作人员的法律素质和依法管理档案的能力，2004年，云南省档案局组织了全省档案工作人员档案法律法规知识考试，全省参加考试的档案专兼职人员及分管档案工作的领导逾1万余人。为此，云南省档案局专门组织人员将所有档案法律法规，近年来国家档案局和云南省档案局出台的部门规章和规范性文件以及档案工作标准进行了系统筛选，组织和汇编了《云南省档案法律法规知识考试学习材料》，为经考试合格的参考人员统一颁发了"云南省档案人员法制教育证书"。（张玲）

《中国人民解放军档案条例》颁布

2004年12月20日，中华人民共和国中央军事委员会主席江泽民签署命令，颁发施行《中国人民解放军档案条例》（以下简称《条例》）。这是适应军队信息化建设需要，进一步规范全军档案工作，推进档案事业发展的重要举措。

《条例》是对1986年中央军委颁发的《中国人民解放军档案工作条例》的修订和完善，是新时期军队档案工作的一部基本法规。《条例》以"三个代表"重要思想为指导，深入贯彻江泽民国防和军队建设思想，着眼建设信息化军队的要求，认真总结了新时期军队档案工作的实践经验，充分体现了新时期军队档案工作的特点和规律，进一步明确了各级组织领导和管理档案工作的职责，准确规范了军队档案工作的基本内容和程序，具有很强的指导性和可操作性。

《条例》共分8章43条，涵盖了全军档案工作和建设的主要方面，重点规范了职责、收集与管理、服务与利用、建设与保障、战时档案工作、奖励与处分等内容。《条例》明确规定，军队档案是指军队单位、人员在各项工作中直接形成的对军队具有保存价值的文字、图表、声像等各种形式的历史记录。军队档案分为文书档案、科技档案和专门档案。全军所有单位和人员都有保护军队档案的义务和依法利用军队档案的权利。军队档案工作是军队建设的重要组成部分，是维护军队历史真实面貌、提供信息服务的重要事业。军队档案工作的基本任务是贯彻执行国家和军队档案工作方针、政策和法律、法规，收集管理档案，维护档案的完整与安全，组织实施档案信息化建设，开发和利用档案信息资源，为国防和军队现代化建设、军事斗争服务。军队档案工作坚持统一领导、分级分专业负责，科学管理、确保安全，资源共享、便于利用的原则。

《条例》还规范了档案收集管理的基本程序和要求，突出了服务利用在档案工作中的地位，明确了开放、公布和利用档案的具体规定，并对档案事业的建设与保障，特别是档案信息化建设和人才队伍建设提出了新的要求。（韩爱信）

国有企业文件材料归档办法

（国家档案局、国务院国有资产监督管理委员会
2004年1月20日印发）

第一章 总 则

第一条 为规范国有及国有控股企业(以下简称企业)文件材料的归档工作,完整、系统保存企业档案,根据《中华人民共和国档案法》、《中华人民共和国档案法实施办法》、《企业档案管理规定》,制定本办法。

第二条 归档的企业文件材料是指企业自筹建以来各种活动中形成的具有保存价值的各种形式的记录。

第三条 企业应建立文件材料归档制度,明确企业文件材料的归档范围、时间、要求,保证归档文件材料齐全、完整、准确、系统。

第四条 企业文件材料归档工作应纳入企业各项工作计划,纳入企业领导工作议程,纳入有关人员岗位责任制。

企业各部门专(兼)职档案人员负责所形成的文件材料的收集、整理,并按要求向档案部门归档。

第五条 企业档案部门负责本企业及所属单位文件材料归档工作的指导、监督和检查。

第六条 企业应建立文件材料归档责任追究制度。不按要求归档的应由有关单位追究当事人或部门的责任。

第二章 归档范围

第七条 企业在筹备、成立、经营、管理及产权变动过程中形成的具有保存价值的文件材料应列入归档范围(见附件《国有企业文件材料归档范围》)。

第八条 归档文件材料的来源:

(一)本企业内部形成的文件材料;

(二)本企业所属单位和派出机构(包括境外机构)应报本企业的文件材料;

(三)本企业引进项目、外购设备等带来的文件材料;

(四)本企业投资的全资、控股、参股企业应向本企业提交的文件材料;

(五)本企业参与的合作项目,合作单位按要求应向本企业提交的文件材料;

(六)本企业执行、办理的外来文件材料。

第九条 归档的文件材料主要包括纸质、光盘、磁带、照片及底片、胶片、实物等各种载体形式。

第三章 归档时间

第十条 管理性文件材料一般应在办理完毕后的第二年上半年归档。

第十一条 工业企业产品、非工业企业业务项目、科研课题、基建项目文件材料在其项目鉴定、竣工后或财务决算后三个月内归档,周期长的可分阶段、单项归档。

第十二条 外购设备仪器或引进项目的文件材料在开箱验收或接收后即时登记,安装调试后归档。

第十三条 企业职工外出参加公务活动形成的文件材料应在活动结束后及时归档。

第十四条 会计文件材料在会计年度终了后由会计部门整理归档,保管一年后向档案部门移交。

第十五条 电子文件逻辑归档实时进行,物理归档应与纸质文件归档时间一致。

第十六条 磁带、照片及底片、胶片、实物等形式的文件材料应在工作结束后及时归档。

第十七条 下列文件材料应随时归档:

(一)变更、修改、补充的文件材料;

(二)企业内部机构变动和职工调动、离岗时留在部门或个人手中的文件材料;

(三)企业产权变动过程中形成的文件材料;

(四)其他临时活动中形成的文件材料。

第四章 归档要求

第十八条 整理归档的文件材料应遵循文件材料形成规律,保持其有机联系,并符合有关标准、规范要求。

第十九条 归档的文件材料应为原件。因故无原件的可归具有凭证作用的文件材料。

文件材料归档后不得更改。

第二十条 非纸质文件材料应与其文字说明一并归档。

外文(或少数民族文字)材料若有汉译文的应与汉译文一并归档,无译文的要译出标题后归档。

第二十一条 具有永久、长期保存价值的电子文件,必须形成一份纸质文件归档。

第二十二条 归档文件材料的载体和字迹应符合耐久性要求。

第二十三条 归档的文件材料一般一式一份。重要的、利用频繁的和有专门需要的可适当增加份数。

反映同一内容而形式不同的文件材料应保持其一致性。

第二十四条 两个以上单位合作完成的项目,主办单位保存全套文件材料,协办单位保存与承担任务相关的正本文件。

有合同、协议规定的,按其要求执行。

第二十五条 各部门的专(兼)职档案人员应检查本部门归档文件材料的齐全、完整与准确情况,整理完毕并编制移交清册，由部门或项目负责人签字核准后向档案部门移交。重要项目的文件材料移交时应编写归档说明。

档案部门接收时应全面检查归档文件材料的质量。

第二十六条 交接双方应认真核对移交清册，并履行签字手续，移交清册各留一份以备查考。

附件

国有企业文件材料归档范围

一、党群工作形成的文件材料

（一）党务综合性工作、党员代表大会或党组织其他有关会议。

（二）党组织建设、党员和党员干部管理、党纪监察工作、重要政治活动或事件。

（三）宣传及思想政治工作、企业文化和精神文明建设、统战工作。

（四）职工代表大会、工会工作、共青团工作、女工工作。

（五）专业学会、协会工作，群众团体活动。

二、行政管理工作形成的文件材料

（一）企业筹备期的可行性研究、申请、批准，企业章程。

（二）企业领导班子（包括董事会、股东会、监事会和经理层，下同）构成及变更，企业内部机构及变更。

（三）企业领导班子的活动。

（四）综合性行政事务，企业事务公开，文秘、机要、保密、信访工作，印鉴的管理。

（五）法律事务，纪检监察，公证工作。

（六）审计工作。

（七）职工人事管理，劳动合同管理，劳动工资和社会保险，职务任免，职称评聘。

（八）职工教育与培训工作。

（九）医疗卫生工作。

（十）后勤福利，住房管理。

（十一）公安保卫，综合治理，防范自然灾害。

（十二）外事工作。

三、经营管理工作形成的文件材料

（一）企业改革，经营战略决策。

（二）计划管理，责任制管理，各种统计报表，企业综合性统计分析。

（三）资产管理，房地产管理，资本运作，对外投资，股权管理，多种经营管理，产权变动、清产核资。

（四）属企业所有的知识产权和商业秘密及其管理。

（五）企业信用管理，形象宣传。

（六）商务合同正本及与合同有关的补充材料，有关的资信调查等。

（七）财务管理，资金管理，成本价格管理，会计管理。

（八）物资采购、保存、供应和流通。

（九）经营业务管理，服务质量管理。

（十）境外项目管理。

（十一）招投标项目管理。

四、生产技术管理工作形成的文件材料

（一）生产准备、生产组织、调度工作。

（二）质量管理，质量检测和质量控制工作。

（三）能源管理。

（四）企业管理现代化和信息化建设，科技管理。

（五）生产安全，消防工作，交通管理。

（六）环境保护、检测与控制。

（七）计量工作。

（八）标准化工作。

（九）档案、图书、情报工作。

五、产品生产或业务开发工作形成的文件材料

A 工业企业

（一）产品的市场调研、立项论证、设计。

（二）产品的工艺、工装、试制、加工制造。

（三）产品的检验、包装。

（四）产品的销售与售后服务。

（五）产品鉴定、评优。

（六）产品质量事故分析及处理。

B 非工业企业

（一）业务项目的研发与形成。

（二）业务项目的经营。

（三）业务项目的保障与监督。

六、科学技术研究工作形成的文件材料

（一）科研项目的调研、申报立项。

（二）科研项目的研究、试验。

（三）科研项目的总结、鉴定。

（四）科研项目的报奖、推广应用。

七、基本建设和技术改造工作形成的文件材料

（一）基建项目和技术改造项目的可行性研究、立项、勘探、测绘、招标、投标、征迁工作，以及建设单位项目管理工作。

（二）基建项目和技术改造项目的设计。

（三）基建项目和技术改造项目的施工。

（四）基建项目和技术改造项目的监理。

（五）基建项目和技术改造项目的竣工和验收。

（六）基建项目和技术改造项目的评奖、创优。

（七）基建项目的使用、维修、改建、扩建。

(八)事故分析和处理。

八、设备仪器管理形成的文件材料

(一)购置设备、仪器的立项审批,购置合同。

(二)设备、仪器的开箱验收或接收。

(三)设备、仪器的安装调试。

(四)设备、仪器的使用、维护和改造、报废。

(五)事故分析和处理。

九、会计工作形成的文件材料

(一)会计凭证。

(二)会计账簿。

(三)财务报告及报表。

(四)其他文件材料。

十、职工个人管理形成的文件材料

(一)职工(包括离退休职工、死亡职工)的履历材料。

(二)职工的鉴定、考核。

(三)职工的专业技术职务评聘。

(四)职工的奖励与处分。

(五)职工的工资、保险、福利待遇等。

(六)职工的培训与岗位技能评定等。

(七)其他记载个人重要社会活动的文件材料。

十一、其他对国家、社会和企业有保存价值的文件材料。

上海市档案条例

(1995 年 6 月 16 日上海市第十届人民代表大会常务委员会第十九次会议通过　根据 1997 年 12 月 10 日上海市第十届人民代表大会常务委员会第四十次会议《关于修改〈上海市档案条例〉的决定》第一次修正　根据 2004 年 11 月 25 日上海市第十二届人民代表大会常务委员会第十六次会议《关于修改〈上海市档案条例〉的决定》第二次修正)

第一章　总　则

第一条　为了加强档案事业的建设,有效地保护和利用档案,为国民经济和社会发展服务,根据《中华人民共和国档案法》及其实施办法,结合本市实际情况,制定本条例。

第二条　本市法人、其他组织以及个人的档案的管理和利用,适用本条例。国家另有规定的除外。

第三条　本条例所称档案,是指法人、其他组织以及个人从事政治、军事、经济、科学、技术、文化、宗教等活动直接形成的对国家和社会具有保存价值的各种文字、图表、音像等形式的历史记录。

第四条　本市各级人民政府领导本行政区域的档案事业,应当把档案事业的建设列入本地区国民经济和社会发展计划,重视档案宣传教育,根据档案事业发展的需要,保证档案机构、人员编制和经费的落实。

第五条　市和区、县设置档案行政管理部门。

市档案行政管理部门是本市档案事业的行政主管部门,负责本条例的实施,对本市的档案事业依法实行统筹规划,组织协调,统一制度,监督和指导。

区、县档案行政管理部门主管本区、县的档案事业,对本区、县的档案工作实行监督和指导,业务上受市档案行政管理部门的监督和指导。

第六条　市和区、县其他行政部门应当按照各自的管辖范围,负责本系统的档案工作,业务上受同级档案行政管理部门的监督和指导。

法人和其他组织应当加强对档案工作的管理,为档案工作提供必须的条件,保障档案工作正常开展。

第七条　档案工作应当遵循统一领导、分级管理,维护档案完整、准确与安全,便于社会利用和保守国家秘密的原则。

第二章　档案机构

第八条　地方国家档案馆包括具有公共性质的综合档案馆和专门档案馆。

综合档案馆是按行政区域设置的,收集和永久保管多种门类的档案并向社会提供利用的机构。

专门档案馆是收集和永久保管特定领域或者特殊载体的档案并向社会提供利用的机构。

第九条　部门档案馆是收集和长期保管本部门及其所属单位形成的档案并在一定范围内提供利用的机构。

第十条　综合档案馆的设置,由同级人民政府批准;专门档案馆和部门档案馆的设置,经市档案行政管理部门审核后,由市人民政府批准。

第十一条　乡、镇人民政府分管档案工作的机构管理本机关的档案,并对本乡、镇其他组织的档案工作实行监督和指导。

乡、镇人民政府应当配备工作人员从事档案工作。

第十二条　法人和其他组织的档案机构管理本组织的档案,指导文书部门和业务部门文件材料的收集、整理和归档工作,并对所属单位的档案工作进行监督和指导。

法人和其他组织配备的档案工作人员,应当保持相对稳定。

法人和其他组织应当根据档案工作的要求组织档案工作人员参加档案业务培训。

第十三条 市级行政部门的档案机构可以制订本系统专业档案工作的业务标准和技术规范，经市档案行政管理部门审核同意后实施。

第十四条 档案工作人员应当忠于职守，遵守纪律，具备专业知识。

第十五条 从事档案鉴定、评估中介业务的人员，应当具备档案基础理论知识和档案价值鉴定、档案等级评估的专业知识。

第三章 档案管理

第十六条 法人和其他组织及其工作人员在职务活动中形成的材料，由文书部门或者业务部门收集齐全并整理，定期交档案机构集中管理。

市人民政府各部门以及依法进行行政管理的市人民政府派出机构制定的行政规范性文件，应当在报送备案的同时，送交市综合档案馆；区、县人民政府及其各部门和乡、镇人民政府制定的行政规范性文件，应当在报送备案的同时，送交所在地的区、县综合档案馆。

国家和本市档案行政管理部门规定应当归档的材料，不得拒绝归档或者据为己有。

第十七条 涉及行政区划变动，法人和其他组织的建立、变更和撤销，重点建设工程和重大科学技术研究项目的批准，以及市或者区、县其他有重大影响的活动，有关部门应当按照规定期限向同级档案行政管理部门提供信息。

市或者区、县组织或者承办的在国内外有重大影响的全国性、国际性会议(以下简称重要会议)和本行政区域重大的政治、经济、科学、技术、文化、宗教等活动(以下简称重大活动)所形成的档案，应当依照规定及时移交市或者区、县综合档案馆。

市和区、县档案行政管理部门应当及时对重要会议、重大活动的档案建立和档案进馆工作进行指导和监督。

第十八条 反映本行政区域重大活动的档案，是重点收集和保管的档案。

重点收集和保管的档案的具体范围，由市或者区、县档案行政管理部门确定，并通知有关的法人、其他组织或者个人。

第十九条 保管属于重点收集和保管的档案的法人、其他组织或者个人，应当自接到通知之日起六十日内向市或者区、县档案行政管理部门登记。登记后情况发生变化的，应当自变化之日起六十日内向原登记部门更改或者撤销登记。

市或者区、县档案行政管理部门接受登记后，应当将登记认定情况通知相关的档案馆和档案保管者。

第二十条 法人和其他组织的建设工程、科学技术研究、技术改造、重要设备更新等项目的验收、鉴定，应当由该组织的档案机构以及按照规定有接收该档案任务的档案馆对项目档案进行验收。

市或者区、县人民政府确定的重点建设工程和重大科学技术研究项目进行验收、鉴定时，应当由市或者区、县档案行政管理部门组织该项目主管部门的档案机构以及按照规定有接收该档案任务的档案馆对项目档案进行验收，并出具共同签署的档案验收认可文件。

未经档案验收或者档案验收不合格的项目，不得进行项目竣工验收、鉴定。

第二十一条 国家机关、国有企业事业组织和国家所有的其他组织的档案归国家所有，列入国有资产管理的范围。

非国家所有的组织的档案归该组织所有，国家和本市另有规定的除外。

个人在非职务活动中形成的档案或者以继承、受赠等合法方式获得的档案归个人所有。

第二十二条 综合档案馆收集档案范围的规定，由市档案行政管理部门制订并公布实施。

专门档案馆和部门档案馆收集档案范围的规定，由市专业主管部门制订，经市档案行政管理部门审核同意后实施。

企业事业组织档案馆收集档案范围的规定，由本组织制订，经市档案行政管理部门审核同意后实施。

第二十三条 法人和其他组织应当按照下列规定向有关档案馆移交档案：

(一)列入市综合档案馆收集范围的档案，自形成之日起满二十年，向市综合档案馆移交；

(二)列入区、县综合档案馆收集范围的档案，自形成之日起满十年，向区、县综合档案馆移交；

(三)列入专门档案馆收集范围的档案，自形成之日起满六个月，向专门档案馆移交；

(四)列入部门档案馆或者企业事业组织档案馆收集范围的档案，于形成之日的次年六月三十日前向部门档案馆或者企业事业组织档案馆移交；

(五)列入综合档案馆收集范围的撤销机构的档案和非常设机构组织或者承办的重要会议、重大活动的档案，应当自机构撤销或者会议、活动结束之日起六个月内向有接收该档案任务的综合档案馆移交。

列入综合档案馆收集范围，依法可以随时向社会开放的档案，可以提前向综合档案馆移交。

专业性强或者需要保密的档案，经同级档案行政管理部门同意，可以延长向档案馆移交的期限。

第二十四条 部门档案馆中列为永久保管的档案，在本馆保管满三十年，应当向市综合档案馆移交。

国家另有规定的除外。

第二十五条 档案馆和其他档案机构应当建立健全档案管理制度，配置适宜保管档案的专门库房和设施，采用现代先进技术设备，按照国家和本市的规定接收、整理、保管档案，防止档案的破损、褪色、霉变和散失。

禁止擅自销毁档案。

第二十六条 因保管条件恶劣，可能导致档案不安全或者严重损毁的，可以按照下列规定处理：

(一)列入档案馆收集范围的档案，经市或者区、县档案行政管理部门检查和同意，由有关档案馆提前接收入馆；

(二)其他档案，由档案行政管理部门督促档案保管者改善保管条件或者在征得其同意后由综合档案馆代为保管或者收购，其中涉及国家利益和安全的非国家所有的档案，经市档案行政管理部门批准，可以由综合档案馆征购。

第二十七条 鼓励法人、其他组织以及个人向综合档案馆捐赠、寄存其所有的档案。

向国家捐赠重要或者珍贵档案的，市或者区、县人民政府应当给予奖励。

第二十八条 国家所有的档案，任何组织和个人不得赠送、交换、出售。国家另有规定的除外。需要向国内外组织或者个人赠送、交换、出售其复制件的，必须经市主管部门和市档案行政管理部门审查批准。

非国家所有的档案或者其复制件，档案所有者可以向国家档案馆寄存或者出售，向国家档案馆以外的任何组织或者个人赠送、交换、出售的，应当经市或者区、县档案行政管理部门批准。

赠送、交换、出售非国家所有的档案或者赠送、交换、出售档案复制件，必须遵守国家保密规定，不得损害国家、集体或者其他公民的利益。

第二十九条 法人、其他组织以及个人需要携带、运输、邮寄符合国家规定的档案或者其复制件出境的，应当经市档案行政管理部门批准。

档案或者其复制件出境，依法应当经国家档案行政管理部门批准的，按照国家规定办理审批手续。

第三十条 法人、其他组织以及个人对档案界定及进馆档案范围有异议的，按照管辖范围，由市或者区、县档案行政管理部门作出决定，书面通知当事人。

第四章 档案的利用和公布

第三十一条 国家档案馆应当按照国家规定，分期分批向社会开放档案，并定期公布开放档案的目录。

市和区、县综合档案馆是同级人民政府公开信息的集中查阅场所，应当提供其保管的政府机关主动公开的政府信息，方便公众查阅。

第三十二条 法人、其他组织以及个人凭身份证、工作证或者介绍信等合法证明，可以利用已经开放的档案。

外国组织或者个人利用本市已经开放的档案，应当经市有关主管部门介绍和有关档案馆同意。

第三十三条 法人、其他组织以及个人利用档案馆未开放的档案或者其他组织保存的档案，应当经有关档案馆或者有关组织同意，并应当遵守国家保密规定，不得擅自抄录、复制档案或者泄露档案内容。

第三十四条 寄存在档案馆的档案，归寄存者所有。档案馆如需要向社会提供利用，应当征得寄存者的同意。

第三十五条 档案馆和其他档案机构应当为档案的利用创造条件，提供服务。

因国家或者公共利益需要利用档案的，档案馆和其他档案机构应当提供。

第三十六条 利用档案时，任何人不得涂改、伪造、损毁、丢失档案。

第三十七条 向社会公布档案，可以通过报纸、刊物、图书、声像出版物、电子出版物、缩微品、计算机信息网络、电台、电视台等媒介，采取刊印、陈列、展览、宣读、网络传播、播放等形式。

第三十八条 档案馆保管的档案，由档案馆公布。必要时应当征得形成档案的组织的同意，或者报请其主管部门批准后公布。

国家机关、社会团体和国有企业事业组织保管的档案，由保管档案的组织公布，重要的档案应当经其主管机关批准后公布。

其他组织和个人的档案，由档案所有者公布，法律、法规规定应当报经市或者区、县档案行政管理部门批准的除外。

向社会公布档案，应当遵守国家保密规定，不得损害国家、集体或者其他公民的利益。任何组织和个人不得擅自公布不属于自己所有的档案。

第三十九条 档案馆和其他档案机构提供利用重要、珍贵的档案，应当用缩微品或者其他形式的复制件代替原件。档案复制件载有档案收藏组织法定代表人的签名或者印章标记的，具有与档案原件同等效力。

第四十条 档案馆和其他档案机构应当加强对档案的研究整理。档案馆和有条件的其他档案机构应当编辑出版档案史料。

第四十一条 市和区、县综合档案馆应当建立档案信息网络，为公民、法人和其他组织提供服务。

专门档案馆、部门档案馆、企业事业组织档案馆以及其他档案机构，应当定期向市或者区、县综合档案馆报送档案目录。国家另有规定的除外。

第四十二条　档案馆提供档案利用应当按照国家和本市的规定收取费用。

组织和个人利用其所移交、捐赠的档案，档案馆应当无偿和优先提供。

第五章　法律责任

第四十三条　有以下行为之一的，由市或者区、县档案行政管理部门或者有关组织对直接责任人给予行政处分：

(一)损毁、丢失属于国家所有的档案的；

(二)擅自提供、抄录、公布、销毁属于国家所有的档案的；

(三)涂改、伪造档案的；

(四)擅自出售、赠送、交换档案的；

(五)倒卖档案牟利或者将档案卖给、赠送给外国人的；

(六)擅自泄露档案内容的；

(七)擅自设置地方国家档案馆和部门档案馆的；

(八)拒不按照规定对档案统一管理的；

(九)拒绝向档案机构移交应当归档的材料或者应当进馆的档案的；

(十)拒绝接收应当归档的材料或者应当进馆的档案的；

(十一)逾期未办理档案登记、变更手续的；

(十二)对未经档案验收或者档案验收不合格的重点建设工程和重大科学技术研究项目进行竣工验收、鉴定的；

(十三)明知所保存的档案面临危险而不采取措施，造成档案损失的；

(十四)档案工作人员玩忽职守，造成档案损失的。

第四十四条　在利用档案馆的档案中，有前条第一项、第二项、第三项违法行为的，由市或者区、县档案行政管理部门给予警告，根据有关档案的价值和数量，对组织可以并处一万元以上十万元以下的罚款，对个人可以并处五百元以上五千元以下的罚款。

企业事业组织或者个人有前条第四项、第五项违法行为的，由市或者区、县档案行政管理部门给予警告，根据有关档案的价值和数量，对组织可以并处一万元以上十万元以下的罚款，对个人可以并处五百元以上五千元以下的罚款；有违法所得的，没收违法所得，并可以依法征购所出售或者赠送的档案。

第四十五条　违反本条例规定，造成档案损失的，应当赔偿损失；其中，造成国家所有的档案损失的，由市或者区、县档案行政管理部门责令直接责任人赔偿损失。

第四十六条　擅自携带、运输、邮寄档案或者其复制件出境的，由海关按照《中华人民共和国海关法》的有关规定给予处罚。依法没收的档案或者其复制件应当移交市档案行政管理部门。

第四十七条　违反本条例规定，构成犯罪的，依法追究刑事责任。

第四十八条　当事人对市和区、县档案行政管理部门的具体行政行为不服的，可以依照《中华人民共和国行政复议法》或者《中华人民共和国行政诉讼法》的规定，申请行政复议或者提起行政诉讼。

当事人对具体行政行为逾期不申请复议，不提起诉讼，又不履行的，作出具体行政行为的市或者区、县档案行政管理部门可以申请人民法院强制执行。

第四十九条　档案行政管理人员进行执法监督检查时，应当出示行政执法证件。

妨碍档案行政管理人员依法执行公务，违反《中华人民共和国治安管理处罚条例》的，由公安部门依法处理；构成犯罪的，依法追究刑事责任。

第五十条　档案行政管理部门直接负责的主管人员和其他直接责任人员玩忽职守、滥用职权、徇私舞弊的，由其所在单位或者上级主管部门依法给予行政处分；构成犯罪的，依法追究刑事责任。

第六章　附　则

第五十一条　本条例自 1995 年 10 月 1 日起施行。

浙江省实施《中华人民共和国档案法》办法

(1998 年 8 月 29 日浙江省第九届人民代表大会常务委员会第七次会议通过，根据 2002 年 6 月 28 日浙江省第九届人民代表大会常务委员会第三十五次会议、2004 年 5 月 28 日浙江省第十届人民代表大会常务委员会第十一次会议《关于修改〈浙江省实施〈中华人民共和国档案法〉办法〉的决定》修正)

第一章　总　则

第一条　为了加强档案事业建设，有效地保护、管理和利用档案，为经济建设和社会发展服务，根据《中华人民共和国档案法》和有关法律、法规，结合本省实际，制定本办法。

第二条　本办法所称档案的范围，包括国家所有的档案和对国家、社会具有保存价值或者应当保密的非国家所有的档案。

前款所称的对国家、社会具有保存价值或者应当保密的非国家所有档案的范围，由省档案行政管理部门依照国家规定确定。

第三条　省、市(地)、县(市、区)、乡(镇)人民政府应当加强对本行政区域档案工作的领导，把档案事业的发展和档案馆建设列入国民经济和社会发展计划，逐年增加对档案事业的投入，保障档案机构、人员编制和经费适应档案事业发展的需要。

第四条　对在开展档案工作、发展档案事业中作出显著成绩的单位或者个人，由地方各级人民政府和有关单位给予表彰、奖励。

第二章　档案机构及其职责

第五条　省档案行政管理部门主管本省档案事业，对本行政区域内的档案工作实行统筹规划、统一制度、组织协调、监督和指导。

市(地)、县(市、区)档案行政管理部门主管本行政区域内的档案事业，对本行政区域内档案工作实行监督和指导。

乡(镇)人民政府、街道办事处档案机构或者档案管理人员，负责管理本机关的档案，对所属单位及辖区内村(居)民委员会的档案工作实行监督和指导。

第六条　各机关、团体、企业事业单位和社会组织(以下简称单位)应当重视本单位档案工作，建立、健全本单位档案管理制度，设置档案机构或者配备档案工作人员，并接受档案行政管理部门对其档案工作的监督和指导。

各单位档案机构或者档案工作人员具体负责本单位档案的管理，对所属机构的档案工作实行监督和指导。

第七条　省级各主管部门的档案机构按照有关规定对本系统的档案工作实行监督和指导。

省级有关主管部门的档案机构制定的本系统专业档案业务标准和技术规范应当经省档案行政管理部门审定。

第八条　本省各级综合档案馆和专业档案馆是集中保存、管理档案的文化事业机构。综合档案馆由档案行政管理部门归口管理，专业档案馆由有关主管部门归口管理。

综合档案馆按行政区域设置，负责收集和保管多种门类、载体的档案和有关资料，并向社会提供利用。

专业档案馆按专业设置，负责收集和保管特定领域或者特种载体形态的档案，并向社会提供利用。

第九条　本省各级各类档案馆应当按照省档案行政管理部门制定的有关档案馆网设置原则与布局方案设置。档案馆的设置、变更和撤销，按照国家有关规定办理。

本省国家机关档案机构的设置、变更和撤销应当按规定报县级以上档案行政管理部门备案。

第十条　档案工作人员应当忠于职守，维护史实，遵纪守法，具备档案专业知识。

第十一条　省档案行政管理部门和省工商行政管理部门应当制定有关档案咨询、鉴定、评估等中介服务的管理办法。

第三章　档案收集

第十二条　对国家规定应当立卷归档的材料，必须由档案形成部门按规定收集、整理后，定期移交给本单位档案机构或者档案工作人员进行集中管理。任何单位或者个人不得据为已有或者拒绝归档。

第十三条　各单位应当按照下列规定向有关档案馆移交档案：

(一)列入省综合档案馆收集范围的档案，自档案形成之日起满二十年的，向省综合档案馆移交；

(二)列入市(地)、县(市、区)综合档案馆收集范围的档案，自档案形成之日起满十年的，向市(地)、县(市、区)综合档案馆移交；

(三)列入专业档案馆收集范围的档案，自项目档案验收或者自档案形成之日起六个月内，向专业档案馆移交。

各种磁带、照片、胶片、缩微品、光盘等特种载体形态的档案移交期限，按有关规定办理。属于第十八条规定范围内的重点收集和保管的磁带、照片、胶片、缩微品、光盘等特种载体形态档案，在形成后六个月内，档案形成单位应向同级国家综合档案馆移交或者报送一套复制件。

特殊情况需变更档案移交期限的，应当经县级以上档案行政管理部门同意。

第十四条　综合档案馆应当根据档案馆网设置原则与布局方案制定馆藏范围全宗名册，报同级档案行政管理部门审核批准。

专业档案馆收集档案的范围，由其主管部门或者本单位审核，按规定报同级人民政府或者同级档案行政管理部门批准。

单位档案机构收集档案的范围，由本单位审核，报县级以上档案行政管理部门备案。

第十五条　集体企业、私营企业、股份合作制企业和外商投资企业的档案工作是国家档案工作的组成部分，其档案属企业所有，受国家法律保护。

经协商同意，综合档案馆可以接收具有重要保存价值的上述企业档案进馆。

第十六条 博物馆、图书馆、纪念馆等单位保存的文物、图书资料同时是档案的，可以依法自行管理，并与各级各类档案馆相互交换重复件、复制件或者目录，在档案利用方面互相协作。

第十七条 国家鼓励单位、公民向综合档案馆捐赠、寄存和出卖其所有的对国家、社会具有保存价值的档案。

第十八条 对在重大政治、经济、文化活动和科学研究、对外交往、行政区域变动等方面形成的具有重要保存价值的档案，实行重点收集和保管制度，档案形成单位或者主办单位应当落实人员、明确职责，按规定做好有关文件材料的收集、整理和归档工作，并及时向同级档案行政管理部门报送档案目录。

重点收集和保管的档案范围由同级档案行政管理部门确定。

第十九条 各单位的基本建设工程、技术改造、产品试制、设备开箱、科学技术研究成果或者其他技术项目进行鉴定或者验收时，应当由本单位档案机构或者档案工作人员对其应当归档的材料进行验收。

县级以上人民政府确定的重点建设项目、重大科学技术研究成果的档案，应当按照国家和省有关规定建立档案登记制度。上述建设项目、科技研究成果在竣工验收或者鉴定以前，应当经同级档案行政管理部门和有关主管机关档案机构对其档案先行验收合格。

第四章 档案管理

第二十条 本省各级各类档案馆、单位档案机构应当建立健全科学的管理制度，配备适宜保存档案的专门库房和必要的设施，采用先进技术和设备，逐步实现档案管理规范化、标准化和现代化。

对重点档案、特种载体形态档案，必须采取有效措施加以保护；对破损、霉变、散失、字迹褪变等受损档案应当及时采取修复、复制等有效措施，确保档案安全。

第二十一条 本省各级各类档案馆、单位档案机构应当定期对档案进行鉴定，对失去保存价值的档案列出销毁清册，按照国家有关规定报经批准后予以销毁，销毁清册应当报同级档案行政管理部门备案。严禁擅自销毁档案。

第二十二条 国有企业事业单位资产与产权变动的，应当落实必要的经费和人员，按规定做好档案的处置工作，确保档案安全。档案行政管理部门、政府综合经济管理部门和其他有关部门，应当加强对档案处置工作的组织协调、监督和指导。

机关和国有企业事业单位在撤销、变更时重新确定的档案归属情况，应当及时报同级档案行政管理部门备案。

第二十三条 对于保管条件恶劣或者其他被认为可能导致档案严重损毁和不安全的情况，档案行政管理部门可以按照下列规定处理：

（一）国家所有的档案，由当地档案行政管理部门责令档案形成单位整改，或者经当地档案行政管理部门检查和同意后由有关档案馆提前接收入馆；

（二）对国家、社会具有保存价值或者应当保密的非国家所有的档案，经协商同意，县级以上档案行政管理部门可以采取代为保管、收购等方式，确保档案的完整和安全。

第二十四条 按照国家规定禁止出卖国家所有的档案，经省级以上主管机关和省级以上档案行政管理部门审查批准，可以向国内外单位或者个人赠送、交换、出卖档案的复制件。

第二十五条 对国家、社会具有保存价值或者应当保密的非国家所有的档案，档案所有者向综合档案馆以外的任何单位或者个人赠送、交换、出卖的，应当提前一个月报请县级以上档案行政管理部门批准。严禁倒卖牟利，严禁私自出卖、交换或者赠送给外国人。

第二十六条 国家所有的档案以及对国家、社会具有保存价值或者应当保密的非国家所有的档案及其复制件，需要携带、运输或者邮寄出境的，必须经省级以上主管机关同意并报省级以上档案行政管理部门审核批准。海关凭批准文件查验放行。

第二十七条 本省各级各类档案馆、单位档案机构应当建立健全档案登记、统计制度，按照规定及时、准确地向档案行政管理部门和主管部门报送档案统计资料。

第五章 档案利用和公布

第二十八条 综合档案馆和专业档案馆应当按照国家有关规定向社会开放档案，并定期公布开放档案的目录。

第二十九条 本省各级各类档案馆、单位档案机构应当以提供服务为宗旨，简化手续，提供方便。

第三十条 中国公民和组织持合法证明，可以利用已经开放的档案。外国组织或者个人利用本省各级各类档案馆已经开放的档案，应当经有关主管部门介绍并经档案馆同意。中国公民和组织利用档案馆保存的未开放的档案，须经档案馆同意，必要时报请上级主管机关审查批准；利用其他单位所有的档案，须经该单位同意。

机关、团体、企业事业单位和其他组织保存的属于国家所有的档案,公民、法人和其他组织需要利用的,除涉及国家秘密、商业秘密和个人隐私等不宜向社会公开的外,应当提供利用。

第三十一条 向档案馆移交、捐赠的档案归国家所有;寄存在档案馆的档案归寄存者所有,未经寄存者同意,档案馆不得提供利用。

向档案馆移交、寄存、捐赠档案的单位和个人对其档案享有优先利用权,并可以对其档案中不宜向社会开放的部分提出限制利用的意见,档案馆应当维护其合法权益。

第三十二条 本省各级各类档案馆提供利用档案应当逐步用缩微品或者其他形式的复制件代替原件。由档案馆法定代表人签字或者加盖档案馆印章的档案缩微品或者其他形式的复制件与原件具有同等效力。

第三十三条 个人和组织利用档案时,不得涂改、伪造、损毁、丢失档案,不得擅自传抄、复制档案,不得泄密。

第三十四条 本省各级各类档案馆应当通过报刊、图书、广播、电视、公众计算机信息网络等媒介,采取出版、播放、陈列、展览等形式向社会公布已经开放的档案。

向社会公布档案应当遵守国家保密等有关规定,不得损害国家、集体和公民的合法权益。

第三十五条 省综合档案馆应当建立全省性的档案资料目录中心,为利用者提供检索服务。各级各类档案馆、单位档案机构应当按照有关规定向省综合档案馆报送档案资料目录。

第三十六条 本省各级各类档案馆、档案机构应当根据经济建设和工作需要,对其档案进行分析、研究,并有计划地编纂档案史料,开发利用档案信息资源。

第三十七条 本省各级各类档案馆在提供档案利用过程中实行有偿服务的收费项目、标准,应当按照国家和省的有关规定执行。

第六章 法律责任

第三十八条 有下列行为之一的,县级以上档案行政管理部门应当向有关单位或者个人发出《档案执法监督检查通知书》,责令其限期改正;有关单位或者个人在接到《档案执法监督检查通知书》后未在规定期限内按照整改要求改正的,档案行政管理部门应当给予通报批评。对直接负责的主管人员或者其他直接责任人员依法给予行政处分;造成损失的,责令其赔偿损失:

(一)未按规定开展档案工作或者未实行集中统一管理档案的;

(二)档案保管条件不符合规定要求的;

(三)重点建设项目、重大科技成果、产品试制或者其他技术项目鉴定、验收时未按规定验收档案的;

(四)未按规定开放档案的;

(五)擅自设置、变更、撤销档案馆的;

(六)未按照规定向档案馆移交档案的;

(七)未向档案行政管理部门报送应当重点收集和保管的档案目录的。

第三十九条 违反本办法第二十四条、第二十五条、第二十六条、第三十三条规定的,按照《中华人民共和国档案法》的有关规定予以处罚。

第四十条 违反本办法第十二条、第十三条规定,不按规定归档或者不按期移交档案的,由县级以上档案行政管理部门责令限期改正;造成损失的,责令其赔偿损失;构成犯罪的,依法追究刑事责任。

第四十一条 档案工作人员玩忽职守、徇私舞弊的,由档案行政管理部门或者有关主管部门给予行政处分;构成犯罪的,依法追究刑事责任。

第七章 附 则

第四十二条 本办法自公布之日起施行。

安徽省档案条例

(1997年11月2日安徽省第八届人民代表大会常务委员会第三十四次会议通过;2004年6月26日根据安徽省第十届人民代表大会常务委员会第十次会议《关于修改〈安徽省档案条例〉的决定》修正,自2004年7月1日起施行)

第一章 总 则

第一条 为了加强档案事业建设,有效地保护和利用档案,为国民经济和社会发展服务,根据《中华人民共和国档案法》和有关法律、法规,结合本省实际,制定本条例。

第二条 本条例所称档案,是指过去和现在的国家机构、企业事业单位、社会组织以及个人从事政治、军事、经济、科学、技术、文化、宗教等活动直接形成的对国家和社会有保存价值的各种文字、图表、声像等不同形式的历史记录。

第三条 本省行政区域内的国家机关、党派、团体、武装部门、企业事业单位和其他组织(以下统称单位)以及公民都有保护档案的义务。

第四条 各级人民政府应当加强对本行政区域内档案工作的领导,把档案事业的建设列入国民经济和社会发展计划,建立健全档案机构,确定必要的人员编制,统筹安排发展档案事业所需的经费,逐步实现档案管理现代化。

第五条 各单位应当加强对档案工作的管理,为档案工作创造条件,保障档案工作的开展。

第六条 档案工作实行统一领导、分级管理的原则,维护档案的完整与安全,便于社会各方面利用。

第七条 各级人民政府应当对在档案工作中作出显著成绩的或者向国家捐赠重要、珍贵档案的单位和个人给予表彰和奖励。

第二章 档案机构及其职责

第八条 省档案行政管理部门主管全省档案事业,对全省的档案工作实行统筹规划,组织协调,监督和指导。

市(地)、县(市、区)档案行政管理部门主管本行政区域内的档案工作,并实行监督和指导。

乡(镇)人民政府应当确定专人负责本机关的档案工作,并对所属单位和村民委员会、居民委员会的档案工作进行指导。

第九条 县级以上人民政府档案行政管理部门应积极开展档案法律、法规的宣传工作,依法行使档案执法监督检查权,加强对企业事业单位档案工作的监督和指导,并依法对违反档案法律、法规的行为进行查处。

第十条 各单位的档案机构及其工作人员负责保管本单位的档案,并对所属单位的档案工作进行监督和指导。

省人民政府各部门的档案机构,经省档案行政管理部门审定,可以制定本系统专业档案工作的业务标准和技术规范。

第十一条 县级以上各级各类档案馆,是集中管理档案的文化事业机构,负责接收、收集、整理、保管和提供利用各分管范围内的档案。

综合档案馆按县级以上行政区划设置。专门档案馆和部门档案馆的设置由省档案行政管理部门统筹规划,报省人民政府批准。综合档案馆、专门档案馆和部门档案馆收集档案的范围,由省档案行政管理部门会同省有关主管部门制定。

企业、事业单位设置档案馆及其收集档案的范围,按国家和省有关规定执行。

第十二条 从事档案工作和档案鉴定、评估的人员,应当具备专业知识。

第三章 档案的管理

第十三条 单位及其工作人员在公务活动中形成的材料,按照国家有关规定属于归档范围的,应定期完整地向本单位档案机构或者档案工作人员移交,集中管理,其他部门和个人不得据为己有或者拒绝归档。

第十四条 单位必须按国家规定,定期向档案馆移交档案。

第十五条 举办重大的政治、经济、科学、技术、文化、卫生、体育、外事、宗教等活动,组织和承办单位应当通知同级档案行政管理部门;活动中形成的材料应当收集齐全,并在活动结束之日起60日内到同级档案行政管理部门办理档案登记。

第十六条 基本建设工程和技术改造项目验收、科学技术成果鉴定、重要设备开箱和其他技术项目的验收、鉴定,应有本单位的档案工作人员参加,验收应当归档的材料。

县级以上人民政府确定的重点建设工程和重大科学技术研究项目形成的档案,由同级档案行政管理部门和有关主管部门的档案机构验收。

第十七条 综合档案馆应当加强对具有地方特色的档案、重大事件档案和著名人物档案的收集和保护。

第十八条 综合档案馆和专门档案馆可以向社会征集、征购档案,可以接受捐赠、寄存的档案。

第十九条 档案所有权的确认和变更,按照国家和省有关规定执行。

第二十条 档案馆和其他档案机构应当建立、健全档案管理制度,配置适宜保管档案的库房、设施和设备,采用先进技术和消防措施等,确保档案的安全。

第二十一条 销毁档案必须按国家规定的程序和办法进行。禁止擅自销毁档案。

第二十二条 禁止出卖属于国家所有的档案。

属于国家所有的档案的复制件,需要赠送、交换、出卖的,按国家有关规定办理。

第二十三条 集体所有的和个人所有的对国家和社会具有保存价值或者应当保密的档案,档案所有者应当妥善保管。

前款所列档案,档案所有者可以向综合档案馆和专门档案馆捐赠、寄存或者出卖。需要向综合档案馆和专门档案馆以外的单位或者个人出卖的,应当按照国家有关规定由县级以上人民政府档案行政管理部门批准,禁止倒卖牟利,禁止卖给或者赠送给外国人。

第二十四条 属于国家所有的档案和本条例第二

十三条第一款所列的档案以及这些档案的复制件，单位和个人需要携带、运输、邮寄出境的，应报省档案行政管理部门审批，海关凭批准文书查验放行。

第四章　档案的利用和公布

第二十五条　档案馆和其他档案机构应当改善条件，简化手续，为各方面利用档案服务。

第二十六条　利用和公布档案，应当遵守国家保密规定，不得损害国家、集体或者个人的合法权益；涉及知识产权的，必须遵守法律、法规有关保护知识产权的规定。

第二十七条　档案馆应当按国家规定向社会开放档案；定期公布开放档案的目录。

综合档案馆和专门档案馆保管的档案，按国家法律、法规规定的期限和条件向社会开放。已到开放期限的档案，档案馆必须审查。涉及国家安全或者重大利益以及其他到期需要保密不宜开放的档案，可以延期开放。

第二十八条　档案馆提供利用的档案，应当用复制件或者缩微品代替原件。档案的复制件和缩微品，盖有档案保管单位印章的，具有与档案原件同等的效力。

第二十九条　单位和个人持有介绍信或者工作证、身份证等合法证明，可以利用已经开放的档案。利用未开放的档案，必须经档案保管单位同意，必要时应报其上级主管部门审查批准。

外国组织或者外国人利用已经开放或未开放的档案，必须遵守我国有关法律、法规的规定。

第三十条　利用档案不得擅自抄录、复制，不得勾画、涂改、伪造、损毁和丢失。

第三十一条　档案馆提供利用档案和开展咨询服务，按国家和省有关规定收取费用。

单位或者个人利用其移交、捐赠、寄存的档案，档案馆应当无偿服务并优先提供。

档案馆向社会提供利用寄存的档案，应当征得寄存者的同意。

第三十二条　向社会公布档案，除按《中华人民共和国档案法实施办法》的规定执行外，还可以采取计算机网络传输的形式。

第三十三条　属于国家所有的档案，在档案馆保管的，由档案馆公布。重要档案的公布应征得档案形成单位的同意，或者报有关主管部门批准。

其他档案机构保管的档案，由所在单位公布。重要档案的公布需报有关主管部门批准。个人所有的档案，档案所有者有权公布，但必须遵守国家有关规定。

任何单位和个人不得擅自公布不属于自己所有的档案。

第三十四条　档案馆和其他档案机构应当加强对档案的研究、整理，有计划地编辑出版档案材料。

第五章　法律责任

第三十五条　有下列行为之一的，由县级以上人民政府档案行政管理部门责令限期改正，并可视情节轻重，提出处分意见，由有关主管部门对直接负责的主管人员或者其他直接责任人员给予行政处分：

(一)擅自设置档案馆的；

(二)擅自从事档案鉴定、评估活动的；

(三)未按国家规定办理档案登记的；

(四)未按国家规定向社会开放和提供利用档案的。

第三十六条　有下列行为之一的，由县级以上人民政府档案行政管理部门、有关主管部门对直接负责的主管人员或者其他直接责任人员依法给予行政处分；构成犯罪的，依法追究刑事责任。

(一)损毁、丢失属于国家所有的档案的；

(二)擅自提供、抄录、公布、销毁属于国家所有的档案的；

(三)涂改、伪造档案的；

(四)擅自出卖或者转让档案的；

(五)倒卖档案牟利或者将档案卖给、赠送给外国人的；

(六)未按国家规定归档或者未按期移交档案的；

(七)明知所保存的档案面临危险而不采取保护措施，造成档案损失的；

(八)档案工作人员玩忽职守，造成档案损失的。

在利用档案馆的档案中，有前款第一项、第二项、第三项违法行为的，由县级以上人民政府档案行政管理部门给予警告，对单位可以并处2000元以上10000元以下罚款，对个人可以并处200元以上1000元以下罚款；造成档案损失的，责令赔偿损失。赔偿的数额依据所损失档案的价值及损坏程度确定。

有本条第一款第四项、第五项违法行为的，由县级以上人民政府档案行政管理部门给予警告，可并处500元以上10000元以下罚款；有违法所得的，没收违法所得，并依法征购所出卖或者赠送的档案。

第三十七条　违反本条例第二十四条的规定，擅自携带、运输、邮寄档案或者档案复制件出境的，由海关予以没收，可以并处罚款；并将没收的档案或者档案复制件移交档案行政管理部门；构成犯罪的，依法追究刑事责任。

第三十八条　收缴罚款必须使用省财政部门统一制发的罚款收据。罚款和没收违法所得全额上交国库。

第三十九条　有关主管部门对违反本条例第三十五条、第三十六条所列行为的人员给予行政处分,应将处分结果告知同级档案行政管理部门。

第四十条　拒绝、阻碍档案行政管理部门及其工作人员依法执行职务的,由公安机关依照《中华人民共和国治安管理处罚条例》的规定处罚;构成犯罪的,依法追究刑事责任。

第四十一条　当事人对行政处罚决定不服的,可以依法申请行政复议或者提起诉讼。当事人逾期不履行处罚决定的,由作出处罚决定的机关申请人民法院强制执行。

第六章　附　则

第四十二条　本条例适用中的具体问题由省档案行政管理部门负责解释。

第四十三条　外商投资企业档案的管理按国家有关规定执行。

第四十四条　本条例自1998年1月1日起执行。

山东省档案条例

(2004年4月2日山东省第十届人民代表大会常务委员会第七次会议通过)

第一章　总　则

第一条　为了加强对档案的管理和收集、整理工作,发展档案事业,有效地保护和利用档案,为社会主义现代化建设服务,根据《中华人民共和国档案法》(以下简称档案法)和《中华人民共和国档案法实施办法》(以下简称档案法实施办法),结合本省实际,制定本条例。

第二条　本条例所称的档案,是指过去和现在的国家机构、社会组织以及个人从事政治、军事、经济、科学、技术、医学、文化、宗教等活动直接形成的对国家和社会有保存价值的各种文字、图表、声像、电子等不同形式的历史记录。

第三条　本省行政区域内的国家机关、社会团体、企业事业单位和其他有关组织(以下统称单位)以及个人从事档案活动,均应遵守本条例。

第四条　各级人民政府应当加强对档案工作的领导,建立健全档案机构,将档案事业建设列入本地区国民经济和社会发展计划,保障发展档案事业所需经费并列入财政预算。

第五条　单位必须加强对档案工作的管理,为档案工作提供必要的条件,保障档案工作正常开展。

第二章　档案机构及其职责

第六条　省档案行政管理部门主管全省档案事业,对全省档案工作实行统筹规划,组织协调,监督指导。

设区的市、县(市、区)档案行政管理部门,主管本行政区域内的档案事业,对单位的档案工作实行监督指导。

乡(镇)人民政府和城市街道办事处应当配备专(兼)职档案工作人员负责管理本机关的档案,并对所属单位和村民委员会、居民委员会的档案工作实行监督指导。

村民委员会、居民委员会应当在本区域内开展档案收集、整理、保管和利用工作。

第七条　综合档案馆按照县级以上行政区划分级设置,负责接收、收集、整理、保管和提供利用分管范围内各种门类的档案以及其他可以由综合档案馆保管的档案。

第八条　专门档案馆和部门档案馆的设置,应当符合全国档案馆设置原则和布局方案,根据省档案行政管理部门的统筹规划,由同级档案行政管理部门审核后,报本级人民政府批准。

专门档案馆负责接收、收集、整理、保管和提供利用专门领域或者特殊载体形态的档案。部门档案馆负责接收、收集、整理、保管和提供利用本部门及其所属单位形成的档案。

第九条　企业档案馆的设置由企业自主决定。事业单位档案馆的设置,应当经过其主管部门批准。

企业事业单位档案馆负责接收、收集、整理、保管和提供利用本单位及其所属单位形成的档案。

第十条　单位应当设置档案机构或者配备专(兼)职档案工作人员,负责集中统一管理本单位的档案,并对所属单位的档案工作实行监督指导。

第十一条　档案工作人员应当忠于职守,遵守纪律,具备相应的档案专业知识、接受继续教育和岗位培训。

管理属于国家所有的档案的工作人员应当持证上岗。

第十二条　档案中介机构应当依法设立。

档案中介机构可以从事下列档案业务:

(一)档案业务咨询;

(二)档案整理;

(三)档案价值评估;

(四)档案技术服务;

(五)档案寄存保管;

(六)营业执照核准的其他档案业务。

档案中介机构应当遵守法律、法规、规章的规定并接受档案行政管理部门的监督。

第三章　档案管理

第十三条　单位及其工作人员在公务活动中形成的文件材料,按照国家和省有关规定应当归档的,单位文书或者业务部门必须收集、整理,并按照规定时间交本单位档案机构和档案工作人员集中管理。任何个人不得将应当归档的材料据为己有或者拒绝归档。

任何单位或者个人不得伪造档案。

第十四条　实行档案登记备案制度。档案行政管理部门应当对单位从事档案工作的机构、库房设备、档案藏量以及其他应予登记备案的事项进行登记备案。

第十五条　举办重大经济、政治、科学、文化、教育、体育、民族、宗教等活动的,主办单位应当事前通知同级档案行政管理部门。主办或者承办单位应当收集和保护活动中形成的档案。新闻媒体应当妥善保管活动中通过摄影、录像、录音等方式形成的档案。主办或者承办单位和新闻媒体应当在活动结束之日起六十日内,到同级档案行政管理部门办理档案登记备案;不具备保管档案条件的,应当在活动结束之日起九十日内向同级综合档案馆移交档案。

第十六条　科学技术研究成果的鉴定或者推广、产品试制、设备开箱、基本建设工程和其他技术项目进行鉴定或者验收时,应当有本单位档案工作人员参加。

县级以上人民政府确定的重点建设项目和重大科学技术研究项目的档案,应当由同级档案行政管理部门和有关主管部门验收。

第十七条　各级各类档案馆接收档案的范围按照国家有关规定执行。单位必须按照下列规定向有关档案馆移交档案:

(一)列入省综合档案馆收集范围的档案,自形成之日起满十五年,向省综合档案馆移交;

(二)列入设区的市或者县(市、区)综合档案馆收集范围的档案,自形成之日起满十年,向设区的市或者县(市、区)综合档案馆移交;

(三)列入专门档案馆收集范围的档案,自形成之日起满一年,向专门档案馆移交,但是国家另有规定的从其规定;

(四)列入部门档案馆或者企业事业单位档案馆收集范围的档案,于形成的次年六月三十日前向部门档案馆或者企业事业单位档案馆移交。

经同级档案行政管理部门审查同意,专业性较强或者需要保密的档案,可以延长移交期限;撤销或者破产单位的档案可以提前移交。

第十八条　部门档案馆保存的永久档案,在本馆保存满三十年,应当向同级综合档案馆移交,国家另有规定的除外。

第十九条　单位因撤销、解散、破产、合并、分立等使档案管理权发生变化的,应当报档案行政管理部门备案;发生争议的,由档案行攻管理部门作出处理决定。

第二十条　保密档案的管理和利用,密级的变更和解密,必须按照国家有关保密的法律、法规的规定办理。

第二十一条　档案馆和单位应当建立健全档案管理制度,配置适宜保存档案的设施,采用先进技术设备和现代化管理手段,按照国家和省的有关标准整理、保管档案,防止档案的破损、褪色、霉变和散失,并根据档案的不同等级或者重要程度采取相应的保护措施,对破损的重要档案及时进行抢救。

第二十二条　档案馆和单位应当定期进行档案鉴定,对失去保存价值的档案编制销毁清册,按照国家有关规定予以销毁。

第二十三条　属于集体所有、个人所有的对国家和社会具有保存价值或者应当保密的档案,因保管条件恶劣或者其他原因,可能导致档案不安全或者严重损毁的,档案行政管理部门有权采取代为保管等措施,必要时,可以收购或者征购。

档案行政管理部门对收购、征购、代为保管的档案,应当组织专家进行鉴定。

第二十四条　国家所有的档案不得赠送、交换、出卖原件;需要赠送、交换、出卖档案复制件的,按照国家有关规定办理。

第二十五条　因国有资产转让需转让有关档案的,按照国家有关规定执行。

国有企业宣布破产时,应当在档案行政管理部门监督指导下,办理档案的移交或者寄存,企业破产清算费用中应当预留档案整理、鉴定、保管、移交、寄存等费用。

第二十六条　需要出境的档案,按照规定须经省档案行政管理部门批准的,有关单位或者个人应当在出境日三十日前向省档案行政管理部门提出申请,省档案行政管理部门应当在收到申请之日起七日内决定是否批准。不予批准的,应当向申请人说明理由。

第四章 档案的利用和公布

第二十七条 档案馆应当依照档案法和档案法实施办法的规定，分期分批向社会开放档案，定期公布开放档案的目录，并为档案的利用创造条件，简化手续，提供方便。

第二十八条 省综合档案馆应当建立全省档案资料目录信息中心，各级各类档案馆和其他档案机构应当利用现代化信息手段，逐步实现信息共享，为社会提供便捷服务。

设区的市、县(市、区)综合档案馆应当定期向省档案资料目录信息中心报送档案资料目录，专门档案馆、部门档案馆、企业事业单位档案馆和其他档案机构应当定期向同级综合档案馆报送档案资料目录。

第二十九条 各级综合档案馆应当逐步建立现行文件服务中心，收集、管理、提供利用同级国家机关、社会团体、事业单位处理完毕的各类现行文件。

各级国家机关、社会团体、事业单位应当根据省有关规定向同级综合档案馆和现行文件服务中心移交各类非保密的现行文件。

第三十条 单位和个人利用已开放的档案，须凭介绍信、居民身份证、工作证等合法证明；利用未开放的档案和其他单位保存的档案，必须遵守国家有关规定，不得擅自抄录、复制档案或者泄露档案内容。

外国人或者外国组织利用已开放的档案，按照国家有关规定执行。

利用档案时，任何单位和个人不得涂改、损毁、丢弃档案。

第三十一条 利用档案的单位和个人，未经档案馆、档案保存单位同意或者有关主管部门批准，不得公布档案。

第三十二条 档案馆提供利用寄存的档案，应当经寄存者同意。

向档案馆移交、捐赠、寄存档案的，对该档案享有优先利用权，并可以对档案中不宜向社会开放的部分提出限制利用的意见，档案馆应当维护其合法权益。

第三十三条 档案馆应当加强对档案的研究整理，有计划地组织编辑出版档案材料。

第三十四条 档案馆提供档案和咨询服务，可以按照国家和省有关规定收取费用。

单位和个人利用其捐赠、寄存的档案，档案馆应当无偿提供。

第五章 法律责任

第三十五条 违反本条例，有下列行为之一的，由县级以上档案行政管理部门责令限期改正；情节严重的，由主管部门或者有关单位对有关责任人员给予行政处分或者纪律处分：

(一)擅自设置档案馆的；

(二)未按规定办理档案登记的；

(三)重点建设项目和重大科学技术研究项目的档案未经档案行政管理部门和有关主管部门验收的；

(四)未建立档案管理制度的；

(五)未按国家档案技术规范要求整理归档或者不集中统一管理档案的；

(六)未按规定向社会开放和提供利用档案的。

第三十六条 违反本条例，有下列行为之一的，由县级以上档案行政管理部门给予警告；根据有关档案的价值和数量，对单位可以并处一万元以上十万元以下的罚款，对个人可以并处五百元以上五千元以下的罚款；造成损失的，责令赔偿损失；构成犯罪的，依法追究刑事责任：

(一)损毁、丢失属于国家所有的档案的；

(二)擅自提供、抄录、公布、销毁属于国家所有的档案或者泄露档案秘密的；

(三)涂改、伪造档案的。

拒绝、阻碍档案行政执法人员依法执行职务的，由公安机关依法予以处理，构成犯罪的，依法追究刑事责任。

第三十七条 档案工作人员在档案管理工作中滥用职权、徇私舞弊、玩忽职守、失密泄密、监守自盗的，由其所在单位或者有关主管部门依法给予行政处分；构成犯罪的，依法追究刑事责任。

第六章 附 则

第三十八条 外商投资企业档案管理按照国家有关规定执行。

第三十九条 本条例自2004年5月1日起施行。

湖南省档案管理条例

(1998年11月28日湖南省第九届人民代表大会常务委员会第六次会议通过 根据2004年7月30日湖南省第十届人民代表大会常务委员会第十次会议《关于修改〈湖南省档案管理条例〉的决定》修正)

第一条 为了加强档案的收集、整理和管理工作,有效地保护和利用档案,为经济建设和社会发展服务,根据《中华人民共和国档案法》和其他有关法律、法规的规定,结合本省实际,制定本条例。

第二条 本条例所称档案,是指过去和现在的机关、团体、企业事业单位和其他组织以及个人从事政治、经济、文化等活动直接形成的对国家和社会有保存价值的各种文字、图表、声像等不同形式的历史记录。

第三条 各级人民政府应当加强对档案工作的领导,建立健全档案机构,将档案事业的建设列入国民经济和社会发展计划,统筹安排档案事业经费。

第四条 县级以上人民政府档案行政管理部门主管本行政区域内的档案事业,对档案事业实行统筹规划,组织协调,并对辖区内的档案工作实行监督和指导。

乡(镇)人民政府和街道办事处应当指定人员负责收集、整理和保管本机关的档案,并对所属单位和村(居)民委员会的档案工作实行监督和指导。

第五条 机关、团体、企业事业单位和其他组织的档案机构或者档案工作人员,负责收集、整理和保管本单位的档案,并对所属机构的档案工作进行监督和指导。

第六条 县级以上人民政府档案行政管理部门应当加强档案工作人员的业务培训,提高档案工作人员的素质。

档案工作人员应当忠于职守,遵守纪律,具备档案专业知识。

第七条 综合档案馆、专门档案馆、部门档案馆是集中管理档案的文化事业机构,负责接收、收集、整理、保管和提供利用各分管范围内的档案。

第八条 设置档案馆按照下列权限审批:

(一)县级以上行政区域设置综合档案馆的,由同级档案行政管理部门提出方案,报同级人民政府批准。

(二)省、自治州、设区的市、地区需要设置专门档案馆的,由主管部门会同档案行政管理部门提出方案,报同级人民政府批准。

(三)省有关部门需要设置部门档案馆的,由省档案行政管理部门统筹规划并报同级人民政府批准。

第九条 综合档案馆应当及时收集国家领导人到本地视察工作形成的档案,加强辖区内对国家和社会作出重大贡献的个人的档案和反映风土人情、名优特产等档案的收集。

第十条 机关、团体、企业事业单位和其他组织及其工作人员,对在公务活动中形成的按照国家规定应当立卷归档的材料,应当及时交本单位档案机构或者档案工作人员集中管理,任何人不得据为己有、丢失或者自行销毁。

第十一条 机关、团体、事业单位或者其他组织的设立、变更和撤销,有关单位应当及时告知当地档案行政管理部门;档案行政管理部门应当指导有关单位做好建档或者档案处置工作。

第十二条 县级以上人民政府确定的重点建设工程的竣工验收,应当包括对技术档案和施工管理资料的验收;重大科研项目的鉴定应当建立完整的技术档案。

第十三条 国有企业兼并、破产、出售、股份制改造、股份合作和与外商合资、合作经营以及实行承包、租赁等其他资产与产权变动的档案处置,按照国家有关规定办理。

第十四条 机关、团体、企业事业单位和其他组织应当将其编印出版的报刊、志书、年鉴、大事记、组织史等及时向综合档案馆寄送存档。

第十五条 属于国家所有的档案,有关单位应当按照下列规定向有关档案馆移交:

(一)列入省综合档案馆接收范围的档案,自档案形成之日起满十五年,向省综合档案馆移交;

(二)列入自治州、设区的市、地区和县综合档案馆接收范围的档案,自档案形成之日起满十年,向当地综合档案馆移交;

(三)列入专门档案馆和部门档案馆接收范围的档案移交期限,由其主管部门确定。部门档案馆的属于永久保存的档案,在部门档案馆保存满三十年后,向综合档案馆移交。国家另有规定的,从其规定。

重大政治、经济、文化等活动形成的档案,有关单位的档案工作人员应当及时收集、整理,在活动结束后六十日内,向当地综合档案馆移交。

因特殊情况需要变更向综合档案馆移交档案期限的,须经档案行政管理部门批准。

第十六条 属于集体和个人所有的对国家和社会具有保存价值或者应当保密的档案,档案所有者应当妥善保管,可以向国家档案馆寄存、捐赠或者出卖。寄存在档案馆的档案,其所有权不变。

第十七条 各类档案馆和机关、团体、企业事业单位的档案机构应当建立科学管理制度,配置适宜保管档案的专门库房和必要设施,采用先进科学技术,实现档案管理现代化。

第十八条 各类档案馆和单位档案机构应当建立健全档案安全管理制度,加强档案库房有害物质的防治,做好防火、防水、防盗工作,及时消除不安全因素,确保档案的完整与安全。

第十九条 各类档案馆和单位档案机构应当定期检查档案资料,对发生褪变的档案,应当及时采取抢救措施;对重要、珍贵的档案,应当采取特殊的保护措施。

第二十条 档案工作人员变动时,交接双方必须对保管的档案进行清点、登记,并按照有关规定办理交接手续。

第二十一条 任何人不得修改档案馆(室)保存的档案的内容或者损坏档案载体。

各类档案馆和单位档案机构销毁失去保存价值的档案,应当遵守国家和省人民政府档案行政管理部门的有关规定。禁止擅自销毁档案。

第二十二条 属于国家所有的档案,任何组织和个人不得出卖。需要向国内组织或者个人赠送、交换、出卖其复制件的,须经省级以上主管机关和档案行政管理部门审查批准。

赠送、交换、出卖非国家所有的档案或者赠送、交换、出卖档案复制件,必须遵守国家保密规定,不得损害国家、集体或者其他公民的利益。

第二十三条 各类档案馆必须按照国家有关规定分期分批向社会开放档案,定期公布开放档案的目录,为档案的利用创造条件,简化手续,提供方便。

第二十四条 综合档案馆应当建立档案目录中心,专门档案馆、部门档案馆和企业事业单位档案馆应当定期向当地综合档案馆报送档案目录,逐步实现档案信息网络化。

第二十五条 各类档案馆应当加强对档案内容的研究,编辑出版档案史料,举办档案展览,开发利用档案信息资源,提高档案资料的利用率。

第二十六条 档案馆开放集体和个人寄存的档案,应当征得寄存者的同意。

第二十七条 各类档案馆提供利用属于珍贵或者年代久远的档案,应当以缩微品或者复制件代替原件。载有档案收藏单位印章标记或者其法定代表人签名的档案缩微品、复制件,具有与档案原件同等的效力。

第二十八条 单位和个人凭单位介绍信或者居民身份证、工作证等合法证件可以到档案馆利用已开放的档案;需要利用尚未开放的档案的,须经档案馆馆长同意,必要时报上级主管机关批准。

利用档案时,任何人不得涂改、伪造、损毁、丢失档案。

第二十九条 各类档案馆实行有偿服务,提供档案按照国家规定的标准收取费用。

单位和个人利用其移交、捐赠、寄存的档案,档案馆应当无偿提供。

第三十条 保密档案的管理和利用,密级的变更和解除,按照国家有关保密规定办理。

第三十一条 对抢救、保护、捐赠档案或者在档案工作中做出显著成绩的单位或者个人,由人民政府或者档案行政管理部门、有关单位给予表彰和奖励。

第三十二条 违反本条例规定,有下列行为之一的,由县级以上人民政府档案行政管理部门责令限期改正;逾期不改正的,由主管部门依法对有关责任人员给予行政处分:

(一)擅自设置档案馆的;

(二)不按照规定立卷归档、造成档案管理混乱的;

(三)重点建设工程的竣工验收未对技术档案和施工管理资料进行验收的,或者重大科研项目的鉴定未建立完整技术档案的。

第三十三条 违反本条例规定,有下列行为之一的,由县级以上人民政府档案行政管理部门、有关主管部门对直接负责的主管人员或者其他直接责任人员依法给予行政处分;构成犯罪的,依法追究刑事责任:

(一)损毁、丢失属于国家所有的档案的;

(二)擅自提供、抄录、公布、销毁属于国家所有的档案的;

(三)涂改、伪造档案的;

(四)违反本条例第十条、第十五条规定,将国家所有的档案据为己有或者不按期移交档案的;

(五)倒卖档案牟利或者将档案卖给、赠送外国人的;

(六)违反本条例第二十二条规定,擅自出卖档案的;

(七)明知所保存的档案面临危险而不采取措施,造成档案损失的;

(八)档案工作人员玩忽职守,造成档案损失的。

在利用档案馆的档案中,有前款第一项、第二项、第三项违法行为的,由县级以上人民政府档案行政管理部门给予警告;对单位可以处一千元以上一万元以下的罚款,对个人可以处二百元以上一千元以下的罚款;造成损失的,责令赔偿损失。

企业事业单位或者个人有第一款第五项、第六项违法行为的,由县级以上人民政府档案行政管理部门给予警告;对单位可以处五百元以上二万元以下的罚款,对个人可以处五百元以上二千元以下的罚款;有违法所得的,没收违法所得。

第三十四条 当事人对行政机关作出的具体行政行为不服的,可以依法申请行政复议或者提起行政诉讼。

第三十五条 本条例自公布之日起施行。

海南省档案管理办法

(1998年7月31日海南省第二届人民代表大会常务委员会第二次会议通过 根据2004年8月6日

海南省第三届人民代表大会常务委员会第十一次会议《关于修改〈海南省档案管理办法〉的决定》修正）

第一条 为了加强档案管理，发挥档案在国民经济和社会发展中的作用，根据《中华人民共和国档案法》以及有关法律、法规，结合本省实际，制定本办法。

第二条 本省行政区域内的国家机关、社会团体、企事业单位及其他组织和公民，均应当遵守本办法。

第三条 各级人民政府应当加强对档案工作的领导，把档案事业的建设列人国民经济和社会发展计划，统筹安排档案事业发展所需的经费。

第四条 省、市、县、自治县、市辖区人民政府档案行政主管部门负责本行政区域内档案工作，对档案事业依法实行统筹规划、组织协调和指导监督。

乡、民族乡、镇人民政府、城镇街道办事处应当指定人员负责保管本机关的档案，并对所属单位的档案工作实行指导和监督。

第五条 各单位的档案机构或者档案工作人员，负责管理本单位的档案，对所属单位的档案工作实行指导和监督。

第六条 省、市、县、自治县应当根据实际需要，按照国家有关规定，设置地方国家档案馆。地方国家档案馆包括综合档案馆和专门档案馆。

综合档案馆负责接收、收集、整理、保管多种门类的档案，并向社会提供利用。其业务范围由同级档案行政主管部门规定。综合档案馆的设置，由档案行政主管部门提出意见，报同级人民政府批准。

专门档案馆负责收集和永久保管某一专门领域或者某种特殊载体的档案，并向社会提供利用。其业务范围由档案行政主管部门会同专业主管部门规定。专门档案馆的设置，由档案行政主管部门会同有关专业主管部门提出意见，报同级人民政府批准。

第七条 企业事业单位按照国家有关规定可以设置单位档案馆。单位档案馆的设置，应当报所在地县级以上人民政府档案行政主管部门备案。

第八条 省人民政府所属部门的档案机构可以制订本系统专业档案工作的业务标准和技术规范，报经省档案行政主管部门审核同意后实施。

第九条 档案工作人员应当具备档案和相关专业知识，接受档案行政主管部门定期培训。

第十条 按照国家和本省档案行政主管部门的规定，各单位及其工作人员在职务活动中形成的应当立卷归档的材料，必须收集齐全，整理立卷，按时交本单位档案机构或者档案工作人员集中管理。

按照规定应向有关档案馆移交的档案，有关单位和个人应当按时移交。

第十一条 有下列情况之一的，有关主管部门应当及时向省或者市、县、自治县、市辖区档案行政主管部门提供信息：

（一）行政区划的变动；

（二）重要单位的建立、变更或者撤销；

（二）重大科学技术研究和技术改造项目以及有关普查项目的立项；

（四）本行政区域内举办或者承办的具有重大影响的活动。

国家和省重点建设项目应按照有关规定，向省档案行政主管部门办理档案管理登记手续。

第十二条 建设工程项目、科学技术研究和技术改造项目进行竣工验收、鉴定时，应当有建设档案、科技档案机构参加，对项目的档案加以验收。

第十三条 国家机关、国有企事业单位的档案归国家所有。国有企事业单位改制为非国有单位，其管理类档案，按照原隶属关系分别交归原主管部门或者综合档案馆，其产品、设备、基建、科研等类档案经专门机构评估，按照双方协议、合同的约定执行。

非国有企事业单位的档案归单位所有，国家法律、法规另有规定的，从其规定。非国有企事业单位改为国有单位，档案归属按本条第一款规定执行。

个人在非职务活动中形成的档案或者以继承、受赠等合法方式获得的档案归个人所有。

第十四条 单位或者个人对档案管理权有争议的，由县级以上人民政府档案行政主管部门裁决。裁决结果应当书面通知当事人。

第十五条 省、市、县、自治县地方国家档案馆应当充分利用公共信息网络等手段，为社会利用档案提供便利条件。

第十六条 各类档案馆应当按照国家规定，分期向社会开放档案，并定期公布开放档案的目录。

第十七条 单位和个人持有合法证明和证件，可以利用本省已开放的档案。

香港特别行政区居民、台湾同胞、澳门同胞、华侨及境外组织和个人利用开放档案，须持有效证件并经档案馆主要负责人同意。

第十八条 单位和个人利用档案馆未开放的档案或者其他单位保存的档案，应当经档案馆或者有关单位同意，并遵守保密规定。

第十九条 向档案馆移交、捐赠、寄存档案的单位和个人，对其档案享有优先、优惠利用权，并可对其档案中不宜向社会开放的部分提出限制利用的意见。档案馆应当维护其合法权益。

第二十条 利用档案应当遵守查阅档案的有关规定，爱护档案，不得涂改、损毁、丢失、抽取、伪造档案，未经批准不得抄录、复制和公布档案。

第二十一条 非国有单位和个人公布其所有的档案应当遵守国家有关规定,不得损害国家安全和公共利益,不得侵犯他人的合法权益。

非国有单位和个人保存于档案馆和其他单位的档案,未经档案所有者的同意,任何单位或者个人不得擅自公布。

第二十二条 档案馆应当加强对档案的研究、整理,有计划地组织编辑出版档案材料。

第二十三条 各级人民政府对向国家捐赠重要档案、珍贵档案或者在档案工作中成绩显著的单位与个人应当给予表彰、奖励。

第二十四条 有下列行为之一的,由县级以上人民政府档案行政主管部门和有关主管部门对直接负责的主管人员或者其他直接责任人员依法给予行政处分;构成犯罪的,依法追究刑事责任:

(一)损毁、丢失属于国家所有的档案的;

(二)擅自提供、抄录、公布、销毁属于国家所有的档案的;

(三)涂改、伪造档案的;

(四)违反规定擅自出卖或者转让档案的;

(五)倒卖档案牟利或者将档案卖给、赠送给外国人的;

(六)不按规定归档或者不按期移交档案的;

(七)明知保存的档案面临危险而不采取措施,造成档案损失的;

(八)档案工作人员玩忽职守,造成档案损失的。

在利用档案馆的档案中,有前款第一项、第二项、第三项违法行为的,由县级以上人民政府档案行政主管部门给予警告,对单位可以并处一千元以上五千元以下的罚款,对个人可以并处二百元以上一千元以下的罚款;造成损失的,责令赔偿损失。有前款第四项、第五项违法行为的,由县级以上人民政府档案行政主管部门给予警告,对单位可以并处三千元以上一万元以下的罚款,对个人可以并处五百元以上二千元以下的罚款;有违法所得的,没收违法所得;并可以依法征购所出卖或者赠送属于集体所有和个人所有的档案。

第二十五条 擅自携带、运输、邮寄禁止出境的档案或者其复制件出境的,由海关予以没收,对单位可以并处三千元以上一万元以下的罚款,对个人可以并处五百元以上二千元以下的罚款;并将没收的档案或者其复制件移交档案行政主管部门;构成犯罪的,依法追究刑事责任。

第二十六条 当事人对行政处罚决定不服的,可以依法申请行政复议或者提起行政诉讼;逾期不申请复议也不起诉,又不履行处罚决定的,由作出行政处罚决定的机关申请人民法院强制执行。

第二十七条 本办法具体应用中的问题由省人民政府负责解释。

第二十八条 本办法自公布之日起施行。

（五）档案馆工作

国家档案馆特藏室建设座谈会在山东召开

2004年11月,国家档案局中央档案馆在山东召开了国家档案馆特藏室建设座谈会。会议的主要任务是:总结交流国家档案馆特藏室建设工作的经验和做法,推动特藏室建设健康发展,全面提高档案馆保管和利用工作水平,为全面建设小康社会作出新贡献。山东省委副书记王修智、省人民政府副省长蔡秋芳,国家档案局副局长、中央档案馆副馆长郭树银出席会议,王修智、郭树银分别作了重要讲话。

郭树银在讲话中介绍了当前国家档案馆特藏室建设的试点情况,深刻阐述了建立特藏室的重要意义,并对下一步国家档案馆特藏室建设提出了要求。为加强重要、珍贵档案的保护,最大限度地延长档案的寿命,避免边抢救边破损的现象发生,国家档案局在2001年召开的全国档案局长馆长会议上提出:"各级国家档案馆尤其是副省级市以上档案馆可以尝试建立档案特藏室,将特别珍贵、重要档案集中保管,采用先进的设施、设备,对重点档案实施特殊保管和提供利用。"随后,国家档案局对有关省市档案馆的特藏室建设情况进行了专题调研,并就当时全国档案馆特藏室建设现状和做法进行了了解和分析,形成了有关报告,为特藏室建设工作的开展奠定了必要的理论基础。经过几年的探索和实践,上海市档案馆、中国第二历史档案馆、辽宁省档案馆、天津市档案馆、中国第一历史档案馆、山东省档案馆、青岛市档案馆分别建立了特藏室。郭树银强调,要深刻认识建立特藏室的重要意义。建立特藏室有利于加强国家重点档案的保护,有利于实行档案的分级管理,有利于档案的安全保管和有效利用,也有利于与国际档案界的做法接轨,它是新时期加强我国档案文献遗产保护的有益探索和尝试。

对下一步国家档案馆特藏室建设,郭树银要求,一要提高认识,切实增强保管好国家珍贵、重要档案的紧迫感和责任感。要把珍贵、重要档案作为国家档案资源的核心内容,作为本馆的重点保护对象,从管理方式、保管条件、保护技术、利用规则等方面加以完善,要把特藏室建设列入工作计划,作为今后一个时期档案馆工作的重要任务之一,抓紧抓好,抓出成效。二要实事求是,严格把握特藏档案的入选标准。通过借鉴图书、文物部门的相关做法,不断充实和完善特藏档案入选标准,使其既体现本地区特色,又便于实际操作。三要以"藏"为本,正确处理特藏档案的"藏"与"用"的关系。"藏"是手段,"用"是目的,既不能因为特藏而影响利用,也不能因为利用而影响档案的安全。

会议期间,与会代表参观了山东省档案馆的特藏室,天津市档案馆、辽宁省档案馆、上海市档案馆、山东省档案馆、青岛市档案馆、中国第一历史档案馆、中国第二历史档案馆分别介绍了各自在特藏室建设方面的做法和经验。与会代表还就特藏室建设进行了广泛的交流,提出了很多建议,对今后国家档案馆特藏室的建设必将起到积极的作用。

来自全国各省、自治区、直辖市、计划单列市和副省级市等有关方面的负责同志出席了会议。

(李辰)

2004年中央档案馆接收工作情况

2004年是中央档案馆认真贯彻《中央、国家机关向中央档案馆移交档案的时间安排》,开展大规模档案移交进馆工作的第四年。在这一年里,中国石油天然气集团公司、中国兵器工业集团公司、中国建筑工业协会、中国有色金属工业协会、国务院参事室、中共中央党校、团中央、国家物资储备局、国家自然科学基金委员会、中国轻工业联合会、中央机构编制委员会办公室等11个单位向中央档案馆移交档案共计137989卷。

2004年档案接收、移交工作的特点,一是档案移交、接收单位的领导高度重视加大了档案进馆前的检查、监督力度。为确保移交档案质量和按期接收进馆,2004年11月中央档案馆国家档案局召开了中央国家机关档案移交工作会议,会上传达了王刚同志对档案移交工作的重要指示,总结了三年来的档案移交工作、交流工作经验,布置下一阶段的工作。这次会议,为今后几年的档案接收移交工作指明了方向。

各移交单位的领导也将档案移交工作列入到重要工作议程中去,指示有关部门要全力配合档案部门的工作,积极落实经费和人员并及时与接收单位联系,从而使移交工作能够按照具体要求和有关标准去做,这样既节省了时间又节约了人力、物力、财力。

二是有关的档案部门积极配合努力工作。由于历史的原因,各移交单位的档案进馆前的整理工作是很繁重的,在时间紧、任务重的情况下,为确保移交计划的完成,各移交单位主动放弃休假,加班加点地工作,并严格按照档案进馆标准和要求认真做好每一项工作,终于圆满完成了2004年中央国家机关档案移交、接收工作的任务。

(李国伟)

2004年中央档案馆档案利用工作情况

中央档案馆2004年共办理完成查档利用批件369件,接待利用单位156个658人次,审查档案资料12889卷、件、册(本)。为利用者提供阅览档案9120

件,资料目录159册(本),照片24张;提供拍摄档案资料156件356页;复印档案资料2071件11347页,利用者带走档案资料复印件1323件4589页,摘抄件502件1731页,为利用者举办各类展览复制档案154件310页。

2004年中央档案馆档案利用工作的特点是办理的档案利用急件多、大批量查档件多,工作任务重,全年共办理急查件47个。为纪念邓小平同志和任弼时同志诞辰一百周年,为社会各方面拍摄文献电视专题片、举办展览、撰写纪念文章办理查档批件30余个,其中为中央文献研究室和中央电视台联合拍摄大型文献纪录片《小平,您好》,中央文献研究室编写《邓小平年谱》,广西壮族自治区区委宣传部和广西档案局举办《邓小平与广西——纪念邓小平诞辰100周年图片展》,北京市档案局举办《邓小平与北京城市建设展览》,八七会议会址纪念馆举办《纪念邓小平诞辰100周年专题展览》等提供档案资料200余件,为中央文献研究室与中央电视台联合摄制文献纪录片《任弼时》、任弼时纪念馆扩充《任弼时同志生平业绩陈列》展览等提供档案资料40余件。

此外,还为有关单位编辑各种文集、年谱、传记等提供利用了大批量的档案资料。如为李先念传记组编写《李先念传》提供阅览档案300余件,为薄一波著作写作组编辑《薄一波文集》和《薄一波年谱》提供利用档案数百件,为华润集团公司编写《华润史》提供阅览档案近4000件。另外,还为30余个单位拍摄文献电视片、举办展览提供档案资料310件666页,如为中国法学会拍摄大型文献电视片《董必武》提供档案资料23件43页,为陈云同志故居暨青浦革命历史纪念馆提供陈云同志生前使用过的评弹演奏磁带翻录的光盘562盘等。 (焦东华)

2004年全国革命历史档案资料目录中心工作情况

编辑《全国革命历史档案全宗概览》全年共校对、修改《全国革命历史档案全宗通览》596个全宗近30万字;编制全宗名册500余条。接收山西省(地、市)革命历史档案文件级目录数据153,775条;检测革命历史档案文件级目录数据50,000余条。目前上报革命历史档案文件级目录累计已达1,080,494条。在广泛征求各地档案部门意见的基础上,结合工作实际制定了《全国革命历史资料篇名级目录报送要求》并于2004年9月9日正式下发。结合全国革命历史档案资料目录的现状与特点,本着实用、够用、好用的原则,在大量的调研与试验的基础上,完成了《全国革命历史档案目录管理系统》研发的前期准备工作。分别赴河南、河北督促、检查革命历史档案文件级目录制作情况,赴吉林、黑龙江协调解决已上报文件级目录问题的修改事宜。 (刘伟晏)

中央档案馆《已公布馆藏档案资料全文检索数据库系统》建成并投入使用

从2003年开始建立的已公布馆藏档案资料全文数据库和检索系统,截止2004年底开发了两个软件,建立了三种数据库,实现三种检索方式,并于2004年10月份投入试运行。

开发的两个软件:建库软件和检索查询软件。

建立的三种数据库:一是机读目录数据库,已建立机读目录数据库3万余条,引导目录8千余条;二是图像数据库,已挂接图像原文3800余张;三是全文数据库,应用计算机OCR文字识别技术,对18500余件档案资料进行了OCR文字识别,建立了约4000万字的文字数据库。

实现的三种检索方式:一种是目录检索;第二种是引导检索;第三种是全文检索。实现了多方位、多途径检索查询的应用方式,不仅可通过目录进行检索查询,还可通过树状引导方式进行检索查询;18500余件档案资料实现了字字可查、句句可检的全文检索。 (马淑桂)

中央档案馆启动建国后中央档案数字化工作

建国后中央档案是中央档案馆的核心馆藏,多年来提供利用频率一直比较高。为满足利用的需求,中央档案馆决定将这部分档案进行数字化。第一批需数字化的档案是1950年到1970年约39万件,这部分档案已经著录标引,于1995年全部建立了文件级目录数据库,并投入中央档案馆档案管理系统使用。部分档案也已缩微复制,现有35mm缩微胶片1300余盒,还有一部分档案未缩微。根据以上情况,在对这部分档案进行数字化时,充分考虑和利用现有基础,并分步实施。

第一步,对已有的缩微胶片进行数字化转换;第二步,与目录数据挂接后装入中档系统,即可实现方便、快捷的计算机目录检索查询、原文输出的利用方式,同时筛选出尚未缩微的档案;第三步,对尚未缩微的档案进行缩微补拍和数字化转换。这样既对1950年至1970年中央档案全部进行了数字化,同时又保证有一套完整的缩微胶片,还妥善地解决了遗留问题。

由于数据量较大,工作环节多,为保证数据质量,

工程预计 2006 年底完成。（马淑桂）

中央档案馆启动建立馆藏资料机读目录数据库工作

为进一步提高馆藏资料接收登记、整理分类、提供利用的管理水平，中央档案馆启动了馆藏资料的数字化工作。数字化工作主要分为三大块，一是对已经整理资料的数字化，二是对未经整理资料的数字化，三是对今后每年接收进馆的现行资料的数字化。三项工作内容和方法均不同，需统筹规划，分步实施。

关于已经整理的资料的数字化工作，首先建立起馆藏资料书、刊名目录数据库，将已整理的党史、国史约 104 万册丛书录入计算机；然后建立篇名级目录数据库，根据馆藏资料结构和利用查找状况，对重要的、有价值的、利用率高的分轻重缓急建立起资料篇名级目录数据库，这部分数据量较大；最后在馆藏资料篇名级目录数据库的基础上逐步建立馆藏资料全文数据库。对重要的、有价值的、利用率高的先进行全文识别，再将现有的全文检索光盘转换成文本格式。

关于未经整理的资料的数字化工作，首先进行查重。对未整理编目的资料约 106547 册（期）与已整理保存的资料进行查重。然后按照已经整理的资料的数字化步骤进行。对每年接收进馆的现行资料数字化工作，按要求及时输入计算机。（马淑桂）

中央档案馆完成档案消毒室改造工程

为了适应近些年大量接收档案以及现代化管理水平不断提高的要求，中央档案馆技术部就消毒室改造和消毒技术现代化问题进行了调研和科学论证，消毒室的改造工程于 2003 年 10 月启动，2004 年 5 月验收合格后投入使用。

中央档案馆原有常压熏蒸室两间，每间容量 40 立方米，每班次可分别消毒档案 2 万余卷，消毒周期为 7 天；另配备有小型真空灭菌器一台，内容积 1 立方米，用于小批量档案的应急消毒。原有熏蒸室的优点是吞吐量大，可以满足大批量接收进馆档案的常规消毒。但是由于在长期的使用中逐渐出现密闭性不好、通风排气不畅、尾气处理效果差、消毒周期长、手工操作落后、安全性低等问题。

改造后的消毒室内部布局在设备的安全运行及档案资料的搬运方面更为科学合理。新购置的真空熏蒸设备内容积 20 立方米，每班次可消毒档案 8000 卷左右，消毒周期为 3 天。目前可以使用环氧乙烷和硫酰氟两种熏蒸剂。可对真空度、温度、施药量等进行自动控制，同时具备尾气处理、全流程电脑自动化操作及监视功能。（王宜欣）

中央档案馆与中国档案出版社共同编辑出版《邓小平手迹选》

为纪念邓小平同志诞辰 100 周年，由中央档案馆编辑，中国档案出版社和大象出版社出版了《邓小平手迹选》一书，江泽民同志为该书题写了书名。

全书共收入邓小平 1926—1976 年间的珍贵手迹 296 件，分为题词、题字、书信、文电、批示、提纲等六个部分，内容涉及到政治、军事、经济、民族、统战、科技、文化、教育、体育等诸多方面，其中多数为首次公开发表。该书每个部分是按书写的时间顺序进行排列，并按照存真求实、保持历史原貌的原则，对所选篇目进行了认真地校对，还对每篇手迹作了释文。

邓小平一生留下了大量珍贵手迹，这些具有独特的书法艺术风格手迹，从不同侧面反映了邓小平为中国革命和建设，特别是改革开放以来所作出的重大贡献，同时也反映了他的领袖风范和人格魅力。该书的出版为广大读者研究党史、国史、邓小平理论及邓小平生平提供了可靠的第一手资料，具有较高的收藏价值。（谢莹）

中国第一历史档案馆新馆设计招标

2004 年 4 月，中国第一历史档案馆委托国信招标有限责任公司承担新馆设计的招投标工作。国信招标有限责任公司在《中国采购与招标网》和《中国经济导报》上发布了中国第一历史档案馆新馆设计招标公告，先后有 13 家投标人购买了招标文件。之后，国信招标有限责任公司组织投标人踏勘了现场并召开标前答疑会，共有 7 家投标人递交了投标文件。

2004 年 6 月 15 日，国信招标有限责任公司在北京国兴大厦举行了开标仪式。评标委员会由 7 名专家组成，其中 2 人为业主代表，其余 5 人从北京市勘察设计招标投标办公室评标专家库中随机抽取。其间，中国第一历史档案馆广泛征求馆内职工对设计方案的意见，专门召开馆务会，组织各部门负责人观看模型，讨论设计方案。最后，评标专家本着“公平、公正、科学、择优”的原则，按照招标文件及其载明的评标办法所规定的程序和标准，对各投标人的投标方案进行认真细致的评审，最终投票决定中标单位为北京中建建筑设计院。

根据专家对中标方案提出的问题和修改建议，中国第一历史档案馆先后咨询了北京市天然气集团公司、北京市自来水集团公司、北京市环境保护局、北京市消防局、中直人防办、北京市人防办、北京市园林局、北京市市政工程管理处等相关部门，就原方案中的中水处理系统、自备发电机系统、土地使用等方面与设计方多次联系，反复协商，对设计方案进行了部分调整、修改。 （陈宜耘）

中国第一历史档案馆清史项目立项

中国第一历史档案馆经过多次摸底调研，与国家清史编纂委员会反复论证、协商，最终签署了8个项目共计40万件档案的项目协议。这8个项目分别是雍正朝、乾隆朝军机处录付奏折约9万件，嘉庆朝军机处录付奏折约7万件，道光朝军机处录付奏折第一期与第二期各5万件，咸丰朝军机处录付奏折约5万件，山东、直隶两省雨雪粮价单约1.5万件，灾赈档约4万件，电报档约4万件。

为确保清史工程项目落实，充分认识纂修清史的重要意义，明确清史工程的地位和将要承担的具体任务，号召一切力量投入到国家这项重要文化工程中来，中国第一历史档案馆及时成立了“清史工程”领导小组，由馆领导任组长、副组长，馆内主要部门负责人为成员，负责组织协调各项工作。领导小组下设业务管理组和行政管理组。业务管理组具体负责制定项目的工作细则和标准，落实各整理项目及人员安排，督促工作进度，检查工作质量。行政管理组负责办公场地改造装修、办公设施配备、人员招聘等方面工作，为“清史工程”提供有力的后勤保障。 （陈宜耘）

中国第一历史档案馆特藏库介绍

根据国家档案局关于有条件的档案馆建立档案特藏室的要求，中国第一历史档案馆于2003年建成了特藏库，面积约300平方米。特藏库分保管与展示两个区域。库内地面、房顶等都按展厅的要求做了专业的设计装修，地面均匀布设电源地插，以方便布陈；除库内环境灯光外，每个展柜设有各自不同的照明灯光。在保管防护设施方面，该库建有独立的空调系统，库内装有烟感报警、移动报警探头和电视监视探头装置。

特藏库现存主要藏品：

1. 整体存入特藏库的主要有内阁蒙文实录1800包15000余册。它不仅是一部重要的蒙文古籍，而且是《清实录》满、汉两种文本之外的唯一的对勘文本，价值极高；宫中红绿头牌186盒4万余件，记录了清代数万名官员的爵位、职衔，是反映清代官员觐见制度的重要实物；清代皇帝朱谕，自康熙至光绪共计八朝1,000余件。

2. 单件存入特藏库的档案：

(1)明永乐八年(1410)，明成祖颁赐西藏喇嘛矢家摄聂的敕谕，汉藏文合璧，为馆藏最早的档案文件之一。

(2)清雍正十三年(1735)，乾隆皇帝即位诏书。

(3)清道光二十六年(1846)，道光皇帝亲书秘密立储的谕旨，为存世的中国历代皇帝传位的唯一一份档案。

(4)清咸丰六年(1856)，文科殿试大金榜。

(5)金沙江上下两游图，清乾隆六年(1741)云南巡抚张允随主持绘制。该图全长77.4米，是馆藏最长的图卷。

(6)黄河源流图与图版，清乾隆四十七年(1782)乾清门侍卫阿尔达等奉命勘察绘制，木版刻印，全图十块图版保存完好，非常珍贵。

(7)圆明园西洋楼铜版图，清乾隆后期由宫廷供职的西洋传教士实景描绘，一套20幅。

(8)御笔平定西域战图，清乾隆中期由宫廷供职的西洋传教士郎世宁等绘制，一套16幅。

(9)太平天国洪秀全亲笔诏书，戊午八年(1858)，为存世的唯一一件洪秀全亲笔诏书。

(10)1727年博尔都雅国(葡萄牙)致清廷表文，反映了早期中西交往历史。

(11)1792年英国国王乔治三世派遣马戛尔尼访华时致乾隆皇帝的信函(英文、法文各一件)，这次访问在中英以至中国与西方关系史上产生了重要影响。

（陈宜耘）

中国第一历史档案馆网站开通

根据《国家档案局信息化建设纲要》的部署，中国第一历史档案馆网站于2004年12月29日正式开通，网址：www.lsdag.cn。

中国第一历史档案馆网站以满足社会精神文化需求为宗旨，以促进明清档案信息传播、促进海内外文化交流为目的，以本馆信息发布平台为基础，初设10个栏目，27个子栏目，共有360个静态页面。

通过这些栏目，访问者可以了解中国第一历史档案馆的机构性质、历史沿革、服务宗旨、内部机构设置与工作职能、馆藏档案的数量和内容概况，以及档案馆的“五年工作规划”，获得该档案馆的基本背景信息。也可以了解国家颁布的档案法律法规，明确自己在利用该档案馆方面所拥有的权利和必须承担的法律责任，可以了解利用档案所需要的身份证明和手续，了解档案馆当前已经具备的检索工具种类和用途，掌握利用档案馆的具体途径。

此外，访问者还能够直观地欣赏馆藏档案精品和浏览该馆建馆以来的各项成果(目前仅只目录、简介，将来则可阅览详细内容)，掌握该馆的学术动态，特别是其参与国家“清史工程”的情况。同时，该网站也是档案馆传播明清文书、典制、历史知识的园地。

(王光越)

2004年民国档案利用动态

2004年，中国第二历史档案馆共接待国内查档单位549个，境外及港台学者78批，登记查档881人，调阅档案近9000卷。与2003年相比，查档单位增加了约22.6%，查档人数及调阅档案数量也大幅增长。档案利用情况，有如下几个特点：

1. 学术研究占主导地位。2004年，国内利用档案进行学术研究的单位有254个，占国内查档单位总数的46%，利用者主要为科研院所、高等院校的研究人员或在读博士、硕士研究生，研究课题较为广泛，以赈灾、司法和抗战研究居多。

2. 工作参考、编史修志占一定的比例。2004年以工作参考和编史修志为目的来馆查档的单位共计112个，占国内查档单位总数的20%。如：陕西师范大学、黄河水利职业技术学院为编修校史来馆查阅了相关资料；交通银行上海总行为丰富行史来馆查阅该行成立迁移资料等。

3. 个人查证明显增多。此类查档者多为查找其亲属下落、经历和抗日阵亡证明材料，以来函来电方式查询居多，约100个单位，占国内查档总数的18%。

4. 展览陈列查档呈现新特点。与以往相比，除文化名胜景点为举办展览而查找档案资料和相关图片外，企事业单位为宣传企业文化而收集展览素材的明显增多。2004年为举办展览陈列来馆查档的单位有36个，占国内查档总数的7%。

5. 影视创作单位查档有所增加。2004年接待了中央电视台、江苏电视台、湖南电视台等为拍摄影视查阅资料的新闻媒体约26家。如中央电视台等为纪念抗战胜利60周年拍摄《抗战》一片，查阅有关徐州会战、武汉会战等方面的资料；湖南电视台《真情》栏目组查阅邝飞雄个人资料；江苏电视台为拍摄盐商电视片查阅有关资料等。

此外，还接待了来自美国、英国、法国、日本、台湾、香港等国家和地区的学者。国(境)外学者查档以撰写论文进行学术研究为多，内容涉及教育、文化、经济、海关、外交等诸方面。 (陈光　阙海斌)

民国时期黄河委员会历史档案合作抢救整理项目完成

由中国第二历史档案馆和黄河水利委员会档案馆合作开发的民国时期黄河水利专题档案(光盘版)项目，是根据中国第二历史档案馆典藏的国民政府水利委员会、行政院善后救济总署、资源委员会等近百个机构有关黄河水利的档案，经过选材、加工整理、扫描复制，编辑制作而成。主要有：黄河水利机构章则、法规、函电、咨呈、计划报告、会议录；会计、统计报表；照片、水文图表、资料等文件。内容涉及黄河及泾河、洛河、渭河、汾河、湟水、滹沱河、永定河等分支流的水文测量、调查资料；泛区灾情报告、赈灾救济、难民收容接待；工赈、打井灌溉、土地复耕、造林防沙、堵口复堤、水力发电；水利和救灾物资购运、分拨；黄河大桥架设维修、器材购运；黄河水利委员会及所属机构、黄河水利工程专科学校的文件；鲁、豫、苏、皖、晋、冀、陕、甘、宁、青等地灾情调查报告，赈灾救济，水利工程，水文调查等方面的文件，内容翔实而丰富。

该项目以民国时期文件归档立卷为基础，修改、拟写标题，排列卷内文件次序，编写文件页码等程序。挑选出反映近1800卷(宗)，计20余万页重要档案，逐卷逐页扫描，刻录光盘共72张，并编制了检索工具，以便查找利用。 (张强林)

中国第二历史档案馆为澳门历史档案馆编制、拍摄“馆藏澳门地区档案史料”缩微胶片

中国第二历史档案馆为澳门历史档案馆编制、拍摄的“馆藏澳门地区档案史料”缩微胶片共35盘(35mm)，计8215页，于2004年3月顺利移交澳门历史档案馆。

该专题史料是从中国第二历史档案馆馆藏400余卷有关澳门地区档案史料中选编而成，收录的文件始于1905年，止于1949年。主要内容有澳门与大陆关系，国民党澳门支部、中华海员工会澳门支部在澳门的活动，澳门金融、经济情况，教育部关于澳门华侨教育等史料。反映了澳门地区政务、社情、赈济、教育、金融、税务、工商贸易、邮电、交通、侨民等诸方面。对研究民国时期的澳门具有一定的参考价值。(许茵)

中国第二历史档案馆网站正式对外开通

2004年11月11日，中国第二历史档案馆(简称二史馆)网站在国际互联网上正式开通。网址为：

http://www.shac.net.cn。

随着二史馆数字化建设的不断推进,二史馆决定建设对外网站,运用现代化传播媒介,拓展二史馆的服务范围,更好地对外宣传档案馆。经过全馆人员的共同努力,目前网站建设初具规模,经申报批准后接入互联网。

网站采用中、英文双语版式。网站栏目有首页、馆长致辞、档案馆介绍、本馆工作动态、馆藏全宗目录、馆藏精品、服务介绍、利用须知、档案展览、学术研究、《民国档案》杂志、档案征集等。读者通过网站不仅能详细了解二史馆的历史、现状以及馆藏情况,而且能够清楚如何办理查档手续与档案馆提供的各类代查档、代保管业务,网站中还包括了二史馆的位置路线图以及馆区附近的饭店、车站情况,读者也可在网上进行查档预约登记、咨询,并向《民国档案》杂志投稿。

网站的开通,为社会各界提供了更加快速便捷的档案利用服务,拓展了二史馆为社会服务的空间。

(阙海斌)

第六届中国档案学会档案整理与鉴定学术委员会会议暨民国档案文件级整理学术报告会举办

2004年12月17日上午,来自中央档案馆国家档案局、中国第一历史档案馆及北京、上海、辽宁等省市档案馆会员代表20人参加了中国第二历史档案馆(下简称二史馆)主办的第六届中国档案学会档案整理与鉴定学术委员会会议。

会上,中国第二历史档案馆副馆长、第六届中国档案学会档案整理与鉴定学术委员会马振犊主任报告了委员会今后五年档案整理与鉴定工作计划,各位委员就此进行了热烈讨论,并对今后五年学术委员会的工作和档案整理与鉴定工作开展提出了许多建议。

当日下午,由中国档案学会二史馆分会举办的"民国档案文件级整理学术报告会"召开。参加会议的代表除二史馆业务人员外,还有出席"中国档案学会整理与鉴定学术委员会"会议代表,以及江苏省档案局馆、南京市档案局馆领导与专家共60余人。报告会共收到学术论文10余篇,有7人在大会上作了交流。会议围绕民国档案文件级整理工作的必要性、规划、组织,文件级目录著录与案卷级整理工作的衔接,文件目录编制,以及民国档案开放鉴定等问题,展开了深入研讨。

(陈小敏 阙海斌)

国家档案局局长毛福民率全国档案局(馆)长会议代表参观解放军档案馆

2004年12月2日上午,国家档案局毛福民局长率领出席全国档案局(馆)长会议的代表近百人,在总参办公厅主任林建超陪同下,专程参观解放军档案馆。各省、市、自治区和计划单列市档案局(馆)长听取了刘英馆长关于档案馆和新馆建设基本情况介绍,观看了档案信息化建设专题片和新馆各工作区的汇报演示,参观了档案珍品展览。代表们对解放军档案馆信息化建设、业务基础建设和正规化管理给予极大关注和高度赞扬。毛福民充分肯定了军队档案工作的发展和解放军档案馆的建设成果,指出,军队档案工作在总参直接领导下,高质量、高水平地推进,发展非常迅速,尤其在信息化建设方面做得非常好,走在全国档案系统前列。参观解放军档案馆,得到很多启发,受到深刻教育,非常值得学习。林建超对毛福民及全国档案局(馆)长会议代表亲临解放军档案馆检查指导表示欢迎和感谢。

(李筱春)

解放军档案馆新馆全面启用

解放军档案馆新馆是经中央军委批准建设的总参重点工程,总投资近亿元,1999年10月批准立项,2001年10月开工建设,2003年1月16日,江泽民同志亲笔题写馆名,2003年12月26日竣工。新馆总建筑面积13616平方米,其中主楼10733平方米,采用了监控、门禁、消防、新风和温湿度监测等多种比较先进的自控技术系统;附属楼建筑面积2883平方米,主要用于自身服务和来馆查档人员食宿保障。

在先期完成设施设备搬迁的基础上,2004年4月5~8日,组织档案搬迁,解放军档案馆基本部署调整至新馆。整个搬迁组织严密,只用了4天就全部完成了45吨档案的搬迁任务,做到了档案资料完好无损,人员车辆安全无恙。

2004年4月9日,解放军档案馆新馆正式启用,从此,管理水平上了一个台阶,狠抓规范工作秩序、建立新的工作机制、迅速展开业务工作、启动新馆各项功能。调整业务要素配置,进一步优化工作机制;修改完善规章制度、工作职责和工作流程;组织全馆人员进行楼宇控制系统技术培训;调试信息网络,安装软硬件系统,开展网上档案管理和利用服务;集中力量,抓紧时间,高标准高质量地做好展厅调整和完善;结合库房整理,组织档案安全检查、建立库房管理制度;迅速恢复日常接待利用工作,以新的机制、新的设施、新的手段展开档案利用服务。经过大半年的试运行，各项工作已步入正轨，各种功能得以发挥，各个环节协调运转，实现了平稳着陆。（李筱春）

招商局档案馆利用馆藏资源设立历史博物馆

2004年9月，招商局档案馆（隶属于招商局集团）辟出总面积近2000平方米馆舍，利用丰富的馆藏档案、文物资源，设立招商局历史博物馆，成为深圳市第一家集文物征集、收藏、历史教育、研究、学术交流、展示于一体的企业历史博物馆。

招商局历史博物馆由历史陈列大厅、历史研究资料室和音像播放厅组成。历史陈列大厅由"晚清时期的招商局（1872—1910）"、"民国时期的招商局（1911—1949）"、"新中国成立后的招商局（1949—1978）"、"改革开放以来的招商局（1978—2000）"和"走进新世纪的招商局（2001年至今）"等五部分组成，介绍招商局从1872年成立至今130多年的发展历程。同时利用展柜、展台展出馆藏的珍贵文物，如李鸿章奏请清廷批准创办招商局的奏折、招商局开办之初的招募股商入股照会、招商局第一个章程、招商局股票、龙头印章、晚清漕运文献、招商局抗日沉船的船体遗骸、香港招商局起义生死决议、李先念副总理批准建立招商局蛇口工业区时圈划的香港明细全图、邓小平题写的"海上世界"条幅等。招商局历史研究资料室收藏了大量的有关招商局的书籍、报刊杂志以及其它文献资料，为社会各界人士深入了解招商局提供了便利条件。招商局音像播放厅为参观人员播放有关招商局的音像资料。

招商局档案馆通过设立博物馆，把馆藏的实物、文字、图片、声音、影象等珍贵档案、文物资料推向社会大众，使档案的利用工作富有成效，取得了良好的社会效益。招商局历史博物馆不仅成为外界了解招商局集团的一个窗口，还被深圳市文化局、深圳市南山区青少年活动中心等单位列为爱国主义教育基地。

（邱树荣）

沈阳市档案馆新馆工程开工建设

2004年8月8日，沈阳市档案馆新馆工程隆重奠基并开工建设。国家档案局副局长郭树银，辽宁省档案局局长刘金树、副局长王意恒，沈阳市市长陈政高、市委副书记刘迎初、副市长王玲、市长助理杨亚洲、市政府副秘书长白长鸿，沈阳市档案局局长许芳、副局长荆绍福、周庶江、许光明等参加奠基仪式。

奠基仪式上，副市长王玲对新馆建设表示祝贺，并就新馆如何拓展服务功能提出要求。许芳代表沈阳市档案局馆及全市档案工作者表示，将以新馆建设为契机，按照档案馆"四位一体"功能的要求，充分发挥档案馆各项功能，使档案馆在沈阳市创建全国一流文化名城中发挥应有的作用。

沈阳市档案馆新馆馆址位于浑河北岸，占地1公顷，馆房建筑面积21500平方米，由档案库房区、接待利用区、展览区、公众服务休闲区、技术用房区、办公区、生活服务区等组成，通过现代化、信息化等手段实现其各种功能。新馆将按全国先进、全省一流的标志性文化设施标准建设，能满足市档案馆未来50年的发展需要，成为体现城市文明程度、展示城市形象的重要窗口。新馆建成后将从根本上解决多年困扰沈阳市档案事业发展的馆库建设问题。（马凤云）

长春市档案馆建立百万工人调配档案数据库

随着市场经济的发展和社会保障机制的完善，长春市职工每年办理社会保险的人数在万人以上。职工办理社会保险的重要依据是职工档案中参加工作时的劳动调配证，但由于一些单位转制、破产及档案保管不善等原因，造成保存在原单位的劳动调配证丢失。这样保存在长春市档案馆的100多万工人劳动调配证存根档案就成了工人办理社会保险的唯一证据，为办理社会保险来查询的人络绎不绝。但是由于这些档案形成时间较早，接收时只有案卷级目录，加之其手写字体随意、企业名称多变、利用者提供线索模糊及人工查阅的局限，要在上百万人的工人调配证存根档案中找到自己的一份相当困难，查准率仅为万分之六。

针对这一情况，长春市档案局（馆）为服务国企改革，维护社会稳定，决定工作向为弱势群体服务倾斜，举全局（馆）之力，在不影响日常工作的前提下，加班加点，仅用45个工作日，就突击完成了所有馆藏112万工人劳动调配档案数据库建设任务。数据库建成后，利用者只需提供姓名、时间、单位等任意一项已知条件，即可通过计算机迅速准确地检索到所需信息，平均5分钟利用者就能得到所需档案打印件，使查全率和查准率达到100%，而且免收一切查档费用。2004年，长春市档案馆为千余人提供了工人调配证存根档案，得到了工人群众由衷的感谢和好评，取得了良好的社会效益。《中国档案报》在头版刊登了长篇通讯《为了一百万工人的切身利益》，《长春日报》、吉林电视台、长春电视台等媒体也多次进行报道，在长春市市民中引起了强烈的反响。（长春市档案馆）

黑龙江省档案局(馆)接收原省图书馆旧址

为了解决黑龙江省档案馆馆库面积不足的问题,黑龙江省政府2003年决定,待省图书馆搬迁后,将原省图书馆移交省档案局(馆)使用。按照这一决定,黑龙江省档案局(馆)于2004年10月正式接收了原省图书馆,并积极协调和配合省发改委、省财政厅、市规划局等部门开展了档案馆库维修改造、新建、扩建方案的调研和论证工作。(臧晓敏)

红都瑞金加强爱国主义教育基地建设

1931年11月7日,第一次全国工农兵代表大会在瑞金召开,中华苏维埃共和国临时中央政府宣告成立,瑞金成了红色首都。这里保存着富有历史价值的旧居、旧址和纪念建筑物180处,有举行第一次苏维埃代表大会的会场,会议结束后,被隔成15个小房间,作为中央人民委员会各部的办公室以及通讯、警卫等工作人员的工作室;有叶坪红军广场、红军检阅台;有毛泽东带领红军战士为当地群众开挖的"红井";有第二次苏维埃大会的礼堂等。收藏的文物有1万多件,革命史料1万多份,有全国苏维埃第一次代表大会草案、红军问题决议案、中华苏维埃共和国的选举细则、一苏大日刊等。

中华苏维埃共和国临时中央政府的建立,是我们党建立人民政权的一次探索,为后来新中国政权的建设,提供了丰富的历史经验,培养了一大批领导骨干和组织、管理人才。中华苏维埃共和国临时中央政府成立后,设立了外交、军事、劳动、财政、土地、教育、内务、司法、工农检察等人民委员部和国家政治保卫局,被称为袖珍型政府。瑞金这块土地上,铭刻着革命先辈的光辉足迹,毛泽东、朱德、周恩来、刘少奇、邓小平等老一辈无产阶级革命家,党和国家领导人中44位,中国人民解放军10位元帅中的9位,10位大将中的7位,都曾在瑞金及瑞金为中心的苏区纵横驰骋,屡建功勋。红都瑞金,为中华人民共和国培养和造就了一批伟人。

珍贵的文物史迹不仅是瑞金的财富,更是全国全党的宝贵财富。1991年瑞金市委、市政府提出,争取中央和国家机关各部委办局前来"寻根觅祖",续"红色家谱",修革命旧址,建教育基地。从红色中华通讯社旧址第一个修复至今,国家各部委在瑞金修复旧址已达40多处,并分别举办了专题史料陈列。由此,红都瑞金被中宣部确定为"全国百个爱国主义教育基地"。1993年瑞金市专门建立了爱国主义教育基地建设联席会议制度。在北京召开的第一次会议上,通过了《瑞金市全国爱国主义教育基地建设联席会议暂行实施办法》,探索出了一条国家部委与瑞金市联合建基地、修旧址、保护文物的新路子,提出把瑞金建成"全国优秀爱国主义教育示范基地"和"革命传统教育名城"。

随着爱国主义教育基地建设步伐的加快,红都瑞金的知名度和影响力日益深远。

(辛崇贤 张建平)

湖南省档案馆新馆正式开馆

湖南省档案馆是全省保管党和国家重要档案的基地和对青少年进行教育的基地,是社会各界和广大公众利用档案信息资源及现行文件资料的中心。该馆有290个全宗、40余万卷(册)档案。档案起迄年代上至清顺治年间,下迄20世纪90年代。除纸质文书档案外,还有录音、录像、影片、照片等非纸质载体的档案。在依法接收档案的同时,花大力气加强对具有湖南地域特色档案的征集工作。特别是对被选为《中国档案文献遗产名录》的"江永女书"进行了抢救性征集。共征集女书原件、女书作品及有关女书的文献资料300余件(册、套)。同时,还征集了隆回县具有独特美术风格的滩头年画33个品种共80余张年画原件。该馆创始于20世纪50年代末,现已不能适应新时期档案工作的要求。1996年9月,省委、省政府投资5060万元,在长沙市车站北路205号建成了库容量150万卷册,配有电力空调系统、气体灭火消防系统、温湿度自动控制系统、防火防盗监控系统的现代化档案大厦。

2002年5月,省档案馆从省委大院搬迁至新址,随着内部整理与建设的完工,很快恢复了对外接待利用工作。2004年12月,湖南省档案馆正式公告开馆。

(禹丁华)

湖南省人民政府省长周伯华关心支持湘西保靖县新档案馆建设

2004年6月26日,湖南省人民政府周伯华省长率省政府办公厅、省财政厅、省扶贫开发办部门负责人来到湘西保靖县调研,在听取保靖县委、县政府工作汇报时,当听到保靖县委领导关于档案工作情况时,得知该县档案馆存有两万多卷历史档案,有"湖南省第二历史档案馆"之称时,非常震惊。这座始建于1977年的保靖县档案馆,总建筑面积仅有480平方米,是目前全省县级档案馆建筑最早、面积最小、功能最少、条件最差的档案馆之一。由于历史档案之多,建国后档案进馆很少,档案资源整体开发利用得不到充分发挥。

周省长对新建保靖县档案馆特别关心,表示大力支持保靖新档案馆的建设,由省财政厅解决保靖县新档案馆建设资金 100 万元。保靖县委、县政府的领导,设法筹措了 200 万元资金。目前,投资 300 万元的新馆已正式动工。 (保档办)

“中国芷江·国际和平文化节”档案资料全部接收进馆

2003 年 11 月 16 日,由湖南省对外文化交流协会和怀化市人民政府主办、芷江县侗族自治县人民政府承办、长沙烟厂协办的首届“中国芷江·国际和平文化节”圆满落下帷幕。这是一次有抗日战争美援华空军“飞虎队”老战士和约旦、乌克兰、英国、韩国等 13 国驻华大使、领事、文化参赞等友好人士及客商参加的盛大节会。两天节会期间,先后举办了独具侗乡特色的开幕式、“和平之声”文艺演出、“飞虎队”陈列馆揭幕、国际和平论坛开坛、“侗乡盛世”千人合拢宴、经贸招商洽谈会、侗文学会“经济发展研讨会”、“和平钟”奠基仪式、“飞虎队”老战士捐赠美军飞行服等八大主题活动,形成了一批珍贵的档案资料。

芷江县档案局在县委、县政府的大力支持下,在节会筹委会的大力协助下,及时组织业务骨干进行接收和整理。经过 3 个多月的艰苦努力,到 2004 年 2 月底止,共整理出“中国芷江·国际和平文化节”文书档案 26 盒、444 件,照片档案 1533 张,声像档案光碟 5 张,公开出版的“飞虎队在芷江”等专著 4 部,已全部移交县档案馆永久保存。 (唐昭军 雷南)

成都市加强重要政务活动和重大活动档案采集与管理

按照成都市委办公厅和市政府办公厅[2004]4 号文件要求,成都市档案局积极开展重要政务活动和重大活动档案采集管理,2004 年参与“双重”采集 99 次,形成声像资料 800 余分钟,图片资料 1670 张,收集文字资料 446 份,图册、图书 12 本。采集的档案资料经分类、整理,通过成都市档案局(馆)门户网站“政务新闻”栏目向公众报道,视频、声频信息通过成都电子政务外网以视频点播形式向市级各部门提供查询服务,实现了档案工作与重要政务活动和重大活动的实时结合。 (成都市档案局)

青海省“十馆百室”示范工程成效显著

为进一步推动全省档案工作,提高全省档案工作水平,实现档案馆(室)工作制度化、规范化和标准化,青海省档案局于 2001 年制定出台了《青海省档案局关于实施“十馆百室”示范工程的意见》,实施了为期三年的“十馆百室”示范工程。三年来,青海省档案局根据《意见》要求,在档案目标管理工作达到省一级标准的各级国家综合档案馆中树立了 10 个业务示范典型;在档案目标管理工作达到省一级标准的机关档案室、档案目标管理达到国家二级以上标准的各级企业、事业单位和专门档案室中,树立了 110 个业务示范典型,以树榜样、抓典型、以点带面的方式,促进了青海省档案事业的全面均衡发展。

这项独具青海特色的示范工程至 2004 年底全面完成,极大地促进了全省档案事业的健康发展,出现了争创示范单位的喜人局面。青海省档案局将进一步完善示范工程实施细则,在现有指标基础上建立起优胜劣汰的长效机制,以保证示范档案馆室长期发挥积极促进作用。 (贺俊兰)

提供档案和现行文件利用所产生的社会效益和经济效益典型事例

天津市

档案为设备改造献力

上海装卸桥 02#是新中国成立后天津港集团(公司)的第一台集装箱装卸桥,也是该公司成立后第一台装卸桥。自投产使用以来,相继进行了两次大的改造,但始终未能提高性能,装卸效率较低,基本处于停滞状态,濒临报废。为缓解集装箱装卸桥设备紧张状况,公司决定对其进行改造。在改造中,档案人员积极介入主动提供了桥吊的机械图、结构图、电气图、电气原理图、布线图、零件图等一系列档案资料。技术人员根据齐全完整的设备档案对该设备进行了改造。改造后的设备通过了验收并正式投产使用,为公司装卸生产发挥了重要作用。如果购置一台新桥吊需 3000 万元,而该项目改造费仅用了 1000 万元,为公司节省 2000 万元。该项目荣获天津港集团(公司)科研成果一等奖。

(丛为民)

档案为资产评估节税

天津钢管集团有限公司房屋账面原值是 2.62 亿元,由于历史原因,设备基础值也被涵盖在内。新的房产税法颁布后,如果按照房屋账面原值计算,每年要缴纳房产税 2420 万元,给公司带来巨大经济负担。为此,公司决定对全公司房屋固定资产进行专项评估。公司档案馆主动介入,充分发挥档案的原始凭证作用,积极配合评估部门开展工作。提供了无缝工程炼钢厂、轧管厂、管加工、能源部等主厂房大量建筑结构图，共计施工蓝图422张、竣工图45张、外文蓝图11张。齐全完整的档案资料，为评估工作提供了科学的依据。经过评估部门的认真核实，最终的评估结果将11亿元的设备基础值从公司原房屋值中分离出来，为公司节约税金1000万元。　（丛为民）

河北省

利用档案解决国家一级湿地自然保护区土地归属权问题

位于河北省衡水市境内的衡水湖，是国家一级湿地自然保护区，为更好地保护、开发和管理衡水湖，衡水市政府对衡水湖地域进行重新规划。运作期间，京大路以西、衡水湖以东1500亩土地归属权引起争议。这1500亩土地是政府出资开挖衡水湖时，由湖区挖出的土堆积成的大坝，因长期未开发利用，被附近村民分割耕种。现市政府要将这块土地收回进行规划使用，但当地村民认为这块已耕种的土地归村民所有。要解决这一争议，必须要找到当年开挖衡水湖的原始档案资料。由于衡水市档案馆完好地保存了这部分档案资料，得以及时为有关部门提供当年开挖衡水湖的施工图纸及当时施工的详细介绍，包括土地范围、统计数字及财政拨款使用情况等近百份档案资料，从而有效地说明了这1500亩土地的归属权为政府所有。档案馆提供的资料为政府重新规划衡水湖消除了阻力，避免了与村民的纠纷，挽回经济损失7500万元。

（李静）

辽宁省

为中共中央政治局常委李长春同志出访朝鲜提供档案资料

2004年8月，中央政治局常委李长春同志应邀访问朝鲜。出访前夕，辽宁省外办受中联部紧急委托，来辽宁省档案馆查阅李长春同志担任辽宁省委副书记、省长期间访问朝鲜档案资料。辽宁省档案馆用最短时间便为省外办查找了李长春同志1985年、1988年访问朝鲜的人员名单及报告，为李长春同志顺利出访提供了档案。省外办在留言簿中写道：查档顺利，感谢档案馆大力支持！

为省委书记李克强同志提供有关陈云同志的书信手迹、讲话、照片

2004年12月31日，辽宁省档案馆接到省委宣传部电话，要求迅速为省委书记李克强同志提供有关陈云同志在辽宁的档案资料。辽宁省档案馆已将陈云同志在辽宁的档案资料编制成专题目录，所以在第一时间便为此项任务承担单位辽宁电视台、省委党史研究室提供了建国前后陈云同志在辽宁形成的大量珍贵书信手迹、讲话、照片及光盘字幕说明词，内含陈云手迹21页、照片10张(其中最早的一张是抗日战争时期陈云同志在延安拍摄的)等，为陈云同志光盘、文集、图片集的编辑制作提供了最为有效的、也是最具珍藏价值的主体资料。

为解决因征用农民土地引发的农民群体上访案件服务

辽宁省档案馆为四起因土地纠纷引起的农民群体上访事件提供了档案支持。明确土地归属面积总计达63000余亩。初步估算可为国家避免经济损失3亿多元。

为解决台胞信访案件提供档案凭证

2004年5月，为解决台胞上访问题，营口市人民政府信访办、省台办交流处先后来省档案馆查档。某台胞的叔叔解放前被国民党抓壮丁从营口到台湾，其土地解放后被国家没收，参加土改分配。为此，该台胞多次上访，要求归还土地。该信访案件得到营口市委、市政府的高度重视。省档案馆查阅当时落实土改工作的政策文件，为其提供了当时辽宁省有关“私改”方案。此文件证明当时对土地的处理是符合国家政策的，对正确处理这一台属上访问题起到了积极的说服引导作用。

为职工解决待遇提供了政策依据

锦西中核集团七四五矿申报政策性关闭破产，在申请破产的同时，职工提出工资待遇低，要求解决进山补贴问题并多次上访。2004年7月，省档案馆为其提供了关于进山补贴的文件，为解决问题提供了政策依据。

为沈阳市标准件制造总厂解决职工上访问题提供依据

沈阳市标准件制造总厂一些以工代干人员多次至省、市政府上访，要求解决离休问题。省档案馆为其提供了1983年省政府文件，规定以工代干人员不属于国家干部，不能办离休，为其解决上访问题提供了政策依据，对维护企业健康发展、保持社会稳定起到重要作用。

为解决20世纪60年代精简下放人员上访问题提供政策依据

2004年9月，抚顺红透山铜矿来省档案馆查阅该矿20世纪60年代精减文件，为做好20世纪60年代精简下放人员上访问题找到了依据，对维护企业健康发展，保持地区社会稳定起到积极而重要的作用。

档案为党风廉政建设保驾护航

2004年6月，铁岭市人民检察院反贪局查办了西丰县委副书记牟玉庭贪污、挪用公款、巨额财产来源不明案。其中巨额财产来源不明案中要将牟玉庭1983年至1991年做生意期间所得利润刨除，但这其中有大量针织品、纺织品价格无法核算。为给这部分商品定价，2004年9月，铁岭市人民检察院反贪局来到省档案馆，查阅了有关档案。为其核定这部分商品价格提供了准确依据，为铁岭市人民检察院办案提供了强有力的证据。

"我曾参加志愿军"

海城市经济开发区大河居委会村民刘某1950年12月随东北公路管理局中国人民志愿军第三工程大队入朝支援抗美援朝战争，回国后转业分到黑龙江工作，1957年因家庭困难退职回家。2003国家出台为1953年12月以前参军转业人员发放补助津贴的政策后，年近80岁的刘某闻讯曾于2003年11月来省档案馆查阅其参加抗美援朝战争的证明材料，当时没有查到。后来终于在后库保管的东北交通局定期档案中保存的中国人民志愿军第三工程大队人员名册中找到了他的名字，为其解决待遇提供了原始依据。

为解决劳模待遇提供依据

省政府研究室受全国著名劳动模范尉凤英同志委托，于2004年2月4日派人到辽宁省档案馆查找辽宁省政府命名"红色储蓄员"王秋凤同志为"见义勇为英雄"的档案资料，以解决王秋凤同志劳模待遇问题。省档案馆信息开发利用部的四名同志用了两个小时的时间查找有关档案资料，终于在1966年3月15日的《辽宁日报》第二版查到了王秋凤同志的长篇事迹报道，为解决王秋凤同志社保、劳模补助、医疗保险等提供了依据，尉凤英同志特意向辽宁省档案馆领导表示感谢。

为中央有关部门编写《李先念传》提供档案资料

2004年7月，《李先念传》编写组来省档案馆查阅李先念同志在辽宁视察和对辽宁省工作的讲话、批示、信函、照片等，为编写《李先念传》和《李先念年谱》收集资料。省档案馆提供档案资料140余卷册，包括了李先念同志在辽宁的视察、讲话、批示、信函等全部资料，为《李先念传》和《李先念年谱》的编写提供了详实的原始资料。

为"20世纪中国地震和救灾"研究提供资料

为了加强减灾防震工作，国家民政部和国家地震局联合组成"20世纪中国地震和救灾"课题组，对20世纪中国地震和救灾情况进行研究。2004年2月12日，课题组人员到辽宁省档案馆查找1975年海城地震和救灾的档案资料。辽宁省档案馆提供了精心保存的海城地震和救灾档案，这些档案详细记录了当时的地震和救灾情况，为课题研究提供了详实、准确的资料。

（以上由姜义提供）

▲大连市疑难信访案件接待站在市委、市政府领导直接领导下，处理一起100人到北京上访的重大疑难集体上访案件，他们到市档案馆查阅当年甘井子区南关岭公社周水大队市政府征地招工有关文件。接到查询需求后，市档案馆接待人员非常认真地为之查找，提供了相关文件。他们在利用效果登记表中写道：非常感谢大连市档案馆的同志。

▲原木材公司给职工分福利房，当时分得房子的职工每人按面积交给公司一笔差额，2004年此地段进行房地产开发，其中的20～30家住户与负责开发的房地产公司就房屋所有及拆迁补偿问题发生争议，在向法院提出集体诉讼的过程中，住户到大连市档案馆查找相关证据，从木材公司相关年度的会计档案中找到了公司内部购房收款凭证，对其在产权诉讼中获得胜诉起到决定性作用。（以上由大连市档案局提供）

档案帮"老知青"排忧解难

2004年冬，54岁的白某来沈阳市档案馆查找知青回城档案。她于1968年插队到辽宁盘锦太平农场，后在当地结婚，并生有一儿一女。1983年丈夫病故后，她独自拉扯两个孩子，生活非常艰苦。1987年因符合当时的"单身知识青年可以携带子女回城"的政策，由其父单位沈阳气体压缩机厂以"特困"的理由为其办理了落户回城。回城后她只是靠干临时工和做点小本生意来维持生计和抚养一双儿女，生活非常拮据。

随着近年一些"老知青"的不断上访，沈阳市政府于2004年出台了相应的政策，即当时回城未给安排工作的六八届的"老知青"，凭回城落户审批表，可享受生活最低保障待遇。

白某从社区得知这一消息后，心情异常激动。但当她先后到派出所、区档案馆、区民政局查找档案都没查到后，她有些绝望了。这时有人告诉她到市档案馆查找。她抱着最后一线希望来到市档案馆，当接待人员在档案馆馆藏档案中仅有的82个"结婚知青回城名单"中查到她的名字时，她颤抖地说：在我几乎绝望的时候，是你们又让我看到了希望，是档案帮了我，让我后半生的生活有了保障！

（杨辉）

档案帮耄耋老人了却心愿

佟某于2004年底来到沈阳市档案馆，为其母亲办理离休查阅档案。

其母郭某，中学读书时经中共地下党人介绍参加地下党，边学习边为党工作，解放后回家当小学教员。在"文革"中，郭某被造反派当成叛徒、特务重点审查。由于从事地下工作时其上线马淑贞解放后患精神病，而当时地下党组织采取的联系方式是单线联系，本人档案中又没有这段历史记载，所以无法证明她的地下党身份。

郭某退休后，为证明自己的地下党身份，先后到过辽宁省档案馆、辽宁省委组织部档案室查阅，均未果。这件事成了老人一块心病，她多方打听，后经人指点派其女儿来到沈阳市档案馆。在接待人员的热情帮助下，经过查阅中共沈阳市委城工部的档案，终于查到郭某的名字。老人的女儿非常激动，马上就给老人打了电话告知这一消息，老人听后十分兴奋。（杨辉）

吉林省

解下岗职工之困　保社会稳定之安

2004年4月8日，长春市绿园区工商企业管理办公室的同志来到长春市档案馆，查阅长春市劳动调配证存根档案。由于他们单位档案室被盗，其下属企业长春市亨达采石厂40多名工人档案全部丢失，工人无法办理退休和参加社会统筹保险，这些工人长时间到长春市绿园区政府和长春市政府上访，单位和政府的压力都很大。但因为年代久远，他们不清楚职工的详细情况（如原名、参加工作时间、当时单位的具体名称、是否是经过市劳动局正式分配的），就连职工本人也说不清楚当时的具体情况，这给查找工作带来了很大难度。长春市档案馆的工作人员不怕麻烦，经过多角度地询问，扩大范围认真查找，终于在百万工人调配档案数据库中查到了这些职工的劳动调配证存根档案，并为他们出具了证明，从而使这起集体上访的案件得到了解决。（长春市档案馆）

黑龙江省

利用馆藏资源，为百姓排忧解难

双鸭山市是全国国有企业改制的试点城市。随着国企改革的不断深入，国家的劳动保障政策也在逐步完善。近年来由于种种原因，致使一些企业的职工档案散落丢失、材料不全，造成不少人办理退休、买断工龄等事宜不能正常进行。双鸭山市档案馆及时掌握这一档案利用动向，发挥馆藏工人录用存根的凭据作用，为百姓服务。为解决查找不方便的难题，市档案馆在短时间内集中人力将2283册工人录用存根录入微机，实现了现代化检索，极大地缩短了查找时间，方便了人民群众。2004年市针织厂企业并轨，工人郭某在办理买断工龄手续时，由于档案内没有录用通知书，而无法确认工龄。到档案馆仅用了不到十分钟的时间就查到了录用存根，顺利地办理了手续。职工史某所在企业改制，在办理退休手续时，由于档案丢失，职工身份及工作年限无法确认，于是来到档案馆寻求帮助，一份录用存根很快为他解决了难题。2004年，双鸭山市档案馆提供工人录用存档共为587人解决了工龄认证等问题，深受人民群众的称赞。（卢少军）

图纸档案使企业免受一千万元损失

2004年10月，锦州电厂4＃机末级叶片需要更换，哈尔滨汽轮机厂为其提供了叶片。在装配叶片时，他们发现新提供的叶片与汽轮机原有叶片不一样，于是双方开始交涉。汽轮机厂的技术人员在资料室里没有查到原有叶片的设计图纸，原来，这种叶片最初仅生产了两台，均用在锦州电厂，之后叶片改型，资料室图纸也随之更换。如果找不到原始图纸，只能更换整圈叶片，不仅需要1000万元的费用，而且又涉及到低压缸更改，工期长，这种情况使用户十分不满意，提出另外请其他厂家服务。经过多方努力，终于在汽轮机厂有限责任公司档案中心的库房里找到了该图纸更改前的原始版本。有了这份图纸，汽轮机厂仅用两万元加工叶片提供给锦州电厂，不仅节约了资金一千万元，还大大缩短了工期，使汽轮机厂在客户面前树立了良好的形象。（何丽华）

财务档案为企业退税作凭证

2004年国家海关总署下发了关于为三峡机组制造用钢板及配套件免税的通知，按照该文件的规定，哈尔滨电机厂有限责任公司已经交纳的关税、增值税应该退还。因此，公司计财部、采购部请档案部门协助将已入账的有关关税票据用复印件替下（将复印件附上），原件用以退税。由于档案员提供了准确而可靠的原始凭证，共为公司赢得退税款27万元。集中统一的档案管理为企业生产、经营等工作发挥了基础作用。（赵庆坤）

上海市

▲上海市档案馆外滩新馆政府公开信息及档案文件资料查阅服务中心于2004年5月1日开设以来，查阅服务中心的同志们以创“市级巾帼文明岗”、“市级机关共青团号”为契机，完善规章制度，端正服务态度，丰富服务手段，用实际行动获得了众多查阅者的好评。

市民穆某是近代上海工商业知名人士穆藕初的后人。为了撰写穆藕初先生的年谱，常年在国内各档案馆查阅相关史料。看了新闻媒体对上海市档案馆外滩新馆开馆的有关报道后，他来到上海市档案馆外滩新馆，进门只要一张本人的身份证，交两元钱成本费，就办成了一张磁性阅览卡的简便查阅手续令他惊喜。外滩新馆的开放时间从9时到17时，中午不间断，一年

365天不论公休和节假日天天开放，这种以人为本的服务新风尚让市民穆某留下了深刻的印象。在查阅服务中心工作人员的帮助下，他查找到大量有关穆藕初先生的史料。从此也成为了查阅服务中心的“常客”。查档结束后，根据多年在各地档案馆的查阅经历，他撰写了一篇《查档有感》，发表在《新上海档案》上。

（石磊）

江苏省

原始档案见证土地权属

江苏省农垦集团公司、江苏省工人汤山疗养院、丹阳市供销合作社等十多家单位的下属单位原土地使用文件因年代久远早已散失，与当地民用土地使用范围纠缠不清。为查清土地权属情况，解决纠纷，这些单位先后派人到江苏省档案馆查找原始档案材料。江苏省档案馆管理部查档接待科“青年文明岗”的同志热情服务，根据单位隶属关系和有关线索仔细帮助查找，收获很大。例如：为省农垦集团公司在20世纪60年代省农林厅档案中找到12份相关文件，对所属20多家农场的土地拨用情况和驻军占用土地情况有了清楚的了解。原始档案为这些单位查清事实、明确产权、解决矛盾提供了重要依据，避免了重复付出征地费用，产生了良好的经济效益和社会效益。

南京以信用档案规范建筑市场

南京市建工局为规范建筑市场秩序，促进企业依诚信原则参与市场竞争，在省内率先开发了“建筑业企业信用管理计算机系统”。该系统涵盖了所辖企业基本情况、项目经理、工程业绩、市场行为等管理信息，还包括了招投标、质量监督、安全监督以及行业协会等方面的奖惩信息和相关资料，并实时更新，形成较为完整的、动态的建筑业企业信用档案资料库。同时，市建工局还在网上开设“企业信用专栏”，与信用档案资料库实时动态连接，向社会公开企业信用行为及其信用等级，为建设单位选择工程承包方提供参考，为管理部门依法行政提供了依据。2004年3月，市建委、建工局根据该系统所载信息，在全市范围内通报批评了五家在宁施工恶意拖欠民工工资的建筑企业，并帮助民工讨回工资一百余万元。

金坛西岗镇完善土地承包合同档案助农增收

金坛市西岗镇党委、政府贯彻《农村土地承包法》，将2004年定为“农村土地承包完善年”，金坛市档案局及时发挥业务指导职能，组织镇村干部帮助农民完善土地流转承包合同档案，收到明显成效。

西岗8个村82个村民小组有8600多份土地承包合同，其中各类专业承包土地合同1300多份，《农村土地承包法》颁布以来，有少部分合同与其精神相悖，加之农业税取消，粮价上扬，不少农民要求收回以前转包出去的农田，但这些农田权属关系已不明晰，由此引发了纠纷和上访。对此，西岗镇组织干部逐一与农民核对承包面积，查明原由，重新建档。市档案局还与西岗镇农村经济服务站组织各村会计到合同档案较为完善的村学习，严格执行《农村土地承包法》精神，坚持“合法、自愿、有偿、规范、程序”的原则，重新完善、签订土地承包合同。到2004年夏收夏种前，全镇已重新签订和完善合同260多份，使农民明白种田，放心生产。

南通市为百万农户建立信用档案

南通市农村信用联社为解决农户“贷款难”问题，积极探索信贷支农的有效途径。在对农户家庭经济状况、资信程度和信贷需求进行调查的基础上，至2004年9月份已为118.37万农户建立信用经济档案，给农民提供了方便快捷的金融服务。农户信用经济档案包括：家庭人口、承包土地面积、种植经营项目、常年经济收入、资产和负债情况、历史信用记录等。该市海安县为近22万农户建立信用经济档案，建档率达92%，发放《客户信用证》1.4万本，年贷款额近5亿元，在全市名列前茅。

南通提供档案解决拆迁难题

随着南通市城市建设及旧城改造力度的加大，不断有拆迁户为拆迁补偿费等问题集体上访。市档案局积极配合信访部门宣传拆迁政策，化解矛盾，及时向拆迁户提供《城市房屋拆迁管理办法》、《城市房屋拆迁补偿价评估技术规范（试行）的通知》和《城市房屋拆迁补偿价评估管理暂行办法》等文件，制止了少数“钉子户”的无理取闹，同时也抵制了某些拆迁公司任意压低补偿金的不法行为，保护了拆迁户的合法权益，维护了社会稳定。

南通市建立农保档案见成效

南通市自建立农村社会养老保险档案以来，立足规范化管理，及时制定和实施《南通市农村社会养老保险档案管理暂行规定》，被国家和省行政主管部门作为示范推广。截止2004年12月，全市农保档案已由劳动与社会保障部门统一管理，实行计算机与手工双重管理、纸质与电子档案多种载体双套异地保管。全市已为近116万农民建档，其中如东县345300多人投保，6700多人领到养老金，该县还出台农村社会养老保险票据管理暂行规定，制定了票据核销制度、票据台账及票据月检制度，建立了农村养老保险缴费数据库，录入各类信息100万条，并推出养老金、退保金、继承保证金一次性发放及电子汇款、当日保费当日上解、养老保险金社会化发放等新举措，有效地推动了农村社会养老保险事业与农村经济同步发展。

(以上由江苏省档案局提供)

安徽省

▲蚌埠市淮上区梅桥乡淮丰村村民周某等人,因签订土地第二轮承包合同,与村里产生纠纷。村民四处告状,并诉诸法律。2004年上半年村民向怀远法院正式诉求,要求村里按照国家规定重新划分土地。2004年6月9日,他们来到市现行文件服务中心想了解国家关于土地第二轮承包有哪些规定。市档案馆问清情况后,从市委、市政府蚌发〔1995〕3号文件中,查到他们所要找的内容,为县、市两级人民法院的最终裁决,提供可靠的政策依据。经市中院裁定村委会需重新按照土地第二轮承包的文件与农民签订承包合同。由于市档案馆提供的文件在法院判决中起到了很大的作用,使这起历时三年涉及500户村民、2400多人纷争终于落下帷幕,从而维护了农民的利益和社会的安定。

▲蚌埠市三十一中学退休老师唐某来到市现行文件服务中心查阅有关凤阳路拓宽改造安置的有关文件。因为原房屋在凤阳路拓宽改造中被拆迁后还原安置,在办理拆迁安置房屋产权证时受阻,为此想看看当时道路拓宽拆迁安置的有关规定,市档案馆把市政府转发市建委关于凤阳路拓宽改造拆迁安置方案的通知提供给她看,她拿着文件就此事找到市建委要求解决办证问题,经交涉建委同意按文件规定给予解决。

▲2004年8月,芜湖市鸠江区湾里镇石城社区居民对村改居后遇到的一些问题产生了疑问,鸠江区文件档案管理中心得知消息后,将信访、民政、居民管理等方面的资料汇编成册,经领导同意后让上访群众参阅、了解,有效地稳定了他们的情绪。据了解,鸠江区文件档案管理中心成立以来,查阅资料多方联系的现象在鸠江区机关大大减少,机关办事效率大有提高。

(以上由安徽省档案局胡仲华提供)

山东省

档案为老工人享受应有待遇提供证据

2004年2月21日,金师傅来到青岛市档案馆,为其老岳父——某国棉厂退休老工人查找1953年前参加工作的证明材料。原因是:老人于1953年前在青岛的一个私营企业工作。后来,公私合营,该企业被合并到国有企业。按政策规定,老人每月的退休金应该比1953年后参加工作的多拿30元钱。可是老人的人事档案里没有这些相关材料,因此无法兑现应有的待遇。看到老人着急的样子,金师傅自告奋勇替他办理此事。经工作人员详细查找,终于在建国初期青岛市工商业户登记和公私合营登记材料中,找到了其岳父1953年前参加工作的记录,金师傅十分欣喜。

政策公开使他找回了九年欠薪

2004年9月7日,宋师傅再次到青岛市档案馆,查阅劳动争议方面的文件。此前,他为了要回企业在技能工资套改时少给的钱,已经多次来查过劳动工资等方面的文件,把青岛市劳动局近几年编印的6册《劳动政策法规汇编》几乎看了个遍。政策清了,心里明了,底气也足了。在与企业协商不成的情况下,他通过"一裁二审"的法律途径解决此问题,先提请劳动仲裁,仲裁败诉后,按司法程序向区人民法院提起了诉讼,在一审中胜诉。企业不服一审判决,提起上诉。后经青岛市中级人民法院二审,判决企业应付给宋师傅九年欠薪1万多元。长期没有解决的问题终于有了结果。

为政府清理法规规章提供帮助

随着社会的快速发展和改革的不断深入,许多法规规章已经不适合当前的情况,一项全面清理地方性法规规章的工作在各地展开。青岛市拟对部分地方性法规规章进行认真审定。为了全面、准确地掌握相关情况,青岛市法制工作办公室的工作人员于2004年6月到青岛市档案馆,详细查阅了20世纪90年代以前青岛市出台的各类地方性法规规章,得到了大量第一手资料,保证了规章审定工作的顺利进行,废止地方性法规规章二十余件。

跨国提供证据　帮中国劳工打官司

2004年9月24日,日本新潟中国劳工律师团团长中村洋二郎一行8人,在青岛外事工作人员的陪同下来到青岛市档案馆,查阅二战时期日伪在青岛掠夺劳工的档案资料,为帮中国劳工打官司搜集证据。据日本律师说,这次远赴青岛取证,主要是因为2004年3月26日,在日本新潟地方法院,11名中国二战劳工起诉日本政府和"新潟港运"对中国劳工的强掳虐待案获胜,败诉的企业又向日本高等法院提起上诉。为替中国劳工打赢这场官司,日本律师们来到了劳工们当年的出发地——青岛,搜集当年日本政府强掳劳工的证据。青岛市档案馆从二战时期上万卷的档案资料中,查找到了许多有关"华北劳工协会青岛办事处"和"劳工训练所"的一些档案材料。这些原始材料揭示了当年日本政府强掳役使华北强制劳工的主要政策、掠夺计划、手段、渠道、措施和掠夺数量等情况。两天时间,共为日本律师提供档案资料100余卷(册),提供复印件1000多张,使日本律师团满意而归。

(以上由林照清提供)

河南省

▲2004 年 10 月 25 日，洛阳市洛龙区第七村民组赵某来到洛阳市第一档案馆现行文件利用查阅窗口，提出该村在进行水系工程改造过程中，部分群众认为村委会给予的拆迁补偿金低于所规定的标准，一定要看到有关规定后再拆迁的问题。该馆现行文件利用查阅窗口工作人员听明来意后，意识到此份文件的查找既关系到工程改造的进度，又关系到群众对政府的信任度，同时也关系到局部地区的社会稳定。他们立即从微机中调出了洛阳市政府针对此类情况拆迁补偿的有关规定，赵某拿到了工作人员复印装订好文件。

（关京红）

云南省

“红头文件”进社区

为进一步贯彻 2004 年 6 月 22 日全国“已公开现行文件座谈会”精神，根据王刚同志关于把此项工作做深、做细、做实的批示及云南省档案局党组提出的贯彻落实意见，社会利用部对做好已公开现行文件查阅工作进行了实践和探索，变被动服务为主动服务，放弃休息日，不计个人得失，把公开文件送到了社区、集市、村镇。

2004 年 7 月 3 日，将现行公开文件送进昆明市船房小区，为退休干部、军人、下岗人员、商人等提供房改、医疗保险、复转军人安置、住房买卖等方面的政策性文件，挨家挨户主动把宣传服务卡分发到小区住户、经商人员手中，向他们宣传有关档案查阅及公开文件查阅途径，现场了解并记录老百姓对公开文件的需求内容，受到群众的好评。（蒋一虹）

“红头文件”进集市

2004 年 9 月 25 日，为更广泛地服务公众，云南省档案局社会利用部全体同志利用中秋、国庆即将到来，老百姓节日采购热潮的机会，在与城管部门多次协调联系并征得其同意批准下，到昆明市篆新农贸市场开展了公开文件咨询查阅服务，向群众提供《云南政报》、老干部文件汇编、劳动政策法规汇编。查阅咨询者有离休干部、建工集团工人、农民等普通老百姓，咨询问题涉及企业退休工资计算、单位扣留审查期间工龄计算、企业改制人员待遇、“中原突围”相关文件等等，大家耐心倾听群众呼声，拉近政府与普通百姓的距离，认真记录群众急需的文件内容，以进一步做好公开文件的定向收集工作，同时积极向群众宣传档案馆的社会服务功能，揭开档案馆在社会公众面前的“神秘”面纱，这一活动也得到了群众的充分肯定。

“红头文件”进村镇

2004 年 10 月 26 日适逢安宁市太平镇农民赶集，在镇政府的大力支持下，现行公开文件查阅中心又主动把有关农业、农村、农民方面的政策性文件送到农民手中，同时把有关云南省档案馆情况介绍的活动展板带进集市展览，张贴现行公开文件中心保管的有关“三农”问题的目录，从馆藏资料中抽取《云南农业科技》、《云南畜牧兽医》、《民营科技》等期刊杂志带到村镇提供农民参考，向农民宣传查阅文件及档案的方式方法，咨询热点有：农村计划生育奖优免补政策、低保人员待遇、云南省农业投资指南等。

实行“首问负责制”

在现行公开文件查阅利用中实行“首问负责制”，根据利用者对文件的需求登记，想方设法收集文件并及时给予回复，尽量满足群众的查阅需求。2004 年 8 月正值昆明市顺城街旧房拆迁改造期间，云南省水利厅退休干部段某为解决相关问题，来云南省档案馆查阅国办发[2004]46 号《关于控制城镇房屋拆迁规模，严格拆迁管理的通知》，想寻找房屋拆迁有关政策依据。当时查阅中心并没有收集保存这份文件，根据利用者要求接待人员通过互联网下载了这份文件并通知他来看，段老看完文件后十分满意。

（以上由蒋一虹提供）

陕西省

▲2004 年陕西省档案馆与西北政法学院联合进行的陕甘宁边区高等法院专题研究，课题列为 2005 年度国家社会科学基金项目。经国家社会科学基金学科评审组评审，全国哲学社会规划领导小组审批，该课题在 2005 年度国家社会科学基金项目中已获立项。

以陕甘宁边区为代表的革命根据地在政治、经济、文化方面所取得的成绩举世瞩目。在边区进行的社会改造中，司法机关实际扮演着法律适用和发展完善等多重功能。从实证角度出发，以陕甘宁边区高等法院司法档案资料为对象、运用法社会学研究方法，研究陕甘宁边区高等法院及其在边区社会、法制发展进步中的作用，研究陕甘宁边区高等法院在中国法律近代过程中的地位，在陕甘宁边区法制史研究中，有填补空白的作用。

▲西安铁路分局东站退休职工寇某来到陕西省档案馆现行文件中心，需要查阅特殊工种及繁重体力劳动者退休年龄、工资待遇，工作人员为他提供了《劳动保险待遇手册》、《工资福利待遇》文件汇编，从中查到了国务院和省政府的文件以及劳人部劳人护(1985)6

号文，解决了其退休后的工资待遇问题。

▲汉中市在山西煤矿打工的农民较多，出事故后，理赔成了一个难题。汉中市某律师事务所的法律工作者，准备去山西办理案子，来到汉中市档案馆现行文件中心，需要查找晋政发〔2004〕44 号文件，在档案人员的帮助下，为其找到该文件使其在办案中有了依据。

（以上由陕西省档案局收集保管处提供）

新疆维吾尔自治区

▲2004 年 4 月，原阜康市水磨沟牧场职工罗某满面愁容地走进了自治区档案馆，工作人员热情地接待了他并详细询问了实际情况。原来 1978 年他所在的牧场因体制改革卖给了私人经营，2003 年 7 月，国家制定下发了《新疆维吾尔自治区地方国营农场参加养老保险统筹实施办法》的通知，为了使牧场职工能够享受养老保险统筹待遇，这位老同志来到了自治区档案馆查找有关政策性文件。经过工作人员认真仔细地多方查找，终于找到了能够证明他们身份和帮助解决问题的依据性文件。劳动保障部门根据自治区档案馆提供的文件，经过调查，认为他们属于参加基本养老社会统筹的范围，并为他们的养老保险问题破例下发了新老社[2004]38 号《关于农牧企业参加基本养老保险有关问题的补充通知》。这不仅解决了水磨沟牧场原职工的实际问题，而且解决了全疆 92 个国有农牧场职工的实际困难。

▲2004 年 4 月，新疆第三毛纺织厂职工张某等人，因办理工龄认定，到自治区档案馆查找 20 世纪 80 年代自治区轻工业厅所属技工学校学生毕业分配报到证，工作人员细心地在档案内查找，找到了能够解决他们问题的有关文件和技工班学员名册，劳动部门根据他们提供的文件，为 40 名职工解决了工龄认定问题。

▲自治区档案局编史修志办公室的同志因编写《新疆档案志》和《大事记》，从 2002 年 6 月开始，陆陆续续查阅了解放以来至 2000 年自治区档案局（馆）的全部档案和自治区党委、组织部、宣传部、统战部等有关单位的部分档案，顺利地编写了《新疆档案志》和《大事记》，约 30 万字左右。这是新疆档案界第一次修志。

▲2004 年乌鲁木齐石化公司法律顾问室办理四川省德阳市新德石化有限公司拖欠贷款一案，乌石化档案馆的同志千方百计查找所需材料，并送到律师手中。保证了乌石化最终胜诉，为企业挽回经济损失 420 万元。

▲原昆仑毛纺厂破产后由新疆三维公司兼并重组。由于企业破产后职工的养老保险等事项没有解决好，致使职工的养老统筹出现断裂。2004 年三维公司决定给全体职工续缴养老保险金，但社保中心却没有该企业职工的原缴纳底册，无法续接。2004 年 5 月 19 日，三维公司的劳资人员刘某来到乌鲁木齐市档案馆，档案馆的工作人员在原昆仑毛纺厂破产后移交进馆的档案中，查到了该企业 300 余名合同制工人养老保险档案卡，经领导批准同意，刘某借出档案并重新录入市社保中心的管理账户中，为该企业的全体职工续接了养老统筹金，维护了职工的切身利益。

▲原乌鲁木齐市保温瓶厂职工马某等人，常年在高温有毒有害的工作岗位从事工作，根据国家有关政策规定，连续从事有毒有害工作 8 年以上人员可以提前 5 年退休。然而这些同志的个人档案中没有其工种的记载，万般无奈下，2004 年 2 月，他们来到了乌鲁木齐市档案馆，在档案馆工作人员的耐心查找下，从该企业移交到市档案馆的工资册中（工资册中有每个职工的车间、工种记载），找到了能证明这些同志从事高温有毒有害工作年限的依据，使这些同志顺利办理了退休手续，按政策规定享受到了国家的优惠政策。

▲根据国家政策规定，企业安排下岗职工再就业达到规定比例，可以享受免税政策。乌鲁木齐市东山区元德印铁制品厂接纳了原新疆印铁厂的 70 余名下岗职工进入本企业工作，为了享受到政府的优惠政策，必须要提供这部分下岗职工解除劳动关系协议书，相关部门方可给与办理。2004 年 3 月 22 日，元德印铁制品厂的同志来到乌鲁木齐市档案馆，工作人员在新疆印铁厂移交进馆的档案中，查到了这部分人员的解除劳动关系协议书，维护了企业的合法权益，解决了下岗职工的再就业问题。

▲阿勒泰市红墩乡一位农民和福海县一名牧民为行政界线土地草场发生了纠纷，多次走上法庭，但仍未解决。为了妥善解决这一行政界线土地草场问题，阿勒泰地区草原监理所达列力同志于 2004 年 5 月 10 日在阿勒泰地区档案馆查阅了阿行署发[1990]186 号文件，查明这一片行政界线土地草场属于红墩乡，从而解决了两家纠纷。

▲2004 年 5 月 31 日，托里县人民政府办公室叶某查阅了托里县档案馆关于土地草场纠纷问题的材料，为托里县人民政府不允许在甘家湖自然保护区建设非林业性建筑设施的决策，提供了政策性依据，使甘家湖自然保护区得到了有效的保护。

（以上由秦佩提供）

（六）机关档案工作

2004年全国机关档案工作发展综述

2004年,全国机关档案工作在服务党和国家工作大局、提高档案基础业务水平、推进档案信息化建设等方面健康协调发展,取得显著成绩。

一、深化认识,讲求实效,切实突出机关档案工作服务主题

各级机关档案部门在实际工作中,把党和人民的需要作为服务工作的方向,把利国利民的社会效果作为衡量档案服务工作优劣的标准,积极主动地做好档案服务工作。

外交部档案馆首次开放外交档案,将馆藏1949—1955年形成的3716卷档案对外开放,成为外交部服务社会、服务公众的重要窗口,引起国内外广泛关注;档案馆充分发挥档案"传承历史,展望未来"的作用,为促进我国与其他国家的双边往来提供服务,先后同俄罗斯、英国、法国、罗马尼亚等国外交部确定合作编辑双边关系文献汇编的意向;协助驻港公署举办《和平发展——新中国外交55周年图片展》,使新中国外交文献首次在香港成功展出;为纪念建部55周年筹办《建国初期的外交部》档案史料展,成为传统教育的生动教材;编辑出版《建国初期的外交部》、《解密外交档案——中华人民共和国》等图文集,首次成规模地系统公布外交档案。

中联部档案处为联络和调研工作服务,积极开展档案编研工作,完成100多万字的编研成果,包括《中联部老部领导谈党的对外工作汇编》、《中国共产党对外工作概况(2003年)》、《中共对外关系史纲》、《耿飚传》、《2003年中联部工作大事记》等。

中宣部档案处会同有关部门编缉《十六大新闻宣传工作资料汇编》、《防治"非典"宣传工作资料汇编》、《2003年新闻工作资料汇编》等,为领导和本机关做好服务工作。

全国人大常委会档案处为纪念建会50周年,配合有关部门制作"全国人大50周年记录片"、"全国人大公报珍藏版"等,提供大量的档案资料。

劳动保障部档案处落实国务院办公厅指示,编辑《朱镕基任副总理、总理期间对劳动保障工作的重要批示讲话专卷》;编辑"1949—1998年历史沿革"等,为部机关提供服务。

人民日报社档案处编写了2万多字的《人民日报社2003年大事记》,方便领导和机关各部门的查询利用。

审计署档案处落实国务院办公厅指示,收集、整理朱镕基总理1991—2003年对审计工作的批示、讲话、题词等近200件;完成29.5万字的《2003年审计工作文件选编》的编纂出版工作和《审计署建署20周年组织机构沿革》初稿。

二、完善制度,夯实基础,逐步提高机关档案工作业务水平

各级机关档案部门认真研究本单位档案形成规律,制定完善档案管理办法,建立健全档案工作规章制度,实现档案工作制度化、规范化。

人民日报社档案处结合档案工作实际,积极稳妥地推行立卷改革,制定并印发《人民日报社归档文件整理试行办法》,举办文书人员培训班,加强档案业务指导,使立卷改革工作取得较好效果,保证了归档质量,提高了工作效率。

中国农业发展银行档案处进一步加大档案垂直管理力度,修订《中国农业发展银行文书档案整理办法》、《中国农业发展银行文书档案归档范围和保管期限表》、《中国农业发展银行专业档案交接管理办法》、《中国农业发展银行档案管理工作考评办法》等,为规范本系统档案工作奠定基础。

最高人民检察院档案处开展文书立卷改革,制定《最高人民检察院归档文件整理办法》,修订《最高人民检察院文件归档范围》、《最高人民检察院文书档案保管期限表》,使档案管理工作有章可循。

中国工商银行档案处为进一步规范档案工作,制定并印发《中国工商银行档案工作考核管理办法》、《中国工商银行法人客户信贷业务档案整理细则》等文件,不断加大档案资源的监管力度,已初步形成门类齐全、内容丰富、配置合理、管理科学的档案资源建设格局,有效地指导本系统档案工作协调发展。

教育部档案处制定并印发《教育部文书立卷、归档和档案利用办法》、《教育部机关文书档案保密管理规定》、《教育部机关档案查、借阅规则》等文件,在档案管理制度建设方面迈出新的一步。

国家开发银行档案处确立新的信贷档案管理体制和集中统一管理模式，实现信贷档案工作关口前移，在提高信贷档案管理工作水平的同时，有力推动了信贷业务的规范管理；逐步扩大档案工作格局，不断补充档案门类，丰富室藏档案内容，更好地为各项业务工作服务。

福建省档案局在全省范围内推行文书立卷改革，省直机关做到制度先行，试点示范，以点带面，逐步推开，取得较好效果；福建省公安厅、福州海关等机关开展本系统档案工作目标管理活动，成绩突出。

青海省档案局以档案工作目标管理为抓手，认真实施"十馆百室"工程，使全省档案基础业务建设水平得到进一步提高，目前已有700多个机关档案室实现了目标管理。

云南省档案局先后印发《关于进一步做好社区档案工作的通知》、《云南省收养登记档案管理办法实施细则、《关于开展公证文书立卷归档工作检查的通知》等，使有关档案工作得到进一步规范。

江苏省档案局制定《江苏省档案工作等级评定办法》，努力推动档案基础业务建设向更高的层次发展。

陕西省档案局与省民政厅联合制发《关于加强全省社区档案工作的意见》、《陕西省社区文件材料归档范围》，为社区建档工作和社区档案规范化管理奠定基础，推动社区建档工作稳步发展。

广西区档案局通过开展创建优秀社区档案室活动，积极探索社区档案工作新思路、新办法，促进档案工作与社区建设协调发展，推进社区档案工作向纵深发展。

三、抓住机遇，把握重点，积极推进机关档案信息化建设

各级机关档案部门以档案信息化建设带动各项档案基础业务工作，促进档案事业各项工作迈上一个新的台阶。

中国工商银行档案处运用"中国工商银行综合档案管理系统"，达到总行与一级分行之间、档案系统与各业务系统之间互联，形成完整的档案信息网络，实现档案信息资源共享，并完成建行以来全部档案的数字化工作。

海关总署档案处积极参与"海关政务办公系统"的开发，专门召开研讨会，针对海关档案业务需求提出具体可行的意见；定期更新维护"海关档案"和"海关博物馆"网页，使之成为宣传海关档案、增进沟通交流的平台。

教育部档案处正式启用"教育部档案网络管理系统"，在制定并印发《教育部机关网上归档管理办法》及操作指南的基础上，进行网上归档工作，取得初步成效。

国家开发银行档案处努力推动电子档案库建设，完成总行档案扫描工作，开发"档案影像查询系统"，节省档案调阅时间，提高档案利用效率。

劳动保障部档案处开发"劳动保障部档案信息管理系统"，实现近年档案全文检索及分库管理，完成2000—2003年的档案数字化工作。

审计署档案处正式启动"金审工程档案管理软件"，已顺利完成与人事管理软件、公文流转软件、AO审计软件的链接，试运行后在本系统全面推行。

青海省档案信息化建设项目被列入《青海省电子政务建设规划（2004—2010年）》，"档案信息系统"被列为全省六大重点应用系统之一。

江苏省档案局制定《江苏省档案信息化建设纲要（2005—2010）》，有计划、有步骤地推进档案信息化建设纳入政府电子政务和信息化工程。

广西壮族自治区档案局以"两网三库"建设为重点，将数字档案馆、室建设纳入本地区、本部门信息化建设规划，与政府电子政务建设有机结合，同步实施，协调发展，扎实推进全区档案信息化建设。

（张红）

劳动就业和社会保障领域专业档案工作现状

劳动就业和社会保障体系专业档案是指劳动部门、民政部门、社会保险经办部门及相关企业、事业单位在进行劳动就业管理、社会保险经办、处理民政事务、维护劳动者权益、扶助社会弱势群体过程中形成的专业档案。上述专业档案包括劳动就业、社会保险和社会救助三个部分。其中劳动就业和社会保险两项专业档案由劳动和社会保障部主管，社会救助专业档案由民政部主管。

在全国档案事业中，劳动就业和社会保障体系专业档案工作是一项重要工作。纵观全国，各级劳动和社会保障部门、民政部门和档案行政管理部门密切合作，开拓创新，使该项专业档案工作取得了突出成绩。

一、劳动就业专业档案

劳动就业专业档案是指劳动行政管理部门及相关企业、事业单位在进行就业管理、维护劳动者权益过程中形成的专业档案。主要包括企业职工、劳动监察、劳动争议、劳动力市场等项专业档案。

作为保障职工切身权益、记录职工劳动状态的企业职工档案,在劳动就业专业档案中占有重要地位。吉林、辽宁两省档案行政管理部门先行一步,分别于2004年1月和11月下发新的企业职工档案管理规定。两项新规定均调整了归档范围,扩大了适用范围。吉林省还增加了诚信档案等新内容,并将企业建档纳入了行政许可范围。

吉林省长春市档案馆将市劳动和社会保障局涉及100万人的工人调配档案提前接收进馆。在全馆工作人员的共同努力下,苦战两个月,在春节前建立了工人调配档案数据库,数据条目达100万条。这一举措为当地下岗职工查找相关情况、出具证明、接续劳动关系提供了极大便利,受到了当地职工的热烈欢迎。

内蒙古自治区包头市建立劳动力资源状况信息档案资料库,服务于再就业工作,并且实现了就业供求情况与产业结构、经济类型、行业、学历、技术特长、求职意愿的合理匹配,满足了供求双方的要求。

吉林省敦化市借鉴社区劳动保障站的模式,建立了农村劳动力资源档案、农村剩余劳动力培训输出档案、农村剩余劳动力转移输出去向档案。具体实施是由村委会对劳动力资源情况进行分类汇总,设立了各种台账。同时各村还建立了劳动力资源信息库,对本村劳动力进行动态管理。目前已经有300个村的10.7万人纳入其中。

二、社会保险专业档案

社会保险是社会保障体系的核心部分,包括养老保险、失业保险、医疗保险、工伤保险和生育保险。社会保险专业档案是指社会保障部门在经办社会保险业务中形成的专业档案。

辽宁省档案局与省劳动和社会保障厅、民政厅互相协作,在总结城镇社会保障体系改革试点经验的基础上,即将出台"社会保障档案管理办法"。大连市正在起草《大连市社会保障档案档案管理办法(试行)》。该办法将适用于大连市承担社会保障职能的行政部门、社会保障经办机构和所有参保单位的社会保障档案管理工作。对社会保障业务档案的归档范围、整理和分类方法做了详细规定,并对其鉴定、保管以及开发利用等工作作了说明。

山东省档案局联合省社会保险事业局于2004年8月联合下发了《山东省医疗保险档案管理暂行办法》,并在东营、潍坊等四个地区进行试点的基础上在全省范围内推开相关工作。此前,该省社保局印发文件,对全省医疗保险经办机构和定点医疗机构实行目标规范化管理考核,推动各级医疗保险经办机构努力达到管理服务标准化、经办流程规范化、干部队伍专业化、信息网络科学化,医、保、患关系协调,实现多层次医疗保障体系健全完善的目标。目前,部分地区已经初见成效。东营市医保处设立了专门的档案管理机构,整理了定点医疗机构档案、医保支付档案等类约5000卷。

山东省潍坊市在12个县(市、区)农村养老保险机构和全部184个乡镇、8000多个行政村开展了农村养老保险档案工作。依据档案,潍坊市已为7.3万名符合领取养老保险金的农民按月发放养老金。

三、社会救助专业档案

社会救助体系包括社会救助、社会福利、慈善事业等。其专业档案是指民政部门在经办各项业务过程中形成的专业档案。

在社会救助体系中,城市最低生活保障是规范化、制度化程度最高的工作之一。重庆、天津、云南、吉林等地区由民政部门和档案行政管理部门联合发布了城市低保档案管理规定。上述地方均将城市最低保障档案确定为城镇街道办事处、居委会在处理低保待遇申请、审批、发放、管理过程中形成的具有保存价值的历史记录,并通过在城镇街道、社区档案室建立城市低保档案、规范管理方式和归属流向的方式,使城市低保档案得到了有效的归档和管理。

天津市河西区为全区11237户低保家庭建立了低保档案,并实现了低保档案的信息化管理。柳林街街道办事处利用低保档案将有工作能力的人员和有一定技术能力的人员进行分类,建立了"三位一体"安置低保人员就业网络。该街道利用低保档案在2004年1至5月间推荐安置了300余名低保人员。

(景振华)

外交部首次开放外交档案

根据《中华人民共和国档案法》及其《实施办法》,2004年1月16日,外交部保存的1949年至1955年间形成的部分外交档案正式向国内外解密开放。这是新中国外交档案首次向公众开放。

外交部自1998年起开始着手筹备档案解密和对外开放工作。依据我国相关法规,制订了《外交部档案馆馆藏档案解密和划分控制使用的暂行办法》、《外交部档案馆开放档案暂行办法》。为使外交档案解密开放工作稳妥有序,外交部成立了由主管部领导负责的外交档案鉴定开放领导小组,外交部档案馆成立了专门处负责相关事务,组织档案形成单位和离退休外交官分期分批对保存期满30年的档案进行解密开放。1949年至1955年间形成的一万多件档案作为首批解密档案向公众开放。目前正在对1956年至1960年间形成的外交档案进行解密。

首批开放的档案主要反映建国初期中国对外关系

建立和发展的过程，同外国进行政治、经济、文化交往的情况，在多边外交领域争取恢复在联合国等国际组织中的合法席位、参加两个重要的国际会议——日内瓦会议、亚非会议等情况，以及领事、礼宾、条约法律等业务工作内容的文件材料。

外交档案开放的对象为：中华人民共和国公民和组织、港澳台同胞、海外华侨、外籍华人以及外国组织和个人。为方便利用者了解有关借阅手续，《外交部档案馆开放档案暂行办法》已在外交部网站上公布。

部分外交档案对外开放的消息发布后，国内外舆论给予积极评价，新华社及国内十多家主要报纸如《人民日报》、《中国日报》、《文汇报》等分别以大幅版面专题报道，中央电视台、国际广播电台作了专访。美联社、法新社以及日本、韩国等外国媒体也作了报道。

（张素林）

外交部举办《建国初期的外交部》档案史料展

为纪念外交部成立55周年，2004年11月8日，《建国初期的外交部》档案史料展开幕式在外交部部史陈列室举行。外交部部长李肇星和部内部属各单位、离退休干部的代表共40多人出席了开幕式。李肇星部长和新中国首位驻外使节王稼祥的夫人朱仲丽，建部时在部工作的老同志龚普生、凌青为展览揭幕。

外交部部领导成员乔宗淮主持开幕式，李肇星部长作了讲话。

外交部档案馆馆长廉正保介绍了筹展情况。展览以1949—1955年间外交部成立初期各项事业的创立和发展为主线，选择了160多件具有历史意义和史料价值的文件、图片和实物。展览共分两大部分，第一部分介绍了在周恩来总理兼外长的直接领导下外交部的组建过程，组织机构、规章制度和工作机制的建立与完善，外交干部队伍的形成、发展和建设情况。第二部分介绍了建国初期贯彻毛泽东主席提出的“另起炉灶”等外交方针，从中国人民实现国家的完全独立和维护世界和平的根本利益出发，开展的重要外交活动。相当多的展品都是首次展出。（万颖红）

中俄两国外交部将合作编辑出版1949—1955年双边关系文献汇编

2004年4月，李肇星外长与俄罗斯联邦外长拉夫罗夫共同签署了合作编辑出版1949—1955年双边关系文献汇编的议定书。

这是中俄两国在外交档案领域建立合作机制以来的一项实质性进展，也是中华人民共和国成立以来，中国外交部首次同外国共同系统地开发利用档案文献。

议定书的主要内容包括，双方组成以外交部部长为首的联合编委会，编委会包括中央文献研究室、国家档案局和俄罗斯联邦档案署、俄罗斯科学院的成员。双方将组成工作组共同确定文献汇编的内容，并就具体问题轮流在中国和俄罗斯进行磋商，在编辑过程中相互提供史料，中方负责出版中文本，俄方负责出版俄文本。

此前，外交部档案馆馆长廉正保应邀前往莫斯科同俄联邦外交部档案局局长丘里林进行两国外交部档案问题磋商并草签了上述议定书。俄外交部副部长拉佐夫在会见廉正保馆长时表示，当前是两国关系最好的时期，双方外交部合作编辑出版历史文献对促进两国关系的发展是有益的。（李星）

人民日报社开展立卷改革

为了促进人民日报社档案工作现代化管理和发展，加快档案工作信息化建设步伐，根据国家档案局发布的《归档文件整理规则》（以下简称《规则》）的要求，人民日报社档案部门在充分准备的基础上，积极稳妥地进行立卷工作改革。2004年全社所有部门和单位的档案文件，都按照新的整理办法进行了归档。

2003年，人民日报社档案信息化工作的步伐逐步加快，当年档案部门的硬件配置达到了1台服务器，10台计算机，3台打印机，1台扫描仪，1台刻录机，1台复印机，并建立了有5台客户机的局域网。经过对更换安装的新的档案管理软件调试功能和完善系统后，录入了案卷和卷内目录近15000件（条），全文扫描了报社2002年的重要会议纪要，导入了12项约30万字的文件资料原文，计算机管理档案工作取得了初步成效，为立卷工作改革创造了有利条件。在先期对社内外进行走访调研的基础上，2003年10月底，按照工作计划，人民日报社的档案立卷改革全面展开。一是严格按照《规则》要求，结合报社实际，反复讨论和研究修改人民日报社的立卷改革办法，2004年1月，办公厅下发了《人民日报社归档文件整理试行办法》（以下简称《办法》）；二是为了增强针对性，精心编写了讲解《规则》和人民日报社立卷改革办法的15000字的讲稿；三是及时在报社30个立卷归档部门和单位中，根据不同情况抓了6个试点单位；四是经过认真筹备，举办了人民日报社档案管理培训班，为立卷工作改革打好思想和业务基础；五是在2004年报社按照新办法进行归档工作中，全面加强了指导力度，注意情况反馈，及时解决问题。

《人民日报社归档文件整理试行办法》严格遵循

《规则》的各项规定，全文共22条，主要分为档案文件整理、填写归档文件目录及归档章、归档文件装盒及归档移交三部分。根据报社多年来实行部门立卷工作的实际，针对可能出现的问题，按照计算机录入对档案数字化、规范化管理的要求和简明易懂、便于操作的原则，《办法》在有关要求上专门做了明确规定，有些条款进行了细化表述，其具体做法是：

在档案文件整理方面规定，来文与复文为一件，指批复与请示、复函与来函、报告与批示（件）；归档文件在报社分类方案的最低一级类目（保管期限）内，按同一事由或问题，结合时间顺序、重要程度排列；不同事由，按机构序列或责任者，结合时间排列；归档文件按件固定，采用报社专用纸质封套固定。

在填写归档文件目录及归档章方面规定，件号填写归档文件编制的顺序号，同室编件号；责任者用全称或通用简称，有多个发文单位只填写主要的发文单位2～3个；文号照实抄录，机关代字、年度、顺序号不能省略，简报、会议纪要等文件的编号均需填写；题名应照实抄录，对不规范的标题可直接拟制新标题，无须抄录原标题；并列标题需要填写时，与正题名一并抄录，中间用“－”或“:”连接；页数为每件文件的总页数，用阿拉伯数字填写；备注填写归档文件需要补充说明的情况，指缺损、修改、补充、移出等情况，或填写“＊”，具体内容填写在备考表中；归档文件目录用A4幅面纸竖式制表，目录中各项内容用小4号仿宋体字打印；归档章设置全宗号、年度、机构、保管期限、室编件号、馆编件号，机构指归档部门的机构名称，一般用全称或通用简称；保管期限按规定要求分别填写永久、长期、短期；室编件号指归档文件的排列顺序号，归档部门在整理归档文件时编制的顺序号。

在归档文件装盒及归档移交方面规定，归档部门按归档文件所编件号的顺序装入档案盒，并填写盒脊上设置的全宗号、年度、保管期限、机构、起止件号（盒号由档案部门填写）；每一盒内均需放入该盒文件的归档文件目录；归档文件移交档案部门时，在归档时间、归档文件质量、归档手续上分别提出了要求。

按照新的档案归档办法，2004年人民日报社30个内设机构、所属单位向档案部门移交文书档案共2593件。此后，人民日报社的宣传报道档案立卷工作也参照新办法进行了改革。

（人民日报社办公厅保密档案处　王爱民）

国家物资储备局完成档案移交工作

2004年8月，国家物资储备局将本局1949—1980年档案共2461卷移交给中央档案馆。这些档案真实地记录和反映了新中国国家物资储备事业发展的历史，具有重要的参考和史料价值。国家物资储备局根据《中华人民共和国档案法》及国家档案局中央档案馆的规定和要求，精心组织，统筹安排，紧张而有序地开展了档案移交工作。国家物资储备局对这次档案移交进馆工作给予高度重视，局主要领导亲自过问并提出具体要求，同时拨出专款对案卷进行整理。国家物资储备局档案工作人员全力以赴，加班加点，对本机关需移交的档案进行了认真清点，核实，确定了工作原则、标准和要求，对每份案卷进行了准确鉴定，编制了详细的移交目录，并编写了机关历史沿革和全宗介绍。

另外，国家物资储备局还保存着原国家计委、国家物资储备局及原五机部科技司等单位合作完成的重点科研工程（“七七工程”）档案资料，除263卷文书卷外，其余全部是电影胶片，共有拷贝66卷。这批档案资料在库房已保存25年，为及时抢救、保护这项十分珍贵的科研成果，国家物资储备局拨款15.5万余元，将263卷文书档案扫描，将电影胶片资料先转制成录像带，再转制成DVD。一并完成了移交进馆工作。

移交工作结束后，国家物资储备局对移交工作进行了认真总结，并深刻体会到：一、领导重视和支持是完成档案移交工作的根本保证；二、精心组织，统筹安排，抓主要环节是做好移交工作的坚实基础；三、与国家档案局中央档案馆保持密切联系，紧密协作是做好移交工作的重要条件；四、高度负责的工作态度和科学严谨的工作作风，是完成档案移交工作的重要保障。

（国家物资储备局　崔福生）

（七） 经济科技档案工作

2004年全国经济科技档案工作发展综述

2004年,经济科技档案工作紧紧围绕经济建设这个中心,不断拓展业务领域。国家档案局与全国防治高致病性禽流感指挥部办公室联合发出了《关于做好防治高致病性禽流感工作文件材料收集归档工作的通知》,与国务院国有资产监督管理委员会联合印发了《国有企业文件材料归档办法》,召开了全国农业和农村档案工作经验交流会。全国各级档案行政管理部门积极与有关主管部门配合,制定了企业、重点建设项目、科技事业等档案工作的规章制度,推动经济科技档案工作蓬勃发展,为建设现代农业、发展农村经济、增加农民收入,为企业改革发展,为重点建设项目,为科学技术研究等方面提供了有效服务。

开展防治高致病性禽流感工作文件材料收集归档工作。2004年初,我国一些地区发生高致病性禽流感疫情,党中央、国务院作出了一系列重大决策,地方各级党委和政府也采取了许多防治措施。由此形成的大量文件材料,对今后工作查考、历史研究、经验借鉴具有十分重要的价值。为此国家档案局会同全国防治高致病性禽流感指挥部办公室于2004年2月联合发出了《关于做好防治高致病性禽流感工作文件材料收集归档工作的通知》。通过要求,各有关部门和防治高致病性禽流感工作机构,要指定专人、明确责任,认真做好防治高致病性禽流感工作中各种文件材料(包括纸质文件、照片、音像材料、电子文件等)的收集、整理和归档工作。通知下发后部分相关省市在转发该通知时,结合本地实际,明确了防治高致病性禽流感工作文件材料的归档范围和工作方案。

企业档案工作有了突破性进展。国家档案局与国资委联合印发了《国有企业文件材料归档办法》,进一步规范了国有企业归档的范围和要求,并将企业营销、客户服务、法律事务、电子商务、知识产权、"新三会"、厂务公开等活动形成的文件材料划为归档范围。召开了驻外机构和境外企业档案工作座谈会,提出了《加强驻外机构和境外企业档案工作的意见》。对民营企业档案工作情况进行了调研,召开座谈会,起草《关于进一步加强民营企业档案工作的意见》。起草了给全国人大常委会法制工作委员会《国家档案局关于〈中华人民共和国企业破产法(修改稿)〉的修改意见》,提出了应把档案资料的处置纳入企业破产程序,并给予经费保障。

基本建设档案管理工作在法制化轨道上得到了进一步规范,浙江、上海、湖北等省市已把重点建设项目档案验收工作纳入行政许可范围;湖南省还对重大建设项目档案管理工作进行了执法检查。广东省召开了全省重点建设项目档案工作会议,出席会议的除有关厅局、集团公司和各地市档案局外,还邀请了部分项目建设单位、运行单位、项目质量监督中心、监理单位、设计单位、施工企业代表参加了会议。城市基本建设档案管理体制继广东顺德进行了有益探索后,深圳市档案管理体制发生了重大变革:市城市建设档案馆的职能由建设局划入档案局,市档案局同时挂"深圳市档案馆"和"深圳市城市建设档案馆"的牌子。新机构除保留原档案局、馆和城建档案馆的职能外,新增职能有:承担全市重大政务、外事活动和重大突发事件、自然灾害以及重点市政工程、建筑工程项目建设过程声像档案的形成和管理;建立、完善与企业之间的对话沟通制度,指导企业进行档案管理;协调、指导各类专业档案工作;配合有关部门利用档案资料开展社会公益事业;监督、指导档案学术团体及档案中介活动。这一改革有利于克服档案管理政出多门、多头管理问题;进一步整合了档案资源,有利于节约管理成本,方便利用服务和发挥档案的作用。目前已有浙江金华、广西崇左等市正准备实施类似的机构改革方案。2004年11月29日,建设部、国家档案局召开会议,联合表彰了全国城建档案工作先进集体和先进工作者。

2004年4月20~21日,国家档案局在江苏召开了全国农业和农村档案工作经验交流会。各省、自治区、直辖市档案局及有关单位的50多名代表参加了会议。与会代表认真学习了中共中央政治局候补委员、中央书记处书记、中共中央办公厅主任王刚同志对做好农业和农村档案工作的重要批示;会议参观了江苏省南通、江阴、张家港、常熟等地开展农业和农村档案工作为"三农"服务的一些典型。北京市档案局等9个单位和个人在会议上介绍了经验,河北省唐山市档案局等10个单位进行了书面交流。国家档案局局长、中央档案馆馆长毛福民同志作了重要讲话。为贯彻《中共中央办公厅、国务院办公厅关于健全和完善村务公开和民主管理制度的意见》,落实全国村务公开协调小组关于印发《全国村务公开协调小组关于落实〈中共中央办公厅、国务院办公厅关于健全和完善村务公开和民主管理制度的意见〉的目标任务分工》的通知要求,加大对村务公开和民主管理档案工作的监督、检查和业务指导的力度,协调解决实际工作中遇到的问题,及时反馈有关落实情况和工作进展情况,2004 年 11 月,国家档案局发出《关于建立全国村务公开和民主管理档案督查工作网络的通知》。

(李和平　王积才　李晓明)

《国有企业文件材料归档办法》发布

为规范国有企业文件材料归档工作,丰富和完善企业档案信息资源,国家档案局和国务院国有资产监督管理委员会于 2004 年元月 20 日联合发出了《国有企业文件材料归档办法》。

《办法》共 4 章 26 条。第一章"总则",主要规定了制定本办法的依据与目的,明确归档工作的任务及工作职责,提出要建立文件材料归档责任追究制度;第二章"归档范围",明确了企业在筹备、成立、经营、管理及产权变动过程中形成的不同来源不同载体形式的文件材料只要具有保存价值都应该列入归档范围;第三章"归档时间",对不同类型、形式的文件材料提出了归档时间要求;第四章"归档要求",对文件材料的质量、文件材料的整理、归档、交接过程提出要求,提出了协作项目文件材料的归档要求,明确了文件形成部门和档案管理部门的职责。《规定》的附件提出了国有企业文件材料归档范围主要框架供企业参考执行,非国有企业可参照。

该办法是国家对国有企业提出的文件材料归档要求,是企业管理制度的一部分。它的颁布使企业归档工作有章可依,对提高文件材料形成部门和责任者的归档意识,丰富和完善企业档案信息资源,对促进企业全面管理水平的提高,对加强国有资产的监管都有重要的意义。国家档案局和国务院国有资产监督管理委员会希望以此推动国有企业提高文件材料的归档质量,提高档案工作水平和企业管理水平,促进国有企业资产的保值增值。　(姜延溪)

《关于加强三峡三期工程档案工作的意见》出台

经过十年的艰苦努力,三峡工程按期实现了坝前 135 米蓄水、双线五级船闸试通航和首批机组并网发电三大目标,标志着二期工程建设任务顺利完成,三期工程建设全面展开。三峡工程档案工作作为三峡工程建设的基础性工作,在各地区、各部门及参建各方的高度重视下,经过全体三峡工程档案工作人员的艰辛劳动,现已收集、整理档案近 42 万卷,取得了显著成绩。同时,在三峡工程档案工作实践中,各地区、各部门及参建各方创造了许多行之有效的做法,积累了很多好的经验,为三期工程档案工作打下了较好的基础。但也存在一些不容忽视的问题,必须高度重视。为切实加强三峡三期工程档案工作,国家档案局、国务院三峡工程建设委员会办公室发出了《关于加强三峡三期工程档案工作的意见》。

《意见》指出,三峡工程档案是三峡工程建设的基础,是三峡工程建设全过程的真实记录和客观反映,是全面鉴定三峡工程建设质量的重要依据,是不可再生的宝贵历史资源。当前,三峡三期工程建设已全面实施,面临新的形势,档案工作任务仍然十分繁重和艰巨,各地区、各部门及参建各方绝不能产生丝毫松懈情绪,要从对历史、对国家、对人民负责的高度,进一步提高对三峡工程档案工作重要性的认识,切实加强对三峡工程档案工作的领导。要继续坚持档案工作领导责任制和项目法人责任制,把档案工作列入重要议事日程。要全面系统总结二期工程档案工作的经验和教训,针对档案工作中存在的薄弱环节,制定切实可行的改进措施,确保档案工作顺利开展。

《意见》要求有关地区和单位要按照国家有关档案管理的规章和标准,进一步建立健全工程档案管理的各项规章制度,保证档案工作与工程建设的同步开展。各文件形成单位要坚持"预立卷制度";枢纽、输变电工程建设主管部门和参建单位要进一步规范竣工文件的编制要求,尤其要做好项目监理、验收等文件的归档工作;库区和外迁移民安置区各级移民管理部门要高度重视当前文件资料的归档工作,防止出现后期被动突击的现象,真正做到移民档案工作与移民整体工作同步进行。

要求各地区、各部门及参建各方根据工程档案形成的规律,认真做好档案资料的收集、整理工作。多个部门或多个单位参与建设或管理形成的档案,要根据有关规定和实际工作需要,适当增加档案的份数,保证档案的完整和系统;只有一份原件时,原则上由产权单位保存。要按照国家有关规定,合理确定档案的归属与流向,确保工程档案按期向当地国家档案馆移交。要积极开展档案的利用工作,努力为三峡工程建设提供有效服务。

三峡工程建设涉及面广,参与建设或管理的部门多,形成的档案类别复杂,收集整理难度大、任务重。因此要求各相关部门和单位要进一步明确建档责任,密切配合,相互支持。枢纽、输变电工程各分部、分项工程及其他相对独立项目的验收工作,要保证有档案人员参加,严格把好档案质量关。各级档案部门要积极主动参与三峡工程档案管理工作,切实履行职责,加强对档案工作的监督指导,及时研究、解决档案工作中出现的新情况和新问题。

《意见》强调指出,在三峡三期工程建设中,档案工作的特点是边收集归档边提供利用,档案工作的任务将更加繁重。各地区、各部门及参建各方要在人、财、物上继续加大对档案工作的投入。要配备符合要求的档案库房和相应的防火、防盗、温湿度调控等设施,加强档案的安全管理;要根据工作需要,设置档案工作部门,配备专(兼)职档案工作人员,并保持稳定;要积极开展档案业务培训工作,提高档案人员素质;有条件的单位或部门,要利用计算机及网络技术建立档案管理数据库,提高档案管理现代化水平。 (王积才)

国家档案局发出《关于做好2004年国家重点建设项目档案工作的通知》

2004年7月7日,国家档案局发出《关于做好2004年国家重点建设项目档案工作的通知》(档发[2004]8号)(以下简称《通知》)。

《通知》转发了《国家发展和改革委员会关于印发2004年国家重点建设项目名单的通知》(发改投资[2004]950号),请有关部门与有关项目建设管理部门及时沟通,相互协调,做好对国家重点建设项目档案工作的监督和指导,共同保障国家重点建设项目的顺利进行。通知要求:

一、国家重点建设项目的建设单位要按照《中华人民共和国档案法》的规定和《国家档案局中央档案馆关于认真贯彻落实〈国务院办公厅关于加强基础设施工程质量管理的通知〉,进一步加强建设项目档案工作的通知》(档发[1999]4号)精神,健全和完善项目档案工作,将项目档案工作领导责任制纳入工程质量领导人责任制;将项目档案管理纳入项目法人责任制、招标投标制、工程监理制和合同管理制;将项目档案工作纳入项目建设管理计划和工作程序,采取有效措施,确保项目档案的完整、准确、系统。

二、2004年新增的各国家重点建设项目单位要尽快对项目档案工作做出全面安排,贯彻执行国家档案工作法律、法规和业务规范,对项目档案工作实行统一管理,建立健全项目档案工作各项规章制度,明确项目文件材料的收集、整理、归档及档案移交工作职责和要求,采取有力措施,使项目档案工作与项目建设同步进行,避免脱节和滞后。

三、国家重点建设项目的上级主管部门档案机构和项目所在地省级档案行政管理部门要按照国家档案局和国家计委联合发布的《国家重点建设项目档案管理登记办法》(档发字[1997]15号)的要求,组织做好国家重点建设项目档案管理的登记工作;要认真履行档案工作的监督、指导职责,及时关注项目档案工作,做好日常的业务咨询、指导工作和项目档案的验收工作。 (王红敏)

长江三峡二期工程船闸通航通过验收

船闸是三峡工程的主要建筑物,为双线连续五级型式,船闸工程浩大,工艺复杂,均为世界罕见。船闸于2003年6月16日试通航,截止2004年6月17日,除因流量超限停航一天,实现安全通航365天。按规定,船闸试通航一年后进行正式验收。

经国务院三峡工程建设委员会批准,由水利部牵头成立长江三峡二期工程船闸通航验收委员会,国家档案局作为委员单位,派人参加了于2004年7月5～8日对三峡二期工程船闸通航的验收。

验收委员赴现场检查了船闸工程质量及通航的安全情况,听取了《船闸工程建设报告》、《船闸工程试运行报告》和专家组的《技术预验收意见》,查阅了有关的资料,进行了讨论,提出了加强船闸质量和安全的建议。最后,33名委员一致通过了《长江三峡二期工程船闸通航(135～139M水位)验收鉴定书》。

讨论中,委员们对船闸的安全十分重视,认为一旦船闸安全出了问题,损失和影响将不可估量,并提出了许多应对三峡工程突发事件和提高应急救生的预案,并希望有关部门加强三峡大坝的反恐工作。

验收讨论中,国家档案局的代表向验收委员会介绍了曾培炎副总理在国务院长江三峡二期工程验收委员会第三次全体会议上的讲话。曾培炎要求:要认真做好验收工作总结和资料归档工作。"三峡二期工程验收是三峡工程建设的一个重要阶段性工作,其经验教训对于今后的三峡工程验收工作十分重要。""验收有关文件资料是三峡工程建设的宝贵财富,具有重要的历史价值,对工程今后的运行和维护,对将来大型水利电力工程的建设,都具有借鉴作用,要认真整理归档。""各级验收机构要以对历史负责的精神,认真做好验收有关文件资料,包括影像资料的整理、归档工作,确保档案资料的完整、准确、安全和及时归档。"并提出了应抓紧做好三峡二期工程档案的验收,得到了验收委员和三峡总公司的重视,三峡总公司李永安总经理表示,诚心诚意接受国家档案局的检查,尽快做好档案验收准备工作。三峡总公司档案馆毛跃光馆长表示,因合同没完成或经济纠纷未解决,二期工程的部分档案还未进馆,目前正在督促,力争早日进行验收。

(李和平)

岭澳核电站一期工程通过国家验收

岭澳核电站一期工程于2004年7月16日顺利通过了国家发改委副主任张国宝主持的国家验收。国家档案局是该项目验收委员会的副主任委员单位。

岭澳核电站是国家"九五"期间开工的基建项目中最大的能源项目之一。1995年4月国家计委批准立项,1997年5月12日国家核安全局颁发了建造许可证,同日国家计委颁发了开工证。工程一期建造两台百万千瓦级核电机组,单机990兆瓦;设计寿命40年,设计年发电量130亿度。工程设计和建造符合核安全有关规范及标准。按国家对工程质量的评定标准,该项目187个单位工程被评为优良,优良率100%。

国际原子能机构对岭澳核电站运行前安全评审结论是:岭澳核电站的大部分指标都可以与新的IAEA国际安全标准相媲美;岭澳核电站的业绩将成为全球核工业界极有价值的参照。

档案专项验收是国家档案局委托中国广东核电集团公司组织的,档案验收组成员来自广东省档案局、国防科工委办公厅、深圳市档案局和中广核集团,专项验收结论为:岭澳核电有限公司十分重视档案工作,制定了明确的档案工作目标,设立了完整的工作组织机构,配置了合格的档案工作程序,保证了项目档案管理与工程建设同步进行。按照国家档案工作的相关要求,文件材料的形成、积累、整理和归档工作做到了规范化、程序化。工程项目档案及工程竣工图纸归档完整、准确、系统,组卷和编目规范、科学,案卷及卷内目录完备,装订整齐,能反映项目建设的全过程,能满足电站生产管理和各项工作的需要。

5月12日,国家发改委会同有关部门成立了岭澳一期工程国家验收委员会,并设立了专家组,档案专业主审专家是张平安(广东省档案局)、高绿化(国防科工委)。5月18、19日专家组考察了工程现场、审阅了竣工验收报告及相关资料,听取了中广核集团的综述报告及专项验收遗留问题处理情况汇报,形成了专家组终验报告,其档案管理方面的结论与专项验收相一致。

这次国家验收委员会经过两天的紧张工作,顺利通过了岭澳核电站一期工程的国家验收。其中对档案工作的验收意见是:工程档案完整、准确、系统,档案管理符合建设项目文件归档要求与档案整理规范,能满足项目运行要求。

(王积才)

秦山三期核电站工程项目档案通过专项验收

2004年12月10日,秦山三期核电站工程项目档案通过了专项验收。验收工作由中国核电集团公司档案馆宋淑华馆长主持,验收组由国家档案局、浙江省档案局、国防科工委档案处、航天档案馆、航空档案馆、核工业档案馆、秦山一期档案馆、秦山二期档案馆的同志十人组成。

秦山三期核电站是国家"九五"重点工程建设项目,也是中国和加拿大两国政府和平利用核能的最大合作项目。1996年2月6日国家计委批准立项,投资总概算为28.8亿美元(约合人民币239亿元),总装机容量2×700兆瓦。1998年6月8日主体工程开工,2002年11月19日一号机组并网发电,12月31日投入商业运行;2003年6月12日二号机组并网,7月24日投入商业运行,工程全面建成。该项目共形成纸质档案23254卷、竣工图118473张、X光胶片2980盒、岩心115箱、光盘70张、照片31236张。

验收按《国家重大建设项目档案验收办法》进行。验收组认为,公司领导重视档案工作,文档处职责明确,并享有相应的管理权限,档案人员享有工程管理人员相同的待遇;档案工作与工程建设同步,档案管理做到了规范化、制度化、程序化;工程档案的完整、准确、系统符合要求。验收组对该项目档案管理水平、人员素质、信息化管理水平给予了较高评价,验收顺利通过。

秦山三核档案管理的主要特点是:文档纳入了合同管理、文档严格按程序化管理、文档一体化管理、工程文件以件为单位保管、实现了档案的计算机全文检索。与其他工程相比,秦山三核组最突出的是实行了工程文件以件为单位保管,这是个大胆尝试;工程项目档案在建设过程中就实现了计算机全文检索,这在国家重点建设项目档案管理工作中是非常突出的。

(王积才)

《三峡工程库区移民安置及迁建档案程序化管理及数据库研制》课题取得四项成果

为加快移民档案管理现代化的速度,国务院三建委办公室和国家档案局联合组成《三峡工程库区移民安置及迁建档案程序化管理及数据库研制》课题组,在国务院三建委办公室综合司的指导下,从2004年5月正式启动研制工作,到2005年5月底,超额完成课题任务，达到预期的工作目标，《三峡工程库区移民安置及迁建档案程序化管理及数据库研制》课题，已取得四项成果：

一、长江三峡工程移民档案数据采集规则（子项21个）

综合管理档案数据采集规则（案卷级）、综合管理档案数据采集规则（文件级）、淹没调查档案数据采集规则、农村移民搬迁安置档案数据采集规则、城镇移民搬迁安置档案数据采集规则、外迁移民搬迁安置档案数据采集规则、迁建单位档案数据采集规则、迁建集镇档案数据采集规则、项目建设档案数据采集规则、环境保护档案数据采集规则、文物保护档案数据采集规则、灾害防治档案数据采集规则、库底清理档案数据采集规则、验收档案数据采集规则、财务会计档案数据采集规则、湖北移民安置档案数据采集规则、湖北农村移民档案数据采集规则、湖北城镇移民档案数据采集规则、湖北外迁移民档案数据采集规则、湖北迁建单位档案数据采集规则、湖北集镇迁建档案数据采集规则。

二、长江三峡工程建设移民档案数据采集方法

三、长江三峡工程移民档案数据库软件功能规定

四、长江三峡工程移民档案数字化规范

本课题的研制目标是建立移民档案数据库所需要的规范，把移民档案的数据项转换成为计算机可以识别的数字和代码，实施移民档案资源数字化、信息管理标准化，推进信息服务网络化、管理现代化和办公自动化进程。本课题研制工作所取得的四项成果，不但解决了移民档案数据库建立的关键问题，规范了移民档案的管理方法，推进了移民档案管理数字化、信息化的进程，提高了移民档案科学管理水平，而且对于移民档案的安全保管，保护移民档案避免丢失或人为损害具有重要的意义。能够达到利用移民档案快捷，准确，操作简便。移民档案数据库的建立是一项探索性的工作，也迈出了建立大三峡档案数据库的第一步，本课题的研制，综合运用了数据库、数字化、系统化、编码、计算机等新技术，保证了研制成果的科学与先进，通过试用反映出合理性和可操作性。（郭文柄）

国家档案局发出《关于建立全国村务公开和民主管理档案督查工作网络的通知》

为贯彻《中共中央办公厅、国务院办公厅关于健全和完善村务公开和民主管理制度的意见》，落实全国村务公开协调小组关于印发《全国村务公开协调小组关于落实〈中共中央办公厅、国务院办公厅关于健全和完善村务公开和民主管理制度的意见〉的目标任务分工》的通知要求，加大对村务公开和民主管理档案工作的监督、检查和业务指导的力度，协调解决实际工作中遇到的问题，及时反馈有关落实情况和工作进展情况，国家档案局决定建立全国村务公开和民主管理档案督查工作网络，发出《关于建立全国村务公开和民主管理档案督查工作网络的通知》。通知内容包括：

一、建立国家、省、地（市）、县村务公开和民主管理档案工作监督、检查和业务指导工作网络。主要任务：定期汇总工作进度和掌握典型单位的工作动态；提出村务公开和民主管理档案工作的工作目标和工作任务；制定规范村务公开文件材料形成、归档和保管的指导性文件；调查研究和协调解决村务公开和民主管理档案工作中遇到的问题。

二、各省、自治区、直辖市、计划单列市档案局明确村务公开和民主管理档案督查工作的具体工作部门及部门负责人姓名、电话和电子信箱。

三、报送村务公开和民主管理档案工作的基本情况。各省、自治区、直辖市档案局将本地区开展村务公开和民主管理档案工作的基本情况以书面形式报国家档案局办公室：为贯彻落实中办17号文件建立健全村务公开和民主管理档案工作制发的文件和建立的工作机制及工作效果；村务公开和民主管理建档率、建档情况及利用档案发挥的作用；存在的主要问题和意见建议等。

四、各地在调查研究的基础上，将本地区开展村务公开和民主管理档案工作中的好经验好做法及时总结并积极推荐，以作为国家档案局和民政部村务公开和民主管理档案工作联系点候选单位。（张向军）

各地贯彻落实全国农业和农村档案工作经验交流会情况

自2004年4月全国农业和农村档案工作经验交流会以后，各地档案行政管理部门迅速行动，采取多种形式传达贯彻会议精神，促进农业农村档案工作向纵深发展，成效显著。

截至2004年底，已有北京、天津、内蒙古、黑龙江、安徽、山东、广东、广西、云南、陕西10个省（自治区、直辖市）及济南市档案部门积极主动联系有关部门，召开本地区农业和农村档案工作会或座谈会。会议学习传达了王刚同志的重要批示，贯彻落实全国农业和农村档案工作经验交流会精神，总结交流近年本地区档案部门为“三农”服务的经验和做法，研究部署下一时期农业和农村档案工作任务。其中广东省还对在农业和农村档案工作中取得突出成绩的30个单位进行了表彰。西部地区12个省市在贵阳市召开了“西部地区档案工作为‘三农’服务座谈会”。

各地以贯彻落实全国农业和农村档案工作经验交流会议精神为契机，紧紧围绕当地党委和政府的中心工作因地制宜地积极拓展农业农村档案服务的新领域，探索档案工作为“三农”服务的新举措。辽宁省档案局发出了《关于贯彻全国农业和农村档案工作经验交流会议精神的通知》，并与省财政厅、农村经济委员会、银行业监督管理委员会辽宁监管局、中国农业发展银行辽宁省分行等四个涉农部门联合发出《关于做好全省粮食、良种补贴工作文件材料归档的通知》，要求做好粮食补贴资金发放的档案工作，保证广大农民的切身利益；同时，有针对性地发出农业和农村档案工作调查表，进一步掌握全省农业和农村档案工作情况。江苏省制发了《农业农村档案工作省级示范单位命名与管理办法》，确定省级示范单位，以点带面、典型示范，整体推进；重点针对全省农村劳动力大转移、农民贷款问题和民营企业发展等工作，指导建立本地劳动力档案、百万农户资信档案和民营企业档案；如东县档案局还积极配合县国土局推进基本农田保护数字化工作，建立了包括图形管理和数据管理两个系统的65.4万亩基本农田保护区电子档案。浙江省档案局主动介入省委与省政府部署的“千村示范、万村整治”工程、“千万农村劳动力素质培训工程”和完善农村土地承包工作，及时与省农办、农业厅进行沟通，出台了《关于实施“百村小康示范、千村改造整治”工程中加强档案工作的通知》、《关于加强“百村小康示范、千村改造整治”档案工作的意见》，将档案工作有关内容纳入示范村考核标准和劳动力素质培训工作考核办法中，与农业厅联合印发了《关于进一步加强农村土地承包档案管理的通知》，进一步明确了土地承包档案的归档范围，强调了土地承包档案的动态管理及归属和流向，使档案工作与省委、省政府在农村开展的各项工程和工作同步开展，为工程和工作的顺利实施提供服务；同时，在全省范围内，开展乡镇档案信息服务工作，设立公共阅览室，参与“农机110”信息网服务，提高档案查询的速度，扩大档案服务的广度。安徽省开展“百家农业产业化龙头企业(组织)建档”活动，在全省农业产业化的十大主导产业中，选定龙头企业作为重点帮扶对象，帮助其建档，规范其档案工作。陕西省档案局在进一步狠抓农村建档工作，大幅度提高建档率的基础上，努力拓展档案服务工作的新领域，积极探索档案工作为“三农”服务的途径和方法，使农业农村档案工作向为“三农”工作的服务转变，继续开展喜闻乐见，形式多样的“档案送下乡”活动，加强培训，全面提高基层档案人员的素质。青岛市委组织部、民政局、档案局联合制定了《青岛市村支部(党支部、党委)书记、村民委员会主任离任档案移交暂行规定(试行)》，将“两委”档案移交工作纳入到换届程序中。 (张向军)

中央国家机关档案工作第十四协作组召开档案信息化建设研讨会

2004年4月18日，中央国家机关档案工作第十四协作组在昆明召开档案信息化建设研讨会，就进一步推动档案信息化建设交流了经验。各单位普遍加强了对档案信息化建设的领导和投入，把档案信息化建设作为电子政务建设的重要内容，纳入单位的总体规划，制定发展计划，推进档案信息化建设与机关电子政务建设同步实施、协调发展。档案工作现代化建设取得了明显进展。

一是积极探索电子文件与电子档案管理方法，提高公文和档案工作效率，提升档案信息化水平。进行了文档一体化管理的尝试。国家环保总局在机关电子政务建设的统一部署下，研发了档案自动化管理系统，运用计算机网络技术对公文、档案进行优化控制，实现文档一体化管理流程和电子文件的实时归档，带动了总局机关档案管理模式的更新。中国科学院在“建设数字化中国科学院”的总体规划中引入企业资源科学管理(ERP)的思路，提出建设“中国科学院资源管理项目”(ARP)，以电子政务系统为切入点将文档一体化纳入，并作为先期启动的示范项目量身定制了一套文档一体化管理系统，实现了从文件生成、流转到归档、管理、利用、统计等全过程的电子化管理。

二是充分利用网络技术的优势，逐步实现档案信息资源的数字化及共享，拓展服务渠道，增强服务功能。各部委积极利用单位局域网信息平台，逐步实现了公文、档案信息数字化传输，通过网络开展全方位、有效的档案信息服务，摆脱了档案在利用方面的局限性。服务方式的改变，给档案工作注入了活力，提高了档案部门服务水平，档案的价值也通过服务的实效得到充分体现。科技部现已将160万页的文书档案进行数字化，建立了近15万条题录信息的其他门类、载体档案的条目数据库，并将全文数据库安装在电子政务网上。国家气象局对珍贵的历史气象档案进行拯救，复制转存了1200盘磁带存贮的卫星云图资料，对历史的天气图、海关气象月总簿等纸质档案进行缩微复制、图形数字化处理，为三峡大型工程和国防、外交及国民经济建设发展提供气象资料服务取得了明显的经济效益。国家环保总局完成了50多万页的重要文书档案和科技档案的数字化处理，丰富了档案信息资源数据库，为机关工作提供快捷、准确的网络化服务利用，在为我国的环境质量状况和环境治理状况进行历史回顾、现状评价和综合预测等工作服务中发挥重要作用。

国家自然科学基金委完成了150万页基金项目档案数字化加工，完善了科学基金的管理，展现了科学基金的成就和经验，受到委内广泛的关注和欢迎。国家知识产权局实现了20万页文书档案数字化管理。中国科协采用计算机管理档案，实现了室存全部档案的案卷级和文件级目录管理，并将本部门发文的电子版转存光盘存储。中国工程院实现院士档案计算机管理。国家地震局、国家海洋局也开展了文档一体化和数字化方面的调研、筹备工作。

三是档案工作随着电子政务建设全方位的变革，促进了档案人员思想观念、管理理念、工作方式的转变，改变了现有档案工作的面貌，提高了档案人员的自身素质。在档案信息化建设过程中，各单位档案人员的现代化办公技能、信息化意识得到增强，创新能力、科学管理能力和综合素质得到提高，档案工作的地位、社会形象得到巩固和提升，与社会协调发展。

（张向军）

《关于做好防治高致病性禽流感工作文件材料收集归档工作的通知》发布

2004年2月11日，全国防治高致病性禽流感指挥部办公室和国家档案局联合发出《关于做好防治高致病性禽流感工作文件材料收集归档工作的通知》。通知指出，我国一些地区发生高致病性禽流感疫情以来，党中央、国务院高度重视，做出了一系列重大决策，地方各级党委和政府也采取了许多防治措施。由此形成的大量文件材料，对今后工作查考、历史研究、经验借鉴具有十分重要的价值。通知要求，为加强对防治高致病性禽流感工作文件材料的收集归档工作，各地区、各有关部门和防治高致病性禽流感工作机构，要指定专人、明确责任，认真做好防治高致病性禽流感工作中各种文件材料（包括纸质文件、照片、音像材料、电子文件等）的收集、整理和归档工作。各地区、各有关部门和防治高致病性禽流感工作机构应结合实际，明确防治高致病性禽流感工作文件材料的归档范围。

通知进一步明确了归档文件材料的范围主要包括：各级党委和政府负责人在防治高致病性禽流感工作中的重要批示、指示和讲话；各级党委和政府在防治高致病性禽流感工作中做出的重要决策、制定的工作方案，制发的指令性、指导性、法规性文件及召开专门会议的文件材料；各防治高致病性禽流感工作机构在防治工作中形成的请示、报告、情况汇报、领导讲话、会议文件、信息动态等；防治高致病性禽流感工作中采取的技术、行政措施，工作记录，有关统计数据；高致病性禽流感免疫及流行病学调查，药品临床应用开发、监测，业务咨询和培训的文件材料，与国际组织交流与合作的文件材料；防治高致病性禽流感经费、扑杀疫区内禽类补偿经费的发放和使用情况；防疫疫苗的生产、试验和使用过程中产生的文件材料及情况；防治高致病性禽流感工作中的先进人物和先进集体事迹情况和其它与防治高致病性禽流感工作有关的情况。

通知还明确要求，防治高致病性禽流感工作结束后，各有关单位要按照相关法律法规的规定，将防治高致病性禽流感工作的文件材料及时归档，并向本单位档案部门移交。防治高致病性禽流感工作机构撤销时，应将其档案资料向有关主管机关或同级国家档案馆移交。各级档案行政管理部门要把防治高致病性禽流感工作文件材料的收集归档工作，作为当前一项重要任务抓好抓实。要积极配合有关部门，主动开展服务，做好对相关文件材料收集归档工作的业务指导，并根据需要组织档案人员协助有关部门做好档案资料整理工作，确保防治高致病性禽流感工作档案资料齐全、完整。

（张向军）

水利部与国家档案局检查长江堤防工程档案工作

长江堤防工程是国债投资兴建的国家重点水利基本建设项目，为进一步促进该工程档案工作的开展，2004年4月20～31日，水利部会同国家档案局和地方水行政与档案管理部门组成检查组，对江苏、安徽、湖北省及长江水利委员会承建的长江堤防工程档案工作进行了专项检查。此次检查的重点内容是各单位对水利部、国家档案局关于加强堤防工程档案工作各项要求的贯彻落实情况，包括长江堤防工程档案资料的收集、整理、保管、利用、验收、移交等情况及有关单位组织的档案专项验收情况。

检查组认为各单位比较好地贯彻落实了水利部、国家档案局《关于加强长江堤防工程档案工作的意见》及水利部办公厅《关于进一步做好长江堤防工程档案工作的通知》精神。各项目法人和业务主管部门都比较重视工程档案工作，按照“统一领导、分级管理”的原则，采取多种有效措施，加强工程档案管理工作，使工程档案工作基本纳入了工程建设和质量管理工作的全过程。尤其在加强领导、落实责任，健全制度、规范管理，监督指导、人员培训，设施建设及专项验收等方面取得了显著成效。工程档案基本达到完整、准确、系统的要求。同时检查组也发现了一些问题，如有些单位的个别竣工图未按规范要求编制，个别项目工程档案归档不全、分类不准确，部分堤防工程存在档案专项验收滞后等。对这些问题，检查组及时向有关单位进行了反馈，并提出明确的整改要求。

检查后，水利部办公厅向有关单位正式印发了《关于长江堤防工程档案工作检查情况的通报》。《通报》既肯定了成绩，也针对存在的问题提出了整改建议。此次工程档案工作检查，引起了有关地方政府及相关部门的高度重视，进一步强化了各级领导及管理人员的档案意识，促进了长江堤防工程档案管理水平的提高及档案专项验收工作的开展。 （邹燕莉）

航空工业档案信息化专家组业务组技术组成立暨经验交流现场会召开

航空工业档案信息化专家组、业务组和技术组成立暨经验交流现场会9月21～24日在西飞公司召开，中航一、二集团公司所属企事业单位的代表共110人参加了会议。中航一集团总经理助理、集团公司信息化建设办公室主任郑晓沙，国家档案局经科司副司长王岚，中航二集团办公厅副主任洪若民，西飞公司副总经理杨尤昌及国防科工委办公厅档案处等有关人员出席会议并讲话。

航空工业档案馆刘景田馆长在《发挥专家骨干作用，推进航空工业档案信息化建设》的报告中讲到，自2003年8月在沈阳召开航空工业档案信息化建设工作现场会一年来，在两个集团公司的大力支持下，经过各单位的积极努力，航空工业档案信息化工作有了可喜的发展。两个集团公司相继下发了《档案信息化建设与发展规划》，不仅使档案信息化工作纳入到两个集团公司的信息化建设之中，而且明确了近几年内航空工业档案信息化工作的指导思想、发展目标、重点任务和主要措施。两个集团所属企事业单位按照《规划》的要求认真研究部署并积极推进本单位的档案信息化工作。

会议还通过了专家组业务组技术组工作《章程》，研究制定了下一步工作计划。与会代表一致认为这次会议开得很有成效，要充分发挥专家骨干作用，推进航空工业档案信息化工作。 （航空工业档案馆）

航空工业档案学会第六次会员代表大会在太原召开

2004年10月19～22日，航空工业档案学会第六次会员代表大会在太原太航仪表有限公司召开，中国一航办公厅主任王荣阳、山西省档案学会秘书长赵永强、航空学会常务副秘书长吴松、太航仪表有限公司董事长总经理殷卫宁、副总经理李炳先、航空档案馆馆长刘景田、副馆长赵忠良等领导出席会议并讲话，山西省档案学会向大会发来了贺信。来自行业内的42个单位的62名代表参加了会议，其中特邀了已离任的第五届理事会副理事长5名。

会议选举产生了由58名同志组成的航空工业档案学会第六届理事会，同时召开了第六届理事会第一次会议，选举产生了由13名同志组成的航空工业档案学会第六届理事会常务理事会及理事长、常务副理事长、副理事长、名誉副理事长和正副秘书长。大会听取审议了第五届理事会刘景田副理事长所作的《航空工业档案学会第五届理事会工作报告》，修改了《航空工业档案学会章程》，审议了《航空工业档案学会第五届理事会财务工作报告》、航空工业档案学会（2005—2007年）学术活动计划要点。讨论中代表们认为，在过去的6年中，航空工业档案学会各项工作取得了很大的成绩。刘景田同志的工作报告，全面系统的总结了第五届理事会的工作，为下一届理事会的工作提供了宝贵的经验；修改后的学会章程更加务实、精练，体现了时代的进步与发展；财务工作报告详细、清晰，体现了学会财务管理的严格、有序。

大会对第五届理事会期间在航空工业档案学会工作中做出突出成绩的23名学会先进工作者和25名积极分子进行了表彰，向他们颁发了荣誉证书。会议对经推荐、筛选参加交流的18篇学术论文经过通读、评选，采取无记名投票的方式，经论文评选专家组计票、评议，评出二等奖5篇，三等奖7篇，优秀论文奖6篇。

在会议闭幕式上，新一届理事会常务副理事长刘景田作了会议总结；太航仪表公司殷卫宁董事长、总经理发表了热情洋溢的讲话，对会议在太航的召开表示欢迎；随后，新当选理事长王荣阳同志讲话。首先，他感谢大家的信任，推选他为新一届学会理事长；同时，他要求档案工作应顺应形势的变化，抓住机遇，共同努力，做好工作。要求档案学会工作要与时俱进，不断创新，发挥其应有的作用，紧密围绕航空工业中心工作开展学术交流，争取各级领导支持和关心，将学会活动开展得有声有色，为航空工业的发展作出更大的贡献。

（航空工业档案馆）

中国民用航空总局实施加强档案工作五项措施

2004年，中国民用航空系统政企分开、机场下放的管理体制改革圆满完成，中国民用航空总局办公厅为使档案工作紧跟时代发展脉搏，实施了五项措施。

一是年初印发了《2004年民航总局档案工作要点》，指导各级档案部门根据改革的要求，重点加强本机关档案工作，适当弱化部分行业档案业务指导职能，做到有所为有所不为、收放有度，鼓励中央民航企业自主开展档案工作。

二是4月中旬，由中国民航学院信息工程学院与民航总局办公厅档案处(馆)共同开发的《民航图文档案及工程图纸管理信息系统》通过部级鉴定，并荣获民航总局科技二等奖。建立了机检目录数据库，完成部分机场工程图矢量化制作。并将对此软件进一步开发升级，实现与民航总局电子政务系统的挂接，向文档一体化目标迈进。

三是7月初，由民航总局办公厅组织，民航管理干部学院具体承办，在北京举办了"民航档案管理人员培训班"。培训主要内容：电子政务、电子文件归档和档案管理标准规范化。民航总局办公厅分管档案工作的初阳副主任从档案工作对行业协调发展的高度对民航档案工作创新服务提出了强化档案服务意识，坚持规范化管理，严格规章制度，以民航电子政务建设为契机，推进档案工作，加强培训，更新知识的要求；国家档案局经科司领导到会指导并介绍了全国企业档案工作发展情况；中国人民大学档案学院、民航学院信息工程学院、民航管理干部学院有关专家围绕国家和民航有关档案管理的标准规范从不同角度进行了各种层面的理论教学，学员们还观摩了《民航图文档案及工程图纸管理信息系统》软件功能演示。通过学习，学员们对转变职能，依法行政，规范化管理，编研利用，加快档案信息化建设等有了更深的认识。

四是民航总局办公厅档案处(馆)在回迁新办公楼，馆库条件明显改善，全面加强档案管理的基础上，于11月初举办了"新中国民用航空(总)局成立55周年档案图片展"，达到了老同志回顾历史、新同志了解民航、多层面宣传档案的目的。

五是根据国家档案局要求，民航总局办公厅档案处(馆)于9～10月对民航总局机关、民航各地区管理局、驻京局属单位的档案安全保管情况进行了检查，并对检查情况进行了通报，指出存在问题，提出整改意见，推动了各单位档案工作的协调发展。

(民航总局办公厅档案处)

新中国民用航空(总)局成立55周年档案图片展举办

2004年11月9～17日，中国民用航空总局办公厅举办了"新中国民用航空(总)局成立55周年档案图片展"，以丰富、翔实的文件资料、历史照片、档案实物，向广大参观者揭示了民航(总)局的机构演变过程。

展览分五部分内容：一、中国民用航空(总)局组织机构编制调整演变文字摘要；二、中国民用航空(总)局局徽、航徽标志；三、中国民用航空(总)局十一任局长照片及历届领导人任职时间表；四、党和国家领导人对民航工作的批示与照片；五、档案实物。展览紧紧围绕着55年来民航(总)局历史沿革这一主题，详细记述了从最初的"军委民用航空局"历经十次重大机构变动发展为而今的"中国民用航空总局"这一演变过程。特别是历届党和国家领导人视察民航工作等大量珍贵图片成为了参观者关注的焦点。展览不仅吸引了中国民用航空总局机关的工作人员，许多民航系统的其他单位也慕名前来参观。参观者对此次展览给予了很高的评价：图文并茂、脉路清晰，中国民用航空(总)局55年的历史一目了然。由于反响强烈，原定于12日闭幕的展览延期至17日。展览还应邀在中国民用航空学院、中国民用航空管理干部学院两家单位进行了为期一个月的巡回展。 (苏莉)

中国五矿集团公司对海外企业档案工作进行专项检查

中国五矿集团公司是以金属、矿产品和机电产品的生产和经营为主，兼具金属、房地产、货运、招标，实行跨国经营的大型企业集团，也是由中央管理的涉及国家安全和国民经济命脉的国有重要骨干企业。成立50年来，中国五矿先后在香港、日本、美国、巴西、英国、德国、俄罗斯等15个国家和地区设立了44家海外机构，成为中国五矿国际化经营的重要组成部分。2004年，中国五矿经营额为150亿美元，位居中央企业第十位。

随着业务的快速发展，作为中国五矿基础性管理的档案工作越来越得到集团公司的重视。为适应集团公司国际化发展战略、加强对所属海外企业档案管理工作，2004年12月4～17日，中国五矿集团公司协同国家档案局经济科技档案业务指导司对集团公司所属的德国五矿、北欧五矿、日本五矿进行了专项检查。

通过检查发现，大部分海外企业档案工作已逐渐步入正轨，主要表现为：各公司领导重视档案工作，均指定专人负责档案的日常管理，强调保密意识；对档案进行了分类归档，实行统一保管；结合当地法律的规定，定期对历史档案进行清理。海外企业档案管理存在的主要问题是，对年代久远的文件亟待清理、管理人员缺乏档案专业知识。

针对检查结果，中国五矿集团公司将海外企业档案清理确定为企业的一项重要工作内容，并提出相应管理措施和工作要求。一是成立中国五矿集团海外档案清查工作领导小组，制发《中国五矿集团公司海外企业档案清理工作方案》，明确工作步骤，对海外企业档案清理工作进行统一安排。二是制定《中国五矿集团公司海外企业档案管理指导原则》，对海外企业的档案管理职责、归档范围和保管期限、档案的安全保管、机构变动中的档案处置、档案的监督、检查与考核等内容作了原则规定。同时提出《五矿海外档案管理实施细则》，要求海外企业根据驻在国法律规定和工作实际，制定实施细则，逐层完善档案管理制度。三是确定海外企业档案管理责任机制。为形成海外企业档案管理长效机制，确定由集团公司总裁办公室与海外部负责海外企业档案管理工作的监督、指导和检查，明确海外企业档案管理责任人及兼职档案管理人员，增强档案岗位责任意识。四是加强海外企业档案电子化管理。为便于保存重要档案资料，要求海外企业加强档案的电子化管理，对重要档案资料进行扫描、备份；对财务、业务形成的各类数据进行业务流程的管理。

中国五矿集团公司对海外企业档案工作的专项检查及其所提出的加强海外企业档案管理的措施，提高了海外企业员工的档案意识和责任感，对推进海外企业档案管理向"专业化、科学化、规范化"发展起到积极的促进作用。　　（贾美英　毕丽艳）

上海宝钢集团公司加强重点建设项目档案管理工作

2004年，上海宝钢集团公司档案管理部门加大对各子公司建设项目建档和档案管理工作的监管力度。依据国家有关建设项目文件归档要求、档案整理规范及项目档案验收办法等规定，重点对列入本年度竣工验收计划的项目进行跟踪，以举办讲座、组织交流、现场指导、电话答疑等形式，对有关子公司的项目建档和档案管理工作进行监督和指导，并针对项目档案分类、设备档案管理、档号编制原则、档案信息化建设等方面存在的共性问题开展专题研讨，统一了对国家标准、规范的认识和项目档案管理方式。在此基础上，全年共完成了十三个重点建设项目的档案验收工作，确保工程项目竣工验收的顺利进行。

会同上海市档案局，完成了对上海宝山钢铁股份有限公司"冷轧部增建NO.2彩涂机组项目"和"石油管生产线综合改造"、宝钢集团上海二钢有限公司"高性能钢丝绳及镀锌铝合金钢丝生产线"、"高强度低松弛预应力钢丝和钢绞线"和"油回火弹簧钢丝"、宝钢集团上海梅山有限公司"高炉煤气综合利用3号锅炉及3号发电机组工程"等六项列为国家或上海市重点项目的档案验收工作。

组织人员，完成了对宝钢集团上海五钢有限公司"BT22钛合金热模锻件研制技术改造项目"、宝钢集团上海第一钢铁有限公司"舰艇用球扁钢技改项目"、宝钢集团上海钢铁研究所"信息产业用金属功能材料生产线改造"、宝钢集团上海浦东钢铁有限公司"厚板改造工程"、宝钢集团上海钢管有限公司"Ⅱ-11热处理炉改造项目"、上海宝钢工程技术有限公司"苏冶齿轮制造技术改造二期工程"、宝钢研究院"薄带连铸产业化试验基地建设工程"等七项上海宝钢集团公司重点项目的档案验收工作。

此外，会同上海市档案局对宝钢集团上海第一钢铁有限公司"不锈钢及碳钢热轧板卷技术改造项目"、宝钢集团上海五钢有限公司"不锈钢长型材工程"等两项列为国家或上海市重点项目的建档和档案管理工作进行了检查、指导和预验收。　　（王苏月）

天津市为320万农民建立健康体检档案

为天津市320万农村居民进行免费查体，是天津市、区两级政府改善城乡人民生活的20件实事之一。天津市各涉农区县档案部门和卫生系统档案人员以此为契机，积极开展了为天津市农村居民建立健康体检档案工作。

天津市档案局和天津市卫生局联合下发了《关于做好农村居民健康体检档案管理工作的通知》，各涉农区县卫生系统档案人员和档案局共同联手，在时间紧、任务急的情况下，积极努力，加班加点，使建立农村居民健康档案与农村居民体检同步进行。天津市农民健康查体结果，成为国内首份农民健康现状分析样本，其分析结果将对全国农村卫生体系建设起到重要的指导作用。天津市市长戴相龙在检查验收工作时，对规范的农民健康档案工作给予了充分肯定。这种以村、户为单位建立的农村居民健康档案，将农民健康况反馈到户到人，对各级农村卫生部门开展健康干预和健康促进，进一步提高农村居民健康水平有着深远的意义。　　（丛为民）

天津市召开环渤海城市近代海关档案开发研讨会

为纪念天津设卫筑城600周年，2004年10月28～30日，环渤海城市近代海关档案开发研讨会在津召开，揭开了多途径、多渠道联合开发海关档案的序幕。中国第一历史档案馆、中国第二历史档案馆和青岛、烟台、营口、秦皇岛等环渤海城市从事档案、海关和历史研究的专家学者共50人参加了研讨会。

国家和区域档案馆联手开发共性档案在国内尚属首次。会议围绕环渤海各港口城市海关价值、天津开埠与环渤海地区经济发展的交互影响、联合开发海关档案的途径、方式等方面进行了广泛研讨，并就成立开发机构、开辟环渤海海关档案目录中心等方面达成共识。

天津旧海关档案是近代天津城市发展的重要历史记忆，近1.4万卷旧海关档案珍藏于天津市档案馆。天津市档案馆与天津海关联合开发津海关档案已取得重要进展，双方签署了联合开发备忘录，共同组成了开发编辑班子，确定了第一期开发利用内容。

（丛为民）

浙江省积极推进民营企业档案工作

民营经济发达，是浙江经济的一大优势，也是改革开放以来推进浙江经济快速发展的重要力量。民营经济在浙江省国民经济中占据十分重要的地位。2004年民营经济增加值为4160亿元，占63%，比上年上升3.5个百分点。

随着民企的快速增长，浙江民企档案工作也得到同步发展，企业档案在服务民营经济方面发挥了显著作用。截止2004年底，全省年销售收入5000万元以上企业有50%多建立了档案工作，其中达到省级标准的319家、国家级标准75家。

2004年，浙江省档案局主要做了以下几项工作：

一、2月至4月，由省档案局局长关继南带队对全省54家上规模民营企业的档案工作进行了全面调研，并完成了全省民营企业档案工作调研报告，对浙江省民营企业档案工作现状、问题进行了分析，并提出了对策。

二、5月，为进一步了解全省民营企业档案工作情况，省档案局根据调研情况，针对民营企业档案工作实际，设计并向15000家民营企业发放了《民营企业档案工作调查问卷》。同时，省档案局编制了与调查问卷相配套的管理软件，对回收的调查问卷内容进行了数据对比、分析、统计。

三、6月，编纂了《民营企业档案工作指南》和《决策之源，发展之基——民营企业老总谈档案》两本书，共计16万余字，并向3000家民营企业免费发送了《民营企业档案工作指南》一书。

四、6月30日至7月1日，省档案局和省工商联在温州联合召开了全省民营企业档案工作座谈会。会议确定了浙江省民营企业档案工作的原则为宣传、服务、引导；目标为全面推进，重点提升；会后下发了《关于进一步加强民营企业档案工作的若干意见》。

五、8月，省档案局在“浙江档案”网站上举办的“民营企业与档案工作暨纪念档案法17周年有奖知识竞赛”收到了来自24个省、自治区、直辖市的13200份答卷。

六、12月，省档案局和省工商联对上报的109家民营企业档案工作材料进行审核，确定达到“百家示范”档案管理民营企业标准的民营企业，并给予通报表彰。

（浙江省档案局）

青岛市加强国有企业产权档案管理

随着青岛市国有企业产权制度改革不断深化，2004年青岛市档案局将加强产权档案管理作为服务国企改革的一个新领域，与国有资产监督管理部门相互配合，积极探索产权档案的管理模式。

青岛市档案局区分不同类型，围绕国有企业产权构成特点及产权档案形成规律、管理要求等内容，深入到全市国有企业进行调查研究，摸清了全市国有企业产权档案管理的基本情况及存在的突出问题，明确了加强和规范产权档案管理的指导思想和工作思路。2004年11月，青岛市档案局、青岛市人民政府国有资产监督管理委员会联合印发了《关于加强国有企业产权档案管理的意见》。针对产权档案管理中存在的问题，《意见》确立了国有企业产权档案集中统一管理的原则，依据国家档案局《工业企业档案分类试行规则》，将产权档案作为企业产品、科研、基建、设备、会计、职工及管理类等各门类档案的组成部分，通过建立产权档案专题目录或计算机检索目录等形式，实现产权档案信息的相对集中，并对产权档案的归档、移交、利用等提出了明确要求。为给企业提供操作依据，《意见》从企业基础材料、清产核资、资产评估、产权界定、股权、财务审计、重要合同、专利、专有技术、商标、商誉等十几个方面，对产权档案的归档范围做了细化，并结合贯彻执行《国有企业文件材料归档办法》，将反映企业产权情况的全部文件材料纳入归档范围，将归档责任列入企业承办部门和人员的岗位职责。

《意见》印发后，青岛市档案局进一步采取措施，加大对国有企业产权档案的监管力度。一是组织企业主管部门对所属企业产权档案管理情况进行全面清查，重点解决产权档案归档范围不明确、归档不及时、管理职责不落实和档案保管存在安全隐患等问题，督促国有企业档案部门认真履行对本企业各部门及所属机构产权档案文件材料形成、积累和归档工作的监督指导，防止产权档案的流失。二是加强业务指导，帮助和指导国有企业档案部门建立健全产权档案专题目录。在此基础上，以“E-Archives数字化档案信息管理平台”为依托，进一步完善软件功能，以海尔集团、青岛黄海橡胶集团、青岛建设集团等市直大企业为试点单位，指导其通过计算机管理系统建立企业产权档案机读目录数据库，提高检索管理效率。三是将产权档案纳入档案行政管理的重要内容。结合贯彻《山东省档案管理考核办法(试行)》，青岛市档案局将产权档案管理情况作为一项主要指标，列入青岛市企业档案管理效能评估体系和市直企业档案工作年检标准，从归档文件材料齐全完整程度以及专题目录建设等方面，对企业产权档案管理情况进行评估、考核。

（青岛市档案局）

广东省召开重点建设项目档案工作会议

2004年9月21～23日，广东省档案局在东莞召开了全省重点建设项目档案工作会议。这次会议是省档案局商省发改委和省建设厅之后，经省人民政府批准召开的。会议总结了1998年以来全省重点建设项目档案工作的主要经验、做法和不足，部署了今后一段时期重点建设项目档案工作的任务和措施；会议授予省水利厅等30个单位“全省重点建设项目档案工作先进单位”称号；东深供水改造工程总指挥部等8个单位在会上介绍了项目档案工作经验。省直有关厅(局)、集团公司、各地级市档案局及部分项目建设单位、项目运行单位、项目质量监督中心、监理单位、设计单位、施工企业的代表共86人参加了会议，国家档案局经济科技司李和平司长到会并讲话。

这次会议内容丰富、形式新颖、效果很好。会议对于推动全省重点建设项目档案工作的进一步开展起了积极作用。会后，省、市档案局、项目主管部门、建设单位和施工单位，根据会议提出的任务和要求，都有新举措。

关于省档案局。一是继续抓好“十项重点工程”和“十项民心工程”的档案工作。重点抓了地级市通高速公路和出省通道项目、能源项目和水利防灾、减灾项目的档案工作。二是协助地级市开展重点建设项目档案工作。为了更好地发挥各市档案局在重点建设项目档案工作中的业务指导作用，省档案局把引导各市抓重点建设项目档案工作，列入省档案局重点建设项目档案工作的一项内容，根据省重点建设项目的主要分布情况，以省重点项目多的市为主要服务点。三是推进建设项目档案信息化建设。以省档案局的课题成果《信息环境的项目档案管理》一书的理论观点为导向，推动全省重点建设项目档案工作的开展。目前，全省重大的基础建设项目档案的竣工图已基本实现全息管理。同时，将广东省“十项重点工程”、“十项民心工程”的档案工作情况定期在“广东档案信息网”上公布。四是进一步加强档案工作人员队伍建设。根据建设项目档案门类繁多且具有大专业的特点，要求项目建设和管理单位配备一定数量的专业技术人员并保持相对稳定。五是推广项目档案工作“双层”领导责任制。日常工作来往文件由办公室负责，项目建设过程的施工文件由工程部负责，总责任人为总工程师，将项目档案工作纳入各建设项目管理和技术管理程序。

关于项目主管部门。会后，粤电集团对在建新项目和改造项目的工程部经理、档案人员集中到广州进行专业培训；省水利厅与省档案局联合对全省地级以上市水利局分管档案工作的领导和档案人员、市档案局分管业务指导的领导、业务骨干进行培训。这次培训收到两个方面的效果：一是明确了水利防灾减灾项目的监控服务事宜，确保290宗项目档案工作宗宗有人管；二是实现了两个系统从省级扩展到市一级的协调联动，这种档案行政管理部门和项目建设主管部门加强联系和互动的做法，为推动其他行业的档案工作提供了借鉴，为各市档案局介入项目档案管理提供了工作平台。

关于施工企业。建设项目档案中，施工单位形成的数量和利用频率最高，因而施工单位做好项目档案工作至关重要。施工单位参加全省重点建设项目档案工作会议后，对建设项目档案工作有了更进一步的认识。省水电二局、省长大公司是老牌的大型施工企业，这两大企业在广东的重点建设项目承建中，占了一定的比重。为此，他们分别对项目经理、档案人员进行了集中培训。（吴小琼）

深圳市城建档案馆整体并入市档案局馆

根据2004年2月2日《中共广东省委、广东省人民政府关于深圳市深化行政管理体制改革试点方案的批复》(粤委[2004]6号)的精神，深圳市城建档案馆(市城建档案管理处)的职能由原隶属市建设局划入市档案局(市档案馆)。这标志着深圳市沿袭了二十余年之久的城建档案单独管理的体制发生了重大变革。

与上一次机构改革相比，此次改革全部保留了市档案局馆原有的职能，包括：贯彻执行国家有关档案工作的法律、法规和政策；起草档案法规，制定档案事业发展计划和档案管理的规章制度；开展档案法规宣传并组织实施；组织档案执法检查，依法查处档案违法行为；检查、指导全市档案工作；接收市直党政群机关和企事业单位形成的具有长久保存价值的各种载体的档案资料，征集境内外对国家和社会有保存价值的名人档案、地方特色档案、声像档案、革命历史档案资料；整理、保管和研究编纂馆藏档案资料；制订全市档案信息化建设的标准和规范，对全市电子文件归档及电子档案工作进行检查、指导;负责全市档案专业技术职务的评定和管理工作;组织档案理论与科学技术研究及其成果的推广应用工作等。同时,新增加了以下职能:参与城市建设工程的竣工验收,接收管理全市10层以上、面积一万平方米以上、投资五百万元以上建筑工程和所有市政、公用及地下管线工程的建设档案;承担全市重大政务、外事活动和重大突发事件、自然灾害以及全市重点市政工程、建筑工程项目建设过程声像档案的形成和管理;建立、完善与企业之间的对话沟通制度,指导企业进行档案管理;协调、指导全市信用档案、规范档案、土地管理档案、产权档案、环保档案、水务档案等各类专门档案工作;配合有关部门利用档案资料开展社会公益事业;监督、指导档案学术团体及档案中介活动。

根据上述主要职能,深圳市档案局(深圳市档案馆、深圳市城建档案馆)核定总编制71名。内设办公室、监督指导处、档案管理处、信息技术处等4个职能处室;下设文档服务中心,主要负责市直机关、事业单位处理完毕应归档的纸质和电子文件的接收、整理、鉴定和保管;面向企业和社会开展档案代理、代管、加工、整理、缩微复制和数字化处理等相关技术服务;向社会各类组织提供档案业务咨询服务;承担档案信息化建设及开发、利用工作;负责组织档案从业人员的培训。

这一举措进一步理顺了档案工作的管理体制和运行机制,克服了政出多门、多头管理的弊端,有利于提高档案部门的管理和服务水平;进一步整合了市档案馆和市城建档案馆的信息资源,实现了档案信息资源共享,也便于全市档案的统一建设和管理,节约档案管理成本,更好地发挥档案的社会效益和经济效益。

深圳市是中编办确定的全国深化地方政府行政管理体制改革5个试点城市之一。深圳市的这次改革,是根据中共中央办公厅、国务院办公厅《关于地方政府机构改革的意见》以及中央编制办《关于深圳市深化行政体制改革,创建公共行政管理体制试点的批复》的精神组织实施的。 (黄俊林)

成都开展城乡一体化档案服务

加强城乡一体化档案材料的收集管理和信息服务,是新形势下档案部门主动围绕中心开展工作的重要切入点和着力点。为此,成都市各级档案部门加强了对城乡一体化档案工作的调研,成都市档案局制定并下发了《关于切实加强村务公开档案工作的意见》、《关于加强乡(镇)行政区划调整和深化改革工作中的档案工作的通知》、《关于加强农业产业化经营重点龙头企业档案工作的通知》等指导性文件,以规范城乡一体化过程中的档案管理,《用档案记录和服务伟大变革》等调研成果对指导城乡一体化档案工作也发挥了积极作用。 (成都市档案局)

（八） 档案专业教育工作

（八）档案专业教育工作

2004年全国档案专业教育工作发展综述

2004年档案专业教育工作取得了新的进展。全国有29所普通高校设立了档案学院、系、专业,有4所中专和职业高中开展了档案专业教育,有9所高校开展了档案专业成人学历教育。全国共培养博士研究生8名、硕士研究生78名、双学位生61名、本科生741名、大专生167名、中专生289名、职高生42名;成人教育共培养研究生班研究生47名、本科生800名、大专生655名。有3983人参加了专业证书班学习,35044人(次)参加了岗位培训,17937人(次)参加了继续教育培训,23823人(次)参加了专题培训。

高等档案专业教育稳步发展,教学改革不断深入。目前,在开设档案专业教育的29所高等学校中,设立博士点的学校2所,硕士点的学校16所,一级学科博士后流动站的学校2所,形成了培养博、硕、本多层次高级档案专门人才的教育体系。各高等学校面对社会信息化给档案学专业发展带来的机遇与挑战,进一步加强档案学科建设,继续深化教学改革,加大培养信息技术人才、管理人才和应用人才力度,以满足信息产业发展和信息化建设的需要。

档案教育培训工作加大力度,培训内容满足需要。国家档案局为落实《国家档案局关于加强档案业务人员培训工作的意见》精神,继续与国家档案局档案干部教育中心合作,为在京中央和国家机关各部委、各人民团体、中央企业及下属单位档案部门的档案业务人员举办了第三期档案业务人员资格培训班。河南省档案局举办了全省档案工作人员岗位培训班,培训班开设了文件管理、档案管理、科技档案管理和档案保护技术等课程,举办了档案法、电子文件与电子档案管理讲座。内蒙古自治区档案局为落实《内蒙古自治区档案人员全员培训实施方案》(内档发[2003]66号),组织全区近三千人参加了自治区的全员培训。解放军档案馆为改善档案干部知识结构,提高业务素质,适应档案信息化建设和落实新编制要求,组织全体干部参加业务集训。集训采取专家授课、专题讲座、学术研讨、参观等方法,围绕档案信息化建设、档案信息资源开发和档案保护等问题进行了培训;组织全馆15名处以上领导和业务骨干就档案基础工作建设、档案信息化建设和日常业务工作研究等问题进行了讲座交流。北京、天津、安徽等省(市)档案部门重视搞好档案局馆长培训工作,坚持加强领导干部能力建设,教学内容紧密围绕档案工作中出现的新情况、新特点展开,取得了良好的培训效果。为提高档案教师队伍整体水平,国家档案局继续举办了第二期档案业务人员兼职教师任教资格培训班;新疆维吾尔自治区档案局举办了全疆师资培训班,培训内容除安排专业课程以外,还增加了教育学、教育法、心理学等方面的课程。

档案专业成人教育进展顺利,档案人员专业知识结构、文化层次进一步改善和提高。青海省档案局与中国人民大学联合举办的档案专业研究生课程进修班结业,来自省内各州、地、县及各行业的56名学员圆满完成了近两年的学习。经考试合格,取得了中国人民大学研究生院颁发的结业证书。安徽省档案局委托安徽大学举办档案学专业研究生课程进修班,开设了档案学基础理论与历史、档案学管理现代化、档案保护技术、信息资源管理、外国档案工作研究等12门课程,学制两年。档案学专业自学考试为档案部门培养了一批专业人才。上海、甘肃等省(市)档案部门积极做好各项组织管理工作,为学员顺利完成学业创造了有力条件。天津市档案局适应档案工作发展需要,为培养具有档案信息研究、开发、利用和计算机及现代信息处理能力的复合型人才,与天津理工大学共同开办了高校成人专、本科档案专业,开辟了档案人员提高学历层次的新途径。

以档案人才资源建设推进档案事业全面协调发展。国家档案局贯彻全国人才工作会议精神,抓住实施人才强国战略的机遇,结合档案部门实际,确定以加强西部地区档案教育工作为重点,积极支持和帮助西部地区档案部门做好人才培训工作,实实在在地为西部地区做实事。2004年,为贯彻中共中央办公厅、国务院办公厅《关于进一步加强新疆干部与人才队伍建设的意见》(中办发[2003]32号)精神,首先实施了新疆培训项目,组织馆局有关人员深入新疆各地(州)开展以专题讲座为主要形式的培训活动,取得了很好的效果。天津市档案局召开了全市档案人才工作会议,对全市档案人才队伍建设作出部署。会议下发了《天津市档案人才队伍建设的意见》、《天津市档案人才

2005—2010年教育培养发展规划》、《天津市档案人才柔性流动办法》等规范性文件。为加强人才流动管理，促进人才合理配置，进一步优化人才环境，天津市档案局还成立了人才交流服务中心，面向全市开展人才供求信息的收集、整理、储存和发布以及负责人事代理、组织人才招聘、举办人才培训、提供人才档案寄存的工作。浙江省档案局制定了《关于加强新时期档案人才队伍建设的意见》，组织实施“181”新世纪档案人才工程，以尽快改善全省档案信息化建设中信息管理、资源开发方面技术人才紧缺的状况，调整现有人才的专业知识结构，优化人才配置。（苏玉文）

国家档案局、中国人民大学档案学院领导座谈加强档案教育

2004年春节前夕，中央档案馆馆长、国家档案局局长毛福民，副馆局长郭树银、杨公之以及馆局有关司处和事业单位负责同志，到中国人民大学档案学院就加强档案学科建设、加大人才培养力度等问题与院领导座谈。中国人民大学副校长、档案学院院长冯惠玲教授介绍了院系调整情况和今后加强档案学科建设的思路。毛福民对档案学院在档案学科建设、档案学理论研究、档案人才培养以及对档案事业发展的贡献，给予充分肯定并提出殷切希望。

毛福民说，全国人才工作会议，提出人才治国的战略。依靠人才加快档案事业的发展，对档案部门来讲意义更为重大、任务更为紧迫。人大档案学院是档案高级人才的培养基地，在国内有着重要影响，应该充分发挥人才培养重要基地作用，不断为档案部门培养优秀人才。他说，随着档案现代化建设和电子政务的快速发展，人才培训工作急需与之相适应的、具有较高水平的、能够兼顾在校教育和在职教育的优秀教材，人大档案学院在已取得较大成就的基础上，应该发挥更大的作用。毛福民高度评价档案学院提出的把教学与档案工作发展实践相结合的办学思路，表示国家档案局一如既往地支持档案学院办好教育，要为教师和学生创造更多的教学实践条件，欢迎师生广泛参与档案工作发展中重大理论、实践、科研、问题的研究论证，为档案事业的发展献计献策、提供更有力的智力支持。他强调要把档案馆爱国主义教育基地办成学生的第二课堂，帮助学生了解中国档案文化的博大精深，确立档案专业思想，确保档案事业后继有人。

冯惠玲介绍了院系调整情况。2003年12月，中国人民大学在院系调整中决定“同意在原档案学院基础上成立中国人民大学信息资源管理学院”。中国人民大学信息资源管理学院在国内外相关活动中可以继续使用“档案学院”称谓。信息资源管理学院统筹负责图书馆、情报与档案管理一级学科的规划与建设，下设档案学政务信息管理系和图书情报学系，涉及的学科领域包含所有的信息资源管理类学科。冯惠玲表示，院系调整后，仍要把档案学科建设作为重点，确保档案学在全国高校领先的位置。她从四个方面谈了今后加强档案学科建设的思路：一是继续加大投入，加强档案学教学、科研、师资等基础建设；二是在三年课程改造的基础上，进一步加强课程建设，使之更加适应现代人才培养的需要；三是在教学、科研、管理方面整体推进、全面加强科研项目建设，主要体现在完成档案系列教材研究出版，档案科研成果系列丛书的出版；四是关注档案事业的发展，积极参与档案工作中重大理论与实践问题的研究，加强档案教育与档案工作实践的紧密结合。（国家档案局教育处）

国家档案局组织实施档案教育支援西部——新疆培训项目

组织实施档案教育支援西部计划，是国家档案局积极贯彻落实中央实施西部大开发战略，支援西部档案事业发展的一个重要举措。

2003年12月，胡锦涛总书记在全国人才工作会议上发表重要讲话，强调人才问题是关系党和国家事业发展的关键问题。国家档案局在认真学习胡锦涛重要讲话精神，提高认识、统一思想的基础上，结合档案部门实际，形成了“开发人才资源必须优先发展教育”的工作思路。为贯彻落实中共中央办公厅、国务院办公厅《关于进一步加强新疆干部与人才队伍建设的意见》（中办发[2003]32号），经局领导批准，首先实施新疆培训项目。

2004年5月22日～6月24日，在政策法规研究司司长郭嗣平带领下，由邱晓威、王岚、苏玉文、李伯富同志组成的赴新疆培训教学组，历时34天，行程7000多公里，跨越世界著名的死亡之海——塔克拉玛干大沙漠，分别在吐鲁番、和田、喀什、奎屯、阿勒泰和昌吉等六个教学点，对新疆各地、州、市基层档案人员开设了档案现代化管理知识、国家新颁布的档案规范标准、档案法律法规知识、外国档案管理等讲座，帮助他们提高档案专业理论水平和业务操作技能。

国家档案局局长毛福民对开展这项工作非常重视和关心，多次对此项培训工作作重要指示，提出明确要求。档案教育支援西部——新疆培训项目还得到了自

治区各级党委、政府和各级档案部门的大力支持。自治区党委常委、秘书长符强同志指示要高度重视并认真做好组织协调工作。吐鲁番地区、和田地区、喀什地区、奎屯市、阿勒泰地区地委、行署和昌吉自治州党委、政府专门成立了培训工作领导小组,并安排有关领导具体抓好这项工作。

自治区各级档案部门更是精心组织、周密安排,从而确保了援疆教学任务的顺利进行。据统计,全疆各级档案行政管理部门、各级国家综合档案馆、新疆军区、新疆生产建设兵团和各机关、企事业单位的1112名档案人员参加了此次培训。

按照新疆维吾尔自治区档案局的安排,这次培训设置的六个教学点,分布在北疆和南疆,每个教学点安排3天的培训课程。教学点两地之间最近距离达600多公里,最远达1400多公里。为不给地方档案部门增加经济负担,教学组克服各种困难,自带近200公斤的教学参考资料和计算机、投影仪、电源接线板等教学设备,不要任何报酬,免费授课,差旅费用全部自理。

档案教育支援西部——新疆培训项目的实施,在当地引起强烈反响。自治区档案局局长许新江不止一次地强调,国家档案局此次援疆培训工作,不仅是一项切合实际的教育培训项目,还是一项情真意切的送温暖工程、民族团结工程。不仅给新疆带来了宝贵的业务知识,进一步提高了自治区档案干部的整体水平,更重要的是,自治区各族档案工作者从中切实感受到了党中央、国务院对边疆各族人民的深切关怀,感受到国家档案局、中央档案馆领导和同志们心系边疆档案事业、心系边疆各族档案工作者、心系基层的绵绵情怀。

新疆维吾尔自治区各级档案部门档案工作人员积极参加培训学习。这次送教上门培训,很多市、县档案馆的工作人员几乎是全体赶到培训点参加学习。霍城县档案局馆全体工作人员,在局长的带领下,自掏差旅费参加培训。民丰县位于塔克拉玛干大沙漠的南端,自然条件十分恶劣,经济比较落后,档案局馆只有两名档案人员,即便是这样,县主管领导还是大力支持她们都来参加培训。在吐鲁番培训班上,有一位档案人员因身体有残疾,行动不方便,但她为了不失去这次接受培训的机会,特意让爱人专门陪同自己来参加学习。

国家档案局拟将档案教育支援西部计划纳入"十一五"规划,今后每年选择西部地区的一个省(自治区)坚持开展培训工作,全面提高西部地区档案干部的整体水平,实实在在为西部地区做实事。(苏玉文)

国家档案局举办第三期档案业务人员资格培训班

为贯彻落实国家档案局《关于加强档案业务人员培训工作的意见》精神,2004年4月16日~6月10日国家档案局政策法规研究司与档案干部教育中心在北京共同举办了第三期档案业务人员资格培训班。参加本期资格培训班的学员,是来自在京中央和国家机关各部委、各人民团体、中央企业及所属单位档案部门中没有大学专科以上档案专业学历的档案业务人员。国家档案局副局长、中央档案馆副馆长郭树银出席开班式并讲话,他强调,加强在职档案教育,是新世纪档案事业发展的需要,是造就一支能担当新世纪档案事业重任的高素质档案干部队伍,全面实现《全国档案事业发展"十五"计划》宏伟目标的重要保证。举办这个培训班的目的,是使学员能够比较系统地掌握档案工作的基本原则和基本知识,了解档案工作的有关法律法规以及档案学领域的新理论、新知识,具备履行岗位职责的工作能力和操作技能。

国家档案局副局长、中央档案馆副馆长冯鹤旺为学员作了题为"加强档案职业道德建设、培育高素质档案干部队伍"的专题讲座。冯鹤旺从档案人员职业道德建设的重要性和必要性、中国档案职业道德的形成和演变、国际档案工作者职业道德准则、对新时期我国档案职业道德内容的思考、加强档案职业道德建设的途径等方面,向学员讲授了档案业务人员应具备的职业道德。

培训班安排的培训课程有档案管理学、文书学、科技档案管理、档案保护技术、专门档案管理,以及档案人员职业道德、档案法律知识、电子文件管理、电子政务管理、欧美档案工作研究与思考五个专题讲座,组织参观了中科院档案馆,总计176学时。培训班聘请国家档案局和中国人民大学、中科院档案馆的领导及专家担任授课教师。培训班结业后向学员颁发了国家档案局印制的档案业务人员资格培训证书。

(苏玉文)

国家档案局举办档案业务人员兼职教师任教资格培训班

为落实《国家档案局关于加强档案业务人员培训工作的意见》精神,国家档案局政策法规研究司教育处于2004年4月15~19日在福建省举办了档案业务人员兼职教师任教资格培训班(以下简称资格班)。

本期资格班的学员来自北京、天津、辽宁、大连、哈尔滨、山东、青岛、河南、上海、江苏、安徽、福建、广西、宁夏14个省(区)、市和5个中央、国家机关档案部门,共计52人。

本期资格班授课时间为32学时。聘请有关专家、学者具体讲授的课程是:全国政协委员、原国家档案局副局长刘国能讲授的“外国档案工作与档案学”(4学时);国家档案局政策法规研究司司长郭嗣平讲授的“示范教学”(8学时);福建省档案局局长、福建省档案馆馆长陈永成讲授的“档案教育与档案工作实践”(4学时);福建师范大学教育科学院副院长连榕教授讲授的“成人教育心理学”(8学时);福建师范大学教育科学院洪明教授讲授的“当代教育学”(8学时)。

学员完成学习任务后,颁发了国家档案局印制的档案专业兼职教师任教资格证书。 (王小平)

中央档案馆国家档案局继续为本馆局业务人员开办继续教育讲座

2004年,中央档案馆国家档案局继续为本馆局业务人员开办继续教育讲座。讲授的专题有:中央档案馆国家档案局副馆局长杨公之主讲的“档案的安全保管与保密”、中央档案馆国家档案局档案馆(室)业务指导司司长杨继波主讲的“发展中的国家综合档案馆事业”、全国人大法工委专家张世诚主讲的“行政许可法的内容、原则及起草过程”、中央档案馆国家档案局利用部主任张瑞智主讲的“档案的价值与利用”、中央档案馆国家档案局经济科技档案业务指导司司长李和平主讲的“经济科技档案工作有关问题”。

中央档案馆国家档案局举办馆局业务人员继续教育讲座,是贯彻落实《全国档案事业发展“十五”计划》和《关于加强档案业务人员培训工作的意见》,推动学习型机关、学习型司(室)建设,全面提高馆局档案业务人员素质的重要举措。通过继续教育培训,馆局档案业务人员进一步提高了理论水平,完善了专业知识,增强了履行档案事业行政管理和档案保管利用两种职能的能力。这项教育培训活动的开展,为档案事业在新世纪健康持续发展提供了人才储备。 (苏玉文)

2004年教育部高等学校档案学学科教学指导委员会年会暨第十三届档案学专业系主任联席会议召开

2004年10月18~20日,2004年教育部高等学校档案学学科教学指导委员会年会暨第十三届档案学专业系主任联席会议在辽宁省沈阳市举行,会议由辽宁大学历史文化学院承办。参加会议的有来自全国28所高校及国家档案局、高等教育出版社等有关部门的40多位学者和领导。辽宁大学、辽宁省档案局的领导也出席了会议。

这次会议的主题是:“信息化背景下档案专业的改革与发展”。教育部高等学校档案学科教学指导委员会主任、中国人民大学副校长、博士生导师冯惠玲在会议上作了主题报告。报告以汇报《档案学专业人才培养发展战略及主干课程基本要求》课题研究情况和《关于“十五”期间档案学科发展的调查和“十一五”发展规划的若干意见》初步制订情况的方式,就信息化背景下高等学校档案专业教学改革中的若干重要问题发表了意见。

中国人民大学信息资源管理学院副院长张斌、辽宁大学历史文化学院档案系主任赵淑梅分别作了题为《建立档案专业创新人才培养机制——对信息化背景下档案学专业改革与发展的一点思考》、《健康持久的发展档案高等教育》的主题发言。在为期三天的会议中,与会代表围绕大会主题积极发言,展开了充分的交流和讨论,整个大会气氛热烈融洽。

与会代表经过认真讨论,对信息化背景下的高等学校档案教学改革问题达成共识:

一、在信息化的大背景下高等学校档案教育面临的挑战与机遇并存。各个高校要善于发挥自己的优势,抓住机遇,勇敢地迎接挑战。要与时俱进,跟上时代发展的步伐,同时也必须保持自己的专业特色,紧紧围绕着自己的学科使命和专业教育使命做文章,走以内涵发展为主的道路。

二、档案专业教育要满足社会信息化提出的需要和要求,必须继续深化教学改革。要在不断调整和更新教学内容的同时,深入进行教学方法的革新。应当根据应用学科专业的特点,发展案例教学、模拟教学,继续提高实验教学的质量和效果。应当充分利用各个高等学校的科研力量和管理技术资源,强化社会服务功能,探索出一条适合专业特点的产、学、研全面发展的道路。

三、在信息化大背景下的档案学科发展和档案专业教育发展,对高等学校师资队伍的建设提出了非常高的要求,应当继续加强师资队伍的建设,优化结构,全面提高教师的专业素质和教学科研能力。在目前应以科研带动师资队伍的建设,注重提高教师的信息科学素养和技术水平。

四、各高校应当根据社会需要和高等教育自身的规律性,注意在适当扩大档案学专业招生规模的同时,努力提高生源的质量,加强对学生创新能力、综合素质等方面的培养。

五、在课程设置方面,各高等学校应当注意充实信息资源管理和信息技术方面的课程。要加强基础课,加强主干专业课,逐步增加电子文件、数字档案馆、档案管理现代化方面的内容。(教育处)

全国档案信息资源建设与信息安全管理培训班

国家档案局档案干部教育中心2004年6月23～30日在贵州举办“全国档案信息资源建设与信息安全管理培训班”,来自上海、广东、四川、山东、青海、宁波、深圳、大连等地区,以及部分中央国家机关和国航电力等中央企业档案部门的150余人参加了培训。国家档案局教育中心副主任方鸣在培训班开班式上首先传达了王刚同志关于开展已公开现行文件利用工作的重要批示和国家档案局局长、中央档案馆馆长毛福民在已公开现行文件利用工作座谈会上的重要讲话。培训班学员深受教育和鼓舞。

此次培训班由国家档案局教育中心副主任方鸣,四川省档案局副局长、研究馆员马小彬,武汉大学信息管理学院教授、博士生导师刘家真分别讲授了“‘十五’期间档案事业的发展走向”、“档案信息化的建设与发展”、“电子政务下的文档一体化”、“电子文件的收集与归档”、“数字档案资源建设的途径与方法”“档案数据库的建设”、“档案信息网站的建设与方法”、“电子档案的安全与保护”等专题讲座,并对国家发布的《全国档案信息化建设实施纲要》、《电子公文归档管理暂行办法》、《电子文件归档与管理规范》、《档案管理软件功能要求暂行规定》等法规和标准进行了宣传贯彻。

(朱月白)

电子政务与电子文件归档培训班

2004年9月10～19日国家档案局档案干部教育中心在新疆维吾尔自治区乌鲁木齐市举办了“电子政务与电子文件归档管理培训班”,参加培训的学员达235人。培训班聘请了信息产业部多年从事信息技术工作的资深专家和国家档案局的有关专家讲解了电子政务建设的发展与现状、电子政务的信息安全与解决方案、电子政务对档案工作的影响与挑战以及进一步做好电子文件归档管理的实用技术方法等。通过学习,学员们对这些以前较为模糊的问题有了清晰的认识和理解,认为电子政务与电子文件的关系密不可分,大家增强了做好电子文件归档管理工作的责任感和紧迫感,同时呼吁应尽快出台电子文件归档管理工作的标准化。培训期间一些学员还提出档案干部培训部门要加大培训力度,把档案行政管理部门有关电子文件归档方面的标准、规范和技术方法贯彻到档案管理的实际工作中。(朱月白)

第八期档案现代化管理培训班

国家档案局档案干部教育中心于2004年10月15～23日在海口市举办了第八期档案现代化管理培训班,来自中央国家机关和部分地方企、事业单位档案部门的99人参加了培训。培训班就“创新思维与档案人员素质要求”、“新时期档案事业的改革与发展”、“我国档案信息化建设”、“《电子公文归档管理暂行办法》与《电子文件归档管理规范》释义”、“档案数字化与数字档案馆”、“办公自动化与电子政务”等进行了专题讲座。学员们普遍反映讲授内容与实际工作结合紧密、针对性强,帮助解答了工作中的一些疑点、难点问题,对工作能力的提高大有益处。(朱月白)

档案网站建设培训班

为贯彻落实《全国档案事业发展“十五”计划》,推动我国档案局(馆)网站建设,宣传各地档案局(馆)网站特点,交流各方网站建设经验和心得,促进我国档案信息化事业的进一步发展,国家档案局档案干部教育中心与《档案学通讯》杂志社于2004年11月26～30日在北京市举办了一期档案网站建设培训班,来自各省、自治区、直辖市以及计划单列市档案局(馆)共35人参加了此次培训班。培训班聘请中国人民大学副教授刘越男、华炎铭天科技有限公司总经理金山就档案网站建设及档案网页设计技术和方法、档案网站优化策略、档案网站评价进行了专题讲座,邀请上海市档案局、福建省档案局以及青岛市档案局的有关同志分别介绍了各自单位网站建设的先进经验和特点,同时,培训班还组织学员进行了广泛、积极的业务研讨与交流。学员纷纷表示,通过此次培训班交流了经验,增长了知识,收获不小,并对国家档案局档案干部教育中心在教学管理以及后勤服务等方面的工作给予了好评。

(朱月白)

北京市档案局举办区县档案局馆长培训班

为适应区县档案事业发展需要,进一步提高区县档案局馆长业务素质和管理水平,北京市档案局于2004年11月16～18日举办了区县档案局馆长培训班。来自18个区县档案局馆的正副局馆长40余人参加了培训。

北京市档案局副局长时山林作了开班动员,副局长姜之茂作了题为《当前档案馆工作值得关注的几个问题》的讲座，市信息办电子政务处副处长林绍福介绍了北京市信息化建设发展概况，中国人民大学档案学院副教授王英玮、国家档案局档案馆(室)司机关档案业务处处长刘爱民围绕档案馆、室基础工作分别作了“档案收集、整理、鉴定、利用工作的基本理论、存在的问题及对策”、“国家档案资源建设和机关档案室、档案馆工作的现状、问题及对策”的专题讲座，北京市档案局培训中心赵瑞红和区县处马忠魁结合实际分别讲解了《企业档案管理概况》、《基建工程档案管理知识》。

培训采用了多媒体教学方式，授课内容紧紧围绕新形势下档案工作出现的新情况、新特点而展开，授课教师还与学员进行了互动交流，效果很好，受到区县档案局馆长的普遍欢迎。 （冯舫女）

天津市档案人才工作会议召开

为深入贯彻中央和天津市人才工作会议精神，2004年8月20日，天津市档案局召开天津市档案人才工作会议，对全市档案人才队伍建设作出部署。会议要求，全市各级档案部门要牢固树立科学的发展观、人才观，坚持人才资源是第一资源的观念，全力打造高素质的档案队伍，以人才资源建设推进档案事业全面协调发展。各区县档案局(馆)、专(部)门及企事业档案馆负责人、各委办局、集团(公司)档案部门负责人、市档案局(馆)各部门负责人及档案教育教学单位代表140余人参加了会议。

天津市档案局局长荣华总结了全市档案系统在人才教育、培养、使用方面取得的成绩，客观分析了当前档案人才工作方面存在的问题和差距，并就今后做好档案人才工作提出了四点要求：一要认清形势，提高认识，切实增强实施“人才强档”战略的责任感和紧迫感。二要大力加强人才培养，全面提高档案人才素质。要以能力建设为中心，把档案教育从以专业知识培训为重点调整到以能力建设为中心上来。按照《天津市档案人才2005—2010教育培养发展规划》要求，认真组织实施“185”档案人才培养工程。三要建立充满活力的用人机制，充分发挥人才作用。不断创新人才政策，优化人才环境。深化人事制度改革，搞活用人机制。整合人才资源，发挥人才聚集效应。四要切实加强领导，“一把手”要抓好“第一资源”。

会上，天津市河北区档案局、天津市卫生局及天津港(集团)公司等单位分别从不同角度介绍了他们在加强档案人才培养，发挥人才作用方面的做法和体会，为进一步做好档案人才工作提供了宝贵经验。天津市委组织部有关部门负责人应邀出席会议并从人才兴市、人才强市的高度对档案人才培养和开发提出了指导性意见。会议下发了《天津市档案人才队伍建设的意见》、《天津市档案人才2005—2010年教育培养发展规划》、《天津市档案人才柔性流动办法》等5个规范性文件。 （丛为民）

天津市档案局举办档案系统“一把手”树立科学发展观人才观培训班

为认真贯彻落实中央和天津市关于“人才强国”、“人才强市”战略部署，树立科学的发展观和人才观，充分发挥“一把手”的引领作用，全力打造高素质的档案人才队伍，2004年8月18～20日，天津市档案局举办了档案系统一把手树立科学发展观人才观培训班。各档案部门主要负责人集体学习了《中共中央国务院关于进一步加强人才工作的决定》，市委党校漆玲教授和李理分别作了《树立科学发展观》、《树立科学人才观》、《如何发挥人才作用，使用好人才》的专题讲座。同时，对即将出台的《关于加强档案人才队伍建设的意见》、《天津市档案人才2005—2010年教育培养发展规划》、《天津市档案专业和管理人员继续教育实施办法》、《天津市档案系列中级专业技术职务任职资格考试规定(试行)》、《天津市档案人才柔性流动办法》等文件进行了认真讨论。

近年来，天津市档案局始终坚持以人为本，高度重视全系统档案人才工作，先后举办了行政能力讲座，开设了档案教育专、本科自学考试、成人高校及研究生证书班教育，建立了全市档案人才资源库、全市档案人才交流中心。为把档案人才工作抓紧抓实，在举办第一期学习“三个代表”重要思想“一把手”培训班的基础上，再次举办了这次全市档案系统“一把手”培训班。

大家感到，在全市上下认真贯彻落实中央和全市人才会议精神，树立科学人才观，加强人才建设之际，天津市档案局举办这次培训研讨是非常及时必要的。通过培训，开阔了视野，拓展了思路，受到了很大教育和启发。一是进一步认清了形势，提高了认识，切实增强了加快档案人才建设的责任感和紧迫感。大家对全市档案人才工作面临的现状和形势进行了分析，认为天津市档案人才工作虽取得了一些成绩，但与全市人才工作会议要求、与全国先进地区相比还存在一定差距。一定要牢固树立科学的发展观和人才观，坚持以人为本，紧紧抓住培养、吸引、使用三个环节，努力建立和完善充满生机与活力的档案人才机制，开创档案人才建设新局面。二是进一步明确了加强档案人才培养工作的方向和措施。大家认为，即将出台的一系列激励人才发展的文件，符合全市档案人才队伍现状，规划科学，措施具体，必将对全市档案人才工作起到积极的指导作用。做好人才工作，关键在领导。大家纷纷表示，作为单位和部门主要负责人一定要认真学习和领会文件精神实质，牢固树立人才资源是第一资源的思想，切实转变观念，加强领导，努力营造人才培养的良好氛围，建设一支高素质的档案人才队伍，促进档案事业全面协调发展，使档案工作更好地为实施“三步走”服务，为实现天津市经济和社会跨越发展作出新贡献。

（丛为民）

天津市开办档案专业成人高等学历教育

为大力培养具有较高的档案信息研究、开发、利用和较强的计算机技术及现代信息处理能力的复合型人才，报经国家教育部和天津市教委批准，由天津市档案局与天津理工大学共同开办的高校成人专、本科档案专业面向社会正式招生。成为全国首家档案专业成人高等学历教育。

该专业设置专科《档案信息管理》和专科升本科《信息管理信息系统（档案方向）》两个层次，修业年限为业余学习三年制，考生入学须参加全国成人高等学校统一招生考试。2004 年专科录取 37 人，本科录取 47 人，开辟了档案人员提高学历层次的新途径。

（丛为民）

天津市档案局成立人才交流服务中心

为加强人才流动管理，促进人才合理配置，进一步优化人才环境，为人才强档战略服务，经天津市编委、天津市人事局批准，天津市档案局人才交流服务中心于 2004 年 8 月 17 日正式成立，成为全国档案系统最早成立的人才交流服务机构。

天津市档案局人才交流服务中心的主要职能是面向全市开展人才供求信息的收集、整理、储存和发布，负责人事代理、组织人才招聘、举办人才培训、进行人才评估、职称评审、提供人才咨询、人事档案代保管、人才档案寄存等人才柔性流动代理工作。该中心自成立以来，已成功举办了天津师范大学、天津河北职业学院等大专院校学生与用人单位的招聘会，召开了档案、文秘、信息管理等专业人才求职推荐研讨会，积极开展了网上发布人才信息和下岗职工再就业的推荐工作。同时，该中心作为中国北方人才市场天津市档案局人事代理分部，面向社会开展了人事档案代理、寄存业务，并取得了天津市凯乐维出国留学服务中心的唯一代理权，为促进人才培养、使用和引进，建立人才管理新机制发挥了积极作用。

（丛为民）

天津市积极实施杰出人才建档工程

为更好地为天津市“三步走”战略和人才强市战略服务，天津市大力实施为杰出人才建档工程，在全国率先建成杰出人才档案库，为在天津市经济建设和社会发展中作出突出贡献的杰出人才档案建立永久保存基地。

实施杰出人才建档工程是天津市在开展名人档案征集工作的基础上，将征集对象向各条战线的杰出人才延伸，为人才强市战略服务的一项重要举措。天津市档案馆出台了《关于为作出突出贡献的杰出人才建立永久性档案的意见》，建成并启动了杰出人才档案库，央视网站、新华社、人民日报及天津各大新闻媒体进行了广泛报道。目前，该杰出人才库已保存了中国工程院医药卫生工程学部吴咸中院士、中国工程院医药卫生工程学部石学敏院士、中国科学院技术科学部刘广均院士、天士力集团有限公司总裁闫希军夫妇、天津宝成集团有限公司董事长柴宝成、鑫茂科技投资集团有限公司董事长杜克荣、天津时调表演艺术家王毓宝、京韵大鼓表演艺术家骆玉笙、快板书表演艺术家李润杰、抗击“非典”英雄裴鸿烈等天津著名企业家、科学家、艺术家、劳动模范等一百余名杰出人才珍贵档案资料 1.5 万件。

（丛为民）

内蒙古自治区档案局组织开展档案人员全员培训工作

2003 年 10 月 29 日，内蒙古自治区档案局印发了《内蒙古自治区档案人员全员培训实施方案》（内档发[2003]66 号）。档案人员全员培训工作包括档案人员岗位培训、档案人员基础知识与基本技能考核、档案人员计算机应用能力考试、档案专业技术人员继续教育等内容。2004 年内蒙古自治区档案局组织 2880 人参加了自治区的全员培训。

（杨小蕾）

上海推行档案专业技术人员职业资格制度

自 2004 年 1 月 1 日起，上海推行档案专业技术人员职业资格制度，规定档案人员经过考试取得档案专业技术人员职业资格后每 3 年登记一次，从而打破了档案专业技术资格终身制。传统的档案专业技术职务或资格一旦通过评审、考试或认定，一般都是终身制。1992 年职称改革实行评聘分开后，已逐步破除档案专业技术职务的终身制，但档案专业技术资格仍然保留终身制。2004 年起，上海市人事局、上海市档案局明确档案专业技术人员初、中级职业资格的取得，实行统一大纲、统一试题、统一标准、统一组织的考试办法，原则上每年举行一次；档案专业技术人员高级职业资格取得的办法将另行规定。档案人员在获得上海市档案局统一颁发的档案管理岗位合格证书、并同时具备一定条件的前提下，可以申请相应的职业资格考试。取得上海市档案专业职业资格证书，并从事档案工作的人员，经所在单位考核合格和同意登记后，应在取得证书3个月内到市档案局申请办理登记手续。登记有效期为3年。期满仍从事档案工作的人员，应在有效期满前30日内到市档案局办理再次登记手续。申请再次登记的档案专业技术人员，除必须符合规定的政治、业务条件外，还应完成规定的继续教育和业务培训科目。持证者3年内不申请登记的，或连续3年未被准予登记的，或被注销登记后3年内未重新登记的，资格证书自动失效。 （邹伟农）

上海市档案专业技术人员职业资格暂行规定出台

由上海市人事局、上海市档案局联合印发的《上海市档案专业技术人员职业资格暂行规定》共有四章二十条，从2004年1月1日起施行。该规定是根据职业资格证书制度的有关文件精神制定的，适用于在上海市各级机关、企事业单位、社会团体和其他组织中从事档案工作的专业技术人员。规定明确上海市档案专业技术人员职业资格纳入上海市专业技术人员职业资格制度统一管理。市人事局、市档案局共同负责本市档案专业技术人员职业资格的政策制定、组织协调、资格考试和监督管理工作。上海市档案专业职业资格分为初级资格、中级资格和高级资格。档案专业职业资格考试工作由市人事局、市档案局共同负责。市人事局负责审定考试大纲、考试科目和试题，组织实施考务工作，确定合格标准，并会同市档案局对考试工作进行指导、检查和监督。市档案局负责编制考试大纲、考试科目、编写教材、研究建立试题库，组织考前培训等有关工作。申请参加初级资格考试的人员，必须取得上海市档案局统一颁发的档案管理岗位合格证书，同时还须具备下列条件之一：(一)取得大学专科以上学历。(二)本规定发布之日前，已受聘担任档案管理员专业技术工作。申请参加中级资格考试的人员，必须取得上海市档案局统一颁发的档案管理岗位合格证书，同时还须具备下列条件之一：(一)取得大学专科学历，从事档案专业工作满6年。(二)取得大学本科学历，从事档案专业工作满4年。(三)取得硕士或第二学士学位，从事档案专业工作满2年。(四)取得博士学位。(五)本规定发布之日前，按国家统一规定已受聘担任助理馆员职务满4年。(六)受聘担任非档案专业中级专业技术职务，从事档案专业技术岗位工作满1年以上。考试合格者，发给由市人事局统一印制，市人事局和市档案局共同盖章的《上海市档案专业技术人员职业资格证书》。高级资格取得的办法另行规定。上海市档案专业职业资格实行定期登记制度。登记管理工作由市档案局负责。取得上海市档案专业职业资格证书，并从事档案工作的人员，应在取得证书后3个月内到登记管理机构申请办理登记手续。通过档案专业职业资格考试获得该专业相应级别职业资格证书的专业技术人员，用人单位可根据工作需要和《档案专业人员职务试行条例》，择优聘任相应的专业技术职务。受聘中级专业技术职务人员必须通过专业技术人员外语(或职称古汉语)和计算机能力考试。 （邹伟农）

上海档案专业自学考试喜获成果

据上海大学自学考试办公室2004年公布的数据显示，上海档案专业自学考试2003年度毕业大专生237名，本科生44名，是上海档案专业自学考试自开考以来毕业生最多的一年。上海市档案局自1995年和1998年起分别委托市自学考试委员会办公室开考档案专业专科段和独立本科段自学考试，至2003年已毕业大专生1114名、本科生124名，为上海档案工作开创新局面输送了专业人才。 （邹伟农）

浙江省实施“一八一”档案人才工程

为建设一支高素质、专业化的档案人才队伍，适应新时期档案工作的新变革、新形势，适应服务于浙江省全面建设小康社会、提前基本实现现代化目标的需要，省档案局制定了《关于加强新时期档案人才队伍建设的意见》。《意见》指出，未来五年内，要在全省档案系统大力实施“181”新世纪档案人才工程，即培养10名档案专家型人才、80名档案信息开发人才、100名档案数字化建设人才，以尽快改善当前全省档案信息化建设中信息管理、资源开发方面技术人才紧缺的状况，调整现有人才的专业知识结构，优化人才配置。省档案局将建立“181”工程的实施机制，并在经费上给予保障。 （吴光伟）

安徽省举办档案部门领导干部能力建设培训班

2004年10月7～18日，安徽省档案局在合肥市举办了全省第二期档案部门领导干部能力建设培训班。30个市、县(区)新任档案局馆长参加了培训。培训内容有档案事业发展环境、档案信息化建设、领导艺术与领导科学等。(柬维兵)

安徽大学举办档案学专业硕士研究生进修班

2004年7月,安徽省档案局决定委托安徽大学举办档案学专业研究生课程进修班,学制两年。开设档案学基础理论与历史、档案学管理现代化、档案保护技术、信息资源管理、外国档案工作研究等12门课程,采取个人自学与集中面授相结合的形式教学。学员学习期满,全部课程经考试合格者,授予研究生课程进修班档案学专业结业证书。具有学士学位并完成本进修班学业,通过国家外语和综合知识考试、论文答辩者,授予管理学硕士学位证书。进修班首期招生21人,于2004年10月入学。(柬维兵)

河南省档案局举办档案人员岗位培训班

2004年5月17日～6月12日,河南省档案局在郑州市举办了第34期档案人员岗位培训班。参加培训的有来自全省各级机关团体、企事业单位档案部门及部分市、县档案局的174名档案工作人员。

河南省委副秘书长、省档案局局长刘伟作了题为《勤奋学习,和谐发展》的重要讲话,对培训班学员今后的工作、学习具有重要的指导意义。

培训班开设了文件管理、档案管理、科技档案管理和档案保护技术等课程,每门课程都补充讲授了新的标准、规范,新的技术、方法,力求理论和实践相结合,知识培训和业务指导相结合,以达到学以致用的目的。

培训班还举办了档案法讲座、电子文件与电子档案管理讲座,组织参观了河南省档案馆。(史军)

湖南株洲市档案局免费举办首期民营企业档案人员培训班

近年来,株洲市民营企业得到快速发展,成为推动该市经济发展的重要力量。与此同时,民营企业档案在企业生产、经营、管理和企业资产、产权、资信等方面显露出越来越重要的作用。

为帮助民营企业建立健全档案工作,2004年年初,株洲市档案局把“进民企”写进了“一上、二进、三重、四提升”的工作目标,把扶持和发展民营企业档案工作作为当前创新服务机制的重要内容。

为充分体现对民营企业档案工作的重视,引起民营企业主对此次培训班的关注,激发其参加培训的热情,株洲市档案局决定免费组织民营企业档案人员培训班。民营企业具有行业杂、分布散、变动频、无主管等特点,为了让更多的民营企业档案员参加培训,株洲市档案局通过工商联、经委、统计局、团市委多个渠道对全市的民营企业进行摸底,先后向300多家规模较大的民营企业寄发办班通知,对民营企业地址更改的,用打电话、发传真等办法进行通知。经过努力,首期参加培训的民营企业档案人员就达60余人。

民营企业档案员通过授课、座谈讨论、经验介绍、以案说法,进一步了解了档案工作的重要性,增强了档案法制观念,初步掌握了一些档案基本知识和基本操作技能,提高了业务能力。(李琼瑜)

云南省档案局承办援助老挝档案管理干部研修班

2004年10月14日～11月11日,受中华人民共和国商务部委托,云南省档案局在昆明承办了中国政府援助老挝项目——老挝档案管理干部研修班。接到培训任务后,云南省档案局按照云南省政府“要将此事作为云南省的一项重要政治任务来完成”的指示,专门成立了领导小组,抽调政治强、业务精的同志负责教学、行政事务,为保证教学质量拟定了详细的教学方案,聘请云南著名老语专家黄冰教授担任教学翻译工作,聘请中国人民大学、国家档案局和本省的17位专家教授担任授课教师,进行授课及指导实际技能操作。培训筹备和实施期间,国家档案局副局长杨公之、中共中央办公厅信息中心主任尹树田等领导数次莅临指导。此次培训班共有老挝学员20人,来自老挝人民革命党中央委员会办公厅、总理府。针对参与培训的老方同志有一定的学历层次,但均未从事过档案管理工作的实际,培训将重点放在了解中国和世界档案行政工作及档案管理的基本理论和发展趋势,掌握机关档案工作、档案保管利用及现代化管理的基本要求,以及初步的档案管理操作技能等方面。授课方式以集中授课为主,辅以参观考察和座谈、提问、讨论、档案工作技能操作,结合老挝档案工作实际情况,对机关档案工作制度的建立、文档一体化、计算机的应用等作了重点讲述。在教学双方的共同努力下,通过一个月的培训,每个学员都基本掌握了档案工作的有关基础理论和实际操作技能,顺利通过考核,达到了教学要求。此次涉外培训组织严密,安全周到,圆满完成商务部交办的培训任务,通过培训班的成功举办,进一步加强了云南与老

挝的交往，促进了中老友谊。 （张玲）

甘肃省首批档案学专业自考生毕业

甘肃省档案学专业（独立本科段）自学考试自1998年开考以来，在省考办的关心和支持下，经广大考生的不懈努力，取得了一定成绩。甘肃省档案学专业（独立本科段）自学考试辅导办公室在宣传动员、学籍管理、考前辅导、组织报名考试、办理免考、论文答辩手续和单科合格证书、毕业证书等方面做了大量工作，协助配合自考办组织了3轮340人676科次的考试，截止到2004年，已有18名考生顺利通过了档案学专业（独立本科段）各门课程的考试和论文答辩，取得了毕业证书。其中，2名考生获得学士学位，1名考生被评为全国自学成才奖励基金优秀自考生，是全国档案学专业唯一的优秀自考生。因2004年底档案学专业（独立本科段）自学考试停考，有10名考生转入汉语言文学专业继续学习。至此，甘肃省档案学专业（独立本科段）自学考试的助学与考试工作圆满结束。

（白静）

中国人民大学档案专业研究生课程青海进修班结业

2004年4月16日，中国人民大学档案专业研究生课程青海进修班结业典礼在西宁举行，青海省教育学位办、青海省交通技术学院和省档案局的领导参加了典礼。

档案专业研究生班是青海省档案局与中国人民大学联合首次举办的较高层次的档案专业教育，有来自全省各州地县、各行业的56名学员参加。在近两年的学习中，中国人民大学副校长、档案学院院长、博士生导师冯惠玲等十位专家来青授课，讲授了档案学基础理论研究、信息资源管理、企业档案、保护技术、编纂、电子政务等十门现代化档案管理课程。全体学员圆满完成了学习任务，经考试合格，全部取得了中国人民大学研究生院颁发的结业证书。 （贺俊兰）

新疆维吾尔自治区档案人员持证上岗师资培训班举办

为落实新疆维吾尔自治区档案系统2003—2005年专业技术人员继续教育计划（新档发［2003］65号）文件精神，依据新疆维吾尔自治区“十五”期间经济、科技和社会发展对专业技术人员队伍建设的总体要求，为加强新疆维吾尔自治区档案师资队伍建设，提高档案师资水平，实行对兼职教师持证上岗任教管理，新疆维吾尔自治区档案局于2004年3月6～9日举办了全疆档案人员持证上岗师资培训班。新疆维吾尔自治区巴音郭楞州、昌吉州、阿克苏地区、喀什地区、和田地区、阿勒泰地区、塔城地区、吐鲁番地区、哈密地区等地州档案局（馆）以及新疆维吾尔自治区档案局（馆）、乌鲁木齐市档案局（馆）、乌鲁木齐县档案局（馆）的94名各民族（汉、维、哈、回、蒙、乌兹别克等）业务骨干参加了培训。

培训班聘请了新疆大学副教授、新疆维吾尔自治区人民政府法制办法规处、自治区档案局领导、自治区档案局业务处领导分别给学员讲授了“教育学”、“教育法”、“心理学”、“自治区档案工作的形势和任务”、“企业档案工作”、“行政许可法”等6门课程。

新疆维吾尔自治区档案局局长许新江在开班仪式上作了动员讲话。在培训班学习期间学员还参观了自治区档案局（馆）、自治区档案局（馆）现行文件阅览中心和自治区青少年爱国主义教育基地。（冯万隆）

解放军档案馆组织业务集训

为进一步加强干部队伍建设，改善知识结构，提高业务素质，适应档案信息化建设和落实新编制要求，解放军档案馆于2004年10月9～29日组织全体干部业务集训。集训采取专家授课、专题讲座、学术研讨、参观等方法，邀请了国家档案局科学技术研究所所长赵中新、北京市档案局副局长姜之茂、中国人大学郭莉珠教授、北京联合大学贺真教授等专家，围绕档案信息化建设、档案信息资源开发和档案保护等问题进行了讲授。组织全馆15名处以上领导和业务骨干就档案基础工作建设、档案信息化建设和日常业务工作研究等问题进行了讲座交流；解放军档案馆馆长刘英作了题为《解放军档案馆新馆建设回顾与思考》的主题动员，政委张兵作了《建设学习型档案馆，做学习型兰台人》的总结发言。在业务集训基础上，增强实践环节感受，组织全馆干部先后到总后档案馆和北京市通州区档案馆进行参观。集训期间，驻京各大单位和总参系统各档案馆领导及业务骨干参加了部分专题讲座。此次集训，主题好、内容新、方法活，是进驻新馆后适应新环境、新机制、新任务，促进档案业务工作走上新台阶的实际步骤，是提高干部业务素质和工作能力的有效举措。 （李筱春）

（九） 档案科技工作

2004年全国档案信息化和科技工作发展综述

2004年档案科技工作者认真贯彻"全国档案工作暨表彰先进会议"精神,积极稳妥地推动全国档案信息化建设和科技工作并取得一批突破性成果。

档案信息化工作顺利推进。2004年6月,国家档案局在上海召开了"电子文件归档管理工作座谈会",对电子公文归档管理工作作出进一步部署。许多地方档案部门积极与信息化主管部门联系,争取把档案信息化建设纳入当地信息化建设和电子政务建设总体框架中。各级档案部门在档案机读目录数据库建设、馆藏档案数字化、档案网站建设、电子公文归档与管理、数字档案馆建设等方面扎扎实实开展工作,取得了良好进展。

各级档案部门抓住档案信息化建设这一机遇,全面推进档案信息化建设。各级档案部门结合本地实际,努力把档案信息化建设与地方信息化建设同步协调发展,把档案信息化建设的各项工作纳入科学化、规范化的轨道,通过档案信息化整合、带动各项档案基础业务工作。通过各级档案部门的努力,全国档案科技工作出现良好局面。

档案科技工作稳步进展。各级档案部门在完善科研机制、强化科研管理、促进先进技术成果的推广应用方面不断创新,对档案科技工作的投入不断增大,档案科研不断取得新成果,科技对档案管理水平提高的贡献率不断增大。注重把档案科研工作的重点放在研究解决档案信息化和为全国档案行政管理决策服务重大问题上,避免低水平重复。加大了科技成果推广应用力度,有力推动了全国档案管理现代化水平的提高。

切实做好档案科技项目评审和档案科技进步奖评审工作,组织对重大档案科技成果鉴定,对重大科技项目监督、检查,积极促进科技成果的管理及推广应用。2004年各地向国家档案局报送152个档案科技项目,经专家逐项评议、论证,国家档案局领导审批,最后将49个项目列入2004年度国家档案局科技项目计划。其中:信息化建设类24项,软科学类21项,保护技术类4项。

2004年评出国家档案局优秀科技成果奖36项。其中特等奖空缺,一等奖3项,二等奖6项,三等奖27项。36项授奖成果分布于15个省、市、区,中央、国家机关档案部门及大型企业档案部门。

(纪秀英)

国家档案局召开电子公文归档管理工作座谈会

2004年6月2日,国家档案局在上海市长宁区政府召开电子公文归档管理工作座谈会。国家档案局副局长杨公之出席会议并讲话。国务院信息办有关部门负责人和部分省、自治区、直辖市档案局馆、信息化主管部门的负责同志等80多人参加了座谈会。

杨公之在讲话中指出,会议以"三个代表"重要思想和科学发展观为指导,进一步贯彻落实王刚同志关于电子公文归档管理工作的重要批示精神,研究部署下一步做好电子公文归档管理工作的方法和技术防范措施,以服务电子政务建设,规范电子公文管理,推动电子公文归档管理工作迈出更大步伐。

2002年3月,国务院成立国家电子政务协调小组时,专门确定国家档案局为成员单位。同年8月,国务院办公厅在部署全国政府系统办公业务资源网传输电子公文工作时,提出由国家档案行政管理部门制定电子公文归档工作相关法规任务。随后,国家档案局研究制定了《电子公文归档管理暂行办法》,得到中央领导同志的肯定。王刚同志为此作出重要批示,为档案信息化建设指明了发展方向。近年来国家档案局加强对档案信息化的规划、指导和管理,颁布全国档案信息化建设实施纲要,出台计算机档案管理的相应功能标准,要求档案部门加强电子公文管理,把它作为一项基础性工作,纳入国家电子政务建设和政府信息公开的数据源,并将档案信息化作为档案工作的主要任务,以档案信息化推动档案事业实现跨越式发展。北京、上海、江苏、浙江、广东、云南等地档案部门会同信息化主管部门制订出台了有关电子文件归档管理的法规性文件;广东省许多地方建立了电子文件管理中心,由档案部门集中统一管理党委、政府各部门产生的电子文件；湖北省把省档案局列为全省首批电子政务试点单位之一；四川省把电子公文管理列入党政网建设的统一规划之中，并由省信息办和省档案局共同组织在全省范围内推广应用统一的电子公文归档管理系统；沈阳市档案局认真研究非规范电子文件归档格式转换系统，已取得初步成果。杨公之在讲话中对上海市档案工作和长宁区电子公文归档管理工作给予充分肯定。他最后强调，电子公文归档管理已成为信息时代档案工作者面临的重大挑战和发展机遇。各级档案部门要用科学发展观指导电子公文归档管理工作，用协同作战的精神推动电子公文归档管理工作，用统一的法规标准规范电子公文归档管理工作，用先进的科研成果深化电子公文归档管理工作。

上海市长宁区政府在会上介绍了本区电子公文归档管理工作的情况，并演示了相关系统。长宁区委、区政府在建设"数字长宁"过程中，把档案信息化纳入区政务网建设的总体规划之中，与政府信息化工作同步建设，同步发展，初见成效。现已在全区机关各部门形成档案网络，各部门通过政务网实现电子文件的网上管理和利用，形成"数字长宁"的信息中心；区内各单位建立内部管理网，有统一的管理平台，主要用于本单位电子文件归档和管理，实现文档一体化。另外，长宁区门户网开通了档案查询栏目，向公众提供开放档案的目录查询和现行文件的全文查询服务。长宁区档案信息网自开通以来，访问量已超过上门查档的人数，受到社会的普遍欢迎。 （上海市档案局）

国信办常务副主任曲维枝在档案部门调研

2004 年 2 月 12～16 日，国务院信息化工作办公室常务副主任曲维枝、副主任陈大卫等领导和信息化专家先后到中央档案馆、中国第一历史档案馆就档案信息资源开发利用工作进行专题调研。中央档案馆馆长、国家档案局局长毛福民，副馆局长郭树银、杨公之、杨冬权陪同参观了中央档案馆、中国第一历史档案馆珍藏和展室，并就档案信息资源开发利用工作进行了座谈。

曲维枝指出，档案信息化是国家信息化的重要组成部分。档案信息资源是国家的一项基础性信息资源，要用长远发展的眼光看待档案信息资源开发利用工作。当前应该组织各方面力量详细调查全国档案数字化工作现状，制定切实可行的工作计划，加快进行档案目录数据库和全文数据库的建设进程。通过大规模开展档案数字化工作，一方面提高档案信息资源的管理和利用水平，为经济建设和社会发展服务；另一方面还可以适当增加社会就业岗位。曲维枝认为，要进一步提高档案信息资源开发利用工作的水平，必须在国家层面对档案信息资源开发利用工作进行统一规划，同时要加紧制订相关的技术标准，保证档案数据规范统一。

在调研过程中，毛福民等介绍了全国档案信息资源开发利用和信息化建设的有关情况，并就档案信息资源开发利用工作的统筹规划、各级国家档案馆作为各级政府现行规范性文件公开的场所、电子公文归档和电子档案管理等提出了建议。 （蔡学美）

国家档案局参加国家信息化论坛

2004 年 4 月 1～2 日，受国家档案局领导委托，国家档案局技术部主任王良城等参加了国务院信息化工作办公室等部门在四川成都召开的"第三届国家信息化专家论坛"。

这次专家论坛由国务院信息化工作办公室、劳动和社会保障部、国务院发展研究中心、国家信息化专家咨询委员会、四川省人民政府等部门共同举办，专家论坛的主题是"信息化与就业发展战略"。国务院信息化工作办公室常务副主任曲维枝、劳动和社会保障部副部长华福周、国务院发展研究中心副主任鲁志强、四川省人民政府副省长杨志文等领导出席会议并发表讲话。中央财经领导小组办公室副主任刘鹤、清华大学公共管理学院胡鞍钢教授、联合国经济与社会事务部高级顾问、国家信息化专家咨询委员会常务副主任周宏仁等 18 位专家就信息化与社会就业发展战略发表了专题演讲，王良城就"档案文献数字化与社会就业"作了发言。

在此次论坛上，有不少专家认为信息内容产业是解决就业问题的重要途径之一，有的专家还明确建议国家启动档案数字化工程。与档案信息化工作紧密相关的内容主要有：

1. 国务院信息化工作办公室常务副主任、国家信息化专家咨询委员会主任曲维枝在专家论坛致辞中指出，国家有关部门已经确定了发展信息内容产业的目标，通过信息资源开发利用，吸收劳动力就业。

2. 国家信息化专家咨询委员会常务副主任、联合国经济与社会事务部高级顾问周宏仁在专家论坛上发表了题为"与时俱进的就业观"的演讲，他提出了内容产业和知识产业的概念，认为内容产业和知识产业是带有信息社会特征的劳动力密集行业。由于信息革命在本质上是一场信息数字化的革命，将现实生活中的模拟信息转换为数字信息是一项不可回避的任务。

此外，周宏仁出席专家论坛期间在给四川省各部门厅级以上领导干部作专题讲座时还特别建议，国家和地方政府应该启动档案文献数字化工程，以适应发展信息内容产业的要求。

3．国家信息化专家咨询委员会委员、中国国际信托投资公司信息中心主任王安耕在专家论坛上发表了题为“信息化创造就业机会”的演讲，他建议国家应从基础性和公益性工程起步，创造就业机会或准备条件，应尽快启动传统文化遗产精品数字化工程、国家与重点行业档案数字化工程、退役计算机用于扶贫工程等。

专家论坛结束后，国务院信息化工作办公室还邀请专家列席“部分省市信息化专家咨询工作联络会议”。在联络会议上，曲维枝通报了第二届国家信息化专家咨询委员会组建情况、下一步工作安排以及当前国家信息化工作的总体安排。（蔡学美）

国家档案局科技项目立项情况

2004年2月17日，国家档案局办公室下发《国家档案局科技项目2004年立项选题指南》，《选题指南》确定了国家档案局科技项目2004年立项的指导思想是：贯彻落实全国档案工作暨表彰先进会议精神，围绕2004年全国档案工作的各项任务，特别是要进一步研究解决档案信息化建设过程中遇到的重大理论和关键技术问题，根据“需要、可能、合理、科学”的原则，有所为有所不为，集中力量，协同攻关。申请立项的科技项目应具备“创新程度高、研究方案可行、应用广泛”等特点。经国家档案局中央档案馆领导批准成立了2004年国家档案局科技项目评议委员会，委员会由15位委员组成。国家档案局副局长、中央档案馆副馆长杨公之担任主任委员，国家档案局技术部主任王良城担任副主任委员。

2004年度国家档案局科技项目立项评议会议，于2004年5月21～23日在山东青岛召开，杨公之在会上讲话，评议委员会讨论通过了评议原则。评议原则要求，国家档案局科技项目应该具备创新程度高，技术难度大，研究方案可行，在全国或区域档案部门具有普遍应用意义等条件。具体进行评议时，按照以下几项原则进行：一是要支持符合“2004年度国家档案局科技项目立项选题指南”范围的项目，特别是信息化建设方面的科技项目是立项和资助的重点；二是项目评议以其先进性、实用性和可行性等为评判标准。先进性就是项目研究水平处于国内外先进水平，创新程度较高，杜绝低水平重复。实用性就是项目完成后，可解决档案工作中某一方面具体问题，能在全国或大部分地区档案部门普遍适用，一般不支持纯理论研究。可行性就是已具备一定的研究基础，对相关科研情况比较熟悉，研究技术路线、解决方案科学可行，研究人员具备较高素质，研究经费、相关设备条件等有较好的保障；三是对于科研力量较强，科研和科技管理工作开展较好的地区，应继续给予支持，项目立项和经费资助数量不受限制；对于各档案科研所申报的项目可以优先考虑给予立项资助；对于申报项目水平较低，特别是一些纯粹为了争取经费的项目，原则上不予照顾；四是同类课题有必要从多方面进行研究的，可以选择一些科研计划设计科学可行、科研力量较强、经费申请合理的项目同时给予立项资助，但技术类项目不宜超过2项，管理类项目不宜超过3项。

评议委员会委员依据《国家档案局科学技术三项费用使用管理办法》、评议原则、主任委员的讲话精神，对收到的152个申报项目，逐项评议，经过充分论证，建议将其中49个科技项目列入2004年度国家档案局科技项目计划。经国家档案局批准同意，49个科技项目列入2004年度国家档案局科技项目计划。其中：信息化建设类24项，软科学类21项，保护技术类4项。这49个科技项目是：

1．天津市档案馆承担的“电子政务环境下电子公文归档移交系统功能研究”

2．浙江省绍兴市档案局承担的“区域性电子形式政府文件集成管理的建设与研究”

3．山东省威海市档案局承担的“电子文件归档、接收及管理运行技术方法研究”

4．国家档案局技术部等承担的“电子文件管理技术方法研究”

5．内蒙古自治区档案局、德国波茨坦应用技术大学承担的“中德电子文件管理比较研究”

6．大连市档案局承担的“网络环境下电子档案的形成与管理系统”

7．广东省中山市档案局承担的“电子档案馆管理技术方法研究”

8．武汉市勘测设计研究院、武汉市档案局承担的“城市勘测电子档案管理方法研究”

9．湖北省档案局、武汉大学信息资源研究中心承担的“电子政务中的电子档案馆模型研究”

10．上海市档案局、上海市长宁区档案局承担的“电子政务环境下电子档案管理模式及其系统研究”

11．湖南省株洲市自来水公司、湖南省株洲市档案局承担的“供水企业数字化档案馆建设”

12．吉林省长春市档案局、中国人民大学档案学院承担的“馆藏档案鉴定、筛选、数字化后利用网络技术实现法律效力的应用研究”

13．青岛市档案馆承担的“中文档案元数据标准化研究及数字档案检索引擎开发”

14. 上海市档案馆承担的"城域跨网多信息系统一体化管理"

15. 福建省档案局承担的"国家综合档案馆电子文件与电子档案数据备份与灾害恢复中心可行性战略研究"

16. 北京市测绘设计研究院承担的"基础地理信息数据传输网络备份技术的应用研究"

17. 浙江省杭州市档案馆承担的"数字档案海量存储整体解决方案的研究"

18. 国家档案局技术部、北京市档案局、浙江省档案局、福建省档案局、四川省档案局承担的"档案信息化发展战略研究"

19. 湖北省档案局、湖北大学承担的"档案信息产业化问题研究"

20. 华北电力大学、河北省保定市档案局承担的"我国档案信息主流网站的发展状况及其用户需求的调查与分析"

21. 辽宁师范大学管理学院承担的"基于内容管理与 XML 技术的档案信息管理系统开发"

22. 国防科技大学人文与管理学院承担的"基于内容的多媒体数字档案管理和检索技术研究"

23. 吉林省档案科学技术研究所承担的"农村劳动力档案信息资源管理整合开发应用系统的研究"

24. 上海市档案局、上海市徐汇区档案局承担的"专题档案目录数据标准及其管理系统研究"

25. 上海市档案馆承担的"公共档案馆及其服务功能与方式研究"

26. 国家档案局办公室承担的"为全面建设小康社会服务的我国档案事业发展战略研究"

27. 辽宁省档案局承担的"在老工业基地振兴中档案信息资源的功能、地位及服务机制的研究"

28. 辽宁省档案局承担的"资源型城市经济转型中档案服务机制及相关理论的研究"

29. 四川省档案局、四川大学承担的"政府信息公开对档案工作的影响及对策研究"

30. 中国第二历史档案馆承担的"国民党统治时期外交突发事件应对策略研究"

31. 黑龙江省档案局、黑龙江大学承担的"重大突发事件档案管理对策研究"

32. 四川省自贡市档案局承担的"重大突发事件中档案的收集、整理和提供利用方法研究"

33. 北京市档案局承担的"行政许可法实施与地方性档案法规立法空间研究"

34. 黑龙江省档案局、国家档案局政策法规研究司承担的"行政许可法实施对档案行政管理方式的影响及对策研究"

35. 浙江省档案局承担的"档案行政许可体系建设及档案行政管理方式转变研究"

36. 北京市档案局承担的"北京市非公有制企业档案管理现状分析与对策研究"

37. 河北省邯郸市档案局承担的"档案工作在国际贸易反倾销中的地位和作用"

38. 河南省内乡县档案局承担的"地方特色档案为经济建设和社会发展服务研究"

39. 甘肃省临夏州档案局、甘肃省永靖县档案局承担的"永靖县文件中心的得失与发展"

40. 辽宁省档案馆承担的"地方综合性档案馆特藏档案的选材与管理"

41. 山东省潍坊市档案局承担的"文件档案中心建设对推动行政体制改革作用研究"

42. 山东省寿光市档案局承担的"产业化档案管理方法研究"

43. 深圳市档案局、上海大学承担的"档案中介机构的理论与实践研究"

44. 新疆维吾尔自治区档案局(馆)承担的"新时期新疆宗教档案管理研究"

45. 中央档案馆档案资料保管部承担的"地图档案管理研究"

46. 中国第二历史档案馆承担的"新型档案消毒柜研制"

47. 江苏省档案局承担的"丝网加固新材料和丝网加固机的研究"

48. 陕西省档案保护科学技术研究所承担的"强力缓冲型纸张纤维素螯合保护液的研制"

49. 四川省档案局承担的"干燥法杀虫研究"

(蔡学美　纪秀英)

2004 年度国家档案局优秀科技成果奖评审情况

2004 年 6 月 18 日,国家档案局中央档案馆下发了《关于推荐 2004 年度国家档案局优秀科技成果奖励项目的通知》(档办发[2004]77 号),2004 年 8 月 6 日,经国家档案局中央档案馆领导批准,成立了 2004 年度国家档案局优秀科技成果奖评审委员会,委员会由 15 名专家组成,副馆局长杨公之任主任委员,技术部主任王良城任副主任委员。2004 年 9 月 4～6 日,2004 年度国家档案局优秀科技成果奖评审会议在北京召开,除李洪合委员因故未能参加外,其余 14 名委员全部出席会议,会议由副主任委员王良城主持。杨公之在会议开始时讲话,他在讲话中强调了这次会议的评审重点,并对评审工作的标准和纪律提出了要求。他指出,今年的评审重点应放在档案信息化成果上。评审工作可向基层倾斜,即在同等水平情况下,对于基层档案工作者完成的成果,评审标准可适当放宽;对于省级以上档案部门完成的成果,评审标准要适当从严。为使评审结果科学公正,他要求评委遵守评审纪律,在讨论到有评委参与完成的项目时,该评委应主动回避;任何评委不应为本地区、本单位争项目;对评审会议情况和讨论意见,不得对外泄露,评议情况由国家档案局技术部统一进行解释。王良城向评委介绍了所有推荐项目的总体情况和形式审查情况。这次评审会议共收到来自全国26个省、市、区档案部门、中央、国家机关档案部门及大型企业档案部门推荐的评奖成果70项。评审专家本着实事求是的科学态度,根据《国家档案局优秀科技成果奖励办法》(档发[2001]2号)中规定的评审标准,对全部推荐成果进行了认真审阅,并通过分组讨论、大会集中评审,最后采取无记名投票的方式,共评出拟授奖成果36项。其中特等奖空缺,一等奖3项,二等奖6项,三等奖27项,另有5项成果建议缓评。拟授奖成果占推荐成果总数的51.4%,拟授奖金总额11.4万元。经国家档案局中央档案馆领导批准,全部获奖项目在2004年11月4日《中国档案报》和2004年第11期《中国档案》及国家档案局网站上公布,一个月争议期结束后,于2004年12月正式向获奖单位和个人颁发了证书和奖金。36项获奖成果分布于15个省、市、区,中央、国家机关档案部门及大型企业档案部门等,覆盖面57.7%。其中:上海市6项、湖北省6项、北京市5项、四川省4项、天津市2项、辽宁省2项、福建省2项、安徽省2项、山东省2项、吉林省1项、江苏省1项、浙江省1项、二史馆1项、总参办公厅保密档案局1项。

2004年度国家档案局优秀科技成果奖获奖成果介绍(共计36项)

福建省数字档案信息管理系统

现代化技术类:一等奖

完 成 单 位:福建省档案局

主 要 完 成 人:陈永成、黄建峰、黄燕芳、陈加义、郑志荣、陈挺峰

"福建省数字档案信息管理系统"成果采用国际先进的J2EE+中间件技术,实现了党政机关档案室与档案馆之间的在线接收、在线指导和资源共享,实现了"馆室一体化"的新型档案管理模式,是福建省档案资源信息化建设的一个基础应用平台。该系统由"在线利用服务平台"和"馆藏资源管理平台"两个子系统构成。"在线利用服务平台"主要是面向政务网建立档案服务中心,对外提供档案信息资源利用、虚拟档案室管理、网上文件阅览、在线指导和在线接收各立档单位电子档案等服务;"馆藏资源管理平台"主要实现馆藏档案信息的接收、鉴定、检索、利用、编研、库房管理等各项档案业务的自动化、网络化管理。

青岛市数字档案馆建设关键技术问题研究

现代化技术类:一等奖

完 成 单 位:青岛市档案馆

主 要 完 成 人:潘积仁、刘旭刚、徐明君、魏颂杰、魏福翠、姜里鹏、邹杰、崔玉华、唐辉

"青岛市数字档案馆建设关键技术问题研究"成果是国内建成的第一个投入使用的数字档案馆,包括四个综合硬件平台,即数字档案信息传输平台、数字档案信息采集平台、数字档案信息存储管理平台、数字档案信息应用平台;四个档案信息数据库,即档案目录数据库、全文数据库、照片数据库、多媒体数据库;17个应用管理系统和相应的操作标准规程,满足了数字档案馆的基本需求,形成了数字档案馆建设的基本方案,实现了进馆的数字档案信息在线(离线)移交进馆,馆藏档案资源数字化管理,以及面向社会的馆藏档案信息服务体系。

军队档案管理学研究

软 科 学 类:一等奖

完 成 单 位:总参办公厅保密档案局、南京政治学院上海分院信息管理系

主要完成人:陈军荣、戴维民、韩爱信、严雪林、薛匡勇、张正强、彭远明、卫奕、张健

"军队档案管理学研究"成果根据中国特色军事变革和军事斗争准备对国家和军队档案工作的要求,发展了信息化战争条件下"平战结合"的国防和军队档案工作建设思路,研究提出了战时档案管理和利用模式,构建起军队档案管理学理论体系。该成果由十二个子课题组成,分别为:"军队档案管理学基础理论研究"、"军队文件管理研究"、"军队文书档案管理研究"、"军队科技档案管理研究"、"军队专门档案管理研究"、"档案检索研究"、"电子文件管理研究"、"档案利用服务研究"、"声像档案管理研究"、"档案保护技术研究"、"档案信息化技术研究"、"比较档案学研究"。

上海市公共档案信息系统及其数据规范

现代化技术类:二等奖

完 成 单 位:上海市档案馆

主 要 完 成 人:周关根、赵嘉庆、张新、陶碧云、王玮、赵刚、孙达华

“上海市公共档案信息系统及其数据规范”成果系统采用J2EE开发技术，提供对EJB、Servlet、JSP、JDBC、CORBA以及XML技术的全面支持，并采用具有我国自主产权的面向文本数据的TRS数据库技术和TRS专门面向互联网站内容的采编发平台自动生成网页，利用TRS全文数据库系统进行档案目录数据检索和站内文件检索，实现了在Internet上构建上海地区公共档案信息服务系统和档案工作信息网络的目标。该成果分为三个部分：(一)档案信息网站在档案信息化建设中的地位、功能及其体系研究。(二)档案信息网站的信息资源建设。(三)上海市档案局馆的档案信息网站建设及其数据库系统的建立和运行。

网络数字化视听档案馆的研究

现代化技术类：二等奖

完 成 单 位：天津市档案局

主要完成人：方昀、崔宝英、吴俊杰、温山、赵云岭、罗维、宋富强

“网络数字化视听档案馆的研究”成果利用流媒体数字编码技术，将录像机、VCD//DVD等电子节目源直接转播在直播服务器上，流媒体采编机能实时采集会场情景，存储在服务器上；同时，服务器亦可存储电子档案，用户通过Internet即可查询电子视听档案。该成果达到以下技术指标：(1)能同时支持四路音频和视频输入采集和数字压缩，在存储的同时可以在TP网络进行广播。(2)根据不同带宽的Internet连续方式为不同客户提供不同速率的内容。(3)在直播过程中可以切换不同视频源，满足多方位，多角度的转播需要。(4)用户以Web方式访问直播或点播声像档案，栏目和节目清单动态生成。(5)能够对20台的同类型编码机进行统一控制。该成果实现了28.8Kbps—1.5Mbps的实时数字音视频档案的编码、存储和网络发布，具有按任务列表自动编码、远程设备控制管理、可靠的版权保护等特点。

民营经济档案管理模式研究

软 科 学 类：二等奖

完 成 单 位：武汉市硚口区档案局、湖北大学历史文化学院

主要完成人：许智、覃兆刿、王国斌

“民营经济档案管理模式研究”成果从内部知识信息管理和对外的诚信建设两个方面，寻求建立适合民营经济档案管理要求的合理模式和民营经济档案信息服务机制。确定了政府宏观管理，行业自律管理，企业自主管理和档案行政管理部门实施业务监督和指导的管理体制；提出了“自主规范与协商式相结合”的民营经济档案管理模式；按民营企业的不同类型，把档案实体管理分为“自主式”、“集中式”、“寄存式”三种民营企业档案信息实体的管理方式；结合实际编写了《民营企业建档指南》，形成了以区档案局为主干的民营企业档案业务指导网络；同时，出版了《民营企业档案管理概论》一书，系统分析了加强民营企业档案工作的意义、现状、原因、管理体制、针对性的管理模式和档案实体管理方案。

电子文件管理教程

科技著作类：二等奖

完 成 单 位：中国人民大学档案学院

主要完成人：冯惠玲、王健、刘越男、于丽娟、钱毅

《电子文件管理教程》是一部科技著作，该著作系统阐述了电子文件及其有效管理的基本理念以及在国内外实践中证明行之有效的方法，始终贯穿“电子文件管理工作不是纸质文件、档案管理方法的电子版，而是传统档案工作方法与特定的技术环境、技术方法的有机结合”的基本理念；主要内容可分为以下三大板块：第一板块为前两章，介绍了电子文件和电子文件管理的一般理论，包括管理原则、模式、法规、政策、制度和标准等；第二板块为第三章至第六章，以文件和档案管理的经典环节为线索，包括“电子文件的鉴定与归档”、“电子文件的检索”、“电子文件的利用”、“电子文件的保管”等；第三板块为第七至第十章，电子文件管理方法，包括“电子文件管理系统”、“数据库电子文件管理”、“电子邮件管理”和“CAD文件管理”等。

超细粉体高效灭火剂及其自动灭火装置应用于档案库房的研究

保护技术类：二等奖

完 成 单 位：湖北省档案局、武汉绿色消防器材有限公司

主要完成人：鲁中才、秦玉旺、陈文樵、梁福雄、章笑梅、陈祖根、唐文进

超细粉体高效灭火剂以化学灭火为主，物理灭火为辅，能抑制有焰燃烧并对其有负催化作用，可以迅速切断燃烧链，使火焰瞬间熄灭；超细粉体高效灭火剂灭火时以气溶胶形态释放，浓云般的粉雾与火焰相混合，可降低残有火焰对燃烧物表面的热辐射，同时发生一系列分解反应，产生非活性的二氧化碳等，对燃烧区的氧气浓度进行全淹没式稀释，使燃烧熄灭，即可扑灭一般固体物质的隐藏燃烧(俗称阴燃)。超细粉体高效灭火剂无毒、无害、无腐蚀，对大气臭氧层无破坏作用，对人体皮肤、呼吸道无刺激，灭火效率是哈龙灭火剂的2～3倍。与该灭火剂配套的自动灭火装置，既可在封

闭的空间内形成全淹没灭火，也可在开放的场所局部保护应用灭火，速度快、效率高，是国内取代哈龙产品的最佳选择之一。

档案库房空调系统疑难问题研究

保护技术类：二等奖

完 成 单 位：四川省档案局(馆)

主要完成人：张新、邓松碘、李承伟、薛蓉

库房温湿度控制是档案保护的一个重要手段。"档案库房空调系统疑难问题研究"成果针对传统空调系统存在的非高温期内不能控湿的疑难问题，采用新结构、新流程，对空调系统进行了科学的改造，达到了温湿度调控的要求。该成果提出了"保温降湿"的新概念，采用了空调系统内"混合开机"、"系统能量配置"等举措，实现了低耗、节能、温湿度调控稳定等功能。通过改造的空调系统已成为档案库房专用空调，能使档案库房始终达到温度 14～24℃、相对温度 45～50%；与原空调系统相比，经济效益明显，电费一年就可节约6万元。

房屋档案综合管理信息系统

现代化技术类：三等奖

完 成 单 位：北京市西城区国土资源和房屋管理局

主 要 完 成 人：李春华、田园、林澎浩、王亮、宏晨

"房屋档案综合管理信息系统"成果由"西城区房屋档案管理信息系统"和"西城区房屋档案物理位置管理信息系统"两部分组成。"西城区房屋档案管理信息系统"采用"一门式"代理服务的网络化办公和电子房屋档案查阅的有效组合，实现了利用房屋档案基础数据，为社会、政府宏观决策提供信息服务，结束了房屋档案只能为个体服务和手工方式难以对庞大的房屋档案基础数据进行统计的历史。同时使纸质房屋档案得到最有效的保护。"西城区房屋档案物理位置管理信息系统"解决了因原档案室迁移而出现的房屋档案实际摆放与预留空间的难题，模拟真实房屋档案的物理位置摆放，提出了先用行政区域划分，再按街巷笔画进行摆放的创意。

电子文件格式转换及归档系统

现代化技术类：三等奖

完 成 单 位：辽宁省沈阳市档案局

主 要 完 成 人：许芳、周庶江、张树梅、徐卫红、李力钢

"电子文件格式转换及归档系统"成果通过对电子文件的接收、转换、排序、归档、检索利用等全过程自动化管理，实现了将不同格式、版本的电子文件自动转换为统一格式归档保存，并可以按照归档文件整理规则自动组成"电子卷"，刻录光盘，最终实现电子档案的脱机保管与利用。由该系统生成的电子档案可像电子图书一样，不依赖于原生成系统独立运行，从而使电子档案既方便利用又有利于管理。

国家信息化与档案资源社会共享研究

现代化技术类：三等奖

完 成 单 位：湖北省档案局、南京政治学院上海分院

主 要 完 成 人：陈文樵、薛匡勇、章笑梅、胡小琳、罗忆

"国家信息化与档案资源社会共享研究"成果提出了档案资源建设中丰富档案资源与整合现有档案资源的两大任务，明确了档案资源社会共享的内涵，具体分析了档案资源社会共享的思想、认识、理论、法规、技术基础；根据信息技术、网络技术的发展趋向及档案利用工作的实际需要提出以完善档案利用法规、更新档案管理理念为前提，促进档案利用服务机制创新，正确处理档案利用与档案开放、档案信息安全的关系，积极弘扬协作共赢精神，并对档案宣传服务、研究服务、网络服务等具有实践意义的档案资源社会共享模式与手段进行了具体研究。

基于Web动态档案信息平台的研发

现代化技术类：三等奖

完 成 单 位：绍兴档案馆、浙江工大科技股份有限公司

主 要 完 成 人：卞峰煜、郝平、汤涌、梁国灿、赵立

"基于Web动态档案信息平台的研发"成果针对档案信息化建设中遇到的实际问题，结合现代计算机网络技术提出基于Web动态档案信息平台的研发。该成果在研发过程中结合档案信息化发展的现况，注重地市两级政府档案主管部门、档案业务部门信息化建设的需求，实现多级体系、多种用户的档案信息平台的动态发布、信息互动等功能，达到快速响应、安全可靠、操作简单、维护方便、移植性好等性能。该成果投入运行以来，逐步在绍兴地区市县二级开通了数字档案网络，取得了良好的社会效应。

基于Web页面的档案信息管理查询系统

现代化技术类：三等奖

完 成 单 位：湖北省咸宁市档案局

主 要 完 成 人：罗金娥、陈新君、丁庆林、钱立新、鲍伟平

"基于Web页面的档案信息管理查询系统"成果针对档案信息网站的基本模式、数字化档案信息的整体结构、数据库类别和档案数据的录入、管理、查询、维护等功能开展研究，建立了资料丰富、内容详实、具有

行业特色和浓郁地方特色的《咸宁档案方志》网站，建立了基于局域网环境下的数字化档案信息管理查询系统，实现了网上检索、查询。系统在数据库设计中，利用备份等手段保证系统具有很强的自恢复能力，并采用内外网实行物理隔离的方式保障网站数据的安全。“基于 Web 页面的档案信息管理查询系统”依托《咸宁档案方志》网站，通过 BWD 模式，实现了与档案管理软件的高度集成和连接，实现了公众通过公共网络用关键词等多途径查询检索馆藏档案和现行文件的功能，进一步提高了档案利用效率和效果。

中国档案置标著录 Web 检索系统研究

现代化技术类：三等奖

完 成 单 位：解放军南京政治学院上海分院

主要完成人：王兰成、张文友、田梅、秦蓁玲

“中国档案置标著录 Web 检索系统研究”成果主要是基于中国档案置标著录格式的研究基础，运用 Microsoft. NET 系统构建和 ASP. NET、XMI Schema 等先进技术，采用 C/S 和 B/S 结合的系统开发方案，实现运行于 Web 上的数据录入、机读目录导入、多功能检索、入库管理、模板管理、用户管理、服务器配置和在线帮助等功能。其特点是基于互联网环境下实现了中国档案 EAD 信息的处理与利用查询。它有利于推动国内相关档案标准的发展与完善，促进档案法制管理方面进一步与国际接轨，对档案目录中心的建设具有示范意义，支持基于资源结构条理化而又直观的档案查询，可靠易用。

规划与国土数字档案管理方法研究

现代化技术类：三等奖

完 成 单 位：武汉市规划土地管理信息中心、武汉市档案局

主要完成人：李宗华、刘贻雄、肖道纲、彭明军、黄新

“规划与国土数字档案管理方法研究”成果以武汉市规划国土资源档案管理实践为基础，提出了规划与国土数字档案建设“五统一”即统一规划、统一组织、统一标准、统一平台、统一管理和“四结合”即档案管理与办公自动化系统相结合、与数字城市建设相结合、与日常业务管理工作相结合、数字档案与实体档案相结合的组织与管理模式；提出构建规划国土数字档案的“一个中心”，即数字档案信息交换中心和“七个体系”，即规划国土数字档案的网络体系、数据体系、应用体系、管理体系、人力资源体系、标准体系和技术支撑体系等七个体系的技术框架并形成了一系列规划国土数字档案管理技术标准；同时提出对多源多尺度海量数据库“分版划代”的建档方法；采用地理信息系统平台，集成多种规划国土档案信息，实现档案信息的录入、查询、统计、与多种地理信息之间的链接，实现档案信息的逻辑归档；采用虚拟现实技术，建立城市实景三维模型，并实现数字档案信息与城市三维模型的链接，使档案信息查询更加直观、便捷。

纸质民国档案数字化转换的工艺、管理技术及相关技术要求

现代化技术类：三等奖

完 成 单 位：中国第二历史档案馆

主要完成人：周忠信、王鹏、常福余、叶凯、潘捷

“纸质民国档案数字化转换的工艺、管理技术及相关技术要求”成果针对纸质民国档案的特殊性，将在数字化转换工作实践中证明行之有效和成熟的工艺流程、管理技术方法和相关技术要求等进行了理论与技术的描述、总结，包括档案扫描设备的配备、安装、调试，扫描计算机网络的组成，扫描相关技术要求的制定，快速扫描软件的编制，扫描设备的操作规范，扫描图像文件的质量检查，数据光盘的刻录和移交等技术环节加以整理、修改、补充和完善等等内容。该成果可操作性强，有利于实现民国档案在全国范围内的网络化管理及资源共享，对其他时期纸质档案的数字化转换工作也有借鉴意义。

利用 XML 技术构建分布式档案管理系统和目录中心

现代化技术类：三等奖

完 成 单 位：上海市劳动教养工作管理局

主要完成人：赖毅、李锟、许恩良、耿成乾、陶碧云

“利用 XML 技术构建分布式档案管理系统和目录中心”成果利用计算机和网络技术，将 XML 等先进技术应用到档案管理和档案目录中心系统中，建设了局机关、8 个劳教所的档案管理系统和局档案目录中心系统。该成果采用 B/S、三层结构技术体系，基于开放源代码 Linux 和具有自主版权的 Java 中间件平台，实现了文书（文件级和案卷级）、会计、科技和声像等 14 类档案的收集整理、检索利用、鉴定销毁、统计分析、系统管理和物理备份等功能；在分布式的档案管理系统基础上，通过 XML 格式的数据同步技术，将档案信息以增量的方式同步到局档案室，构建了全局档案目录中心。该成果制定了市劳教局档案著录和标引的 XMLSchema 格式标准，完成了档案目录数据导出成为 XML 格式，使用 XML 技术实现对档案目录的增量表示和数据同步及实现档案数据的物理归档和离线检索。即使用 XML 作为所有数据交换的标准（数据同步、数据导入、数据导出、数据物理备份等）。

档案领域的数字水印技术应用研究和产品开发

现代化技术类:三等奖

完 成 单 位:上海市档案馆、上海大学

主 要 完 成 人:王朔中、吴光华、夏明一、孙达华、张新鹏

“档案领域的数字水印技术应用研究和产品开发”成果为电子档案提供了数字水印嵌入和提取工具,实现了版权认证。达到的主要技术指标如下:1. 用于扫描等手段得到的各种档案图像。2. 水印信息包含产权拥有者、资料接受者标记。3. 水印可多层次嵌入。可选择可见水印和不可见水印。4. 嵌入的不可见水印不能被肉眼感知,峰值信噪比在38dB以上。5. 采用可靠的密钥体系。在保持图像使用价值前提下,能抵御常规图像处理。不明显降低图质,经JPEG压缩编码后水印仍能被可靠地提取识别。6. 嵌入的信息总量在256×256图像中不小于128bits。7. 是独立的软件包,可单独使用。8. 可被整体嵌入到其他应用系统中。该成果是一个功能强、速度快、用户界面优良、使用方便灵活的系统。适用于个人计算机,因此可普遍适用。

数字签名和工程图纸整合技术在CAD图纸档案管理中的应用

现代化技术类:三等奖

完 成 单 位:天津市档案局、天津商学院、天津工程机械研究院

主 要 完 成 人:林学奇、高岩、方昀、胡顺利、宋富强

“数字签名和工程图纸整合技术在CAD图纸档案管理中的应用”成果形成了一个具有128位密钥长度的数字签名系统,该系统可以完成公钥和私钥的生成、数字签名及认证,并将数字签名技术与工程设计的电子文档进行整合,实现了电子档案管理的机密性、认证、完整性和非否认性。同时,该成果开发了基于STEP标准的工程图纸明细表管理系统软件,可以对CAD电子文档进行有效的数据筛选、材料汇总、图纸查询和项目管理。

VPN技术在实现档案馆馆际间互联中的应用研究

现代化技术类:三等奖

完 成 单 位:江苏省档案局

主 要 完 成 人:齐丽华、张姬雯、王平、方毓宁、孙冀宁

“VPN技术在实现档案馆馆际互联中的应用研究”成果在对VPN技术进行全面考察的基础上,探索出适合目前档案部门现状的VPN技术方案和应用模式,并对建立在VPN联接基础上实现档案馆档案信息共享的应用系统建设进行了探索。该成果采用点到中心点的VPN互联方案,应用微软Windows2000自带VPN服务器和PPTP协议,在防火墙厂商的密切配合下,利用Internet公网建立了一个以省档案馆为中心结点,全省13个地级市档案馆为远程结点的江苏省档案馆馆际互联专网,初步实现了全省档案馆馆际间的互联和互通。在江苏省档案馆馆际互联专网的中心结点上建立了两个应用系统:江苏省档案馆馆际档案目录查询系统和江苏省档案馆馆际数据交换系统。该成果促进了全省档案资源的整合和档案信息的共享。

多种载体文件档案网络管理研究

现代化技术类:三等奖

完 成 单 位:成都飞机工业(集团)有限责任公司、西北工业大学、郑州航空工业管理学院

主 要 完 成 人:吕林、王润孝、宋爱东、李昊、李直奎

“多种载体文件档案网络管理研究”成果是企业级的文件档案综合应用系统。该系统应用数/模整合技术,实现工业级的纸质文件、缩微品、电子文件三种信息的全排列转换和利用,能将多种信息数据转换为模拟影像(电子文件、缩微胶片等),创造性地实现了现场技术文件和馆藏档案一体化管理,解决了档案管理与现场技术文件、图样管理脱节的问题。该系统特有的分发表、更改表、批架次表、有效性窗口等设计及数据和库表的动态管理模式,特别适合各类企业文件档案管理的复杂应用。已成功应用于型号工程和转包生产等项目上,极具推广使用价值。

福建省档案信息资源库发展战略研究

软 科 学 类:三等奖

完 成 单 位:福建省档案馆、福建省科技档案馆

主要完成人:朱文、王寿宇、黄建峰、刘虹、赵铁萍

“福建省档案信息资源库发展战略研究”成果经过调查研究,掌握了全省档案信息产生、分布、构成的特点和规律,档案信息数字化、网络化的条件;全面解决了加快档案信息资源库建设速度,开发和推广规范的档案应用系统,加强档案信息标准、技术安全、行政保障体系建设,加强纸质、缩微、照片档案的数字化和电子档案的收集、归档、移交、接收等工作,通过档案目录、内容数据库的整合,建立标准规范、安全完整的档案信息资源库,并实现档案信息资源社会共享的理论、技术问题。该成果主要分为福建省档案信息资源库发展战略、信息储备、信息资源共享和技术、安全、行政保障等几个部分。

家庭档案理论研究与实践

软 科 学 类:三等奖

完 成 单 位:沈阳市档案局

主要完成人:许芳、荆绍福、高军玉、吴正非、孙侠

"家庭档案理论研究与实践"成果包括理论和实践两部分。理论研究部分包括编辑出版了《家庭档案管理概论》,制定了《家庭档案管理规范》、《家庭建档指南》,编辑发行了《家庭建档经验集锦》、《家庭建档工作指导手册》等书籍,制作了《细说家庭档案》光盘片等;实践部分包括家庭档案系列装具的研制,并与市文明办、总工会、妇联、民政局、教育局联合在全市开展"档案进家庭"活动。"档案进家庭"活动被中共沈阳市直机关工委评为沈阳市政府机关2003年"十件实事"之一。

社区档案管理研究

软 科 学 类:三等奖

完 成 单 位:吉林省档案科研所

主要完成人:常连福、王志才、刘豫东、赵志刚、朱力

"社区档案管理研究"成果深入研究了社区档案管理与开发利用的理论与实践。该成果通过制定《吉林省城市社区档案管理暂行规定》、《社区文件归档细则》等规章制度和发表"社区档案的特点"、"社区档案分类及其排列、编号的比较与选择"以及"在社区建设中应同步开展社区建档工作"等论文,揭示了社区档案内涵与外延及成分构成,阐述了社区档案与其他档案的异同;探明了社区档案的形成规律,抽象概括了社区档案内容多元、来源多头、权属自治、社会性强等特点;将社区档案信息公布、开放网络化;提出把社区档案信息管理与开发利用列入社区服务职能之一统一安排部署;分析论证了社区档案分类、排列、编号的若干实例,为不同类型社区结合实际情况择定分类、排列、编号方法,提供了范例。

民营企业档案管理体制与建档模式研究

软 科 学 类:三等奖

完 成 单 位:上海市青浦区档案局

主要完成人:沈晓光、俞辉雨、徐奋、楼锦洪、沈春雷

"民营企业档案管理体制与建档模式研究"成果通过对民营企业档案工作状况的调查、分析和研究,对民营企业档案工作的管理体制和建档模式提出了总体的建设思路和具体的运作模式。该成果主要包括(一)对民营企业档案的界定以及特点、属性的研究。提出了民营企业档案性质的从属性、民营企业档案使用的局限性和民营企业档案管理的灵活性。(二)对民营企业档案工作、管理体制和建档模式的研究。提出了档案行政管理部门引导、民营企业档案工作协会管理、行业认证激励的三个机制的基本框架。

小城镇建设档案规范化管理研究

软 科 学 类:三等奖

完 成 单 位:山东省广饶县档案局

主要完成人:徐家良、张海滨、黄文广、隋金光、王相溪

"小城镇建设档案规范化管理研究"成果主要内容是:(一)对小城镇建设档案的概念进行了科学的界定;(二)对小城镇建设档案规范化管理体制进行了深入的探讨,确立了小城镇建设档案管理体制的基本原则;(三)对小城镇建设档案的归属与流向进行了全面的分析与研究;(四)对小城镇建设档案的收集工作提出了新的方法,确定了小城镇建设档案的收集范围;(五)对小城镇建设档案的整理工作探索出了新规律,确立了小城镇建设档案的分类体系,建立了小城镇建设档案保管期限表;(六)提出了小城镇建设档案现代化管理的新思路。

农业产业化档案管理研究

软 科 学 类:三等奖

完 成 单 位:四川省档案局

主要完成人:江熔、张健、陈代荣、舒昭玉

农业产业化档案管理是农业产业化经营的重要基础工作,是确保农业产业化经营在市场经济条件下生存和发展的重要管理工作之一。该成果回顾了农业产业化发生、发展和逐步走向成熟的历程,结合全省实际,阐述了农业产业化档案的形成特点和规律,提出了农业产业化经营档案的概念,对档案的构成和作用、档案管理工作的重点与难点进行了详尽分析;探讨了农业产业化经营档案管理体制和模式;提出了齐抓共管的基本要求;在认真调研的基础上形成了《农业产业化经营龙头企业档案管理办法》和《农业产业化经营龙头企业档案归档范围》。

中国"入世"与档案工作对策研究

软 科 学 类:三等奖

完 成 单 位:北京市档案局

主要完成人:马素萍、姜之茂、赵力华

"中国'入世'与档案工作对策研究"成果从四方面对中国档案工作应对"入世"挑战问题进行了系统的分析研究。(一)提出"入世"对中国档案工作具有现实、直接的和潜在、渐进的两方面影响。(二)具体分析、阐述了档案行政管理部门应如何做好应对"入世"工作。(三)探讨、论证了企业档案工作应如何应对"入世"挑战。(四)分析、阐述了各级各类档案馆应如何适应"入世"需要,做好档案的开放利用和资源建设工作。

保证档案缩微品和电子文件凭证作用对策性研究

软 科 学 类:三等奖

完 成 单 位:北京市档案局、中国人民大学档案学院

主要完成人:宗文萍、刘培平、王健、谢小能、钱毅

“保证档案缩微品和电子文件凭证作用对策性研究”成果包括三个部分:第一部分是总序,概要介绍了该成果的主要内容。第二部分是“保证档案缩微品法律凭证作用的对策性研究”,包括“保证档案缩微品法律凭证作用的对策性研究”和“具备法律效力的档案缩微品制作要求”。第三部分是“电子文件的凭证效用与利用中的法律问题研究”,包括“全球电子文件凭证效用现状分析”和“电子文件利用中的法律问题研究”等内容。

档案库房空气净化方法的优化选择

保护技术类:三等奖

完 成 单 位:安徽省档案局

主要完成人:崔海燕、孙启新、徐家爱、束维兵、蒯世伟

“档案库房空气净化方法的优化选择”成果针对档案库房空气净化问题,通过不同过滤介质的选用,以省档案馆库房为实验基地,结合各地的实践经验和成功做法,研究提出了更加科学、合理的净化方法,即新风口粗效过滤——风机口二次过滤——回风口三次过滤——三级电场三区静电净化。这一方法改进了传统的空气净化工艺流程,通过对不同的空气过滤介质的选用,进而使档案库房的空气质量达到了国家相关规定标准。该成果提出的空气净化方法经济适用、操作方便,过滤材料易得,便于推广应用。

影响光盘信息读取的环境因素研究

保护技术类:三等奖

完 成 单 位:北京市档案局、中国人民大学档案学院

主要完成人:任志、郭莉珠、唐跃进、赵秋弟、张美芳

“影响光盘信息读取的环境因素研究”成果从光盘光老化、光盘高温高湿老化、光盘预期寿命、CD-R光盘对刻录机的兼容性和光盘耐颗粒污染物、耐水浸等五个大方面对目前市场上光盘的所有类型进行了测试,总计形成3000多条测试记录,100多万字的实验测试数据。主要成果:①光盘光老化实验:太阳光对光盘的信息读取面破坏作用较大,对光盘的印刷油墨面破坏较小;日光灯对光盘的耐久性有影响。②光盘温湿度实验:第一,无染料光盘比有染料光盘差。第二,温度对光盘的影响较大。温度每升高10℃,其BLER值增大5倍以上;第三、随着湿度的减少,光盘的变形在增加。③CD-R光盘对刻录机的兼容性实验;不同的光盘适应于不同的刻录机。④光盘耐颗粒污染物、耐水浸等实验:颗粒污染物对光盘的耐久性影响较大,酞菁染料光盘耐水性较好,花菁染料光盘耐水性较差;对CD-R光盘耐久性影响最大的是红墨水,其次是蓝墨水,软笔油性蓝色墨水,再次是软笔油性黑色墨水和蓝黑墨水。⑤光盘预期寿命实验:Acer光盘的预期寿命为114年;Mitsubishi光盘的预期寿命为11年;TDK光盘的预期寿命为34年。

存档光盘寿命定量检测技术研究

保护技术类:三等奖

完 成 单 位:湖北省档案局、湖北大学

主要完成人:鲁中才、周耀林、吴青丽、夏青林、付正刚

“存档光盘寿命定量检测技术研究”成果基于国际标准和美国国家标准的规定和要求,结合档案部门的实际,研究了光盘检测理论和实践,并以CD-ROM和CD-R的寿命检测为例研究了光盘检测的方法步骤。该成果通过对光盘检测各项指标的比较研究,确立了存档光盘的检测指标。以此作为切入点,该成果对存档光盘检测设备、程序、环境和方法步骤等进行了研究;提出了在无法对光盘实施试验检测的情况下,应该优先挑选完整结构的CD-ROM和含酞菁染料的CD-R作为存档光盘。该成果可以直接应用于档案、图书部门和其它使用光盘的单位,同时,可以指导档案部门挑选优质存档光盘,使档案部门对馆藏光盘的质量做到心中有数。

档案图书害虫电子图册

保护技术类:三等奖

完 成 单 位:四川省档案局档案科研所

主要完成人:马小彬、米开富、王万华、郑岭、薛蓉

《档案图书害虫电子图册》成果较全面地汇集了有关档案图书害虫方面的资料和近年来国内相关的科研成果,运用数字图像处理技术制作而成,是我国档案界第一部较全面、详细记录和论述档案图书害虫虫种、虫态及其分布、防治等方面的电子图册。该图册包括前言、目录、害虫基本知识、害虫电子图解、害虫的分布与危害、害虫的预防、害虫的治理等部分,内容丰富详实。该图册设计新颖、制作精细、界面友好,查询便捷,形象生动,图文并茂,是档案图书保护、教学、科研较为形象的教材。

蓝黑墨水褪变字迹的气相恢复及保护处理方法研究

保护技术类:三等奖

完 成 单 位:南京政治学院上海分院、上海市档案局

主要完成人:彭远明、金洁慧、梁兵、童效平、毛健玲

“蓝黑墨水褪变字迹的气相恢复及保护处理方法

研究”成果针对档案保护中纸质档案字迹褪变的恢复难题进行研究,提出了一种全新的、规模批量处理褪变蓝黑墨水字迹的气相恢复方法。同时,该成果采用抗氧齐(2,6—二特丁基—4 甲基苯酚)等多种方法对恢复后字迹进行加固保护处理研究,通过字迹色泽变化与数据对比,论证出对恢复后蓝黑墨水字迹、一般蓝黑墨水字迹起保护作用的加固试剂,并采用数字扫描转换方法,进行恢复后字迹的再处理,提高了档案利用率,有利于档案原件的保护。该成果还通过对蓝黑墨水字迹褪变机理、变化规律与耐久性情况的研究,提出了纸质档案字迹保存的最佳相对湿度(为 52.0%)条件。

档案修裱机智能控制系统的研制

保护技术类:三等奖

完 成 单 位:安徽省档案局

主要完成人:丁双林、顾梅、吴建平、袁有响、卢秀芳

“档案修裱机智能控制系统的研制”成果为进一步提高档案修裱机的高科技含量,弥补修裱过程中易产生的断裂、褶皱等缺陷而开发的新一代智能控制型档案修裱机。该机采用先进的同步传动技术、张力测试技术和计算机自适应控制技术,保证修裱过程中的托纸的纵、横向受力均匀;采用自动调速技术和温度调节及补偿技术,控制修裱速度和烘干温度;采用数字控制代替模拟控制,以提高控制精度和控制系统的稳定性、可靠性;采用视频监控技术,监测和控制档案修裱工艺过程;数字化的操作界面,适用不同破损程度档案修裱的需要。

2004 年度国家档案局科技成果评价工作情况

2004 年度国家档案局技术部组织评审、鉴定的科技成果共计 18 项。其中,档案保护技术方面的成果 3 项,软科学方面的成果 5 项,现代化技术方面的成果 10 项。内容主要是档案信息化建设及其与之相关内容的研究、新型载体的保护技术研究和新领域档案管理模式研究。通过鉴定、评审的 18 项成果区域分布情况是:北京市 4 项,湖北省 4 项,辽宁省 2 项,浙江省 2 项,吉林省 1 项,江苏省 1 项,天津市 1 项,四川省 1 项,山东省 1 项,国家档案局档案科学技术研究所 1 项。

(黄丽华)

《2004 年度国家档案局推荐档案专用产品名录》颁布

一、档案密集存储设备

江西阳光安全设备有限公司(阳光行动牌档案密集柜架)

江西远洋保险设备实业有限公司(鲨鱼牌系列档案密集柜架)

辽宁档案设备厂(兴牌系列档案密集柜架、多元储存柜)

宁波八益实业有限公司(八益牌系列档案密集柜架)

宁波邦达实业有限公司(邦达牌档案密集柜架)

宁波新兴达智能钢具有限公司(兴达牌系列档案集柜架)

沈阳老顾头档案装具制造厂(老顾头牌档案密集柜架)

沈阳沈飞世兰档案图书装具有限公司(飞世兰牌系列档案密集柜架)

太原汾机档案柜厂(中宝牌系列档案密集柜架)

二、档案包装材料与产品

河北省廊坊市安次区东安庄东风纸塑厂(无酸卷皮卷盒)

河北省涿州精美纸塑制品有限公司(无酸卷皮卷盒等)

河南省长垣县兰前档案用品有限公司(阻燃性无酸牛皮纸板)

佳木斯兰松档案用品发展有限公司(兰松/兰台牌无酸牛皮纸板)

三、档案保护设备与产品

南京天桥化工二厂(太阳牌银盐胶片防霉剂/灵香草杀虫剂)

山东齐元档案技术发展有限公司(齐元牌电子消毒柜等)

四、档案管理软件产品

北京凯普计算机软件系统工程公司(兰台档案管理软件)

北京清华紫光股份有限公司(清华紫光档案管理软件)

北京世纪科怡科技发展有限公司(科怡档案管理软件)

天津大学天深公司(今易档案管理软件)

天津津科电子有限公司(津科 JI 档案管理软件)

珠海泰坦软件系统有限公司(DARMS 档案管理软件)

(王云)

中国第一历史档案馆网络系统工程竣工

2004 年,中国第一历史档案馆网络信息系统工程验收合格。此项工程由清华紫光股份有限公司承建,

历时3年，完成了机房、利用室改造、视频监视系统、网络平台和应用系统平台等四项基本建设项目。整个工程结束后，全馆具备358个网络信息点，28个视频监视点，形成了150台(套)计算机及各种辅助设备、数字化设备的应用规模，实现了办公自动化、档案管理自动化。同时，整个系统为业务工作的发展和数据的增加留有充分的扩展空间。

该工程建设完成，标志着中国第一历史档案馆进入了档案管理现代化的新阶段。其功能必将在该馆服务社会的工作中，特别是纂修清史这一世纪文化工程中得以彰显。 (王光越)

内蒙古、江苏、福建、四川、青海等档案部门档案信息化建设介绍

内蒙古 2004年初，内蒙古自治区档案局召开全区档案信息建设座谈会。会上，赤峰市档案局、鄂尔多斯市鄂托克前旗档案局、内蒙古自治区党委办公厅、内蒙古自治区电力勘测设计院等单位分别就档案数据库建设、档案信息网站建设、文档一体化及如何坚持“双轨制”原则，提供档案信息服务等进行了大会发言，交流了档案信息化建设成功经验。

内蒙古自治区信息办领导在讲话中，强调了档案信息化是全区信息化建设的重要组成部分，充分肯定了自治区档案局重视信息化建设所取得的显著成绩，通报了内蒙古自治区党委组织部、内蒙古自治区政府信息办在2003年度对自治区各盟市、厅局领导班子信息化实绩考评中，内蒙古自治区档案局被评为实绩突出单位的情况。内蒙古自治区档案局局长张佃敏在题为《提高认识，真抓实干，开创档案信息化建设新局面》的报告中总结了前一段时间档案信息化建设所取得的成绩，分析了存在的问题，对下一步的工作进行了部署。各盟市分管档案工作的盟市长或秘书长、各盟市档案局馆长等参加了会议。 (可伟)

江苏 江苏省积极推进档案信息化建设。一是加强档案信息化建设的统筹规划，积极纳入政府电子政务建设并组织实施。二是规范电子文件管理，建立电子文件标准体系，实现电子文件办理和档案管理的规范化与一体化，确保电子公文和电子档案的保真和安全保存。三是实施示范性数字档案馆工程，积极推进数字档案馆建设。四是加强馆藏档案数字化存储系统建设，开展数字化信息备份工作。五是加强档案网站建设，积极推动市、县档案网站连通，整合全省档案信息资源，实现共享。

福建 2004年1月7日，福建省泉州市发展改革委员会正式批复，同意建设泉州市档案馆分布式档案基础数据库项目，并纳入“数字泉州”建设规划。该项目建设内容为基础网络建设和基础数据库建设，总体工期为2年，项目总投资75.4万元。项目实施后，将建立泉州市档案馆网络分中心，实现档案信息资源的社会共享。泉州市档案馆分布式档案基础数据库项目的立项，标志着福建省档案信息化建设进入了一个新的发展阶段。

“福建省分布式档案基础数据库建设项目(一期)”已于2003年11月通过福建省“数字福建”领导小组组织的验收。与此同时，“数字福建”领导小组办公室同意“福建省分布式档案基础数据库建设项目(二期)”立项。“福建省分布式档案基础数据库建设项目(二期)”将利用和借助“数字福建”覆盖全省的信息共享网络体系，形成一个与“数字福建”相匹配的全省性、分布式、可共享的档案信息资源开发利用系统。福建省档案信息化建设在全省全面铺开。

配合“福建省分布式档案基础数据库建设项目(二期)”建设，福建省档案局组织建立了由省、市、县(区)94个档案局馆的档案网站组成的全省分布式档案网站系统。福建省档案局将进一步加强和完善网站日常维护和管理工作，评选优秀档案馆网站，加快档案目录数据上网开放的步伐，发挥网站的宣传窗口、利用窗口、工作交流平台和爱国主义教育基地的作用。还要研究制定全省档案资源信息化建设有关标准、规范，推广应用“福建省数字档案信息管理系统”软件，各级国家综合档案馆按照《福建省国家综合档案馆档案目录数据库建设操作规范》继续抓好档案数据库的规范化建设，做好文件级目录数据报送的试点和数据整合工作。2004年1月2日，中共福建省委机构编制委员会办公室批复同意成立省档案信息中心。省档案信息中心主要职责是对档案信息资源进行整合、开发、利用，实行全省馆藏档案信息资源共享，为全省各立档机构提供电子档案存放和调阅等服务。 (朱文)

四川 2004年3月，四川省档案局在攀枝花市召开全省档案信息化建设现场会，总结分析全省档案信息化工作，现场观摩攀枝花市档案局和该市仁和区政府抓档案信息化建设的做法和经验。全省21个市、州档案局分管档案信息化工作的领导和信息化工作人员参加会议。省档案局局长李仕根在会上作了《档案信息化是推动档案事业加快发展的火车头》讲话，认为攀枝花市档案局抓档案信息化建设的成功经验值得全省各级档案部门学习借鉴，仁和区政府为全省树立了一面区、县政府抓好档案工作的旗帜。通过这次现场会，四川省档案信息化建设工作出现了良好局面。

(张文忠)

青海 2004年9月，青海省档案信息化建设项目

被列入《青海省电子政务建设规划(2004—2010年)》。根据《青海省电子政务建设规划(2004—2010年)》,青海省电子政务建设将遵循“统一规划,分布实施;需求主导,突出重点;整合资源,保障安全”的指示原则,在2010年以前基本建成青海省电子政务的体系框架。“档案信息系统”被列入全省六大重点应用系统之一。该信息系统建设青海省档案信息网站和档案目录数据库、档案全文数据库、现行文件数据库和档案多媒体数据库,逐步实现档案的电子化管理和全文信息查询,为党政机关和社会公众提供方便、快捷的档案服务。

(贺俊兰)

北京市档案局与市信息办联合召开档案信息化工作座谈会

2004年初,北京市档案局与北京市信息化工作办公室召开了档案信息化工作座谈会。市档案局局长王芸和市信息办主任朱炎、副主任白新,国家档案局技术部主任王良城等出席座谈会并讲话。市信息办和市信息资源管理中心以及市档案局相关部门的负责人参加了座谈会。

座谈会上,市档案局副局长姜之茂代表市档案局介绍了全市档案信息化建设的总体情况,并提出了与市信息办开展合作的若干建议。王良城介绍了全国档案信息化情况,并对北京市档案信息化建设的成效给予充分肯定,他希望北京市在档案信息化建设方面继续走在全国前列。市信息办和市信息资源管理中心的同志介绍了全市信息化建设基本情况及工作思路,现场演示了市信息资源管理中心的基础信息资源建设和应用项目成果。

王芸在讲话中强调,双方要在信息时代的新形势下开展合作,加强档案信息化建设的规划和电子文件、电子档案的安全管理。朱炎在讲话中赞同市档案局提出的工作建议,并表示积极给予支持和配合。与会人员就档案信息化建设问题进行了深入的研究和讨论,并表示要进一步密切联系,积极合作,共同搞好全市档案信息化建设。

(宗文萍)

上海市档案科研中心展示厅建成开放

2004年4月28日,上海市档案科研中心展示厅在上海档案科教大楼建成开放。该展示厅近400平方米,有15家上海和外省市企业入驻,展示的档案科技成果和产品分为四大类,即档案管理软件、档案影像加工技术、档案库房管理系统和设备及办公设备用品。上海市档案局馆开设该展示厅旨在通过展示档案科技成果和最新设备用品,加强研制单位与档案部门的交流,促进档案科技成果产业化,提升档案管理科技含量。

(郭红解)

电子档案管理列入上海市电子政务培训课程

2004年初,上海市有关部门组织的全市电子政务培训,明确将电子公文的流转、监控、会签和电子档案的管理、查询等内容列入操作实务部分。培训还要学习电子政务知识的理论部分。上海市委组织部、市人事局等发文规定,上海机关和企事业单位干部,凡1954年1月1日后出生的,从2004年起至2006年,均需参加电子政务培训。

(邹伟农)

安徽省颁布《文书档案文件级目录数据库结构与著录细则》

2004年6月8日,安徽省档案局《文书档案文件级目录数据库结构与著录细则》(以下简称《标准》)通过省质量技术监督局批准发布,6月15日执行。制定《标准》目的是为了适应档案信息化建设的需要,建立健全安徽省统一的档案检索体系,实现馆室衔接、资源共享,更好的开发利用档案资源。此《标准》在不违背国家档案工作标准规范的前提下,充分结合了本省各级综合档案馆馆藏档案的特点和省档案工作实践,对全省各级各类档案机构的基础业务建设、档案信息化建设和档案资源的开发利用都将产生积极的促进作用。

(程潜龙)

福建省档案信息中心开发专题数据库

福建省档案信息中心自2004年初成立以来,充分利用分布式档案基础数据库建设项目(一期)成果,积极整合全省档案信息资源,根据省情特色,开发了华侨、防疫、闽台关系三个专题档案数据库,共5000多条目录数据。2004年“五一”前夕,福建省档案信息中心又将福建省1950年至1993年度劳模及先进生产者光荣册上传到福建省档案局网站,建立劳模档案专题数据库,供公众利用。这部分劳模档案时间跨越44年,内容涉及工业、农业、财贸、教育、科技、交通、邮电等系统,共近7000人次。

(王鸣鸣 郑志荣)

湖北省要求综合档案馆接收电子档案

2004年初,湖北省档案局制发了《关于各级国家综合档案馆接收档案若干问题的意见》。《意见》规定今后各级国家综合档案馆接收纸质档案的同时应接收相应的电子档案案卷目录、文件目录及其全文,即实行纸质档案与电子档案同时移交的“双轨制”。在接收电子档案目录与全文前,须进行真实性、完整性、有效性检验,检验合格方能接收。《意见》还提出了接收电子档案目录与全文的技术要求。 (陈壮)

陕西历史文化遗产保护科学研究中心成立

2004年5月10日,由陕西省档案局、省文物局和山西师范大学共建的“陕西历史文化遗产保护科学研究中心”宣布成立。

该中心依托三方优势,进一步推动档案、文物等历史文化遗产保护的科学研究、技术开发和推广应用,加强相关学科建设及人才培养。在档案保护方面主要进行褪色、污染、霉变的照片、底片的恢复与保护;电影胶片划痕的修复;纸质档案字迹恢复与保护等方面的研究。在文物保护方面主要进行风化褪色的古代壁画、文物彩绘、建筑彩画的恢复与保护;古代壁画、文物彩绘的无污染无损去尘;黄土遗址的防风化保护等方面的应用研究。此外,中心还与西安市文物保护修复中心、秦始皇兵马俑博物馆、陕西省历史博物馆及国内文化遗产保护、收藏单位开展科研与技术开发方面的交流与合作。

国家级有突出贡献专家、第五届全国青年十杰、省档案保护科学研究所所长,陕西师范大学化学与材料科学院李玉虎教授担任该中心主任。李玉虎从事文化遗产保护研究21年,近年来在档案、文物保护科研领域取得了“褪变档案字迹恢复与保护”、“风化褪色的古代壁画、文物彩绘、建筑彩绘的恢复与保护”等多项具有国际先进技术水平的科研成果。

(陕西省档案局)

新疆维吾尔自治区出台档案科学技术研究优秀成果奖励办法

为了调动自治区广大档案工作者开展档案科研工作的积极性和创造性,促进科技成果在档案工作中的推广应用,提高档案管理现代化水平,进一步缩小新疆同内地先进省区在档案科研方面的差距,新疆维吾尔自治区档案局制发了《新疆维吾尔自治区档案科学技术研究优秀成果奖励办法》。

《办法》规定:自治区档案科学技术研究优秀成果奖每年评审一次,分别按照特等奖、一等奖、二等奖、三等奖四个等次进行评审和奖励;奖励范围包括:为档案事业行政管理决策科学化和档案管理现代化而取得的软科学研究成果;为延长档案保存和使用寿命而取得的保护技术研究成果;为提高档案管理水平和利用效率而取得的现代化技术研究成果;为研究制订档案工作技术标准而取得的标准化研究成果;个人或集体编著经公开出版发行的档案专著、教材和科普图书等著作成果;个人或集体编著经公开出版发行的档案编研成果;为推动先进科学技术在档案工作中的应用,取得重大社会效益和经济效益的推广转化成果。同时,《办法》还对档案科学技术优秀成果的推荐、受理、评审、授予等工作作了明确规定。 (张金江)

大连市档案局馆办公自动化系统投入使用

辽宁省大连市档案局馆与大连恒智电脑公司联合开发的办公自动化服务系统,经过半年多的试运行,2004年已依托局馆局域网平台正式投入使用。

2003年,大连市档案局馆根据国家档案局提出的“机关档案管理现代化必须与办公自动化相适应”的要求,组织人力、物力,与有关单位密切合作,开发完成了适应本局馆工作需要的办公自动化应用系统。该系统主要功能有行政办公、个人办公、信息采编与公共服务4个模块。其主要功能:通过对公文格式、流转模式和工作流程规范化,完成收、发文从拟办、处理、登记到归档的全部过程,并可进行组卷管理;同时,进行公文查阅及批示办理,电子邮件的查询、编辑、发送、回复等个人办公业务;进行各类信息的收集、分类、查询、编辑形成内部刊物,以及发布会议通知、工作动态等各类公共信息、开展热点讨论、信息交流等。为保证各类信息安全、有效的使用,该系统提供了严格的安全保密机制,对个人使用权限作了严格规定。

办公自动化系统已融入了市档案局馆的日常办公,局馆内部信息实现了网上传递,办公资源得到共享,既降低了办公成本,又提高了办公效率。

(丛晶 宋蕴堃)

沈阳市档案局研制的“底图档案包边机”获国家专利

沈阳市档案局研制发明的“底图档案包边机”获得中华人民共和国国家知识产权局授予的“实用新型专利权”。底图档案包边机采用热复合加固方式将复合材料对折180度加固在底图边缘,改变了以往的缝纫机轧边方式所造成的多孔洞及强度不够所带来的边破线连等一系列问题。采用该设备加固后的底图边缘平展、柔软、抗张强度、边撕裂度大大提高,边层积厚度降低,保证了底图边缘不再破损。这一机器的发明,大大

减轻了档案工作者的劳动强度，提高了产品质量和工作效率。 （翟树元）

长春市直机关全面实行电子公文实时归档

2004年，吉林省长春市市直机关召开档案工作会议。来自市直机关各部门主管档案工作的领导和档案人员130余人参加了会议。会上，长春市档案局局长梁伟部署了2004年市直机关档案工作任务，同时对电子公文归档管理工作提出了明确要求。市档案局经济科技指导处处长崔少菲以“提高认识，做好电子公文归档管理工作”为题，对与会人员进行了电子公文归档管理工作方面的业务培训。

为贯彻落实国家《电子公文归档管理暂行办法》，长春市档案局进行多次研究、论证，并借鉴一些省、市的成功经验，结合该市实际，决定在市直机关全面开展电子公文归档管理工作。为便于电子公文及时、快速、准确、安全地归档和有利于电子公文的利用，市档案局与有关单位共同研制开发了《GE2004文档一体化管理系统软件》，现该软件已投入使用，并首先在市直机关全面推行。另外，市档案局将出台《长春市市直机关电子公文归档管理暂行办法》，进一步规范电子公文归档管理工作。这次会议，对全面提高机关档案工作管理水平和加快全市档案信息化建设起到积极的推动作用。

哈尔滨市政府将档案局纳入政务呼叫系统

首批整合进入哈尔滨市政务呼叫中心的17个成员单位中，市档案局名列其中。市政务呼叫中心将对市政府各部门业务流程进行梳理、调整，将政策法规、办事程序、投资指南、收费标准和相关部门职能等政务信息资源按照统一标准进行整合，通过自动语音、传真、留言、人工等多种方式为市民提供服务。市政务呼叫中心开通后，公开受理公众投诉申请，市民和企业等单位只打一个电话，便可接通多条服务热线，对提出的投诉、申请和建议，查询政务信息，进行政务咨询担保提供热情服务。市档案局进入市政务呼叫中心，为新形势下档案工作更好地为全面建设小康社会服务提供了崭新机遇。 （周元库）

哈尔滨市全面启动档案数字化工程

哈尔滨市档案局为了适应档案信息化建设飞速发展的需要，于2002年开始实施数字化档案馆建设工程。截止2003年末，已完成机读目录录入近百万条，已有200卷珍贵档案进行了缩微，并通过扫描仪进行了全息数字转换。在近两年内全面实现档案检索数字化管理。

哈尔滨市档案局在抓数字化档案馆建设的同时，充分认识到抓好市直各单位电子公文归档与电子档案管理工作是建立数字化档案馆的基础，对全方位加强全市档案信息化建设管理水平，有着重要的意义，为此采取了内外结合、上下互动、超常规的办法，从资金、政策、技术上最大限度地保证数字化档案馆建设的全面实施。

加大资金投入力度，确保设备全部到位。2002—2003年，在全市财政经济十分紧张的情况下，哈尔滨市档案局的领导积极争取，取得市领导和财政部门的理解与支持，先后投资400余万元购置了全部现代化设备，为建立数字化档案馆提供物质条件。

加强培训，保证工作顺利开展。2003年8月，举办全市电子公文归档管理培训班，对全市所属机关事业单位的档案人员开展电子文件归档与电子档案管理工作的专题讲解，下发了《哈尔滨市文书档案机读目录格式规范》，确定了全市市直机关档案机读目录格式的统一性。同时，2003年市档案局拿出2万余元对全局45岁以下的55名干部专门进行了计算机知识培训，培训人员均获得计算机操作合格证书。

为了贯彻国家档案局颁布的《电子公文归档管理暂行办法》，结合哈尔滨市建立数字化档案馆的实际，制定了《哈尔滨市电子公文归档与管理实施细则》，对电子公文收集、整理、鉴定、保管与利用进行了详细的规定。要求市直各单位每年4月份向市档案馆移交上一年所形成的电子档案。市档案局与哈尔滨市信息产业局联合制定下发了《哈尔滨市档案管理信息化实施纲要》，为哈尔滨市档案管理现代化的发展提供可靠的依据。2004年3月召开了区、县(市)档案信息化建设现场会，部署了2004年档案信息化建设任务，全面启动了区、县(市)档案信息化建设工作。

抓好试点，以两办名义发文，工作效果显著。先后在哈尔滨市委办公厅、哈报集团、市财政局、市国税局、市地税局开展了电子公文归档与管理试点工作，收到了良好的效果。2004年为进一步推动全市各单位电子公文与电子档案归档与管理工作，哈尔滨市委办公厅、哈尔滨市政府办公厅转发了市档案局《关于进一步加强电子公文归档和管理工作的意见》。通知中要求认真贯彻《哈尔滨市电子公文归档与管理实施细则》，加大投入，完善设备，搞好电子公文归档与管理工作，确保国家档案局《电子文件归档管理暂行规定》在全市的顺利实施。两办发文后，引起各单位领导的高度重视，购置设备，加快著录，电子公文归档与纸质文件双套制存档全面启动。（闫金利）

绍兴市档案局颁布《绍兴市数码照片档案管理暂行办法》

2004年年初，浙江省绍兴市档案局印发了《绍兴市数码照片管理暂行办法》。该《办法》对数码照片、数码照片档案、数码照片文件目录、数码照片光盘目录等名词术语作了解释，对数码照片档案收集的范围、收集方法、整理方法提出了明确要求，具有较强的可操作性和实用性。（梁国灿）

青岛市数字档案馆建设情况

2003年8月20日，青岛市数字档案馆启用，成为全国首家正式开通的数字档案馆。青岛市数字档案馆的建设完成，进一步推动了我国数字档案馆理论和技术的研究、应用，对全国数字档案馆的工程建设起到了示范作用。2004年，《数字档案馆关键技术研究》获得了青岛市科技成果进步三等奖。经过两年多的继续建设和不断完善，青岛市数字档案馆目前拥有各类目录数据库近1000万条，全文数据近500万页，照片数据近5万张，多媒体数据5800多张光盘，形成了初具规模的数据群。（刘旭刚）

省级档案局优秀科技成果奖获奖成果介绍

北京市非公有制企业档案管理现状分析与对策

北京市档案科学技术研究优秀成果二等奖

完成单位：北京市档案局

主要完成人：赵瑞红、邵顺昌、陈元麟、孙燕芝、赵力华、高洁、安锋、何平、顿继光、毛顺青、武高可

本课题具体成果主要包括：

第一，分析了北京市非公有制企业档案管理现状、存在的问题及原因。指出现阶段非公有制企业档案管理水平呈现出发展不平衡，整体较弱，管理模式多样和管理思路模糊的状况。揭示出市非公有制企业档案管理存在完备型、自成体系型和基本无序型三种状况并存的局面。

第二，论述了加强市非公有制企业档案工作的必要性。课题从加强非公有制企业档案工作是企业良性健康发展的内部需要，是企业生存发展的外部需要，是为社会积累档案财富的需要等三个方面论述了该项工作的必要性。

第三，针对目前市非公有制企业档案工作中存在的问题，提出了加强非公有制企业档案管理的对策。对策之一是加强法制宣传，提高非公有制企业人员的档案意识。对策之二是突出监管重点，确保非公有制企业中对国家和社会具有保存价值档案的安全。对策之三是建立中介机构，按照市场运行机制为非公有制企业提供档案管理社会化服务。对策之四是依托行业协会改变单一的档案行政管理模式。对策之五是转变工作思路，正确认识档案行政管理部门对非公有制企业档案工作监督指导的特殊性。

第四，《北京市非公有制企业档案管理指南》（草案），为本课题的附件。《指南》共七章三十六条。

调整文书档案保管期限　优化馆室藏的研究

北京市档案科学技术研究优秀成果三等奖

完成单位：北京市西城区档案局

主要完成人：金子成、郭树娣、朱玲、陈凤丽、许雪鹰、王然

本课题研究主要内容是，现行文书档案归档工作中存在的重复问题；针对不同层次和文件形成的具体情况划定保管期限，增强保管的可操作性，减少归档的随意性，解决馆室藏档案的优化问题。

（一）制定调整保管期限的指导思想

根据西城区档案馆、室藏档案管理的现状，从西城区的档案管理工作的实际出发，提出了针对不同层次和文件形成的具体情况划定保管期限，减少归档的随意性；解决文书档案重复归档、调整归档文件保管期限比例，推动馆室藏档案从数量扩张向质量转变；区分立档单位规格层次；调整进馆范围；各立档单位针对具体情况，制定切实可行的保管期限表。

（二）制定调整保管期限的指导意见

1．解决档案重复归档和进馆问题

（1）杜绝全宗内档案重复归档。坚持同一文件只

保存一份,由单位内一个部门立卷归档。(2)解决全宗间档案重复进馆问题。坚持以立档单位自身形成的文件为主的进馆原则。

2. 区分层次,提升永久、长期保存档案的价值

各单位在具体制定档案保管期限表时,应以反映本单位或专业的主要职能活动和历史概况为出发点,坚持来源、职能、效益原则。

(三)形成了较为完整的调整保管期限的依据性文件

通过对调整文书档案保管期限,优化馆室藏的研究,形成了《关于调整档案保管期限,优化馆室藏的意见》、《文书档案保管期限参照表》、《调整档案保管期限表操作程序》等文件。

清代珍贵档案的揭裱与修复

河北省档案科研优秀成果奖一等奖

完 成 单 位:河北省档案馆

主要完成人:康建红、王英兰、董国宏、吴君红、卢昱红

该课题是针对破损严重的清代珍贵档案如何通过揭裱和修复的方法,恢复其原貌的保护技术研究。本研究主要抓了三个关键环节即:去污、揭裱和再裱,开展攻关。该课题在档案揭裱和托裱方面实现了一定的技术突破,采用传统技术与自行摸索新技术相结合的方法,解决了较多的技术难题,在省内具有一定的领先水平。对珍贵档案及各种纸质档案的抢救具有较强的操作性和实用性,有较大的推广价值。

电子文件归档办法的研究

河北省档案科研优秀成果奖二等奖

完 成 单 位:河北大学、华北电力大学、保定市档案局

主要完成人:王保忠、谢海洋、禄德安、张建军、徐卫峰、卞昭玲

该课题科学界定了电子文件与电子档案的相关术语,对电子文件进行了科学分类,阐明了电子文件与电子档案的管理体制及各级档案部门的职责,明确了电子文件归档范围、保管期限、归档方式和要求,以及电子档案移交和保管程序、标准与要求,并对电子档案的提供利用与销毁作出了规定。该课题研究成果理论和实践性较强,其研究达到预期目标,总体水平居全国同类研究的领先水平。

石家庄市供水总公司档案网络运行安全技术

河北省档案科研优秀成果奖二等奖

完 成 单 位:石家庄市供水总公司

主要完成人:金树华、戴启武、贾焕立、高昆、李继萍、尚辉、张雅荣、陈师、刘亚洁、何宇佳、张静

该课题采用伪装加密技术对机密文件实现安全传输,在局域网服务器与广域网之间使用"防火墙"技术,在全省档案系统具有一定的先进性和领先性。该系统技术成熟,运行稳定、安全,在省内企业,尤其是供水企业具有应用推广价值。

县(市)级综合档案馆标准化管理

河北省档案科研优秀成果奖二等奖

完 成 单 位:任丘市档案局

主要完成人:郭建舟、刘卫东、苑小丽、王占荣、仲桂芹、刘金玲、马四民

该课题在标准化管理方面有所创新,为县市级综合档案馆的发展探索出一条新路。该课题研究成果具有合理性与可操作性,对指导县市级综合档案馆建设提供了统一而具体的标准,具有一定的推广价值。

河北省档案馆局域网络环境下档案目录数据安全备份系统

河北省档案科研优秀成果奖三等奖

完 成 单 位:河北省档案馆

主要完成人:康建红、蔡庆中、张根凯、孙立永

该课题采用较先进的程序设计语言和关系数据库语言,实现了数据的自动定时完全备份,保证了档案目录数据的安全和灾难发生后的数据及时恢复。在程序上采用了差异备份的方法,达到了省时安全的目的,其中对数据库超时报警的处理,在省内具有一定的先进性。该系统解决了中小型档案馆虽建有局域网但备份设备不完善条件下档案的备份问题,既经济又具有实用性,有较大的推广价值。

网络环境下档案信息的开发与利用

河北省档案科研优秀成果奖三等奖

完 成 单 位:邯郸市档案局

主要完成人:杨东红、郑慧雯、高婷婷、孙瑞云

该课题较详细地阐述了档案信息如何通过网络实现共享,以及网络共享中应解决的问题,具有较系统的提示作用。该课题中比较鲜明的部分是:提出了网络建设的可视性、可读性、知识性、趣味性,以及主页的三要素:索引、图片、链接的观点,对档案馆网络建设具有很强的参考价值。

缩微影像数字转换技术的应用研究

河北省档案科研优秀成果奖三等奖

完 成 单 位:河北省档案馆

主要完成人:张根凯、吴君红、卢昱红

该课题通过研究建立了一套比较完整的数字转换

系统，形成了规范的操作流程和技术标准，为今后大规模的档案数字转换提供了实验操作数据。该课题的研究成果，在行业内处于领先地位，不仅适用于省级档案馆，而且适用于各级各类专业档案馆，具有广泛的推广应用价值。

关于开滦在资产重组与产权变动中档案管理方法及对策

河北省档案科研优秀成果奖三等奖

完 成 单 位：开滦(集团)有限责任公司档案馆

主要完成人：鲁连仲、汪志诚、杨磊、崔天宝、赵伯亚、任荣会、郎秀伟

该课题适用于资产重组与产权变动中的国有企业档案管理部门，解决了企业在资产重组和破产后档案归属问题。该课题在行业内处于领先地位，同时也填补了传统档案管理的空白，具有很高的应用和推广价值。

历史照片档案的保管与修复

河北省档案科研优秀成果奖三等奖

完 成 单 位：秦皇岛市档案馆

主要完成人：杨爱志、徐华、马玉杰、刘艳丽、郝杰、靳小芹、臧一君

该课题就历史照片档案的抢救提出了比较系统具体的方法，论述简略明了，可操作性强。课题涉及修复环节最具有价值，特别是恢复照片的张力、底片清理修复有所创新。

清苑县实物档案的收藏与管理研究

河北省档案科研优秀成果奖三等奖

完 成 单 位：清苑县档案局

主要完成人：李新锁、吕立兴、宋文满、臧锦忠

课题组在充分调研论证的基础上大胆探索及研究并付诸于实践，收集了有价值的实物档案，据此出版了《燕南赵北民俗》专著，举行了“直隶婚俗展”实物档案展览，并积极筹建实物档案馆，取得了一定社会效益和经济效益，积累了实际工作经验。该课题的研究成果对于弘扬和传承地域民俗文化、进行爱国主义教育有较好的推动作用。

档案管理系统网络版

内蒙古自治区档案局优秀科技成果二等奖

完 成 单 位：内蒙古河套灌区义长灌域管理局

主要完成人：刘剑云、高鸿永、张三元、张玉英、杨宇、贾树庭、李国宏、陈爱萍、姜文英

该项目已在河套灌区全系统内推广试行，实现了远距离查询，使灌区各基层站所直接通过网络查询资料，使本系统档案管理实现了计算机管理，完整、全面的建立了电子档案数据库。该系统具有汇总、分析、查询、检索、存储利用、添加、网络查询和系统管理等功能。

农户档案创新机制

内蒙古自治区档案局优秀科技成果三等奖

完 成 单 位：五原县档案局

主要完成人：张利平、屈建光、张三元、李国宏

该项目将每个农户的所有情况列表统计。表一：农户房屋畜牧家禽林果业及其基本情况；表二：农户家庭财产及个体私营经济情况；表三：农户家庭主要成员与户主关系及其农作物种植情况；表四：农民负担及养殖业防疫情况；表五：家庭经济收入情况；表六：普法依法治理计生精神文明等情况。

归档文件纸条粘贴式装订方法

内蒙古自治区档案局优秀科技成果三等奖

完 成 单 位：赤峰松山区档案局

主要完成人：董长虹、郑泉、宫泽显、董亚芳、全卓、张作梅、郭福全、李艳英、王虹达

该课题本着“装订牢固、调整方便、防止锈蚀防止霉变、利于消毒、操作简单、降低成本”的原则，采用在归档文件左侧打窄条形孔，然后穿入纸条，缠绕后局部粘贴方式进行装订。

档案库房防水报警装置

内蒙古自治区档案局优秀科技成果三等奖

完 成 单 位：赤峰市档案局

主要完成人：达伦布和、于宪峰、苏和、王瑞斌

该装置专门为北方地区冬季采用水暖供热的档案库房设计。本装置根据无线电数字信号发射与接受原理，利用触点式传感器连接报警装置，一旦暖气有漏水现象，报警装置能及时发射无线电信号报警。

档案收发管理系统

内蒙古自治区档案局优秀科技成果三等奖

完 成 单 位：包头北方重工集团档案中心

主要完成人：贺瑜

该系统可以使各单位在复印、晒图过程中通过手工记录保存的原始依据变为计算机存贮检索，检索时，可根据查找内容(序号、单位、资料单编号、复制、晒图及填写日期)进行查询和打印。软件功能可实现系统维护、资料单录入、编辑、浏览、查询、图纸类别和单位维护。减轻了劳动强度，提高了工作效率。

家谱文萃
辽宁省档案局优秀科技成果一等奖
完成单位:鞍山市铁西区档案馆
主要完成人:雷宗杰、蔡子明、翟秀萍、范秀红、宫侃、侯鹏霄、刘蔓

第五届满族风情节系列丛书
辽宁省档案局优秀科技成果一等奖
完成单位:新宾县档案局
主要完成人:曹文奇、王杰、蔡雅文、单铃、赵世伟、张炳旭

《俯瞰本溪》大型航拍画册
辽宁省档案局优秀科技成果一等奖
完成单位:本溪市国土资源局、本溪市档案馆
主要完成人:郭韬

营口村镇
辽宁省档案局优秀科技成果一等奖
完成单位:营口市档案局
主要完成人:张庆斌、梁克、辛振廷、夏志坤、范秀艳、李照南、薛红、陈志民、寇真、王雨时

阜新矿区采煤沉陷区状况研究
辽宁省档案局优秀科技成果一等奖
完成单位:阜矿集团档案馆
主要完成人:赵春芳、张艳华、王晓燕、符雅璇、宋兆奎、郭靖华、郭秀军、周桂云、张妍

喀喇沁左翼旗乌梁海氏家谱
辽宁省档案局优秀科技成果一等奖
完成单位:喀左县档案局、省民委古籍办
主要完成人:杨丰陌、阎向东、李向林、陈景玉、计晓丹、陈俊岭、刘德君、徐志友、胡国志、斯日古楞、援朝、金孟华

电力工程设计档案编研模式的建立
辽宁省档案局优秀科技成果一等奖
完成单位:东北电力设计院　辽宁电力勘测设计院
主要完成人:王延东、李桂珠、鞠永辉、杨晓东

防治突发性传染病的档案工作研究
辽宁省档案局优秀科技成果一等奖
完成单位:中国医科大学附属第一医院
主要完成人:李继光、吕刚、田韧、毕新梅、李壮

文件在线归档和单份管理
辽宁省档案局优秀科技成果一等奖
完成单位:辽河油田分公司档案馆
主要完成人:张宴臣、黄兰英、郑广秋、廖国琴、王平、叶丽华、宋洁、冯伟、刘金平

振兴辽宁老工业基地的探索与实践
辽宁省档案局优秀科技成果一等奖
完成单位:省委办公厅
主要完成人:周玉、郭辉、高峰、丁锐、刘志伟、司军校、马志忠、杨非、周成龙

档案库房技术改造研究
辽宁省档案局优秀科技成果一等奖
完成单位:辽宁省档案科研所
主要完成人:王意恒、刘乃蓬、李英、王忠祥、李映天、徐新、李文彬、王志

档案专业高级职称评审条件量化评价系统
辽宁省档案局优秀科技成果一等奖
完成单位:辽宁省档案局教育中心
主要完成人:艾鸿举、孙成德、王意恒、刘灵师、丁元、宋晓彬、梁丽英

《满铁与劳工》档案史料汇编
辽宁省档案局优秀科技成果一等奖
完成单位:辽宁省档案馆
主要完成人:李云涛、魏庆杰、于淑娟、王天平、马丽娟、鲁志范、权方敏、张欣悦、卢岳美、邵文杰、杨韶明、王永成、李宝安、杨英夫、黄唯敏、里蓉、孙乃传

《千华山志》整理编辑课题
辽宁省档案局优秀科技成果特等奖
完成单位:辽阳市档案馆
主要完成人:叶红钢、王静秋、王成科、曹中伟、徐长清、刘冰泓、李东、王平

盛京皇宫和关外三陵档案
辽宁省档案局优秀科技成果特等奖
完成单位:辽宁省档案馆
主要完成人:赵焕林、何荣伟、王琦、程大鲲、周晓红、张虹、尹虹、何莉、孙建冰、许萍、赵丽艳

综合档案馆鉴定工作理论与实务

上海市档案局科技成果一等奖

完成单位:上海市档案馆

主要完成人:戴志强、成兴法、程绣明、杨红、王春楣、张斌、李军、杨雅伦、倪红

该研究成果对我国综合档案馆鉴定工作的特征、理论、方法、手段等进行了系统研究,构建了国家综合档案馆鉴定工作理论与方法的体系。在吸收国内外档案馆鉴定理论成果的基础上,创建了国家综合档案馆鉴定工作理论体系;揭示了综合档案馆鉴定工作的作用,深化了鉴定工作的内涵;在阐明鉴定原则的基础上,确立了判定档案价值的要素;强调了档案鉴定工作必须有一套完整的法律和体制、制度作为保障。体现了档案开放鉴定研究的系统性、档案进馆鉴定研究的开拓性、馆藏档案分级鉴定研究的前瞻性。

档案价值鉴定的理论与实践

上海市档案局科技成果一等奖

完成单位:上海市档案局、南京政治学院上海分院

主要完成人:周玲、邹伟农、宗培岭、马长林、严永官

该课题以档案价值鉴定为基础,以不同鉴定目的的档案鉴定为主线,从归档、进馆、开放、存毁、定级、出境和赔偿等环节的鉴定原则和标准入手研究,取得档案鉴定理论研究方面的重大突破。通过此项研究,能够提高我国档案鉴定工作的整体水平,保证全宗的质量,使档案鉴定理论工作更有应用价值和操作性。此项研究在技术研究方面属于国内先进水平,有一定的推广价值。

现代大都市档案馆形象设计

上海市档案局科技成果三等奖

完成单位:上海市档案馆保管二部、上海大学文学院

主要完成人:周关根、周沂蒙、杨红、赵刚

该课题组对外国和我国各级档案馆进行了资料调研、问卷调研及现场调研,提出了现代大都市档案馆形象设计的现代化、人本化、大文化的理念,对处于新时期档案馆的建设提出了全方位总体建议,具有实际的参考价值和指导意义。该课题提出了现代大都市档案馆的形象定位问题,对大都市档案馆的外观形象、馆内设施、管理系统、馆藏成分、人员素质、服务项目等方面的研究探讨具有创新思路。

区级档案馆馆藏结构、利用工作现状和档案信息数据库建设的研究

上海市档案局科技成果三等奖

完成单位:闵行区档案局

主要完成人:许志浩、杜惠芳、顾纯民、张秋元、孙伟兰、陈长青、潘玉民、丁光勋

该课题是上海市档案局的一个重点课题,它的研究成果对上海市各区县档案局馆在馆藏建设和档案信息化发展思路及其方向等方面具有一定的指导意见。该课题研究成果对积极推进区级档案馆档案信息数据库建设具有较强的现实指导意义,并在档案信息数据库建设方面具有创新性和先进性。

档案馆信息社会化与档案馆社会功能研究

上海市档案局科技成果三等奖

完成单位:上海大学

主要完成人:宗培岭、薛匡勇、王向明、赵屹

课题组在进行调查研究的基础上,围绕档案馆信息社会化与档案馆社会功能进行了深入地研究,提出了档案馆信息社会化的内涵,对档案馆的职能与功能作了明确定位;深化了档案馆属性研究,提出了档案馆公益性的观点;分析了档案馆信息社会化的现状与制约因素,论证了实现档案馆信息社会化与档案馆功能的对策、途径与应注意的倾向性问题,其中有关档案人文管理、档案网站建设、档案网络服务等的论述具有新意。研究成果以创新理论为指导,观点鲜明、论证严密、材料充实,具有一定的研究深度。

抽水蓄能电站科技档案分类表

上海市档案局科技成果三等奖

完成单位:华东电网有限公司

主要完成人:陆杏泉、杨家琴、钱志祥、陈俊丰、戴静芬、邱凤琴、徐莉、董是烈、吴丽姗

《抽水蓄能电站科技档案分类表》是根据《工业企业档案分类规则》和《电力工业企业档案分类规则》的总体要求,紧密结合抽水蓄能电站的特点,吸取其它分类方案的长处,广泛征求专家和用户的意见,编制而成一份适用于抽水蓄能电站的科技档案分类表。该成果正在华东地区新建的三座大型抽水蓄能电站推广试用,并初步显示出成果的价值。

照片档案数字化研究

河南省档案局优秀科技成果一等奖

完成单位:南阳市档案局

主要完成人:武乐善、王子芝、程相山、王林、张怀珍、陈铁城、唐小已、张红霞

该项目运用计算机图像扫描和数字图像处理技术对照片档案进行了数字转换,并应用数据管理技术进行有效管理,解决了照片档案长期在征集、保管、利用过程中复制烦琐、破损照片修复技术方法单一、检索过程复杂、利用不便等难题。突现计算机技术在照片管

理工作中的档案复制、保护、抢救、储存、检索、调阅、传送等方面的便捷性与优越性。

档案库房温湿度及环境监控系统

河南省档案局优秀科技成果一等奖

完 成 单 位:河南省档案局技术管理处

主要完成人:史锐、陈卫东、林淑玉、李珂、梁克敏、张红梅

该课题研制的监控系统由安放在库房的温湿度传感器对库房指定部位的温湿度进行实时检测。当监测到库房内温度超出规定的范围时,系统可自动对通用空调、除/加湿机等设备进行控制,以达到自动调节库房温度和湿度的目的。对于可采用红外线或超声波遥控的通用空调,系统可以在不作任何改造,转由手动操作切换到全自动控制。同时可对检测到的温湿度数据以数字、图形、曲线等方式进行显示和打印,对检测数据进行存档。

石油勘探图形、图像档案数据库的设计开发与研究应用

河南省档案局优秀科技成果二等奖

完 成 单 位:河南油田石油勘探开发设计院

主要完成人:宋建华、徐虹、吴官生、韩伟、朱红宇、王金旗、李越

该项目运用多种信息领域的新理论、新技术、新方法深入开展研究工作,建立档案网络系统平台,构筑动态数据库和网络信息查询与调用,建立起一个图形、图像动态档案数据库,为勘探的科研、生产提供了较方便的查询和调用系统,为档案信息管理提供一套行之有效的模式。

档案信息网站规划设计与建设的研究

河南省档案局优秀科技成果二等奖

完 成 单 位:中原油田分公司档案管理处

主要完成人:李士竹、石立铭、彭秋燕、段毅华、苏芳、潘芳、孙安业

该课题结合中原油田档案信息网站建设的实际情况,从档案信息网站建设的规划、设计、制作及安全建设、技术标准等环节入手,研究档案管理部门如何利用先进的网络设备和先进的网站开发设计手段,构建高效的企业档案信息网站,并提出企业档案网站规划建设的具体实施办法。课题研究要点:对网站的功能、结构、技术标准、页面的布局设计等方面进行软件开发研究,同时提出了网站安全建设方案。

退耕还林档案管理办法研究

云南省档案局优秀科技成果二等奖

完 成 单 位:保山市档案局

主要完成人:郭进忠、刘学康、蔺菊清、周咏彬

该课题在国家档案局未出台退耕还林工程具体业务标准的前提下,从管理体制、档案分类、排列、编目及开发利用等方面研究探索出一套规范、科学的管理方法,扩展了农业和农村档案工作的外延,在保山市区第一、二期退耕还林工程中推广应用,取得了明显的社会效益和经济效益。

云电综合档案管理系统应用研究

云南省档案局优秀科技成果一等奖

完 成 单 位:云南电力集团有限公司

主要完成人:周琼凤、王航、侯彦文、罗渊、孙文才等

该研究项目结合云南电力系统档案管理的工作实际,对档案信息管理系统与办公自动化系统同时进行开发,实现了文档一体化管理。从收文登录、发文撰稿到文书立卷、归档、档案借阅、统计等环节,实现了文档一体化处理,大大提高了公文的运转速度,同时确保了档案的齐全、完整与安全。该系统在全省电力系统16家单位经过了五年多的应用,运行稳定,用户反映良好,兼具实用性和可操作性,领先于国内同行,具有推广价值。

文档一体化档案信息系统

新疆维吾尔自治区档案优秀科研成果二等奖

完 成 单 位:哈密铁路信息技术有限责任公司

主要完成人:张立春、史春雷、胡家福、邢凤江、王江明、左培红、李继华

该系统顺应国家归档文件整理规则,实现了利用计算机来进行档案的数据录入、检索、排序、借阅、统计分析,提高档案业务工作的效率,为档案管理工作提供科学有效的手段。主要技术特点是:1. 在功能设计上利用模块化设计,使系统具有很高的可扩展性。2. 系统应用 Windows95/98/XP 操作系统,采用 PowerBuide8.0 开发工具,单机版采用 SybaseSQLAnywhere 数据库系统应用,网络版采用 ORACLE 数据库以满足用户不同需求。3. 该系统将文书处理工作与档案管理工作有机结合,实现了数据的高度共享。

归档文件"封套式"固定法

新疆维吾尔自治区档案优秀科研成果三等奖

完 成 单 位:阿克苏市档案局

主要完成人:徐开珠、蒋彩霞

归档文件"封套式"固定法是选用100克无酸牛皮木浆纸制作成长为19.3或21.3厘米(原16开或A4

纸幅)宽为10厘米的扁环行封套,背面留2.5厘米接头,用胶水或双面胶固定,套住文件“中腰”,以此确定文件的“件”的实体形态,界定“件”的独立完整性,保持单份文件的独特风格。该项目的优点:制作工艺简单、耗材少、成本低廉、便于应用推广,同时具有生态环保的天然品质,综合比较其他固化文件的特性,该成果具有一定的实用性、科学性。

创星档案管理软件

新疆维吾尔自治区档案优秀科研成果三等奖

完 成 单 位:克拉玛依市档案局

主要完成人:郭宝凤、吴军、高彬、梁惠玲、黄惠平

该软件利用“计算机及网络技术”将档案馆的档案进行数字化管理,依据国家、自治区和克拉玛依市有关档案标准、规范进行设计开发,广泛运用各级各类档案馆(室)档案管理工作。该软件的特点:1. 网络应用开发平台支持;2. 多角度查询;3. 数据的备份;4. 信息统计;5. 系统保存;6. 支持维文系统,对整个系统的界面进行维文翻译,有利于在新疆地区推广应用。

档案信息管理系统

新疆维吾尔自治区档案优秀科研成果三等奖

完 成 单 位:新疆时代石油工程有限公司、北京施惠特科技有限责任公司

主要完成人:胡锐、任良豪、王宏、车青、张青

“档案信息管理系统”是一个集档案管理、借阅管理、归档管理、报表管理、统计管理、系统设置等功能为一体的多层次、多结构的软件管理系统。主要功能有:企业档案信息库中档案主分类的定义和从属分类的定义功能、各分类档案管理员人员权限及用户使用权限的定义功能、支持对部门人员和档案分类的导入和导出功能、在同级档案分类处复制相同档案分类功能、各分类档案文件级附加字段的自定义功能、各分类档案案卷级附加字段的自定义功能、档案条目的导入导出功能、档案案卷目录的批量导入、导出功能、档案条目各字段的批量修改功能、电子档案原件的增加、修改及批量转入功能、档案报表的制作功能、档案的统计功能、实物档案的网上借阅与统计功能、电子档案原件的网上审批阅览功能、档案管理网上文件发放功能、服务器监控功能记录使用者对档案数据库的操作信息。

（十） 档案宣传工作

纪念邓小平诞辰100周年展览举行

根据中共中央《关于邓小平同志诞辰100周年纪念活动的通知》精神，由中央宣传部、中央文献研究室、中央党史研究室、文化部、中央档案馆和中国国家博物馆负责筹备的《世纪伟人邓小平——纪念邓小平同志诞辰100周年展览》于2004年8月10日起在中国国家博物馆举行。

作为筹办单位之一，中央档案馆选定参展档案82件，并根据展览要求，将82件档案全部制作成仿真复制件提供参展。

中共中央政治局委员、中央书记处书记、中宣部部长刘云山以及有关部门负责人吉炳轩、滕文生、孙英、孙家正、毛福民、潘震宙等以及小平同志的亲属和身边的工作人员参加了开幕式。开幕式结束后，来自解放军、武警、中宣部、文献研究室、党史研究室、文化部、中央档案馆、国家博物馆、国家文物局、中直机关、国家机关、教育部、团中央以及北京市的部分代表600余人参观了展览。新华社等20余家新闻单位的代表在现场进行了报道。

8月18至20日，党和国家领导人胡锦涛、吴邦国、温家宝、贾庆林、曾庆红、黄菊、吴官正、李长春、罗干，以及王兆国、回良玉、刘淇、吴仪、周永康、贺国强、曹刚川、曾培炎、王刚等分别来到国家博物馆，参观了展览。

本次展览开幕后不仅在国内引起了广泛关注，同时也引起了国际友人关注。尼泊尔王储访华期间特意通过随行人员向外交部礼宾司提出更改行程的要求，于8月15日上午参观了展览。另外泰王国诗琳通公主在邓小平女儿的陪同下参观了展览。展览展出期间共接待观众近30万人。（许卿卿）

纪念天津建城600周年档案展览月活动举办

2004年是天津设卫筑城600周年。天津市各级档案部门充分利用档案文化资源，于2004年10月在全市范围内开展了纪念天津建城600周年档案展览月活动。

展览月期间，天津市档案馆和各区县档案馆相继举办了18个各具特色的主题展览。天津市档案馆的《开放的天津》及《天津百年教育》两个大型展览深入到各大中小学巡回展出，受到广泛欢迎。和平区档案馆的《知和平、爱和平、建设新和平》、东丽区档案馆的《建设现代化津滨新城区》、大港区档案馆的《传承历史，开创未来》、蓟县档案馆的《馆藏档案精品展》等大型图片展览同时向社会公众展出，吸引了上万名群众参观。这些展览具有鲜明的地方特色，展出的档案图片资料系统丰富，特别是一批档案珍品首次与公众见面，吸引了大量的中小学生和社会各界群众参观，进一步扩大了档案的社会影响，成为人们了解乡情、乡土、乡俗、乡史的不可替代的窗口。（丛为民）

沈阳市十万家庭档案珍藏展览

为庆祝建国55周年，展示3年来沈阳市开展的“档案进家庭”活动成果，沈阳市档案局于2004年9月22～27日在新基火炬大厦举办了以“展示家庭历史，见证社会变迁”为主题的沈阳市十万家庭档案珍藏展览。展览用百姓家中的一件件档案，反映了社会的发展变迁，见证了新中国成立55年来沈阳经济建设和社会发展的光辉历程和改革开放所取得的伟大成就。此次展览被列为中共沈阳市委、市政府庆祝建国55周年大型文化活动之一。

此次展览由两大部分组成，即家庭档案珍藏和家庭档案工作成果。在家庭档案珍藏部分，分为六个专题内容：“沧桑巨变”——展示了建国后百姓日常生活中形成的旧票券、旧粮证等证券及家庭生活支出流水帐、工资条、购货发票等，以小见大，反映出伟大祖国55年的沧桑巨变和人们生活水平的不断提高；“眷眷真情”——展示了不同年代的结婚证、结婚照片、情书及尊老敬贤的记录等，歌颂人间美好的情感和中华民族的传统美德；“家史春秋”——展示了年代久远、名人、少数民族等有特殊意义的家谱、家史，见证中华五千年的历史文化；“成长之路”——展示了不同历史时期有特殊意义的婴儿出生证、照片、学生毕业证、奖励证书、成绩单等，反映出个人的成长轨迹；“工作足迹”——展示了典型人物的工作日记、照片、手稿、劳动奖章等，反映个人走向独立生活、报效国家的内涵；“亲切关怀”——展示了珍藏在百姓家中的“红镜头”，即毛泽东、邓小平、江泽民、胡锦涛等党和国家领导人来沈视察或接见劳动模范等珍贵照片，体现领袖与人民心连心及对百姓的关怀。在家庭档案工作成果部分，主要展示了沈阳市自2002年以来，推进“档案进家庭”活动深入开展的情况，领导重视、媒体关注的情况，以及家庭建档工作所取得的工作成果和产生的社会效益等内容。展览共展出展板118块，实物展柜26个，实物近千件。

在展览的6天里，参观人数达万余人次。不仅社会百姓积极踊跃参观，展览也吸引了众多新闻媒体的目光。中央电视台国际频道《精彩中国》栏目于10月

4日对展览进行了报道。沈阳电视台《特别关注》《科教视线》栏目、辽宁电视台等媒体在展览之前就深入多个家庭进行采访。展览开幕式当天，新华社辽宁分社、辽宁日报、辽宁电视台、辽宁人民广播电台、沈阳日报、辽沈晚报等媒体的30多名记者到展览现场进行了现场采访报道。

9月24日，正值全国家庭档案工作座谈会在沈召开。中央档案馆馆长、国家档案局局长毛福民及与会代表也参观了展览。毛福民局长现场接受了沈阳电视台记者的采访，对展览给予很高评价，并为展览题词："建立家庭档案，服务人民群众，建设和谐社会"。

（马凤云）

《上海风情》图片展在埃及展出

由上海市档案馆主办的《上海风情》图片展，2004年9月9～26日在埃及亚历山大图书馆展出，这是上海市档案馆首次在非洲办展。亚历山大是上海的友好城市，《上海风情》图片展是亚历山大"文明的呼唤"上海周活动的系列项目之一。上海市人大常委会主任龚学平、中国驻亚历山大总领事、亚历山大省省长为展览开幕式剪彩。上海市档案馆为办好这次展览做了精心准备，从馆藏档案中精选160多幅照片，以介绍上海城市发展和风土人情为主线，通过"港口之城"、"繁荣之城"、"文化之城"、"生活之城"、"礼仪之城"等五个部分，把上海的发展轨迹用图片档案的形式展现出来，由于展览效果很好，埃及有关方面特将此展览延长10天。

（宗和）

浙江省档案局开展档案宣传月活动

2004年9月，浙江省档案局在全省组织开展以"民营企业档案工作"和"已公开现行文件利用工作"为主题的档案宣传月活动，掀起了向社会广泛宣传档案工作的新高潮，为档案工作的创新发展营造了良好的社会氛围。

省档案局在"浙江档案网"举办的"民营企业与档案工作"有奖知识竞赛吸引了广大民营企业职工、档案系统工作人员和关心民营企业档案工作的各界人士的积极关注，注册参赛十分踊跃。竞赛期间，共有1万多人次参加了答题。省档案局还向全省民营企业100强企业寄送了《民营企业档案工作宣传手册》。绍兴市档案局召开了民营企业档案工作座谈会，举办了民营企业档案业务培训班。衢州市档案局从9月1～30日在广播电台"天天听"栏目播出档案宣传专题，还向全市骨干民营企业老总发出公开信，宣传民营企业档案工作的重要性。金华市档案局精心制作了"服务联系函"和宣传资料一起寄发给全市上规模民营企业。

杭州、湖州、金华等市档案部门利用科普宣传周活动，组织人员上街开展咨询服务，宣传已公开现行文件利用服务的内容、办法和效果。温州市档案局在档案宣传月期间，开始将已公开现行文件在"温州档案网"分批全文上网。象山县档案局在丹城公园门口兴办"档案超市"大型咨询活动，宣传已公开现行文件利用工作。

（吴光伟）

济南市成功举办"开埠百年档案图片展"

2004年是济南市开商埠100周年。为展示济南百年沧桑巨变，弘扬济南城市精神，进一步扩大和提升济南对外影响，促进省会经济社会发展，根据济南市委、市政府的部署，济南市档案局（馆）充分发挥档案部门的优势，主动联合市委宣传部等四部门，于7月25日至8月20日在山东东方艺术馆举办了"济南开埠百年档案图片展"。这次展览共制作展板210块，展出档案图片800余幅，较系统地反映济南近百年的发展历史。通过20余天的集中展出和到企业、学校、广场、图书馆等巡回展出，共接待省市机关、企事业单位干部职工，各界市民，国内其他省、市的参观者以及韩国、日本、法国、俄罗斯、美国、德国、瑞士、加拿大、巴西等外国友人总计达10万余人次，展览在社会上引了热烈反响，获得圆满成功。展览期间，全国和省、市10余家新闻媒体宣传报道近百次。

展览以"济南开埠"为切入点，以"回顾济南百年历史，展示泉城沧桑巨变"为主题，以历史档案照片为主要载体，通过对历史的回顾，从一个侧面形象直观地反映了济南开埠百年来在政治、经济、文化、城市建设、人民生活等各方面发生的深刻变化，启发、激励了广大市民和中外客人在历史与现实的对比中，进一步了解济南，热爱济南，共创济南更美好的明天，充分发挥出了档案的爱国主义教育和社会主义教育功能，使档案工作真正由"幕后"走向了"前台"。同时，济南市档案局（馆）还以举办展览为契机，科学谋划，统筹安排，精心组织，带动和促进档案工作的整体发展，有力地拓展了档案部门的影响，实现了档案宣传工作的新突破，推动了档案资源建设、档案编研等多项档案业务工作的开展。

（济南市档案局　宋建青）

广东省档案馆举办《永远的春天——邓小平与广东改革开放大型图片巡回展览》

2004年8月9日,《永远的春天——邓小平与广东改革开放大型图片巡回展览》开幕式暨画册首发式在广东省档案馆举行,此展由广东省委宣传部、广州市委宣传部、省档案局(馆)、省邓小平理论和"三个代表"重要思想研究中心联合主办。在纪念邓小平诞辰百年的日子里,得改革开放之先的广东,通过举办展览来展示和怀念一代伟人邓小平的动人风采和人民之子的高尚情怀,再现总设计师对广东人民的深情厚望和对广东改革开放事业的深切关怀,表达和寄托全省人民对邓小平的深深思念,帮助广大干部群众更加全面深刻地了解邓小平同志的丰功伟绩和邓小平理论的丰富内涵。这个大型的历史图片展以邓小平同志与广东的改革开放为主线,分《生平追忆》、《先行一步》、《东方风来》和《春天永驻》四个部分,展出的300张珍贵图片大部分是第一次向社会公布的史料,非常珍贵。8月22日下午,中共中央政治局委员、省委书记张德江,省长黄华华,省委副书记蔡东士,省委常委、宣传部长朱小丹,副省长谢强华等省领导和省委宣传部、省档案局(馆)等省直单位的干部一起参观了展览。本次展览除了在省档案馆展出外,还同时在小平同志曾经视察过的珠海、中山、顺德等地展出。 (钟鸣)

西藏自治区档案馆首次披露珍贵档案纪念江孜抗英斗争100周年

在纪念西藏江孜抗英斗争100周年之际,西藏自治区档案局(馆)积极利用馆藏优势,在配合全区纪念活动,向西藏自治区纪念江孜抗英斗争100周年活动办公室以及中央电视台等多家单位提供相关档案信息服务的同时,特从馆藏档案中精选、精译出26份珍贵且重要的档案,编辑成纪念专刊。

该专刊收录有西藏僧俗百官、全藏大会、噶厦政府、驻藏大臣有泰、荣赫鹏等所拟关于英军入侵一事的各种誓约、令函、信件、报告、批复等,有的珍贵档案系首次公开披露。这些史料不仅概括地还原出英勇的西藏各族军民在1904年为捍卫祖国神圣领土和民族尊严,不畏强暴,奋起反抗,用土枪、大刀、长矛、石头等落后武器,同拥有快枪、火炮的英帝国主义侵略者展开殊死搏斗,粉碎英帝国主义武装占领西藏企图的历史原貌,而且还展现出西藏当时的社会、政治、经济状况等,是研究西藏近代历史和民风、民俗的第一手材料,在科学研究、宣传教育等方面具有重要的凭证作用和参考价值。专刊除发行到全区各档案部门、省外有关档案部门以及三十多个刊物交换对象部门外,重点发行于日喀则地区档案馆、江孜活动中心办公室、西藏自治区江孜抗英100周年学术研讨会、西藏自治区纪念江孜抗英100周年活动办公室、西藏自治区科协第四代会办公室。 (洛桑普赤)

青海省档案宣传形势喜人

2004年,青海省档案宣传工作涵盖面扩大,呈现出电视里有形、广播里有声、报刊上有名,媒体上有了新亮点,宣传工作为档案工作鼓劲呐喊的生动局面。

据统计,2004年全省档案系统在各种报刊上发表文章174篇,采编各种信息331期,全年在国家、省、市新闻媒体上宣传报道青海档案工作79次。广泛宣传了档案工作为促进青海经济发展、文化繁荣和社会稳定服务的重要作用,提高了社会档案意识。自2004年1月4日起,《中国档案报》、《中国档案》、《青海日报》、《西海都市报》及青海电视台、青海广播电台陆续报道了"青海省委书记赵乐际视察档案馆"等消息。3月8~20日,青海省人大副主任宋彭生参加了档案行政执法检查活动,《中国档案报》、《青海日报》在第一版予以报道,并刊发照片。7月26日至8月3日,国家档案局局长毛福民一行在青海牧区进行《档案法》执行情况检查,《青海日报》、《中国档案报》及时报道,引起了省、州、地、市、县各级领导的重视,各地区纷纷组织对《档案法》执行情况的检查,解决档案工作中存在的问题。 (贺俊兰)

纪念全军档案工作建立50周年活动举办

以纪念全军档案工作建立50周年为契机,军队档案工作主管部门与多家新闻媒体通力合作,精心筹划,档案宣传工作开展得有声有色,达到了前所未有的规模和力度。与中央电视台联合摄制的55分钟四集电视片《永恒的记忆》,先于2004年9月3日、9月10日分两次在中央电视台1频道军事天地栏目播出,后于11月15日至12月9日以周一首播,周三、周四重播的方式在中央电视台7频道陆续播出,并制作了2000盘DVD光盘下发全军部队。自7月7日至9月15日,与解放军报共同推出了纪念全军档案工作建立50周年系列报道活动,组织撰写了14篇新闻报道和纪念文章,相继刊载在军报上,着力宣传了50年来军队档案工作建设成就、档案工作者先进事迹和档案信息化知识;中国新闻网等新闻网站转载了其中的一些报道和宣传文章。人民日报、解放军报等报道了全军档案工作建立50周年暨档案信息化建设座谈会召开的消息。《中国档案报》、《中国档案》和《解放军档案》广泛、深入地报道了会议情况和全军档案工作情况。全军各档案部门对此反响强烈，不少单位结合贯彻座谈会精神，专门组织了收看和学习。 （韩爱信）

中国档案报记者作品获人大、政协好新闻奖

2004年第十四届宣传人民代表大会制度好新闻和第十三届政协好新闻（万里健杯）揭晓，中国档案报记者作品双双获奖。

“人大好新闻奖”和“政协好新闻奖”均是经中共中央宣传部批准的全国性常设新闻奖，分别由全国人大常委会办公厅、政协全国委员会办公厅主办，每年评选一次。中国档案报记者柴丽采写的《为人大代表和人大会议服务是我们的最高职责——访全国人大常委会办公厅档案处》获第十四届宣传人民代表大会制度好新闻通讯类三等奖，中国档案报记者杜恒琪采写的《人民之声，档案之源——访全国政协提案委员会办公室》获第十三届政协好新闻（万里健杯）通讯类三等奖。

（柴丽）

“档案工作为振兴东北老工业基地服务”采访活动启动

党中央、国务院作出振兴东北老工业基地的战略决策后，极大地鼓舞了东北三省的广大人民。东北老工业基地要振兴，档案工作怎么干？2004年5月上旬，中国档案报常务副总编辑郭海缨和记者杜恒琪专程赴辽宁进行了实地采访，通过听取情况介绍、到档案馆实地查看和深入生产一线参观等形式，真切感受到鞍钢、抚顺矿业集团等老企业在振兴东北老工业基地战略决策的指引下，重新焕发出的勃勃生机。为此，中国档案报专门开设了《档案工作为振兴东北老工业基地服务》栏目，对辽宁省档案局、沈阳市档案局、大连市档案局、扶顺市档案局以及鞍山钢铁集团公司档案处（馆）如何围绕振兴作文章进行了系列报道，集中反映了辽宁省各级档案部门在服务振兴中的总体思路和工作重点，以及抓住机遇、乘势而上，档案工作有为有位的真实一面。 （杜恒琪）

中国档案报第六次全国通联宣传工作会议召开

2004年，中国档案报第六次全国通联宣传工作会议在云南省昆明召开，这次会议历时两天。主要任务是：以“三个代表”重要思想和科学发展观为指导，深入学习贯彻王刚同志重要来信精神，以求真务实的态度，总结两年来报社宣传和通联发行工作，表彰优秀记者站、优秀特约记者、发行先进记者站、发行先进单位，研究部署今后一个时期的宣传报道工作和通联发行工作。

中国档案报社总编辑段东升作了题为《深入学习贯彻王刚同志重要来信精神推动中国档案报各项工作全面发展》的报告，总结两年来的工作，充分肯定了成绩。

这次会议还就目前报纸存在一些问题，如：新闻版会议消息的报道仍然较多；档案工作的业务交流、理论研究文章精品少，缺乏深度；生动活泼的新闻照片少；版式设计要加强创新和突出特色；报纸文风有待改进，文字等错情有待减少等等，向各地记者站的同志们征求了意见和建议。 （孔素枫）

中国档案报社组织“走进西部四川行”采访活动

中国档案报社继“走进西部赴内蒙”、“走进西部赴新疆”报道活动后，2004年10月11～17日组织了“走进西部赴四川”采访活动。

采访团活动行程1100公里，途经成都、德阳、绵竹、茂县、都江堰等地，所到之处受到档案部门的热烈欢迎。

采访团一行采访了四川省政府秘书长王东洲、四川省档案局局长李仕根，参观了成都市档案馆、崇州市档案局馆、省国税局、成南高速公路公司、德阳市档案局，在绵竹市采访了绵竹市委书记蒋子林、剑南春集团公司董事长乔天明，参观了剑南春酒厂厂区及档案馆，最后到达海拔三千多米，条件较艰苦的藏族、羌族聚居高原地区阿坝州茂县档案局，参观了茂县档案馆，与茂县档案局有关领导举行了座谈会。

“走进西部四川行”采访活动得到报社领导的高度重视，报社派出常务副总编郭海缨带队，采访活动分为集体采访与分组采访的形式，共对10个档案部门进行了采访，采访活动准备工作充分，赴四川前报社领导与编辑记者反复商议采访方案，周密策划活动安排，并写出详细的采访计划。 （孔素枫）

中国档案报策划英文专刊

第15届国际档案大会于2004年8月23日在奥地利首都维也纳举办,中国派代表团出席会议。本次会议代表来自120多个国家和地区,约计两千位代表,属于国际档案界的大型活动。为了在这次会议上宣传中国档案事业近5年来的显著发展,中国档案报社刊发一期英文版,在会议期间赠送各国代表。英文版宗旨是:宣传中国特色社会主义档案事业的发展成就,宣传档案事业主体建设的具体情况,宣传各地各级档案部门富有特色的工作亮点,宣传国家重大活动中的档案工作,宣传历史悠久的中国档案文化,宣传中国档案工作者健康向上的精神风貌和愉快安宁的幸福生活。

为抓住机遇扩大对外宣传,第15届国际档案大会英文专刊共编刊24块版,得到各地档案部门的大力支持。 (孔素枫)

报刊登载的有关档案工作的文章和重要新闻

"档案农业"富千家

本报讯(通讯员陈友、周海东) 目前武清区大孟庄镇后幼庄村农民郭玉材的大棚黄瓜刚一上市就被客商抢购一空。他高兴地说:"去年秋天俺在'档案农业'里选择了大棚香瓜,亩均纯收入8000余元。心里有了底,入冬后俺又在'档案农业'里选择了黄瓜、金皮西葫芦种植,效果也不错。"在武清,像郭玉材这样靠档案农业发家致富的农民已有3000多户,户均年收入都在万元以上。

档案农业是武清区针对近年来农产品品种雷同、上市集中、相对过剩等结构性问题,推出的优化品种结构、增加农民收入的新举措。区农、林、畜牧、水产等涉农部门,首先对全区29个乡镇街道、741个村的区位特点、土地状况、水利条件、农技水平、劳动力分布及资源优势、历史传统等逐项进行调查梳理,汇总农村、乡、区的基础档案。然后,每年初根据国家产业政策和市场需求导向,选择与基础档案相吻合的种植、养殖项目,把项目的预期收入、投资数额、技术要求、管理要点、产品销售等编印成明白纸,分发给农户。农户根据自己的实际,选择一个年收入万元的项目为主攻方向。同时,档案农业每年都要根据市场需求重新修订补充,对效益差的及时进行调整。该区汉沽港镇去年在"档案农业"中选择了大棚油桃为全镇结构调整的重点,并在示范基地严格按"档案农业"中的基地、建棚、施肥、嫁接、定期管理、病虫害防治的要求操作,结果油桃提前20天上市,每亩收入达3500元,有力带动了全镇油桃产业的发展。通过实施档案农业不仅优化了该区的农业产业结构,而且促进了产业升级和农民收入的增长。如今在武清区,无论是种植业还是养殖业,引进名特优稀品种成为时尚,按档案农业标准操作成为共识,全区逐步形成了反季蔬菜种植区、优质果品区、高效养殖区、高品质粮食区等各具特色的产业基地。

(天津《今晚报》2004年2月21日)

本市为杰出人才设永久档案

本报讯(记者张鸣岐　李川　通讯员蔺志强) 本市杰出人才档案库昨天建成并启用,该档案库坐落于市档案馆内。昨天,市档案馆为近期收到并整理完毕的11位天津籍杰出人才举行了档案捐赠仪式。据了解,目前该档案库已陆续收到包括党政领导同志、科学家、艺术家、企业家和烈士等41位本市杰出人物的个人档案,包括文件、照片、声像、实物等档案近万件,现正组织人力对这些珍贵档案进行整理,不久将对外开放。

据介绍,天津档案馆是本市永久保管档案的基地、爱国主义教育基地和开发利用档案的中心。以前天津档案馆保存下来的档案,绝大多数是政府机关及有关单位的文书文件档案,此次在全市范围内征集杰出人才个人档案尚属首次。

在征集中,接受了谭绍文、万晓塘、张淮三、闫达开、邵清华等党政领导同志记载革命足迹的个人档案,包括他们幼年时期、参加革命工作时期以及从工作岗位退下来以后各个时期的书信、手稿、照片、生平事迹、录音录像、实物等各种档案。同时接受了天津籍科学家、艺术家、企业家和烈士等杰出人才的个人档案。如马三立的个人档案已征集了700多件，包括他保存的全套演出的光盘、录音带、少年学艺、从艺的照片，创作节目的手稿，以及他的传记和各种实物档案。

昨天的捐赠仪式，向11位杰出人才档案的捐赠者颁发了证书。这11位杰出人才档案包括：中国工程院医药卫生工程学部吴咸中院士的档案；中国工程院医药卫生工程学部石学敏院士的档案；中国科学院技术科学部刘广均院士的档案；天士力集团有限公司总裁、优秀企业家闫希军的档案；天士力集团有限公司、津门女将吴迺峰的档案；天津宝成集团有限公司董事长、优秀企业家柴宝成的档案；鑫茂科技投资集团有限公司董事长、优秀企业家杜克荣的档案；著名天津时调表演艺术家王毓宝的档案；著名京韵大鼓表演艺术家骆玉笙的档案；著名快板书表演艺术家李润杰的档案；在抗击非典中牺牲的裴鸿烈烈士的档案。

（《天津日报》2004年2月26日）

天津杰出人才档案库建成

本报天津2月26日电　日前，天津市杰出人才档案库建成启用。档案库设于市档案馆，目前已陆续收到党政领导同志、科学家、艺术家、企业家和烈士等41位天津杰出人物的文件、照片、声像、实物等档案近万件，经整理后对外开放。如马三立的个人档案已征集了700多件，包括他保存的全套演出光盘、录音带，少年学艺、从艺的照片，创作节目的手稿以及他的传记和各种实物档案。

（陈杰　蔺志强《人民日报》2004年2月27日）

“私有”档案也不得随意买卖

新报讯(记者　郑东红、梁爽　通讯员　蔺志强)

今后随意出卖、转让、赠送或转移对国家和社会具有保存价值的或应当保密的非国家所有档案均属违法行为了。另外，为了防止档案的损毁或丢失，档案拥有者可以向档案馆申请保护，档案管理部门将采取各种手段为私企或个人档案“加密”。记者昨日从市法制办、市档案局获悉，本市在全国省、市、自治区率先出台的第一部非国家所有档案管理工作办法的规定——《天津市非国家所有档案管理规定》，3月1日起开始实施。

个人人事档案不在其中

据天津市档案馆有关人士首先澄清一个问题，那就是非国家所有档案不包括普通人事档案。《规定》所设定的管理档案范围是根据天津的实际而定的，主要指集体所有、个人所有以及其他不属于国家所有的，对国家和社会具有保存价值的或应当保密的档案。《规定》对于这类非国家所有档案的出卖、转让、赠送或者转移有了明确规定，档案所有者向市或区县档案馆以外的任何单位或者个人出卖、转让、赠送档案的，应当于出卖、转让或者赠送前10日向档案行政管理部门提出申请，档案行政管理部门接到申请后5日内根据国家和社会公共利益的需要做出决定。擅自出卖、转让或赠送档案的，档案行政管理部门给予警告；情节严重的，可处3万元以下罚款；构成犯罪的，依法追究刑事责任。对具有重要价值或者应当保密的档案及其复制件需要携带、运输或邮寄出境的，档案所有者应提前10日向市档案行政管理部门提出申请，档案行政管理部门7日内进行审核，同意的发给批准文件，不同意的书面通知申请人并说明理由，海关凭批准文件查验放行。

“私有”档案如何“加密”

档案所有者不具备保管档案条件的，可以向档案行政管理部门提出代为保管申请。档案行政管理部门接到申请后，应当在3日内依据本规定审结，符合条件，2日内向申请人发出档案代为保管通知书，并通知档案馆代为保管；不符合条件的，2日内书面通知申请人并说明理由。

非国家所有档案都包括嘛

非国家所有档案主要包括两大方面，一是来自社会组织的，另一方面是民间个人的。

个人所有哪些资料应列入管理范围

反映社会变迁、重大事件的文字、图表、声像、照片、实物资料；反映民族、民俗、宗教、名胜、古迹的文字、图表、声像、照片、实物资料；历史人物、知名人士的文稿、信札、日记、谱牒、声像、照片、实物资料。比如反映天津变迁的老地图、老城市的照片、老报纸、历史文化名人题写的匾额等等。如果经鉴定同时也属于文物的，按文物保护规定管理。

社会组织哪些资料应列入档案管理范围

单位的设立、变更、终止及清算资料；土地利用、基本建设及环境保护资料；资信评估及法律事务资料；员工聘用、保险及劳动保护资料；股权、债权、债务、合同资料；财会、物价、税务、审计、统计、技术及年检资料；经营管理、业务活动中涉及公共利益及他人合法权益的资料。比如一些私营企业接受国外捐赠的贵重物品，也可以作为实物档案保管。

（天津《每日新报》2004年2月28日）

330 万条历史档案网上公开

本报讯(记者张鸣岐　通讯员蔺志强)　昨天,记者从本市召开的档案工作会议上获悉,全市各级档案部门本着档案利用面向市民、加速开发服务社会的原则,在去年向社会公开开放档案资料 70 万条的基础上,从今天开始,市档案馆又向社会公开开放 130 万条、各区县档案馆公开开放 200 万条总计 330 万条档案资料,并且这些档案通过网上向社会开放,只要您打开市档案馆网址 www.tjdag.gov.cn,坐在家里即可获得您需要或感兴趣的档案资料。

这 330 万条档案资料内容丰富,价值珍贵,荟萃了解放前、解放后天津各类档案资料,还包括了现行的“红头文件”,除文字外,还可浏览缩微的 60 万幅画。此次公开开放的历史性档案资料包括“老天津卫”、“津沽大事”、“专题档案”等,如《天津商会档案汇编》、《清末天津海关邮政档案选编》、《天津邮政史料》、《北洋军阀天津档案史料选编》、《袁世凯天津档案史料选编》、《中国共产党天津市组织史资料》、《天津接管史录》、《中国工商业的社会主义改造》(天津卷)、《三口通商大臣致津海关税务司札文选编》、《天津租界档案选编》、《津海关年报档案汇编》、《日本对华北经济的掠夺和控制》、《海河沿岸旧貌照片》等等。

(《天津日报》2004 年 3 月 11 日)

创信用工程　助农民致富

本报讯(记者张鸣岐)个人向银行贷款,将需要靠个人信用档案说话。日前从市档案局获悉,个人信用档案的建设将成为今后档案部门的工作重点,目前档案部门已与金融系统联手在静海县王口镇信用社设立首个试点,并率先推出农户小额信用贷款。农户向银行申请贷款时,银行将依据其个人信用档案来评估并最终确定是拒绝还是接受申请。

据静海县档案馆及王口镇信用社有关负责人介绍,建立农户信誉档案的初衷是为银行发放贷款提供信用评估依据。农户信用贷款与一般贷款最大的区别就是不用物质担保和抵押,而且也不像小额贷款要求贷款人必须待业,而是以信用为担保。如果信用程度好的话,光凭自己的良好信用就能贷款发展生产规模,且手续也极大简化。等级评定分三步,第一步由村评定小组向农民宣传,第二步由农户自愿报名,第三步评定小组按照农户报名情况,由分片信贷员深入到农户,对申请户资格条件进行实地调查。信用分为三个级别:优秀、较好、一般,等级评定的最高贷款额可达到 4 万元。根据评定结果为农民发放信用贷款证,农户仅凭信用贷款证就可以到银行贷款,省却了一般贷款所必须的贷款户需先提出申请、信用社专门召开审批会等耗时又费力的手续。

目前王口镇信用社已累计发放农户小额信用贷款 2912 万元,支持农户 3164 户,贷款农户都不同程度发展了生产、养殖、农田的规模,并获得可观经济收益。贷款期限为一年,去年贷款的农户,全部提前还了贷款,今年又申请了新的贷款。目前王口镇信用社的经验正向全市各郊区县推广。

(《天津日报》2004 年 3 月 29 日)

本市立法管理“私人档案”

社会进步呼唤加强档案管理

业内人士指出,《天津市非国家所有档案管理规定》的颁布具有很重要的现实意义。

首先,为搞好非国家所有又对国家和社会有保存价值的档案的保护和利用,提供了法制保证。

长期以来,由于本市没有非国家所有档案管理的规定,档案行政管理部门缺少对这部分档案管理监督的依据,致使对非国家所有、但对国家和社会有保存价值的档案缺乏监督和指导,造成应当保存的档案有的无人收集,有的无人管理,导致许多有保存价值的私人档案残缺不全,甚至丢失、损毁,给国家和档案所有者造成了无法弥补的损失。因此迫切需要出台相应的规定,规范非国家所有档案的管理。

其次,将进一步促进个体私营企业的健康发展。

随着本市多种形式经济的发展,个体私营企业及其他社会组织越来越多。据了解,本市现有个体私营企业 23 万多户、从业人员达到 83 万人,民办学校、私立医院和诊所等民间组织达到 800 多家。2003 年本市个体私营经济全年完成增加值 510 多亿元,占全市 GDP 的比重达 20% 以上,税收 30 多亿元,已进入快速发展时期。管理好这些档案,对于保持正常的社会主义市场秩序,维护企业的合法权益,促进非公有制经济健康发展具有重要的意义。

第三,有利于增强全社会的档案意识。

过去散落在市民个人手中的一些对国家和社会具有保存价值的档案资料往往得不到重视,丢失、损坏或者没有得到利用的现象非常普遍。随着《规定》的颁布,将进一步增强广大人民群众重视、保护和利用这些档案资料的意识,也会使得这一部分珍贵档案资料能够得到更好地保护和开发利用。

两类资料归为“私人档案”
重点强调具有保存价值

《规定》设定为非国家所有档案是指:集体所有、个人所有以及其他不属于国家所有的对国家和社会具有保存价值的各种文字、图表、声像等不同形式的历史记录。这里面强调的是"对国家和社会有保存价值"。那么,哪些档案资料对国家和社会具有保存价值呢?

《规定》分两部分进行了设定。

一是非国家所有的社会组织产生的资料,主要包括:单位的设立、变更、土地使用、基本建设、社会保险、财会、税收、审计、统计、股权、债权、债务、协议、合同等资料和经营管理、业务活动中涉及公共利益和他人合法权益的资料。

这部分档案既是一个单位自身存在和发展的重要凭证,又是实现国家管理的重要依据。在现实生活工作的实践中,具有较高的查考利用价值;

二是属于个人所有的对国家和社会具有保存价值的档案资料,主要包括:反映社会变迁、重大事件、民族、民俗、宗教、名胜、古迹方面及历史人物、知名人士等的文稿、信札、日记、谱牒、图表、声像、照片等资料。

这部分档案资料一般都具有较多的史料价值和收藏价值,记录着人类社会发展的轨迹,是人类社会文化瑰宝,是全社会档案资料的组成部分,具有较高的史料研究价值。

占有档案就要管好档案
单位终止必须办好移交

按照《规定》,非国家所有的社会组织和个人对档案享有占有、公布、利用的权利和收集、整理、保管的义务。

非国家所有的社会组织的档案,由其单位自行收集、整理、保管和利用。档案所有者或管理者应当建立健全档案管理制度,采取必要的保护措施,防止档案的损毁或丢失。禁止涂改、伪造或擅自销毁档案。个人保存的档案要由个人妥善保管,防止损毁或丢失。

档案所有者不具备保管条件的,可以向档案行政管理部门申请代保管。单位或个人捐赠或出卖档案的,要经过档案行政管理部门批准。非国家所有的社会组织的档案,因单位终止,其档案依法向变更后的单位移交;没有接受者的,应当向其所在地的区县档案馆移交。

明确档案行政部门职责
依法监管提供服务

《规定》还明确了各级档案行政部门要履行依法监管的职责;查处违反档案法的行为,指导档案管理工作,组织培训和档案开发服务。

市有关部门的一位负责人指出,各级档案行政管理部门在执行监督过程中,将依法对档案所有者进行监督和指导,尤其是帮助指导个体私营企业、民办学校、民办医院等社会组织,建立符合自身实际的档案管理机制,制定符合企业实际、简便易行的档案管理制度和业务规范。

为个体私营企业培训档案业务人员,根据个体私营企业档案工作特点,编写专门教材,突出实际操作性。定期开展个体、私营企业档案业务协作业务交流,为其档案工作人员开展业务交流牵线搭桥。加强档案中介服务组织的建设,为个体、私营企业提供优质的中介服务,如档案整理、业务咨询、开发利用及档案信息数字化等。还要充分发挥各级档案馆、现行文件阅览中心、档案网站的作用,积极开发馆藏档案信息资源,为个体、私营企业提供政策及业务信息服务。

对于个人所有的档案资料是否具有保存价值开展鉴定工作,提供代保管、档案修复服务等等。

"私人档案"可申请代保管
出卖、转让、赠送要经批准

《规定》对档案转移做出限制。私人档案所有者不具备档案保管条件,可申请由档案部门代保管。

档案行政管理部门接到档案所有者申请后,在3日内审结。对符合条件的,2日内向申请人发出档案代为保管通知书,并通知档案馆代为保管;对不符合条件的,2日内书面通知申请人并说明理由。

档案所有者向市或区县档案馆以外的任何单位或者个人出卖、转让、赠送档案的,应当于出卖、转让或者赠送前10日向档案行政管理部门提出申请,档案行政管理部门接到申请后5日内,根据国家和社会公共利益的需要做出决定,同意的发给批准证书,不同意的书面通知申请人并说明理由。

对具有重要价值或者应当保密的档案及其复制件,需要携带、运输或邮寄出境的,档案所有者应提前10日向市档案行政管理部门提出申请,档案行政管理部门在7日内进行审核。同意的,发给批准文件;不同意的,书面通过申请人并说明理由。海关凭批准文件查验放行。

建立健全组织和标准
科学鉴定档案价值

据了解,目前各区县档案局和和各有关单位档案部门,已经把学习、宣传、贯彻、实施《规定》作为当前档案工作的一件大事来抓,组织工作人员认真学习《规定》,结合实际深刻领会《规定》的意义及内涵,准确把握《规定》的各项要求,研究切实可行的贯彻措施,为依法管理打下基础。

市档案局局长荣华介绍说,实施《规定》首先遇到的问题,就是不少群众对自己手中保存的档案资料是否属于对国家和社会有保存价值不清楚,也就无从进行保管。因此,市档案局正在抓紧建立和完善市、区县两级非国家所有档案鉴定组织，尽可能吸收档案界高级专业人士参加，体现鉴定工作的权威性和可操作性。同时要建立健全档案鉴定标准、工作程序及便民措施，为档案所有者提供及时有效的档案鉴定服务。

（《天津日报》2004年4月2日）

农业农村档案工作现场推动会在中塘镇召开

让档案资源服务“三农”

本报讯（记者刘桂菊）日前，区农业、农村档案工作推动会在中塘镇召开。区委常委、组织部长王建、市档案局长荣华出席会议。农委、科委及涉农局、街镇有关领导参加会议。

1998年，我区开始农业农村建档工作以来，在区档案局、农委、科委等部门的努力、配合下，该项工作取得一定进展。目前，全区8个涉农街镇中古林街、胜利街、中塘镇达到目标管理考核市一级标准，其余均为市二级。全区50多个自然村建档，村、镇共存有各类档案和资料36000多卷，真实、完整地记录了我区农村的发展进程。随着农业和农村各项事业的飞速发展，档案门类不断丰富，由过去的单一的文书档案、会计档案扩展到土地延包、宅基地、税费改革、小城镇建设、农业科技等方方面面，尤其是农业科技信息的收集、整理工作，使档案信息在农业科技创新、技术推广、生产经营、基地建设、保护生态环境等方面发挥了积极的作用，与广大农民的切身利益关系愈加紧密。针对目前档案工作存在的问题，推动会提出今年档案工作重点是，围绕“三农”做好农业产业化档案管理和农业科技档案信息网络建设；进一步完善村级建档工作；抓好资产在500万元以上民营企业建档试点；通过档案工作，使“三下乡”变为“三在乡”，方便农民查阅利用。

王建在讲话中指出，目前，我区正逢难得的发展机遇，档案工作是搞好其他工作的前提和保障，做好档案工作既是对当前工作，更是对历史负责。主管领导必须高度重视，各乡镇要及时把残缺的资料补充完整，把当前工作按要求归档，使农村的档案工作尽快达到一个新水平，更好地服务“三农”。

（《天津日报·今日大港》2004年5月9日）

社区医疗服务夯实基础

20万《健康档案》福泽居民

本报讯（通讯员王惠英　温晓靖）河西区卫生系统与该区档案局共同配合，目前已为全区20万个家庭建立了《健康档案》，占该区居民总户数的85%。通过对社区居民健康信息的收集、处理和开发利用，为社区医生开展疾病的预防、保健和治疗等项卫生服务提供了较为准确的第一手资料，夯实了工作基础，使社区居民进一步增强了卫生、防病和保健意识。

近年来，该区医务工作者深入社区、走进家庭，利用分布在全区12个街道的几十所社区卫生服务中心、医疗服务站的地域优势，为20万个家庭建立起《健康档案》，对家庭成员的年龄、职业、身体状况以及营养发育、患病史等指标都做了详细统计，基本掌握了居民特别是重点人群的健康状况。与此同时，根据居民的要求，卫生服务部门还与7万多户家庭签定了《家庭卫生健康合同》，保障社区医生可以在第一时间，第一现场实施“全天侯”的医疗保健服务。近期，根据社区老年人群在卫生保健等方面存在的问题和误区，该区的卫生部门已经为全区95%的60岁以上的老年人每个人都建立了一份《电子健康档案》，这些老年人有了医疗保健需求时，可以就近到社区卫生服务中心和社区医疗服务站就诊，社区医生立即从电脑里调出就医者的个人健康状况等各种信息，为老年人进行系统的治疗。根据季节的变化，社区医生有针对性地开办社区医疗卫生知识讲座等，帮助老年人调节好日常的膳食结构和制定合理的保健强体方案，受到社区老年居民的普遍欢迎。

（《天津日报·新河西》2004年6月10日）

档案馆建《印章档案全宗》

本报讯（通讯员 郝改芬）　经过河西区档案馆精心的收集整理与研究，最近，该馆建立了一个拥有200多枚印章的《印章档案全宗》，为留住历史的印记和今后研究河西区机关及下属机构变迁提供了可靠的依据。

区档案馆近年来收集的历届区委、区政府以及下属机构的街道、单位、公司等印章200余枚，其中包括1949年建国以来首届河西区区委的一枚珍稀铜制印章在内的以及各个街道办事处、公司、临时机构的合并、撤消的印章，还有部分区委书记、区长的印章。他们在认真研究的同时，按照机构设置进行了分类。在整理好的《印章档案全宗》目录下，排列着每个印章的序号和印章原件，档案馆还为印章设计制作了精美的装具，使这些宝贵历史的印章得以长期保存。

（《天津日报》2004年9月21日）

纪念《档案法》颁布17周年　5万新档案首次开放

今起去档案馆查珍贵文献

新报讯（记者　任悦　郑东红）　昨天是《中华人

民共和国档案法》颁布17周年纪念日,从现在开始,市档案馆又新增57756卷对开放查询的档案,这也是市档案馆对外公布的第八批珍贵档案。

自1988年以来,天津市档案馆已经陆续向社会公开开放档案78万卷,今天,又有57756卷档案可供市民阅览。其中,民国时期档案涉及72个机构,48600卷,新中国建立以后档案涉及15个机构,9156卷。这些档案是首次向公众开放。

在这次开放的档案中,民国时期的档案主要有金融档案、民营企业档案、教育档案和航运公司档案。当年著名的盐业、中南、金城"北四行"等39个金融机构,从1912前至新中国成立这个时期职能活动中形成的会议记录、组织章程、大事记以及业务档案等不仅很有研究价值,而且也是真实反映当时天津作为北方金融中心的辉煌历史的教科书。而一些当时知名企业的管理制度、会议记录等不仅反映了当时民族资产阶级在官僚资本主义和外国列强的平缝中艰难生存的历史,对研究企业管理的发展也是很有意义的。

教育档案中,涉及天津一中、南开中学、耀华中学等知名的学校在1906年至1950年期间的档案、包括学生名录、同学录、教学教务档案等,不仅可以为一些人提供同窗老友的信息,更可以让人们了解天津近代教育史。

此次对外开放的档案中,新中国成立以后的档案涉及财政局、外贸局等15个机构,都是从没有公开过的珍贵文献。需要查询档案的市民可在"天津档案网"上可以查询到开放档案的目录,要查询正本的,可以带自己的身份证到馆内进行查询。这些档案对外开放以后将长期供市民随时查阅。

(天津《每日新报》2004年9月6日)

原津沽大学签名帐入驻市档案馆

本报讯(记者刘平 张鸣岐) 昨天上午,原南开大学分校副校长王振鸣将珍藏多年的《庆祝津沽大学改为国立接收典礼暨开学迎新大会签名帐》捐赠给市档案馆。王振鸣捐赠的档案除"签名帐"外,还有部分校史资料。

昨天捐赠的"签名帐"为一幅粉红色软缎,长1.4米,宽1米,上有百余名知名人士的签名。包括当年著名教育家、教育部长马叙伦,副部长曾昭抡,天津市市长黄敬,教育家、南开大学校长杨石先,教授黄钰生、吴大任,商界巨子、校董事会董事长李烛尘,新任津沽大学校长张国藩等。

津沽大学由天主教法国耶酥会传教士于溥泽创建于1923年,最早为著名的工商学院,是天津历史上最早的高等院校之一,也是外国教会在天津创办的惟一一所大学。现在马场道上的天津外国语学院即为津沽大学的旧址。1948年工商学院改称津沽大学,1951年改为国立。"签名帐"实物档案即津沽大学改为国立庆祝大会时形成的。

1952年全国高等院校院系调整,津沽大学撤消,相关院系被并入天津大学、南开大学,文学院扩建为天津师范学校,即为1970年迁至保定的河北大学。

(《天津时报》2004年9月28日)

中国历史上第一个海关

近现代中国经贸活动缩影

天津海关档案首次拂尘亮相

●始建于1861年的天津海关是中国历史上第一个海关,辖区广大绵延大半个中国。

●这批1861—1949年形成的天津海关档案资料达14000卷,80%为英、日文。

●涉及政务、通商、实业、文化、社会、民俗、艺术、宗教等诸多领域,有晚清至解放前政要的密札密令,清朝重臣的涉外活动,中外经贸往来,中国名人的经贸、社会活动,外国传教士的宗教活动,以及关税、船税、邮政、海务等诸多主面的翔实记录,是我国最早、最全的海关档案。

本报讯(记者张鸣岐) 昨天,环渤海地区城市档案部门和学术界的专家、学者汇聚津门,开展环渤海城市近代海关档案开发及研讨,决定成立联合开发机构,对天津海关档案进行联手开发。这标志着沉睡一个世纪的天津海关档案这座神秘又具极高现实价值的"古墓"从现在起重见天日。据了解,多城市、多区域档案界专家学者共同联合开发一个共性档案,在国内尚属首次。

天津海关成立于1861年3月,管辖范围从大沽口至张家口,区域广泛,绵延了大半个中国。天津海关除本身管理的进出船、货、旅客物品、征收关税、查缉走私、贸易统计外,还包括了海务、港务、检疫、气象、水文、邮政,乃至市政建设等,其中还包括许多外国人和近代我国名人从事的大量社会活动,同时了保存了晚清至民国时期天津地区大量的工业、农业、金融、地貌、灾害、戏曲、宗教、名人、民情、事件、学府、科举等重要历史细节的珍贵史料。天津海关档案是近代天津城市的重要历史记忆。据介绍,从晚清至天津解放的89年中,共有英、日、澳、法、美等数国的外国人担任天津海关税务司,因此保留下来的海关档案绝大部分为英文,其次是日文,中文档案约占20%,形成的天津海关档案共有14000卷,目前全部珍藏在天津市档案馆内,开关时清末重臣李鸿章亲笔题写的"津海新关"匾额也珍藏在天津档案馆。

专家学者认为,近代海关档案是历史留给我们的一笔巨大财富,它不仅记录了旧中国口岸贸易发展的脉络,也从一个侧面反映出中国沿海城市发展的历史进程,是研究城市政治、经济、文化、社会乃至民俗等诸多领域不可多得的珍贵资料。环渤海城市近代海关档案是各地档案馆的镇馆之宝,记录着这些城市一个世纪的兴衰历程。但由于各种原因,这些档案资料沉睡库房里,一直没能很好地开发利用,这是一大憾事。如今环渤海经济圈已成为我国北方经济发展的重要组成部分,所以利用现代的新技术开发近代海关档案,其意义十分深远。

据了解,环渤海地区城市档案部门和学术界的专家、学者,将对天津海关档案及环渤海地区的海关档案进行开发研究,利用先进技术和采取各种形式探秘环渤海经济史、近代史、城市史。同时他们将通过与海关合作,编纂海关急需、实用的文献;通过与出版部门合作,推出群众喜闻乐见的各种读物;通过与大众传媒合作,开发知识性、趣味性、娱乐性强的视听产品,或通过因特网把有关信息传至千家万户,等等。

(《天津日报》2004 年 10 月 29 日)

点击尘封档案　解码津城 600 年

本报讯(记者张鸣岐　通讯员于学蕴)　为纪念天津设卫筑城 600 周年,本市及各区县档案馆联合举办档案展览,一批档案珍品首次与公众见面。昨天,这些珍贵档案进入了天津档案网的“网上展览馆”,供市民浏览参观。

大港区档案局展出的近 200 张图片中,以闻名世界的“上古林贝壳堤”绿苇荻花、鳞潜羽翔、风景如画的古泻湖湿地,共同见证了“涨潮为海,退海成陆”的远古大港;出土的古代文物展示了从战国时期的燕赵悲歌故事到明清之际的先民遗韵。

东丽区档案局展出了图片约 300 幅,其中有很多珍贵的照片和实物,包括毛泽东视察新立村和贺龙、聂荣臻等视察该区的照片,周恩来 1958 年亲自签名颁发的奖状等。

蓟县档案馆展出的珍贵档案包括,1942 年第一地委关于第一次扩大会议的总结,蓟宝三联合县第一任县长王少奇烈士笔记本,晋察冀军区第十三军分区副司令员包森烈士照片。展出的珍贵史志图籍有《东陵关系地图集》、《盘山图》、《盘山志》、《盘山古照片图集》、《畿辅通志》、《顺天府志》等。其中《盘山图》为同治年间孟德纯绘制,图宽 2.85 米,高 1.35 米,底色为宝石色。

西青区档案馆藏品展件涉及 3 个专题,天津战役专题档案有天津战役前线指挥部旧址照片,人民解放军解放天津的号外;新中国第一大案专题档案有毛泽东主席对刘青山、张子善问题的亲笔批示,公审大会的一组图片,二人贪污的罪证材料等;年代比较久远的档案有清末杨柳青西街、东街图、民国时期的工商业中心区略图,清末至民国时期的地契、房契等。

(《天津日报》2004 年 11 月 19 日)

本市各档案馆建成“红头文件”阅览中心

现行“红头文件”任您查

本报讯(记者张鸣岐　通讯员于学蕴)　昨天从市有关部门获悉,本市 20 个现行文件阅览中心建成并向社会开放,市民可以在这里直接接触现行文件,即通常所说的“红头文件”。

据了解,向社会开放的“红头文件”主要是 1995 年以来形成的目前尚具有现实效用的文件,以让群众及时掌握了解各职能部门制订的与群众日常工作和生活密切相关的政策规定、办事程序、公开承诺和制度办法等。新建成的 20 个档案馆“红头文件”阅览中心收集了劳动保护、离退休规定、工资待遇、劳模待遇、老干部待遇、养老保险、教育收费、采暖供热、优抚救济、住房改革、公积金制度、车辆管理、房屋拆迁、土地管理、干部分流、计划生育、房产交易、工商税务、医疗保健、物价、招商引资等直接关系百姓切身利益的各类文件,群众可得到解决切身利益问题最有权威的依据。

各档案馆“红头文件”阅览中心均建立专门的阅览室,在阅览环境方面做了精心安排,还实施了一系列便民措施,查阅者持身份证、工作证、学生证等有效证件即可查阅,中心免费提供函电咨询、代查代抄印、代邮寄等服务。　(《天津日报》2004 年 12 月 1 日)

天津档案馆可查“红头文件”
开放 20 个现行文件阅览中心

本报天津 12 月 1 日电　从今天起,设在天津市和各区县档案馆的 20 个现行文件阅览中心正式向社会开放,以便让群众及时掌握与工作和生活密切相关的政策规定、办事程序、公开承诺和制度办法等。

公众持身份证、工作证、学生证等有效证件即可查阅 1995 年以来具有现实效用的“红头文件”,包括劳动保护、离退休、工资待遇、劳模和老干部待遇、养老保险、教育收费、采暖供热、优抚救济、住房改革、房屋拆迁、土地管理、计划生育、房产交易、工商税务、物价、招商引资等直接关系群众切身利益的各类文件。

（陈杰　于学蕴《人民日报》2004年12月2日）

河西区抢救性拍摄海河原貌

千余张照片看两岸沧桑

本报讯（记者刘延军通讯员呼进功）　河西区城市建设与文物资料保存并重，在海河两岸综合开发改造工程（河西段）项目动工建设的同时，该区档案馆对海河两岸原貌进行的抢救性拍摄也取得成果。到昨天，已刻录留下了各类照片1000余张，为研究海河两岸发展变迁留下了宝贵资料。

据介绍，这些照片内容丰富，许多风貌建筑各具特色。沿海河台儿庄路一带现存几十座德国风貌建筑，其中孙中山、毛泽东、刘少奇等居住过的台儿庄路51号花园酒店，尤其具有研究价值。

（天津《今晚报》2004年11月29日）

社区建档工作向家庭延伸

挖掘出一批老票据老账簿

家庭档案见证生活变迁

本报讯（记者张鸣岐　通讯员呼进功）　结合文明社区和文明家庭创建活动，河西区把社区建档工作向家庭延伸。从2003年底开始，在全市率先推行家庭建档工作并取得成效，截至目前，全区12个街办事处已有308户家庭建立了家庭档案。其中文字档案1.22万卷，照片3.03万张，录音录像1100盘；另外还有工艺制作2000件，各类收藏品1.5万件以及藏书3.99万册、剪报524多册。目前，该区的建家庭档案活动受到了越来越多居民的支持和参与。

据了解，家庭建档工作过去从未开展，这项工作不同于企事业单位的建档，需要在居民自愿基础上开展。通过家庭建档，在街道、社区挖掘出一批文化名人、老照片、老证书、老票据和老账簿等较有价值的物品。

家庭档案是人生经历的再现和家庭生活的见证。据统计，一年来，河西区已经先后帮助居民石万清、景春玲以及李东基等一批文明家庭、科学育人、勤俭理财以及防病保健、工作创新等特色家庭，在家庭和社区中都产生了积极的影响。最近，下瓦房街居民邓惠经在家庭建档活动中，全家把家庭历年来的工资变化、经济收入以及各种主要生活用品开支整理汇集了25本账簿，真实地反映了解放后居民家庭生活变迁和各个时期的物价水平，不仅教育了家庭成员，同时还在楼栋里和社区居民中传阅，使更多的青年人不要忘记过去，珍惜如今的幸福生活。

（《天津日报》2004年12月9日）

辽宁档案走过50年

春秋代序，岁月蹉跎，辽宁省档案馆走过了50年的发展之路。回顾50年辽宁省档案馆的发展历程，我们感到，有成功经验值得坚持，也有诸多教训值得汲取。当我们投身振兴东北老工业基地伟大实践的时候，我们应对此进行认真思考。

第一，积极争取党委和政府的领导，始终坚持服务大局、服务社会、服务人民

党委和政府的领导和支持，是档案馆健康发展的根本保证。50年来，省档案馆在省委和省政府的领导和支持下，较好发挥了自身的作用，被评为国家一级档案馆，曾荣获国家人事部、国家档案局颁发的全国档案系统先进集体荣誉称号，并连续四次被评为省级文明单位。作为公益性文化事业单位，离不开政府的大力支持和资金投入。要解决档案馆很多现实问题，必须赢得党委、政府领导的理解和支持。回顾50年的历程，在省委、省政府领导下，省档案馆做了很多服务领导决策、服务社会和人民群众的工作。50年的实践告诉我们，档案馆的工作必须贴近、贴紧省委、省政府工作中心，做到服务大局、服务社会、服务人民。档案馆工作如果脱离为大局服务、脱离为社会和人民服务，单纯搞所谓纯学术研究，难以取得有价值的成果。

第二，坚持依法治档，严格管理，做好征集和保管等基础工作

依据有关法律、法规做好接收、征集工作，是档案馆的重要任务。50年来，省档案馆依法逐年接收档案进馆，并对即将进馆的档案资料情况进行了摸底调查，不断丰富了馆藏。近年来，我们还开展了“档案征集年”活动，对省级老领导及部分劳模形成的档案进行了征集，分别征集档案资料501件和1334件；对7位老同志录制了口述档案；对省内24家企业建立全国第一部公益事业荣誉档案。50年来，省档案馆完成了馆藏有关档案的清点、编目、翻译、装订、破损档案登记等工作，对部分破损档案进行了抢救，建立了档案目录中心，馆内特藏室工作已初具规模。确保档案安全，是档案馆工作的永恒主题。50年来，省档案馆坚持警钟长鸣，开展安全教育；建立规章制度，及时堵塞漏洞；安全责任，定期进行检查，保证了馆内档案安全。50年的实践告诉我们，依法治档、严格管理、“档案安全是档案馆的第一要务”等思想，是做好档案馆工作的重要原则。

第三，适应时代要求，积极开发馆藏档案信息资

源，力争多出优秀成果

抓好档案利用、编研、展览三项工作，是档案馆服务社会和人民群众的重要方面。依照《档案法》有关规定，目前辽宁省档案馆已开放90多万卷档案，并通过信函咨询、电话预约、网上目录介绍等方式，主动开展对外服务。档案史料编研是档案开放利用的重要方式。1980年以来共编辑出版史料汇编、文件资料、学术著作38部，278册，7070万字，编印、出版了《中国档案精粹·辽宁卷》、《日本移民档案史料》、《中国劳工档案史料》、《盛京参务档案史料》、《中国劳工》、《东北边疆史》、《辽宁工业经济发展概况》、《辽宁大事记》等多项编研成果。档案展览是扩大档案影响、服务社会的重要措施。为担负起省级爱国主义教育示范基地的职责，适时开展了多项档案展览，分别举办"中国共产党在东北地区革命斗争历史档案特展"，"馆藏日本侵略东北罪证展"等展览，并走出去到社会进行巡展，受到省委、省政府领导的赞扬。曾经一次性接待了日中友好协会代表团349名成员的来馆参观展览。50年实践告诉我们，作为基础工作的档案利用、编研、展览，今后要进一步增强开放意识，不断改善工作手段，努力提高质量和水平。

第四，坚持科技振兴档案的方针，运用先进的信息技术，提高现代化管理水平

时代在发展，社会在进步，档案馆的信息化、数字化建设已经成为迫在眉睫的问题。尽管我们在信息化建设方面做了一些工作，诸如建立了辽宁省档案馆互联网主页，加大馆藏资源的宣传力度，网上访问者已达4.7万人次；开展文件级目录录入工作；加强各种适用软件的开发研究，特别是合作开发《满汉文翻译计算机辅助系统》，被评为国家档案局科技成果一等奖等。但是总体上看，馆内档案信息化、数字化建设还没有起步，特别是全馆几乎没有像样的现代化设施，业务工作尚停留在手工操作阶段，这是值得我们警醒和注意的。投入不足，设备陈旧、观念落后、人才匮乏，是困扰档案馆现代化建设的几个突出问题。由于没有局域网和数据库，缺少必要数字生成、转化、存储设备，造成效率低下、管理落后。这种状况与我们作为国内省级档案大馆的地位极不相称。在电子政务、电子文件风行的当代，如何跟上时代步伐，使档案馆工作与现代化建设相匹配，更好地为振兴老工业基地服务，这是省档案馆经历了50年后的今天必须解决的问题。

第五，坚持以人为本，加强档案队伍建设，培养和锻炼人才

省档案馆建设一流的省级综合档案馆，必须有一支理想信念坚定、掌握现代科技知识专业技能、胜任本职工作、富有创新能力的高素质档案队伍。50年来，辽宁省档案局(馆)干部队伍在文化层次、知识结构、年龄结构上都发生了很大的变化。据统计，目前在职职工161人中，大学本科学历以上的就达110人(其中博士1人，硕士3人)，所学专业涉及多种学科和专业；大多数从事档案管理业务的人都被评聘了专业技术职称，其中副高级以上职称的有49人；年龄结构进一步改善，45岁以下的有88人，并有新毕业的大学生充实到队伍中来。通过学习和锻炼，档案工作人员的思想觉悟、政治素质也有了很大提高，不少年富力强的同志走上了局(馆)领导和部门领导岗位。随着队伍建设水平的提高，领导班子更加团结和谐，广大干部职工精神面貌焕然一新。锻炼队伍、培训队伍、管理队伍，仍然是今后档案馆工作的重要任务。要坚持人才兴档战略，在人才竞争激烈的今天，着力营造引才、育才、留才的良好环境，尊重知识、尊重人才、尊重劳动，特别注意发挥各个领域学术带头人的引领作用。思想政治建设和队伍建设的重要环节，是坚持用邓小平理论和"三个代表"重要思想武装队伍。要深化用人机制和用人制度改革，加强党的建设和思想政治工作，提倡"甘于清苦、耐于寂寞、乐于奉献"的档案人精神，鼓励大家创造性地开展工作。 (刘金树)

(《辽宁日报》2004年8月2日)

我省举办《邓小平来辽宁图片展览》

本报讯　记者谢文君报道　8月18日，由省委宣传部与省委党史研究室、省档案局、省文联共同举办的《邓小平来辽宁图片展览》和纪念邓小平诞辰100周年美术书法摄影展览在辽宁美术馆同时开幕。省委常委、宣传部长焦利，省政协副主席张成伦和我省各界干部群众怀着对邓小平同志的崇敬和缅怀之情观看了展览。

邓小平同志先后来辽宁12次，辽宁日报终身记者蒋少武有四次以摄影记者的身份拍下了邓小平同志与我省干部群众在一起的珍贵镜头。在美术书法摄影作品展馆内，蒋少武指着他亲手拍下的20幅照片回忆说："小平同志来辽宁，给我感觉最深的应该说他刚出来工作那次，当时我想，现在邓小平是什么样呢，一看，没有变化。邓小平，还是邓小平，他的讲话，还是那样果断。后来，我就想他为什么这样呢，依然如故，就是他心里装的是中国人民，像他说的，我是中国人民的儿子，有这么一个博大的胸怀。"

我省干部群众在抒发对邓小平同志的缅怀之情的同时，也表达了为振兴辽宁老工业基地作贡献的决心。省委机关干部龙宝正说："小平同志曾先后12次来到辽宁，对辽宁的老工业基地给予了很大的关心和支持。

作为一名机关干部,我们要以这次纪念邓小平同志诞辰100周年活动为契机,做好自己的本职工作,在振兴老工业基地的伟大征途中当表率,争先锋,作出更大的成绩。"

据介绍,《邓小平来辽宁图片展览》,共展出邓小平同志来辽宁视察工作的130多幅珍贵的历史照片。其中,部分照片是首次公开。

(《辽宁日报》2004年8月19日)

家庭档案展惊现朱熹家谱

本报讯 记者陈微报道 昨日举办的沈河区家庭档案图片展览中,珍藏在市民家中的"老宝贝"让市民大开眼界,其中就包括朱熹家谱。

"现在沈阳市每21户居民中就有1户建立了家庭档案,不仅如此,越来越多的市民将自己家中的'老物价'拿出来与大家分享,其中发现不少有价值的收藏品。"沈阳市档案局区县处处长孙侠告诉记者。

在沈河区山东堡社区,记者看到了社区张维芝老人收藏的"紫阳堂·朱氏宗谱"。这套家谱共六卷,其中记载了朱氏家族40世子孙的情况。"这本家谱是从我老伴的老家——山东汶上捧回来的,上面的第九世孙就是北宋理学家朱熹。"张维芝老人对此很自豪,张维芝也表示,如档案管理部门有意收藏,她也会捐赠出来。

沈阳市档案局孙侠处长介绍,根据他们掌握的资料,目前沈阳市民手中收藏的家谱为数不少,其中有些年代久远的名人家谱颇具收藏价值。

沈河区和沈阳市档案局相关人士皆表示:将会对朱熹家谱进行专业鉴定,以决定是否收藏。

而沈阳市档案专家也称:"往往有相当多的珍贵资料藏于民间,以家庭档案的形式将史料规范地保存下来了,对个人、对社会就是一件益事。"

随着人们家庭生活水平的提高,运用家庭档案信息来管理家政事务和从事社会生活,就显得愈来愈重要了。家庭档案不仅是家庭生产与生活的有力助手,而且它还是宝贵的社会财富。

(《辽沈晚报》2004年8月21日)

企业职工档案管理暂行规定出台

本报讯 由省档案局、省劳动和社会保障厅联合制定的《辽宁省企业职工档案管理暂行规定》近日正式出台。

企业职工档案是国家档案资源的重要组成部分,直接涉及企业职工的切身利益。随着社会主义市场经济的发展,企业破产、改制、改组的进程不断加快,企业职工档案的使用和转递更加频繁,以往传统的国有企业职工档案管理模式已远远不能适应形势的发展,存在的问题和不足不断显露出来。有的企业出现对辞职、调动的职工随意扣留档案等情况,建立全省统一职工档案管理体系迫在眉睫。

《暂行规定》明确规定:明晰职工档案的概念和内容,设定职工档案的管理机构,规范职工档案的归属与流向,拓宽职工档案的归档范围。增加了养老、失业、生育、医疗、工伤保险、住房公积金、失业证明、再就业、诚信等材料。丰富档案内容,体现了职工档案的使用价值,为保障职工基本权利不被侵犯提供了保证。同时《暂行规定》加强了职工档案的监督机制,增加了责任追究制度。

(葛仁军 张薇《辽宁日报》2004年12月17日)

近日,辽宁省档案局、劳动和社会保障厅联合下发

《辽宁省企业职工档案管理暂行规定》

"四险一金"要归入职工档案

档案丢失了怎么办?被人私自涂改了、无故扣留了怎么办?档案秘密被泄露出去咋办?近日,辽宁省档案局、劳动和社会保障厅联合下发了《辽宁省企业职工档案管理暂行规定》,扩大了职工档案的归档范围,增加了养老、失业、医疗、工伤保险、住房公积金、失业证明、再就业、诚信等材料;明确档案行政管理部门、劳动和社会保障部门是认定保管档案机构的政府部门,出现档案丢失、涂改、无故扣留、泄露秘密等情况,档案托管部门要承担相应的责任。

一、哪些材料应归入档案?

包括履历材料、自传材料、鉴定、考核、考察材料、评定岗位技能和学历材料、政审材料;参加中国共产党、共青团及民主党派的材料;奖励材料、处分材料;任免呈报表和工资、待遇的审批材料;其他可供组织参考有保存价值的材料。

二、我的档案谁来管?

在职职工档案由职工所在用人单位的劳动(组织人事)职能机构管理。

就业转失业人员的档案,由各级劳动和社会保障部门设立的劳动保障代理机构、失业保险经办机构保管。

具有下列情况,由用人单位或劳动者个人将档案交给劳动保障代理机构、失业保险经办机构代管,签代保管合同:

(一)破产或转制企业的失业人员;

(二)离职、开除、终止(解除)劳动关系的人员;

(三)自谋职业、自费出国人员、个体工商户雇用人员;

(四)不具备档案保管条件的用人单位;

(五)各类技工学校、职业学校已毕业尚未就业的人员;

(六)灵活就业人员;

(七)其他有档案保管要求的用人单位或个人。

职工失踪、逃亡、合理流动或出国不归者,其档案由用人单位在办理有关手续后,可移交当地劳动保障代理机构或按管理权限移交用人单位所在地综合档案馆寄存保管。

死亡职工档案在原档案保管部门保存十五年以上,可以按有关规定经鉴定后进行处置。对国家和用人单位有特殊贡献的获省级以上英雄、模范人物称号的职工死亡以后,其档案由用人单位或档案保管机构移交所在地综合档案馆保管。

三、管理档案者的工作职责:

1. 收集鉴别整理保管职工档案;

2. 办理职工档案的查阅、借阅和转递手续;

3. 登记职工工作变动、签订劳动合同、办理社会保险等情况;

4. 为有关部门提供职工情况;

5. 做好职工档案的安全、保密和保护工作;

6. 定期向用人单位综合档案室(馆)移交档案;

7. 办理其他涉及职工档案的有关事项。

四、管理档案者的法律责任:

未经批准从事档案托管业务活动的机构,由劳动保障行政管理部门和档案行政管理部门责令停止托管档案活动;情节严重的,提请工商部门吊销其营业执照,或提请原登记管理机关办理撤销登记;对当事人造成损害的,应承担赔偿责任。

有下列行为之一,根据情节轻重,县以上档案行政管理部门、劳动和社会保障部门依据《中华人民共和国档案法》、《中华人民共和国档案法实施办法》、《中华人民共和国保守国家秘密法》、《辽宁省档案条例》等有关法律法规给予处罚,造成经济损失的,应依法承担责任。构成犯罪的,依法追究刑事责任:

1. 不按照本《规定》要求集中管理档案的;

2. 擅自涂改档案内容或伪造档案材料的;

3. 无故扣留职工档案的;

4. 职工档案整理、保管、利用、转递过程中出现违反本《规定》,造成档案丢失或其他严重后果的;

5. 不按规定归档、按期不移交或接收档案的;

6. 档案保管部门明知所保存的档案面临危险而不采取措施,造成档案损失的;

7. 损毁或者擅自销毁档案的;

8. 泄露职工档案秘密者。

(李国旭《辽沈晚报》2004 年 12 月 22 日)

现行文件服务中心打开方便之门

5000 多人来查“红头文件”

本报讯　记者从 27 日召开的全市档案工作会上了解到,档案部门的现行文件服务中心的成立,为群众查阅红头文件打开了方便之门。去年一年里,有 5000 多人次通过这个渠道查阅相关文件。

市现行文件服务中心开设咨询电话,规范接待服务,并及时做好新颁布文件的报送接收,成为市委、市政府为民办实事的窗口,受到国家档案局领导的表扬。之后,金州区、长海县现行文件服务中心也向社会开放。据统计,各级文件服务中心去年一年共接待利用者 5000 多人次,提供利用文件 1.34 万份(册)。市档案局的这一做法取得良好反响,中央电视台等新闻媒体纷纷对此进行了报道。

据了解,市档案局在部署今年工作时已提出,北三市档案馆也要尽快建立本地区现行文件服务中心,为满足群众,特别是广大农民群众需要,维护其合法权益服务。

(心逸　宋蕴堃《大连晚报》2004 年 2 月 29 日)

过去百姓看不到　如今摆出任查阅

我市开放“红头文件”两年

已接待市民 6000 余人次

本报讯(记者姜云飞)　自 2002 年 10 月至今,大连市现行文件服务中心已接待市民 6000 余人次,查阅现行文件 15628 份(册),这是记者昨日从市档案局获得的信息。作为辽宁省第一个现行文件服务中心,这里正在成为连通市民与政府的窗口。

“现行文件就是所谓的‘红头文件’,过去只在政府部门内部运行,老百姓是看不到的。”市档案局管理处于成福处长告诉记者,2002 年 10 月,我市率先在辽宁地区成立了现行文件服务中心,为广大市民了解政府方针政策开设了新的渠道。截至目前,中心已经收集了市直 71 个部门和单位 1996 年至 2004 年制发的文件以及各种期刊、年鉴、汇编等信息资料共计 7500 份。“为了更好的服务市民,我们编制了手工目录和计算机目录两种检索工具,还设立了电话查询 82880795。”于成福说,现在现行文件查阅中心每天平均要接待近 20 人次,提供文件 100 余份(册),每天接受电话咨询超过 25 人次。

到中心来查阅“红头文件”的多为下岗失业人员、

伤残人员和老年人。中心工作人员翟兆国说:"来查阅文件的人往往都希望从这里找到维护自己权益的证据,所以即便没有直接的文件,我们也要尽量找到相关的内容,给群众一个交代。"据翟兆国介绍,市民只要凭借身份证、工作证等有效证件,每周一到周五都可以到中心免费查阅。"我们还提供了复印设备,尽量让市民不白来。" (《大连日报》2004年11月15日)

"红头文件"开放后的故事

"红头文件"的管家翟兆国

一间宽敞明亮的阅览室里整齐地摆放着几排长桌和皮椅。在桌椅背后的墙上悬挂着关于现行文件查阅的规定和流程;桌椅的一侧,正对着阅览室大门的咨询台上,刻着"现行文件查阅接待处"铜牌格外醒目。翟兆国坐在咨询台后面接待着一拨拨前来查询的市民。

"即便没有直接的文件,我也会尽量找到有关联的,这样起码让老百姓感到,他们的困难政府是有考虑的。"翟兆国说。两年来,原本是现行文件管理人员的他,角色悄悄地发生了变化,"有时候像是接待上访,有时候成了政策解答员。大伙儿愿意跟我唠唠家常,寻个帮忙,我也会陪着他们伤心甚至着急上火。"

自2002年10月,现行文件服务中心挂牌成立以来,翟兆国就一直在这里工作。每周一到周五,他到中心的第一件事就是先把阅览室里的桌椅统统擦拭一遍,"大家伙儿本来就是带着闹心事来的。再遇上个乱糟糟的环境,心里不是更添堵吗?"在咨询台后面,翟兆国的办公桌上整齐地放着《现行文件手工查询目录》、《阅览现行文件登记表》、《利用现行文件效果跟踪回访表》和几本常用的文件汇编,主要是近几年的《大连市劳动保障政策法规文件汇编》。"这是查得最多的'红头文件',放在手头上,好找。"翟兆国正说着,一位姓王的妇女焦急地过来查文件。

"我丈夫的单位已经4年没给他安排活儿了,我们想办退休或者下岗,又不知道有啥说法,您看得找哪个文件?"

"你先看看这个关于职工退休和下岗的有关规定,有什么不明白的再问我。"翟兆国麻利地从一本文件汇编中找到一页,一边说一边递给妇女。

"空闲的时候就看这些文件,每一部新来的文件我都要通读一遍,做到大体内容心里有数。此外,查文件也有个季节性,比如现在天气冷了,供热问题就多了起来。"做了两年,翟兆国快成了"政策通",也摸出了规律,这几天《城市集中供热文件汇编》成了案头"新兵"。

翟兆国说,在这个工作岗位上,他看到了很多不幸、痛苦和无奈,但更多的还是希望。"到现在我已经接待了6000多市民的查阅,接到的电话更多。"翟兆国曾作过一个统计,来查阅者绝大多数为普通百姓,他们查阅的多是与个人利益密切相关的法规,如劳动合同、失业保险、下岗待遇、物业管理、供热采暖、房屋拆迁安置、工商物价、民政优抚、人事调动、离退休人员待遇、军转干部安置、司法赔偿、教育收费等。

"回访表"里的故事

谈到开放"红头文件"究竟给市民带来怎样的变化,翟兆国从抽屉里找出了一叠厚厚的《利用现行文件效果跟踪回访表》。"这里面都是故事。"翟兆国说。

故事之一:施师傅讨回了公道

施师傅的故事得从15年前他所在的工厂一场火灾说起。那年,施师傅所在的车间里的一个氧气瓶起火,如不及时扑灭,将会引起爆炸。关键时刻,施师傅冲了上去。结果火灭了,他的双手却被烧成了一级伤残。按理他应得到相应的补偿,并享受工伤待遇。但施师傅不仅没有得到应得的待遇,还因双手受伤影响正常工作,从第二个月开始,工厂扣发了他的工资,十几年他的待遇问题一直没有得到解决。在这个过程中,他发现很多部门都让他拿出有关规定和文件。"关于工伤的待遇,我也是听别人说的,我上哪儿去弄文件呢?"施师傅几乎陷入了绝望。直到去年4月,当听说大连有个地方只要拿身份证就能看"红头文件"时,施师傅心里沉睡了很久的希望又复苏了。

"我记得很清楚,那天他穿着一件粘满油污、但隐约还能看见底色是黄色的工作服棉袄,双手勾缩着,全是烧伤的疤痕。按规定,到这里来查阅现行文件需要自己填写《阅览现行文件登记表》,但他的双手已丧失了基本功能,我便代他填写了登记表。"讲起当时的情景,翟兆国记忆犹新,"后来他就成了这里的常客,我帮他查找了很多相关文件。考虑他生活困难,连复印文件的工本费我们也给免了。"施师傅正是凭着这些文件最终维护了自己的权益。

故事之二:徐老汉洗清了"不白之冤"

徐顺堂今年已经68岁了,没想到年近古稀却蒙上了"不白之冤"。2002年徐顺堂的老父亲过世,作为长子,徐老汉负责操办父亲的后事。"过去有个说法,事业单位职工去世给10个月工资做殡葬费,可我只拿到了3个月的钱。人家单位说了,有文件规定事业单位改制成企业后,就是这个标准。可我们家里的人不相信,非说我贪了老人的钱。"说起往事,徐老汉唏嘘不已。

跑街道、找依据,徐老汉说从父亲过世后,他整整背了两年的"黑锅"。后来听说档案馆能查"红头文件",他便赶紧找上门来。"1996年政府有个文儿,明确写着企业员工去世给3个月的平均工资做丧葬费。

当时我拿着文件,心里像打翻了五味瓶,两年的委屈、受到的误解终于可以洗清了。”据翟兆国回忆、当时他看到徐老汉拿着文件,眼里含着泪光。

故事之三:从这里了解了大连

其实在现行文件服务中心,不都是有困难才来找文件的,现在这里已经成了外地人了解大连、市民了解政府的窗口。在《利用现行文件效果跟踪回访表》里就记载了这么一件事。曲艺是新加坡国际企业发展局大连代表处的职员,主要工作是为新加坡企业在大连投资发展作政策咨询、调查了解等项目前期考察,为企业提供政策指导服务。可究竟大连有多少鼓励外商投资的优惠政策呢?曲艺找到了现行文件服务中心。在回访表里,曲艺写道:“今天我在这里查到了大连市政府鼓励外商投资的优惠政策及在连投资方向等文件,对新加坡企业今后在大连的投资及相关问题有了了解。感谢。”

“还有一位李先生的事也挺有意思。”翟兆国说。退休多年的李先生几乎每隔一段时间就来看看,一看就是一天,而且并不是针对什么问题查阅。在接待这么多的查阅者中很少见到这样的,翟兆国感到有些不解。后来,他忍不住向李先生询问其中的原因。李先生告诉翟兆国:我就想知道我们都有哪些文件,都有些什么内容,我们到底有哪些权利。

“现在,像他这样的市民越来越多了,来这里查询‘红头文件’成为了他们的一种习惯。”翟兆国说,不光查,他们还要问,还要记,他们几乎把这里当成了“超市”——过去普通公民没有权利看到的文件,现在摆在那里任你选看。

(姜云飞《大连日报》2004 年 11 月 16 日)

民企档案成国家档案重要组成部分

我市 11 家获国家认定

本报讯(记者王朋) 作为现代企业管理的组成部分,档案管理已越来越受到我市民营企业的重视。记者从昨日举行的全市民营企业档案工作经验交流会上获悉,目前我市已有 11 家民营企业的档案工作目标管理通过国家认定,65 家民营企业该项管理通过省级认定,位于全省前列。

截至今年上半年,我市共有个体私营企业近 30 万户,民营经济对全市 GDP 增长的贡献率达到 50% 以上,民营企业产生的档案已成为国家档案的重要组成部分。伴随着企业成长壮大逐步建立完善起来的档案,也越来越受到民营企业的重视。韩伟集团有关工作人员说,企业发展初期档案管理比较零散,因为工程建设档案收集不全,后来遇到需要重新开挖时全凭施工时的印象,造成了不少损失。如今,大多数民营企业都认识到,搞好档案工作不只是上级部门的要求,更是企业自身发展的需要。

市档案局有关负责人对记者说,完善的档案管理,是民营企业发展到一定水平的必然要求,也是企业应该依法履行的义务,档案管理部门将继续加强对民营企业建档工作的指导和监督,重点做好承担振兴东北国债项目和高技术产业发展专项民营企业的档案管理工作。 (《大连日报》2004 年 11 月 24 日)

市人大代表视察《档案法》实施情况

不断提高档案管理水平

本报讯(朱延青 见习记者董家声) 为促进档案工作更好地为振兴老工业基地和建设“大大连”服务,11 月 29 日,市人大常委会副主任刘长德和部分市人大代表对我市贯彻实施《档案法》情况以及 2004 年国债项目档案管理和高技术产业专项档案管理工作情况进行了视察。

参加视察的代表听取了市政府关于贯彻落实《档案法》及振兴东北老工业基地国债项目和高技术产业发展专项档案工作情况的汇报,实地察看了重工起重集团、亿达集团有限公司档案管理工作。代表们充分肯定了市政府实施《档案法》所做的大量工作,特别是抓住振兴老工业基地这个重点,及时开展国债项目和高技术产业发展项目专项档案工作,保证了档案工作与项目建设同步进行,保证了档案的完整性、规范性和及时性。

针对当前部分项目建设单位档案意识不强等问题,代表们强调,要进一步加大《档案法》执法力度,增强档案意识,促进档案管理规范化。档案工作要走出过去比较封闭的状态,加快档案资源开发利用步伐,更多地贴近社会,服务社会,围绕我市经济和社会发展的需要做好档案工作,努力做到经济发展到哪里,档案工作就延伸到哪里。要加大资金投入,切实解决基层档案工作硬件设施落后等问题,加强档案网站建设和电子档案管理,加强档案工作队伍建设,不断提高档案管理水平。 (《大连日报》2004 年 11 月 30 日)

家庭档案见证时代变迁

沈阳将开通国内第一个家庭档案网

一个个家庭档案就是一部部家庭的编年史。把一家人的生活经历记录下来并留存整理,既可以记载历史传给后人,又可以从家庭的变化中感受到时代的变迁。如今,沈阳市已有 9.1 万个家庭建立了家庭档案,如此规模在全国尚属惟一，是沈阳市档案工作的一个创举。2月17日，国家档案局副局长杨冬权来到臧立君、孟令保两户沈阳普通市民家中，饶有兴趣地参观了他们的家庭档案。

书法家臧立君小票据折射时代变迁

68岁的书法家臧立君家住大东区长安街道文新社区，在他家中最显眼的摆设就是大客厅的一张乒乓球桌。桌上摆放着各式各样的家庭档案：有各种证书、票据、照片、光盘……数来共有13卷。

每个档案后面都有一段耐人寻味的故事，折射出时代的发展。一张已经泛黄的纸上写着："会议要求自带一斤半粮票，伙食费八角"。这是1962年臧立君在合肥航校工作时接到的参加文教系统先进集体代表大会的通知。臧立君说，十一届三中全会以后，国力越来越强，参加会议再也用不着自带粮票了。

副教授孟令保续修孟氏家谱乐其中

孟令保是沈阳化工学院一名副教授，也是位家庭档案迷。在他所收集的家庭档案材料中，尤其对研究与整理家谱更为偏爱。

孟令保是孟子的第76代子孙。早在1967年，他第一次发现了孟氏家谱。为了续修一部完整的家谱，他做了大量调查研究和资料收集工作。经过十多年的积累，孟令保终于掌握了孟氏家族的第一手资料，编写了近7万字的谱书，终于完成了续谱工作。

目前他收藏和整理的家谱档案分旧谱和新谱两部分：旧谱是光绪八年纂修的，内有修谱序言、修谱事宜、孟子故里图等；由他续修而成的新谱则分为五册，在旧谱基础上增加了孟庙、孟子故里、孟子像等彩色照片，续入了大量后世名丁，还绘制了孟氏族谱世系挂图。

新闻链接·沈阳将开通国内第一个家庭档案网

今年，沈阳市将继续开展"档案进家庭"活动。为迎接建国55周年，举办"中国沈阳家庭档案珍藏展示会"；与国家有关部门联合举办"中国沈阳家庭档案与社会文明高级论坛"；筹办并开通中国第一个家庭档案网站，向全社会提供家庭档案信息和咨询服务；开展家庭档案珍藏评选活动；开展家庭档案珍藏评选活动，评选表彰沈阳市家庭档案珍藏明星户，评选家庭档案珍藏老照片、老家谱、老证书、老票据、老书信。

（李明欣　刘晓菲《沈阳晚报》2004年2月18日）

家庭档案，你家建了吗？

昨日召开的沈阳家庭建档工作座谈会透露，今年底沈阳10万户家庭将有档案，中国第一个家庭档案网站也将开通

本报讯　记者高望报道　您有没有过下列苦恼：在家中翻箱倒柜找不到家电说明书，多次搬家后遗憾地发现学生时代的宝贝书信没了踪影，需要回忆某件重要的家庭事件怎么也想不起年月日……如果您有了家庭档案，一切都会迎刃而解。到今年年底，沈阳档案局要在10万户家庭完成建档任务，筹办并开通中国第一个家庭档案网站。

在昨日召开的沈阳市建档工作座谈会上，沈阳市档案局局长许芳说，沈阳首创的"档案进家庭"活动开展以来，已经帮助9万余户家庭建立了家庭档案，到今年年底，全市要在10万户家庭完成建档任务，这相当于全市每百户就有五户建档。今年市档案局还将筹办并开通中国第一个家庭档案网站、开展家庭档案珍藏评选活动、举办"中国沈阳家庭档案珍藏展示会"。许芳说："完成三年建档10万户的目标后，档案局今后仍将采取典型引路的办法带动家庭建档，虽然不能说沈阳210万户居民都建立档案，但是作为档案系统的日常工作，要尽力帮助更多的家庭建档。"

真全！景老家的档案有59卷

尽管如此，对于沈阳的大多数市民来说，家庭档案仍然是一件新鲜事儿。其实说新鲜也不新鲜，过去的皇家档案、名门家谱都是家庭档案，许多人常年保持着收集旧书信、写日记、整理重要票据的习惯，这些都是建立家庭档案的基础。原沈阳市第47中学党支部书记景宝三老人，自离休后就开始整理全家资料，听说家庭可以建档案的事情后，就在市档案局的指导下建立了家庭档案59卷。包括学习成果卷、工作成果卷、个人历史卷、家政大事卷、体育比赛纪实卷、来往书信卷、医疗保健卷、家庭理财卷、相册卷、光盘卷、报摘剪贴卷。景老说，闲暇无事翻看，家庭成员的某些闪光点让他回味无穷，保健理财方面的信息则是家庭生活的好帮手，总之受益无穷。

真细！收入账记10年

有人10年不间断地记录了家庭收入明细，成为最真实的"居民生活调查报告"；有人保存了家里三次更换电视机、三次换房照片，成为生活水平提高的最佳佐证；有人把数千张家庭照片逐一归档并配以详细说明，分成了"旅游篇"、"聚会篇"、"生活篇"等，"旅游篇"下面又分为"四川篇"、"云南篇"……蔚为壮观。

（《辽沈晚报》2004年5月14日）

家庭档案今起开展

今报讯　婴儿7个月时候的手足印、小孩幼儿园时的课程表、孩子6岁时的检讨书……这些家庭里普通的东西却被作为档案展出。从今天开始，沈阳市10万家庭档案珍藏展在沈阳科学技术交流馆二楼（新基

火炬大厦东侧)举行,市民可免费观展。

5代人档案装一柜

据介绍,此次展览有一个特别的柜子,柜子里装载着5代人300年的"家庭档案"。

新民市70岁的郝文琴和71岁的王占魁夫妇是这个柜子的主人。由于多年从事档案工作,郝文琴一直把家里零零碎碎的东西保存着。2002年8月,当她知道沈阳开展建立家庭档案的消息后,开始将有纪念价值的东西归拢到一起,便有了如今的档案柜。柜子里面的家什应有尽有:1958年的结婚证、1970年的荣誉证书、夫妇二人结婚时的黑白照片、各种钱币、老烟盒、毛主席像章……5代人300年间的琐碎,都被集中在这个柜子里。

10万家庭建立档案

沈阳"档案进家庭"活动已经开展了近3年,已经有10万多个家庭建立了规范的家庭档案。自面向社会公布举办档案展的消息后,沈阳市档案局工作人员就不断收到市民送来的珍贵物件。

清乾隆二十一年写在绢上的老家谱、老书信、老情书、老录像……这些被人们保存得完好如初的东西不仅是一种怀念,更作为家庭档案,代表着人生历程。10万家庭所建立的档案尽管侧重点不同,总结的内容不同,但共同的特点是从家庭和个人的独特视角,"从小家看大家",见证了社会的沧桑巨变。

档案展览免费观展

从今天开始,沈阳市10万家庭档案珍藏展览在沈阳科学技术交流馆二楼(新基火炬大厦东侧)举行,历时一周,市民可免费前往观展。沈阳普通市民家庭的几万件物品被摆上展览柜台。

(李洪飞《沈阳今报》2004年9月22日)

家庭档案"身高"二米八

证书、家谱、出生证明都珍藏

144卷档案记录三代人的半个多世纪

"我家的家庭档案分12大类144卷,摞起来有2.8米高,是家庭上下三代人的发展历程。"

这是25岁的李雪垠在今年7月份申报沈阳市家庭档案珍藏明星户的时候写下的一段话。

走进她的家庭,档案夹立即会把人的思想拽到他们的人生轨迹上。

收藏习惯 东西不舍得丢

打开每一个档案夹,李雪垠都可以指着里面粘贴的各种纸片滔滔不绝地讲上半天,而她区分的12类档案更是各有特色,大到证书、家谱,小到考试卷、作业本等等,李雪垠很自豪地说:"像这样内容丰富和整理的系统化,在整个沈阳恐怕没几家。"

记者看到,李家的家庭档案中甚至有1939年当时的奉天省长颁给李雪垠爷爷的一张教师任命书。

李雪垠的父亲李振知说自己小时候也有收藏的习惯,任何东西都不舍得丢掉,尤其是属于自己的一些小东西。

学以致用 从工作到家庭

说到整理家庭档案,很大一部分是缘于李雪垠学习的专业和工作,父亲李振知只在一旁做个帮手。因为李雪垠在单位做档案保管工作,所以整理起家庭档案格外得心应手。

2000年,李雪垠参加工作后,忽然发现父亲收藏着自己成长的每一个痕迹,从母亲怀孕的化验单开始,包括自己的出生证明,自己第一次捏着笔在纸上"画"的数字等等,从小到大,甚至连自己小时候唱的儿歌,父亲都用录音机录了下来,留下了磁带。

从那年开始,李雪垠开始整理自己的家庭档案,四年过去了,她的家庭档案在不停翻找中越来越有条理,也越来越丰富了。

2003年2月份,他们凭借自己的家庭档案获得了由沈阳市档案局、精神文明建设办公室等六部门联合颁发的"沈阳市家庭标兵示范户"的荣誉称号。今年,又获得了由妇联和精神文明办公室颁发的"沈阳市特色文明家庭"的称号。

亲身经历 挨了几天"得手"

李雪垠说,有一次,一张有她名字的《发展党员公示》的纸片,贴在了单位的楼下,她每天都要看上几次。捱到了公示日期过后,李雪垠瞅个没人的当儿,悄悄把纸片带回了家。

前些日子,李振知的一些老同学到家里做客。

李振知拿出了一个夹子,里面是50年前毕业时同学们互赠的留言,当时把几位老同学感动得热泪盈眶。他们没想到当初自己随手写的一张小纸片还会有人小心翼翼地珍藏着。

李雪垠说做家庭档案最大的收获是能够感受到一种前进的力量。如果有一天没做什么事,那她第一个觉得对不住的,是她的家庭档案。

(王福日《华商晨报》2004年10月15日)

捐赠"第一劳工证"

于善欣老人昨将劳工证赠予市档案馆

早报讯 昨日,黄岛区于家河村78岁村民于善欣将珍藏了60年的劳工证捐赠给青岛市档案馆,填补了馆藏档案的空白。

于善欣老人捐赠的《出国出境普通劳工证》,是华北劳工协会青岛办事处印发的劳工身份证明书，用于所谓“入国、入州”和返还时作为身份证明和旅行证明。证件编号“青第881163”，登记了姓名、年龄、原籍、住址、雇主名、职业等内容。

1942年4月，当时年仅16岁的于善欣背井离乡，作为劳工前往所谓的满洲国兴安北省阿尔山(今内蒙古自治区阿尔山市)修筑军事工事。在长达一年多的时间内，于善欣每天劳作十几个小时，备受虐待和折磨。（王英《青岛早报》2004年3月20日）

市档案局在平度又发现一名在世的青岛籍劳工

早报讯 “我们又找到一名当年被抓后押送到日本的中国劳工。”前天，市档案局人员在平度调查采访当年去日劳工李知敏时，又发现一名在世的中国劳工张华玉。至此，被抓到日本做苦力的在世青岛籍劳工已增至22人。

挖矿挖得双手变弯

在平度白埠镇岑里村，记者跟随市档案局人员来到了当年被抓到日本做劳工的李知敏家。80多岁的李知敏躺在床上，身体瘫痪已不能动弹。得知客人来意后，老人泪如泉涌。他说，1944年春，他被押送到秋田县华冈矿山，在一家铜矿里挖矿石。老人从被子里伸出双手：“你们看，我这手都变得伸不直了，就是那时扒矿石扒的。”

在世劳工又多一人

采访调查中，李知敏老人透露，“大张家还有位叫张华玉的，俺们是一块被抓到日本挖矿石的，他还健在。”市档案局人员一听急忙说：“我们不知道张华玉还活着，这样一来青岛籍去日劳工在世人数就是22位了。”

回国带回仨骨灰盒

记者和市档案局人员立即赶到大张家，找到了80多岁的张华玉。张华玉老人回忆说，他是1944年4月被日军押送到秋田县华冈矿山铜矿挖矿石的。

老人说，在日本俺们吃橡子面喝稀饭。日本人在井下当监工，每人手里都拿着一根大木棒，木棒头上钉着铁钩子，看到哪个中国人干活慢了点，就拿木棒狠打。张华玉老人说：“不少中国劳工被日本监工活活打死了。1945年回国时，俺还带回了三个中国人的骨灰盒。”（徐崇德《青岛早报》2004年3月22日）

见证“毛子埠惨案”

3名幸存者昨天为市档案馆留存口碑档案

1938年5月7日，即墨蓝村日军三十余人，在毛子埠村实施了惨无人道的大屠杀，共杀戮村民180多人。昨日，记者随市档案馆工作人员赶赴该村，找到了当年三名幸存者，他们亲眼见到了这惨绝人寰的一幕。

日军突袭

家住毛子埠村327号的古稀老人赵有海说，当年他只有5岁，是亲眼目睹惨案全过程的幸存者。1938年5月7日晚，一个由十多人组成的日军小分队，突然闯进村来，一青年村民奋起反抗，开枪打死一日军，打伤两人。

刀挑孕妇

5月8日天刚亮，三十多名日军突然包围了毛子埠村。日军在村头各要道架起机枪，发现村民就开枪扫射。日军冲进村后，抓住赵有海，带着他去看其他村民被杀的过程，以示恐吓。村民李德常的母亲怀有身孕快九个月了，一日本兵竟用刺刀将她开膛破肚，胎儿落地哇哇直哭，不久窒息而死。赵有海当时惨不忍睹。

焚烧村民

日本兵把三十多青壮年村民驱赶到村头土地庙，经排队后绑进两间草房内，然后将门锁上。当时，门外架有两挺机枪，日军又将房顶烧上汽油，点起火来。熊熊烈火燃烧着，屋内村民争相撞开房门逃命。只有赵付坤、赵玉琢等四人，从鬼子的枪口下带伤逃命成功。其他村民，当日均被鬼子烧死或打死。

剜肉喂狗

当时，一岁的李德朋看到妈妈被日本兵开枪打死后，趴在妈妈身上哭号。一日本兵竟然用刀从他的屁股上，剜下一块肉来喂狼狗吃。记者随后看到，他这个当年的幸存者，如今屁股上仍留下一个碗口大的疤痕。

机智避难

12岁的朱洪春一家四口，刚从家中跑到大门口，就遭到日军的猛烈扫射。他的祖父、父亲和叔父当场身亡。小洪春趁机把父辈们的血抹在脸上、身上，佯装中弹死亡。狡猾的日军还不死心，又用刺刀逐个挑捅，小洪春忍痛诈死逃脱。

（潘修雷《青岛早报》2004年4月9日）

市档案馆首次公布解放青岛的军史档案 32军青即战役《革命烈士芳名册》

在市档案馆与本报联合开展的征集活动中，市档案馆征集了一份由32军政治部在青即战役后编制的《革命烈士芳名册》。

据青岛解放40周年时出版的统计资料显示，青即战役中我军牺牲417人，失踪85人，负伤2657人，伤亡总计3159人。其中32军牺牲291人，警4旅牺牲111人，滨北分区牺牲15人。据被采访的老战士介绍，在青即战役的战斗中，由于我军武器落后，敌人守军修筑了较为坚固的阵地，且提前测量了炮火射击数据，在战役初期的几次战斗中，我军的伤亡较大。其中一次战斗中，我32军某连共有138人参战，当撤出战斗时，部队包括炊事员在内只剩18人……

在市档案馆征集到的这份32军青即战役《革命烈士芳名册》中，记录了32军在青即战役和七级战斗、小桥战斗牺牲的烈士共计612名，其中战士344名、班长187名、排级干部57名，连级干部18名，营级干部6名。

市档案馆工作人员综合上述分析认为，青即战役中，我军牺牲烈士应在789名以上，比以往统计资料多出89%。

（潘修雷　杨来青《青岛早报》2004年6月1日）

服务百姓　百姓舒心

本报讯　山东省青岛市档案馆改革工作模式，通过建立文档服务中心，走出一条从管理型到服务型，从传统服务型到创品牌服务型的成长之路。

随着政务公开的不断推行，青岛市档案馆于2002年在全国同行中率先向公众敞开文档服务的大门，文档服务中心建立起来了。一时间，档案馆由过去门可罗雀变成了门庭若市，使用者也由机关扩展到基层单位和普通百姓。文档中心成立两年多来，共接待10028人次，提供网上查阅32471人次，提供文档资料23506卷件。此举在政府和百姓之间架起了一座连心桥。

对于下岗者来说，维护自身合法权益要靠法律和政策。某酒店只因更换经理便无故辞退员工，被辞退的刘女士来到文档中心求助。工作人员为她提供了劳动合同管理规定等有关文件。经多次交涉，刘女士终于讨回了公道，争回了4000多元的经济补偿金。

青岛市档案馆在开展的“档案与农民心连心”活动中，协助莱西市武备镇岘沽村葡萄技术员展焕忠整理出了3套完整的大棚葡萄、无核葡萄等专业技术档案，免费提供给村民，带动村民发展起大棚葡萄200亩，食用、酿酒葡萄2000亩，农民收入年增600余万元。该档案馆还支持莱西市为村民建起了档案：每年年底由村委会根据村民代表大会的评议，将履行义务、遵纪守法、文明公约等10项内容记入档案，并与村民福利、村民退休挂钩，对提高村民素质起了推动作用。

为服务社区居民，青岛市档案馆还开展了社区建档工作，全市418个社区都建立了档案，下岗失业人员、低保、居民健康、残疾人、育龄妇女、儿童健康免疫等各种档案资料一应俱全。

服务机制的创新促进了青岛档案事业的全面发展。去年，市档案馆被人事部、国家档案局授予先进集体称号。

（于新华《人民日报·海外版》2004年5月7日）

《见证解放——纪念青岛解放55周年档案史料征集成果展》侧记

一幅幅革命先烈在硝烟弥漫中冲锋陷阵的画卷，一件件曾浴血杀敌锈迹斑斑的步枪弹匣，再现了青岛解放战争中惊心动魄的历史瞬间和历史沉淀的战火硝烟。

日前开展的《见证解放——纪念青岛解放55周年档案史料征集成果展》，如一部荡气回肠的史诗，将55年前革命先烈那震撼天地的声声呐喊和前赴后继英勇斗争的历程，汇聚成雄浑而又壮阔的历史交响，在青岛日报报业集团阳光大厅内激荡。

由市委宣传部、市档案局、青岛日报报业集团举办的此次档案史料征集成果展展出了292张珍贵照片、40件实物和部分文献资料。展览分为五个部分，其中，“挺进青岛”全景式地展示了解放大军解放青岛的过程，“浴血英雄”展示了当年解放军奋勇进军的史料，“地下尖兵”展示了地下工作者开辟青岛第二战场的业绩，“特殊战士”展示了战地记者和宣传队员鼓舞斗志的经历，“战士情怀”讴歌了解放军指战员的革命浪漫主义情怀。

副市长宁经谋在开展仪式上讲话中指出，这些史料是我们弘扬革命传统、进行爱国主义教育的鲜活教材，是青岛人民的精神财富，对促进我市社会主义精神文明建设具有非常重要的作用。纪念青岛解放55周年，要把爱国之情化作报国之志，化作全面建设小康社会的动力，继承革命先驱热爱祖国、热爱人民的光荣传统，围绕目标，加快发展，为把青岛建设成为社会主义现代化国际城市而努力奋斗。

作为青岛解放55年来规模最大的一次史料成果展和首次“红色历史”的实物展，翔实丰富的展品把参观者的思绪拉回到了解放青岛战争的战火岁月中。参加过青即战役的老战士梁同山，在陈列的史料照片找到了自己和战友。久久端详着照片，76岁的梁同山热泪盈眶：“我们连牺牲了14名战友，虽然伤亡大，但我们取得了解放青岛的胜利，这次展览让我重温了当年和战友浴血奋战的历程。”

一件件见证历史的实物和文献资料，吸引着络绎不绝的参观者的目光，激荡着参观者的热血，人们不由得焕发出继承革命先烈遗志、建设社会主义现代化强国的豪情壮志。

（张玉《青岛日报》2004年6月5日）

青岛建立领导干部离任档案移交制度

本报讯　经山东青岛市委研究同意,青岛市委组织部、青岛市档案局近日印发了《领导干部离任档案移交暂行规定》,以规范领导干部离任档案移交工作,推动档案工作的扎实开展。建立领导干部离任档案移交制度,是青岛市档案工作的一项创新举措,建立这一制度不仅会促进档案工作,对拓宽干部监督的途径,规范干部监督工作也有促进作用。

(青档《人民日报》2004 年 6 月 21 日)

黄金周走进档案馆　文件休闲也别致

晚报讯　10 月 1 日至 5 日,市档案馆将照常开放,市民不仅可以凭有效证件查阅开放档案和政府现行公开文件,还可以免费参观《永远的〈铁道游击队〉——刘知侠珍贵档案陈列展》和《城市记忆——滨海步行道照片档案征集成果展》。同时见证城市变迁的城市记忆工程的滨海步行道部分也将首批向市民开放。1 万多分钟的录像档案、上万张照片将再现那个年代的城市道路、村庄、企事业单位、优秀建筑、风景名胜和居民小区等岛城风貌。

(臧旭平《青岛晚报》2004 年 9 月 28 日)

“城市记忆工程”已有所成

本报讯　记者从市档案局近日举行的新闻发布会上获悉,由市政府拨出专款、市档案局承担的保护和传承城市优秀历史文化的“城市记忆工程”,已经取得阶段性成果,目前已收集了 1460 个项目的 1 万多分钟录像档案和上万张图片档案,这是宣传城市历史文化,展示岛城建设成就的珍贵素材。

据介绍,“城市记忆工程”自 2002 年实施以来,有关部门通过摄像、照相等技术手段,全面记录 21 世纪初期青岛的城市面貌,并对即将开工建设项目的原貌进行了抢救性记录,目前形成了涵盖 850 条主要街道、66 个城市村庄、160 个企事业单位、76 座优秀建筑、60 个风景名胜、123 个居民小区、34 个古遗址、74 个里院建筑等共计 1460 个项目的 1 万多分钟录像档案和上万张图片档案,其中有许多照片和录像成为记录城市旧貌的不可多得的珍贵史料。同时,市档案馆还对年事已高的具有代表性的人物开展了抢救性记忆工作,其中包括为岛城健在的 26 位日本侵华期间被抓劳工全部拍摄和录制了资料。目前,“城市记忆工程”资料已经整理完毕,可以向社会各界提供阅览服务。

(本报记者《青岛日报》2004 年 10 月 1 日)

“红头文件”向社会开放

昨日凌晨 5 时,江汉关大钟浑厚的钟鸣顺着滔滔江水悠然远去,江城在薄薄晨雾中渐然苏醒。

56 岁的武汉市民张圣光悄悄爬起,揣上前晚备好的资料,踏着夜色出门,搭上第一班公交车,从东西湖向武昌而去。两个小时后,天色大明,他已在东湖之滨的省档案馆门前静静等候。

为解决八旬老母的国营农场职工退休待遇问题,张圣光特意赶在 12 月 1 日省档案馆“现行文件服务中心”(简称中心)开放首日,前来查阅过去只能在机关内部看到的“红头文件”。

一

8 时许,张圣光办毕手续,来到窗明几净的服务中心。

张圣光将手袋里的资料在大桌上摊开,有他母亲 1953 年的股票,1963 年的工会会员证,纸质泛黄,褶皱丛生。他从中翻出一张用透明文件袋装的报纸,眯着眼睛开始找文件。为解放母亲的问题,他曾到有关部门反映多次,但均因政策不熟,无功而返。

很快,工作人员按照张圣光的要求找到“鄂政发[2003]·125 号”《湖北省农垦企业职工基本养老保险实施意见》。张圣光仔细翻着,其中一条正好符合他母亲的条件,赶紧请工作人员帮忙复印下来,张圣光说:“有了文件,说话就有底气了。”

记者在现场看到,中心电话成了热线,不停有群众打电话询问查阅“红头文件”的有关事宜。中心负责人张列告诉记者,按《档案法》有关规定,一份“红头文件”如果走完正常”旅程”,需要 30 年后才能到达群众手里——将先在机关档案里保存 10 年左右,再移交档案馆保存 20 年左右,经政府批准方可对外开放查阅。

“但经过 30 年时间后,‘红头文件’对普通群众几乎已无价值,多为修志著史的学者所用。文件的时效性很强,对普通市民而言,也就是 5 年左右时间有用。

二

不知何时起,各级政府所出台的各种政策性文件、决定、意见等,因其上部的标题为红色,人们习惯地称之为“红头文件”。

过去,因各部门“红头文件”藏在深闺人难见,包括各种条例、规定对外公开的渠道少,既给群众查阅造成不便,也影响了党和政府工作的透明度,妨碍了有关政策的贯彻和落实。

2003 年 4 月,荆门市疾病控制中心的一名干部想查阅一份有关医改的文件，多次碰壁后，愤然提笔给市长写了一封信，建议所有非涉密的现行文件都应向市民开放，还市民对政策的知情权。

曾经在外省某县一个乡场上，有农民将中央关于减轻农民负担的决定复印了若干份，以每份5元的价格向赶场的乡亲叫卖，结果“生意”出奇地好。

2002年，省委、省政府领导批示——现行可公开的政策和法规性的“红头文件”应公开，还人民群众对政策的知情权。

据了解，此次首度向社会开放的“红头文件”，都是关系到国计民生及群众利益的非密级文件，包括2000年以来省委、人大、政府、政协、纪委和省委各部委、省级国家机关各委办厅局、各人民团体、各事业单位制发的，现仍在执行并可公开政策性、法规性和公益性文件。

截至11月30日，省档案馆已收到近百个单位报送的文件296册数千件文件，内容涉及工资福利、退休政策、医疗保险、房屋管理、学校收费、劳动保护、公路收费、环境保护、电信网络等多个领域。

三

截至昨日，我省93个有条件的综合档案馆已有70个建立了现行文件服务中心。

2003年7月30日，潜江市水利局职工华炜在该市档案局现行文件服务中心，仅用10分钟就查阅到1974年成立老新泵站建设指挥部批复文件。此前的3个月里，中心就接待查阅“红头文件”群众近2000人次。

昨日，记者点击襄樊市政府网站(www.Xf.gov.cn)，“政府文库”目录下的“红头文件”查询系统，提供了按年份、月份、文号、关键词等多种查询方式，文件网页可下载打印。目前，市府共有2000年以来的323份文件上网。

据了解，仅2002年至2003年，全省各级综合档案馆的现行文件服务中心共接待群众15911人次，利用现行文件达45076件次。

荆门市下岗职工周某自筹资金承包宾馆，安置下岗职工10余名，在现行文件中心找到市政府出台的有关下岗职工办企业的有关优惠政策，顺利办妥了税务减免手续；武昌区苏某123平方米的私房在“文革”期间被没收，1985年落实政策时归还了88平方米，他在现行文件中心查到《关于进一步处理好城镇私房遗留问题的通知》后，迅速办理了全部私房面积偿还手续；郧西县民联村40余户村民，在文件中心及时查到省物价局有关建房收费的文件后，拒绝了建房乱收费30余万元，维护了自己的正当权益。

省档案馆副馆长吴绪成说，一方面，按照“WTO协定”公开透明的原则要求，政府部门的规章、政策、措施必须及时予以公开，另一方面，将党和政府的法规、政策及时让群众知道，群众就知道该做什么，不做什么，许多矛盾和纠纷就可以避免，许多问题不用上访就解决在萌芽状态。此外，“阳光政府”促进政务公开，推动各级党政机关工作人员自觉接受人民监督。

（余凯　通讯员　李宗春　实习生

《湖北日报》2004年12月2日）

洪毅在全省档案工作会议上强调
提高档案工作管理技术服务水平

本报兰州2月12日讯(记者顾淑龙)　省委常委、省委秘书长洪毅今天上午在全省档案工作暨表彰先进会议上强调，全省各级档案部门和档案工作者，一定要增强服务大局的主动性和自觉性，努力提高档案工作的管理、技术和服务水平。

国家档案局副局长、中央档案副馆长冯鹤旺出席会议并讲话。省人大常委会副主任杜颖和省政协副主席蔚振忠出席会议。

洪毅指出，全省各级档案部门和档案工作者，一定要全面领会、准确把握省委十届四次全委会精神，把思想和行动统一到省委对形势的科学判断上来，统一到对省情的正确分析上来，统一到对今后工作的总体要求和具体部署上来，紧紧围绕党委、政府的工作大局，积极关注全省经济社会发展的重大实践，找准服务重点，改进服务方式，努力做好档案信息资源的开发、提供和利用工作。要提高管理水平，深入研究信息化条件下档案管理工作的规律和特点，改进和完善档案管理工作的新机制，加强内部管理，重点加强重要建设项目和重大科研项目档案的管理。要提高服务水平，进一步加强档案科技研究，推进信息化建设和数字化进程。要提高服务水平，为全省广大人民群众提供优质高效的档案服务。要以人为本，努力建设一支高素质的档案干部队伍。各级党委、政府要加强对档案工作的领导，为档案事业发展创造良好环境，为实现我省经济社会全面发展作出新的更大的贡献。

会议表彰了全省档案工作先进集体和先进个人，通报了目标管理任务的完成情况，批准天水市档案馆等53个单位为全省档案工作示范单位。

（《甘肃日报》2004年2月13日）

甘肃发现百余件清代官方文书

据新华社兰州5月23日电(记者王艳明)　甘肃省档案馆近日从民间征集了百余件清代文书，如此数量巨大、保存完好、内容丰富的官方文书被集中发现和征集、较为罕见。据介绍，此次征集到的文书共120件，全部是纸制文书，字迹较为清晰，保存基本完好。年代最早的为康熙四十四年，最晚的为宣统三年。

（《人民日报》2004年5月24日）

苏荣在省档案局调研时强调

加强和改进档案管理工作 发挥公共服务职能和作用

本报兰州讯　10月17日上午，省委书记、省人大常委会主任苏荣到省档案局调研，视察了新落成的省档案馆，对全省档案工作提出了重要的指导性意见，强调要加强和改进档案管理工作，充分发挥各级档案馆社会公共服务的职能和作用。

苏荣首先看望了局馆职工，对双休日在岗位上坚持工作的同志表示慰问，并通过省局馆职工向全省广大档案工作者表示亲切的问候。他先后察看了省档案馆中心监控室、档案修复室、现行文件查阅服务中心、档案展览厅等，详细询问了档案管理工作的有关情况，对近年来全省档案工作取得的成绩予以充分肯定。他说，档案工作是一项默默无闻的工作，需要具有无私奉献精神才能做好。档案工作肩负着保护、开发和利用人类活动历史记录的重要工作，因此又是一项光荣而崇高的工作。档案资源作为一种重要的社会信息资源，不但要重视保管保护，更要重视开发利用，要为全社会提供服务，要努力实现档案资源共享。挖掘档案就是挖掘历史，用好档案就是用好历史。要以实现档案资源共享为切入点，努力促进我省先进文化的建设。

在文件查阅服务中心，苏荣向有关领导和工作人员详细了解了情况。苏荣说，建立现行文件查阅利用中心，是省档案局为社会各界和广大群众服务的具体行动，也是落实政务公开要求的一个重要方面，架起了党委、政府同人民群众密切联系的又一座桥梁。做好这项工作有利于实现档案资源共享。档案文件利用从一定意义上说，也是发展社会生产力。今后，党和政府非涉密性现行文件对外公开面会越来越大，要进一步做好这项工作，使党和政府现行文件的信息资源在全社会得到广泛和充分的利用。要努力推动档案管理由过去的封闭管理向开放服务转变，由单纯保管向开发利用转变，由专业保管向为社会各界服务转变，进一步加强和发挥各级档案馆社会公共服务的功能和作用。

苏荣最后强调，甘肃历史悠久，文化资源丰富。我们要认真贯彻科学发展观，充分利用文化资源，搞好文化事业建设，以此推动物质文明、政治文明和精神文明建设。目前要重点抓好省档案馆等一批文化事业重点项目的建设，进一步促进我省包括档案事业在内的各项社会事业同经济建设全面、协调、可持续发展。

（林涛《甘肃日报》2004年10月19日）

韩忠信在有关会议上强调

推进档案工作全面协调可持续发展

本报兰州10月21日讯（记者顾淑龙　实习生王晶）　省委、省政府今天召开全省档案工作会议。省委副书记、省纪委书记韩忠信出席会议并讲话，强调要充分认识档案工作在经济社会发展中的重要作用，坚持和落实科学发展观，促进全省档案事业全面、协调、可持续发展。

韩忠信指出，各级党委、政府和档案部门要从贯彻落实“三个代表”重要思想，统筹经济社会协调发展的高度，努力把全省档案工作提高到一个新的水平。要科学把握全省经济社会发展需求，全面加强档案资源建设，通过各方面的共同努力，把各级档案馆真正建设成为内容丰富、结构合理、利用率高的档案保管基地。要紧紧围绕中心工作，积极拓展档案服务领域，加快推进档案服务社会化。当前特别要围绕省委十届四次全委会提出的“发展抓项目，改革抓企业，保证抓党建”的重大举措，抓好全省建设项目的档案工作，确保各项工程建设项目档案的齐全完整，妥善处置好国有改制企业档案、社区档案和民营企业档案工作，进一步加强“三农”档案工作。要着眼于档案工作的可持续发展，加快档案信息化建设。同时根据党的十六大和十六届四中全会精神，建设好档案部门领导班子，加强人才资源建设，带动档案工作整体水平的提高。

韩忠信强调，各级党委、政府要切实加强对档案工作的领导，解决好有人管而且真管、真抓的问题。党政分管领导要切实重视档案工作，支持档案工作，想方设法为档案部门办实事。各级党委和政府要把档案事业发展纳入全面建设小康社会的总体规划之中，及时研究解决档案事业发展中的一些重大问题，促进档案事业与其他各项事业同步发展。

省人大常委会副主任杜颖，省政协副主席杨镇刚，省委秘书长李希出席会议。

（《甘肃日报》2004年10月22日）

省档案馆新馆开馆

本报兰州10月22日讯（记者顾淑龙　实习生王晶）　在迎来自己45岁生日之际，省档案馆今天上午举行了新馆开馆仪式。

省档案馆新馆位于兰州市城关区雁滩路，总建筑面积14367平方米。新馆2000年6月开工，今年7月竣工。新馆保存有自清康熙年代至中华人民共和国成立以来300多年的珍贵历史档案30万卷(册)，并具有完善的阅档大厅、档案展厅以及电子监控、计算机设施等，是集档案安全保管、展览教育、现行文件查阅服务和档案信息服务等功能于一体的新型国家综合档案馆。

省人大常委会副主任杜颖，省政协副主席杨镇刚，全国政协常委、原省政协副主席邓成城，省政府秘书长程正明等出席了开馆仪式。

(《甘肃日报》2004年10月23日)

省档案馆接收一批珍贵史料

本报兰州11月17日讯(记者顾淑龙) 省档案馆今天上午接收了邓宝珊将军、任震英先生的珍贵档案史料。

邓宝珊将军是我国近代著名的爱国将领，1894年生于甘肃天水市。解放后任甘肃省人民政府主席，后当选为省长。1968年11月，邓宝珊将军逝世于北京。邓宝珊将军的长子、全国政协常委、原省政协副主席邓成城今天向省档案馆捐赠的邓宝珊的档案史料共计50件。其中有毛泽东、周恩来等在西柏坡会见傅作义、邓宝珊的照片，第一次国共合作时革命联军驻陕总部时的合影以及中国共产党中央领导同志的题词、回忆录等。

任震英是我国著名的城市建筑设计大师，设计和督建过兴隆山别墅和当时兰州著名建筑“西北大厦”，接受彭德怀的命令修复过黄河铁桥。他在60多年的革命生涯中，在城市规划、建筑设计等方面积累了丰富的实践和理论经验。任震英先生今天委托其女儿、兰州铁道学院任侠同志向省档案馆捐赠档案史料，有著作、论文、照片、信件、图纸、手稿、指导规划和书刊等，共计1829件(册)。

(《甘肃日报》2004年11月18日)

档案事业要为全面建设小康社会提供优质服务

——甘肃档案事业巡礼

甘肃省档案局　甘肃省档案馆

档案工作是维护党和国家历史真实面貌的一项重要事业，是负责保管保护、开发利用人类记忆和知识的重要工作，是各级党政机关、群众团体、企业事业单位开展各项工作的基础和必要条件。中华人民共和国成立55年来，甘肃档案事业同其他事业一样，在曲折中发展前进，经过几代档案人的艰苦努力，特别是在改革开放大潮的推动下，档案工作的基础条件和工作领域都发生了前所未有的变化。目前，一个以各级档案行政管理部门为核心，以国家档案馆主体，以机关事业企业单位档案馆(室)为基础的，同中国特色社会主义建设事业相适应的我省档案事业管理体系已经形成；一个机构健全、基础稳固、结构合理、管理科学、服务高效的各级各类档案馆网络已经建立，档案及档案工作在为国民经济和社会发展服务中发挥着越来越重要的作用。

一、档案事业行政管理不断得到加强。近年来，我省各级档案行政管理部门不断加强对档案业务的监督、检查和指导，全面加强档案事业的行政管理，依法推进档案事业的全面发展。到2003年底，全省共有各级各类档案工作机构31120个，其中省、市、县三级档案行政管理部门101个，各级各类档案馆118个，机关、企业、事业单位档案室12121个，城镇社区档案室1060个，行政村档案室17720个；全省现有档案专兼职人员32100人。省、市、县三级档案局(馆)均属党委序列，实行一套人马，两块牌子，履行档案事业行政管理和档案保管利用两种职能。全省14个市(州)档案行政管理部门已有12个达省一级标准；100个市县档案馆已有98个分别达到省一、二、三级档案管理标准；96%的省直机关、85%的市县直机关、90%的县级以上科技事业单位和40%的企业档案管理分别达到省级和国家级标准；全省1530个乡镇有1440个建立了规范的综合档案室。目前，全省大力开展“十馆百室”示范工程活动，已有121家档案馆(室)率先通过验收，达到了规定标准，成为全省档案管理示范单位。

二、档案法制建设不断得到健全。1987年9月5日，六届全国人大常委会第22次会议通过了《中华人民共和国档案法》，这标志着我国档案事业从此走上法制轨道。1997年省第八届人大常委会第29次会议审议通过《甘肃省档案管理条例》，为我省第一部地方性档案法规。省档案局1994年制定《甘肃省档案法制体系方案》，先后出台了80多件档案工作规范性文件。这些法律法规和规范性文件的颁布，使档案工作真正做到了有法可依，有章可循。同时，省、市、县三级档案行政管理部门档案行政执法主体资格得到政府确认，建立了近500人的档案行政执法和档案执法监督检查队伍，形成了覆盖全省的档案行政执法网络。为全面加强档案法制建设，各级档案行政管理部门积极争取当地人大和政府法制部门的支持，联合开展档案行政执法检查，针对一些地方存在的不按规定移交档案、档案安全隐患多、擅自销毁或涂改档案等违法案件，进行了严肃查处，有效地保障了档案事业的健康发展。

三、档案资源建设和利用工作成绩显著。为适应新形势新任务的需要，各级档案部门不断解放思想，与时俱进，千方百计加强档案资源建设，在做好正常的档案接收进馆工作的同时，还采取发布通告、登门拜访、复制拍照、捐赠征集等形式，加大征集散失在社会和民间档案资料的工作力度，进一步丰富了馆藏档案资源。到2003年底，全省各级国家档案馆共保存档案389.7万多卷，其中省馆近30万卷。在省馆保存的档案中，时间最早的是清代康熙四十四年（公元1705年）的档案，最晚的是公元2000年省直机关的档案，时间跨度近300年。

为了使这卷帙浩繁的档案资源更好地在甘肃经济社会发展中发挥作用，各级档案部门坚持不懈地抓好档案资源的开发利用工作：一是深层次开发整合档案资源，积极利用档案编写实用性强的参考资料和书籍3600多种，计1.7亿字。二是举办档案陈列展览，展示党和政府领导人民建设甘肃、发展甘肃的巨大历史成就。近几年各地档案部门共举办各种档案陈列展览30多期，接待观念10余万人次。省档案馆和张掖、天水、平凉等地的近10个档案馆被各级党委批准为爱国主义教育基地。三是按照《档案法》规定，向社会开放档案64.5万多卷（册），仅2003年全省101个国家档案馆就接待社会各方面利用者5.5万人次，提供利用档案资料19.3万多卷（册）。充分发挥了档案在为我省改革开放、现代化建设、编史修志、解决群众实际问题等方面的重要作用，取得了显著的经济效益和社会效益。

四、档案工作为党政中心工作服务的领域不断拓展。一是围绕省委“改革抓企业，发展抓项目”的战略决策，积极指导与督促建设项目建档工作，确保项目档案资料的齐全完整和竣工验收的顺利通过。二是建立现行文件查阅服务中心，开放与人民群众密切相关的现行政策性、法规性、公益性非涉密文件。三是围绕“三农”工作大力开展农业农村档案工作，指导帮助全省1500多个乡镇和17700多个行政村建立了档案工作，在村务公开、调解纠纷、脱贫致富、加强农村基层政权建设等方面发挥了重要的作用。四是根据全省社区建设总体安排，积极开展社区建档工作。五是开展非公有制企业和信用建设方面的建档工作，以此推动非公有制企业在我省的迅速发展。

五、档案信息化建设步伐进一步加快。在电子文件、电子档案日益增多的环境下，我省各级档案部门积极推进管理信息化建设，按照《甘肃省档案信息化建设目标》的要求，不断加快大力开展档案信息化建设步伐。到2003年底，全省各级档案馆已普遍应用微机对档案进行数据录入工作，录入案卷级、文件级目录300多万条。电子文件归档、电子档案管理及档案数字化建设工作在探索中不断前进。

六、档案教育、档案科技和档案宣传交流工作硕果累累。我省各级档案部门始终坚持科教振兴档案事业的方针，把档案教育工作放在重要位置。省档案局先后与省自考办、兰州大学、西北师范大学、金城联大等院校联合举办档案专业本科班、大专班，培养档案专业大专以上的毕业生1789名，并在甘肃档案学校等中专学校培养档案专业中专毕业生1700名。同时，大力抓好在职人员的非学历教育，举办档案专业人员继续教育和岗位资格培训51期，先后培训档案干部3672名。在档案科技工作中，坚持从实际出发，开展档案科技工作，先后有两项成果获国家档案局和甘肃省科技进步奖，有5项科研项目经国家档案局批准立项，并得到经费资助，有243项档案学优秀成果获甘肃省社会科学最高奖及中国档案学会、甘肃省档案学会档案学优秀成果奖。

为增强全社会的档案意识，各级档案部门不断加强档案宣传工作。全省组建了通讯员队伍，形成了档案宣传网络。同时，积极利用中央和省内各级新闻媒体宣传档案工作。省档案局和省档案学会主办的《档案》杂志坚持改革，不断创新，被评为全国中文（档案学）核心期刊、甘肃省一级期刊。

1994年8月，甘肃省档案局与国家档案局联合召开首届敦煌遗书档案国际研讨会，国内外70余名专家学者与会，从档案学的角度对敦煌遗书档案的种类、数量、内容及流散等问题进行了广泛深入的研讨，取得了丰硕成果；1996年省局组团17人参加了在北京举行的第十三届国际档案大会；省馆、敦煌市馆先后接待了美国和日本等国的专家学者；我省档案界多次派员赴美国、新加坡等国学习考察，增进了我省档案工作者与国外档案工作者之间的交流和友谊。

回顾近些年甘肃档案工作，省档案局党组一班人深切体会到：

第一，发展档案事业必须依靠各级党委和政府的领导。“十五”以来，甘肃省委、省政府进一步重视支持档案工作，先后印发了《关于协调解决全省档案事业发展中若干突出问题的会议纪要》、《甘肃省重大活动（事件）声像档案管理办法》、《甘肃省档案馆关于收集省直机关现行文件的实施意见》和省档案局党组《关于进一步加强全省档案工作的意见》。这四个文件，受到各级党委和政府的高度重视，对我省档案事业的发展起到了重要的推动作用。去年以来，省委副书记韩忠信同志先后三次在省档案局的有关报告上作出重要批示，并专门安排时间听取省档案局工作汇报，对当前全省档案事业发展中存在的主要问题提出了明确的解决意见,协调解决了县、区建馆补助费和资助国扶贫困县配备计算机等问题。与此同时,省人大常委会也高度重视档案法制建设。省人大副主任杜颖同志多次听取全省档案行政执法情况汇报,并组织安排教科文卫委员会开展档案行政执法调研,向政府写出专题报告。组织的重视、领导的关怀,使广大档案工作者备受鼓舞,极大地增强了进一步做好档案工作的决心与信心。各地的情况也表明,凡是档案工作做得比较好的地方,都和党委、政府的关心支持分不开。

第二,发展档案事业必须坚持紧紧围绕党和政府的大局和中心工作。根据党委和政府的中心工作,大力开发档案信息资源,有效地为各级领导决策、为各部门工作、为社会各界和人民群众提供全面、及时、有效的服务,既是档案工作的根本目的,又是档案事业发展的动力。实践证明,档案部门只有围绕大局,努力把握不同时期改革开放和现代化建设的重点,不断拓展服务领域,创新服务机制,提高服务效果,才能使档案事业不断融入建设中国特色社会主义事业的伟大实践之中,显示出旺盛的生命力。

第三,发展档案事业必须坚持依法管理档案和档案工作。档案法制建设既是档案工作的重要内容,又是档案事业发展的重要保障。党和国家一贯重视档案法制建设,制定了《档案法》和一批全国性、地方性的档案行政法规和地方性法规及规章。这些法律法规和规章集中反映了党和国家管理档案和档案工作的方针、政策,是保护、管理、利用档案的依据,也是协调档案工作与其他各项工作关系的准绳。档案部门已经依靠这些法律、法规和规章建立了全省档案事业组织管理的网络体系,要进一步发展档案事业,就必须继续认真实施《档案法》和《甘肃省档案管理条例》,加强档案法制建设,认真行使档案行政执法权,切实做好档案执法监督检查工作。

第四,发展档案事业必须建设一支政治素质高、业务能力强、工作作风过硬的档案队伍。档案工作队伍建设是发展档案事业的十分重要的战略任务。队伍建设首先是领导班子建设,一个政治坚定、思想创新、业务过硬、团结进取的领导班子,是一个地区档案事业发展的关键。档案工作是一项政治性和专业性很强的工作,它要求档案工作人员既要有很高的政治素质,还要有扎实的科学文化知识、专业知识与专业技能。特别是在档案法制建设不断完善、档案工作科技含量不断提高的今天,只有培养大量的复合型档案人才,才能适应新形势下档案事业发展对人才的多样化需求。与此同时,还要求档案工作人员要有一种热爱事业、无私奉献的良好精神风貌。多年来,省档案局一直注重抓好干部职工的学习教育,并采取多种形式活跃职工生活。省档案局职工演出队曾在北京为全国档案工作会议的代表专场演出,受到时任中办主任、国家档案局局长王刚同志的高度赞扬。

回顾过去,我省档案事业取得了辉煌的业绩;展望未来,档案工作任重道远。省档案馆新馆的落成和使用,成为我省档案事业发展中的一座新的里程碑,标志着我省档案事业将在新的起跑线开始新的冲刺。广大档案工作者要在邓小平理论和“三个代表”重要思想指导下,在省委、省政府的正确领导下,紧紧抓住建馆45周年和新馆建成投入使用的有利契机,进一步加大工作力度,不断推进档案事业同经济建设和其他各项事业的全面、协调、可持续发展,不断创新档案工作服务机制,为我省改革开放、现代化建设和人民群众提供更加方便、快捷的档案服务,为我省全面建设小康社会作出新的更大贡献!

(《甘肃日报》2004年10月19日)

让老百姓看到“红头文件”

新疆　王慧敏

最近,新疆维吾尔自治区档案局建立了现行文件阅览中心,将各类现行文件,主要包括国家各项法律以及自治区党委、人大、政府制定的政策性、法规性文件等,面向社会提供查阅服务。这项措施受到群众欢迎。

让群众了解党和政府的方针政策,是各级党委和政府的分内工作。让老百姓知情,是维护群众利益的一个重要方面。有些地方和部门,在向群众传播政策方面做得不够,常常造成一些不必要的误解,给工作带来被动;个别地方有意模糊党和国家的政策,以便于推动当地的一些与国家政策不相符的“土政策”,损害了人民群众的切身利益。把政策交给群众,不仅是个工作方法问题,它关乎党的方针路线是否得到了贯彻,关乎我们的工作是否得到了有效监督,关乎人民群众的利益是否真正得到了维护。

让老百姓及时看到“红头文件”,是改进政府工作的一个重要方面。这方面的尝试还应该继续下去,使之更加制度化、规范化。

(《人民日报》2004年1月4日)

昌吉州拓宽档案工作新领域

本报昌吉3月26日讯　记者何瑞兰报道:昌吉回族自治州档案局围绕经济建设中心,开拓创新,档案工作走在自治区同行业前列。

积极开展农村建档工作。在全面完成乡镇建档的基础上,目前,全州已有80%的行政村完成了村级建档工作。同时,该局在全疆率先出台了《民营企业档案管理暂行办法》,依法将个体、私营等非公有制经济组织的档案工作纳入科学管理范畴,对全疆民营企业档案管理工作起到了推动和促进作用。

狠抓档案馆的基础建设。目前,全州八县市的档案馆都已结束了在地下室存放档案的历史。档案的基础业务得到加强,在全疆档案行政管理工作目标考核中,取得优秀成绩。昌吉州档案馆、木垒县档案馆相继晋升为自治区一级档案馆。

昌吉州档案局还在建立现行文件利用中心、开展社区建档试点、加强档案队伍建设等方面积极探索,使档案管理和服务工作上层次上水平。

(《新疆日报》2004 年 3 月)

（十一） 档案出版工作

中国档案出版社出版图书简目

邓小平手迹选

编　著:中央档案馆

本书以邓小平一生的主要活动为主线编辑而成,共收录了邓小平在不同历史时期有代表性的珍贵手迹296件,包括题词、题字、书信、文电、批示和提纲等,内容涉及政治、军事、科技、外交、文化、教育、国防等各个方面,生动地反映了邓小平在中国新民主主义革命和社会主义建设中的丰功伟绩。这些手迹全部都是从中央档案馆浩瀚的馆藏档案中精选出来的,多数手迹系首次公开发表。各类手迹均按时间顺序编排,并全部根据邓小平手迹原件影印出版,很好地再现了邓小平手迹的原貌,具有很高的史料价值和欣赏价值。

本书由江泽民题写书名,经中共中央办公厅和新闻出版总署批准出版,被中共中央宣传部和新闻出版总署确定为"全国纪念邓小平诞辰100周年百部重点图书"之一,并荣获2004年"国家图书奖"特别奖。

邓小平题词题字墨迹选

编　者:中央档案馆

本书收集了邓小平1942年至1992年的题词、题字248件,全部按照中央档案馆珍藏邓小平手迹原件影印出版。这些题词、题字形成于新民主主义革命、社会主义革命和建设特别是改革开放等各个时期,内容涉及政治、军事、科技、外交、文化、教育、国防等各个方面,从不同的方面反映了邓小平同志的领袖风范和人格魅力。

本书被中共中央宣传部和新闻出版总署确定为"全国纪念邓小平诞辰100周年百部重点图书"之一。

小平忠告

作　者:王建夫

字　数:35万

在决定中华民族前途命运的紧要关头,在中国革命、建设和改革开放的关键时期,邓小平以革命家的胆略、政治家的智慧、战略家的远见、理论家的深邃,发表了一系列重要讲话和谈话。由于邓小平举重若轻的领袖气质、绵里藏针的性格特征、"三起三落"的人生经历以及扎实老练的语言功底,他的讲话和谈话高屋建瓴、内涵丰富,其中的著名论断、谆谆教诲、诚恳告诫……犹如邓小平思想理论宝库中熠熠闪光的明珠,给人以无穷的力量。本书正是以小平教诲为切入点,系统介绍了邓小平一系列重要讲话和谈话的时代背景、社会影响、历史作用和意义,向广大读者展示了世纪伟人邓小平那波澜壮阔的心路历程和博大精深的思想理论。

清代中琉关系档案六编

作　者:中国第一历史档案馆

篇　数:1100页

本书系根据中国第一历史档案馆馆藏清朝内务府奏案和呈稿的原件影印而成,所收档案共210件。时间起自乾隆三十年(1738年)至光绪元年(1875年)。史料反映了清朝中叶以后虽然府库渐虚,却仍然东挪西凑,坚持"怀柔远人"、厚往薄来的藩属国政策。本书史料价值极为珍贵。

解密中国外交档案

作　者:徐京利

字　数:28万字

作者利用中国外交部档案馆最新解密的档案资料,还原了中华人民共和国自建国前夕以来的外交历史。内容包括:美国大使司徒雷登对新中国的外交试探及黄华与司徒雷登的会面,人民解放军同英军在"紫石英"号事件上的外交较量,新中国外交队伍的建立和国民党外交人员的起义,新中国迎来的第一次建交高潮,周恩来率团参加日内瓦会议,公审美国间谍及联合国外长的从中"斡旋",周恩来参加亚非会议及粉碎蒋帮特务的刺杀阴谋等。围绕上述大事,澄清了一些流传已久的讹误,史料价值较高;并配有珍贵的历史照片近百幅,可增加读者对外交史的感知。

北京市重要文献选编(1958年)

编　著:北京市档案馆、中共北京市委党史研究室

字　数:62万

本书是《北京市重要文献选编》的第10卷。收录了1958年中共北京市委、北京市人大、北京市人委及所属部门制定、发布的重要文件,中共中央、国务院等

部门有关北京市工作的指示，北京市部分负责同志的讲话和文章。内容主要反映了在党的"鼓足干劲、力争上游、多快好省地建设社会主义"的总路线指引下，北京市各条战线"大跃进"的有关情况。全书收录文献150篇，首次公布占93%，附有分类目录索引。

北京市重要文献选编(1959年)

编　著:北京市档案馆、中共北京市委党史研究室

字　数:60万

本书是《北京市重要文献选编》的第11卷。收录了1959年中共北京市委、北京市人大、北京市人委、北京市政协及所属部门制定、发布的重要文件，中共中央、国务院等部门有关北京市工作的指示，北京市部分负责同志的讲话和文章。内容主要反映了在党的总路线和"大跃进"方针指引下，北京市的经济、城市建设及文化、教育、卫生事业等迅速发展的情况。全书收录文献155篇，首次公布的占93%，附有分类目录索引。

北京市重要文献选编(1960年)

编　著:北京市档案馆、中共北京市委党史研究室

字　数:60万

本书是《北京市重要文献选编》的第12卷。收录了1960年中共北京市委、北京市人大、北京市人委及所属部门制定、发布的重要文件，中共中央、国务院等部门有关北京市工作的指示，北京市部分负责同志的讲话和文章。内容主要反映了在继续"大跃进"的同时，由于严重的自然灾害，经济比例失调，出现物资紧缺及克服困难的情况。全书收录文献147篇，首次公布的占99%，附有分类目录索引。

西方马克思主义创始人哲学思想研究

作　者:杨伍栓

字　数:24万字

本书系北京大学中国特色社会主义理论学科群"十五"和"211"工程项目(哲学部分)的"西方马克思主义"课题研究之一。该书介绍了第一次世界大战结束以后，由于第二国际的破产，出现了重新研究和阐释马克思主义的历史需求。并由此进入了对西方马克思主义学者卢卡奇、马尔库塞、柯尔施、葛兰西、罗莎·卢森堡等不同流派的哲学思想的研究和阐述。总体上反映了在自由资本主义过渡到帝国主义阶段之后马克思主义哲学思想的变化和发展，有些思想结论和方法，对当今马克思主义的思想研究仍具有现实的指导意义。该书学风严谨，颇富学术功力。

中共档案文献征集

作　者:费云东

字　数:20万

本书以党对档案文献征集工作的重视为轴线，回顾了建党以来党的文献征集与管理工作的发展概况，概述了档案文献征集工作的性质和作用、方法和规律、方针和政策、目的和意义，可读性和参考性强，对广大档案文献工作者有借鉴作用。

党内活动实务手册

主　编:刘国玺

字　数:42万

本书以《中国共产党章程》和中共中央及其所属部门制定的关于加强党的基层组织建设、党的干部队伍建设、党的思想作风建设等方面的政策法规为依据，分别从党内会议制度、党内办事程序、党内行文规范等方面对新出台的党内政策法规进行了梳理和归纳，既是党内活动的经验总结，又是党内活动的常识汇集；既有党内活动的一般规定程序，又有党内活动的最新要求，通俗易懂，可操作性强，对基层党组织办公室工作人员和广大党务工作者进一步准确理解党内法规、搞好本职工作很有帮助。

督查工作实务

作　者:何逢宽

字　数:19万

督查工作是文秘工作的重要组成部分，是落实党政各项决策、推动工作开展的有效手段。本书阐述了督查工作的意义和作用，详细介绍了开展督查工作的步骤、方法、注意事项等，理论和实际相结合，有助于党政企事业单位办公室人员推动工作落实。

档案、文化、建设——广东省档案馆新馆建设探索

主　编:车晓明

字　数:8万

本书是为纪念广东省档案馆新馆的落成而编撰，分建筑篇、设备篇、装饰篇、园林篇等四篇，从新馆建筑的基本情况、各个功能区、设备配置等方面，系统、详细地介绍了新馆的情况，图文并茂，附有说明，充分体现了它设计的人性化、人文化特点，并对国家综合性档案馆的建设提出了许多新颖的思想和观点，是一部对档案馆建筑、装饰指导性很强的参考书。

实事求是新论

作　者:魏晶晶

字　数:20万

实事求是作为一个古老命题，在近现代又重现其

活力,在毛泽东、邓小平等中共领导人手中发扬光大,成为中国革命和建设的理论利器。本书从历史篇、理论篇、实践篇,回顾了实事求是确立、发展和完善的历程,阐释了实事求是与马克思主义、毛泽东思想、邓小平理论和"三个代表"重要思想的关系,特别是从辩证法的角度,提出如何运用好这一方法,解决实践中的问题。不同于其他相关著作的是,本书体系完整,思路清晰,论证充分,语言生动,是一部具有时代感的理论专著。

湘魂

编　者:湖南省档案馆

字　数:10 万

本书是一部关于湖湘人杰与近现代中国的图册。以珍贵的馆藏人物图片,以时间为线索,回顾了湖湘文化博采众长、湖湘人杰不屈不挠的历史足迹,简要描述了对中国近现代历史产生决定性影响的湖南四大人物群体,即以曾国藩为代表的湘军将领集团、以谭嗣同为代表的戊戌维新志士、以黄兴为代表的辛亥革命先驱、以毛泽东为代表的无产阶级革命家、阐释了湖湘文化、湖湘人杰在近现代对国家独立、复兴,促进中华民族历史发展的突出贡献。全书图文并茂,跨越二百余年,是进行革命传统教育、爱国主义教育的良好教材。

创新与拓展——档案管理 e 化之路

作　者:王健

字　数:18 万字

本书是作者集档案教学、赴外留学、访问所形成的一部学术性文集。书中对当前我国档案学体系、档案教学体系及国外同行业的发展情况进行了较全面的介绍,同时又提出了自己在教学上的独特见解。立意较为新颖、观点明确,是该领域近年来鲜见的学术性著作,具有较高参考价值。

建设项目档案工作操作指南

作　者:本书编委会

字　数:19 万字

本书针对大型建设项目档案工作的特点,阐述了其档案形成的特性,以及保管过程中所应注意的问题,是大型建设项目档案管理工作必备的工作指南。

档案与收藏笔谈

作　者:郝晓峰

字　数:18 万字

本书是作者从事档案事业及收藏二十余年来论文、笔记及心得的汇集,读者可从中窥见作者对于事业的执着,对于档案事业的热爱,是各类档案工作者从事档案学研究的参考性文集,同时也是收藏爱好者收藏、研讨研读历史资料的普及性读物。

孔庙十三碑亭

作　者:朱福平

字　数:16 万字

本书系作者集二十余年工作积累,挖掘馆藏后编写而成,书中对孔庙十三碑亭的史料收入详尽、无一遗漏,对于其中的重点、疑点又结合史料加以注释。融档案史料学术性、趣味性为一体,是一部简明易懂的碑刻实录。

地方党政领导谈档案工作

编　者:中国档案报社

字　数:22 万字

中国档案报社将近年来在《中国档案报》发表过的地方党政领导同志在有关活动中对档案工作所作的重要讲话、批示等进行整理,汇编了《地方党政领导谈档案工作》专集。该书集中体现了地方党政领导同志对档案工作的重视和支持,展现了档案部门在为全面建设小康社会服务过程中的时代风采。

王金玉档案学论著

作　者:王金玉

字　数:32 万字

本书是作者在十几年的教学过程中对档案学、档案史学等方面的教学与科研的总结。主要阐述了古代历史、政治制度等对档案工作的影响,探究档案词源,辨析周代千文架阁法,对我国古代档案馆、档案官员、档案思想与制度、档案史话、档案教学与交流等都有精辟独到的论述。本书内容涉及面广,观点独到,有些问题的研究引起了档案界的重视。

(以上由高建平提供)

中央级档案部门编辑出版图书简目

清宫珍藏历世班禅额尔德尼档案荟萃

编著者:中国第一历史档案馆

宗教文化出版社　**字　数**:85万字

《清宫珍藏历世班禅额尔德尼档案荟萃》全书共1册,16开本,原件影印附译文,由郭美兰译审,索文清、郭美兰主编。本书所辑汉、满、蒙、藏四种文字的档案史料190件,全部选自中国第一历史档案馆所存内阁、宫中、军机处、内务府、理藩部等全宗的档案,时间起自清康熙十九年,止于宣统三年。这些档案集中反映清朝皇帝册封历世班禅额尔德尼,历世班禅额尔德尼圆寂、转世、寻访、金瓶掣签、坐床,及其培养教育、选定经师、受戒、亲政以及对其亲属的敕封;历世班禅额尔德尼进呈中央奏书、丹舒克礼单等方面的内容。该书是研究清代西藏历史和班禅额尔德尼政治、宗教活动的重要史料。 (郭美兰)

清代西迁新疆察哈尔蒙古满文档案全译

编著者:中国第一历史档案馆、新疆博尔塔拉蒙古自治州史志办

新疆人民出版社　**字　数**:90万字

本书是清代西迁新疆察哈尔蒙古满文档案译编。该书共辑录满文档案1483件,其中正件925件,附件558件,均选自中国第一历史档案馆馆藏军机处录副奏折、月折档、寄信档、议复档等,时间起自乾隆二十五年,止于宣统三年。其内容主要有:清政府将察哈尔蒙古部分兵丁西迁新疆的决策过程,清政府为保证察哈尔蒙古官兵西迁顺利进行所采取的政策措施,察哈尔蒙古西迁新疆历程与安置情况,察哈尔蒙古西迁新疆后的行政管理体制以及生产、生活状况,察哈尔蒙古西迁新疆后与邻近诸族的关系,察哈尔蒙古官兵承应的各种官差,察哈尔官员升迁调补、考核引见和纠参处分等方面内容。 (吴元丰)

清代外务部中外关系档案史料丛编——中葡关系卷

编著者:中国第一历史档案馆、北京大学、澳门理工学院

中华书局　**字　数**:30万字

该书史料选自中国第一历史档案馆馆藏外务部全宗,共收录中国与葡萄牙外交关系档案553件,编辑体例以时间为序,文件时间起自同治元年迄止于宣统三年。该书真实记录了晚清外务部与葡萄牙政府及其驻华机构外交活动。从公文形式上看,主要有国书、照会、条约、章程、信函、咨文、电报等。大部分档案为中文,其中也有一定数量的是葡萄牙文和法文。这些档案史料真实地记录了晚清中葡两国交往的历史,是研究中葡关系史、澳门历史、中国外交史不可缺的第一手资料,具有重要的史学价值。 (屈春海)

清代中南海档案

编著者:中国第一历史档案馆

西苑出版社　**字　数**:400万字

本书是清宫所藏中南海档案专题史料总汇,辑录自顺治八年至宣统三年清宫内阁、内务府和宫中等全宗档案中有关中南海档案史料3110余件。全书分为五卷,每卷按编年体例编排,共30册。本书围绕清代中南海的历史地位与作用,分为政务活动卷,帝后生活卷,陈设收藏卷,修建管理卷,君臣诗文卷,为了解和研究中南海历史提供了第一手珍贵的资料。

(张小锐)

清代外务部中外关系档案史料丛编——中西关系卷

编著者:中国第一历史档案馆、北京大学、澳门理工学院

中华书局　**字　数**:40万字

该书史料全部选自中国第一历史档案馆馆藏外务部全宗,共收录中国与西班牙外交关系档案806件,编辑体例以时间为序,文件时间起自同治三年止于宣统三年。该书真实记录了晚清外务部与西班牙政府及其驻华机构外交活动。从公文形式上看,主要有国书、照会、条约、章程、信函、咨文、电报等。大部分档案为中文,其中也有一定数量的是西班牙文和法文。

(屈春海)

清代文书档案图鉴

编著者:中国第一历史档案馆

三联书店(香港)有限公司　**字　数**:约10万字

《清代文书档案图鉴》,系中国第一历史档案馆编辑,2004年10月出版,全书共1册,8开本,原件影印附译文,约10万字。本书所辑清代较有代表性的各类文书档案真迹图片五百多张,全部选自中国第一历史档案馆所存内阁、宫中、军机处等74个全宗的档案。时间起自天聪元年,止于宣统三年。这些档案包括皇帝诏令文书,臣工题奏文书,中央与地方官署往来文书,科举、赋役、外交文书,以及清代文书的保密稽查、文书印信、官修史籍、档案典藏制度等内容。不仅是研究清代文书档案的基本工具,也是解读清代封建国家统治机器运作方式,了解清代历史和典章制度的重要参考材料。 (高换婷)

行政院经济会议、国家总动员会议会议录

编著者:中国第二历史档案馆

广西师范大学出版社

本书收录了行政院经济会议、国家总动员会议、战区经济委员会等三个不同时期与类型的中国战时经济机构的会议录资料。这三个机构的各种会议录资料,系统地反映了制定管制物价政策、开展对敌经济斗争的决策过程,对了解抗战期间国民政府经济决策过程,研究抗战期间物价史、经济史和对敌经济斗争史,都有重要的参考价值。

张澜与中国民主同盟

编著者:戚如高、潘涛

广东人民出版社 **字 数:**18.7万

本书以民盟主要领导人张澜为研究对象。侧重点为民盟成立前后张澜政治生涯及其个人对民盟政治走向的影响,书中依据的资料为张澜本人的文集、诗集、政论手稿及民盟中央公布的文件汇编与旧报刊等。

华北经济掠夺

编著者:中央档案馆、中国第二历史档案馆、吉林省社会科学院

中华书局 **字 数:**84万

本书是一部档案资料集。日本帝国主义在其战败投降时,为了销毁罪证,烧掉了他们在中国的大部分档案资料,但是,记录其罪行的材料仍大量存在。本书以"选编"面世,为便于读者利用,按专题分卷,"九一八"事变、华北事变、伪满和汪伪政权、东北历次大惨案、伪满警宪法西斯统治、华北大扫荡、日军在各地暴行、细菌战、经济掠夺等方面都设有专卷。选用档案资料所反映的事实,绝大部分是发生在1931年至1945年。

地方档案部门编辑出版图书简目

档案鉴定新论

编著者:周玲、马长林等

上海社会科学院出版社 **字 数:**25万

该书以档案鉴定的核心问题——档案价值鉴定为基础,以不同鉴定目的的各种类型档案的鉴定为主线,论述了归档、进馆、开放、存毁、定级、出境、赔偿等档案鉴定的原则、标准和具体方法,改变了以往不同种类档案鉴定各自为政的研究局面,具有较强的现实指导性和可操作性,对推动档案鉴定工作的创新及提高档案鉴定水平和质量,有一定的帮助作用。

综合档案馆鉴定工作理论与实务

编著者:戴志强等

中国文联出版社 **字 数:**15万

该书在以往实践的基础上对一些带有根本性的理论问题作了探讨,又对已有的实践进行了总结和提炼,即不仅从理论的层面较全面地阐述了综合档案馆鉴定工作的地位和作用、判定档案价值的原则及要素、鉴定工作的组织、鉴定结果的评价与法律保障,而且从操作的层面较系统地介绍了综合档案馆有关进馆鉴定、开放鉴定、分级鉴定、存毁鉴定的实务,对促进档案馆(室)的鉴定工作具有现实的参考作用。

《千年不败——中山陵纪事》

编著者:陆其国

百家出版社 **字 数:**10万

孙中山先生逝世以后,围绕他的葬事,又发生了哪些曲折而鲜为人知的故事,它们又是如何发生的?作者力图用文学的笔触、史学的视野、文化的精神,真实地再现当年令全中国乃至全世界瞩目的一页,向读者

呈现出了宏大开阔、惊心动魄的社会事件。作者利用了大量珍贵档案,更有许多鲜见的老照片,通过对这些珍贵档案精心研究,从而钩沉出了许多历史细节和鲜为人知的故事。

中国档案精粹·吉林卷

编著者:吉林省档案馆

香港零至壹出版有限公司

本书于 2004 年 11 月出版,是以吉林省各级综合档案馆保存的历史档案为基础汇集而成的档案画册。该书选编了全省各级综合档案馆馆藏近 200 件珍贵档案,如打牲乌拉捕贡山界江界图、功牌、清乾隆诰命、商标、实寄封、成多禄书法作品、日本关东军命令等,以图文并茂的形式,反映了吉林 250 余年的变迁。该书的出版为国内外各界了解吉林提供了很好的媒介,也是研究吉林历史的参考资料,具有很高的收藏价值。

(杨俊卿　李秀娟)

暨阳档案——江阴人文掌故

编著者:江阴市档案馆

上海古籍出版社　字　数:30 万

本书分"史海拾贝"、"人物述林"、"名人逸事"、"风物民俗"四个栏目,记载了江阴历史上各次重大事件经过,介绍了众多的珍贵文物、名胜古迹和风土人情,真实再现了江阴人建设家乡的奋斗历程,是江阴精神的生动体现。该书 113 篇,配有 132 幅历史照片,史料翔实、图文兼收、可读性强。

徐州百年大事记

编著者:徐州市档案馆

上海古籍出版社　字　数:6 万

该书记载了徐州地区 1880—2000 年政治、经济、军事、文化、教育、科技、体育、卫生、外事、统战、社会生活等各方面的大事要事,真实反映了徐州地区百年来发展情况,是徐州人民的革命斗争史和创业史。该书史料翔实,是开展革命传统教育的生动教材。

探访徐州古街巷

编著者:徐州市档案馆、都市晨报社

天马出版有限公司　字　数:5 万

本书以记者探访和发掘徐州古街名巷的采访手记形式,真实地再现了徐州古街名巷的悠久历史。书中配有历史照片,书后附有依据档案史料考证的古街名巷的取名和更名。该书资料翔实、文笔清新、图文互动、感染力强,有较强的可读性。

苏州市档案馆指南(1796—2000)

编著者:苏州市档案馆

古吴轩出版社　字　数:30 万

本书根据市各机关到期档案、撤销单位档案和国企改制档案接收进馆,馆藏档案数量成倍增长,馆内原有档案全宗重新调整的变化情况,增补了 1983 年以来进馆档案资料内容,分档案馆概况、馆藏建国前档案介绍、建国后档案介绍、馆藏资料介绍、附录五个部分,全面概括了馆藏档案资料情况,是了解苏州政治、经济、文化、社会生活发展变迁的档案资料工具书。

苏州商会档案丛编第二辑(1912—1919)

编著者:苏州市档案馆、华中师范大学中国近代史研究所

华中师范大学出版社　字　数:57.8 万

该书收录了 1912 年至 1919 年间苏州商会在自身运作及参与社会各种活动中所形成的各类档案文件资料,内容涉及社会生活的各方面,分总会组织沿革、分会概况、商事公断、振兴实业、对外交往、社会公共事业、金融流通、捐税征收、参与政治活动等九部分,翔实记载了近代苏州社会的真实情况及历史演讲轨迹,是研究苏州近代经济社会史的重要资料。

大生集团档案资料选编·纺织编Ⅲ

编著者:南通市档案馆

方志出版社　字　数:55 万

该书收录了自大生纱厂创办至张謇去世期间,大生集团各纺织企业在生产、经营活动中所形成的重要的档案资料。全书按文件种类分章程制度、文书函电、会议纪录、合同成单、报表单据五个部分,全面反映了大生企业发展历史。该书档案资料原始性强、文种多样、内容丰富,具有较高的利用价值,是研究中国近代经济史的重要参考资料。

朱履先纪念文集

编著者:泰州市史志档案办公室

黄河出版社　字　数:12 万

该书收录了江苏省著名爱国民主人士朱履先生前珍贵照片及老领导、老同志、朱履先家乡干群、亲属撰写的各类纪念文章和朱履先生前部分文稿。该书真实再现了朱履先从旧式民主革命转向新式民主革命直至社会主义革命的光辉一生,是开展革命传统教育、爱国主义教育的生动教材。

浙江省档案馆馆藏书画选

编著者:浙江省档案局

浙江人民出版社

本书收辑了馆藏三百多幅书画作品中的一百余幅精品，时间跨度涉及明代、清代、近代及现当代等不同时期。其中，有不少是传世的艺术珍品，如“明四家”之一仇英的《织锦回纹图》，徐渭的《荷蟹图》，“扬州八怪之一”的黄慎的书法作品，清末大书画家、篆刻家赵之谦的七言联，康有为的行书，何香凝的《梅花图》，还有现当代书画名家如于右任、徐悲鸿、陆抑非、潘天寿、周沧米等人的作品。该书画集有较高的艺术鉴赏价值，是省档案馆开发档案文化产品的创新形式。

法眼看档

编著者:姚志成

中国文联出版社　**字　数**:28.1万

本书收录了作者从事档案工作30多年来，在报刊杂志上发表的有关档案工作的所见、所闻、所感250多篇。全书分真心历程之感悟、勤手点击之浪花、法眼看档之影像、静耳倾听之偶得、笑脸传递之友情五个部分。

档案法律知识

编著者:李仕根、朱云军、郝平遥

西南交通大学出版社　**字　数**:28万

本书以档案法律法规为依据，以国家档案局《档案业务人员资格培训指导性教学计划》为指导，全书6章，第一章主要阐述了法的一般原理、档案法的概念、特点和档案法律体系；第二、三、四章按照《档案法》的体例，分别阐述了档案机构及其职责、档案管理、档案的利用和公布等法律规定；第五章档案法律责任，阐述了违反档案法的行为及其构成要件和应当承担的法律责任；第六章档案行政执法，阐述了档案行政执法的概念、特点、依据、程序、救济措施、监督等法律规定。

公文管理

编著者:李仕根、冯强、童以鸿、赵汝周

西南交通大学出版社　**字　数**:20余万

本书以国务院《国家行政机关公文处理办法》和中共中央办公厅《中国共产党机关公文处理条例》等规范性文件为指导，在四川省档案局的统一组织下编写而成。既可供文秘档案业务人员资格培训、继续教育及中等以上文秘档案专业职业教育的教学使用，又可作为文秘人员日常使用的办公用书。全书5章，内容涉及公文与公文工作的基本概念、公文的形成和发展规律、行文制度、公文的分类及文种、公文的格式与稿本、公文的处理程序、归档文件整理工作等。

电子文件归档与管理

编著者:李仕根、黄存勋、姚乐野等

西南交通大学出版社　**字　数**:20余万

本书吸收了国内外有关电子文件方面的学术研究成果和实际工作经验，在论述文件管理基本原理的基础上，根据电子文件管理工作的特点，重点介绍了电子文件管理工作的原则、方法和要求，力求理论联系实际，以适应当前电子文件管理工作需要。全书共7章，内容涉及电子文件的概念、特点、种类及功能，电子文件管理的原则、体制、法规与标准，数字档案馆建设，电子文件的收发、鉴定、归档整理、鉴定、保管、检索和利用，电子文件管理系统的开发设计与操作方法，CAD文件管理等。

科技档案管理

编著者:李仕根、高金宇、刘益芝

西南交通大学出版社　**字　数**:20余万

本书以国家档案局《档案业务人员资格培训指导性教学计划》为指导，吸收了已有的科技档案学术研究成果和实际工作的新经验，在论述科技档案管理基本原理的基础上，根据当前科技档案和科技档案工作的特点，重点介绍了科技档案工作的原则、方法和要求，力求理论联系实际，注重知识性和操作性。

档案保护技术

编著者:李仕根、伍淑玉、薛蓉、袁一鸣

西南交通大学出版社　**字　数**:20余万

本书以国家档案局《档案业务人员资格培训指导性教学计划》为指导，吸收了已有的学术研究成果和实际工作经验，针对档案制成材料的物理、化学性质及其变化规律，研究探索科学保护技术和方法，全书共10章，内容详实，实用性强。

文书档案管理

编著者:李仕根、刘昌福、唐明遥

西南交通大学出版社　**字　数**:20余万

本书以国家档案局《档案业务人员资格培训指导性教学计划》为指导，在四川省档案局的统一组织下编写而成。本书吸收了文书档案学术研究成果和实际工作的新经验，在论述文书档案管理基本原理的基础上，根据当前文书档案和文书档案工作的特点，重点介绍了档案和档案工作的基本常识，档案管理工作的八大环节，人事、会计、教学三种专门档案及音像档案、资料、实物的管理，共11章。

云南红十字会史

编著者:云南省红十字会、云南省档案馆、昆明市档案馆

云南人民出版社　**字　数**:30 万

该书共九章,分上下编,以编年体和叙事为主且以生动简明的笔法,较为系统、全面、客观、真实地反映了云南红十字会 1914 至 2000 年近 90 年所走过的历史,再现了各个时期云南红十字会主要活动的真实面貌,讴歌了红十字人道主义事业。本书不仅着眼于记史,而且以面向未来的眼光注重经验总结,以资后人。

云南与援越抗美

编著者:云南省档案馆、北京大学现代史料研究中心

中央文献出版社　**字　数**:38 万

1961 年 5 月,美国派出"特种部队"进入越南,实际启动了一场不宣而战的战争。1962 年夏,中国开始向越南南方人民武装提供援助。该书收入了 1961 年 4 月至 1973 年 2 月期间的档案文献 150 件,计 40 余万字。其内容主要为云南省对越援助、对越贸易,以及与越方边境省份经济、文化交流和合作等。这批档案文献的公布进一步弥补了中国援越抗美问题研究中地方档案不足,为初步勾勒出中国地方省区援越进程的历史面貌提供了条件。　(黄河)

"大跃进"运动(云南卷)

编著者:中共云南省委党史研究室、云南省档案馆

中共党史出版社　**字　数**:46.4 万

该书以毛泽东思想邓小平理论为指导,以《关于建国以来党的若干历史问题的决议》为准绳,力求实事求是地全面反映了"大跃进"运动的历史过程。本书从 1957 年九十月间党的八届三中全会起,到 1961 年 1 月的党的八届九中全会止。全套丛书分为中央卷和省、自治区、直辖市卷。每卷大体包括综述、文献资料、回忆录、专题概述、大事记、图片等几个部分。

贵阳旧事

编著者:余吉华、陈泽渊、赵岚等

贵州人民出版社　**字　数**:4.35 万

本书于 2005 年 1 月出版,辑录了贵阳市档案馆馆藏的民国时期报刊中贵阳市政治、经济、文化、教育、民族、市容风貌、市政建设等方面的珍闻旧事,分山城即景、世象写真、市政掠影、艺苑走笔、教育纪实、黔境采风、民族风情等部分,并配有若干珍贵插图,内容翔实,具有珍藏价值。　(周端敏)

中国老人手杖

编著者:本书编委会

陕西科学技术出版社　**字　数**:14.3 万

该书属科普知识读物,它以东方式的,中国老人特有的健康、快乐、长寿理念,从康乐生活、益寿养生、医疗保健、休闲娱乐、健康旅游五个方面进行了阐述,并相应地提供了一些指导性的信息,力图达到言简意赅,通俗易懂,科学实用。

珠海历史回眸

编著者:骆伟娟等

珠海出版社　**字　数**:12 万

今珠海市属区及珠江口人类活动历史可以追溯到四五千年以前的新石器时期,历史悠久。从汉唐时期"海上丝绸之路"留下的遗迹,到明清年代广东市舶贸易重要口岸、香洲无税商埠的记述,不管是在经济建设、革命斗争还是改革开放中,都无不印证着珠海昔日的辉煌。本书从珠海的历史变迁、人物、事件、革命活动等方面介绍珠海自然、社会等的发展演变,回顾珠海发展历程中的大事要事,对人们了解珠海的历史文化渊源有所帮助。

（十二） 档案外事工作

2004年档案外事工作发展概述

2004年档案外事工作无论从学术研究，还是工作管理方面都得到了进一步的发展，不但增加了与其他国家档案馆的交流与合作，还加强了对中青年档案工作者的培训力度。全年共派出19个团组，出访达151人次。

在出席和组织国际研讨会方面，出席了在奥地利维也纳召开的第十五届国际档案大会，国家档案局局长、中央档案馆馆长毛福民作了题为《注重实效的中国“档案日”、“档案周”宣传活动》的报告。出席了由国务委员陈至立在俄罗斯主持召开的中俄教文卫体合作委员会第五次会议后，在莫斯科举行了中俄档案合作小组第一次会议。与美国密歇根大学本特利历史图书馆联合召开了“档案的社会功能与创新服务”研讨会。出席了在韩国釜山召开的以“现代档案馆的管理”为主题的国际档案理事会东亚地区分会2004年研讨会。

在加强中青年档案工作者的档案业务及英语培训方面，继续执行与美国密歇根大学本特利历史图书馆的协议，再次选派中青年档案干部培训团赴美进行档案业务及英语语言培训。为了培养更多的档案人才，还协调选送了7人参加国际档案理事会东亚地区分会与香港大学联合举办的档案学深造证书班。

在国际交流合作方面，2004年，印度、阿尔巴尼亚、古巴等国的档案机构纷纷来访；波茨瓦纳、塞舌尔国家档案馆希望在档案保护等方面加强与我国的合作，并希望在恰当的时候签署双边合作协议。

另外，2004年中国第二历史档案馆接收了散失在美国的郭泰琪档案，收集了流失在台湾的南京大屠杀的历史材料。

2004年的档案外事工作不仅传承了以往的中青年档案干部培训等项目，还开拓了对外交往的范围，为2005年档案外事工作的开展奠定了坚实的基础。

（李文栋）

中国档案代表团出席第15届国际档案大会

2004年8月23～28日，第15届国际档案大会在奥地利首都维也纳召开，来自140多个国家和地区的2200余名代表参加了会议。中共中央政治局候补委员、中央书记处书记，中央办公厅主任、国际档案理事会名誉主席王刚向大会致信祝贺。国家档案局局长毛福民率领中国档案代表团出席了会议。奥地利总统海因茨·菲舍尔出席了大会开幕式。

毛福民在ICA全体会员代表大会上宣读了王刚的贺信。王刚在贺信中向大会的召开表示热烈的祝贺，向支持国际档案理事会工作的各会员国政府表示衷心的感谢。

毛福民在报告会上作了题为《注重实效的中国“档案日”、档案周”宣传活动》的发言。受到代表们的关注，在解答代表们的提问时，他强调了在“三个代表”重要思想指导下，中国各级各类档案馆为人民群众服务取得的良好成效。

此届国际档案大会较之以往有一个新的特点，即除正式的报告会外，还同时举行圆桌会议、互动式座谈会和研讨会等多个会议。探讨的内容涉及到许多新的课题和新的观点，为广泛深入和直接的专业辩论提供了一个非常活跃的论坛。近400名代表作了报告或进行了发言。

国际档案理事会会刊《逗号》在本届大会上推出一个完全崭新的活动形式——咖啡沙龙。由中国和北欧几个国家的代表以“档案中的爱”为主题，讲述来自档案中的故事。国家档案局外事办公室副主任杜梅作为《逗号》的兼职编委主持了这次沙龙活动，中国第一历史档案馆馆长邢永福、上海市档案局馆长刘南山和中国档案报社副总编郭海缨在沙龙上进行演讲，引起代表们的浓厚兴趣。

中国档案报社编辑出版的英文专刊在会议上全面介绍了中国各地档案工作的成就和中国的档案文化，受到代表们的欢迎。

（郭海缨）

中俄教文卫体合作委员会第五次会议暨中俄档案合作小组第一次会议

2004年9月11～14日，中俄教文卫体合作委员会第五次会议召开，于13日在莫斯科举行了中俄档案合作小组第一次会议,国家档案局副局长、中央档案馆副馆长冯鹤旺随同国务委员陈至立访问俄罗斯,出席会议。

中俄档案合作小组第一次会议在俄罗斯联邦档案局召开。会议商定了工作小组条例,重点研究了中俄档案合作小组2004—2009年工作大纲,双方都表示了进一步加强合作的意愿。

在中方委员会会议上,研究确定了中方小组人员名单和工作条例以及俄方提出的中俄档案合作小组2004—2009年工作大纲,提出我方的意见。

在中俄教文卫体合作委员会第五次会议上,陈至立谈到档案领域合作时提出:双方应稳步推进合作,在公开出版档案文献、举办档案文献展览、交换双方感兴趣的档案文献以及开展档案工作学术研究等方面的合作与交流。俄副总理茹科夫表示:双方决定设立档案工作小组是非常及时的,目前双方合作编辑出版新中国成立初期苏中关系文件汇编,希望双方政府予以支持。 (史纪辛 赵丛)

中青年档案干部现代化管理培训班

2004年10月10日~11月9日,中国中青年档案干部现代化管理培训班赴美国进行了为期一个月的培训和参观学习活动。期间,与密歇根大学本特利历史图书馆还合作举办了"档案的社会功能与创新服务"研讨会,国家档案局局长毛福民出席了研讨会并在开幕式上致辞,政策法规研究司司长郭嗣平及地方档案局的代表们在会上作了报告。

在美期间,代表团及培训班学员还访问了美国国家档案馆新馆及老馆,考察了位于华盛顿的史密森研究院档案馆和美国历史博物馆档案中心、美国国家档案与文件管理局下属的肯尼迪总统图书馆和哈佛大学档案馆。 (李文栋)

国际档案理事会东亚分会2004年研讨会

2004年11月1~5日,国际档案理事会东亚地区分会2004年研讨会在韩国釜山召开。此次研讨会的主题为"现代档案馆的管理",出席会议的代表共有154人,分别来自中国、韩国、日本、蒙古以及中国香港和澳门地区。

中国代表团团长李明华和外事办公室王红敏代表东亚分会主席毛福民参加了东亚分会执行局会议。会议由东亚分会副主席、日本国立公文书馆馆长菊池光兴先生主持。会议通过了2003年11月在杭州召开的第13次执行局会议的记录,通报了东亚分会网站、通讯和期刊的进展情况,听取了秘书长朱福强关于2004年在香港大学举办的档案深造证书班的情况汇报。

执行局感谢中国于2005年在乌鲁木齐市举办研讨会,并基本同意将会议的议题暂定为"档案馆灾害预防应急计划",时间定在2005年8月25日以后。会议同意由蒙古国家档案馆和日本国立公文书馆分别承办2006年和2007年的研讨会和大会。

本次研讨会在釜山国际会议中心举行。围绕会议主题,研讨会共安排了四次会议,分别邀请了加拿大安大略省档案馆政策计划处前任主任安德鲁·利普查克先生、美国国家档案馆前任代理馆长朱蒂·彼德森女士作主题发言。他们在报告中讨论档案馆在政府和社会中的角色、以及文件的提供利用与确保政府执政透明度的关系。会议主办方还邀请了上海市档案局副局长仓大放、韩国档案与文件研究所研究员 Oh Hang－Nyeong 和日本国立公文书馆副馆长大滨彻也作为地区发言人做了报告。仓大放在报告中介绍了上海市档案馆在开展档案馆业务外包方面的经验以及在实际工作中应注意的问题。在第四次会议上,李明华代表中国国家档案局中央档案馆作了题为"中国的现代档案馆管理"的国家报告。他在报告中介绍了中国档案工作管理体制,贯彻实施《档案法》的情况,以及如何通过目标管理考评等方式,进一步提高档案馆的整体工作水平等。 (王红敏 李明华)

（十三） 中国档案学会

中国档案学会召开第六次全国会员代表大会

中国档案学会第六次全国会员代表大会于2004年5月27～28日在北京中国科技会堂召开。国家档案局局长、中央档案馆馆长毛福民，中国科协书记处书记程东红出席会议并作重要讲话。中国档案学会理事长沈正乐作第五届理事会工作报告，副秘书长霍力华作《中国档案学会章程》修订说明。这次代表大会应到代表140人，实到125人，代表人数超过应到人数的2/3。

会议审议通过了《中国档案学会第五届理事会工作报告》、《中国档案学会章程》、《中国档案学会(2005—2009年)学术活动计划要点》、《中国档案学会第五届理事会期间会费收支情况报告》。选举产生了第六届理事会(共有理事100名)。

5月28日，中国档案学会第六届理事会召开第一次会议，选举27人为常务理事，选举产生理事长、副理事长、秘书长、以及9名名誉理事长。

六届一次理事会还通过了《中国档案学会分支机构设置》，其中办事机构3个：办公室、《档案学研究》编辑部、组织工作委员会；专业委员会7个：档案学基础理论学术委员会、档案文献编纂学术委员会、档案整理鉴定学术委员会、档案保护技术委员会、影像技术委员会、档案自动化管理技术委员会、企业档案学术委员会。

(王信功)

中国档案学会召开“中日企业档案学术交流会”

2004年9月，中国档案学会主办的第9次“中日企业档案学术交流会”分别在北京、济南举行。这次学术交流会的主题是：企业文件的数字化与档案工作的对应。9月14日第一场交流会在清华大学举行，中日双方5位代表宣读了论文。9月18日第二场交流会在山东省档案局举行，中日双方4位代表宣读了论文。会议期间，国家档案局局长、中央档案馆馆长毛福民在北京设宴招待了日本企业史料协议会代表团全体成员。

中国档案学会与日本企业史料协议会自1993年起开展学术交流至今已有11年了。本次学术交流会主要特点是：主题突出、气氛热烈、增进友谊。在这次学术交流会上双方共提交了9篇学术论文，其中日方4篇、中方5篇。

中日双方的论文既有共同点又有不同点。双方紧紧围绕企业文件数字化与档案工作的对应这一主题，依据企业发展的具体情况，从不同角度和立场对数字化的内容进行了阐述。日方的论文主要侧重对企业在生产过程中产生出来的数字化文件如何收集、保存进行论述；而中方的论文主要强调的是对企业已收集进馆的馆藏档案如何进行数字化，从而更好地为企业生产提供优质服务的问题。

学术交流会期间，日本企业史料协议会代表团还参观了北京燕京啤酒集团公司、青岛海尔集团公司、上海宝山钢铁集团公司等我国的一些大、中型企业。

(霍力华)

2004年海峡两岸档案暨缩微学术交流会在台北召开

2004年10月19～27日，中国档案学会、中国缩微摄影技术协会和台湾中华档案暨资讯微缩管理学会在台北市共同召开了2004年海峡两岸档案暨缩微学术交流会。大陆部分省市档案、图书领域专家及管理人员共23名代表参加了学术交流会，台湾方面有50多名档案及图书界同行出席了会议。

在学术交流会的开幕式上，台湾中华档案暨资讯微缩管理学会名誉理事长潘维刚女士、理事长赖泽涵先生，中国档案学会理事长冯鹤旺，中国缩微摄影技术协会理事长孙承鉴等先后发表了讲话。

这次学术交流会的主题是“档案科技与社会文化”。围绕着这个主题，会议期间共举行了7场专题学术报告会，共有18名代表分别对数字档案馆建设模式、档案信息数字化文件格式研究、数字环境下影像技术的应用、档案保护技术、缩微技术研究、档案网站建设和历史档案的研究等相关热点问题进行了专题报告，同时还对档案与文化产业、少数民族档案研究与抢救、缩微档案复制品的法律效力研究、档案科技中人本思想和台湾地图档案的研究与利用等进行了探讨和交流。每位代表报告后，均有评委对发言人的报告内容进行点评，报告人与评委和台下听众互动答辩，会场气氛活跃友好，大家感觉思路开阔、收获颇丰。

会议期间，大陆代表团全体同志先后参观了孙中山纪念馆、台湾故宫博物院、台北县档案馆、“国史馆”、“国史馆台湾文献馆”、台湾中油公司高雄炼油厂、高雄历史博物馆、高雄市文献委员会和孔庙建筑等地方。

(王信功)

（十四） 档案统计资料

2004 年度各省、自治区、直辖市档案事业机构情况表

（单位：个）

省别	各级档案行政管理部门	各级各类档案馆	档案室(处、科)
北京市	19	20	835
天津市	20	35	435
河北省	184	204	451
山西省	117	140	372
内蒙古自治区	114	140	176
辽宁省	114	149	560
吉林省	70	97	315
黑龙江省	109	144	297
上海市	20	43	450
江苏省	115	169	672
浙江省	91	113	267
安徽省	115	143	448
福建省	91	113	253
江西省	111	139	189
山东省	147	195	1008
河南省	175	195	505
湖北省	111	136	544
湖南省	135	192	214
广东省	143	185	116
海南省	21	30	158
广西壮族自治区	110	129	221
重庆市	41	50	274
四川省	203	241	463
贵州省	98	105	99
云南省	147	159	470
西藏自治区	8	53	60
陕西省	119	138	586
甘肃省	101	118	280
青海省	48	62	227
宁夏回族自治区	26	31	150
新疆维吾尔自治区	107	135	168
* 合计 *	3030	3803	11263

2004年度各省、自治区、直辖市各级档案行政管理部门人员情况表

（单位：人）

省别	总计	现有全部专职人员情况																				
		女性	年龄			文化程度									档案专业程度							
			50岁以上	35～50岁	35岁以下	博士研究生	硕士研究生	研究生班研究生	双学位	大学本科	大专	中专	高中	初中及以下	博士研究生	硕士研究生	研究生班研究生	大学本科	大专	中专	职业高中	在职培训教育
北京市	181	91	51	91	39	2		6	1	101	54	7	8	2	2		3	27	10	1		102
天津市	227	108	48	128	51		1	7	1	95	84	24	13	2			2	23	20	1		65
河北省	1356	682	186	884	286			4	2	368	625	219	123	15				38	123	9		344
山西省	431	236	83	235	113			2	3	92	221	67	37	9				15	55	26		137
内蒙古自治区	1295	642	184	813	298		2	7		320	699	111	133	23		1		38	180	2	5	644
辽宁省	710	378	206	327	177	1	4	25	2	308	329	17	22	2		1	3	68	72	15		274
吉林省	734	398	138	393	203		2	6	1	259	362	78	19	7				27	85	13	5	319
黑龙江省	873	437	145	498	230		2	9	1	349	415	57	38	2				43	75	2		290
上海市	370	180	106	158	106		4	9	3	154	171	14	13	2		1		30	48	16	1	91
江苏省	827	328	202	433	192		6	5	4	327	359	55	63	8				83	109	29	6	280
浙江省	959	423	176	524	259		5	12		336	446	78	69	13		1	3	63	100	16		379
安徽省	676	247	147	386	143		2	3		235	324	75	27	10				57	84	22	1	231
福建省	344	126	103	195	46			1	2	87	154	54	34	12				8	34	2		127
江西省	717	335	152	413	152		2	3		147	437	48	56	24				15	91	3	3	160
山东省	952	342	190	578	184		5	22	2	514	317	46	32	14	2			269	103	6	7	189
河南省	1473	742	212	845	416		3	8	16	404	747	169	121	5			4	64	150	24	48	508
湖北省	1272	574	187	760	325		5	7	7	357	694	97	90	15				66	157	35	7	279
湖南省	1179	581	202	664	313		2	12	10	340	545	138	119	13				79	199	14	6	232
广东省	848	358	183	458	207	3	9	26		187	475	65	79	4		4	1	38	46	5	8	470

续 表

省别	总计	现有全部专职人员情况																				
		女性	年龄			文化程度									档案专业程度							
			50岁以上	35～50岁	35岁以下	博士研究生	硕士研究生	研究生班研究生	双学位	大学本科	大专	中专	高中	初中及以下	博士研究生	硕士研究生	研究生班研究生	大学本科	大专	中专	职业高中	在职培训教育
海南省	109	40	28	57	24			1		34	50	9	13	2				2	6			64
广西壮族自治区	504	216	68	348	88			7	3	115	283	61	31	4			2	24	54	2		232
重庆市	379	157	75	218	86			5		135	171	39	20	9				10	28	33		100
四川省	1211	514	168	763	280		3	19		338	584	148	96	23		2		26	103	95		400
贵州省	630	292	93	423	114			1		130	317	120	46	16				6	26	3	2	163
云南省	542	256	38	417	87			3	2	98	276	86	47	30			1	19	45	2	2	284
西藏自治区	21	5	8	11	2					2	10	3	1	5					2			1
陕西省	1103	530	213	620	270			4		248	529	206	92	24				26	58	8		140
甘肃省	592	289	96	340	156			8		104	293	103	68	16				6	41	14		84
青海省	133	66	13	102	18			10		23	60	25	10	5			9	2	5			35
宁夏回族自治区	200	117	28	123	49					53	110	24	10	3				5	28	5		32
新疆维吾尔自治区	533	337	59	321	153		1	5		143	307	61	13	3				6	62	5		236
* 合计 *	21381	10027	3788	12526	5067	6	58	237	60	6403	10448	2304	1543	322	4	10	28	1183	2199	408	101	6892

2004 年度各省、自治区、直辖市各级国家综合档案馆人员情况表

（单位：人）

省别	总计	现有全部专职人员情况																									
		女性	年龄			文化程度									档案专业程度								档案干部专业技术职务				
			50岁以上	35～50岁	35岁以下	博士研究生	硕士研究生	研究生班研究生	双学位	大学本科	大专	中专	高中	初中及以下	博士研究生	硕士研究生	研究生班研究生	大学本科	大专	中专	职业高中	在职培训教育	研究馆员	副研究馆员	馆员	助理馆员	管理员
北京市	566	341	69	269	228	1	12	3	8	242	236	27	24	13		4		58	57	2		224	1	22	170	175	19
天津市	259	155	33	131	95		2	8		91	105	27	18	8			6	38	38	7		44	5	25	79	33	11
河北省	1048	692	81	615	352			2	5	280	461	171	112	17				62	138	7	1	304	6	75	274	251	75
山西省	1427	1047	217	659	551			4	8	229	736	241	163	46				33	220	83	9	366	10	62	400	337	104
内蒙古自治区	1224	741	138	742	344					260	675	132	144	13				41	209	11	1	588	3	54	325	352	67
辽宁省	979	617	192	428	359	1	4	26		467	402	39	28	12		3	12	188	91	32		345	17	151	393	156	66
吉林省	795	474	109	423	263		1	8	6	267	386	104	20	3				42	99	18	25	327	21	97	280	213	30
黑龙江省	893	592	123	476	294	2	4	9	3	349	420	76	28	2			1	35	75	2	5	364	15	121	328	204	40
上海市	304	143	50	142	112	1	8	5		88	126	23	26	27	1	7	5	40	48	9		47	6	29	79	77	9
江苏省	846	464	125	453	268		3	3		325	377	84	52	2				58	116	31	1	225	9	68	307	200	27
浙江省	511	257	81	274	156		3	13		185	242	36	25	7			2	29	76	16		231		20	105	105	37
安徽省	405	212	65	206	134		1	1		130	202	49	21	1				23	50	19		142		12	106	87	16
福建省	651	355	83	378	190				2	115	278	123	102	31				16	123	3		311	2	24	130	235	39
江西省	367	205	51	190	126					73	230	34	22	8				10	57	5		90		10	99	77	38
山东省	1604	751	209	884	511		17	11	1	935	493	81	51	15		3		508	161	9	3	244	39	317	488	283	52
河南省	1784	1192	164	843	777			3	12	420	945	213	181	10			1	93	276	33	20	647	2	51	435	496	156
湖北省	722	362	96	424	202		1	5	6	202	345	93	54	16				50	103	23	7	126	10	49	349	1419	47
湖南省	881	471	128	442	311		1	6	14	193	442	116	92	17	1			52	120	14	3	200	5	41	299	137	93
广东省	702	360	92	368	242	1	10	14		174	353	64	73	13		5	3	38	44	3	2	338	9	26	90	254	33

续 表

（单位：人）

省别	总计	现有全部专职人员情况																									
		女性	年龄			文化程度									档案专业程度								档案干部专业技术职务				
			50岁以上	35～50岁	35岁以下	博士研究生	硕士研究生	研究生班研究生	双学位	大学本科	大专	中专	高中	初中及以下	博士研究生	硕士研究生	研究生班研究生	大学本科	大专	中专	职业高中	在职培训教育	研究馆员	副研究馆员	馆员	助理馆员	管理员
海南省	94	52	13	52	29					20	46	10	14	4				1	14			50	1	4	20	42	5
广西壮族自治区	496	297	48	315	133			1		102	276	63	53	1				44	90	1	2	232	3	33	109	163	41
重庆市	395	173	61	240	94			4		141	182	37	20	11				10	22	31		96		17	61	34	10
四川省	1172	653	111	670	391				1	287	575	150	108	51	1			29	110	124		391	3	49	325	344	48
贵州省	618	375	55	382	181			2		126	304	111	58	17				5	60	6	2	114		8	100	204	55
云南省	1109	604	76	634	399			4	4	273	491	216	76	45				46	123	3	2	581	5	78	311	221	86
西藏自治区	185	123	6	71	108	2	1			14	80	49	16	23				1	32	10		46		4	32	28	30
陕西省	1084	631	169	558	357			1	1	239	513	208	103	19				41	68	11	7	161	1	19	165	243	81
甘肃省	726	469	68	360	298			2		88	411	121	85	19			1	16	86	37	2	133	1	12	94	149	52
青海省	251	196	4	163	84			14		42	91	61	31	12			12		14	1		90		6	74	83	16
宁夏回族自治区	163	89	28	96	39					53	78	24	7	1				3	28	4		19		5	51	48	21
新疆维吾尔自治区	613	462	45	312	256		3	1	4	183	326	68	22	6				10	79	5		230	2	37	187	192	58
＊合计＊	22874	13552	2790	12200	7884	8	71	150	75	6593	10827	2851	1829	470	3	22	43	1620	2827	560	92	7333	176	1526	6265	6842	1462

2004 年度各省、自治区、直辖市各级国家综合档案馆馆藏档案情况表

省别	案卷	以件为保管单位档案	录音、录像、影片档案	照片档案	底图	电子档案			缩微胶片		
						磁带	磁盘	光盘	平片	开窗卡	卷片
	卷	件	盘	张	张	盘	张	张	张	张	米
北京市	3407273	77779	7252	234421	29115		583	3606	231		291872
天津市	2847134	40736	1903	244269	987	115	954	263			46534
河北省	6362913	1202622	15003	295076	18902	767	777	519	165		35385
山西省	3844950	1227374	5139	178269	19893	30	102	302			40060
内蒙古自治区	5576016	1043468	70647	192900	21808	333	662	503	1963	2606	67100
辽宁省	7038228	413508	12784	418555	15306	41	566	622	1697		164694
吉林省	5668187	463330	7347	159015	15847	84	503	80	42606	945	94778
黑龙江省	4566016	435715	8930	264996	16149		236	659	338		7398
上海市	6500387	2034	5354	280846	52287	410	457	523	213145	228212	407910
江苏省	8037437	351222	51872	404105	16260	22	885	1320	38771		119090
浙江省	7089677	270546	13195	450559	31710	68	1100	2840	11823	500	161347
安徽省	4086274	129709	3499	104221	14268		67	169			51057
福建省	4316056	74662	4927	176517	9355	82	487	545	7448		138371
江西省	3731350	180414	1468	131262	5322	38	43	1046	2168		82240
山东省	6966231	4374554	27430	628788	38010	382	2996	6667	1356270	610	145224
河南省	5820853	99774	18980	417777	18113	76	306	431		393	13079
湖北省	6516357	175375	16143	313295	36511	60	273	1354		6	32388
湖南省	6391939	215255	16427	298482	15297	268	257	1155			30447
广东省	5661818	816374	15622	934986	20994	488	4124	3350	494269	547	102070

续表

省别	案卷	以件为保管单位档案	录音、录像、影片档案	照片档案	底图	电子档案			缩微胶片		
						磁带	磁盘	光盘	平片	开窗卡	卷片
	卷	件	盘	张	张	盘	张	张	张	张	米
海南省	304584	45209	500	16500	956	4	1	58	30		
广西壮族自治区	3245493	644500	4445	156191	6767	8	77	280	27143		53076
重庆市	3987426	17046	2130	125065	982	21	1739	455			1830
四川省	11532144	177364	12555	460346	23582	41	451	443	623091		217841
贵州省	3642545	153753	2664	216977	6293	39	299	199	4644		40626
云南省	4664914	286830	9654	296773	10639	16	250	976	1500		119000
西藏自治区	3427727	1171681	953	51923	19013		93	31	42		34857
陕西省	5313450	103687	10239	222643	9869	74	377	242	1219		3152
甘肃省	3437751	91848	8184	175333	11629	79	1539	3000	144		35400
青海省	1072340	35538	1062	69801	33037		235	15	15605		21500
宁夏回族自治区	708455	545394	1411	80962	2858	31	43	213			21116
新疆维吾尔自治区	2158324	283227	4174	168585	280865		34	48	3500		
* 合计 *	147924249	15150528	361893	8169438	802624	3577	20516	31914	2847812	233819	2579442

2004 年度各省、自治区、直辖市各级国家综合档案馆收集档案情况表

省别	接收档案							征集档案	接受捐赠档案	接受寄存档案
	案卷	录音、录像、影片档案	照片档案	底图	电子档案					
					磁带	磁盘	光盘			
	卷	盘	张	张	盘	张	张	件	件	件
北京市	148514	211	16482			120	2062	9689	673	2767
天津市	57106	437	11967		8	326	59	13402	185	283786
河北省	337457	42	11834	1318	13	197	31	53282	19	6126
山西省	256041	97	8889	263	6	14	120	568	102	260
内蒙古自治区	355587	177	19738	43	26	19	374	9881	1433	12257
辽宁省	442182	1008	59526	525	4	131	79	12215	216	590000
吉林省	523203	91	15059	45	32	24		38128	210	10756
黑龙江省	160151	5631	6364	115	1	17	198	2483	35	10
上海市	580334	1071	22200		90	6	1461	5578	170	450179
江苏省	729098	9234	54775			669	515	8360	13067	97884
浙江省	681589	482	46168	235		95	701	62674	4212	318159
安徽省	310110	80	1970	709		19	57	3277	5090	3954
福建省	281640	174	5337	421		71	27	1968	2142	56617
江西省	141360	88	3793	331	1	27	942	1258	26	1663
山东省	329404	5012	64314	421	16	1205	1510	21575	9701	220029
河南省	424518	473	24158	418	10	41	84	12527	65	1176
湖北省	377209	295	24835	64		131	146	14858	836	285326
湖南省	557838	5798	5839	1983		123	416	8253	2983	267415
广东省	758770	1521	166336	7428		3600	2045	2611	5925	52698

续 表

省别	接收档案							征集档案	接受捐赠档案	接受寄存档案
	案卷	录音、录像、影片档案	照片档案	底图	电子档案					
					磁带	磁盘	光盘			
	卷	盘	张	张	盘	张	张	件	件	件
海南省	15292		364				3		80	1173
广西壮族自治区	104053	197	32120	247	3	2	217	1373	282	23641
重庆市	292179	42	1183		1		48	39		46450
四川省	438762	2678	21242	5537	15		272	703	19	32374
贵州省	219849	182	14091	476	15	50	65	10955	18	49114
云南省	296146	519	7537		16	49	95	2224	67	1129
西藏自治区	14330	169	4153	7352		2	8	5		
陕西省	243432	183	4445	418	4	17	105	8249	261	18286
甘肃省	184296	32	6890	11	1	18	135	1776	102	9789
青海省	66881	55	4284	38	11	165	39	171	256	
宁夏回族自治区	81736	65	3049				8	84	107	10143
新疆维吾尔自治区	186338	120	9188	747		1	38	58407	828	121191
合计	9595405	36164	678130	29145	273	7139	11860	366573	49110	2974352

2004年度各省、自治区、直辖市各级国家综合档案馆利用档案、资料情况表

省别	开放档案情况		利用档案		利用资料		复制档案资料
	案卷	以件为保管单位档案					
	卷	件	人次	卷件次	人次	册次	页
北京市	974701	3598	61264	185357	1413	6728	129369
天津市	1070663	161	15612	67008	1213	5225	47367
河北省	1452649	682722	137230	542836	29596	66173	141749
山西省	612656	112291	56513	322405	16509	32398	91733
内蒙古自治区	1311690	705051	44143	190501	18281	27942	54013
辽宁省	1951562	23554	83395	301406	9116	20769	188793
吉林省	1331048	253848	39766	154877	5799	19815	102850
黑龙江省	1462001	51852	36706	185314	8520	15954	109160
上海市	1824222		78005	213154	7285	8607	271602
江苏省	1475946	48375	111049	378983	12721	34581	259683
浙江省	1538847	20846	130493	518120	7499	29459	506964
安徽省	725283	34511	53671	161893	5291	11822	173294
福建省	1353572	15	55628	213170	78240	8074	187300
江西省	712339	11544	68552	212800	6955	14576	126861
山东省	1021560	55760	94358	596352	15691	32931	212943
河南省	1190371	40158	107584	373487	92493	50644	253384
湖北省	1814175	24727	95526	402398	15804	49623	224424
湖南省	1965443	45300	102996	375468	25594	44362	274498
广东省	806518	309696	89336	295562	12621	29554	293476

续表

省别	开放档案情况		利用档案		利用资料		复制档案资料
	案卷	以件为保管单位档案					
	卷	件	人次	卷件次	人次	册次	页
海南省	44106	27	9182	30807	2974	6197	63557
广西壮族自治区	364285	122368	36017	165921	7511	18769	150515
重庆市	1385017	1203	56955	314801	3625	3296	262901
四川省	3930099	20271	147606	672575	12045	50587	365437
贵州省	1325827	21433	31029	126168	2805	14209	171263
云南省	954765	8679	38220	164607	4955	6182	54922
西藏自治区	49154	68148	7512	52551	968	1503	11216
陕西省	1315373	17391	54535	198707	5786	16669	147587
甘肃省	703135	25669	29744	171665	3849	12118	106805
青海省	96976	20350	8087	32838	1521	4434	26514
宁夏回族自治区	193117	20627	9405	42506	562	2370	25071
新疆维吾尔自治区	451314	31802	18137	107429	3095	6078	33784
* 合计 *	35408414	2781977	1908256	7771666	420337	651649	5069035

2004年度各省、自治区、直辖市各级国家综合档案馆抢救国家重点档案情况表

省别	应抢救档案总数	已抢救档案数量	
			本年度抢救档案数量
	卷	卷	卷
北京市	1358297	869878	25639
天津市	855503	20361	1545
河北省	146900	73148	4469
山西省	95709	24254	696
内蒙古自治区	440144	107602	23811
辽宁省	469446	177222	4301
吉林省	658450	397120	2326
黑龙江省	363215	151125	441
上海市	516122	310975	8070
江苏省	401759	244271	7943
浙江省	545253	306669	5233
安徽省	216137	79879	1729
福建省	435765	296136	5003
江西省	274240	152341	4257
山东省	503301	100174	10988
河南省	178676	119172	1967
湖北省	483248	159859	9316
湖南省	616100	217191	21462
广东省	218078	145523	15311

续表

省别	应抢救档案总数	已抢救档案数量	
			本年度抢救档案数量
	卷	卷	卷
海南省	26048	2285	12
广西壮族自治区	279060	138909	4171
重庆市	1135713	356963	5799
四川省	1957038	430222	35602
贵州省	680733	268224	17914
云南省	297743	166234	3953
西藏自治区	1068128	50443	2205
陕西省	447801	201263	14487
甘肃省	393936	201669	13089
青海省	75829	27444	4020
宁夏回族自治区	70288	28760	295
新疆维吾尔自治区	464406	176486	23189
* 合计 *	15673066	6001748	279243

2004年度各省、自治区、直辖市各级国家综合档案馆馆库面积及馆内设备情况表

省别	档案馆库房建筑面积	馆内设备													
		缩微设备					消毒设备		电子计算机			复印机	空调机		去湿机
		缩微摄影机	冲洗机	拷贝机	阅读器	阅读复印机	物理方法	化学方法	局域网 服务器	局域网 站点	微机		集中式	分散式	
	平方米	台	台	台	台	台	台	台	个	个	台	台	套	台	台
北京市	27632	11	4	5	13	4	22	7	39	269	561	37	8	440	57
天津市	25442	7	1	2	8	1	7	1	22	625	428	25	3	239	36
河北省	67369	9	2	5	6	3	9	8	24	80	597	110	15	400	135
山西省	39860	7	3	3	6	5	9	1	6	25	266	66	5	58	19
内蒙古自治区	40172	10	2	2	12	3	3	1	13	60	291	74	1	27	5
辽宁省	60550	19	4	3	17	4	18	21	15	96	601	111	1	247	172
吉林省	38529	6	2	3	7	1	15	2	13	293	346	60	6	21	77
黑龙江省	63103	10	3	3	7	2	11	1	33	83	400	73	5	20	63
上海市	39654	8	3	3	14	6	23	4	67	682	857	70	5	352	248
江苏省	113719	14	4	5	20	6	27	6	69	721	1142	142	21	993	404
浙江省	88185	9	5	2	32	4	62	26	103	805	1211	128	24	852	439
安徽省	73113	4	2	2	10	1	7	4	20	240	360	89	6	349	207
福建省	65997	11	4	3	12	4	32	15	11	219	559	80	9	600	232
江西省	62577	3	3	1	6	1	11	29	13	58	243	65	12	215	197
山东省	97912	23	12	5	30	10	78	39	101	564	1099	168	24	546	436
河南省	104372	5	2	3	4	3	21	12	15	76	429	274	14	539	215
湖北省	71079	4		1	2	4	15	7	29	110	558	78	10	517	210
湖南省	112382	17	4	2	9	3	31	9	28	111	390	94	14	547	461
广东省	101865	11	4	9	25	3	90	26	60	773	1184	171	24	1385	521

续 表

省别	档案馆库房建筑面积	馆内设备													
		缩微设备					消毒设备		电子计算机			复印机	空调机		去湿机
		缩微摄影机	冲洗机	拷贝机	阅读器	阅读复印机	物理方法	化学方法	局域网 服务器	局域网 站点	微机		集中式	分散式	
	平方米	台	台	台	台	台	台	台	个	个	台	台	套	台	台
海南省	8326						4	2	2	114	65	16	2	52	13
广西壮族自治区	55030	4	1	1	4	1	9	1	6	74	362	101	2	334	194
重庆市	37583	2	1	1	4	2	143	3	6	24	207	39	4	215	192
四川省	151033	7	1	2	7	3	86	5	29	478	989	155	5	523	506
贵州省	67734	3	1	1	5		44		10	80	356	95	2	50	276
云南省	52443	9	3	3	6	4	25	5	8	102	256	58	2	37	119
西藏自治区	18804	5	1	2	3	3			3	11	42	7		1	
陕西省	81009	10	2	2	3	4	3	3	23	112	359	85	6	125	74
甘肃省	50455	7	1	1	5	2	2		5	421	305	51		3	1
青海省	14543	3	1	1	2		1		2	9	68	24			
宁夏回族自治区	11369	3	1	1	3		2		4	41	107	22	1	9	3
新疆维吾尔自治区	29739	2	1	1	4	2	2	3	7	162	365	81	1	16	1
合计	1871580	243	78	78	286	89	812	241	786	7518	15003	2649	232	9712	5513

2004年度各省各级档案行政管理部门和国家综合档案馆事业费、国家综合档案馆基建情况表

省别	档案事业费	本年度在建项目				本年度竣工项目			
		新建	改建	扩建	建筑面积	新建	改建	扩建	竣工面积
	万元	个	个	个	平方米	个	个	个	平方米
北京市	3044			1	1154				
天津市	1352	2			4440	2			4440
河北省	988	2			758	2	1		2131
山西省	1430	2			1543	1			1043
内蒙古自治区	875	7			28817	9			11281
辽宁省	2160	3	2		36744	1	2		6465
吉林省	781								
黑龙江省	1541								
上海市	3335						1		9385
江苏省	3703	5		1	39534	2	1		11280
浙江省	6186	10			87459	5			40652
安徽省	927	7			27802	3			4629
福建省	904	3		1	13945	2			7450
江西省	564	1			2800	1			2800
山东省	3150						1		900
河南省	1060								
湖北省	967								
湖南省	1688		1		1000	1	1		1000
广东省	6859	6	1		25762	1	1	1	46265

续表

省别	档案事业费	本年度在建项目				本年度竣工项目			
		新建	改建	扩建	建筑面积	新建	改建	扩建	竣工面积
	万元	个	个	个	平方米	个	个	个	平方米
海南省	333								
广西壮族自治区	720	2			7574	1			1285
重庆市	1288								
四川省	1777	8			20241	1			3125
贵州省	985					1			4470
云南省	1441	2	3		3520	1	5		3324
西藏自治区	78					1			2000
陕西省	1074	1			3563	1			1550
甘肃省	612					2			21567
青海省	91								
宁夏回族自治区	89								
新疆维吾尔自治区	938								
* 合计 *	50940	61	7	3	306656	38	13	1	187042

2004年度各省、自治区、直辖市直属机关档案工作基本情况表

省别	档案处(科)	档案室	现有全部专职人员	现有全部专职人员：女性	兼职人员	室存全部档案：全宗	室存全部档案：案卷	室存全部档案：以件为保管单位档案	室存全部档案：照片档案	室存全部档案：底图	缩微胶片：平片	缩微胶片：开窗卡	缩微胶片：卷片	本年接收档案：案卷	本年接收档案：以件为保管单位档案	室存资料	利用档案：人次	利用档案：卷件次	档案室库房建筑面积
	个	个	人	人	人	个	卷	件	张	张	张	张	米	卷	件	册	人次	卷件次	平方米
北京市	23	145	384	251	1556	235	7167749	263804	169809	506402			75652	490371	71392	140124	109343	293442	22711
天津市	17	108	128	104	592	177	658642	509303	134601	78933	200		4763	45199	170550	38237	30979	62779	7068
河北省	9	64	73	63	452	94	319609	253750	16538	3417			457	8436	65771	12930	10389	41929	3715
山西省	2	18	30	26	173	91	127607	36995	19919	36780				6321	10213	18473	3044	9896	2284
内蒙古自治区	11	58	74	59	262	88	280287	109968	90368	21804				9782	36778	11237	8915	32749	2683
辽宁省	1	122	125	103	465	147	702910	464241	52914	287431				29762	134971	35133	65854	143622	8473
吉林省	15	113	149	123	127	13291	799394	305992	23867	2783				49629	40489	30000	17601	72397	4747
黑龙江省	12	125	151	131	270	83	930813	217716	44576	74621	784200		4117	63127	58092	13595	20953	69313	7350
上海市	7	78	189	105	373	461	2506080	949097	114248	43590	5634	495		368575	631401	48320	22749	102285	14256
江苏省	14	151	152	115	738	180	696587	422129	65654	16207				35096	198468	76482	30309	74935	10701
浙江省	12	79	79	69	436	112	718723	428023	229165	12169	1000		7473	61788	143239	82272	18522	65422	6050
安徽省	16	94	135	102	786	118	812248	448590	71580	5164				25442	148312	64953	16633	60004	9481
福建省	9	84	100	70	332	92	583352	206691	35551	3921			3003	92829	71522	32917	20432	59750	5596
江西省	15	83	87	72	40	101	340850	175945	32008	1545				14668	65885	87618	15433	48391	5280
山东省	16	136	157	140	352	167	831447	579170	46853	21782	30453		188	13851	109446	94806	21284	62005	8455
河南省	19	68	87	65	227	191	478313	182378	54636	16270	13		1685	22753	75452	118141	20357	48957	6572
湖北省	21	153	179	141	1320	206	660418	947735	88385	112374	70		6	27267	133310	110547	39667	172905	9679
湖南省	7	58	59	50	196	58	222747	301976	27256	2834				8321	40952	22240	13531	38701	4594

续表

省别	档案处(科)	档案室	现有全部专职人员		兼职人员	室存全部档案					缩微胶片			本年接收档案		室存资料	利用档案		档案室库房建筑面积
				女性		全宗	案卷	以件为保管单位档案	照片档案	底图	平片	开窗卡	卷片	案卷	以件为保管单位档案				
	个	个	人	人	人	个	卷	件	张	张	张	张	米	卷	件	册	人次	卷件次	平方米
广东省	4	32	74	61	570	57	575273	253899	56710	23945	6475			65603	58000	54119	14645	45124	7021
海南省	9	112	101	81	120	159	337694	347072	26504	3352				6627	79572	17535	16236	40024	4807
广西壮族自治区	8	74	53	41	116	77	334085	536777	43559	24363			2028	13987	97687	9905	10362	35979	4564
重庆市	20	62	49	42	82	106	265941	256365	58121	5757				35745	39239	76816	12694	33827	2215
四川省	28	98	137	106	846	147	683893	1110114	50560	25339	2			32080	144162	197340	16048	69976	10750
贵州省	13	65	76	56	155	82	557766	175684	39086	12730				16864	38228	59340	10547	26164	4462
云南省	10	93	134	116	1162	84	222804	369864	65205	816251	508699		17	19558	74041	47622	14538	65660	7485
西藏自治区	9	51	59	49	31	59	120323	105509	6957	826				10902	9950	4475	6802	19317	3155
陕西省	26	197	204	173	568	220	1316280	613735	94139	208837				40677	149274	101167	46674	124559	11435
甘肃省	10	80	99	86	15	106	411346	225420	37032	3801	1000		2	15304	78428	39463	10985	43762	6981
青海省	14	102	96	81	76	90	276671	168796	141145	18932	18		840	11435	67520	29644	21699	54265	4008
宁夏回族自治区	6	66	57	41	74	273	123799	112382	54914	34164	10			10239	50194	15833	6069	17786	3093
新疆维吾尔自治区	12	68	107	99	247	1426	543338	228289	26934	10446			42	49029	75072	27791	16094	31764	6449
* 合计 *	395	2837	3584	2821	12759	18778	24606991	11307409	2018794	2436743	1337774	495	100273	1701267	3167610	1719075	689388	2067689	216120

2004 年度省以上国家综合档案馆馆藏档案情况表

馆别	案卷	以件为保管单位档案	录音、录像、影片档案	照片档案	底图	电子档案			缩微胶片		
						磁带	磁盘	光盘	平片	开窗卡	卷片
	卷	件	盘	张	张	盘	张	张	张	张	米
中央档案馆	948352	191859	13977	99793	5463			16639	101202		254375
中国第一历史档案馆		10000002	339	10629	14050				8200		1745020
中国第二历史档案馆	1800000							2002			134200
北京市档案馆	1531726	16388	3484	54911	12733		316	2816	231		291493
天津市档案馆	1333376	10272	195	41938	813	114	294	49			46534
河北省档案馆	497015	119611	289	18160							35197
山西省档案馆	278723		44	358							40000
内蒙古自治区档案馆	465502	3505	833	5072	43			43	1963	1730	67025
辽宁省档案馆	1915174	6	423	68200	76				1697		136595
吉林省档案馆	778121		91	38895				30	38664		59199
黑龙江省档案馆	4047138		60	26829	5669			21			1500
上海市档案馆	2643301		2439	44064	31931				139272		94921
江苏省档案馆	559350	165673	45362	73091				61	38771		91805
浙江省档案馆	452042	39207	4069	15920				435	11100	500	138771
安徽省档案馆	259122	14675	1501	6318							51057
福建省档案馆	524675	3903	705	32678				286	7448		96791
江西省档案馆	234288	2	251	6175					2168		80145
山东省档案馆	395588		2682	44191				6	296		51360
河南省档案馆	290313		486	36378		2		3		393	13075

续 表

馆别	案卷	以件为保管单位档案	录音、录像、影片档案	照片档案	底图	电子档案			缩微胶片		
						磁带	磁盘	光盘	平片	开窗卡	卷片
	卷	件	盘	张	张	盘	张	张	张	张	米
湖北省档案馆	397030	7897	910	4145		60		15			32295
湖南省档案馆	415223			12718				78			18437
广东省档案馆	216968	19161	3265	444431	444	488	10	94	500	315	66158
海南省档案馆	72163	158	324	5667			1	55			
广西壮族自治区档案馆	497525	421	244	14906			57	43			36371
重庆市档案馆	752556	771	881	28164							1830
四川省档案馆	1259158	477	2454	47724							217841
贵州省档案馆	396633	2678	195	9720				5	4644		40626
云南省档案馆	672134		1572	37520			76	67	1500		119000
西藏自治区档案馆	3233766	8471	457	13015	125						34617
陕西省档案馆	443916	5849	1800	7424	300	34			1200		3120
甘肃省档案馆	261034	3516	3571	15464	504			10			35400
青海省档案馆	158722	8							15605		21500
宁夏回族自治区档案馆	73480	1876	212	4605		10	38	57			21106
新疆维吾尔自治区档案馆	374975	1426	345	24732	260029				3500		
* 合计 *	24539089	10617812	93460	1293835	332180	708	792	22815	377961	2938	4077364

2004年度省以上国家综合档案馆收集档案情况表

馆别	接收档案							征集档案	接受捐赠档案	接受寄存档案
	案卷	录音、录像、影片档案	照片档案	底图	电子档案					
					磁带	磁盘	光盘			
	卷	盘	张	张	盘	张	张	件	件	件
中央档案馆	146892							6		
中国第一历史档案馆			263	552						
中国第二历史档案馆										
北京市档案馆	14057		1783			10	1903			
天津市档案馆	14131		899		8	5	22	9850		33600
河北省档案馆	3059									
山西省档案馆	5260									
内蒙古自治区档案馆	89147		482	43			18	2009	1112	
辽宁省档案馆	7564	3	663					423		580000
吉林省档案馆	52701		240							
黑龙江省档案馆	2620		98							
上海市档案馆	164506	974	5775		90		1131	460		435145
江苏省档案馆	15179	8724							2433	20136
浙江省档案馆	31438	126	2123							70541
安徽省档案馆	14564							1503	4947	
福建省档案馆	8494	50	1439					285	2132	15357
江西省档案馆	15699								2	
山东省档案馆	9572	1930	30000							
河南省档案馆	19439	8						47		

续表

馆别	接收档案							征集档案	接受捐赠档案	接受寄存档案
	案卷	录音、录像、影片档案	照片档案	底图	电子档案					
					磁带	磁盘	光盘			
	卷	盘	张	张	盘	张	张	件	件	件
湖北省档案馆	16800							229		255000
湖南省档案馆	12531							902		
广东省档案馆	93201	297	78588				18	379	258	15708
海南省档案馆	2934									164
广西壮族自治区档案馆	1536	2					42			
重庆市档案馆										
四川省档案馆	1366									
贵州省档案馆	21908	74	3696						10	
云南省档案馆	20635									
西藏自治区档案馆	2549			125						
陕西省档案馆	6500		224					5849		2286
甘肃省档案馆	2384							1370	101	
青海省档案馆	28000									
宁夏回族自治区档案馆	7807								57	10074
新疆维吾尔自治区档案馆	6563	12	77				2			
合计	839036	12200	126350	720	98	15	3136	23312	11052	1438011

2004年度省以上国家综合档案馆利用档案、资料情况表

馆别	开放档案情况		利用档案		利用资料		复制档案资料
	案卷	以件为保管单位档案					
	卷	件	人次	卷件次	人次	册次	页
中央档案馆	12580		658	9134	510	159	4589
中国第一历史档案馆		8780369	3230	349393	3900	10000	
中国第二历史档案馆	1700000		8800	9000			
北京市档案馆	789238		4128	23892	280	1060	24921
天津市档案馆	913994		2578	19076	150	526	15252
河北省档案馆	328139	107376	1495	4594			20031
山西省档案馆	127312		921	3528	318	1145	5910
内蒙古自治区档案馆	188316		929	3117	41	216	22206
辽宁省档案馆	965584		1556	3378	577	645	12752
吉林省档案馆	322620		1340	8108	482	1000	20015
黑龙江省档案馆	242038		879	1800	422	1072	5819
上海市档案馆	771458		6120	42134	3051	3051	65000
江苏省档案馆	298465	21620	1736	12198	142	920	14296
浙江省档案馆	186335	1965	2744	21939	340	1836	31223
安徽省档案馆	125004	9728	743	6241	41	162	2071
福建省档案馆	290453		2617	10678	156	526	7864
江西省档案馆	90693		503	1320	150	248	9653
山东省档案馆	204053		535	3610	31	36	16545
河南省档案馆	132696		885	5050	109	728	8954

续 表

馆别	开放档案情况		利用档案		利用资料		复制档案资料
	案卷	以件为保管单位档案					
	卷	件	人次	卷件次	人次	册次	页
湖北省档案馆	217777		1219	10803	449	3285	17228
湖南省档案馆	200920		1156	7231			11013
广东省档案馆	70672	9944	1901	11674	552	1496	15550
海南省档案馆	13558		1687	16533	335	1223	25016
广西壮族自治区档案馆	109648		1278	11624	287	1369	3424
重庆市档案馆	560501		1372	10797			52324
四川省档案馆	711266		2311	25665	796	31987	
贵州省档案馆	340594	2670	502	1619	68	419	4727
云南省档案馆	333809		2865	25758	292	1270	6746
西藏自治区档案馆	18247		1005	18551			1500
陕西省档案馆	336026	5849	651	4249	266		2089
甘肃省档案馆	201649	53	1563	20002		2460	38000
青海省档案馆	53687		172	1793	14	109	
宁夏回族自治区档案馆	17762		598	2884	63	351	5438
新疆维吾尔自治区档案馆	175213		2995	5932			10980
* 合计 *	11050307	8939574	63672	713305	13822	67299	481136

2004 年度省以上国家综合档案馆抢救国家重点档案情况表

馆别	应抢救档案总数	已抢救档案数量	
			本年度抢救档案数量
	卷	卷	卷
中央档案馆	10000		
中国第一历史档案馆	3714579	619134	6000
中国第二历史档案馆	580000	275529	
北京市档案馆	1333505	859571	24994
天津市档案馆	830000	19000	1000
河北省档案馆	40431	33712	20
山西省档案馆	31000	18668	
内蒙古自治区档案馆	118867	12820	
辽宁省档案馆	203200	111519	2601
吉林省档案馆	343776	294030	
黑龙江省档案馆	222770	58885	
上海市档案馆	458233	262585	6749
江苏省档案馆	183199	150261	
浙江省档案馆	112476	57573	
安徽省档案馆	59865	15122	415
福建省档案馆	130168	107875	155
江西省档案馆	134957	45682	2840
山东省档案馆	223132	15400	3500
河南省档案馆	6526	6323	

续 表

馆别	应抢救档案总数	已抢救档案数量	
			本年度抢救档案数量
	卷	卷	卷
湖北省档案馆	264141	74672	796
湖南省档案馆	69900	29513	7643
广东省档案馆	39798	18975	312
海南省档案馆	8000	2000	
广西壮族自治区档案馆	44318	40862	940
重庆市档案馆	468843	269545	278
四川省档案馆	567285	125986	16643
贵州省档案馆	150000	61127	1904
云南省档案馆	100000	91279	1814
西藏自治区档案馆	1000000	48564	2205
陕西省档案馆	134791	70389	1545
甘肃省档案馆	56223	50959	
青海省档案馆	45611	2739	150
宁夏回族自治区档案馆	21560	15304	
新疆维吾尔自治区档案馆	31290	13235	7
* 合计 *	11738444	3878838	82511

2004 年度省以上国家综合档案馆馆库面积及馆内设备情况表

馆别	档案馆库房建筑面积	馆内设备													
		缩微设备					消毒设备		电子计算机			复印机	空调机		去湿机
		缩微摄影机	冲洗机	拷贝机	阅读器	阅读复印机	物理方法	化学方法	局域网服务器	局域网站点	微机		集中式	分散式	
	平方米	台	台	台	台	台	台	台	个	个	台	台	套	台	台
中央档案馆	23631	12	2	10	31			1		105	194	5	1	364	11
中国第一历史档案馆	5000	7	3	2	12	2			10	1	160		1	130	
中国第二历史档案馆	15905	9	1	3	12	1	2				149	6		26	
北京市档案馆	9000	11	4	5	13	4	5		11	115	176	6	1	144	3
天津市档案馆	6530	7	1	2	8	1			10	454	142		1	31	2
河北省档案馆	4124	8	1	4	4	1	1		3	30	97	3		132	10
山西省档案馆	7172	5	2	1	4	3					59	3	1	5	4
内蒙古自治区档案馆	2953	6	1	2	8	2		1	2	19	5	2	1	3	
辽宁省档案馆	5951	14	2	3	8	2	1		1	2	66	3	1	33	4
吉林省档案馆	6000	3	1	2	2		1		2	75	50	3		5	2
黑龙江省档案馆	4529	5	2	2	6	2	1		1	23	34			1	3
上海市档案馆	19991	5	2	2	2	1	5		31	320	390	16	1	8	75
江苏省档案馆	10527	10	2	4	12	2	1		4	3	155		1		3
浙江省档案馆	4700	4	2	1	6	1	1		4	63	121	2	1	5	14
安徽省档案馆	4525	4	1	2	10	1		3	3	153	68	2	1	66	15
福建省档案馆	2828	5	2	2	10	1	1		3	115	78	3	1	53	16
江西省档案馆	2054	3	2	1	5	1		1	1	14	22	1		34	15
山东省档案馆	4890	4	1	2	11	2	3		3	168	88	6	1	5	16
河南省档案馆	7000	3	1	2	4	2	1	1			21	129		46	8

续 表

馆别	档案馆库房建筑面积	馆内设备													
		缩微设备					消毒设备		电子计算机			复印机	空调机		去湿机
		缩微摄影机	冲洗机	拷贝机	阅读器	阅读复印机	物理方法	化学方法	局域网 服务器	局域网 站点	微机		集中式	分散式	
	平方米	台	台	台	台	台	台	台	个	个	台	台	套	台	台
湖北省档案馆	7440				2		2	2			55			64	14
湖南省档案馆	13100	6	1	2	5	2	1		1		46	3		9	16
广东省档案馆	19234	2	1	1	3	1	3		11	135	135	5	1	50	7
海南省档案馆	2100						2	1	1	100	39	2	1		5
广西壮族自治区档案馆	6890	3	1	1	4	1	1		2	60	66	3	1	74	25
重庆市档案馆	7200	2	1	1	4	1			1		45	2	1	44	17
四川省档案馆	8220	4	1	1	7	2			2	180	180	6	1	88	17
贵州省档案馆	6368	3	1	1	5		1		2	38	88	2	1		
云南省档案馆	6000	9	3	3	6	4	3		2	64	86	5	1	7	15
西藏自治区档案馆	11368	5	1	2	3	3			1	11	11	1			
陕西省档案馆	7849	6	2	2	3	2			2		47	5		11	12
甘肃省档案馆	5249	4	1	1	4	2	1		3	400	50	3		2	
青海省档案馆	1846	3	1	1	2				1		6	2			
宁夏回族自治区档案馆	962	3	1	1	3				1	7	22	2		3	
新疆维吾尔自治区档案馆	4868	1		1	4	2			2	60	68	2		3	
* 合计 *	256004	176	48	70	223	49	37	10	121	2760	3019	233	20	1446	329

2004年度各省、自治区、直辖市档案专业教育基本情况表

省别	学校		毕业生数											教师人数		在职培训教育	
			普通学历教育							成人学历教育							
	高等学校	中等学校	博士研究生	硕士研究生	双学位	大学本科	大专	中专	职业高中	研究生班	大学本科	大专	中专	高等学校	中等学校	办班期数	毕业生数
	个	个	人	人	人	人	人	人	人	人	人	人	人	人	人	期	人
北京市	1					36								8		80	5749
天津市	2	1				42			42	47	24	13		21	9	105	5004
河北省	1					24								10		33	2803
山西省																2	1940
内蒙古自治区																44	2985
辽宁省	2			4		55	53							16		48	3612
吉林省																17	2048
黑龙江省	1					21								9		9	875
上海市	2	1			61	61	38	62			24	74		18	2	49	4482
江苏省	3	1		3		94						5		36		35	3387
浙江省	1			2										8		56	4633
安徽省	1					59								21		76	4978
福建省	1					34								12		21	2117
江西省	1											120		20		163	1233
山东省	2			1		29					721	398		73		72	6626
河南省	2													22		20	1157

续表

省别	学校		毕业生数											教师人数		在职培训教育	
			普通学历教育							成人学历教育							
	高等学校	中等学校	博士研究生	硕士研究生	双学位	大学本科	大专	中专	职业高中	研究生班	大学本科	大专	中专	高等学校	中等学校	办班期数	毕业生数
	个	个	人	人	人	人	人	人	人	人	人	人	人	人	人	期	人
湖北省	1	1	1	10		27		90						9	30	68	3498
湖南省	1			6		28								10		26	1527
广东省	1			5		51								13		120	8678
海南省																6	617
广西壮族自治区	1			4		52								9		24	1486
重庆市																	
四川省	1	1		1		42	76	87			28	45		46		66	4054
贵州省																11	671
云南省																14	1900
西藏自治区																	
陕西省	1					30					3			15		8	455
甘肃省		1						50							6	4	440
青海省																5	374
宁夏回族自治区																7	440
新疆维吾尔自治区																5	802
* 合计 *	26	6	1	36	61	685	167	289	42	47	800	655		376	47	1194	78571

附 录

2004年档案工作大事记

2月2日 国家档案局局长、中央档案馆馆长毛福民，副局馆长冯鹤旺、郭树银到新建成的解放军档案馆新馆视察，并慰问全军档案工作者。

2月4日 国家档案局局长、中央档案馆馆长毛福民，副局馆长冯鹤旺到北京市怀柔区和通州区就农业农村档案工作进行调研。

2月5日 国家档案局与国资委印发《国有企业文件材料归档办法》。

2月11～14日 国家档案局副局长、中央档案馆副馆长冯鹤旺赴兰州参加甘肃省档案工作暨表彰先进会议并讲话。

2月12日 国务院信息化工作办公室常务副主任曲维枝一行到中央档案馆就档案信息资源开发利用工作进行专题调研。国家档案局局长、中央档案馆馆长毛福民向国信办领导和专家介绍了有关情况。

2月20日 国家档案局副局长、中央档案馆副馆长杨公之参加国家科学技术奖励大会，会上由档案部门报送的“灵香草的防虫作用及档案防虫剂的试验研究”项目荣获国家科学技术进步二等奖。

2月21～25日 国家档案局副局长、中央档案馆副馆长郭树银出席内蒙古自治区档案工作暨表彰先进会议并讲话。

2月22～27日 国家档案局局长、中央档案馆馆长毛福民赴成都出席四川省档案信息化工作会议并讲话。

3月3～6日 国家档案局副局长、中央档案馆副馆长杨公之出席上海市档案工作暨表彰先进会议并讲话。

3月4日 国家档案局副局长、中央档案馆副馆长郭树银出席北京市档案工作暨表彰先进会议并讲话。

3月11日 中共中央政治局候补委员、中央书记处书记、中央办公厅主任王刚在《国家档案局中央档案馆关于召开全国农业和农村档案工作经验交流会的请示》上作出批示。

3月31日～4月8日 国家档案局局长、中央档案馆馆长毛福民率档案行政执法检查组赴广西壮族自治区进行档案行政执法检查。

4月14～15日 国家档案局局长、中央档案馆馆长毛福民，副局馆长郭树银参加清史纂修中央级档案整理工作座谈会。

4月17日 国家档案局局长、中央档案馆馆长毛福民，副局馆长郭树银参加在中国人民大学举行的“亚太地区档案专业教育国际研讨会”开幕式，毛福民致辞。

4月20～21日 国家档案局在江苏南通、常熟召开全国农业农村档案工作经验交流会。江苏省政协主席陆军，国家档案局局长、中央档案馆馆长毛福民，副局馆长冯鹤旺出席开幕式。20日，在江苏南通、江阴、张家港、常熟等地参观学习，21日，在常熟市举行全体会议，北京、上海、吉林等地代表介绍经验，毛福民出席会议并讲话。

4月23日 国家档案局局长、中央档案馆馆长毛福民出席上海市档案馆局外滩新馆开馆仪式。开馆典礼后，毛福民出席了上海市档案局举办的“未来的城市档案馆”国际研讨会开幕式并讲话。

5月13日 中央档案馆国家档案局召开“我的成长之路”青年人才座谈会。中央档案馆馆长、国家档案局局长毛福民参加会议并讲话，副馆局长郭树银、杨公之、杨冬权和各部门负责人以及馆局部分40岁以下青年干部参加了座谈会。郭嗣平、李明华等5位同志发了言。

5月16～26日 老挝总理府档案馆代表团一行6人应中国国家档案局的邀请来华访问。17日与国家档案局进行有关业务座谈，国家档案局局长、中央档案馆馆长毛福民，副局馆长杨冬权出席座谈。

5月17～18日　国家档案局副局长、中央档案馆副馆长冯鹤旺赴河北省唐山市路北区、迁安、乐亭、遵化等三县考察调研农业农村档案工作。

5月18～20日　国家档案局副局长、中央档案馆副馆长杨公之赴山西省河津县出席创建县级示范档案馆现场会。

5月19日　国家档案局局长、中央档案馆馆长毛福民，副局馆长冯鹤旺听取浙江、青岛等地档案部门汇报民营企业档案工作。

5月21日　国家档案局局长、中央档案馆馆长毛福民会见了以塞舌尔地方政府体育和文化部长西尔维特·普尔女士为团长的塞舌尔代表团一行。

5月22～24日　国家档案局在山东省青岛市召开2004年度科技项目立项评议会，国家档案局副局长、中央档案馆副馆长杨公之出席会议。

5月24～29日　以新加坡国家文物局局长杨淑萍女士为团长的新加坡代表团对我国进行友好访问。代表团一行与我国档案界同仁进行了友好的座谈，国家档案局局长、中央档案馆馆长毛福民，副局馆长冯鹤旺、杨公之出席。

5月26日　国家档案局副局长、中央档案馆副馆长杨冬权赴云南出席中国档案报社举办的第六次全国通联宣传工作会议。

5月27～28日　中国档案学会第六次会员代表大会在北京召开，国家档案局局长、中央档案馆馆长毛福民，副局馆长冯鹤旺、杨公之出席开幕式。大会选举冯鹤旺为中国档案学会第六届理事会理事长，增选沈正乐为名誉理事长。

6月2～4日　国家档案局在上海市长宁区政府召开电子公文归档管理工作座谈会。国家档案局副局长、中央档案馆副馆长杨公之出席会议并讲话。

6月12日　中共中央政治局候补委员、中央书记处书记、中央办公厅主任王刚对《国家档案局中央档案馆关于档案部门开展已公开现行文件利用工作情况的报告》作出重要批示。

6月12～26日　国家档案局副局长、中央档案馆副馆长冯鹤旺率档案行政执法检查组赴黑龙江省进行档案行政执法检查。

6月14～17日　国家档案局局长、中央档案馆馆长毛福民赴广州市出席广东省档案馆新馆落成典礼并剪彩。

6月22日　已公开现行文件利用工作座谈会在京召开、除西藏外的30余个省、自治区、直辖市派代表参加了会议，国家档案局局长、中央档案馆馆长毛福民在会上作了重要讲话。会议由国家档案局副局长、中央档案馆副馆长杨冬权主持，黑龙江、河北、上海、广东、四川、陕西等省(市)分别作了经验交流。

6月22～29日　古巴国家档案总局局长奥斯瓦多·贝比拉圭先生率古巴档案代表团来华考察访问。23日，国家档案局局长、中央档案馆馆长毛福民会见了代表团一行。双方还就各自国家档案法制建设情况、档案技术保护工作等方面的问题进行了友好的交谈。

6月28日　中央档案馆国家档案局召开"在党旗下成长"座谈会，国家档案局局长、中央档案馆馆长毛福民讲话。6位同志先后发了言，馆局领导和各部门负责人以及馆局部分40岁以下青年干部参加了座谈会。

6月29日　国家档案局局长、中央档案馆馆长毛福民到中国人民大学参加"共和国部长系列讲座"活动的讲学，并出席2004年度档案学院学生毕业典礼。

6月29日～7月2日　国家档案局副局长、中央档案馆副馆长冯鹤旺赴杭州参加浙江省民营企业档案工作会议并讲话。

7月5～14日　国家档案局副局长、中央档案馆副馆长杨冬权率档案行政执法检查组对贵州省进行档案行政执法检查。

7月13日　为纪念中国人民解放军档案工作建立50周年，《中国档案》杂志社召开与在京军队系统档案宣传工作座谈会，国家档案局副局长、中央档案馆副馆长杨公之出席座谈会并讲话。

7月19日　国家信息化专家咨询委员会常务副主任周宏仁等12位专家到中央档案馆进行信息化调研。

7月20日　国家档案局局长、中央档案馆馆长毛福民赴联想集团、家和公司调研非国有企业档案工作。

7月26日～8月3日　国家档案局局长、中央档案馆馆长毛福民率档案行政执法检查组赴青海省进行档案行政执法检查。

7月26日～8月1日　国家档案局副局长、中央档案馆副馆长郭树银率档案行政执法检查组赴宁夏回族自治区进行档案行政执法检查。

8月2～13日　国家档案局副局长、中央档案馆副馆长冯鹤旺率档案行政执法检查组赴西藏自治区进行档案行政执法检查。

8月4～14日　国家档案局副局长、中央档案馆副馆长郭树银率档案行政执法检查组赴沈阳对辽宁省进行档案行政执法检查，并出席纪念辽宁省档案馆成立50周年暨馆藏档案珍品陈列揭幕活动。

8月10日　由中宣部、中央文献研究室、中央党史研究室、文化部、中央档案馆、国家博物馆等六家单位联合举办的"纪念邓小平诞辰100周年展览"在国家博物馆举行开幕式,国家档案局局长、中央档案馆馆长毛福民,副局馆长杨公之、杨冬权参加。

8月19日 曾庆红、吴官正、李长春等中央领导前往国家博物馆参观《世纪伟人邓小平——纪念邓小平诞辰100周年展览》,国家档案局局长、中央档案馆馆长毛福民,副局馆长冯鹤旺、郭树银陪同参观。

8月20日~9月3日 国家档案局局长、中央档案馆馆长毛福民,副局馆长冯鹤旺前往奥地利出席第十五届国际档案大会。

9月3日 纪念全军档案工作建立50周年暨档案信息化建设座谈会在京召开,中央军委委员、中国人民解放军总参谋长梁光烈会见会议代表并作重要讲话,国家档案局副局长、中央档案馆副馆长杨公之出席纪念活动。

9月6日 国家档案局印发《关于保留行政许可项目和非行政许可项目的通知》。

9月8日~10月5日 国家档案局副局长、中央档案馆副馆长杨公之参加外交部档案巡视组赴驻外使领馆检查档案工作,并与驻在国外交部档案部门开展业务交流。

9月11~14日 国家档案局副局长、中央档案馆副馆长冯鹤旺赴俄罗斯参加国务委员陈至立主持召开的中俄教文卫体合作委员会第五次会议。

9月15日 国家档案局局长、中央档案馆馆长毛福民会见以金泽勇二为团长的日本企业史料协议会访华团。

9月19日 国务院信息化工作办公室在北京举办"信息资源开发利用高层论坛——部长论坛"专题,国家档案局副局长、中央档案馆副馆长郭树银出席并以"加强档案信息资源开发利用,服务经济社会发展"为主旨发表讲话。

9月23~24日 中国档案报社在沈阳召开家庭档案工作座谈会,就沈阳市家庭建档经验进行研究分析,并围绕家庭建档的理论与实践意义、家庭建档与社区精神文明建设的关系等专题进行研讨与交流。国家档案局局长、中央档案馆馆长毛福民出席会议并讲话。

10月9~15日 国家档案局副局长、中央档案馆副馆长郭树银率档案行政执法检查组赴陕西省进行档案行政执法检查。

10月10~14日 国家档案局副局长、中央档案馆副馆长冯鹤旺赴贵州参加贵州省农业农村档案工作会议并讲话。

10月11日 国家档案局局长、中央档案馆馆长毛福民到北京市平谷区考察调研农业农村档案工作。

10月12日 为纪念中央档案馆建馆45周年、国家档案局建局50周年,在中央档案馆举行座谈会。国家档案局局长、中央档案馆馆长毛福民,副局馆长杨公之、杨冬权参加座谈。

10月14~16日 国家档案局副局长、中央档案馆副馆长杨公之赴昆明为云南省档案局在昆明举办的老挝档案管理干部研修班授课,并在开班式上讲话。11月11日,杨公之参加结业式并讲话。

10月17~25日 国家档案局局长、中央档案馆馆长毛福民率中国档案代表团赴美出席国际档案的社会功能与创新服务研讨会。

10月19日~11月8日 国家档案局副局长、中央档案馆副馆长冯鹤旺率领中国档案代表团赴台湾出席"2004年海峡两岸档案暨缩微学术交流会"并进行业务交流和考察。

10月19日 国家档案局副局长、中央档案馆副馆长郭树银在中国第一历史档案馆接见了联合国教科文组织信息交流部助理总干事可韩先生。

10月27日~11月3日 国家档案局副局长、中央档案馆副馆长杨公之率档案行政执法检查组赴山西省进行档案行政执法检查。

10月28日 "走进记忆之门——中国档案珍品展"开幕式在中华世纪坛举行,中央办公厅副主任毛林坤,国家档案局局长、中央档案馆馆长毛福民致开幕辞,副局馆长郭树银主持开幕式,中宣部、文化部、文献研究室等部委的领导,香港、澳门档案馆嘉宾出席开幕式。

11月5日 庆祝中央档案馆成立45周年暨国家档案局成立50周年纪念大会召开,国家档案局局长、中央档案馆馆长毛福民作了重要讲话,副局馆长冯鹤旺、郭树银、杨冬权和馆局干部职工以及离退休老干部400余人出席了会议。冯子直、沈正乐等5位同志先后发言。

11月8日 中共中央政治局候补委员、中央书记处书记、中央办公厅主任王刚在《中央档案馆国家档案局关于中央、国家机关档案移交进馆工作情况的报告》上作出重要批示。

11月9~17日 国家档案局副局长、中央档案馆副馆长杨冬权率档案行政执法检查组赴河南省进行档案行政执法检查。

11月10日 国家档案局副局长、中央档案馆副馆长冯鹤旺率档案行政执法检查组对中国黄金集团公司、全国人大常委会办公厅档案工作进行执法检查。

11月11日 国家档案局副局长、中央档案馆副馆长冯鹤旺率档案行政执法检查组对中国机械装备(集团)公司、中国银行的档案工作进行执法检查。

11月11~15日 以阿尔巴尼亚档案总局局长率沙班·西纳尼为团长的阿尔巴尼亚档案代表团一行3

人对我国进行友好访问，国家档案局局长、中央档案馆馆长毛福民与代表团进行业务座谈。

11月17～23日 印度档案代表团对我国进行友好访问，国家档案局局长、中央档案馆馆长毛福民会见代表团一行。

11月19日 中央档案馆国家档案局在京召开中央、国家机关档案移交工作会议。国家档案局局长、中央档案馆馆长毛福民作重要讲话，会议由副局馆长杨公之主持，副局馆长冯鹤旺、郭树银、杨冬权出席了会议。

11月20～28日 国家档案局副局长、中央档案馆副馆长杨公之率档案行政执法检查组赴云南省进行档案行政执法检查。

11月24～25日 国家档案局中央档案馆在山东省青岛市召开国家档案馆特藏室建设座谈会，国家档案局副局长、中央档案馆副馆长郭树银出席了会议。

11月25日 中俄档案合作小组会议召开，国家档案局局长、中央档案馆馆长毛福民，副局馆长冯鹤旺以及外交部档案馆馆长廉正保参加会议。

11月28日 中央政治局候补委员、中央书记处书记、中央办公厅主任王刚为即将召开的全国档案局长馆长会议作出重要指示。

12月1～2日 全国档案局长馆长会议在北京召开。国家档案局局长、中央档案馆馆长毛福民，副局馆长冯鹤旺、郭树银、杨公之、杨冬权出席会议。冯鹤旺宣读王刚对档案工作的重要指示，毛福民作重要讲话。

毛福民、冯鹤旺、郭树银、杨公之、杨冬权出席档案事业发展综合评估委员会、档案事业发展咨询委员会成立会议。郭树银任档案事业发展综合评估委员会主任。杨公之任档案事业发展咨询委员会主任。

12月3～10日 罗马尼亚档案工作代表团对我国进行友好访问。3日，中央档案馆国家档案局有关部门的领导与代表团进行座谈，国家档案局副局长、中央档案馆副馆长郭树银出席座谈会。

12月6日 国家档案局有关部门与以韩国政府记录院院长朴赞佑为团长的韩国档案代表团进行座谈，并举行《中韩档案交流计划》签字仪式。国家档案局副局长、中央档案馆副馆长冯鹤旺等出席。

国家档案局副局长、中央档案馆副馆长郭树银率档案行政执法检查组对航空档案馆的档案工作进行检查。

12月8日 国家档案局副局长、中央档案馆副馆长郭树银率档案行政执法检查组对中国外汇管理局和财政部的档案工作进行检查。

12月9日 国家档案局副局长、中央档案馆副馆长冯鹤旺率档案行政执法检查组对中宣部的档案工作进行检查。

12月12～14日 国家档案局局长、中央档案馆馆长毛福民赴济南出席山东省档案工作会议并作重要讲话。

12月18～19日 全国档案工作标准化技术委员会第十二次年会在深圳召开，国家档案局副局长、中央档案馆副馆长郭树银、杨公之出席会议。

12月22～23日 "档案数字化发展战略研究"和"电子文件管理技术方法研究"课题会议在浙江省杭州市召开，国家档案局副局长、中央档案馆副馆长杨公之出席会议。

（韩冬）